Franz Schupp

Band 2

Christliche Antike
Mittelalter

Geschichte der
Philosophie im
Überblick

Meiner

Bibliographische Information Der Deutschen Bibliothek

Die Deutsche Bibliothek verzeichnet diese Publikation in der
Deutschen Nationalbibliographie; detaillierte bibliographische
Daten sind im Internet über http://dnb.ddb.de abrufbar.

Satz: H&G Herstellung, Hamburg
Druck und Bindung: Westermann Druck, Zwickau
Gestaltung: Jens-Sören Mann
Gedruckt auf Alster Werkdruckpapier: alterungsbeständig,
hergestellt aus 100% chlorfrei gebleichtem Zellstoff
Printed in Germany

Inhalt

DIE PHILOSOPHIE DES MITTELALTERS

Die Philosophie der christlichen Antike

Die Anfänge

1. Allgemeine Vorbemerkungen

Unsere Zeitrechnung mit ihrer Einteilung »vor Christus« und »nach Christus« legt uns eine Periodisierung mit einem Einschnitt nahe, was häufig wie ein Faktum, wie eine Selbstverständlichkeit hingenommen wird. Es ist jedoch offensichtlich, daß diese Chronologie bereits eine ganz präzise Ideologie enthält, d. h. das Interesse, einem bestimmten geschichtlichen Faktum – der Geburt Christi – eine permanente Bedeutung zu geben, dieses Faktum als das Unvergleichbare mit dem Vorhergegangenen und als einen weltgeschichtlichen Neubeginn hinzustellen. Auch dies ist jedoch kein einmaliger Vorgang. Die bis heute in den islamischen Ländern geltende Zeitrechnung setzt das Jahr 1 mit der Hidschra an, d. h. mit der Übersiedlung Mohammeds von Mekka nach Medina im Jahre 662 n. Chr. (unserer Zeitrechnung nach). Die Tatsache, daß sich in der westlichen Welt die Zeitrechnung mit »vor Christus und »nach Christus« durchgesetzt hat, weist also zunächst einmal einfach darauf hin, daß zu einer bestimmten Zeit eine bestimmte Ideologie die herrschende wurde und daß es ihr gelang, der Zeitrechnung ihren »Stempel« aufzudrücken.

Das Studium der Kultur- und Denkgeschichte darf sich jedoch nicht schon an solchen Konstruktionen orientieren. Es stellt sich daher die Frage, ob es sich beim Christentum, das ohne Zweifel einen ungeheuer weitreichenden Einfluß gewann, wirklich um einen solchen eindeutigen Einschnitt handelt. Mit anderen Worten: Wie ist das Verhältnis des Christentums zu der Kultur zu beurteilen, in die es eintrat, also zur hellenistischen Kultur? Eine klare Antwort mit »ja« (Umbruch) oder »nein« (Fortentwicklung) wird man nicht erwarten dürfen, da es sich hier ohne Zweifel um einen sehr vielschichtigen Prozeß handelt. Die These, die hier – in Fortsetzung der Darstellung der spätantiken Philosophie im 1. Teil dieser Vorlesungen – aufgestellt werden soll, ist folgende: Es handelt sich beim Christentum um eine Bewegung, die sich ganz und gar in die Entwicklung der verschiedenen Weltanschauungen der späten Antike einfügt. Die Wirkung des Christentums erklärt sich aus der Tatsache, daß das Christentum den orientalisierenden Bedürfnissen vieler Menschen dieser Zeit entsprach und daß es gleichzeitig in der Lage war, die zeitgenössische Kultur zu integrieren. Damit soll natürlich nicht behauptet werden, daß es im Christentum nicht Elemente gab, die wichtige Unterscheidungsmerkmale abgeben können. Diese wurden indes erst später als solche erkannt, nämlich dann, wenn es sich zeigte, daß diese Elemente nur schwer oder gar nicht in die begrifflichen Formen einzubringen waren, die vom hellenistischen Denken vorgegeben wurden.

Beginnen wir also mit jenen Elementen, die das Christentum als ein Phänomen des Hellenismus verstehen lassen, welches zwar seine Besonderheiten aufweist, das sich aber durchaus im Rahmen der Denkbewegungen des Hellenismus verstehen läßt. Das *religiöse Interesse*, vor allem bezogen auf den Einzelnen, ist ein allgemeines Kennzeichen der hellenistischen Periode (vgl. 1. Teil, Kap. XI, 2), das sich im Laufe der ersten Jahrhunderte unserer Zeitrechnung sehr verstärkt hatte. Zum Problem war aber in der Spätantike – etwa seit dem 2. Jhd. n. Chr. – die *Immanenz-Frömmigkeit* geworden, d. h. eine Frömmigkeit oder Religiosität, die ihre Erfüllung in dieser Welt und in diesem Leben (also »immanent«) suchte. Diese Problematisierung läßt sich kaum auf philosophische Bewegungen zurückführen. Wichtiger war: Die Götter hatten gegen die absolutistischen Ausschreitungen von Diadochenherrschern, gegen die finanziellen Erpressungen römischer Stadthalter sowie gegen den sinnlosen Tod im Militärdienst an den Grenzen des Reiches nicht geholfen. Und schon vorher war durch das riesige Reich Alexanders des Großen mit seiner Umbürgerung vieler Griechen der Boden (im wahrsten Sinn dieses Wortes) der Immanenz-Frömmigkeit – zu der auch die Bindung an Städte, Quellen, Gärten usw. gehörte – verloren gegangen: Die »natürlichen« Örter göttlicher Gegenwart in der Welt waren nicht mehr vorhanden. Dem schwindenden Vertrauen in die Wirkkraft der Immanenz-Frömmigkeit hatte in vorsichtiger und eingeschränkter Weise die Stoa und dann – in immer stärker ausgeprägter Form – der Neuplatonismus Rechnung getragen: Jenseits dieser Welt, also transzendent, herrscht das Göttliche, das Eine, das im Neuplatonismus das *ganz Andere* wird. Dies ist ein Gott, der mit jenem der Mysterienkulte in Verbindung gebracht werden konnte. Der logischen und rationalen Betrachtung ist dieser Gott im letzten entzogen, was in der Fülle der *negativen Gottesprädikate* bei den Gnostikern und Neuplatonikern seinen Ausdruck fand (vgl. 1. Teil, Kap. XVII, 1, c). Der Ort, an dem sich Göttliches und Weltliches trafen, war einzig die *Seele* des Einzelnen geworden. Die Seele konnte jedoch nicht – hier wirkte die Transzendenz zu stark – unvermittelt am Göttlichen teilhaben, und so hielt man sie etwa im Neuplatonismus zunächst für teilhabend am Logos, der ersten Emanation, dem ersten aus dem Göttlichen Hervorgegangenen, ebenso aber für teilhabend am Pneuma, dem wieder aus dem Logos hervorgegangenen Lebensprinzip der Welt, das als Weltseele alles durchherrscht. Bei den Stoikern waren Logos und Pneuma noch eng an die Welt gebunden bzw. als deren innere Prinzipien in diese eingebunden gewesen, in immer stärkeren Abstufungen aber waren sie in der Gnosis und im Neuplatonismus von der Welt abgehoben und getrennt worden. Und die Welt war unter Einfluß des persischen Dualismus in immer stärkerem Maß als materielle Welt angesehen worden. Zur Welt gehörte auch die Seele als Lebensprinzip des Körpers, der eine davon verschiedene Geistseele gegenübergestellt wurde, der Mensch selbst war gespalten, mit seiner Geistseele war er sich in seiner Körperlichkeit fremd, ja feindlich, geworden.

Das Erlebnis von Armut, Unterdrückung und Leid bildete den Boden für das Eindringen und Wirksamwerden von *Eschatologie* und *Apokalyptik*. Die Griechen hatten in diesem Bereich seit Jahrhunderten von den Ägyptern, Babyloniern und Persern gelernt, hatten sich aufgrund ihrer Diesseitsorientierung aber nie recht mit diesen Vorstellungen anfreunden können. Aber schon die Orphik hatte von einem Kreis der Wiedergeburten gesprochen und auch in der griechischen Naturphilosophie war gelegentlich mit vagen Vorstellungen von einer idealen Ur- und Endzeit experimentiert worden (vgl. z. B. bei Empedokles: 1. Teil, Kap. V, 1, c). So waren Endzeiterwartungen und Hoffnungen auf ein neues Paradies kein Monopol biblischer Vorstellungen. Vergil ist ein Zeuge dafür, wenn er ein goldenes Zeitalter vom Gottessohn Augustus erwartete. In der griechischen wie in der römischen Philosophie aber waren solche Vorstellungen eher Randerscheinungen. Erst im Neuplatonismus wurde auch philosophisch eine ideale Urweisheit einer ebenso idealen Urzeit relevant, der gegenüber alle Philosophien verderbt erschienen, so daß man wohl an eine ideale Endzeit denken konnte, in der die alte Weisheit wieder zum Durchbruch kommen würde. So wie die Seele sollte die Philosophie aus ihren gegenwärtigen weltlichen Verstrickungen gelöst werden und in ihre ursprüngliche, gottgeschenkte Reinheit zurückkehren, | 5 ohne daß damit allerdings die Realität der Welt verändert würde. Jedenfalls aber machte sich allenthalben eine *Erlösungssehnsucht* breit.

Diese Erlösungssehnsucht steht in Beziehung zur Erfahrung von *Leid*, aber auch zu der von *Schuld*. Die Griechen hatten diesen Begriff nicht unter ethischem, sondern unter – auf Glückseligkeit bezogenem – pragmatischem Gesichtspunkt betrachtet. Schuld wurde bei ihnen in einem Übermaß an Glücksgütern und der damit verbundenen *hýbris*, dem Hochmut, angesetzt, der den Neid der Götter und somit Unheil hervorrufen konnte. Aber schon bei den Kynikern und bei den Stoikern hatte sich dieser Begriff dem moralischen Sinn genähert, was im römischen Bereich unter dem Einfluß der alten Idealvorstellung der Tugend, der *virtus*, noch verstärkt wurde. Bei den Griechen war jedoch Schuld immer gebunden an die Vorstellung der *Unvernunft*. Sie hegten die Hoffnung, durch Vernunft zu richtigem Handeln zu gelangen, wobei Voraussetzung war, daß die Welt vernünftig geordnet ist und somit Einsicht in die Weltordnung und entsprechendes Handeln ein schuldfreies und damit glückseliges Leben bringen müßte. Schuld konnte aber auch ein Problem der Herrschafts- oder der Gesellschaftsform sein, d. h. ein schlechter Herrscher oder die unfähige Regierung einer Stadt konnten »schuld daran« sein, daß es den Bürgern der Stadt schlecht ging. Die Griechen meinten aber auch hier, daß durch vernünftiges Denken und entsprechendes Handeln Ordnung und damit ein glückliches Leben zu erreichen wäre. In der Zeit vom 1. Jhd. v. Chr. bis zum 2./3. Jhd. n. Chr. war dieser Glaube jedoch erschüttert worden. Der römische Bereich dieser Perioden mit Willkürmord, Bürgerkriegen, Proskription, Korruption usw. ließ ein Schuldgefühl entstehen, welches diese Welt verurteilte und nach einer anderen, besseren Welt Ausschau halten ließ, was dann von der Gnosis und den sich als Erlösungsreligionen verstehenden Mysterienkulten aufgefangen werden konnte. Entsprechend bildeten sich Gemeinden von Anhängern verschiedener gnostischer Konzeptionen und verschiedener Kulte, manchmal von beidem zusammen, die sich als *Alternativ-Gesellschaften* verstanden, in denen sich die ideale Gesellschaft – *gegenweltlich* – verwirklichen sollte. In den Mysterienkulten kam das Heil nicht durch Selbstdisziplin und Selbstüberwindung, dafür schien die Schuld, in die alle verstrickt waren, zu groß, zu sehr über jeden einzelnen hinausgehend. Vielmehr kam das Heil durch das Göttliche selbst, durch den göttlichen Heilsbringer, der als der »Reine« für die anderen kämpfte, eventuell auch litt und so den neuen Weg zur neuen Epoche nicht nur zeigte, sondern tatsächlich eröffnete. So leidet Herakles in dieser neuen Interpretation als Stellvertreter für die Menschheit, und die Freundlichkeit der Isis erlöst auch die Dirne von ihrer Schuld – hier wird der *Gott* selbst zum *Erlöser*. Der Weg zu diesem, nur von ihm selbst ermöglichten, gnadenhaft geschenkten Heil geschieht in Kult oder in Ekstase, im Mysterion oder in der Gnosis, oder in beidem zusammen.

Ein echter, struktureller Unterschied von Philosophie und Religion bestand hier nicht mehr (vgl. z. B. Jamblichos: 1. Teil, Kap. XVII, 3, c). In diesem, d. h. in einem historisch-präzisierten Sinn, ist es daher auch nur relativ richtig, zu sagen, das Christentum sei zunächst *nur* als Religion aufgetreten. Es trat als Erlösungsbotschaft auf, aber genau das wollten auch die Mysterienreligionen, die Gnosis, der Neuplatonismus, und genau das wollte auch schon die Stoa in ihren späten Formen. Und auch die Christen, oder wenigstens einige von ihnen, verstanden ihre Lehre schon sehr früh als die »*wahre Philosophie*«. Die Frage der Darstellungsform war eine der Bildung und der sozialen Schicht, in der ein solches Erlösungswissen formuliert wurde. Insofern das Christentum, wie die Mysterienreligionen, zunächst bei der ärmeren und ungebildeteren Schicht Eingang fand, war es dort zunächst »rein« religiös. Sobald es aber – etwa seit dem 2. Jhd. – in Gruppen der Bürokratie und der Offiziersränge Eingang fand, stellte sich die Frage nach seiner Bildungsform. Das Problem war nicht neu und die Christen konnten dabei auf den kulturellen Kontext zurückgreifen, aus dem sie selbst hervorgegangen waren, d. h. auf die jüdischen Gemeinden, vor allem auf jene in den Zentren der hellenistischen Kultur. Darauf wird weiter unten bei der Darstellung der Philosophie Philons näher eingegangen werden. Die Möglichkeit, die biblische Religion als die »wahre Philosophie« darzustellen, war also in jüdischen Gemeinden bereits gegeben, wurde aber dort nicht von allen akzeptiert. Auch bei den Christen war es nicht von vornherein klar, ob sie dem Weg eines Philon folgen sollten. Paulus – ein Zeitgenosse Philons – stand der Auffassung der Rabbiner, die eine solche philosophische Darstellung sehr skeptisch beurteilten, näher als der Philons. Und auch Tertullian wird sich vehement gegen die hellenisierenden Tendenzen bei Christen wenden. Im Bereich des Christentums hat sich jedoch die Linie, die auch Philon vertreten hat, durchgesetzt. Im 2. Jhd. scheint Philon bei den Christen noch kaum bekannt gewesen zu sein, aber bei Klemens von Alexandrien und bei Origenes ist der Einfluß schon deutlich erkennbar und dokumentiert.

Wir haben also vom 2. bis etwa zum 5./6. Jhd. eine recht parallele Entwicklung vor uns: Der Neuplatonismus entwickelte sich immer stärker – ohne große innere Auseinandersetzungen – zur Religion, während die Christen – nach nicht unerheblichen inneren Auseinandersetzungen – beanspruchten, die »wahre Philosophie« zu besitzen, wobei sie große Teile des stoisch geprägten Platonismus und Neuplatonismus übernahmen. Man könnte daher die Geschichte dieser Periode nicht aufgeteilt auf »heidnische« und »christliche« Philosophie darstellen, sondern sie parallel behandeln, und sachlich wäre dies sogar richtiger: Die Geschichte der Philosophie bei den Christen der Spätantike ist weithin die des Platonismus dieser Periode. Es ergäbe sich etwa folgende Gegenüberstellung:

Heidnische/Christliche Platoniker

2. Jhd.	PLUTARCH APULEIUS	JUSTINUS
2./3. Jhd.	NUMENIOS	KLEMENS VON ALEXANDRIEN
3. Jhd.	PLOTIN	ORIGENES
4./5. Jhd.		AUGUSTINUS
5./6. Jhd.	PROKLOS	DIONYSIOS AREOPAGITA

Als die Christen sich dafür entschieden hatten, sich eine Bildungsform zu geben, waren zunächst – und großenteils auch später noch – die *Populärphilosophien* ihr *Anknüpfungspunkt*. Justins Kenntnis der Philosophie entspricht dem, was die beliebten kleinen Handbüchlein vermittelten, dasselbe gilt auch für die anderen Apologeten. Dieser Bildungsstand wird sich bei Klemens von Alexandrien und vor allem bei Origenes entscheidend verbessern. Dies gilt aber nicht durchgängig und stellt auch keinen Entwicklungsprozeß dar, auch noch ein Augustinus wird weithin auf Handbuchwissen aufbauen. – Bei der Übernahme platonischer Philosophie-Religion hatten die Christen einen eindeutigen Vorteil: Als die Platoniker alte religiöse Texte benötigten, mußten sie sich auf die Suche bei den Ägyptern, Chaldäern usw. begeben und waren dabei zudem noch recht unsicher, wo wirklich solch altes und unverfälschtes Wissen aufzufinden war. Die Christen hingegen hatten ihren Kanon heiliger Schriften bald festgelegt, zu dem dann – nach einigen Auseinandersetzungen – auch das von ihnen so genannte *Alte Testament* gehörte. Damit hatten sie jedenfalls eine »alte Weisheit« zur Verfügung. Dazu hatten sie von den Juden – schließlich waren sie in der Gründerzeit selbst Juden – den Anspruch übernommen, eine *absolute* und *ausschließliche Wahrheit* zu besitzen. Das ist zwar nicht unbedingt positiv zu beurteilen, historisch gesehen muß man aber feststellen, daß dies auf die unsicher gewordenen Menschen, denen auch eine unsicher gewordene Philosophie begegnet war, Eindruck machte. Der hellenisierte Judenchrist Paulus tritt mit einer Selbstsicherheit auf, dem die skeptisch angehauchten Philosophen wenig gegenüberzustellen hatten. Ein solcher Wahrheitsanspruch ermöglichte ein »hermeneutisches Prinzip« des Eklektizismus. Eklektizismus wurde seit langem und bei vielen Philosophen der späten hellenistischen Periode angewandt, dieser Vorgang wurde aber nur selten deutlich gemacht. Die Christen hingegen traten nun mit dem Anspruch auf, ganz klar auswählen – »eklektizieren« – zu können, was in den verschiedenen Philosophien wahr und was eben nicht wahr sei. Die – ursprünglich stoische – Theorie der *lógoi spermatikoí*, der »verstreuten Wahrheitsgehalte« des Justinus legt Zeugnis davon ab. Nicht nur die Philosophie, auch die Mythen konnten hier eingearbeitet werden. Schon in der stoischen Mytheninterpretation waren moralisierende Allegorien vorgelegt worden, und so war es nicht schwierig, christliche Allegorien aufzubauen. Christus wird zum wahren Orpheus, zum wahren Weinstock (Dionysos), usw. Antike Mythen in christlicher Deutung waren ein unerschöpfliches Feld der Auslegungskunst, und die Menschen hatten den Eindruck, etwas Neues zu bekommen, ohne das Alte aufgeben zu müssen. Das erwies sich als äußerst wirksam für die Verbreitung der »neuen« Botschaft. Dasselbe galt für viele Kultformen.

Noch ein weiteres ist zu sehen. Die spätantiken Philosophie-Religionen hatten sich an den Einzelnen gewandt – später sogar nur noch an seinen höheren Seelenkern – und hatten die »Welt« und die Gesellschaft sich selbst überlassen. Hier trat nun eine Gruppe von Verkündern einer neuen Religion auf, die zwar behauptete, genau dasselbe, d.h. die *Erlösung der Seele*, zu bringen, die aber darüber hinaus beanspruchte, die *Gesellschaft neu zu ordnen*. Während sich die Philosophen seit langer Zeit aus allen Fragen des »normalen« Lebens heraus hielten, nehmen ein Tertullian, ein Klemens von Alexandrien und viele andere zu allen Fragen der Gesellschaft bis hin zur Mode Stellung. Daß dabei viel altes stoisches Material, vor allem aus Seneca, verwendet wurde, ist nicht zu übersehen, aber die Ethik wurde wieder konkret, löste sich nicht in Sinnfindung auf. Dabei war diese Ethik einfach und überschaubar – so wie wir es etwa in der Bergpredigt lesen können – und noch dazu bewirkte sie sichtbares soziales Handeln. Der Kappadokier Basilios schrieb nicht nur Traktate neuplatonischer Seelen- und Gotteslehre, sondern richtete auch Krankenhäuser ein. Es sollte zwar die Seele aus dem Kerker des Körpers erlöst werden – dieses platonische Programm war von den Christen kritiklos übernommen worden – aber in der Zwischenzeit sollte auch für den Körper etwas getan werden, wenn es not tat. Gegenüber dem welt- und gesellschaftsgestaltenden Elan der Christen, der sich nach dem zunächst schon für die nahe Zukunft erwarteten, dann aber doch nicht eingetretenen Ende der Welt herausgebildet hatte, hatte die im ganzen welt- und gesellschaftsresignativ gewordene Philosophie, die höchstens etwas elitäre Freundschaft empfahl, nicht viel zu bieten. Auch eine *politische Philosophie* hatte es schon seit Jahrhunderten nicht mehr gegeben, demgegenüber entwarfen jetzt Eusebius und, recht verschieden von diesem, Augustinus ganz massive Theorien der Geschichte und der Gesellschaft. Auf eine wiederum andere Weise tut dies Dionysios Areopagita, der eben nicht nur Mystiker, sondern auch Gesellschaftstheoretiker ist. Die Leistung und zeitgeschichtliche Relevanz dieser Entwürfe bleibt auch dann bestehen, wenn wir mit diesen verschiedenen Gesellschaftskonzeptionen nichts zu tun haben möchten.

Damit war natürlich für die Christen von den ersten Anfängen an die Frage des *Verhältnisses zum Staat* gestellt, ebenso aber mußten umgekehrt auch die Vertreter des Staates sich die Frage stellen, wie sie sich gegenüber dieser neuen Bewegung verhalten sollten. Die Analyse dieses Verhältnisses gehört in den Bereich der Geschichtsforschung. Die Unsicherheit und das Schwanken der römischen Kaiser bei der Bestimmung dieses Verhältnisses ist bekannt. Je mehr aber die Christen um öffentliche Anerkennung kämpften – dies begann schon im 2. Jhd. –, um so mehr waren sie gezwungen, sich im Rahmen der antiken Kultur und Gesellschaft zu legitimieren. Dies bedeutete mit Notwendigkeit, daß sie sich auch im Rahmen der antiken Philosophie(n) eine Bildungsform gaben. Nach der politischen Anerkennung durch Kaiser Konstantin kehrte sich das Verhältnis um: Die spätantike Philosophie wurde in die Defensive gedrängt. Sie hatte tatsächlich nicht mehr viel anzubieten, hatten doch ihre Vertreter selbst die Philosophie als Vorschule der Religion verstanden, und inzwischen hatten die Christen so gut wie alles aus dieser Vorschule übernommen. Konstantin konnte das Buch des Neuplatonikers Porphyrios gegen die Christen einfach verbrennen lassen (vgl. 1. Teil, Kap. XVII, 2). Auch christliche Gruppen Ungebildeter, von denen es nicht wenige gab, beteiligten sich an der Vernichtung antiker »heidnischer« Philosophie, wenn nötig mit Ermordungen, so im Fall der Philosophin Hypatia im Jahre 415 in Alexandrien (vgl. 1. Teil, Kap. XI, 3, a). Und Kaiser Justinian schließlich schloß die athenischen Schulen der Philosophie und die platonische Akademie. Natürlich gab es auch Versuche, das antike »Heidentum« und seine Philosophie zu retten oder erneut zur Geltung zu bringen. Das bekannteste Beispiel ist Kaiser Julian, der von 361 bis 363 regierte. Er erhielt Unterricht vom Neuplatoniker Maximos von Ephesus und ließ sich in die Eleusischen Mysterien einweihen, dann versuchte er es mit dem Mithraskult. Wenn man aber genau hinsieht, so kann man erkennen, daß er in Wirklichkeit bereits sehr viel weniger griechisch-antik gebildet war als seine christlichen Gegenüber, so vor allem die Kappadokier, die viel bessere und konsequentere Neuplatoniker waren (vgl. Kap. II). Ein solcher Revisionsversuch hatte keine Basis mehr; alles, was wieder eingeführt werden sollte, war bei den Gegnern längst eingeführt. Dieser Versuch mußte scheitern.

Es wird oft gesagt, die weitere Geschichte Europas (und später auch die Amerikas) sei bestimmt worden durch eine Synthese von Antike und Christentum, dies ist aber als Formel ziemlich unscharf. Erstens erwartet man sich von »Synthese« zu viel. Es handelte sich eher um eine »Koalition«, also um ein interessegeleitetes Bündnis und um einen Verschmelzungsprozeß, bei dem es ganz und gar nicht klar war, wie leistungsfähig das Resultat dieses Prozesses sein würde, wie es ja bei Koalitionen nicht selten der Fall ist. Und zweitens ist die Rede von einer Synthese von Antike und Christentum zu ungenau. Schon etwas besser ist die Formel des Zusammen-gehens von Paulus und dem (späten) Platon bzw. dem Neuplatonismus, welches jedenfalls seit Augustinus das frühere Zusammengehen von Johannes und Platon in den Hintergrund drängte. Diese formelhafte Präzisierung ist erforderlich, da man sich schließlich auch ein Zusammengehen von Christentum und Antike in der Form von Markus und Aristoteles vorstellen könnte – dies hätte möglicherweise ein toleranteres, humaneres und rationaleres Europa ergeben. Ganz zu schweigen von einer Synthese von Sokrates und Jesus, die wir uns aber mangels genauer Nachrich-ten nur schwer vorstellen können. Faktisch hat sich indes eine Koalition von Platon und Paulus durchgesetzt, und dies war auch tatsächlich die zeitgeschichtlich gese-hen attraktivste Koalition. Über das, was gewesen wäre, wenn … kann der Historiker nichts Verbindliches aussagen.

2. Philon von Alexandrien

10 | Zahlreiche Juden waren schon seit einigen Jahrhunderten in erheblichem Maß helle-nisiert, sprachen Griechisch und konnten oft entweder gar nicht mehr oder nur noch sehr mangelhaft Hebräisch. Ihre heiligen Schriften, also das später von den Christen so genannte *Alte Testament*, waren ihnen daher nur in der griechischen Übersetzung, der *Septuaginta*, zugänglich, die in der Zeit vom 3. bis zum 1. Jhd. v. Chr. hergestellt wurde. Die Frage nach der Beziehung dieser heiligen Schriften zu der helleni-stischen Kultur, in die die meisten Juden sprachlich und kulturell fest eingebunden waren, war also drängend.

Ein Beginn der Hellenisierung spielte sich bereits innerhalb der heiligen Schrif-ten der Juden ab. Das Buch der *Weisheit Salomons* wurde etwa in der Mitte des 1. Jhd.s v. Chr. in Alexandrien abgefaßt, und zwar auf Griechisch. Es gab dafür vermutlich nicht einmal teilweise eine hebräische Vorlage, deshalb wurde es auch nicht in den jüdischen Kanon der heiligen Schriften aufgenommen; wohl aber findet es sich in der *Septuaginta*, also der griechischen Übersetzung des *Alten Testaments*. Das ge-samte Buch ist deutlich an hellenisierte Juden gerichtet und arbeitet mit einer plato-nisch-stoischen philosophischen Terminologie, die sich hauptsächlich an Poseido-nios (135–50 v. Chr.) orientiert. Ein philosophisches oder theologisches System ist in der *Weisheit Salomons* nicht enthalten, wohl aber wird versucht, Glaubensgehalte der Juden in hellenistisch-philosophischer Sprache zu präsentieren. Die Tendenz dabei ist es, dem hellenisierten Juden zu zeigen, daß bestimmte philosophische Thesen bei den Juden bereits bekannt waren. Dies ist jedoch nicht zu genau zu nehmen. Nicht nur die Terminologie von »Materie« und »Seele« ist dem ursprünglichen biblischen Denken fremd, sondern ebenso der mit diesen Begriffen in platonischer Verwendung verbundene metaphysische Dualismus von Körper und Seele. Und auch die Schöpfungsgeschichte der *Genesis* läßt sich nicht ohne weiteres in der Terminologie von »Materie« und »Form« wiedergeben. In jedem Fall aber ist das Buch der *Weisheit Salomons* ein Zeugnis dafür, daß unter den hellenisierten Juden ein Interesse vorhanden war, den jüdischen Glauben mit griechischer Philosophie in Verbindung zu bringen.

Dazu kam noch, daß sich die jüdische Gemeinde dieser Zeit – im Unterschied zu den jüdischen Gemeinden späterer Perioden – missionarisch verstand. Alle Völker sollten zu Zion kommen, die Offenbarung der Heiligen Schriften sollte das Licht der Welt werden. Die Juden strebten also danach, neue, nicht-jüdische Mitglieder zu gewinnen, die sogenannten Proselyten. Die kamen aber selbstverständlich aus der hellenistischen Kultur und man mußte somit für diese einen Übergang von dieser Kultur zum biblischen Offenbarungsglauben schaffen. Dabei sollte nicht verlangt werden, daß diese neuen Mitglieder ihre Kultur aufgeben, ebensowenig wie die hellenisierten Juden die Kultur ihrer Umgebung, die längst ihre eigene geworden war, aufgeben wollten. Es gab schon im 2. und 1. Jhd. v. Chr. verschiedene Versuche, sich diesen Problemen zu stellen. So kennen wir zumindest den Namen des Aristobul, der im 2. Jhd. v. Chr. gelebt hat. Von Aristobul wird die etwas abenteuerliche These berichtet, Platon und Pythagoras seien von Moses beeinflußt worden, eine These, die aber später auch von Nicht-Juden aufgegriffen wurde. Um eine Übereinstimmung von *Bibel* und griechischer Philosophie zu erweisen, dürfte er das Verfahren der stoischen allegorischen Interpretation angewandt haben. Vermutlich gab es nach Aristobul Vertreter der jüdisch-hellenistischen Gemeinde, die diese Versuche fortsetzten. Historisch gut greifbar wird dies aber erst in einem recht ausgearbeiteten Stadium, nämlich bei Philon von Alexandrien. Philon gewann allerdings für die christliche Philosophie eine sehr viel größere Bedeutung als für das Judentum. Normativ für das Judentum im 2. und 3. Jhd. n. Chr. wurde die rabbinische Exegese, die kaum etwas mit der hellenisierenden Exegese eines Philon gemeinsam hatte und mit dieser auch nichts gemeinsam haben wollte.

Die spätere rabbinische Tradition hat, soweit sie Philon überhaupt erwähnt, kein gutes Wort für ihn. Der Grund für diesen Abbruch der Beziehung des Judentums zur Philosophie liegt vor allem in äußeren Ursachen. Im Jahre 70 wurde der Tempel in Jerusalem zerstört und die Juden verloren ihren eigenen Staat, viele Juden zogen in andere Länder, und damit wurde der Zusammenhalt des Volkes zum Problem. Nicht mehr Assimilierung der umgebenden Kultur war gefragt, sondern innerer Zusammenhalt der verstreuten Gemeinden und somit auch Abgrenzung von der übrigen Gesellschaft. Das Studium der jüdischen Gesetze und ihre genaue Auslegung wurde das zentrale Anliegen der Rabbiner, und dies führte dann zu den verschiedenen Formen des *Talmud*. In diesem Kontext war kein Raum mehr für eine philosophische Interpretation der *Bibel*, wie sie Philon erfolgreich versucht hatte. Und als etwa seit dem 9. Jhd. das Judentum sich wieder um einen Kontakt mit der Philosophie bemühte (vgl. Kap. X), hatte es nur eine ganz geringe und nicht sehr tiefgehende Kenntnis der Philosophie Philons. Es gibt also von der zweiten Hälfte des 1. Jhd.s bis ins 9. Jhd. keine jüdische Philosophie.

Philon (erste Hälfte des 1. Jhd.s n. Chr.) war jüdischer Herkunft, aber ganz und gar hellenistisch geprägt. Er stammte aus einer reichen Familie in Alexandrien und hatte eine sehr gute Ausbildung innerhalb griechischer höherer Schulbildung genossen. Die für ihn wichtige Frage war, wie er diese Bildung mit seinem jüdischen Glauben vereinbaren konnte. Wir würden daher heute sagen: Sein hermeneutischer Ausgangspunkt war hellenistisch, nicht biblisch. Er führte sein Unternehmen jedoch nicht als ein von der jüdischen Gemeinde abgehoben lebender und schreibender Intellektueller durch, sondern als aktives Mitglied dieser Gemeinde; vermutlich waren viele seiner Schriften ursprünglich Vorträge in der Synagoge. Sein Anliegen war es dabei, die *biblische Weisheit* als die *wahre Philosophie* zu erweisen. Daß er von diesem Ausgangspunkt aus an Texte heranging, die wir heute als weithin mythologische bezeichnen würden, stellte kein besonderes Problem dar. Die philosophische Auslegung mythologischer Texte hatte in Alexandrien bereits eine lange, an der Homer-Interpretation orientierte Tradition. Auch dort ging es um einen hellenistischen Ausgangspunkt: Wie ist hellenistische Bildung mit den alten, autoritativen Schriften Homers vereinbar? Aber auch das Interesse von Philosophen an mythologischen Texten war in der Zwischenzeit ständig gewachsen. Man braucht sich nur an Plutarchs *Isis und Osiris* zu erinnern (vgl. 1. Teil, Kap. XVI, 1). Plutarch gehört zwar der Generation nach Philon an, ist aber sicher nicht der Urheber dieses Interesses an Mythen gewesen. Auch die pseudo-pythagoreischen Texte dieser Periode legen Zeugnis von diesem Interesse ab. Sich in philosophischer Absicht mit mythologischen Texten zu beschäftigen, lag also durchaus im Trend der Zeit. Die zentrale Frage war nun eigentlich nicht, ob solche heiligen Texte allegorisch und philosophisch interpretiert werden konnten – das wurde einfach vorausgesetzt –, sondern die, ob auch nachgewiesen werden konnte, daß die Verkünder der in diesen Texten enthaltenen Botschaft dies auch schon gewollt hatten. Für diesen Nachweis wurden allerdings keine besonders großen Anstrengungen unternommen, denn welcher »vernünftige« Weise sollte nicht die Absicht gehabt haben »philosophisch« ausgelegt zu werden, auch wenn seine Zeit dafür noch nicht »reif« war? Richtige Philosophen sind eben immer ihrer Zeit voraus! Philon war der Überzeugung, daß eine solche philosophische Auslegung schon in der ursprünglichen Absicht der Autoren der heiligen Schriften der *Bibel* gelegen hatte, was sicher eine recht problematische Annahme darstellt. Moses wird hier als Philosoph verstanden, der seine philosophischen Wahrheiten nur deshalb in Bilder kleidete, um sie dem Volk verständlich zu machen. Diese These, angewandt auf die verschiedensten Offenbarungsträger bis hin zu Mohammed, sollte eine große Zukunft haben.

Philon konnte, wie viele Juden seiner Zeit, nur sehr wenig Hebräisch. Sein Versuch war es, sich seine jüdisch-biblische Tradition anzueignen, und zwar so weit, als

diese mit seiner griechischen Bildung vereinbar war. Im Unterschied zu vielen Kirchenvätern kannte er die griechische Philosophie nicht nur aus Florilegien, also aus
Zitatensammlungen, und auch nicht nur aus den bekannten Handbüchlein, sondern
aus den Originaltexten. Die allegorische Interpretation von Texten hatte Philon aus
der stoischen Homerexegese gelernt, Philons eigener philosophischer Hintergrund
war allerdings mehr platonisch als stoisch. Um nur ein Beispiel seiner *Allegorese* zu
bringen: Der eigentliche, »höhere« Sinn der biblischen Geschichte von der Gefangenschaft Israels in Ägypten und des Auszugs, des Exodus aus Ägypten, wird bei ihm
zum platonischen Weg der Seele aus der Gefangenschaft im Körper, zur Befreiung
der Seele aus diesem Kerker. Dies ist also die Vorgehensweise Philons, wobei der
»höhere« Sinn der Texte – wie oft bei solchen Exegesen bis zu jenen Hegels und
darüber hinaus – nur mit mehr oder weniger Gewaltanwendung gefunden werden
konnte.

An einem Punkt dachte er allerdings ganz und gar nicht allegorisch, sondern
meinte es historisch ernst: Er verlängerte – wie Aristobul – die Geschichte der Philosophie von Platon über Pythagoras bis zu Moses, dem ersten Philosophen. Dieser
Philosoph Moses vertritt dann eine Lehre, die etwa dem Mittelplatonismus des 1. Jhd.s
n. Chr. entspricht. Diese Interpretation ist natürlich sehr zirkulär: Man interpretiert
Moses allegorisch-mittelplatonisch und »findet« dann einen Moses, der ein guter | 13
Platoniker ist. Aber auch eine solche These war zu seiner Zeit nicht extravagant,
sondern durchaus vertretbar, schließlich verfolgte auch Plutarch die Lehre des Pythagoras zurück zu den Mythen der Ägypter, und im Neuplatonismus wird das Interesse, Philosophie auf mythologische Grundlagen zurückzuführen, ganz allgemein
werden.

Daß das Ziel des menschlichen Lebens und somit die Glückseligkeit in der Verähn-
lichung mit Gott besteht, wußte Philon schon von Eudor her (vgl. 1. Teil, Kap. XI, 1).
Gewisse Zugeständnisse in Hinsicht darauf, daß auch äußere Güter zum Glück ge-
hören, legten sich aufgrund der biblisch eindeutigen Zeugnisse in dieser Richtung
nahe, sie waren aber auch manchen Platonikern – trotz aller Polemik in diesem
Punkt gegen die aristotelische Lehre – nicht ganz fremd. Neu sind bei Philon jedoch
Aussagen, die ganz deutlich in die Richtung dessen weisen, was später als *negative*
Theologie bezeichnet werden wird: Gott ist »unbegreifbar«, »unbenennbar« usw.
Wenn man also von einem Ursprung der negativen Theologie sprechen will, so
muß man ihn am ehesten bei Philon ansetzen. Wir müssen uns daran erinnern,
daß wir hier drei Jahrhunderte vor Plotin sind! Wie auch bei den meisten späteren
Vertretern negativer Theologie, so gelangt schon bei Philon die Philosophie – und
dies heißt eben auch: der philosophisch interpretierte jüdische Glaube – schließlich
zur Mystik. Die Verbindung von negativer Theologie und den Texten der biblischen
Offenbarung ist natürlich problematisch, denn eigentlich dürfte dann die Offenbarung auch nichts anderes als negative Gottesprädikate enthalten. Dies nimmt aber
Philon doch nicht an, vielmehr spricht er Gott auch alle positiven Vollkommenheiten

zu. Dies legte sich durch die Texte der *Bibel* nahe. Von jeder Form eines Offenbarungspositivismus ist Philon aber weit entfernt, d. h. er erwartet nicht, daß irgend etwas einfach deshalb akzeptiert wird, weil es in den Heiligen Schriften steht, und dies ist letztlich auch der Grund dafür, warum die Talmudisten keinerlei Verständnis für Philon aufbringen konnten. Auch bei den positiven Gottesprädikaten läßt er aber nicht alle gelten. Was philosophisch nicht erklärbar oder nicht gut annehmbar ist, wird bei Philon dann allegorisch interpretiert. An der Möglichkeit und sogar der Notwendigkeit von Offenbarung hält Philon aber fest: Offenbarung ist eine – geschichtlich notwendige – Hilfe für die Vernunft. Die Verteidigung der Möglichkeit von Offenbarung ist für Philon wegen der Bedeutung von Moses und den Propheten selbstverständlich zentral. Die Verteidigung selbst liegt indes ganz auf der Linie dessen, was in den frühen Dialogen Platons gefunden werden konnte: Moses und die Prophet werden interpretiert wie der göttlich inspirierte Dichter Platons:

> Darum bedient sich der Gott auch, indem er sie der Überlegungskraft beraubt, ihrer sowie auch der Wahrsager und göttlichen Seher als seiner Diener, auf daß wir, die Hörer, erkennen, daß nicht sie, die der Vernunft Baren, diese kostbaren Offenbarungen verkünden, sondern daß der Gott selbst der Kündende ist und durch sie zu uns redet. (*Ion* 534c–d)

Offenbarung ist für Philon primär Selbstoffenbarung Gottes und in nur ganz untergeordneter Hinsicht Offenbarung des Gesetzes. Auch dies war eine Auffassung, die bei den Rabbinern, die eigentlich mehr an Gesetzesauslegung als an Theologie interessiert waren, keine Zustimmung finden konnte. Für Philon ist der Logos die eigentliche Offenbarung Gottes. Die platonischen Ideen werden von Philon als Gedanken Gottes aufgefaßt und im Logos lokalisiert. Philon ist der erste für uns greifbare Zeuge dieser Vorstellung der *Ideen als Gedanken Gottes,* einer Vorstellung, die im weiteren Platonismus und dann bei Augustinus eine wichtige Rolle spielen wird. Auch solche Logos-Spekulationen sind dem Judentum seiner Zeit nicht fremd, finden sich solche doch schon im Buch der *Weisheit Salomons* angelegt. Faktisch sind Philons Logos-Spekulationen aber doch mehr platonisch und stoisch als biblisch geprägt. Sie weisen den Weg zu ähnlichen Spekulationen im mittleren Platonismus und im Neuplatonismus, wo verschiedene Ebenen des Göttlichen angenommen werden, sie weisen aber auch in die Richtung der frühen christlichen (arianischen) Logosauffassung, wo der Logos als eine dem höchsten Gott nach- und untergeordnete göttliche Hypostase aufgefaßt wird. Der Logos ist der Mittler zwischen Gott und Mensch, und diese Funktion kann er vor allem deshalb ausüben, weil er bereits das Schöpfungsprinzip ist: Gott schafft die Welt nicht unmittelbar, sondern durch Vermittlung des Logos.

In diese im großen und ganzen recht mittelplatonische Welt treten jedoch Elemente ein, die deutlich *dualistische* Züge tragen, so wie wir sie dann in der Gnosis wiederfinden werden. Die Welt – gemeint ist hier die sublunare Welt – ist in ihrer Herkunft wie in ihrem Beherrschtwerden nicht vom höchsten Gott, sondern von einem anderen, unteren Wesen abhängig. Im kosmologischen Bereich geht Philon nicht so weit, dieses weitere Wesen als böses Prinzip zu bezeichnen, im anthropologischen Bereich aber findet sich doch ziemlich deutlich die Vorstellung zweier Mächte, die um die Herrschaft im Menschen kämpfen. In diesem Dualismus ist auch der platonische Leib-Seele-Dualismus mit der entsprechenden Abwertung des Körperlichen enthalten. Solche Vorstellungen waren aber bereits im Buch der *Weisheit Salomons* enthalten, brauchten also gar nicht mehr eigens gerechtfertigt zu werden. Der Mensch stammt nach Philon in seinem Ursprung aus einem Fall, zu dessen Erklärung er den platonischen Mythos heranzieht, der von einer Seele berichtet, die die Kraft ihrer Flügel verloren hat und die sich jetzt nicht mehr erheben kann (Platon: *Phaidros* 248a–e). Es ist also anzunehmen, daß in der jüdischen Gemeinde Alexandriens gnostische Vorstellungen durchaus akzeptiert waren, und solche auch philosophisch bei den Platonikern nicht auf großen Widerstand stießen, wenn sie nur genügend vorsichtig formuliert waren. Und all dies war nach der Auffassung Philons die wahre, durch Moses begründete Philosophie.

| 15

3. Justinus

Es war also keineswegs auffällig, wenn eine Religion sich als die »wahre Philosophie« bezeichnete. Selbstverständlich war dies aber wiederum auch nicht, es gab zahlreiche Mysterienkulte und -religionen, die keine solchen Ambitionen hatten. Auch innerhalb der christlichen Gemeinden war es zunächst nicht klar, in welche Richtung die Entwicklung gehen sollte. Daß der beste Anknüpfungspunkt für eine philosophische Interpretation der christlichen Lehre im *Johannesevangelium* lag, war offensichtlich. Dort war die Nähe zur Gnosis ganz deutlich, und die Gnosis war auch für den Mittelplatonismus der Beziehungspunkt zur Religion. Es ist aber bezeichnend, daß das *Johannesevangelium* erst spät in den Kanon der christlichen Lehrschriften aufgenommen wurde, noch gegen Ende des 2. Jhd.s wurde es ebenso wie die *Apokalypse* von Vertretern der Kirche als gnostische Schrift abgelehnt. Im 3. Jhd. zählt Origenes das *Johannesevangelium* aber bereits zu den anerkannten Schriften. Möglicherweise hängt diese Anerkennung schon mit der Tendenz zusammen, die christliche Lehre als »wahre Philosophie« zu verstehen, ein Verständnis, das sich seit der Mitte des 2. Jhd.s zahlreiche Christen wünschten.

Diese Tendenz zeigt sich sehr deutlich bei Justinus (Mitte 2. Jhd.), dem bedeutendsten der sogenannten Apologeten. Justinus stellt das Christentum als die »wahre Philosophie« dar. Durchaus im Sinne des hellenistischen Synkretismus, der es immer zuließ, Elemente anderer Schulen in die eigene hinein zu nehmen, setzte er diese »wahre Philosophie« nicht einfach in Gegensatz zu »falschen Philosophien«,

sondern gesteht auch den anderen Philosophien einzelne verstreute Wahrheitsgehalte, *lógoi spermatikoí*, zu. Damit war eine leistungsfähige Theorie aufgestellt, die es
Justinus ermöglichte, vor allem bei Sokrates, Platon und den Stoikern solche Logos-
Keime zu finden. Die ideale Anknüpfungsmöglichkeit ergab sich für Justinus in der
von ihm schon in den biblischen Schriften vorgefundenen Bezeichnung Jesu als
des »Logos«. Dies baute Justinus nun zum hermeneutischen Prinzip aus: Wenn es
irgendwo eine Wahrheit gäbe, die vom Christentum nicht als ein Element seines
eigenen Denkens aufgenommen werden könnte, so wäre Jesus nicht der universale
Logos; insofern aber Jesus als der universale Logos anerkannt wird, kann es *per defi-
nitionem* keine in das Christentum nicht-integrierbare Wahrheit geben. Und um den
Logos richtig zu erfassen, müssen alle irgendwo vorhandenen Logos-Keime aufgefunden werden, aus der Möglichkeit der Integration der Philosophie wird also die
Notwendigkeit dieser Integration.

Einen aufschlußreichen Hinweis, wie man sich diesen Zusammenhang vorstellen
konnte, erfahren wir aus dem *Dialog mit dem Juden Tryphon* des Justinus. Schon der
Philosophiebegriff, der dort vorausgesetzt wird, führt uns in die Welt des mittleren
Platonismus:

16 | Sprechen die Philosophen denn nicht immer von Gott und stellen sie nicht ständig
Untersuchungen an über seine Einheit und Vorsehung? Oder ist es nicht Aufgabe der
Philosophie, über das Göttliche nachzuforschen? (*Dialog mit dem Juden Tryphon* I 3)

Damit ist die Frage nach der Einheit von Philosophie und Offenbarung schon beantwortet:

Dürftest du denn aus der Philosophie den großen Nutzen ziehen, den du von deinem
Gesetzgeber und den Propheten hast? (Ebd.)

Justinus, der im Philosophenmantel spazieren geht, stimmt der Beschreibung der
Aufgabe der Philosophie, »immer von Gott zu sprechen«, und der Einheit von Philosophie und Heiligkeit ohne jeden Einwand zu:

Es ist nämlich in der Tat die Philosophie ein sehr großes Gut, das auch vor Gott sehr
viel gilt, zu dem sie allein uns führt, und mit dem sie allein uns verbindet, und wirklich
heilig sind diejenigen, welche sich der Philosophie hingeben. (Ebd. II 1)

Es stellt sich dann natürlich die Frage, *welche* Philosophie dieser Aufgabe richtig
entspricht. Justinus, ein »professioneller« Philosoph, weiß genau, daß das Angebot
auf dem philosophischen Markt groß ist: Platoniker, Stoiker, Peripatetiker, Pythagoreer und andere bieten dort ihre Lehren an. Justinus machte sich daher auf seinen –
echt oder typisiert biographischen – Weg, die echte und ursprüngliche Wahrheit

zu finden. Er wendet sich zunächst an einen *Stoiker*, ist aber enttäuscht, da dieser seine Kenntnisse von Gott nicht bereichern kann und ein solches Wissen auch gar nicht für notwendig hält (Ebd. II 3). Das Mißgeschick des Justinus ist philosophiegeschichtlich leicht zu erklären: Er war auf einen Stoiker getroffen, der noch ein echter traditioneller Stoiker war, der zwar eine unpersönliche Weltvernunft annahm, aber keinerlei Erfordernis dafür sah, diese in einen persönlichen Gott zu verwandeln. Die Schilderung der Begegnung mit dem Peripatetiker ist von vornherein polemisch und unsachlich: Dieser *Aristoteliker* sah sich für geistreich an, so Justinus, und forderte für seinen Unterricht Geld, woraus Justinus rasch schloß, daß dieser gar kein Philosoph ist (Ebd. II 3). Daß damals jemand für seinen Unterricht bezahlt wurde, war in keiner Weise ungewöhnlich, und daraus ein Argument gegen die Wahrheit des Unterrichtsgegenstandes zu bilden, ist einfach unsachlich. Auch Sokrates, der im Unterschied zu anderen keine Bezahlung für seinen Unterricht nahm, hat daraus kein Argument für die Wahrheit seiner Lehre gemacht. Im übrigen vermittelten die Aristoteliker zur Zeit des Justinus eher Wissen als Weisheit, und sogar elementares Schulwissen war zu dieser Zeit nicht kostenlos. Und womit Justinus seinen Lebensunterhalt bestritt, teilt er uns auch nicht mit. Justinus hat sich offensichtlich gar nicht ernsthaft mit aristotelischer Philosophie befaßt und was hinter dieser Abneigung der Mittelplatoniker gegen Aristoteles steht, konnten wir schon bei Attikos deutlich sehen (vgl. 1. Teil, Kapitel XVI, 3). Justinus wendet sich dann an einen *Pythagoreer*. Als dieser ihn darauf aufmerksam macht, daß er sich zunächst einmal mit Musik (= mathematische Musiktheorie), Astronomie und Geometrie beschäftigen müsse, Justinus aber eingestehen muß, davon nichts zu wissen, wird er von dem Pythagoreer weggeschickt (*Dialog mit dem Juden Tryphon* II 4 f.), wohl nicht einfach deshalb, weil Justinus nichts von Wissenschaft versteht, sondern deshalb, weil er sich damit auch nicht beschäftigen will: »Ich achtete auf die Zeit, welche ich mit jenen Wissenschaften hätte verbringen müssen, und wollte mich deshalb nicht lange hinhalten lassen.« (Ebd. II 5) Auch diesem Trend der Zeit, dem Desinteresse an der Wissenschaft, waren wir schon bei den Mittelplatonikern begegnet. Dabei konnte sich Justinus in diesem Fall nicht beklagen, er hatte hier einen Pythagoreer vor sich, der dem Trend seiner Zeit durchaus entgegenkam: Er versprach, gut mittelplatonisch, die Schau des Guten und Schönen, wenn sich jemand erst einmal durch das Studium der Wissenschaften für das Geistige empfänglich gemacht hat (Ebd. II 4). Aber über Studien der Mathematik und Astronomie war mit Justinus nicht zu reden, er suchte den kurzen und direkten Weg. Also wandte sich Justinus an einen *Platoniker*, d. h. hier natürlich an einen Vertreter des mittleren Platonismus. Diese waren den Bedürfnissen ihrer Zeit schon sehr stark entgegengekommen und hatten einen zweiten Bildungsweg erfunden, in dem von den Wissenschaften nur noch einige ganz allgemeine Sätze einer metaphysischen Naturphilosophie übrig geblieben waren, die niemandem ein langwieriges Studium abverlangten (vgl. 1. Teil, Kap. XVI, 2). Es handelte sich um ein gegenüber dem authentisch platonischen Weg arg verkürztes und auf religiöse Bedürfnisse zugeschnittenes Programm. Hier findet nun Justinus beinahe das, was er suchte:

Sehr interessierte mich die Geistigkeit des Unkörperlichen, das Schauen der Ideen gab meinem Denken Flügel, in kurzer Zeit wähnte ich, weise zu sein, und in meiner Beschränktheit hegte ich die Hoffnung, unmittelbar Gott zu schauen; denn dies ist das Ziel der Philosophie Platos. (*Dialog mit dem Juden Tryphon* II 6)

Daß es das Ziel der Philosophie ist, unmittelbar Gott zu schauen, ist allerdings nicht die Auffassung Platons, sondern die der Philosophie der Mittelplatoniker. Justinus zieht sich also zurück, um seinem Ziel näher zu kommen will er »der Menschen Pfade meiden« (Ebd. III 1). Auch dies stellt nichts Außergewöhnliches dar. Der Rückzug aus der Geschäftigkeit des täglichen Lebens wurde zu dieser Zeit in den verschiedensten philosophischen Schulen als eine wichtige äußere Bedingung für philosophische Meditation angesehen. Da begegnet ihm wieder jemand, diesmal ein *alter Mann*, der sich mit Justinus in ein Gespräch über – nun hauptsächlich platonische – Philosophie einläßt. Justinus fällt es auf, daß er »zufällig« an einem Ort, an dem er niemanden erwartete, diesen alten Mann trifft (Ebd. III 2). Dies ist natürlich nichts anderes als der literarische Topos der »Fügung«, des unerwarteten Geschenkes, der »Gnade« einer schicksalhaften Begegnung. Die beiden sprechen über Philosophie, und sie stimmen darin überein, daß Philosophie Glückseligkeit verleiht und daß daher alle Menschen sich mit Philosophie befassen sollten (Ebd. III 3 f.). All dies ist in keiner Weise originell, für uns ist es aber aufschlußreich zu sehen, daß der spätere Christ Justinus von den *allgemein verbreiteten Erwartungen* ausging. Der alte Mann legt Justinus auch eine weitere These vor, durch die auf eine alte, noch vor Pythagoras und Platon liegende Weisheit hingeführt werden soll. Und daß dieser Mann von Justinus als »alt« beschrieben wird, erhält dabei seine symbolische Bedeutung, denn was die Mittelplatoniker suchten, war eine solche »alte«, unverdorbene Weisheit:

Es ist schon lange her, da lebten Männer, älter als alle diese sogenannten Philosophen. Sie waren glücklich, gerecht und von Gott geliebt. Sie predigten im Geiste Gottes, sie sagten die Zukunft voraus, das nämlich, was nun tatsächlich eintritt. Propheten nennt man sie. Sie allein sind es, welche die Wahrheit gesehen und sie den Menschen, ohne dieselben zu fürchten und ohne ihnen zu schmeicheln, frei von Ruhmsucht verkündet haben. Sie haben ja nur das gelehrt, was sie, vom Heiligen Geiste erfüllt, gehört und gesehen hatten. (Ebd. VII 1 f.)

Der Ausdruck »Heiliger Geist« ist hier ganz allgemein – also nicht im Sinne der späteren Trinitätslehre – zu verstehen als *pneúma*, so wie dieser Ausdruck auch von Stoikern und Platonikern gebraucht wurde. Der Rückgriff auf die Männer, die vor allen Philosophen gelebt haben und bei denen die Weisheit noch nicht verdorben war, ist uns schon im Mittelplatonismus bei Plutarch und Numenios begegnet (vgl. 1. Teil, Kap. XVI, 4). Ihre Weisheit war eigentlich nicht ihre eigene: Sie hatten sie als Gabe empfangen. Die Philosophie ist auch nach Justinus nicht eigene Leistung, sondern den Menschen ursprünglich »geschickt worden« und sie ist ein hohes Gut, das »der Menge verborgen« ist (*Dialog mit dem Juden Tryphon* II 1). Die ursprüngliche Weisheit ist dann später – und das ist nach Auffassung der Mittelplatoniker eine Verfallserscheinung – in den Schulbildungen »vielköpfig« geworden (Ebd. II 2).

Der alte Mann gibt Justinus noch einen Rat mit auf den Weg:

Bete aber, daß dir vor allem die Tore des Lichtes geöffnet werden! Denn niemand kann schauen und verstehen, außer Gott und sein Christus gibt einem die Gnade des Verständnisses. (Ebd. VII 3)

Auch dies war zu dieser Zeit kein »unphilosophischer« Rat, denn inzwischen hatten auch mittelplatonische Philosophen um Erleuchtung zu beten gelernt. Das Ende der Geschichte folgt wieder literarischer Topik: Der alte Mann geht weg und Justinus hat ihn nie mehr gesehen (Ebd. VIII 1), ist aber ergriffen und findet nun seine »Philosophie«:

Ich dachte bei mir über die Lehren des Mannes nach und fand darin die allein verlässige und nutzenbringende Philosophie. Dies ist der Weg und dies sind die Gründe, welche mich zum Philosophen gemacht haben. (Ebd. VIII 1 f.)

Justinus ist also überzeugt, erst dort richtig »Philosoph« geworden zu sein, wo er sich einer Offenbarung und einer Mysterienreligion zuwendet. Der Weg des Justinus ist gar nicht so sehr von dem eines Apuleius verschieden. Beide sind erst einmal Platoniker, dann erklärt ein Priester der Göttin Isis dem Apuleius mit »verklärtem Blick« den Weg zur Wiedergeburt, und ganz ähnlich erscheint Justinus ein Greis und zeigt ihm den Weg zurück zur Weisheit der Alten, die über Platon und Pythagoras hinausführt. Der Weg zur wahren Philosophie hat hier immer etwas Mysteriöses an sich, die wahre Philosophie kommt zum Menschen, nicht er kommt zu ihr.

4. Klemens von Alexandrien

Die Interpretation der christlichen Lehre als der wahren Philosophie, die somit alles das, was in anderen Philosophien als wahr erkannt wird, in sich aufnehmen kann und muß, wurde vor allem in Alexandrien, dem Zentrum antiker Bildung, intensiv ausgebaut. Die Entscheidung gebildeter Christen, eine solche Verbindung mit der Philosophie einzugehen, war nicht unumstritten. Hinter vielen Äußerungen des

Klemens von Alexandrien (um 140/150–216/217) steht nicht nur seine Auseinandersetzung mit anderen Philosophien, um die wahre Philosophie zu verteidigen, sondern auch seine Auseinandersetzung mit jenen Christen, denen philosophische Bildung als unnütz und schädlich, ja als Teufelswerk erschien. Etwa zur gleichen Zeit
wie Klemens lebte in Nordafrika Tertullian (um 160 – nach 220), der erste bedeutende lateinische Schriftsteller der Kirche. Tertullian versuchte, dem Christentum
eine entscheidend antigriechische und antiphilosophische Richtung zu geben. Von
ihm stammt die berühmte Frage:

Was hat Athen mit Jerusalem zu schaffen? Was die Akademie mit der Kirche?«
(Tertullian: *Die Prozeßeinreden gegen die Heiden* 7)

Es ist ziemlich deutlich, daß es hier nicht nur um das Verhältnis von Christentum
und Philosophie, sondern auch um das römisch/lateinischer und griechischer
Kultur ging. Nichtsdestoweniger: Tertullian wollte ganz ausdrücklich keine Verbindung von christlichem Glauben und Philosophie. Er hatte allerdings einen besonderen Grund für diese Ablehnung:

20 | Auch die Häresien selbst empfangen durch die Philosophie ihre Ausrüstung. [...] Die-
selben Gegenstände werden bei Häretikern und bei Philosophen behandelt, dieselben
verwickelten Verhandlungen werden angestellt: Woher das Böse und warum ist es da?
Woher der Mensch und wie ist er beschaffen? und woher Gott? [...] Du armer Aristoteles! Du hast die Dialektik gelehrt, die Meisterin im Aufbauen und Zerstören, die so
verschmitzt ist in ihren angeblichen Schlüssen, so hart in ihren Beweisen, so geschäf-
tig im Wortstreit, die sogar sich selbst zur Last fallend, alles behandelt, um schließlich
gar nichts behandelt zu haben. [...] Mögen sie meinethalben, wenn es ihnen so gefällt,
ein stoisches und platonisches und dialektisches Christentum aufbringen! Wir indes
bedürfen seit Jesus Christus des Forschens nicht mehr, auch nicht des Untersuchens,
seitdem das Evangelium verkündet worden. Wenn wir glauben, so wünschen wir über
das Glauben hinaus nichts mehr. Denn das ist das erste, was wir glauben: es gebe
nichts mehr, was wir über den Glauben hinaus noch zu glauben haben. (Ebd.)

Interessant ist, daß durch dieses Zeugnis Tertullians deutlich wird, daß sich die Christen seiner Zeit offensichtlich auf dem Markt der Weltanschauungen und Philosophien umgesehen hatten: Tertullian rechnet mit der Möglichkeit eines stoischen,
eines platonischen und eines dialektischen (aristotelischen) Christentums. Er selbst
will von all dem nichts wissen, denn »wir bedürfen des Forschens nicht mehr«. Dies
ist schon eine eigenartige – aber auch später immer wieder auftretende – »Dialektik
des Glaubens«: Es wird zunächst gar nicht gefordert, *etwas* zu glauben, sondern zu
glauben, daß man außer dem Glauben nichts mehr zu glauben braucht. Modern
nennt man so etwas eine »Immunisierungsstrategie«. Dies bedeutete nicht, daß bei

Tertullian faktisch keine philosophischen Einflüsse bemerkbar sind. Zu Seneca spricht er sich sogar positiv aus. Einfache stoische Lehren, vorausgesetzt sie stammen von einem lateinischen Autor, läßt er somit durchaus zu. Seine prinzipielle Haltung gegenüber allem Philosophischen und allem Griechischen aber war fanatisch ablehnend, und vermutlich stand er damit unter den lateinischen Christen nicht allein. Für ihn ist es klar, daß der Glaube auch den Ungebildeten in den Besitz von Wahrheiten versetzt, die die Reichweite jeder Philosophie übersteigen. Besonders störte es ihn, daß in den von ihm festgestellten Häresien mit philosophischen Argumenten gearbeitet wurde, woraus er rasch den Schluß zog, daß Philosophie für den Christen nicht nur überflüssig, sondern sogar schädlich und gefährlich sei, denn für ihn ist der Glaube gerade deshalb glaubhaft, weil er »ungereimt« (*ineptum*, nicht *absurdum*, wie es manchmal falsch wiedergegeben wird) ist. Philosophie kann hier nichts ausrichten, der »arme Aristoteles« mit seiner Logik behandelt schließlich doch gar nichts!

Klemens von Alexandrien wußte um die Berührungsängste vieler Christen mit der griechischen Philosophie:

Die meisten aber fürchten sich vor der griechischen Philosophie wie die Kinder vor Gespenstern, und sie haben Angst, sie könnte sie mit sich fortnehmen. (*Stromata* VI 80, 4)

| 21

Klemens hält aber diese Angst nicht nur für unbegründet, sondern sogar für schädlich, da sie dem Auffinden der Wahrheit hinderlich ist. Bei der Verteidigung der Philosophie greift Klemens von Alexandrien auf den gemeinsamen Nenner zurück, der das Christentum mit der Philosophie des Hellenismus verband: das Streben nach Tugend, und fügt als weiteres Motiv den Vorsehungsglauben hinzu, der, wie wir gesehen haben, im Mittelplatonismus auch sehr verbreitet war.

Die Philosophie kann also, da sie die Menschen tugendhaft macht, kein Werk der Schlechtigkeit sein. So bleibt denn nur übrig, daß sie Gottes Werk ist, dessen einzige Tätigkeit das Gutestun ist, und alles, was von Gott gegeben wird, das wird zum Guten gegeben und empfangen. Tatsächlich ist die Beschäftigung mit der Philosophie nicht Sache schlechter Menschen; aber wenn sie den Besten unter den Griechen gegeben ist, dann ist auch offenbar, von wem sie gegeben ist, nämlich ohne Zweifel von der Vorsehung, die jedem einzelnen das ihm Zukommende nach Gebühr zuteilt. Mit Recht haben also die Juden das Gesetz, die Griechen die Philosophie bis zu der Erscheinung des Herrn. (Ebd. VI 159, 6–9)

Wo es um das Gute und das richtige Streben nach dem Guten geht, erhält die Erziehung eine große Bedeutung. Der Begriff der *Erziehung* (ein zentraler Begriff der Philosophie seit der Zeit der Sophisten) wird aber von Klemens auch *geschichtstheoretisch* zur Anwendung gebracht: Die Philosophie war – ebenso wie das jüdische Gesetz – ein Element der Vorsehung, sie wird hier nun auch als *Erziehung des Menschengeschlechts* aufgefaßt. Die Philosophie wird angesehen als eine Erziehung auf Christus hin, sie findet daher ihre Fortsetzung im Christentum, aber so, daß im Christentum die Philosophie nicht aufhört, sondern in ihm weiter bestehen bleibt. Damit war ein weiteres theoretisches Element gegeben, das die Interpretation der Philosophie ermöglichte. So wie schon Justinus will auch Klemens von Alexandrien den Wahrheitsgehalt der Philosophie in die christliche Lehre aufnehmen, und zwar nicht als etwas ihr Fremdes, sondern als etwas, was ihr innerlich zugehört. Dies könnte so erscheinen, als würde von Klemens alles, was ihm als wahr erscheint, einfach für das Christentum vereinnahmt, das ist aber nicht der Fall. Klemens ist durchaus bemüht, »wahrheitsliebend und bescheiden auch hinsichtlich des bei den Andersdenkenden trefflich Gesagten die Wahrheit [zu] bezeugen« (Ebd. VI 154, 1). Aufgrund dieser Bescheidenheit und Aufmerksamkeit für den Wahrheitsgehalt bei den Andersdenkenden wurde – so nebenbei gesagt – Klemens von Alexandrien mit seinen *Teppichen (Stromata)* eine für uns unschätzbare Quelle für philosophiegeschichtliche Nachrichten sowie für zahlreiche Zitate aus Schriften, die als ganze nicht mehr erhalten sind (*Teppich* soll hier sagen: zusammengefügte Stoffteile, also kein systematisches Werk, sondern Einzelstücke).

Ähnlich wie Numenios bettet Klemens von Alexandrien die Philosophie in einen Strom alter, nichtgriechischer Weisheit ein:

Demnach war die Philosophie, ein überaus wertvolles Gut, in alter Zeit bei Barbaren zur Blüte gelangt, indem sie wie ein Licht unter den Völkern aufging, und erst später kam sie auch zu den Griechen. (Ebd. I 71, 3)

Thales und Platon haben von den Ägyptern gelernt; Thales noch dazu von den Chaldäern und den persischen Magiern. Demokrit hat Ägypten, Babylonien und Persien besucht, wo er Schüler der Magier gewesen sein soll; Pythagoras hat von den Ägyptern und den persischen Magiern gelernt, wobei auch Zoroaster sowie die Gymnosophisten, die Brahmanen und Buddha erwähnt werden (Ebd. I 66–70). Und so kann Klemens von Alexandrien mit Zustimmung Platon zitieren, der im *Timaios* (22 b) einen Barbaren zu Solon sagen läßt:

O Solon, Solon, ihr Griechen seid immer Kinder, und unter den Griechen ist keiner ein Greis; denn ihr habt kein altersgraues Wissen. (*Stromata* I 69, 3)

Alle die griechischen Weisen haben also von anderen gelernt, und jedenfalls sind sie alle »jünger« als Moses (Ebd. I 60, 1). Die Philosophen lieferten unvollkommene Bilder, durch die die Wahrheit nur hindurchschimmert (Ebd. I 94, 7), und so kann die Philosophie nur eine »Vorschule des Gnostikers« sein (Ebd. I 99, 1). Als solche

Vorschule läßt Klemens die Philosophie aber durchaus gelten, mehr noch: Er hält eine solche Vorschule sogar für erforderlich.

Wiederum ganz ähnlich wie Justinus und Numenios faßt Klemens von Alexandrien die ursprüngliche Wahrheit als nur *eine* auf, die später in viele Teile zerfallen ist und sich so von der authentischen Wahrheit entfernt hat.

Während es nur *eine* Wahrheit gibt (die Lüge hat ja viele Abwege), haben die verschiedenen Richtungen der barbarischen und der griechischen Philosophie sie in viele Teile zerrissen, wie die Bakchen die Glieder des Pentheus, und nun erklärt jede einzelne Richtung das Stück, das sie zufällig erhalten hat, prahlend für die ganze Wahrheit. Durch den Aufgang des Lichtes wird aber, meine ich, alles erleuchtet. (Ebd. I 57, 1)

Klemens von Alexandrien war ein gebildeter Mann, der keinerlei Probleme in der Verbindung von Philosophie, Wissenschaft und Christentum sah. Der Gnostiker, wie er ihn wollte, mußte dann allerdings all die wissenschaftlichen Anstrengungen auf sich nehmen, vor denen noch Justinus zurückgescheut war. Klemens von Alexandrien fordert ausdrücklich eine »eifrige Beschäftigung« mit Musik, Arithmetik, Geometrie und Astronomie, und auch mit der Dialektik (Ebd. VI 80, 1–4). Er weiß natürlich, daß eine solche Forderung nicht unumstritten war, hält aber Befürchtungen für unbegründet. Immer wieder scheint bei Klemens die Auseinandersetzung mit jenen durch, die – wie schon weiter oben angemerkt – meinen, der Glaube allein reiche aus:

Einige Leute aber, die sich für besonders begabt halten, erklären es für richtig, daß man sich weder mit Philosophie noch mit Dialektik beschäftigt, ja daß man nicht einmal die Naturwissenschaft erlernt, und fordern einzig und allein den Glauben. Das ist gerade so, wie wenn sie, ohne irgendwelche Mühe auf die Pflege des Weinstocks verwendet zu haben, gleich von Anfang an die Trauben ernten wollten. (Ebd. I 43, 1)

Weder der Glaube allein (vgl. Tertullian), noch auch der rasche Weg »ohne irgendwelche Mühe« (vgl. Justinus) führt also zum Ziel. Das *Ziel*, das Klemens vor Augen hat, ist die *wahre Gnosis*. Die aber kann nicht erreicht werden, wenn sie nicht durch die *Vorschule der Philosophie* und der Wissenschaften gegangen ist. Bei Klemens wird also die Auffassung von der Philosophie und der Wissenschaft, die im mittleren Platonismus vorbereitet und im Neuplatonismus ausgearbeitet wurde, aufgenommen, nämlich daß die Philosophie die »Eingangshalle« zur höheren Erkenntnis ist. »Gnosis« und »Gnostiker« sind bei Klemens Ausdrücke, die noch keineswegs eine negative Bedeutung haben. Die Ablehnung der Gnostiker und damit die abwertende Bedeutung von »Gnostiker« tritt erst später auf, zu einem Zeitpunkt, als die Christen selbst schon Gnostiker geworden waren und sich gegenüber jenen, die sich selbst als »Gnostiker« bezeichneten, abgrenzen mußten. Bei Klemens ist ein Gnostiker derjenige, der die »wahre Philosophie« voll und ganz erfaßt hat, der sich aber auch alle erforderlichen Vorkenntnisse angeeignet hat.

Der Gnostiker wird also nicht hinter denen zurückbleiben, die in der allgemeinen Bildung und in der griechischen Philosophie gute Fortschritte machen; aber er wird das nicht als die um ihrer selbst willen zu betreibende Hauptsache ansehen, sondern nur als etwas Nötiges und als etwas, das erst an zweiter Stelle kommt und durch die Umstände bedingt ist. (*Stromata* VI 83, 1)

Hier liegt natürlich eine Einschränkung vor, ein Studium der Wissenschaften um seiner selbst willen, wie es im Museum Alexandriens betrieben wurde (vgl. 1. Teil, Kap. XI, 3), das Klemens, der ja in dieser Stadt lebte, ohne Zweifel kannte, läßt der christliche Philosoph nicht zu, wobei er sich allerdings mit der Auffassung der Mittelplatoniker in völliger Übereinstimmung befand. Aber auch Klemens von Alexandrien läßt keinen Zweifel daran aufkommen, daß für ihn – ganz wie für die Platoniker – gilt:

24 | Der Gnostiker muß vielmehr die Beschäftigung mit den verschiedenen Wissenschaften als eine Vorübung verwenden, die einerseits mit dazu hilft, daß die Wahrheit, soweit das erreichbar ist, genau richtig und ungestört überliefert wird, und andererseits ein Schutz gegen die Reden ist, die mit ihren verderblichen Künsten die Wahrheit ausrotten wollen. (*Stromata* VI 82, 4)

Neben der Funktion der Philosophie als Vorschule kommt hier bereits das zweite wichtige Element der Verwendung der Philosophie zur Sprache, nämlich ihr Nutzen für die *Apologetik*, also für die Verteidigung der Wahrheit. Auch dieses letztere Element wurde in der Folgezeit bedeutsam für die Aufnahme der griechischen Philosophie im Bereich des Christentums. Schon zur Zeit des Klemens von Alexandrien galt es nicht nur, sich mit der »heidnischen« Philosophie auseinanderzusetzen, sondern es ging auch darum, die »wahre« Lehre von der »falschen« der Häretiker abzugrenzen. So wie dann im Neuplatonismus, so wird auch für das Christentum die Frage der *Rechtgläubigkeit*, der Orthodoxie, zu einem wichtigen Problem.

Keinesfalls darf das Christentum hinter den höchsten Anforderungen des hellenistischen Denkens zurückbleiben: der Tugend als Bedingung der Glückseligkeit und der Erkenntnis Gottes als der Glückseligkeit selbst oder als der unmittelbaren Folge der Erkenntnis Gottes. Nach Klemens von Alexandrien erreicht der christliche *Gnostiker* beides in höchstem Maß. Er gelangt u.a. an jenes Ziel, das die Stoiker in der *apátheia*, der Leidenschaftslosigkeit, angestrebt hatten. Der Gnostiker kennt kein »leidenschaftliches Streben« (Ebd. VI 71, 5), »er unterliegt also weder einer Begierde oder irgendeinem Verlangen« (Ebd. VI 71, 6), sondern besitzt eine »unwandelbare Haltung« (Ebd. VI 73, 5).

Wir müssen also unseren Gnostiker und Vollkommenen frei von jeder seelischen Erregung denken. Denn die Erkenntnis *(gnôsis)* bewirkt Selbstbeherrschung, die Selbstbeherrschung aber eine Haltung oder einen Zustand, eine solche Beschaffenheit aber Leidenschaftslosigkeit *(apátheia)*, nicht nur Mäßigung in den Leidenschaften; denn Leidenschaftslosigkeit ist die Frucht der vollständigen Ausrottung der Begierden. Aber auch mit jenen vielgerühmten guten Trieben, nämlich mit den guten Regungen, die den Leidenschaften zur Seite stehen, hat der Gnostiker nichts zu tun. (Ebd. VI 74, 1 f.)

Bis hierher unterscheidet sich der Gnostiker kaum von dem vollendeten Weisen, wie ihn Apuleius schildert (vgl. 1. Teil, Kap. XVI, 2). Dieser vollendete Weise ist in Wirklichkeit ein guter Stoiker. Apuleius blieb aber dabei nicht stehen, sondern forderte eine noch höhere Erkenntnis, eine, die in die Schau des Gottes Osiris mündete. Ganz ähnlich soll der christliche Gnostiker zu einer Schau gelangen. Dafür ist allerdings eine »gnostische Entscheidung« erforderlich, die zu dem »unzugänglichen Licht« führt (*Stromata* VI 75, 2).

Denn es ist unmöglich, daß jemand, der durch die Liebe einmal zur Vollendung gelangt ist und für alle Zeit und ohne je dessen überdrüssig zu werden, die nie stillbare Freude des Schauens genießen darf, sich noch an den geringen und irdischen Dingen | 25
ergötzen könnte. Denn welcher vernünftige Anlaß, wieder zu den weltlichen Gütern zurückzukehren, könnte für den bestehen, der zu dem unzugänglichen Licht gelangt ist, wenn auch noch nicht der Zeit und dem Ort nach, so doch vermittelst jener gnostischen Liebe, deretwegen auch die Erbschaft und die vollständige Wiedereinsetzung erfolgt [...]? (Ebd. VI 75, 1–2.)

Daß all dies auf einer gnostischen *Entscheidung* beruhen soll, ist aufschlußreich. In philosophisch-gnostischem Kontext bedeutet dies, daß nicht die Einsicht, die Erkenntnis für das Erreichen der höchsten Stufe entscheidend ist, sondern die Entscheidung, der *Wille.* Auch dies war schon bei den Platonikern vorbereitet, so etwa wenn Apuleius von einer Forderung des Gehorsams spricht. Bei Klemens von Alexandrien ist dieses Element des Willens zwar noch nicht zentral, es wird aber doch öfters betont. Der Wille war aber bei den Griechen immer der Erkenntnis nachgeordnet. Erhielt nun der Wille, die Selbstbestimmung, eine letztlich entscheidende Bedeutung, so lag hier ein so großer Unterschied gegenüber dem griechischen Denken vor, daß ein Konflikt unvermeidlich war. Dieser Konflikt erforderte eine systematische Aufarbeitung, was eine immer neue Aufgabe der späteren christlichen Philosophie wurde, die bis zur Kritik ihrer selbst führen konnte, denn diese zentrale Stellung von Wille und Freiheit mußte konsequenterweise auch in die Gottesproblematik hineingetragen werden, und damit wurde die Frage des Ursprungs des Bösen und des menschlichen Leidens zu einer unübersehbaren und unübergehbaren. Bei den Griechen waren die Götter ursprünglich alles andere als allmächtig, selbst Zeus hatte große Probleme, wenn er seinen Willen durchsetzen wollte. Platoniker und Neuplatoniker setzten das EINE ganz an die Spitze der Seinshierarchie und über diese eigentlich noch hinaus. Wird dieses EINE dann aber mit der auch für den Menschen nun als entscheidend angesehenen Willenskraft ausgestattet, so ergibt sich der *allmächtige Gott*, so wie dies auch in der biblischen Gottesvorstellung enthalten ist. Dann aber stellt sich folgende Frage: Wieso wollte dieser allwissende und allmächtige Gott eine Welt mit Leiden und Bösem? Konnte oder wollte er keine andere, bessere Welt schaffen? Der auch im mittleren Platonismus gegenwärtige persische Dualismus bot hier eine plausible Lösung: Der gute Gott ist gar nicht allmächtig, denn ihm steht ein böser Gott gegenüber, so wie auch im Menschen eine gute einer bösen Seele oder zumindest ein guter Seelenteil einem bösen Seelenteil gegenübersteht. Die Christen wollten dem nicht folgen, und so blieben die Fragen bestehen. – Weiter stellte sich mit der Betonung des Willens die Frage nach dem Verhältnis von menschlicher Freiheit und göttlicher Allmacht. Bei Klemens von Alexandrien, der noch vorwiegend an einer erkenntnis- und schau-bestimmten Gnosis interessiert ist, tauchen diese Fragen nur am Rande auf, auf längere Sicht hin aber mußten diese »ungriechischen« Fragen drängend werden. Sie brachten dann die beiden ersten großen Systementwürfe christlicher Philosophie hervor, den des Origenes und den des Augustinus. Beiden ist eines gemeinsam: Indem sie diese Fragen ernst nahmen, kamen sie zu Konsequenzen, die für die Kirche unannehmbar waren. Bei Origenes wurde das schon bald sichtbar, bei Augustinus – vor allem dem späten Augustinus – und in dem von ihm ausgehenden und ihn konsequent zu Ende denkenden Augustinismus wurde dies erst später deutlich, was dann letztlich zur Reformation am Beginn der Neuzeit führte. Dies provoziert folgende Hypothese: Die »Lösung« der Kirche war eher jene unverbindliche des Justinus. Wird jedoch die vom Christentum selbst gestellte philosophische Frage bis zu Ende gedacht, so geht sie über die Grenzen jener unverbindlichen Harmonisierung hinaus, sprengt aber dadurch die gesellschaftliche Identität der Kirche, die die göttliche Allwissenheit und Allmacht sowie die unbedingte Notwendigkeit der Gnade für die Erlösung des Menschen ebenso festhalten will wie die Freiheit und somit die Verantwortlichkeit des Menschen. Dies bedeutet: Schon in den ersten entscheidenden Fragen der »christlichen Philosophie«, die zur Philosophie des Mittelalters führten, ist jenes Konfliktpotential gegenwärtig, das das Ende der mittelalterlichen Philosophie hervorrufen wird.

5. Origenes

a) Leben und Werke

Origenes (um 185–254) lebte, dachte und wirkte in einer Periode, in der der weitere Weg des Christentums noch sehr offen war. Es gab noch Fragen um den definitiven Kanon der Schriften des *Neuen Testaments*, es hatten noch keine Konzilien stattgefunden und man konnte noch von keiner Zentralgewalt sprechen. Dies bedeutete aber auch, daß es noch keine klaren Aufgabenstellungen für die Philosophie im Christentum gab, auch Klemens von Alexandrien hatte nur eine generelle Aufgabe der Philosophie aufgestellt, ohne schon in die Diskussion der einzelnen Probleme einzutreten. Es war immer noch, trotz Justinus und Klemens von Alexandrien, keineswegs unumstritten, daß sich Christen von der Philosophie einen Nutzen erwarten konnten. Sich mit Philosophie zu beschäftigen, war also für einen Christen auch in Alexandrien, dem damligen kuturellen Zentrum der hellenistischen Welt, nicht selbstverständlich. Origenes ging diesen Weg, obwohl man ihm, der aus christlicher Familie stammte, keineswegs nachsagen kann, daß er den christlichen Glauben intellektualistisch verharmloste oder einebnete. Origenes wurde Schüler des Ammonios Sakkas, der später als Begründer des Neuplatonismus bezeichnet wurde. Einige Jahre nach Origenes war auch Plotin, der erste Systematiker des Neuplatonismus, Schüler des Ammonios Sakkas. Dies erklärt, warum Origenes und Plotin ähnlichen Fragestellungen nachgingen und auch in ihrem Verfahren der Philosophie als Auslegung autoritativer Texte ähnliche Züge aufweisen. Die Nachrichten über den Ammonios-Schüler Origenes stimmen allerdings bei dem antiken Kirchenhistoriker Eusebius (um 265–339) und dem Plotin-Schüler Porphyrios nicht überein, so daß es sich bei dem Schüler des Ammonios auch um einen anderen Origenes gehandelt haben könnte. Nimmt man jedoch die Ähnlichkeit der Auffassungen des Plotin und des Origenes, so erscheint diese Annahme doch als eher unwahrscheinlich.

Aus einem späteren Brief des Origenes geht hervor, daß seine Hinwendung zur Philosophie nicht nur persönlichen Interessen entsprungen ist, sondern auch aus einer gesellschaftlichen Anforderung, wobei es für uns ganz gleich ist, ob dieser Bericht biographisch oder eher literarisch ist:

Während ich dem Studium des Wortes [der Heiligen Schrift] oblag und der Ruf unserer Schule sich weithin verbreitete, kamen zu mir bald Häretiker, bald Männer, die der griechischen Wissenschaften sich beflissen, und vor allem Philosophen. Daher entschloß ich mich, sowohl die Lehren der Häretiker zu untersuchen als auch die Lösungen, die die Philosophen in der Frage nach der Wahrheit zu geben versprachen. (Eusebius: *Kirchengeschichte* VI 19, 12)

Origenes kam also von den Heiligen Schriften zur Philosophie. Er beruft sich dabei auf Vorgänger, die Ähnliches unternommen hatten, u.a. auf Herakles, der Presbyter in Alexandrien war und den Origenes bei seinem Lehrer Ammonios kennengelernt hatte. Dieser Herakles trug, obwohl Amtsträger der Kirche, immer noch den Philosophenmantel und beschäftigte sich auch weiter mit Philosophie (Ebd. 19, 13–14). Aus diesem Brief des Origenes ist die Verteidigung seiner philosophischen Studien herauszuhören, und Eusebius, der diesen Brief in seine *Kirchengeschichte* aufgenommen hat, berichtet selbst, daß es sich dabei um eine Antwort auf jene handelte, die ihm diese Tätigkeit zum Vorwurf machten (Ebd. 19, 11). – Damit war folgender Ausgangspunkt für Origenes gegeben: *Philologie und Philosophie*. Beschäftigung mit dem Wort der Schrift bedeute in alexandrinischer Umgebung genaue Bearbeitung des Textes. In diesem Rahmen sind seine eigenen großen Werke zu sehen: die *Hexapla* (= hebräischer Text des *Alten Testaments* + die vorhandenen griechischen Übersetzungen) und *Peri Archôn*, die philosophische Darlegung der Grundprinzipien des christlichen Glaubens. Dazu kamen noch die Schriften des *Neuen Testaments*, die er in vielen Kommentaren erörterte. In welcher Weise er Philologie und Philosophie zusammenzubringen suchte, wird gleich noch erörtert werden.

Der Eindruck, den Origenes auf seine Schüler machte, muß sehr groß gewesen sein. Die philosophische Gestalt, die er dem Christentum gab, ließ und läßt bis heute verschiedene Interpretationen offen und schon seine Gegner taten sich mit einer Einschätzung schwer. Porphyrios, ein Gegner des Christentums, schreibt über Origenes:

Er war Schüler des Ammonius, des verdientesten Philosophen unserer Zeit. Wissenschaftlich hatte Origenes von seinem Lehrer sehr viel gewonnen, doch schlug er – was die rechte Entscheidung fürs Leben anbelangt – einen entgegengesetzten Lebensweg ein. Ammonius nämlich wandte sich, obwohl von seinen Eltern als Christ im Christentum erzogen, sobald er zu denken und zu philosophieren anfing, sofort der den Gesetzen entsprechenden Lebensweise zu. Origenes aber irrte, obwohl als Grieche unter Griechen erzogen, zu barbarischer Dreistigkeit ab. Ihr zuliebe verkaufte er sich und seine Bildung. Sein Leben war das eines Christen und widersprach den Gesetzen. In seiner Auffassung von der Welt und von Gott dachte er wie ein Grieche und schob den fremden Mythen griechische Ideen unter. Ständig beschäftigte er sich nämlich mit Plato. Er war vertraut mit den Schriften des Numenius, Kronius, Apollophanes, Longinus, Moderatus, Nikomachus und der berühmten Männer aus der pythagoräischen Schule. Er benützte aber auch die Bücher des Stoikers Chäremon und des Kornutus, von welchen er die allegorische Auslegung der heidnischen Mysterien erlernte, und wandte diese Methode auf die jüdischen Schriften an. (Ebd. 19, 6–8)

Wir begegnen hier also wieder den typischen Elementen der Philosophie des 2. und 3. Jhd.s: Platon, der Stoa, den Neupythagoreern und Numenios. Die breite und gründ-

28 |

liche Bildung des Origenes in stoischer und platonischer Philosophie anerkennt also auch der Gegner. Daß Porphyrios, der selbst ein umfangreiches Werk gegen die Christen verfaßt hatte, kein Verständnis für den Lebensweg des Origenes aufbringen konnte, ist verständlich. Mit seinem Urteil, Origenes schiebe den fremden Mythen griechische Ideen unter, traf er allerdings durchaus etwas Richtiges. Als Vorwurf eignete sich diese Festellung aber im Munde des Porphyrios kaum, denn Porphyrios tat genau dasselbe, nur verwandte er anstelle der jüdischen Mythen eben ägyptische (vgl. 1. Teil, Kap. XVII, 2). Und bei Numenios, der nach dem eigenen Urteil des Porphyrios größten Einfluß auf Plotin gehabt hatte, war ein solcher Rückgriff auf die »alte Weisheit« geradezu zum philosophischen Programm erhoben worden (vgl. 1. Teil, Kap. XVI, 4, a). Die Kritik des Porphyrios wendet sich also eigentlich gar nicht gegen die philosophische Methode des Origenes, sondern nur gegen die spezifische Mythologie, die dieser heranzieht. Vor allem steht dahinter die Befürchtung des Porphyrios, die »wahre Philosophie« der Christen könnte der »wahren Philosophie« der Heiden den Rang ablaufen (ich verwende hier »Heiden« und »Christen« völlig wertungsfrei als Kurzformeln).

Im Jahr 217 wurde Origenes durch den Bischof von Alexandrien zum Leiter der dortigen Katechetenschule ernannt, wodurch diese eigentlich erst ins Leben gerufen wurde. Origenes hatte bei seiner Arbeit ideale Bedingungen. Er hatte in Ambrosius, einem von ihm zum »wahren Glauben« Bekehrten, einen Sponsor gefunden, der ihm ein Schreibbüro finanzierte, das jeden Professor des 20. oder 21. Jhd.s vor Neid erblassen läßt: | 29

> Es standen nämlich Origenes beim Diktieren mehr als sieben Schnellschreiber zur Verfügung, welche sich zu bestimmten Zeiten ablösten; nicht geringer war die Zahl der Reinschreiber nebst den im Schönschreiben geübten Mädchen. Die für dieses ganze Personal notwendigen Ausgaben bestritt Ambrosius in reichlichem Maße. (Eusebius: *Kirchengeschichte* VI 23, 2)

Obwohl Origenes bald eine anerkannte Autorität war, kam es zum Konflikt mit dem Alexandriner Bischof Demetrios, als dieser die Schule des Origenes unter seine Kontrolle bringen wollte. Origenes war zwar ein treues Mitglied der christlichen Gemeinde von Alexandrien, vertrat jedoch die Überzeugung, daß die Amtsträger die »wahre Gnosis« nicht reglementieren durften. Dies führte zum ersten großen Konflikt zwischen Amt und »Geist«. Den pragmatisch durchaus möglichen Ausweg für den Bischof, Origenes selbst zum Amtsträger zu machen, wollte Demetrios nicht gehen. Als Origenes um 230 in Cäsarea (Palästina) war, wurde er aber vom Ortsbischof von Jerusalem zum Presbyter geweiht, was den Bischof von Alexandrien so erzürnte, daß er Origenes aus der Gemeinde ausschloß. Origenes sah sich gezwungen, Alexandrien zu verlassen. Er ging daher nach Cäsarea und gründete dort erneut eine Schule, die bald großen Zulauf erhielt. Dieser Schule des Origenes lag ein

Programm zugrunde, das die platonischen Schulen ebenso vertraten: Die Schüler sollten lernen, sich intellektuell und sittlich dem Logos anzugleichen; alles andere – Grammatik, Mathematik, Geometrie und Astronomie – sollte diesem Ziel dienen. Das Grundlegende aber war: Die Schüler sollten die *Selbständigkeit des Geistes* üben, die in der Überwindung alles Unvernünftigen liegt. All dies ist gute griechische Tradition: Überall sollte das aufgesucht werden, was wahr und somit förderlich ist, dies galt für die *Bibel* ebenso wie für die Schriften der Philosophen und der Dichter. – Origenes gewann schon zu Lebzeiten einen außergewöhnlichen Bekanntheitsgrad. Als die Mutter des Kaisers Alexander, Mamäa, sich in Antiochien aufhielt, ließ sie Origenes unter Militärschutz an ihren Hof kommen, um einige Vorträge, »Proben seines Könnens«, von ihm zu erleben (Ebd. 21, 3–4). Während der ersten allgemeinen Christenverfolgung im Jahre 249 wurde Origenes gefangengenommen und gefoltert. Er kam jedoch wieder frei und starb im Jahre 254.

Die philosophisch wichtigste Schrift des Origenes ist *Peri Archôn*. Die Interpretation dieses Werkes bereitet einige Schwierigkeiten, die unter anderem mit der Textüberlieferung zusammenhängen. Gegen Ende des 4. Jhd.s begann die Diskussion darüber, ob die Lehren des Origenes als »rechtgläubig« anzusehen seien oder nicht. Wortführer war dabei Hieronymus (um 347–420), der zunächst die Schriften des Origenes bewunderte, dann aber deren scharfer Kritiker wurde. Im 4. Jhd. waren die Griechischkenntnisse ganz allgemein bereits zurückgegangen, für eine Diskussion der Lehren des Origenes war also eine Übersetzung erforderlich. Ein Verteidiger des Origenes, Rufinus, stellte im Jahr 398 eine Übersetzung von *Peri Archôn* her. In seinem Vorwort bezieht er sich auf frühere Übersetzungen von Texten des Origenes und auf die »Grundsätze seiner Vorgänger« und sagt von einem derselben (womit Hieronymus aus seiner Origenes-Anhänger-Periode gemeint ist):

[…] und da sich im Griechischen eine Anzahl von kleinen Anstößen findet, glättete und reinigte der alles beim Übersetzen derart, daß der lateinische Leser nichts in ihnen findet, was von unserem Glauben abwiche. Ihm schließen auch wir uns an, soweit wir können, wenn auch nicht in der Kraft der Beredsamkeit, so doch in den Grundsätzen der Methode. (*Peri Archôn*. Rufinus: *Praefatio* 2).

Die hier zum Ausdruck kommende Absicht des Rufinus ist zwar durchaus verständlich und auch ehrenwert, ob sie aber als Grundsatz der Methode des Übersetzens angewandt werden soll, ist doch etwas fraglich. Es besteht der begründete Verdacht, daß Rufinus einige Textstellen entschärft hat. Dies wird auch dadurch bestätigt, daß Hieronymus nun seinerseits eine Übersetzung anfertigte, die er dann nach Rom sandte. Diese Übersetzung ist nur in Teilen, die in einem Brief enthalten sind, überliefert. Der Streit um die Lehren des Origenes ging weiter, verschärfte sich im 6. Jhd. und führte schließlich zu zwei Verurteilungen in den Jahren 543 und 553. Dabei ergibt sich die Frage, ob die dort verurteilten Thesen tatsächlich von Origenes stammen oder solche der Origenisten des 6. Jhd.s sind. Für die Interpretation bedeutet dies: Inwieweit können die verurteilten Sätze zur Rekonstruktion der Lehre des Origenes herangezogen werden, also auch zur Ergänzung bzw. sogar zur »Verschärfung« des Rufinus-Textes? Die Forschung war früher eher der Meinung, daß diese Frage bejahend beantwortet werden kann, in den letzten Jahrzehnten gibt es jedoch auch Arbeiten, die zwischen der Lehre des Origenes und der Origenisten strenger unterscheiden wollen. Ich schließe mich eher der älteren Forschung an, da ich meine, daß die meisten der verurteilten Thesen so sehr in der Konsequenz der Lehren von *Peri Archôn* liegen, daß ich nicht recht sehe, warum sie Origenes nicht selbst hätte vertreten sollen. Wenn sie teilweise nicht genau so in der Übersetzung des Rufinus zu finden sind, so ist dies eher auf die »Glättung« zurückzuführen, von der Rufinus ja selbst spricht.

Die Streitigkeiten um die Lehre des Origenes führten in den folgenden Jahrhunderten dazu, daß auch der Text von *Peri Archôn* seltener wurde. Der letzte Zeuge für das Vorhandensein des vollständigen griechischen Textes ist der Patriarch Photios im 9. Jhd. Der griechische Originaltext ist also nicht mehr überliefert. Eine Anzahl von Textteilen ist in der im 4. Jhd. von Basilios und Gregor von Nazianz zusammengestellten *Philokalia* enthalten (vgl. weiter unten Kap. II, 1), sie enthält aber leider keine Texte, die die umstrittenen und angegriffenen Thesen erläutern. Der lateinische Text von *Peri Archôn* wurde im Mittelalter zwar weiter kopiert, aber nicht auch gelesen. Gelesen wurden nur die Homilien und Bibelkommentare des Origenes. Die Auffassungen des Origenes aus *Peri Archôn* waren nur durch die Weitergabe allgemeiner Schulmeinungen bekannt.

b) Die Einheit von Bibel und Philosophie

Origenes hat weder die Prinzipien philologischer Arbeit noch die Methode allegorisierender Textinterpretation erfunden: Beides war stoische und alexandrinische Tradition. Und auch die Vereinigung philologischer und philosophischer Verfahrens- und Denkweisen ist keineswegs neu, sondern stammt aus dem Platonismus seiner Zeit. Bei der Textinterpretation konnte man an eine alte Tradition anknüpfen: an die Homerexegese. Die *Ilias* und die *Odyssee* waren immer noch ein maßgeblicher Bildungsfaktor der griechischen Welt. Der Hellenismus kannte viele heilige Schriften und viele Offenbarungsurkunden, aber auch die Schriften Homers stellten für die Griechen eine ehrwürdige und autoritätsreiche Offenbarung des Göttlichen dar. An ihr hatte sich jede Philosophie, die sich auf alte Weisheit berief, zu bewähren, und so wurden alle Formen philologisch genauer wie »höherer« Auslegung an den Texten Homers eingeübt. Die Christen lernten alle Formen der Auslegung der *Bibel* von dieser Exegese, und der erste, der innerhalb christlicher Philosophie dieses Erbe systematisierte, war Origenes. Er folgte dabei dem Weg der Exegese, die auch schon die Auslegung des *Alten Testaments* durch Philon bestimmt hatte. Diese Methode, die vor allem durch das Stichwort »Allegorie« gekennzeichnet ist, ist schon von ihrer Homer-exegetisch geprägten Herkunft her »entmythologisierend« in dem Sinn, daß in ihr von vornherein damit gerechnet wurde, daß der »wissenschaftlich Gebildete« in den alten Texten vieles zunächst als inakzeptabel betrachten wird. Deshalb muß man nach Origenes »sorgfältig prüfen, wo der Wortlaut wahr ist und wo er unmöglich ist, und nach Kräften aus den ähnlichen Worten den überall in der Schrift verstreuten Sinn des wörtlich Unmöglichen aufspüren« (*Peri Archôn* IV 3, 5). Schon die Selbstverständlichkeit, mit der Origenes von »wörtlich Unmöglichem« spricht, kennzeichnet ihn als vorurteilsfreien und philosophisch aufgeklärten Mann und man hat den Eindruck, daß es sich bei ihm nicht um eine Einzelerscheinung handelt. Philosophierende Christen hatten also im 3. Jhd. noch ziemlich viel Spielraum. Es stellt sich dann natürlich die Frage, woher dieser »Sinn des wörtlich Unmöglichen« genommen werden soll. Die Antwort lautet:

Da nun aber, wie den Lesern klar sein wird, der durchgehende Zusammenhang des Wortsinnes unmöglich, der des Hauptsinnes aber nicht unmöglich, sondern vielmehr wahr ist, muß man ernstlich danach streben, den ganzen geistigen Sinn zu erfassen. (Ebd.)

Damit ist gesagt, daß der eigentliche Sinn nur aus dem Zusammenhang heraus begriffen werden kann: Es gibt einen tieferen Sinn, der nirgends an der Oberfläche des Textes liegt, der aber dann erfaßt werden kann, wenn der gesamte *Text als Einheit* aufgefaßt wird. Man muß also erst einmal dieses Prinzip der Einheit herausfinden. Wo dieses liegt, wird sich gleich noch zeigen. Der philosophische Ausgangspunkt dieser Hermeneutik wird von Origenes deutlich angesprochen, wenn er sagt,

[...] daß es Dinge gibt, deren Bedeutung im eigentlichen Sinn mit Worten menschlicher Sprache überhaupt nicht ausgedrückt werden kann, sondern sich eher durch bloßes Denken als durch irgendwelche unmittelbaren Wortbedeutungen klarmachen läßt. An diese Regel muß man sich auch beim Verständnis der göttlichen Schriften halten, um das [in ihnen] Gesagte nicht nach der Niedrigkeit des Ausdrucks, sondern nach der Göttlichkeit des heiligen Geistes einzuschätzen, durch dessen Eingebung sie abgefaßt worden sind. (Ebd. IV 3, 15)

Die platonische Zwei-Ebenen-Theorie von Sinnlichem und Geistigem wird also hier ganz im Sinne der stoischen Hermeneutik als die Ebene des unmittelbaren Textsinnes und die des »höheren«, »pneumatischen« Sinnes eines Textes gedeutet. Hier haben wir also sehr deutlich die Lehre vom *zweifachen Schriftsinn* vor uns. Erst durch diese Methode erlangte die Philosophie im christlichen Raum eine eigentliche, über Propädeutik hinausgehende Rolle. Bei Origenes muß man allerdings eigentlich von einem dreifachen Schriftsinn sprechen, der auch wieder der – nun neuplatonischen – Anthropologie entspricht. So wie wir im Menschen Leib, Seele und Geist unterscheiden, so müssen wir an einem Text eine »leibliche« (somatische), eine »seelische« (psychische) und eine »geistige« (pneumatische) Bedeutung unterscheiden; faktisch fallen aber die beiden letzteren bei Origenes häufig zusammen. Diese Lehre vom mehrfachen Schriftsinn ging als festes Element in das spätere mittelalterliche Denken ein. Oft wurde es ausgebaut zu einem vierfachen Sinn, bei dem auch noch ein ekklesiologischer, also ein auf die Kirche bezogener Sinn angesetzt wurde. Dem heutigen historisch-kritischen Bewußtsein ist ein solches Verfahren fremd, es wurde auch später von den humanistisch-exegetisch geschulten Reformatoren angegriffen. Dies soll jedoch nicht darüber hinwegtäuschen, welche enorme geistesgeschichtliche Funktion dieses Verfahren hatte (und hat): In ihm wird versucht, den Übergang vom Mythos zum Logos in ein hermeneutisches Verfahren umzuwandeln. Daß mit diesem Verfahren, welches unter dem Stichwort »Allegorie« gerade auch im Mittelalter Tür und Tor zur Beliebigkeit »tieferer Sinnfindung« geöffnet hat, sehr viel Unhaltbares produziert wurde, soll nicht bestritten werden. Es hatte aber auf jeden Fall zwei Dinge zur Folge, die wichtig wurden: (1) Es verhinderte das ganze Mittelalter hindurch, daß ein primitiver Fundamentalismus die Herrschaft übernahm, da immer wieder versucht wurde, rationale Erkenntnis mit der *Bibel* in einen Zusammenhang zu bringen. (2) Es verhinderte, daß die Rationalität den Mythos als »Vergangenes« abstieß. Es zwang also jene, die sich für Rationalität einsetzten, diese Arbeit als Ab- und Aufarbeitung des Mythos zu verstehen. – Im Grunde arbeitet jede Philosophie, die nicht rein formal bleiben will, origenistisch, d. h. sie sucht den rationalen Gehalt mythologischer, religiöser, künstlerischer, politischer usw. Komplexe aufzufinden. In diesem Sinn ist der Deutsche Idealismus besonders bei Hegel und in der Spätphilosophie Schellings Origenes ebenso verpflichtet wie die sogenannte existentiale oder transzendentale Interpretation der Theologen des 20. Jhd.s.

Origenes sah auch ganz klar die *gesellschaftlichen Implikationen* seiner Theorie. Auch hier konnte er auf griechische Traditionen zurückgreifen. Einige Stoiker hatten bereits eingeräumt, daß es für die Menge besser sei, etwas zu glauben, als dem Skeptizismus zu verfallen. Und die Pythagoreer hatten damit gerechnet, daß es verschiedene Grade bei den Anhängern ihrer Lehren geben könne: Solche, die die ganze Lehre verstünden, die sogenannten Mathematiker, und solche, die bestimmte Verhaltensregeln befolgten, aber nur eine ganz einfache Kenntnis der Lehre ohne ein wirkliches Verständnis hätten, die sogenannten Akusmatiker (vgl. 1. Teil, Kap. III, 1). Origenes übernahm solche Thesen, weil er sah, daß viele über den bloßen Glauben nicht hinaus gelangten und er gestand zu, daß diese, die *Pistiker*, also die nur Glaubenden, durch den Glauben sittlich besser und schließlich glückselig werden können. Er gab jedoch nicht zu, daß dies der einzig mögliche oder gar der beste Weg sei. Die Stufe der Pistiker ist eine, die im Grunde überwunden werden sollte, und zwar von allen. Das eigentliche Ziel wird nur vom *Gnostiker* erreicht, d. h. von jenem,

| 33

der alle Heteronomie des Autoritätsglaubens überwunden hat und zum autonomen, rationalen Verständnis des Christentums gelangt ist. Letztlich war es dieser Anspruch des Gnostikers, der Origenes in Konflikt mit dem Amtsträger in Alexandrien brachte. – Es ist klar, daß Origenes hier von den Vorstellungen griechischer Bildungsaristokratie her denkt – aber er verbindet diese mit griechisch-demokratischen und sophistischen Bildungsidealen und er kann sich sogar auf biblische Aussagen berufen, die in die Richtung einer Aufhebung gesellschaftlicher Rangordnungen gehen, wenn er den prinzipiellen Übergang vom Pistiker zum Gnostiker fordert. Bildung des Geistes ist und darf nach Origenes kein Privileg sein: Er fordert, daß alle zu Gnostikern werden. Die Seinshierarchie neuplatonischer Art, die er voraussetzt und übernimmt, ist bei ihm nicht gleichzeitig eine ontologische Gesellschaftstheorie. Im System des Origenes gibt es keine festen, von Gott gewollten Positionen, er kennt keinen gesellschaftlichen Stufenkosmos. Die gesellschaftliche Stufentheorie des Mittelalters konnte also nicht von Origenes übernommen werden, weil es sie bei ihm eben gar nicht gibt. Sie stammt vielmehr von Dionysios Areopagita (vgl. Kap. II, 2). Es gibt bei Origenes keine ontologische und gesellschaftliche Rangbestimmung, der eigene Wille ist entscheidend, und das heißt: der autonome Wille des Einzelnen. Bildung und somit Gnosis sind weder ontologisch noch gesellschaftlich festgelegt, sondern sind Möglichkeiten, die jedem offenstehen. Gnosis ist an keinerlei Zugehörigkeit zu irgendeiner gesellschaftlichen Gruppe gebunden. Gerade dieser antiautoritäre Zug bei Origenes, der bis zur Apokatastasis-Lehre durchgezogen wurde (vgl. dazu die Bemerkungen weiter unten) rief später die autoritäre Reaktion der auf Machtprinzipien Beharrenden hervor: Daß schließlich alle zur Gnosis gelangen würden, war mit dem kirchlichem Gnaden- und Wahrheitsmonopol nicht vereinbar, wie es seit Augustinus beansprucht wurde.

c) Die Einheit des Systems: die Geistigkeit Gottes

Der »höhere Sinn«, der die eigentliche Wahrheit der *Bibel* ausmachen soll, ist nach Origenes die Geistigkeit Gottes, das Hervorgehen der geschaffenen Geister aus Gott und die Rückkehr der geschaffenen Geister zu Gott. Es ist sofort sichtbar, daß hier ein eindeutig neuplatonisches Verständnis maßgebend ist. Origenes selbst muß zugeben, daß das Wort »körperlos« *(asomáton)* nicht nur beim Volk, sondern auch in der Schrift unbekannt ist *(Peri Archôn I Praefatio 7)*. Die Herkunft dieses Begriffs ist unzweifelhaft neuplatonisch.

Gott ist also nicht als ein Körper oder als in einem Körper wohnend anzusehen, sondern als einfache geistige Natur, die keinerlei Beifügung in sich zuläßt; sonst müßte man etwas Größeres und etwas Geringeres in ihm annehmen, so aber ist er in jeder Hinsicht eine Einheit *(monás)* und sozusagen eine Einsheit *(henás)*, sowie Vernunft und die Quelle, aus der jegliche geistige Natur, jede Vernunft ihren Ursprung hat. (Ebd. I 1, 6)

Mit diesem *neuplatonischen intellektualistischen* Einsatzpunkt wird jedoch bei Origenes der *biblisch voluntaristische* Einsatzpunkt in eine äußerst interessante Verbindung gebracht. Gott hat – nach dem Hervorgehen des Logos und des Pneuma – die Vernunftwesen durch seinen Willen geschaffen, d. h. sie sind keine notwendige Emanation aus dem Wesen Gottes. Gott hat jedoch nach Origenes keine Vielzahl verschiedener Wesen geschaffen, sondern alle gleich, »da es für ihn keinen Grund für Verschiedenheit und Mannigfaltigkeit gab« (Ebd. II 9, 5). Den eigentlichen Grund der Verschiedenheit setzen erst die Vernunftwesen selbst, wiederum durch ihren Willen:

Aber da die Vernunftgeschöpfe selbst [...] mit der Fähigkeit der freien Entscheidung beschenkt sind, regte die Willensfreiheit einen jeden entweder zum Fortschritt durch Nachahmung Gottes an oder zog ihn zum Abfall durch Nachlässigkeit. Dies wurde für die Vernunftwesen [...] zur Ursache der Verschiedenheit; sie hat ihren Ursprung also nicht im Willen und der Entscheidung des Schöpfers, sondern im eigenen freien Entschluß. (Ebd. II 9, 6)

| 35

Einige dieser Wesen entschieden sich dazu, sich von ihrem Ursprung zu entfernen, was einem »Fall« gleichkommt. Origenes scheint angenommen zu haben, die Materie sei dann durch die »Schwere« des Falls entstanden, sei also die Folge der Verfehlung bestimmter Vernunftwesen. In den *Anathematismen* findet sich folgende Verurteilung:

Wenn einer sagt oder dafürhält, die Seelen der Menschen seien präexistent gewesen, insofern sie früher Intelligenzen und heilige Mächte gewesen seien; es habe sie aber Überdruß ergriffen an der Schau Gottes und sie hätten sich zum Schlechteren gewendet; darum seien sie abgekühlt von der Liebe zu Gott, hätten davon den Namen »Seelen« bekommen und seien zur Strafe in Körper hinabgeschickt worden – so sei er im Banne. (*Anathematismus* 1 von 543. Texte im Anhang zu *Peri Archôn*.)

Diese Konstruktion kommt uns zunächst sonderbar vor. Sie ist auch nicht so sehr als Konstruktion selbst interessant, sondern in der Problemstellung, die diese, in manchem gnostischen Systemen sehr ähnliche Konstruktion hervorgebracht hat. Gott ist nach christlich-biblischer Auffassung persönlich und willenshaft, außerdem ist er der Schöpfer der Welt, die er frei geschaffen hat. Bei dieser Annahme bestand die Gefahr, alles Übel und Leid auf Gott zurückzuführen, was den »reinen« Gottesbegriff beeinträchtigen konnte. Daher verlegte Origenes die Gesamtheit der konkreten Existenzbedingungen des Menschen in dessen eigene Entscheidung, bzw. in eine seiner jetzigen körperhaften Existenz vorausliegende Entscheidung. Dies bedeutet, daß die Welt als Um-Welt des Menschen genau der Willensentscheidung der Menschen entspricht. Die »Welt« wird hier nicht zum Bösen selbst, wohl aber zur Manifestation des Vorhandenseins des Bösen. Wird so dem Willen eine zentrale, über Existenzbedingungen entscheidende Rolle zugesprochen, so war es schwer, die Urverfehlung in die *hýbris*, den Stolz, die prometheische Selbstbehauptung zu verlegen, wie dies die *Bibel* nahelegte, denn das »Sein wollen wie Gott« ist ja nach Origenes das genau richtige, höchste Ziel der Vernunftwesen. Wenn sie dies gewollt hätten, wäre es gar nicht zum »Fall« gekommen. Origenes kennzeichnete daher *Schuld* als *mangelnde Aktivität*:

Doch Trägheit, Überdruß an der Mühe, das Gute zu bewahren, und Abwendung und Nachlässigkeit gegenüber dem Besseren gaben den Anstoß zur Entfernung vom Guten. (Ebd. II 9, 2)

Die spätere offizielle Auffassung wird sich Origenes nicht anschließen, Trägheit *(acedia)* erschien ihr weniger gefährlich als *hýbris*, das Über-sich-Hinauswollen. – Ursprünglich bildeten alle Vernunftwesen eine Einheit und waren nicht verschieden, deshalb hatten sie auch keinen Namen. Erst die Trägheit, der Überdruß, also der »Fall« machte sie schwer, und erst hier erhalten sie entsprechend der »Schwere« einen *Namen* (*Anathematismus* 2 von 553). Der Eigenname wird also zum Zeichen des Falles. Entsprechend ist auch der Weg der Rückkehr bei Origenes konzipiert:

Ausgangs- und Endpunkt von alledem ist die Vernunft (Nus). Der Nus wird durch seinen Fall zur Seele, und die Seele wiederum wird, wenn sie mit Tugenden ausgestattet ist, zum Nus. (Ebd. II 8, 3)

Es ist klar, daß hier in strenger Korrespondenz zum Abstieg auch der Aufstieg der Seele zum Einen autonom konzipiert ist. Der Gedanke einer Erlösung, in der Gott faktisch in das irdische Geschehen eingreift, hat nur auf der Ebene der Pistis einen Platz, nur dort kann auch von etwas wie »Sühneleiden des Sohnes Gottes« gesprochen werden. Auf der Ebene der Gnosis ist klar, daß es beim *Logos* nur um den Erzieher, den *Paidagogos*, geht, der als Vorbild den Weg der Seele vorzeichnet. Der Gnostiker hat letztlich die Aufgabe, selbst logos-gleich zu werden. Diese These findet sich wiederum sehr präzise ausgedrückt in den verurteilten Sätzen:

Wenn einer sagt: Christus werde sich in gar nichts unterscheiden von irgendeinem Vernunftwesen, sei es im Wesen, in der Erkenntnis oder der Macht und Wirksamkeit zu allem; sondern alle würden zur Rechten Gottes sein wie der Christus, den sie lehren, ebenso wie es in der von ihnen erdichteten Präexistenz war – so sei er im Banne. (*Anathematismus* 13 von 553)

So wird, nach dem Durchgang durch viele Welten und Existenzen

[Gott] alles in allem sein, was bedeutet, daß Gott auch in jedem einzelnen »alles« ist. In dem einzelnen aber wird er auf folgende Weise »alles« sein: Wenn der vernünftige Geist gereinigt ist von aller Hefe der Sünde, wenn alle Trübung der Bosheit gänzlich beseitigt ist, dann wird alles, was er empfinden, erkennen und denken kann, Gott sein; er wird nichts anderes mehr denn Gott empfinden, Gott denken, Gott sehen, Gott haben; Gott wird das Maß all seiner Bewegung sein; und so wird Gott für ihn alles sein. (*Peri Archôn* III 6, 3)

Als Bedingung dafür wird – in wieder strikter Parallele zum Abstieg – angegeben, daß dann die Vernunftwesen in keiner Weise durch eine Gemeinschaft mit der Körpersubstanz »weggezogen« werden (Ebd.). Dies widersprach der Lehre der Auferstehung des Leibes und wurde später verurteilt. Man muß dazu allerdings sagen, daß die Christen des 3. Jhd.s, also in der Zeit des Origenes, zu dieser Frage noch keine ganz klaren und einheitlichen Vorstellungen hatten.

Wenn einer sagt: Das kommende Gericht bedeute eine völlige Aufhebung der Körper, und am Ende dieser erdichteten Ereignisse stehe die immaterielle Natur, und in der Zukunft werde nicht Materielles bestehen, sondern bloß der Nus – so sei er im Banne. (*Anathematismus* 11 von 553)

Was wir an diesem System des Origenes sehen können, ist die Schwierigkeit, dem Willen, der Selbstbestimmung oder der Freiheit eine positive Rolle zuzuschreiben. Das Christentum forderte Freiheit als Grundbestimmung des Menschen und Gottes, und hier folgte Origenes dem biblischen Denken. Die Gnosis forderte die Negation der Welt und des Materiellen als Wert, und hier folgte Origenes der Gnosis. Er versuchte dann, beides in Eins zu bringen. Da jedoch die Erkenntnis, gut griechisch, das Höchste blieb, konnte die Freiheit nur die Bedingung von nicht-sein-sollender Vielheit, von Welt und Materie sein, und der höchste Akte der Freiheit war dann folgerichtig ihre eigene Aufhebung, d. h. das freiwillige Eingehen in das Eine, das Alles ist. In diesem Endzustand werden die *Namen*, also die Kennzeichnungen für Individuen, wieder *aufgehoben*. Auch diese Aufhebung der Individualität im Endzustand kennen wir von Plotin (1. Teil, Kap. XVII, 1, c). In voller Schärfe finden wir diese These allerdings wiederum nur unter den verurteilten Sätzen:

Wenn einer sagt: Es werde eine einzige Einheit (*henás*) aller Vernunftwesen geben; gesondertes Dasein und zahlenmäßige Verschiedenheit werde gleichzeitig mit dem Körper aufgehoben; der Erkenntnis bezüglich der Vernunftwesen folge die Zerstörung der Welten, die Ablegung der Körper, die Aufhebung der Namen, und es werde Identität der Erkenntnis ebenso wie des Daseins geben, und in der erdichteten Wiederherstellung würden nur die bloßen Intelligenzen existieren, wie sie es auch in der Präexistenz taten, von der sie schwatzen – so sei er im Banne. (*Anathematismus* 14 von 553)

Der Kreislauf ist damit vollendet, gnostisch gesprochen: Das Pleroma ist wiederhergestellt, oder, wie es die Verurteilungen dem Origenes zusprechen, »daß der Anfang gleich dem Ende ist und das Ende das Maß des Anfangs« (*Anathematismus* 15 von 553).

Was an Origenes, der wohl der intelligenteste uns bekannte Christ des 3. Jhd.s gewesen ist, sehr deutlich wird, ist folgendes: Das Christentum sah Erlösung in der Befreiung von Ungerechtigkeit und von Schuld, die Gnosis und der Neuplatonismus sahen Erlösung in der Befreiung vom Materiellen und von der Welt. Beide kamen darin überein, daß die bestehende Welt zu verneinen war. Da dies auch dem Bewußtsein breiter Massen entsprach, rief gerade die Kombination dieser beiden Negationen eine ungeheure Faszination hervor. Das Problematische daran war jedoch, daß hier *Schuld* und *Materie* zwar nie offiziell identifiziert wurden, daß sie aber doch in ein Beziehungsverhältnis gebracht wurden, das der Philosophie im Rahmen des Christentums eine positive Bewertung des gesamten materiellen Bereichs ungeheuer erschweren mußte. Für die Lehre vom Menschen mußte dies zur Folge haben, daß die philosophierenden Christen immer mit schlechtem Gewissen körperlich waren. Bei Augustinus wird diese Tendenz noch verstärkt hervortreten und erhält dort in der späten Lehre des Augustinus eine Richtung, die den Grundsätzen des Origenes direkt entgegengesetzt ist.

Am Ende des Mittelalters wird daher die Renaissance genau dagegen auftreten: Sie interessierte sich nicht für die Antike als solche, sondern für die Antike als Repräsentanten eines sinnenfreudigen Menschen. Die durch die Gnosis und das Christentum verursachte Abwertung der Körperlichkeit sollte im Rückgriff auf die griechisch-römische Antike überwunden werden. Damit soll nicht gesagt sein, daß aus der Kombination von Christentum und Gnosis-Neuplatonismus nicht eine materielle Kultur hervorgehen konnte, und faktisch ist ja auch eine solche hervorgegangen, sondern nur, daß diese Kultur immer eine immaterielle Rechtfertigung materieller Kultur brauchte, materielle Kultur immer als das Zweitbeste, als der Abglanz begriffen werden mußte, was allerdings wieder eine Symbol-Kunst hervorbrachte, wie sie später nie mehr erreicht wurde.

II

Die Kappadokier und Dionysios Areopagita

1. Der etablierte Platonismus

Ein Jahrhundert nach Origenes war die äußere und innere Situation des Christentums wesentlich verändert. Zwei Jahreszahlen kennzeichnen diese neue Situation des 4. Jhd.s. Im Jahre 313 wurde von Kaiser Konstantin das Edikt von Mailand erlassen, das es jedem freistellte, seine Religion zu wählen. Praktisch bedeutete dies die Anerkennung des Christentums durch den Staat, was auch das eigentliche Ziel des Edikts gewesen war. Die Kirche wurde als juristische Person anerkannt und der Klerus erhielt jene Privilegien, die die heidnischen Priester besessen hatten. Erst jetzt konnte sich eine kirchliche Verfassung und eine organisierte kirchliche Hierarchie ausbilden. Gleichzeitig war auch das kirchliche und staatliche Interesse vorhanden, der christlichen Lehre eine einheitliche Form zu geben, und so berief derselbe Kaiser Konstantin 325 das erste allgemeine Konzil nach Nikaia ein, um die strittige Frage der Gottheit Christi zu klären. Die Tendenz, Orthodoxie, d. h. die »wahre Lehre«, in Formeln festzuschreiben, war auch bei den Mittel- und Neuplatonikern vorhanden, Orthodoxie ist also keine Erfindung der Christen. Da inzwischen das Christentum ein politisch bedeutsamer Faktor geworden war, wurde es auch wichtig, in strittigen Fragen der Lehre offizielle Sprachregelungen zu treffen, um zu verhindern, daß aus strittigen Fragen gesellschaftliche Probleme entstehen. Es lag also durchaus im politischen Interesse des Kaisers, für entsprechende Lehrentscheidungen zu sorgen. Auch die Kaiser Konstantinopels werden später in ähnlicher Weise versuchen, durch politischen Einfluß Entscheidungen, also Konzilsdekrete, in strittigen Lehrfragen herbeizuführen. Für die Kaiser war es dabei gar nicht entscheidend, was, sondern daß entschieden wurde. Nur die Einheit der Lehre der Kirche sicherte auch die Stabilität des Reiches.

Was die Christen letztlich bewogen hat, am Konzil von Nikaia die Annahme einer göttlichen Natur Christi als verbindliche Glaubenslehre festzuschreiben, ist schwer zu sagen. Für die ältere griechische Tradition ist die Annahme eines in Menschengestalt auftretenden Gottes nichts Ungewöhnliches, anders sieht allerdings die Situation in der platonischen Philosophie des Hellenismus aus: Dort wurde die Transzendenz Gottes so stark betont, daß eine solche Vorstellung eigentlich nicht mehr möglich war. Eine vorurteilslose Lektüre der Schriften des *Neuen Testaments* zwingt auch keineswegs zu dieser Annahme, sie legt vielmehr die arianische These einer Unterordnung des Logos unter den höchsten, ganz transzendenten Gott nahe, was sich auch besser in das neuplatonische Schema der verschiedenen Hypostasen einordnen ließ. Theologisch nennt man diese Auffassung »Subordinatianismus«, eine Auffassung, die auch Origenes vertreten hatte. Wie diese Frage im einzelnen behandelt wurde, welche Machtgruppen von Bischöfen dahinterstanden, und welche Folgeprobleme die Festlegung des Konzils von Nikaia hervorrief, gehört in die Geschichte des christlichen Dogmas und braucht hier nicht behandelt zu werden. Was daran jedoch für die weitere Entwicklung der Philosophie im Bereich des Christentums entscheidend ist, ist folgendes: Am Konzil von Nikaia waren fast nur Vertreter der Kirchen des griechischen Ostens und des griechischen Ägyptens anwesend. Diese Kirchen hatten unter dem Einfluß vor allem des Origenes, aber auch unter dem Einfluß des allgemeinen, weithin neuplatonischen Bildungsdenkens der griechischen Philosophie breiten Raum gewährt und so erfolgte auch die Formulierung des Dogmas am Konzil von Nikaia in philosophischer Sprache. Mit dem Begriff »gleichwesenhaft« *(homooúsios)* – womit ausgedrückt werden sollte, daß Jesus Christus die gleiche Wesenheit wie Gott besitzt – wurde ein zentraler Begriff platonisch-aristotelischer Tradition, nämlich »Wesenheit« *(ousía)*, in das erste zentrale Dogma der Kirche hinein genommen. Damit hatte sich die philosophisch interessierte Gruppe, die auch bildungsmäßig und gesellschaftlich maßgebend war, durchgesetzt. Für die Geschichte der Philosophie ist also gar nicht so sehr die am Konzil formulierte Glaubenslehre wichtig, sondern vor allem die Tatsache, daß durch diese mit philosophischer Fachterminologie arbeitende Formulierung faktisch die Entscheidung gefallen war, daß fortan an philosophisch-begrifflicher Arbeit nicht mehr vorbeizukommen war. Neben und mit der inhaltlichen Entscheidung war also faktisch eine formale, den *Gebrauch philosophischer Sprache* legitimierende und erfordernde Entscheidung gefallen. Die Christen konnten jetzt, wo sie politisch und gesellschaftlich als Machtfaktor anerkannt waren, dem philosophischen Denken, das für sie, d. h. im Bewußtsein der Menschen damals, kein ernsthafter gesellschaftlicher Konkurrent mehr war, auch freier gegenübertreten. Das Verhältnis von griechisch-philosophischem Denken und Christentum wurde dadurch jedoch keineswegs unproblematischer, in vieler Hinsicht wurde es sogar wesentlich problematischer. Die Auseinandersetzung des Christentums mit der Philosophie war jetzt nicht mehr eine mit etwas, das ihm von Außen entgegentrat, sondern wurde in es selbst hineingetragen. Gerade dies brachte die besondere sachliche Problemsituation der späteren mittelalterlichen Philosophie hervor. Durch die faktische Entscheidung für die Verwendung philosophischer Begrifflichkeit war die Frage des Verhältnisses von Philosophie und christlichem Glauben in keiner Weise gelöst, sondern eigentlich erst ausdrücklich gestellt. Dies stellt sich allerdings erst für uns historisch rückblickend so dar, die griechischen Konzilsväter von Nikaia, überzeugt, im Christentum die »wahre Philosophie« gefunden zu haben, waren sich der Tragweite ihrer Entscheidung nicht bewußt.

Die günstigen äußeren Umstände ermöglichten es, daß bedeutende christliche Denker des griechisch-christlichen Bereichs sich erneut den Fragen stellen konnten, die Origenes aufgeworfen hatte. Von diesen Denkern sollen drei bzw. vier kurz behandelt werden: Die sogenannten »großen Kappadokier« – Basilios (ca. 330–379), dessen Bruder Gregor von Nyssa (um 334–394) und deren Freund Gregor von Nazianz (330–390), sowie Makrina (gest. 379), mit der man eigentlich die Aufzählung beginnen sollte. Sie war die älteste Tochter der Familie, aus der auch Basilios und Gregor von Nyssa stammten und spielte bei der Erziehung der Brüder die entscheidende Rolle. Makrina besaß eine ausgezeichnete philosophische Bildung, wie das kurz vor ihrem Tod von Gregor von Nyssa aufgezeichnete *Gespräch mit Makrina über Seele und Auferstehung* beweist, in dem Makrina der führende Gesprächspartner gewesen sein dürfte. In Kappadokien gab es für Frauen die Möglichkeit, eine »philosophische Rolle« zu spielen, die so gar nicht mit dem übereinstimmte, was Paulus als Rolle der Frau ansah und was mit den Lateinern und vor allem mit Augustinus zur vorherrschenden Auffassung der katholischen Kirche werden sollte. Makrina leitete später, als sie nicht mehr die Sorge für ihre zahlreichen Geschwister hatte, eine klösterliche Gemeinschaft, in der nicht nur Frauen ihres Standes, sondern auch frühere Sklavinnen und Frauen einfacher Herkunft lebten. Gregor von Nyssa hat ihr eine kulturgeschichtlich aufschlußreiche Lebensbeschreibung gewidmet (Gregor von Nyssa: *Schriften.* S. 337–368).

Die drei Kappadokier und die Kappadokierin stammten aus dem reichen Landadel, waren aus christlichen Familien hervorgegangen und hatten beste griechisch-hellenistische Bildung genossen. Basilios und Gregor von Nazianz hatten in Athen studiert. Für entsprechend reiche Christen war es inzwischen eine Selbstverständlichkeit geworden, sich das gesamte literarische und platonisch-philosophische Wissen ihrer Zeit anzueignen und darin nicht nur zu denken, sondern auch zu leben. Gregor von Nazianz betont, daß die platonische Philosophie jene ist, die dem Christentum am nächsten kommt (*Oratio* XXXI 5; PG 36, Sp. 137B), und diese Nähe war ihm wichtiger als die Herausarbeitung der Unterschiede. In dieser Haltung stimmte er mit den anderen Kappadokiern überein. Alle betrachteten sich als Philosophen, und Gregor von Nyssa war überzeugt, in Basilios geradezu das Idealbild eines Philosophen gefunden zu haben. Gregor von Nazianz äußert sich in einer anläßlich des Todes des Basilios gehaltenen Rede sehr scharf gegenüber jenen, die das heidnische Wissen ablehnen: Sie sind »dumm und inkompetent« *(stulti atque imperiti)*, wie er selbstsicher und im Sinne des Basilios betont (*Oratio* XLIII 11; PG 36, Sp. 510A). Eher wurde ein Problem in der äußeren, gesellschaftlichen Verweltlichung des Christentums gesehen, welches sich von dieser »wahren Philosophie« entfernt hatte, weshalb das Mönchtum, in dem man die authentische Form des Christentums erblickte, an Attraktivität gewann. Die Kappadokier waren vom Ideal des zurückgezogenen, apolitischen Lebens als dem »wahren christlichen Leben« fasziniert, sahen aber auch die Erfordernisse des faktischen christlichen Lebens,

| 41

d. h. der politischen, mit Lehrstreitigkeiten belasteten Probleme der Gemeinden. Basilios widmete sich vor allem kirchlichen Verwaltungsaufgaben und der Verteidigung der Lehre von Nikaia. Gregor von Nazianz glänzte durch zahlreiche Reden in klassischer Form, war aber bei der Durchführung praktischer Aufgaben eher erfolglos. Gregor von Nyssa verfügte über das beste und breiteste philosophische Wissen der drei: Vermutlich hat er sowohl Philon als auch Plotin gelesen. Vor allem hatte er aber Origenes studiert und zusammen mit Basilios die *Philokalia*, eine Sammlung von Texten des Origenes, herausgegeben, in die allerdings keine der problematischen Stellen aufgenommen wurde. Gregor von Nyssa steht in mancher Hinsicht allerdings Plotin näher als Origenes. Letztlich werden bei ihm Philosophie und Theologie ununterscheidbar zusammengenommen zu einem großen gnostischen System, das die Grundlage einer mystischen Frömmigkeit liefert, die den Lehren des Dionysios Areopagita schon sehr nahe kommt. Gregor von Nyssa vertrat auch ganz offen die origenistische Lehre von der Rückkehr aller Wesen in den göttlichen Urgrund *(apokatástasis)*.

Die Übernahme des Platonismus war bei den drei Kappadokiern verschieden intensiv. Basilios ist der selektivste, d. h. er verwendet platonische Auffassungen dort, wo es ihm für die Erklärung von Glaubenswahrheiten dienlich erscheint. In viel allgemeinerer Weise wird bei Gregor von Nazianz der Platonismus zum eigentlichen Schlüssel für das Verständnis der Wahrheiten des Christentums. Unter den platonischen Dialogen erhält bei ihm der *Timaios* eine hervorragende Rolle: Implizit wird der Demiurg Platons zum Schöpfergott, wird also mit dem höchsten Gott identifiziert. Bei der Harmonisierung der Schöpfungslehren des *Timaios* und der *Genesis* der *Bibel* gab es natürlich einige Probleme, die von den Kappadokiern nicht immer einheitlich behandelt wurden. In seinen Homilien zum *Hexaemeron* (= Sechstagewerk der Schöpfung) versuchte Basilios eine größtmögliche Übereinstimmung herzustellen, wobei er die Auffassung vertrat, daß die natürliche Erkenntnis der Phänomene des Kosmos nicht verschieden sein könne von der in der Heiligen Schrift vorgelegten Lehre. Er zieht daher zur Interpretation der *Genesis* den platonischen *Timaios* ebenso heran wie naturwissenschaftliche Theorien des Hellenismus. Basilios war der wissenschaftlichste der drei Kappadokier und auffallenderweise war er auch derjenige, der als Politiker und Administrator mit den empirisch gegebenen gesellschaftlichen Verhältnissen am besten zurechtkam, der beste Empiriker erwies sich also auch als der beste Politiker. Auch Gregor von Nyssa verfaßte eine Schrift zur *Genesis*, die *Apologia in Hexaemeron*, in der er aber nicht mit wissenschaftlichen Daten arbeitete, sondern die *Genesis* ganz und gar allegorisch interpretierte. Die *Genesis* als Weg der Schöpfung vom Licht bis zu den untersten Dingen wird dabei in umgekehrter Richtung zu einem Bild für den Aufstieg der Seele, die den Rückweg zu ihrem Ursprung sucht.

Die große Nähe von Platonismus und platonisierendem Christentum, aber auch die Zweideutigkeiten, die sich aus dieser Nähe ergeben konnten, lassen sich gut am

Beispiel des Synesios von Kyrene (um 370–413), einem Zeitgenossen der Kappadokier, beobachten. Synesios war kein Christ, aber mit einer Christin verheiratet, er selbst verstand sich als platonischer Philosoph. Er stammte wie die Kappadokier aus dem reichen Landadel. Studiert hatte er in Alexandrien bei der heidnischen Philosophin Hypatia (vgl. 1. Teil, Kap. XI, 3, a), die er sehr verehrte und mit der er zeitlebens in Kontakt blieb. Später besuchte er auch Athen, war aber von dem Niveau der dortigen Philosophie enttäuscht. Er selbst, der Tradition entsprechend mit dem Philosophenmantel bekleidet, vertrat eine Form des Platonismus ähnlich der des Porphyrios, die ja auch schon sehr stark religiös geprägt war (vgl. 1. Teil, Kap. XVII, 2). Im Unterschied zu Porphyrios sah er seine Philosophie jedoch nicht als in Gegensatz zum Christentum stehend, und so verwendete er in seinen Schriften und Hymnen auch Bilder aus dem christlichen Mythos. Synesios war aber auch ein Mann der konkreten Politik. Er hielt sich mehrere Jahre als Vertreter seiner Provinz am Kaiserhof in Konstantinopel auf, um dort Steuererleichterungen zu erreichen. Dieser hochgebildete und politisch fähige Mann wurde 410 zum Bischof von Ptolemais, der wichtigsten Stadt der Kyrenaika, gewählt, und dies obwohl er kein Christ war. Synesios verfaßte nun eine Art offenen Briefes an seinen Bruder, in dem er klar machte, daß er auch in Zukunft seiner Philosophie treu bleiben wolle, daß er aber bereit sei, als Bischof die christliche mythologische Sprache zu gebrauchen:

| 43

So daß ich zu Hause freilich philosophiere *(philosophôn)*, außerhalb aber Mythen erzähle *(philomythôn)* [...]. Was kann denn das Volk mit der Philosophie gemeinsam haben? Es ist passend, daß die Wahrheit der göttlichen Dinge verborgen ist, das Volk muß auf andere Weise angeregt werden. *(Epistula* 105; PG 66, Sp. 1488A. Übers. v. F. S.)

Dies stellt eine interessante Variante zum Gnosis-Pistis-Problem dar. Christliche Platoniker wie Origenes hatten gemeint, daß es eine philosophische und eine populäre Form des Christentums gebe, während hier bei Synesios der Philosophie des Platonismus einfach der christliche mythologische Glaube des Volkes gegenübergestellt wird. Synesios war der Überzeugung, daß es eine für einen christlichen Bischof mögliche Position sei, »privat und zu Hause« strikt Platoniker zu sein, öffentlich und predigend aber einen christlichen Mythos zu vertreten. Von den diesbezüglichen Verhandlungen mit Teophilos, dem zuständigen Metropoliten von Alexandrien, den Synesios schon von früher her kannte, sind leider keine Nachrichten überliefert. Nach einem längeren Aufenthalt in Alexandrien wurde Synesios Christ und Bischof, ohne aber irgend etwas widerrufen zu haben. Dieser Vorfall ist aufschlußreich, weil er zeigt, daß die christlichen Autoritäten, ohne darin ein besonderes Problem zu sehen, bereit waren, einen politisch einflußreichen Platoniker einfach zum Amtsträger der Kirche zu machen, und daß auf der anderen Seite ein Platoniker ruhig Platoniker bleiben und gleichzeitig eine herausragende Funktion in der christlichen Kirche übernehmen konnte; er mußte nur in der Öffentlichkeit den gewünschten Mythos verkünden. Synesios war vermutlich nicht ein Einzelfall im 4. Jhd.

Sachlich gehört in diesen Zusammenhang auch Dionysios Areopagita, jener unbekannte Autor des 5. oder beginnenden 6. Jhd.s, der heute Pseudo-Dionysios Areopagita genannt wird. Von ihm stammen die Schriften *Über die himmlische Hierarchie, Über die kirchliche Hierarchie, Über die göttlichen Namen* und *Über die mystische Theologie*. Die Person, letztlich aber auch die Schriften des Dionysios und ihre Rezeption stellen ein bis heute historisch nicht völlig geklärtes Rätsel dar. Der Autor stellt sich selbst als Paulus-Schüler Dionysios vor, die Echtheit dieser Schriften wurde jedoch gleich bei ihrem Auftauchen bestritten. Anfang des 6. Jhd.s weist Bischof Hypatios von Ephesus (gest. nach 537/38) die Berufung auf sie zurück, mit dem Hinweis, daß sie, wären sie authentisch, auch der Tradition bekannt gewesen wären. Das sollte heißen: Die Schriften sind *Fälschungen*. Bald aber hört man nichts mehr von diesen sehr berechtigten Einwänden. Schon Papst Gregor der Große (gest. 604) war von ihrer Authentizität überzeugt. Im 7. Jhd. begann mit Maximus Confessor, der den ersten Kommentar zu den Schriften des Dionysios verfaßte, die Auslegung dieser Schriften. Und durch Maximus Confessor wurde Dionysios im östlichen Bereich in den Rang einer *Autorität* erhoben. Aber auch im lateinischen Mittelalter war die Wirkung der Schriften des Dionysios sehr groß. Zahlreiche Autoren verfaßten Kommentare zu seinen Schriften, so z. B. Albertus Magnus und Thomas von Aquin, um nur zwei bekannte Autoren unter einer Vielzahl zu nennen. Die Bedeutung dieser Schriften für die Philosophie und Mystik des Mittelalters kann überhaupt nicht überschätzt werden. Abaelard erhob Zweifel am Alter der Schriften sowie an der Meinung, Dionysios Areopagita sei der Gründer der Abtei St. Denis in Paris, in der er zu dieser Zeit selbst Mönch war. Diese Bedenken hatten aber keine Folgen, kritische Stimmen erhoben sich erst wieder zur Zeit des Humanismus (Lorenzo Valla, Erasmus von Rotterdam).

Dionysios hat sicher viel von den Kappadokiern übernommen, besonders von Gregor von Nyssa. Eindeutig ist auch die Nähe seiner Auffassungen zu denen des Proklos (412–485), so daß sich eine direkte Abhängigkeit nahelegt. Mit Dionysios wird die letzte Stufe des Neuplatonismus in der christlichen Philosophie wirksam. Das triadische Prinzip, das auch von Proklos her bekannt ist, wird hier zum entscheidenden Konstruktionselement. Eine bedeutende Rolle erhält bei Dionysios auch die Theurgie, d. h. kultische Handlungen, die für die Einigung mit Gott hilfreich sein sollen, und damit wird ein wichtiges Element des Neuplatonismus auch im Bereich des Christentums wirksam. Bei den Platonikern war die Theurgie seit Jamblichos (3./4. Jhd.) stark in den Vordergrund des Interesses getreten (vgl. 1. Teil, Kap. XVII, 3, c), während die christlichen Platoniker diesem Bereich bisher keine Beachtung geschenkt hatten, jedenfalls hatten sie nicht versucht, die kultischen Handlungen, die auch bei ihnen vorhanden waren, als theurgische Praktiken zu erklären. Dionysios tut diesen Schritt, der evidenterweise folgenschwer für die Entwicklung der christlichen Sakramentenlehre und Sakramentenpraxis wurde.

2. Die negative Theologie

Für den Mittel- und Neuplatonismus wie für Origenes war die Philosophie, begleitet von der Askese, die Vorbereitung auf die »überphilosophische«, mystisch-ekstatische Gotteserkenntnis, der jener Gott, jenes Eine entspricht, das jenseits aller Kategorien rationaler Erkenntnis liegt: Gott ist letztlich unbegreiflich, wie Origenes gleich zu Beginn von *Peri Archôn* (I 1, 5) ausdrücklich gesagt hatte. Alles, was von Gott ausgesagt werden kann, hat also die Form negativer Prädikate wie »un-ermeßlich«, »un-endlich«, »un-körperlich« usw., die aber eben nur sagen, *was Gott nicht ist, nicht aber, was er ist.* Dies ist der Ausgangspunkt, der schon bei Philon von Alexandrien vorliegt, der dann bei Klemens von Alexandrien und bei Origenes weiter ausgebaut, bei den Kappadokiern noch gesteigert wird und bei Dionysios Areopagita einen nicht mehr überbietbaren Höhepunkt erreicht.

Der Grund der Unerkennbarkeit Gottes liegt nach dieser Auffassung in der Materialität des Menschen, der die reine Geistigkeit und Unkörperlichkeit Gottes gegenübergestellt wird. Der körperhafte Mensch kann Unkörperliches und Immaterielles nicht erkennen. Der Leib ist der Grund unserer geistigen Beschränktheit. Wir sehen, wie hier ein *gnostischer* metaphysischer *Dualismus* eine beherrschende Schlüsselstellung einzunehmen beginnt. Über die anthropologischen Konsequenzen dieser Auffassung wird gleich noch etwas zu sagen sein. Man muß sich natürlich fragen, wieso dieser Dualismus im Bereich des Christentums eine solche Bedeutung erlangen konnte. In den Schriften des *Alten Testaments* gibt es mit Ausnahme der ganz späten, schon während des Hellenismus verfaßten Schriften (vgl. Kap. I, 2) dafür keinen Ansatzpunkt. Im *Neuen Testament* ist ein gnostischer Einfluß vor allem im *Johannesevangelium* und in anthropologischer Hinsicht in den *Briefen des Paulus* zu spüren, wobei es für unseren Zusammenhang keine Rolle spielt, welche Briefe authentisch von Paulus stammen und welche von späteren Autoren. Im *Johannesevangelium* wird vom Kosmos als der Finsternis gesprochen, in die das Licht kommt, allerdings ging es bei Johannes eher um einen ethischen als um einen metaphysischen Dualismus. Die Nähe der frühchristlichen Autoren zum Mittel- und Neuplatonismus, wo starke dualistische Elemente vorgelegen hatten, verstärkte die dualistischen Tendenzen bei christlichen Autoren, im großen und ganzen fügten sich die christlichen Autoren des 2. und 3. Jhd.s aber in die weithin verbreiteten, mehr oder weniger deutlich formulierten dualistischen Tendenzen der Zeit ein. Hinter der im 4. Jhd. spürbaren Anziehungskraft dualistischer Konzeptionen steht jedoch auch ein bei den Kappadokiern deutlich erkennbares kulturkritisches Element. Sie und viele auch weniger bekannte Einsiedler und Mönche hatten den nicht unberechtigten Eindruck, daß das Christentum auf dem Wege war, sich der »Welt« anzupassen und der weltlichen Macht auszuliefern. Sie zogen sich in die Wüste, in die Einsamkeit zurück, da sie meinten, nur mit einer solchen Lebensform Christen bleiben zu können. Um eine solche, als radikal gedachte Trennung von der »Welt« zu interpretieren, legten sich gnostisierende dualistische Modelle nahe. Daß solche Modelle jedoch auch im genau umgekehrten Sinn interpretiert werden konnten, wird sich bei Augustinus zeigen. Hier liegt eine Doppeldeutigkeit vor, die das ganze Mittelalter begleiten wird: Wenn die Welt ein Raum der Finsternis ist, konnte es als Aufgabe und Pflicht angesehen werden, die Welt, und dies heißt vor allem: die Menschen, wenn nötig auch mit Gewalt, auf den Weg des Lichts zu bringen. Dies ist die Auffassung des Augustinus, den Kappadokiern lag eine solche Folgerung aber fern.

Der Mensch, der den Weg zu Gott sucht, findet sich nach der Auffassung der Kappadokier letztlich einem »Abgrund« und einer undurchdringlichen »Finsternis« gegenüber, so wie zu starkes Licht nicht zum Sehen hilft, sondern den Menschen blendet und ihn gar nichts mehr sehen läßt. Gott ist das Grenzenlose, wir sagen daher von ihm die *Grenzenlosigkeit*, die Unendlichkeit, aus (worin das alte kosmische Prädikat des *ápeiron* enthalten ist, vgl. 1. Teil, Kap. II, 2, a). Damit wird dieses Prädikat, das ursprünglich im Griechischen einen Mangel der Bestimmtheit ausdrückte, zu einem Prädikat, das zwar immer noch ein Nicht-Gegebensein von Bestimmung zum Ausdruck bringt, das aber werthaft positiv besetzt ist. Hier liegt der Beginn jener Entwicklung, in der Gott als das reine, *unendliche Sein* bezeichnet wird, wobei diese Bezeichnung schon bei Gregor von Nazianz – in exegetisch unhaltbarer Weise – mit dem biblischen Gottesnamen »Jahwe« in Verbindung gebracht wird. Bei Dionysios Areopagita werden jedoch auch Begriffe wie »Sein« und »Wesen« der Negation unterzogen. So heißt es gleich im ersten Kapitel der Schrift *Die Namen Gottes*:

Man darf demnach überhaupt nicht wagen, irgendetwas über die überwesentliche und verborgene Gottheit zu sagen oder gleichwohl zu denken mit Ausnahme dessen, was uns durch göttliche Eingebung in der Heiligen Schrift geoffenbart worden ist. Es besteht nämlich Unkenntnis ihrer Verstand, Vernunft und Sein übersteigenden Überwesenheit. Dieser müssen wir die überwesentliche Erkenntnis überlassen, indem wir nur soweit nach oben schauen, wie sich uns der Lichtstrahl der erzgöttlichen Orakel selbst zeigt, und wir uns somit in bezug auf jene noch herrlicheren Strahlen mit der gegenüber dem Göttlichen angezeigten Enthaltsamkeit und Gottesfurcht beschränken. (*Die Namen Gottes* I 1)

Hier übersteigt alles, was von Gott gesagt werden kann, nicht nur den Verstand, sondern auch die Vernunft. Damit wird auch der Neuplatonismus noch überboten, der dem Verstand die Erkenntnis des Göttlichen zwar verweigert hatte, aber doch der höheren Kraft der Vernunft noch intuitive Möglichkeiten offengelassen hatte. Davon ist hier nun nicht mehr die Rede. Es wäre jedoch auch verfehlt, zu meinen, daß Dionysios Areopagita nach dieser philosophisch negativen Gotteserkenntnis wie Philon eine positive biblische anfügen könnte: Seiner Meinung nach sagt die Offenbarung dasselbe, Gott hat sich also selbst als der Unzugängliche geoffenbart:

Wie sie [d. h. die überwesentliche und verborgene Gottheit] selbst nämlich über sich in der Schrift auf gütige Weise überliefert hat, sind ihre Kenntnis und Anschauung, was auch immer sie nur ist, allen Wesen unzugänglich, weil sie von allem überwesentlich entrückt ist. Du wirst auch viele biblische Schriftsteller finden, die jene nicht nur als unsichtbar und unbegreiflich gepriesen haben, sondern auch als unerforschlich und unaufspürbar, weil es keine Spur von dem gibt, was zu ihrer verborgenen Unendlichkeit hindurchgedrungen ist. (Ebd. I 2)

Dionysios Areopagita betont ausdrücklich, daß die Ursache allen Seins, »weil sie über alles Sein erhaben ist ohne Sein«, sich selbst auch ohne Sein »gründlich und kenntnisreich zeigen würde« (Ebd. I 1). Die negative Theologie setzt also sehr deutliche Grenzen für die Möglichkeiten einer Selbstoffenbarung Gottes, aber auch für eine Offenbarung Gottes in und durch die Welt. Die Gnosis hat hier eine radikale Lösung zur Verfügung: Es gibt keine Brücke von der Welt zu Gott, die Welt ist gottlos, sie verweist auf nichts. Die negative Theologie kann trotz aller Nähe zur Gnosis diesen Weg nicht gehen. Die christliche Philosophie hatte sich, durchaus in der Folge griechischer Philosophie, immer in irgendeiner Weise als »Spurenlesen« auf der Suche nach dem Ursprung, sei es der *arché*, sei es Gottes, verstanden. Auch die Heiligen Schriften verwenden positive Gottesprädikate und selbst das Urbild-Abbild-Schema ist nicht nur platonisch, sondern auch biblisch verankert. Es soll daher nach Dionysios Areopagita auch eine zusprechende (kataphatische) Rede von Gott geben. Wenn dies allerdings mit der dominierenden absprechenden (apophatischen) Rede, die gleichsam eine metasprachliche Regel abgibt, in Einklang gebracht werden soll, so kann Dionysios nur zu *paradoxen Formulierungen* greifen:

Sowohl durch Kenntnis als auch durch Unkenntnis erkennen wir Gott. Es gibt von ihm geistiges Begreifen, Verstehen, Wissen, Berührung, Sinneswahrnehmung, Meinung, Vorstellung, Benennung und alles andere, und dennoch wird er weder begriffen, noch erklärt, noch genannt. Er ist nichts des Seienden, aber er wird auch in keinem Seienden erkannt. (*Die Namen Gottes* VII 3)

Dionysios Areopagita ist daher gezwungen, zu dem bekannten Ausspruch, daß Gott »alles in allem« ist (1 Kor. 15, 28) hinzuzufügen, daß er »doch nichts irgendworin« ist: »Er wird aus allem von allem erkannt und doch wieder aus nichts von irgendwem« (Ebd. VII 3). Das bleibt paradox, es gibt aber eben immer wieder Philosophen, die gerade an solchen paradoxen Formulierungen besonderes Gefallen finden. Die beiden Pole dieser Paradoxie hatten zur Folge, daß Dionysios einerseits zum Lehrer einer *Mystik der Dunkelheit* und andererseits zu einem Lehrer der *Ästhetik des Lichts* werden konnte, in der die ganze Welt zu einer Theophanie, zu einem Erscheinen Gottes wird, in der die ganze Welt mit allen ihren einzelnen Gegenständen also zu einem Symbol transformiert wird. Dies liegt an der Wurzel aller Theorie der Kunst

| 47

im Mittelalter, wie es dann vor allem bei Scotus Eriugena deutlich werden wird (vgl. Kap. V, 2, c). Letztlich geht es aber doch darum, alles Materielle und sogar auch alles Symbolische zu »übersteigen«, zu transzendieren. Zu dieser Einsicht will uns Dionysios wiederum mit einem Paradox führen: Das unvergleichlich Dunkle ist das unvergleichlich Helle.

Denn die Lichter des Seienden verdecken das dunkle Urlicht des Schöpferischen, das doch das unvergleichlich hellere ist. (*Mystische Theologie* II)

Als einzig echte Möglichkeit, zu der gesuchten »überwesentlichen Erkenntnis« zu gelangen, bleibt daher die Mystik, die auf dieselbe »pneumatische Kraft« zurückgeführt wird, die auch die Autoren der Offenbarung inspiriert hat.

Es sei uns jedoch auch hier von allem Anfang an die Weisung der Heiligen Schrift eine Richtschnur, daß wir die Wahrheit der Aussagen über Gott »*nicht in überredenden Worten menschlicher Weisheit*« ehren, »*sondern im Erweis der Macht*« [1 Kor. 2, 4], die die biblischen Schriftsteller inspirierte. Durch diese werden wir mit dem Unaussprechlichen und dem Unerkennbaren auf unaussprechliche und unerkennbare Weise vereinigt gemäß jener Einigung, die unserer Verstandes- und Vernunftfähigkeit und Tätigkeit überlegen ist. (*Die Namen Gottes* I 1)

48

Es bleibe dem Leser überlassen, die Häufung der »un«-Vorsilben zu beurteilen. Hier bleibt dem Verstand und auch der Vernunft, wie wir sie aus der griechischen Philosophie kennen, kein Raum mehr. Bei Dionysios liegt nicht nur bei der sinnesbedingten Erkenntnis eine Grenze vor, auch der Verstand und sogar die Vernunft werden als begrenzt aufgefaßt:

Gerade wie nämlich für das Sinnliche das in Gedanken Faßbare, für das Geformte und Gebildete das Einfache und Bildlose, für die Wesen mit körperlicher Gestalt die unberührbare und ungeformte Gestaltlosigkeit des Körperlosen unbegreiflich und unsichtbar ist, so überragt nach demselben Gesetz der Wahrheit die überwesentliche Unendlichkeit die Seinsstufen und die Einheit jenseits des Verstandes die Vernunftwesen. Es ist das Eine jenseits des Denkens für jegliches Denkvermögen unbegreiflich, unaussprechlich auch jeglicher Rede das den Verstand übersteigende Gute, eine Einheit, die die gesamte Einheit eint, ein überwesentliches Sein, ein nicht gedanklich faßbarer Gedanke, ein unaussprechliches Wort, Wort- und Gedanken- und Namenlosigkeit, beschaffen nach keinem der Wesen, zwar Ursache des Seins für alles, selbst aber, weil sie über alles Sein erhaben ist, ohne Sein [...]. (Ebd. I 1)

Das Ziel ist eine mystische Einigung, und damit etwas, das jenseits aller rationalen Möglichkeiten des Menschen, ja jenseits aller Möglichkeiten überhaupt liegt, die in der Verfügung des Menschen liegen: Der Strahl, das Licht, kann sich nur selbst mitteilen. Es wäre jedoch verfehlt anzunehmen, daß in dieser mystischen Einigung ein Schritt über die negative Theologie hinaus getan würde, denn auch dieser Weg führt letztlich in ein mystisches Dunkel der Erkenntnis, in der Gott wiederum als der »Über-erkennbare« erfaßt wird (Ebd. I 1). In der *Mystischen Theologie* sagt Dionysios:

Jetzt erst dringt er in das wirkliche mystische Dunkel des höchsten unkennbaren Lichtes. Dort endlich bringt er alles auf irdische Gegenstände gerichtetes Wissen zum Schweigen und entgeht so erst gänzlich dem Trug des Faßbaren und Schaubaren. Jetzt erst gehört er gar nicht mehr sich, auch nicht mehr einem anderen, Nahen oder Fernen, sondern nur noch ganz Dem, der über allem ist. Jetzt erst ist das Wahrhafte in ihm beim Schöpfer, der auch ihm unkenntlich bleibt – aber er hat ja auf alles Wissen verzichtet, und dank diesem Verzicht, dank diesem Nichtwissen, tritt er ein in jene Erkenntnis, die alles Wißbare sprengt. (*Mystische Theologie* I 3)

Das eigentliche Problem ist hier – und dies gilt für die ganze mittelalterliche Philosophie – letztlich gar nicht die Verhältnisbestimmung von Philosophie und Theologie, sondern die von rationaler und »überrationaler« Erkenntnis, dem also, was bei Dionysios »jene Erkenntnis [ist], die alles Wißbare sprengt«. Dionysios steigt auf »in Richtung auf die unfaßbaren Höhen« bis zur »absoluten Urdunkelheit«, »bis wir an einen Punkt unseres Anstiegs gelangen, wo wir ganz und gar verstummen müssen, um uns still dem Unsagbaren einzufügen« (Ebd. III). Argumentation gibt es hier selbstverständlich nicht mehr, denn »Ja und Nein erreichen ihn nicht« (Ebd. V). Aber auch dieses Problem der »Über-Erkenntnis« ist weder von Dionysios noch von irgendeinem der früheren christlichen Schriftsteller erfunden worden, es handelt sich hier vielmehr um die Übernahme jener *Entmachtung des rationalen Denkens*, die sich seit den Mittelplatonikern stets verstärkt, bei Proklos ihre definitive Form gefunden hatte (vgl. 1. Teil, Kap. XVII, 4) und bei Dionysios Areopagita nur noch übersteigert wird. Es könnte jetzt allerdings jemand einwenden, diese ganze Frage gehöre in die Geschichte der Mystik und betreffe die Philosophie überhaupt nicht. So einfach ist dies aber nicht. Die Vorstellung einer Erkenntnis, die alles Wißbare sprengt, ist in die Vorstellung von »Erkenntnis« auch dort eingegangen, wo von Mystik – zumindest ausdrücklich – gar nicht die Rede ist. Manchmal wird dies aber auch ausdrücklich gemacht. Als Beispiel hierfür nehme ich Adorno, der bisher kaum als Klassiker der Mystik aus der Geschichte der Philosophie entfernt worden ist. Adorno sagt, »daß gänzlich ohne Sprung, in eigener Bewegung, die Philosophie aus ihrem Traum nicht erwacht; daß sie dazu dessen bedarf, was ihr Bann fernhält, eines Anderen und Neuen« (Adorno: *Negative Dialektik*. Frankfurt 1966. S. 182). Und weiter heißt es:

Ganz ohne Wissen von außen freilich, wenn man will ohne ein Moment von Unmittelbarkeit, eine Dreingabe des subjektiven Gedankens, der übers Gefüge von Dialektik

hinausblickt, ist keine immanente Kritik fähig zu ihrem Zweck. [...] Es bedarf des An-
stoßes von außen, der Weisheit der Gans Mimi [d. h. aus Hauffs Märchen]. Solcher
Anstoß ist der Philosophie, und der Hegelschen am meisten, Ketzerei. Immanente
Kritik hat ihre Grenze daran, daß schließlich das Gesetz des Immanenzzusammenhan-
ges eins ist mit der Verblendung, die zu durchschlagen wäre. Aber dieser Augenblick,
wahrhaft erst der qualitative Sprung, stellt einzig im Vollzug der immanenten Dialektik
sich ein, die den Zug hat, sich zu transzendieren, nicht durchaus unähnlich dem Übergang der Platonischen Dialektik zu den ansichseienden Ideen; [...] Dies Interesse hat
Schelling gegen Hegel wahrgenommen, und damit dem Spott über die Abdikation des
Gedankens sich dargeboten, der zur Mystik flüchte. (Ebd. S. 181 f.)

Wir wollen hier die oft gestellte Frage, ob und inwieweit die Negative Dialektik
eigentlich eine Negative Theologie darstellt, nicht weiter verfolgen. Die Sprache
Adornos in diesem Text ist jedoch aufschlußreich: »Verblendung«, »Durchschlagen«, »Traum«, das »Andere«, das »Neue« usw. Die Gnostikergemeinde freut sich
über jedes neue Mitglied, auch wenn es von »links« kommt, für sie ist nicht »links«
und »rechts« maßgebend, sondern nur »oben« und »unten«.

50 | Die Problematik dieser alle Grenzen sprengenden Dialektik und Mystik bei Dio-
nysios Areopagita wird jedoch sofort deutlich, wenn man sieht, daß niemand in der
christlichen Antike den metaphysischen *ordo*-Gedanken so betont hat wie Dionysios
Areopagita: Dem ganz und gar unfaßbaren Gott steht hier eine sehr genau erfaßte
Engel- und Menschenwelt gegenüber. Bei Augustinus ist der *ordo*-Gedanke zwar
auch sehr stark entwickelt, er wird bei ihm aber kaum metaphysisch, sondern
ethisch und kirchenorganisatorisch begründet. Bei Dionysios hingegen haben wir
einen streng geordneten Kosmos vor uns, in dem alles seinen Ort hat durch den
Abstand vom Einen, obwohl das Eine dem Vielen gegenüber immer das alles tran-
szendierende Über-Eine bleibt oder jedenfalls bleiben sollte. Alles in der Welt ist
definiert, in seine Grenzen gesetzt durch seine Distanz vom Einen, und so ergibt
sich zunächst eine himmlische und dann eine irdische *Hierarchie*. Die Titel von zwei
Schriften des Dionysios Areopagita lauten dann auch *Die himmlische Hierarchie*
und *Die kirchliche Hierarchie*, und darin ist diskussionslos impliziert, daß der Bereich
des Irdisch-gesellschaftlichen und des Kirchlichen zusammenfallen, denn außer
diesen beiden Hierarchien gibt es keine anderen. Einen weiteren Machtbereich
kann und darf es gar nicht geben, außerhalb liegt nur das Böse, welches aber keinen
eigenen Machtbereich hat. Zunächst wird die Engelwelt, die – weil unkörperlich –
dem Göttlichen näher ist, in Triaden eingeteilt; dann wird entsprechend der himmlischen Hierarchie auch die kirchliche Hierarchie eingeteilt. Ontologisch bedeutet
dies, daß alles aus dem Einen in einer Stufenordnung hervorgeht, wie dieser Hervorgang *(emanatio)* mit der völligen Transzendenz des Einen jedoch in Einklang
gebracht werden soll, ist ein letztlich unlösbares Problem aller neuplatonischen
Philosophie.

Dieses Problem war für die heidnischen Platoniker allerdings weniger bedrängend als für die christlichen Platoniker. Für einen heidnischen Platoniker waren pantheistische Konsequenzen systematisch störend, weil es dann kaum möglich war, gleichzeitig die Ganz-Jenseitigkeit des Einen zu behaupten, pantheistische Konsequenzen als solche aber waren nicht automatisch bedrohlich. Auch der stoische Logos war durchaus in einem solchen Sinn verstanden worden. Anders sah die Situation für die christlichen Platoniker aus, die meinten, an einem strengen Schöpfungsbegriff festhalten zu müssen. Für sie waren pantheistische Konsequenzen, die sich aus ihrer Lehre ergeben konnten, fatal. Sie mußten daher verbal an einer solchen Schöpfung festhalten, so wie dies auch Dionysios tat – überzeugend wirkt das allerdings nie. Man kann das Problem aber auch als eines ansehen, das die Platoniker tatsächlich von Platon übernommen haben, allerdings durch eine leichte, aber nicht unwesentliche »hermeneutische Verschiebung«. Platon erzählt im *Timaios* einen Mythos, wobei er ausdrücklich darauf aufmerksam macht, daß es sich um einen Mythos handelt (vgl. 1. Teil, Kap. IX, 7), in dem von einem Demiurgen als Schöpfer der Welt die Rede ist. Dieser Demiurg eignete sich gut als Interpretationsmodell für den Schöpfergott und faktisch wurde die Erzählung im *Timaios* dann auch nicht mehr als Mythos, sondern als Metaphysik aufgefaßt. Wie eine Identifikation dieses Demiurgen mit der ganz und gar unpersönlich konzipierten Idee des Guten, an der alles partizipiert, aussehen könnte – was Platon indes nicht anvisiert hatte – muß aber mehr als unklar bleiben. Bei den Neuplatonikern erhält das Problem dann die Form der unlösbaren Frage, wie der Hervorgang des Vielen aus dem Einen, also die Emanation, mit einer Schöpfertätigkeit im Sinn des *Timaios* in Einklang gebracht werden kann, sie gehen auf diese Frage aber kaum ein. Bei den christlichen Neuplatonikern, bei Dionysios und dessen vielen Nachfolgern, bleibt es dann immer bei verbalen Versicherungen, daß diese beiden Vorstellungen in Übereinstimmung stehen. Deren Gegner haben aber nicht selten – so später z. B. bei Scotus Eriugena (vgl. Kap. V, 2, c) und Eckhart (vgl. Kap. XVIII, 1) – vermutet, daß letztlich eben doch eine pantheistische Konzeption vorliegt.

Zurück zum Stufenkosmos des Dionysios. Mit der ontologisch-soziologischen Hierarchie des Hervorgangs, also einer Abstiegslehre, verband Dionysios eine Aufstiegs- und Erleuchtungslehre: Die Erleuchtung jedes einzelnen folgt der Stufenordnung der *hierarchischen Seinsordnung*. Das Eine, der Ur-Anfang, erleuchtet nicht unmittelbar die einzelne Stufe, sondern teilt sich nur der ersten, der obersten Stufe der Hierarchie mit, die dann jeweils die nächstniedrigere erleuchtet. Umgekehrt gesagt: Jeder wird auf seiner Stufe durch die nächsthöhere erleuchtet. Das heißt konkret: Jeder kann und soll jenen Grad der Erleuchtung erlangen, der seinem *Grad in der Hierarchie* entspricht, und jeder ist in seiner Erleuchtung unmittelbar abhängig von dem ihm unmittelbar Höherstehenden. In der *Kirchlichen Hierarchie* erfahren wir,

| 51

[...] daß eben der Hierarch, so wie es die ihm zugemessene Seinsstufe und seine Stellung im Verhältnis zu den andern ergeben, in den göttlichen Diensten und Lehren vollkommen und gottähnlich geworden ist und den ihm Unterstellten, jedem nach seiner Stellung, an der ihm von Gott her eingegebenen Vergöttlichung Anteil gewährt, und daß ebenso die Unterstellten einerseits den Höheren folgen, die niedriger Gestellten dagegen nach oben ziehen und daß die letzteren wiederum ihrerseits voranschreiten und gleichzeitig nach ihren Kräften anderen den Weg weisen, und daß somit durch diese gotterfüllte hierarchische Harmonie jeder, soweit er kann, an dem wahrhaft Schönen, Weisen und Guten teilhat. (*Über die kirchliche Hierarchie* I 2)

Jeder hat also seinen von Gott *bestimmten Ort* in der hierarchischen Ordnung. Gegenüber Origenes läßt sich hier deutlich ein Unterschied ausmachen, der nicht im Modell selbst liegt, sondern in seiner Interpretation. Auch bei Origenes gibt es ein Aufstiegsschema, auch in diesem gibt es Ordnungen, aber diese geben nur Stellen, d. h. *mögliche Orte* an (es gibt in *Peri Archôn* keine Eigennamen!), für kein einzelnes Wesen, für kein Individuum, ist die Stelle schon vorgezeichnet, an der es sich befinden soll. Im Prinzip kann und soll jeder die höchstmögliche Stelle, also die Stelle des Logos, einnehmen, er soll also selbst logoshaft werden. Das Schema des Origenes ist eines von Modalitäten, von Stellen der Möglichkeit, die vom Einzelnen nur durch autonome *Selbstbestimmung* aktualisiert, aber auch immer aufgehoben und überschritten werden können und auch sollen. Bei Dionysios Areopagita hingegen ist das System vergegenständlicht, es wird zur Seins- und Gesellschaftslehre und ist nicht mehr reine Möglichkeitslehre, jetzt ist also jedem ontologisch/gesellschaftlich seine Stufe in der Ordnung der Welt zugeordnet. Die Überschreitung, das ständige Streben nach dem Höheren und dem Höchsten, das also, was bei Origenes die wesentliche Aufgabe des Menschen ist, wird hier zur Sünde. Dionysios' Lehre konnte so zur Ideologie einer starren Gesellschafts- und Gnadenordnung werden, in der jeder seinen Ort haben soll, und in der jeder von der ihm übergeordneten Stufe abhängig ist und sein soll. Vielleicht ist dies der Grund, warum im 6. Jhd. gleichzeitig Dionysios Areopagita zunehmend anerkannt und Origenes posthum verurteilt wurde: Ende des 6. Jhd.s zerfiel das Römische Reich endgültig, der Senat verschwand und Papst Gregor der Große übernahm auch die politische Führung in Rom. Die politisch-organisatorische Arbeit Gregors des Großen ist grundlegend geworden für die kirchliche Ordnung des Mittelalters, die ihm entsprechende spiritualisierte Ideologie fand diese Institution in den Schriften des Dionysios Areopagita zu den Hierarchien.

Die Frage des *Bösen* stellte Dionysios vor erhebliche Probleme. Im Rahmen seiner Hierarchien-Ontologie ist die Angelegenheit noch verhältnismäßig einfach. Das Böse ist selbst überhaupt nichts, es ist nur der Versuch eines einzelnen, das ihm entsprechende Maß, d. h. seine Stufe, in Frage zu stellen und nach einer höheren zu streben: Es ist also ein Ordnungs-Defekt, das Zentrum des Bösen wird in der *hýbris* angesetzt. Auch in der Metaphysik ganz allgemein arbeitet Dionysios Areopagita mit der Defekt-Vorstellung. Dem Bösen kann kein Sein zugesprochen werden, aber die negativen Prädikate stehen im System der negativen Theologie nicht einfach zur Verfügung, denn schließlich ist ja das »Nicht-Seiende« letztlich das »Über-Seiende«. Das Böse läßt sich also nicht als das »Nicht-Gute« usw. definieren, aber auch nicht einfach als eine Seins-Beraubung, als ein purer Seins-Mangel (*Die Namen Gottes* IV 29), wie dies später häufig geschehen wird. Dionysios versuchte daher, mit der Unterscheidung Eines-Vieles das Problem zu überwinden:

Das Gute stammt aus einer einzigen und aus der totalen Ursache, das Böse indessen aus vielen und teilweise vorhandenen Defekten. (*Die Namen Gottes* IV 30)

Und in diesem Zusammenhang bringt er dann – auch dies wiederum in der Nachfolge des Proklos – eine These vor, die noch viele Vertreter finden wird:

Daher besitzt das Böse keine eigene Realisierung, sondern nur eine Realisierung durch anderes, weil es eben lediglich um des Guten willen und nicht um seiner selbst willen entstanden ist. (Ebd. IV 31)

| 53

Und so wird das Böse auch zur Vervollkommnung des Universums beisteuern und durch sich dem Weltall die Vollendung verschaffen. (Ebd. IV 19)

Dies wird auch noch die Antwort von Leibniz sein: Zur besten aller möglichen Welten gehört eben auch die Sünde und das Böse. Die Antwort des Dionysios Areopagita ist gut griechisch, sie lebt letztlich doch noch aus der Grundüberzeugung, daß wir uns trotz sichtbarer Mängel und Defekte, die wir an der Welt und an den Menschen feststellen können, die Freude an der Welt und an deren Schönheit und Ordnung nicht nehmen lassen sollten:

Laßt uns nun den göttlichen und höchst verbindenden Frieden in Lobpreisungen des Friedens laut verkünden! Er nämlich eint alles und erzeugt und bewirkt die Eintracht und Verbindung von allem. Deswegen strebt auch alles nach ihm, weil er ihre zerteilte Menge zur totalen Einheit zurückwendet und den inneren Kampf des Universums zum gleichartigen Beieinandersein eint. (Ebd. XI 1)

Das Eine ist also die Ursache der gänzlichen Überwindung von Vielheit, es bringt alles zu endgültiger Schönheit und Harmonie. Das Böse ist eine *quantité négligable*, der noch dazu aus höherer Sicht ein durchaus positiver Sinn zugeschrieben werden kann.

Dionysios Areopagita schrieb sein Werk irgendwann um die Wende vom 5. zum 6. Jhd. Viele Menschen im Westen wie auch im Osten glaubten nicht mehr so recht, daß diese Welt letztlich harmonisch sei und fanden auch in sich selbst diese Harmonie nicht. Schon lange vor Dionysios Areopagita hat im Osten der Perser Mani (216–276/277) und im Westen Augustinus dieser anderen Erfahrung von Welt und Mensch einen Ausdruck verschafft: die Welt und der Mensch sind aufgeteilt in Gut und Böse. Auch bei den Mittel- und Neuplatonikern waren uns ja bereits immer wieder dualistische Tendenzen begegnet. Historisch gesehen kam Dionysios Areopagita einfach zu spät, aber schließlich hat er sich ja selbst als angeblicher Apostelschüler um vier Jahrhunderte vordatiert! Und mit seinen Schriften über die Hierarchien paßte er wiederum sehr gut in eine immer chaotischer werdende, nach Ordnung suchende Zeit.

3. Der Geist und die Materie

Mit dem Neuplatonismus und den in ihm enthaltenen gnostischen Elementen hatte das Christentum den *Dualismus* von Materie und Geist übernommen, anthropologisch ausgedrückt den von Leib und Seele. Nachdem Gott als der reine Geist eingeführt worden war und unsagbar durch die reine Negation alles Körperlich-Sinnlichen bestimmt worden war, war konsequenterweise auch der Mensch in zwei Bereiche zerfallen: den materiellen und den geistigen. Materie und Geist werden geradezu durch ihren Gegensatz bestimmt. Wenn dann der Mensch als bestehend aus Materie und Geist oder als Körper und Seele angenommen wird, so muß unter diesen Voraussetzungen die *Vereinigung* von beiden als ein *Rätsel* erscheinen, das unlösbar ist, so wie dies z. B. Gregor von Nyssa zum Ausdruck bringt:

> Denn wenn wir auch glauben, daß die ganze körperliche und geistige Schöpfung durch die unkörperliche und ungeschaffene Natur ihre Existenz empfangen habe, so lassen wir uns durch diesen Glauben keineswegs dazu verleiten, das Woher oder das Wie zu durchforschen, sondern wir nehmen die Tatsache an, lassen aber die Art und Weise der Erschaffung des Universums unerörtert, weil sie unaussprechlich und nicht erklärlich ist. (Gregor von Nyssa: *Große Katechese* XI 2)

Das einzige, was Gregor von Nyssa daher versuchen kann, ist, gewisse Eigentümlichkeiten der Beziehung von Seele und Leib aufzuzeigen. Hier werden schon viele der Probleme zur Sprache gebracht, die das spätere mittelalterliche Denken und das der Neuzeit in der Erkenntnistheorie und der Seelenlehre beschäftigen werden: Offensichtlich ist (wenn man keine angeborenen Ideen annimmt, deren Annahme eigentlich die konsequenteste Lösung unter diesen Voraussetzungen ist) der Geist auf die Sinneswahrnehmungen angewiesen – wie aber ist er dann vom materiellen Bereich getrennt? Ist der Geist bzw. die Seele ein selbständiges Prinzip? Gregor von Nyssa – oder richtiger: seine Schwester Makrina – gibt schon viele der Antworten, die später im Mittelalter und dann sogar noch in der Neuzeit weitergeführt werden. Sie im einzelnen aufzuführen, ist hier nun nicht erforderlich, sie sind letztlich alle nach dem Schema geformt, daß sich etwas Höheres (der Geist, die Seele) etwas Niedrigeren (der Materie, des Körpers) »bedient«, ohne daß klar würde, wie bei der vorausgesetzten strengen Trennung der beiden Bereiche dieses Sich-Bedienen denn eigentlich funktionieren soll.

Siehst du also, in welch bedeutenden Dingen das Auge ein Lehrmeister für dich wird? Freilich könnte es dir niemals eine solche Anschauung durch sich selbst verschaffen, wenn nicht etwas wäre, das sich des Auges als eines Mittels bedient, um zu sehen, und dem die sinnliche Wahrnehmung nur der Wegweiser ist, um durch das Sichtbare zum Unsichtbaren vorzudringen. (Gregor von Nyssa: *Gespräch mit Makrina* IV 2)

Wichtig dabei ist, daß in dieser Seele eine oberste »Schicht«, ein geistiger Seelenteil existiert, der von allen materiegebundenen Sinneseindrücken unabhängig ist. Es gibt für Gregor von Nyssa für die Seele die Möglichkeit, »daß sie bei der Untersuchung jede körperliche Bedingtheit für die Begriffsbestimmung ausscheidet [...], weil sie ja auch das Abbild einer geistigen Substanz ist« (Ebd. VI 3). Modern ausgedrückt: Die Seele als Geist ist Abbild Gottes genau dort, wo sie apriorisch, d. h. ganz und gar | 55 unabhängig von der – aposteriorischen – Sinneserfahrung denkt. Dieser oberste Seelenteil gibt die Möglichkeit des Absprungs der Seele zu Gott bzw. gibt die Möglichkeit, daß Gott in der Seele »wohnt«. Letztlich wiederholt sich im Inneren der Seele nochmals die Trennung von Geist und Materie; so bleibt auch der Aufstiegsweg an diese Wertontologie gebunden. Ziel ist die Emporführung in einen »geistigen, leidenschaftslosen Zustand« (Ebd. VIII 3). Es wird deutlich, daß hier das Leben der Mönche zugleich als Annäherung an den idealen Urzustand und als Vorwegnahme des Endzustandes wirksam ist – und Makrina, mit der Gregor von Nyssa diese Fragen erörtert, ist inzwischen Leiterin einer klösterlichen Gemeinschaft.

All dies haben die Kappadokier nicht erfunden, es sind Auffassungen, die sich aus dem Zusammentreffen von Gnosis, Neuplatonismus, Stoa und Christentum ergaben; Auffassungen, die auch schon in der spätantiken heidnischen Kultur sehr verbreitet waren und die von den Christen mit einer gewissen unkritischen Selbstverständlichkeit übernommen wurden. Dies ist eigentlich nicht verwunderlich. Die Christen hatten in der Zeit vom 2. bis 4. Jhd. missionarische Interessen und meinten, in diesen vorgefundenen Auffassungen gute Anknüpfungspunkte zu finden. In diesen Anknüpfungspunkten war nun häufig ein latenter oder offenkundiger metaphysischer Dualismus mitgegeben, und diesem versuchten die Kappadokier zu entgehen, da sie den richtigen Eindruck hatten, daß dies in einer christlichen Philosophie nicht annehmbar sei. Hätte Gott die Materie schon vorgefunden, so wäre er in der Schöpfung nicht allmächtig, damit setzte sich die christliche Philosophie in diesem Punkt deutlich von der griechischen Materieauffassung ab. Wenn aber auch die

Materie von Gott erschaffen wurde, darf sie nicht als böse angesehen werden; da sie jedoch auch nicht als gut angesehen werden sollte, mußte sie neutralisiert werden. Basilios formulierte diese »menschlicher Zunge ganz unaussprechliche Macht« sehr klar:

> Gott aber hat, ehe die jetzt sichtbaren Dinge wurden, in dem Augenblicke, da er sich entschloß und sich daran machte, das Nichtseiende ins Dasein zu rufen, und zugleich erwog, wie die Welt gestaltet sein sollte, mit der Form zugleich auch die ihr entsprechende Materie geschaffen (*Hexaemeron* II 2).

Diese Formulierung ist interessant: Hier wird in aristotelischer Terminologie eine nichtaristotelische Schöpfungslehre vertreten. (Genau diese Lehre werden wir im Mittelalter bei Thomas von Aquin auch wieder antreffen.) Diese Auffassung hätte eigentlich den materieflüchtigen Tendenzen entgegenwirken und zu einer Naturbeobachtung und Naturwertung führen können, wie dies bei dem wissenschaftlich gebildeten Basilios in seinem Kommentar zum *Hexaemeron* auch der Fall ist. Dieser Weg wurde jedoch nicht fortgeführt. Die anderen Kappadokier waren an solchen Fragen nicht interessiert und der spätere große Einfluß des Dionysios Areopagita, der solchen Fragen noch ferner stand, verhinderte bei den Griechen jede Verbindung der Schöpfungslehre mit empirischen Wissenschaften. Die griechischen Christen waren eben in die Schule des Mittel- und des Neuplatonismus gegangen, nicht in die des Museums von Alexandrien.

III

Augustinus

Ohne eine gewisse Kenntnis von Augustinus ist die gesamte europäische Denk- und Kulturgeschichte nicht verständlich. Im Mittelalter beriefen sich in allen größeren Diskussionen jeweils beide Seiten auf Augustinus, was schon einen Hinweis darauf gibt, daß die Lehren des Augustinus keineswegs eindeutig sind. Ebenso wie Augustinus im Mittelalter als die größte Autorität aufgefaßt wurde, so wurde er auch von den Reformatoren, mit guten Gründen, als Autorität in der Auseinandersetzung mit der katholischen Kirche eingesetzt, deren Verteidiger sich aber ebenso auf ihn beriefen, und auch dies nicht zu Unrecht. Augustinus hat aber auch die Philosophie der frühen Neuzeit tiefgehend beeinflußt, und auch hier wieder in Hinsicht auf gegensätzliche Richtungen. So sind Pascal und Descartes, aber auch Leibniz nicht ohne augustinischen Hintergrund zu verstehen, dasselbe gilt von Spinoza, für alle bedeutete Augustinus aber recht Verschiedenes. Und auch der Deutsche Idealismus muß vor dem Hintergrund augustinischen Denkens gesehen werden, ebenso wie der vom Idealismus sich absetzende Existentialismus, der genauso, und zwar in noch stärkerem Maß, augustinisch geprägt ist. Selbst Wittgenstein hat sich mit Augustinus auseinandergesetzt. Eine ähnlich weit gestreute Präsenz augustinischen Denkens ließe sich in der Literatur aufzeigen, wobei – um nur auf die jüngere Vergangenheit hinzuweisen – Dostojewski ebenso wie Bernanos oder Camus als Beispiele aufgeführt werden können. Inwiefern Augustinus die Kunst des Mittelalters beeinflußt hat, müßte eigens behandelt werden. Ebenso kann nicht übersehen werden, daß Augustinus in seinen *Bekenntnissen* eine – tatsächliche oder fingierte – psychologische Analyse vorgelegt hat, wie sie erst von der Psychoanalyse wieder aufgenommen wurde, wobei Augustinus auch die literarische Gattung der psychologisch orientierten Autobiographie geschaffen hat.

1. Eine problematische Biographie

Daß bei Augustinus die Biographie und die von ihm vertretenen Lehren in einem inneren Zusammenhang stehen, ist unumstritten. Auf diesen Zusammenhang weist schon Augustinus selbst in seinen *Bekenntnissen* hin, und dies gilt auch dann noch, wenn man dieses Werk selbst als nicht einfach biographisch, sondern als lehrhaft konzipiert auffaßt. Bei Augustinus ist aber nichts rein lehrhaft und nichts rein biographisch, für ihn spielt die Erinnerung *(memoria)* stets eine wichtige Rolle: Er philosophiert, indem er sich erinnert und gleichzeitig das Erinnerte zu verstehen sucht. Die angedeutete Vieldeutigkeit der Interpretation der Schriften des Augustinus muß daher auch Rückwirkungen auf die Interpretation seiner Biographie haben. Tatsächlich ist die Biographie des Augustinus zwar nicht in Hinsicht auf Daten oder offizielle Ämter, die er innehatte, wohl aber in Hinsicht auf die darin zur Sprache kommende geistige Entwicklung bis heute in oft sehr gegensätzlicher Weise ausgelegt worden. Es ist vermutlich unumgänglich, daß in jeder Auseinandersetzung mit dem Leben des Augustinus eine Stellungnahme zum Augustinismus enthalten ist. Man kann sich an dieser Stelle gut verdeutlichen, daß Biographien in der Geschichte der Philosophie eine sehr verschiedene Rolle spielen, daß sie also mehr oder weniger relevant für die Interpretation der Schriften eines Autors sein können. Und es kann, wie es bei Pseudo-Dionysios Areopagita der Fall ist, für die Interpretation besonders aufschlußreich sein, wenn ein Autor seine wirkliche Biographie bewußt nicht preisgibt und sich dafür eine Biographie – oder wenigstens eine zentrale biographische Angabe – frei erfindet.

Die Entwicklung Augustinus' ist nicht nur biographisch interessant, sie gibt auch einen Einblick in die allgemeine Situation der späten Antike: Augustinus bestätigt in vieler Hinsicht das, was früher über die Stoa, die Skepsis, die Gnosis und den Neuplatonismus als Erklärungsgründe für die Ausbreitung des Christentums gesagt wurde. Augustinus ist zugleich höchst individuell und höchst typisch.

Augustinus wurde 354 in Thagaste in Nordafrika (im heutigen Algerien) und damit in einer Randprovinz des römischen Reichs geboren. Den stärksten Einfluß während seiner frühen Jugend übte seine Mutter aus, die eine eifrige Christin war. Die Mutterbindung war bei Augustinus geradezu extrem, trotzdem wurde der junge Augustinus nicht Christ. Die Kindertaufe, die eine persönliche Entscheidung vorwegnimmt, war damals noch nicht üblich, und es wird Augustinus selbst sein, der später die theoretisch sehr fragwürdigen Grundlagen für diese ebenso fragwürdige Praxis legen wird. Augustinus ging zunächst in Thagaste und dann im nahegelegenen Madaura zur Schule. Die *Schulbildung* des Augustinus war ausschließlich *literarisch*, d. h. auf Grammatik und Rhetorik basierend. Griechisch lernte er zwar, allerdings nicht gut; Augustinus blieb immer römisch-lateinisch geprägt. Der Bildungsstand des Augustinus, auch der der späteren Zeit, wird verschieden beurteilt: Die ältere Forschung (z. B. H. I. Marrou 1938/1949) meinte, daß Augustinus nur über eine der Zeit entsprechende oberflächliche Bildung verfügte, während die jüngere Forschung (z. B. Ch. Horn 1995) in diesem Punkt milder urteilt. Ob dies an einer veränderten Forschungslage oder an einem veränderten Begriff von »oberflächliche Bildung« beruht, vermag ich nicht zu beurteilen. Nach der Grundschulausbildung ging Augustinus zum weiteren Studium in die nächstliegende Provinzhauptstadt Karthago. Was Augustinus von seinem »ausschweifenden Leben« während seiner

Studienzeit schreibt, ist stark übertrieben, in Wirklichkeit hatte er einfach ein festes Verhältnis mit einer Frau, aus dem sein Sohn Adeodatus stammte. Den Namen der Frau hat uns Augustinus verschwiegen. Nebenbei: Er blieb dieser Frau mehr als zehn Jahre treu und trennte sich von ihr erst auf Drängen seiner »frommen« Mutter, die für ihn eine andere Frau wollte, die seiner Karriere nützlich sein sollte.

Die Lektüre von Ciceros (nicht erhaltener) Schrift *Hortensius* konfrontierte ihn mit der zentralen Frage des hellenistischen und spätantiken Denkens: Wie finde ich die wahre *Glückseligkeit*, und: Was ist jene *Wahrheit*, die mich die wahre Glückseligkeit lehrt und die somit – nach spätantiker Auffassung – auch diese Glückseligkeit selbst ist? Augustinus wird Zeit seines Lebens daran festhalten, daß die einzige Ursache dafür, daß die Menschen philosophieren, das Streben nach Glück ist (*Gottesstaat* XIX 1), die Suche nach der Wahrheit steht also im Dienst der Suche nach dem Glück. Zu diesem Zeitpunkt begann sich Augustinus mit der *Bibel* zu beschäftigen, weit kam er dabei jedoch nicht, da er zu keiner Auseinandersetzung mit Sachproblemen gelangte. Er fand schon den Stil der Schriften, vor allem des *Alten Testaments*, nicht dem entsprechend, was er von Cicero her gewohnt war (*Bekenntnisse* III 5, 9). Diese Bemerkung ist aufschlußreich, da sie zeigt, daß Augustinus zunächst einmal nach sprachlicher Gewandtheit Ausschau hielt und daß die Sachfragen für ihn nachgeordnet waren. Vielleicht meinte er auch später, daß er dann, wenn er eine sprachlich geglückte und einprägsame Formel gefunden hatte, die Sachfrage auch schon adäquat im Griff habe. Augustinus wandte sich dann dem *Manichäismus* zu, der eine rationale Erklärung für das Böse anbot. Das Böse war ein Problem, das Augustinus immer, bis an sein Lebensende, beschäftigt hat. Im Manichäismus waren Elemente persischer Religion (Zoroaster) mit bestimmten Formen der Gnosis verbunden. Die Zentralthese des Manichäismus bestand in einem strengen Dualismus: Zwei gegensätzliche Prinzipien geben die Erklärung für die Wirklichkeit ab, das eine begründet das Gute, das Immaterielle und so die Seele des Menschen, das andere das Böse, die Materie und so die Leiblichkeit des Menschen, den Körper. Entsprechend ist die Heilslehre des Manichäismus konzipiert: Der Mensch – d. h. dann allerdings nur: die Seele – muß aus dem Bereich der Finsternis, der Materie befreit werden. Nicht alle sind jedoch in der Lage, den Weg der Vollkommenheit in gleicher Weise zu gehen, so daß uns hier wiederum – wie bei den Pythagoreern – eine Zweiteilung, nämlich die in »Erwählte« und »Hörer«, begegnet. Die Erwählten, die Vollkommenen, mußten ein streng asketisches Leben führen (Ehelosigkeit, kein Essen von Fleisch usw.), um den Lichtfunken in sich, also die Seele, zu befreien. Den Hörern wurde ein weniger strenges Leben gestattet. Das Ziel der Vollkommenen war es, zu einer Identifikation mit dem Licht-Geist zu gelangen.

Um zu verstehen, daß und warum sich Augustinus den Manichäern zuwandte, muß man sich zunächst deren damalige Bedeutung vor Augen führen. Im heutigen Geschichtsbewußtsein vieler sind die Manichäer eine kleine Bewegung der späten Antike, die bald erloschen ist – dies trifft historisch gesehen aber nicht zu. Der Manichäismus war im 4. Jhd. eine Weltreligion, ein durchaus ernstzunehmender Konkurrent des Christentums. Begründet durch den Perser Mani (216–276/277), der den Kreuzestod starb, präsentierte sich der Manichäismus als moderne und rationale Lehre, welche die »vernünftigen« Inhalte anderer Religionen durchaus gelten ließ, die also auch etwa Jesus zu ihren bedeutenden Lehrern zählte. Augustinus weist selbst darauf hin, daß er von der Rationalität der manichäischen Lehre beeindruckt war (*Bekenntnisse* V 3, 4 und 6). Die Ausbreitung des Manichäismus ging rasch und wirkungsvoll vor sich und hielt lange an. Im persischen Sassanidenreich war der Manichäismus eine Zeit lang Staatsreligion, so wie das Christentum im West- und Oströmischen Reich. Über die (später) sogenannte Seidenstraße breitete sich der Manichäismus bis nach Zentralasien aus, schon gegen Ende des 7. Jhd.s finden wir Manichäer am Kaiserhof in China. Dort begegneten sie allerdings der Konkurrenz von Buddhisten, christlichen Nestorianern und Taoisten. Ihre schärfsten Gegner waren aber die Konfuzianer und noch im 14. Jhd. bereiteten die Manichäer den Ming-Kaisern einige Probleme. Im Jahre 762 wurde der Manichäismus Staatsreligion im Reich der Uiguren (heute größtenteils chinesisches Staatsgebiet) und hielt sich dort auch nach dem Ende des Uigurenreiches bis zum Mongoleneinfall im 13. Jhd. Auch im islamischen Bereich waren Manichäer wirksam und arabische Quellen berichten noch im 10. Jhd. von Auseinandersetzungen mit Manichäern. – Die genaue Darstellung der manichäischen Lehren war lange Zeit aufgrund der Quellenlage ziemlich problematisch, da sie sich hauptsächlich auf die Berichte der Kirchenväter, also von Gegnern, stützen mußte. In Dunhuang und Turfan (im heutigen China) wurden aber zu Beginn des 20. Jhd.s Originalschriften der Manichäer aus dem 6.–10. Jhd. auf persisch, türkisch und chinesisch gefunden. Diese Funde veränderten die Forschungslage grundlegend. Im Jahre 1930 wurden manichäische Schriften in Koptisch in der Nähe der Oase Faijum (Ägypten) entdeckt, die aus dem 3. und 4. Jhd. stammen, also aus einer der Entstehungszeit des Manichäismus sehr nahen Periode. Trotz dieser Originalquellen ist die Interpretation von Einzelheiten in der Lehre des Manichäismus nicht viel leichter geworden. Die Manichäer waren offensichtlich – ebenso wie ihre Konkurrenten, die Christen – äußerst anpassungsfähig, was nicht unbedingt für eine »kohärente« Lehrentwicklung sorgt. – Augustinus blieb zwar während des Jahrzehnts seiner Zugehörigkeit zu den Manichäern (zu der eine feste Bindung an eine Gemeinde gehörte) nur »Hörer«, versuchte aber auch, Freunde für die manichäischen Lehren zu gewinnen, er war also ohne Zweifel ein aktiver Manichäer. Es wird sich zeigen, daß auch der spätere Christ Augustinus weiterhin von Grundauffassungen der Manichäer beeinflußt blieb, selbst dort noch, wo er diese bekämpfte.

Inzwischen war Augustinus Lehrer der Rhetorik in Karthago geworden. 383 übersiedelt er wegen besserer beruflicher Möglichkeiten als Lehrer der Rhetorik nach Rom, das aber damals nicht der Sitz des kaiserlichen Hofes war, dieser befand sich in Mailand. Zu dieser Zeit hatte er bereits Zweifel an der manichäischen Lehre,

Zweifel, die vor allem an dem Gegensatz zwischen der mythologischen Kosmologie der Manichäer und der Astronomie griechischer Prägung ansetzten, wobei letztere von einer vernünftigen und wissenschaftlich erforschbaren Ordnung des Kosmos ausging. Die Kenntnisse im Bereich der griechischen Astronomie waren jedoch bei Augustinus eher dürftig, sein Eintreten für Wissenschaft war rein rhetorisch. Da Augustinus jedoch auch später prinzipiell den Wert der Wissenschaft anerkannte, konnte sich in seinem Gefolge keine Wissenschaftsfeindlichkeit breitmachen, wohl aber, wie sich noch zeigen wird, ein Desinteresse an wissenschaftlichen Fragen. Dieses Desinteresse teilte Augustinus allerdings mit vielen Gebildeten seiner Zeit, was sich im allgemeinen Rückgang der Beschäftigung mit Physik und Logik zu seiner Zeit zeigte (vgl. 1. Teil, Kap. XI, 2), solches Wissen gehörte bestenfalls in die Vorhalle des eigentlichen, höheren Wissens. Augustinus widmete aber jedenfalls in der früheren Periode auch dieser Vorhalle seine Aufmerksamkeit. Augustinus hat in der Schrift *Über die Ordnung (De ordine)* ein Bildungsprogramm entwickelt, das an den sieben freien Künsten orientiert ist. Er selbst hat davon die Musik *(De musica)* und möglicherweise – die Authentizität ist umstritten – die Logik *(De dialectica)* behandelt. Auch die Schrift *Über den Lehrer (De magistro)*, welche Fragen der Grammatik behandelt, gehört in diesen Umkreis. Die augustinische Konzeption läßt aber doch für ein Eigeninteresse an diesen Bereichen kaum einen Raum, wie am Problem der | 61 Sprache noch gezeigt werden wird. Später stand Augustinus der Bildung seiner Zeit kritischer gegenüber, was in den *Bekenntnissen* an vielen Stellen deutlich wird.

Die philosophische Konsequenz, die sich für Augustinus aus seinem bisherigen Weg nahelegte, war die *Skepsis*. Auch hier ist er wiederum ein Repräsentant für viele Gebildete seiner Zeit, die zwar eine Wahrheit suchten, die zur Glückseligkeit führen sollte, die aber keine der vorgelegten Lehren überzeugend fanden. Augustinus wandte sich jedoch nicht der radikalen pyrrhonischen Skepsis zu, sondern jener Form, die in der mittleren platonischen Akademie vertreten wurde (*Bekenntnisse* V 10, 19). Wahrscheinlich kannte er aber die Schriften der akademischen Skeptiker, also des Arkesilaos und des Karneades (3./2. Jhd. v. Chr.) gar nicht, sondern stützte sich nur auf Cicero. In der Skepsis der Akademie wurde nicht bestritten, daß es überhaupt eine unbezweifelbare Wahrheit gebe, sondern nur, daß sie für uns erreichbar wäre (Augustinus: *Contra academicos* II 7, 16). Diese Form der Skepsis war – im Unterschied zur pyrrhonischen – die Skepsis *enttäuschter Dogmatiker*, die immer geneigt waren, eine neue dogmatische Auffassung anzunehmen, wenn diese nur genügend ausgewiesen schien. Auch die Platoniker kehrten später, und zwar in geradezu extremer Form im Neuplatonismus, zum Dogmatismus zurück. In dieser Hinsicht stellte für Augustinus die Skepsis nur die negative Voraussetzung für die Annahme eines neuen dogmatischen Systems dar. Augustinus wird sich des bekannten (transzendentalen) Einwandes gegen die Skepsis bedienen: Die Möglichkeit des Zweifelns setzt die Annahme von Unbezweifelbarem voraus.

Aber wenn du nicht einsiehst, was ich sage, und zweifelst, ob es wahr sei, so sieh zu, ob du auch daran zweifelst, daß du es bezweifelst. Und wenn es gewiß ist, daß du zweifelst, so forsche, woher diese Gewißheit kommt. Da wird dir nicht, ganz gewiß nicht, das Licht dieser unserer Sonne begegnen, sondern »das wahre Licht, das alle Menschen erleuchtet, die in diese Welt kommen«. (*Über die wahre Religion* XXXIX 73)

Augustinus wiederholt dieses Argument öfter (vgl. z. B. *De Trinitate* X 10). Man muß sich allerdings fragen, ob dieses Argument wirklich eine Widerlegung der Skepsis liefert. Eigentlich besagt es nur, daß skeptische Aussagen nicht selbstreflexiv angewandt werden dürfen. Also: Alle Gegenstandsaussagen *a*, *b*, *c* usw. dürfen bezweifelt werden, nicht aber die Aussage, daß *a*, *b*, *c* usw. bezweifelt werden. Es handelt sich also eigentlich nicht um eine Widerlegung der Skepsis, sondern um die Präzisierung derselben. Im Prinzip ist die Struktur ganz ähnlich jener der Antinomie des lügenden Kreters: Wenn ein Kreter sagt, »Alle Kreter sind Lügner«, lügt er dann oder sagt er die Wahrheit? Diese Antinomie kann mittels der Unterscheidung von Objekt- und Metasprache aufgelöst werden: Versteht man die fragliche Aussage metasprachlich, d. h. als zu einer von der Objektsprache verschiedenen Sprachebene gehörend, so kann sie durchaus wahr sein. Vermutlich stammt das von Augustinus verwendete

Argument aus einem mit Antinomien arbeitenden Angriff der Stoiker gegen die Skeptiker, auf jeden Fall ist dies jedoch ein Argument, daß vielleicht gegen die akademische Skepsis vorgebracht werden konnte, nicht jedoch gegen die pyrrhonische (vgl. 1. Teil, Kap. XIV, 2). Es ist ein Argument, das von denen vorgebracht wird, die »eifrig« nach unbedingter Wahrheit und Sicherheit streben, die also die Skepsis überwinden wollen, ein Streben, welches den pyrrhonischen Skeptikern jedoch ganz fern lag. Diese waren der Überzeugung, daß gerade dieses »eifrige« Streben das größte Hindernis der Seelenruhe sei. Augustinus hingegen war immer ein im echten Sinn so »eifriger« Wahrheitssucher, daß er gar nicht wirklich zum Skeptiker werden konnte.

384 wurde er Lehrer der Rhetorik in Mailand, und zwar sogar im Zentrum der politischen Macht, dem Kaiserhof. Zu dieser Zeit begegnete er auch dem bedeutenden Bischof Ambrosius (339–397). Ambrosius war ein Meister der allegorischen Bibelauslegung, die er nicht zuletzt dafür einsetzte, um Stellen vor allem aus dem *Alten Testament*, die für Gebildete unnehmbar waren, einen tieferen Sinn zu geben, wodurch die Oberflächen-Anstößigkeit beseitigt wurde. Die allegorische Schriftauslegung hatte inzwischen bei den Christen schon eine lange, im griechischen Osten wie im lateinischen Westen fest etablierte Tradition. Der persönlich und rednerisch eindrucksvolle Ambrosius beseitigte für Augustinus die Bildungsvorbehalte gegenüber den Schriften des *Alten Testaments*.

Die Skepsis ließ bei Augustinus jedoch auch – und dies ist häufig die Vorbedingung für die Annahme einer Offenbarung – den Wunsch nach Autorität wachsen, einer Autorität, die jene Sicherheit praktisch bot, die theoretisch nicht erreichbar schien. Nicht das Christentum wurde jedoch für Augustinus zu jener Offenbarung, die ihn über die Skepsis hinausführte, sondern der *Neuplatonismus*, dem er in christlich-neuplatonischen Gruppen Mailands begegnete, wo er mit Schriften Plotins und Porphyrios' bekannt wurde. Dabei handelte es sich aber nur um die Lektüre einzelner Schriften, keinesfalls hat Augustinus so etwas wie das neuplatonische Curriculum durchlaufen, das alle Schriften des Aristoteles zumindest als Vorübung und Vorschule enthielt (vgl. 1. Teil, Kap. XVIII). Da er, wie gesagt, nur geringe Griechischkenntnisse besaß, war es für ihn wichtig, daß es bereits einige lateinische Übersetzungen von Schriften Plotins gab, die von Marius Victorinus (281/291 – nach 365) hergestellt worden waren. Augustinus spricht zwar sehr anerkennend über Plotin (Augustinus: *Über das Glück* 4), es dürfte sich aber eher um Schriften des Porphyrios handeln, wenn Augustinus von den »Büchern der Platoniker« *(Platonicorum libri)* spricht, bei denen es sich seiner eigenen Angabe nach um lateinische Übersetzungen handelt (vgl. z. B. *Bekenntnisse* VII 9, 13). Porphyrios wird auch von Augustinus besonders gelobt (*Gottesstaat* X 32) und dieser Sachverhalt entbehrt nicht einer gewissen Ironie: Augustinus hatte offensichtlich keine Kenntnis mehr von den 15 Büchern, die Porphyrios gegen die Lehren der Christen verfaßt hatte. Für Augustinus liegen Platonismus – wir würden heute sagen: Neuplatonismus – und Christentum ganz nahe beieinander: | 63

Dann brauchten sie nur wenige Worte und Ansichten zu ändern, um selbst Christen zu werden *(paucis mutatis verbis atque sententiis Christiani fierent)*. So haben es ja die meisten Platoniker unserer jüngsten Zeit gemacht. (*Über die wahre Religion* IV 7, 23)

Dies gibt sicher nicht einfach die persönliche Auffassung des Augustinus wieder, sondern entsprach dem, was damals viele Gebildete meinten. Simplicianus, ein christlicher Neuplatoniker des Mailänder Kreises, hatte ihn auf die Ähnlichkeit hingewiesen, die zwischen der Logos-Spekulation im *Johannesprolog* und den Nous-Spekulationen Plotins bestehen. Die häufig gestellte und heftig diskutierte Frage, ob Augustinus sich 386 eigentlich zum Christentum oder zum Platonismus bekehrt hat, verliert damit an Schärfe: Augustinus bekehrte sich zu dem damals bereits etablierten platonisierenden Christentum, und er selbst sah bei dem Übergang vom Platonismus zum Christentum nur geringen Korrekturbedarf der platonischen Auffassungen, wie das eben angeführte Zitat zeigt. Trotzdem stellt sich die Frage, ob nicht vielleicht Porphyrios, der Gegner der Christen, Unterschiede zwischen Christentum und Platonismus schärfer gesehen hat als die christlichen Platoniker des Mailänder Kreises. Genau feststellen können wir dies nicht, da die 15 Bücher des Porphyrios im Jahre 448 von den Christen öffentlich verbrannt wurden und kein Exemplar dieser Schriften erhalten geblieben ist. Wir kennen aber die Einwände des Porphyrios gegen das Christentum so weit, daß sich der Eindruck nicht von der Hand weisen läßt, Porphyrios habe wichtige Unterschiede sehr deutlich erfaßt. Daß

Augustinus keine ausreichende Unterscheidung von Platonismus und christlichem Glauben vorgenommen hat – ein Vorwurf, der philosophisch ebenso relevant ist wie theologisch – und daß bei ihm der Platonismus den Vorrang hatte, hat Thomas von Aquin als erster recht deutlich ausgesprochen (*Quaestiones disputatae de spiritualibus creaturis*, art. X, ad 8):»Bei Augustinus aber, indem er Platon folgte, kam der Glaube einigermaßen zu Schaden *(Augustinus autem, Platonem secutus quantum fides catholica patiebatur).*« Nach Augustinus brauchte ein Platoniker also nur einige Vokabeln zu ändern, und schon war er Christ! Verständlich, daß nach der Meinung des Augustinus dann bei einem Platoniker, der nicht gleich Christ wurde, sittliche Mängel vorliegen mußten. Die Fortsetzung des obigen Augustinus-Zitats wirft kein gutes Licht auf denselben, und sie zeigt auch, daß seine Kenntnis des Platonismus letztlich oberflächlich war. Es gab sehr wohl gute philosophische Gründe für Platoniker, nicht Christen zu werden, und dies galt auch noch Jahrzehnte nach Augustinus, wenn wir z. B. an Proklos denken (vgl. 1. Teil, Kap. XVII, 4). Hier also die Zitat-Fortsetzung über die lasterhaften (*vitium* steht bei Augustinus) Platoniker:

Oder wenn sie das nicht zugeben und daraus die nötige Folgerung ziehen wollen, sondern in Hochmut und Neid verharren, so weiß ich nicht, ob sie, mit solchem Schmutz und Leim behaftet, sich noch zu dem, was sie doch selbst begehrens- und erstrebenswert nannten, aufschwingen können. (*Über die wahre Religion* IV 7, 24)

Man muß sich wirklich fragen, ob Augustinus sich ernsthaft mit den Gründen auseinandergesetzt hat, die Platoniker gegen das Christentum vorbrachten. Ein solches Studium hätte Augustinus auch zu einer genaueren Kenntnis des Platonismus führen können.

Augustinus wurde also unter dem Einfluß der Mailänder Platoniker und der Lektüre einiger neuplatonischer Schriften selbst platonisierender Christ, was ganz undramatisch zugegangen sein dürfte. Dieser Sachverhalt muß betont werden, da Augustinus in den *Bekenntnissen* (VIII 12, 29–30) eine andere Version vorlegt, nämlich die »Gartenszene«. In dieser erzählt er von einer Kinderstimme, die ihm zuruft: »nimm und lies«, was er als göttlichen Hinweis versteht und die *Paulusbriefe* – irgendwo (!) – aufschlägt. Dabei stößt er auf Röm. 13, 13 f., wo nichts anderes zu lesen ist als ein ganz allgemeiner Aufruf zum sittlichen Leben, worauf bei Augustinus plötzlich (!) alle Zweifel verschwinden. Dies ist natürlich kein biographischer Bericht, sondern eine spätere literarische Einkleidung, deren stilistische und motivgeschichtliche Vorbilder bestens erforscht sind. Das Buchorakel, d. h. das willkürliche Aufschlagen eines Buches, um dort eine Erleuchtung zu finden, ist ebenso wie die Kinderstimme, in der die Wahrheit selbst zu Worte kommt, ein bekanntes Motiv.

Im platonisierenden Christentum fand Augustinus also zu jener Gewißheit, die er immer gesucht hatte: der *unmittelbaren Gewißheit Gottes in der Seele.* Worauf es ihm zentral ankam, war die Überzeugung, daß in Wahrheit nur das »ist«, was unveränderlich verharrt (*Bekenntnisse* VII 11, 17). Das ist sicher guter Platonismus, ob es aber eine für den christlichen Glauben spezifische und charakteristische Auffassung ist, läßt sich mit guten Gründen bezweifeln. Im Neuplatonismus fand Augustinus auch die Möglichkeit, das, was er im Manichäismus als Erlösung akzeptiert hatte, nämlich die Weltverneinung, wieder voll aufzunehmen ohne die manichäische These halten zu müssen, die Welt, das Böse, das Materielle sei von einem göttlichen Gegenprinzip hervorgebracht. Für Augustinus war das Böse und seine Herkunft, also sein »metaphysischer Status«, immer ein zentrales Problem gewesen und im Neuplatonismus Plotins erhielt er nun einen akzeptablen Lösungsvorschlag angeboten: Das *Böse* hat kein Sein, sondern ist der *Mangel an Sein*, ist reine Beraubung, also das reine Fehlen von etwas *(privatio)*. Diese für Augustinus ganz entscheidende neuplatonische These nimmt er schon in den Frühschriften auf (vgl. z. B. *Über das Glück* 26–30), und sie bleibt maßgebend für alle späteren Stellungnahmen zu diesem Thema. Auch die Sünde ist »nichts Substanzhaftes«:

Und als ich mich fragte, was die Sünde sei, ergab sich mir keine Substanz, sondern eine Verkehrtheit des Willens, der sich von der höchsten Substanz, von Dir, Gott abwandte, sein Innerstes verwarf und draußen anschwoll. (*Bekenntnisse* VII 16, 22)

| 65

Darüber, wie etwas, das nichts Substanzhaftes ist, »draußen anschwellen« kann, gibt uns Augustinus keine Auskunft – Hauptsache, die Rhetorik stimmt.

Einen nicht unwichtigen Eindruck haben auf Augustinus Berichte über die radikale Form des Christentums, die von bestimmten Mönchsgruppen gelebt wurde, gemacht (*Bekenntnisse* VIII 6, 15). So weit gehen, sich also in die Wüste zurückzuziehen, wollte Augustinus allerdings nicht: Er selbst zieht die – ihrerseits gut stoische – Konsequenz (die auch durch Gesundheitsprobleme mitbedingt war), seine Stellung als Lehrer der Rhetorik aufzugeben und sich mit einigen Freunden auf das Landgut Cassiciacum (Norditalien) zur Meditation und zum Studium zurückzuziehen. Dort verfaßt er die (später überarbeiteten) Schriften mit den spätantiken Titeln *Über das Glück*, besser eigentlich: *Über das glückselige Leben (De beata vita)*, d. h. über die *eudaimonía*, *Über die Ordnung (De ordine)* und die *Selbstgespräche (Soliloquia)*.

387 wird Augustinus getauft. Zunächst kehrte er von Cassiciacum nach Mailand zurück, wo die Schriften *Über die Musik (De musica)*, *Über die wahre Religion (De vera religione)* und *Über den freien Willen (De libero arbitrio)* entstehen. Augustinus ging dann nach Nordafrika zurück und lebte in Thagaste mit einigen Freunden auf dem geerbten Landgut. Der stoische Freundschaftsgedanke bekommt zwar eine stärker asketische Wendung, im Grunde aber war es eine philosophisch und bescheiden lebende Gruppe, wie es viele gab, von der Radikalität des Lebens der Mönche, die ihn beeindruckt hatte, war sein eigenes Leben weit entfernt. Die radikalen Lösungen lieferte Augustinus immer in seinen Schriften, nicht in seinem Leben.

391 wurde Augustinus zum Presbyter ordiniert und begann daraufhin, die *Bibel* etwas genauer zu studieren. Diese etwas eigenartige Reihenfolge sollte man Augustinus nicht allzu übel nehmen, er war damals keineswegs der einzige, der zunächst ein kirchliches Amt übernahm und erst dann begann, sich mit der kirchlichen Lehre genauer zu befassen. (Schließlich kommt es auch in unserer Gegenwart nicht selten vor, daß jemand zunächst einmal zum Minister ernannt wird, und er es erst dann unternimmt, sich einige Sachkenntnis in seinem Bereich zu erwerben.) 395 wurde Augustinus Bischof der nordafrikanischen Stadt Hippo. In den folgenden Jahrzehnten war Augustinus mit der Auseinandersetzung zunächst mit den Donatisten und dann mit den Pelagianern beschäftigt. Die *Donatisten* waren radikale Christen, die die Auffassung vertraten, daß Christen, die während der Verfolgungen abgefallen waren, strengen Prüfungen unterworfen und erneut getauft werden müßten, bevor sie wieder in die Gemeinde aufgenommen werden könnten. Weiterhin vertraten sie die These, daß die Gültigkeit der Handlungen eines Amtsträgers, also z. B. der Spendung der Taufe, von der Würdigkeit des Amtsträger abhängt. Außerdem wollten sie eine strenge Trennung von Kirche und Staat. Solche Auffassungen mußten für eine Kirche, die seit einem halben Jahrhundert zur staatstragenden Kraft geworden war, verheerend sein: Die Bischöfe hatten inzwischen öffentlich-rechtliche Funktionen, und es hätte schlimme Folgen gehabt, wenn die Gültigkeit ihrer Amtshandlungen von ihrem Lebenswandel abhängen sollte. Und wer sollte überhaupt darüber urteilen? Etwa der übergeordnete Metropolit? Bei diesem konnte sich dieselbe Frage stellen. Oder die Gemeinde? Dann aber waren die hierarchischen Autoritätsstrukturen in Gefahr. Augustinus stellte sich energisch gegen solche Thesen und kam bei dieser Auseinandersetzung sogar auf den zwar naheliegenden, aber nichtsdestoweniger fatalen Gedanken, man müßte die, die vom rechten Glauben abweichen, also die Häretiker, notfalls auch mit Gewalt zur Wahrheit zurückführen (*Briefe* XCIII, II, 5 f. und LXXXIX, 1–2). Damit war das Fundament für schlimme Entwicklungen gelegt: Entweder mußte die Kirche selbst Instrumente der Gewalt einführen, oder sie mußte den Staat für Gewaltanwendung zu Hilfe rufen, womit jedenfalls eine Trennung von Kirche und Staat nicht mehr denkbar wäre. Augustinus hat die Verbindung von Kirche und Römischem Reich schon vorgefunden und hat sich auch gegen die Vorstellung einer Staatskirche gestellt (vgl. weiter unten 6). Andererseits hat er aber auch vorgeschlagen, in der Auseinandersetzung mit Gruppen, die für eine strenge Trennung von Kirche und Staat eintraten, gewaltsame Disziplinierungs-Maßnahmen einzusetzen, er wollte also eine theoretische Diskussion mit dem Einsatz staatlicher Gewalt lösen. Damit war der Beginn der Theorie des »weltlichen Arms« in der Häretiker-Bekämpfung gemacht, es wurde aber auch eine Interessenverbindung von Kirche und Staat geschaffen, die nicht nur beiden nützliche Machtpositionen sicherte, sondern auch die Möglichkeit eines Konflikts der beiden Gewalten vorprogrammierte. – Auf die Diskussion um den *Pelagianismus* wird weiter unten noch eingegangen werden. Die

Auffassung, die Augustinus in diesem Streit entwickelte, ist allerdings ebenso problematisch wie die im Streit mit den Donatisten.

Augustinus wurde in seinen späten Jahren, in denen er auch das große, zwischen 413 und 427 entstandene Werk *Der Gottesstaat (De civitate Dei)* verfaßte, zunehmend verbittert. 426/427 verfaßte er die *Retractationes*, in denen er sich von einigen seiner früheren Auffassungen – und eigentlich vom »frühen« Augustinus – distanziert. Augustinus starb 430 während der Belagerung durch die Vandalen. Die Antike ging dem Ende zu, ganz gleich, wo man die Grenze zwischen Antike und Mittelalter zieht. Nicht einmal ein halbes Jahrhundert nach dem Tod des Augustinus tritt im Jahre 476 der letzte (west)römische Kaiser ab. Augustinus zog sich altersstarr und verbittert zurück. Als er starb hinterließ er ein umfangmäßig ungeheures und, wie aus der Biographie verständlich, uneinheitliches Schrifttum in lateinischer Sprache. Zudem hinterließ er es einer Epoche, in der kaum noch jemand Griechisch konnte und in der somit die griechische Philosophie nur noch in ausgedünnten Handbüchlein in lateinischer Übersetzung weitervegetieren konnte, und in der es, rein sprachlich und umfangmäßig gesehen, keine Konkurrenz zu den Werken des Augustinus gab. Boethius wird zwar wichtige lateinische Schriften liefern, aber in »ideologischer« Hinsicht wurde doch nur dessen *Tröstung der Philosophie* maßgeblich, und die ließ sich auch ganz gut »frühaugustinisch« lesen.

| 67

2. Gott und die Seele

In dem Moment, als Augustinus meinte, in den Büchern der Platoniker *(Libri Platonici)* die Antworten auf seine Fragen gefunden zu haben, waren wichtige Vorentscheidungen gefallen, die ihm später nur wenig Spielraum ließen. Ganz im Rahmen der weithin verbreiteten und von den Neuplatonikern pointiert aufgenommenen Auffassung ging es bei der Frage nach der Glückseligkeit nicht mehr um die Glückseligkeit des Menschen, sondern einzig um die *Glückseligkeit der Seele*. Die Erkenntnis der *Wahrheit*, die dafür erforderlich war, konnte daher nur *in der Seele* gefunden werden, in vollendeter Form jedoch nicht allein durch die eigene Tätigkeit der Seele, sondern nur durch *göttliche Hilfe*. Dies gilt für Plotin wie für Porphyrios, und es gilt – mit ihnen – ebenso für Augustinus. Die Notwendigkeit einer göttlichen Hilfe ist bei Augustinus noch zwingender als bei anderen Neuplatonikern, da er im Unterschied zu diesen die Seele nicht selbst als etwas Göttliches ansah. Augustinus formuliert genau die Ausgangsposition der damaligen Frage nach der Glückseligkeit, wenn er sagt:

Im Grunde ist das selige Leben die Freude an der Wahrheit, denn das ist die Freude an Dir, der Du die Wahrheit bist, o Gott meine Erleuchtung, Heil meines Angesichts, mein Gott. Dieses selige Leben wollen alle, dieses Leben, das allein selig ist, wollen alle, die Freude an der Wahrheit wollen alle. (*Bekenntnisse* X 23, 33)

Die Frage nach der Glückseligkeit ist also die nach der Wahrheit, und diese wiederum ist die nach der Erleuchtung der Seele durch Gott, der die Wahrheit selbst ist. Dies ist schon der Ausgangspunkt in der frühen Philosophie des Augustinus in Cassiciacum:

> Gott und die Seele will ich erkennen.
> Weiter nichts?
> Gar nichts. (*Selbstgespräche* I 7, 1)

An anderer Stelle sagt Augustinus ausdrücklich, daß mit diesen beiden Fragen der gesamte Bereich der Philosophie umschrieben ist:

> Das Forschen der Philosophie teilt sich in zwei Fragen, eine nach der Seele und eine nach Gott. Die erste bezweckt, daß wir uns selbst, die andere, daß wir unseren Ursprung kennenlernen. (*Über die Ordnung* II 18, 47).

Dies stellt natürlich eine ungeheure Engführung der philosophischen Fragestellung dar, die Augustinus nicht erfunden, aber einfach und unbefragt von den Neuplatonikern übernimmt. Daß hier Gott und die Seele zusammen auftreten und daß genau dies letztlich alles umfaßt, was die Philosophie zu betrachten hat, ist in der Kultur der Spätantike keineswegs die äußerliche Zusammenfügung von zwei Wirklichkeiten, sondern ist dort von Anfang an im Grunde schon ein und dasselbe. Darin zeigt sich der Unterschied zur frühen griechischen Kultur und Philosophie. Dort hatte man Gott bzw. die Götter in der Welt gefunden, die Götter also, die überall in der äußeren Welt gegenwärtig waren, oder man hatte Gott als letztes Prinzip der empirisch gegebenen Welt angenommen, so bei Aristoteles und auch in der späten Stoa. Immer aber ging es um eine Erkenntnis der Welt und um die Erkenntnis dessen, was der Mensch als Teil dieser Welt ist. Der Mensch verstand sich also primär als der Welt gegenüberstehend, in der es dann auch Götter gab. Zeus blitzte in der erfahrbaren Welt, nicht in der Seele des Menschen. Und der Mensch stand der Welt gegenüber als einer, der mit allen seinen Sinnen diese Welt betrachtete und zu verstehen suchte. Mysterienreligionen, Manichäismus und Neuplatonismus aber richteten den Blick einzig auf das Innere, auf die Seele, denn die Seele ist selbst nichts anderes als der Lichtfunke des unzugänglichen Lichts des Göttlichen, von dem die Seele durch Teilhabe erleuchtet wird. Jetzt beginnt es in der Seele zu blitzen. Bei Augustinus ist die Seele nicht selbst ein solcher Lichtfunke, wohl aber der einzige Ort, in den ein solcher Lichtfunke eintreten kann. Hier und nur hier kann auch die Skepsis überwunden werden, Gewißheit kann es nur dort geben, wo *unveränderliche Wahrheit* gefunden wird. Daß die Wahrheit ewig und unveränderlich sein muß, ist eine von Augustinus mit den Neuplatonikern immer und undiskutiert angenommene Voraussetzung. Gerade eine solche unveränderliche

Wahrheit aber kann die Sinneserfahrung, die Erfahrung der äußeren Welt, nicht liefern, diese spiegelt nur die Welt des Veränderlichen wieder. Die sinnliche Erkenntnis ist nicht notwendig falsch, ihr entspricht aber nur ein Glaube an die Zuverlässigkeit, gesucht wird jedoch ein Wissen.

Doch ich suche ein Wissen, keinen Glauben. Zwar sagen wir wahrscheinlich mit Recht, daß wir alles, was wir wissen, auch glauben; aber nicht alles, was wir glauben, wissen wir auch. (*Selbstgespräche* I 8, 4)

Es geht hier natürlich nicht um die moderne Frage von »Glaube und Wissen«, sondern um die antike Fragestellung, in der seit Parmenides und Platon die durch die Sinne vermittelte empirische Erkenntnis als Glaube und Wahrscheinlichkeit *(dóxa)*, das reine Denken jedoch als Wissen und Wahrheit *(epistéme)* bezeichnet worden war (vgl. 1. Teil Kap. IX, 4). So verwirft Augustinus das Zeugnis der Sinne, weil es eben letztlich, also in Hinsicht auf das entscheidende Wissen, irrelevant ist:

Verwirfst du also in diesem Falle jedes Zeugnis der Sinne?
Ja, vollständig.
Gut. Wie ist es aber mit deinem Freund? Du sagtest, du kenntest ihn noch nicht. Willst du ihn sinnlich oder geistig erkennen?
Was ich sinnlich bei ihm erkennen konnte (wenn es wirklich sinnliche Erkenntnis gibt), das ist belanglos und genügt mir vollständig. Aber jenen Teil seines Wesens, mit dem er mir Freund ist, das heißt seine Seele, wünsche ich geistig zu erfassen. (Ebd. I 8, 5)

Der Weg, durch den man Gott und die Seele erkennen kann, ist damit für Augustinus klar: Die Seele muß sich von allem Äußeren abwenden und zu sich selbst zurückkehren. Das *Äußere*, das mit den Sinnen Erkennbare, ist *belanglos*, das gilt für den Umgang mit dem Freund, gilt aber ebenso für den Umgang des Menschen mit sich selbst. Erst wenn die Seele aus dem Äußeren zu sich selbst zurückgekehrt ist, findet sich die Vernunft in einem Bereich, der nicht mehr dem Zweifel unterworfen ist, denn in der Seele findet die Vernunft den letzten Grund aller Erkenntnis: Gott. Gott ist allerdings nicht erst dann in der Seele, wenn sie ihn gefunden hat, sondern war und ist immer schon in der Seele, nur sieht ihn die dem Äußeren zugewandte Seele nicht. Um diesen Gott in der Seele zu finden, ist daher der entscheidende Schritt die *Umkehr*, d. h. die Abkehr von allem Äußeren, wie Augustinus in einer berühmten Stelle der *Bekenntnisse* sagt:

Und siehe, Du warst innen, und ich außen, und ich suchte nach Dir draußen und stürzte mich in meiner Mißgestalt auf das Wohlgebilde Deiner Schöpferhand. Du warst bei mir, und ich war nicht bei Dir. Weit von Dir abgehalten haben mich die Dinge, die nicht wären, wenn sie nicht in Dir wären. Du riefst mich, und Dein Schrei brach meine Taubheit; Du leuchtetest mir, und Dein Blitz vertrieb meine Blindheit [...]. (*Bekenntnisse* X 27, 38).

Dies ist die Grundvoraussetzung alles Denkens bei Augustinus: die erleuchtende Gegenwart Gottes in der Seele, die *illuminatio*. Die Interpretation dieser Lehre von der *illuminatio* hat in der Geschichte eine große Diskussion ausgelöst, die bis heute andauert. Diese Diskussion kann und braucht hier nicht wiedergegeben zu werden. Es soll nur darauf hingewiesen werden, daß bei Augustinus zwei Elemente aus der platonischen Überlieferung zusammengefügt werden, die kaum auf einen Nenner zu bringen sind und die auch nicht auf verschiedene Entwicklungsstufen der Lehre bei Augustinus aufgeteilt werden können: Auf der einen Seite sagt Augustinus, daß Gott »geblitzt« und seine »Blindheit vertrieben« hat (vgl. das Zitat oben); oder er spricht von einem einzigen »Herzschlag« (Ebd. IX 10, 24). Dies ist nicht die Sprache Platons und nicht die der Bibel, sondern die der Gnosis, die Plotins und des Porphyrios. Ein solches »Blitzen« aber hat den Charakter von etwas Plötzlichem, etwas Vorübergehendem, einem »Ereignis« wie jenes, von dem Porphyrios berichtet, daß es ihm nur einmal in seinem Leben widerfahren war, während Plotin es öfter, aber eben doch nicht ständig, erleben durfte (vgl. 1. Teil, Kap. XVII, 2). Gegenüber diesem ekstatischen Aspekt gibt es aber auf der anderen Seite bei Augustinus eine Gegenwart Gottes in der Seele, die ständig und erkenntniskonstitutiv ist.

Der Geist hat nämlich sozusagen auch seine Augen: im Empfindungsvermögen der Seele; die allersichersten Wahrheiten der Wissenschaften gleichen aber den Objekten, welche von der Sonne beleuchtet werden, so daß man sie sehen kann, zum Beispiel die Erde und alles Irdische; Gott selber aber ist's, der beleuchtet. (*Selbstgespräche* I 12, 1–2)

Oder ganz ähnlich:

Also wird man auch bei dem, was in den Wissenschaften überliefert wird und was jeder, der es erkennt, unbedenklich als höchste Wahrheit ansieht, glauben müssen, man könne es nicht erkennen, wenn es nicht von einem anderen, sozusagen von seiner Sonne beleuchtet wird. Wie man also hier bei unserer Sonne drei bestimmte Dinge beobachten kann: daß sie ist, daß sie leuchtet, daß sie beleuchtet, so gibt es auch bei jenem so tief verborgenen Gott, den du erkennen willst, drei bestimmte Dinge: daß er ist, daß er erkannt wird, daß er das übrige erkannt werden läßt. (Ebd. I 15, 2–3)

Für unseren Zusammenhang entscheidend ist das letztgenannte, also daß Gott »das übrige erkannt werden läßt«. Genau dies ist die These der Illuminationslehre des Augustinus. Der Hintergrund für diese ständige göttliche Erleuchtung, welche Erkenntnis überhaupt erst ermöglicht, ist Platons Sonnen- und Höhlengleichnis. Nur ist für Augustinus selbstverständlich Gott der Grund aller Erkenntnis, ohne die göttliche Erleuchtung gibt es überhaupt keine Erkenntnis. Augustinus faßt diese Erleuchtung aber, obwohl sie für jede Erkenntnis der Wahrheit erforderlich ist, nicht als (kantische) allgemeine formale Bedingung der Möglichkeit von Erkenntnis auf, sondern als tatsächliches ständiges Wirken Gottes, durch das inhaltliche Wahrheiten vermittelt werden. Dies ist auch im Rahmen des augustinischen Denkens durchaus verständlich. Augustinus will schließlich gar nicht bei der Erkenntnis der Wahrheiten stehenbleiben, die durch diese Erleuchtung ermöglicht sind, sondern will zum letzten Grund der Wahrheit selbst vordringen:

Geh nicht nach draußen, kehr wieder ein bei dir selbst! Im inneren Menschen wohnt die Wahrheit. Und wenn du deine Natur noch wandelbar findest, so schreite über dich selbst hinaus! Doch bedenke, daß, wenn du über dich hinausschreitest, die vernünftige Seele es ist, die über dich hinausschreitet. Dorthin also trachte, von wo der Lichtstrahl kommt, der deine Vernunft erleuchtet. (*Über die wahre Religion* XXXIX 72)

Daß der Mensch dabei nie zu einer vollen Erkenntnis dieses letzten Grundes gelangen kann, nimmt Augustinus ebenso wie die Neuplatoniker an, er soll aber wenigstens danach streben (vgl. im Zitat vorher »dorthin also *trachte*« = *illuc ergo tende*). Dieser Lichtstrahl ist aber eben prinzipiell immer vorhanden, er ist kein Blitz!

| 71

Die Neuplatoniker und auch die Kappadokier waren Vertreter einer negativen Theologie, die schließlich in Mystik mündete. Und Augustinus? Es gibt bei Augustinus Elemente einer negativen Theologie, etwa, wenn er sagt, daß Gott besser durch Nichtwissen gewußt wird (*scitur melius nesciendo* [*Über die Ordnung* II 16, 44]). Ob aber Augustinus als echter Vertreter einer negativen Theologie und einer Mystik angesehen werden kann, läßt sich jedoch bezweifeln. Es ist bei Augustinus oft nicht leicht zu unterscheiden, wo er nur bestimmtes Sprachmaterial übernimmt und wo er auch den Sachgehalt tatsächlich vertritt und in seine Konzeption einbaut. Im Falle der aus der negativen Theologie und der mystischen Tradition stammenden Ausdrücke schließe ich mich eher der Meinung an, Augustinus arbeite hier mit dem Sprachmaterial einer Konzeption, die letztlich nicht die seine ist (vgl. Lossky 1954). Dies zeigt sich z.B. darin, daß er versuchte, die Lehre von der Dreifaltigkeit Gottes durch Analogien im menschlichen Geist verständlich zu machen (vgl. z.B. *Gottesstaat* XI 26); und auch in der Ethik spricht Augustinus von einem handelnden, erwählenden, begnadenden, bestrafenden Gott usw., ohne daß er solche Redeweisen als Anthropomorphismen von einer negativen Theologie her kritisiert. Allerdings vertritt Augustinus im *Gottesstaat* schließlich dann eine ganz andere Art negativer Theologie, die mit der neuplatonischen, die immer an der für uns unfaßlichen reinen Geistigkeit Gottes orientiert gewesen war, gar nichts zu tun hat: Es ist eine negative Theologie, die in einen für uns unbegreiflichen und unergründlichen göttlichen Ratschluß mündet (vgl. weiter unten 5) – dies wäre also eine negative Theologie des

Willens. Aber: Es ist doch wiederum keine wirkliche negative Theologie, denn wir können dort zwar nichts mehr verstandesmäßig nachvollziehen, aber Augustinus schildert diesen Ratschluß mit seinen Folgen doch wieder sehr anschaulich. D.h.: Wir können zwar nicht wissen, *warum* Gott den Entschluß zu einer *massa damnata* getroffen hat, *daß* er ihn aber getroffen hat, meint Augustinus ganz sicher zu wissen, und so etwas ist im Rahmen einer konsequent gedachten negativen Theologie nicht durchführbar.

In vielen Formulierungen variierte Augustinus immer wieder dasselbe Thema: Gott ist uns innerlich gegenwärtiger als wir selbst uns gegenwärtig sein können. Der Weg zu einer klaren Erkenntnis dieser Gegenwart ist schwierig und erfordert eine Reinigung der Seele, aber er ist möglich und wird auch vom späten Augustinus nicht als eine Gnade verstanden, die einigen Menschen geschenkt und anderen nicht geschenkt wird. Augustinus findet also in sich, in der Seele, Gott selbst – ist dies nur die emphatische Aussage eines religiösen Schwärmers, die Begeisterung eines Neubekehrten? Sie mag auch das sein, es liegt jedoch bei Augustinus noch anderes vor: Augustinus nahm an, daß der menschliche Geist fähig ist, rein geistige Wahrheiten, die unveränderlich und ewig sind, zu erkennen, wie dies vor allem in der Mathematik der Fall ist. Hier treffen wir bei Augustinus auf pythagoreisches und platonisches Erbe.

So birgt das Gedächtnis auch die unzähligen Berechnungen und Gesetze der Zahlen und Maße in sich, von denen keines der Körpersinn eingeprägt hat, weil sie weder farbig sind, noch tönen, weder riechen oder schmecken, noch berührbar sind. [...] Ich habe wohl Linien gesehen, von Künstlern gezeichnet, so fein wie Spinnfäden; aber jene Linien sind etwas ganz anderes, sind nicht Sinnbilder solcher, wie sie mir das körperliche Auge angibt: der kennt sie, der sie jenseits jeder körperlicher Erwägung in seinem Inneren wahrgenommen hat. Ich habe auch Zahlen empfunden, und zwar mit allen Körpersinnen, soweit sie sich zählen ließen; aber jene sind ganz anders, mit denen wir zählen, auch sie sind keine Sinnbilder von solchen, und deshalb haben sie ihr starkes Sein. (*Bekenntnisse* X 12, 19)

Um solche Erkenntnisse ganz frei von empirischer Erfahrung zu halten, werden diesen »Abbildzahlen« die »intelligiblen Zahlen« gegenüber gesetzt (vgl. *Über die Ordnung* II 16, 44). Diese Unterscheidung hat allerdings keinerlei Bedeutung etwa für eine Theorie der Mathematik, es geht hier vielmehr einzig darum, die mathematischen Gesetzmäßigkeiten, die nach Augustinus und der Mathematik seiner Zeit notwendige Wahrheiten zum Ausdruck bringen, ganz und gar von aller sinnlichen Erkenntnis abzusetzen. Von solchen Wahrheiten meinte Augustinus sagen zu müssen, daß sie »ewige Wahrheiten« seien, die ganz unabhängig von der Existenz der Welt und somit unabhängig von der Zeit sind. Im Zusammenhang der (pythagoreisch-mathematischen) Theorie der Musik stellt Augustinus fest:

Aber eins zu zwei oder zwei zu vier bilden doch ein wahres Verhältnis der Harmonie! Das war gestern nicht wahrer als es heute ist, und morgen oder nach einem Jahr wird es auch nicht wahrer sein, und selbst wenn diese ganze Welt zusammenfällt, kann dieses Verhältnis nicht aufhören zu sein. (*Über die Ordnung* II 19, 50)

Es ist jedoch klar, daß für Augustinus solche Wahrheiten selbst nicht das eigentlich Bedeutsame sein können, sie sind bedeutsam nur, insofern sie uns zur ewigen Wahrheit selbst hinführen. Zunächst einmal aber führt die Erkenntnis notwendiger und somit ewiger Wahrheiten zu ethischen Konsequenzen. Auch dies ist kennzeichnend für Augustinus: Ihn interessieren die ewigen bzw. Vernunftwahrheiten eigentlich gar nicht, es geht ihm letztlich nur darum, daß die Seele dadurch gereinigt wird. Augustinus kann sich weder an Musik als solcher erfreuen, noch kann er sich über die Schönheit und Eleganz eines mathematischen Beweises freuen, all dies sind nicht seine Probleme. Sein eigentliches Problem ist immer, wie er von den Verlockungen der Sinnlichkeit befreit werden kann, alles andere wird diesem ethischen Interesse untergeordnet.

Denn im Gegensatz zum Weg des bloßen Glaubens führt die sichere Vernunfterkenntnis die Seele stufenweise zur Sittlichkeit und zum vollkommenen Leben! Wenn sie Vermögen und Macht der Zahlen von Grund auf erkennt, wird es ihr zu unwürdig und beklagenswert erscheinen, daß zwar mit Hilfe ihres Wissens das Versmaß gut läuft und die Harfe gut klingt, ihr Leben aber und das, was ihr Wesen als Seele ausmacht, einem abschüssigen Weg folgt, und daß sie, von der Begierde beherrscht, den abscheulichen Mißton der Laster hervorbringt. (Ebd.)

Erst wenn also die Seele durch den Reinigungsprozeß, den die notwendigen Wahrheiten in ihr hervorrufen, selbst geordnet ist, eröffnet sich der Blick auf den Grund aller Wahrheit. Der Verweischarakter aller einzelnen Wahrheiten auf die eine letzte Wahrheit ist ein permanentes Motiv in den Schriften des Augustinus.

Wenn sie [d. h. die Seele] sich aber gesammelt und geordnet, damit aber Harmonie und Schönheit verschafft hat, wird sie es wagen, Gott und die Quelle, aus der alles Wahre hervorquillt, und den Vater der Wahrheit selbst zu schauen. (Ebd. II 19, 51).

Augustinus sieht sowohl die empirische Wissenschaft, die immer nur Glauben im Sinne von Meinung hervorbringen kann, wie auch die mathematische Wissenschaft, die zu notwendigen Vernunftwahrheiten und so zu Gewißheit gelangt, immer unter ethischem und religiösem Blickwinkel. Erkenntnis bedeutet immer auch Teilhabe, und diese legt er so aus, daß Erkenntnis immer auch Liebe ist: Hier ist der platonische Eros als ein der Erkenntnis inneres Element aufgenommen. Aber auch dies wird sofort in den bei Augustinus unvermeidlichen ethischen Zusammenhang gebracht: Wer versucht, die materielle Welt zu erkennen, liebt sie auch und hat Teil an ihr, dies bedeutet jedoch, daß er von der Erkenntnis der höchsten, unveränderlichen Wahrheit abgehalten wird, denn er ist mit seinem Interesse, seiner Liebe außerhalb seiner selbst. Und das heißt: er ist nicht in der Wahrheit. – Hier treffen wir auf den eigentlichen Grund, warum im Gefolge des Augustinus im Mittelalter kein Boden für ein Interesse an Naturwissenschaft gegeben war. Eine Konzeption, die von der Auffassung her kam, die Erkenntnis des Materiellen sei nur der Bereich der Wahrscheinlichkeit, nicht der der Wahrheit, erreichte höchstens eine Neutralisierung der Materie, d. h. sie konnte die Materie im Gegenzug zum Manichäismus bestenfalls wertfrei machen. Das hieß aber auch: Die materiellen Dinge konnten und durften kein Interesse für sich beanspruchen. Materie war für sich genommen belanglos und interessant nur insofern, als sie auf das Göttliche hin gerichtet wurde. Der Weg dazu aber war nicht die Erkenntnis der materiellen Welt in der Wissenschaft oder der Gebrauch derselben in der Technik, sondern die »vergeistigende« Umgestaltung der Materie, d. h. die *Kunst*, die Symbole des Unsichtbaren und Ewigen hervorbringt. Augustinus folgt in seiner Philosophie der Kunst Platon *(Symposion)* und Plotin *(Enneaden* I 6): Die Kunst muß der Wahrheit, der Erleuchtung, dienen. Dies gilt nicht nur für die Architektur oder die bildende Kunst, sondern ebenso für die Musik. Auch dies war folgenreich: Der Gedanke einer »zweckfreien Kunst« konnte im Mittelalter gar nicht auftauchen. Alle Kunst hat einen Zweck, nämlich das Materielle durchsichtig zu machen, es gleichsam als Materielles aufzuheben. Der Künstler muß, und hier folgt Augustinus Plotin, über ein inneres Licht verfügen, das ihn befähigt, die materiellen Gegenstände oder Töne auf das Intelligible hin transparent zu machen. Ein Gegenstand ist schön, weil er Ordnung, Proportion, Harmonie und vor allem Einheit repräsentiert (*Über die Ordnung* I 2, 3). Ein Kriterium, aber nicht der letzte Grund dieser Einheit, ist die Zahl. Einheit begründet Form, und die Kunst hat die Aufgabe, zu immer höheren Formen, und somit zu immer höherer Einheit voranzuschreiten. Dies bedeutet aber, daß sie letztlich an dem anlangen muß, wo reine Einheit ohne Vielheit gegeben ist, also bei Gott. Die Kunst hat somit für Augustinus immer die Aufgabe einer Hinaufführung, letztlich soll sie sich selbst transzendieren in eine rein intelligible Schönheit. Die Philosophie der Kunst des Augustinus (bzw. die Plotins) ist nicht mehr die unserer Zeit, wir sollten aber anerkennen, daß sie große Kunst hervorgebracht hat.

3. Die Sprache als Vorletztes

Die im vorausgehenden Abschnitt aufgeführten metaphysischen und erkenntnistheoretischen Grundannahmen des Augustinus sind auch für seine Sprachtheorie maßgebend. Augustinus hat diesem Problem außer der frühen Arbeit *Über die Dialektik (De dialectica)* – falls er tatsächlich deren Verfasser ist – eine eigene Schrift,

Der Lehrer (De magistro), gewidmet, die im Jahre 389 entstanden und damit noch zu seiner frühen Philosophie zu zählen ist. In dieser Schrift arbeitet Augustinus weithin im Rahmen einer stoischen Sprachtheorie, die ihm vermutlich durch die Vermittlung von Schriften neuplatonischer Autoren bekannt gewesen ist. Augustinus kennt die wichtigen Unterscheidungen zwischen den Zeichen, die Dinge bezeichnen und damit also für sich allein bezeichnen (die später »kategorematische Zeichen« genannt werden) und den Zeichen, die nur im Zusammenhang mit anderen etwas bedeuten (später »synkategorematische Zeichen« genannt). Ebenso kennt er den Unterschied zwischen Zeichen erster und zweiter Ordnung: Es gibt Namen von Dingen *(nomen rei)*, die wir heute zur Objektsprache zählen, und es gibt Namen von Namen *(nomen nominis)*, den wir heute zur Metasprache zählen *(Der Lehrer IV 9 und VIII 24)*. Außerdem hat Augustinus klar gesehen, daß die Theorie der Sprache nur ein Teil einer umfassenderen *Zeichentheorie* ist, wir nennen das heute die Einbettung der Sprachtheorie in die Semiotik. Innerhalb dieser Semiotik arbeitet er mit dem heute so genannten semiologischen Dreieck, also den Beziehungen zwischen Zeichen, Bezeichnetem (Bedeutung) und Zeichenrezipient (vgl. 3. Teil, Kap. XXIV, 4). Inwieweit Augustinus dies alles aus ihm zugänglichen Quellen übernommen hat, oder ob er tatsächlich neue Aspekte in die Zeichen- und Sprachtheorie eingebracht hat, ist eine Frage, an der die Forschung weiter arbeitet. Trotz der im einzelnen sehr guten Analysen wird bei Augustinus die Sprache als ganze – wie alle sinnlichen Zeichen überhaupt – in ihrem Wert für Wahrheitserkenntnis grundsätzlich nicht nur eingeschränkt, sondern letztlich ganz aufgehoben. Augustinus läßt nicht den geringsten Zweifel daran, daß er dies beweisen möchte:

| 75

> Mit all dem versuche ich, so gut ich kann, dich zu überzeugen, daß wir mit Hilfe der Zeichen, die wir Wörter nennen, nichts erlernen, denn, wie schon gesagt, wir lernen eine bestimmte Sache niemals durch ihre wörtliche Bezeichnung kennen, sondern erfassen den Wert eines Wortes, das heißt die im Ton der Stimme verborgene Bedeutung erst dann, wenn die dadurch bezeichnete Sache bereits bekannt ist. *(Der Lehrer X 34)*

Damit werden auch die an sich durchaus interessanten sprachtheoretischen Überlegungen des Augustinus in ihrem Stellenwert zur Beurteilung seiner Philosophie sehr relativiert. Es ist nicht leicht zu sehen, wie jemand, der geradezu verzweifelt die Wahrheit sucht und dann die These vertritt, daß wir durch die Vermittlung der Sprache überhaupt nichts lernen können, ein echtes Interesse an Syntax, Semantik oder allgemeiner Semiotik aufbringen kann. Daß Augustinus der Sprache nicht viel zutraut, geht zunächst auf sein allgemeines Mißtrauen gegenüber allem, was sinnlich vermittelt ist, zurück. Es gibt aber noch einen weiteren Grund. Augustinus meint, daß Gott ursprünglich, d. h. vor der Sünde, direkt mit dem Geist der Menschen kommunizierte *(De genesi contra Manichaeos II 4)*, die Sprache wird also hier in irgendeiner Weise mit der Sünde in Verbindung gebracht. Die ideale, sündenfreie Kommunikation ist nicht-sprachlich. Sprache kann höchstens ein äußeres Hilfsmittel sein, die Erkenntnis von Wahrheit muß dagegen sprachtranszendent sein. Dieser Zusammenhang ist ganz ähnlich jenem, den Augustinus in der Ethik und Gnadenlehre vertritt (vgl. weiter unten 5): Die Tugend kann nur eine äußerliche Vorbereitung für die Gnade sein, bewirken kann sie die Vermittlung der Gnade nicht. So auch bei der Sprache: Sie kann äußerlich anleiten, wahre Erkenntnis kann sie aber nicht vermitteln.

Über die Dinge in ihrer Gesamtheit aber, die wir verstehen sollen, befragen wir nicht eine von außen her zu uns dringende, sondern die von innen her unsern Geist regierende Wahrheit, und Worte können uns höchstens zu dieser Befragung anleiten. Jener aber, der da befragt wird, lehrt, und das ist der, von dem es heißt, daß er im inneren Menschen wohnt, ist Christus, das ist die unwandelbare Kraft Gottes und ewige Weisheit. (Ebd. XI 38)

Bei »Christus« denkt Augustinus wahrscheinlich vor allem an den göttlichen Logos, womit wir wiederum nicht allzu weit von der Illuminationslehre wären. Die Richtung ist jedenfalls klar: Um etwas zu verstehen, müssen wir uns vom Außen ab- und dem Innen der Seele zuwenden. Ein menschlicher Lehrer aber stellt immer ein Außen dar, daher wird die Möglichkeit des Lehrens im Prinzip aufgehoben, jeder kann nur durch die innere Erfahrung belehrt werden:

Wenn ich ihm [d. h. dem Hörer] also Wahres sage, lehre ich ihn schon nicht mehr die Wahrheit, denn er betrachtet sie ja selbst; er wird daher nicht durch meine Worte zu belehren sein, sondern durch die Dinge selbst, die er sieht, weil sie ihm Gott innerlich enthüllt hat. (*Der Lehrer* XII 40)

Mit dieser Einschränkung des Wertes der Worte und des Lehrens ist natürlich auch jede äußere *Lehrautorität* stark *relativiert*. Im Jahre 395 wurde Augustinus aber Bischof von Hippo und somit rasch in Lehrstreitigkeiten verwickelt, in denen er auch durchaus als Lehrautorität auftreten wollte. Es ist daher nicht verwunderlich, daß Augustinus in der in den Jahren 396/397 verfaßten Schrift *Über die christliche Lehre (De doctrina christiana)* den Worten eine ungleich größere Bedeutung zumaß (der letzte Teil dieser Schrift wurde 426/427 abgefaßt). Hier wird auch Schriftauslegung – und das heißt eben nicht zuletzt: gute Sprachkenntnis – ziemlich wichtig. Aber auch kirchliche Lehräußerungen werden für ihn relevant. Schließlich kommt er sogar zu dem *sprachregelnden Kriterium*, daß eine Auffassung, die die »frommen Ohren« verletzt, abgelehnt werden müsse (*Retractationes* I 4, 3). Dies ist ein äußerst problematisches Kriterium, es wurde auch in späteren Jahrhunderten immer wieder gegenaufklärerisch eingesetzt. Wie diese spätere Auffassung vom Wert und Nutzen der Sprache mit der früheren vereinbar sein soll, ist allerdings nicht zu sehen. Im Rahmen einer neuplatonischen Philosophie, die sich in diesem Punkt auf Platons 7. Brief berufen kann (vgl. 1. Teil, Kap. IX, 8, 2, c), ist die frühe Sprachphilosophie des Augustinus die einzig konsequente. – Die Schrift *Der Lehrer* hat im Mittelalter keine sehr große Verbreitung gefunden. Es gab jedoch genügend andere auf neuplatonischer Philosophie beruhende Konzeptionen, die im Mittelalter wirksam waren. So werden wir immer wieder Vertretern einer philosophischen Mystik begegnen, die alle sprachlichen Vermittlungen und so auch alle satzhaft verfaßte dogmatische Wahrheit als höchstens Vorletztes gelten lassen, die also auch allen autoritativen Sprachregelungen keine letzte Geltung zuerkennen wollen (vgl. z. B. Eckhart). Hier hätte der frühe Augustinus herangezogen werden können. Es gab aber auch die andere, entgegengesetzte, Seite, die überzeugt war, daß nur eingeübte Sprachformeln, die die »frommen Ohren« nicht verletzen, eine Garantie der Wahrheit darstellen, was dem späten Augustinus entspricht.

4. Zeit und Ewigkeit

Das Buch XI der *Bekenntnisse*, das die Überlegungen des Augustinus zum Problem der Zeit enthält, ist ein Text, der im 20. Jhd. die besondere Aufmerksamkeit der Philosophen auf sich gezogen hat, etwa die Husserls, Heideggers und Wittgensteins. Es ist aber wahrscheinlich irreführend, diesen Text aus dem Zusammenhang der *Bekenntnisse* herauszunehmen und in den Kontext einer Diskussion um Objektivität oder Subjektivität der Zeit hineinzustellen. Aber auch bei antiken Bezugspunkten ist Vorsicht geboten. Die Analyse der Zeit bei Augustinus zielt weder auf die Lösung der Bewegungsparadoxien des Zeno noch auf die der Probleme des Zeitbegriffs in der Physik des Aristoteles. Die *Bekenntnisse* sind durchgehend in der Absicht geschrieben, den Menschen aus dem Außen zurückzuholen und in das Innen der Seele zu führen. Es geht Augustinus um das Problem der Sorge um die Seele, die aus der Zerstreuung in die Sammlung geführt werden soll, Augustinus äußert sich also vor allem als »Seelsorger« zum Problem der Zeit. Auch wenn das vorausgehende Buch X möglicherweise erst später eingefügt wurde, macht es den Zusammenhang doch sehr deutlich: Es geht um den Aufstieg der Seele von den körperlichen Dingen der Außenwelt über das Innen der Seele hin zu Gott, und so zielt das Interesse des Augustinus bei der *Analyse der Zeit* nicht auf diese selbst, sondern auf eine endgültige, *zeitenthobene Glückseligkeit*. Das Ende des Buches XI macht dies wieder deutlich: Unser Leben ist eine Zerstreuung, bei der uns jeder Durchblick fehlt. Augustinus sagt von sich (und so vom Menschen):

| 77

Jetzt freilich gehen meine Jahre noch im Jammer unter [...], denn ich bin zerspalten in Zeiten, deren Ordnung ich nicht kenne, und durch stürmische Wechselfälle werden meine Gedanken zerrissen, die innersten Fasern meiner Seele zerfetzt [...]. (*Bekennt-nisse* XI 29, 39)

Aus dieser Zerrissenheit sollen wir uns befreien und unsere Seele hinwenden zu dem Zeitlosen des ewigen Jetzt, welches das einzig Wahre ist. Auf diesem Weg wendet Augustinus sich aber tatsächlich einer Analyse des Zeitbewußtseins zu. Bei dieser Analyse zieht er Elemente aus verschiedenen antiken Zeittheorien heran (Aristoteles, Plotin). Dies verhält sich indes ganz ähnlich wie beim Problem der Sprache im *Lehrer*: Auch dort bringt er durchaus Bemerkenswertes zur Theorie der Sprache vor – aber eigentlich kommt es ihm nur auf den »inneren Lehrer« an. So jetzt bei der Zeit: Augustinus gewinnt durchaus bemerkenswerte Einsichten in Sachprobleme, aber letztlich stellen diese Sachprobleme nicht das dar, worauf sein eigenes Interesse gerichtet ist. Man könnte es auch so sagen: Das seelsorgerische Interesse des Augustinus, das selbstverständlich zunächst einmal seiner eigenen Seele galt, hinderte ihn daran, dort, wo er auf wirklich wichtige philosophische Probleme stieß, diese genau und konsequent zu verfolgen. Augustinus selbst sah das natürlich anders.

Dabei muß man auch sehen, daß die Analyse des Augustinus gar nicht so neu ist, wie es manche Interpreten sehen möchten. Der Ausgangspunkt des Augustinus ist die Frage nach der Schöpfung, es geht also um eine Frage der Auslegung der *Genesis*. Augustinus nimmt keine Ewigkeit des Kosmos an und wendet sich damit gegen die antike Kosmologie. Man darf dabei aber auch nicht übersehen, daß der platonische *Timaios* seit längerer Zeit bei Platonikern wie bei Christen nicht mehr, wie Platon dies wollte, als Mythos aufgefaßt wurde, sondern als Kosmologie. Im *Timaios* ist die Problematik des Verhältnisses von Schöpfung und Zeit bereits vorgebildet, und es ist schon dort klar, daß Gott nicht mit der Zeit in Verbindung gebracht werden darf, d. h. daß »Ewigkeit« zeitfrei gedacht werden muß (*Timaios* 37c–39d). Damit gewinnt Augustinus auch schon die Antwort auf die Frage: Was tat Gott vor der Weltschöpfung? Eine solche Frage hat keinen Sinn, weil es in Gott kein vorher und nachher gibt: Die Zeit ist mit der Schöpfung entstanden und stellt somit ein Kennzeichen der Endlichkeit dar. Der Hinweis im *Timaios*, daß die Zeit ein »bewegliches Abbild der Ewigkeit« (Ebd.) ist, ist also genau im platonischen Urbild-Abbildschema gedacht. Es mußte jedoch weiter gefragt werden, was denn mit diesem Ausdruck gemeint ist, es ist nämlich ganz und gar nicht klar, was mit einem »beweglichen Abbild« einer Ewigkeit gemeint sein kann, die ganz und gar ohne Bewegung gedacht ist. Damit waren die Platoniker schon vor Augustinus auf die Forderung der Analyse der Zeit gestoßen. Augustinus übernimmt dabei das Zeitmodell Plotins, wie dieser es in den *Enneaden* (III 7) entwickelt hat, möglicherweise hatte Augustinus aber eine etwas leichter lesbare Kurzfassung des Porphyrios zur Verfügung.

Wir sollten uns also von der literarischen Komposition des Augustinus nicht in die Irre führen lassen. Wenn Augustinus die berühmte Frage nach dem »fast unlösbaren Rätsel« der Zeit stellt:

78 |

Was ist die Zeit? Solange mich niemand fragt, weiß ich es; wenn ich es einem auf seine Frage hin erklären will, weiß ich es nicht. (*Bekenntnisse* XI 14, 17)

dann hat er das Handbuch, mit dessen Hilfe er diese Frage beantworten wird, schon auf dem Schreibtisch liegen. Augustinus gelangt so zu der Feststellung, daß es in der Seele zunächst einmal nur die Gegenwart eines unteilbaren Augenblicks gibt:

Nur was von der Zeit erfaßt wird, das bereits in keine noch so winzige Teile von Augenblicken geteilt werden kann, das allein ist es, was gegenwärtig genannt werden kann. (Ebd. XI 15, 20)

Die Vorstellung unteilbarer Zeitatome war seit der Auseinandersetzung mit den Bewegungsparadoxien Zenons (vgl. 1. Teil, Kap. IV, 3, a) ein bekannter Bestandteil verschiedener Zeittheorien, etwa der des Aristoteles, und auch Plotin hatte dem schon Rechnung getragen. Die Frage ist dann allerdings, wie wir von einer solchen unteilbaren *Gegenwart* zu der Vorstellung von *Vergangenheit* und *Zukunft* gelangen. Augustinus greift hier auf die Tätigkeit der Seele zurück, in der es *Erinnerung (memoria)* und *Erwartung (expectatio)* gibt. Wenn wir also von Zeit sprechen, so Augustinus weiter, sprechen wir in Wirklichkeit von drei verschiedenen Modi der Gegenwart: | 79

Es gibt drei Zeiten, die Gegenwart vom Vergangenen, die Gegenwart vom Gegenwärtigen und die Gegenwart vom Zukünftigen. Denn diese drei sind in der Seele, und anderswo sehe ich sie nicht. (*Bekenntnisse* XI 20, 26)

Wenn aber der Ausgangspunkt die unteilbare Gegenwart ist und es nur verschiedene Modi von Gegenwart gibt, stellt sich zwingend die Frage, wieso wir von »langer« oder »kurzer« Zeit sprechen können. Faktisch teilen wir die Zeit also doch wieder ein, d. h. wir messen die Zeit. Aristoteles war dabei von der Beobachtung der Bewegung ausgegangen und hatte die Zeit definiert als das Maß der Bewegung hinsichtlich des »davor« und »danach« (*Physik* IV 11, 219b 1). In der antiken Zeitauffassung war in diesem Zusammenhang natürlich die Bewegung der Himmelskörper von besonderer Bedeutung, eine solche Abhängigkeit von Sinneswahrnehmungen kann Augustinus allerdings nicht zugeben. Der Grund für diese Ablehnung liegt natürlich – wie schon aus den vorangegangenen Abschnitten über die Wahrheitserkenntnis und die Sprache klar ist – ganz woanders als bei Problemen der Zeitauffassung. Allerdings hatte auch Aristoteles, ohne der Frage dann weiter nachzugehen, auch für die Zeitmessung eine Tätigkeit der Seele angenommen: »Ob andrerseits, wenn es ein Bewußtsein (davon) nicht gäbe, die Zeit vorhanden wäre oder nicht, das könnte man wohl fragen« (*Physik* IV 14, 223a 21–22). Augustinus löst nun die Zeitmessung nicht nur von astronomischen Vorgängen, sondern von aller Bewegung überhaupt ab und kehrt die Richtung um: Er fragt also, was die Zeit ist, mit der wir den Sonnenumlauf messen (*Bekenntnisse* XI 23, 30), weiter geht Augustinus nicht. Eigentlich hätte es dann nahe gelegen zu sagen: Also gehört es zu den ursprünglichen Ordnungsfunktionen der Seele, zu messen und Maßeinheiten zu setzen – dann wäre man tatsächlich in der Nähe von Husserls Zeitanalyse. Aber Augustinus geht es eben um etwas anderes: Er will die Seele vom Außen, hier also der astronomischen Beobachtung, abwenden und zu sich selbst führen, aber so, daß die Analyse dann eben nicht in einer Ordnung und Einheit stiftenden Tätigkeit der Seele zu ihrem Schlußpunkt kommt. Am Schluß muß bei Augustinus stehen, daß die Seele keine letzte einheitsstiftende Funktion hat, daß sie vielmehr nur vom göttlichen Einen, gut neuplatonisch, zur Einheit zurückgeführt werden kann. Damit sind wir wieder bei dem zu Beginn des Abschnitts zitierten Text: Es ging Augustinus eigentlich nur darum, an Hand der Analyse der Zeit zu zeigen, daß die Seele solange in sich »zerrissen« ist, bis sie schließlich »gereinigt und geläutert« zu Gott, zu ihrer »Urform« gelangt, wo sie endlich die ersehnte Festigkeit erlangt (Ebd. XI 29, 39–40). Damit hat Augustinus sein seelsorgerisches Ziel erreicht: Er hat die Seele aus der Flüchtigkeit des Augenblicks und der Zerteiltheit in Erinnerung und Erwartung zurückgeführt zum »ewigen Jetzt«, wo die Seele eine zeitenthobene, ewige Ruhe finden soll.

80

5. Möglichkeit und Unmöglichkeit sittlichen Handelns

Die Frage nach den sittlichen Möglichkeiten des Menschen war für Augustinus ohne Zweifel ein zentrales persönliches Problem. Zu einer eingehenden Erörterung der damit zusammenhängenden Fragen wurde er jedoch vor allem durch seine Auseinandersetzung mit Pelagius und den Pelagianern veranlaßt. Diese Diskussion gehört der späteren Zeit des Augustinus an, jener also, in der er Verantwortung für kirchliche Ordnungen innehatte. Anders als in der Auseinandersetzung mit den Donatisten hatte Augustinus jedoch hier keine große gesellschaftliche Bewegung vor sich, sondern eine eher kleine Gruppe von Andersdenkenden. Es wäre aber völlig verfehlt, deshalb zu meinen, Pelagius sei nur ein einzelner Häretiker, der übertriebenes Vertrauen in die sittlichen Möglichkeiten des Menschen gesetzt hätte, und Augustinus wiederum sei eben aufgrund seines persönlichen, individuellen Charakters pessimistisch in Hinsicht auf die Möglichkeiten autonomen sittlichen Handelns gewesen und hätte gemeint, diese Auffassung im *Römerbrief* des Paulus bestätigt zu finden. In der Kontroverse zwischen Augustinus und Pelagius begegnen wir vielmehr einer entscheidenden Auseinandersetzung zwischen griechisch-hellenistischer und christlicher, oder besser: paulinischer Auffassung vom Menschen. Pelagius hält an jener Auffassung fest, die von den griechischen Philosophen vertreten wurde: Freiheit ist die Fähigkeit der Vernunft, zu überlegen und dann entsprechend dieser Überlegung zu handeln. Dies war bereits die Voraussetzung der sophistischen Aufklärung und der sokratischen Ethik. Und auch wenn die spätere Philosophie, etwa die des Stoikers

Epiktet (vgl. 1. Teil, Kap. XII, 2), die Unterscheidung einbrachte zwischen dem, was nicht in unserer Macht steht – die äußeren Lebensbedingungen –, und dem, was in unserer Macht steht – die innere Haltung des Menschen –, so war damit doch eindeutig gesagt, daß das Innere des Menschen einzig seiner Selbstbestimmung unterliegt. Diese Auffassung galt auch für Pelagius und seine Anhänger, strenge, asketische Mönche, die von der Möglichkeit der sittlichen Selbstverwirklichung des Menschen überzeugt waren. Diese Sichtweise floß auch in ihre Auslegung der biblischen Sünden- und Erlösungslehre ein: Die Sünde Adams, also die erste Sünde, ist dessen persönliche Sünde, wodurch sie wirken kann, ist nur durch ihr schlechtes, d. h. verführendes Beispiel. Gegen dieses schlechte Beispiel gibt es jedoch ein Gegenbeispiel, nämlich Christus, also das Beispiel eines sittlich vollkommenen Menschen. Weder das eine noch das andere hat jedoch irgendeinen kausalen Einfluß auf die Handlungen des einzelnen Menschen. Dieser bezieht zwar solche Beispiele in seine ethischen Überlegungen ein, in seinen Handlungen ist er selbst jedoch nur von seiner eigenen vernünftigen Überlegung und seinem freien Willen abhängig. All dies ließe sich durchaus auch mit aristotelischer Ethik bearbeiten. Aristoteles erkennt nicht nur an, sondern betont geradezu die Bedeutung paradigmatischen, vorbildhaften Handelns, das als Orientierungshilfe herangezogen werden kann. Im Grunde war dies auch, allerdings ohne jede Bezugnahme auf Aristoteles und eher stoisch begründet, die Auffassung des Origenes und des Klemens von Alexandrien: Für den christlichen Gnostiker ist Christus der Paidagogos, der Erzieher, der also, der den richtigen Weg zeigt und zwar so, daß das Gehen dieses Weges einzig in der Verantwortung des einzelnen Menschen liegt. Wir haben es hier also keinesfalls mit einer speziellen theologischen Frage zu tun, sondern mit einer Grundvoraussetzung griechischer, sokratisch-aristotelisch-stoischer Anthropologie und Ethik. Genau dies war auch die Überzeugung der frühchristlichen Schriftsteller gewesen, ebenso die der Kappadokier. Und dies wird auch die Grundvoraussetzung sein, die die Philosophen und Literaten der Renaissance gegen die das ganze Mittelalter beherrschende augustinische Anthropologie wieder – mit Rückgriff nicht nur auf die Antike, sondern ebenso auf »Natur« – betonen werden. Und es ist ebenso eine Grundvoraussetzung, die die Aufklärung sowohl gegen die katholische, augustinische wie gegen die protestantische, noch augustinischere Lehre wieder verteidigen wird.

| 81

Augustinus war der Problematik der Freiheit schon vor der Auseinandersetzung mit Pelagius begegnet. Im Zusammenhang der Auseinandersetzung mit den Manichäern hatte er 388 das erste Buch der Schrift *Über den freien Willen* (*De libero arbitrio*) verfaßt, in dem er ganz klar die Freiheit des Willens verteidigte und den Willen als einzige Ursache des sittlich Bösen annahm (*De libero arbitrio* I 12, 26 und 16, 34). Diesem ersten Buch fügte er aber in den Jahren 391–395 zwei weitere Bücher hinzu, in denen er sich einer weiteren Frage zuwendet: Warum entscheiden sich die Menschen so häufig für das Böse? Dies ist tatsächlich eine Frage, die sich aufgrund unübersehbarer empirischer Tatsachen aufdrängt, und daß Augustinus sich dieser

Frage annahm, war durchaus ein Verdienst. Er stellte dazu folgende Theorie auf: Seit der ersten Sünde, also der Sünde Adams, gibt es eine Tendenz zu bösen Handlungen. Auch diese These ließe sich im Rahmen der griechischen Tradition durchaus verteidigen: Eine wachsende Anzahl von Beispielen böser Handlungen, besonders, wenn diese keine Bestrafung finden, baut Hemmnisse ab und bewirkt eine Tendenz zur Nachahmung. Nimmt man jedoch Vernunft und Freiheit an, so ändert dies nichts an der Schuldfrage, sondern kann höchstens mildernde Umstände einbringen. Augustinus aber zieht einen anderen Schluß: Der Mensch hat seit dieser Sündengeschichte nicht mehr die Möglichkeit, von sich aus sittlich gut zu handeln. In seinen *Retractationes* von 426/427 sah sich Augustinus veranlaßt, zu seinen Ausführungen in der Schrift *Über den freien Willen* präzisierend oder verschärfend folgendes hinzuzufügen:

Wenn aber die Gnade Gottes diesem Willen nicht die Befreiung von jener Knechtschaft zuteilt, durch die er *Knecht der Sünde* [Röm. 6, 17 und 20] wurde, ihm also nicht geholfen wird, die Laster zu besiegen, ist für sterbliche Menschen ein gerechtes und frommes Leben unmöglich. (*Retractationes* I 9, 4)

82 | Dies bringt jene definitive Lösung zum Ausdruck, zu der Augustinus im Jahre 396 in einer Schrift an seinen alten Neuplatonikerfreund Simplicianus gelangt war: Der Mensch ist von sich aus nicht in der Lage, sittlich gut zu handeln; wenn er den guten Willen und die Kraft, die entsprechende Handlung zu vollbringen, hat, so geht dies einzig auf die göttliche Einwirkung zurück. Die These, daß die *Sünde ohne göttliche Gnade nicht besiegt werden kann (quia peccatum sine gratia dei vinci non posset)* ist jetzt für Augustinus grundlegend (*De diversis quaestionibus ad Simplicianum* I 1, 2). Augustinus bestreitet nicht das Vorhandensein der Freiheit, er bestreitet jedoch, daß der Mensch in der faktischen, d.h. geschichtlich-gesellschaftlichen Situation (mythologisch oder theologisch: als Nachkomme des sündigen Adam mit der Erbsünde behaftet) auch bei richtiger Einsicht richtig handeln kann. Augustinus nimmt also einen geschichtlich vermittelten und weitergegebenen Bruch zwischen dem autonomen Willen und der Verwirklichung des Gewollten an. Für ihn folgt somit nicht, wie Kant dies gut stoisch annehmen wird, daß aus dem *Sollen* das *Können* folgt (vgl. 3. Teil, Kap. XV, 7). Besonders problematisch ist auch die zusätzliche These des Augustinus, daß diese faktische sittliche Unfähigkeit des Menschen durch die Zeugung weitergegeben wird. Eine Erklärung für diese selbst für die Augustinus-These völlig überflüssige biologische Zusatzthese überlassen wir den Tiefenpsychologen. Augustinus nimmt also ein Auseinanderfallen von Wollen, das in unserer Macht steht, und Vollbringen, das nicht in unserer Macht steht, an (*Certe enim ipsum velle in potestate est, quoniam adiacet nobis; sed quod perficere bonum non est in potestate, ad meritum pertinet originalis peccati.* [Ebd. I 1, 11]). Selbst die Notwendigkeit der göttlichen Einwirkung zum Vollbringen einer sittlich guten Handlung ließe sich noch

in Fortsetzung neuplatonischer Auffassungen rechtfertigen. Man könnte hier eine Parallelität der ethischen und der erkenntnistheoretischen Frage sehen. Augustinus hatte vom Neuplatonismus die erkenntnistheoretische These übernommen, daß der Mensch die letzte, entscheidende Wahrheit nicht von sich aus erreichen kann, sie muß ihm vielmehr von Gott geschenkt werden. Bei der Übertragung dieses Schemas auf die sittliche Handlung gibt es bei Augustinus jedoch einen entscheidenden Unterschied: Während er annimmt, daß jeder, der sich um die Erkenntnis der Wahrheit bemüht, die intellektuelle *Erleuchtung* auch tatsächlich erhält, nimmt er nicht an, daß jeder, der sich um die sittlich gute Handlung bemüht, auch die erforderliche *Gnade* erhält. Seit der ersten Sünde sind die Menschen zu einer sündigen Masse *(massa peccatorum)* geworden, die in ihrer Gesamtheit die Verurteilung verdient *(massa damnata)*, und aus dieser Masse begnadigt Gott einige in freier Wahl. Bei der Frage, warum Gott die einen begnadigt, die anderen aber nicht, verweist Augustinus nur auf die Unerforschlichkeit der göttlichen Ratschlüsse *(inscrutabilia enim sunt iudicia eius et investigabiles viae ipsius.* [Ebd. I 2, 16]), und damit sind wir bei der *Prädestination*: Die einen sind nach dem unerforschlichen göttlichen Ratschluß dazu auserwählt, aus der Masse der Sünder herausgenommen zu werden, sie werden zum sittlich guten Handeln befähigt und kommen in den Himmel, die anderen sind nicht auserwählt und die kommen in die Hölle. Dies ergab einen Diskussionsstoff für | 83 das ganze Mittelalter (vgl. z. B. Gottschalk in Kap. V, 2, a), und die Diskussion zog sich noch weit in die Neuzeit hinein (Konzil von Trient). Thomas von Bradwardine (1249–1349) und der als Vorläufer der Reformation wichtige John Wyclif (um 1330–1384) vertraten mit Berufung auf Augustinus eine doppelte Prädestination, d. h. eine Vorherbestimmung zu sittlich gutem bzw. sittlich verwerflichem Handeln mit den entsprechenden Folgen für das ewige Geschick. Es wurde und wird manchmal behauptet, die Nachfolger hätten die »subtile Dialektik von Freiheit und Gnade« bei Augustinus nicht durchgehalten, oder sie hätten nicht mehr das »spekulative Niveau« eines Augustinus gehabt usw., doch all dies nützt nichts. Daß mit dieser gesamten augustinischen Auffassung der Manichäismus eingedrungen ist, hat schon der Zeitgenosse Julian von Aeclanum behauptet, und das zu recht. Die augustinische Lehre ist nicht nur unannehmbar für jemand, der an der sittlichen Verantwortung des Menschen festhalten will, sie ist auch für alle die unannehmbar, die an dem biblischen Gottesbegriff festhalten wollen. Augustinus kann natürlich Paulus im *Römerbrief* 9 heranziehen (*Retractationes* I 23, 2), wo davon die Rede ist, daß es keinen uns zugänglichen Grund gibt, warum Jakob erwählt, Esau aber verworfen wird und warum von Gott, der das Herz des Pharao verstockt hat, gesagt wird: »Er erbarmt sich also, wessen er will, und macht verstockt, wen er will.« (Röm. 9, 18) Wer aus irgendwelchen, religiösen oder philosophischen, Gründen an jenem Gottesbegriff interessiert ist, den man mit aller Vorsicht bei Jesus von Nazareth vermuten kann, der muß an solchen Stellen die hermeneutischen Prinzipien des Origenes heranziehen, der damit rechnete, daß es in der *Bibel* Stellen gibt, die

im wörtlichen Sinn genommen nicht akzeptabel sind (vgl. Kap. I, 5, b). Und er muß
sich an Xenophanes erinnern, der sagte, daß man den Göttern nichts zuschreiben
darf, was bei den Menschen als schändlich angesehen wird (vgl. 1. Teil, Kap. IV, 1, b),
dies stellt bestes Erbe griechischer philosophischer Aufklärung dar. Was sittlich
akzeptabel ist und was nicht, kann aber nur die menschliche Vernunft versuchen
herauszufinden, hier nützt kein Rekurs auf unerforschliche göttliche Ratschlüsse.

Es wäre aber auch zu einfach, die Lehre des Augustinus als Manichäismus abzu-
tun und dann bloß wieder Pelagius hervorzuholen. Abgesehen von aller Gnadenlehre und der bei Augustinus damit verbundenen unhaltbaren Prädestinationslehre
müssen wir Augustinus in seiner Einschränkung des stoisch-pelagianischen Frei-
heitsbegriffs nämlich teilweise wieder recht geben. In dreifacher Hinsicht sind wir
heute über den Freiheitsbegriff »aufgeklärter«: 1. Die Tiefenpsychologie hat es uns
wahrscheinlich gemacht, daß es sehr wohl Motive, Antriebe usw. gibt, die sich der
»normalen« Einsicht und dem »normalen« Bewußtsein entziehen, die so auch
keinerlei Reflexion der Vernunft zugänglich sind, die aber doch unser Handeln in
vielfacher Hinsicht nicht nur beeinflussen, sondern sogar bestimmen. Augustinus
war ohne Zweifel ein scharfsichtiger psychologischer Beobachter, wenn er Wollen
und Vollbringen-Können nicht einfach gleichsetzte. 2. Wir müssen uns darauf gefaßt machen, daß auch die Genforschung uns noch einige Überraschungen in Hinsicht auf das Verständnis von Freiheit bereiten wird. 3. Die Handlungen der Menschen sind durch geschichtlich-gesellschaftliche Bedingungen in vieler Hinsicht
präformiert. Hier hat Augustinus (wenn auch durch den mythologischen Topos von
der Erbsünde) einen wichtigen Aspekt eingebracht, wenn er von der geschichtlichen
Dimension von sittlichem Fehlverhalten spricht und entsprechend mit Einschränkungen der Freiheit rechnet. Er will sagen: Es gibt in unserem Handeln nie einen
Punkt 0, an dem wir beginnen, es ist immer schon ein Punkt ... *n*, und dieser ist auch
ein Punkt, in den Schuld, Dummheit, Bosheit usw. eingegangen sind, die schon vor
unserer gegenwärtigen Handlung liegen. Weiterhin: Dieser Punkt ... *n* ist nicht nur
beeinflußt von den eigenen Handlungen, sondern auch von den geschichtlich hergestellten gesellschaftlichen Bedingungen. Wir kommen, gerade nach den Erfahrungen des 20. Jhd.s, nicht darum herum, festzustellen, daß es ein gesellschaftlich be-
dingtes Absinken des sittlichen Bewußtseins geben kann und faktisch auch gegeben
hat. Das hat nichts mit der Annahme einer »Kollektivschuld« zu tun, sondern soll
uns nur zu Bewußtsein bringen, daß es nicht nur eine Verantwortung für die eigenen sittlichen Handlungen gibt, sondern auch eine Verantwortung für das gesellschaftlich beeinflußte sittliche Bewußtsein. Der Freiheitsbegriff des Pelagius wie
der seiner geschichtlichen Vorgänger Sokrates und der Stoiker – für Aristoteles gilt
dies viel weniger – war abstrakt, d. h. er bekam geschichtlich-gesellschaftlich-psycho-
logisch bedingte Einschränkungen nicht in den Blick, was allerdings nicht heißt, daß
der konkrete Freiheitsbegriff Augustins richtig war. In seiner bestimmten Konkret-
heit und mit dem philosophisch-theologischen Rahmen, in den er eingebaut war,

war er nicht nur falsch, sondern sogar äußerst verhängnisvoll. Nichtsdestoweniger bleibt bestehen, daß Augustinus den Blick auf das Böse gerichtet hat in einer Intensität, die vorher unbekannt war. Man kann es deshalb auch so sagen: Selbst eine falsche Lösung ändert nichts daran, daß ein Problem richtig gestellt war. Auch ein Aufklärer wie Kant wird sich in seiner *Religion innerhalb der Grenzen der bloßen Vernunft* die Frage stellen, woher das Element des »radikal Bösen« in der Willensentscheidung kommt. Das Böse kann solche Dimensionen annehmen, daß es schwer fällt, es auf die Summe der einzelnen bösen Willen oder auf die Summe einzelner böser Taten von einzelnen Menschen zurückzuführen, diese Erfahrung ist der Grund der Plausibilität des manichäischen Erklärungsmodells ohne ein Beweis für dessen Richtigkeit zu sein. Es bleibt die Aufforderung, die »Dynamik des Bösen« genauer zu erforschen.

6. Die Geschichte als Ort des Kampfes

Der Anlaß für die Schrift *Über den Gottesstaat (De civitate Dei)* war ein ganz konkreter. Im Jahre 410 nahmen die Westgoten Rom ein und plünderten jene Stadt, von der die römischen Bürger angenommen hatten, sie sei das Zentrum und der Ordnungsgarant der Welt. Im vergangenen halben Jahrhundert war aber die Verbindung des Christentums mit dem römischen Staat sehr eng geworden, Kaiser Theodosius hatte im Jahr 380 das Christentum zur Staatsreligion deklariert. Der Vorwurf, daß der Gott der Christen doch solches Unheil hätte abhalten müssen, lag in der Luft und ebenso die entgegengesetzte Frage, ob die Einnahme Roms nicht das Zeichen eines Strafgerichts der heidnischen Götter sei, die Rom wegen seiner Annahme des Christentums bestrafen wollten. Augustinus hatte einen guten Blick für die gesellschaftlichen Realitäten, obwohl er uns immer wieder einreden will, daß er den Sinnen nicht traut und nur in höherer, geistiger Erkenntnis Wahrheit zu finden hofft. Der Niedergang des römischen Reiches war für ihn wie für viele andere offensichtlich. Es mußte also für ihn darum gehen, einerseits das Christentum von diesem Verfall abzukoppeln und ihm eine historische Rolle zuzuschreiben, die nicht wieder an irgendein bestimmtes Staatsgebilde gebunden war; er mußte aber andererseits dem Faktum Rechnung tragen, daß die Kirche faktisch enorm von der Verbindung mit dem Staat profitiert hatte, es ging also auch darum, sich die Option, den Staat für kirchliche Zwecke einzuschalten, für bestimmte Situationen offenzuhalten. Solche Situationen kannte Augustinus selbst aus dem Streit mit den Donatisten. Hier eine irgendwie akzeptable Lösung zu finden, war nicht einfach, und Augustinus hat sich die Arbeit auch nicht leicht gemacht: Er hat an diesem großen Werk von 413 bis 426 gearbeitet. Das Verfahren des Augustinus bei dieser Arbeit ist, wie häufig bei ihm, recht zweideutig. Er nimmt Thesen seiner Gegner auf und verbindet sie dann mit seinem eigenen Verständnis des Christentums und mit seiner Interpretation der konkreten geschichtlich-gesellschaftlichen Bedingungen. Die Donatisten hatten eine Verbindung von Kirche und Staat abgelehnt, und ein Vertreter dieser Gruppe, Tyconius, hatte für den Gegensatz der beiden Institutionen den Ausdruck der »zwei Reiche« *(duae civitates)* eingeführt, den Augustinus dann ebenfalls verwendete. Die Manichäer wiederum, deren Anhänger Augustinus lange Zeit war, bis er zu ihrem Gegner wurde, faßten das ganze Weltgeschehen als einen Kampf von zwei Prinzipien auf, ein Geschehen, das seinen Ursprung im Reich der Geister hat, und das sich in dieser Welt, die aus einer Mischung der beiden Prinzipien besteht, fortsetzt, bis schließlich entweder das Reich des Lichtes den endgültigen Sieg davonträgt oder eine endgültige Trennung der beiden Reiche stattfindet. Auch bei Augustinus finden wir nun eine »gemischte Welt« vor, in der sich *zwei Machtbereiche* – symbolisiert durch »Babylon« und »Jerusalem« – gegenüberstehen, und auch bei ihm liegt der Ursprung der beiden Reiche jenseits der menschlichen Geschichte in einem Sündenfall der Engel. Aber auch in der christlichen Tradition, besonders in der Apokalyptik, gab es ähnliche geschichtsinterpretierende Gegensätze, und vor allem gab es seit der christlichen Urkirche die Vorstellung, daß das Reich Christi »nicht von dieser Welt« ist und sich erst nach weltgeschichtlichen Katastrophen in einem eschatologischen, welttranszendenten Reich verwirklichen würde. Augustinus folgt also weder den Donatisten noch den Manichäern, arbeitet aber mit Vorstellungen, die nur auf dem Hintergrund dieser Bewegungen verstanden werden können.

Das eschatologische Element führte Augustinus dazu, die Geschichte linear aufzufassen. Auch dies ist nicht neu, denn es trifft nicht zu, wie manchmal behauptet wird, daß alle antiken Philosophen und Historiker einen zyklischen Verlauf der Geschichte angenommen haben. Die Auffassung von der *Linearität* des Geschichtsverlaufs bei Augustinus muß daher in ihrer Eigenheit betrachtet werden. Die Geschichte verläuft bei Augustinus zwar linear, hat also einen Anfang und ein Ende, aber genau diese, die Linearität eigentlich erst ermöglichenden Punkte liegen außerhalb dessen, was man als die Geschichte der Menschheit bezeichnen könnte. Der *Ausgangspunkt* liegt in einem geschichts-transzendenten Fall, also einem Absturz, und der *Endpunkt* in einer geschichts-transzendenten endgültigen Erlösung. Aber auch die innere Linearität der Geschichte und damit die Einmaligkeit aller historischen Ereignisse gewinnt Augustinus einzig aus einer theologischen Begründung: »Denn einmal nur ist Christus für unsere Sünden gestorben« (*Gottesstaat* XII 14). Es gibt also für Augustinus einen einmaligen Wendepunkt in der Geschichte, der diese in ein »vorher« und ein »nachher« einteilt. Vor dem Hintergrund dieser Annahme wird verständlich, daß Augustinus, ausgehend von solchen *geschichts-transzendenten Rahmenpunkten*, kein wirkliches Interesse am konkreten Ablauf der Geschichte haben konnte. So wie bei Augustinus in der Sprachphilosophie letztlich der innere Lehrer und nicht die Sprache entscheidend die Wahrheit vermittelt, so ähnlich ist es letztlich eine gnadenhaft vermittelte, welt-transzendente Glückseligkeit, die den Sinn der Geschichte ausmacht. Eine Basis für eine rationale Rekonstruktion der faktisch abgelaufenen Geschichte (falls so etwas überhaupt möglich ist) liefern solche Prämissen nicht, und eigentlich wird eine solche Rekonstruktion von Augustinus auch gar nicht versucht, obwohl in seiner früheren Philosophie durchaus Ansatzpunkte dafür gegeben gewesen waren. Dort hatte er die Geschichte in stoisch-neuplatonischer Tradition als göttlichen, von der Vorsehung geleiteten Erziehungsprozeß gedeutet. Unter den Prämissen seiner später – seit 396 – entwickelten Erwählungs- und Gnadenlehre war eine solche Rekonstruktion jedoch unmöglich. Die göttlichen Entscheidungen, die das menschliche Leben und dessen endgültige Glückseligkeit oder Unglückseligkeit – und somit auch den Sinn der Geschichte – bestimmen, entziehen sich jeder Möglichkeit einer rationalen Nachkonstruktion. Die gesamte Geschichte steht unter der Herrschaft unergründlicher göttlicher Ratschlüsse.

Es ist daher einigermaßen zweifelhaft, ob Augustinus – wie es häufig geschieht – als Begründer der Geschichtsphilosophie angesehen werden kann. Die sogenannte Geschichtsphilosophie des Augustinus ist nichts anderes als die Extrapolation seiner Anthropologie, und diese wiederum ist entscheidend bestimmt von der Erwählungs- und Gnadenlehre. Das bedeutet: Bei Augustinus sind Anfang und Ende der Geschichte durch Elemente bestimmt, die nur theologisch expliziert werden können, und auch der innere Verlauf der Geschichte ist durch Elemente bestimmt, die wiederum nur theologisch bestimmbar sind. Es geht bei Augustinus immer um das | 87 sündige Handeln des Menschen und um die – zumindest einige Menschen – gnadenhaft erlösende Tätigkeit Gottes. Die Frage nach dem Sinn der Geschichte wird von vornherein beherrscht von der Gnadenlehre. Dies bleibt auch ein Grundzug fast aller europäischen Geschichtsphilosophie bis in die Gegenwart: Sie tritt immer mit einem Erlösungs-Anspruch auf. Hegel wird dies sehr deutlich aussprechen:

Unsere Betrachtung ist insofern eine Theodicee, eine Rechtfertigung Gottes [...], so daß das Übel in der Welt begriffen, der denkende Geist mit dem Bösen versöhnt werden sollte. In der Tat liegt nirgend eine größere Aufforderung zu solcher versöhnenden Erkenntnis als in der Weltgeschichte. (*Vorlesungen über die Philosophie der Weltgeschichte.* Ausg. Glockner. S. 42).

Die Geschichtsphilosophie der europäischen Tradition, jedenfalls die der idealistischen Linie, zu der nicht nur die Hegels, sondern auch die von Marx gehört, lebt durch und durch von theologischer Semantik: »Versöhnung«, »neuer Mensch« usw. Hegel wußte dies ganz genau (*Vorlesungen über die Philosophie der Weltgeschichte.* S. 41). Schelling wandte sich daher konsequenterweise in seiner Spätphilosophie einer *Philosophie der Mythologie und Offenbarung* zu, und Ernst Bloch verfaßte sein *Prinzip Hoffnung* auf der Grundlage einer säkularisierten Eschatologie. Es konnte daher auch nicht ausbleiben, daß zahlreiche Theologen unserer Zeit, die der Theologie eine »philosophische« Basis geben wollten, sich der Geschichtsphilosophie dieser Linie zuwandten, etwa W. Pannenberg mit seinem Rückgriff auf Hegel oder J. Moltmann mit seinem Rückgriff auf Marx und Bloch. Die Zirkularität dieser Argumentation ist offensichtlich, und paradoxerweise wird der sogenannten »Befreiungstheologie«, die gerade dieses theologische Erbe der Geschichtsphilosophie als authentisch christlich für sich beansprucht, der katholisch-kirchliche Segen verweigert.

Die Konzeption eines einmaligen, unwiederholbaren Geschehens der Geschichte wie des einzelnen Menschenlebens ist bei Augustinus letztlich nicht bestimmt von dem Versuch einer Erklärung der Geschichte, sondern dient primär der Beantwortung der zentralen Frage spätantiker Philosophie: Wie findet der Mensch die Glückseligkeit? Augustinus ist der Meinung, daß nur das Christentum die wahre Philosophie bietet. Er lehnt die Zirkularität der Geschichte einfach deshalb ab, weil sie seiner Vorstellung von »ewigem Glück« entgegensteht:

Da wir nunmehr mit jenen Kreisläufen aufgeräumt haben, die, wie man meinte, die Seele mit Notwendigkeit stets in dasselbe Elend zurückführen sollten [...]. (*Gottesstaat* XII 21)

Es geht Augustinus um das Erreichen einer »ewigen Glückseligkeit«, also wiederum um ein geschichts-transzendentes Ziel, das qualitativ etwas anderes als die Geschichte ist, nämlich etwas Neues, das einmalig ist und in keinerlei Verlauf hinein gehört:

Wenn nämlich die Seele erlöst, und zwar zum ersten und einzigen Mal erlöst wird, ohne noch einmal in das Elend zurückkehren zu müssen, geschieht ihr etwas Neues, was es noch nie zuvor gab, etwas gewaltig Großes: die ewige Glückseligkeit, die kein Ende nimmt, wird ihr zuteil! (Ebd.)

Nichtsdestoweniger ist die Geschichte der Rahmen, in dem dieses qualitativ Neue seine äußeren Bedingungen hat. Da sich in endlicher Zeit unendliche Glückseligkeit erlangen oder verlieren läßt, erhält die individuelle Geschichte des Einzelnen wie die universelle Geschichte der Menschheit jene ethische Dramatik, die für die augustinische Geschichtsauffassung kennzeichnend ist. Diese Dramatik steht allerdings im Gegensatz zu der Sicht der Dinge von Gott her: Da Gott den einen die Gnade richtigen Handelns gibt, den anderen aber nicht gibt, ist von Gott her schon alles gelaufen, da wir jedoch immer nur Bruchstücke erkennen, bleibt für uns die Dramatik bestehen.

Man sollte die Geschichtsphilosophie innerhalb der Systematik des augustinischen Denkens nicht überschätzen. Sie steht, wie alles bei Augustinus, unter einer negativen Wertung: Die endgültige Erlösung des Menschen besteht auch in einer *Erlösung von der Geschichte*. Die ganze Geschichte ist ein von Gott geplanter Kampf zwischen dem Reich Gottes, der *civitas dei*, und dem irdischen Reich, der *civitas terrena.* Der Kampf der beiden Reiche bestimmt die gesamte Geschichte, Augustinus nimmt aber *nicht* an, daß es dabei einen *Fortschritt* in Richtung auf eine Zunahme des Gottesreiches gibt. Es gibt bei Augustinus keine innerhistorische Eschatologie. Die beiden Reiche dürfen auch nicht mit Kirche und Staat identifiziert werden. Sie stellen keine gesellschaftlichen Institutionen dar, sondern sind die Gesamtheit von einzelnen Menschen, die eine bestimmte Willenshaltung haben, d. h. die entweder durch die Liebe zu Gott *(amor dei)* oder durch die Selbstliebe *(amor sui)* bestimmt sind (Ebd. XIV 28). Dabei ist auch zu beachten, daß dann, wenn Augustinus von »Kirche« oder »Staat« spricht, nicht wie es später üblich wurde vor allem die institutionellen und hierarchisch geordneten Amtsträger gemeint sind, sondern immer primär die jeweilige Gemeinschaft der Menschen. Die faktische Kirche ist ein *corpus mixtum,* d. h. eine Gesellschaft, in der sich solche befinden, die Gott als das höchste Gut anerkennen, und solche, die dies nicht tun. Dasselbe gilt für den faktischen Staat bzw. die faktischen Staaten. Die augustinische Auffassung vom Kampf der beiden Reiche darf also nicht als Voraussetzung der mittelalterlichen Auseinandersetzung zwischen Papst und Kaiser angesehen werden. Die Position des Augustinus ist aber auch in diesem Punkt nicht eindeutig bzw. hat eine gewisse Entwicklung durchgemacht. In der spätesten Phase der Abfassung des *Gottesstaates* ist eine Tendenz spürbar, das Reich Gottes näher an die sichtbare Kirche heranzurücken | 89 und ebenso das irdische Reich stärker durch bestimmte historisch faßbare Reiche wie Babylon und Rom zu exemplifizieren, zu einer Identifikation kam es aber bei Augustinus nie. Von hier aus gesehen liefert er so schließlich doch zumindest Voraussetzungen für die Interpretationen des Machtkampfes von Papst und Kaiser im Mittelalter. Dort konnte Otto von Freising (ca. 1112–1158) in seiner *Geschichte von den beiden Reichen (Historia de duabus civitatibus)* aus dieser Konzeption einen methodologischen Leitfaden zur Darstellung der Geschichte machen. Das ist weder augustinisch noch nicht-augustinisch.

Im Grunde gibt es bei Augustinus beide, Kirche und Staat, nur deshalb, weil die Menschen gesündigt haben. Wegen der Sünde brauchen die Menschen eine Gesellschaftsordnung, die ihnen den Weg zum Heil weist, also eine Kirche, und auch nur im Zustand des Gefallenseins brauchen die Menschen eine äußere Ordnung, also einen Staat. Dies heißt natürlich, daß es für Augustinus eine eigentliche *Staatsphilosophie* gar nicht geben kann. Der Staat wird ausschließlich im Zusammenhang der Sünden- und Gnadenlehre thematisiert, er liefert somit keine ihm spezifische Problematik. Eine Begründung des Staates aus der Natur des Menschen, wie es die griechische Philosophie bei Platon, Aristoteles, den Stoikern und den Epikuräern versucht hatte, die aber auch in der lateinischen Philosophie bei Cicero noch maßgebend war, ist ein Weg, der Augustinus in seiner Spätphilosophie nicht mehr offen steht. Herrschaft ist eine Folge der Sünde und sonst nichts (*Gottesstaat* XIX 15), damit hat auch die alte Grundsatzfrage der Staatsphilosophie, die nach dem Sinn von »Gerechtigkeit«, keinen gesellschaftlichen oder politischen Ort mehr, von dem aus sie auch nur gestellt werden könnte. Die wahre Gerechtigkeit können prinzipiell nur die kennen, die zum Gottesstaat gehören, und außerdem ist die wahre Gerechtigkeit primär eine gegenüber Gott und nur sekundär eine gegenüber den anderen Menschen. An diesem sekundären Aspekt ist Augustinus somit auch nur wenig interessiert. Auch die staatliche Rechtsprechung findet bei Augustinus keine positive Beurteilung, jedoch nicht wegen institutioneller Mängel, sondern deshalb, weil der Richter dem, über den er urteilt, »nicht ins Herz sehen« kann (Ebd. XIX 6). Augustinus kann eben nicht anders, als immer nur an Moralität zu denken. Daß eine staatliche Ordnung etwas Schützenswertes darstellt, ganz unabhängig von der Moralität der Gesinnung seiner Bürger, ist ein Augustinus ganz fremder Gedanke. Auch das Grundpostulat der griechischen politischen Theorie, die Polis diene dazu, die Bedingungen für die Glückseligkeit der Bürger herzustellen, kann bei Augustinus nicht mehr aufrecht erhalten werden. Die einzig wahre Glückseligkeit des Menschen liegt für Augustinus völlig außerhalb der Kompetenz des Staates. Eine wichtige Aufgabe des Staates ist nach Augustinus trotzdem die Sicherung des äußeren Friedens, aber auch dieser wird sofort wieder in den Dienst des »himmlischen Friedens« gestellt, der der einzig wahre Friede ist (Ebd. XIX 17). In den *Retractationes* aus den Jahren 426/427 weist Augustinus nochmals nachdrücklich darauf hin, daß das Erreichen

des Friedens im irdischen Leben unmöglich ist (*Retractationes* I 19, 1 f.). Allen chiliastischen Bewegungen, die auf ein neues Zeitalter, das Zeitalter des Geistes nach dem des Logos hofften, stand Augustinus kritisch gegenüber. Das Reich Gottes kennt keine irdische Verwirklichung, und es ist in einem solchen Maß der realen Geschichte transzendent, daß es auch nicht einmal als kritischer Maßstab gegenüber irdischen Reichen eingesetzt werden kann.

Augustinus kann und will daher keine konkrete Ordnung des Staates entwerfen, und so kann er nicht viel mehr leisten, als von einer gewohnten Ordnung zu sprechen. Besonders fatal war sein Gedanke, Gott könne auch etwas anordnen, das in Widerspruch zu dieser Ordnung steht (*Bekenntnisse* III 8, 15). Dies wird vor allem dort problematisch, wo Augustinus doch wieder vom christlichen Herrscher erwartet, daß er sich für die Rechte der wahren Religion einsetzt, also auch etwa Zwangsmaßnahmen gegen Häretiker ergreift. Solche Zwangsmaßnahmen dienen aber allein der Kirche, sie haben nicht die Aufgabe, einen »christlichen Staat« herzustellen, einen solchen kann es in der Konzeption des Augustinus nicht geben. Es war schließlich ein entscheidender Ausgangspunkt der gesamten Überlegungen des *Gottesstaates*, das Christentum von allen Folgen, die sich aus dem Niedergang eines »christlichen Reiches« ergeben konnten, abzutrennen. Eine Reichskirche, wie sie Konstantin angestrebt und wie sie der am Hof des Kaisers tätige Kirchenschriftsteller Eusebius als Ziel vertreten hatte, kann es bei Augustinus nicht geben. Wenn von einem »christlichen Herrscher« gesprochen wird, so wird dieser als Christ unter rein religiösen, nicht unter politischen Aspekten beurteilt. Auch dies ist nicht unbedingt neu, selbst Kaiser Marc Aurel hatte sich selbst unter rein individualethischen

Gesichtspunkten betrachtet, nicht unter politischen. Die Frage ist dann allerdings, wo denn überhaupt die Gerechtigkeit im Staat herkommen könne. Im Mittelalter wurde manchmal die Auffassung vertreten, dem irdischen Staat fehle eigentlich die Gerechtigkeit, diese müsse ihm daher von der Kirche verliehen werden. Diese Position vertrat u.a. der im 13. Jhd. sehr einflußreiche Aegidius von Rom (um 1243–1316). Sie ist nicht die des Augustinus, es ist aber verständlich, daß sie als »augustinisch« vertreten werden konnte. Die Haltung des Augustinus gegenüber dem Staat – Distanz und gleichzeitig Indienstnahme – bleibt zweideutig. Im Mittelalter wird erst die Beschäftigung mit der *Politik* des Aristoteles zur Überwindung der augustinischen Konzeption des Staates führen (vgl. Kap. XIV, 4).

Es ist Augustinus also nicht gelungen, besser gesagt: es konnte ihm nicht gelingen, dem Staat eine positive und rationale Begründung zu geben. Diese Position gab Augustinus allerdings die Möglichkeit, den Staat bzw. dessen institutionelle Vertreter sehr scharf zu beurteilen. Dabei kritisiert er den Staat aber eben nicht von einer Vorstellung eines, vielleicht nie realisierbaren, Idealstaates her, sondern von der Position der Auffassung, der Staat gehöre zu den Sündenfolgen. Der Staat hat kein ideales Urbild und auch kein ideales Zielbild. Es wurde an früherer Stelle (1. Teil, Kap. XI, 2) darauf hingewiesen, daß sich die Philosophie der späten Antike in zunehmendem Maß auf das Heil der individuellen Seele konzentrierte, was mit sich brachte, daß es dort keine Philosophie des Staates oder der Politik mehr gab. Trotz seines umfangreichen Werkes über den Gottesstaat, in dem sehr viel auch über die irdischen Staaten gesprochen wird, gehört Augustinus in diese spätantike Tradition hinein. Das Heil der Seele, die endgültige Glückseligkeit, hat mit der Existenz des Menschen als Bürger eines Staates nichts zu tun. Augustinus spricht von den »Finsternissen, die über dem Gemeinschaftsleben lagern« (*Gottesstaat* XIX 6). Die augustinische Seele zieht sich aus diesen Finsternissen zurück, sie kann dort weder Glück noch Gnade finden, sie ist entpolitisiert und staatenlos wie die der Stoiker und der Neuplatoniker. Allerdings darf man auch hier die Prädestinationslehre Augustins nicht vergessen. Die spätantike Philosophie hatte versucht, gegenüber den äußeren wirtschaftlichen und politischen Lebensbedingungen, die kaum noch für eine Selbstbestimmung Raum ließen, in der Seele einen letzten Ort solcher Selbstbestimmung zu finden. Bei Augustinus spiegelt sich in der Erwählungslehre nochmals, aber unantik radikalisiert diese äußere Unsicherheit wieder: Auch das ewige Heil, die ewige Glückseligkeit, hängt letztlich nicht ab von einer autonomen Selbstbestimmung, sondern von einem unergründlichen göttlichen Ratschluß.

Die Konzeption, die dem Staat keine in der Natur des Menschen liegende Begründung zu geben vermag und ihn primär als Strafinstanz betrachtet, wirkte in sehr fragwürdiger Weise lange nach: Noch im 19. Jhd. war besonders in der Frühphase der idealistischen Philosophie (so bei Fichte, Schelling und später noch bei Marx) der Gedanke weiter gegenwärtig, daß es in der idealen Gesellschaft keinen Staat mehr geben würde, ja keinen Staat mehr geben dürfe (vgl. 3. Teil, Kap. XVI, 4). Die augustinische Staatsauffassung wirkt aber anderseits auch überall dort nach, wo man meint, der Staat habe sich nicht nur um die Regeln des Zusammenlebens zu kümmern, sondern habe auch die Aufgabe, den einzelnen Menschen zu moralischem Verhalten zu führen, wo man also meint, die Menschen seien nur beschränkt autonom und bedürften zu ihrem Glück der »weisen Führung von oben«, und da der Staat über keine Prinzipien der Moralität verfügt, müssen sie ihm von der Kirche vorgegeben werden, und damit sind wir bei der Problematik der Einmischung der Kirche(n) in die Politik und in die staatliche Gesetzgebung.

7. (K)ein Schlußwort

In den vorausgehenden Abschnitten wurden viele Fragen behandelt, die dem heutigen Leser als theologische Probleme erscheinen. Dies ist aber eine historisch unangemessene Sicht: Augustinus stand durchaus in der Tradition der frühchristlichen Autoren, die das Christentum als die wahre Philosophie betrachteten.

> Wir Christen glauben und lehren ja, und unser Heil hängt daran, daß Philosophie, das heißt Weisheitsstreben *(sapientiae studium)* und Religion nicht voneinander verschieden sind. *(Über die wahre Religion* V 8, 26)

Die Trennung philosophischer und theologischer Fragen bei Augustinus ist also unangemessen. Da Augustinus das Christentum als die wahre Philosophie ansah, strebte er immer – auch dies wieder ganz im Sinne der Tradition – neben dem Schriftbeweis auch eine rationale Begründung an. Es ist daher auch wiederum durchaus angemessen, die Thesen des Augustinus auf ihre rationale Begründung hin zu befragen. Wenn wir Augustinus nur als Prediger und kirchlichen Propagandisten betrachten, bleiben wir hinter dem Anspruch, den er selbst erhebt, zurück.

Zu Beginn des Kapitels wurde darauf hingewiesen, daß Augustinus in sehr verschiedener Weise interpretiert werden kann. Dies liegt nicht nur daran, daß es einen frühen und einen späten Augustinus gibt, worauf er selbst hinwies, wenn er sich gegen Ende seines Lebens dazu veranlaßt sah, *Retractationes* abzufassen, also manche Thesen aus früheren Schriften zu widerrufen. Es liegt vor allem daran, daß er auch oft in ein und demselben Werk versuchte, letztlich widersprüchliche Thesen gleichzeitig zu verteidigen – gelegentlich hat er das auch selbst gesehen. Daß Logik nicht die Stärke des Augustinus war, ist offensichtlich, er kannte die diesbezüglichen Abhandlungen des Aristoteles außer der Kategorienschrift überhaupt nicht. Wahrscheinlich hätte aber das Studium der Schriften des Aristoteles zur Logik kaum etwas an der Argumentationsweise des Augustinus verändert. Auch die Neuplatoniker betrachteten eine solche Logik nur als Regeln, die in die Vorhalle der wahren Erkenntnis gehören. Augustinus geriet in viele seiner Schwierigkeiten nicht deshalb, weil er auf klar gestellte Probleme keine klaren Antworten fand, sondern dadurch, daß er nicht selten von Anfang an versuchte, widersprüchliche Positionen gleichzeitig zu verteidigen. Die Lösungen konnten dann nur widersprüchlich sein, oder es kamen nicht recht überzeugende Kompromisse heraus. Aber auch an diesem Punkt sollte man in der Beurteilung vorsichtig sein. Die Inkohärenz vieler Positionen des Augustinus ist offensichtlich, aber woher kamen, falls überhaupt vorhanden, in der späten Antike kohärente Positionen? Sie hatten ihren Ursprung und ihre Plausibilität in einer selektiven Wahrnehmung der Wirklichkeit. Die spätantiken Philosophen hatten sich von der Politik und von den konkreten Fragen der Ethik verabschiedet, und dort, wo ein Politiker philosophierte, betrachtete er sich selbst in apolitischer Hinsicht. Augustinus war engagierter Kirchenpolitiker – ob immer auf der richtigen Seite, kann dabei offen bleiben – und er versuchte, seiner Tätigkeit eine rationale Begründung zu geben. Die gesellschaftliche Wirklichkeit, auf die er sich bezog, war aber selbst in höchstem Maß widersprüchlich und verunsichert. Und auch die Rolle der Kirche war in dieser Gesellschaft ganz und gar nicht eindeutig. Ein weiteres: Augustinus war sich durchaus bewußt, daß eine Periode zu Ende ging: Während er den *Gottesstaat* schrieb, rückten die Vandalen gegen seinen Bischofssitz vor. Was wir – ethnologisch sauber und deskriptiv – als »Völkerwanderung« bezeichnen, war in der Wahrnehmung des römischen Bürgers Augustinus das, was es noch heute im | 93 Italienischen ist: der »Barbareneinfall« *(l'invasione dei barbari)*, an dessen siegreichem Ausgang er von Tag zu Tag weniger zweifeln konnte und in dem er ein Problem für seine »wahre Philosophie« sah, insofern diese ja den Sieg der Barbaren überleben sollte. Aber: Wie sollte ein kohärentes »System« in einer im Zerfall begriffenen Kultur und Zivilisation aussehen? Es sollte überzeitlich-unangreifbar und abgehoben von aller geschichtlichen Kontingenz und gleichzeitig eine wirksame historische Kraft sein, dies ließ sich einfach nicht kohärent konstruieren. Beim letzten großen Neuplatoniker Proklos (412–485) – eine Generation später, als die Entwicklung schon um einiges weiter war – suchen wir vergeblich nach einer ähnlichen Wahrnehmung der historischen Wirklichkeit. Der große Systematiker Proklos systematisierte eine Metaphysik, die keinen Bezug zur historischen Realität hatte. Augustinus nahm dagegen die Wirklichkeit seiner Zeit in ihrer ganzen Breite und Widersprüchlichkeit, in ihrem Zerfallszustand wahr, und das eigentliche Problem seiner Schriften und Thesen liegt dann darin, daß er unbedingt daran glaubte, seine »wahre Philosophie« müsse auf alle sich stellenden Fragen eine und nur eine Antwort liefern. Augustinus konnte nicht mit Widersprüchen leben, und er konnte sich nie mit vorläufigen, revisionsbedürftigen und hypothetischen Antworten zufrieden geben. Augustinus wollte schon argumentieren, aber wenn dies nicht funktionierte, sprach er eben ein – rhetorisch wirksames – Machtwort.

Die Wirkung der Schriften des Augustinus auf die gesamte weitere Geschichte Europas war ungeheuer. Dies beruht zunächst darauf, daß es nur wenige lateinische Schriftsteller von einigem Rang gab: Tertullian, Ambrosius und Hieronymus, außerdem noch Cyprian und Lactanz sind – wenn auch in verschiedenem Ausmaß – philosophisch eher zweite Garnitur. Griechisch konnte inzwischen kaum noch jemand, Augustinus eingeschlossen; der Kontakt mit der griechischen Kultur war abgebrochen. Was blieb, war Augustinus. Aber dennoch gilt: Auch eine noch so große Wirkungsgeschichte ist kein Kriterium für die Qualität des Ausgangspunktes, und außerdem betreiben wir hier nicht Kirchengeschichte, sondern Philosophiegeschichte. Obwohl auch in dieser letzteren Hinsicht Augustinus ohne Zweifel eine ganz bedeutende Wirkungsgeschichte hervorgerufen hat, bleiben doch in Hinsicht auf seine philosophischen Leistungen große Zweifel bestehen. Für das zentrale philosophische Problem seiner Zeit, das Verhältnis von Christentum und Philosophie, hatte er auch keine bessere Antwort als die Populärphilosophie, d. h. eine ungenaue und unkritische Annäherung von Platonismus und Christentum bis zur naiven Gleichsetzung. Und dort, wo er authentisch christliche Thematiken aufnahm, so wie bei der Frage der moralischen Schuld des Menschen und der nach der Erlösung von dieser Schuld, fand er nicht die philosophische Kraft, diese Probleme zu lösen. Eine solche Lösung ist zwar nicht unbedingt erforderlich, aber er fand auch nicht – und dies ist philosophisch sehr fragwürdig – die Kraft, sie richtig zu fassen und dann vielleicht einzugestehen, daß auf so gestellte Fragen keine kohärente Antwort möglich ist. Die vernünftigste Folgerung wäre hier wahrscheinlich das Eingeständnis, daß schon die Frage falsch gestellt ist. Da Augustinus sich aber nie eingestehen wollte, daß er einfach falsche Fragen stellte, erfand er schlimme Mythologeme wie die Erbsünde oder die (faktisch) doppelte Prädestination.

IV

Das Ende der Antike

1. Boethius

Im Jahre 410 besetzten die Westgoten Rom. Dieses Ereignis hatte politisch wie auch psychologisch eine ungeheure Wirkung. Das Ende einer Epoche war unübersehbar geworden. Diese Erschütterung alles Bisherigen war der Anlaß für Augustinus gewesen, den *Gottesstaat* zu schreiben. 430 starb Augustinus während der Belagerung Hippos durch die Vandalen. Seit 493 herrschten die Ostgoten unter der Führung Theoderichs in Italien. Die Eroberer sahen sich einer überlegenen Kultur gegenüber und versuchten, sich diese zumindest teilweise anzueignen. Am Beginn dieses langen und mühsamen Vorganges begegnen wir Boethius. Boethius ist einerseits noch ganz in der antiken Welt des römischen Reichs aufgewachsen und besaß eine vorzügliche, zu dieser Zeit selten gewordene, griechische Bildung, andererseits aber stand er in seinen letzten Lebensjahren im Dienst der neuen Herrscher am Hof Theoderichs in Ravenna. Wie riskant eine solche Position war, mußte Boethius selbst erfahren, er wurde schließlich von seinen neuen Herren als politischer Verräter hingerichtet (524/25). Der Grund war, daß vermutet wurde, Boethius hätte Kontakte mit dem oströmischen Kaiserhof, der von den Goten als Konkurrent der Herrschaftsansprüche in Italien und somit als Gegner angesehen wurde.

Boethius gehört gesellschaftlich und kulturell in eine ganz andere Kategorie als die bisher besprochenen Autoren. Diese waren – jedenfalls seit Origenes – in irgendeiner amtlichen kirchlichen Funktion tätig gewesen, waren also Kirchenschriftsteller im echten Sinn des Wortes. Boethius dagegen hatte nie ein kirchliches Amt inne und auch sicher niemals ein solches angestrebt. Boethius war ein gebildeter Römer aus einer vornehmen Familie mit Grundbesitz, der seine Fähigkeiten in den Dienst des Staates, also der *res publica*, stellen wollte. Wissenschaftlicher Arbeit widmete er sich nur in seiner Freizeit, wir kennen Boethius als Übersetzer und Autor wichtiger philosophischer Schriften, aber er war dies eigentlich nur nebenberuflich. Boethius ist ein Mann, der in die Tradition Ciceros gehört. Mit diesem teilte er das Interesse, den Römern die griechische Philosophie zu übermitteln, eine Aufgabe, die seit der Zeit Ciceros noch viel wichtiger geworden war, schon aus dem einfachen Grund, weil in der Zwischenzeit die Griechischkenntnisse in erheblichem Maß zurückgegangen waren. Wenn Boethius Schriften verfaßte, wandte er sich an seinesgleichen, er hatte

also sicher nicht die zukünftige Ausbildung des Klerus im Auge, der in den folgen-
den Jahrhunderten seine Schriften faktisch dienten. Selbst wenn er theologische
Schriften verfaßte, etwa die *Opuscula sacra*, tat er dies gleichsam als auswärtiger
Gutachter. Aber auch diese Schriften hatten einen politischen Hintergrund: Es ging
um den Versuch der Beseitigung von Lehrstreitigkeiten, die nach dem Konzil von
Chalkedon (451) zu großen Problemen in der Ost- und Westkirche geführt hatten.
Boethius selbst hielt sich bei der Frage, ob seine vor allem aristotelisch angelegte
Interpretation der Trinitätslehre mit der kirchlichen Lehre übereinstimme, zurück
und überließ die Entscheidung darüber seinem Freund, dem Diakon Johannes.

a) Die logischen Schriften

Das Werk des Boethius zeigt eine umfassende Kenntnis der griechischen Philosophie, in den historischen Nachrichten über das Leben des Boethius fehlen jedoch
Angaben, wo er sich diese Kenntnisse erworben hat. Nimmt man ein Studium in
einer griechisch-hellenistischen Stadt an, so kommen eigentlich nur Athen oder
Alexandrien in Frage. Die Art und Weise, in der Boethius seine wissenschaftliche
Tätigkeit betreibt, weist recht eindeutig auf Alexandrien hin (vgl. 1. Teil, Kap. XVIII):
genaues Textstudium, Kommentare, zusammenfassende Handbücher. Boethius arbeitet jedenfalls wie ein alexandrinischer Gelehrter, ob er sich diese Arbeitsweise
durch ein Studium in Alexandrien oder durch eigenes Studium aufgrund von Texten,
die in den reichhaltigen Bibliotheken Roms zur Verfügung standen, erworben hat,
ist demgegenüber von untergeordneter Bedeutung. Es ist immer wieder die Frage
gestellt worden, ob nicht vieles von dem, was Boethius in seinen Kommentaren und
Handbüchern wiedergibt, einfach von griechischen Autoren abgeschrieben ist, es
wurde sogar die Vermutung geäußert, Boethius habe bei einzelnen Schriften weithin
einfach inzwischen verlorengegangene Quellen ins Lateinische übersetzt. Dieser
Verdacht geht jedoch an der historischen Wirklichkeit vorbei. Originalität war bei
den Alexandrinern kein angestrebtes Ziel, es ging vielmehr darum, Wissen »fort-
zuschreiben«. Dies war besonders wichtig beim Verfassen von *Handbüchern*, bei
denen es ja darum ging, schon vorhandenes Wissen zusammenfassend und didak-
tisch brauchbar aufzuarbeiten. Und es läßt sich auch nachweisen, daß Boethius bei
der Abfassung seiner Schriften nicht einfach jeweils eine einzige Quelle verwendet,
sondern vielmehr immer mit verschiedenen Quellen gearbeitet hat, auch wenn ihm
die Schriften bestimmter Autoren als Leitfaden gedient haben. Wie etwa sollte Boethius ein Handbuch *Über die Musik (De musica)* schreiben, das sich mit der griechischen Musiktheorie befaßt, zu einer Zeit, zu der man diese Musik gar nicht mehr
hören konnte, weil sie eben die Musik einer viel früheren Zeit war? Man kann sich
natürlich die Frage stellen, welchen Sinn denn dann ein solches Handbuch haben
soll, dies war jedoch nicht die Fragestellung des Boethius. Er wollte das Wissen über

die Musik fortschreiben und griff dabei auf entsprechende Texte, z. B. die des Niko-
machos von Gerasa (2. Jhd. n. Chr.) zurück. Ganz ähnlich liegt der Fall bei seinem
Handbuch *Über die Arithmetik*, mit dem Unterschied, daß diese Arithmetik natürlich
zu seiner Zeit noch genauso galt wie früher. Die Herstellung von Handbüchern entsprach einem gerade im römischen Bereich vorhandenen und sehr berechtigten
Bedürfnis; aber auch diese Handbuch-Tradition haben die Römer schon aus dem
griechisch-hellenistischen Bereich übernommen.

Bevor jedoch mit dem Textstudium begonnen werden konnte, mußten diese
Texte erst einmal für ein römisches Publikum, bei dem nur noch ganz geringe Griechischkenntnisse vorausgesetzt werden konnten, in lateinischer Sprache zur Verfügung gestellt werden. Die Vermittlungtätigkeit des Boethius bedeutete also zunächst einmal *Übersetzung*. Boethius hatte richtig erkannt, daß die Bildungssprache
der Zukunft das Lateinische sein würde, er übersetzte aber sicher zunächst einmal
für seine eigenen Landsleute, nicht für jene, die, wie die germanischen Stämme,
Latein als Bildungssprache verwenden würden. Diese Arbeit darf man nicht unterschätzen. Früher hatten die philosophisch Interessierten meist jedenfalls noch so
viel Griechisch gekonnt, daß griechische Fachbegriffe verwendet werden konnten.
Es bestand also noch keine Notwendigkeit einer eigentlichen philosophischen *latei-
nischen Fachterminologie*. Aber schon ein Jahrhundert vorher, bei Augustinus, hatte | 97
sich gezeigt, daß auch jemand, der eine ordentliche Schulbildung genossen hatte,
kaum oder vermutlich überhaupt nicht in der Lage war, griechische Texte zu lesen.
Damit fiel die Möglichkeit weg, bei Fachbegriffen den genauen Sinn aus dem ursprünglichen Zusammenhang im griechischen Text zu ermitteln. Da aber noch
keine standardisierte lateinische Terminologie vorhanden war, ist es auch nicht verwunderlich, daß z. B. bei Augustinus – abgesehen davon, daß dies überhaupt nicht
seine Stärke war – die Terminologie oft unpräzise blieb. Es handelt sich letztlich
eher um ein literarisches als um ein philosophisches Latein, das wir bei Augustinus
vorfinden, außer dort, wo er, wie z. B. bei der Darstellung der stoischen Grammatik,
eine schon fachspezifisch geprägte Terminologie vorfindet. Boethius arbeitet hier
auf einem ganz anderen Niveau. Aber auch in sachlicher Hinsicht unterscheidet er
sich von Augustinus und zahlreichen anderen, weniger bekannten Vertretern einer
Kultur, die philosophisches (Halb-)Wissen in literarischem und rhetorischem Gebrauch aufgehen ließen. Dem stellte Boethius seine Prinzipien alexandrinischer
Gelehrsamkeit entgegen. Die genaue Arbeit an Begriffen, die später manchmal als
ein Element des »Alexandrismus« unverdienterweise negativ beurteilt wurde,
gehörte dort zu den Berufsstandards eines Wissenschaftlers. Boethius hat in vielen
Fällen erst eine Zuordnung griechischer und lateinischer Begriffe suchen müssen,
so gehen etwa die terminologischen Festlegungen von »Subjekt«, »Prinzip«, »Person«, »Ewigkeit«, »Definition« und viele andere auf Boethius zurück. Dennoch war
er aber kein Gegner einer literarischen Verwendung philosophischen Wissens – das
beste Zeugnis dafür ist seine *Consolatio*, in der Boethius unter anderem zeigt, in

welch meisterhafter Weise er nicht nur die lateinische Prosa, sondern auch die Metrik beherrschte.

Boethius hatte vor, das gesamte Werk Platons und Aristoteles' zu übersetzen. Von diesem Plan konnte er jedoch nur die Übersetzung des aristotelischen Organon verwirklichen, möglicherweise hat er aber die 2. *Analytik* nicht übersetzt. Von diesen Übersetzungen sind im Mittelalter allerdings nur die der *Kategorien* und von *De Interpretatione* wirksam geworden. Boethius stand in seiner Verhältnisbestimmung von Platon und Aristoteles jener Auffassung näher, die eine Übereinstimmung der Lehren der beiden nachzuweisen versuchte. Dies war eine Auffassung, der wir z. B. bei Porphyrios bereits begegnet sind (vgl. 1. Teil, Kap. XVII, 2) und die auch der Tendenz der Alexandriner Gelehrten näherlag. Im Prinzip bedeutete dies eine Minderung der systematischen und kritischen Perspektive, wie diese noch bei den Mittelplatonikern – wenngleich in oft unsachlicher Weise (vgl. 1. Teil, Kap. XVI, 3, a) – vorhanden gewesen war, die Auffassungen von Platon und Aristoteles lassen sich in vielen Punkten einfach nicht harmonisieren. Aber auch in diesem eingeschränkten Sinn handelt es sich bei Boethius um eine Problemsicht, die bei Augustinus überhaupt nicht vorhanden war.

Außer diesen aristotelischen Texten übersetzte Boethius die *Einleitung* des Porphyrios zu den *Kategorien* des Aristoteles. Zu mehreren dieser Schriften verfaßte er auch Kommentare, so zur *Einleitung* des Porphyrios (in zwei Fassungen), zu *De interpretatione* (auch wieder in zwei Fassungen), zur *Topik* des Aristoteles (verloren seit der Antike) und zu Ciceros *Topik*. Weiterhin verfaßte Boethius handbuchartige Zusammenfassungen zur Lehre *Über die kategorischen Syllogismen (De syllogismis categoricis), Über die hypothetischen Syllogismen (De syllogismis hypotheticis)* und *Über die Topik (De differentiis topicis)*. Die Hauptquelle bei seinen Arbeiten waren die Schriften des Porphyrios, manches an historischem Wissen war jedoch in der Zeit zwischen Porphyrios und Boethius in Vergessenheit geraten. Porphyrios vergleicht in seinen Schriften an verschiedenen Stellen z. B. die Zielsetzung der stoischen Logik und deren Terminologie mit jener des Aristoteles, eine wirkliche Kenntnis stoischer Logik gab es jedoch zur Zeit des Boethius nicht mehr. In diesem Punkt spiegelt Boethius den Kenntnisstand seiner Zeit wieder. Schon in der *Einführung in die Logik* des Galenos (2. Jhd. n. Chr.) stehen Elemente der beiden Formen der Logik einfach nebeneinander. Porphyrios konnte mit beiden Formen noch irgendwie umgehen, Boethius hatte dazu schon keinen wirklichen Zugang mehr. Diese Problematik zeigt sich besonders in der Schrift des Boethius *Über die hypothetischen Syllogismen* sowie in seinem Kommentar zu Ciceros *Topik*, zwei Traktate, die also aus stoischer Tradition kommen, sowie in der Schrift *De differentiis topicis*, wo aristotelische und stoische Auffassungen nebeneinandergestellt werden und Boethius den, allerdings nicht sonderlich erfolgreichen, Versuch unternimmt, die beiden Listen der logischen Örter *(tópoi)* zusammenzufassen. Ein solches Nebeneinander zeigt sich bei Boethius schon bei der Frage der wissenschaftstheoretischen Einordnung der Logik. Er referiert sowohl die peripatetische Auffassung, daß die Logik ein Instrument der Wissenschaft sei, das nicht wie die theoretische oder die praktische Philosophie einen eigenen Gegenstand hat, als auch die stoische Auffassung, daß die Logik einen eigenen Gegenstand habe, es also die drei Gebiete Physik, Ethik und Logik gebe (*Kommentar zur Einleitung des Porphyrios*. 2. Fassung, I 2 und 3). In mancher Hinsicht war Boethius aber konsequenter als sein Quellenautor Porphyrios. Boethius versucht, die Logik von metaphysischen Spekulationen, und das heißt hier: von neuplatonischer Metaphysik, freizuhalten. Wenn es im Mittelalter den Logikern gelingen wird, eine Autonomie für ihr Gebiet zu behaupten, so wird dies vor allem auf die Stellung der Logik zurückgehen, die Boethius ihr zu geben vermocht hatte.

Boethius hat nicht nur Schriften zur Logik bearbeitet und selbst hergestellt, sondern war davon überzeugt, daß es ohne Logik keine saubere wissenschaftliche oder theologische Argumentation geben könne. Wie im letzteren Bereich eine solche aussehen kann, hat er in den *Opuscula sacra* paradigmatisch aufgezeigt.

Die Übersetzungen und Schriften des Boethius zur Logik lieferten, obwohl sie im frühen Mittelalter nur teilweise rezipiert wurden, eine solide Grundlage, um von einer eigenen Aufgabe der Philosophie sprechen zu können, die keiner Autorität und keiner Offenbarung unterworfen ist, und gleichzeitig lieferten sie die Möglichkeit, andere Bereiche, und dies betraf zunächst vor allem die Theologie, auf rationale Argumentation zu verpflichten. Wenn es in der mittelalterlichen Philosophie und Theologie eine durchaus eigenständige Rationalität gab, und zwar auch schon vor der Aristotelesrezeption des 12. und 13. Jhd.s, so ist dies vor allem dem Weiterwirken der Schriften des Boethius zu verdanken. Abaelard wußte dies ebenso wie Thomas von Aquin. Die Wertschätzung des Boethius wurde im Mittelalter nie in Frage gestellt, auch nicht von jenen, die ihn in seiner *Consolatio* zu Recht als »heidnischen« Philosophen identifizierten (vgl. Kap. V, 4).

b) Die Tröstung der Philosophie

Das Auseinanderhalten von Logik und Metaphysik ist bei Boethius ein um so größeres Verdienst, als er selbst ohne Zweifel vom Neuplatonismus zutiefst beeindruckt und beeinflußt war. Im Gefängnis schrieb Boethius jenes Buch, das ihn im Mittelalter zu einem der meistgelesensten Autoren machen sollte: die *Tröstung der Philosophie (Consolatio philosophiae)*. Die Antwort, die Boethius hier auf die Frage nach dem Sinn des Lebens angesichts des drohenden gewaltsamen Todes gibt, ist die der späten Antike, d. h. der Stoa und vor allem des Neuplatonismus. Das Verständnis von Philosophie, das der *Consolatio* zugrunde liegt, stellt gleichsam eine Zusammenfassung dessen dar, was von der Philosophie in der späten Antike erwartet wurde. Boethius stellt sich den Menschen vor wie einen Kranken, der nach einem Arzt Ausschau hält.

Tröstung ist gleich Heilung, und die Philosophie zeigt sich in der Gestalt dessen, der die *Heilung der Seele* bringt. Die Philosophia tritt als Ärztin an das Krankenbett, gekleidet in ein Gewand aus unzerstörbarem Stoff *(indissolubili materia)*, »doch hatten dieses selbe Kleid die Hände einiger Gewalttäter zerfetzt, und jeder hatte die Stückchen, die er gerade fassen konnte, an sich gerissen« (*Tröstung der Philosophie* I 1.p. 14 und 22–24). Wir begegnen hier wieder dem Motiv von der ursprünglich einen Weisheit, die durch Nachfolger zerteilt wurde, so daß daraus die philosophischen »Sekten« entstanden sind, ein Motiv, das bei Mittel- und Neuplatonikern allgemein verbreitet war (vgl. 1. Teil, Kap. XVI, 4, a). Ausdrücklich erwähnt Boethius den »epikureischen und stoischen Pöbel« *(Epicureum vulgus ac Stoicorum)*, der das Gewand der Philosophie zerrissen hat (*Tröstung der Philosophie* I 3.p. 22), was auch wieder zeigt, wie wenig sich die Neuplatoniker darüber im klaren waren, daß viele ihrer Auffassungen aus der Stoa stammten. Besonders scharf wendet sich Boethius gegen den literarischen Gebrauch bzw. Mißbrauch der Philosophie: Diese »Dirnen« dürfen keinen Zutritt zum Lager des Kranken haben, sie, »die seinen Schmerz nicht nur mit keiner Arznei lindern, sondern ihn obendrein mit süßem Gift nähren möchten« (Ebd. I 1.p. 28–31). Boethius hatte nichts übrig für den rhetorischen und literarischen, häufig recht oberflächlichen Gebrauch der Philosophie. Das Gewand der Philosophia hat am unteren Rand den griechischen Buchstaben »Π«, am oberen Rand aber »θ« eingewebt, »und zwischen beiden Buchstaben schienen wie an einer Leiter etliche Stufen eingezeichnet, die von dem unteren zu dem oberen Schriftzug emporstiegen« (Ebd. I 1.p.17–22). »Π« und »θ« stehen für »Praxis« und »Theoria«, also für die grundlegende Einteilung der Philosophie, und durch ihre Stellung am unteren bzw. oberen Rand wird deutlich die traditionelle Rangordnung des Vorrangs der Theorie vor der Praxis bestätigt. Boethius verwendet den Ausdruck »Aufstieg« *(ascensus)*, womit wir wieder bei dem klassisch platonischen Motiv des Aufstiegs der Seele als Rückkehr in ihren Ursprung sind. Auch die Tatsache, daß die Philosophie in der Spätantike eine »Buchwissenschaft« geworden war, wird zum Ausdruck gebracht: Die Philosophia trägt in ihrer rechten Hand Bücher (Ebd. I 1.p. 24). Die spätantike Philosophie suchte im Inneren der Seele eine letzte, unangreifbare Sicherheit zu finden, und auch dieses Motiv wird bei Boethius in deutlicher Weise aufgenommen: Der Mensch ist »auf der hohen See dieses Lebens von Stürmen umbraust und umgetrieben« (Ebd. I 3.p. 37 f.). Boethius führt die Beispiele des Anaxagoras, des Sokrates, des Seneca und anderer auf, um zu zeigen, daß die Philosophia häufig angegriffen wurde (Ebd. I 3.p. 31–37). Die Strategie der Philosophia dagegen ist der Rückzug in die uneinnehmbare Festung der Seele, die alle äußeren Güter hinter sich läßt:

So oft dieser [Gegner] seine Reihen gegen uns aufstellt, uns kräftiger bedroht, zieht unsere Führerin ihre Truppen in die Burg zusammen, und jene geben sich mit der Plünderung unnützen Gepäcks ab. Wir aber lachen von oben über sie, wenn sie das

erbärmliche Zeug mit Gier rauben, und sicher sind wir vor dem Getümmel der Wüten-
den; denn uns schützt ein Wall, gegen den die übermütige Dummheit nichts aus-
zurichten vermag. (Ebd. I 3.p. 43–49).

Diese »Burg« ist unabhängig von allen äußeren Bedingungen (eine Vorstellung wie
die der augustinischen Erbsünde ist bei Boethius völlig undenkbar). Die Philosophia
fordert dann dazu auf, all äußeren Güter, also Geld, Ehre, Macht, Ruhm und Lust,
aufzugeben. Es ist das Thema des ganzen dritten Buches der *Consolatio*, aufzuzeigen,
wie wenig Sicherheit diese Güter bieten, Boethius schreibt im Gefängnis und weiß,
wovon er spricht.

Wenn aber jene Dinge nicht das zu leisten vermögen, was sie versprechen, und der
meisten Güter entbehren, ertappt man sie dann nicht offenkundig auf einem falschen
Schein von Glückseligkeit? (Ebd. III 3.p. 12–15)

Dem Schein der Glückseligkeit, der in diesen »sterblichen und hinfälligen Dingen«
(in his mortalibus caducisque rebus) liegt (Ebd. III 9.p. 97), ist die wahre Glückseligkeit
gegenübergestellt, von der die Menschen nur eine schwache Ahnung haben:

Auch ihr, irdische Geschöpfe, träumt, wenn auch unter einem dürftigen Abbild, von
eurem Ursprung, und mögt ihr auch dieses wahre Ziel der Glückseligkeit durchaus
nicht erkennen, so ahnt ihr es doch irgendwie in euren Gedanken. Die Absicht eurer
Natur führt euch dorthin und zum wahren Guten, und nur der vielgestaltige Irrtum
lenkt euch davon ab. (Ebd. III 3.p. 1–6)

Die Philosophia hat daher die Aufgabe, dem Kranken die Augen zu öffnen und
seinen Blick abzuwenden von seinen individuellen Problemen hin auf die *universelle
Ordnung*. Die Lösung des Boethius ist zwar neuplatonisch, aber doch noch ganz der
klassischen griechischen und nicht zuletzt der stoischen Philosophie verpflichtet. Es
gibt hier keine persönliche Zuwendung Gottes, keine Gnade, keine theurgischen
Hilfsmittel und keine Ekstase, alles ist hingerichtet auf die Erkenntnis der alles über-
greifenden Ordnung und auf die Einordnung des Menschen in dieses Ganze. Und
dann folgt, genau in der Mitte des Buches über die *Tröstung der Philosophie*, das zentrale Gedicht *O qui perpetua*, eigentlich ein Hymnus:

Der du lenkest die Welt nach dauernden, festen Gesetzen,
Schöpfer des Himmels, der Erden, der du von Ewigkeit ausgehen
Hießest die Zeit, selbst nimmer bewegt, bewegend das Weltall!
Keine äußere Macht trieb dich, aus wogenden Massen
Deine Schöpfung zu formen; in dir nur trägst du des höchsten
Guten Gestalt, bist frei von Mißgunst. Das All vom Urbild

Leitest du her; die herrliche, Herrlichster selber,
Trägst du im Geiste, die Welt, und formst sie zu ähnlichem Bilde,
In der vollendeten schafft dein Befehl vollkommene Teile.
Bindest mit Zahlen die Elemente, daß Hitze und Kälte,
Regen und Dürre ihr Maß einhalten; die reinere Flamme
Nicht emporflieh, die Last nicht abwärts ziehe die Erde.
Aus der Mitte der Drei-Natur entläßt du die Seele,
Die das Weltall bewegt, hüllst sie in harmonische Glieder.
Wenn sie getrennt, ballt sie das Bewegte in zwiefache Kreise,
Kehrt sie wieder in sich zurück, umschreitet des Geistes
Tiefen sie und verwandelt nach ähnlichem Bilde den Himmel.
Auch die geringeren Wesen und Seelen aus gleichem Grunde
Führest hervor du; und die in der Höhe fügend an leichte Gefährte,
Teilst du sie aus in Himmel und Erde; nach gütgem Gesetze
Rufst sie wieder dir zugewandt mit rückführendem Feuer.
Vater, verleih meinem Geist, den himmlischen Sitz zu ersteigen,
Gib ihm zu schauen die Quelle des Guten, gib du ihm wieder
Licht des Geistes, daß er auf dich nur richte die Augen.
Scheuche die irdischen Nebel, zerstöre die wuchtenden Lasten.
Leuchte du auf mit deinem Glanz; denn du bist die Helle,
Du besel'gende Ruh den Frommen, dich schauen ist Ende,
Ursprung, Führer, Erhalter und Weg und Ende du selber.

(Ebd. III 9.c.)

Ganz allgemein sei gesagt, daß man bei der Lektüre der *Tröstung der Philosophie* auch den in Gedichtform verfaßten Teilen die gebührende Aufmerksamkeit widmen sollte, sie sind philosophisch ebenso relevant wie die Prosatexte. Dieser großartige Schöpfungshymnus wird allerdings bei scharfsinnigen Lesern im Mittelalter erhebliche und berechtigte Zweifel an der Christlichkeit der Schöpfungs-Vorstellung des Boethius hervorrufen (vgl. Kap. V, 4).

Der gesamte Text der *Consolatio* kann wie eine neuplatonische Lektüre von Platons Höhlengleichnis interpretiert werden, bei der auch gnostische Elemente, die schon bei den Neuplatonikern vorhanden waren, nicht fehlen: Die Seele ist im Körper wie in einem Gefängnis, sucht der Mensch die Glückseligkeit im Außen, so kann er nur in die Irre gehen. Es gibt aber ein »Samenkorn der Wahrheit« im Inneren der Seele und einen »Funken« des Heils (Ebd. III 11.c. 11 und 14). Nur eine radikale Umkehr kann die Seele wieder auf den richtigen Weg der Rückkehr zum Licht, zum Einen und zum Guten bringen, und darin gelangt die Seele auch zur Glückseligkeit. Der gesamte Weg der Seele ist hingerichtet auf das, was mittel- und neuplatonisch das letzte Ziel aller Philosophie ist, nämlich die Verähnlichung mit Gott (Ebd. I 4.p. 141). Daß die Philosophie dabei an Grenzen stößt, nimmt Boethius mit den Neuplatonikern an, da nur »Weniges« *(pauca)* über die »Tiefe der Gottheit« *(de profunditate divina)* angedeutet werden kann (Ebd. IV 6.p. 128 f.).

Eine wichtige Fragestellung in der *Consolatio* ist jedoch nicht mehr platonisch, nämlich die nach der Vereinbarkeit des göttlichen Vorherwissens und der menschlichen Freiheit. Deshalb ist dies aber nicht schon eine Frage, die auf einen christlichen Hintergrund der *Consolatio* hindeutet, es handelt sich vielmehr um eine Frage, die schon bei den Mittelplatonikern gestellt, allerdings nie in irgendeiner zufriedenstellenden Weise beantwortet worden war (vgl. 1. Teil, Kap. XVI, 3, a). Aber auch die Antwort des Boethius bleibt auf einer verhältnismäßig schmalen Ebene: Das Vorherwissen einer Handlung ist kein kausaler Faktor für diese Handlung, also stehen göttliches Vorherwissen und Freiheit in keinem Widerspruch (*Tröstung der Philosophie* V 4.p. 29–34). Das ist zwar richtig und bei den guten Handlungen eine ganz sinnvolle Erklärung, wird aber problematisch angesichts des Bösen, sobald man nämlich annimmt, daß der vorherwissende Gott auch gleichzeitig die Allursache sein soll. Man kann die Antwort des Boethius aber auch historisch verstehen. Der vornehme Römer Boethius mit guter griechischer Bildung hatte nichts übrig für die dualistischen Gut-Böse-Tendenzen der Mittelplatoniker und der Neuplatoniker, der Manichäismus war für ihn keine mögliche Option. Er lebte ganz und gar innerhalb des platonischen Dualismus von Seele und Körper, er akzeptierte die neuplatonische Form der Welt des Lichtes und der Welt der Finsternis, sah aber mit der klassischen griechischen Tradition keinen Grund für die Einführung eines Gut-Böse-Dualismus. Voraussetzung für die Ablehnung eines solchen Dualismus war es, daß dem Bösen im Menschen nur ein geringes Gewicht gegeben wurde, von irgendeiner Art paulinischer oder augustinischer Schuld-Dramatik ist bei Boethius nicht die geringste Spur zu finden. Für ihn reicht es völlig aus zu sagen, daß es der Lohn der Guten ist, »Götter zu werden« (*deos fieri* [Ebd. IV 3.p. 31]). Dies ist aber nur ein anderer Ausdruck dafür, daß, gut stoisch, die sittliche Rechtschaffenheit den Lohn in sich selbst trägt (*probitas ipsa fit praemium*); und zur Frage, was der Lohn der Bösen sei, will Boethius nicht mehr sagen, als daß für die Bösen die Schlechtigkeit selbst die Strafe ist (*improbis nequitia ipsa supplicium est* [Ebd. IV 3.p. 37–39]). Sittlichkeit und Unsittlichkeit tragen alle Folgen schon in sich selbst, Boethius hat weder für einen Himmel noch für eine Hölle Verwendung. Die Vorstellung einer augustinischen »verdammten Masse« kann Boethius gar nicht in den Sinn kommen, dafür ist er ein zu guter Logiker und eine solche Vorstellung wäre logischer und theo-logischer Unsinn.

Viele moderne Interpreten haben sich die Frage gestellt, ob der Boethius im Gefängnis und angesichts des drohenden Todes eigentlich Christ war, und sie sind dabei zu extrem divergierenden Auffassungen gelangt. Die Frage, ob Boethius am Ende seines Lebens Christ war oder nicht, ist aber eine, die nur ihn selbst angeht, der Philosophiehistoriker braucht diese Frage nicht zu stellen, er muß nur fragen, wie der Text als solcher zu interpretieren ist. Darauf hat die Forschung allerdings eine recht eindeutige Antwort geliefert: Die *Consolatio* des Boethius ist ganz und gar aus spätantiken »heidnischen« Quellen her zu verstehen; es ist wirklich eine »Trö-stung« durch die Philosophie, die keinen Rückhalt in einem Glauben oder in einer göttlichen Gnade sucht. Und es gibt keinerlei Anhaltspunkt dafür, daß Boethius wie Augustinus die (falsche) Auffassung vertreten habe, daß ein (neu)platonisch-philoso-phischer Text mit nur ganz geringfügigen Änderungen zu einem christlichen werde. Nichtsdestoweniger müssen wir feststellen, daß genau dies, und zwar sogar ohne auch nur geringfügige Änderungen, ziemlich schnell geschah. Die *Tröstung der Philosophie* wurde rasch zu einem »Andachtsbuch«, zu einer »geistlichen Lesung«, und die sehr große Anzahl der Handschriften aus der Zeit vom 8. bis zum 15. Jhd. zeigt die große Verbreitung dieser Schrift gerade auch im monastischen Bereich. Vermutlich hat so gut wie jeder Mönch, soweit er eben lesen und ein wenig Latein konnte, die *Consolatio* gelesen. In der zweiten Hälfte des 9. Jhd.s wurde im Auftrag von König Alfred eine englische Übersetzung hergestellt, und Notker Labeo (gest. 1022) stellte eine deutsche Übersetzung her. Wahrscheinlich zeigt diese Wirkungs-geschichte wiederum genau das, was schon wiederholt gesagt wurde: Die Christen hatten in der Antike so viel stoische und neuplatonische Elemente übernommen, daß sie im Mittelalter meinen konnten, in einem rein mit solcher Philosophie arbei-tenden Text die christlichen Auffassungen wiederzufinden. Boethius, ein begrifflich

sehr genau denkender Mann, wußte vermutlich um die Unterschiede.

Die *Consolatio* des Boethius ebenso wie die *Confessiones* des Augustinus sind nicht nur Bücher der Philosophie, sondern gehören gleichzeitig zur Weltliteratur und wer-den deshalb bis in unsere Gegenwart auch außerhalb der philosophischen Fachwelt gelesen. Dabei finden in der Gegenwart nicht selten die *Bekenntnisse* des Augustinus mehr zustimmende Leser als die *Tröstung* des Boethius: Es wird gesagt, daß in den *Bekenntnissen* der »moderne Mensch«, die »moderne Sensibilität« zum Ausdruck komme. Das mag richtig sein, es stellt sich aber dann die Frage, ob man dieser »mo-dernen Sensibilität« zustimmen will oder nicht. In den *Bekenntnissen* breitet der Au-tor, jedenfalls so, wie er sich dem Leser präsentieren will, ständig gequält und selbst-quälerisch sein Inneres aus, »existentiell« verzweifelt und ratlos. In der *Tröstung* tritt uns ebenfalls ein verwirrter Mensch entgegen, der sich jedoch sogleich in Gestalt der Philosophia zur Ordnung ruft und zur Vernunft bringt, hier finden wir uns einer objektiven und kühlen Rationalität gegenüber. Bleiben wir bei der Metapher des Kranken und des Arztes. Die Philosophia der *Tröstung* sagt im Prinzip: »Ich kann dir helfen, aber gesund werden mußt du selbst, und wenn du dies nicht willst, kann ich dir auch nicht helfen!« Dem Kranken der *Bekenntnisse* hingegen wird gesagt: »Du bist heillos krank, wirf dich bedingungslos in die Arme des Arztes und hoffe, daß dieser eine wunderbare Heilung vollbringt. Verstehen kannst und sollst du das Ganze nicht. Entscheidend ist nur, daß du am Ende zu den Geretteten gehörst.« Vielleicht hat dies etwas mit dem Verhältnis von Rhetorik und Logik zu tun, auch wenn natürlich sowohl die *Bekenntnisse* wie auch die *Tröstung* von Anfang an als literarische Produkte gedacht sind: Augustinus will sich selbst (rhetorisch) überreden, Boethius will sich selbst (logisch) überzeugen. Und dies ist ein Unterschied, den man hoffentlich nicht auf »modern« und »antik« verteilen kann.

2. Cassiodor, Benedikt, Gregor der Große und Isidor von Sevilla

a) Cassiodor und die frühmittelalterliche Bibliothek

Weder die staatlichen noch die kirchlichen Autoritäten waren im 6. und in den folgenden beiden Jahrhunderten in der Lage, Bildungsarbeit weiter zu verfolgen, die politischen Wirren machten solche Absichten zunichte. Cassiodor (um 485 – um 580), ein etwas jüngerer Zeitgenosse des Boethius, erkannte dies genau. Cassiodor stammte aus einer vornehmen sowie reichen Familie und war in verschiedenen politischen Funktionen tätig, u.a. auch in der des Magister officiorum, einem ganz hohen Rang am Hof in Ravenna, die auch Boethius innegehabt hatte. Im Auftrag Theoderichs schrieb er eine *Geschichte der Goten* – die nur in den von Jordanes (gest. 522) hergestellten Exzerpten erhalten ist –, in der er etwas opportunistisch die Goten als die Nachfolger der Römer darstellte. Er erkannte jedoch richtig, daß die Zukunft in Italien nicht den Goten gehören würde, und trennte sich vom Hof in Ravenna; | 105 später hielt er sich auch mehrere Jahre in Byzanz auf. Sein Plan, in Rom in Zusammenarbeit mit Papst Agapet I. (535–536) eine Schule nach dem Vorbild der platonischen Akademie und des alexandrinischen Museums zu gründen, war zum Scheitern verurteilt. Cassiodor verläßt diese politische Welt und nimmt seine umfangreiche Bibliothek in das von ihm im Jahre 555 gegründetes Kloster Vivarium in Süditalien mit. Dieser Aus- und Rückzug ist kennzeichnend. Für mehrere Jahrhunderte wird nun Bildungsarbeit, falls überhaupt, vor allem in den Klöstern stattfinden. Im Vergleich mit den Plänen des jungen Augustinus und des Boethius sind die Ziele, die Cassiodor sich und dann seinen Mönchen stellte, verhältnismäßig bescheiden. Aber Cassiodor wirkte zu einer Zeit, zu der in Italien die Goten in Kriege verwickelt waren und die Zukunft nicht besonders kulturförderlich wirkte. Im Jahre 468 begann die Invasion der Langobarden in Italien, die die Goten verdrängten. Das kulturelle Leben versank in den Kriegswirren, unzählige Kodizes wurden vernichtet, an Weiterentwicklung der Wissenschaften und Forschungsarbeit im Sinne der Alexandriner war nicht mehr zu denken. Cassiodor wollte *bewahren* und das Bewahrte für die Ziele einer religiös bestimmten Kultur zur Verfügung stellen. Allerdings ging aus dem Kloster Vivarium keine Ordensorganisation hervor, Cassiodors Weiterwirkung geht also vor allem auf seine programmatischen Schriften *Institutiones divinarum et saecularium litterarum* und *De ortographia* zurück. Er ging dabei von der Auffassung aus, daß die Freien Künste schon in den Heiligen Schriften grundgelegt seien. Dies stimmt zwar nicht, war aber für die Akzeptanz seines Programms nicht unerheblich. Er wandte dann die Freien Künste auch tatsächlich zur Auslegung der

Bibel an. In seinem *Psalmenkommentar* z. B. verwendet er das Trivium als Grundlage der Exegese. Dieser Kommentar fand im frühen Mittelalter weite Verbreitung. Auch in ganz praktischer Hinsicht setzte sich Cassiodor für die Bewahrung des Kulturgutes ein. In der Bibliothek in Vivarium wurde die Praxis und Theorie der Abschreibtätigkeit in den Klöstern begründet, wofür Cassiodor u.a. die Regeln für Kalligraphie und Interpunktion festlegte. In den *Institutiones* liefert er eine Art Katalog für die Grundausstattung einer Klosterbibliothek:

- Bibel
- Theologische Werke (vor allem Augustinus)
- Kirchengeschichte
- Kosmographie, Geographie
- Klassische Literatur
- Die sieben Freien Künste *(artes liberales)*.

Zur Zeit Cassiodors gab es in Rom und in anderen Städten des römischen Bereichs noch große Bibliotheken. Diese gaben aber nicht das Modell für seine Zielvorstellungen ab, und tasächlich überlebten diese Bibliotheken nicht die folgenden Jahrhunderte. Cassiodor dachte bei der von ihm ins Auge gefaßten Grundausstattung vermutlich vor allem an die enzyklopädischen Handbücher oder eher Handbüchlein zu den verschiedenen Gebieten. Die »konservativen«, d. h. auf Bewahrung ausgerichteten, Ziele Cassiodors erwiesen sich als zukunftsweisend. Für den weiteren Einfluß des Programms und der Schriften Cassiodors kann man auf die Evidenz von Handschriften verweisen. So finden sich z. B. die *Institutiones* in Katalogen der Bibliotheken von Reichenau und St. Gallen aus dem 9. Jhd.

b) Benedikt und Gregor der Große

Manche Historiker lieben »markante Jahre«, die einen historischen Einschnitt kennzeichnen sollen, so wie manche Politiker gerne von einem »Schicksalsjahr« oder einem »historischen Augenblick« sprechen, in der Hoffnung, später einmal mit diesem »historischen Augenblick« in den Geschichtsbüchern einen festen Platz zu erhalten. Gewöhnlich wird daraus nichts, aber auch den Historikern geht es nicht viel besser. Ein Jahr, das sich für einen solchen »historischen Wendepunkt«, einen »Wechsel des Schauplatzes« gut zu eignen scheint, ist das Jahr 529. In diesem Jahr wurde auf Anordnung des Kaisers Justinian die platonische Akademie in Athen geschlossen, eine Institution, die während 900 Jahren ein Zentrum griechischer Kultur und Philosophie gewesen war. Im selben Jahr 529 gründete Benedikt mit Montecassino das erste Benediktinerkloster – also: Das alte Kulturzentrum wird geschlossen, das neue wird eröffnet! Bedauerlich ist nur, daß diese historische Konstruktion bei näherem Hinsehen nicht standhält. Die platonische Akademie in Athen wurde zwar tatsächlich 529 geschlossen, der akademische und philosophische Betrieb in Alexandrien wurde aber von diesem Ereignis überhaupt nicht betroffen und ging ungehindert weiter (vgl. 1. Teil, Kap. XVIII). In Alexandrien war noch Jahrzehnte nach 529 der heidnische Aristoteleskommentator Olympiodoros tätig, und auf ihn folgte, ohne daß dies als ein Einschnitt betrachtet wurde, ein christlicher Aristoteleskommentator. Wenn man von einem Übergang von der »heidnischen« platonischen Akademie Athens zu einer »christlichen« Akademie sprechen wollte, so müßte man den vorher erwähnten Plan Cassiodors einer Akademiegründung in Rom heranziehen – aber dieser Plan fand keine Verwirklichung und konnte keine finden, weil dafür alle Voraussetzungen fehlten. Also: Die Schließung in Athen und die Gründung in Montecassiono fallen zwar in ein und dasselbe Jahr, diese Ereignisse gehören aber in völlig verschieden Zusammenhänge. Für die nächsten Jahrhunderte wurden die Benediktiner allerdings tatsächlich der einzige stabile Bildungsfaktor bis dann die Kathedralschulen hinzukamen. Ebenso ist es richtig, daß die wie Burgen auf Berggipfeln strategisch gesicherten Benediktinerklöster die einzigen Orte waren, an denen Handschriften vor Zerstörung gesichert werden konnten. Man darf aber auch nicht vergessen, daß der Ordensgründer Benedikt (um 480–547) selbst keineswegs die Absicht gehabt hatte, seine Klöster zu Zentren der Bildung zu machen. Er war eher skeptisch gegenüber dem Wert »weltlicher« Bildung für seine Mönche, und wie wenig Wert er selbst auf »weltliche« Bildung legte, beweisen seine ausgesprochen schlechten Lateinkenntnisse. Er selbst, der aus einer vermögenden Familie stammte und zum Studium nach Rom gegangen war, hat, als er sich zum religiösen Leben bekehrte, sein Studium abgebrochen. Seine Klostergründungen waren nicht als Orte des Studiums gedacht. Auch die Regel, die Benedikt schrieb, war nicht das Resultat von Studien zum Thema religiösen Zusammenlebens. Die reiche Literatur griechischer Autoren zu diesem Thema konnte Benedikt gar nicht lesen, und die von ihm vorgelegte Regel beruht zum großen Teil auf der Regel des sogenannten Magister, der diese Anfang des 6. Jhd.s verfaßt hatte.

Die Wirkung der Gründung Benedikts war zunächst gar nicht besonders groß. Die immense Bedeutung, die die Benediktiner erhielten, beruht in der Hauptsache darauf, daß Papst Gregor der Große (590–604) die Regel des Benedikt für Klostergründungen empfahl. Und auch Gregor der Große war keineswegs ein Förderer weltlicher Bildung. Diese Klöster waren auch kaum Kulturzentren. Um das Jahr 600 waren in einem Durchschnittskloster nur die *Bibel* und einige liturgische Bücher zu finden, und Bildungsarbeit in den Klöstern war kaum mehr als Alphabetisierung. In solchen klösterlichen Elementarschulen wurden nicht selten auch Kinder erzogen, die nicht zum klösterlichen Leben bestimmt waren, womit eine gewisse über den klösterlichen Bereich hinausgehende, aber eben inhaltlich nicht sehr weitreichende Bildungstätigkeit gegeben war. Gelegentlich soll es auch sogenannte »äußere Schulen« für Laien gegeben haben. Dies wurde erforderlich, seit der »zweite Gründer« des Ordens, Benedikt von Aniane (um 750–821), es durchgesetzt hatte, daß sich im

Inneren der Klöster nur Mönche aufhalten durften; also mußte eine Alternative für die Söhne einflußreicher und vermögender Förderer gefunden werden, die sonst nirgends in eine Schule gehen konnte, weil es einfach keine gab. Aber auch Benedikt von Aniane, der von Ludwig dem Frommen den Auftrag erhalten hatte, das Mönchswesen im ganzen Reich zu reformieren, hatte bei seiner Reform keineswegs das Studium als besonderes Ziel im Auge. Seit der *Admonitio generalis* und der *Epistola de litteris colendis* Karls des Großen (vgl. dazu Kap. V, 1) waren die Klöster aber, ganz gleich, ob sie damit einverstanden waren oder nicht, fest auf das karolingische Schulprogramm verpflichtet, und jedenfalls bestimmte große Klöster folgten diesen Anordnungen. Nicht zu übersehen ist dabei, daß sie dieses Programm manchmal vermutlich nur deshalb durchführten, weil die – durch eben diese Dekrete ebenso zum Schulunterricht verpflichteten – Bischofskirchen für sie nicht selten Konkurrenz-Institutionen waren, hinter denen sie nicht zurückstehen wollten. Es muß also festgehalten werden, daß die eigentlichen Impulse für die Klöster, sich der Bildungsarbeit zu widmen, von außen kamen und nicht gerade mit Enthusiasmus aufgenommen wurden. Auch später gehörte in den Reformbewegungen von Cluny und Hirsau Bildungsarbeit weder im Inneren der Klöster noch in einer angezielten Außenwirkung zu den Programmpunkten. Von Philosophie war in den Klöstern der Benediktiner nur selten die Rede, und selbst im 12. Jhd. war die benediktinische Reformbewegung der Zisterzienser mit Bernhard von Clairveaux an der Spitze keineswegs bildungs- oder gar philosophiefreundlich (vgl. dazu Kap. VI, 1). Weder die Schließung der platonischen Akademie noch die Gründung von Montecassino stellen also für die Geschichte der Philosophie einen historischen Einschnitt dar. Ein solcher Einschnitt kann hingegen an einem anderen Punkt gefunden werden: im *Bücherschwund* dieser Periode. Statt Bibliotheken mit Hunderttausenden von Bücherrollen und später Tausenden von Kodizes finden wir jetzt in den Klöstern einige bescheidene Bücherregale vor. Eher müssen wir sagen: Büchertruhen, denn Bücher wurden lange Zeit meist in Truhen aufbewahrt, die dann auch verschlossen waren. Die philosophischen Texte fanden dabei problemlos in zwei oder drei Kodizes Platz. In den meisten Klöstern war aber nicht einmal diese Minimalausstattung vorhanden.

Der wichtigste Bildungspolitiker des frühen Mittelalters war Gregor der Große. Aber nicht jeder Bildungspolitiker ist auch ein Förderer der Bildung. Seiner Auffassung nach sollten die Freien Künste nur studiert werden, um die *Bibel* besser zu verstehen. Er wurde selbst Standardautor durch seine Schrift *Moralia in Hiob*, eine moralische Bibelauslegung ohne Philosophie und Philologie. Der theologische Hintergrund Gregors war ein, allerdings recht simplifizierter, Augustinismus. Gregor der Große wurde auch wichtig durch seine Entsendung von Mönchen nach Irland. In diesem abgelegenen und relativ geschützten Land entwickelte sich dann eine ganz selbständige und von den Benediktionern ganz unabhängige Klosterkultur mit einer bedeutenden Schrift- und Bildkunst, aber auch mit einem großen Interesse an Bildung – ohne päpstlichen Auftrag.

c) Isidor von Sevilla

Wenn im frühen Mittelalter trotz des fast völligen Fehlens von Texten bzw. Übersetzungen der griechischen und römischen Philosophie doch einige Kenntnisse dieser Philosophie vorhanden waren, so ist dies vor allem das Verdienst Isidors von Sevilla (560–636). Isidor folgte seinem Bruder als Bischof von Sevilla nach und übte eine wichtige politische Funktion als maßgeblicher Ratgeber des wisigothischen Königs aus. In Spanien bestand zu dieser Zeit eine politisch verhältnismäßig günstige Situation. Die Spannungen zwischen »Eindringlingen« und Römern, die die Zeit des Boethius und des Cassiodor in Italien beherrscht hatten, waren im 7. Jhd. in Spanien kaum noch vorhanden. Gegenüber weltlicher Bildung war Isidor wesentlich aufgeschlossener als etwa Benedikt oder Gregor der Große. Bildung war allerdings auch sehr nötig, sowohl in Hinsicht auf den Klerus als auch in Hinsicht auf die wisigothische Führungsschicht. Isidor hatte also eine klare Aufgabe vor sich und er hatte ein echtes Interesse an der Weitergabe von antikem Wissen, vornehmlich in der damals einzig möglichen Form des enzyklopädischen Handbuches. In seinem Werk *Zwanzig Bücher der Etymologien bzw. der Ursprünge (Etymologiarum sive Originum Libri XX)* versuchte er, eine solche Enzyklopädie des Wissens zusammenzustellen. Wie es schon der Titel des Werkes zeigt, war der Ausgangspunkt Isidors die Etymologie, d. h. er ging aus von der Erklärung des Wortes des gerade behandelten Gegenstandes, und versuchte herauszufinden, was dies über den Gegenstand selbst aussagt. Die etymologischen Ableitungen Isidors sind weithin abenteuerlich, spiegeln aber immer noch etwas wieder, was die spätantike Kultur ganz im Unterschied zu Platon und Aristoteles stark geprägt hatte: Wissen war so viel wie Bücherwissen, und das Wort enthielt schon die ersten Informationen zur Sache, und so begann Isidor eben jeweils mit Erklärungen zur Ableitung eines Wortes.

Die ersten drei Bücher geben eine Kurzdarstellung der Freien Künste. Im 2. Buch werden im Zusammenhang des Teils über die Logik bereits einige Nachrichten über antike Philosophenmeinungen aufgeführt. Im 7. Buch werden Häresien aufgezählt, die dann mit philosophischen Meinungen in Parallele gesetzt werden. Diese Vorgangsweise ist zwar traditionell, schon Irenäus von Lyon (gest. um 202) hatte sie in seinem wichtige Quellen enthaltenden Werk *Gegen die Häresien (Adversus haereses)* verwendet, sie ist hermeneutisch allerdings mehr als zweifelhaft, denn die sicher manchmal tatsächlich vorhandene Verbindung von Häresien und griechischer Philosophie läßt sich nicht durch einfache Parallelisierungen darstellen. Nichtsdestoweniger ergab sich aber dadurch doch, daß die Meinungen *(sententiae)* antiker Philosophenschulen in irgendeiner Weise weitergegeben wurden. Auch in weiteren Abschnitten kommt Isidor auf bestimmte anthropologische und kosmologische Theorien aus der antiken Philosophie zu sprechen, diese »Meinungen« werden aber weithin ohne jede Bezugnahme auf ihren theoretischen Hintergrund berichtet, und ebenso fehlt jeder historische Zusammenhang. Mit einer kritischen Beurteilung von unserem heutigen Standpunkt aus sollten wir aber vorsichtig sein. Das Verfahren des Isidor entsprach dem, was das normale gebildete oder das zu bildende Publikum zu wissen wünschte, und es entsprach auch dem, was dieses Publikum aufzufassen imstande war. Schon zwei Jahrhunderte vor Isidor kann man sich bei Augustinus, der sicher eine der Zeit entsprechend gute Ausbildung genossen hatte, fragen, ob seine philosophiehistorischen Kenntnisse und seine Sicht oder Nicht-Sicht der Geschichte der Philosophie der Isidors wirklich überlegen war. Die *Etymologiae* Isidors bewirkten jedenfalls, daß in späteren Jahrhunderten ein Interesse wach werden konnte, mehr über solche philosophische Meinungen zu erfahren. Im Bereich der Geschichte der Logik ist es auffällig, daß Isidor von Sevilla wie auch Cassiodor die stoische Lehre von den hypothetischen Syllogismen mit den berühmten fünf unbeweisbaren Schlüssen (*indemonstrabilia* [vgl. 1. Teil, Kap. XII, 1]) kurz darstellt, dieses wichtige Lehrstück aber bei den an Logik sehr interessierten Magistri des 13. und 14. Jhd.s offensichtlich überhaupt nicht mehr bekannt war. Dies hängt vermutlich damit zusammen, daß seit der Aristoteles-Rezeption im 12. und 13. Jhd. die *Etymologiae* von den neu bekannten und wesentlich gehaltvolleren Schriften verdrängt wurden. Außer mit diesen philosophisch interessanten Nachrichten beschäftigte Isidor sich tatsächlich enzyklopädisch mit den verschiedensten Gebieten. Medizin, Biologie, Botanik, Zoologie, Mineralogie, Recht, Geschichte, Familie, Sprache, Architektur und vieles andere wird behandelt. Isidors *Etymologiae* fanden in den folgenden Jahrhunderten eine weite Verbreitung, es sind mehr als tausend Handschriften erhalten.

Die Philosophie des Mittelalters

V

Die Philosophie des frühen Mittelalters

1. Der Neubeginn im 8. und 9. Jahrhundert

a) Karl der Große und Alkuin

Gegen Ende des 8. Jhd.s war eine relativ stabile politische Ordnung entstanden. Mit Karl dem Großen regierte ein König, der nicht nur ungewöhnliche Fähigkeiten als Herrscher besaß, sondern der auch über eine nicht geringe Bildung verfügte. Leider wissen wir nicht, wo und wie er sich seine Kenntnisse erworben hat. Bei allen Vorbehalten, die man mittelalterlichen Biographien entgegenbringen muß, ist doch vermutlich etwas Richtiges an dem, was uns Karls Biograph Einhard berichtet:

Karl war ein begabter Redner, er sprach fließend und drückte alles, was er sagen wollte, mit äußerster Klarheit aus. Er beherrschte nicht nur seine Muttersprache, sondern erlernte auch fleißig Fremdsprachen. Latein verstand und sprach er wie seine eigene Sprache. Griechisch konnte er allerdings besser verstehen als sprechen. Er war rednerisch so begabt, daß er manchmal beinahe zu weitschweifig erschien. Die Sieben Freien Künste pflegte er mit großem Eifer, achtete seine Lehrer sehr und erwies ihnen große Ehrbezeugungen. Der Diakon Peter von Pisa, der schon ein alter Mann war, lehrte ihn Grammatik. Ein anderer Diakon, Albinus, genannt Alcuin, ein Mann sächsischer Abstammung aus Britannien, der der größte Gelehrte seiner Zeit war, unterrichtete ihn in den übrigen Wissenschaften: der König verwendete viel Zeit und Mühe auf das Studium der Rhetorik, Dialektik und besonders der Astronomie. Er lernte Rechnen und verfolgte mit großem Wissensdurst und aufmerksamem Interesse die Bewegungen der Himmelskörper. Auch versuchte er sich im Schreiben und hatte unter seinem Kopfkissen im Bett immer Tafeln und Blätter bereit, um in schlaflosen Stunden seine Hand im Schreiben zu üben. Da er aber erst verhältnismäßig spät damit begonnen hatte, brachte er es auf diesem Gebiet nicht sehr weit. (Einhard: *Vita Karoli Magni*. Kap 25. Übers., mit Anm. u. Nachw. vers. v. E. Scherabon Firchow. Stuttgart 1996)

Nebenbei erfahren wir aus diesem Text eine für das Mittelalter sehr allgemein geltende Regel: Lesen und Schreiben waren Fähigkeiten, die verschiedenen Lehrgängen angehörten; das Erlernen des Schreibens war ein eigenes Lehrgebiet, welches das Lesen-Können schon voraussetzte. Und es gab offensichtlich recht gebildete Menschen, die aber nicht in der Lage waren, ein Dokument mit ihrem Namen zu unterschreiben. Jedenfalls war bei Karl dem Großen ein echtes *Interesse an Bildung* vorhanden, außerdem wußte er um die *kulturelle Unterlegenheit seines Landes.* Nicht zu vergessen ist dabei ein weiteres Motiv der Politik Karls: Er wollte sein wie der Herrscher in Byzanz, und Byzanz war inzwischen das einzige noch vorhandene Zentrum griechischer Bildung. Karl hatte von seinen Reisen nach Italien bleibende Eindrücke mitgebracht. Dort konnte er in Pavia, Verona und in anderen Städten einen Neubeginn des Schulwesens für Kleriker und adelige Laien beobachten. Schon während seiner erste Italienreise hatte Karl der Große einige Gelehrte angeworben, vor allem Grammatiker, und bei einem Aufenthalt in Parma im Jahre 781 begegnete er Alkuin, der auf die Bildungspolitik Karls großen Einfluß gewinnen sollte. Das maßgebende Ziel von Karls Bildungsbemühungen war ohne Zweifel ein religiöses: Karl der Große wußte, daß im Volk weiterhin nichtchristliche Gebräuche und Vorstellungen weit verbreitet waren. Zur Christianisierung des Volkes war aber ein Klerus erforderlich, der über eine minimale Bildung verfügte, und die primäre Zielgruppe seiner Reformen war daher der Klerus. Dies leitete eine entscheidende

114 | Entwicklung ein. Der *Klerus* wird im Mittelalter tatsächlich der *Träger der Bildung* sein, und Philosophie wird daher in diesem gesellschaftlichen Kontext ihren faktischen Ort erhalten; erst im späten Mittelalter werden wieder Laien in diesem Bereich hervortreten. Schon in der *Admonitio generalis* wird jedoch dem Klerus und den Klöstern eine über den kirchlichen Bereich hinausgehende allgemeine Bildungsaufgabe zugesprochen, d. h. es wird die Einrichtung von Schulen gefordert. Dies bedeutete in Hinsicht auf die Klöster eine neue Aufgabe, da diese bisher die Bildung des Volkes in keiner Weise als ihre Aufgabe angesehen hatten. Karl der Große versuchte, ein allgemeines Bildungsprogramm zu entwerfen, das seinen Niederschlag in der *Epistula de litteris colendis* fand, die zwischen 794 und 800 verfaßt wurde. Den tatsächlichen Erfolg dieser Reform sollte man allerdings nicht allzu weitreichend ansetzen. Schon lokal reichte er kaum weiter als auf das Gebiet zwischen Tours, Reims, Paris und Auxerre, wobei Paris damals noch völlig bedeutungslos war. Der König selbst und einige bildungsinteressierte Bischöfe mußten ein und dieselbe Mahnung zur Einrichtung von Schulen immer wieder aussprechen, was ein Hinweis darauf ist, daß sie kaum befolgt wurden. Dabei war das Ziel dieser einzurichtenden Schulen sehr bescheiden: Lesen, Schreiben und Psalmensingen, von Schulen nach dem Aufbauprinzip der sieben Freien Künste konnte hier nicht die Rede sein. Nichtsdestoweniger brachten die Bildungsbemühungen Karls eine eigentlich überhaupt nicht beabsichtigte »Aufklärung« mit sich. Für die religiöse Bildung war das erste Erfordernis die Kenntnis der lateinischen Sprache, da die Heiligen Schriften in lateinischer Übersetzung ebenso wie die lateinischen liturgischen Texte maßgeblich waren. Der erste Schritt mußte also im Erlernen der kor-

rekten Sprachregeln des Lateinischen bestehen. Schon von seiner ersten Italienreise hatte Karl die Grammatiker Petrus von Pisa und Paulinus von Aquileia mitgebracht. In den antiken lateinischen *Grammatiken*, die jetzt Verwendung fanden, vor allem also der des Donatus in seinen beiden Versionen, wurden jedoch die Beispielsätze aus der antiken und somit nichtchristlichen Literatur genommen. Dadurch wurden die Lehrer wie auch ihre Schüler mit der antiken nichtchristlichen Kultur konfrontiert und dies weckte dann manchmal die Neugierde, mehr aus dieser Literatur kennenzulernen. Aus einem Bibliothekskatalog, der sich mit großer Wahrscheinlichkeit auf einen Teil der Hofbibliothek Karls des Großen bezieht, kann man ersehen, daß dort tatsächlich eine beeindruckende Anzahl lateinischer Klassiker vorhanden war. Während also das Bildungsziel die Beseitigung heidnischer Reste im Volksglauben und die Etablierung der »wahren« christlichen Lehre war, kam durch die Beschäftigung mit dem »wahren« Latein durch die Hintertür bei den Lateinlehrern ein ganz anderes und für diese Lehrer viel attraktiveres Heidentum wieder herein. Mehr als im Bereich der Philosophie zeigt sich die Wirkung allerdings in der Kunst, in der während der sogenannten karolingischen Renaissance eine gute Kenntnis antiker Motive dokumentiert ist. Möglicherweise waren auch Buchmaler aus dem italienischen und byzantinischen Bereich bei der Herstellung einzelner Kodizes beteiligt. Es läßt sich hier jedenfalls sehr anschaulich nachweisen, daß auf diesem | 115 Weg antikes, was jetzt heißt: nichtchristliches, Lebensgefühl zur Sprache kommen konnte, das nicht nur auf die Buchmalerei beschränkt war.

Für die weitere Überlieferung auch der Texte der Antike wurden die karolingischen Bemühungen um eine gute *Textform* wichtig: Hier wurde versucht, die besten Abschriften, die am besten erhaltenen Versionen, aufzufinden und diese durch Abschreiben zu erhalten. Einen durchgreifenden Erfolg hatten diese Bemühungen allerdings nicht. Auch die Schrift selbst wurde vereinheitlicht. In den vorangegangenen Jahrhunderten hatte es außer den merowingischen Schriften in Frankreich, von denen vor allem die Luxeuil-Schrift bekannt ist, in Spanien die westgotische, später die mozarabische Schrift gegeben, in Irland und England die insulare Minuskel sowie in Italien verschiedene Schriftarten, von denen die Beneventana die bekannteste ist. Es gab also eine Vielzahl von Schriften, die recht unterschiedlich und teilweise schwer lesbar waren. Seit dem Beginn des 9. Jhd.s wurden nun einfachere Schriftarten entwickelt, aus denen dann die *karolingische Minuskel* hervorging. Seit Beginn des 9. Jhd.s setzte sich ausgehend von der Gegend um Torurs die karolingische Minuskel immer mehr durch, auch in England, Spanien und Deutschland.

Die in der karolingischen Minuskel geschriebenen Texte sind gewöhnlich sehr sorgfältig bearbeitet und, wie man an dem abgebildeten Beispiel sehen kann, ohne große Schwierigkeit gut lesbar. Allerdings wird in diesen Texten ein Abkürzungs-Verfahren verwendet (vgl. z.B. das zweite Wort: »ů« = *vero*), das bei Kopisten auch Anlaß zu Mißverständnissen und Fehlern sein konnte.

[medieval manuscript text in Carolingian/Gothic script, partially legible]

Boethius: *De differentiis topicis*. St. Gallen, Stiftsbibliothek, Codex 830, fol. 348. 11. Jhd.

Man sollte nicht vergessen, daß es für die Herausbildung einer übernationalen Philosophie des Mittelalters nicht nur entscheidend war, daß das Lateinische überall verstanden wurde, sondern auch, daß es eine einheitliche Schrift gab, die überall gelesen werden konnte. Hinter der Herausbildung der karolingischen Minuskel steht kein ausdrücklicher politischer Impuls, faktisch bestand jedoch bei Karl auch ein Interesse daran, die Gesetzgebung zu »verschriftlichen«, wofür eine einfache, klare, und in den verschiedensten Gebieten des Reiches gut lesbare Schrift ein wichtiger Faktor war.

Die karolingische Reform brachte also zwar keinen höheren Bildungsstand des Volkes, erreichte aber doch, daß in den Schulen einiger Klöster und einiger Bischofssitze zumindest wieder einige Lehrbücher spätantiker Philosophie vorhanden waren. Der für die Weiterentwicklung, oder besser: für die Wiederaufnahme philosophischer Studien wichtigste Mann war Alkuin (um 730–804). Dieser war zunächst an der Kathedralschule in York Lehrer. York war zu dieser Zeit die berühmteste und tatsächlich beste Schule in Europa, und Alkuin war der bedeutendste Gelehrte seiner Epoche. Wahrscheinlich verfügte York auch über die umfangreichste Bibliothek Europas. Seit 781 war Alkuin am Hof Karls des Großen tätig, 796 wurde er Abt von St. Martin in Tours, einer sehr reichen Abtei. Gelegentlich wird von der *Hofschule* Karls des Großen und von Alkuin als deren Leiter gesprochen. Darunter darf man sich jedoch keinen geregelten Schulbetrieb vorstellen. Es gab vermutlich schon eine Art Schule am Hof. Jugendliche, die für bestimmte Berufe wie Schreiber, Notar oder Sänger vorgesehen waren, erhielten hier eine elementare Ausbildung in diesen Gebieten, mehr war auch in dieser Schule nicht zu erlernen. Die höhere Bildung am Hof war in keinerlei Organisation eingebaut, es handelte sich vielmehr um gelegentliche Gespräche, Diskussionen, Gedichtlesungen und ähnliches. Die Gelehrten, die daran teilnahmen, waren nicht ständig an den Hof gebunden, die meisten erhielten nach einigen Jahren der Tätigkeit am Hof reiche Abteien oder Bischofssitze. Die am

Hof diskutierten philosophischen Fragen waren von eher gelegentlich und unsystematisch auftretenden Problemen bestimmt. So ist z. B. die Antwort des Fridugisius (Fredegisius), eines Schülers Alkuins, auf die Frage nach dem Nichts unter dem Titel *De substantia nihili et tenebrarum* erhalten, in der er seiner Auffassung der realen Existenz des Nichts Ausdruck verlieh. Da diese Antwort Karl den Großen nicht recht überzeugte, bat er Dungal, einen wohl irischen Mönch, der sich damals in St. Denis aufhielt, um eine Stellungnahme. Ein systematischer philosophischer Kontext dieser Diskussion ist nicht auszumachen. Das Niveau der philosophischen Studien, die am Hof betrieben wurden, müssen wir als sehr bescheiden ansetzen, es handelte sich schließlich beinahe um einen Neubeginn, um einen Versuch, die überlieferten Schriften einigermaßen zu verstehen und sich darin zu orientieren. Als Beispiel nehmen wir Alkuins Schrift *De dialectica*. Das Verfahren, das Alkuin anwendet, ist die Dialogmethode, d. h. wir haben dabei wahrscheinlich Texte vor uns, die direkt aus dem Unterricht stammen. Möglicherweise eher literarische Fiktion ist dabei die Rollenverteilung auf den Lehrer Alkuin (A) und den Schüler Karl der Große (C). Der erste Abschnitt von Alkuins *De dialectica* befaßt sich mit der Begriffsbestimmung der Philosophie und mit ihren Teilen.

C: Sage zunächst, woher die Philosophie ihren Namen hat. | 117
A: Von der Liebe zur Weisheit. Die Griechen nennen *philon* die Liebe, *sophia* die Weisheit.
C: Sage mir auch ihre Definition.
A: Die Philosophie ist die Erforschung der Naturen, die Kenntnis der menschlichen und göttlichen Dinge, so weit es dem Menschen möglich ist, dies zu ermessen. Die Philosophie ist auch die Ehrenhaftigkeit des Lebens, der Eifer, gut zu leben, die Betrachtung des Todes, die Verachtung der Welt, was für die Christen besonders passend ist, die ja nach Verachtung des weltlichen Strebens in geschulter Angleichung an die zukünftige Heimat leben. (PL 101, Sp. 952A. Übers. v. F. S.)

Der letzte Abschnitt zeigt deutlich, daß Alkuin versuchte, die Philosophie in die religiösen Bildungsziele Karls des Großen einzuordnen, dies war aber durchaus auch die eigene Auffassung Alkuins. Alkuin hat genau Rechenschaft darüber abgelegt, was er unter Philosophie versteht und welchem Ziel die Philosophie dienen soll: Die Philosophie ist die »Lehrerin aller Tugenden« (*omnium virtutum magistra* [PL 101, Sp. 849C]). Diese Tugenden umfassen die weltliche Weisheit (*saecularis sapientia*) ebenso wie die geistliche (*coelestis sapientia* [Ebd. Sp. 852D]), wobei die weltliche Weisheit durch die sieben Freien Künste erschlossen wird. Daß die Zusammenfügung weltlicher und geistlicher Weisheit nicht ganz unproblematisch ist, war auch schon Alkuin durchaus bewußt. Er sah, daß das Studium der Freien Künste es mit sich bringen konnte, daß der Student ganz von diesen gefangengenommen wird und er somit bei der weltlichen Weisheit stehen bleibt, sich also aus dem Zusammenhang des Strebens nach *allen* Tugenden zu lösen versucht. Für Alkuin selbst wie für das Bildungsprogramm Karls bestand in augustinischer Tradition an der Einheitlichkeit des Ziels keinerlei Zweifel. Die Problematik der relativen Autonomie der Freien Künste dürfte sich aber schon am Beginn der mittelalterlichen Philosophie andeuten. – Die Methode, die Alkuin anwendet, ist also der Dialog, das Gespräch zwischen Lehrer und Schüler. Dies stellt aber nicht nur eine literarische Form dar, sondern spiegelt die Wirklichkeit wieder: Es handelt sich bei der mittelalterlichen Philosophie um *scholastische Philosophie* im genauen Sinn des Wortes, d.h. es geht immer um die Philosophie der Schule *(schola)*, die als Dialog zwischen Schüler und Lehrer angesehen wird. Auch im folgenden Textbeispiel aus der *Dialectica* werden in Dialogform sehr einfache Definitionen zum Abschluß mit religiösen Bildungszielen in Verbindung gebracht. Der Schüler (C = Carolus, Karl der Große) stellt einfache Fragen, der Lehrer (A = Alkuin) gibt ebenso einfache Antworten.

C: In wie viele Teile wird die Philosophie eingeteilt?
A: In drei: in die Physik, die Ethik, die Logik.
C: Drücke dies auch in lateinischer Sprache aus.
A: »Physik« bedeutet »natürlich«, »Ethik« [bedeutet] »moralisch«, Logik [bedeutet] »vernünftig«.
C: Lege die Aufgaben der einzelnen Arten dar.
A: In der Physik wird die Ursache des Forschens, in der Ethik die Ordnung des Lebens, in der Logik der Grund des Einsehens überlegt.
C: In wie viele Arten wir die Physik eingeteilt?
A: In vier: in die Arithmetik, die Geometrie, die Musik, und die Astronomie.
C: In wie viele Arten wird die Ethik eingeteilt?
A: Auch in vier: in die Klugheit, die Gerechtigkeit, die Tapferkeit, die Mäßigung.
C: In wie viele Arten wird die Logik eingeteilt?
A: In zwei: in die Dialektik und die Rhetorik. In diesen drei Arten der Philosophie bestehen auch die göttlichen Mitteilungen.
C: Auf welche Weise?
A: Denn entweder pflegen sie über die Natur zu disputieren, wie in der Genesis oder im Buch des Predigers; oder über die Sitten, wie im Buch der Sprüche und verstreut in allen Büchern; oder über die Logik, für die die unsrigen die Theologie beanspruchen, wie im Hohen Lied oder im heiligen Evangelium. (Ebd. Sp. 952B–C. Übers. v. F. S.)

Sehr weit führt das alles nicht und mehr wird dazu auch nicht gesagt. Die Beziehung des Trivium zur Heiligen Schrift ist natürlich etwas weit hergeholt. Um sich etwa das *Hohe Lied* als Abhandlung zur Logik vorzustellen, braucht man schon einige Phantasie. In irgendeiner Weise mußte aber eben philosophisches und religiöses Wissen in eine Beziehung gesetzt werden, um den Bildungszielen Karls und Alkuins zu entsprechen. – In diesen Dialogen wird deutlich, wie in Alkuins Schule vorgegangen wurde: Die Schüler lernten einfache Begriffsbestimmungen auswendig, so wie wir es noch aus alten Katechismen kennen. Diese Dialogform hat eigentlich nichts mit der antiker Dialoge zu tun, wie wir sie etwa aus platonischen Dialogen kennen. Letztere sind eine literarische Kunstform, die zwar vom gesprochenen Wort ausgeht, die aber nicht an das Gedächtnis appelliert. In der frühmittelalterlichen *Schule* aber haben wir eine Kultur vor uns, die vor allem *über das Gedächtnis* funktioniert, das wiederum unmittelbar an das gesprochene Wort anknüpft: Wissen hat hier die Form kurzer, im Dialog eingeübter und im Gedächtnis gespeicherter Antworten. Auch diese Lernform ist aber nicht neu, sondern wurde schon in der späten Antike verwendet (vgl. 1. Teil, Kap. XVIII), also genau dort, wo die Philosophie zur Schulphilosophie wurde. Ein regelrechter philosophischer Katechismus ist noch aus viel späterer Zeit, nämlich aus der zweiten Hälfte des 10. Jhd.s, aus der Schule des Notker Labeo (um 950–1022) in St. Gallen erhalten. Dort werden z. B. zur Ethik vom Schüler (D = *Discipulus*) folgende Fragen gestellt, die dann vom Lehrer (M = *Magister*) beantwortet werden:

D: Was ist die Ethik?
M: Die Moralwissenschaft *(moralis scientia).*
D: Wieso »Moral«?
M: Weil sie sich mit den Sitten der Menschen *(de moribus hominum)* beschäftigt. | 119
D: In wie viele Arten wird sie eingeteilt?
M: In die Klugheit, die Gerechtigkeit, die Tapferkeit und die Mäßigung.
D: Was ist die Klugheit?
M: Die Anerkennung der Wahrheit.
D: Was ist die Gerechtigkeit?
M: Die Gottesliebe und die Nächstenliebe.
D: Was ist die Tapferkeit?
M: Die Verachtung von Teufel und Tod.
D: Was ist die Mäßigung?
M: Die Ehrenhaftigkeit oder die Mäßigung des Lebens.
D: Was ist das Ziel von diesen?
M: Die Sitten *(mores)* schmücken [die Seele], häufen Verdienste an, besiegen den Teufel, eröffnen den Himmel. Die erste vermittelt Einsicht, die zweite die Liebe, die dritte gibt den Sieg, die vierte auferlegt das Maß. *(Die Schriften Notkers und seiner Schule.* I, S. 624. Übers. v. F. S.)

Damit ist der Punkt Ethik abgeschlossen. Bei der Prüfung wurde dasselbe mit umgekehrten Rollen abgefragt, die Antworten sind durchaus erlernbar. Auf die Probleme, die sich schon bei der Sprache, also dem Lateinischen, für die Schüler ergaben, wird noch weiter unten kurz eingegangen werden. Alkuin hatte sicher nicht nur traditionelle, sondern auch gute aktuelle Gründe, um nicht nur die Grammatik des Lateinischen, sondern auch die Orthographie zu behandeln (PL 101, Sp. 849A–902B und 902D–920A).

Für die weitere Entwicklung war es wichtig, daß in Fortsetzung spätantiker Tradition die *Logik*, wenn auch in sehr rudimentärer Gestalt, als die *Grundlage* aller weiteren philosophischen und theologischen Arbeit angesehen wurde. Logik wurde fast gleichbedeutend mit Philosophie überhaupt. Die auch später nie ernsthaft angreifbare Stellung der Logik geht auf den festen Platz zurück, den sie schon in der karolingischen Zeit innehatte, und auch die wichtige Stellung, die die Logik dann im Bereich der Theologie erhielt, geht auf Alkuin zurück. Vermutlich war dieser Verwendungszusammenhang nicht für alle am Hof Karls an solchen Fragen Interessierten unbedingt einleuchtend. In einem Brief an Karl den Großen schreibt Alkuin, daß er jene überzeugen müsse, die die hohen Absichten Karls, die Grundlagen der Logik zu erlernen, für wenig nützlich halten *(ut convincerem eos, qui minus utile aestimabant vestram nobilissimam intentionem dialecticae disciplinae discere velle rationes)*, und beruft sich dabei – wie zu erwarten – auf die Autorität des Augustinus, der bei der Erklärung der Trinitätslehre die Heranziehung der Kategorienlehre für notwendig erachtet hatte (MGH *Epistolae selectae* IV. S. 415). In seinem eigenen Werk *De Trinitate* beschränkt sich dieser Gebrauch allerdings weithin auf die Übernahme von Argumenten aus Augustinus, ein selbständiger Gebrauch der Logik ist noch kaum festzustellen. Dies wird sich aber schon in der nächsten Generation bei Scotus Eriugena deutlich ändern.

Die Gelehrten der Karolingerzeit beschäftigten sich aber auch mit dem Quadrivium: In der Bibliothek Karls des Großen war eine Handschrift der *Institutio musica* vorhanden, außerdem sind aus dem 9. Jhd. Kodizes mit glossierten Abschriften dieses Boethius-Textes erhalten. Zum Verständnis dieses Traktats benötigten die Autoren der Glossen gute mathematische Kenntnisse, und der Grad dieser Kenntnisse ist vor allem deshalb beachtlich, weil sehr deutlich wird, daß sie dabei überhaupt nicht an irgendeine praktische Verwendung der Mathematik dachten. Die erforderlichen mathematischen Kenntnisse holten sie sich aus der Schrift des Boethius *Über die Arithmetik*. Philosophie stand für diese Gelehrten in einem Kontext, der immer mit Mathematik und mathematischer Theorie der Musik in Verbindung stand.

Mit der Ankunft des Spaniers Theodulf (750/760–821)und der Iren – die *Scoti*, also eigentlich »Schotten« genannt wurden – dürfte sich das Niveau der Studien um einiges gehoben haben. Alkuin hatte für Theodulf keine besonderen Sympathien und auch die Iren, die zahlreich auf den Kontinent kamen und überall ihre Dienste anboten, waren zu dieser Zeit nicht besonders beliebt, an den karolingischen Höfen spielten die dort tätigen Iren aber zu Recht eine bedeutsame Rolle.

Ein aufschlußreiches Dokument aus der Regierungszeit Karls des Großen sind die *Libri Carolini*. An seiner Entstehung waren vermutlich Alkuin und vor allem Theodulf beteiligt. Anlaß war der Bilderstreit in Byzanz (vgl. dazu weiter unten 5, a). Eigentlich war dies eine Frage, die für Karl den Großen weitab hätte liegen müssen, es gab jedoch einen ganz konkreten politischen Anlaß, der Karl den Großen zu einer Stellungnahme herausforderte. Die byzantinische Kaiserin Irene hatte sich in der

Frage der Bilderverehrung an Papst Hadrian gewandt, der sich dann auf die Seite der Bilderverehrer stellte. Faktisch aber stand der Papst völlig unter dem politischen Einfluß Karls, und Hadrian hatte Karl den Großen in dieser für die Rolle des Papstes in Byzanz auch politisch wichtigen Frage in keiner Weise einbezogen. Karl der Große beauftragte also seine Hoftheologen mit einer Stellungnahme, was zu den *Libri Carolini* führte. Die byzantinische Rechtfertigung der Bilderverehrung stützte sich letztlich auf die platonische Vorstellung der Teilhabe, also einer Gegenwart des Göttlichen im Bild. Theodulf verstand diese Theorie nur unzureichend oder überhaupt nicht, er billigte sie jedenfalls in keiner Weise. Dies ist ein deutlicher Hinweis darauf, daß bei den Gebildeten des Frankenreichs im 8. Jhd. neuplatonisches Denken mit dessen sublimer Symbolauffassung unbekannt und unverständlich war. Bilder sind nach der Auffassung Theodulfs rein menschliche Schöpfungen und dürfen daher nicht verehrt werden. Darüber hinaus können sie kein sittliches Verhalten lehren – die »Versittlichung« des Volkes war ein wichtiges Anliegen der Politik Karls – und können somit für die christliche Glaubensverkündigung nur eine untergeordnete Bedeutung haben. Nicht ganz konsequent ist dann allerdings die deutliche Unterscheidung von Bildern und Reliquien, wobei eine Verehrung der Reliquien erlaubt wird, was ein klares Zugeständnis an die Volksfrömmigkeit darstellt. Die ganze Diskussion hatte aber eben einen politischen Hintergrund. Sie war ein willkommener Anlaß, das letztlich auch wieder auf der platonischen Teilhabe-Lehre basierende »überhöhte«, quasi-sakrale Selbstverständnis der byzantinischen Kaiser zu kritisieren. Diesem wird das fränkische Königtum gegenübergestellt, in dem der Unterschied zwischen Mensch und Gott auch für den König gilt. Dieser ist nur der Beauftragte Gottes, etwa wie die Könige, von denen das *Alte Testament* berichtet. Diese Auffassung vom Bild und die ganz entsprechende vom Königtum könnte uns als rational und aufgeklärt erscheinen, wahrscheinlich beruhte sie aber nur darauf, daß Theodulf und auch der König noch nicht mit dem Zauber neuplatonischen Denkens in Berührung gekommen waren. Um die Mitte des folgenden Jahrhunderts wird mit Scotus Eriugena dieser Zauber am Königshof Einzug halten, und mit der Zeit wird sich auch die Vorstellung von der Würde des Kaisers der byzantinisch-neuplatonischen Auffassung angleichen. Bei den Salischen Kaisern wird dies schon sichtbar sein, und die Ottonische Buchmalerei schließlich wird ein ästhetisch überaus beeindruckendes Zeugnis davon ablegen.

b) Die logica vetus *in den karolingischen Schulen*

Die Aufforderung, sich mit Logik zu beschäftigen, kam von Augustinus, der z. B. in *De doctrina christiana* (II 31) feststellt, daß die »Disputations-Disziplin« *(disputationis disciplina)* sowohl für die Erklärung der Heiligen Schriften als auch zur Lösung von dort auftretenden Problemen erforderlich ist. Es war also eigentlich der theologische

Verwendungs-Zusammenhang der Logik, der das Interesse an ihr hervorrief. Zunächst mußte aber die Logik selbst studiert werden, ein wirksamer Gebrauch derselben auch im theologischen Kontext wird erst in der nächsten Generation, so vor allem bei Scotus Eriugena, zu erkennen sein. Alkuin hat die feste Verankerung der Logik im karolingischen Bildungsprogramm begründet. Dazu mußte er selbst wie auch die weiteren Lehrer zunächst einmal in die Schule der ihnen vorliegenden Schriften gehen und versuchen, sich deren Inhalt anzueignen. Auch die Textgrundlage war nicht immer unproblematisch. Alkuin hat erst einmal eine korrigierte Fassung der *Categoriae decem* des Pseudo-Augustinus herstellen müssen. Der Wissensstand logischen Gehalts zur Zeit Alkuins läßt sich an der ältesten erhaltenen Logikhandschrift der Karolingerzeit ersehen, die um 817 entstanden ist. Diese Handschrift geht auf Leidrad, einen Gelehrten-Kollegen Alkuins, zurück, der diesen Kodex für seine Kathedralbibliothek in Lyon herstellen ließ. In diesem Kodex finden sich außer der *Dialectica* Alkuins die folgenden Texte: Porphyrios *Eisagoge*, die *Categoriae decem*, Apuleius *Peri Hermeneias* sowie Boethius 1. Kommentar zu *Peri Hermeneias*.

Diese Arbeit der Aneignung der Logik ging in einer ersten Phase vom 8. bis zur Mitte des 10. Jhd.s vor sich. Durch einige wenige erhaltene Dokumente dieser Periode (es gab aber kaum viel mehr) können wir uns eine Vorstellung von diesen Bemühungen machen. Alkuin kannte den Text der Übersetzung der *Kategorien* des Aristoteles noch nicht, sondern nur die *Categoriae decem* und Martianus Capellas *De nuptiis*, einer Handbuch-Enzyklopädie zu den sieben Freien Künsten. Erst seit etwa 820 stand die von Boethius stammende lateinische Übersetzung der *Kategorien* zur Verfügung, der Text wurde aber weiterhin nicht verwendet, sondern vielmehr die leichter zu verarbeitende Paraphrase in den *Categoriae decem* oder jene, die sich bei Martianus Capella zu Beginn des 4. Buches von *De nuptiis* findet.

Die bedeutendsten *Schulen* des 9. Jhd.s befanden sich in Laon (Kathedralschule) und in Auxerre (Schule des Klosters Saint-Germain). Auch diese Schulen können ebenso wie die sogenannte Hofschule der Karolinger nicht als Institutionen angesehen werden, und sie waren in höchstem Maß von der Persönlichkeit des Lehrers abhängig. Starb ein bedeutender Lehrer oder ging er an einen anderen Ort, so bedeutete dies meist das Erlöschen der Schule. Die Schule von Laon stand in enger Beziehung zur Hofschule Karls des Kahlen, dessen Hof selbst häufig in Laon anwesend war. In Laon können wir auch eine starke Präsenz von Iren, die damals kulturell führend waren, feststellen, der bekannteste von diesen ist Scotus Eriugena (vgl. dazu den folgenden Punkt 2). Ein weiterer ist Martin von Laon (819–875). Von ihm stammt, in Weiterführung des entsprechenden Kommentars des Scotus Eriugena, ein Kommentar zu *De nuptiis* des Martianus Capella, der früher Dunchad, einem weiteren irischen Gelehrten des 9. Jhd.s, zugeschrieben und unter diesem Namen veröffentlicht wurde. Dieser Kommentar besteht fast ausschließlich aus Glossen, die Worterklärungen betreffen. Die Schrift des Martianus Capella erfreute sich, seit Eriugena sie in den Lehrbetrieb eingeführt hatte, besonderer Beliebtheit. Die Form des *Glossen-Kommentars* ist kennzeichnend für die Phase der Aneignung eines für diese Gelehrten schwierigen Stoffes. Es geht zunächst darum, den genauen Sinn der Worte eines Textes zu verstehen. Wenn hier Glossen-Kommentare verfaßt wurden, so ist dies allerdings keineswegs etwas Neues, sondern stellt vielmehr die Fortsetzung eines Verfahrens dar, das schon den Schulbetrieb der spätantiken Kommentatoren beherrscht hatte (vgl. 1. Teil, Kap. XVIII). Gegen Ende des 9. Jhd.s verlor die Schule von Laon an Bedeutung, wahrscheinlich bedingt durch die politischen Verhältnisse der Instabilität am Königshof, die sich durch die rasche Folge der Könige nach dem Tod Karls des Kahlen (gest. 877) ergab: Ludwig II (gest. 879), Ludwig III (gest. 882), Karlman (gest. 884). Für kulturelle Initiativen blieb hier keine Zeit, erst viel später, am Ende des 11. Jhd.s, wird die Schule von Laon wieder an Bedeutung gewinnen.

Die zweite bedeutende Schule war in Auxerre, ihre Blütezeit liegt zeitlich nach der von Laon. Die Namen verschiedener Lehrer sind überliefert, alle waren Mönche der Abtei Saint-Germain. Von Heiric von Auxerre stammen wieder Glossen zu den *Categoriae decem*. Bei ihm sind, auch in anderen Schriften, Einflüsse des Scotus Eriugena zu bemerken, ein Hinweis darauf, daß letzterer doch nicht so isoliert ist, wie früher angenommen wurde. Der bedeutendste Lehrer in Saint-Germain war Remigius von Auxerre (nach 841–908). Im Jahr 883 wurde Remigius nach Reims berufen, wo die | 123 dortige Schule den Normanneneinfall nicht überstanden hatte. Sein Wirken war nicht erfolglos. Auch wenn wir über die Jahrzehnte nach seinem Tod wenig von Reims wissen, war dort in der zweiten Hälfte des 10. Jhd.s die bedeutendste Kathedralschule Frankreichs angesiedelt, woraus man vielleicht schließen kann, daß dort auch nach Remigius eine Schule weiterbestand. Schließlich ging Remigius nach Paris. Von Remigius von Auxerre sind zahlreiche Werke erhalten. Neben mehreren theologischen Kommentaren sind in unserem Zusammenhang Kommentare zu folgenden Werken wichtig: zur *Ars minor* und *Ars maior* (Grammatik) von Donatus, zur *Consolatio* des Boethius und zu *De nuptiis* von Martianus Capella. Im Kommentar zu *De nuptiis* verwendete Remigius die Kommentare von Martin von Laon (= Dunchad) und Scotus Eriugena. Wir können also beobachten, daß während des ganzen 9. Jhd.s die Schrift *De nuptiis* des Martianus Capella den *Leitfaden* für die *Einführung in die Freien Künste* lieferte und daß sich eine zusammenhängende und anwachsende Glossen-Tradition zu diesem Werk herausbildete. Der Kommentar des Remigius ist, wie die entsprechenden seiner Vorgänger, vor allem lexikographisch, d. h. er erklärt schwer verständliche Ausdrücke. Das 4. Buch des Kommentars, das sich mit der Dialektik befaßt, ist ebenso wie die anderen Bücher orientiert, also worterklärend. Sachlich weiterführende Erklärungen gibt es hier noch nicht, auch ein Jahrhundert nach Alkuin waren die Lehrer noch immer damit beschäftigt, den Text des Martianus Capella erst einmal zu verstehen. Die große Zahl von Abschriften des Kommentars des Remigius (oft nur eines oder einiger Bücher) beweist den Einfluß dieses Kommentars, zeigt aber auch, daß an anderen Orten keine besseren Kenntnisse vorhanden waren. Einem Kommentar zu einer der beiden damals bekannten Schriften des Aristoteles, den *Kategorien* und *Peri Hermeneias*, sind wir bisher noch nicht begegnet, auch nicht einer Verwendung der Kommentare des Boethius zu diesen Schriften. Die Grundlage der Studien der Logik blieben im 9. und beginnenden 10. Jhd. die inhaltlich sehr bescheidenen *Categoriae decem*. Selbst die Schrift *Peri hermeneias* des Apuleius wurde nur zur Kommentierung jener Teile von *De nuptiis* des Martianus Capella herangezogen, die selbst nichts anderes als ein Exzerpt aus dem Text des Apuleius darstellen.

Uns interessiert hier natürlich besonders, was in einer, allerdings sicher schon überdurchschnittlich gut ausgestatteten *Bibliothek des Frühmittelalters* an *philosophischen Texten* vorhanden war oder wenigstens vorhanden sein konnte. Dieser Bestand kann zum einen aus dem, was in der Zeit vom 8. bis zum 11. Jhd. von den wenigen Autoren dieser Periode zitiert wird, erhoben werden, zum anderen aus den Bibliothekskatalogen dieser Periode. Es ist dabei zu beobachten, daß der ohnedies schon sehr dürftige Bibliotheksbestand doch erst sehr langsam auch tatsächlich genutzt wurde. Interessant ist in diesem Zusammenhang der schon weiter oben zitierte Fragenkatalog aus der Schule Notker Labeos aus St. Gallen aus der zweiten Hälfte des 10. Jhd.s. Dort lautet die Antwort auf die Frage, in wie viele Arten die Logik eingeteilt wird:

M: In die Einleitungen *(ysagogas)*, in die Kategorien, in die Formeln *(formulas)* der Syllogismen, in die Definitionen, in die Topik, in Periermenias. *(Die Schriften Notkers und seiner Schule.* I, S. 624 f.)

Dies stellt keine echte Sacheinteilung dar – wie etwa vorher bei der Ethik, wo zumindesten die vier Kardinaltugenden aufgeführt werden –, sondern liefert nur eine Aufzählung der wichtigsten Texte der Logik. Diese Aufzählung betrifft einen Teil der maßgeblichen Texte der *logica vetus.* Äußere Bestätigung für diesen Bestand liefern Bibliothekskataloge, so z. B. der der Bibliothek von Bobbio in Norditalien (gegründet 612), der von Ripoll in Katalonien (gegründet 9. Jhd.), von dessen Bibliothek ein früher Katalog erhalten ist, oder der Katalog von St. Gallen, dessen Bibliothek seit dem 8. Jhd. eine bis zur Gegenwart ununterbrochene Tradition aufweisen kann. Die Schriften, die uns in den Bibliotheken dieser Zeit begegnen, sind immer dieselben. Der Bibliotheksbefund ergibt das Vorhandensein folgender Schriften, bei denen das Überwiegen der Texte zur Logik sofort ersichtlich ist:

GRUNDLAGENTEXTE

– Porphyrios: *Isagoge* zu den *Kategorien* (in der Übersetzung des Boethius)
– Aristoteles: *Kategorien* (in der Übersetzung des Boethius)
– Aristoteles: *De interpretatione* (in der Übersetzung des Boethius)
– Cicero: *Topica*

KOMMENTARE

- Boethius: Zwei *Kommentare* zur *Isagoge* des Porphyrios
- Boethius: *Kommentar* zu den *Kategorien*
- Boethius: Zwei *Kommentare* zu *De interpretatione*
- Boethius: *Kommentar* zu Ciceros *Topik*

EINZELSCHRIFTEN IN ERGÄNZUNG ZU DEN GRUNDLAGENTEXTEN

- Marius Victorinus: *De definitione*
- Boethius: *De divisione*
- Boethius: *De differentiis topicis*
- Pseudo-Augustinus: *Categoriae decem* (3./4. Jhd.)
- Augustinus (?): *De dialectica*
- Apuleius: *Peri hermeneias*

KOMPENDIUM

- Martianus Capella: *De nuptiis Philologiae et Mercurii, libri quatuor* (5. Jhd.)

NICHT-LOGISCHE SCHRIFTEN

- Calcidius (um 400): *Kommentar* zur lateinischen Übersetzung von Platons *Timaios* (bis 53c)
- Macrobius (4. Jhd.): *Kommentar* zu Ciceros *Somnium Scipionis*.

| 125

Tatsächlich verwendet wurden aber, wie schon gesagt, zunächst nur die *Categoriae decem* und das vierte, die Logik behandelnde Buch von *De nuptiis*, und teilweise Apuleius *Peri hermeneias*. Die anderen Texte, die in den Bibliotheken vorhanden waren, waren für die Gelehrten des 8. und 9. Jhd.s noch zu schwierig. Die Übersetzungen der Aristoteles-Texte des Boethius finden erst im 10. Jhd. Verwendung, ebenso der Kommentar des Boethius zu Ciceros *Topik*. Die zusammenfassenden Schriften des Boethius *De syllogismis categoricis* und *De syllogismis hypotheticis* wurden im gesamten lateinischen Westen erst im letzten Drittel des 10. Jhd.s bekannt (vgl. weiter unten 3). Man kann sich fragen, wie es zu dieser Auswahl kam, die letztlich auch dazu führte, daß Schriften des Boethius wie der Kommentar zur *Topik* des Aristoteles überhaupt verloren gingen. Man kann dazu die Vermutung äußern, daß sich im lateinischen Westen in der späten Antike ein vom griechischen Osten verschiedenes Schulprogramm herausgebildet hatte, in dem die beiden *Analytiken* des Aristoteles durch die Schrift *Peri hermeneias* des Apuleius und die *Topik* des Aristoteles durch die *Topik* Ciceros ersetzt worden waren. Mit seinen beiden Monographien zu den Syllogismen hätte dann Boethius versucht, einen adäquateren Ersatz für den Wegfall der aristotelischen *Analytiken* zu schaffen, was aber ohne Erfolg geblieben wäre (Ebbesen 1984. S. 105). Die oben aufgeführte Liste, die zunächst die Grundlage der mittelalterlichen Logik bildete, wäre dann also der Kanon der Schulschriften dieses lateinischen Curriculums. Bleibt noch die Frage, wie es zu diesem Curriculum gekommen ist: Warum wurden die aristotelischen *Analytiken* ausgeschlossen? Dafür könnte eine

Mitteilung aus dem späteren arabischen Bereich einen Hinweis geben: Al-Farabi (um 870–950) wurde von seinem christlichen Lehrer Yuhanna ben Hailan in das Werk des Aristoteles eingeführt und erhielt auch von diesem bestimmte historische Informationen. Daraus stellte al-Farabi in der Schrift *Über das Auftreten der Philosophie* eine eindrucksvolle Kulturtheorie zusammen, die unter dem Stichwort »Von Alexandrien nach Bagdad« in die Geschichte eingegangen ist (vgl. dazu Kap. IX, 2, d). Ich führe hier eine Stelle in der Übersetzung von Meyerhof an, der dieser These eine ausführliche Studie gewidmet hat:

Somit befand sich die (philosophische) Lehre an zwei Orten [d. h. Alexandrien und Rom], und so blieb es, bis das Christentum kam. Da hörte die Lehre in Rom auf und verblieb in Alexandrien, bis der Christenkaiser sich damit befaßte und sich die Bischöfe versammelten und darüber berieten, was von der Lehre belassen und was abgeschafft werden sollte; da entschieden sie, daß von den Büchern der Logik nur bis zum Ende der Figuren des Wirklichen unterrichtet werden sollte, und nicht über das, was danach kommt, weil sie der Meinung waren, daß darin ein Schaden für das Christentum läge, und daß in dem, was sie zum Unterricht zuließen, eine Hilfe für den Sieg ihres Glaubens enthalten sei. Das Öffentliche (Exoterische) der Lehre blieb also auf dieses Maß beschränkt, während das Studium des übrigen insgeheim (esoterisch) betrieben wurde, bis lange Zeit danach der Islam erschien. (Meyerhof, M.: *Von Alexandrien nach Bagdad. Ein Beitrag zur Geschichte des philosophischen und medizinischen Unterrichts bei den Arabern. In: Sitzungsberichte der Preußischen Akademie der Wissenschaften, phil.-histor. Klasse. Berlin* 1930. S. 394)

Wenn gesagt wird, daß die Logik nur »bis zum Ende der Figuren des Wirklichen unterrichtet werden sollte«, so bedeutet dies, daß nur die ersten sieben Kapitel der 1. *Analytik* des Aristoteles in das Curriculum aufgenommen werden sollten. Worin der Schaden des übrigen Teils der 1. *Analytik* und der ganzen 2. *Analytik* für den christlichen Glauben bestehen soll, wird uns leider nicht mitgeteilt. Auch gibt es außer diesem Bericht keine Nachricht über eine entsprechende Synode, auf der diese Bestimmungen erlassen worden wären. Es müßte sich jedenfalls um einen byzantinischen Kaiser gehandelt haben, so daß diese Synode im Bereich der byzantinischen Kirche zu suchen wäre. Das dann für Alexandrien maßgebliche »christliche« Logik-Curriculum hätte Auswirkungen auch auf den Lehrbetrieb in Rom haben können. Die Frage ist, wann dieses Verbot in Kraft getreten sein könnte. Da Johannes Philoponos noch zwischen 520 und 540 Kommentare zur 1. und 2. *Analytik* des Aristoteles verfaßte, müßte das Verbot später erlassen worden sein. Da weder Boethius noch Cassiodor in irgendeiner Weise auf ein solches Verbot anspielen, könnte es erst gegen Ende des 6. Jhd.s erlassen worden sein, und somit wäre der Kanon der *logica vetus* erst zu dieser Zeit entstanden. Was in der Aufstellung weiter oben als Grundlagentexte und ergänzende Einzelschriften aufgeführt wurde, könnte also das römische Schulprogramm zur Logik am Ende der Antike darstellen.

Mit den oben genannten Schriften haben wir die frühmittelalterliche philosophische Bibliothek fast vollständig (man könnte noch Isidors *Etymologiae* dazuzählen) aufgezählt. Es handelt sich bei den logischen Schriften um kleine Handbücher, wobei wahrscheinlich auch die beiden umfangmäßig kleinen Schriften des Aristoteles, allerdings ganz zu Unrecht, als solche kurzen Handbücher angesehen wurden. An diesem Punkt wird tatsächlich ein Bruch unübersehbar: Wenn man sich vergegenwärtigt, was Boethius im 6. Jhd. an philosophischen Texten zur Verfügung hatte, und dies mit der eben angeführten Liste vergleicht, die das darstellt, was Alkuin im 8. Jhd. – bestenfalls – in seiner Bibliothek vorfinden konnte, so ist es kaum möglich, von einer Kontinuität zu sprechen. Um es zu wiederholen: Für die Geschichte der Philosophie ist die Grenze zwischen Antike und Mittelalter durch diesen Bücherschwund markiert.

2. Scotus Eriugena

a) Gottschalk und Eriugena

Augustinus war in allen weltanschaulichen und theologischen Fragen im Mittelalter eine übermächtige Autorität. Das Vorhandensein solcher Autoritäten ist gewöhnlich verhängnisvoll für die späteren Autoren, denen nur die Rolle von Epigonen übrigbleibt. Daß dies bei Augustinus nicht eintraf, lag einfach daran, daß es nicht *eine* Lehre des Augustinus gibt, sondern mindestens zwei: Eine aus der Zeit vor 396 und eine aus der Zeit danach. Augustinus hat es selbst für erforderlich angesehen, in den *Retractationes* Korrekturen an seinen früheren Auffassungen vorzunehmen. Obwohl dies oft bestritten wurde, legt es sich doch nahe, diese beiden Auffassungen des Augustinus mit seiner Position in Verbindung zu bringen: Ein früher Augustinus, der als Rhetoriklehrer eher liberal und philosophisch offen ist, und ein Augustinus seit seiner Ernennung zum Bischof, der dann die strenge Gnadenlehre vertritt und auch autoritär wird. *Zwei entgegengesetzte Positionen*, vereinigt in einer Person, die als *eine Autorität* angesehen wird, bedeuten für Interpreten immer ein Problem. Entweder muß die eine Seite der Alternative einfach vernachlässigt oder sie muß irgendwie weginterpretiert, d. h. hermeneutisch verharmlost werden. Es kommt daher nicht von ungefähr, daß die erste große philosophische Diskussion des Mittelalters genau an der Frage der »richtigen« Interpretation des Augustinus ansetzte.

Wir machen nun einen kleinen Umweg über die Geschichte. Karl der Große hatte in einem mit Unterbrechungen sehr langen Krieg (772–804) die Sachsen zur Unterwerfung und zur Annahme des Christentums gezwungen. Beides war eigentlich ein und dasselbe: Die Sachsen lernten das Christentum als eine Macht kennen, die mit

Gewalt Unterwerfung forderte. Bei den Sachsen riefen diese Feldzüge mit dem Widerstand gegen die Unterwerfung den Widerstand gegen das Christentum hervor. Bekannt ist in diesem Zusammenhang der Aufstand Widukinds 782 und die Reaktion Karls des Großen, nämlich das Blutbad von Verden. Nun sollten die Sachsen christianisiert werden. So gebot ein Reichstag zu Paderborn im Jahre 785 bei Androhung der Todesstrafe im Falle der Weigerung die Annahme des Christentums und die Entrichtung des Zehnten, d. h. die Abgabe des zehnten Teils der erwirtschafteten Erträge an die Kirche. Nach 800 nahm der Widerstand gegen das Christentum dank einer intensiven Organisierung durch Bischofssitze und Klöster ab. Wie rasch die Erinnerung an Gewalt schwindet, ist jedoch eine andere Frage.

In dieser Umgebung wurde um 806 Gottschalk als Sohn eines sächsischen Grafen geboren. Als Kind wurde er dem Kloster Fulda übergeben, man nannte solche Kinder, die später Mönche wurden, »Oblaten«, d. h. »Dargebotene«. Die Absicht der Eltern bei einer solchen Oblation war nicht selten die, daß diese Kinder als Mönche für die Sünden der Eltern Buße tun und durch ihre Gebete das Seelenheil derselben sichern sollten. So wie die Sachsen ohne ihre Zustimmung Christen geworden waren, so war Gottschalk ohne seine Zustimmung Mönch geworden. Als er von seinem Abt, dem berühmten Hrabanus Maurus (um 780–856), die Freilassung aus dem Mönchsstand erbat, wurde ihm dies verweigert – historisch und persönlich erfahrene Gewalt, all dies im Namen des Christentums. Suchte jemand im 9. Jhd. in seiner Klosterbibliothek eine Hilfe, um all dies zu verstehen, so fand er eine solche bei der größten Autorität, die ihm bekannt war, also bei Augustinus. Genauer gesagt: Bei dem späten Augustinus, der faktisch eine *doppelte Prädestination* – einfach gesagt: zu Himmel oder Hölle – lehrte (vgl. Kap. III, 5). Seit 848 vertrat Gottschalk nachweisbar diese radikale Lehre des Augustinus, wahrscheinlich hat er sie aber schon früher für richtig gehalten. Von Fulda war er zunächst in die Abtei Corbie und dann in die von Orbais (in der Nähe von Soissons) gegangen. Von dort aus begab Gottschalk sich auf eine Pilgerreise nach Rom und war dann als Wanderprediger in Oberitalien tätig, wo er bereits über die Prädestination sprach. Seine Reise führte ihn dann auf den Balkan und bis nach Bulgarien. Die Balkanreise stand im Zusammenhang mit politischen Interessen des Grafen Eberhard von der Friaul (Norditalien), in dessen Gebiet Gottschalk gepredigt hatte. Welche Tätigkeit Gottschalk am Balkan ausübte, wissen wir nicht. Tatsache ist jedoch, daß Bulgarien außer dem nahen Byzantinischen Reich das einzige Land Europas im 9. Jhd. war, in dem mit den Paulikianern ausdrücklich dualistische Lehren vertreten wurden, und im 10. Jhd. wird sich dort mit den Bogomilen eine einflußreiche dualistische Bewegung herausbilden (vgl. Kap. XIII, 1). Es kann nicht ausgeschlossen werden, daß Gottschalk sich durch den Kontakt mit solchen dualistischen Lehren in seiner Augustinus-Interpretation bestätigt fühlte. Nach Orbais zurückgekehrt, trat er mit einer extremen Lehre der doppelten Prädestination *(gemina praedestinatio)* im Anschluß an den späten Augustinus an die Öffentlichkeit. Diese Lehre Gottschalks wurde 848 auf einer Synode in Mainz unter dem Vorsitz des

Hrabanus Maurus, seines früheren Abtes, als häretisch verurteilt. Der Grund dafür, daß Hrabanus Maurus und etwas später Hinkmar von Reims (Erzbischof seit 845, gest. 882), also die beiden bedeutendsten Kirchenmänner des fränkischen Reiches, durch Gottschalks Thesen irritiert waren, lag darin, daß eine strenge Prädestinationslehre eigentlich jeder vom Menschen geplanten Reformbewegung den Boden entzog, beide aber verstanden sich als Kirchenreformer. Gottschalk wurde nun dem Erzbischof Hinkmar von Reims übergeben, der ihn in Klosterhaft setzte. Gottschalk ließ sich jedoch nicht beirren und vertrat weiter seine Lehre. Daraufhin bat Hinkmar Scotus Eriugena um ein Gutachten zu dieser Frage, das 851 verfaßt und unter dem Titel *De praedestinatione* erhalten ist. Darin vertritt Eriugena die Auffassung, daß es nicht nur keine doppelte, sondern *überhaupt keine Prädestination* gibt. Dies ist praktisch die Auffassung des frühen Augustinus, und die Begründung ist ebenso einfach wie zwingend: Da – nach Augustinus – die Sünde als Böses ein Nichts ist, Gott aber ein Nichts weder erkennen noch wollen kann, kann er das Böse weder vorhersehen noch vorherbestimmen. Auch eine Hölle als Ort gibt es nicht, die Strafe für die Sünde ist dieser immanent, d. h. das Sündenbewußtsein ist die einzige und ausreichende Strafe, äußere Strafen gibt es nicht und kann es nicht geben. Aber auch eine positive Vorherbestimmung kann es nicht geben, denn Gott will den Menschen als freies Wesen, und dem widerspricht jede Form der Vorherbestimmung. Kommen in der *Bibel* Ausdrücke wie »Vorherbestimmung« oder »Hölle« vor, so sind diese Ausdrücke nach Eriugena bildlich zu verstehen. Eriugena greift also auf eine Hermeneutik verschiedener Sprachbedeutungen zurück, wie sie schon von den Kirchenvätern verwendet worden war. Diese These war allerdings für die Auftraggeber ebenso befremdlich wie die des Gottschalk, und Hinkmar distanzierte sich sofort davon. Der Grund dafür ist ziemlich einfach: Für einen Kirchenfürsten wie Hinkmar war der Gedanke, nicht mehr mit Höllenstrafen drohen zu können, unannehmbar, da damit ein wichtiges Mittel der Disziplinierung weggefallen wäre. Eriugena wurde also als Pelagianer angeklagt und er wurde auf einigen Synoden verurteilt, konnte aber unter dem Schutz des Königs ungestört weiterarbeiten. Die Diskussion fand also den Abschluß, der zu erwarten war: Beide Auffassungen, die sich, die eine wie die andere, auf Augustinus beriefen, wurden verurteilt. Das heißt: Augustinus diente sowohl zur Aufstellung einer These wie zu ihrer Ablehnung, in der Sache aber war man keinen Schritt weitergekommen.

| 129

b) Die Rolle der Logik bei Eriugena

Hinkmar von Reims hatte sich ohne Zweifel mit seiner Bitte um die Widerlegung der Thesen Gottschalks an den Mann gewandt, den er als den fähigsten für eine solche Aufgabe ansah, und dies war eben Scotus Eriugena. Von diesem wissen wir, daß er bei Karl dem Kahlen als Lehrer der Freien Künste tätig war, erste Nachrichten über diese Tätigkeit stammen aus den Jahren 845/46. Die Grundlage dieser Lehrtätigkeit Eriugenas war die Schrift *De nuptiis Philologiae et Mercurii* des Martianus Capella. Der Text des Martianus Capella war schon in den Bibliotheken vorhanden, Eriugena war aber der erste, der diesen »heidnischen« Autor heranzog. Er verfaßte auch einen Kommentar dazu, die *Annotationes in Martianum*. Dieser Kommentar besteht weitgehend »nur« aus Worterklärungen, zeigt aber eine intensive Beschäftigung mit diesem Text.

Eriugena hatte die Bedeutung der Logik klar erfaßt. Dies zeigt schon die eben besprochene Schrift Eriugenas über die Prädestination. Die Logik ist für ihn ein unbedingt erforderliches Mittel der Beweisführung. Recht klug stellt er in der Einleitung zu seiner Schrift über die Prädestination fest, daß die Bischöfe zwar mit der Redekunst *(eloquentia)* Irrlehren bekämpfen können, daß es aber doch auch sehr nützlich sei, die Irrlehren mit Vernunftüberlegungen *(ratiocinationes)* zu widerlegen, was er als seine Aufgabe ansieht. Indirekt ausgedrückt sagt Eriugena damit, daß er den Bischöfen zwar Predigten, aber keine Vernunftüberlegungen zutraut. Ausdrücklich sagt er im ersten Kapitel der Schrift über die Prädestination, daß er diese Frage als philosophische diskutieren wolle, er unterwirft sich hier also keiner Glaubensautorität. Daß er zwischen den *Autoritäten und* dem *Vernunftgebrauch* allerdings überhaupt keinen Gegensatz sieht, wird in seinem Hauptwerk eine Grundthese darstellen. Faktisch arbeitet er bei der Diskussion der Prädestination auch mit Schriftzitaten, er versucht jedoch nicht, seine These durch Zitate von Autoritäten zu stützen, sondern durch ein logisches Verfahren. Wenn für ein durch Vernunftbeweis erreichtes Ergebnis auch Autoritäten der kirchlichen Tradition aufgeführt werden, so dient dies seiner Auffassung nach nicht zur weiteren Stützung der These, sondern nur dem Nachweis, daß es sich dabei auch um eine kirchliche Lehre handelt.

In der Logik sieht er die hypothetischen Syllogismen als wichtiger als die kategorischen an. Hier ein Beispiel, wie er damit in der Diskussion über die Vorherbestimmung arbeitet:

> Wo Vernünftigkeit vorhanden ist, da ist mit Notwendigkeit Freiheit vorhanden. Der menschliche Wille ist aber wesentlich vernünftig. Er ist also wesentlich frei. (*De praedestinatione* VIII 5. S. 51, 106–108. Übers. v. F. S.)

Diesem Argument liegt ein hypothetischer Syllogismus der Form: $[(a \rightarrow b) \wedge a] \rightarrow b$ zugrunde. Von den hypothetischen Syllogismen hatte Eriugena aus der Schrift des Martianus Capella Kenntnis (vgl. auch 1. Teil, Kap. XII, 1 [I]). Und auch das »mit Notwendigkeit« der ersten Prämisse ist korrekt gesetzt, denn die Konditionalaussagen, von denen Martianus Capella spricht, stellen einen notwendigen Zusammenhang von *a* und *b* fest, wir würden heute sagen: es liegt eine strikte Implikation vor, also $N(a \rightarrow b)$. Eriugena interpretiert dies so: Eine Konditionalaussage ist »konnatural« *(connaturalis)*, d. h.: *a* und *b* drücken Sachverhalte aus, die sich auf etwas beziehen, das in der Natur zusammen vorhanden ist (*Annotationes in Martianum*. S. 89), was also nicht anders sein kann. Dies ist nur ein Beispiel des generellen Vorgehens Eriugenas. Wir würden heute sagen: Scotus Eriugena geht den *Schritt vom vorwissenschaftlichen zum wissenschaftlichen Argumentieren*. Wahrscheinlich war er hier seiner Zeit voraus, eine solche Methode wird sich erst später durchsetzen. Es ist aber zu beachten, daß auch Gottschalk in seinen Argumentationen nicht nur mit der Anführung von Autoritäten arbeitete, sondern sehr bewußt Gebrauch von logischen Formen, besonders von Syllogismen, machte und diesen Gebrauch ausdrücklich verteidigte.

Eriugena kommt das Verdienst zu, veranlaßt zu haben, daß die Schrift des Martianus Capella im Schulbetrieb der folgenden Zeit häufiger verwendet wurde, wie dann besonders die weite Verbreitung des Kommentars des Remigius von Auxerre zu derselben Schrift zeigt, die dieser unter Verwendung des Kommentars des Eriugena verfaßt hat. Wir sehen, wie sich hier die Kommentierung herausbildet: Es werden Anmerkungen *(annotationes)* zu einer Schrift verfaßt, die zunächst nicht viel mehr als Glossen sind, dann wird damit weitergearbeitet, es ergeben sich also *annotationes* zu *annotationes*, und so entstehen schrittweise umfangreiche Kommentare, die aber zunächst nichts anderes darstellen als das Ergebnis des mühsamen Weges der Philosophen des frühen Mittelalters, sich das bescheidene Handbuchwissen der späten Antike zu erarbeiten. | 131

c) Die Welt als Theophanie

Die Bedeutung des Scotus Eriugena liegt aber auch auf einem anderen Gebiet und weist in eine ganz andere Richtung: Er brachte die lateinische Philosophie des Mittelalters in Kontakt mit der *griechischen Tradition des Neuplatonismus*. Scotus Eriugena stammte aus Irland, und dort, gleichsam auf einer kulturellen Insel, gab es Leute mit Griechischkenntnissen, was zu dieser Zeit eine sehr große Seltenheit war. Ludwig der Fromme hatte 827 vom byzantinischen Kaiser einen Kodex mit den Schriften des Dionysios Areopagita als Geschenk erhalten, und hatte Hilduin, den Abt von St. Denis, beauftragt, eine Übersetzung dieser Schriften herstellen zu lassen. Eigentlich wäre eine Übersetzung auch schon früher möglich gewesen, denn die französischen Könige hatten bereits im vorausgegangenen Jahrhundert von den Päpsten Kodizes mit diesen Texten erhalten, wahrscheinlich gab es aber einfach niemanden, der diese Bücher auch nur hätte lesen können. Das Ergebnis der Übersetzung Hilduins war jedoch nicht zufriedenstellend. Deshalb gab nun Karl der Kahle Scotus Eriugena um 860 den Auftrag, eine neue Übersetzung herzustellen. Das Interesse der Könige an den Schriften des Dionysios Areopagita hatte natürlich nichts mit einem Interesse an griechischer Philosophie zu tun, sondern beruhte einfach darauf, daß Dionysios Areopagita (irrtümlicherweise) als Gründer der Abtei St. Denis, also des mit dem

Königshaus engstens verbundenen Klosters, angesehen wurde. Der schwierige Text stellte allerdings auch Eriugena vor erhebliche Probleme. Er übersetzte später auch die *Ambigua* des Maximus Confessor (7. Jhd.), eine Schrift, in der versucht wird, schwierige Stellen des Dionysios Areopagita und des Gregor von Nazianz zu erläutern. Im weiteren übersetzte er eine Schrift des Gregor von Nyssa unter dem Titel *De imagine.* Während bisher im lateinischen Westen der Neuplatonismus nur vermittelt durch die Schriften des Augustinus und des Boethius präsent war, findet jetzt eine Begegnung mit der »authentischen« Form des späten östlichen Neuplatonismus statt. Die Wirkung dieser Begegnung zeigt sich dann in allen Aspekten des systematischen Hauptwerks des Eriugena *Über die Einteilung der Natur (Periphyseon)* oder, wie der lateinische Titel lautet, *De divisione naturae.*

Scotus Eriugena wollte mit diesem Werk ohne Zweifel ein System christlicher Philosophie entwerfen. Für ihn ist ein solches System allerdings unmittelbar die wahre Philosophie, so wie dies für die spätantiken neuplatonischen Autoren des Christentums gegolten hatte. Die wahre Philosophie ist für ihn die wahre Religion, und umgekehrt die wahre Religion die wahre Philosophie (*De praedestinatione* I 1. S. 5, 16–18). Hier wird zum ersten Mal das sichtbar, was man den *mittelalterlichen Rationalismus* nennen kann, dieser stellt also keineswegs eine Spätform mittelalterlichen Denkens dar, sondern steht gleich an dessen Beginn. Eine Philosophie, die sich einfach der Autorität unterwirft, hat es im Mittelalter nicht gegeben. So heißt es bei Scotus Eriugena:

Auch dies lehrt uns die Vernunft, sintemal [= besonders, da] die Autorität aus der wahren Vernunft hervorgegangen ist, nicht aber umgekehrt die Vernunft aus der Autorität. Denn jede Autorität, die nicht durch wahre Vernunft gebilligt wird, erscheint als schwach; dagegen hat die wahre Vernunft, weil sie sich sicher und wandellos auf ihre eigenen Kräfte stützt, keine Bekräftigung durch Zustimmung irgend einer Autorität nötig; denn die wahre Autorität scheint mir nichts Anderes zu sein als die durch Vernunft gefundene Wahrheit, welche von den heiligen Vätern zum Nutzen der Nachwelt schriftlich überliefert worden ist. Denkst du darüber vielleicht anders? (*Über die Einteilung der Natur* I 69. S. 104)

Dies ist eine eindeutige Stellungnahme, die keinerlei Spielraum für Interpretation läßt. Außerdem ist diese Stellungnahme völlig unabhängig von der Philosophie, mit der dann gearbeitet wird, es handelt sich somit in keiner Weise um eine spezifische These des Neuplatonismus. Mit solchem Vernunftanspruch angetreten, muß Scotus Eriugena all das erklären, was für wahr angenommen wird. Daher entwickelte er ein System, das versucht, jene Dialektik aufzufinden, die in der Natur der Dinge liegt – der Begriff »Dialektik« wird bei ihm ausdrücklich in diesem Sinn gebraucht –, jene reale Dialektik also, die erklärt, wie die Vielheit der Dinge von Gott ausgeht und wieder zu Gott zurückkehrt. Eriugena hat dabei einige Probleme, von dem ursprünglichen Sinn von »Dialektik« als »Wissenschaft, gut zu streiten« zu jenem ganz anderen Sinn von »Dialektik« als Selbstentfaltung des Seins, bei dem es um eine »reingeistige Bewegung des Umkreisens« geht, zu gelangen.

Handelt nicht jene Kunst, welche von den Griechen Dialektik genannt wird und als die Wissenschaft, gut zu streiten gilt, vor Allem von der Wesenheit als ihrem eignen Lebensgrunde, von welchem die ganze Mannigfaltigkeit dessen ausgeht, was den Inhalt dieser Kunst bildet, um durch die allgemeinsten Gattungen und besonderen Arten zu den einzelnen Formen und Gestalten herabzusteigen und wiederum nach den Regeln der Begriffsentwicklung durch dieselben Stufen bis zur Wesenheit selber emporzuklimmen, von welcher ausgegangen wurde? Unablässig also kehrt sie zu dieser zurück, in welcher sie immer zu ruhen strebt, um sie in reingeistiger Bewegung zu umkreisen. (Ebd. V 4. S. 183)

Nicht umsonst werden wir hier an Hegel erinnert, der in ganz ähnlicher Weise einen dialektischen Prozeß von Sein und Werden zu beschreiben versuchte, und der ebenso überzeugt war, gerade dadurch den christlichen Glauben auf den Begriff bringen zu können. Bei Hegel ist – verkürzt gesagt – die Welt Gott im anderen seiner selbst, und von dieser Auffassung ist Eriugena zwar zeitlich, jedoch nicht sachlich allzuweit entfernt. Diese Nähe zu Hegel – oder besser, die Nähe Hegels zu Scotus Eriugena – läßt sich auch an folgendem historischen Faktum ablesen: Als die Theologen im 19. Jhd. unter dem Eindruck der Philosophie Hegels nach »neuen« Wegen suchten, griff der spekulativste und deutlich hegelianisch denkende Kopf der sogenannten Tübinger Schule, Franz Anton Staudenmaier (1800–1856), auf Eriugena zurück mit einem 1834 erschienenen Werk, das den aufschlußreichen Titel trägt: *Johannes Scotus Erigena und die Wissenschaft seiner Zeit. Mit allgemeinen Entwicklungen der Hauptwahrheiten auf dem Gebiete der Philosophie und Religion, und Grundzügen zu einer Geschichte der speculativen Theologie.*

Erstaunlich ist bei Eriugena schon der Ansatzpunkt: Er geht aus von einem Begriff, der alles umfassen soll, was ist und was nicht ist. Das bedeutet: Gott, Mensch und Welt sollen von einem übergeordneten, allen gemeinsamen Begriff her bestimmt werden, und dieser Begriff lautet »*Natur*«. Bei Scotus Eriugena ist Gott die *natura creans, non creata* – die Natur, die schafft und nicht geschaffen ist; die Welt ist die *natura creata, non creans* – die Natur, die geschaffen ist und nicht schafft. Verbunden sind beide durch den Logos, den Inbegriff der göttlichen Ideen: die *natura creata et creans* – die Natur, die geschaffen ist und schafft. Das vierte Glied der Konstruktion ist die *natura non creans, non creata* – jene Natur also, die nicht schafft und nicht geschaffen wird. Die ersten drei bezeichnen somit das, was ist, die vierte das, was nicht ist (*Über die Einteilung der Natur* I 1. S. 3 f.). Dieser vierte Aspekt liefert Eriugena einige Probleme: In einem »geschlossenen System« des Hervorgehens, das durch Notwendigkeit bestimmt ist, darf es nicht etwas geben, das nur einfach nicht ist.

Was nicht existiert, muß das sein, was nicht existieren kann. Eriugena gelangt tatsächlich zu dieser Folgerung:

Aber die vierte fällt unter Unmögliches, da ihr Unterscheidendes darin besteht, dass sie nicht sein kann. (Ebd. I 1. S. 4)

Damit sind wir letztlich bei einer zweigliedrigen Seins- oder Modalitätenlehre: Alles was ist, ist notwendig, und alles, was nicht ist, ist unmöglich. Alles, was ist, und somit alle drei der ersten Aspekte, werden auf das eine Prinzip zurückgeführt,

[...] weil eine solche Naturgestalt nur von Gott richtig ausgesagt wird, welcher als der All-Schöpfer auch allein als anfangslos gedacht wird, weil er allein die Anfangsursache von Allem ist, was aus ihm und durch ihn selber geworden ist, und weil er deshalb auch das Ziel alles dessen ist, was von ihm stammt; denn Alles strebt nach ihm hin, und Er ist also Anfang, Mitte und Ende. Anfang: weil aus ihm Alles stammt, was am Sein Teil hat; Mitte: weil es in ihm und durch ihn selber besteht und sich bewegt; Ende: weil zu ihm selber sich dasjenige hinbewegt, was für seine Bewegung Ruhe und für seine Vollendung Festigkeit sucht. (Ebd. I 11. S. 17)

134

Der Grund dafür, daß die Welt geschaffen wird, ist die Selbstmanifestation Gottes, bei Scotus Eriugena heißt dies: die Theophanie, das In-Erscheinung-Treten Gottes.

Wir dürfen somit Gott und Kreatur nicht als von einander verschiedene Zwei denken, sondern als eins und dasselbe. Denn auch die Kreatur ist in Gott bestehend, und Gott wird in der Kreatur auf wunderbare und unaussprechliche Weise geschaffen, indem er sich selber offenbart, unsichtbar sich selber sichtbar, unbegreiflich sich selber offenbar und unbekannt sich selber bekannt macht, indem er sich ferner aus einem Form- und Gestaltlosen zu etwas Schönem und Anziehendem [...], allschaffend zu etwas in Allem Geschaffenen macht. (Ebd. III 17. S. 330)

Für Gott ist diese Selbstmanifestation – jedenfalls im Bereich der Ideen, den Urbildern der Welt – notwendig, da Gott erst in ihnen sich selbst erkennt. Die gesamte Welt wird damit zu einer *Theophanie*, d. h. einem Durchscheinen Gottes. Wiederum begegnen wir hier also einem Begriff von Welt – diesmal sogar ausdrücklich von Natur –, der weniger zur Wissenschaft hinführt, als vielmehr zur *Kunst*, die jenes Durch- und Aufscheinen Gottes in der Welt sichtbar machen soll. In dieser Hinsicht theoretisierte Scotus Eriugena die höchsten kulturellen Anstrengungen des Mittelalters und wirkte wiederum auf sie ein. Diese lagen eben nicht im Bereich der Philosophie, nicht in dem der Theologie und auch nicht in dem der Wissenschaft, sondern in dem der Kunst, in der Materielles als Theophanie gestaltet werden sollte, Materielles also auf Göttliches hin transparent werden sollte. In diesem Prozeß wird der Gegenstand als materieller Gegenstand »aufgehoben« und zum Symbol des Nicht-Darstellbaren. Kunst ist hier nichts anderes als der Versuch, aus einem Form- und Gestaltlosen etwas Schönes und Anziehendes zu gestalten, und zwar so, daß dieses Schöne über sich hinaus auf das Urschöne verweist. Die *Kunst* erhält hier *paradigmatische Funktion* für Erkenntnis und kann dies, weil auch Gott die Welt so geschaffen hat, wie der Künstler sein Werk schafft. Gott tritt in seiner Schöpfung in Erscheinung und das heißt: Er macht sich selbst auf sich selbst hin transparent.

Von sich selber also empfängt Gott die Veranlassungen zu seinen göttlichen Erscheinungen; denn aus ihm und in ihm, durch ihn und für ihn ist Alles. (Ebd.)

Die Welt und der Mensch als geschaffene Natur sind somit die Selbstmanifestation der ungeschaffenen Natur, also Gottes. Die wahre Erkenntnis besteht dann im richtigen Blick auf die Welt und auf sich selbst. Der Weg der Rückkehr zur ungeschaffenen Natur ist bei Scotus Eriugena wieder in Begriffen des *Schauens* angegeben, der *visio*, einer rein intellektuellen Anschauung. Es ist der Weg von den Bildern zu den Ideen und schließlich zur *unio mystica*, der mystischen Vereinigung des Abbildes mit dem Urbild. Aber so wie es im erreichten Endzustand ein Schauen jenseits des sinnlichen Schauens gibt, so gibt es auch ein *Hören* jenseits des sinnlichen Hörens. Aber auch schon die hörbare Musik wird zur Einübung in das Begreifen der »vollendeten Schönheit des geschaffenen Alls« (Ebd. V, 36. S. 329), denn der Verstand begreift, daß die hörbare »Lieblichkeit des Einklangs« auf Verhältnissen beruht, die nur der Verstand begreifen kann (Ebd. V, 36. S. 330). Auch hier wieder begegnen wir der schon im vorausgegangenen Abschnitt erwähnten Beziehung von Philosophie, Mathematik und Musik. Dieser Zusammenhang ist in der mittelalterlichen Philosophie immer wieder feststellbar und wird eigentlich erst am Ende des Mittelalters aufgelöst.

| 135

Die ganze Welt wird auf diesem Weg zu dem, was sie eigentlich ist: zur göttlichen Metapher. Die Affirmation der Welt ist nur möglich durch die gleichzeitige Negation, die »Aufhebung«, in der die *Welt* als Gegenstand *in ein Symbol transformiert* wird. Durch die *Negation* nähert sich der denkende und anschauende Geist dem göttlichen Grund, der dann selbst als das »Nichts« bezeichnet werden kann:

Bei dem theologischen Verfahren, welches zur Erforschung der Erhabenheit und Unbegreiflichkeit der göttlichen Natur in Anwendung gebracht wird, gilt mehr die Bedeutung der Verneinung als der Bejahung. Wer dies beachtet, wird sich nicht wundern, dass Gott oftmals mit dem Worte »Nichts« bezeichnet wird. (Ebd. III 20. S. 338/339)

Dies gibt Scotus Eriugena auch die Möglichkeit einer eigenartigen Interpretation der Schöpfung aus Nichts:

Das Wort Gottes ist das Nichts, worin der Vater Alles machte. (Ebd. III 14. S. 308)

So macht er Alles aus Nichts, indem er aus seiner Überwesentlichkeit die Wesenheit hervorbringt, aus seiner Überlebendigkeit lebendige Wesen, aus der Vereinigung von Allem, was ist und nicht ist, die Bejahung von Allem, was ist und nicht ist. Dies lehrt auch deutlich die Rückkehr aller Dinge in die Ursache, aus der sie hervorgegangen sind, wann Alles in Gott zurückkehrt. (Ebd. III 20. S. 336)

Die Methode, die hier angewendet wird, die Denk- und Sprachform, in der der Gegenstand der Überlegungen zum Ausdruck kommt, ist sehr weit entfernt von jener, die Scotus Eriugena selbst in seinen *Annotationes in Martianum* dargelegt hatte. Die Dialektik, mit der hier gearbeitet wird, ist letztlich nichts anderes als der Nachvollzug der dialektischen Selbstentfaltung der *natura non creata*, also Gottes:

Man begreift hieraus, dass die sogenannte dialektische Kunst, welche die Gattungen in Arten teilt und die Arten auf ihre Gattungen zurückführt, nicht durch menschliche Bestrebungen gemacht worden, sondern vom Urheber aller wahren Künste in der Natur der Dinge geschaffen und von den Weisen nur entdeckt und durch scharfsinnige Erforschung der Dinge nutzbar gemacht worden ist. (Ebd. IV 4. S. 12 f.)

Es ist dann verständlich, daß Eriugena bei der Entwicklung dieser inneren Logik des Seins nicht mit der Kategorienlehre des Aristoteles arbeiten kann, in der ja die obersten Einteilungsgesichtspunkte festgestellt werden sollen. Im ersten Buch *Über die Einteilung der Natur* finden sich deshalb ausführliche Überlegungen zu der Frage, warum die aristotelischen Kategorien hier nicht zur Anwendung gebracht werden können. Eine der aristotelischen Kategorien ist z. B. »Tun und Erleiden«. Bei der *natura creans, non creata* ist die Kategorie »Erleiden« natürlich nicht anwendbar, aber auch das »Tun« kann in Gott nichts Akzidentelles sein, da es solches in Gott nicht geben kann, also sind für Eriugena in Gott Sein und Tun ein und dasselbe. Aber auch Tun und das Ergebnis des Tuns können nicht verschieden sein. Und so sagt Eriugena:

Für Gott ist also Sein und Tun nicht verschieden, sondern beides ein und dasselbe? Ich wage diesem Schlusse nicht zu widerstehen.
Wenn wir also hören, dass Gott Alles mache, so haben wir nichts anders zu verstehen, als dass Gott in Allem sei, d. h. dass er als die Wesenheit von Allem bestehe. Ist er doch allein wahrhaft durch sich selbst und in allem Seienden das wahrhafte Sein selber. (Ebd. I 72. S. 111)

Man wird es späteren Interpreten und Kritikern des 13. Jhd.s, die sich mit der Schrift *Über die Einteilung der Natur* beschäftigten werden, nicht übel nehmen dürfen, wenn sie hier Pantheismus vermuteten. Moderne Interpreten versuchen manchmal, dies zu entkräften, man hat aber den Eindruck, daß sie dabei von apologetischen Interessen geleitet sind, d.h. sie wollen Eriugena doch noch als »rechtgläubig« verteidigen. Für den Historiker der Philosophie gibt es aber kein solches Interesse, wenn jemand ein pantheistisches System entwerfen will, so soll er dies tun. Eine ganz andere Frage ist, ob ein solches System zu Recht als Auslegung des christlichen Glaubens verstanden werden kann, und an diesem Punkt sind aus rein historischer Sicht durchaus Bedenken angebracht. Solche Bedenken gelten aber auch schon für frühere Systeme, vor allem natürlich für das des Origenes in *Peri Archôn* und ebenso für das des Dionysios Areopagita, also der unmittelbaren inspirierenden Quelle des Scotus Eriugena.

Die Menschen im 9. Jhd., auch die am Hofe Karls des Kahlen, die gerade dabei waren, Lesen und Schreiben zu lernen, konnten natürlich für die Lehren des Scotus Eriugena kaum besonderes Verständnis oder Interesse aufbringen. Der Einfluß seines Werkes war daher zunächst nicht sehr groß, früher hat man sogar angenommen, Scotus Eriugenas Hauptwerk sei in den folgenden Jahrhunderten gar nicht gelesen worden. Dies stimmt so jedoch nicht. Es hat sich gezeigt, daß in Glossen zu Schriften des Boethius, des Martianus Capella und zu den *Categoriae decem* durchaus auch Elemente aus dem Werk *Über die Einteilung der Natur* enthalten sind. Zu Beginn des 12. Jhd.s hat sich Honorius von Autun (um 1080 – um 1137) mit dem Werk befaßt. Besonders interessant ist es, daß sein Werk auch bei den Katharern verbreitet war. Metaphysischen Dualismus konnten sie bei Eriugena sicher nicht finden, eher ist anzunehmen, daß sie von dem gnostischen Charakter des Werkes angezogen wurden. Eindeutig abhängig von Eriugena ist aber Amalrich von Bena (gest. 1206), dessen Lehre erwartungsgemäß, allerdings erst nach seinem Tod, auf einer Synode in Paris im Jahre 1210 verurteilt wurde, bei welcher Gelegenheit man auch einige seiner Anhänger verbrannte. Der Zusammenhang der Lehren Amalrichs mit denen Eriugenas war Verurteilern wie Verurteilten ganz deutlich, wesentlich schwieriger ist es zu erklären, woher am Beginn des 13. Jhd.s, also mehrere Jahrhunderte nach Eriugena, das Interesse an seinen Werken kam. Dazu kommt noch, daß wieder hundert Jahre später eine andere Bewegung auftrat, die Beginen, die fast genau dieselben Lehren vertraten wie die Almarikaner und die 1311 auf dem Konzil von Vienne ebenfalls verurteilt wurden. Dies gab Anlaß zu der Vermutung, daß der gesellschaftliche Hintergrund der »Irrlehren« des Amalrich ein ähnlicher gewesen ist wie der der Beginen, eine These, die tatsächlich Bestätigung in den Quellen gefunden hat. Daraus dürfte sich ergeben, daß die Anhänger des Amalrich nicht in den akademischen Kreisen von Chartres zu suchen sind, sondern viel eher in Gruppen religiös-enthusiastischer Frauen, und damit wären wir in einem sozialen Umfeld, das auch dem der Beginen entspricht. Auffällig ist, daß schon bei den Amalrikanern eine Verbindung der Lehren Eriugenas mit der Geschichtsphilosophie Joachims von Fiore (1131–1202) vorlag. Dort wurde die Erwartung eines Zeitalters des Geistes ausgesprochen, also einer neuen und endgültigen Epoche, in der eine letztgültige Einheit von Erkenntnis und Offenbarung erreicht werden sollte. Die Philosophie Eriugenas entsprach genau den Vorstellungen einer solchen Vernunftreligion, also einer höheren, pneumatischen Gnosis. Nehmen wir an, daß diese These zutrifft, so ergibt sich daraus, daß zumindest die Wirkung des Systems des Eriugena nicht aus ihrer philosophischen Stringenz stammt, sondern daraus, daß sie mystisch-enthusiastischen Bewegungen, die eine Zeitenwende mit einer Umwertung aller Werte erwarteten, die gesuchte theoretische Stütze bot. Diese These ist problematisch, was auch gar nicht verschwiegen werden soll. Sie besagt, daß unterdrückte Schichten, zu denen gerade die Frauen dieser Jahrhunderte gehörten, sich von diesem mystisch-metaphysischen Denken Eriugenas und Joachims von Fiore angezogen fühlten. Bei Eckhardt wird sich eine ähnliche Affinität von Frauenbewegungen und pantheismusnaher Metaphysik zeigen (vgl. Kap. XVIII, 1). Das Gemeinsame in all diesen Bewegungen ist eine Zurückweisung der bislang geltenden offiziellen gesellschaftlichen Formen, wie z. B. der Sakramente, der Priesterherrschaft usw., einhergehend mit einer Berufung auf den »Geist« und eine entsprechende Vernunftreligion. Und damit wären wir bei einer Beziehung von Mystik und »revolutionären« Bewegungen.

Im 13. und 14. Jhd. verdrängte das Interesse an den neuentdeckten aristotelischen Schriften solche »alten« Werke. Der Neuplatonismus war jedoch auch in diesen Jahrhunderten weiter gegenwärtig, vor allem durch den Standardautor Dionysios Areopagita und durch den *Liber de causis* (vgl. dazu Kap. IX, 1). Systematisch wirksam wird Scotus Eriugena aber eigentlich erst wieder bei Nikolaus von Kues. Wir sollten die folgende Linie nicht aus dem Auge verlieren: Plotin – Proklos – Dionysios Areopagita – Scotus Eriugena – Nikolaus von Kues – Hegel. Dies ist die idealistische Tradition der europäischen Philosophie.

3. Neue Texte in der Philosophie des 10. Jahrhunderts

Das 10. Jhd. war in seiner ersten Hälfte eine Periode, in der den Studien nicht viel Aufmerksamkeit geschenkt werden konnte. Durch Invasionen der Normannen waren viele Schulen zerstört worden. In der ersten Hälfte des 10. Jhd.s tat sich daher auch im Bereich der Philosophie nicht besonders viel, jedenfalls nichts Aufsehenerregendes. Den Ottonen-Kaisern gelang es jedoch, wieder gesichertere Verhältnisse herzustellen, und sie waren auch an Bildungsaufgaben interessiert.

Irgendwann in der zweiten Hälfte des 10. Jhd.s tauchten zwei Texte des Boethius im lateinischen Westen wieder auf, es handelt sich dabei um die zwei zusammenfassenden Schriften *De syllogismis categoricis* und *De syllogismis hypotheticis*. Diese beiden Schriften waren in den Bibliotheken des Westens seit der Zeit des Boethius, also seit dem 6. Jhd., nicht mehr vorhanden gewesen. Im 10. Jhd. kamen sie, wie es scheint aus Byzanz übermittelt, in Nordfrankreich wieder in Umlauf. Auf welchen

Wegen und warum sie überhaupt zu dieser Zeit aus Byzanz in die Gegend von Reims und Orléans gelangten, ist völlig unklar. Daß sie jemand bestellt hätte, ist unwahrscheinlich, da sie vorher in anderen Schriften nirgends erwähnt werden, die Gelehrten im Westen also von ihrer Existenz vermutlich gar nichts wußten. Man könnte allerdings daran denken, daß sie in einem Kodex mitenthalten waren, in dem irgendeine andere, den französischen König interessierende Handschrift enthalten war. Wir wissen von dem Gebrauch dieser Schriften durch zwei bekannte Persönlichkeiten. Die eine ist Gerbert von Aurillac (940/950–1003), ein äußerst bemerkenswerter Mann. Er war Mönch in Aurillac, begab sich dann für einen Studienaufenthalt nach Nordspanien, wo er sich hauptsächlich mit Mathematik und Astronomie beschäftigte. In Nordspanien gab es Kontakte zur arabischen Wissenschaft, die – worauf noch zurückzukommen sein wird (vgl. Kap. XI, 2) – der lateinischen Wissenschaft weit überlegen war. Gerbert war vermutlich der erste lateinische Magister, der die arabischen Ziffern verwendete. Er war eigentlich mehr am Quadrivium interessiert, und es gab zu seiner Zeit im lateinischen Bereich niemand, der dieses auf einem ähnlichen Niveau wie Gerbert unterrichten konnte. Sein Wissen hat er jedenfalls teilweise aus Quellen, die aus dem arabischen Bereich stammten. Solche Kenntnisse waren damals allerdings suspekt, und er wurde deshalb – genauso wie der gleich noch zu erwähnende Abbo von Fleury – der Zauberei | 139 beschuldigt. Gerbert kam 970 mit Hatton, dem Bischof von Vich (Katalonien), nach Rom und wurde dort dem Papst vorgestellt. Als Hatton kurz darauf ermordet wurde – daß ein Bischof ermordet wurde, war zu dieser Zeit in Rom kein besonders aufsehenerregendes Ereignis –, blieb Gerbert in Rom. Im Jahre 972 fand die großartige Hochzeit Ottos II. mit Theophanu statt, und Gerbert wurde dem Kaiserpaar vorgestellt. Inzwischen war auch eine französische Gesandtschaft in Rom eingetroffen und Gerbert wurde als Lehrer für Reims angeworben. Aus der Zeit seiner Tätigkeit in Reims (972–980) wissen wir aus dem Bericht seines Schülers Richer, daß er in seinem Unterricht unter anderem auch die beiden genannten Texte verwendete, in welcher Weise er sie jedoch in seiner inzwischen berühmt gewordenen Schule gebrauchte, wissen wir nicht, da er keine Schrift zu diesen Themen verfaßt hat. Ihn interessierte aber die Mathematik und die Astronomie mehr als die Logik, noch mehr interessierte ihn jedoch seine Karriere. Er wurde tatsächlich nach recht unerfreulichen Intrigen, an denen er nicht unbeteiligt war, Erzbischof von Reims. 996 traf Gerbert in Rom mit Otto III. zusammen, der ihn aufforderte, sein Berater zu werden. 997 ist Gerbert in Deutschland und wird dann durch kaiserliche Einsetzung Erzbischof von Ravenna, zwischendurch war er noch Abt des bedeutenden Klosters Bobbio, und schließlich wurde er durch einen Machtspruch Ottos III. Papst (= Silvester II.). Man muß anerkennen, daß sich Gerbert als der bedeutendste Gelehrte der lateinischen Christenheit seiner Zeit einen Namen gemacht hatte, und er stellt somit den einzigen Fall in der Geschichte dar, in dem der gelehrteste Christ Papst wurde.

Schon 981 hatte Gerbert in Ravenna in einer aufsehenerregenden Disputation vor Kaiser Otto II. gegenüber dem Magister Ohtrich, dem Leiter der Magdeburger Kathedralschule, einen glänzenden Sieg davongetragen. »Diskussionsleiter« war dabei Kaiser Otto II., wobei man festzuhalten hat, daß der Kaiser außergewöhnlich gebildet war. Worum ging es bei dieser, einen ganzen Tag dauernden Diskussion? Um eine Frage im Anschluß an den ersten Kommentar des Boethius zu der *Einleitung* des Porphyrios über die Einteilung der Philosophie; unter anderem wurde die Zuordnung von Mathematik und Physik behandelt. Bei dieser Diskussion waren Fragen offen geblieben, und Gerbert hat sich mit diesen in seiner Schrift *De rationali et ratione uti* befaßt, die Otto III. gewidmet ist. In der Vorrede weist er darauf hin, daß Logik ein wichtiges Element am kaiserlichen Hof sein sollte, was eine etwas extravagante Forderung darstellt. Die Begründung dafür ist allerdings weniger philosophisch als politisch: Er weist den Kaiser auf seine griechische Mutter – Theophanu – hin, um damit zu bedeuten, der Kaiserhof dürfe an Bildung nicht hinter dem Hof von Byzanz zurückstehen. Die öffentliche Diskussion zeigt, daß auch der Kaiser die Bedeutung der Bildung erkannt hatte. Man darf aus dieser öffentlichen Diskussion natürlich nicht ableiten, daß zu jener Zeit Philosophie sogar auf höchster politischer Ebene relevant gewesen wäre. Außer dem Unterhaltungswert für den Hof bot eine solche Diskussion für einen Magister aber die Möglichkeit, in aller Öffentlichkeit auf sich aufmerksam zu machen. Und die Stellung eines Magisters einer Kathedralschule oder des Scholasters einer großen Abtei war immer ein Sprungbrett für höhere Positionen, so eben auch für Gerbert.

Man sieht dies auch an dem zweiten Philosophen des 10. Jhd.s, der sich mit den beiden Texten des Boethius beschäftigte, nämlich Abbo von Fleury (940/945–1004), von dem neben anderen Schriften ein Traktat zur Grammatik und kleinere Schriften zur Mathematik erhalten sind. Anders als bei Gerbert ist von Abbo eine Schrift *Über die kategorischen Syllogismen* und eine *Über die hypothetischen Syllogismen* erhalten, die zeigt, daß Abbo mit diesen für ihn ganz neuen Texten in durchaus kompetenter Weise umgehen konnte. Er sah auch ganz richtig, daß zwischen den hypothetischen Syllogismen, die Boethius in dem sie eigens behandelnden Traktat betrachtet und jenen, die sich in dessen Kommentar zur *Topik* Ciceros finden, ein Zusammenhang besteht (was später sogar Abaelard nicht aufgefallen ist). Es geht dabei um die berühmten, aus der stoischen Tradition stammenden sogenannten »unbeweisbaren Schlüsse« (*indemonstrabilia*; vgl. 1. Teil, Kap. XII, 1). Wir müssen allerdings annehmen, daß er bei seiner Bearbeitung außer den Texten des Boethius über eine weitere, nicht mehr erhaltene Quelle verfügte. Ob er in seiner Schule Zuhörer hatte, die diese gar nicht einfachen Texte verstehen konnten, ist eher zu bezweifeln. Nichtsdestoweniger bleibt bestehen, daß in der Schule der königlichen Abtei Fleury mehr Interesse an philosophischen Fragen vorhanden war als im berühmten Cluny. Abbo befaßte sich sogar noch als Abt weiter mit wissenschaftlichen Fragen, vor allem mit Astronomie, die zur Kalenderberechnung diente, und wurde deshalb der Magie beschuldigt. Als Abt des königlichen Klosters Fleury war Abbo auch als Abgesandter des französischen Königs beim Papst tätig, allerdings erfolglos. Abbo wurde im Jahre 1004 als Abt dieses Klosters von den Mönchen eines anderen Klosters, La Réole, über das er als Abt von Fleury das Aufsichtsrecht beanspruchte, ermordet.

Eine Bemerkung noch: Gerbert war der Papst des Jahres 1000, Abbo war zu dieser Zeit der mächtigste Abt Frankreichs. Hat das Jahr 1000 die Bedeutung gehabt, die ihm manchmal zugeschrieben wird: Weltuntergangsängste, Massenhysterie usw.? Die Geschichtsforschung kann dies nicht bestätigen, es gibt nur wenige Vorkommnisse, die darauf hinweisen, daß dieses Jahr als etwas Besonderes angesehen wurde. Bei Gerbert etwa findet sich in seinem Briefwechsel keinerlei Hinweis darauf, daß er diesem Datum irgendeine Bedeutung zugeschrieben hätte. In der von Aimon, einem Schüler Abbos, verfaßten Biographie seines Lehrers und Abtes wird hingegen eine interessante Episode berichtet: Während seiner Studienzeit in Paris, so um das Jahr 975, hörte Abbo in einer Kirche einen Prediger, der die Ankunft des Antichrist für das Jahr 1000 vorhersagte. Abbo machte sich sofort daran, die Unhaltbarkeit dieser These aufzuzeigen. Im ganzen aber wurde diesem Datum wenig Aufmerksamkeit gewidmet, die Menschen dachten in den Jahren vor dem Jahr 1000 nicht in Katastrophen- und Untergangskategorien, sie waren auf dem besten Weg zu einem wirtschaftlichen Aufschwung, der sich im 11. Jhd. weiter durchsetzen wird, und Angst vor dem Weltuntergang paßt nicht in eine Zeit wirtschaftlicher Prosperität. | 141

Es gab im 10. und 11. Jhd. natürlich neben Reims und Fleury noch andere Zentren, an denen Bildungsarbeit mit philosophischer Relevanz geleistet wurde. Ein solches wichtiges und in verschiedener Hinsicht aufschlußreiches Zentrum war St. Gallen. In der Zeit vom 9. bis zum 11. Jhd. gab es in St. Gallen eine innere Schule für die Mönche und eine äußere für die Laien. Dies gab, nebenbei gesagt, Anlaß zu meinen, diese äußere Schule auch im berühmten St. Galler Klosterplan auffinden und lokalisieren zu können, was aber nicht möglich ist. – Eine besonders interessante Periode liegt am Ende des 10. und Beginn des 11. Jhd.s vor, als Notker Labeo (um 950–1022) als Lehrer in St. Gallen tätig war; von ihm und aus seiner Schule sind zahlreiche Texte überliefert. Bei Begriff und Zielsetzung der Philosophie waren die St. Galler zu dieser Zeit noch ziemlich unsicher, wie aus folgendem Text deutlich wird, in dem verschiedene Definitionen einfach aneinandergereiht werden (das »oder« in [2] – [4] steht so im Text):

[1] Die Philosophie ist die wahrscheinliche [oder: beweisende?] Wissenschaft *(probabilis scientia)* der göttlichen und menschlichen Dinge, soweit diese dem Menschen möglich ist.

[2] Oder: Die Philosophie ist die Erkenntnis *(cognitio)* der menschlichen und göttlichen Dinge, verbunden mit dem Eifer, gut zu leben *(cum studio bene vivendi)*.

[3] Oder: Die Philosophie ist die Kunst der Künste und die Disziplin der Disziplinen *(ars artium et disciplina disciplinarum)* und die vollständige Ausführung *(consumatio)* aller Tugenden.

[4] Oder: Die Philosophie ist die Verachtung der Welt *(contemptus mundi)*, die Betrachtung des Todes, die Leitung des Lebens, die Wegweiserin *(indicatrix)* der Tugenden und die Vertreiberin *(expultrix)* der Laster, welche Definition am meisten den Christen entspricht, die bei Verachtung des Strebens nach der Welt durch unterrichtendes Gespräch *(conversatione disciplinali)* gemäß der Ähnlichkeit der zukünftigen Heimat leben. *(Die Schriften Notkers und seiner Schule. S. VII. Übers. v. F. S.)*

Die offensichtliche Unsicherheit in der Bestimmung dessen, was das Ziel der Philosophie ist, war sicher nicht auf die Schule in St. Gallen beschränkt. Mit Definition [1] und [2] soll – ganz im Sinne der von Alkuin weitergeführten spätantiken Auffassung – eine Einheit der weltlichen und der religiösen Weisheit angestrebt werden. Mit Definition [3] hingegen sind wir schon fast bei der bekannten Definition der Logik als der »Kunst der Künste und der Wissenschaft der Wissenschaften« *(ars artium et scientia scientiarum)*, die dann durch eine einfache Aneinanderreihung mit dem tugendhaften Leben verbunden wird. In Definition [4] hingegen wird für »Philosophie« ein rein christlich religiöses Ziel vorausgesetzt. Definition [3], die eine Verselbständigung der Philosophie und eine für alle Wissenschaften maßgebliche Ordnungsfunktion derselben ermöglicht, steht die Definition [4] mit ihrer rein religiösen Zielsetzung gegenüber – es ist deutlich, daß hier ein nicht ausgetragenes Spannungsverhältnis vorliegt. Vielleicht kommt es nicht von ungefähr, daß, wie es aus der Chronik Ekkehards (980/990–1056), eines Schülers Notkers, klar hervorgeht, zu dieser Zeit in St. Gallen erhebliche Probleme in Hinsicht auf die »geistliche« Zielsetzung des Klosters und unübersehbare Tendenzen der »Verweltlichung« vorlagen. Auch bei der Bestimmung von »Philosophie« war es offensichtlich unklar, ob man eher eine »weltliche« oder eher eine »geistliche« Definition zugrundelegen sollte.

Notker Labeo erhielt schon von Zeitgenossen den Beinamen »Teutonicus«, also »der Deutsche«, wodurch auf seine Tätigkeit als Übersetzer hingewiesen wurde. Außer der *Consolatio* des Boethius übersetzte er u.a. auch dessen Kommentar zu den *Kategorien* des Aristoteles, die Boethius-Übersetzung von *Peri Hermeneias* des Aristoteles sowie Buch I und II von *De nuptiis Philologiae et Mercurii* ins Althochdeutsche. Weiterhin übersetzte er einen kleinen Traktat über die Syllogismen ins Deutsche und in diesem Traktat finden wir auch einen verhältnismäßig ausführlichen Abschnitt über die hypothetischen Syllogismen (Ebd. S. 605–613), also wiederum jenes Gebiet der Logik, mit dem sich auch Gerbert von Aurillac und Abbo von Fleury auseinandergesetzt hatten. Daß die Texte zur Logik einen Großteil der Arbeiten Notkers ausmachen, zeigt erneut die Bedeutung, die die Logik in der mittelalterlichen Philosophie schon zu jener Zeit spielte. In diesen Übersetzungen folgt jeweils auf einen lateinischen Satz die althochdeutsche Übersetzung. Als Beispiel nehmen wir den ersten Satz aus der Schrift über den Syllogismus:

Syllogismus grece . latine dicitur ratiotinatio. Teutonice autem possumus dicere . geuu-árrahchunga *. uel pluribus uerbis .* éinis tíngis irrâtini *.* unde guuſheit fóne ánderên. (Ebd. S. 596)

Die Form dieses Satzes ist in zweifacher Hinsicht aufschlußreich. Zunächst zeigt sie, daß auch den Schülern, die bereits die sieben Freien Künste studierten, das Lateinische noch größte Schwierigkeiten bereitete, so daß Notker eine Hilfestellung durch eine Übersetzung zu geben suchte. Die ständige Nebeneinanderstellung von lateinischem und deutschem Text zeigt aber weiterhin, daß Notker nicht die Absicht hatte, den deutschen Text für sich allein stehen zu lassen. Notker der Deutsche kann also nicht als Vorläufer einer Philosophie in der Muttersprache angesehen werden, wohl aber als einer der wenigen Philosophen des Mittelalters, die sich ganz bewußt der Problematik des Philosophierens in einer reinen Bildungssprache stellten und versuchten, hier eine didaktische Hilfestellung zu leisten, die über lateinische Grammatiken hinausgingen. Wir erhalten dadurch jedenfalls einen Hinweis darauf, daß wir mit der Behauptung, Latein sei die Bildungssprache des Mittelalters gewesen, vorsichtig umgehen sollten. Wir kennen ja nur die Texte derer, die – mehr oder weniger gut – Latein konnten, wie viel oder wenig Latein die »normalen« Mönche des 10. Jhd.s konnten, können wir kaum feststellen. Vermutlich gilt ähnliches auch noch für die »normalen« Studenten der Kathedralschulen und der späteren Universitäten.

4. Christentum und »heidnische« Philosophie

a) Bovo von Corvey

Im 10. und 11. Jhd. wurde die Frage des Verhältnisses der christlichen zur »heidnischen« Philosophie, eigentlich ein ganz altes Problem, ausdrücklich thematisiert. Ausgangspunkt war der bekannte Schöpfungshymnus aus dem 3. Buch der *Consolatio* des Boethius (vgl. den Text oben in Kap. IV, 2). Vergleichstexte zu diesem Hymnus waren nur wenige vorhanden, nämlich die teilweise Übersetzung des *Timaios* durch Calcidius mit dessen Kommentar sowie der *Kommentar* des Macrobius zum *Somnium Scipionis*. Aber auch dieses sehr dürftige Material reichte dazu aus, daß Bovo (gest. 916), Abt von Corvey in Sachsen, erkannte, daß dieser Text des Boethius platonisch ist und vieles enthält, das mit dem christlichen Glauben nicht vereinbar ist. Er sah, daß die Vorstellung einer Weltseele, die den Kosmos organisiert, innerhalb der christlichen Weltauffassung keinen Platz hatte. Bovo kam zu diesem Urteil bei der Arbeit zu Anmerkungen, die er zum Text des Boethius verfassen wollte.

Bovo gehörte selbstverständlich zu den Bewunderern dieses Textes und lehnte den Text als solchen nicht ab, aber er begriff, daß es eigentlich kein christlicher Text war. Bovo hatte also ein Problem formuliert, und dabei blieb es zunächst, die Anmerkungen Bovos, die nur geringe Verbreitung fanden, hatten keinen Einfluß auf die unverminderte Wertschätzung der *Tröstung der Philosophie*.

b) Adalbold von Utrecht

Auch Adalbold (gest. 1026), Bischof von Utrecht, erkannte, daß der Hymnus des Boethius sich nicht problemlos in christliche Glaubensvorstellungen einfügte, er versuchte aber, den Text des Boethius mit dem christlichen Glauben zu harmonisieren. Er verwandte dabei den Gedanken der Theophanie, wie er sich auch bei Scotus Eriugena findet, was sachlich allerdings nicht viel weiter führt, denn bei der Schrift des Eriugena stellt sich genauso das Problem der Vereinbarkeit von Neuplatonismus und christlichem Glauben, was später auch erkannt wurde. Interpretationsversuche Adalbolds wie der, daß mit der Weltseele Christus als Exemplarursache der Welt gemeint sei, stießen auf Kritik. Das Problem der Verhältnisbestimmung des Christentums zur heidnischen Philosophie war also weiterhin auf der Tagesordnung, ohne daß durch Adalbold eine brauchbare Lösung geliefert worden wäre.

c) Manegold von Lautenbach

In der zweiten Hälfte des 11. Jhd.s lieferte die platonische Kosmologie den Anlaß zu einem heftigen Streit, von dem wir durch die Schrift *Liber contra Wolfelmum* des Manegold von Lautenbach (gest. nach 1103) unterrichtet sind. Der Streit hatte auch politische und territoriale Hintergründe. Manegold von Lautenbach war im Elsaß tätig und gehörte im Investiturstreit der päpstlichen Partei an, während sein Gegenspieler Wolfhelm, ein Mönch in Köln, der kaiserlichen Partei angehörte. Manegold war einer der engagiertesten und auch mit Polemik nicht sparenden Anhänger der kirchlichen Reformpläne von Papst Gregor VII. (um 1020/1025–1085, Papst seit 1073), und in diesem Kontext setzte er sich für die »Reinheit der Lehre« ebenso ein wie für die Reform der Institutionen. Manegold war zu Beginn seiner Laufbahn Magister der Freien Künste und besaß eine gute Bildung. Die von ihm zum Vergleich platonischer Kosmologie und christlicher Schöpfungslehre herangezogenen antiken, also »heidnischen« Texte waren wiederum – andere diesbezügliche Texte hatte man schließlich nicht zur Verfügung – der *Kommentar* des Calcidius zum platonischen *Timaios* sowie der *Kommentar* des Macrobius zum *Somnium Scipionis*. Manegold von Lautenbach hielt zu Recht die Philosophie des Macrobius für nicht vereinbar mit dem christlichen Glauben. Darüber hinaus aber fand er die Beschäftigung mit dieser

Philosophie schädlich, weil in ihr ein seiner Ansicht nach ungebührliches Interesse an der Natur zum Ausdruck kommt. Hier hört man natürlich Augustinus heraus. Aber aus der Polemik Manegolds wird auch deutlich, daß zu seiner Zeit eine recht unaugustinische Platon-Interpretation an Boden gewann, in der der »religiöse« Platon in den Hintergrund und ein »physikalischer« und »wissenschaftlicher« Platon in den Vordergrund trat. Diese Tendenz knüpfte besonders an den Kommentar des Calcidius an, in dem zumindest einige Bruchstücke antiker Wissenschaft enthalten waren. Diese Interessenrichtung wird im 12. Jhd. verstärkt bemerkbar sein (vgl. Kap. VIII, 3). Außerdem hatte Manegold den Verdacht, daß das Studium heidnischer Philosophen dazu führt, daß der Gehorsam gegenüber kirchlichen Autoritäten abnimmt. Ganz ablehnen wollte er die Philosophie aber doch nicht, da er wußte, daß einiges der bei den Christen geltenden Tugendlehre aus der »heidnischen« Philosophie stammte und darauf wollte er bei seiner Unterstützung der Reform nicht verzichten. Es waren also nicht nur philosophische Interessen, die Manegold bewegten. Dies ändert jedoch nichts daran, daß er mit seiner Betonung der Verschiedenheit der platonischen und der christlichen Weltsicht sachlich recht hatte. Demgegenüber hatte Wolfhelm versucht zu harmonisieren, war also sachlich im Unrecht, allerdings vor dem Hintergrund der Annahme, es gäbe ein legitimes Interesse an der Natur, womit er wiederum sachlich im Recht war.

An diesen Beispielen sieht man, daß die Vertreter der Unvereinbarkeit von christlicher Lehre und platonischer Kosmologie zwar sachlich im Recht waren, daß sie aber manchmal von da aus zu einer Ablehnung der Philosophie überhaupt gelangten, während jene, die der Philosophie positiv gegenüberstanden, dazu tendierten, sachlich nicht haltbare Harmonisierungsversuche zu unternehmen. Dies gibt Anlaß zu einer Warnung in hermeneutischer Hinsicht. Es wird bei der Darstellung der Geschichte der Philosophie, gerade der des Mittelalters, öfter von »Synthesen« gesprochen, so z. B. später bei Maimonides oder Thomas von Aquin, was nicht selten mit einem lobenden Unterton vorgetragen wird. Man sollte hier stets genau hinsehen. Häufig verbergen sich hinter diesen Synthesen auf der einen Seite zwar durchaus legitime Anliegen und manchmal auch bedeutende Leistungen, auf der anderen Seite häufig aber auch nicht ausgetragene Probleme oder gewaltsame Harmonisierungen, die dann in der nächsten Generation deutlich hervortreten, so bei Maimonides in den Konflikten um 1232 und bei Thomas in den Verurteilungen von 1277 (vgl. Kap. X, 2, i und Kap. XV). Hermeneutisch gesehen haben oft die »radikalen« Vertreter, die auf einer Seite der Alternative stehen und keine Möglichkeit der Harmonisierung sehen, bei der Interpretation der Texte eher recht als die Vertreter der Synthese oder der Harmonisierung.

In seinen politischen Schriften wandte Manegold ganz bewußt Methoden der Dialektik an und seine Gegenspieler von der kaiserlichen Partei taten dasselbe. Es kann nicht übersehen werden, daß die Auseinandersetzung zwischen Papst Gregor VII. und König Heinrich IV. beiden Seiten die Bedeutung guter Argumentationsverfah-

| 145

ren deutlich ins Bewußtsein gerückt hatte, aufs ganze gesehen nahm dadurch die Wertschätzung der Dialektik, also der Logik, zu. Damit war das Interesse an einem zentralen Bereich der Philosophie gesichert und konnte sogar auf institutionelle Unterstützung von seiten der Anhänger der gregorianischen Reform setzen. Logik war im Trivium auch eine Voraussetzung für Rhetorik; und diese Disziplin diente neben der Grammatik primär dazu, zu lernen, lateinische Briefe zu verfassen, was die wichtigste Aufgabe der Notare und Kanzlisten war, und bei dieser Tätigkeit wurde jetzt auch die praktische Relevanz der Logik deutlich. Logik wurde somit in einem praktischen und politischen Kontext als nützlich anerkannt, womit wir bei einem der Entstehungsgründe der scholastischen Philosophie sind. Die Vertreter der Logik ließen sich auf lange Sicht hin aber nicht instrumentalisieren und bestanden auf dem Eigenwert und der Autonomie ihres Bereichs, und damit war wiederum ein Konfliktpotential gegeben. Neben Dialektikern gab es immer wieder auch Antidialektiker.

d) Petrus Damiani

Petrus Damiani (1007–1072) gilt als Antidialektiker, zumindest aber als jemand, der von der Anwendung der Logik im Bereich der Theologie nicht viel hielt. Er kannte die Logik gut und hatte sie auch selbst unterrichtet. Plötzlich aber hatte er sich »bekehrt«, war Einsiedler geworden – das Eremitentum war damals in Italien sehr verbreitet – und begann gegen die profane Kultur zu polemisieren. Nichtsdestoweniger war er weiter mit politischen Fragen beschäftigt und in wichtigen politischen Missionen tätig. Etwa um 1057 wurde er sogar zum Kardinal ernannt. Petrus Damiani war ohne Zweifel eine widersprüchliche Persönlichkeit. Ihm wird manchmal die These zugeschrieben, daß er mit Berufung auf die göttliche Allmacht das *Widerspruchsprinzip* geleugnet habe. Dies trifft aber nicht zu. Die Frage geht zurück auf ein Gespräch des Petrus Damiani mit den Mönchen in Montecassino, das um 1064 stattgefunden hat. Dort wurde die Frage aufgeworfen, ob man aufgrund der Allmacht Gottes nicht die These vertreten müsse, Gott könne ein geschehenes Ereignis rückgängig machen. Dieser Frage widmete Petrus Damiani dann etwas später die Schrift *Über die göttliche Allmacht (De divina omnipotentia)*. Sein Argument lautet im Prinzip so: Gott kann durch ein Wunder erreichen, daß etwas, was zu einem bestimmten Zeitpunkt der Fall war, zu einem späteren Zeitpunkt nicht mehr der Fall ist. Damit ist aber nicht etwas zugleich wahr und falsch, und nur dies wäre eine Leugnung des Kontradiktionsprinzips. Das Argument des Petrus Damiani lautet nicht, daß etwas zugleich sein und nicht sein könne, sondern daß ein Ereignis A zu einem bestimmten Zeitpunkt der Fall ist, während zu einem späteren Zeitpunkt *nicht-A* der Fall sein kann, auch wenn diese Veränderung den Naturgesetzen widerspricht. Ein Beispiel: Ein Feigenbaum ist zum Zeitpunkt t_1 verdorrt und zum Zeitpunkt t_2 blüht er. Die Allmacht Gottes wird also von Petrus Damiani nicht mit der Logik, sondern mit der Naturwissenschaft konfrontiert. Die Argumentation für die Geltung des Kontradiktionsprinzips ist allerdings eigentümlich und hat tatsächlich dazu Anlaß gegeben, zu meinen, es gelte der Ansicht des Petrus Damiani nach für Gott nicht:

Wenn also Gott alles kann, warum zweifelst du daran, daß Gott dies könne, daß etwas zugleich ist und nicht ist, wenn es gut ist, daß dies eintritt? Anderseits: Wenn es unnütz ist, daß irgendwelche Dinge zwischen sein und nicht-sein durcheinander gebracht werden *(confundi)*, Gott aber nicht Unnützes *(inutilia)*, sondern alles gut macht, dann gilt umso mehr, daß, wenn es [d. h., daß sein und nicht-sein durcheinandergebracht werden] schlecht und deshalb ein Nichts ist, Gott es überhaupt nicht tut. (PL 145, Sp. 608D. Übers. v. F. S.)

Petrus Damiani sagt hier nicht mehr, als daß es ganz und gar kein Zeichen der göttlichen Allmacht wäre, gegen das Kontradiktionsprinzip zu verstoßen, da dies etwas Unnützes und ein Übel wäre. Daß Gott aber kein Übel schaffen kann und nichts Unnützes tut, stellt keine Einschränkung der Allmacht Gottes dar. Daß Petrus Damiani das Kontradiktionsprinzip für allgemein gültig hält, sagt er ganz ausdrücklich: »Nichts kann zugleich sein und nicht sein.« (*Nihil enim simul potest esse et non esse.* [Ebd. Sp. | 147 608C]). Eigentlich geht es ihm also gar *nicht* um einen *Kampf gegen die Logik*, sondern um einen *Kampf für die Wunder* als Zeichen der göttlichen Allmacht. Und da es seiner Auffassung nach Wunder gibt, sind eben Prämissen aus der Naturwissenschaft, die für gültige Schlüsse verwendet werden, hier keine wahren Prämissen. Nehmen wir ein Beispiel seiner Polemik, in dem der *modus ponens* verwendet wird:

Höre den Syllogismus: Wenn Holz brennt, dann verbrennt es; es brennt aber; also verbrennt es auch *(si lignum ardet, profecto uritur; sed ardet; ergo uritur)*. Aber siehe da *(sed ecce)*: Moses sieht den Dornbusch brennen und sieht, daß er nicht verbrennt. (Ebd. Sp. 610D. Übers. v. F. S.)

Petrus Damiani bestreitet also nicht die Gültigkeit der logischen Form des hypothetischen Syllogismus, er bestreitet aber, daß hier eine brauchbare Prämisse vorliegt, da Gottes Allmacht etwas gegen die Ordnung der Natur *(contra naturae ordinem)* bewirken kann (Ebd. Sp. 611A). Gottes Allmacht setzt also nicht die Gesetze der Logik außer Kraft, wohl aber kann er durch Wunder beliebige, als allgemeingültig angenommene Prämissen, d. h. Naturgesetze, in Einzelfällen außer Kraft setzen. Damit wird allerdings die Anwendung der Logik auf der Basis so unsicherer Prämissen zu einem ziemlich unnützen Unternehmen.

Von da her kommt es, daß die göttliche Kraft häufig die gut ausgerüsteten Syllogismen der Dialektiker und deren Verschlagenheit vernichtet, und die Argumente aller Philosophen, die bei ihnen schon als notwendig und unausweichlichlich beurteilt werden, in Verwirrung bringt. (Ebd. Sp. 610D. Übers. v. F. S.)

Auch hier ist es wieder dasselbe: Nicht die Syllogismen als solche werden außer Kraft gesetzt, es wird vielmehr nur das Vertrauen der Dialektiker in die universale Geltung ihrer auf empirischen Gesetzmäßigkeiten beruhenden Prämissen angegriffen. Bei Petrus Damiani handelt es sich nicht um einen Kampf gegen die Dialektik und vielleicht auch letztlich nicht um einen Kampf um die Verteidigung der göttlichen Allmacht, sondern um den Kampf um die *Rechtfertigung des Wunderglaubens*. Und damit wird nicht wirklich die Logik getroffen, sondern der Glaube an allgemeingültige Naturgesetze, wodurch allerdings der Logik jeder sinnvolle Verwendungs-Zusammenhang genommen wird. Im Ergebnis ist es trotzdem Obskurantismus: Logik ist für den Gläubigen kein brauchbares Instrument. Wir können bis in die Gegenwart hinein beobachten, daß Menschen, die unbedingt an Wunder glauben möchten, ein gestörtes Verhältnis zur Logik haben, obwohl dies von der Sache her eigentlich gar nicht erforderlich ist. – Im späten Mittelalter wurde mit Berufung auf die göttliche Allmacht von einigen allerdings wirklich angenommen, Gott könne vergangene Fakten ungeschehen machen. Dann sind wir tatsächlich bei der Konsequenz, die bei Petrus Damiani noch nicht vorliegt.

Petrus Damiani war nicht der einzige, dem die weltliche Kultur als Verführung erschien. Dem etwas unruhigen Mönch Radulfus Glaber (gest. um 1047), der das eher unzuverlässige Geschichtswerk *Historiarum libri quinque* verfaßt hat, erschienen Vergil und Horaz in Gestalt von Teufeln, die ihn verführen wollen. Auch die Klostermauern schützten also nicht vor den Gefahren der weltlichen Kultur, wurden die Texte derselben doch gerade in den monastischen Skriptorien eifrig kopiert.

e) Berengar und Lanfrank

Die Diskussion um *Vernunft* und *Autorität* nahm im Lauf des Mittelalters an Schärfe zu. Eine der Ursachen dafür lag darin, daß die Logik, damals »Dialektik« genannt, auf ein wesentlich höheres Niveau als vorher gebracht wurde. Während bisher die *Categoriae decem* der einzige Grundlagentext der Logik gewesen war, wurden seit dem 10. Jhd. die anderen zur Logik vorhandenen Texte zunehmend mehr herangezogen, also die *Kategorien* und *De interpretatione* des Aristoteles sowie die Kommentare und Monographien des Boethius. Die Logik wird zu einer selbständigen Disziplin, deren Anwendungsbereich durch nichts eingeschränkt werden darf, auch nicht durch den Glauben. Mit der großen Aufwertung der Bedeutung der Logik, die als formale Disziplin auch dem Glauben oder der Theologie gegenüber als neutral aufgefaßt werden konnte, war jedoch oft ein Rationalismus verbunden, der als solcher die Gegnerschaft von Vertretern autoritativer Offenbarung hervorrief. Die Diskussion, die oft um theologische Fragen ging, ist interessant wegen der prinzipiellen Frage des Verhältnisses von Vernunft und Autorität, die gerade bei radikalen Vertretern beider Seiten deutlich zu Tage tritt.

Als Beispiel dieses Problemkreises sei die Diskussion zwischen Berengar von Tours (gest. 1089) und Lanfrank (um 1010–1088), dem Prior von Le Bec und späteren Erzbischof von Canterbury, angeführt. Für Berengar gilt das Prinzip, daß rationale Überlegung keine äußere Beschränkung erfahren darf. Er berief sich bei der Verteidigung unbeschränkter rationaler Argumentation auch auf Augustinus, allerdings wie zu erwarten auf den jungen Augustinus und dessen Schrift *Über die Weltordnung (De ordine)*. Berengar war überzeugt von der Kraft der Logik als Instrument der genauen Analyse von Texten, außerdem war er davon überzeugt, daß niemand dies so gut könne wie er selbst. Lanfrank wirft in einem schon fast klassisch gewordenen Zitat Berengar vor:

Unter Außerachtlassung der heiligen Autoritäten nimmst du Zuflucht zur Dialektik. – Um freilich von den Geheimnissen des Glaubens zu hören und Antwort zu geben, was wirklich dazu gehören soll, ziehe ich es vor, die heiligen Autoritäten zu hören und ihnen zu entsprechen anstatt den dialektischen Überlegungen. (PL 150, Sp. 416D. Übers. v. F. S.)

| 149

Die Auseinandersetzung zwischen Berengar und Lanfrank wurde mit stark polemischen Akzenten ausgetragen. Der konkrete Anlaß war ein Streit um die Eucharistie, bei der einige annahmen, daß nach der Verwandlung in den »Leib Christi« die Akzidenzien von Brot und Wein ohne eine ihnen entsprechende Substanz erhalten blieben. Berengar hielt so etwas für unvereinbar mit der aristotelischen Auffassung des Verhältnisses von Substanz und Akzidenzien: Die Annahme von Akzidenzien ohne eine ihnen entsprechende Substanz, an der sie anhaften, ist für ihn logischer Unsinn. Wie immer in der Philosophie des Mittelalters ist dabei zu beachten, daß die Kategorienlehre des Aristoteles als zur Logik gehörend betrachtet wurde, also manche Fragen, die wir heute als metyphysische ansehen, damals im Rahmen der Dialektik analysiert wurden. Berengar entwickelte dann ein symbolisches Verständnis der Eucharistie, das von diesen logisch-metaphysischen Fragen gänzlich unabhängig war, während Lanfrank mit dem Hinweis auf die göttliche Allmacht antwortete: Gott könne eben Akzidenzien auch ohne Substanz in der Existenz erhalten. Die theologische Frage brauchen wir hier nicht zu verfolgen, aber: Argumentativ hatte Berengar in jeder Hinsicht recht, allerdings steht hier nicht einfach ein Dialektiker gegen einen Anti-Dialektiker. Der Gegensatz von Autoritäten und Dialektik, der in dem oben angeführten Zitat aufgestellt wird, läßt sich nicht auf die beiden Kontrahenten aufteilen. Lanfrank war nämlich ganz und gar kein Antidialektiker. Er stammte aus Pavia, hatte eine sehr gute dialektische Ausbildung erhalten und war Lehrer der Freien Künste in Burgund und in der Normandie gewesen. 1042 trat er in die Abtei von Le Bec ein und errichtete dort eine sehr gute Schule, aus der auch Anselm von Canterbury (vgl. Kap. VI) hervorging. In seiner Schule wurde großer Wert auf Logik gelegt und auch er selbst arbeitete bei der Erklärung von Bibeltexten mit den Mitteln der Dialektik, wobei er sogar manche Argumente des Paulus in syllogistische Form brachte. Sein Angriff richtet sich daher weniger gegen die Dialektik in theologischer Verwendung als ganze, sondern gegen den besonderen Gebrauch, den Berengar davon macht:

> Daß du dir aber solche Mühe gibst, dialektische Ausdrücke, *Behauptung, Prädikat, Subjekt*, und die übrigen, auf diese Weise in eine Behandlung eines so bedeutenden Gegenstandes einzufügen, das scheinst du aus keinem anderen Grund zu tun als aus dem, dich bei dieser Gelegenheit den in der Disputation Unerfahrenen als Fachmann zu empfehlen. (Ebd. Sp. 418D. Übers. v. F. S.)

Es handelt sich hier natürlich um ein *argumentum ad hominem*, das, wie solche Argumente ganz allgemein, keine Gültigkeit hat. Die ganze Diskussion wurde aber eben von beiden Seiten polemisch geführt, und in diesem Zusammenhang dürfte der gegenüber Berengar ausgesprochene Vorwurf nicht ganz ungerecht sein. Bei Berengar ist es tatsächlich nicht immer leicht zu sehen, ob es ihm um die Stringenz der dialektischen Argumente oder um seinen Sieg im dialektischen Argumentieren ging. Ein genereller Angriff auf die Verwendung dialektischer Verfahren liegt bei Lanfrank nicht vor, aber er wußte auch, daß die zu offensichtliche Verwendung dialektischer Methoden bei manchen Mißtrauen weckte, und er dachte, es sei dann das beste, zwar logisch zu argumentieren, ohne aber durch logische Formalismen Unbehagen bei jenen, die damit nicht vertraut waren, zu provozieren (*nisi imperitorum talium doctrinarum murmur timeretur* [Ebd. Sp. 163B]). Lanfranks Rat ist durchaus vernünftig: Es kommt darauf an, gute Argumente in guter Form zu bringen, ob der »Gegner« gleichzeitig davon überzeugt wird, daß man der bessere Logiker ist, ist für die Diskussion nicht nur unerheblich, sondern oft eher hinderlich. Die Logik soll – gut aristotelisch – Instrument der Sachargumentation sein. Ein Streit über den besseren Logiker spielt sich auf einer ganz anderen Ebene ab. In pragmatischer Hinsicht war Lanfrank der bessere Logiker als Berengar, obwohl Berengar in logischer Hinsicht recht hatte.

5. Die Philosophie in Byzanz

a) Der Bilderstreit

Der Bilderstreit war das herausragende und alles bestimmende kulturelle Ereignis des 8. und 9. Jhd.s im byzantinischen Reich, und dieser Streit rief eine gesellschaftliche Krise hervor, deren Ausmaß wir uns kaum vorstellen können. Träger der bilderfeindlichen Bewegung waren Vertreter des höheren Klerus und die an die Macht gekommenen isaurischen, d. h. syrischen, Kaiser. In den Jahren 726–730 zwang Leon der Isaurier seine bilderfeindliche Haltung der orthodoxen Kirche auf. Wir dürfen dabei nicht vergessen, daß Kaiser Leon aus Syrien stammt, das zu dieser Zeit bereits unter islamischer Herrschaft stand, und im Islam war jede bildliche Darstellung des Göttlichen streng untersagt. In der byzantinischen Kultur hingegen hatte die Bilderverehrung eine lange Tradition. Die Ikonoklasten (*eikón* = »Bild«, *kláo* = »zerstören«) konnten sich allerdings auch auf das alttestamentliche Bilderverbot berufen. Im Jahre 754 verurteilte die Synode von Hiereia die Verehrung der Ikonen, genau entgegengesetzt dazu verteidigte unter Kaiserin Irene das 2. Konzil von Nikaia 787 die Bilderverehrung. Der Streit war damit jedoch nicht beendet, verschiedene Synoden beschäftigten sich weiter mit der Frage, so noch 815 eine Synode, die sich gegen, und 843 eine, die sich für die Bilderverehrung aussprach.

In Byzanz versuchten beide Seiten, alles aufzubieten, was die eigene Haltung rechtfertigen konnte. Da die offizielle Doktrin zunächst die des Ikonoklasmus war, lag die Argumentationslast auf Seiten der Verteidiger der Bilderverehrung. Ihr bedeutendster Vertreter zu Beginn des 8. Jhd.s war Johannes Damaskenos (um 650 – um 750). Die von ihm entwickelte Bildauffassung war natürlich platonisch, da nur | 151 eine platonische Partizipationslehre eine Bilderverehrung rechtfertigen konnte. Die erforderlichen Argumente holte er sich aus der Tradition der Kirchenväter, seine weiter unten aufgeführte *Dialectica* war in diesem Bereich kaum hilfreich. Die Bilder werden bei Johannes Damaskenos neuplatonisch eingebaut in die Abstiegs- und Aufstiegslehre. Bilder haben teil am Urbild, zwar in symbolisch vermittelter, aber doch in metaphysisch realer Form, und sie verweisen ihrerseits wieder auf dieses Urbild, führen also die Seele hinauf zu dem, was, obwohl Urbild, jenseits aller Bilder liegt. Der Goldhintergrund der Ikonen symbolisiert das reine, eigentlich unanschaubare Licht des Göttlichen. Bei der Verteidigung der Bilder ging es aber vermutlich nicht nur um neuplatonische Ästhetik und Symboltheorie, sondern auch um die ganz und gar unplatonische, magische Verwendung von Ikonen, die in der Volksfrömmigkeit und in Mönchskreisen der orthodoxen Kirche eine große Rolle spielte.

Im 9. Jhd. versuchte dann die Gegenseite, d. h. die der Bilderstürmer, eine Argumentationsbasis aufzubauen. Kaiser Leo V. (813–820) gab dem Johannes Grammatikos den Auftrag, sich dieser Aufgabe zu widmen, und dies bedeutete zunächst, daß in der Hofbibliothek alle relevant erscheinenden Werke zusammengetragen wurden und eine Beschäftigung mit aristotelischer und platonischer Philosophie einsetzte. Mit Kaiserin Theodora und deren Sohn Kaiser Michael III. (842–867) war der Bilderstreit zugunsten der Bilderverehrer zu Ende. Jedenfalls als Nebeneffekt hatte er somit bewirkt, daß das Interesse an philosophischen Argumentationen zugenommen hat, eine nachhaltige Wirkung für eine Beschäftigung mit der Philosophie hatte er jedoch nicht. Der Streit war eben gar kein philosophischer gewesen.

b) Aristoteles-Studien in Byzanz

Auch im oströmischen Reich waren philosophische Studien in der Spätantike nicht unabhängig von der Entwicklung der christlichen Kirche. Während die frühen Kirchenväter in Alexandrien (Klemens, Origenes) eindeutig Platon bevorzugt hatten, war die stärker textkritisch und empirisch ausgerichtete Schule von Antiochien mehr an Aristoteles orientiert. Etwas schematisiert gesagt: Die Alexandriner waren philosophisch Platoniker und theologisch Monophysiten, d. h. sie nahmen *eine* vergöttlichte Natur in Christus an, während die Antiochener philosophisch Aristoteliker und theologisch Nestorianer waren, d. h. sie nahmen eine menschliche und eine göttliche Natur in Christus an. Da man allgemein die »Irrlehren« des Origenes mit dem Platonismus in Verbindung brachte, verstärkte sich im Gegenzug der Einfluß aristotelischer Philosophie. Faktisch findet sich bei den griechischen Theologen vom 6. bis zum 11. Jhd. mehr aristotelische als platonische Philosophie. Dies bedeutete jedoch nicht notwendigerweise ein echtes Studium der Schriften des Aristoteles, ein solches fand eher im syrischen Edessa statt als in Byzanz, das inzwischen offiziell Konstantinopel hieß. Die Theologen, so z. B. Leontios von Byzanz (6. Jhd.), zogen eigentlich nur die neuplatonischen Kommentare zu den *Kategorien* des Aristoteles heran. Im Jahre 610 wurde der Aristoteles-Kommentator Stephanos aus Alexandrien nach Konstantinopel berufen (vgl. 1. Teil, Kap. XVIII), von ihm ist ein Kommentar zu *Peri Hermeneias* des Aristoteles erhalten. Es ist jedoch bezeichnend, daß er in Konstantinopel keine Nachfolger fand. Aus der Zeit zwischen Stephanos und Photios (9. Jhd.) sind keine Aristoteles-Kommentare überliefert. Interessant ist aber, daß der Einfluß des Stephanos bei den syrischen Christen nachweisbar ist. Weiter oben (Kap. V, 1, b) war darauf hingewiesen worden, daß es seit etwa dem Ende des 6. Jhd.s ein Verbot gegeben haben dürfte, sich mit den aristotelischen *Analytiken* weiter als bis zu Kapitel VII der *1. Analytik* zu beschäftigen, es ist daher bemerkenswert, daß die syrischen Übersetzungen des 7. Jhd.s tatsächlich an dieser Stelle haltmachen (Friedmann 1898. S. 9).

In Byzanz war kein besonderes Interesse an Philosophie vorhanden. Auch bei den Vertretern der Kirche war von der Begeisterung für Philosophie, wie wir sie bei den drei großen Kappadokiern vorgefunden hatten, nichts mehr zu spüren, manche Mönchskreise im 7. und beginnenden 8. Jhd. waren sogar ausgesprochen philosophiefeindlich. Im 7. und 8. Jhd. wurde in der Theologie des Ostens nichts Erhebliches geleistet und dasselbe gilt auch für die griechische Philosophie dieser Zeit. Es ist die Zeit der Florilegien, der Handbücher, in denen das Bekannte auszugsweise zusammengestellt wird, größtenteils aber so, daß sein theoretischer Hintergrund gar nicht mehr oder kaum noch sichtbar wird. Philosophiegeschichtlich kann man also auch im griechischen Osten den Beginn des Mittelalters in das 7. bis 8. Jhd. verlegen, obwohl dort in keiner Weise der für den lateinischen Westen einschneidende Bücherschwund stattgefunden hat. Die Bücher waren da, wurden aber nicht mehr gelesen.

152

Nichtsdestoweniger liegt eine Parallele zum Westen vor, insofern in beiden Sprach-
bereichen am Ende der Antike philosophisches Wissen nur noch in Auszügen und
Handbüchern verbreitet war – entschuldbar im Wesen, unentschuldbar im Osten.

Der sehr dürftige Bestand philosophischer Kenntnisse kann bei dem bedeutendsten Schriftsteller der östlichen Kirche des 7. und 8. Jhd.s, bei Johannes Damaskenos,
festgestellt werden. Von ihm ist eine *Dialectica* erhalten, die im 13. Jhd. von Robert
Grosseteste ins Lateinische übertragen wurde, was allerdings angesichts der zu
dieser Zeit schon vorhandenen Schriften zur Logik ein ganz überflüssiges Unternehmen war. Der sachliche Ort, den die Dialektik bei Johannes Damskenos einnimmt,
ist schon dadurch gekennzeichnet, daß sie den ersten Teil der *Darlegung des orthodoxen Glaubens (Expositio de fide orthodoxa)* darstellt. Mit dieser Stellung an den
Anfang wird dem – inzwischen nicht mehr rückgängig machbaren – Sachverhalt
Rechnung getragen, daß die christliche Theologie ohne Rückgriff auf philosophische
Terminologie nicht auskommen kann. Johannes Damaskenos knüpft in seiner *Dialectica* an die alexandrinischen Aristoteles-Kommentatoren an, ohne aber deren Kommentare selbst studiert zu haben. Da Johannes Damaskenos aus Syrien stammte,
könnte man eine Kenntnis syrischer Arbeiten zu den *Kategorien* des Aristoteles vermuten, aber auch dies trifft nicht zu. Er besaß keine gründliche philosophische Bil-
dung, und wenn etwas von früheren Kommentatoren in seiner *Dialectica* enthalten | 153
ist, so hat er es in seinen Vorlagen vorgefunden. Der Inhalt der *Dialectica* stammt aus
Texten, möglicherweise nur aus einem einzigen, in denen die Logik schon für den
kirchlichen Gebrauch aufgearbeitet war. So finden sich darin Abschnitte über »Person«, »Hypostase« und »Individuum« (Kap. 10 und 11), die in der aristotelischen
Kategorienlehre überhaupt nicht vorkommen, und es gibt sogar einen Abschnitt
über »Hypostatische Union« (Kap. 50), der eindeutig der theologischen Lehre von
den zwei Naturen in Christus zugeordnet ist. Die Vorlage(n) des Johannes Damaskenos dürfte(n) ziemlich jung sein, etwa aus der Zeit gegen Ende des 7. Jhd.s. Sie stellt
die kirchliche Überarbeitung eines Einführungstextes zu den *Kategorien* dar, der seinerseits auf entsprechenden Einführungen beruht, wie sie im neuplatonischen Curriculum üblich waren. Wenn in der *Dialectica* doch ein gewisses philosophisches
Eigeninteresse zur Sprache kommt, so ist es nicht das des Damaskeners, sondern
das des Autors seiner Vorlage. In seiner theologischen Arbeit ist bei Johannes Damaskenos gar keine Verwendung der Dialektik feststellbar, wo eine solche Verwendung
vorliegt, hat er sie auch wieder schon in seinen Vorlagen vorgefunden. All dies ist
nicht als Kritik an Johannes Damaskenos zu verstehen, sondern als Situations-
beschreibung der Philosophie seiner Periode, deren bedeutendster Vertreter er immerhin war.

Erst im 9. Jhd. kam es im oströmischen Reich zu einer Renaissance der Philosophie, die wahrscheinlich in Zusammenhang mit dem Bilderstreit steht. Die Anfänge
dürften eher mühsam gewesen sein, dies zeigt z. B. die interessante Gestalt des
Mathematikers Leon, der in Konstantinopel keine geeigneten Lehrer und Bücher

fand und sich deshalb auf eine Bibliotheksreise durch viele Klöster des Reiches begab. Schließlich kehrte er nach Konstantinopel zurück und erhielt eine Stellung bei dem philosophisch interessierten Kaiser Theophilos, dem letzten ikonoklastischen Herrscher. Unter Kaiser Michael III. entwickelt sich dann allerdings seit der zweiten Hälfte des 9. Jhd.s eine bedeutende Schule im kaiserlichen Palast, wo vor allem auch wissenschaftliche Werke des Ptolemaios, des Archimedes und Euklids studiert wurden, aber auch platonische Schriften herangezogen wurden.

Die weitere Verbreitung von Büchern und die Forderung nach schnellerer Produktion führte seit dem 9. Jhd. zur Entwicklung der *griechischen Minuskel*, es entstanden auch zahlreiche nichtkirchliche Skriptorien. Es ist möglich, daß dieses allerdings nicht nachhaltige wiedererwachte Interesse an der Herstellung von Abschriften der klassischen Texte der griechischen Philosophie auch etwas mit der Nachfrage nach solchen Texten aus dem islamischen Bereich zu tun hat. Es ist jedenfalls auffällig, daß es zahlreiche Handschriften aus dem 9. Jhd. aus Byzanz gibt, die ziemlich genau das enthalten, was zur gleichen Zeit in Bagdad aus dem Griechischen ins Arabische übersetzt wurde (vgl. dazu Kap. IX, 2), während in Byzanz selbst kaum ein Interesse an diesen Texten feststellbar ist.

Im 9. Jhd. bildete sich in Byzanz eine intellektuelle Elite heraus, deren hervorragendster Vertreter der Patriarch Photios (um 810–893/94) war. Er dürfte auch Kommentare zu aristotelischen Schriften verfaßt haben. In seinen letzten Lebensjahren zeigte er allerdings Besorgnis über die anwachsende Bedeutung der Philosophie, interessanterweise sah er aber eine Bedrohung des christlichen Glaubens von Seiten des Platonismus und stellt sich selbst ganz klar auf die Seite der aristotelischen Philosophie. Dies zeigt jedenfalls, daß die von den lateinischen Christen fast undiskutiert akzeptierte Annahme der größeren Nähe Platons zum Christentum keineswegs so evident ist. Auch die griechischen Christen hatten eine und noch dazu ältere und viel reichere theologisch-platonische Tradition, sie verhielten sich aber seit dem 9. Jhd. dieser Tradition gegenüber ziemlich frei. Ein Schüler des Photios, der – weniger philosophisch, wohl aber philologisch bedeutende – Bischof Arethas von Kaisareia (um 850–944), verstand sich ausdrücklich als Anhänger der aristotelischen Philosophie. Dieser Bischof beschäftigte sich mit der philologischen Textverbesserung zahlreicher Werke, und an der Wende vom 9. zum 10. Jhd. veröffentlichte er die Gesamtausgabe der Schriften des Platon und des Aristoteles. Wenn man sich demgegenüber den minimalen Textbestand platonischer und aristotelischer Schriften vergegenwärtigt, der im lateinischen Westen zur Verfügung stand, so ist der Abstand überdeutlich, allerdings muß man auch feststellen, daß im griechischen Bereich dieses reiche Textmaterial zwar vorhanden war, aber doch nur verhältnismäßig wenig verwendet wurde. Es ist allerdings hinzuzufügen, daß die Geschichte der Philosophie bei den Griechen nach dem Ausgang der Antike nur unzureichend erforscht ist, möglicherweise muß also dieses Urteil revidiert werden.

Eine Breitenwirkung hatte diese kulturelle Renaissance allerdings nicht, der Großteil des Volkes bestand aus Analphabeten, der Anteil der Analphabeten im lateinischen Westen war allerdings noch größer. Es gab jedoch im 10. Jhd. eine zunehmende Anzahl von Schulen, die vor allem für die zukünftigen Beamten eingerichtet wurden. Eine philosophische Ausbildung gehörte aber nicht zu diesem Schulbetrieb, höchstens drangen einige Begriffe auf dem Weg über die beliebten kleinen Enzyklopädien in das Schulwissen ein. Das Interesse der Herrscher an Bildung nahm nun wieder ab, philosophische Tätigkeit war nicht mehr so relevant wie zur Zeit des Bilderstreits. Die Schule des Palastes verlor entsprechend an Bedeutung. Die Beschäftigung mit philosophischer und wissenschaftlicher Literatur hörte zwar nicht auf, fand jedoch jetzt im engen Kreis einer Bildungselite statt, die gelegentlich auch so etwas wie private Hochschulen ins Leben rief. Die Ausrichtung war literarisch, auch medizinische Fragen wurden behandelt, Naturwissenschaften aber fehlten fast vollständig.

Im 11. Jhd. setzte sich diese Entwicklung fort. Höhere Bildung blieb der Privatinitiative überlassen. Auch die Vertreter der griechische Kirche hatten kein Interesse an solchen Fragen, sie meinten nach dem Ende des Bilderstreits ohne Philosophie auskommen zu können. Es gab aber immerhin auch im 11. Jhd. private und ganz ausgezeichnete Schulen; in einer unterrichtete Michael Psellos (1018 – um 1078), der eigentlich Richter und auch als Sekretär und Berater der Kaiser tätig war. Obwohl er als Lehrer des Thronfolgers Konstantins X. eingesetzt wurde, war doch auch seine Schule eher ein Privatunternehmen. Psellos war zwar Neuplatoniker, betonte aber die Notwendigkeit des Studiums des gesamten physischen Kosmos, und so wurden in seiner Umgebung die sieben Freien Künste ebenso studiert wie Geschichte, Recht und Medizin. Psellos verfaßte selbst zahlreiche Werke, so z. B. Kommentare zum *Timaios* Platons und zu *Peri Hermeneias* des Aristoteles, ebenso wie zu dessen *Physik*. Eine vollständige Edition der Werke des Psellos liegt noch nicht vor. Mit Psellos setzt also die Aristoteles-Kommentierung, die seit dem 7. Jhd. in Byzanz unterbrochen worden war, wieder ein. Man muß allerdings sagen, daß Psellos zwar Schüler hatte, daß er aber nicht Schule gemacht hat. Soweit man bis jetzt sieht, handelt es sich bei den Philosophen in Byzanz immer um Einzelgestalten.

Ein weiterer Aristoteles-Kommentator begegnet uns in Eustratios von Nikaia (um 1050 – nach 1117), der Kommentare zur *Nikomachischen Ethik* sowie zur *2. Analytik* verfaßte. Eustratios war zwar in Hinsicht auf Fragen der Metaphysik Platoniker, erkannte aber sehr klar, daß der Platonismus im Bereich des Christentums einer Uminterpretation bedurfte. In seinen Schriften arbeitete er methodisch ganz und gar aristotelisch im Sinn der beiden *Analytiken*. Aufgrund innertheologischer Fragen wurde er auf einer Synode im Jahre 1117 als Bischof von Kaisareia abgesetzt, unter den verurteilten Sätzen findet sich die folgende ihm zugesprochene These:

Daß Christus in all seinen heiligen und göttlichen Reden in Syllogismen nach der Art des Aristoteles spricht. (Zit. nach: LdM IV. Sp. 118)

Diese These ist zwar kaum häretisch, aber sicher falsch, sie zeigt jedoch, welche Bedeutung für Eustratios strenge aristotelische Argumentation gewonnen hatte. In der folgenden Generation finden wir mit Michael von Ephesus einen weiteren Aristoteles-Kommentator, der seine Schriften um die Mitte des 12. Jhd.s verfaßte. Er schrieb Kommentare zu aristotelischen Texten aus allen Bereichen, besonders zu solchen aus der Biologie, was auf medizinische und wissenschaftliche Interessen hinweist. Er verfaßte auch einen Kommentar zur *Politik* des Aristoteles, ein Werk, das von keinem griechischen Kommentator vor ihm behandelt worden war. Diese Kommentare sind veröffentlicht in den *Commentaria in Aristotelem Graeca* und können durchaus noch in unserer Gegenwart eine interpretatorische Hilfe liefern.

In der kulturellen Elite des 11. und 12. Jhd.s wurde ein klassisches, an den antiken Autoren geschultes Griechisch gesprochen, das tatsächliche Griechisch des Volkes hatte sich aber sehr stark weiterentwickelt. Es bildete sich also eine ähnliche Situation wie im Westen heraus, wo sich die Vulgärsprachen seit Jahrhunderten entwickelt hatten und die Gelehrten mit der Verwendung des Lateinischen selbst in romanischen Ländern in einer kompletten Zweisprachigkeit lebten. Im 12. Jhd. verstand niemand aus dem Volk mehr den Patriarchen von Konstantinopel, wenn dieser in »reinem« Griechisch eine Predigt hielt, was er aber durchaus noch tat. Entsprechend bildete sich kompensatorisch eine Volksliteratur in der Vulgärsprache heraus, so z. B. die beliebten Heiligenleben. Die philosophische Sprache blieb, soweit man überhaupt eine solche gebrauchte, weiterhin das klassische Griechisch.

Die von einzelnen unternommene intensivere Beschäftigung mit der Philosophie – hier hatte man schließlich alle Texte im Original und in guten Ausgaben zur Verfügung – war nicht mehr wie zur Zeit des Bilderstreits von apologetischen Interessen getragen und konnte sich somit den eigentlichen Schwerpunkten der Philosophie selbst zuwenden. Und damit kündigte sich ein Konflikt mit der Orthodoxie an, der im 11. Jhd. auch tatsächlich eintrat. Psellos vermied den Konflikt mit der alten Auskunft der Nähe von Platonismus und Christentum, ohne sich auf allzuviele Details einzulassen, die Frage des Verhältnisses von Christentum und aristotelischer Philosophie blieb dabei unberührt. Sein Schüler Johannes Italos (geb. um 1025, gest. ?) beschäftigte sich zwar primär mit Fragen der aristotelischen Logik, zu der er auch Kommentare verfaßte, nahm jedoch auch zu metaphysischen Fragen vor aristotelischem Hintergrund Stellung, so etwa zu der Frage der Unsterblichkeit der Seele und der Auferstehung des Leibes. Es folgten sofort Verurteilungen (1076/77, 1082) durch die orthodoxe Kirche. Dies war eine neue Situation, denn anders als im Westen hatten die höheren Schulen in Konstantinopel keinerlei institutionellen Kontakt mit der Kirche. Faktisch aber setzte sich die Kirche durch. Die Schulen verloren, ohne ersichtlichen Widerstand zu leisten, ihre Autonomie und gerieten unter den Einfluß der orthodoxen Kirche. Die Entwicklung verlief also genau umgekehrt wie im Westen: Im Westen erkämpften sich die Schulen, die ursprünglich kirchlich waren, langsam eine gewisse Autonomie; im Osten hatten sie diese Autonomie ursprünglich, verloren sie aber dann. Entsprechend werden die Universitäten im Westen zunehmend an Einfluß und Bedeutung gewinnen, während die höheren Schulen im Osten – die eigentlich alle textlichen Voraussetzungen besaßen, die dem Westen fehlten – in Bedeutungslosigkeit aufgingen. Dies bedeutet aber nicht, daß es nicht später noch philosophisch bedeutsame Arbeiten einzelner gegeben hat, was dann am Ende des Mittelalters für die italienische Renaissance wichtig werden sollte (vgl. 3. Teil, Kap. II).

VI

Anselm von Canterbury

1. Veränderungen in der Welt des 11. Jahrhunderts

Im späten 10. Jhd. hatten verschiedene Entwicklungen eingesetzt, die sich im 11. Jhd. fortsetzten und eine Dynamik hervorbrachten, die auch im 12. Jhd. noch ungebrochen war. An vielen Orten läßt sich eine Aufbruchstimmung feststellen: Die Welt soll ihre alten und veralteten Formen verlassen und sich ein neues Gewand geben. Ein wichtiger Faktor war der *Bevölkerungszuwachs*, für den die Historiker noch keine wirklich überzeugende Erklärung gefunden haben. Mit der zunehmenden Bevölkerungszahl war eine größere Produktion von Nahrungsmitteln erforderlich, und entsprechend wurden große *Waldrodungen* durchgeführt, um neues Ackerland zu gewinnen. Neue *Gesetze* wie gänzliche oder auf bestimmte Zeiträume befristete Abgabenfreiheit, Verbesserungen des Erbrechts u. ä. dienten dazu, Anreize zur Bewirtschaftung des Bodens zu liefern. Die Verwüstungen, die die Einfälle der Ungarn und der Skandinavier hervorgerufen hatten, wurden beseitigt, obwohl die Schäden die Bevölkerung an vielen Orten an die Grenze der Überlebensmöglichkeit gebracht hatten. Bei der *Bodenbearbeitung* wurden neue Methoden eingesetzt, viele Geräte, die früher aus Holz hergestellt worden waren, wurden jetzt durch widerstands- und leistungsfähigere aus Eisen ersetzt. Techniken, die schon bekannt, aber nur wenig verwendet worden waren, fanden jetzt Verbreitung, so der Pflug auf Rädern und die Wassermühle. Durch die Einführung des Kummets konnte die Arbeitskraft der Tiere besser ausgenützt werden. In der Landwirtschaft gab es wichtige Neuerungen, so z. B. die Einführung der Dreifelderwirtschaft, die höhere Erträge ermöglichte, so daß sich ein Überschuß ergab, der den Städten zugute kommen konnte. Der demographische Zuwachs und die Vergrößerung der Anbauflächen brachte allerdings nicht allen gleichen Nutzen. Viele blieben ohne eigenes Land und konnten nur ihre Arbeitskraft anbieten, die bei einem Überangebot nicht viel wert war, in dieser wachsenden Wirtschaft gab es daher auch sehr viel Armut. Trotz Rodungen wurde der Boden bei anwachsender Bevölkerungszahl in Frankreich knapp, und dies betraf auch den Adel. Einige versuchten, in Spanien Land von den Muslimen zu gewinnen, woraus dann die Reconquista wurde, andere suchten ihr Glück in Süditalien, woraus später die Normannenherrschaft dort und in Sizilien wurde – und auch der Aufruf zu den Kreuzzügen wird gerade bei bodensuchenden Adeligen gerne gehört werden.

Auch die *Städte*, deren Einwohnerzahl nach dem Zerfall des römischen Reiches sehr zurückgegangen war und die in einer fast nur bäuerlichen Welt wenig Bedeutung gehabt hatten, wurden neu belebt, was nicht zuletzt mit dem wieder in Schwung gekommenen *Handel* zusammenhängt. An vielen Orten entwickelte sich, vor allem im Textilbereich, eine *arbeitsteilige Industrie*. Auch in den Städten gilt allerdings dasselbe wie auf dem Lande: Neben einer wohlhabenden Schicht, also den Bürgern mit allen Rechten, gab es eine große Anzahl von Menschen, die ständig an oder unterhalb der Armutsgrenze lebten (zur Stadtkultur vgl. auch Kap. VII, 1).

Der wirtschaftliche Aufschwung brachte aber auch problematische Entwicklungen mit sich. Seit der zweiten Hälfte des 11. Jhd.s wandte sich der lateinische Westen mit erhöhtem Selbstbewußtsein und nicht ohne Aggressivität den beiden anderen bekannten und angrenzenden Kulturen zu, d. h. Byzanz und den islamischen Staaten, jenen Kulturen also, deren Reichtum und deren raffinierte Lebensweise Bewunderung, aber auch Neid hervorrief. Wir sollten in diesem Zusammenhang zwei Jahreszahlen nicht vergessen: 1054 kommt es zu dem von Rom bewußt herbeigeführten Bruch zwischen der römischen und der orthodoxen, d. h. primär der griechischen Kirche, und dies hieß gleichzeitig: zum *Bruch mit Byzanz*. Und ein weiteres Datum: 1085 wird im Rahmen der sogenannten Reconquista Toledo eingenommen. Als Papst Urban II. (1088–1099) wurde der Clunyazenser Mönch Odo Hauptträger der | 159 Reform und der Machtansprüche des Papsttums. Es war dieser frühere Mönch, der 1095 in Clermont zur Eroberung von Jerusalem aufrief, was dann zu den *Kreuzzügen* führte. Und es war gleichzeitig dieser frühere Mönch, der die päpstliche Finanzverwaltung auf eine moderne Basis stellte – er fand sich also sehr rasch in der Welt von Macht und Geld zurecht, oder hatte er dies schon in Cluny gelernt? Die kriegerische Auseinandersetzung mit den islamischen Staaten war in Spanien bereits im Gange, am Ende des 11. Jhd.s wird sie mit den Kreuzzügen ausgeweitet werden. 1099 wurde Jerusalem besetzt. Aber auch innerhalb der westlichen Gesellschaft waren starke Spannungen und Gegensätze spürbar. Im letzten Drittel des 11. Jhd.s beginnt der *Investiturstreit*, bei dem es letztlich auch um die Abgrenzung religiöser und profaner Autorität ging. Das Amt des Kaisers und in der Folge davon auch das der Könige wurde eigentlich erst in diesem Streit entsakralisiert.

Im kirchlichen Bereich hatte mit Gregor VII. (1073–1085) eine *Reformbewegung* eingesetzt, die auch auf die Klöster übergriff. Diese Entwicklung hatte jedoch ein Doppelgesicht. Während die Reformer ein authentischeres monastisches Leben forderten, wurden sie häufig in die weltlichen Angelegenheiten und Probleme sehr intensiv hineingezogen. Cluny, von wo eine bedeutende monastische Reformbewegung ausgegangen war, fand sich bald in politische Probleme verwickelt. Bekannt ist die Szene in Canossa vom Jahre 1077, in der der Abt Hugo von Cluny (1024–1109, Abt seit 1049) für seinen Patensohn, König Heinrich IV., Bürgschaft leistete. Auf den Mönch Odo, der als Urban II. Papst wurde, wurde schon hingewiesen. Und auch die Biographie Anselms ist ein weiteres gutes Beispiel dafür, wie aus dem philosophisch meditierenden Mönch – wider Willen – der in Macht- und Kompetenzstreitigkeiten verwickelte Politiker wird.

Für Urban II. waren die islamischen Staaten vor allem militärische Gegner. Inzwischen war aber der islamische Bereich auch in seiner kulturellen Überlegenheit und als Wissensquelle ins Bewußtsein getreten, und es war in einem Benediktinerkloster, diesmal in Montecassino, daß eine erste Vermittlung solchen Wissens stattfand, wobei es allerings nicht die Philosophie, sondern die ganz weltliche Wissenschaft der Medizin war, die das Interesse hervorrief. In Montecassino begann mit dem Mönch Konstantin (um 1020–1080), der der Afrikaner genannt wurde, die Übersetzungstätigkeit auf der Grundlage arabischer Versionen von Schriften des Hippokrates und Galenos sowie weiterer arabischer medizinischer Traktate (vgl. Kap. VIII, 1, a). In Cluny, einem anderen großen und inzwischen ungeheuer reichen und mächtigen Zentrum der Benediktiner, wurde unter dem Abt Petrus Venerabilis (1092/1094–1156) eine Paraphrase des Korans hergestellt, die maßgebend wurde für das, was die Gebildeten des Mittelalters vom Koran wissen konnten.

Seit dem 11. Jhd. wurde auch der *Bücherbestand* in Abteien wie in Kathedralen erheblich vergrößert. So wurde z. B. die Bibliothek von Montecassino während der Zeit des Abtes Desiderius, der 1087 als Viktor III. Papst wurde, so gut wie verdoppelt, wobei auch zahlreiche Abschriften weltlicher antiker Literatur hergestellt wurden. Eine berühmte Darstellung in einem Kodex zeigt Desiderius, wie er dem heiligen Benedikt seine Leistungen darbietet: Kirchenbauten und Bücher.

Im Rahmen dieser Reformbewegungen strebten die Klöster auch nach *Autonomie*, sie wollten u.a. ihre Äbte selbst wählen. Dafür mußten sie Selbständigkeit gegenüber den weltlichen Herrschern wie gegenüber den Bischöfen erlangen, was auch ein Hauptanliegen von Cluny war. Autonomie war ein heißumkämpfter politischer Wert. Es ist nicht verwunderlich, daß mit Anselm im Bereich der Philosophie die Autonomie der Vernunft gegenüber den Autoritäten einen von den Mönchen der Abtei Le Bec eingeforderten Anspruch darstellt: Auch hier geht es um Selbstbehauptung.

2. Anselms gläubiger Rationalismus

Dafür, daß strenge Rationalität im Einflußbereich der mittelalterlichen Kirche durchaus möglich war, auch frei zur Anwendung gebracht und keineswegs immer verurteilt wurde, ist Anselm von Canterbury (1033–1109) der beste Beweis. Die Bezeichnung »von Canterbury« ist allerdings irreführend: Weder stammte er aus Canterbury noch hielt er sich gerne dort auf. Er sollte also besser nicht »Anselm von Canterbury« genannt werden, wie das bei uns üblich ist, sondern »Anselm von Aosta«, wie er bei den Italienern heißt. Es ist nicht unwichtig zu wissen, daß Anselm aus Savoyen, also dem französischen Bereich, stammt und zunächst auch in Frankreich, in der Benediktinerabtei Le Bec, tätig war. Le Bec war unter der Führung Lanfranks zu einem kulturellen Mittelpunkt geworden, in deutlichem Unterschied zu den Klöstern, die im Einflußbereich der Reformbewegung von Cluny standen, in der für Philosophie kaum Raum gegeben war. Zu dieser Zeit begannen die Normannen, mit Gewalt England der französischen Herrschaft und Kultur zu unterwerfen. Für drei Jahrhunderte wird Französisch die Sprache der Oberschicht in England sein. Im Zuge dieser Bewegung wurde Lanfrank Erzbischof von Canterbury und Anselm als dessen Nachfolger Prior von Le Bec. 1093 wurde Anselm gegen seinen Willen Nachfolger Lanfranks als Erzbischof von Canterbury, eine Funktion, die er auch später nur ungern ausfüllte. Die eigentliche Macht in der Kirche hatte allerdings nicht der Primas von England inne, sondern der König, der die Bischöfe und Äbte nach seinem Willen einsetzte, weshalb die Reformpläne von Papst Gregor VII. in England nicht greifen konnten. Anselm wurde von den auf Gregor folgenden Reformpäpsten unterstützt, wurde aber dadurch in Auseinandersetzungen mit den englischen Königen verwickelt. Zweimal mußte er ins Exil flüchten. Auch im Inneren der englischen Kirche hatte Anselm mit seinen Reformversuchen nur sehr geringen Erfolg.

Der französische Hintergrund Anselms ist deshalb interessant, weil uns hier zum ersten Mal eine Form des Rationalismus begegnet, die eher in Frankreich als in England zu Hause ist. Anselms Rationalismus entsprach aber keinesfalls nur seiner persönlichen Auffassung, sondern war auch ein Anliegen seiner Mönche in Le Bec (allein während seiner Zeit waren immerhin 180 Mönche dort eingetreten). Anselm sagt in der Vorrede zum *Monologion*, daß er »oft und dringlich« gebeten worden sei, seine Betrachtungen niederzulegen (was natürlich auch ein literarischer Topos ist): | 161

Für die Abfassung dieser Betrachtung schrieben sie mir, mehr ihrem Willen gemäß als der Leichtigkeit der Sache oder meinem Können gemäß, diese Form vor: daß in ihr gar nichts mit dem Ansehen der Schrift glaubhaft gemacht würde, sondern daß das, was durch die einzelnen Untersuchungen hindurch der Schluß behauptet, sich so verhalte, in klarer Schreibart und mit gemeinverständlichen Beweisen und in schlichter Erörterung sowohl die Notwendigkeit der Vernunftüberlegung in Kürze zwingend mache als auch die Klarheit der Wahrheit offen aufzeige. (*Monologion. Prolog.* S. 27)

In der Schrift *Cur Deus homo (Warum Gott Mensch wurde)* geht Anselm sogar an das Problem der Menschwerdung Gottes in der Weise der Einklammerung des durch die Offenbarung vermittelten Wissens heran. Die Denkmöglichkeit »mit Beiseitesezung Christi, so als ob niemals etwas von ihm gewesen wäre« ist in der Kultur des Mittelalters tatsächlich unerhört und einmalig. Das Argument soll folgende Form haben:

Und schließlich, mit Beiseitesetzung Christi, so, als ob niemals etwas von ihm gewesen wäre, beweist es mit zwingenden Gründen *(rationibus necessariis)*, daß es unmöglich sei, daß ein Mensch ohne ihn gerettet werde. (*Cur Deus homo. Praefatio.* S. 3)

Bleiben wir kurz bei Anselms Argument, weil es auch einen Hinweis auf die historische Bedingtheit dessen liefert, was als »zwingende Gründe« angesehen wird. Die Annahme, »daß kein Mensch ohne Sünde durch dieses Leben geht« (Ebd. Kap. X. S. 39), ist zwar nicht eine zwingend notwendige Vernunfteinsicht, kann aber doch als höchst wahrscheinlich angenommen werden und kann somit Anselm konzidiert werden. Auf die unhaltbare augustinische Erbsündenlehre, die der sonst so rationale Anselm einfach übernimmt, brauchen wir hier gar nicht mehr einzugehen (vgl. dazu Kap. III, 5). Für den vorliegenden Zusammenhang der Frage nach »notwendigen Gründen«, auf denen die Vernünftigkeit des Arguments aufbauen soll, ist jedoch das folgende interessant. Nach Anselms Vorstellung wird durch die Sünde Gott die Ehre geraubt, woraus sich dann folgendes ergibt:

So muß also jeder, der sündigt, Gott die geraubte Ehre einlösen, und das ist die [Genugtuung], die jeder Sünder Gott leisten muß. (Ebd. Kap. XI. S. 41]

»Genugtuung« *(satisfactio)* war ein Fachbegriff der politischen Sprache. War jemand, vor allem natürlich ein Mächtiger, beleidigt worden, so gab es nur zwei Möglichkeiten: Genugtuung oder gewaltsame Bestrafung (bei Mächtigen: durch Krieg). In den meisten Fällen wurde durch Vermittler eine Genugtuung ausgehandelt. Genugtuung-Fordern und Genugtuung-Leisten waren also Instrumente vernünftigen Handelns, denn durch sie sollte die Anwendung von Gewalt vermieden werden. Kein Mächtiger, weder Kaiser noch Papst noch sonst irgend jemand, wollte oder konnte aber eine Beleidigung einfach verzeihen, Genugtuung-Fordern wurde als sittliche Pflicht angesehen. Dann wird die Überlegung fortgeführt:

Wenden wir uns zurück und sehen wir, ob es Gott geziemt *(deceat)* durch bloßes Erbarmen, ohne alle Abzahlung der ihm genommenen Ehre, die Sünde nachzulassen. [...] So die Sünde zu erlassen ist nichts anderes als nicht bestrafen. [...] Also ziemt es sich für Gott nicht, die Sünde so ungestraft zu lassen. (Ebd. Kap. XII. S. 41 u. 43)

Daß Gott nichts zugeschrieben werden darf, was sich nicht »geziemt«, ist der alte Grundsatz des Xenophanes (vgl. 1. Teil, Kap. IV, 1, b) und dies stellt ein allgemein akzeptables Prinzip dar. Es wird allerdings durch historischen Vergleich deutlich, daß das »Geziemende« ein geschichtlich sehr variabler Begriff ist. Genau dies ist aber jenen, die mit dieser Vorstellung arbeiten, oft nicht ausreichend bewußt. Dies gilt auch für Anselm, der den Ehrenkodex seiner Zeit zwar nicht schon als Vernunftwahrheit, wohl aber als das einzig »Geziemende« ansieht: »Nichts wahrt also Gott gerechter als die Ehre seiner Würde« *(suae dignitatis honorem* [Cur Deus homo. Kap. XIII. S. 47]). Für jede Beleidigung ist nach diesem Ehrenkodex Genugtuung oder Strafe gefordert. Die mittelalterlichen Rechtsgepflogenheiten der Adeligen hatten verschiedenste Formen der Genugtuung zur Verfügung (Kniebeugung, Fußfall, Zahlungen, wobei letztere allerdings gewöhnlich mit irgendwelchen äußeren Symbolhandlungen verbunden waren), und nur wenn diese nicht geleistet wurden, griff man zur Gewalt, also zur Bestrafung. Es ist daher klar, »daß sich nach dem Maße der Sünde die Genugtuung richten muß« (Ebd. Kap. XX. S. 71). Es folgt dann aber noch etwas weiteres, das die Größe der Schuld ergibt: Auch wenn die böse Handlung etwas »ganz Geringfügiges« ist *(levissimum quiddam)*, so ist sie doch – als Wegnahme der Ehre Gottes – »etwas sehr Schweres und mit keinem Schaden Vergleichbares« *(gravissimum quiddam et nulli damno comparabile* [Ebd. Kap. XXI. S. 77]). Die »Vernunftgründe«, die Anselm hier vorbringt, sind nur vor dem Hintergrund des germanischen Rechts verständlich, nach dem sich die Größe einer bösen Tat nach dem Rang dessen bemißt, dem sie zugefügt wird. Dieses Prinzip galt aber, wiederum in historischem Vergleich, z. B. im römischen Recht nicht (in der Praxis mag das etwas anders ausgesehen haben). Aufgrund dieser germanischen Rechtsvoraussetzung ergibt sich dann für Anselm: Auch eine endliche Person kann – dem unendlichen Gott gegenüber – eine unendlich große Beleidigung vollführen, für die eine endliche Person dann aber keine entsprechende Genugtuung leisten kann (Ebd. Kap XXIV. S. 81–87). Wenn also eine solche erfolgen soll und die Menschen dadurch gerettet werden, muß die Genugtuung durch eine unendliche, also eine göttliche Person geschehen. Damit hat Anselm »bewiesen«, daß die Genugtuung, sollen die Menschen überhaupt von der Strafe befreit werden, durch eine göttliche Person erfolgen mußte, womit er durch notwendige Gründe »bewiesen« hat, warum Gott Mensch geworden ist. Hier können wir folgendes sehen: Die *Logik* Anselms ist sicher *korrekt*, das ganze Argument, von dessen Gültigkeit Anselm überzeugt war, funktioniert aber nur dort, wo die Vorstellung Gottes als mittelalterlichem Herrscher und die Regeln des germanischen Rechts als vollkommen einsichtig und »geziemend« erscheinen, und das heißt: Die *Prämissen* stellen keine Vernunftgründe dar, sondern sind *historisch kontingent*.

Man würde jedoch der Absicht Anselms nicht gerecht, wenn man meinte, er wolle mit dem Suchen nach Vernunftgründen einfach den Glauben beiseite schieben und eine unabhängige Philosophie neben dem Glauben erstellen. Was er vielmehr wollte, ist eher, die Vernünftigkeit dessen, was im Glauben angenommen wird, erkennbar zu machen. Sein berühmtes Programm ist die *Fides quaerens intellectum,* d. h. der *Glaube, der ein rationales Verstehen sucht.* Dieses Programm ist nicht neu, sondern stammt aus der Spätantike. Anselm kannte die Schriften des Augustinus sehr gut, und bei diesem wird die christliche Weisheit als identisch mit der wahren Philosophie aufgefaßt und muß somit den Kriterien strenger Argumentation genügen. Anselm nimmt eine methodische Einklammerung der Glaubensüberzeugungen vor, um zu überprüfen, ob diese Wahrheiten nicht auch auf einem von der schon vorhandenen Überzeugung verschiedenen Vernunftweg gewonnen werden können. Diese methodische Einklammerung ist der Sinn des »als ob ich von ... nichts wüßte« und was Anselm hier unternimmt, ist nur die strengere Fassung eines traditionellen Anspruchs. Hinter diesem Unternehmen steht die bereits bei Origenes, den großen Kappadokiern und dem frühen Augustinus vorhanden gewesene Überzeugung, das Christentum sei die »wahre Philosophie«. Anselm stellt dieses Programm allerdings auf eine höhere und methodologisch wesentlich schärfere Ebene und bringt damit auch bestimmte Schwierigkeiten erst ans Licht. Gerade mit dieser methodisch strengen Rationalität hat Anselm ein Argument in die Diskussion eingebracht, das bis heute Stoff für Analyse und Kritik gibt: den Beweis der Existenz Gottes aus seinem Begriff (später »ontologisches Argument« genannt), der gleich noch genauer besprochen werden soll.

Diese Rolle der Vernunft bei Anselm zeigt, welche Rolle die Dialektik (= Logik) im 11. Jhd. erlangt hat. Daß sich Anselm dieser Rolle bewußt gewesen ist, zeigt seine kleine Schrift *De Grammatico*, die in ihrer Problematik durchaus typisch ist für die mittelalterlichen Fragestellungen in diesem Gebiet, auch wenn sie kaum Einfluß auf die weitere Entwicklung erlangt hat. Für das 11. Jhd. ist kennzeichnend, daß noch keine breitere Auseinandersetzung mit der Syllogistik (den Fragen der *1. Analytik*) stattfindet, sondern Logik primär aus der Auseinandersetzung mit den *Kategorien* und *Peri Hermeneias* hervorgegangen ist. Dabei mußte die Frage nach dem Verhältnis von Grammatik und Logik auftreten, wobei aber gleich betont werden muß, daß die mittelalterlichen Logiker niemals Grammatik und Logik als zwei streng getrennte Bereiche aufgefaßt haben. Bei Anselm finden wir in seiner Schrift *De grammatico* die erste ausführliche Diskussion über das Verhältnis von logischer Sprache und Umgangssprache (normaler Sprache), d. h. über das Verhältnis von grammatischer und logischer Form. Anselm erkennt dabei, daß zwischen einem grammatisch korrekten und einem logisch richtigen Satz nicht immer eine strenge Korrespondenz besteht. Daraus zog er jedoch nicht die Konsequenz, daß eine von der natürlichen Sprache abgekoppelte ideale Sprache konstruiert werden solle, sondern nur die, daß eine genauere Analyse der natürlichen Sprache vorgenommen werden müsse. Die strengen Anforderungen Anselms an die logische Form der Sätze in Argumenten berechtigen uns jedenfalls, seinen berühmten Gottesbeweis sehr genau zu analysieren.

Anselm war ein hervorragender Editor seiner Texte. Er stellte für seine wichtigen Schriften eine Endredaktion mit Vorwort und Inhaltsverzeichnis her, so daß wir in diesen Fällen von einer Art autorisierter Ausgabe sprechen können. Beim *Prosologion* fügte er selbst in der Endredaktion die Einwände seines Kritikers, des Mönches Gaunilo aus der Abtei Marmoutier sowie seine Erwiderung bei. Anselm glaubt man es durchaus, wenn er seinem Kritiker dankt (*Proslogion. Quid ad haec respondeat.* S. 154. Vgl. auch PL 158, Sp. 64A) und daß er sich, wie sein Biograph Eadmer berichtet, über diese Einwände gefreut habe (*gavisus est* [Ebd.]). Am Ende der Vorrede zu *Cur Deus homo* schreibt Anselm:

Diese kurze Vorrede samt den Kapiteln des ganzen Werkes mögen, so wünsche ich, alle, die das Buch werden abschreiben wollen, vor seinen Anfang setzen, damit ein jeder, in dessen Hände es kommt, gleichsam an seiner Stirne ersehe, ob etwas im ganzen Körper sich findet, das er nicht verachtet. (*Cur Deus homo. Praefatio.* S. 3)

Leider hat die editorische Praxis Anselms im Mittelalter nicht Schule gemacht.

3. Der (ontologische) Gottesbeweis Anselms

Im *Monologion* entwickelt Anselm einige Gottesbeweise, ausgehend von den Dingen der Erfahrung. Diese Beweise finden sich in etwas abgewandelter Form bei Thomas von Aquin wieder. Das eigentlich Anselmsche Argument jedoch findet sich im Kapitel II des *Proslogion*. In Kapitel III findet sich ein ganz ähnlicher Beweis, die Diskussion darüber, ob dies ein und derselbe Beweis wie der im Kapitel II ist oder ob es sich um einen zusätzlichen Beweis handelt, soll hier jedoch nicht verfolgt werden. Ich nehme hier den Text aus Kapitel II (*Proslogion*. S. 85 f.), wobei ich die Sätze des Beweises, die der Ausgangspunkt aller Diskussionen waren, in der lateinischen Form der besseren Übersichtlichkeit halber aufgliedere:

Also, Herr, der Du die Glaubenseinsicht gibst, verleihe mir, daß ich, soweit Du es nützlich weißt, einsehe, daß Du bist, wie wir glauben, und das bist, was wir glauben. Und zwar glauben wir, daß Du etwas bist, über dem nichts Größeres gedacht werden kann.

Gibt es also ein solches Wesen nicht, weil »der Tor in seinem Herzen gesprochen hat: es ist kein Gott«? Aber sicherlich, wenn dieser Tor eben das hört, was ich sage: »etwas, über dem nichts Größeres gedacht werden kann«, versteht er, was er hört; und was er versteht, ist in seinem Verstande, auch wenn er nicht einsieht, daß dies existiert.

Denn ein anderes ist es, daß ein Ding im Verstande ist, ein anderes, einzusehen, daß das Ding existiert. Denn wenn ein Maler vorausdenkt, was er schaffen wird, hat er zwar im Verstande, erkennt aber noch nicht, daß existiert, was er noch nicht geschaffen hat. Wenn er aber schon geschaffen hat, hat er sowohl im Verstande, als er auch einsieht, daß existiert, was er bereits geschaffen hat.

So wird also auch der Tor überführt, daß wenigstens im Verstande etwas ist, über dem nichts Größeres gedacht werden kann, weil er das versteht, wenn er es hört, und was immer verstanden wird, ist im Verstande.

Und sicherlich kann »das, über dem Größeres nicht gedacht werden kann«, nicht im Verstande allein sein. Denn wenn es wenigstens im Verstande allein ist, kann gedacht werden, daß es auch in Wirklichkeit existiere – was größer ist. Wenn also »das, über dem Größeres nicht gedacht werden kann«, im Verstande allein ist, so ist eben »das, über dem Größeres nicht gedacht werden kann«, über dem Größeres gedacht werden kann. Das aber kann gewiß nicht sein. Es existiert also ohne Zweifel »etwas, über dem Größeres nicht gedacht werden kann« sowohl im Verstande als auch in Wirklichkeit.

(a) Et certe id quo maius cogitari nequit, non potest esse in solo intellectu.
(b) Si (b') enim vel in solo intellectu est,
(b'') potest cogitari esse et in re; quod maius est.
(c) Si ergo (c') id quo maius cogitari non potest, est in solo intellectu: (c'') id ipsum quo maius cogitari non potest, est quo maius cogitari potest.
(d) Sed certe hoc esse non potest.
(e) Existit ergo procul dubio aliquid quo maius cogitari non valet, et in intellectu et in re. (b'') potest cogitari esse et in re; quod maius est.

Es stellt sich zunächst einmal die Frage, ob es überhaupt legitim ist, den Beweis so aus dem gesamten Text des *Proslogion* und dann nochmals aus dem des II. Kapitels »herauszuschneiden«, wie dies durch den aufgegliederten lateinischen Text angedeutet ist und wie es faktisch in fast allen Diskussionen seit der Zeit Anselms geschieht. Mit anderen Worten: Darf dieser Text kontextfrei, als für sich allein stehender Beweis analysiert werden? Dafür sprechen zwei gute Gründe. Zunächst: Eadmer, der Schüler und Biograph Anselms, berichtet, daß Anselm lange und intensiv, ja bis zur körperlichen Erschöpfung nach jenem Argument gesucht habe, von dem Anselm sagt, es sei jenes *eine Argument (unum argumentum), das ganz und gar auf sich selbst beruht (quod nullo alio ad se probandum quam se solo indigeret* [*Proslogion. Prooemium.* S. 68]). Weiterhin: Anselms Kritiker Gaunilo hat das Argument genauso isoliert, also »herausgeschnitten« (Ebd. S. 138–143), und Anselm hat in seiner Antwort (Ebd. S. 144–154) diese Isolierung akzeptiert. Man kann also berechtigterweise eine solche Isolierung durchführen. Daß diese Vorgangsweise trotzdem nicht unproblematisch ist, sei schon jetzt gesagt. Gehen wir dem Text entlang, so steht hier («U« = »unmöglich«):

(1) a

(2) $b' \rightarrow b''$

(3) $c' \rightarrow c''$

(4) $d = \mathbf{U}c''$, $\neg c''$

(5) e

Wie man leicht sieht, soll a bewiesen werden, welches also gleich dem Schlußsatz e ist. Daß in a der Subjektbegriff *id* lautet, während in e der Subjektbegriff *aliquid* lautet, kann hier unberücksichtigt bleiben. Desweiteren sieht man, daß eine Aussage mehrmals vorkommt, nämlich $b' = \neg a = c'$. Und schließlich sieht man, daß in der dritten Zeile, setzt man $\neg a$ für c' ein, somit $\neg a \rightarrow c''$, vorausgesetzt wird: $[(\neg a \rightarrow b'') \wedge (b'' \rightarrow c'')] \rightarrow (\neg a \rightarrow c'')$. Und da $\neg a \rightarrow b''$ bereits als der Schritt der zweiten Zeile angenommen wurde, liegt also in $b'' \rightarrow c''$ der eigentlich relevante Beweisschritt, den wir im folgenden als Schritt (3) annehmen. Der besseren Übersichtlichkeit halber, legen wir daher fest:

A (= $a = e = \neg b$): *Aliquid quo maius cogitari nequit existit et in intellectu et in re.*

B (= b''): *Potest cogitari aliquid quod maius est quam id quo maius cogitari non potest.*

C (= c''): *Id ipsum quo maius cogitari non potest est aliquid quo maius cogitari potest.*

Bei diesem Beweis handelt es sich eindeutig um einen *indirekten Beweis*: Bewiesen werden soll A, und dies geschieht, indem die Annahme von $\neg A$ als ein Widerspruch aufgezeigt wird, so daß A bewiesen ist. Der Beweis kann nun in folgender Weise dargestellt werden (vgl. Morschner 1991):

(1) $\neg A$

(2) $\neg A \rightarrow B$

(3) $B \rightarrow C$

(4) C ist ein Widerspruch, folglich $\neg C$

(5) A, weil: $\neg C \rightarrow \neg B$ [= Kontraposition von (3)], und $\neg B \rightarrow A$ [= Kontraposition von (2)].

4. Kritik und Zustimmung

Die Kritik hat seit der Zeit Anselms an zwei Punkten angesetzt. Zunächst wird bestritten, daß der Ausdruck »das, über das hinaus nichts Größeres gedacht werden kann« ein genügend klarer Begriff ist, oder es wird sogar gesagt, daß es ein widersprüchlicher Begriff sei. Damit ist die Frage gestellt, ob die Prämisse (1) überhaupt brauchbar ist, und wäre diese erste Prämisse unbrauchbar, würde selbstverständlich der ganze weitere Beweis hinfällig. Nehmen wir jedoch einmal an, es handle sich um einen genügend klaren und nicht-widersprüchlichen Ausdruck, dann stellt sich die Frage, ob die Folgerung von *B* zu *C*, also der Übergang von »dem, über das hinaus nichts Größeres gedacht werden kann« nur *in intellectu*, d.h. nur als Begriff gedacht, zu »dem, über das hinaus nichts Größeres gedacht werden kann« *in intellectu et in re*, d.h. als Begriff, dem etwas in der Realität entsprechen muß, legitim ist, denn nur unter dieser Voraussetzung ergibt sich der Widerspruch, der in (4) behauptet wird. Daß dieser Übergang nicht legitim ist, hat schon der Zeitgenosse Anselms, Gaunilo, ganz klar gesehen (Ebd. S. 141). Er sagt: Auch wenn man das Vorhandensein dieses Begriffs im Verstand zugibt *(si esse dicendum est in intellectu)*, so kann von hier aus die reale Existenz in keiner Weise gewonnen werden *(per hoc esse quoque in re non potest ullatenus obtinere)*. Wer sagt, daß die reale Existenz zum Begriff dessen gehören muß, »über das hinaus nichts Größeres gedacht werden kann«, da es sonst nicht das wäre »über das hinaus nichts Größeres gedacht werden kann« *(quod qui esse dicit hoc quod maius omnibus aliter non erit omnibus maior)*, der gibt nicht genügend acht *(non satis attendit)*, daß durch die Behauptung der realen Existenz dessen, »über das hinaus« nichts Größeres gedacht werden kann«, dieses keineswegs zu etwas Größerem wird *(nego vel dubito ulla re vera esse maius illud)*. Mit anderen Worten: Die Behauptung der *Existenz* fügt dem *Begriff* nichts hinzu. Gaunilo bringt dazu das bekannte Beispiel des Begriffs einer Insel mit idealen Lebensbedingungen, aus dem aber nichts über die reale Existenz der Insel folgt (Ebd. S. 141 f.).

Auch Thomas von Aquin hat sich mit diesem Argument befaßt und es prinzipiell in der gleichen Weise wie Gaunilo kritisiert. Thomas läßt jedoch gelten, daß das Nomen »Gott« »etwas, über das hinaus Größeres nicht gedacht werden kann« bezeichnet *(significat)*. Interessant ist dabei eine kleine, aber nicht unwesentliche Modifikation der Form des Ausgangssatzes des Arguments: Während der Text Anselms es nahelegt, »Gott« als Eigennamen zu verstehen, ist »Gott« bei Thomas von Aquin deutlich als Allgemeinbegriff *(nomen)* gekennzeichnet. Nimmt man es genau, so bedeutet dies, daß hier noch ein weiterer Beweisschritt hinzugefügt werden müßte, durch den bewiesen wird, daß es nur ein einziges Individuum geben kann, das mit diesem Nomen bezeichnet wird, d. h.: »Gott« bezeichnet eine Klasse, die jedoch nur ein einziges Individuum enthält. Nachdem Thomas also diese Kennzeichnung (oder dieses Prädikat?) für »Gott« als gültig anerkannt hat, fügt er allerdings – nun gegen Anselms Beweis gerichtet – hinzu:

Dennoch folgt deshalb nicht, daß er einsieht *(intelligat)*, daß das, was durch dieses Nomen bezeichnet wird *(significatur)*, in der Natur der Dinge existiere *(esse in rerum natura)*, sondern nur im Erfassen des Geistes *(sed in apprehensione intellectus tantum)*. (STh I q. 2, ad 2. Übers. v. F. S.)

Auch Kant sagt eigentlich gar nichts anderes als das, was schon Gaunilo gesagt hatte:

Sein ist offenbar kein reales Prädikat, d. i. ein Begriff von irgend etwas, was zu dem Begriffe eines Dinges hinzukommen könne. Es ist bloß die Position eines Dinges oder gewisser Bestimmungen an sich selbst. (*Kritik der reinen Vernunft*. B 626)

Wenn ich also ein Ding, durch welche und wie viel Prädikate ich will (selbst in der durchgängigen Bestimmung) denke, so kommt dadurch, daß ich noch hinzusetzte, dieses Ding *ist*, nicht das mindeste zu dem Dinge hinzu. (Ebd. B 628)

Die abschließende Kritik Kants lautet daher:

Der Begriff eines höchsten Wesens ist eine in mancher Absicht sehr nützliche Idee; sie ist aber eben darum, weil sie bloße Idee ist, ganz unfähig, um vermittels ihrer allein unsere Erkenntnis in Ansehung dessen, was existiert, zu erweitern. (Ebd. B 629).

Auch Kant hat ein passendes Beispiel, allerdings eines, das genommen ist aus einer Welt, die nicht mehr auf der Suche nach der idealen Insel, sondern auf der nach Geld ist:

Und so enthält das Wirkliche nichts mehr als das bloß Mögliche. Hundert wirkliche Taler enthalten nicht das mindeste mehr, als hundert mögliche. (Ebd. B 627)

Kant, dem man manchmal nicht viel Humor zutraut, hat für den ontologischen Gottesbeweis – bei dem er sich auf Descartes und nicht auf Anselm bezieht, was aber sachlich keinen Unterschied macht – nur folgende Schlußbemerkung übrig:

Es ist also an dem so berühmten ontologischen (Cartesianischen) Beweise, vom Dasein eines höchsten Wesens, aus Begriffen, alle Mühe und Arbeit verloren, und ein Mensch möchte wohl ebensowenig aus bloßen Ideen an Einsicht reicher werden, als ein Kaufmann an Vermögen, wenn er, um seinen Zustand zu verbessern, seinem Kassenbestande einige Nullen anhängen wollte. (Ebd. B 630)

Gaunilo, Thomas von Aquin und Kant haben zu diesem Punkt alles gesagt, was zu sagen ist, und ihre Kritik ist für den Beweis Anselms, falls es ein Beweis sein soll, tatsächlich vernichtend. Logiker unserer Gegenwart sind zu genau demselben Ergebnis gelangt. Eine historische Frage bleibt dabei allerdings unbeantwortet. Der entscheidende Einwand Gaunilos, Kants und der modernen Logiker gegen Anselms Argument liegt darin, daß aus einem als möglich gedachten Begriff keine Existenzaussage abgeleitet werden kann. Anselm ging aber auf diesen Einwand Gaunilos gar nicht ein, hat er ihn etwa nicht verstanden? Dies scheint unmöglich, da er im Kap. IX von *De Grammatico* selbst als Einwand – im Zusammenhang einer anderen Frage – formuliert, daß mit der Frage, ob ein Ding etwas sein könne *(utrum possit esse)* noch nichts über die Existenz ausgesagt ist *(utrum sit)*, so daß für letzteres ein eigener Beweis gefordert wird. Eigentlich sagt er dies auch im oben angeführten Zitat aus dem II. Kapitel des *Proslogion* selbst, wenn er darauf hinweist, daß die Einsicht, daß ein Ding im Verstande ist, und die Einsicht, daß das Ding existiert, etwas Verschiedenes seien. Man könnte hier an den Ausweg denken, der Begriff »Gott« sei von allen anderen Begriffen so verschieden, daß auf ihn diese Logik nicht angewendet werden kann (vgl. weiter unten Hegel). Aber: Bei Anselm findet sich nicht der geringste Hinweis darauf, daß er an einen solchen Ausweg gedacht hat, und ein solcher widerspricht eigentlich auch seinen Vorstellungen von Rationalität. Wenn er also auf den diesbezüglichen Einwand nicht geantwortet hat, muß man annehmen, daß er sich durch die darauf beruhende Kritik Gaunilos gar nicht getroffen fühlte, denn schließlich hat er selbst diese Kritik mit seiner eigenen Antwort veröffentlicht. Dann aber ist zu vermuten, daß er das Argument nicht, oder jedenfalls nicht nur so aufgefaßt wissen wollte, wie es im sogenannten ontologischen Gottesbeweis normalerweise formuliert wird. Darauf wird gleich noch zurückzukommen sein.

Es soll hier noch der Vollständigkeit halber angefügt werden, daß dennoch einige, wenn auch wenige, Philosophen gemeint haben, daß nicht Gaunilo, Thomas von Aquin und Kant, sondern Anselm recht gehabt hat. Der prominenteste dieser wenigen ist Hegel, der die These vertritt, daß der ontologische Beweis Anselms »allein der wahrhafte ist« (*Ausführung des ontologischen Beweises in den Vorlesungen über Religionsphilosophie vom Jahre 1831. Hamburg 1966. S.172*). Hegel konnte diese Auffassung nur vertreten, weil er meinte, nachweisen zu können, daß Begriff und Sein eben nicht in jener Beziehung stehen, wie Kant dies annahm, sondern in einer realen Beziehung. Und so meinte Hegel, einen grundsätzlichen Mangel im Denken Kants aufzudecken, der sich genau an diesem Punkt des ontologischen Gottesbeweises zeigen muß:

Wenn Kant sagt, man könne aus dem Begriff die Realität nicht herausklauben, so ist da der Begriff als endlich gefaßt. Das Endliche ist aber dies sich selbst Aufhebende, und indem wir so den Begriff als getrennt vom Sein hatten betrachten sollen, hatten wir eben die Beziehung auf sich, die das Sein ist an ihm selber. (Ebd. S. 175)

Nach Hegel ist der Begriff schon ewig die Tätigkeit, das Sein identisch mit sich zu setzen. Der abstrakte Begriff ist nur subjektiv, und somit einseitig, der Begriff des Unendlichen hebt aber in sich diese Einseitigkeit auf und wird so objektiv. Und daher lautet die Interpretation des Anselmschen Arguments dann bei Hegel:

In der Form des Beweises, wie ihn Anselm gibt, besteht die Unendlichkeit eben darin, nicht ein Einseitiges zu sein, ein bloß Subjektives, dem nicht das Sein zukäme. Der Verstand hält Sein und Begriff streng auseinander, jedes als identisch mit sich; aber schon nach der gewöhnlichen Vorstellung ist der Begriff ohne Sein ein Einseitiges und Unwahres, und ebenso das Sein, in dem kein Begriff ist, das begrifflose Sein. Dieser Gegensatz, der in die Endlichkeit fällt, kann bei dem Unendlichen, Gott, gar nicht statthaben. (Ebd. S. 174)

Die Identität von Sein und Begriff wird dann auf der Ebene der Vernunft erreicht. Auch hier wird also wieder die Verstand-Vernunft-Dichotomie relevant; wo »Vernunft« ist, da ist dann »Offenbarung« (Ebd. S. 176), und alles Spekulative ist dem Verstand ein »Mysterium« (Ebd. S. 177). Um dies richtig verstehen zu können bzw. verstehen zu können, warum man es nicht verstehen kann, müßte man ausführlich Hegel studieren. Seine Grundvoraussetzung ist, daß die spekulative Vernunft gerade darin besteht, die Beschränkungen, also die Negationen des Verstandes, aufzuheben und so seine Endlichkeit zu überwinden. Damit wäre auch die auf der Ebene des Verstandes bestehende Beschränkung der Trennung von Begriff und Sein überwunden und die selbst unendliche Vernunft könnte und müßte dann begreifen, daß dem Unendlichen Existenz zukommt.

Wer nun kein Hegelianer ist und sich somit nicht als Moment der unendlichen Vernunft begreift, muß bei Gaunilo stehenbleiben, der den endlichen Verstand verteidigt. Für ihn ist der Weg vom Begriff zur Existenz nicht gangbar, und er meint sogar, gute Gründe dafür zu haben (so wie Kant und die Logiker der Gegenwart). Ob nun jemand die Existenz Gottes annimmt oder nicht (Gaunilo war ein gläubiger Mönch) ist eine Frage, die hier nicht zur Diskussion steht. Die Existenz des Unendlichen aus seinem Begriff heraus zu begreifen ist aber dem, der die Endlichkeit, also die Grenzen der Vernunft, akzeptiert, unmöglich. Er muß dann allerdings in Kauf nehmen, vom Hegelianer als Tor und damit als beschränkt angesehen zu werden. Dies kann er allerdings mit bescheidener Fassung tragen.

Der zweite Kritikpunkt setzt bei dem Ausdruck *id quo maius cogitari nequit* an. Die Frage ist, ob dies überhaupt ein nicht-widersprüchlicher Begriff ist. Schon Leibniz hatte gegenüber der Form des sogenannten ontologischen Gottesbeweises bei Anselm und bei Descartes *(5. Meditation)* festgestellt, daß die Idee Gottes nicht ausreicht und daß Klarheit und Deutlichkeit der Ideen nur ein subjektives Kriterium darstellen, was wir brauchen, ist jedoch ein objektives Kriterium der Möglichkeit des Begriffes Gottes, welches nach der Auffassung von Leibniz darin liegt, daß nachgewiesen wird, daß im Begriff Gottes kein Widerspruch ist *(Monadologie § 44 und 45; vgl. auch: Sämtliche Briefe und Schriften VI, 4. S. 1617, 1–9)*. Die Frage des Nachweises der Widerspruchs-freiheit des Ausdrucks »etwas, über das hinaus Größeres nicht gedacht werden kann« hat auch Logiker der Gegenwart zu genauen Analysen angeregt, und es scheint sich herausgestellt zu haben, daß bei diesem Ausdruck Parallelen zu bekannten Antino-mien der Mengenlehre vorliegen (Vuillemin 1971). Auf die Problematik, daß dieser Ausdruck nicht genügend geklärt ist, hat auch wiederum schon Gaunilo hingewiesen, wenn er zwischen dem Hören eines Wortes *(auditum, secundum vocem)* und seinem Verstehen unterscheidet *(Proslogion. S. 139 f.)*. Gaunilo geht dieser Frage nicht weiter nach. Was aber hatte er oder jemand anderer zu seiner Zeit zur Verfügung, wenn er dieser Frage nachgehen wollte? Einzig die *Decem categoriae* oder vielleicht schon die *Kategorien* des Aristoteles. Bei dem Wort *maius* zog man vermutlich die Kategorien der Quantität und der Relation heran, und dazu konnte man bei Aristoteles nachlesen: | 171

So wird dem Größeren das, was es ist, im Vergleich zu einem anderen beigelegt: es heißt größer als ein anderes. (*Kategorien* VII, 6a 37–39)

Ein Ding kann also größer als ein anderes sein, und die Quantität eines Dinges muß meßbar sein. Damit aber ist zu jedem Ding, das eine Quantität hat, ein Ding denk-bar, das größer ist als dieses, so wie zu jeder (natürlichen) Zahl eine weitere um eins höhere denkbar ist. Für einen Gaunilo mußte ein Ausdruck wie *aliquid quo maius cogitari nequit* als einer vorkommen, mit dem er verständlicherweise keine Kategorie in Verbindung bringen konnte, und der ihm daher nicht recht verständlich erschien. Er selbst führt dann auch eine recht gegenständlich gedachte und ganz und gar nicht antinomien-verdächtige Neuformulierung ein, wenn er von *aliquid omnibus maius* spricht *(Proslogion. S. 140)*. Stellt man sich nämlich alle real existierenden Dinge vor, so ist irgendeines im Vergleich zu allen anderen eben das größte, und dieses ist dann das Größte von allen. Das aber ist eben keine Frage eines Begriffs, sondern eine der real existierenden Dinge.

Die Frage ist aber, ob nicht sowohl Gaunilo als auch die modernen Mengentheo-retiker an der Intention Anselms vorbeigehen, oder wiederum modern gesprochen:

ob sie nicht die Sprache Anselms falsch interpretieren. Auch dieses Problem ist seit langem bekannt: K. Barth hatte das Argument in einen ausschließlich theologischen Zusammenhang stellen wollen, F. S. Schmitt, der Herausgeber der kritischen Anselm-Ausgabe, hat hingegen auf einen Doppelcharakter hingewiesen, wenn er vom *Proslogion* als von »Spekulation im Gebetskleid« spricht (*Proslogion.* Einleitung. S. 31). Aufgrund der von Eadmer berichteten Entstehungsgeschichte (PL 158, Sp. 63) kommt er allerdings zu dem Ergebnis: »Spekulation und Gebet ineinander verwoben. Das erste Element ist dem Ziel und der Zeit nach das Ursprüngliche, das andere wurde diesem gleichsam aufgepflanzt und mit ihm zu einem organischen Ganzen verwoben.« (*Proslogion.* Einleitung. S. 33) Damit wäre gerechtfertigt, bei dem besprochenen Text von einem – geglückten oder nicht geglückten – Beweis zu sprechen. An dieser Auffassung sind aber doch Zweifel aufgekommen, die sich an die Philosophie des späteren Wittgenstein und an die in deren Folge entwickelte Sprechakttheorie J. L. Austins anschließen (vgl. Wimmer 1991). Austin unterscheidet zwei Grundkategorien von Sprechakten: performative und konstatierende. Konstatierende Äußerungen sind behauptend und beschreibend, z. B.: »Die Katze liegt auf der Matratze«; performative Äußerungen hingegen haben Handlungscharakter, z. B.: »Ich verspreche dir, zu kommen«. Konstatierende Äußerungen sind wahr oder falsch, performative Äußerungen sind geglückt oder mißglückt (vgl. J. L. Austin: *How to Do Things with Words.* London 1962). Ein Problem der Unterscheidung liegt allerdings darin, daß es nicht immer – wie bei den beiden eben genannten Beispielsätzen – möglich ist, aus der sprachlichen Form allein zu entscheiden, zu welcher Gruppe eine Äußerung gehört. Ein und dieselbe Äußerung kann einmal das eine, einmal das andere und schließlich auch beides zugleich sein. Wenn ich sage: »Der See ist tief«, kann dies eine konstatierende Äußerung sein, ich kann dies aber – was ich in geschriebener Form vielleicht durch ein Ausrufezeichen verdeutliche – auch als Warnung an einen Nichtschwimmer einsetzen, und bei der Warnung ist wiederum auch eine konstatierende Äußerung mitgegeben. Die Warnung muß jedoch auch dann als geglückt angesehen werden, wenn der Gewarnte nun tatsächlich nicht ins Wasser geht, selbst wenn die Äußerung als konstatierende falsch ist, d. h. wenn der See gar nicht tief ist. Wenden wir dies auf den Anselm-Text an. Aufschlußreich ist der von mir kursivierte Beginn des Textes, in dem erstmals von dem, »über dem [besser: über das hinaus] nichts Größeres gedacht werden kann«, die Rede ist. Dies ist deutlich in einer *Anrede* gebraucht, und schließlich bedeutet ja der Titel der Schrift, *Proslogion,* selbst schon »Anrede«. Austin nennt performative Sprechhandlungen »illokutionäre« Akte, von »inter-locutionary« (eine Rede zwischen zweien oder mehreren), und eine Anrede ist eben eine solche Sprechhandlung. Es gibt daher in Hinsicht auf den Anselm-Text zwei Möglichkeiten: Entweder es handelt sich dabei nur um eine performative Äußerung, also um ein Gebet, oder es handelt sich um eine performative Äußerung, die in ihrem letzten Teil auch eine konstatierende ist, die also wahr oder falsch sein kann.

In diesem letzteren Fall wäre die konstatierende Äußerung Anselms – mit Gaunilo und Kant – falsch, womit aber nichts darüber gesagt wäre, ob sie als performative geglückt oder nicht geglückt ist. Ein Patient, der den Chefarzt als »Herr Professor« anspricht, um sein Vertrauen in die ärztliche Kunst seines Arztes auszudrücken, vollzieht einen gelungenen Sprechakt auch dann, wenn der Chefarzt gar nicht Professor ist und die Äußerung als konstatierende somit falsch ist. Daß die Äußerung als performative geglückt ist, wird sich vielleicht darin zeigen, daß der Arzt sich dann besonders anstrengt, um diese (falsche) Bezeichnung zu rechtfertigen. Bis auf weiteres vermute ich, daß bei Anselm eine *falsche konstatierende Äußerung* zusammen mit einer *geglückten performativen Äußerung* vorliegt. Wenn dies zutrifft, so findet man im *Proslogion* weitere Aussagen, die das »über das hinaus nichts Größeres gedacht werden kann« entsprechend interpretieren, z. B.:

Jetzt, meine Seele, wecke und richte auf deinen ganzen Verstand und denke nach, soweit du es vermagst, von welcher Art und Größe dieses Gut ist. Denn wenn die einzelnen Güter köstlich sind, denk eifrig nach, wie köstlich das Gut ist, das die Köstlichkeit aller Güter in sich schließt; und nicht so, wie wir sie in den geschaffenen Dingen erfahren haben, sondern so verschieden, wie der Schöpfer vom Geschöpf sich unterscheidet. (*Proslogion.* Kap. XXIV. S. 125)

Anselm spricht hier von einem »köstlichen Gut« *(bonum delectabile)*, also von etwas, das ganz und gar nicht zu der Kategorie der Quantität paßt. Auch an einer anderen Stelle setzt Anselm an Stelle des »größer« *(maius)* den qualitativen Ausdruck »besser« *(melius* [Ebd. Kap. III. S. 86]). Sogar wirklich antinomische Sätze, in denen die bekannte Formulierung nochmals »überstiegen« wird, könnten als performative Äußerungen, also etwa als hymnische Lobpreisung, durchaus sinnvoll sein:

Herr, Du bist also nicht nur, über dem Größeres nicht gedacht werden kann, sondern bist etwas Größeres, als gedacht werden kann *(quiddam maius quam cogitari possit)*. Weil nämlich etwas derartiges gedacht werden kann *(quoniam namque valet cogitari esse aliquid huiusmodi)*: wenn Du das nicht bist, kann etwas Größeres als Du gedacht werden, was nicht geschehen kann. (Ebd. Kap. XV. S. 111)

Das Argument Anselms wird also vermutlich noch weiter Stoff für Diskussionen bieten. Abschließend sei aber gesagt, daß die Aufmerksamkeit, die dieses Argument in der Diskussion von Descartes über Leibniz, Kant, Hegel bis zu dem berühmten Mathematiker und Beweistheorethiker Kurt Gödel (1906–1978) zu Recht erhalten hat, nicht mit der Bedeutung verwechselt werden darf, die es für die Philosophie Anselms selbst und für die weitere mittelalterliche Philosophie gehabt hat. In Hinsicht auf diesen größeren Zusammenhang ist das Argument nicht nur nicht zentral, sondern sogar entbehrlich.

VII

Abaelard

1. Die städtische Kultur des 12. Jahrhunderts

Der Übergang von Anselm zu Abaelard (1079–1142) kennzeichnet einen gesellschaftlichen und kulturgeschichtlichen Wandel. Bis zum Ende des 11. Jhd.s waren die oder wenigstens einige Benediktinerabteien die Zentren gewesen, in denen philosophische Fragen auf Interesse stoßen konnten. Der prägende gesellschaftliche Rahmen war das *Kloster* gewesen mit der der damaligen Mentalität der Mönche entsprechenden *meditativen Kultur*. In dieser meditativen Kultur war das Streben nach Einfachheit ein kennzeichnendes Element, und dies bedeutete, bei aller logischen Strenge, eben auch Einfachheit des Gedankens und der Gedankenführung. Die Schriften Anselms sind das beste Beispiel für eine solche Denkweise. Solche meditative Philosophie war, wie es der Titel einer Schrift Anselms zum Ausdruck bringt, ein *Monologion* auch dann, wenn es in Dialogform dargeboten wurde. Es war ein Gespräch der nachdenkenden Seele mit sich selbst oder in andächtigem Gespräch mit Gott. Philosophische Meditation war kein Beruf, sondern eine Berufung. Sicher gab es auch in diesem Rahmen Lehrer, wie Lanfrank und Anselm solche gewesen waren, aber Philosophie gehörte nicht zu irgendeiner Berufsausbildung, sondern zur *Selbstvervollkommnung*. So mancher Lehrer gab das Lehren auf und zog sich zur wortlosen Meditation zurück. Es gab im 11. Jhd. immer wieder bekannte und bedeutende Magistri, die, manchmal schon in jungen Jahren, ihre Lehrtätigkeit aufgaben, um sich in die Einsamkeit einer Einsiedelei oder in die Abgeschiedenheit einer Abtei zurückzuziehen. Petrus Damiani, dem wir schon begegnet sind, stellt hier keineswegs eine Ausnahme dar. So verließ z. B. 1056 der Magister Herimann, Leiter der berühmten Kathedralschule von Reims, seine Stellung, um sich ganz der Meditation zu widmen. Sein Nachfolger wurde Bruno (um 1030–1101), der mehr als zwanzig Jahre lang als geschätzter Lehrer das auch sehr einträgliche Amt des Domscholasters innehatte. Auch er aber zog sich etwa 1081 zurück und wurde zum Gründer der extrem von der Welt abgesonderten und auch voneinander fast gänzlich getrennt lebenden Kartäuser. 1092 verließ Odo, der Domscholaster von Tournay, die Welt und widmete sich dem monastischen Leben. Die Lehrer des 12. Jhd.s hingegen leben in der Welt, genauer gesagt dort, wo das weltliche Leben am deutlichsten zum Ausdruck kommt: in der *Stadt*. Ihnen geht es nicht um die Vervollkommnung der Seele, sondern hauptsächlich um die *Vervollkommnung der Argumente*, um deren Exaktheit.

Die Bürger der Städte, die sich in Berufsgruppen, sogenannte Zünfte, zusammenschlossen, mußten sich ihre *Rechte* gegenüber den geistlichen oder weltlichen Stadtherren häufig erst *erkämpfen*. Eine besondere Neuerung, die allerdings hauptsächlich die italienischen Städte betrifft, waren die *Amtsträger auf Zeit*, die nach Ablauf ihrer Amtszeit Rechenschaft ablegen mußten. Auch die neuen, in dieser Periode entstehenden Orden werden in ihren Organisationsformen auf solche Amtsträger auf Zeit mit Verpflichtung zur Rechenschaftsablegung setzen, und ähnlich wird es in den neugegründeten Universitäten fast durchgehend nur Professoren auf Zeit geben.

Im 12. Jhd. änderte sich das Publikum der philosophisch Interessierten, es veränderte sich die philosophische Kultur und es änderte sich damit auch die Stellung des Lehrers der Philosophie, und nicht zuletzt änderte sich auch der Ort, an dem Philosophie betrieben wurde. Die schon im 11. Jhd. begonnene Verbesserung der wirtschaftlichen Situation der Städte setzte sich im 12. Jhd. fort. In den Städten erhielten Handwerk und Handel große Bedeutung, und damit wuchsen die städtischen Handelszentren. Daraus ergaben sich Konsequenzen in verschiedenster Richtung. | 175 Zunächst brachte diese Entwicklung mit sich, daß die städtischen Bischofssitze gegenüber den im ländlichen Raum angesiedelten Benediktinerabteien an Bedeutung gewannen. Dies zeigt sich schon im äußeren Bild: Die das Stadtbild an vielen Orten bis heute prägende Kirche ist die Kathedralkirche. Die gotische Kathedrale ist ein städtisches Phänomen, obwohl sie im monastischen Bereich, nämlich in St. Denis, begonnen hat. Mit der Kathedrale ist an vielen Orten die *Kathedralschule* verbunden. Die Lehrer, die dort tätig sind, werden häufig von auswärts angeworben, es entsteht Konkurrenz, und die Lehrer werden von den Bischöfen mit entsprechenden Pfründen versehen. Die *Lehrtätigkeit* ist zu einem *Beruf* geworden, mit dem eine gesellschaftlich definierte Stellung und ein entsprechendes Einkommen verbunden ist.

In der differenzierteren, arbeitsteiligen Welt der Städte erhielt Bildung ökonomischen Wert. Man benötigte im kirchlichen wie im staatlichen Bereich Fachleute für die Verwaltung, und das hieß: Rechtskundige. Auch an den Klerus wurden höhere Anforderungen als bisher gestellt. Dies galt vor allem für die am Bischofssitz tätigen Kleriker, jene auf dem Land blieben so ungebildet wie bisher. Die verschiedenen Bereiche der Bildung erforderten eine Grundlage, und diese wurde vom Unterricht der sieben Freien Künste erwartet. Wer diese Kenntnisse besaß, konnte sich bei weiterer Fortbildung gute Berufschancen ausrechnen, aber es galt auch, sich gegen Konkurrenten durchzusetzen, ganz ähnlich wie im Bereich des städtischen Handels. Die Schulen, in denen solche Studenten ausgebildet wurden, entwickelten mit einer gewissen Selbstverständlichkeit eine *Streitkultur*. Die schon traditionell hervorgehobene Stellung der Logik mußte sich in dieser Umgebung noch verstärken. Mit der Logik wurde beansprucht, zwischen wahr und falsch, zwischen gültigen und ungültigen Folgerungen usw. zu unterscheiden, und somit lieferte sie bei Diskussionen Kriterien dafür, wer der Gewinner und wer der Verlierer war. Es war in diesen Schulen gewiß ein unruhigeres Publikum anwesend als dies in den Abteien der Fall gewesen war, und die Fragen, die gestellt wurden, erhielten eine größere Schärfe in logischer wie in »existentieller« Hinsicht. Die Instrumente der Analyse mußten geschärft, ihr Gebrauch mußte geübt werden. Hier konnte sich die Logik über einen unmittelbar philosophischen Anwendungsbereich hinaus entwickeln.

Es wäre jedoch zu wenig, wollte man hier nur städtische Streitkultur am Werk sehen. Fragen, die im 11. Jhd. noch auf einige wenige Gruppen beschränkt waren, die nur in diesem begrenzten Umkreis diskutiert wurden und häufig rasch wieder beiseite gelegt werden konnten, wurden nun in etwas breiter gestreuten Kreisen diskutiert, wenngleich diese immer noch, auf das Ganze der Gesellschaft gesehen, eine kleine Minderheit bildeten. Dies betraf z. B. die Frage des Verhältnisses des Christentums zu anderen Gesellschaften oder gesellschaftlichen Gruppen. Die Frage der Verhältnisbestimmung von Christentum und heidnischer Philosophie blieb auf der Tagesordnung, aber auch die Frage des Verhältnisses zu den Juden trat deutlicher ins Bewußtsein. Seit der Wiederbelebung der Städte spielten die Juden

dort wieder ein größere Rolle, da sie über Handelsbeziehungen weit über den christlichen Bereich hinaus verfügten. Gilbert Crispin (um 1045–1117), ein Schüler und Freund Anselms, der schließlich Abt von Westminster wurde, hatte eine *Disputatio Judei et Christiani* verfaßt. Bei Abaelard wird der Gesprächskreis um einen Philosophen erweitert, und dafür verfaßte Abaelard einen *Dialog eines Philosophen mit einem Juden und einem Christen*. Im 11. Jhd. konnte es noch als »Lösung« vorgetragen werden, daß (historisch korrekt) die antike Philosophie (soweit man sie kannte) in wichtigen Punkten nicht mit dem Christentum übereinstimmte, weshalb man sich nicht mit der heidnischen Philosophie zu befassen brauche. Jetzt im 12. Jhd. wurde deutlich, daß diese Frage auch anders bzw. umgekehrt beantwortet werden könnte, nämlich so, daß man sich mit der heidnischen Philosophie befaßte und sich um das Christentum nicht zu kümmern brauche, eine Position, die natürlich in dieser Schärfe nicht ausdrücklich ausgesprochen wurde. Aber immerhin läßt Abaelard seinen Philosophen auf die Frage, wie das Glück definiert werde, sagen:

> Glücklich nennen sie den gewissermaßen gut Angepaßten, d. h. den, der sich in allen Lagen gut und geschickt verhält, so daß es offenbar dasselbe bedeutet, glücklich zu sein, wie an guten Sitten, d. h. an Tugenden, reich zu sein. (*Gespräch eines Philosophen, eines Juden und eines Christen.* S. 131)

Worauf der Christ natürlich fragt, ob denn die Philosophen keinen Wert auf die Unsterblichkeit der Seele und auf das Glück des künftigen Lebens legen, wo sie den Lohn für ihre Verdienste erlangen. Der Philosoph antwortet verbindlich, kann aber offensichtlich mit der Frage nicht allzuviel anfangen: »Doch gewiß, aber was folgt daraus?« (Ebd.) Dies ist vermutlich nicht nur literarische Fiktion. Man kannte die offiziellen kirchlichen Antworten und bestritt sie nicht, zumindesten nicht öffentlich, aber manche bezweifelten die Relevanz dieser Antworten und wandten sich Texten der »heidnischen« Philosophie zu. Wie wir noch sehen werden, wurden auch weiterhin Versuche der Harmonisierung von Christentum und heidnischer – d. h. hier platonischer – Philosophie unternommen. Auch Abaelard beteiligte sich in gewisser Hinsicht in seiner *Theologia summi boni* an solchen Versuchen. In diesem intellektuellen Klima wurde aber eben auch die Frage lebendig, ob die heidnischen Philosophen nicht weit mehr zu sagen wußten, als bisher bekannt war. Die dann im 12. Jhd. einsetzende Rezeption griechischer Philosophie war also keineswegs ein Ereignis, das über das Denken der lateinischen Philosophen hereinbrach, sondern war eine Entwicklung, die von den wachesten und unruhigsten Intellektuellen des 12. Jhd.s hervorgerufen wurde. Darauf wird noch zurückzukommen sein.

Nicht alle begrüßten diese Entwicklungen, Vertreter der Erneuerung des monastischen Ideals standen dieser städtischen Kultur sogar recht feindlich gegenüber. Die Zisterzienser gründeten ihre Klöster bewußt in den Wäldern, weit ab von allen Städten. Der schriftstellerisch und politisch bedeutsamste Vertreter der Zisterzienser war Bernhard von Clairvaux (1090–1153), der zwar selbst sehr streitsam war, der aber für die Vertreter der Disputierkunst gar nichts übrig hatte. Hinter der Auseinandersetzung zwischen Bernhard von Clairvaux und Abaelard steht letztlich auch eine Auseinandersetzung zwischen einem radikalisiert weltabgewandten Mönchtum (Zisterzienser) und einer städtischen Bildungskultur (Pariser Schulen). | 177

Die Zentren der Bildung lagen vor allem im Norden Frankreichs (Chartres, Laon), aber schon bald erhielt Paris einen eindeutigen Vorrang. Die Studenten zogen jeweils dort hin, wo ein berühmter Lehrer sie anzog, und zwischen den einzelnen Schulen spielte sich infolgedessen ein harter Konkurrenzkampf ab. Schulen versuchten anderen Schulen die besten Lehrer abzuwerben, und attraktive Lehrer wiederum nahmen ihren Konkurrenten die Studenten weg. Was Abaelard in seiner – in ihrer Authentizität bis heute umstrittenen – Autobiographie von sich berichtet, galt wohl von vielen seiner Studienkollegen:

Von der ganzen Philosophie sagte mir die Logik am meisten zu: für ihre Waffen gab ich die Ritterwaffen dahin, um nur noch im Geistesturnier Ringe zu stechen. Zum Studium der Logik zog ich überall hin, wo man mir Hauptsitze dieser Wissenschaft rühmte, und wurde so ein Wanderphilosoph im Sinn des Altertums. Schließlich kam ich auch nach Paris, dem alten Mittelpunkt der logischen Studien. (*Leidensgeschichte.* S. 9 f.)

Abaelard sagt also selbst, daß Paris schon zu dem Zeitpunkt, an dem er dorthin kam, also um den Beginn des 12. Jhd.s, ein Mittelpunkt der logischen Studien war, und dies bedeutet, daß Abaelard keineswegs der einzige bedeutende Magister dieser Disziplin seiner Zeit und seine Schule keineswegs die einzige dieser Art war. Abaelard stellt für die Logik seiner Zeit nicht den Beginn, sondern den Höhepunkt dar, bzw. den Höhepunkt jener Periode, die vor dem Bekanntwerden der übrigen Texte des Aristoteles liegt – also der *logica vetus*. Eine bedeutende Schule in Paris war z. B. die der Parvipontani, genannt vermutlich nach dem Petit Pont. Ihr Leiter war der Engländer Adam von Balsham (gest. vor 1159), von dem uns mit der *Ars disserendi* ein Lehrbuch überliefert ist, welches als erstes in seinem Aufbau nicht dem überlieferten aristotelischen Schema folgt, das weithin auch bei Abaelard noch maßgebend ist. Der *Streit der Schulen* in Paris muß zu dieser Zeit sehr rege gewesen sein. Durch die recht große Anzahl von erhaltenen Texten (vgl. vor allem die von de Rijk in der *Logica modernorum* edierten Traktate) können wir uns ein gutes Bild von den Diskussionen machen, und mit Johannes von Salisbury (1115/1120–1180), der in Paris studiert hatte, haben wir einen sehr aufmerksamen Zeitzeugen vor uns. In seiner 1159 fertiggestellten Schrift *Metalogicon (Über die Logik)* liefert er anschauliche Beobachtungen der damals in Paris geführten Diskussionen. Johannes von Salisbury, der nie selbst Magister war, verteidigt in dieser Thomas Becket gewidmeten Schrift die Logik und empfiehlt ihr Studium nachdrücklich für die Beamten der königlichen Kanzlei in England. Er war also durchaus ein Verteidiger des Triviums, macht aber auch kein Geheimnis daraus, daß ihm bei seinen früheren Studien in Paris nicht alles gefiel: Das Streben der Pariser Logik-Magistri nach »Modernität« tadelt er ausdrücklich, was aber eben ein Zeichen dafür ist, daß dieses Streben für den Beobachter auffällig war. Für ihn war vieles, was sich hier abspielte »eitles Zeug« *(nugae)*. In dem Gedicht *Entheticus* schreibt er:

> Früher einmal fand alles, was die Vorfahren gut gesagt hatten, Gefallen,
> Heutzutage finden einzig die Neuheiten Gefallen. [...]
> Diese Schule kümmert sich nicht darum, was das Maß und was die Ordnung ist,
> Welchen Weg der Lehrer und der Schüler verfolgt. [...]
> Wer sich mit den [alten] Texten und den Künsten beschäftigt, disputiert kraftlos,
> Denn ein Anhänger der Früheren *(veterum fautor)* kann nicht Logiker sein. [...]
> Man lobt nur Aristoteles und verachtet Cicero
> Und all das, was das besiegte Griechenland den Latiern [Römern] gegeben hatte.
> Man verachtet das Recht, schätzt die Physik gering, setzt alle Literatur herab,
> nur die Logik findet Beifall *(logica sola placet)*.
> Gleichwohl findet sie nicht deshalb Gefallen, damit jemand sich abmüht, sie zu kennen,
> Das ist schon ausreichend, daß jemand für einen Logiker gehalten wird *(Si quis credatur logicus, hoc satis est)*.
> (*Entheticus* v. 59–60, 63–64, 93–94, 113–118. Übers. v. F. S.)

Die Begeisterung für die Logik und ihre ständigen Neuentwicklungen müssen für den an Bildung Interessierten im Paris des 12. Jhd.s ein tatsächlich auffallendes Phänomen gewesen sein. Johannes von Salisbury, ein praktisch und politisch interessierter Mann (vgl. Kap. VIII, 5), tadelt diese logische Monokultur: Alle reden nur über Logik, alle anderen Bereiche wie z. B. Ethik oder Physik werden geradezu verachtet *(omnia preter logicam dedignantur [Metalogicon* II, 6]). Manche kamen überhaupt nicht zur Beschäftigung mit anderen Disziplinen und blieben ihr ganzes Leben lang einzig bei der Logik (Ebd. II, 7). In der Logik nicht auf der Höhe zu sein, führte sogar zu Gesundheitsstörungen. Abaelard hatte seinen Lehrer Wilhelm von Champeaux in Gegenwart vieler Schüler in den Schatten gestellt, und eine eigene Schule gegründet. Die Folgen für seinen Lehrer waren aus der Sicht Abaelards:

Ich leitete das logische Studium noch gar nicht lange, als Wilhelm vor Neid geradezu krank wurde und sich in seinem Schmerz unsagbar verzehrte. Lange hielt er es nicht aus, sein Mißgeschick brannte ihn zu sehr, und so machte er sich mit List und Tücke daran, mich auch jetzt wieder aus dem Sattel zu heben. (*Leidensgeschichte.* S. 12)

Schließlich blieb Wilhelm von Champeaux nach einem kurzen Comeback nichts anderes übrig, als ins Kloster zu gehen, »da er sich von dieser Welt mit ihrem Glanz nichts mehr versprach« (Ebd. S. 14). Der Glanz der Welt war für einen Lehrer der Glanz in der Schule, und in dieser konnte man eigentlich nur durch Leistungen in der Logik glänzen. Aber Abaelard berichtet gelegentlich auch von sich selbst, daß er sich bei seinem Logikunterricht so sehr überanstrengt hatte, daß er krank wurde und lange Zeit fern von Paris leben mußte, wobei er von den »Jungen der Logik« schmerzlich vermißt wurde (Ebd. S. 11). Übertreibung, Selbstgefälligkeit, Selbstmitleid, all dies spielte eine Rolle, ganz gleich ob hier wirklich Abaelard spricht (was ich annehme) oder jemand sonst die Ereignisse darstellt: Wer sich im Disputier-Glanz der städtischen Welt von Paris nicht durchsetzen konnte, wurde krank und zog sich in ein Kloster außerhalb von Paris zurück.

2. Funktion und Aufgaben der Logik

Das Interesse an der Logik hatte sich im frühen Mittelalter im Rahmen der Auslegung von Texten vor allem der Theologie entwickelt, wie sich dies schon bei Alkuin gezeigt hatte. Dadurch erhielt das Interesse an der Logik und die Erwartungen, die an die Logik geknüpft waren, im Mittelalter eine gegenüber Aristoteles verschiedene Ausrichtung. Aristoteles war es zwar um ganz allgemeine Regeln korrekten Sprachgebrauchs und formal gültiger Argumentation gegangen, er hatte dabei aber immer besonders die Sprache empirischer Wissenschaften im Auge und sehr viel weniger die Sprache der Mythologien, der Dichtung oder der Verfassungs- und Rechtsurkunden. Genau solche Sprachformen standen aber jetzt mit Theologie und Rechtslehre im Zentrum des Interesses, was bedeutet, daß die Entwicklung der mittelalterlichen Logik in einem Verwendungs-Zusammenhang steht, den wir heute als »geisteswissenschaftlich« bezeichnen würden. Trotzdem wurden genau in diesem Zusammenhang strenge formale Theorien der Sprache und der Argumentation entwickelt. Dies ist schon deshalb gut zu wissen, um zu sehen, daß die in unserer Gegenwart »neueren«, formaleren Analysemethoden in den sogenannten Geisteswissenschaften in Wirklichkeit die viel ältere Methode textbezogener Wissenschaften darstellen. Erst zu einem Zeitpunkt, als diese Theorien bereits ihre bestimmte und sehr ausgeprägte Form gefunden hatten, wurden sie, ohne in ihrer Entwicklung in besonderer Weise mit Naturwissenschaften in Berührung gewesen zu sein, im 13. und vor allem im 14. Jhd. auch auf Naturwissenschaften angewandt. Es liegt hier also gerade der umgekehrte Weg wie in der Gegenwart vor.

Weshalb in diesem theologischen und juridischen Kontext in der Logik gerade jetzt eine große Entwicklung einsetzte, läßt sich wiederum aus dem Lehrbetrieb verstehen. Wie schon gesagt, hatte die Logik seit Jahrhunderten innerhalb des Triviums zur Einführung in das Studium gedient. Es war aber eine Einführung ohne eigentliche Bedeutung für das spätere, »eigentliche« Studium geblieben, in den wenigsten Fällen wurde sie für irgendeine Argumentation herangezogen, bestand doch das »eigentliche« Studium einfach in der Kommentierung der *Bibel*. Bei dieser Kommentierung begnügte man sich weithin mit der Erklärung einzelner Worte und der Aufführung von erläuternden Stellen von Kirchenvätern. Seit dem späten 11. Jhd. hatte eine Umstrukturierung in der Hinsicht begonnen, daß man Bibel- und Kirchenväterstellen zu bestimmten Fragen zusammenstellte, somit also ein erster Ansatz einer Systematik auftrat. Dasselbe wurde – zeitlich sogar schon früher – bei *Rechtsquellen* durchgeführt. Bernold von Konstanz (um 1050–1100) hatte Listen widerstreitender Texte aus dem Rechtsbereich aufgestellt und hatte dazu scharfsinnige hermeneutische Regeln zu deren Interpretation vorgelegt. Ähnlich hatte der bedeutende Jurist Ivo von Chartres (um 1050–1115/1116), der bei Lanfrank, also als Studienkollege Anselms, in Le Bec studiert hatte, zahlreiche Rechtsquellen zusammengestellt und sie in der *Panormia* in die Form eines Handbuches gebracht; außerdem hatte er im *Prologus* methodologische Grundsätze zur Behandlung widersprechender Rechtstexte aufgestellt. Abaelard folgte solchen Verfahren im Bereich der Theologie. Sein umfangreiches Werk *Sic et non (Ja und Nein)* ist nichts anderes als ein überzeugendes Plädoyer für die Unumgänglichkeit der Anwendung der Logik auf die Texte der Theologie. In diesem Werk stellt er eine Fülle von einander widersprechenden Zitaten von Autoritäten gegenüber und zeigt dann, daß in vielen Fällen der Widerspruch auf einem unreflektierten, und das heißt bei ihm: auf einem sprachlogisch nicht aufgeklärten Gebrauch der Wörter beruht. Bei anderen einander widersprechenden Texten wiederum kann durch Rückgriff auf weitere, schon feststehende Sätze herausgefunden werden, welcher Satz als wahr anzunehmen ist. Dies aber erfordert eine Klärung dessen, was eine korrekte Ableitung ist (vgl. dazu weiter unten 3, b). In jedem Fall ist Logik für die Behandlung einander widersprechender Aussagen erforderlich. Es kommt wohl nicht von ungefähr, daß schon vor Bekanntwerden der aristotelischen *Sophistischen Widerlegungen* die Auflösung von Sophismata, also von Trugschlüssen, eine große Rolle in der Entwicklung der Logik des 12. Jhd.s gespielt hat (vgl. dazu Kap. VIII, 2).

Abaelard unterscheidet verschiedene Möglichkeiten, die dem Interpreten bei unverständlichen Texten zur Verfügung stehen, wobei diese in gewisser Hinsicht durch den Texttypus bedingt werden. Den ersten Texttypus stellt die Heilige Schrift dar:

> Wenn uns dort etwas als sinnlos erscheint, ist es nicht möglich zu sagen: Der Autor dieses Buches hat nicht die Wahrheit erfaßt; sondern entweder ist der Kodex fehlerhaft oder der Übersetzer hat sich geirrt oder du verstehst es nicht. (*Sic et non. Praefatio.* Übers. nach K. Flasch [Hrsg.]: *Geschichte der Philosophie in Text und Darstellung. Mittelalter.* Stuttgart 1982. S. 268)

Wer sich an Origenes erinnert, wird feststellen müssen, daß dieser sich gegenüber den Texten der Heiligen Schrift freier verhalten hatte: Er hatte durchaus damit gerechnet, daß dort etwas Unmögliches steht (vgl. Kap. I, 5, b). Eine solche Annahme kommt für den mittelalterlichen Interpreten nicht mehr in Frage. Eine Aussage der *Bibel* darf nicht unmöglich sein: Ist sie unverständlich, so liegt dies an der fehlerhaften Textüberlieferung oder am fehlerhaften Denken des Interpreten. Den anderen als Autoritäten verstandenen Texten gegenüber ist Abaelard jedoch recht frei, freier als wohl die meisten seiner Zeitgenossen: | 181

> Wenn man aber bei den Werken der Späteren, die unzählige Bücher füllen, etwa meint, daß sie deshalb von der Wahrheit abweichen, weil man sie so, wie sie sprechen, nicht versteht, so hat der Leser oder Hörer dort jedoch freies Urteil zu billigen, was ihm gefallen hat, oder zu verwerfen, was bei ihm Unwillen erregt hat, und dazu gehört alles, sofern nicht durch sicheren Beweis oder mit jener kanonischen Autorität beansprucht wird zu zeigen, daß das, was dort erörtert oder erzählt sei, überhaupt nur so sein oder geschehen konnte; wenn es jemand nicht gefällt oder er es nicht glauben will, wird er nicht getadelt. (*Sic et Non.* S. 268).

Bei solchen kritischen Analysen können wir die Ausbildung dessen beobachten, was wir später in der Form der *quaestio*, die immer eine *quaestio disputata* ist, antreffen werden. Dieser textbezogene Anwendungs-Zusammenhang der Logik erklärt auch, warum die Logik des Mittelalters viel stärker als die moderne Logik an die natürliche Sprache gebunden blieb. Das Gegenüber der Logik ist immer die Grammatik, auch und gerade dort, wo in der Logik eine Unabhängigkeit und in vielen Fällen eine Überlegenheit der Logik gegenüber der Grammatik beansprucht wird. Es gab schon zur Zeit Abaelards Tendenzen, die logische und die grammatische Analyse so streng zu trennen, daß ein Satz in diesen zwei Analyseverfahren einen verschiedenen Sinn erhielt. Ein Vertreter einer solchen Trennung scheint Abaelards Lehrer Wilhelm von Champeaux gewesen zu sein (Abaelard: *Super Topica Glossae*. In: *Scritti di logica*. S. 271, 38–272, 1). Einer solchen Trennung wollte Abaelard nicht folgen, obwohl auch er auf einer Eigenständigkeit der logischen Analyse bestand, die in bestimmten Fällen eine Überlegenheit über die Grammatik bedeutete.

Die Autonomie der Logik konnte allerdings Konsequenzen haben, die den Hütern der Autoritäten nicht paßten. Da die Logik zur Analyse widersprechender autoritativer Texte gebraucht werden sollte, beanspruchten die Logiker für ihre Disziplin die Unabhängigkeit von Autoritäten. Damit war eine bestimmte Form des Rationalismus verbunden, der wir schon bei Anselm begegnet sind. Diese Problematik wurde – anders als bei Anselm, der allerdings auch einen von Abaelard sehr verschiedenen Charakter besaß – wiederum bei Abaelard sehr deutlich, dessen Rationalismus die erbitterte Feindschaft des Bernhard von Clairvaux hervorrief, der, allerdings mit sehr bedenklichen Praktiken, erreichte, daß Abaelard auf zwei Synoden verurteilt wurde. Verurteilt wurden allerdings nie die Verfahren der Logik selbst, sondern immer bestimmte Ergebnisse, die zu Recht oder zu Unrecht im Bereich der Theologie mit Methoden der Logik erzielt wurden. Abaelard schildert sein Vorgehen in folgender Weise:

Ich befaßte mich damals zuerst damit, die Grundlagen unseres christlichen Glaubens durch Analogien aus dem Gebiet der menschlichen Vernunft zu erläutern, und verfaßte eine theologische Abhandlung »Über die göttliche Einheit und Freiheit« für meine Studenten. Diese begehrten eine verständliche philosophische Beweisführung und wollten Begreifbares hören, nicht bloße Worte. Die vielen Worte, bei denen man sich nichts denken könne, seien überflüssig, man könne erst etwas glauben, wenn man es zuvor begriffen; es sei eine Lächerlichkeit, anderen etwas vorzupredigen, was Lehrer und Schüler verstandesmäßig nicht fassen könnten. (*Leidensgeschichte*. S. 35)

Wenn Abaelard sagt, daß es seine Studenten waren, die »eine verständliche philosophische Beweisführung« und »Begreifbares« forderten, so ist dies zwar auch ein literarischer Topos, den wir schon von Anselm her kennen, es gibt dies aber doch die tatsächliche Situation in den Schulen wieder. Die Freien Künste und vor allem die Logik bei der Analyse theologischer Fragen einzusetzen, war im 12. Jhd. nichts Auffallendes, sondern eine inzwischen weithin, wenn nicht überhaupt allgemein akzeptierte Vorgehensweise. Man muß allerdings sehen, daß die Logik im 12. Jhd. begonnen hatte, eine Eigendynamik zu entwickeln (vgl. auch Kap. VIII, 2), was man schon aufgrund der Proportionen der Themenverteilung der Schriften Abaelards vermuten kann. Den Schriften zur Logik mit mehr als 1600 Druckseiten steht ein umfangmäßig wesentlich geringerer Teil gegenüber, in dem Fragen der Theologie oder der Ethik behandelt werden. Dies dürfte nicht nur die persönliche Vorliebe Abaelards wiederspiegeln, auch das Interesse der Studenten hatte sich offensichtlich ganz und gar auf die Philosophie, die ja fast ausschließlich aus Logik bestand, verlegt, was auch wieder bei Abaelard nachzulesen ist. Dieser war nach einem etwas wirren Leben selbst Mönch geworden und hatte sich sogar, allerdings erfolglos, als Benediktinerabt in einem ziemlich verlotterten Kloster in der Bretagne versucht. Er nahm aber dann doch wieder seine Lehrtätigkeit auf, von der er berichtet:

Meine eigene Neigung ging jetzt, wie es ja auch meinem neuen Beruf angemessen war, auf die Schriftauslegung. Ich gab aber die philosophische Vorlesung nicht ganz auf, da ich auf diesem Feld eingearbeitet war, und weil meine Hörer mich gerade um diese Vorlesung bestürmten. Ich machte die philosophische Vorlesung gewissermaßen zum Angelhaken, um die Schüler mit ihrer Liebe zur Philosophie zu ködern und dann für die wahre Weisheit, die Weisheit Gottes zu gewinnen. So hatte es ja auch der größte christliche Philosoph, Origenes gehalten, wie die Kirchengeschichte des Eusebius erzählt. (*Leidensgeschichte*. S. 34 f.)

Dies zeigt deutlich, wo die Interessen der jungen Intelligenz dieses Jahrhunderts lagen. Es waren daher vermutlich tatsächlich gar nicht bestimmte einzelne häresieverdächtige Thesen Abaelards, die die verschiedenen Konflikte provozierten, sondern die Befürchtung der Vertreter der »christlichen Weisheit«, daß diese Weisheit überhaupt nicht mehr gefragt sein könnte. Wir sollten auch einbeziehen, wo sich die »Lebensweisheit« der städtischen und höfischen Jugend des 12. Jhd.s ihren Ausdruck verschaffte: in den Liedern der Troubadoure, die seit dem Ende des 11. Jhd.s von Südfrankreich aus ihren Siegeszug angetreten hatten. Auch dies wußte Abaelard aus eigener Erfahrung: Er selbst war ein begabter Dichter und Komponist von Liebesliedern, von denen viele, wie er nicht ganz ohne Selbstgefälligkeit berichtet, auch noch später weit verbreitet waren (Ebd. S. 22). Bedauerlicherweise ist es bis heute nicht geglückt, Lieder Abaelards zu identifizieren. – Nicht vergessen werden soll auch, daß wir mit der *Leidensgeschichte (Historia calamitatum)* Abaelards und seinem *Briefwechsel* mit Heloise nun nach den *Confessiones* des Augustinus und der *Consolatio* des Boethius einen dritten Klassiker der Weltliteratur vor uns haben, der aus der Feder eines Philosophen stammt.

3. Einzelfragen der Logik

Daß die Logik ein selbständiges, autonomes Unternehmen ist, das auch für sich selbst ohne jeden Anwendungs-Zusammenhang Interesse beanspruchen kann, bewies Abaelard, der sich der Logik mit geradezu leidenschaftlichem Interesse widmete. Dieses Interesse, verbunden mit einem streitbaren Charakter, war der Grund der meisten seiner Anfeindungen, die ihn zu einem Leben veranlaßten, das ihm kaum jemals ruhige Arbeit durch einige Jahre hindurch an ein und demselben Ort ermöglichte.

Abaelard hatte seine Karriere sehr jung begonnen. Kaum hatte er seine Studien beendet, eröffnete er schon eine eigene Schule in der Nähe von Paris, die großen Zulauf fand. Mit 34 Jahren war er bereits Lehrer an der Kathedralschule von Paris. Abaelard war damit keineswegs die Ausnahme, sondern bestätigt die Regel, daß viele der mittelalterlichen Philosophen und Theologen schon in jungen Jahren wichtige Posten innehatten. Anselm war mit 30 Jahren Prior von Le Bec, Bonaventura war mit 27 Jahren Lehrer an der Universität, mit 36 Jahren Leiter des gesamten Franziskaner- ordens, Duns Scotus schrieb sein Hauptwerk mit 35 Jahren, Wilhelm von Ockham beendete sogar schon mit 25 Jahren seine wissenschaftliche Tätigkeit, Petrus Vene- rabilis, der Cluny, wo vor seiner Zeit kaum wissenschaftliche Interessen maßgebend waren, zu einem Zentrum der Studien machte, war schon mit 28 Jahren Abt dieses Klosters (bei ihm wird Abaelard seine letzte Zuflucht finden). Auch bei Berücksich- tigung des im Vergleich zu heute viel niedrigeren durchschnittlichen Lebensalters bleibt bestehen, daß die akademischen Lehrer im Mittelalter viel jünger waren als ihre Kollegen in unserer Zeit. Bei dieser Gelegenheit soll auch darauf hingewiesen werden, daß viele der mittelalterlichen Philosophen auch sehr interessante und historisch aufschlußreiche Lebensläufe aufzuweisen haben, die nicht selten, so bei Gerbert von Aurillac, bei Anselm, bei Bonaventura, bei Petrus Hispanus, bei Ockham und vielen anderen, in politische und gesellschaftliche Zusammenhänge auf höch- ster Entscheidungsebene hineinreichen. Demgegenüber wirken viele Biographien neuzeitlicher Philosophen wie die eines Descartes, Leibniz, Kant und Hegel doch eher blaß.

Abaelard studierte zunächst bei dem Nominalisten Roscelin von Compiègne (um 1050 – nach 1120) und später bei dem Realisten Wilhelm von Champeaux (um 1070 – um 1120). Schon von dieser Studienzeit her, die jeweils heftige Auseinandersetzun- gen mit seinen Lehrern mit sich brachte, war Abaelard mit der Universalienproblema- tik vertraut. Bei seinen Lehrern wurde die Universalienfrage in hauptsächlich er- kenntnistheoretischer und metaphysischer Hinsicht diskutiert, und obwohl Abaelard keiner der beiden Richtungen folgte, blieb er in seinen Fragestellungen doch von ihnen beeinflußt. Es wäre jedoch verfehlt, die Universalienproblematik (vgl. 1. Teil, Kap. VIII, 1, a) als die beherrschende Frage der mittelalterlichen Philosophie anzuse- hen. Dies war bei Abaelard nicht der Fall und wird es auch später nicht sein. Dennoch darf der Stellenwert dieser Frage nicht unterschätzt werden.

Die Aufgabe der Logik ist nach Abaelard die Unterscheidung gültiger und ungül- tiger Argumente. In der sogenannten *Logica nostrorum* sagt er:

Es ist aber die Logik gemäß der Autorität des Tullius [Cicero] die genaue Begründung des Erörterns *(diligens ratio disserendi)*, d. h. die Unterscheidung der Argumente, mit denen etwas erörtert wird, d. h. womit disputiert wird. Die Logik ist nämlich nicht die

Wissenschaft vom Gebrauch der Argumente bzw. von deren Aufstellung, sondern [ist die Wissenschaft], diese zu unterscheiden und über sie in wahrer Weise zu urteilen, weshalb nämlich die einen gelten, die anderen aber schwach sind. (*Philosophische Schriften*. S. 506, 24–28. Übers. v. F. S.)

Es ist also für Abaelard klar, daß es nicht Aufgabe der Logik ist, gute Argumente zu finden oder zu erfinden, dies ist die Aufgabe der Wissenschaft der Erfindung *(scientia inveniendi)* bzw. der Wissenschaft, Argumente aufzustellen *(scientia componendi)*, sondern einzig die, vorliegende Argumente auf ihre formale Gültigkeit hin zu überprüfen *(scientia diiudicandi, scientia discernendi composita)* (Ebd. S. 507, 6–17). Diese Aufgabe der Logik unterschied er klar von jener der Physik und der Ethik, deren Aufgabe es ist, die Natur der Dinge, die Sachverhalte, zu erkennen (*Glossae super Porphyrium*. Ebd. S. 1). In Physik und Ethik werden zwar Argumente aufgestellt, wie aber korrekte Argumente aufgestellt werden, lehrt nur die Logik (*Nam etsi physicus argumenta componit, non ad hoc eum physica, sed sola instruit logica* [Ebd. S. 1, 23–25]). Insofern die Logik – die bei Abaelard ohne Bedeutungsunterschied als *logica* und/oder *dialectica* bezeichnet wird – die formalen Vorgaben für die Beurteilung korrekter Argumente liefert, muß auf ihrem Studium insistiert werden *(eius autem doctrine studium precipue est insistendum)*, da sie den Leitfaden der gesamten Philosophie *(omnis philosophiae principatum)* vorgibt (*Dialectica* IV. S. 470, 1–6), wie Abaelard im Vorwort zu einem der Traktate seiner *Dialectica* schreibt, in dem er sich erneut gegen die Angriffe jener wehrt, die die von ihm vorgenommene Verwendung der Logik im Bereich der Theologie kritisieren (Ebd. S. 469–471).

| 185

Bevor auf einige Sachprobleme eingegangen wird, ist noch kurz zu fragen, welche Schriften des Aristoteles Abaelard, der sich selbst gern »Peripateticus«, also Aristoteliker, nennt, gekannt hat. Abaelard kannte natürlich den Grundstock der *logica vetus* (vgl. Kap. V, 1, b), er dürfte sogar der erste gewesen sein, der *Peri Hermeneias* und die beiden Kommentare des Boethius zu dieser Schrift wirklich herangezogen hat, und er kannte auch die Schrift *De syllogismis hypotheticis* des Boethius. Aus einigen Zitaten läßt sich vermuten, daß Abaelard auch etwas aus der *1. Analytik* des Aristoteles gekannt haben dürfte. Dasselbe gilt für die *Topik* und die *Sophistischen Widerlegungen*, die gesamten Schriften hat er jedoch nicht gekannt. Dagegen findet sich keinerlei Hinweis auf die *2. Analytik* des Aristoteles. Im ganzen arbeitet Abaelard mit der *logica vetus*, und seine Schriften können als der zusammenfassende Abschluß und Höhepunkt dieser Phase der Geschichte der Logik gelten. Die logischen Schriften Abaelards geben schon in ihrer literarischen Gattung Aufschluß über die Situation in der ersten Hälfte des 12. Jhd.s. Abaelard verfaßte in den Jahren 1102–1114 mit den sogenannten *Introductiones dialecticae* (auch *Introcuctiones parvulorum* genannt) Glossen zur *Einleitung* des Porphyrios, zu den *Kategorien*, zu *Peri Hermeneias*, zu *De differentiis topicis* und zu *De divisionibus*. Nach diesem Durchgang durch die Basisschriften versuchte er vor 1118 eine zusammenfassende Darstellung in einer ersten Version der *Dialectica*. Um 1120 ging er aber nochmals an die Basisschriften und deren Kommentierung heran, woraus die sogenannte *Logica ingredientibus* resultierte. Nach 1120 ging er ein drittes Mal an eine solche Kommentierung, deren Ergebnis die sogenannte *Logica nostrorum* war, wovon jedoch nur der Kommentar zur *Einleitung* des Porphyrios erhalten ist. Dann überarbeitete Abaelard 1121–1124 nochmals die *Dialectica*, und um 1137 erfolgte schließlich eine letzte Überarbeitung. Da er aber nicht immer alle Teile überarbeitete, finden sich gelegentlich in den Glossen weiter fortgeschrittene Positionen als in der *Dialectica*. Wir haben also den Versuch Abaelards vor uns, sich über wiederholtes Studium der grundlegenden Texte einen Überblick über die Logik zu verschaffen und diesen dann systematisch darzustellen. Ohne eine vorhergehende Einzelkommentierung hat Abaelard in seine *Dialectica* die beiden Traktate des Boethius über die kategorischen und die hypothetischen Syllogismen eingearbeitet.

a) Das Universalienproblem

Der Ausgangspunkt dieser Diskussion im Mittelalter läßt sich genau angeben: Es ist
das 1. Kapitel der *Einleitung* des Porphyrios zu der Kategorienschrift des Aristoteles, die die mittelalterlichen Logiker in der lateinischen Übersetzung des Boethius kannten. Ich führe hier nochmals ein schon einmal (vgl. 1. Teil, Kap. X, 5, b) aufgeführtes Zitat an:

186 |

Was, um gleich mit diesen anzufangen, bei den Gattungen und Arten die Frage angeht, ob sie etwas Wirkliches sind oder nur auf unseren Vorstellungen beruhen, und ob sie, wenn Wirkliches, körperlich oder unkörperlich sind, endlich, ob sie getrennt für sich oder in und an dem Sinnlichen auftreten, so lehne ich es ab, hiervon zu reden, da eine solche Untersuchung sehr tief geht und eine umfangreichere Erörterung fordert, als sie hier angestellt werden kann. (Porphyrios: *Einleitung in die Kategorien*. In: Aristoteles: *Kategorien. Lehre vom Satz*. Übers. v. E. Rolfes. 2. Aufl., Hamburg 1974. S. 11)

Auch für Abaelard war diese Stelle der ausdrückliche Ausgangspunkt, und seine Erwähnung der Frage in der *Leidensgeschichte* zeigt, daß das Universalienproblem schon zu seiner Zeit als ein traditionell wichtiges Problem der Logik betrachtet wurde:

In der Frage der Allgemeinbegriffe war nun aber gerade dieser Punkt von jeher ein höchst bedeutungsvolles Hauptproblem der Logiker; auch Porphyrios in seiner ›Isagogen‹ wagte es bei der Behandlung der Universalienfrage nicht, dies Problem zu entscheiden, sondern schrieb nur: »Dies ist ein sehr schwieriger Punkt.« (*Leidensgeschichte*. S. 12)

Gleichzeitig aber wendet sich Abaelard gegen die Überbewertung dieser Frage, »als sei dieses Universalienproblem der Kernpunkt der ganzen Logik« (Ebd.). Die mittelalterlichen Philosophen neigten zunächst der Auffassung zu, daß Gattungen und Arten etwas Wirkliches sind und nicht nur auf unseren Vorstellungen beruhen. Der philosophische Hintergrund dieses sogenannten Universalienrealismus ist selbstverständlich der Platonismus. Die »Evidenz«, die für diese Auffassung im Mittelalter in Anspruch genommen werden konnte, kam jedoch auch von einer ganz anderen Seite. In der Vorstellung der mittelalterlichen Menschen gab es eine universale und *real existierende Ordnung (ordo)*, an der alles, also auch das menschliche Individuum, teilhatte. Der Einzelne verstand sich nur in zweiter Hinsicht als Individuum und in erster Hinsicht als Repräsentant eines *ordo*. Daher waren auch Insignien, etwa die des Königs, so wichtig. Durch sie wird deutlich, daß er »das Königtum« vertritt. Aber auch der Handwerker oder der Wirt hatte solche Berufsinsignien, die gelegentlich bis heute an alten Häusern sichtbar sind. Übernahm, wie im Freiburger Münster, jeweils eine Zunft die Herstellung eines Glasfensters, dann setzte sie dort als ihr Zeichen das jeweilige Berufskennzeichen ein. Jede Zunft hatte einen nur ihr zugehörigen Heiligen, den Prototyp der Zunft, und jeder Handwerker verstand sich als Repräsentant dieses *ordo* und dieses Prototyps. Dies fand seinen Ausdruck auch in der Kunst. Dort wird nicht ein Individuum dargestellt, sondern ein Typus, z. B. nicht ein bestimmter, individueller König, sonder »der König«, wir könnten also sagen: ein real existierendes Universales. Solche verallgemeinerten Gestalten wurden nicht deshalb dargestellt, weil die Künstler »noch nicht« in der Lage waren, das Individuelle darzustellen, sondern weil eben nur das Allgemeine einer Darstellung wert war. Es war also eigentlich ganz normal, Universalienrealist zu sein. Ein *Universalienrealist* braucht nicht – platonisch – anzunehmen, daß einem Allgemeinbegriff eine getrennt existierende Idee entspricht *(universale ante rem)*, er nimmt aber an, daß einem Allgemeinbegriff, der verschiedenen Individuen zukommt, ein in allen vorhandener gleicher »metaphysischer Kern« entspricht *(universale in re)*. Abaelards Lehrer Wilhelm von Champeaux vertrat einen solchen Universalienrealismus. Abaelard lehnte den metaphysischen Realismus strikt ab, wandte sich aber deshalb nicht schon der Gegenthese, also dem Nominalismus, zu. Im *Nominalismus* wird angenommen, daß einem Allgemeinbegriff in der Realität überhaupt nichts entspricht, daß er also nur ein Name ist, oder, wie später oft gesagt wurde, ein *flatum vocis*, ein Lufthauch. Eine dem Nominalismus nahestehende Auffassung dürfte Abaelards Lehrer Roscelin von Compiègne vertreten haben, von dem aber nur indirekte Nachrichten vorliegen. Die einzige erhaltene Schrift von ihm ist ein Brief an Abaelard, der aber auf einem so niedrigen, polemischen Niveau ist, daß man diesem Roscelin eigentlich einen philosophischen Platzverweis erteilen sollte.

Bei Porphyrios und Boethius war die Frage nach den Universalien eine metaphysische Frage gewesen, es ging darum, ob es allgemeine Wesenheiten gibt, die in den Einzeldingen vorhanden sind. Abaelard geht die Frage jedoch anders an: Er unterscheidet genau die Rede von »universalen Dingen« *(res universales)* und »universalen Wörtern« *(voces universales [Logica ingredientium.* S. 10, 8])*. Nach der Widerlegung der Ansichten, in denen von »universalen Dingen« gesprochen wird, stellt Abaelard fest:

Nachdem die Gründe gezeigt worden sind, aus denen die Dinge, wenn sie als vereinzelte oder als zusammengefaßte verstanden werden, nicht als universal in der Hinsicht bezeichnet werden können, daß sie über mehrere Dinge prädiziert werden, bleibt übrig, daß wir solcher Art Allgemeinheit ausschließlich den Wörtern zuschreiben *(huiusmodi universalitatem solis vocibus adscribamus)*. (Ebd. S. 16, 19-22. Übers. v. Wöhler. S. 139 f.)

Abaelard ist also eindeutig kein Realist, aber seine Lösung ist nicht einfach die der Nominalisten, denn er sagt:

Das Universale nun ist ein Wort *(vocabulum)*, was auf Grund seiner Erfindung *(ex inventione)* geeignet ist, über mehrere Dinge einzeln prädiziert zu werden – wie zum Beispiel das Nomen »Mensch«, das mit den partikulären Nomina der Menschen verbindbar ist unter Berücksichtigung der Natur der zugrundeliegenden Dinge *(secundum subiectarum rerum naturam)*, denen es beigegeben wurde *(quibus est impositum)*. (Ebd. S. 16, 25–28. Übers. v. Wöhler. S. 140)

Abaelards »Lösung« ist vielleicht etwas enttäuschend. Er sagt: Die Realisten haben nicht Recht, denn die Allgemeinbegriffe bezeichnen nicht ein universales Ding. Weiter sagt er: Die Nominalisten haben nicht Recht, denn die Allgemeinbegriffe sind nicht nur reine Worte, sondern werden ausgesagt »unter Berücksichtigung der Natur der zugrundeliegenden Dinge«. Anders ausgedrückt: Die Realisten behaupten zu viel, die Nominalisten zu wenig. Es wird daher manchmal gesagt, Abaelard habe zwischen den Realisten und Nominalisten eine mittlere Position bezogen. Aber was sagt er denn positiv? Eigentlich sehr wenig: Wenn wir das Wort »Mensch« von Sokrates und von Platon aussagen, dann eben deshalb, weil beide Menschen sind *(in eo tamen conveniunt, quod homines sunt)* (Ebd. 19, 24 f. Übers. v. Wöhler. S. 143). Vielleicht sind wir aber einfach deshalb enttäuscht, weil wir seit der Porphyrios-Einleitung bei der Frage nach den Allgemeinbegriffen sehr »tiefgehende und umfangreiche Erörterungen« erwarten, während Abaelard uns sagt, daß hier gar nichts besonders Tiefes zu suchen oder zu finden ist.

Es stellt sich hier aber noch eine weitere Frage. In der Logik müssen wir mit Allgemeinbegriffen arbeiten, daher müssen wir uns fragen, wie wir zu diesen Allgemeinbegriffen gelangen. Diese Frage wird bei Abaelard zu einer der Erkenntnispsychologie. Dies ist zwar nicht schon eine aristotelische Fragestellung, aber eine, die in einem aristotelischen Denkrahmen durchaus einen Platz hat. Abaelards Ant-

188 |

wort darauf liegt in einer Theorie der *Abstraktion*, die auf der *Aufmerksamkeit* beruht: Beim Betrachten der Dinge stellen wir Bilder *(imagines)* her. Wir nehmen beim Betrachten der Dinge aber nicht nur das jeweils individuelle Ding wahr, sondern auch Ähnlichkeiten mit anderen Dingen und können dann unsere Aufmerksamkeit auf diese Ähnlichkeiten richten.

Von diesen Bildern sind aber die einen *eigentümliche (propriae)* und für *eine* gewisse Substanz hergestellt *(constitutae)*, die anderen sind *gemeinsame (communes)*, die sich nämlich zu mehreren gleich *(aequaliter)* verhalten. Denn durch »Sokrates« wenden wir diesen Namen auf das eigentümliche [Bild] an, durch »Mensch« auf das gemeinsame und gleichsam vage [Bild] aller Menschen *(ad communem omnium hominum et quasi vagam). (Logica Ingredientibus. In: Philosophische Schriften. S. 316, 12–16. Übers. v. F. S.)*

Ohne solche Bilder gelangt der Verstand zu keiner Erkenntnis. Bei der Begriffsbildung liegt dann aber eine eigene Tätigkeit des Verstandes vor:

Wenn nämlich der Geist *(animus)* sich zum erstenmal auf das Begreifen *(ad intelligendum)* hinrichtet, dann wird dieses Hinrichten *(applicatio)* und das Beginnen des Denkens *(inchoatio cogitandi)*, bevor er irgendeine Natur des Dinges oder eine Eigentümlichkeit unterscheidet, Vorstellung *(imaginatio)* genannt. Wo er aber irgendeine Natur des Dinges, sei es insofern es ein Ding oder ein Seiendes oder eine Substanz oder ein Körper oder weiß oder Sokrates ist, anzielt *(attendit)*, wird dies Begriffsinhalt *(intellectus)* genannt, wenn er nämlich von der Undeutlichkeit *(de confusione)*, die bei der Vorstellung gegeben ist, durch die Vernunft *(per rationem)* zum Begriffsinhalt *(ad intellectum)* geführt wird. (Ebd. S. 317, 9–15. Übers. v. F. S.)

Wir haben also drei Ebenen zu unterscheiden: die sinnliche Wahrnehmung *(sensus)*, die Vorstellung *(imaginatio)* und das Begreifen des Begriffsinhalts *(intellectus)*, die zwar häufig gleichzeitig vorhanden, aber doch der Struktur nach grundsätzlich verschieden sind (Ebd. S. 317, 21–318, 9). Das Wort *(vox)* repräsentiert zunächst den Laut und ist in seiner Bedeutung ausschließlich auf den Begriffsinhalt bezogen (Ebd. S. 318, 23–25). Worte beziehen sich also nicht auf die Dinge und auch nicht auf die Vorstellung der Dinge, sondern ausschließlich auf den Begriffsinhalt oder Begriffsgehalt. Abaelard hält dies auch bei der Analyse des Satzes durch, was ihn dann zu recht scharfsinnigen Überlegungen zur Bedeutung des Wortes »ist« führt, wozu er in verschiedenen Perioden verschiedene Theorien aufgestellt hat. Was bei all diesen Analysen auffällt, ist der Versuch Abaelards, eine autonome Bedeutungsebene der Sprache herauszuarbeiten, was Abaelards Theorien für die moderne Sprachphilosophie und Wissenschaftstheorie besonders interessant macht. Zusammenfassend kann man sagen, daß Abaelard folgende Auffassung vertritt: Den Allgemeinbegriffen entsprechen keine metaphysischen Wirklichkeiten, sie beruhen aber doch in ihrer Entstehung auf der Erfahrung konkreter Dinge und der durch Aufmerksamkeit an diesen festgestellten Ähnlichkeiten. Im logischen Gebrauch der Bedeutung/Bezeichnung *(significatio)* sind diese Begriffe dann unabhängig von existierenden Dingen. Diese Konzeption soll metaphysikfrei gehalten werden, ohne jedoch zu einer reinen Denkpsychologie zu werden. Die Grenzlinien dieses nicht-metaphysischen aber auch nicht-psychologischen Bereichs sprachlicher Ausdrücke sind bei Abaelard manchmal unscharf. Abaelard – der ein sehr gutes Latein schrieb – war bei seinen eigenen sprachlichen Äußerungen so genau, wie es eben möglich war. Es kommt daher nicht von ungefähr, wenn er bei der Darstellung seiner Theorie, wie wir zu allgemeinen Begriffsinhalten gelangen, nicht selten »sozusagen« *(quasi, quodammodo)* gebraucht, ein deutlicher Hinweis darauf, daß er sich bewußt war, daß er bei der Beschreibung dieser Denkvorgänge in einem Bereich arbeitete, in dem er über Annäherungen nicht hinauskam. Dies spricht aber nicht gegen, sondern für Abaelard.

b) Die Definition der Folgerung

Eines der ältesten Probleme der Philosophie (vgl. 1. Teil, Kap. VIII, 3), das bis in unsere Gegenwart hinein immer wieder diskutiert wird, ist das einer adäquaten Definition der Folgerung: Unter welchen Bedingungen liefert eine vorliegende »wenn ... dann«-Verbindung die Voraussetzung für ein formal gültiges Argument? Abaelard gibt folgende Antwort:

Eine Ableitung *(inferentia)* besteht daher in der Notwendigkeit einer Folge *(in necessitate consecutionis)*, darin nämlich, daß aus dem Sinn *(ex sensu)* des Antezedens der Gehalt *(sententia)* des Konsequens gefordert ist *(exigitur)*, wie es in der hypothetischen Aussage ausgesagt wird. *(Dialectica III. S. 253, 28–31. Übers v. F. S.)*

Damit ist gemeint, daß der *sensus* des Antezedens die *sententia* des Konsequens erfordert. Bei der weiteren Erläuterung wird deutlich, daß *sensus* und *sententia* hier ein und dasselbe bedeuten, also jeweils den Sinngehalt eines Satzes. Abaelard unterscheidet eine *vollkommene (perfecta)* und eine *unvollkommene (imperfecta)* Ableitung, vielleicht könnte man besser sagen: eine vollständige und eine unvollständige Ableitung.

Eine Ableitung ist vollkommen, wenn aus der Verknüpfung des Antezedens *(ex ipsius antecedentis complexione)* die Wahrheit des Konsequens offenkundig ist *(consequentis veritas manifesta est)* und wenn die Konstruktion des Antezedens so angelegt ist, daß sie auch die Konstruktion des Konsequens in sich enthält, wie dies bei den Syllogismen der Fall ist, oder bei jenen hypothetischen [Aussagen], die die Form von Syllogismen haben. (Ebd. S. 253, 31–254, 1. Übers. v. F. S.)

Bei einer *vollkommenen Ableitung* liegt z. B. folgender Fall vor: Wenn gilt »*Alle A sind B*«, und ebenso »*Alle B sind C*«, dann folgt mit Notwendigkeit: »*Alle A sind C*«. Die Form des Antezedens, die aus den zwei Prämissen eines kategorischen Syllogismus besteht, enthält *(continet)* in sich die Konstruktion des Konsequens, d. h. die Form der Konklusion. Die Vollkommenheit der Ableitung sieht Abaelard darin, daß es rein die Syntax *(complexio)* der beiden das Antezedens ausmachenden Sätze ist, aus der sich der Schlußsatz im Syllogismus und somit das Konsequens der Folgerung ergibt. Es ist in keiner Weise erforderlich zu wissen, was mit A, B und C gemeint ist, also welche Bedeutung diese Begriffe haben: Die Folgerung gilt formal für beliebige Begriffe. Abaelard macht hier nichts anderes – was allerdings eine wichtige Einsicht bedeutet – als daß er die Lehre von den aristotelischen Syllogismen (vgl. dazu 1. Teil, Kap. X, 3) in den übergeordneten Rahmen der Folgerungslehre einbaut.

Für eine *unvollkommene Ableitung* gilt dann negativ abgrenzend, daß die Konstruktion des Antezedens *nicht* die Konstruktion des Konsequens festlegt, aber auch in diesem Fall fordert Abaelard die Notwendigkeit des Zusammenhanges von Antezedens und Konsequens. Dieser Zusammenhang gilt aufgrund der Natur der Dinge *(ex rerum natura)* (Ebd. S. 255, 8), was sich in sprachlogischer Hinsicht dadurch zeigt, daß in diesem Fall eine topische Beziehung vorliegt *(loci valet habitudo)* (Ebd. S. 257, 12). Die *logischen Örter (loci)* nimmt Abaelard aus dem Boethius-Traktat *De differentiis topicis*. Nehmen wir hier zwei Beispiele:

Wenn er weiß ist, ist er nicht schwarz.
Wenn er blind ist, ist er nicht sehend. (Ebd. S. 393, 21 f.)

Eine solche Folgerung gilt aufgrund des logischen Ortes der Gegensätze, der lautet:

Wenn einer der Gegensätze *(aliquid oppositorum)* von etwas ausgesagt wird *(predicatur)*, dann wird dessen Gegensatz von ihm entfernt *(removetur)*. (Ebd. S. 393, 24 f. Übers. v. F. S.)

Die Gültigkeit dieser Folgerung ergibt sich also nicht nur aufgrund der Form der Sätze, weil man hier auch die Begriffe, die in diesen Sätzen verwendet werden, hinzuziehen und diese in eine Beziehung setzen muß, z. B.: »Weiß und Schwarz sind Gegensätze«. Dazu gilt die Regel, daß dann, wenn von etwas der eine Teil des Gegensatzes ausgesagt wird, der andere negiert werden muß. Für alle Folgerungen gilt jedoch eine schon aus der Antike stammende einfache Festlegung, die bei Abaelard ausdrücklich aufgeführt wird:

Die Wahrheit einer Folge *(consecutionis)* wird in der Notwendigkeit festgehalten *(tenetur)*, in jener nämlich, daß das, was im Antezedens ausgesagt wird *(dicitur)*, nicht sein kann ohne das, was im Konsequens vorgelegt *(proponitur)* wird. (Ebd. S. 271, 28–30. Übers. v. F. S.)

Eine Folgerung ist also dann gültig, wenn es nicht der Fall sein kann, daß das Antezedens wahr, das Konsequens aber falsch ist. Dies sieht ganz so aus wie das, was in unserer modernen Formel $p \to q \Leftrightarrow \neg(p \wedge \neg q)$ ausgedrückt wird, ist aber bei Abaelard nicht wirklich genau dasselbe. Dies läßt sich auf folgende Weise zeigen: In der modernen Logik gilt, daß die in der genannten Formel ausgedrückten Bedingungen der Wahrheit in der bekannten Wahrheitswerttafel festgelegt sind:

p	q	$p \to q$
w	w	w
w	f	f
f	w	w
f	f	w

192 | Abaelard kannte diese Wahrheitswerttafel zwar nicht, wohl aber den logischen Gehalt, der damit ausgedrückt ist. Er wußte allerdings auch, daß diese Bestimmung der Bedingungen der Gültigkeit einer Ableitung oder Implikation problematische Folgen hatte: Hier folgt nämlich aus Falschem – natürlich noch mehr aus Unmöglichem – Beliebiges (= die beiden letzten Zeilen der Tafel). Dies war den Autoren des 12. Jhd.s durchaus bewußt. Alexander Neckham (1157–1217) spricht von einigen, die solche Ableitungen nicht anerkennen wollen – zu denen auch Abaelard gehörte, ganz gleich ob Neckham sich auf ihn direkt bezieht oder nicht –, und stellt fest:

Ich wundere mich, daß einige die Ansicht jener verurteilen, die sagen, daß aus dem Unmöglichen von sich aus jede beliebige Aussage folgt *(ex impossibili per se quodcunque sequi enuntiabile)*. [...] Gilt denn nicht: Wenn Sokrates Mensch ist, und Sokrates nicht Mensch ist, dann ist Sokrates ein Stein?. [...] Durch eine ähnliche Herleitung *(deductione)* wird bewiesen, daß, wenn Sokrates Mensch ist und Sokrates nicht Mensch ist, dann Sokrates eine Ziege ist, und so von den einzelnen Dingen, z. B. eine Rose, eine Lilie, und so in Hinsicht auf die übrigen Dinge. *(De naturis rerum.* S. 288 f. Übers. v. F. S.)

Also: Eine Folgerung aus einem unmöglichen Antezedens ist immer gültig, ganz gleich ob das Konsequens wahr oder falsch ist, oder: Aus Unmöglichem folgt Beliebiges:

$\mathbf{U}p \to q$, und $\mathbf{U}p \to \neg q$, oder (x = eine beliebige Aussage): $\mathbf{U}p \to x$.

Wenn U*p* gilt, dann gilt in jedem Fall auch ¬*p*, und somit gilt auch, daß aus Falschem Beliebiges folgt, genau dies wird in den letzten beiden Zeilen der Wahrheitswerttafel zum Ausdruck gebracht. Abaelard will aber solche Fälle ausschließen, seine Lösung sieht daher faktisch so aus: Die Festlegung, wonach es für eine gültige Folgerung erforderlich ist, daß es unmöglich ist, daß das Antezedens wahr und das Konsequens falsch ist, ist eine *notwendige* Bedingung für die Gültigkeit einer Folgerung, aber noch keine *hinreichende* Bedingung. Für diese ist erforderlich, daß zwischen Antezedens und Konsequens entweder eine syllogistische oder eine topisch aufweisbare Begriffsbeziehung besteht. Damit werden die beiden letzten Zeilen der Wahrheitswerttafel ausgeschlossen. Zwischen dem Prädikatbegriff der Aussage »Sokrates ist Mensch und Sokrates ist nicht Mensch« und und jenem der Aussage »Sokrates ist ein Stein« besteht keinerlei Beziehung. In diesen Fällen liegt also im Verständnis von Abaelard überhaupt keine Folgerung vor.

Wie gesagt, wunderte sich Alexander von Neckham darüber, daß einige eine Folgerung, nach der aus Unmöglichem Beliebiges folgt, nicht zugeben wollen, er sieht diese Gruppe also als Minorität an. Dies setzt voraus, daß es zu seiner Zeit eine Majorität gab, die diese Folgerung akzeptierte, und tatsächlich finden wir z. B. in einer der großen Pariser Schulen, nämlich in der des schon genannten Adam von Balsham, also bei den sogenannten Parvipontani, die These vertreten, daß es für eine | 193 gültige Folgerung einzig erforderlich ist, daß es unmöglich ist, daß das Antezedens wahr und das Konsequens falsch ist, so daß auch anerkannt wird, daß aus Unmöglichem Beliebiges und Beliebiges aus Notwendigem folgt (vgl. auch Johannes von Salesbury: *Metalogicon* II, 10. S. 81 f.). Dies wäre – mit »wahr/falsch« anstelle von »notwendig/unmöglich« formuliert – genau unsere moderne wahrheitwertfunktionale Definition der Implikation. Damit war aber die Diskussion keineswegs beendet und wir werden der Frage der exakten Bestimmung des Folgerungsbegriffs später noch einmal begegnen (Kap. XVII, 3). Es sei aber schon hier angemerkt, daß sich verschiedene Versuche innerhalb der modernen Beweistheorie, und zwar ganz unabhängig von irgendwelchen Abaelard-Kenntnissen, wieder der Lösung nähern, die Abaelard vorgeschlagen hatte (vgl. 3. Teil, Kap. XXV, 2).

Fragt man nach der Nachwirkung der Logik Abaelards, so wird man feststellen müssen, daß diese nicht sehr groß war. Es ist bisher nur ein einziges Lehrbuch bekannt, das der *Dialectica* Abaelards folgt: Die *Summa dialectice artis* des Wilhelm von Lucca (gest. vor 1194), die aber ihrerseits keine weitere Wirkung ausübte. Außerdem gibt es einige Handschriften (zwei in München, eine in Orléans, alle nicht veröffentlicht), die die Behandlung der hypothetischen Syllogismen durch Abaelard aufnehmen. Die Handbücher der Logik des 13. Jhd.s werden anders strukturiert sein und überhaupt einen anderen Schwerpunkt erhalten, nämlich die Lehre von den Eigenschaften der Termini. Der wichtigste Grund für diese geringe Wirkung der Logik Abaelards ist darin zu sehen, daß durch die in der zweiten Hälfte des 12. Jhd.s einsetzende Rezeption der bis dahin nicht bekannt gewesenen Schriften des Aristoteles sich eine ganz neue Orientierung ergab, und dies hatte für den Bereich der Fragen, die in der Logik behandelt wurden, auch nachteilige Folgen. Z.B. wurden bei Gerbert von Aurillac und Abbo von Fleury im 10. Jhd., bei Garlandus Compotista (eher 12. als 11. Jhd.), bei Abaelard und Wilhelm von Lucca im 12. Jhd. aufgrund des Traktats des Boethius die hypothetischen Syllogismen ausführlich behandelt, während sie im 13. Jhd. in den Lehrbüchern der Logik nicht mehr aufgeführt werden. Auch die vielen Autoren des 14. Jhd.s, die sich mit der Folgerungslehre in eigenen Traktaten beschäftigen, nehmen auf diesen Boethius-Traktat nur mehr ganz selten Bezug (so z. B. Walter Burleigh), und die im ganzen sehr spärliche Kommentierung dieses Traktats hört mit dem 12. Jhd. überhaupt auf. Dies zeigt uns jedenfalls eines: Die mittelalterliche Philosophie war gar nicht so »traditionalistisch«, wie manchmal angenommen wird. Es gilt dort vielmehr, daß das »Neue« das »Alte« sehr rasch verdrängt und – Johannes von Salisbury hat das für seine Zeit ausdrücklich festgehalten – manches von dem »Alten« rasch völlig in Vergessenheit gerät. Ein Autor wie Abaelard, den wir heute zu den wirklich bedeutenden Logikern zählen, war fünfzig Jahre nach seinem Tod durch die weitere Entwicklung »überholt«, seine Schriften wurden nicht mehr abgeschrieben (es ist nur eine einzige, aus der Mitte des 12. Jhd.s stammende Abschrift erhalten) und, soweit noch vorhanden, nicht mehr gelesen. Sogar einzelne Schriften eines im ganzen Mittelalter so bekannten Autors wie Boethius standen nun nur noch in den Bücherregalen, wurden aber nicht mehr herangezogen – und das ganze fiel niemandem auf.

4. Die Ethik

Von 1126–1136 war Abaelard Abt des Klosters St. Gildas in der Bretagne und er verfaßte seine Schrift zur Ethik entweder während dieser Jahre oder kurz danach. Die Mönche dieser Abtei waren nach der Mitteilung Abaelards »für ihre Schändlichkeit und Unbelehrbarkeit überall verrufen« (*Leidensgeschichte*. S. 57). Abaelard, hierin ganz ähnlich wie Bernhard von Clairvaux, versuchte, die Sitten der Mönche etwas zu bessern, stieß dabei aber auf erbitterten Widerstand: »Vor ihren tagtäglichen Anschlägen der Art [d. h. Versuche, ihn durch Gift zu ermorden] suchte ich mich durch möglichste Vorsicht beim Essen und Trinken zu schützen.« (Ebd. S. 67) Die Zustände in St. Gildas waren kein Einzel-, wohl aber vielleicht ein Extremfall, so wenn Abaelard berichtet: »Sie griffen nicht mehr zum Gift, sie bedrohten mich mit dem Schwert, und nur unter dem Geleit eines Ritters der Gegend konnte ich das nackte Leben retten.« (Ebd. S. 69) Daß Abaelard und andere, die oft mehr Erfolg als er hatten, versuchten, bei solchen Zuständen etwas Ordnung herzustellen, ist verständlich. Im Unterschied zu anderen sah aber Abaelard, daß hier ein – für uns heute nur schwer verständliches – prinzipielles Problem vorlag. Bis zur Zeit Abaelards und über diese Zeit hinaus galt im Mittelalter eine sehr »objektive« Auffassung der

Bewertung von Handlungen. Ein Mönch hatte die Aufgabe, zu beten und liturgische Funktionen zu erfüllen, dies hatte einen »objektiven« Wert. Was er dabei dachte und was er sonst noch tat, war letztlich für die Gesellschaft irrelevant. Ein König hatte u. a. mildtätig zu sein und für Witwen und Waisen zu sorgen, und entsprechend wurden bei öffentlichen Auftritten Situationen inszeniert, in denen eine um Hilfe bittende Witwe auftrat, die ihr Leid klagte, für das dann der König die – standardisiert vorbereitete – Lösung bereit hatte. Dasselbe galt für die Ritter und die Bauern, die »objektive« Handlungen zu leisten hatten. Erfüllte einer die seinen nicht, so wurde er mit »objektiven« Strafen belegt. Bußbücher, die den größtenteils ungebildeten Beichtvätern die entsprechenden Tarife vorgaben, legten die jeweiligen Bußleistungen fest. (Dies verhält sich ganz ähnlich wie bei unseren heutigen Bußgeldern für bestimmte Verkehrsdelikte, auch bei diesen ist es völlig gleichgültig, ob jemand ein Schild übersehen oder es bewußt nicht beachtet hat: Er wird einfach »objektiv« fotografiert und muß zahlen. Übertretung ist Übertretung, und das Bußgeld ist immer »objektiv«, immer gleich.) Die Menschen des Mittelalters – aber vielleicht eben nicht nur sie – waren in erheblichem, wenn nicht entscheidendem Maß aber auch in ihrer Selbsteinschätzung davon abhängig, wie sie von ihrer Umwelt »objektiv« eingeschätzt wurden, d. h. sie betrachteten sich selbst gleichsam von außen. In der christlichen Ethik, wie sie den Menschen des Mittelalters vor allem in den häufig schon aus der Antike stammenden Lebensbeschreibungen der Heiligen entgegentrat, wird zwar öfters von einem »inneren Kampf« gesprochen, es bestehen jedoch erhebliche Zweifel daran, ob dies von den Menschen des frühen Mittelalters so aufgefaßt werden konnte, wie es in der Antike gemeint war. Sie interpretierten solche Kämpfe als »objektive« Kämpfe mit dem Teufel. Im 12. Jhd. läßt sich jedoch beobachten, daß mit dem zunehmenden Bewußtsein der Individualität auch der mögliche Konflikt zwischen *Fremdeinschätzung* und *Selbsteinschätzung* zu Tage tritt, Beispiele dafür lassen sich auch in der Literatur finden. Diese Problematik war Abaelard nicht zuletzt aus ganz persönlicher Erfahrung klar geworden. Er hatte seine frühere Geliebte Heloise zum Eintritt in ein Kloster gezwungen, und diese konnte nun berichten, daß alle ihren gottgefälligen Lebenswandel rühmen, obwohl sie selbst von sich sagen muß: »Dir zu gefallen liegt mir mehr am Herzen als Gott zu gefallen.« (*Briefe.* S. III) Fremdeinschätzung und Selbsteinschätzung treten hier deutlich auseinander. Vermutlich hatte Abaelard diese Fragen mit Heloise schon früher besprochen, denn sie argumentiert nun genau von jener Position aus, die das Neue in Abaelards Ethik ausmacht. Nicht vom Richter eines Gerichtsverfahrens, sondern vom moralischen Richter, sei es ein Mensch oder sei es Gott, sagt Abaelard:

Nicht der Erfolg der Tat unterliegt der Ahndung, sondern das Fühlen und Wollen des Täters, und ein billig denkender Richter wertet die Gesinnung, nicht den Vorgang. (*Briefe.* S. 83)

Genau dies arbeitete Abaelard in der Ethik *(Scito te ipsum)* aus. Die äußere Handlung wird im Vergleich zur Zustimmung des Willens als weniger entscheidend für die ethische Beurteilung angesehen, die Sittlichkeit oder Unsittlichkeit einer Handlung wird einzig nach der Intention und der Willensentscheidung beurteilt. Abaelard ist aber dabei überzeugt, daß diese Intention nach objektiven moralischen Normen gebildet werden müsse, es geht ihm also nicht um eine Subjektivierung der Ethik, sondern darum, daß bei der Beurteilung der Sittlichkeit einer Handlung die Absicht des handelnden Subjekts den Ausschlag geben muß. In dieser Analyse Abaelards liegt auch eine Auseinandersetzung mit Augustinus und dessen Auffassung von Schuld und Willensentscheidung. Eine geschichtlich vermittelte Neigung zur Sünde darf nach Abaelard nicht als Sünde bezeichnet werden *(Scito te ipsum.* S. 22). Dies bedeutet letztlich, daß der gesamte Komplex von Schwäche, Neigung zur Sünde usw., den Augustinus unter »Erbsünde« gefaßt hatte, von Abaelard zwar nicht geleugnet, wohl aber als vor-ethisch aufgefaßt wird, während Ethik für ihn ausschließlich mit einer Willenszustimmung beginnt. Der Wert einer ethischen Handlung wird daher streng autonom analysiert, weder Erbsünde noch Gnade haben etwas mit dem sittlichen Wert einer Handlung zu tun. Daß eine solche Ethik dem hl. Bernhard mißfiel, war zu erwarten: Bei Abaelard fällt die ganze Dramatik von Sünde und Gnade weg. Ob Bernhard von Clairvaux die Ethik Abaelards – also *Scito te ipsum* – selber gelesen hat, wissen wir nicht, es ist aber eher unwahrscheinlich. Von den Thesen erfuhr der immer gut informierte Bernhard aber doch etwas. Jedenfalls unternahm er alles, um solche Thesen verurteilen zu lassen, was dann auf der Synode von Sens 1140 auch tatsächlich geschah. Dort wurden neben Thesen aus der Theologie Abaelards *(Theologia summi boni)* auch folgende Sätze verurteilt, die als pelagianisch aufgefaßt wurden:

Die freie Entscheidung *(liberum arbitrium)* genügt für sich für eine gute Handlung. (DS 725)

Wir haben uns durch Adam keine Schuld, sondern nur eine Strafe zugezogen. (DS 728)

Nichts ist als Schuld anzurechnen, was aus Unkenntnis geschieht. (DS 730)

Alles ganz vernünftige Sätze, die aber doch verurteilt wurden. Abaelard appellierte an den Papst gegen die Verurteilung, zunächst ohne Erfolg. Auf der Reise nach Rom verließen ihn in Cluny die Kräfte und der Abt von Cluny, Petrus Venerabilis, nahm ihn auf. Abaelard verbrachte die letzten Monate seines Lebens dort, und Petrus Venerabilis erreichte seine Versöhnung mit der Kirche. Nach Abaelards Tod (1142) sandte Abt Petrus Venerabilis den Leichnam des Mönches der Äbtissin Heloise, also der früheren Geliebten Abaelards, damit sie ihn in ihrer Nähe begraben könne – eine vornehme Geste, die auch nicht so ganz in das übliche Mittelalter-Bild paßt.

Neuansätze des 12. Jahrhunderts

1. Interesse an der Natur

a) Medizin und der wissenschaftliche Aristoteles

Aristoteles war den Philosophen des Mittelalters bisher nur als Logiker und – soweit in den *Kategorien* metaphysische Grundkategorien enthalten sind – als Metaphysiker bekannt. Die Beziehung der aristotelischen Logik zur Naturwissenschaft hingegen war höchstens durch die allgemein bekannte Lehre von den vier Ursachen geläufig. Ein wichtiger Anstoß, den »wissenschaftlichen« Aristoteles zu erforschen, kam aus der Schule der Medizin in Salerno. Die Medizin wurde im lateinischen Mittelalter häufig gänzlich getrennt vom akademischen Lehrbetrieb – also vom Studium der Freien Künste – betrieben. Ebenso wie Handwerker lernten Ärzte ihre Kunst bei einem Meister, Bücher hatten sie kaum, viele konnten gar nicht lesen. Aus einer Vereinigung solcher Praktiker der Medizin scheint die Schule in Salerno im 11., vielleicht schon im 10. Jhd. hervorgegangen zu sein. Bis in die erste Hälfte des 12. Jhd.s wurden in Salerno nur konkrete Fragen der Chirurgie und der Anatomie diskutiert, außerdem wurden Rezepte gesammelt, beides in ganz *praktischer* Absicht. Etwa seit der Mitte des 12. Jhd.s ist jedoch eine wesentliche Erweiterung der Interessen der salernitaner Mediziner zu beobachten. Neben den weiterhin selbstverständlich vorhandenen praktischen Interessen bildete sich nun ein *theoretisches* und mit philosophischen Fragen verbundenes Interesse heraus. Der Anlaß dazu waren die medizinischen Schriften, mit denen gearbeitet wurde. Es hatte sich eine Sammlung von Schriften herausgebildet, die unter dem Titel *Articella* bekannt ist. Für die Geschichte der Philosophie sind davon besonders zwei Texte interessant. Der erste ist die *Ysagoge ad artem Galeni* des Johannitius, ein um das Jahr 1100 bereits bekannter Text. Es handelt sich dabei um die Übersetzung aus dem Arabischen eines Traktats des Hunain ibn Ishaq (vgl. Kap. IX, 2, a). In dieser Einleitung wird in erheblichem Umfang philosophische Terminologie verwendet, wodurch sich für die Ärzte in Salerno die Aufgabe stellte, sich eine gewisse Kenntnis philosophischer Grundbegriffe anzueignen. Der zweite Text ist die *Pantegni* (= *Pantéchne*, d. h. *Die gesamte Kunst*); dieses Buch wurde von dem Mönch Konstantin in Monte Cassino übersetzt. Konstantin stammte aus Afrika und hatte vermutlich in Karthago bei den Arabern studiert, die Übersetzungen fertigte er auf Anregung des salernitaner Mediziners Alfanus (gest. 1085) an. Durch die *Pantegni* wurde erstmals eine lateinische »theoretische« Terminologie für die Medizin hergestellt. Die Vorlage der *Pantegni* stammt aus dem Arabischen und ist eine medizinische Enzyklopädie aus dem 10. Jhd. In der Einleitung zu diesem Buch wird vom Arzt ausdrücklich gefordert, daß er eine Kenntnis der Dialektik und des Quadriviums besitzt. Der erste Teil der *Pantegni* befaßt sich mit theoretischen philosophischen Fragen und wurde somit als Aufforderung an die Mediziner aufgefaßt, sich mit solchen Problemen zu befassen. Der theoretische Teil der Medizin wurde jetzt entsprechend der in diesen Schriften enthaltenen Definition als diejenige Wissenschaft aufgefaßt, die die Natur bzw. die Prinzipien der Natur betrachtet. Die Forderung einer philosophischen und wissenschaftstheoretischen Einleitung in die Medizin geht aber schon auf die alexandrinische Wissenschaft zurück (vgl. 1. Teil, Kap. XI, 3) und war von dort an die arabische Wissenschaft weitergegeben worden (vgl. weiter unten Kap. IX, 2). Außer diesen beiden Schriften gehörten u.a. noch die *Ars parva* Galens (129/130–199/200) und die *Aphorismen* sowie das *Prognostikon* des Hippokrates zum Kanon der *Articella*.

Die salernitaner Mediziner begannen dann, ihre Grundlagentexte genau zu studieren und zu kommentieren, genau so wie es ihre Kollegen aus der Philosophie, der Theologie und der Rechtslehre in den Schulen nördlich der Alpen taten. Es entwickelte sich somit schon vor 1100 eine Art medizinischer Scholastik, orientiert an der *Articella*-Kommentierung. Für den Gebrauch der praktischen Ärzte wurden Kompendien hergestellt. Die Kommentatoren ihrerseits versuchten, ihre Textgrundlagen zu erweitern. In Kommentaren zur *Ysagoge* des Johannitius wurden bereits Zitate aus der *Physik* des Aristoteles und aus *De generatione et corruptione* verwendet. Selbstverständlich wurden auch die anderen bekannten Texte des Aristoteles, also die *Kategorien* und *Peri hermeneias*, sowie die *Einleitung* des Porphyrios verwendet. Auch die pseudo-aristotelischen *Problemata* waren bekannt. Die philosophisch orientierten Mediziner in Salerno verfügten somit über naturphilosophische Schriften des Aristoteles, die aus dem Griechischen übersetzt waren, zu einer Zeit, als diese den lateinischen Philosophen des Nordens noch nicht bekannt waren. Nach der Phase der Kommentierung schon bekannter und der Aneignung neuer Texte unternahm Urso von Kalabrien (gest. um 1300) die Zusammenfassung verschiedener Lehrbereiche der Medizin, für die er zudem eine naturphilosophische Grundlegung lieferte, wenngleich das vorrangig medizinische Interesse auch bei ihm eindeutig erhalten blieb. Urso war auch an mathematischen Fragen interessiert, und so leitete er eine quantitative Betrachtungsweise in der Pharmakologie ein, was zunächst auf Kritik und Widerstand stieß. Die literarische Form all dieser Texte ist kennzeichnend für die mittelalterliche Wissenschaft: Wir haben hier den Weg vom Kommentar zur Summe vor uns, den wir ebenso in den Schulen des Nordens beobachten werden können.

Wirklich maßgebend blieben für die Medizin die Schriften, die Konstantins der Afrikaner übersetzt hatte, nicht die des Aristoteles. Aristoteles-Texte wurden zwar für bestimmte Probleme herangezogen, eine allgemeine aristotelische Naturphilosophie aber wurde im Rahmen der Medizin nicht entwickelt. Das Ende der Schule von Salerno als bedeutendes Zentrum medizinischer Forschung kam durch Kaiser Heinrich IV., der 1194 Salerno einnahm, ausraubte und teilweise zerstörte. Die salernitaner Schule wirkte aber durch Text-Vermittlung in andere Zentren weiter. Seit 1200 wurde der Kanon der medizinischen Schriften aus Salerno maßgebend für die Schulen in Montpellier und Paris. Die *Pantegni* blieb während des ganzen Mittelalters ein medizinischer Grundlagentext, ein Frühdruck wurde 1515 hergestellt. Nicht zu vergessen ist, daß seit dem Ende des 13. Jhd.s das medizinische Wissen von Salerno auch in vulgärsprachlichen Texten greifbar wurde, bekannt ist etwa das um 1260 verfaßte *Deutsche salernitanische Arzneibuch*, eine Übersetzung der *Pantegni*. Das neue medizinische Wissen ist also viel früher weiteren Kreisen bekannt geworden als das neue philosophische Wissen.

b) »Gallische« und »griechisch/arabische« Wissenschaft

Schon im 12. Jhd. setzte die Suche nach bisher nicht bekannten Texten ein, es begann der Weg in den Süden auf der Suche nach diesen Texten und dem darin enthaltenen »neuen« Wissen. Wir werden dieser Suche und der damit verbundenen Übersetzungstätigkeit in einem eigenen Kapitel nachgehen (Kap. XI, 2). Hier soll zunächst nur festgestellt werden, daß diese Bewegung schon in der ersten Hälfte des 12. Jhd.s einsetzte. Adelard von Bath (um 1070 – nach 1146) studierte zunächst in der Normandie, begab sich dann aber auf eine Studienfahrt nach Salerno, Sizilien und Kleinasien. Nach seiner Rückkehr nach England wies er ausdrücklich darauf hin, daß das, was die Gelehrten in Gallien, d. h. in Frankreich, nicht wissen, jenseits der Alpen zu finden ist, und daß das, was die Lateiner nicht kennen, bei den Griechen gelernt werden kann (*quod apud Latinos non addisces, Graecia facunda docebit*) (*De eodem et diverso*. S. 32). Der somit als mangelhaft bezeichneten lateinischen Wissenschaft wird aber nicht nur die griechische, sondern auch die arabische Wissenschaft gegenübergestellt. Nach der Auffassung Adelards befaßten sich die Lateiner zu sehr mit dem Trivium und zu wenig mit dem Quadrivium, womit er durchaus Recht hatte. Hinter dieser *Verlagerung* des Akzents *vom Trivium zum Quadrivium* steht jedoch mehr als eine reine Interessensverlagerung. Das Trivium als Sprachdisziplin stand traditionsgemäß im Zusammenhang der Auslegung von Texten, vor allem natürlich des Textes der *Bibel*, und stand damit im Dienst des geltenden symbolischen Weltbildes, in dem die Natur wie ein Buch gelesen werden konnte. Wird nun Wissen in fremden Kulturen gesucht, so muß die eigene Buchtradition zurücktreten, und muß, wenn jetzt mit Texten anderer Sprachen und Kulturen gearbeitet wird, die Grammatik der eigenen Sprache als die grundlegende Disziplin der Aneignung dieses Buchwissens an Bedeutung verlieren. Dieser Relativierung der eigenen

Tradition entspricht dann die Bemühung, diese Tradition nicht nur in der Form von Bibelkommentaren hermeneutisch auszulegen, sondern ihr so weit als möglich eine philosophische Grundlage zu geben (vgl. weiter unten 4). Diese philosophische Grundlage soll aber der Voraussetzung gemäß nicht auf eine bestimmte Kultur begrenzt sein. Wir sind hier auf dem Weg zu dem Versuch, das zu begreifen, was verschiedenen Kulturen und Sprachgebieten gemeinsam ist, und dazu gehörte eben vor allem die Erkenntnis einer Natur, die unabhängig von religiösen Traditionen und deren Schriften interpretiert wurde. Als Instrument dafür galt das Quadrivium. Die Konfrontation der *Gallica studia*, womit das Trivium gemeint ist, und der *Arabica studia*, womit das Quadrivium, also Mathematik und Naturwissenschaften, gemeint ist, ist in den *Quaestiones naturales* des Adelard sehr deutlich. Es handelt sich dabei aber vor allem um den Ausdruck des Bewußtseins um ein wünschenswertes Forschungsprogramm, denn in dem genannten Werk ist von einer Verarbeitung arabischer Wissenschaft nichts zu bemerken. Wohl aber liegt bei Adelard bereits ein eigenständiges empirisches Interesse vor, und nicht nur das: er berichtet auch von eigenen empirischen Beobachtungen. In seinen *Quaestiones naturales* werden Fragen der Biologie, Psychologie, Klimatologie und Kosmologie behandelt, alle in der Absicht, natürliche Ursachen festzustellen. Auffallend ist dabei, daß er offensichtlich nur über eine ganz geringe Kenntnis des platonischen *Timaios* verfügte, jener Schrift also, die geradezu den Leitfaden des neuen Naturverständnisses im 12. Jhd. abgeben sollte, obwohl Adelard an vielen Stellen auf »seinen Platon« hinweist. Später wandte er sich dann tatsächlich den »arabischen Studien« zu. Er hatte Arabisch gelernt – über den Grad seiner Kenntnisse wird allerdings gestritten – und begann, Übersetzungen aus dem Arabischen herzustellen, wobei er sich vor allem mit Schriften zur Mathematik beschäftigte. Von ihm stammt u.a. die erste vollständige, nach einer arabischen Vorlage hergestellte, Übersetzung der *Elemente* Euklids und der astronomischen Tafeln des al-Khwarizimi (9. Jhd.). In seiner Schrift *Über das Astrolabium* geht es ihm nicht nur um ein Meßgerät, sondern um ein Instrument für die rationale, konstruktive Erfassung des Kosmos als ganzem. Das Programm überschritt allerdings erheblich die faktisch vorhandenen mathematischen und technischen Möglichkeiten. Ein einheitlicher Begriff der Naturwissenschaft liegt bei Adelard noch nicht vor, er hat dafür noch nicht einmal ein Wort. Obwohl er von *quaestiones naturales* spricht, verwendet er weder den kurze Zeit nach ihm üblich gewordenen Begriff *physica* noch den der *scientia naturalis*. – Eine ähnliche Einschätzung der Mängel der lateinischen Wissenschaft findet sich noch am Ende des 12. Jhd.s bei Daniel von Morley (um 1140 – um 1210). Auch er war mit dem, was in Paris gelehrt wurde, nicht zufrieden und suchte nach neuen Texten. Er reiste daher in das Übersetzerzentrum Toledo (vgl. dazu Kap. XI, 2) und kam 1187 mit einem umfangreichen Bestand von Handschriften der »arabischen Wissenschaft« nach England zurück, wo er dann sein ganz empirisch orientiertes Werk *De naturis inferiorum et superiorum* verfaßte.

In der zweiten Hälfte des 12. Jhd.s war es also den fortschrittlicheren, d. h. auf der Suche nach neuem Wissen befindlichen, Gelehrten schon klar, daß das Pariser Curriculum nicht ausreichend war, und daß die Mängel desselben darin lagen, daß dort zu wenig Kenntnisse der Mathematik und der Naturwissenschaften vermittelt wurden, ganz einfach deshalb, weil dort zu wenig von solchem Wissen vorhanden war. Und es war zu wenig Wissen vorhanden, weil die Texte, in denen dieses enthalten war, nicht bekannt waren. Und man wußte inzwischen auch, daß diese Kenntnisse bei den Griechen und Arabern zu holen waren, und einige machten sich daher auf den Weg dorthin. Wie sich gleich noch zeigen wird, war auch bei den Vertretern des Triviums die Erkenntnis gewachsen, daß sie ebenfalls viele Texte ihres Fachgebiets noch gar nicht kannten, und daß diese Texte bei den Griechen und Arabern vorhanden waren.

c) Der wissenschaftliche Platon

Ende des 10. Jhd.s war Fulbert (um 960–1028) Bischof von Chartres geworden. Fulbert war Schüler des Gerbert von Aurillac, dessen besonderes Interesse dem Quadrivium gegolten hatte (vgl. Kap. V, 3), und Fulbert war es zu verdanken, daß die Kathedralschule von Chartres wiederbelebt wurde. Ob sich dort eine Tradition wissenschaftlichen Denkens auch später fortsetzte, ist historisch nicht feststellbar, eindeutig ist jedoch, daß knapp ein Jahrhundert später Chartres zu einem Ausgangspunkt wissenschaftlichen Denkens wurde. In älteren Publikationen wird häufig von einer »Schule von Chartres« gesprochen, außer Bernhard von Chartres war aber wohl kaum einer der Magistri, die mit Chartres in Verbindung gebracht werden, tatsächlich für längere Zeit dort tätig. Die Magistri hatten zwar dort Pfründen, waren aber hauptsächlich an anderen Orten, besonders in Paris, tätig. Seit ca. 1140 war der Vorrang der Schulen von Paris eindeutig und zahlreiche Magistri, die sich einen Ruf als Lehrer erworben hatten, wurden von Schulen in Paris angeworben bzw. strebten nach einer Stellung in Paris. Magistri, die mit Chartres in Verbindung standen, waren u.a. Wilhelm von Conches, Thierry von Chartres, Bernhard Silvestris, außerdem Clarenbaldus von Arras und Gilbert de la Porrée. Gemeinsam ist diesen Magistri ein deutlich erkennbares Interesse an dem wissenschaftlichen Platon im Anschluß an den Teil des *Timaios* (bis 53c), der damals zusammen mit dem Kommentar des Calcidius bekannt war. Wenn hier also vom »wissenschaftlichen Platon« die Rede ist, so geht es dabei ausschließlich um diesen damals bekannten Teil des *Timaios* und dessen Kommentar, nicht um irgendwelche andere Platon-Texte, von denen ja damals so gut wie nichts vorhanden war. Dieser Text war schon vorher gelegentlich verwendet worden (vgl. Kap. V, 4, a und b), jetzt wird er jedoch anders gelesen: Der augustinische und pseudo-dionysische Platonismus tritt deutlich zurück, während der wissenschaftliche Platonismus, der im Kommentar des Calcidius vorhanden ist, die Oberhand gewinnt. Auch der Kommentar des Macrobius zu Ciceros *Somnium Scipionis*, der eine neuplatonische Interpretation der platonischen Kosmologie enthielt, wurde jetzt als wissenschaftlicher und nicht als religiöser Text gelesen. Das Interesse an diesem wissenschaftlichen Platon zeigt sich schon in der Handschriftenüberlieferung. Vom Kommentar des Macrobius sind aus der Zeit vom 9. bis 11. Jhd. 43 Handschriften erhalten, aus dem 12. Jhd. jedoch 106, während aus dem 13. Jhd. wiederum nur 28 Handschriften überliefert sind. Ähnliche Zahlen gelten für den *Timaios* mit dem Kommentar des Calcidius, der Höhepunkt des Platon-Interesses lag also eindeutig im 12. Jhd. Es ist jedoch recht deutlich, daß nicht eine neue Lektüre des Platon-Textes zu einem neuen Naturverständnis führte, sondern daß umgekehrt ein neues Naturverständnis zu einer neuen, aber durchaus gerechtfertigten Lektüre des Platon-Textes führte. Dieses *neue Naturverständnis* hat seine Wurzeln in einem neuen Weltverständnis, das seinen Ausdruck im 12. Jhd. in den verschiedensten Bereichen gefunden hat (vgl. auch Kap. VII, 1): Die Menschen wollten sich – wie sie jetzt den *Genesis*-Text auslegten – »die Welt untertan machen«. Die materielle Welt sollte nicht mehr als Gefängnis der Seele angesehen werden, sondern als der natürliche Lebensbereich des Menschen, der eine ausdrücklich positive Wertung erhielt. Diese natürliche Welt war gut und konnte und sollte erforscht und genutzt werden. Was wir in der Philosophie verfolgen können, hat seine Parallele auch in der Dichtung, die dann selbst wiederum gerne solche Anregungen aus der Philosophie aufnahm. Richtungsweisend wurde folgende Platon-Stelle:

Alles Werdende aber hat notwendig irgendeine Ursache zur Voraussetzung, denn ohne Ursache kann unmöglich etwas entstehen. (*Timaios* 28a)

Dies wurde ganz »naturalistisch« verstanden: Es geht darum, die natürlichen Ursachen der Dinge zu erforschen (*legitimam, id est rationabilem causam*) (Bernhard von Chartres: *Glosae super Platonem*. S. 159). Von da aus entwickelte sich ein Platonismus, der eine *Rahmentheorie* für beginnende *naturwissenschaftliche Fragestellungen*, also für eine *scientia naturalis*, abgab. Die Neuinterpretation des *Timaios* ging in zwei Schritten vor sich. Dieser Weg der Bearbeitung der Fragen der Naturphilosophie im 12. Jhd. ist ganz ähnlich jenem der Logik, wie wir ihn bei Abaelard gesehen haben: In einer ersten Phase werden in eingehendem Textstudium die Quellentexte erarbeitet, hier also der *Timaios* und der Calcidius-Kommentar. In einer zweiten Phase wird versucht, das Erarbeitete systematisch zusammenzustellen und auf dieser Basis weiterzuarbeiten. Zunächst wurde der damals bekannte Teil des *Timaios* (bis 53c) zusammen mit dem Kommentar des Calcidius in den Schulunterricht eingeführt; dies war das Verdienst des Bernhard von Chartres (gest. 1130), der auch Glossen zum *Timaios* verfaßte. Nach dem Urteil des Johannes von Salisbury war er ein ganz hervorragender Lehrer (*Metalogicon* I, 24) und der »vollkommenste Platoniker des Jahrhunderts« (Ebd. IV, 35). Die Lektüre des *Timaios* ist schon bei Bernhard eine physikalische, sie ist nicht primär am Trivium, also an der sprachlichen Interpretation, orientiert, obwohl auch diese zur Geltung kommt, sondern am Quadrivium, also an dem wissenschaftlichen Gehalt. Theologische Interessen treten ganz zurück. Bernhard hält sich an den Text des *Timaios* und versucht keinerlei christliche Interpretation. In seinem eigenen Wissenschaftsverständnis orientierte sich Bernhard an der bekannten Einteilung Logik-Physik-Ethik. Die Disziplinen des Quadriviums bringt er dann in der Physik unter, wobei er besonderen Wert auf das Studium der Mathematik legte (Ebd. I, 24). In seinen *Glossen zum Timaios* stellt Bernhard sein Interesse an mathematischen Fragen der Naturbetrachtung unter Beweis, auch wenn manches – verständlicherweise – doch recht spekulativ bleibt.

Auf Bernhard von Chartres wird auch folgende, später berühmt gewordene Metapher zurückgeführt: Wir sind wie Zwerge auf den Schultern von Riesen, und wir sehen weiter als unsere Vorgänger, nicht, weil wir eine klarere Sicht oder einen besseren Blick haben, sondern weil wir durch deren Riesengestalt emporgehoben werden und so von dort oben aus in die Ferne blicken können (Ebd. III, 4). In diesem Vergleich kommt gut zum Ausdruck, daß und wie im 12. Jhd. Traditions- mit Fortschrittsbewußtsein zusammen bestand.

Die nächste Stufe wird mit Wilhelm von Conches (um 1080–1154) erreicht. Auch er ging zunächst den Weg der Erarbeitung des Textverständnisses und verfaßte eine *Glosa in Timaeum* und *Glosae super Platonem*, aber auch in diesen ist schon das physikalische Interesse deutlich. Später versuchte er in der *Philosophia* und im *Dragmaticon* die Sachprobleme als solche zu behandeln. Der Platonismus liefert für Wilhelm den theoretischen Rahmen seiner Überlegungen, er ist aber auch – so wie seine Kollegen aus dem Fach der Logik (vgl. weiter unten 2) – auf der Suche nach neuen Texten. In seinem bis heute nicht edierten Kommentar zum *Somnium Scipionis* des Macrobius verwendete Wilhelm von Conches zur Erklärung musikalischer Fragen als einziger Autor des 12. Jhd.s auch den *Micrologus* des Guido von Arezzo (um 992 – nach 1033), was zeigt, daß er versuchte, alles, was an Wissen zu erreichen war, zusammenzutragen. Auch kennt er schon die medizinischen Schriften, die Konstantin der Afrikaner übersetzt hatte und weitere Schriften aus der Schule der Medizin in Salerno. Er verwendet diese Schriften jedoch in einer Weise, die weit über das hinausgeht, was dort gesagt wurde. Die Mediziner hatten den menschlichen Körper als durch natürliche Ursachen erklärbar angesehen, Wilhelm von Conches überträgt dieses Erklärungsmodell auf den gesamten Kosmos. Es gibt jedoch noch einen weiteren und ebenso weitreichenden Unterschied. In der durch Konstantin repräsentierten Medizin war man von qualitativen Grundbestimmungen des Körpers ausgegangen, Wilhelm von Conches hingegen nimmt auf platonischem und boethianischem Hintergrund quantitativ bestimmbare Grundelemente der Körper und des gesamten Kosmos an. Entsprechend wird im Rahmen des Quadriviums die *Mathematik*, wenn auch mehr prinzipiell als faktisch angewendet, zur *Basisdisziplin der Physik und der Kosmologie.* Alle Phänomene der Welt müssen durch Elemente und

Wirkkräfte erklärt werden, die bestimmten Proportionen entsprechen müssen. Wilhelm von Conches faßt die Natur als ein System auf, in dem aus etwas ursprünglich Vermischtem durch einen allmählichen Prozeß der Trennung und Formung die einzelnen Dinge hervorgehen (*Dragmaticon* I, 7. S. 30 f.). Dies gilt für die Kosmologie, also den ursprünglichen Entstehungsvorgang, wie auch für die Erklärung der jetzt beobachtbaren Veränderungen. Wilhelm zieht dabei alle ihm verfügbaren empirischen Daten heran. Solche Daten werden allerdings meist nicht durch eigene Beobachtungen gefunden, sondern werden selbst wieder aus Texten erhoben. Dadurch werden allerdings bekannte antike Texte, die durchaus schon in den Bibliotheken vorhanden waren, aber kaum verwendet wurden, relevant, so z. B. die *Naturales quaestiones* Senecas.

Manches wirkt bei Wilhelm von Conches modern, so z. B. die von ihm hervorgehobene Bedeutung der Mathematik für die Physik, wodurch deutlich wird, daß dies nicht erst eine Errungenschaft der Magistri des 14. Jhd.s darstellt. Es besteht jedoch ein wichtiger Unterschied zu der – jedenfalls vorherrschenden – Auffassung der Moderne, in der Naturwissenschaft und Naturphilosophie getrennt erscheinen. Wilhelm von Conches hingegen betreibt Physik immer im Zusammenhang einer umfassenderen, auch metaphysische Prinzipienfragen nicht umgehenden Philosophie, die auch vor der Frage nach der Ursache der Welt als solcher nicht halt macht.

In den Schriften des Wilhelm von Conches begegnen wir einer naturalistischen Sicht der Welt und des Menschen. Der Weltprozeß läuft nach immanenten physikalischen Gesetzmäßigkeiten ab, die von der vernunftgeleiteten Forschung entdeckt werden können. Die Tätigkeit Gottes wird auf den Schöpfungsakt und auf die Erschaffung der menschlichen Seelen beschränkt, in der Beschreibung des Entfaltungsprozesses der Welt spielt der Bericht der *Genesis* keine Rolle. Es war wohl vor allem diese naturalistische Grundtendenz der Naturphilosophie des Wilhelm von Conches, die die Kritik des Wilhelm von Saint-Thierry (1085/1090–1148/1149) hervorrief *(De erroribus Guillelmi de Conchis ad Bernardum)*. Wilhelm von Saint-Thierry meinte, daß Wilhelm von Conches Ideen weiterentwickelte, die sich auch bei Abaelard finden, und schickte eine Anklage an Bernhard von Clairvaux, der sich bereits bei der Verurteilung Abaelards als mächtiger Verteidiger der »wahren« Lehre hervorgetan hatte, wir begegnen also einer schon bekannten Konstellation nun im Bereich der Naturphilosophie. Wilhelm von Conches äußerte sich in seinem *Dragmaticon* dann vorsichtiger: Die philosophische Interpretation der Welt und der christliche Schöpfungsglaube stehen einfach nebeneinander. Seine Grundposition bleibt aber auch hier erhalten: Die Vorgänge in der Welt sind naturgesetzlicher Art, und die Vernunft kann die *Weltmaschine*, die *mundi machina* (*Dragmaticon* II, 6. S. 54), in der Wissenschaft nachkonstruieren. Faktisch wurde aber das *Dragmaticon* durch die Eliminierung der Annahme einer platonischen Weltseele, was ein Hauptpunkt der Kritik Wilhelms von Saint-Thierry gewesen war, eigentlich noch naturalistischer als es seine früheren Schriften gewesen waren. Die Angriffe gegen Wilhelm von Conches hatten indes keinen Erfolg, einfach aus dem Grund, weil Wilhelm inzwischen für das Haus Anjou arbeitete, wo er als Lehrer des Henry Plantagenet, des späteren Königs Heinrich II. von England, tätig war und von diesem geschützt wurde. Die Diskussion zwischen Wilhelm von Conches und Wilhelm von Saint-Thierry ist deshalb interessant, weil an ihr deutlich wird, daß das problematische Verhältnis von Naturphilosophie und Theologie nicht erst durch das Bekanntwerden der aristotelischen *Physik* und *Metaphysik* hervorgerufen worden ist, sondern schon in einem durchaus platonischen Kontext im 12. Jhd. allen Beteiligten klar war. An dieser Stelle zeigt sich allerdings auch, daß die bisher vorhandene Metaphysik und Wissenschaftstheorie für die Behandlung solcher Fragen nicht ausreichend war. Der Versuch Wilhelms von Conches im *Dragmaticon*, die Frage durch die Umgrenzung und gegenseitige Abgrenzung verschiedener Bereiche zu lösen, konnte letztlich nicht befriedigen. Auch Wilhelm mußte dies zugeben, wie man im *Dragmaticon* am Beispiel seiner Interpretation des biblischen Berichts über die Erschaffung der Eva aus der Rippe Adams ersehen kann: Er wiederholt hier einfach den Text der *Genesis* und gibt dann eine symbolische Deutung (*Dragmaticon* III, 4. S. 67), wobei unklar bleibt, warum diese Frage nicht in den Bereich der Naturphilosophie gehören sollte.

Auch aus dem Augustinerkloster St. Victor kamen scharfe Angriffe gegen eine solche naturalistische Philosophie. Richard von St. Victor (nach 1141–1173) lehnte diese Art der Naturauffassung *secundum physicam* scharf ab. Der Ausdruck *secundum phisicam* brachte inzwischen ein methodologisches Programm zum Ausdruck. Richard hingegen ging es um eine Einheit von *scriptura* und *natura*, so allerdings, daß wissenschaftliche Erkenntnisse zur Erläuterung der biblischen Texte herangezogen werden sollten, ohne aber eine methodologische Unabhängigkeit zu erlangen. Vernunftfeindlich war er deshalb indes auch wieder nicht. Innerhalb der Theologie ist Richard von St. Victor ein durchaus überzeugter Vertreter der Notwendigkeit der Anwendung der Dialektik. Es gelang ihm so, wichtige Beiträge für die Systematisierung theologischer Begrifflichkeit zu liefern. | 205

Die Tendenz dieser in irgendeiner Weise mit Chartres verbundenen Philosophen ist also deutlich, und es ist hier nicht erforderlich, alle einzeln vorzustellen. Bedeutend war in der folgenden Zeit vor allem Thierry von Chartres (um 1100–1155/1156). Thierry verfaßte u.a. eine Schrift über das Sechstagewerk *(De sex dierum operibus)*, in dem durchweg *secundum physicam* gearbeitet wird. Ebenso wie Wilhelm von Conches distanziert er sich deutlich von den traditionellen »höheren« Interpretationen, also dem allegorischen und moralischen Sinn des *Genesis*-Textes. Die Konzeption Thierrys ist der des Wilhelm von Conches sehr ähnlich, er arbeitete sie jedoch viel detaillierter aus. Gott hat seiner Auffassung nach die Materie geschaffen und ihr Form- und Wirkkräfte in der Weise gegeben, daß der weitere Entwicklungsprozeß einzig nach immanenten Prinzipien vor sich geht. Aus Licht (Feuer) und Wasser entstehen Dämpfe, durch Rotation ergeben sich Verdichtungen, usw. Dies alles ist natürlich etwas »primitiv«, aber selbst moderne Wissenschaftshistoriker wie Pierre

Duhem (1861–1916) haben dem Mut der Theoriebildungen Thierrys ihre Achtung bezeigt.

Die naturphilosophischen Thesen der Magistri im Umkreis von Chartres beeindruckten auch die *Dichter*, was ein Hinweis darauf ist, daß das Interesse an einer Neubewertung der Natur nicht auf die Schulen beschränkt war. Der Einfluß auf die Dichtung blieb sogar noch in der zweiten Hälfte des 12. Jhd.s lebendig, also zu einer Zeit, in der der philosophische Einfluß dieser Magistri bereits im Abnehmen begriffen war. Der bekannteste dieser Dichter ist Bernhard Silvestris (gest. nach 1159), der u.a. das deutlich unter dem Eindruck der Schriften Thierrys von Chartres stehende Lehrgedicht *Cosmographia* verfaßte, das sogar Papst Eugen III. (1145–1153), einem von Bernhard von Clairvaux beeindruckten früheren Zisterziensermönch, während dessen Aufenthalt in Frankreich im Jahre 1148 vorgetragen wurde. In einer interessanten Umkehrung wird in diesem Lehrgedicht die anti-allegorische Naturbetrachtung im Rahmen einer großen Allegorie dargestellt. Die wichtigste Einteilung dieses Werkes ist die in Megakosmos und Mikrokosmos. Die personifizierte *Natura* steht hier der ursprünglichen chaotischen Materie *Silva*, also dem Wald, gegenüber. Die *Natura* wendet sich an den *Noys*, also den *Nous*, den göttlichen Geist, der der *Silva* Gestalt und Schönheit vermitteln soll. *Noys* schafft das Universum, übergibt aber die Ausgestaltung desselben der *Natura*, die dann *Urania*, das personifizierte Prinzip der Ordnung der Gestirne, und *Physis*, das Prinzip des physischen Lebens, herbeiruft, um das Werk zu vollenden. Es ergibt sich also, wenn auch allegorisch dargestellt, ein prinzipiell nachkonstruierbarer Zusammenhang der erfahrbaren Natur. Im ganzen ist aber der Dichter weniger optimistisch als sein naturphilosophischer Inspirator. Die Beziehung von Mensch und Natur ist in seiner Sicht keineswegs die einer ungetrübten Harmonie, und auch bei der Frage, wie viel der Mensch von der Ordnung der Natur erfassen kann, ist Bernhard weniger zuversichtlich als seine naturphilosophischen Kollegen.

Ein weiterer Dichter des 12. Jhd.s, der von der Naturphilosophie seiner Zeit Anregungen erhielt, ist Alanus von Lille (Alanus ab Insulis, um 1125/1130–1203). Er hatte in Chartres studiert und war dort anschließend als Magister tätig, zog sich dann aber in das Zisterzienserkloster in Cîteaux zurück. Er verfaßte die großen Gedichte *Über die Klage der Natur (De planctu naturae)* und *Anticlaudianus*. Auch bei ihm begegnen wir der allegorischen Gestalt der *Natura*, die aber hier eine andere Funktion erhält. Sie ruft alle Tugenden herbei, um jenen vollkommenen Menschen hervorzubringen, der die Welt beherrschen soll. Eine der Tugenden, die Klugheit, *Prudentia*, wird auf ihrer Reise zu Gott, wo sie um die Seele des idealen Menschen bitten will, auf einem Wagen getragen, der die sieben Freien Künste repräsentiert. Die Freien Künste, die Disziplinen des Verstehens der Welt, sind also auch die Grundlage, von der die Seele »getragen« wird. Aber auch bei Alanus ist der Optimismus gebrochen durch die Einsicht, daß der ideale Mensch von vielen Übeln bedroht ist, auch wenn schließlich der Sieg der Tugenden folgt.

Das neu erwachte Interesse an der Natur war also nicht ein auf eine bestimmte Schule begrenztes Phänomen, sondern stellt ein an vielen Stellen der Kultur des 12. Jhd.s beobachtbares Kennzeichen einer sich wandelnden Gesellschaft dar. Dies können wir auch an einem weiteren Beispiel sehen, das geographisch und kulturell aus einem ganz anderen Gebiet stammt. Hildegard von Bingen (1098–1179) ist in verschiedener Hinsicht interessant, so z.B. als Mystikerin, Komponistin (zahlreiche Kompositionen Hildegards sind sogar auf dem heutigen Schallplattenmarkt zu finden) und überhaupt als Beispiel für das, was eine Frau im 12. Jhd. leisten und sich leisten konnte. In unserem Zusammenhang ist bedeutsam, in welch ausdrücklich empirisch orientierter Weise Hildegard von Bingen an die Phänomene der Natur heranging. Eine ihrer ersten Tätigkeiten im Kloster war die Betreuung des Kräutergartens. Kräuter waren nicht nur für die Küche wichtig, sondern auch und möglicherweise vor allem für die Krankenbehandlung. In der Zeit nach 1150 trug Hildegard die Kenntnisse, die sie sich in diesem Bereich erworben hatte, in einer Schrift zusammen, die den Titel *Liber subtilitatum diversarum naturarum creaturarum* trug. Diese Schrift wurde in der weiteren Überlieferung in zwei Teile unterteilt: Der erste, der *Liber simplicis medicinae*, beschreibt Pflanzen, Tiere, Steine, Metalle und deren heilende bzw. schädliche Kräfte; traditionell würden wir sagen, es handelt sich hier um ein Herbarium, ein Bestiarium und ein Lapidarium. In ihren genauen Beobachtungen geht Hildegard aber weit über das hinaus, was in solchen Büchern bisher wiedergegeben worden war. Nicht nur das: Ihre Forschungsrichtung ist eine ganz andere. Sie sucht in diesem Bereich nicht *Symbole* und Allegorien, sondern *Ursachen* von Krankheiten und von Heilungsprozessen. Der zweite Teil ihrer Schrift trägt den Titel *Liber compositae medicinae* bzw. *Causae et curae*. Darin wird der menschliche Körper mit großer Genauigkeit beschrieben, auch werden Heilungsanweisungen für Krankheiten geliefert. Nach 1163 entstand das letzte große Werk Hildegards, *Welt und Mensch (De operatione Dei* oder: *Liber divinorum operum)*, das die bekannten, aber noch nicht wirklich ausreichend erforschten Kosmosvisionen entfaltet. Es handelt sich dabei um eine eigentümliche Verbindung eines archaischen und ganz und gar allegorischen Mikro-Makrokosmos-Weltbildes, einer Heilsgeschichte, und ganz empirischer Beobachtungsdaten. In mittelalterlichen Schilderungen von Visionen lesen wir normalerweise keine Texte wie diesen:

Wenn nun ein Mensch heftig läuft oder einen größeren Marsch macht, dann werden die Sehnen unter seinen Knien und die kleineren Gefäße im Knie übermäßig gedehnt, und sie berühren die Blutgefäße in den Waden, die sich dort wie ein reiches Netz verteilen; sie kehren alsdann infolge Ermüdung zu den Gefäßen in der Leber zurück, rühren über diese an die Gefäße des Gehirns: und auf diese Weise lassen sie den Menschen insgesamt ermatten. (*Welt und Mensch.* S. 63)

Dies stellt eine wissenschaftlich korrekte Theoriebildung dar, auch wenn die Theorie empirisch falsch ist. Gewöhnlich finden wir aber in mystischen Texten keine verifizier- oder falsifizierbaren naturwissenschaftlichen Theorien. Allerdings: Der theoretische Rahmen, in dem diese bei Hildegard stehen, ist weiterhin ein mythisch-allegorischer, und dieser Kombination von Mythos und Naturwissenschaft gehörte im 12. Jhd. nicht mehr die Zukunft. Dies ist einfach eine historische Feststellung, keine Bewertung. Die Lage ist hier nicht unähnlich jener der Naturphilosophen im Umkreis von Chartres: Diese entwickelten empirische Wissenschaft in einem platonisch-mythischen Kontext. Die Suche nach einem anderen philosophischen und wissenschaftstheoretischen Rahmen war eine nicht mehr übersehbare Aufgabe, dies war schon bei den Ärzten der Schule von Salerno deutlich zu beobachten.

Das wachsende Interesse an einer ganz »natürlich« gedachten Natur, die empirisch erforschbar war, führte zur schrittweisen *Auflösung des allegorischen Weltbildes*. Die Allegorese verschwindet im 12. Jhd. noch nicht einfach, sie wird aber deutlich von der Naturbeschreibung unterschieden und abgehoben. Diese unterscheidende Identifizierung einer Form und die Gegenüberstellung zu einer anderen läßt sich gut veranschaulichen. Wir nehmen zunächst den *Physiologus*, ein kleines Büchlein aus der Spätantike, das um die Wende vom 2. zum 3. Jhd. eine erste Redaktion erfahren hat und das später von christlichen Bearbeitern weiter modifiziert und ergänzt wurde. Dieser kleine Text erfreute sich im Mittelalter großer Beliebtheit. Daß einiges in diesen Tiergeschichten nicht wahr im Sinne der Naturbeobachtung ist, war schon in der Antike bekannt. Nichtsdestoweniger blieb im Mittelalter der allegorische und moralische Sinn derselben unbefragt gültig. Daraus ein Beispiel: der Hirsch.

David sagt: Wie der Hirsch schreit nach frischem Wasser, so schreit meine Seele, Gott, zu dir.

Der Physiologus hat vom Hirsche gesagt, daß er gar feindlich sei dem Drachen. Wenn der Drache vor dem Hirsch flieht in die Spalten der Erde, geht der Hirsch hin und füllt sich die Höhle seines Bauches mit Quellwasser, und er speit es aus in die Spalten der Erde, und so bringt er den Drachen heraus und schlägt ihn nieder und tötet ihn.

So hat auch unser Herr getötet den großen Drachen, den Teufel, durch die himmlischen Wasser, nämlich durch die göttlichen Heilslehren. Denn nicht vermag der Drache dem Wasser und nicht der Teufel dem göttlichen Wort standzuhalten. (*Physiologus*. Übers. v. O. Seel. 4. Aufl., Zürich–München 1983. S. 26 f.)

Dem stellen wir einen Text von Alexander Neckham gegenüber. Alexander Neckham war einer der ersten, die lateinische Übersetzungen von neuen Aristoteles-Texten aus dem Bereich der Naturwissenschaft kannten, auch hatte er Kenntnis von Texten, die in Salerno verwendet wurden. In seinem Werk *De naturis rerum*, das die Schöpfungsgeschichte kommentiert, befaßt er sich auch mit den Tieren. Sein Material stammt fast ausschließlich aus antiken Quellen, und er kennt sehr wohl die allegorischen Interpretationen, nimmt aber wichtige formale Unterscheidungen vor: Es gibt zunächst einmal die erste Natur *(prima natura)*, dann gibt es Anwendungen *(adaptio)*, und gelegentlich auch einen moralischen Sinn *(instructio moralis)*. Dies sieht dann beim Hirschen so aus:

Erste Natur des Hirschen.	Der Hirsch – indem er sich jedes Jahr erneuert, insofern seine Hörner abfallen und der Natur überlassen werden – erhält in den einzelnen Jahren neue Hörner, die durch glückliche Zunahme anwachsen, gleichsam als Entgelt für den der Natur gezollten Tribut.
Anwendung.	So wird auch der ehrenhafte Mensch, indem die geistliche Kraft vermehrt wird, durch die Erneuerung des Heiligen Geistes erneuert.
Zweite [Natur].	Weiterhin: Der Hirsch unterstützt den Lauf durch den Sprung.
Anwendung.	So vollbringen auch die Heiligen den Lauf dieses Lebens, indem sie die Dornhecken der Beschwernisse der Welt überspringen.
Dritte [Natur].	Weiterhin: Wenn sich der Zug der Hirsche anschickt, ein Gewässer eines mächtigen Flusses zu überqueren, schwimmt der kräftigere voraus, so daß das Haupt des folgenden sich auf den Steiß des vorausgehenden stützt. Derjenige aber, der in diesem Zug an Kräften geringer ist, ist in der Anordnung der letzte.
Moralische Unterweisung.	Damit werden wir ermahnt, daß ein jeder von uns dem anderen zur Hilfe komme, gemäß dem Ausspruch: »Einer trage des anderen Last«.
Vierte [Natur].	Es ist auch bekannt, daß der Hirsch, der durch das Gift einer Schlange vergiftet ist, zu den Wasserquellen strebt.
Anwendung.	So auch soll der kluge Mensch, wenn er durch das Gift der Einflüsterung der alten Schlange geistlich vergiftet ist, zu den Tränen der Buße Zuflucht nehmen. *(De naturis rerum.* S. 216. Übers. v. F. S.)

| 209

Es folgt dann noch ein Abschnitt mit empirischen Beobachtungen, die von dem antiken und von Isidor von Sevilla ausgiebig verwendeten Autor Solinus (3./4. Jhd.) stammen, dessen Schrift *Sammlung von Merkwürdigkeiten (Collectanea rerum memorabilium)* schon seit dem 9. Jhd. bekannt war und bis ins 12. Jhd. gerne herangezogen wurde. Später wurde diese Schrift durch »seriösere« Texte und eigene empirische Beobachtungen verdrängt. An dem Text von Neckham können wir folgendes feststellen: Die allegorische und die moralisierende Auslegung ist weiterhin vorhanden, aber sie wird klar von der naturwissenschaftlichen Darstellung unterschieden, die den maßgeblichen Ausgangspunkt abgibt. Heute würden wir sagen: Die empirische Sprache wird ganz klar von der poetischen und der ethischen Sprache unterschieden, so klar, daß jedem Satz ein entsprechender Index *(natura, adaptio, instructio)* vorangestellt wird. Auch Adelard von Bath hatte deutlich die *Dichtung (fingendo)* von der *Erklärung (naturam rei exprimendo)* unterschieden (*Quaestiones naturales* XXII. S. 26). Genau diese Unterscheidung ist entscheidend, auch wenn die empirischen Beobachtungen weithin noch aus literarischen Vorlagen stammen. Von einem allegorischen Weltbild kann man nur so lange sprechen, als die verschiedenen Sprachen nicht auseinandergehalten werden, und dies ist bei Alexander Neckham und bei Adelard von Bath nicht mehr der Fall. Daß es neben der empirischen Sprache auch eine dichterisch allegorische Sprache gibt, ist dann keineswegs ein nicht aufgearbeiteter Rest, sondern eher ein Zeichen eines reichen kulturellen Bewußtseins – wie arm wäre die Welt, wenn es neben dem Wetterbericht nicht auch die »Vier Jahreszeiten« von Vivaldi gäbe.

2. Der Beginn der *logica nova*

Seit etwa 1120 fanden Logiker, die sich mit den ihnen vorliegenden Texten befaßten, heraus, daß es offensichtlich noch mehr Aristoteles-Texte zur Logik gab als die bisher bekannten. Da Aristoteles *die* Autorität auf dem Gebiet der Logik war, machten sie sich auf die Suche und fanden tatsächlich die Boethius-Übersetzungen der *1. Analytik*, der *Topik* und der *Sophistischen Widerlegungen*, wo und wann genau diese Übersetzungen aufgefunden wurden, ist allerdings nicht bekannt. Die Übersetzungstätigkeit von Schriften des Aristoteles begann allerdings schon in der ersten Hälfte des 12. Jhd.s mit Jakob von Venedig, der u.a. eine Übersetzung der *Sophistischen Widerlegungen* und der bisher noch nicht übersetzten *2. Analytik* des Aristoteles herstellte. Der Pariser Magister Albericus, der zur Zeit Abaelards lehrte, ging – vermutlich auf der Suche nach solchen Texten – nach Italien und lernte dort die Übersetzungen Jakobs von Venedig kennen. Alle diese neuen Texte fanden rasch Verbreitung und Johannes von Salisbury, der sein *Metalogicon* 1159 verfaßte, kennt sie bereits alle. Dennoch fanden diese Schriften nur langsam Eingang in die Diskussionen der Pariser Magistri, eine Ausnahme bildeten dabei nur die *Sophistischen Widerlegungen*. Es ist eine große Anzahl von Schriften aus dem 12. Jhd. erhalten, die sich mit den Fragen, die sich aus den *Sophistischen Widerlegungen* ergeben, beschäftigen. Die *1.* und *2. Analytik* sowie die *Topik* wurden hingegen zunächst nur wenig herangezogen. Die *1. Analytik* wird erst seit der zweiten Hälfte des 12. Jhd.s zitiert, die von Johannes von Salisbury sehr geschätzte und empfohlene *Topik* des Aristoteles wurde von den Magistri kaum beachtet. Es stellt sich daher die Frage, warum gerade die *Sophistischen Widerlegungen* sofort eine so breite Aufnahme in den Schulen gefunden haben. Der Grund dafür dürfte darin liegen, daß schon vorher in der *logica vetus* Trugschlüsse zu den Bereichen gehört hatten, mit denen sich die Logiker besonders beschäftigt hatten. Es gab bereits Klassifizierungen von Trugschlüssen, und nach einer weit verbreiteten Auffassung mittelalterlicher Philosophen war eine vollständige

Klassifizierung bereits so etwas wie die Lösung eines Problems. Bei Bekanntwerden der *Sophistischen Widerlegungen* bemerkten die Logiker, daß bei Aristoteles bisher nicht bekannte Formen von Trugschlüssen diskutiert wurden, und das rief das Interesse an diesem Text hervor. Im Zuge dieser Diskussionen entwickelte sich auch eine gewisse Eigendynamik, d. h. die Trugschlüsse wurden jetzt als Problem an sich zur Klärung von Fragen der Logik entwickelt. Der Zusammenhang der Logik mit ihrem ursprünglich textinterpretatorisch bestimmten Anwendungs-Zusammenhang wurde also gelockert und es wurden selbständig Probleme der natürlichen Sprache untersucht. Dazu ein Beispiel:

Verum est Socratem currere et ipse movetur.

Es ist wahr, daß Sokrates läuft, und er bewegt sich.
(Tractatus de univocatione Monacensis. In: De Rijk: *Logica modernorum* II, 2. S. 350)

Man könnte nun meinen, daß diese Aussage korrekt ist, denn wenn es wahr ist, daß Sokrates läuft, dann bewegt er sich auch. Bei genauerer Analyse zeigt sich aber, daß dieser Satz nicht korrekt ist: Das Prädikat »wahr« bezieht sich auf die Aussage »Sokrates läuft«, und damit hat das Subjekt »er« *(ipse)* der zweiten Aussage überhaupt nichts, für das es steht. Daher wird dann die Regel aufgestellt:

Unde ad nullam dictionem in appellatione dicti positam potest fieri pronominalis relatio extra appelationem dicti posita.

Deshalb kann in Hinsicht auf keinen Ausdruck, der in die Benennung des Ausgesagten gesetzt ist, eine pronominale Beziehung erfolgen, die außerhalb der Benennung des Ausgesagten gesetzt ist. (Ebd. Übers. v. F. S.)

Es wäre also korrekt, zu sagen »Es ist wahr, daß Sokrates läuft und er sich bewegt« *(Verum est Socratem currere et ipsum moveri)*, da in diesem Fall die pronominale Beziehung – also »er« – innerhalb des Ausgesagten – des *dictum* – bleibt, und »wahr« würde sich in diesem Fall auf die gesamte folgende Aussage beziehen, die ein einziges *dictum* darstellen würde. Implizit ist in dieser Analyse die Unterscheidung von Objektsprache (»er bewegt sich«) und Metasprache („Es ist wahr, daß Sokrates läuft« bzw. »Es ist wahr: Sokrates läuft«) enthalten. Was hier betrieben wird, ist *Philosophie als Sprachanalyse.* – Daher ist es verständlich, daß dieser von den Humanisten des 15. Jhd.s so verachtete Teil der mittelalterlichen Philosophie in unserer Gegenwart, in der auch wieder von vielen Philosophie als Analyse der Sprache betrieben wird, große Beachtung findet.

In der zweiten Hälfte des 12. Jhd.s wurden jedoch nicht nur spezielle Einzelfragen diskutiert, es entstanden auch zusammenfassende Schultraktate, die in ihrem Aufbau und in ihrem Inhalt schon jenem nahe kommen, den die entsprechenden Traktate des 13. Jhd.s aufweisen. Einer von ihnen ist die *Dialectica Monacensis* (in: De Rijk: *Logica modernorum* II, 2. S. 453–638). Im 13. Jhd. werden die bekannten Schulbücher des Petrus Hispanus und des Wilhelm von Sherwood in etwa diesem Aufbau folgen.

Die Magistri verloren jedoch den theologischen Anwendungszusammenhang nicht aus dem Auge, und so entstanden Traktate, die man als »Grammatik der Theologie« bezeichnen kann. Ein solcher ist z. B. in sehr zahlreichen und offensichtlich weit verbreiteten Handschriften des Petrus Cantor (gest. 1197) unter dem Titel *Tractatus de tropis loquendi* erhalten (Giusberti 1982. S. 87–109). Nehmen wir ein Beispiel, das die Relevanz solcher sprachlogischer Untersuchungen für die Theologie verdeutlicht. Das Wort »gemäß« oder »insofern« *(secundum)* kann in einer Aussage verschiedene Bedeutungen haben. Die christliche Theologie nimmt an, daß es in Christus zwei Naturen gibt, eine göttliche und eine menschliche. Wie kann man Aussagen über die zwei Naturen in Verbindung bringen mit der Aussage: »Christus ist auferstanden«? Wenn Christus Gott ist, kann er nicht gut gestorben und dann wieder auferstanden sein, wir müssen diese Aussage daher irgendwie präzisieren. Petrus Cantor sagt daher: In der Aussage: *Christus secundum humanitatem resurrexit* wird das *»secundum« ratione adiunctionis* gesetzt, also hinsichtlich einer Hinzufügung. Gemeint ist damit, daß wir hier sagen: »Christus ist auferstanden in Hinsicht auf sein Mensch-Sein«, oder: »insofern er Mensch ist«. Ist dann aber die Aussage *Christus secundum deitatem resurrexit* falsch? Petrus sagt: Sie ist nicht falsch; unter der Voraussetzung, daß man das »secundum« jetzt ganz anders, nämlich *ratione effectionis* versteht, also etwa im Sinn von »Christus ist auferstanden, weil er – insofern er Gott ist – dies bewirken kann« (Giusberti 1982. S. 94). Damit sind also zwei ganz verschiedene Gebrauchsweisen von *secundum* aufgedeckt, und Petrus Cantor findet noch etliche mehr (Ebd.). Solche sprachlogische Analysen werden in der scholastischen Theologie des 13. und 14. Jhd.s eine große Rolle spielen.

3. Neue Wissenschaftssystematik

In der Antike hatte es verschiedene Wissenschaftseinteilungen gegeben, auch Aristoteles hatte zumindest zwei Schemata entworfen (vgl. 1. Teil, Kap. X, 1) und die Stoiker hatten die bekannte Einteilung in Logik, Physik und Ethik vorgenommen (vgl. 1. Teil, Kap. XII). Die Beziehung dieser Einteilungen zu den seit der Spätantike als die sieben Freien Künste zusammengefaßten Disziplinen war aber unklar geblieben. Die mittelalterliche Philosophie war vor allem seit Alkuin von den sieben Freien Künsten ausgegangen, die faktisch mit der Philosophie gleichgesetzt wurden, obwohl Alkuin auch mit der stoischen Einteilung arbeitete (vgl. Kap. V, 1). Die Freien Künste wurden, identifiziert mit der Philosophie, als Propädeutik für die Theologie angesehen. Dieses Einteilungs- und Ordnungsschema war bis ins 12. Jhd. maßgebend, zu diesem Zeitpunkt aber wurde deutlich, daß es nicht mehr ausreichte.

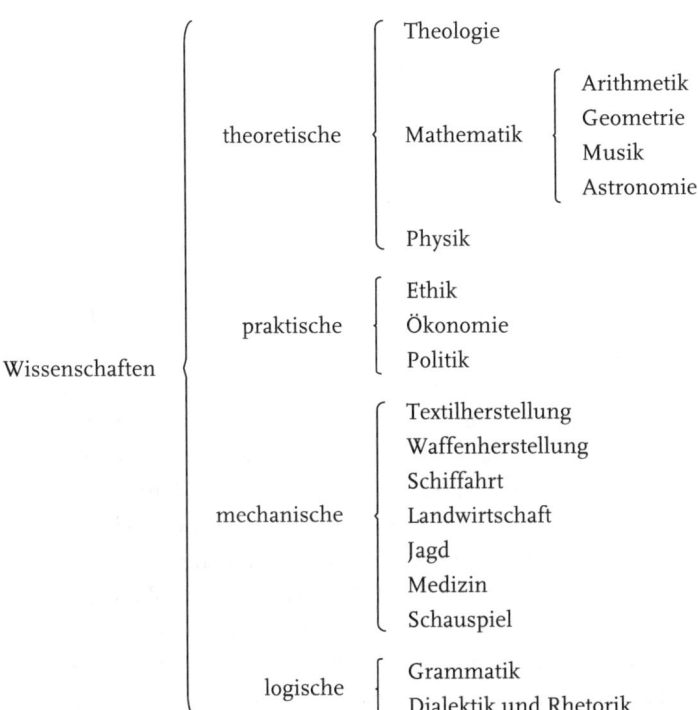

In der Nähe von Paris lag das erst 1113 gegründete Augustinerkloster St. Victor, in dem sich auch eine wichtige Schule befand. Die bekanntesten Lehrer dieser Schule waren Hugo und Richard. Obwohl in streng augustinischer Tradition stehend und so primär Theologen, denen es in erster Linie um den Aufstieg der Seele zu Gott ging, hatten die Victoriner auch ein deutliches Interesse an philosophischen Problemen. Da sie sich intensiv mit Klassifikationsproblemen der Wissenschaften befaßten, sahen sie, daß die traditionellen Freien Künste nicht mehr ausreichten, etwa Physik, Wirtschaftslehre oder Politik waren dort nicht unterzubringen. Obwohl sie gut augustinisch annahmen, daß diese Dinge nicht um ihrer selbst willen erforscht werden sollten, sahen sie doch die Schwierigkeiten, die sich ergaben, wenn alle diese Fragen der Theologie subsumiert wurden. Auch innerhalb einer ganz traditionell denkenden Gruppe wurde also anerkannt, daß neue Fragen aufgetaucht waren, die den bisherigen Rahmen sprengten. Eine recht differenzierte Einteilung der Wissenschaften lieferte Hugo von St. Victor (gest. 1141) in seinem um 1127 verfaßten *Didascalicon*, dessen Aufbau das abgebildete Schema zugrundeliegt. Bei diesem wie bei anderen Schemata des 12. Jhd.s ist leicht zu sehen, daß aristotelische und stoische Wissenschaftseinteilungen zu einer Mischform vereinigt werden. Hugo von St. Victor geht zunächst – abgesehen von der Logik – von der Einteilung in theoretische, praktische und mechanische Wissenschaften aus. Dahinter steht natürlich die aristotelische Einteilung in *Theoria*, *Praxis* und *Poiesis*. Diese drei Bereiche ergeben sich dann allerdings nach Hugo von St. Victor, gut augustinisch gedacht, aus drei Übeln *(mala)* des Menschen: der Unwissenheit *(ignorantia)*, der Begierlichkeit *(concupiscentia)* und der Schwäche *(infirmitas)*. Diesen werden drei Heilmittel *(remedia)* gegenübergestellt: die Weisheit *(sapientia)*, die Tugend *(virtus)* und die Erfüllung von Notwendigkeiten *(necessitas)* *(Epitome in philosophiam.* S. 110). Diesen Notwendigkeiten wird durch Herstellung verschiedener Dinge, also durch Technik, Abhilfe geschaffen. Besonders aufschlußreich ist dieser Bereich der mechanischen Wissenschaften, und dabei ist vor allem wichtig, daß diese überhaupt in das System der Wissenschaften aufgenommen werden. Die Aufzählung wirkt demgegenüber etwas willkürlich, dahinter steht aber einfach der Versuch, den sieben Freien Künsten sieben Mechanische Künste gegenüberzustellen. Obwohl die mechanischen Wissenschaften sich deutlich auf Tätigkeiten des Menschen beziehen, werden sie doch in den Umkreis der Erforschung der Natur gestellt, da nach Hugo von St. Victor mit diesen Künsten die Natur nachgeahmt wird *(imitatur natura)* *(Didascalicon* I, 10). Einige Schwierigkeiten hatte Hugo von St. Victor mit der Zuordnung der Logik, wie sich schon an dem Schema zeigt. Sie wird einfach an die anderen Bereiche angefügt, allerdings so, daß man eigentlich eine Logik im weiteren Sinn hat, unter die dann das traditionelle Trivium mit Grammatik, Dialektik (= Logik im engeren Sinn) und Rhetorik fällt. Allerdings fällt dann wiederum auf, daß dann nicht einfach eine Dreiteilung Grammatik-Dialektik-Rhetorik vorgenommen wird, sondern nur ein Zweiteilung. Dahinter steht eine wissenschaftstheoretische Diskussion seiner Zeit, in der das Trivium verschieden aufgeteilt wurde: Auf der einen Seite wurde die Logik als allgemeinste Sprachdisziplin *(scientia sermocinalis)* aufgefaßt, zu der also auch die Grammatik gehörte, andererseits als allgemeine Argumentationslehre *(ratio disserendi)*, so daß also hier nur Dialektik und Rhetorik einbezogen waren. Solche Detailfragen sind für uns nicht besonders wichtig, sie zeigen aber, daß im 12. Jhd. auch in ganz traditionellen Kreisen anerkannt wurde, daß sich im Bereich der Wissenschaftstheorie und Wissenschaftssystematik neue Fragen ergaben, die mit den überlieferten Schemata nicht mehr ausreichend behandelt werden konnten.

Aber auch innerhalb des traditionellen Schemas der Freien Künste zeigte sich, daß die bisherige Systematik der faktischen Behandlung dieser Disziplinen nicht mehr entsprach. Das Quadrivium war prinzipiell dadurch bestimmt gewesen, daß die dort behandelten Disziplinen – Arithmetik, Geometrie, Astronomie, Musik – einem metaphysischen, an Zahlenspekulationen orientierten Ziel untergeordnet waren. Die *konkrete Praxis* dieser Disziplinen war von untergeordneter Bedeutung gewesen, je mehr jedoch diese konkreten Fragen in den Vordergrund traten, umso mehr mußte dieser *spekulative Rahmen* als *ungeeignet* oder sogar hinderlich erscheinen. Hugo von St. Victor sah sich daher gezwungen, z. B. neben der *geometria theoretica*, wie sie traditionell behandelt worden war, eine *geometria practica* einzuführen, die mit *Meßinstrumenten* arbeitete. Der bisher metaphysisch gebrauchte Begriff der Proportion *(proportio)* erhielt damit einen ganz unmetaphysischen Sinn. Ganz Ähnliches zeigte sich im Bereich der Musik. Die konkrete Musikpraxis hatte sich längst von den auf der Schrift des Boethius *Über die Musik (De institutione musica)* beruhenden Musikspekulationen entfernt. Aribo (11. Jhd.) hatte in seinem Kommentar zum *Micrologus* des Guido von Arezzo (um 992 – nach 1033) deutlich gemacht, daß sich die Komposition an dem zu orientieren habe, was wohlklingend ist, und nicht an einer abstrakten Proportionslehre. So wie in der Geometrie so wird es auch hier bei der Musik deutlich, daß es inzwischen neben der theoretisch-spekulativen Musiklehre *(musica scientia)* eine andere Musiklehre gab, die sich mit der Kompositionslehre der praktisch aufgeführten Musik *(musica activa)* beschäftigte, und für die die traditionellen Begriffe der Musikspekulation wenig hilfreich oder sogar unbrauchbar waren: Für die Kompositionspraxis ist nicht die Metaphysik zuständig, sondern die ganz empirische Beurteilung des *Zusammenklangs (concordantia)* und des *Wohlklanges (dulcis concentus)*. Die Wertungskategorien werden also nicht mehr vom *Musicus*, dem spekulativen Theoretiker, sondern vom *Cantor*, dem praktischen Musiker, erstellt. Wir sehen hier erste Anzeichen dafür, daß praktische Bereiche, die bisher eher dem Handwerksbereich zugeordnet waren, in den Umkreis wissenschaftlicher Überlegungen einbezogen werden.

Besonders wichtig für die weitere Entwicklung wurde die Wissenschaftseinteilung des Dominicus Gundissalinus (um 1110 – nach 1181). Gundissalinus hatte um 1150 in Toledo die Schriften *De scientiis* und *De ortu scientiarum* von al-Farabi übersetzt und dann eine eigene, aber von den genannten abhängige Schrift mit dem Titel *Über die Einteilung der Wissenschaft (De divisione scientiae)* abgefaßt (vgl. auch Kap. XI, 2). In seinem Schema werden zunächst die einführenden Disziplinen Grammatik und Logik aufgeführt, auf die dann die großen Bereiche Physik, Mathematik und Theologie (Metaphysik) folgen. Dahinter steht bei Gundissalinus ein boethianisches Schema, nach dem die Wissenschaften hierarchisch vom höchsten Seienden, Gott, über die reinen Formen der Mathematik zu den in der – sehr weit gefaßten – Physik behandelten körperlichen Dingen herabsteigen. Dieses Schema konnte aber auch unabhängig von diesem neuplatonischen Hintergrund gebraucht werden, so wie das Schema des Hugo von St. Victor auch ohne seine augustinisch moralisierende Interpretation Anwendung finden konnte.

Ergebnisse aus dem Bereich der Wissenschaft, die man für besonders wichtig hielt, faßte man im Mittelalter gerne in *Gedichtform*, um sie einem weiteren, natürlich zahlenmäßig immer noch recht engen Personenkreis zugänglich und leichter verständlich zu machen. Ein solches Gedicht über die Einteilung der Wissenschaft verfaßte Gottfried von St. Victor (um 1130 – nach 1194) unter dem Titel *Fons philosophiae*. Fragen aus der Philosophie werden also langsam auch für ein breiteres Publikum interessant.

4. Abgrenzungsprobleme der Theologie

Das Bekanntwerden der Gesamtheit der logischen Schriften des Aristoteles, also die *logica nova,* ergab auch nicht unerhebliche Probleme für die Theologie. Als letztes Werk dieser Textgruppe des Aristoteles wurde die *2. Analytik* von Jakob von Venedig übersetzt (vgl. Kap. XI, 2). Johannes von Salisbury zitiert auch schon eine weitere Übersetzung dieses Textes. In der zweiten Hälfte des 12. Jhd.s war also die für die Wissenschaftstheorie grundlegende *2. Analytik* des Aristoteles bekannt. Bis diese wohl schwierigste Schrift des aristotelischen *Organons* verarbeitet und in ihren Konsequenzen – auch für die Theologie – ganz erfaßt werden konnte, mußten allerdings noch zwei Generationen daran arbeiten. Die Schärfe der Fragestellung »Ob die Theologie eine Wissenschaft ist« *(utrum sacra doctrina sit scientia),* mit der Thomas von Aquin in der ersten *Quaestio* seiner *Summa theologiae* einsetzt (vgl. Kap. XIV, 2), kann daher im 12. Jhd. noch nicht erwartet werden. Eine selbständig werdende Naturphilosophie, für die auch versucht wurde, eine eigene metaphysische Grundlegung zu finden, ergab jedoch gegenüber der Disziplin, die die Heilige Schrift auslegte *(sacra pagina),* die Frage nach dem Kompetenzumfang und der metaphysischen Grundlegung der Theologie. Dies ist die Frage nach dem Ort der Theologie im Bereich der

216 | Wissenschaften. Es ist daher verständlich, daß genau im 12. Jhd. der Begriff »Theologie« jene Bedeutung erhielt, die er bis heute behalten hat. In den vorausgegangenen Kapiteln ist immer wieder darauf hingewiesen worden, daß die Unterscheidung von Philosophie und Theologie für die dort besprochenen Autoren inadäquat ist. Das 12. Jhd. stellt demgegenüber jene Periode dar, in der sich in einem konstant fortschreitenden Prozeß diese Unterscheidung durchsetzt. Die Abgrenzungsfrage war damit als Problem zwar gestellt, aber selbstverständlich in keiner Weise gelöst. Die Frage läßt sich schon bei der Bestimmung des Gottesbegriffs sehen: Wo gehörte die christliche Lehre von der Dreifaltigkeit hin, also die Aussage von drei Personen in Gott? Abaelard vertrat hier eine sehr weitgehende Position, er zieht für den Beweis dieser Lehre »Propheten und Philosophen« heran. In seiner *Theologia summi boni* legt er gleich zu Beginn sein Programm fest:

Das erste Buch enthält, was die Distinktion der drei Personen in Gott intendiert, resp. was in Ihm die Namen *(nomina)* »Vater«, »Sohn« und »Heiliger Geist« bedeuten, des weiteren die Zeugnisse der Propheten und Philosophen zur Trinität und schließlich die Begründung dafür, daß Gottes Weisheit *(sapientia)* »Wort« und seine Güte *(benignitas)* »Hl. Geist« genannt werden. Dabei wird auch von den Behauptungen der Philosophen betr. die Weltseele gezeigt, daß darunter korrekt der Hl. Geist begriffen wird. *(Theologia summi boni. Introduktion, S. 3)*

Der Versuch, die platonische Weltseele mit dem Hl. Geist gleichzusetzen, findet sich auch bei den Naturphilosophen aus Chartres, wurde aber bald von allen aufgegeben.

Wir brauchen diese Frage also nicht weiter zu verfolgen, die trinitarische Frage ist ohnehin interessanter. Da Abaelard den »Vater« als »Macht« *(potentia)*, den »Sohn« als »Weisheit« *(sapientia)* und den »Geist« als »Güte« *(benignitas)* bestimmt, kommt er zu der Festlegung:

Gott ist drei Personen, d.h. Vater, Sohn und Hl. Geist, bedeutet also: Die göttliche Substanz ist mächtig, weise und gütig, oder noch bestimmter gesagt: Sie ist selber die Macht, die Weisheit und die Güte. (Ebd. I, 2. S. 5)

Die hier auftretende theologische Problematik, daß die göttlichen Personen dabei letztlich »aufgehoben« werden und zu nur für uns geltenden Bezeichnungen werden (Modalismus), ist nicht unser Thema. Die wissenschaftstheoretisch interessante Frage ist vielmehr, was von der traditionellen Gotteslehre denn nun in die philosophische und was in die theologische Kompetenz gehört. Die Abaelardsche Position, welche der Philosophie eine sehr weitgehende Kompetenz zuschreibt, wurde heftig angegriffen und brachte Abaelard in ganz konkrete Schwierigkeiten. Die Lösung des Problems wurde im Laufe des 12. Jhd.s dadurch gefunden, daß die Fragen, die den einen Gott, und jene, die Gott als dreifaltigen betreffen, getrennt wurden; es bildeten sich also die beiden Traktate *De Deo uno* und *De Deo trino* heraus. Man konnte dann | 217
sagen, daß die Fragen über den einen Gott der Philosophie und der Theologie gemeinsam sind, während die Fragen der Dreifaltigkeit nur in die Theologie gehören. Daß jede Lösung neue Probleme hervorruft, ist bekannt, und für die Theologie bedeutete der eingeschlagene Weg, daß der geschichtliche Aspekt zurücktrat: Es gab jetzt Fragenkreise, die ohne Rückgriff auf historische Berichte behandelt werden mußten. Die Bedeutung, die die Logik inzwischen erhalten hatte und die eine Entwicklung einer theologischen Prinzipien- und Argumentationslehre erforderte, wirkte in dieselbe Richtung. Logik wurde nicht als geschichtsbezogene Disziplin aufgefaßt und dasselbe ergab sich für die sich jetzt ausdrücklich herausbildende philosophische Theologie. Ein wichtiger Anhaltspunkt für diese Fragen waren die *Opuscula sacra* des Boethius, die im 12. Jhd. häufig kommentiert wurden. Maßgebend für diese Arbeit wurden die Kommentare des Gilbert von Poitiers (um 1080–1154), eines Schülers von Anselm von Canterbury und Bernhard von Chartres. Gilbert legte an theologische Aussagen strenge sprachlogische Kriterien an. Wie nicht anders zu erwarten, wollte Bernhard von Clairvaux eine Verurteilung Gilberts herbeiführen, was ihm aber nicht gelang. Daß traditionell denkende Theologen angesichts der Begeisterung für Dialektik, wie sie im Gefolge Abaelards und Gilberts oft sichtbar wurde, verschreckt werden konnten, läßt sich an dem Gebrauch der Dialektik in dem vermutlich von Alanus von Lille, einem Schüler Gilberts, stammenden Werk *De arte fidei catholicae* ersehen. Alanus versuchte, Theologie so zu betreiben wie Geometrie. Er war sich im klaren darüber, daß die vorausgesetzten Axiome nicht, wie es in der aristotelischen Wissenschaftskonzeption galt, in sich immer evident sind,

oft mußte er sich mit dem Anspruch von Wahrscheinlichkeit begnügen. Im übrigen aber sollten alle Sätze aus Definitionen, Axiomen und Postulaten folgen. Das Ziel war im Grunde die in eine *modo geometrico* konstruierte Metaphysik transformierte Theologie. Die historische Dimension verschwindet hier vollständig, daß dies aber nicht durchführbar ist, wurde rasch deutlich.

Einen »Mittelweg« versuchte Petrus Lombardus (1095/1100–1160). Er war nach Studien an verschiedenen Orten Magister an der Kathedralschule von Notre-Dame in Paris geworden und gehörte mit Abaelard und Gilbert von Poitiers zu den bekanntesten Magistri seiner Zeit. Petrus Lombardus kann als gemäßigter Vertreter der Dialektik angesehen werden und seine später berühmten *Libri quattuor sententiarum* sind zunächst einfach eine Zusammenstellung von Bibel- und Kirchenväterstellen, die nach bestimmten Gesichtspunkten – Gott, Geschöpfe, Menschwerdung, Erlösung – zusammengeordnet waren. Dem Aufbau liegt also eine Art geschichtlichen Schemas zugrunde. Die Anwendung der Dialektik beschränkte sich auf den Versuch, den Abaelard in *Sic et Non* schon unternommen hatte, nämlich einander widersprechende Stellen vereinbar zu machen und aus übereinstimmenden Meinungen *(sententiae)* weitere Schlußfolgerungen zu ziehen. Die Zitate in den *Sentenzen* des Petrus Lombardus stammen zu vier Fünfteln aus Augustinus, so daß der prägende Einfluß des augustinischen Platonismus gleichsam festgeschrieben wurde. Petrus Lombardus war nicht der einzige, der eine solche Sentenzensammlung herstellte. Es sind, gerade auch aus dem weiteren Schülerkreis Abaelards, noch eine ganze Reihe solcher Sentenzen (teilweise noch nicht ediert) erhalten, eine davon von dem Magister Roland, dem späteren Papst Alexander III. (1159–1181). In der weiteren Entwicklung setzten sich jedoch die *Sentenzen* des Petrus Lombardus gegenüber allen anderen – und keinesfalls immer »schwächeren« Texten – durch. Seit Alexander von Hales (um 1185–1245) sind die *Sentenzen* die Grundlage des theologischen Unterrichts. Für die Geschichte der Philosophie war es dabei wichtig, daß Petrus Lombardus eine Gruppe von Wahrheiten unterscheidet, die unabhängig vom Glauben erkannt werden können. Petrus Lombardus fragt sich also (*Sententiae* III, dist. 24, cap. 3), ob es *Wahrheiten* gibt, *die geglaubt, aber auch gewußt* werden *(Si aliqua sciuntur, quae credantur)*. Er beantwortet diese Frage positiv *(Ex his apparet, [...] quaedam intelligi aliquando etiam antequam creduntur)*, wenn auch diese Gruppe von Wahrheiten bei ihm noch nicht präzise umschrieben ist. Spätere Kommentatoren der *Sentenzen* werden diese Präzisierung vornehmen und vor allem folgende Wahrheiten als dazu gehörend bezeichnen: die Existenz Gottes, die Schöpfung der Welt durch Gott und die Unsterblichkeit der menschlichen Seele (Gott, Welt, Seele sind die klassischen Themen der Metaphysik bis zu Kant und über diesen hinaus). Insofern es später zum festen Bestandteil der Laufbahn jedes Magisters gehörte, die *Sentenzen* des Petrus Lombardus zu kommentieren, wurde so ein *Kanon philosophischer Probleme* aufgestellt, zu dem wir Kommentare aller wichtigen Vertreter mittelalterlicher Theologie finden (Bonaventura, Thomas, Duns Scotus, Ockham und viele andere). Dies ergibt, daß wir die

218 |

Möglichkeit haben, zu einem genau umschriebenen Fragenkanon die jeweiligen Antworten verschiedenster Autoren zu überprüfen. Für die weitere Geschichte der Philosophie des Mittelalters gilt jedenfalls, daß die *Sentenzen* des Petrus Lombardus eine weit größere historische Bedeutung erlangt haben als etwa die *Theologia summi boni* seines Kollegen Petrus Abaelard, obwohl letztere sicher das philosophisch bedeutendere Werk ist.

5. Staatstheorie

Johannes von Salisbury (1115/1120–1180) ist ein geeignetes Beispiel dafür, wozu eine gute Schulbildung im 12. Jhd. dienen konnte. Nicht alle studierten, um selbst Lehrer zu werden, und nicht alle, vermutlich überhaupt nur eine Minderheit, wollten ihr Leben als Mönche verbringen. Viele studierten vielmehr, um dann eine Karriere in einer königlichen, fürstlichen oder bischöflichen Kanzlei zu beginnen, und die Aufstiegschancen für gut Gebildete waren bestens. Nach seinen Studien in Paris fand Johannes von Salisbury 1148 eine Anstellung in der Kanzlei des Erzbischofs Theobald von Canterbury, dessen Sekretär er bald wurde. In dieser Funktion kam er mit vielen Großen seiner Zeit in persönlichen Kontakt. Er war in wichtigen Angelegenheiten bei Papst Eugen III. in Rom, er war persönlich befreundet mit dem späteren Papst Hadrian IV. und hatte auch Gelegenheit, König Heinrich II. von England kennenzulernen, mit dem er allerdings in den Auseinandersetzungen um die Rechte der englischen Kirche in Konflikt geriet. Dies spitzte sich zu, als 1162 sein Freund Thomas Becket (um 1120–1170) Erzbischof von Canterbury wurde. Becket hatte auch zum Kreis um den Erzbischof Theobald gehört, war dann Kanzler des Königs geworden, wurde faktisch durch ihn zum Erzbischof von Canterbury ernannt, vertrat dann aber in ganz extremer Weise die Interessen der Kirche. Aufgrund dieser Verbindung verbrachte Johannes von Salisbury die folgenden Jahre größtenteils im Exil in Frankreich oder in Rom, wo er für die Anliegen Beckets eintrat. Dessen Unnachgiebigkeit billigte er aber ebenso wenig wie die Gegenposition des Königs Heinrichs II. Der Briefwechsel des Johannes von Salisbury mit Becket stellt ein wichtiges historisches Dokument dar, und ist gleichzeitig ein Zeugnis des hervorragenden lateinischen Briefstils der Zeit. 1176 wurde Johannes von Salisbury Bischof von Chartres, scheint dort in den vier ihm noch verbliebenen Lebensjahren jedoch nichts besonderes für die Kathedrale oder deren Schule erreicht zu haben.

Neben dem *Metalogicon*, in dem er historisch ungemein wichtige Berichte über die Pariser Schulen der dreißiger und vierziger Jahre des Jahrhunderts überlieferte, ist sein bekanntestes Werk der *Policraticus*. Johannes von Salisbury begann die Arbeit am *Policraticus* zwischen 1154 und 1156, als er für einige Zeit bei Heinrich II. in Ungnade gefallen war. In dieser Periode entstand der Großteil der Bücher VII und VIII des *Policraticus*, welche eine Art *Tröstung* darstellen. Johannes von Salisbury ließ sich dabei vielleicht von der *Consolatio* des Boethius inspirieren und stellt in diesen Büchern die Frage nach der wahren, Glückseligkeit vermittelnden Philosophie, die bei ihm natürlich eine ausdrücklich christliche Gottesliebe bedeutet und die sich von allen epikureischen Vorstellungen abwendet (*Policraticus* VII, 11). Dies ist schon ein Hinweis darauf, daß man in dieser Schrift nicht eine Staatstheorie in einem Sinn erwarten darf, der vielleicht im 13. und dann vor allem im 14. Jhd. möglich war. Als Johannes von Salisbury nach Canterbury zurückkehren konnte, erweiterte er die Fragestellung. Nun ging es zunächst um allgemeine Überlegungen, gerichtet an seine Kollegen in kirchlichen und weltlichen Kanzleien, wie man in diesen Funktionen Unheil für sich selbst vermeiden kann. Dies führte ihn schließlich zu den am ehesten »staatstheoretisch« zu bezeichnenden Büchern IV–VI, in denen er nach jener Form von Staat und Regierung fragt, in der das Wohlergehen der Bürger am ehesten gesichert wäre. In Hinsicht auf diese Fragen bleibt der *Policraticus* in der Tradition der Fürstenspiegel. Johannes von Salisbury war ein ausgezeichneter Kenner der damals verfügbaren Quellen der Antike, und so zeichnet er das Bild des idealen Herrschers mehr nach dem Bild des antiken römischen Herrschers als nach dem des christlichen Herrschers. Jedenfalls verleiht er dem Herrscher nichts von den sakralen Qualitäten, die die griechischen ebenso wie die karolingischen Kaiser für sich beansprucht hatten, und wenn er den Herrscher von Ratgebern umgeben sehen will, so denkt er weniger an Bischöfe, sondern eher an Gelehrte und Philosophen.

In literarischer Hinsicht gibt der *Policraticus* ein – vermutlich aber schon gelöstes – Rätsel auf. Johannes von Salisbury zitiert natürlich viele Autoritäten, deren Texte er zu einem guten Teil aus Florilegien, also aus schon vorhandenen Exzerptsammlungen, entnehmen konnte. An zahlreichen und gerade besonders relevanten Stellen aber beruft er sich auf eine Schrift *Institutio Traiani* (vgl. z. B. *Policraticus* V, 2), von der er sagt, man meine, sie sei von Plutarch verfaßt worden. Allerdings gibt es von dieser Schrift nirgends außer eben bei Johannes von Salisbury eine Spur, und es ist daher vermutet worden, daß das Ganze seine Erfindung ist. Einige Forscher meinen allerdings, es müsse im 12. Jhd. noch eine pseudo-plutarchische Schrift dieser Art gegeben haben, in der die Ämter des späten römischen Reichs mit den Gliedern des menschlichen Körpers verglichen wurden Die Frage ist bis heute umstritten. Auch die These einer Erfindung wäre aber nicht sonderlich problematisch, sondern sogar ein gutes Beispiel dafür, daß die »Autoritätengläubigkeit« der mittelalterlichen Autoren etwas subtiler zu beurteilen ist, als es mit der häufig polemischen Verwendung dieses Ausdrucks geschieht: Wenn man keinen Riesen zur Verfügung hatte, um auf dessen Schultern sitzend weiter sehen zu können, stellte man sich eben selbst einen solchen Riesen als Unterlage her – entscheidend war eben nur, weiter sehen zu können. Ganz ungewöhnlich wäre ein solches Verfahren nicht, denn auch im Bereich der Urkunden wurden im Mittelalter Dokumente hergestellt – »gefälscht« –, um sich eine autoritative Grundlage für Besitzansprüche oder Rechte zu verschaffen.

Ganz im Rahmen der leitenden Interessen der Autoren des 12. Jhd.s, die wir in der Naturphilosophie feststellen können, geht Johannes von Salisbury, der auch bei Wilhelm von Conches in die Schule gegangen war, bei seiner Auffassung von der Gesellschaft davon aus, daß das staatliche Leben die *Natur* nachahmen sollte, die der beste *Führer im Leben* ist. Er verweist dabei auf den Bienenstaat, ein schon in der Antike häufig verwendetes Beispiel (*Policraticus* VI, 21). Mit der Annahme einer solchen natürlichen Basis von Gesellschaft und Staat ist Johannes von Salisbury schon in einer ganz anderen »Welt« als der des augustinischen *Gottesstaats*, was ihn natürlich nicht daran hindert, Augustinus häufig zu zitieren. Johannes vertritt jene »natürliche« organologische Auffassung vom Staat, die im Mittelalter eine große Rolle spielen sollte. Diese Analogie gibt ihm auch die Möglichkeit einer, allerdings etwas hintergründigen Zuordnung von Kirche und Staat. Der Herrscher, also der König, erhält natürlich die Stelle des Hauptes. Seine engsten Ratgeber stehen an der Stelle des Herzens und die Arbeiter und Bauern an der der Füße. Da ein Organismus aber aus Leib und Seele besteht, erhalten die Vertreter der Religion die Stelle der Seele (Ebd. V, 2). Johannes von Salisbury vertritt also zwar die kirchliche Auffassung einer Überordnung der geistlichen über die weltliche Gewalt, er verleiht dieser Überordnung aber keine institutionelle Funktion, sondern hält sie auf einer moralischen Ebene. Die Herrschaft über den Menschen hat eben doch der Kopf. | 221

Die Frage, die Johannes von Salisbury jedoch besonders beschäftigt, ist aber gar nicht die des Verhältnisses von Kirche und Staat – der Staat repräsentiert durch den Fürsten –, sondern die des Verhältnisses von Fürst und Volk. Die Legitimität eines Herrschers ergibt sich für ihn mehr aus dessen sittlichen Qualitäten und weniger aus dessen Abstammung, wobei die sittlichen Qualitäten sich an der Erfüllung des Gesetzes durch den Herrscher messen. Mit »Gesetz« meint Johannes von Salisbury vor allem die sittlichen Prinzipien, wie sie in der Bibel enthalten sind, anderes war damals gar nicht vorstellbar und eine philosophische Ethik wird erst mit der Rezeption der aristotelischen *Nikomachischen Ethik* beginnen. Dieser Ausgangspunkt gibt ihm die Möglichkeit, in Extremfällen die Legitimität des Herrschers radikal in Frage zu stellen, so daß er die berühmte Frage der Erlaubtheit des Tyrannenmordes affirmativ beantworten kann (*Policraticus* VIII, 20). Dabei macht er sogar die interessante Bemerkung, daß dieser erlaubt sei nicht nur durch das Gesetz, sondern auch durch die Gerechtigkeit. Hier taucht also so etwas wie ein »autonomes«, nicht einfach durch die *Bibel* gerechtfertigtes Prinzip der Gerechtigkeit auf. Ganz eindeutig ist jedoch Johannes von Salisbury nicht, denn er spricht zwar von der Erlaubtheit eines Tyrannenmordes, spricht dann aber auch wieder (gut augustinisch) von der Tyrannenherrschaft als göttlicher Prüfung, wodurch diese zwar nicht gerechtfertigt wird, wohl aber das tatenlose Hinnehmen einer solchen Herrschaft zumindest gerechtfertigt erscheint (Ebd. VIII, 20–21).

Die Staatstheorie des Johannes von Salisbury – wenn wir sie denn so nennen dürfen – steht ähnlich wie vorher die Medizin der Hildegard und die Kosmologie der Chartres-Philosophen an einer Schwelle: Es werden wichtige Schritte in Richtung auf eine »profane«, »entsakralisierte« Betrachtung der Phänomene der Natur und der Gesellschaft unternommen, es fehlt aber noch ein ausreichender theoretische Rahmen, um dieses neue Verständnis systematisch aufarbeiten und darstellen zu können. Wenn man sich dies klar macht, begreift man, warum die *Physik*, die *2. Analytik* und die *Politik* des Aristoteles einen so raschen und durchschlagenden Erfolg haben werden.

Die Philosophie im islamischen Bereich

1. Historische Vorbemerkung

Der geographische und kulturelle Raum, auf den sich unsere Überlegungen bisher bezogen haben, war zunächst der Mittelmeerbereich und Kleinasien. Origenes wirkte in Alexandrien und Cäsarea, Basilius und Gregor von Nyssa in Kappadokien, Augustinus stammte aus Karthago und lebte größtenteils in Nordafrika. Die vorherrschende Sprache dieser Periode war zunächst Griechisch, aber bereits Augustinus hatte damit seine Schwierigkeiten gehabt und fühlte sich nur im Lateinischen zu Hause. Schon im 6. Jhd. war deutlich geworden, daß sich der lateinische und der griechisch-byzantinische Kulturbereich fremd zu werden begannen. Die Krönung $\quad$ | 223 Karls des Großen zum Kaiser war von den Griechen als illegitim und als Affront angesehen worden, war aber auch ein Zeichen dafür, daß sich die römische Kirche auf die »neuen« Völker hin orientierte, also auf die Langobarden, die Franken und andere. Die Kulturzentren des frühen lateinischen Mittelalters hatten sich nach Norden verlagert, in das Frankenreich, nach Irland und England. Die Bildungssprache wurde ausschließlich das Lateinische.

Im 7. Jhd. hatte aber inzwischen eine Entwicklung eingesetzt, die im Süden eine völlig neue politische, kulturelle und sprachliche Situation ergab. Diese radikale Veränderung wurde durch das Auftreten des *Islam* hervorgerufen. Die islamischen Herrschaftsgebiete stellten bald die einzige äußere Grenze für die Staaten des christlichen Mittelalters dar, aber auch eine Herausforderung, insofern das Ursprungsland des Christentums, Palästina, jetzt im islamischen Herrschaftsbereich lag. Die politische und militärische Auseinandersetzung mit den islamischen Reichen soll jedoch nicht darüber hinwegtäuschen, daß die geistige Auseinandersetzung mit dem Erbe griechisch-antiken philosophischen Denkens im Christentum und im Islam in vieler Hinsicht parallele Züge aufweist, dies allerdings so, daß diese Auseinandersetzung im Mittelalter zunächst im Bereich des Islam ausgetragen wurde, so daß später eine ganze Reihe von Resultaten dieser Auseinandersetzung von den christlichen Philosophen und Theologen mehr oder weniger kritisch bzw. unkritisch übernommen werden konnten. Dazwischengeschaltet war außerdem die jüdische Philosophie, die ihrerseits in erheblichem Maß von der Philosophie im islamischen Bereich abhängig war, die aber aufgrund ihrer Beziehung zu den biblischen Texten für die spätere

Übernahme bei den Christen besonders wichtig wurde. Wie wir im vorausgegangenen Kapitel gesehen haben, trat die arabische Philosophie und Wissenschaft erstmals im 12. Jhd. deutlich in das Bewußtsein der lateinischen Philosophen. Deshalb wird auch das vorliegende Kapitel über die islamische Philosophie an dieser Stelle eingefügt, obwohl in ihm historisch auf einige Jahrhunderte vorher zurückgegangen wird und dann auf einige Jahrhunderte nachher, d. h. bis zum 14. Jhd., vorgegriffen wird.

Der historische Hintergrund kann hier nur stichwortartig angedeutet werden. Nach dem Tod Mohammeds (632) setzte eine enorme, zunächst rein religiös motivierte politische Ausdehnung des islamischen Herrschaftsbereichs ein. Im Zeitraum eines Jahrzehnts (634–644) wurden unter dem Kalifat Omars Ägypten, Syrien und Persien erobert. Während der Herrschaft der Nachfolger Omars erfolgte der Vorstoß im Osten in Richtung Indien und im Westen über Nordafrika nach Spanien, im Norden drang die islamische Herrschaft beinahe bis Konstantinopel vor. Der Versuch, über die Pyrenäen hinaus vorzustoßen, wurde 732 von Karl Martell in der im lateinischen Bereich berühmten Schlacht bei Poitiers vereitelt. In Wirklichkeit handelte es sich nur um einige schlecht ausgerüstete islamische Abenteurer, die diesen chancenlosen Vorstoß unternahmen. Es handelte sich also in keiner Weise um jene entscheidende Schlacht zwischen Christen und Moslems, zu der sie christlich-westliche Historiker manchmal hochstilisieren. Der islamische Herrschaftsbereich erstreckte sich nun von Spanien und Sizilien über Nordafrika bis nach Indien, und auch das byzantinische Reich geriet immer mehr unter Druck und mußte Gebiete an islamische Staaten abgeben.

Es gibt Forscher, die den eigentlichen Beginn des Mittelalters etwa um diese Zeit, also um die Mitte des 8. Jhd.s ansetzen, in jene Zeit also, in der das Mittelmeer, das *mare nostrum* des römischen Reiches, nicht mehr der selbstverständliche Bewegungsraum der Herrscher und der Menschen des lateinischen Westens war, sondern in weiten Gebieten von muslimischen Staaten (und Piraten) beherrscht wurde. Diese zeitliche Trennlinie trifft sich mit jener, die ich auch für die mittelalterliche Philosophie ansetzen würde. Boethius im 6. Jhd. ist ein antiker und nicht ein mittelalterlicher Philosoph, Alkuin gegen Ende des 8. Jhd.s ist ein mittelalterlicher und nicht mehr ein antiker Philosoph. Dazwischen liegt der schon erwähnte für die Geschichte der Philosophie einschneidende Bücher- und Wissensschwund. Es scheint mir also durchaus sachlich begründet, die Grenze zwischen Antike und Mittelalter um die Mitte des 8. Jhd.s anzusetzen.

Die islamischen Herrscher trafen bei ihren Eroberungen auf bedeutende kulturelle Zentren, die vorwiegend durch die hellenistische Kulturtradition bestimmt waren, so vor allem in Syrien. Die Träger dieser griechischen Kultur waren nestorianische und, in geringerer Zahl, monophysitische Christen, deren Umgangssprache aber das Syrische war. Nestorianer und Monophysiten sind christliche Gruppen, die sich durch verschiedene Interpretationen der Formel »zwei Naturen, (göttliche und menschliche) in einer Person« in Christus unterscheiden. Beide Gruppen wurden von der offiziellen römischen wie auch der byzantinischen Kirche als Häretiker angesehen. Die islamischen Herrscher dieser Zeit zeichneten sich durch religiöse Toleranz aus, und da die syrischen »häretischen« Christen unter der byzantinischen Herrschaft zu leiden gehabt hatten, waren sie zur Zusammenarbeit auf kulturellem Gebiet mit den Vertretern des Islam gerne bereit, da sie in ihrer Religionsausübung von den Muslimen nicht beeinträchtigt wurden. Vor allem die nestorianischen Christen hatten für ihren Schulgebrauch schon verschiedene Texte der griechischen Philosophie ins Syrische übertragen, so z. B. größere Teile des aristotelischen *Organon*. Da das Syrische dem Arabischen nahestand, konnten diese Christen als Vermittler der griechischen Philosophie und Wissenschaft wirken (vgl. weiter unten 2, a).

Die im 8. Jhd. bei den arabischen Muslimen beginnende Herstellung von Übersetzungen muß in ihrer kulturgeschichtlichen Bedeutung richtig eingeschätzt werden, und man kann sich dies vor allem am Unterschied zu der Situation der Römer deutlich machen, als diese in Kontakt mit der griechischen Philosophie kamen. Die Römer lernten einfach Griechisch, welches bis in die Spätantike die Sprache der Gebildeten blieb. Übersetzungen aus dem Griechischen wurden daher erst spät, als die Griechischkenntnisse zurückgingen, angefertigt, eigentlich erst durch Boethius (vgl. Kap. IV, 1). Dies bedeutete, daß mit dem Aufhören griechischer Bildung im lateinischen Sprachbereich auch die Kenntnis der griechischen Philosophie nur in kleinen lateinischen Handbüchern weitervermittelt werden konnte, die Zweisprachigkeit der römischen Gebildeten, die zunächst sicher ein Vorteil war, erwies sich daher am Ende als Nachteil. Die Araber gingen diesen Weg nicht, sondern stellten sofort Übersetzungen her, was dadurch erleichtert wurde, daß, wie schon gesagt, Übersetzungen ins Syrische bereits vorhanden waren. Sie waren aber dadurch gezwungen, sich von Anfang an um eine adäquate arabische philosophische Terminologie zu bemühen, was mit sich brachte, daß die griechische Philosophie viel stärker in die arabische Sprache und Kultur einging, als dies bei den Römern der Fall gewesen war. Umgekehrt wurde auch die griechische Philosophie durch diese Übersetzungen und die darauf folgende Kommentierung viel stärker »arabisiert«. Es entwickelte sich daher bei den Arabern eine assimiliertere und dies heißt auch selbständigere Philosophie, als dies bei den Römern der Fall gewesen war. Bei den Römern hatte die griechische Philosophie eigentlich immer ihre Eigengestalt bewahrt. Auf die Gründe des Interesses an Texten anderer Kulturen bei den arabischen Muslimen wird gleich noch einzugehen sein. Hier soll zunächst nur die Frage gestellt werden, warum die Araber nicht den Weg der Römer gingen, der sich ja eigentlich auch in unserer Gegenwart als der geeignetste darstellt: Wir erwarten heute von jedem, der im Bereich der Wissenschaft arbeitet, daß er englische Texte zumindesten problemlos lesen kann, denn die meisten davon werden überhaupt nicht ins Deutsche übersetzt. Bei den Arabern waren für die Übersetzungen vermutlich nicht nur praktische, sondern auch religiöse Gründe maßgebend. Für die Araber war das Arabische so etwas wie die Sprache Gottes selbst: Gott konnte den Koran in keiner anderen Sprache als in Arabisch offenbaren! Im Koran heißt es:

Das sind die Zeichen des deutlichen Buches. Siehe, wir haben es hinabgesandt als einen arabischen Kanon. (Sure 12, 1f.)

Und demgemäß sandten wir ihn als eine Vorschrift in arabischer Sprache nieder. (Sure 13, 37)

Die Christen haben nie ein so exklusives Sprachverständnis in Hinsicht auf ihre Offenbarungstexte gehabt. Die Übersetzung des *Alten Testaments* aus dem Hebräischen ins Griechische und dann ins Lateinische hatte keine Diskussionen hervorgerufen, und daß das sogenannte »Wort Gottes« des *Neuen Testaments* gar nicht in der Sprache des Verkünders, also Aramäisch, überliefert war, sondern von Anfang an in Griechisch, wurde überhaupt nicht als Problem aufgefaßt. Sicher hat die in der Liturgie verwendete Sprache immer die Tendenz, sakral überhöht zu werden, aber bei den Christen gab es bald eine ganze Reihe liturgischer Sprachen (Griechisch, Latein, Syrisch, Altslawisch). Bei den Muslimen hingegen ist die Bindung der Offenbarung an das Arabische (bis heute) extrem entwickelt. Sollte also irgend etwas als Wahrheit aufgefaßt werden, so mußte es sich an und in dieser Sprache bewähren. Die Übersetzbarkeit war also selbst schon in gewisser Hinsicht ein logisches Kriterium.

Dem Arabischen wurde also so etwas wie eine philosophische und logische Autonomie zugeschrieben und die Regeln, die dieser Sprache zugrunde liegen, sollten die Richtschnur für Wahrheitsfindung abgeben. Die Vorstellung, daß »von außen« dem Arabischen logische Sprachregeln »auferlegt« werden könnten oder sollten, stieß daher auf erheblichen Widerstand. In einer großen öffentlichen Diskussion, auf die wir noch zurückkommen werden (vgl. weiter unten d), stellt der Korangelehrte und Grammatiker al-Sirafi fest:

Grammatik, aus der Hülle der 'Arabiya geschält, ist Logik; und Logik, doch durch die Sprache vernommen, ist Grammatik. (Endress: *Grammatik und Logik. Arabische Philologie und griechische Philosophie im Widerstreit.* S. 249)

Schon im 10. Jhd. war die 'Arabiya ein syntaktisch und semantisch hoch entwickeltes, aber auch bereits fixiertes Gebiet, also das »klassische Arabisch«, das sich aus der Tendenz heraus ergeben hatte, die Reinheit der Sprache des Koran gegenüber allen Entwicklungen abzuschirmen, die durch den normalen Gebrauch des Arabischen, nicht zuletzt durch viele, die ursprünglich und auch weiterhin andere Sprachen verwendeten, hervorgerufen wurden und die als »Verfall« angesehen wurden. Tatsächlich wurden in der Grammatik sehr hohe rationale Standards entwickelt und die »logische Syntax« dieses klassischen Arabisch konnte von Grammatikern mit einer gewissen Berechtigung als völlig ausreichendes Normensystem korrekten Sprechens und Argumentierens angesehen werden. Faktisch wurde die Sprache der *'Arabiya* zu einer des Kults und der Gelehrsamkeit, und die Grammatiker waren die Hüter dieses Wahrheit mit einem entsprechenden Selbstbewußtsein. Im griechisch-hellenistischen Bereich hatte es nichts Vergleichbares gegeben, und von da her traten die griechischen Texte in arabischer Sprache in einen anderen kulturellen Kontext ein.

So nebenbei gesagt: Die Arabisierung der Philosophie war zunächst ohne Zweifel ein Vorteil und ein kultureller Nutzen, der ideologische Hintergrund dieses Vorteils erwies sich aber später als Nachteil. Die Araber zeigten bis zum Beginn des 19. Jhd.s keinerlei Interesse an europäischen Sprachen und die nicht-arabischen Muslime lernten nur Arabisch. Es gab weder Grammatiken noch Wörterbücher europäischer Sprachen. Entsprechend nahmen sie auch kaum etwas von der Entwicklung der europäischen Philosophie und Wissenschaft wahr.

Seit dem 9. Jhd. gab es in Spanien ein eigenes Kalifat, das viel dazu beitrug vor allem in Südspanien bedeutende kulturelle Zentren, so besonders Sevilla und Cordoba, zu errichten. Die islamische Herrschaft in Südspanien zeichnete sich auch wieder, zumindest in der früheren Zeit, d. h. bis zum Beginn des Vordringens der Christen von Norden her, durch Toleranz aus, so daß dort ein Zusammentreffen islamischer, christlicher und jüdischer Kultur möglich wurde. Die spätere christliche Reconquista zeichnete sich demgegenüber durch zunehmende Intoleranz aus. Dasselbe ergab sich parallel bei den spanischen Muslimen (vgl. dazu weiter unten 2, i).

| 227

Da der religiöse und politische Hintergrund der Philosophie im Bereich des Islam entscheidend ist, wäre derselbe hier ausführlich zu besprechen, was aber in diesem Rahmen selbstverständlich nicht möglich ist. Es seien nur kurz die »Pfeiler«, die Grundverpflichtungen des Islam in Erinnerung gebracht: der Glaube an einen persönlichen Gott, der Glaube an die Offenbarung, die im *Koran* niedergelegt ist, der Glaube an die göttliche Vorsehung und an ewige Belohnung bzw. Strafe nach dem Tode. Ebenso wichtig sind die religiös-praktischen Pflichten: Gebet, Waschungen, Almosen, Fasten, Wallfahrt nach Mekka. Der stark praktische Zug des Islam führte vor allem zu einer ausgebauten *Rechtslehre*. Das islamische Recht *(scharia)* wurde schon früh in einem richtigen Lehrbetrieb weitergegeben, dort war auch der Ort weiterer Interpretationen des Rechts. Im Islam bildeten sich verschiedene Rechtsschulen heraus, die gewöhnlich gebietsbezogen waren, d. h. in bestimmten Gebieten herrschte eine bestimmte Rechtsschule vor. Der Ort für diesen Unterricht des Rechts war die Moschee. Seit dem 11. Jhd. wurde dieser Lehrbetrieb nachweisbar institutionalisiert, was zur *madrasa* führte, die häufig, aber nicht immer, in einem Gebäudekomplex mit einer Moschee verbunden war, was an vielen Orten bis heute der Fall ist. Eine *madrasa* war normalerweise finanziell gut abgesichert, vor allem durch Stiftungen, denn eine solche Schule einzurichten wurde als religiös verdienstvoll angesehen. Außer dem Recht wurde dort selbstverständlich und vorrangig der *Koran* studiert und es wurde Grammatik gelehrt, was dann besonders in den nicht arabischsprachigen

Ländern wichtig wurde. Philosophie wurde in diesen Schulen zu keinem Zeitpunkt unterrichtet.

Die Berechtigung, philosophische Begriffe zur Interpretation bestimmter Lehren des *Koran* heranzuziehen, war im islamischen Bereich ähnlich wie im frühen Christentum umstritten. Diese Frage berührte eigentlich zunächst nicht die Philosophen, die in der ersten Generation gar keine Muslime, sondern Christen waren. Als sich aber auch Muslime für die Philosophie zu interessieren begannen, tauchte im Bereich der *madrasa* die Frage auf, ob die Beschäftigung mit Philosophie und die Verwendung derselben für die Koran-Interpretation eine für einen Muslim erlaubte Tätigkeit darstellen konnte. Vor diesem Hintergrund sind manche apologetischen Ausführungen bei arabischen Philosophen verständlich, und in der späteren Entwicklung kam es zu richtigen Konflikten, auf die noch einzugehen sein wird.

Es ist auffällig, daß die Philosophie öfter von Gruppen herangezogen wurde, die von der Mehrheit als nicht-orthodox angesehen wurden, so etwa bei jenen Muslimen, die später als Schiiten bezeichnet wurden. Gerade bei solchen Gruppen war dann manchmal der Raum für einen Rationalismus gegeben, der nur schwer mit der offiziellen Interpretation des Islam in Übereinstimmung gebracht werden konnte. Als von Seiten der Lehrer des *Koran* sachlich erhebliche Differenzen zur griechischen Philosophie herausgestellt wurden (dazu weiter unten Genaueres), sahen sich Philosophen, die sich zum Islam bekannten, dazu herausgefordert, sich als echte und ordentliche Muslime zu rechtfertigen. Ihre Rechtfertigung war manchmal nicht recht durchsichtig, sie vertraten – jedenfalls in den Augen ihrer »Ankläger« – gelegentlich ein »sowohl-als auch«, weshalb man durchaus den Eindruck gewinnen konnte, die Beteuerungen mancher islamischer Philosophen, daß ihre Auffassungen mit dem *Koran* in Übereinstimmung stehen, könne nur durch die These einer »doppelten Wahrheit« begründet sein. Bei einigen islamischen Philosophen wurde bei solchen Rechtfertigungsversuchen eine Erkenntnisstufen-Theorie entwickelt (ähnlich wie die Pistis-Gnosis-Lehre der frühen Kirchenväter), die so jedenfalls die Annahme eines Neben- oder Übereinander-Stehens von *Offenbarung* und *Vernunft* ermöglichte. Gemeint war dabei allerdings: Vernunft *über*, nicht *unter* der Offenbarung und deren heiligen Schriften. Auch diese Frage wird uns im weiteren noch beschäftigen.

Die islamischen Philosophen waren von ihrem Beruf her gewöhnlich Vertreter empirischer Wissenschaften. Die Verbindung Medizin-Philosophie hatten die Muslime bereits von den christlichen Syrern übernommen (vgl. weiter unten 2, a). Die Fragen der Theologie hatten in den islamischen Ländern ihren festen Ort bereits in den Schulen der Moscheen, vom syrischen Curriculum, in dem Philosophie auch im Zusammenhang mit Theologie betrieben wurde, blieben also nur die beiden empirischen Wissenschaften *Medizin* und *Astronomie* als Bezugspunkte übrig. Philosophie hatte daher in der islamischen Kultur ihren Ort primär im Curriculum dieser beiden Disziplinen, wobei die Medizin besonders wichtig war. Zahlreiche bedeutende Philosophen des islamischen Bereichs waren Ärzte, so z. B. Rhazes, Avicenna und Averroes. Somit waren für sie die Auseinandersetzungen mit den Lehren und den Lehrern des *Koran* etwas, was sie nur »eben auch« unternahmen, weil sie selbst Muslime waren, nicht aber etwas, was ihre eigentliche Tätigkeit betraf. Diese Philosophen-Mediziner hatten also eine ganz andere gesellschaftliche Stellung als die Philosophen des lateinischen Mittelalters. Diese waren bis ins 14. Jhd. so gut wie ausschließlich Kleriker, also Vertreter der Kirche und somit meist Philosophen-Theologen, Philosophen des islamischen Bereichs hingegen hatten mit der *madrasa* unmittelbar nichts zu tun. Die besten Philosophen waren nicht selten auch die besten Ärzte und als solche häufig im Dienste der Kalifen tätig. Sie waren daher zwar nicht unmittelbar von den Vertretern des islamischen Glaubens abhängig, dafür aber von den Höfen der jeweiligen Herrscher, und sie waren daher mit deren oft wechselnden politischen Schicksalen verbunden. Und da die Herrscher auch für die Religion verantwortlich waren und die religiösen Führer entsprechend versuchten, auf sie Einfluß zu nehmen, war im Hintergrund doch das Erfordernis einer Verhältnisbestimmung der Philosophie zum *Koran* gegeben. Liberale Herrscher wurden von den Koran-Gelehrten und den Juristen nicht selten verdächtigt, zu sehr unter dem Einfluß von Philosophen zu stehen.

| 229

2. Einzelne Vertreter

a) Die Übersetzer

Der Ausgangspunkt des Kontaktes der islamischen Kultur mit griechischer Philosophie lag, wie gesagt, bei den nestorianischen Christen in Syrien. In den Schulen der Syrer war Philosophie und vor allem Logik eine wichtige propädeutische Disziplin für die Theologie – vgl. z. B. Johannes Damaskenos (Kap. V, 5) – und die Medizin. Die Brücke, über die griechische Philosophie in den Bereich der arabischen Kultur eindrang, war jedoch verständlicherweise die Medizin und nicht die Theologie. Auch wenn später einzelne muslimische Theologen oder Gruppen von solchen wie vor allem die Muʿtaziliten Interesse an griechischer Philosophie zeigten, so wurde dieses Interesse nicht von der Mehrzahl geteilt, und in jedem Fall waren diese Theologen im allgemeinen kein treibender Faktor bei der Übertragung von Texten griechischer Philosophie ins Arabische. Dieses Verdienst kam eindeutig den Medizinern und Astronomen/Astrologen sowie den sie fördernden Kalifen zu, ebenso wie einflußreichen Kreisen des Hofes. Dieser Kulturtransport setzte erst unter den Abbasiden ein, die 749 die Umaiyaden in der Herrschaft gewaltsam abgelöst hatten. Dies ist auf den ersten Blick überraschend. Die Umaiyaden in ihrer Hauptstadt Damaskus stützten sich in ihrer Verwaltung hauptsächlich auf die in ihrem Gebiet angesiedelten Griechen. Allerdings waren dies Griechen, die der Kultur des orthodoxen

Byzanz angehörten, und dort war im 7. und 8. Jhd. kein Interesse an Philosophie und Wissenschaft vorhanden (vgl. Kap. V, 5). Die Abbasiden hingegen versuchten, das kulturelle und wissenschaftliche Niveau der arabischen Oberschicht zu heben. Die Hauptstadt wurde von Damaskus ins neu gegründete Bagdad verlegt. Es handelte sich dabei aber nicht nur um eine Verlegung des Ortes der Herrschaft, sondern um eine ganz neue Form eines islamischen Herrscherhofes. Allerdings wurde Bagdad erst im 9. Jhd. zum intellektuellen Mittelpunkt des Reiches, vorher waren Basra und Kufa die eigentlichen intellektuellen Zentren gewesen. Der Gründer der neuen Hauptstadt Bagdad war al-Mansur (754–775), der mit Hilfe der Perser und Araber, die in der ersten Periode der Eroberungen nach Chorasan gekommen waren und sich der persischen Umgebung angeglichen hatten, an die Macht gekommen war. Bei diesen Gruppen war der Zoroastrismus ein wichtiges Element ihrer Tradition und Kultur. Al-Mansur versuchte nun, diese Gruppen an seine Herrschaft zu binden. Dafür entwickelte er die Ideologie, daß er der legitime Nachfolger nicht nur Mohammeds, sondern auch der Sassaniden, also der vorausgegangenen Herrscher Persiens sei. Die ersten wichtigen Übersetzungen waren daher Traktate der Astrologie und der Geschichte aus dem Persischen. Wenn al-Mansur in Bagdad einen orientalischen Hof einrichtete, so stand dahinter ein kalkuliertes Herrschaftsinteresse. Die Legitimation dieser Ideologie ließ er sich von den Astrologen liefern. Astrologie hatte bei den islamischen Arabern bisher kaum eine Rolle gespielt, ganz im Unterschied zu der zoroastrischen Tradition. Al-Mansur präsentierte sich also als der von Gott und den Sternen vorherbestimmte Herrscher. Mit dieser Ideologie übernahm al-Mansur aber auch ein wichtiges Element der zorastrischen Tradition, das folgende »Theorie« enthielt: Alles Wissen stammt von Zoroaster, die Griechen haben jedoch einen Großteil dieses Wissens durch die Raubzüge Alexanders des Großen entwendet, ins Griechische übersetzt, und dann als ihr eigenes Wissen ausgegeben. Die »Rück«-Übersetzung dieser Texte ins Persische brachte also dieses Wissen an seinen ursprünglichen und legitimen Ort zurück. Mit der Übernahme dieser »Theorie« durch al-Mansur war somit von Anfang an eine ideologische Basis für Übersetzungen aus dem Griechischen geliefert.

Die Mitglieder des Hofes des Kalifen mit den wichtigsten Verwaltungsbehörden lebten in Bagdad in einem eigenen, auch räumlich vom Volk abgetrennten Bezirk. Unter den Verantwortlichen der Verwaltung gab es zahlreiche Perser, es war also eine gewisse Internationalisierung im Gange, die mit einem verstärkten Interesse an Wissenschaft zusammentraf und zusammenging. Am Hof des Kalifen bildete sich eine neue gesellschaftliche Gruppe mit entsprechendem Gruppenbewußtsein aus, nämlich die Schreiber oder Sekretäre *(kuttab)*. Dies waren Leute, die berufsmäßig Bildung brauchten, und die auf ihre Bildung stolz waren. In einer Schrift zur Erziehung der *kuttab* führt ibn-Qutayba (gest. 889) eine Liste angewandter Wissenschaften an, unter denen die Mathematik eine wichtige Rolle spielte. Und auch der bedeutende arabische Mathematiker al-Huwarizimi, der Astronom/Astrologe al-

Ma'muns (813–833), fügte in seiner berühmten *Algebra* einem ersten rein theoretisch-mathematischen Problemen gewidmeten Teil einen zweiten Teil an, der sich mit Fragen angewandter Mathematik befaßte, wo es auch um ganz praktische und rechtlich relevante Fragen wie Erbschaft, Handel und vieles mehr ging. Eine gewisse weltoffene Kultur, in der persische wie griechische Elemente mit altarabischen und islamischen verbunden oder oft einfach nebeneinandergestellt waren, war dort tonangebend. Unter diesen Regierungsbeamten waren auch zahlreiche syrische Nestorianer, also Nicht-Muslime, welche eine weltliche Kultur vertraten und sich damit in bewußten Gegensatz zu der religiös und ganz vom Islam geprägten Kultur der Juristen stellten. Damit soll nicht gesagt sein, daß diese Sekretäre schon Träger einer philosophischen Kultur waren oder wurden, wohl aber weist das Vorhandensein dieser städtischen Oberschicht mit ihrer internationalen und multireligiösen Zusammensetzung darauf hin, daß trotz des ausdrücklich religiös orientierten politischen Programms der Abbasiden im Zentrum der Macht in keiner Weise eine alles Nicht-Arabische oder Nicht-Islamische ablehnende Mentalität herrschte. Al-Mansur versuchte geschickt und erfolgreich den Einfluß der verschiedenen Volksgruppen im Gleichgewicht zu halten, und seine Nachfolger behielten diese Politik bei. Ga'far, ein Mitglied der beinahe allmächtigen Familie der Barmakiden, förderte alle, die zur Erweiterung des Wissens beitrugen, und Ga'far war es auch, der den Kalifen Harun ar-Rasid (786–809) dazu anregte, eine Gesandtschaft nach Byzanz zu senden, um | 231

dort nach griechischen Handschriften zu suchen, die dann übersetzt werden sollten. Welche Handschriften dort gefunden wurden und welche nach Bagdad gelangten, ist nicht bekannt. Die ganze Geschichte könnte allerdings auch eine Legende sein. Aus dieser Geschichte kann man aber jedenfalls ersehen, daß die immer wieder aktuell werdende kriegerische Auseinandersetzung mit Byzanz die Kalifen in keiner Weise daran hinderte, in wieder ruhigeren Zeitabschnitten einen beinahe freundschaftlichen Kulturaustausch mit Byzanz zu pflegen. Woher die Mehrzahl der griechischen Handschriften, die die Übersetzer ihren Arbeiten zugrundelegten, ist nicht bekannt. Zunächst stammten sie vermutlich aus Klöstern aus früher christlichen Gebieten, die die Araber erobert hatten. Im 9. Jhd. wurden dann möglicherweise in Byzanz auf Bestellung gewünschte und gesuchte Kopien griechischer Handschriften hergestellt (vgl. Kap. V, 5). Bei al-Ma'mun, einem großen Förderer der Übersetzungstätigkeit, standen auch deutlich anti-byzantinische Motive im Hintergrund, er war auch der erste Kalif der gegen Byzanz wirklich Krieg führte. Es ging ihm darum, die Kultur des Islam als der des christlichen Byzanz überlegene zu erweisen: Während die Christen sich von der griechischen Philosophie und Wissenschaft abgewendet haben, nehmen die Muslime sie begierig auf. Dies war zwar für die faktische Situation in Byzanz im 8. und beginnenden 9. Jhd. zutreffend, al-Ma'mun wollte diesem Faktum aber eine grundsätzliche Bedeutung geben: Der Niedergang der griechischen Philosophie und Wissenschaft geht auf den Einfluß des Christentums zurück, während der Islam die Beschäftigung mit Philosophie und Wissenschaft fordert und fördert. Diese Ideologie gab zwar der Übersetzungsbewegung einen wichtigen stützenden Hintergrund, zeigte sich aber auf die Dauer doch nicht tragfähig, wie die weitere Geschichte der Philosophie im islamischen Bereich zeigen wird. Die Überzeugung, daß der Islam dem Christentum und den anderen Religionen gegenüber argumentativ nachweisbar überlegen ist, hatte al-Ma'mun schon von al-Mahdi (775–785) übernommen. Dieser hatte eine gezielte Konversionspolitik betrieben. Der Übertritt zum Islam sollte aber nicht (nur) unter politischem Druck erfolgen, sondern durch Argumente begründet sein. Es ist durchaus interessant, daß der Kalif in diesem Zusammenhang die Übersetzung der aristotelischen *Topik* durch den nestorianischen Patriarchen Timotheus I. herstellen ließ, eine Schrift, die im Lehrgang der syrischen Schulen keine große Rolle spielte. Und der Kalif führte dann selbst mit dem Patriarchen eine öffentliche Diskussion durch. Es entwickelte sich im 8. Jhd. dann auch tatsächlich eine Kontroversliteratur mit logischen Mitteln, die auch die Christen zu entsprechenden Schriften herausforderte. Wichtiger als die Auseinandersetzung mit dem Christentum war jedoch vermutlich die mit den Manichäern (vgl. auch Kap. III, 1), von deren Schriften inzwischen viele ins Arabische übersetzt worden waren, und die vor allem bei jenen, die auf eine Wiederbelebung der persisch-zoroastrischen Tradition hinarbeiteten, viel Anklang fanden. Die beste Verteidigung gegen den manichäischen Dualismus wurde in der *Physik* des Aristoteles gefunden, deren Übersetzung – es wurden verschiedene, verbesserte Versionen hergestellt – in diesem Kontext ihren Ursprung hat. In der Folge wurden dann auch griechische Kommentare zur *Physik* des Aristoteles ins Arabische übersetzt. Es ist also festzuhalten, daß es auch durchaus spezifisch islamische Gründe gab, die die Übersetzungsbewegung vorantrieben. Ein großer Förderer, wenn auch nicht deren Begründer, war der Kalif al-Ma'mun. Der Kalif al-Ma'mun hatte die, wenn wir so sagen dürfen rationalistische Lehre der Mu'taziliten gefördert und sie als Staatsdoktrin verwendet. Der Hintergrund war durchaus politisch. Es ging ihm bei seinen zentralistischen Staatszielen darum, den Einfluß der verschiedenen Schulen von Koranlehrern zurückzudrängen und die Vernunft – natürlich vor allem seine eigene – als obersten Maßstab anzusetzen. Auf die Dauer konnte sich aber dieser Rationalismus im Bereich des Islam nicht halten, die Mu'taziliten verloren bald wieder an Einfluß (vgl. weiter unten b).

Nicht spezifisch islamisch hingegen ist ein weiterer wichtiger Faktor, der zahlreiche Übersetzungen hervorrief, nämlich die Medizin. In Bagdad gab es eine reiche und luxusorientierte Oberschicht, die rasch erkannte, daß Krankheiten nicht nur dem Schicksal oder den Strafen Allahs zuzuschreiben und somit einfach zu ertragen waren, sondern durchaus heilbar waren. Die Kunst der Medizin war also gefragt. Daß in dieser Umgebung die Ärzte, die am Hof in Bagdad tätig waren, zunächst syrische Christen waren, ist keineswegs verwunderlich. Es wurden einfach Ärzte aus der besten medizinischen Schule berufen, und dies war die von Christen geleitete in Gondesapur (Süd-Iran). So kamen etwa aus der nestorianischen Familie der

Bahtisu seit der Zeit des Kalifen al-Mansur (754–775) während drei Jahrhunderten die Leibärzte der Kalifen und die leitenden Ärzte des Krankenhauses in Bagdad. Besonders wichtig in unserem Zusammenhang ist der zu Beginn des 9. Jhd.s aus Gondesapur berufene Arzt Juhanna ibn Masawaih (gest. 857), der dann in Bagdad das Krankenhaus leitete.

Die Ärzte-Übersetzer aus der Periode der Abbasiden werden häufig mit dem »Haus der Wissenschaft« *(Bait al-Hikma)* in Verbindung gebracht, wo es seit Juhanna ibn Masawaih eine regelrechte Übersetzerschule gegeben haben soll. Die historischen Nachrichten reichen jedoch für eine solche Annahme nicht aus. Das »Haus der Wissenschaft« – eher »Haus der Weisheit« – war die Bibliothek und das Archiv der Herrscher bei den Sassaniden und wurde als solche dann auch bei den Abbasiden eingerichtet. Daß dort aber Übersetzer angestellt waren, ist historisch nicht nachweisbar. Hunain ibn Ishaq (809–877), einer der bedeutendsten Übersetzer überhaupt, der auch wieder Leiter dieses »Hauses der Wissenschaft« gewesen sein soll, berichtet selbst nichts darüber. Es gibt auch keinen Hinweis dafür, daß im »Haus der Wissenschaft« griechische Handschriften gesammelt und aufbewahrt wurden. Die Übersetzer bedurften aber gar keiner offiziellen Institution für ihre Tätigkeit. Das Interesse an Übersetzungen war in den Führungsschichten Bagdads groß und wir verfügen über Mitteilungen darüber, daß die Summen, die dafür | 233 ausgegeben wurden, beträchtlich waren. Die Übersetzer konnten also ohne Zweifel freiberuflich gut leben. Es waren zunächst astronomisch/astrologische Texte, in Verbindung damit mathematische und weiterhin medizinische Schriften, die im Mittelpunkt der Übersetzungtätigkeit standen. Die medizinischen Texte erlangten bald den Vorrang. Eine gewisse Kenntnis aristotelischer Philosophie wurde, folgend der syrischen Tradition, als zu den Voraussetzungen der Medizin gehörend allgemein anerkannt. Galen war die größte Autorität der Spätantike auf dem Gebiet der Medizin, und Hunain ibn Ishaq, war der bedeutendste Übersetzer der Werke Galens ins Syrische und ins Arabische. Hunain verfaßte eine Schrift über die seines Wissens übersetzten Bücher Galens und einige der nicht übersetzten, die auch in einer deutschen Übersetzung zugänglich ist *(Über die syrischen und arabischen Galen-Übersetzungen)*. Hunain verfaßte diese Schrift, um dem Bedürfnis nach einem Katalog zu entsprechen, »in dem die Bücher der Alten über die Medizin zusammengestellt würden, die man heutzutage noch braucht« (Ebd. S. 1). Als erstes führt Hunain ein *Pinax (Verzeichnis)* genanntes Werk Galens an, von dem er sagt:

Was das Buch anlangt, das Galen Pinax genannt und in dem er seine Bücher verzeichnet hat, so besteht es aus zwei Teilen; im ersten Teil davon führt er seine Bücher über Medizin auf und im zweiten Teil seine Bücher über Logik, Philosophie, Rhetorik und Grammatik. In manchen griechischen Handschriften aber haben wir diese beiden Teile verbunden gefunden, als wären sie ein einziger Teil. (Ebd. S. 3)

Unter den Werken Galens führt er auch eines mit dem Titel *Darüber, daß der treffliche Arzt Philosoph ist* an. Der für die Medizin wichtigste Teil der Logik war der *Über den Beweis*, dem eine eigene Schrift Galens gewidmet war, von der Hunain allerdings sagt, daß er trotz eifrigen Suchens keine vollständige griechische Handschrift auffinden konnte. Hunain berichtet aber, daß dieses Buch Galens über den Beweis dasselbe Ziel verfolgt wie das vierte Buch der Logik des Aristoteles, also die *2. Analytik* (*Galen-Übersetzungen.* S. 38 f.).

Die Qualität der Übersetzungen, die Hunain und seine Nachfolger anfertigten, kann auch nach heutigen Standards als verhältnismäßig gut angesehen werden. Bei den Sprachen, in die übersetzt wurde, fand im 9. Jhd. eine leicht erklärliche Verlagerung statt. Während in der ersten Hälfte des Jahrhunderts hauptsächlich vom Griechischen ins Syrische übersetzt wurde, wurden in der zweiten Hälfte mehr Übersetzungen entweder aus dem Syrischen ins Arabische oder direkt aus dem Griechischen ins Arabische angefertigt. Der Bericht Hunains *Über die syrischen und arabischen Galen-Übersetzungen* macht diese Verlagerung sehr gut deutlich und zeigt auch, daß dies vor allem durch die Marktlage bestimmt war, d. h. es wurden immer mehr Übersetzungen von arabischen Auftraggebern bestellt. Die Übersetzungstätigkeit setzte ein Suchen und Erwerben griechischer Handschriften voraus, was auch tatsächlich beinahe systematisch betrieben wurde, und Hunain ibn Ishaq war selbst einmal Mitglied einer solchen Expedition zum Erwerb von Handschriften, die von reichen Auftraggebern finanziert wurde. Hunain versuchte auch, verschiedene Handschriften ein und desselben Textes zu erhalten, um sie zu kollationieren, er wußte also sehr wohl, daß, bevor er an die Übersetzung herangehen konnte, erst einmal eine gesicherte Textgrundlage vorhanden sein mußte. Bei den Übersetzern war auch ein sehr reflektiertes Bewußtsein hinsichtlich der Schwierigkeiten der Übersetzertätigkeit vorhanden. Sie machten gelegentlich deutlich, daß schon die Übersetzung wissenschaftlicher Texte erhebliche Probleme mit sich bringt, daß diese aber bei der Übersetzung religiöser, theologischer oder poetischer Texte fast unüberwindbar werden. Man kann daraus entnehmen, daß es den Übersetzern und ihren Auftraggebern durchaus bewußt war, daß sie mit den wissenschaftlichen und philosophischen Texten nur einen Ausschnitt der griechischen Kultur vor sich hatten. Daß sich die Araber mit griechischen religiösen und poetischen Texten nicht beschäftigten, hatte sicher auch durch den Islam begründete Motive, was aber nichts an der Korrektheit der Feststellung der besonderen Probleme der Übertragung religiöser und poetischer Texte in andere Sprachen ändert. Dies galt auch für die zentrale Schrift des Islam selbst, den *Koran*: Die Vertreter des Islam standen Übersetzungen des *Koran* immer skeptisch gegenüber, und dieser wird bis heute von allen Muslimen immer im arabischen Text gelesen.

Hunain ibn Ishaq wurde schließlich Leibarzt des Kalifen al-Mutawakkil (847–861), wodurch er Gelegenheit hatte, sich direkt am Hof für die weitere Förderung der griechischen Wissenschaft einzusetzen. Politische Wirren während der Regierungszeit von al-Ma'muns Sohn al-Mu'tasim (833–842), die dazu führten, daß der Kalif seine Residenz nach Samarra verlegte, hatten auch negative Rückwirkungen auf die Tätigkeit der Übersetzer gehabt. Al-Mutawakkil kommt das Verdienst zu, die Arbeit an Übersetzungen wieder gefördert zu haben. Während der Regierungszeit Mutawakkils wurden die wichtigsten Übersetzungen hergestellt, die Übersetzungstätigkeit wurde von Hunains Sohn und anderen Mitarbeitern fortgesetzt. Am Ende des 9. Jhd.s hatten die aristotelischen Schriften des *Organon* einen festen Platz im Curriculum des Medizinstudiums. Die Tätigkeit der Übersetzer beschränkte sich aber nicht nur auf die logischen Schriften des Aristoteles. Sehr rasch folgten fast alle übrigen Schriften des Aristoteles sowie viele Texte der spätantiken Aristoteles-Kommentatoren (vgl. 1. Teil, Kap. XVIII); weiterhin wurden fast alle Texte der alexandrinischen Wissenschaft (vgl. 1. Teil, Kap. XI, 3) übersetzt. Auffälligerweise wurde nur sehr wenig von den Schriften Platons übersetzt, bekannt sind Übersetzungen des *Timaios* und des *Phaidon,* möglicherweise gehörten diese die Kosmologie und die Seelenlehre betreffenden Schriften zu dem, was die Syrer als wissenschaftlich angesehen hatten und worauf sich dann auch das Interesse der Araber konzentrierte. Die islamischen Philosophen kannten daher die Auffassungen Platons größtenteils nur durch die zusammenfassenden Darstellungen späterer neuplatonischer Interpreten. Ein gutes Beispiel einer solchen Zusammenfassung liefert uns al-Farabi, | 235 dessen Schrift *Über die Philosophie Platons und Aristoteles'* (engl. Übersetzung von Mahdi 1962) auf solchen spätantiken Handbüchern beruhen dürfte. Um die Mitte des 10. Jhd.s, also etwa zur Zeit al-Farabis, war diese Phase der Übersetzungen abgeschlossen. In den darauffolgenden Jahrzehnten wurde bereits die nächste Stufe erreicht, die darin bestand, die schon vorhandenen Übersetzungen zu überarbeiten und zu verbessern. Die Philosophen und Wissenschaftler des islamischen Bereichs verfügten also seit dem 10. Jhd. über einen so reichhaltigen Bestand an Texten, daß sie sich zu Recht als die Erben und Fortsetzer der griechischen Wissenschaft betrachten konnten. In Byzanz, wo alle diese Texte in der Originalsprache vorhanden waren, wurde in dieser Zeit fast nichts in dieser Richtung unternommen (vgl. Kap. V, 5, b). Al-Farabi stellte aus historischen Informationen, die er von seinem Lehrer, dem Christen Yuhanna ben Hailan erhalten hatte, eine Schrift *Über das Auftreten der Philosophie* zusammen, die dieses Bewußtsein zum Ausdruck bringt. Daraus ergab sich eine eindrucksvolle Kulturtheorie, die unter dem Stichwort »Von Alexandrien nach Bagdad« in die Geschichte eingegangen ist, auf die schon früher hingewiesen wurde (vgl. Kap. V, 1, b).

Allerdings muß auf zwei Schriften hingewiesen werden, die fälschlich unter dem Namen des Aristoteles verbreitet wurden: Die *Theologie des Aristoteles,* die in Wirklichkeit ein Auszug aus Buch 4–6 der *Enneaden* des Plotin ist. Diese *Theologie* ist ein ursprünglich griechisches Werk, das im 9. Jhd. ins Arabische übersetzt wurde. Das zweite ist der *Liber de causis,* in Wirklichkeit ein Auszug aus der *Stoicheiosis Theologike* des Proklos. Der schon von den Griechen übernommene neuplatonische Interpretationsrahmen auch der aristotelischen Schriften wurde durch diese Fehlzuschreibungen gleichsam textlich legitimiert.

Schon im 9. Jhd. gab es in Bagdad Schulen, die wir heute in ihrer Gesamtheit als Universität bezeichnen würden. Ein astronomisches Observatorium wurde eingerichtet, dem später an anderen Orten noch weitere folgen sollten; auch zur Geographie und Geschichte wurden wichtige Schriften verfaßt. Diese Schulen bestanden bis zum Einfall der Mongolen im 13. Jhd.

b) Der kalam

Wie das Christentum beruht auch der Islam auf einem Buch, dem *Koran*, das als Offenbarungsurkunde angesehen wird. Der *Koran* ist in keiner Weise eine systematische Schrift, genauso wenig wie das *Alte* oder das *Neue Testament*. Die Sprache des *Koran* hat nichts mit philosophischer Begrifflichkeit zu tun, und solche Texte werfen immer *Auslegungsprobleme* auf. Die Frage, was denn eigentlich die »wahre Lehre« ist, wird besonders dort, wo solche Texte als grundlegend nicht nur für die religiösen Anschauungen, sondern auch für die Gesellschaftsordnung und deren Gesetze angesehen werden, mit der Zeit unumgänglich. Auslegungsprobleme müssen mit Hilfe von irgendwelchen Regeln behandelt werden. Dies bedeutet natürlich nicht, daß diese Regeln schon als solche von Anfang an ausdrücklich formuliert sein müssen, sie werden zunächst einmal einfach verwendet. Der Versuch, mit Hilfe von bestimmten Regeln Lösungen zu finden, wird im islamischen Bereich *kalam* genannt. *Kalam* bedeutet im Arabischen umgangssprachlich zunächst »Rede«, »Äußerung« oder »Gespräch«. Erste Ansätze von *kalam* finden sich bereits im *Koran* selbst, und aus solchen Diskussionen entwickelte sich in Anfängen schon im 7. Jhd. eine eigene Disziplin, also *kalam* in einem spezifischen Sinn. Jene, die sich mit solchen Diskussionen beschäftigten, wurden *mutakallimun* genannt. (*Kalam* wird gelegentlich in Übersetzungen mit »Scholastik« wiedergegeben und entsprechend werden die *mutakallimun* als »Scholastiker« bezeichnet. Diese Übersetzung ist mit Vorsicht zu gebrauchen, da sie die Assoziation der lateinischen christlichen Scholastik hervorruft, was nur sehr bedingt gültig ist. Die Beziehung zur Philosophie ist in der christlichen Scholastik ungleich enger als im *kalam*.) Das wichtigste Thema solcher Diskussionen betraf die Attribute Gottes, aber auch Fragen nach Freiheit und Prädestination oder die nach dem Geschaffensein und der Zeitlichkeit der Welt spielten eine große Rolle. Al-Ghazali sagt vom *kalam*:

> Das Ziel dieser Wissenschaft ist die Bewahrung des sunnitischen Glaubensgrundsatzes und sein Schutz vor der Verwirrung der ketzerischen Erneuerer. (*Der Erretter aus dem Irrtum*. S. 13)

Bei al-Ghazali erscheint *kalam* also in einer primär apologetischen Funktion, dies gilt nicht generell für *kalam*, ist aber jedenfalls eine der Funktionen, die dem *kalam* zugeschrieben werden. Al-Ghazali spricht aber im Zusammenhang des Auftretens »ketzerischer Erneuerer« auch ganz allgemein von »geordneter Redeweise«, womit die eigentliche Bedeutung von *kalam* zum Ausdruck kommt:

Deshalb ließ der erhabene Gott die Gruppe der Scholastiker entstehen, die er bewegte, die Sunna durch geordnete Redeweise zu verteidigen, wodurch offenbar wurde, welche Verwirrung die Anhänger der ketzerischen Erneuerer mit der überlieferten Sunna angerichtet hatten. Dadurch entstand die islamische Scholastik und ihre Anhänger. (Ebd.)

Spätestens seit der zweiten Hälfte des 8. Jhd.s wurde die Frage von Sprachregelungen und Regeln für eine stärker systematische Darstellung der Lehren des Islam als Problem deutlich erfaßt, und zwar aufgrund von rein inner-islamischen Diskussionen: Es ging ganz allgemein um eine »geordnete Redeweise«. Im folgenden 9. Jhd. treffen wir gleichzeitig auf eine intensive Entwicklung islamischer Theologie und eine ausgedehnte Übersetzungstätigkeit von Schriften aus der griechischen Philosophie, zunächst und zumeist solchen der Logik. Es gab also so etwas wie eine »geistige Situation«, die für beide Bewegungen günstig war. Mußte nicht das Bekanntwerden der griechischen Logik für die *mutakallimun* höchst erfreulich sein, da hier ausgearbeitete Argumentationsverfahren geliefert wurden? Die Antwort darauf ist nicht einfach positiv, denn das Interesse an »geordneter Redeweise« führte nicht schon gleichsam automatisch zu einer Übernahme griechischer Logik. Man wird sogar sagen können, daß die *mutakallimun* zwar faktisch Logik gebrauchten, daß sie aber im allgemeinen keine Sympathie für griechische Logik zeigten. Die *mutakallimun* gebrauchten, vermittelt vermutlich über spätantike Rhetorik-Lehrbücher Elemente der stoischen Logik, ohne sich aber dieser Herkunft bewußt zu sein. Es ist daher kaum möglich, im *kalam* einen Faktor zu sehen, der den Eingang der griechischen Logik in die islamische Kultur förderte. *Kalam* als Verfahren der Koranauslegung war auch selbst ganz und gar nicht unumstritten und wurde von Seiten orthodoxer Theologen häufig angegriffen. Unter den Vertretern des *kalam* herrschte auch keineswegs Einstimmigkeit über Grade und Reichweite von Vernunftbegründungen, und so auch nicht über die Berechtigung der Verwendung von griechischer Logik. Am weitesten gingen in der Forderung rationaler Begründung die schon weiter oben angeführten Mu'taziliten (d. h. »die sich absondern«). Die Mu'taziliten waren für kurze Zeit, von 833–848, die Vertreter der offiziellen, politisch verordneten Lehre. Dies ging auf den selbst rationalistisch eingestellten Kalifen al-Ma'mun zurück, der auch, und in diesem Sinn durchaus kohärent, ein bedeutender Förderer der Einführung griechischer Wissenschaft war. Es wäre aber verfehlt, die Mu'taziliten deshalb als Verteidiger der griechischen Logik anzusehen. Sie meinten, daß bestimmte Lehren – z. B. daß die Attribute Gottes nichts zu seinem Wesen hinzufügen, daß der

Mensch frei sei – rational begründbar seien, ohne sich deshalb auf die Form logischer Argumentation, wie es die griechische Logik forderte, verpflichten zu müssen. Bei den Sunniten ging der Einfluß der Mu'taziliten mit der Zeit zurück, während die Schiiten noch lange rationalistischen Gedanken gegenüber aufgeschlossener blieben (woran man heutige Schiiten gelegentlich erinnern sollte). Der Schiit al-Murtada (gest. 1044) z. B. meinte, daß überhaupt alle Wahrheiten der Religion durch Vernunft bewiesen werden können und müssen. Mit dieser Auffassung fand er allerdings nicht viele Anhänger, obwohl dies eigentlich eine Grundüberzeugung der Muslime war. Es besteht aber eben doch ein wesentlicher Unterschied zwischen der Behauptung, alle Wahrheiten eines bestimmten Glaubens seien vernünftig und dem Nachweis, daß dies tatsächlich so ist.

Anfang des 10. Jhd.s setzte sich aber die Lehre al-Ash'aris (873–935) weithin durch, in der nicht gefordert wurde, die Offenbarung des *Koran* durch Vernunftgründe zu rechtfertigen, in der aber doch Vernunftbegründungen bis zu einem gewissen Grad zugelassen wurden. Auch ließ er hermeneutische Überlegungen zu, also etwa die Unterscheidung einer wörtlichen und einer metaphorischen Erklärung bestimmter Texte des *Korans*.

Sicher schon seit frühester Zeit gab es strenge und extreme Traditionalisten, die den *Koran* als einzige Richtschnur annahmen, und – wo erforderlich – den *Koran* allein durch den *Koran*, d. h. durch Textvergleiche innerer Art, erklären wollten und jede andere Analyse und jede Form von Beweisversuchen als Fremdkörper und als Gefahr für die Reinheit des Glaubens ansahen. Der bedeutendste Vertreter dieses Traditionalismus war der in Andalusien lebende Ahmad ibn Hanbal (780–855), von dem die Richtung der Hanbaliten ihren Namen erhalten hat. Schon *kalam* ist für die Hanbaliten unannehmbar und umso mehr die griechische Logik und Philosophie. Dieser Standpunkt wurde in zahlreichen polemischen Schriften vertreten, aber auch aus Kreisen der Mu'taziliten und Ash'ariten sind richtige, entsprechend entgegengesetzte Kampfschriften bekannt. Es wird sogar von einem Sprichwort berichtet, das lautete: »Wer Logik treibt, gerät in Ketzerei.« (Goldziher 1916. S. 24)

c) Al-Kindi

Al-Kindi (801–866), der als erster Philosoph der Araber gilt, stammte aus Basra und ging dann nach Bagdad, was genau der Ortsverschiebung des kulturellen Zentrums des arabisch-islamischen Bereichs zu seiner Zeit entspricht. Er gehörte noch der Zeit der Übersetzungen an und hat auch selbst einige davon, z. B. die der *Metaphysik* des Aristoteles, in Auftrag gegeben. In der Hauptstadt stand er in engem Kontakt mit dem Kalifen al-Ma'mun, was nicht nur auf seine Bedeutung als Gelehrter zurückgehen dürfte, sondern auch auf die Tatsache, daß er der Sohn des Gouverneurs von Basra war. Al-Kindi kommt das Verdienst zu, die griechische Philosophie in die arabische Kultur eingeführt zu haben, die diesem Wissen zunächst keineswegs immer wohlwollend gegenüberstand. Er hatte am Hof in Bagdad mit einigem Widerstand zu rechnen, denn einerseits lag bei den einflußreichen persischen Hofbeamten eine Tendenz vor, die Araber als Kameltreiber anzusehen, die für höhere Kultur nicht empfänglich waren, und andererseits sehnten sich nicht wenige der Araber aus der Stadt Bagdad in das ungebundene Leben der Wüste und zu einem »einfachen« *Koran* zurück. In einem ganz allgemeinen Sinn traf al-Kindi sich mit Anliegen der Mu'taziliten, zu denen er auch gute Beziehungen unterhielt, und als diese unter dem Kalifen Mutawakkil zurückgedrängt wurden, fiel auch er in Ungnade. Er selbst gehörte jedoch nicht der Gruppe der *mutakallimun* an und setzte sich mit diesen auch kritisch auseinander, vor allem, weil sie alles ausländische Wissen ablehnten. Aber auch inhaltlich sowie bezüglich des allgemeinen Anliegens bestanden wesentliche Unterschiede zu den *mutakallimun,* da al-Kindi nicht einfach philosophische Techniken für die Auslegung des *Koran* verwenden wollte, sondern eine grundsätzliche Übereinstimmung von Philosophie und Offenbarung für gültig und nachweisbar hielt. Von seinen Schriften ist nur ein sehr geringer Teil erhalten, und wegen der noch nicht entwickelten philosophischen Terminologie ist die Interpretation der wenigen erhaltenen Schriften nicht einfach.

In seiner eigenen Konzeption war al-Kindi entscheidend abhängig von den späten | 239 Neuplatonikern, die er vor allem durch die Aristoteles-Kommentatoren, so besonders durch die Schriften des Johannes Philoponos, einen christlichen Neuplatoniker, kannte. So war seine Philosophie schließlich nicht weit entfernt von der des Proklos, und das heißt: von einer negativen Theologie (vgl. 1. Teil, Kap. XVII, 4). Vor dem Hintergrund dieser Kommentatoren ist sein ausgeprägtes Interesse an der Mathematik verständlich, er beschäftigte sich aber zugleich mit empirischen Wissenschaften. Soweit man sehen kann, trat bei ihm der *Koran* gegenüber diesem systematischen und überprüfbaren Wissen doch sehr in den Hintergrund.

d) Al-Farabi

Al-Farabi (um 875–950) kam aus einer vornehmen Offiziersfamilie in Farab (im heutigen Kasachstan). Aus seinen Schriften geht hervor, daß er Türkisch und Persisch konnte, was zu der Vermutung Anlaß gegeben hat, daß er nicht Araber gewesen sein könnte. Sein erster Lehrer war der Christ Yuhanna ben Hailan, der ihn in das Werk des Aristoteles einführte. Besonders wichtig war dabei, daß Hailan ihn entgegen der bei den Christen geltenden Tradition (vgl. Kap V, 1, b) auch mit der 2. *Analytik* des Aristoteles bekannt machte. Al-Farabi ist der erste bedeutende Aristoteles-Kommentator der islamischen Philosophie, vor allem sein Kommentar zur Schrift *De Interpretatione* des Aristoteles, in dem er spätantike griechische Kommentare heranzog, setzte Maßstäbe. Al-Farabi kommentierte alle Teile des aristotelischen *Organon* und alle späteren Aristoteles-Kommentatoren der islamischen Kultur sind von al-Farabi abhängig. Nicht alle seine Kommentare sind jedoch erhalten.

Al-Farabi ging aus nicht ganz geklärten Gründen von Bagdad weg nach Syrien an den Hof der schiitischen Hamdaniden in Aleppo, wo er ein bescheidenes, ganz der philosophischen und wissenschaftlichen Arbeit gewidmetes Leben führte. Aufgrund dieses Lebensstils wurde eine Zugehörigkeit zu den Sufis vermutet, die aber nicht erwiesen ist. Obwohl er über ausgezeichnete medizinische Kenntnisse verfügte, übte er den Beruf des Arztes nicht aus, und zwar ganz bewußt: Medizin als Beruf gehörte für ihn zu der Praxis, während er sich allein der theoretischen Wissenschaft widmen wollte. Er liebte die Musik, soll selbst ein guter Musiker gewesen sein und verfaßte mit dem *Großen Buch der Musik* den wohl bedeutendsten Traktat zu diesem Gegenstand, den die islamische Philosophie hervorgebracht hat.

Die Frage des Verhältnisses von *Philosophie* und *Islam* war für al-Farabi kein beherrschendes Thema, dennoch mußte er dazu Stellung nehmen. Die Probleme hatten inzwischen öffentliche Aufmerksamkeit erregt. Dies wird ganz deutlich in einer berühmten öffentlichen Diskussion, die im Jahre 932 vor dem Vizier Ibn al-Furat in Bagdad stattfand. Der Ausgang der Diskussion stand allerdings von vornherein fest. Der Vizier sucht nicht einen Diskussionspartner für den Vertreter der Logik, sondern jemanden, der ihn widerlegen könnte. Dies macht sehr deutlich, daß der Vizier und so seine geladenen Gäste auf seiten jener standen, die den Einfluß der griechischen Logik mit Befürchtungen verbanden, und die diesen Einfluß ausgeschaltet sehen wollten. Der Vertreter der griechischen Logik war dabei Abu Bishr Matta (870–940), ein nestorianischer Christ. Sein Gegenspieler war Abu Sa'id al-Sirafi (893–979), ein Jurist, Theologe und Grammatiker. In dieser Diskussion ist allerdings so gut wie nichts über Logik und Grammatik als formalen Theorien enthalten. Soweit verschiedene Sprachtheorien, allerdings eigentlich Bedeutungstheorien, auftreten, entspricht al-Sirafis Auffassung einem simplifizierten Platonismus, Mattas Konzeption hingegen dem Aristotelismus neuplatonischer Prägung, wie er ziemlich allgemein von den Aristotelikern der Schule von Bagdad vertreten wurde. Es zeigt sich in der Diskussion jedoch ziemlich deutlich, daß hinter der Gegenüberstellung von Logik und Grammatik eigentlich das Verhältnis der arabischen zur griechischen logisch-philosophischen Kultur als gesellschaftlichem, politischem und religiösem Problem stand. Die Diskussion war kaum wirklich eine solche. Matta kam nur wenig zu Wort, und mußte wiederholt seine Unkenntnis eingestehen. Auch wurde die Auffassung der Logiker mehrmals gar nicht von Matta vorgetragen, sondern von al-Sirafi, und das heißt, sie wurde schon so vorgetragen, wie sie der Logik-Gegner verstand oder mißverstand. Das Problem war aber klar gestellt: Benötigte die arabisch-islamische Kultur überhaupt die griechische? Die negative Antwort war in dieser Diskussion schon vorprogrammiert. Sie war allerdings etwas zweischneidig, insofern as-Sirafi ja gar nicht wirklich die »reine« arabische Kultur des Islam vertrat, sondern eine populär neuplatonische Lektüre des Koran. Ob die Position al-Sirafis die allgemein geltende würde, war zu diesem Zeitpunkt noch in keiner Weise klar. Die Diskussion über das Verhältnis der arabischen zu den »fremden« Kulturen stand erst am Anfang. Am Ende wird allerdings tatsächlich in philosophischer Hinsicht die neuplatonische, dann noch sufistisch gestütze Interpretation des Islam stehen, wie es bei ibn Arabi deutlich werden wird (vgl. weiter unten 3). Abu Bishr Matta war einer Lehrer al-Farabis und somit war al-Farabi vermutlich schon vor dieser öffentlichen Diskussion mit der Frage der Verhältnisbestimmung von Islam und griechischer Philosophie vertraut.

Neben diesen grundsätzlichen Problemen gab es ganz konkrete Fragen der Auseinandersetzung zwischen den Vertretern des Islam und jenen der griechischen Philosophie. Diese Fragen lagen im Bereich der Metaphysik. Es ging dabei um die Frage der *Ewigkeit der Welt*, wie dies in der aristotelischen *Physik* und *Metaphysik* vorausgesetzt war, gegen die die Annahme einer zeitlichen Schöpfung stand, wie es der *Koran* zu lehren schien. Außerdem ging es um das Problem der *Sterblichkeit der individuellen Seele*, wie es die aristotelische Schrift *Über die Seele* nahe legte, wogegen der *Koran* das Weiterleben des Menschen nach dem Tode mit entsprechender Belohnung und Bestrafung lehrte. Diese beiden Fragen werden die islamische, die jüdische und dann die christliche Philosophie bei der Rezeption der aristotelischen Schriften beherrschen. Al-Farabi nahm kaum zu diesen konkreten Fragen Stellung, | 241
sondern versuchte entsprechend der Fragestellung der eben weiter oben erwähnten grundsätzlichen Diskussion, eine prinzipielle Zuordnung von Religion und Philosophie. Seine Lösung bestand darin, Religion und Philosophie verschiedenen »Sprachen« zuzuordnen, die jeweils in der aristotelischen Logik ihren systematischen Ort hatten. Er konnte dabei auf die bei den Arabern vorgenommene – von der westlich-lateinischen Systematik verschiedene – Zusammenfassung der logischen Schriften des Aristoteles zurückgreifen, die außer den üblichen Schriften des *Organon (Kategorien, Peri Hermeneias, 1.* und *2. Analytik, Topik, Sophistische Widerlegungen)* und der auch im Westen dazugenommenen *Einleitung* des Porphyrios zur Kategorienschrift auch die *Poetik* und die *Rhetorik* des Aristoteles dazuzählte (vgl. *Catalogo de las ciencias.* S. 141– 143). Für die Frage der Bestimmung des Verhältnisses von Philosophie und den Lehren des *Koran* ist folgende – für die islamische Philosophie weithin geltende – Voraussetzung entscheidend: Im Bereich der islamischen Kultur nahm niemand an, daß in der Offenbarung des *Koran* Wahrheiten enthalten sind, die der philosophischen Erkenntnis grundsätzlich unzugänglich sind. Dies stellt einen wesentlichen Unterschied zur westlichen lateinischen Auffassung dar, wo weithin angenommen wurde, daß in der christlichen Offenbarung Wahrheiten enthalten sind, die der »natürlichen« Vernunft nicht zugänglich sind (vgl. Kap. XIV, 2). *Religion* und *Philosophie* enthalten also nach der Auffassung al-Farabis *dieselbe Gruppe von Wahrheiten*, in der Religion sind sie aber in eine auch dem Volk verständliche Form gekleidet, die vermittels der Logikbereiche Rhetorik und Poetik analysiert werden kann. Im Prinzip bringt al-Farabi in diesem Zusammenhang seine Auffassung über das Verhältnis von

Logik und Grammatik zur Geltung. So wie es nur *eine* Logik als »universelle Grammatik« gibt, der die Grammatiken der Einzelsprachen (Griechisch, Arabisch usw.) gegenüberstehen, so gibt es nur *eine* Philosophie, der die einzelnen Religionen wie umgangs- und nationalsprachliche Einzelformen gegenüberstehen, die dann nach den Regeln der poetischen und rhetorischen Formen dieser Einzelsprachen analysiert werden müssen. Da nicht alle Menschen zum philosophischen Wissen gelangen, ist eine solche symbolische Vermittlung erforderlich. Dies ist vor allem im Bereich der gesellschaftlichen Organisation wichtig, da in Hinsicht auf die ethischen und gesellschaftlich-rechtlichen Fragen alle Menschen über gewisse Grundkenntnisse verfügen müssen. In dieser These al-Farabis, die zahlreiche Nachfolger bis zu Averroes finden wird, war natürlich einiger Zündstoff gegeben. Der eigentliche Richter über die Wahrheit war hier der Philosoph und nicht der Korangelehrte, und so ist es verständlich, daß die islamische Orthodoxie solchen Thesen nicht gerade begeistert zustimmte. Bei al-Farabi kam es jedoch noch zu keinem Konflikt.

Eine der im islamischen Bereich zwischen Philosophie und Religion umstrittensten Fragen war, wie schon erwähnt, die nach der Schöpfung aus Nichts. Al-Farabi vertrat eine neuplatonische Emanationslehre, war sich aber im klaren darüber, daß es sich dabei nicht um eine aristotelische Lehre handelte. Er führte nirgends die sogenannte *Theologie des Aristoteles* als aristotelische Schrift an. Bei Aristoteles ist Gott nicht die Wirkursache der Existenz der Welt, al-Farabi hingegen nimmt an, daß Gott als das – aristotelische – Denken des Denkens die Ursache von allem ist und daß der Kosmos dann wie in konzentrischen Kreisen aus Gott hervorgeht. Dabei verbindet al-Farabi die Metaphysik des Neuplatonismus mit der Astronomie des Ptolemaios. Diese Konstruktion, die Metaphysik mit Wissenschaft zu verbinden scheint, hatte größten Erfolg in der islamischen und später auch in der jüdischen Philosophie.

Das für Philosophie und Religion beschriebene Verhältnis spielt auch in al-Farabis *Musterstaat* eine Rolle. Die Leitung dieses Staates soll jemand innehaben, der ein Philosophen-Kalif ist, jemand also, der zugleich platonischer Philosophen-Herrscher und Prophet ist. Nur ein solcher kann über die philosophisch richtige Einsicht verfügen und diese gleichzeitig in einer dem ganzen Volk verständlichen symbolischen Form vermitteln. Auch diese politische Konzeption ist also bestimmt von der Zwei-Sprachen-Auffassung. Übergeordnet ist jedoch eine neuplatonische Analogie von Kosmos und Gesellschaft:

Die erste Ursache verhält sich zu allem Vorhandenen wie der König der Vorzugsstadt zu allen Teilen derselben. Denn das Freisein vom Stoff liegt dem ersten nah, darunter kommen dann die Himmelskörper und unter den Himmelskörpern die Stoffkörper. Alle diese gehen in ihrem Lauf dem Ziel des Ersten zu, sie streben dem nach und tut dies ebenfalls alles, was vorhanden ist, je nach seiner Kraft, nur daß es diesem Ziele in verschiedenen Stufen nachstrebt. Nämlich so: das Niedrigste strebt dem Ziele dessen nach, was ein wenig über ihm steht, dies wiederum dem Ziele dessen, was über ihm ist und ebenso das dritte dem Ziele über ihm. Das geht so fort bis zu dem, bei dem es eintritt, daß zwischen ihm und dem Ersten nichts mehr in der Mitte liegt. (*Musterstaat.* S. 89 f.)

Hier sind wir gar nicht so weit von dem entfernt, was in der westlichen Philosophie von einem Pseudo-Dionysios in seiner Hierarchien-Lehre der Gesellschaft vorgetragen wurde (vgl. Kap. II, 2).

In dichterischer Form findet sich al-Farabis Verhältnisbestimmung von Philosophie und Religion in dem bekannten Roman *Hayy ibn Yaqzan* des Ibn Tufayl (gest. 1185/1186), eines Arztes aus Sevilla. Hayy wächst allein lebend auf einer Insel auf und findet dort durch reines Nachdenken alle Wahrheiten der Philosophie. Erst als Erwachsener begegnet er einem anderen Menschen, Absal, einem Einsiedler, der aus einem von einer Schriftreligion beherrschten Land stammt. Absal, der dem »Wilden« Hayy erst die Sprache beibringen muß, will diesen »bekehren«, dabei kehrt sich die Richtung allerdings um: Hayy kennt schon alle Wahrheiten, die in Absals Religion nur unter dem Gewand von Symbolen enthalten sind. Als die beiden in das Ursprungsland Absals ziehen, und Hayy dort den Menschen die eigentlichen, reinen Wahrheiten, die sich in den Symbolen finden, aufdecken will, stößt er auf größten Widerstand und muß einsehen, daß für die meisten Menschen die symbolischen | 243 Einkleidungen und die Gesetze die einzig faßbare Form der Wahrheit darstellen. Resigniert kehrt er mit Absal wieder auf seine einsame Insel zurück. Diese romanhafte Darstellung ist aufschlußreich für das Selbstverständnis der islamischen Philosophen: Für diese blieb es kennzeichnend, daß sie sich immer nur an eine intellektuelle Elite wandten und keinerlei Versuche einer »Aufklärung« des Volkes unternehmen wollten, die sie für unmöglich hielten. Dieser Roman spielte sogar in der europäischen Aufklärung eine Rolle, da er 1671 von Edward Pocock unter dem Titel *Philosophus autodidactus* herausgegeben wurde, auch Daniel Defoes *Robinson Crusoe* ist deutlich davon abhängig.

e) Die lauteren Brüder

Vom Ursprung der Lauteren Brüder *(Ikwan al-Safa)*, die manchmal auch die »Brüder der Reinheit« genannt werden, ist nichts bekannt, auch zeitlich kann ihre Bewegung nur ganz allgemein in das 10./11. Jhd. eingeordnet werden. Ein Zentrum war jedenfalls Basra, das ein Mittel- und Knotenpunkt des Handels und der Finanz war, also eine weltoffene Stadt:

Die Menschen zerfallen in Werkleute und Kaufleute, reich oder arm. (Die lauteren Brüder: *Die Philosophie bei den Arabern im X. Jahrhundert. Logik und Psychologie der Araber.* S. 93).

Bei den Lauteren Brüdern wurde in der Form von 52 recht umfangreichen Briefen eine Art Enzyklopädie zu allen Gebieten verfaßt: Mathematik, Naturwissenschaft, Logik, Psychologie, Metaphysik und Theologie. Es handelt sich dabei um eine vereinfachte Zusammenfassung des gesamten damals verfügbaren Wissens. Diese Schriften sind deshalb interessant, weil sie offensichtlich, und ausnahmsweise, nicht für den kleinen Elite-Kreis von Gelehrten und Gebildeten gedacht waren, sondern für ein breiteres Publikum. Sie entsprachen also den Bildungswünschen der sich in einer reichen und kosmopolitisch orientierten Stadt herausbildenden »Mittelschicht«. Der Inhalt ist aristotelisch, pythagoräisch, neuplatonisch und gnostisch, was vermutlich recht genau dem Bildungshorizont dieser Schicht entsprach. Konzipiert ist alles nach der Buch-Vorstellung: Es gibt die Bücher der Philosophen, die geoffenbarten Bücher *(Torah, Evangelien, Koran)* sowie das »Buch der Natur«, und schließlich gibt es die göttlichen Bücher, die nur von den »geläuterten« Seelen gelesen und verstanden werden können. Die Tendenz der Schriften ist aufgeklärt, tolerant und synkretistisch – was hier gar nicht negativ gemeint ist. Die Gebildeten wollten nichts von dem Wissen, das vorhanden war, ausschließen:

Der Zweck aller wissenschaftlichen Abhandlungen ist der: sie müssen den Pfad bezeichnen, welchen die Propheten, die Erwählten, Gelehrten und Weisen betraten. Der Anfang aller Wissenschaft beruht in der Erkenntnis des eignen Selbst, denn der, welcher sich selbst kennt, kennt auch seinen Herrn und wer am besten sich selbst kennt, kennt auch seinen Herrn am besten. (Ebd. S. 17)

Diese Wissenschaft und Philosophie sollte aber nicht reines Bildungsgut sein, sondern auch ganz konkreten Aufgabenstellungen dienen:

Die spezielle Leitung lehrt, wie ein jeder Mensch seine rechte Stelle finde, sein Leben mit seinen Dienern, Burschen, Kindern, Sklaven wohl ordne, mit seinen Verwandten, Nachbarn, Genossen, mit seinen Verbündeten und Brüdern recht verkehre, wie er das Rechte zu suchen und die Angelegenheiten jener für diese und die andere Welt wohl zu regeln habe. (Ebd.)

Die Zielsetzung der Schriften der Lauteren Brüder kann also mit der der griechischen Sophisten verglichen werden. Allerdings spielt bei den Lauteren Brüdern selbstverständlich im Unterschied zu den Sophisten die Religion eine wichtige Rolle. Das letzte Ziel des Menschen wird in einer Kombination aus Gnosis und *Koran*, Rückkehr der Seele und letztem Gericht, gefunden:

Die Lehre von der Rückkehr und dem Entkommen zur anderen Welt zeigt, wie die Geister aus dem finstern Körper hervorgerufen werden und die Seelen aus sorglosem Schlummer erwachen; wie dieselben am Tage der Rückkehr versammelt den graden

Pfad betreten und zur Abrechnung am Tage des Gerichts vereinigt werden, auf daß sie die Belohnung der Guten und die Strafe der Bösen erkennen. (Ebd.)

Die Schriften der Lauteren Brüder sind philosophisch nicht besonders erheblich. Sie sind aber aufschlußreich für eine interessante Entwicklung, die zeigt, wie die durch die Übersetzungen bekannt gewordene griechische Philosophie und Wissenschaft, die zunächst nur auf eine enge Gruppe von Gelehrten beschränkt war, zu einem Bildungsfaktor einer breiteren Gesellschaftsschicht und für diese prägend wurde, was in der islamischen Kultur eine Ausnahme blieb. – Die Ismaeliten behaupten, daß die Lauteren Brüder ihnen angehört haben, ob das zutrifft, ist aber nicht bewiesen. Fest steht aber, daß diese Schriften gerade von den Ismaeliten besonders stark rezipiert und von ihnen bis heute gelesen werden. Außerdem fällt auf, daß die Ismaeliten bis heute eine weltoffenere Gesellschaft bilden als andere muslimische Gruppen und Staaten.

f) Rhazes

Mit al-Razi (864–932), der den Lateinern des Mittelalters als Rhazes bekannt wurde, | 245 begegnen wir einem der Ärzte-Philosophen. Er wurde in Rayy, einer kleinen Stadt in der Nähe von Teheran, geboren, war also Perser. Rhazes war als Chefarzt in Bagdad sowie in Rayy tätig. Bei den Muslimen wurde und wird er als Arzt ungemein hochgeschätzt, während er als Philosoph ebenso entschieden abgelehnt wird. Im Rahmen seiner ärztlichen Tätigkeit legte er sich zu den einzelnen klinischen Fällen Exzerpte aus griechischen und arabischen Schriften an und ergänzte diese durch eigene Beobachtungen von Heilungsergebnissen bzw. -experimenten. All dies war nicht zur Veröffentlichung vorgesehen, wurde nach seinem Tod aber doch so irgendwie geordnet und publiziert und ergab das umfangreichste Werk der arabischen Medizin überhaupt. Ende des 13. Jhd.s wurde dieses Werk unter dem Titel *Liber continens* ins Lateinische übersetzt. Die enorme Bedeutung dieses Werkes für die Medizin kann man daraus ersehen, daß es noch 1486 in zwei umfangreichen Bänden gedruckt wurde. Schon im 12. Jhd. übersetzte Gerhard von Cremona ein kleineres, aber systematischeres Werk, den sogenannten *Liber Almansoris* (das Buch war al-Mansur, dem Gouverneur von Rayy gewidmet) ins Lateinische, dieses Buch wurde für Jahrhunderte ein Klassiker der medizinischen Praxis. Als Arzt war Rhazes ein unerbittlicher Empiriker und ein ebenso überzeugter Vertreter des Fortschritts empirischer Wissenschaft: Er maß die »Autoritäten« an klinischen Erfolgen.

Im übrigen schrieb Rhazes Werke zur Mathematik, zur Logik und zu anderen Disziplinen wie etwa zur Alchemie, die er als ganz empirisches Unternehmen auffaßte, er verkaufte sogar »falsches« Gold. *Philosophie* stellte für ihn zwar ein selbständiges Wissensgebiet dar, fand bei ihm aber eine ganz praktische Anwendung: Er betrachtete die Ethik mit ihren metaphysischen Implikationen auch als eine Art *Seelenheilkunde*, also etwa als klinische Psychologie, ein Gedanke, den später auch der jüdische Arzt und Philosoph Maimonides aufnahm (vgl. Kap. X, 2, h). Die üblichen Vorstellungen der Religionen, auch die meisten des Islam, betrachtete er als Störfaktoren der geistigen Gesundheit der Seele, die somit im Rahmen einer klinischen Pathologie ärztlich zu behandeln wären. Die Tatsache, daß Rhazes während seines Lebens nicht angefeindet wurde, zeigt, daß in der ersten Hälfte des 10. Jhd.s das intellektuelle Klima noch ziemlich offen war, auch al-Farabi blieb ja unbehelligt.

In seiner Philosophie war Rhazes einerseits der größte *Aufklärer*, den es im islamischen Bereich jemals gegeben hat, auf der anderen Seite ein unzweideutiger *Gnostiker*. Als Rationalist hielt er von Sokrates mehr als von Mohammed. Nur durch die Vernunft können wir zu brauchbaren und sicheren Ergebnissen gelangen. Die Behauptung einer besonderen Prophetengabe lehnte er ab, entsprechend kritisierte er auch in einer eigenen Schrift den Unfehlbarkeitsanspruch der schiitischen Imame. Er entwickelte dann aber auch ein gnostisch-metaphysisches System, das von fünf ursprünglichen »Bestandteilen« ausging: Gott, Seele, Raum, Zeit und Materie. Die Welt ist entstanden durch einen präkosmischen, aber durch keinerlei Entscheidung hervorgerufenen »Fall« der Seele in die Materie, wodurch eine ungeordnete Bewegung entstand. Das Ziel der Seele muß es daher sein, sich aus dieser Unordnung zu befreien und in das reine Reich der Seelen zurückzukehren, wo auch die Vereinzelung in individuelle Seelen wieder aufgehoben ist. Wie dieses gnostische System mit dem Vernunftanspruch des Rhazes übereinstimmt, bleibt ziemlich unklar. Ein präkosmischer Fall der Seele ist weder empirisch noch philosophisch überzeugend nachweisbar. Und warum dieses gnostische System keine pathologischen Züge trägt, erklärt Rhazes ebenfalls nicht. Man könnte ja die Vorstellung einer gefallenen Seele auch als Störfaktor seelischer Gesundheit ansehen.

g) Avicenna und al-Biruni

Abu ibn Sina (980–1037), bei den Lateinern Avicenna, war in erster Linie Arzt und als solcher auch Philosoph, darüber hinaus aber repräsentiert er den Typ des islamischen Universalgelehrten. Um dies zu werden, mußte er früh mit dem Lernen beginnen, was ihm sehr leicht fiel, da er das war, was man heute einen »Überbegabten« nennt, worauf er uns auch in seiner Autobiographie gebührend aufmerksam macht. Das Vermögen seiner Familie und die dementsprechend zur Verfügung stehenden Privatlehrer ermöglichten es dem jungen Avicenna, alles, und zwar so schnell, wie er es wollte, zu lernen. Er studierte pausenlos, und wenn er müde wurde, gönnte er sich, ganz entgegen den Weisungen des *Koran*, ein Glas Wein, worauf er, ganz entgegen den Auffassungen unserer heutigen Ärzte, wieder munter wurde. Eine Grenze des Verstehens begegnete ihm erst mit der *Metaphysik* des Aristoteles, die er auswendig kannte, ohne sie zu verstehen. Sie eröffnete sich seinem Verständnis erst durch einen am Markt gekauften Kommentar des al-Farabi, und dies ist kennzeichnend: Al-Farabi war tatsächlich philosophisch scharfsinniger, und Avicenna blieb von ihm abhängig. Wo er in philosophischen Fragen von al-Farabi abwich, »verwässerte« er die Lösungen eher als daß er sie verbesserte. Seine Familie stammte aus Persien, Avicenna schrieb aber die meisten seiner Werke auf Arabisch, da die Verbreitung und somit der Bekanntheitsgrad des Verfassers auf dem arabischen Buchmarkt wesentlich günstiger war als auf dem persischen. Sein recht abenteuerliches Leben verbrachte Avicenna in verschiedenen Städten, hauptsächlich als Hofarzt und Leiter der jeweiligen Krankenhäuser, die für die damalige Zeit manchmal ganz vorzüglich waren, so vor allem das in Isfahan. Gelegentlich versuchte er sich auch in politischen und administrativen Funktionen, allerdings mit weniger Erfolg. Solche Mißerfolge wurden aber durch die Krankheiten der jeweiligen Herrscher, die Avicenna immer rasch heilte, kompensiert.

Avicenna stand in mancher Hinsicht in Gegensatz zu den Philosophen von Bagdad, jedenfalls der Form der Darstellung nach. Er lehnte die in Bagdad übliche Form der Aristoteles-Kommentierung ab und forderte das Verfassen von systematischen Handbüchern. Auch wenn dies wahrscheinlich nicht seine Absicht gewesen war, war doch möglicherweise gerade diese Form der Grund, warum sich die griechische Philosophie im islamischen Bereich noch zu einer Zeit halten konnte, als die Muslime sich allem »Fremden« und somit auch der »fremden« griechischen Philosophie gegenüber zu sperren begannen. In den islamischen Ländern beeinflußte Avicenna das gesamte System der Wissenschaften wie kein anderer. Im christlichen Bereich wurde er vor allem durch zwei Werke bekannt: Sein *Kanon der Medizin* wurde neben dem Werk des Griechen Galen, das er natürlich auch genau kannte, das wichtigste Schulbuch der Medizin, das bis ins 17. Jhd. hinein verbreitet war. Für die Philosophie wurde er wichtig durch sein Hauptwerk, das später in lateinischer Übersetzung den Titel *Sufficientiae (Die Heilung)* erhielt. Dieses Werk stellt eine großangelegte, neuplatonisch inspirierte Paraphrase der Schriften des Aristoteles dar. Avicenna sagte selbst, daß er vor allem von Aristoteles und al-Farabi gelernt hatte, wobei er allerdings zu den aristotelischen Schriften auch die *Theologie des Aristoteles* rechnete, und dies bedeutet, daß er zugleich von Plotin zutiefst beeinflußt war. Mit der neuplatonischen Interpretation der aristotelischen Metaphysik stand er jedoch ganz in der Tradition der spätantiken griechischen Kommentatoren, aber auch in der al-Farabis, der zwar weniger Aristoteles neuplatonisch interpretierte, dafür aber selbst eine neuplatonische Emanationslehre vertrat. Die beiden großen Werke des Avicenna müssen als Einheit gesehen werden, wodurch gleichzeitig Ort und Funktion der Philosophie im islamischen Bereich deutlich werden: Dem *Kanon der Medizin* als Anleitung zur *Heilung des Körpers* stehen die *Sufficientiae*, also die *Heilung der Seele*, gegenüber, letztere gedacht als Wissenschaft, die vom Irrtum befreit, so wie die erstere von den Krankheiten befreit. Dieser Zusammenhang zeigt, daß man mit dem Vorwurf, der mittelalterlichen Philosophie fehle der Bezug zur Praxis, vorsichtig sein sollte (vgl. auch weiter unten al-Biruni). Jedenfalls für den islamischen und jüdischen Bereich ist dieser Vorwurf nicht gerechtfertigt. Der Bezug zur Praxis muß nicht unbedingt über die Technik laufen, bei den arabischen Philosophen lief er eben eher über die Medizin. Die *Sufficientiae* umfassen 9 Bücher zur Logik, 8 Bücher zur Naturwissenschaft, 4 Bücher zur Mathematik und ein Buch zur Metaphysik. Avicenna verfaßte später unter dem Titel *Die Rettung* eine kürzere Fassung dieses Werkes. Und schließlich schrieb er zu demselben Themenkreis die *Beweise und Widerlegungen* (engl. *Remarks and Admonitions*), in denen allerdings interessanterweise an die Stelle der mathematischen Wissenschaften die Mystik getreten ist. Eine Erklärung dafür ist mir nicht bekannt. Alle diese Werke sind arabisch geschrieben.

Für die Philosophie auch im späteren lateinischen Bereich wichtig wurde Avicenna durch den systematischen Ausbau der, nicht von ihm erfundenen und schon bei al-Farabi antreffbaren Unterscheidung von Wesen (lat. *essentia*) und Existenz (lat. *esse*). Bei Aristoteles waren die letzten ontologischen Unterscheidungen die zwischen Substanz und Akzidenz und die zwischen Form und Materie. Im Weltprozeß beziehen sich Entstehen und Vergehen immer nur auf bestimmte Substanzen und bestimmte geformte Materie, nicht auf Form und Materie überhaupt. Ein Schöpfungsbegriff im Sinne einer *creatio ex nihilo* war daher hier nicht denkbar. Avicenna führte nun als letzte ontologische Unterscheidung die von *Wesen* und *Existenz* ein: Die Dinge der Welt sind dadurch gekennzeichnet, daß sie sein und nicht-sein können; die Existenz der Dinge ist möglich, aber nicht notwendig; in ihnen ist daher ein letzter ontologischer Unterschied anzunehmen, und damit sie existieren, müssen sie von etwas anderem hervorgebracht sein. Diese letzte ontologische Unterscheidung ist bei Avicenna nicht ganz klar, es scheint manchmal, daß er die zum Wesen hinzutretende Existenz doch wiederum als Akzidens auffaßt (Thomas von Aquin wird das »korrigieren«, vgl. Kap. XIV, 3). Letztlich aber muß man nach Avicenna etwas annehmen, das nicht nur möglich, sondern absolut notwendig ist, das daher aus sich heraus existiert, in dem also Wesen und Existenz identisch sind. Durch die Unterscheidung des notwendig existierenden Gottes und der kontingenten Welt will Avicenna der vom Islam geforderten strengen Unterscheidung von Gott und Welt entsprechen. Der Hervorgang der Welt aus diesem absolut notwendigen Sein wird von Avicenna allerdings in einer neuplatonischen Emanationslehre gedeutet, und das bedeutet, daß dieser Prozeß als notwendiger und ewiger gedacht wird. Gott, das absolut Notwendige, und so nach Avicenna auch das absolut Gute, muß sich als solches notwendig mitteilen. Diese Mitteilung ist die Emanation, auf deren letzter und unterster Stufe die sichtbare Welt steht. Und in dieser Annahme eines notwendigen Hervorgangs, der kaum anders als ewig gedacht werden kann, lagen Konfliktpunkte mit der islamischen Orthodoxie (vgl. weiter unten al-Ghazali).

Die *individuelle Seele* ist nach Avicenna unsterblich, womit er sich eindeutig von der Lehre des Aristoteles entfernt und einer der Grundvoraussetzungen des Islam entspricht. Für die islamische Vorstellung einer Auferstehung des Leibes war bei Avicenna allerdings kein Platz, und dies ergab den nächsten Konfliktpunkt. Anders bei der Frage der menschlichen Freiheit: Avicenna kann in diesem System notwendigen Hervorgehens und in diesem Universum durchgängiger Determination keine Freiheit annehmen. Dies konnte allerdings von der islamischen Orthodoxie akzeptiert werden, die schon im *Koran* Ansatzpunkte für eine strenge Prädestinationslehre finden konnte. Das Ziel der menschlichen Seele beschreibt Avicenna in einer Aufstiegslehre neuplatonischer Art, die bis zur mystischen Vereinigung mit dem Einen führen sollte.

Im Zusammenhang mit Avicenna sei mit al-Biruni (973–1048) ein weiterer Universalgelehrter genannt. Zwischen den beiden kam es zu einem Briefwechsel über die aristotelischen Schriften *Über den Himmel* und über die *Physik* (vgl. al-Biruni: *In den Gärten der Wissenschaft.* S. 49–65). Dem empirisch und kritisch denkenden al-Biruni tritt dabei allerdings ein ziemlich dogmatisch-aristotelischer Avicenna gegenüber. Al-Biruni stammte aus dem ehemaligen choresmischen Reich mit einer der persischen nahestehenden Sprache und Kultur. Al-Biruni verfaßte aber alle seine Werke auf Arabisch und so wird bei ihm deutlich, wie dominant, geradezu kulturimperialistisch, inzwischen der Gebrauch des Arabischen geworden war:

| 249

Die Wahrheit meiner Worte wird der bestätigen, der ein wissenschaftliches Buch betrachtet, das man [aus dem Arabischen] ins Persische übersetzt hat, wie sein Glanz dahin, sein Sinn verdunkelt, sein Antlitz geschwärzt und sein Nutzen aufgehoben ist; denn diese Sprache taugt nun einmal nur für die Geschichten über die alten persischen Könige und für nächtliche Plaudereien. (Ebd. S. 34)

Es ist schon erstaunlich, wie im 11. Jhd. die Erinnerung an die mühsame Geschichte der Übersetzungen aus dem Persischen und Griechischen ins Arabische, die noch bis ins 10. Jhd. mit verbesserten Neueditionen reichte, geschwunden war, und wie auch das Bewußtsein der kulturellen Überlegenheit der Perser gegenüber den Arabern, das noch während der ersten Übersetzungsperiode sehr deutlich war, einem Minderwertigkeitskomplex der Perser in Hinsicht auf ihre Sprache und Kultur gewichen war. Al-Biruni zieht es jetzt vor, »auf Arabisch beschimpft als auf persisch gelobt zu werden« (Ebd.). Später gab es jedoch eine Rückbesinnung auf das Persische und diese Sprache wurde, allerdings mit vielen arabischen Fremdwörtern, auch wieder zur Sprache der Gelehrten.

Al-Biruni war zu seiner Zeit und weit darüber hinaus ohne Zweifel der bedeutendste empirische Wissenschaftler des islamisch-arabischen Bereichs. Entwicklung von *geeigneten Meßgeräten* sowie die *mathematische Verarbeitung* der Beobachtungen waren für ihn eine Selbstverständlichkeit. Er verfaßte jedoch keine nur der Philosophie gewidmeten Schriften, und vielleicht ist dies der Grund, warum er den lateinischen Philosophen unbekannt blieb, von seinen Schriften wurden überhaupt keine

Übersetzungen hergestellt. Bedauerlich ist dies auf jeden Fall für die Entwicklung der späteren europäischen Wissenschaft. Al-Biruni kam mit der *indischen Wissenschaft*, Religion und Philosophie in Kontakt, lernte Sanskrit und übersetzte einige Texte ins Arabische, umgekehrt aber auch die *Elemente* Euklids und den *Almagest* des Ptolemaios ins Sanskrit (diese Übersetzungen sind nicht erhalten). Seine Berichte über Indien sind auch in ihrer Qualität einmalig in der gesamten mittelalterlichen Welt. In diesem Zusammenhang kommt al-Biruni auf interessante Diskussionen auf wissenschaftlichem Gebiet zu sprechen, so vertritt al-Biruni z. B. die traditionelle Lehre der Ruhe der Erde, kennt aber auch Argumente dagegen:

Die Ruhelage der Erde ist auch eines der Prinzipien der astronomischen Wissenschaft, bei denen schwer lösbare Zweifel auftreten. [...] Außerdem würde eine Rotation der Erde die astronomische Wissenschaft überhaupt nicht beeinträchtigen, vielmehr könnte sie damit in der gleichen Weise betrieben werden. Indessen ist sie aus anderen Gründen unmöglich, und deswegen wurde sie zu einem der am schwersten zu lösenden Probleme in dieser Wissenschaft. Die Koryphäen unter den neueren Gelehrten haben sich im Gefolge der alten vielfach auf die Erdrotation und ihre Widerlegung eingelassen. (Ebd. S.190f.)

250

Die Bemerkung, daß die Annahme der Erdrotation den Gang der Wissenschaft der Astronomie »überhaupt nicht beeinträchtigen« würde, ist sehr aufschlußreich. Für eine von metaphysischen und theologischen Vorgaben freie Wissenschaft ist die ganze Frage – die bei der Akzeptanz der Kosmologie Galileis (vgl. 3. Teil, Kap. IV) erhebliche Probleme aufgeben sollte – tatsächlich gar nicht sonderlich erheblich. Die Probleme ergaben sich nicht aus der Astronomie, sondern, wie al-Biruni klar sieht, »aus anderen Gründen«, und einzig deshalb wurde diese Frage »zu einem der am schwersten zu lösenden Probleme in dieser Wissenschaft«.

Al-Biruni betrieb Wissenschaft jedoch nicht nur aus theoretischer Neugierde heraus, sondern stellte sie durchaus in lebenspraktische Zusammenhänge:

Mit seinem ihm angeborenen Hang zum Wissen verlangt der Mensch danach, das Verborgene zu erkennen und die Umstände, auf die er zugeht, im voraus zu wissen, um Vorsichtsmaßnahmen treffen zu können und mit Entschlossenheit daranzugehen, Unglücksfälle im Rahmen des Möglichen abzuwehren. (Ebd. S.43)

Obwohl al-Biruni dies im Zusammenhang mit klimatologischen Beobachtungen feststellt, kann man doch vermuten, daß bei dieser Bestimmung der Ziele der Wissenschaft der medizinische Kontext, in dem die islamische Wissenschaft ihren Ausgangspunkt gehabt hatte, eine wichtige Rolle gespielt hat. Dort stand Forschung immer in evidentem Zusammenhang mit dem praktischen Ziel der Heilung. Al-Biruni war zwar selbst nicht Arzt, hat aber ein bedeutendes Werk zur Pharmakologie verfaßt. Es geht ihm offensichtlich ganz allgemein darum, Ergebnisse der Wissenschaft wenigstens prophylaktisch für die Verbesserung der konkreten Lebensbedingungen einzusetzen.

Al-Biruni vermied Auseinandersetzungen mit Korangelehrten. Wie er zur Frage der Religion in ihrem Verhältnis zur Philosophie stand, bringt er in einem ganz anderen Zusammenhang zum Ausdruck, wenn er sagt, daß das Volk bei den Griechen wie bei den Indern zunächst einem recht primitiven Götterglauben huldigte. Im Unterschied zu den Indern löste sich aber bei den Griechen eine Elite von solchen Vorstellungen:

Jedoch erwiesen sich die Griechen als überlegen, weil es in ihrem Lande Philosophen gab, welche gereinigte Prinzipien für die Elite, nicht für die breite Masse, aufstellten, denn nur die Elite ist fähig, einer wissenschaftlichen Untersuchung und Erörterung zu folgen, während die Volksmassen nur zu Leichtsinn und Hartnäckigkeit imstande sind, wenn ihnen nicht genug Furcht und Schrecken eingejagt wird. (Ebd. S. 167)

Dies heißt im Klartext: Vorstellungen wie Himmel und Hölle, Belohnung und Strafe nach dem Tod, Eingreifen der Götter oder des einen Gottes in das irdische Leben usw., wie sie ja auch der *Koran* kennt, sind erforderlich, um das Volk zu diszipli- | 251
nieren, gelten aber selbstverständlich nicht für die Gebildeten, die wissenschaftlich Aufgeklärten. Al-Biruni führt dann auch gleich Sokrates als Beispiel für jemand an, der sich an diese Regel nicht gehalten hat, und der die entsprechenden Folgen zu tragen hatte (Ebd.), was al-Biruni ohne Mitleid einfach feststellt. Volksaufklärung hielten die islamischen Philsophen eben immer für ein undurchführbares und gar nicht anzustrebendes Unternehmen. Das Volk-Elite-Modell, das hier ganz deutlich zugrunde liegt, wurde schon von al-Farabi vertreten und wird von Averroes wieder aufgenommen werden. Al-Biruni unterscheidet sich von diesen jedoch dadurch, daß er eine Übereinstimmung von religiösen Vorstellungen und philosophisch-wissenschaftlichen Erkenntnissen gar nicht in Erwägung zieht.

h) Al-Ghazali

Es ist nicht unproblematisch, al-Ghazali (um 1058–1111) unter der Überschrift »Die Philosophie im islamischen Bereich« einzureihen. Für die Geschichte der Philosophie bei den Muslimen steht al-Ghazali nämlich vor allem als *Kritiker* der Philosophie, besonders des Aristotelismus al-Farabis und Avicennas. Er stand der Metaphysik überhaupt sehr kritisch gegenüber und versuchte, die ihm heterodox erscheinenden Theorien zu widerlegen. Dieser Aufgabe widmete sich al-Ghazali in einem großen zweiteiligen Werk. Im ersten Teil stellt er *Die Lehrmeinungen der Philosophen* dar (Logik und Metaphysik), in einem zweiten Teil kritisiert er die *Irrtümer der*

Philosophen. Über die Metaphysik schrieb er später im *Erretter aus dem Irrtum* rückblickend:

Hier finden sich die meisten Irrtümer der Philosophen. Sie konnten den Beweisen
nicht treu bleiben, deren Bedingungen sie in der Logik aufgestellt hatten. Deshalb
mehrte sich der Streit unter ihnen. Die Lehre des Aristoteles steht den Lehrmeinungen
der Muslime in der Übermittlung durch al-Farabi und Ibn-Sina nahe. Die Summe ihrer
Irrtümer liegt in zwanzig Fragen. In drei von ihnen müssen sie für Ungläubige, in
siebzehn für ketzerische Erneuerer gehalten werden. Um ihre in diesen zwanzig Fragen
zum Ausdruck kommende Lehrmeinung zu widerlegen, haben wir unser Buch *Destructio philosophorum* verfaßt. Die drei Fragen, in denen sie eine andere Meinung als alle
übrigen Muslime vertreten, sind: 1. Die Körper würden nicht auferstehen, sondern die
reinen Seelen würden belohnt oder bestraft werden. Belohnung und Bestrafung seien
nur geistige Zustände, keineswegs körperliche. Sie haben Recht, wenn sie die geistige
(Belohnung und Bestrafung) bejahen, denn sie sind auch (in der Offenbarung) vorhanden. Aber sie lügen, wenn sie die körperlichen ableugnen und sind in ihren Aussagen
gegenüber der islamischen Offenbarung als Ungläubige zu bezeichnen. 2. Von derselben Art ist ihre Behauptung, Gott kenne nur Universalia, nicht aber Singularia. Dies ist
auch klarer Unglaube. [...] 3. Das Gleiche gilt für ihre Behauptung, die Welt sei ewig,
ohne Anfang und Ende. Keiner der Muslime hat eine solche Auffassung je vertreten.
(*Erretter aus dem Irrtum.* S. 23 f.)

Damit sind tatsächlich die wichtigsten Differenzpunkte zwischen aristotelischer Metaphysik und muslimischem Glauben präzise angegeben. Und deshalb sind seiner
Auffassung nach Avicenna und al-Farabi als Ungläubige zu betrachten (Ebd. S. 18).
Genau dieselben Streitpunkte werden sich ergeben, sobald der lateinische Westen
mit der *Metaphysik,* der *Physik* und der Schrift *Über die Seele* des Aristoteles bekannt
werden wird. Im lateinischen Mittelalter ergab sich allerdings in Hinsicht auf das
Werk des al-Ghazali eine sonderbare Verkehrung der Tatsachen: Im 12. Jhd. wurde
von Dominicus Gundissalinus nur der erste Teil des kritischen Hauptwerks des al-
Ghazali, also *Die Lehrmeinungen der Philosophen* übersetzt, der eine kurze, aber lehr-
buchmäßig sehr gute Wiedergabe der Logik und Metaphysik (des Avicenna) darstellt,
daher das Interesse des Übersetzers an diesem Werk. Die Vorrede, die die Absicht
des Gesamtwerkes deutlich macht, und der kritische Teil hingegen – also die später
so genannte *Destructio philosophorum* – wurden nicht übersetzt. Also mußten die
westlichen Philosophen al-Ghazali für einen Vertreter der Philosophie Avicennas
halten, und entsprechend wird er auch im 13. Jhd. von Aegidius von Rom in der
Schrift *De erroribus philosophorum* als Vertreter genau der Lehren aufgeführt, die er
selbst im zweiten Teil seiner Schrift aufs schärfste abgelehnt und kritisiert hatte.

Al-Ghazali ging es vor allem um die Ablehnung jener metaphysischen Thesen, die
er als Irrtümer ansah, die Philosophie als ganze scheint er, jedenfalls in früherer

Zeit, nicht abgelehnt zu haben. Al-Ghazali war im ganzen ein Vertreter des ashari-tischen *kalam*, hat aber der Logik eine größere Rolle zugesprochen, als dies bei den Vertretern des *kalam* üblich war. In seiner Darstellung des Nutzens der Logik dürfte, obwohl im ersten Teil seiner Arbeit enthalten, durchaus seine eigene Auffassung zu Wort kommen:

> Wir werden sagen, daß jeder Nutzen gering ist im Vergleich zu der ewigen Glückselig-keit, die die Glückseligkeit des anderen Lebens ist. Diese Glückseligkeit aber hängt von der Vollkommenheit der Seele ab. Die Vollkommenheit der Seele aber besteht in zweien, der Reinheit und dem Schmuck. Die Reinheit der Seele liegt darin, daß sie von häßlichen Sitten befreit und von unreinen Vorstellungen geheilt werde. Der Schmuck der Seele liegt darin, daß in ihr die Gewißheit der Wahrheit abgebildet wird, so daß ihr die göttlichen Wahrheiten geoffenbart werden, ja sogar das Sein des Ganzen seiner Ordnung nach; durch eine wahre Offenbarung, sage ich, die der Wahrheit entspricht, in der kein Irrtum und keine Verbergung vorhanden ist. [...] Und sie [d. h. die Seele] kann zwischen ehrenhaften und unehrenhaften Sitten nicht unterscheiden, es sei denn durch das Wissen. Daß aber die Formen von allem, was in der Seele ist, abgebildet werden, ist nichts anderes, als daß das Wissen von allem in ihr ist. Es gibt aber keinen Weg, um zum Wissen zu gelangen, es sei denn durch die Logik. Folglich besteht der Nutzen der Logik im Erfassen des Wissens. Der Nutzen des Wissens ist das Erlangen der ewigen Glückseligkeit. Wenn es also feststeht, daß die ewige Glückseligkeit nur durch die Vollkommenheit der Seele erreicht werden kann, die nur in der Reinheit und im Schmuck besteht, dann ist die Logik in der Tat eine Wissenschaft größten Nutzens. (*Logica Algazelis*. S. 241 f. Übers. v. F. S.)

| 253

Was al-Ghazali hier vorbringt, sind Argumente, die schon im 10. Jhd. zur Verteidigung der Logik vorgebracht wurden: Die Logik dient der Reinigung der Seele (ein durchaus interessantes Argument, das in der lateinischen Philosophie zur Verteidigung der Logik aber nicht verwendet wurde). Und al-Ghazali versuchte sogar, gegenüber seinen koranauslegenden Gesprächspartnern nachzuweisen, daß die Formen des Syllogis-mus schon im *Koran* Verwendung gefunden haben (Goldziher 1916. S. 31). Al-Ghazali behielt aber auch in seiner späteren Zeit, als er sich schon der Mystik zugewandt hatte, eine sehr rationale Haltung bei. Er strebte keinerlei Beschränkung der Wissenschaften durch die Korangelehrten an und wünschte eine strenge Bereichstrennung (wie es später ähnlich auch Albert der Große wünschte, vgl. Kap. XIII, 3):

> Man begeht ein goßes Verbrechen, wenn man glaubt, daß der Islam durch die Ab-lehnung dieser Wissenschaften zum Sieg gebracht werden kann. Denn das offen-barte Gesetz des Islam geht auf solche Wissenschaften nicht ein, weder positiv noch negativ, und diese Wissenschaften ihrerseits behandeln keine religiösen Themen.
> (*Der Erretter aus dem Irrtum*. S. 21)

Auch die Logik wird selbst in der späteren Phase von al-Ghazali nicht als solche angegriffen. Er sieht Probleme nur dort, wo von Logikern Bedingungen für Beweise in den religiösen Bereich getragen werden, die dort nicht erfüllt werden können, was er als ein »leichtsinniges« Vorgehen betrachtet (Ebd. S. 22). Im ganzen bleibt die Position al-Ghazalis zweideutig: Er bekämpft die Metaphysik, aber er bekämpft sie mit philosophischen Waffen. Wahrscheinlich ging es ihm aber in seiner späteren Phase vor allem darum Grenzen wissenschaftlicher und rationaler Erkenntnis aufzuzeigen, denn »jenseits der Vernunft gibt es ein anderes Stadium, in dem sich ein anderes Auge öffnet« (Ebd. S. 50).

Al-Ghazali war zunächst Lehrer in Bagdad an der berühmten Nizamiiyya-Schule, also in einer intellektuell höchst anregenden und anspruchsvollen Umgebung. 1095 geriet er jedoch in eine schwere intellektuelle Krise, die sich an der Frage entzündete, wie der Mensch zu Gewißheit gelangen könnte. Er verließ daher die Schule und seine Familie, um sich auf die Suche nach der inneren Gewißheit zu machen, und durchzog zehn Jahre lang, gekleidet in das Sufi-Gewand, die islamischen Länder. In den letzten Jahren seines Lebens wandte er sich ganz der sufistischen Mystik zu (zu den Sufis vgl. weiter unten 3).

i) Averroes

Mit ibn Rushd (1126–1198), bei den Lateinern Averroes genannt, sind wir im islamischen Spanien. In Cordoba, dem Zentrum des islamischen Teil Spaniens, geboren, ging Averroes nach Studien der Medizin und des Rechts zunächst in die Dienste des Sultans von Marokko, der ihn mit der Kommentierung der Werke des Aristoteles beauftragte. Dieser Auftrag kam dadurch zustande, daß ibn Tufayl (vgl. weiter oben d), der eigentlich diese Aufgabe hätte übernehmen sollen, dem Kalifen den jungen Averroes als vielversprechenden Gelehrten vorstellte.

Man muß sowohl die Philosophie des Averroes wie auch deren spätere Verurteilung im Kontext der politischen Geschichte jener Zeit sehen. In el-Andalus hatten 1147/1148 die Almohaden die bisher herrschende Almoraviden-Dynastie abgelöst. Die Almoraviden hatten angesichts der christlichen Bedrohung von Norden her auf strenge Bewahrung muslimischer Tradition und enge Gesetzesauslegung gebaut. Traditionsbewußtsein stärkt die Bereitschaft zur Verteidigung. Der *Koran* wurde ganz wörtlich ausgelegt, sogar die Lehren eines al-Ghazali wurden als zu intellektualistisch strikt abgelehnt. Die Almohaden hingegen setzten auf eine intellektuelle Führungsschicht, der sie große rationale Freiheit nicht nur zugestanden, sondern eine solche geradezu forderten. Die Almohadenherrscher wollten sich auf diese Intellektuellen-Elite stützen, der das Volk gegenübergestellt war, das nur sein muslimisches Glaubensbekenntnis zu lernen hatte. Rationalistische Prinzipien gehörten hier geradezu zur Ideologie der Herrscher. Um sich jedoch innerhalb der muslimischen Tradition legitimieren zu können, stützten sie sich auf die schon vorhandene Tradition der Verwendung griechischer Philosophie, der östlichen *falsafa*, die weiter ausgebaut werden sollte. Das Programm war allerdings nicht unbedingt avantgardistisch, sondern wies auch durchaus rückwärtsgewandte Züge auf. Die Wissenschaft in Bagdad, Kairo und anderen Zentren der islamischen Staaten war inzwischen in vieler Hinsicht über Aristoteles und die griechische Wissenschaft hinausgegangen. Schriften wie die al-Razis über *Zweifel über Galen* und al-Haytams über *Zweifel an Ptolemäus* zeigen dies deutlich an. Dem stellten verschiedene islamische Gelehrte das Motto »Zurück zu Aristoteles« gegenüber. Auch die Almohaden, die an die »alte« Bagdader Tradition anknüpfen wollten, vertraten in etwa diesen Standpunkt. Genau innerhalb dieses politisch-kulturellen Programms erhielt Averroes seine Stellung, seine Aufgabe und seine Bedeutung, obwohl seine einflußreiche Familie auf Seiten der Almoraviden gestanden hatte. Da diese östliche aristotelische Philosophie jedoch von al-Ghazali in dessen *Irrtümern der Philosophen (Destructio philosophorum)* scharf kritisiert worden war, mußte dem entgegengetreten werden. Also verfaßte Averroes nun seinerseits eine Schrift über die *Irrtümer der Irrtümer (Destructio destructionis)*, in der er sich mit der Position al-Ghazalis auseinandersetzte.

Averroes war jedoch nicht nur als Philosoph tätig, sondern war zeitweilig auch Kadi, also Richter, und zwar in Sevilla, der damaligen Hauptstadt des Kalifats, sowie dann auch in Cordoba. Die juristischen Schriften des Averroes sind weniger bekannt als die philosophischen, deshalb aber nicht weniger bedeutend. In einer umfangreichen Schrift verglich er mit streng logischen Verfahren die verschiedenen Schulen des islamischen Rechts. Auch dieses Unternehmen fügte sich in den Rahmen der rationalistischen Politik der Almohaden, die sich nicht an eine partikuläre Rechtsschule binden wollten. Dann war Averroes aber auch wieder als Hofarzt des Kalifen tätig. Als Jurist Chef des obersten Gerichts und zugleich ein von Herrschern gesuchter guter Arzt zu sein ist schon eine Leistung! Ab 1190 geriet der rationalistische Kalif allerdings in Bedrängnis. Die Christen drangen von Portugal aus vor, zusätzlich gab es Aufstände im Herrschaftsgebiet in Nordafrika. Der Kalif brauchte die Unterstützung der Massen, die aber unter dem Einfluß der konservativen Koranausleger und Juristen standen, die für den ihnen liberal erscheinenden Averroes schon seit langem keinerlei Sympathien hatten. Der Kalif mußte diesem Druck nachgeben und opferte dafür politisch seine rationalistische Theorie und einige der intellektuellen Exponenten derselben, darunter auch Averroes. Der Almohadenkalif kehrte also. nicht aus Überzeugung, sondern unter politischem Zwang, zur Praxis der Almoraviden zurück. Damit war wieder jene Richtung der muslimischen Orthodoxie zur Herrschaft gelangt, die an enger Auslegung des *Koran* und strenger Einhaltung der Gesetze orientiert war. 1195 wurde Averroes verbannt und mit Ausnahme der naturwissenschaftlichen Schriften wurden seine Werke verbrannt und ihre Lektüre unter Strafe gesetzt. Averroes ging nach Marrakesch. Kurz vor seinem Tod wurde er indes noch rehabilitiert, konnte jedoch nicht mehr nach Cordoba zurückkehren.

Der Ruhm des Averroes beruht auf seinen *Aristoteles-Kommentaren*. Dies muß man allerdings präzisieren. Sein Ruhm beruht auf der Verwendung seiner Kommentare in der jüdischen und dann in der lateinischen Philosophie des Mittelalters, denn im islamischen Bereich wurden diese Schriften eigentlich gar nicht mehr rezipiert. Für das Weiterexistieren seiner Schriften waren die jüdischen Philosophen, die seit Maimonides an Averroes orientiert waren (vgl. Kap. X, 2, h), von entscheidender Bedeutung. Viele seiner Werke sind nur in hebräischen Übersetzungen oder im arabischen Text, aber mit hebräischen Buchstaben geschrieben, erhalten. Manche Texte sind auch nur in der lateinischen Übersetzung überliefert. Wenn in einem lateinischen Text des Mittelalters ohne irgend eine Namensnennung nur vom *commentator* gesprochen wird, so ist damit fast immer Averroes gemeint. Averroes fand in Cordoba eine Art der Aristoteles-Interpretation vor, die jener der Schule von Bagdad sehr ähnlich war. Schon im 10. Jhd. war durch ibn Abdun, der in Bagdad Medizin studiert hatte, die Logik entsprechend der dort üblichen Weise der Behandlung nach Cordoba gebracht worden. Die Kommentare al-Farabis wurden dann auch in Spanien zum Maßstab. In der Generation vor Averroes hatte ibn Bajjah (gest. 1138) einige Aristoteles-Kommentare dieser Art verfaßt. Letzterer wurde dem lateinischen Westen, wo er Avempace genannt wurde, allerdings nicht durch diese Kommentare, sondern durch die Schrift *Herrschaft des Einsiedlers* bekannt, einer mystischen Schrift, die den Aufstiegsweg der Seele bis zum aktiven Intellekt, der ersten Emanationsstufe nach und aus Gott, beschreibt.

Averroes hat in vielen Fällen zu ein und derselben aristotelischen Schrift mehrere Kommentare verfaßt, allerdings jeweils in verschiedenem Umfang. Seine Kommentierung hatte eine klare methodologische Ausrichtung. Er hatte richtig erfaßt, daß frühere Aristoteles-Kommentatoren aus dem islamischen Bereich die Texte des Aristoteles aufgrund neuplatonischer Voraussetzungen nicht korrekt interpretiert hatten, und versuchte deshalb, den »authentischen« Aristoteles zu erheben. Die Position des Averroes bei seinen Aristoteles-Interpretationen konfrontiert uns mit einer jener sonderbaren realen Paradoxien, die in der Philosophiegeschichte nicht selten sind. Averroes stammte aus einer den Almoraviden ergebenen Familie. Sein Großvater war an der noch heute – als Kirche – zu bewundernden Moschee in Cordoba in wichtigen Positionen tätig gewesen. Und unter den Almoraviden wurde, wie gesagt, der *Koran* ganz textnah und ohne symbolische Deutung, wie die Fatimiden in Kairo sie liebten, interpretiert. Nun wurde Averroes von den aufgeklärten Almohaden mit der Aristoteles-Interpretation beauftragt, die er aber ganz *konservativ-traditionalistisch* und sogar entsprechend den Almoraviden-Regeln der *Koran*-Exegese durchführte, wodurch aber das Ergebnis geradezu *revolutionär aufgeklärt* wurde. Er befreite so nämlich weithin die Aristoteles-Texte von ihrem längst beinahe selbstverständlich gewordenen mystifizierenden neuplatonischen Überbau. Averroes lehnte als korrekter Aristoteliker die *emanatianistische Metaphysik* Avicennas entschieden ab, denn daß eine solche nicht aristotelisch sein konnte, war ihm völlig klar. Das Universum wird bei Averroes aristotelisch als Ordnungsgefüge gedacht, das auf seine inneren Formprinzipien hin zu untersuchen ist. Die Dinge haben eigene, ihnen immanente Formen, Universalbegriffe bildet der Verstand nachträglich, und diesen Universalbegriffen kommt nur Verstandesrealität zu, d. h. es gibt keine allgemeinen Wesenheiten »an sich«. Wenn wir jedoch die Dinge nach ihrer Aktualität und nach ihrer – ihnen immanenten und ihnen nicht vorausliegenden – Potentialität untersuchen und somit auch nach ihren Prinzipien der Bewegung und des Werdens fragen, so gelangen wir schließlich zu einer ersten Ursache und einem unbewegten Beweger. Dieser unbewegte Beweger wird bei Averroes, auch dies im Sinn des Aristoteles, mit Gott identifiziert, der das »sich selbst denkende Denken« ist (vgl. 1. Teil, Kap. X, 4, c). Allerdings wird bei ihm wie bei Avicenna und wie ganz ähnlich schon in der christlichen Antike dieser Gottesbegriff in unaristotelischer Weise – was Averroes selbstverständlich genau weiß – durch eine Willensbestimmung »ergänzt«: Das göttliche Denken ist zugleich Wollen. Und dies bedeutet, daß das göttliche Denken *willenshaft-schöpferisches Denken* ist, womit Averroes der im Koran enthaltenen Gottesvorstellung entgegenkommt. Damit ist allerdings *nicht* angenommen, daß auch ein *zeitlicher Anfang* der Welt gegeben wäre, denn das göttliche Wollen ist eben schöpferisches göttliches Wollen, und das heißt: ewiges Wollen. Die Welt ist also der aristotelisch-averroistischen Auffassung nach ewig. Und hier war ein Konfliktpunkt mit den Vorstellungen des *Koran* gegeben (vgl. schon die Liste der »Irrtümer« bei al-Ghazali weiter oben).

    Am meisten Anstoß in der islamischen und später in der christlichen Philosophie erregte Averroes jedoch mit seiner *Seelenlehre*. Er nahm nämlich – wobei er wahrscheinlich Aristoteles richtig interpretierte – an, daß der individuelle Intellekt in seinen höheren Fähigkeiten an einem ewigen Intellekt teilhat, ohne deshalb als individueller selbst ewig, d. h. unsterblich, zu sein. Einfach ausgedrückt: Aus der Tatsache, daß der menschliche Geist unveränderliche und in diesem Sinne ewige Wahrheiten erkennen kann, folgt nicht, daß er selbst als einzelner, individueller Geist unsterblich ist. Averroes behauptete jedoch, mit seinen Auffassungen weder der Lehre von der Schöpfung noch der von der persönlichen Unsterblichkeit, wie sie im *Koran* enthalten ist, zu widersprechen, und das war nicht unmittelbar einsichtig. Man muß allerdings sehen, daß er das Verhältnis von Philosophie und Religion nicht als einschichtiges ansah. Er setzt dieses Verhältnis – ähnlich wie al-Farabi – zu verschiedenen Argumentationsformen des aristotelischen *Organon* und der *Rhetorik* und *Poetik* in Beziehung.

Da der Zweck der Religion die Belehrung über wahre Wissenschaft und wahre Praxis ist, die Belehrung aber zwei Objekte hat, Begreifen und Führwahrhalten, wie das die Scholastiker auseinandersetzen, die Methoden des Führwahrhaltens, die bei den Menschen sich finden, drei sind, die demonstrative, dialektische und rhetorische, die Wege des Begreifens zwei, das Ding selbst und sein Bild, und da nicht alle Menschen vermöge ihrer Naturanlagen der Demonstration fähig sind, auch nicht der dialektischen Sätze, geschweige der demonstrativen, wozu noch kommt, daß die Belehrung über demonstrative Sätze viele Schwierigkeiten darbietet und eine lange Zeit selbst für denjenigen erfordert, der Mannes genug ist, sie zu erlernen, und da die Religion zum Zweck hat, alle insgesamt zu unterrichten, so ist notwendig, daß die Religion alle Arten von Methoden des Führwahrhaltens und die Arten der Methoden des Begreifens in sich enthalte. (*Harmonie der Religion und Philosophie.* S. 20)

Dies ist im Ausdruck vorsichtig, der Sache nach jedoch ziemlich klar. Daraus ergeben sich verschiedene Menschengruppen mit jeweils verschiedenem Koranverständnis: (1) Die meisten Menschen sind nur in der Lage, die Wirklichkeit aufgrund sinnlicher Wahrnehmung zu erfassen. Für diese Menschen sind die *bildlichen Vorstellungen* des *Koran* geeignet, so z. B. die eines Lebens nach dem Tode mit entsprechender Belohnung oder Bestrafung. Um sie den Menschen nahezubringen, muß man die *Rhetorik*, d. h. die Kunst der Überredung, einsetzen. Man arbeitet hier mit Ermahnungen und Versprechungen und appelliert an Gefühle. (2) Eine nächste Gruppe ist in der Lage, *Wahrscheinlichkeitsargumente* zu erfassen und gibt sich mit solchen zufrieden. Hier also wird mit der Dialektik im Sinne der *Topik* gearbeitet, und dies ist die Weise, in der die Theologen und Juristen den *Koran* verwenden. (3) Schließlich gibt es Menschen, die auf allen Gebieten *wissenschaftliche Argumente* fordern, was bedeutet, daß hier mit demonstrativen Beweisen im Sinne der aristotelischen *Analytiken* gearbeitet wird. Für diese Menschen liefert der *Koran* Material zu philosophischer Durchdringung (Ebd. S. 22). Die Erkenntnisse dieser letzten Gruppe werden von Averroes unter eine Art Arkandisziplin gestellt:

Diese Interpretation darf den Dialektikern, geschweige der großen Masse, nicht ausdrücklich mitgeteilt werden. Teilt man etwas von diesen Interpretationen einem Unwürdigen mit, besonders demonstrative Interpretationen, weil sie den gemeinen Kenntnissen allzu ferne liegen, so führt dies beide, den Mitteiler und den Hörer, zum Unglauben. Der Grund davon ist der, weil sein Zweck auf die Aufhebung des Wortlautes und die Festsetzung des Interpretierten geht: wenn nun der Wortlaut für den, dem eigentlich bloß der Wortlaut zugänglich ist, aufgehoben wird, ohne daß für ihn das Interpretierte feststeht, so führt dies zum Unglauben, wenn die Sache zu den Prinzipien der Religion gehört. Die Interpretationen dürfen der großen Masse nicht ausdrücklich mitgeteilt und nicht in den rhetorischen oder dialektischen Büchern niedergelegt werden, nämlich in den Büchern, worin die Gegenstände nach diesen beiden Methoden behandelt werden. (Ebd. S. 22).

Hier wird also von der »Aufhebung des Wortlauts« des *Koran* gesprochen, und es wird gleichzeitig gefordert, die Interpretationen, die auf dieser obersten Ebene der Wissenschaftlichkeit geliefert werden, streng geheimzuhalten, sowohl vor der Klasse der Korangelehrten als auch vor der großen Masse der Gläubigen. Man wird es den Korangelehrten allerdings nicht ganz übelnehmen dürfen, wenn diese vermuteten, Averroes liefere auf dieser Ebene Interpretationen, die einzelnen Lehren des Islam schlichtweg widersprechen, also etwa, daß er für die Masse und deren Koranlehrer zuläßt, daß diese eine Weltschöpfung und eine zeitliche Welt nach der Vorstellung innerweltlicher Herstellungsvorgänge annehmen, wogegen die Philosophen keine zeitliche, sondern eine ewige Welt annehmen. Und genau eine solche Auffassung wäre eben die Annahme einer »doppelten Wahrheit«, deren Anhänger gesellschaftlich davor geschützt werden sollen, als »Ungläubige« entlarvt zu werden, insofern eine strenge Geheimhaltung der »anderen« Interpretationen gefordert wird. Tatsächlich läßt sich die Frage, wie Averroes es mit bestimmten Sätzen des islamischen Glaubens nun wirklich gehalten hat, nicht eindeutig beantworten, und man kann nicht ausschließen, daß Averroes solche Unklarheiten bewußt stehen ließ. Averroes war sicher nicht der einzige Intellektuelle im Umkreis der Almohaden, die ja zunächst selbst eine auf Aufklärung beruhende Politik betrieben hatten, der eine solche »aufgeklärte« Position vertrat. Die islamischen orthodoxen Theologen erkannten aber deutlich die Gefahr, die von einer solchen Philosophie für die religiösen Vorstellungen des Islam ausging, und als die Herrscher dann die Unterstützung des Volkes und damit die der orthodoxen Theologen benötigten, wurde gesellschaftlich dem griechisch-aristotelischen Rationalismus der Boden entzogen. Dieses Ziel war gegen Ende des 12. Jhd.s erreicht, mit Averroes ist im islamischen Bereich die breite Verwendung aristotelischer Philosophie zu Ende und die muslimische Gesellschaft hat dies zum großen Teil begrüßt. Ein Zeugnis dafür liefert ibn Khaldun (vgl. zu diesem den folgenden Punkt), der im 14. Jhd. rückblickend schreibt:

Es gelang diesen Wissenschaften, auf die islamische Gemeinschaft und ihre Angehörigen Einfluß zu nehmen. Sie beeindruckten viele Menschen, die sich zu ihnen hingezogen fühlten und ihren Anschauungen folgten. Wer so verfuhr, beging eine Sünde. (*Buch der Beispiele.* S. 251)

Ibn Khaldun berichtet dann, daß im Zuge des allgemeinen politischen Niedergangs in Andalusien und in Nordafrika auch die Wissenschaften zurückgegangen sind, und er stellt, wohl mit Genugtuung, für seine eigene Zeit fest:

Man kann auf sie [d. h. die Philosophie] bei einzelnen Persönlichkeiten stoßen, die aber unter der Kontrolle der sunnitischen religiösen Gelehrten stehen. (Ebd. S. 251)

Die Kontrolle der religiösen Gelehrten blieb, und die »einzelnen Persönlichkeiten«, die sich noch mit Philosophie beschäftigten, gaben diese Tätigkeit mit der Zeit auf. Anfang des 14. Jhd.s konnte Ibn Taymiyya (gest. 1328) berichten:

Ein bedeutender Richter unserer Zeit wurde gefragt: »Ist Ibn Sina [= Avicenna] einer der muslimischen Philosophen?« Darauf antwortete dieser: »Der Islam hat keine Philosophen.« (*Against the Greek Logicians.* S. 113. Übers. v. F. S.)

In el-Andalus waren die Herrscher unter dem Druck der Reconquista gezwungen, ihre aufgeklärte und philosophie-freundliche Politik aufzugeben, um die Unterstützung der Koran-Gelehrten und deren Einfluß auf das Volk zu gewinnen. Die Situation in Damaskus und Bagdad im 13. und 14. Jhd. war aber durchaus der in el-Andalus ähnlich. Im 13. Jhd. war das Kalifat in Bagdad von innen durch Machtverfall und von außen durch die Mongolen bedroht. Auch hier also ging es um die Mobilisierung aller traditionellen Kräfte. Suhrawardi (vgl. zu diesem weiter unten) ist hier einzuordnen. Letzlich erfolgreich war all dies nicht, 1258 wurde Bagdad von den Mongolen eingenommen. Syrien war im 14. Jhd. ebenso wie el-Andalus unter großer militärischer Bedrohung, sowohl von Seiten der Kreuzfahrer wie von Seiten der Mongolen. Die Traditionalisten hatten also auch dort ihre Anhänger. Ibn-Tamiyya, einer der schärfsten Gegner griechischer Philosophie, lebte in Damaskus und war in den Verhandlungen mit den Mongolen tätig, die 1300 Damaskus belagerten. Der äußere Druck ließ in Cordoba, Damaskus und Bagdad kaum noch Spielraum für die »fremden Wissenschaften«.

Ibn Khaldun wußte sogar, daß inzwischen der lateinische Westen mit aller Energie die entsprechenden Studien aufgenommen hatte:

Uns ist ferner zu Ohren gekommen, daß diese philosophischen Wissenschaften in den Ländern der Franken auf dem Gebiete Roms und den angrenzenden Gebieten der nördlichen Mittelmeerküste gedeihen. Man hört, daß diese Wissenschaften dort von neuem studiert werden, daß es zahlreiche Klassen gibt, in denen sie gelehrt werden, daß umfassende gesammelte Schriften von ihnen existieren und sie viele Studenten haben. (*Buch der Beispiele.* S. 252)

Die Philosophie im Sinne der *falsafa* war also den Weg von Alexandrien nach Bagdad gegangen, hatte dann in el-Andalus Station gemacht, war dann unter die Kontrolle der Islamgelehrten geraten und hatte sich im 13. Jhd. weiter auf den Weg nach Paris und Oxford gemacht. Dies ist nicht unsere moderne Interpretation, sondern die eines gut informierten islamischen Gelehrten aus dem 14. Jhd. Sie mag stilisiert und ideologisch belastet sein, und sie wird von Historikern inzwischen auch erheblich relativiert, ganz falsch ist sie aber doch nicht.

Eine Abschlußbemerkung: Bei westlichen Historikern läßt sich manchmal die Tendenz feststellen, die Philosophie im Bereich des Islam vor allem in ihrer Vermittlerrolle für die Philosophie des lateinischen Mittelalters zu sehen. Die muslimische Philosophie hat nun tatsächlich diese Rolle gespielt, darauf wird noch zurückzukommen sein (vgl. Kap. XI, 2). Will man sich jedoch mit kulturgeschichtlichen Fragen befassen, so kann dieser Gesichtspunkt nicht ausreichen. Die Aufnahme griechischer Philosophie in der islamischen Kultur war keineswegs ein Prozeß, der spannungsfrei vor sich ging, und sie war schließlich ein Prozeß, der sich aus der Sicht islamischer Philosophen späterer Zeit nur als Übergangsperiode darstellt, als eine Art Reifungsprozeß, an dessen Ende nur sehr wenig von griechischer Philosophie übrigblieb, was aus dieser Sicht keineswegs einen Mangel darstellt. Was sich aus westlicher Perspektive als *Ende* darstellt, ist aus islamischer Perspektive erst der eigentliche *Anfang echt islamischer Philosophie*. Kennzeichnend für eine solche Sicht ist eine Vision des bedeutenden und äußerst einflußreichen persischen Philosophen Suhrawardi (1154–1191): Aristoteles selbst teilt Suhrawardi mit, daß die muslimischen Peripatetiker es nicht geschafft haben, die wirkliche Weisheit zu erlangen, wie es Mystikern wie abu Bistami und al-Halladasch (vgl. dazu auch den folgenden Punkt 3) gelungen ist (vgl. Ziai. In: Nasr/Leaman 1996. S. 444 f. und S. 453 f.). Schon H. Corbin (vgl. Lit. Verz.) hatte nachdrücklich darauf hingewiesen, daß die islamische Philosophie mit Averroes keineswegs zu Ende ist, und auch in einer aus unserer Zeit stammenden repräsentativen Darstellung (Nasr/Leaman 1996) stellt Averroes den Endpunkt einer bestimmten Entwicklung, aber keineswegs das Ende der islamischen Philosophie dar. Mit Suhrawardi beginnt eine neue Periode der islamischen Philosophie, die bis in unsere Gegenwart reicht. Allerdings steht diese Form der Philosophie den Wissenschaften, mit denen sie in der islamisch-aristotelischen Philosophie immer in Verbindung gestanden hatte, fern. Und man kann auch feststellen, daß die islamischen Länder seit dem Ausscheiden der aristotelischen Philosophie und Wissenschaft für lange Zeit den Kontakt mit der modernen Entwicklung der Wissenschaften verloren haben.

j) Ibn Khaldun

Geschichte gehört nach dem aristotelischen und ebenso nach dem arabischen Wissenschaftskanon nicht in den Bereich der Wissenschaften, weil sie nicht mit allgemeinen Aussagen arbeitet. Es gibt keine historischen Gesetze wie es Naturgesetze gibt. Keinesfalls ist die Geschichte nach diesem Verständnis eine philosophische Disziplin, und insofern gehört ibn Khaldun (1332–1406), wohl der bedeutendste mittelalterliche Historiker des islamischen Bereichs, nur in eingeschränktem Sinn zu unseren Autoren. Aber schon im Zusammenhang mit dem eben zu Averroes Ausgeführten ist ibn Khaldun aufschlußreich: Die Geschichtsschreibung lebt aus ganz anderen Wurzeln als die Philosophie, und so wurde sie auch von der Zurückdrängung der Philosophie bei den Muslimen im 13. und 14. Jhd. in keiner Weise betroffen. Ibn Khaldun gehört jedoch trotzdem von unserem heutigen Standpunkt aus in die Geschichte der Philosophie, weil er wie kein anderer innerhalb der islamischen Geschichtsschreibung (von der lateinischen Geschichtsschreibung dieser Zeit reden wir in diesem Zusammenhang besser gar nicht) eine philosophisch äußerst relevante Frage gestellt hat: Sind *Verallgemeinerungen* bei der Beschreibung historischer Vorgänge möglich, und welchen Erklärungswert haben solche Verallgemeinerungen? Diese Terminologie ist unsere heutige, das Sachproblem aber ist das ibn Khalduns. Sein Ziel war nicht eine den Herrscher verherrlichende Chronik, sondern der Versuch, eine *Erklärung für den Abstieg der arabischen Reiche* im Vergleich zu deren glorreicher Vergangenheit zu finden. Unter die Faktoren dieses Abstiegs dürfen wir aber nicht, wie wir es vielleicht aus unserer Perspektive gerne tun würden, die Kreuzzüge rechnen. Diese stellen im Bewußtsein der arabischen Geschichtsschreibung nur eine, und nicht einmal sonderlich relevante Episode dar. Als entscheidender Einschnitt hingegen war die Einnahme und Zerstörung Bagdads im Jahre 1258 durch die Mongolen empfunden worden; ebenso der ständige Gebietsverlust in Spanien, wo im 14. Jhd. nur noch das Emirat Granada übriggeblieben war. Und im Osten wurde der aus Zentralasien eingerückte Timur (1336–1405) und sein Heer zu einer wachsenden Bedrohung der arabischen Kalifen.

Ibn Khaldun stammte aus einer arabischen Familie, die seit Jahrhunderten in Südspanien gelebt hatte, die sich jedoch unter dem Druck der Reconquista nach Nordafrika zurückgezogen hatte. Seine Fragen über den Verlauf der Geschichte waren nicht einfach theoretischer Natur, er war nicht nur Beobachter der Geschichte, sondern selbst Handelnder bzw. Verhandelnder in der realen Politik. Er verstand es, seine juristische Lehrtätigkeit mit diplomatischen Missionen zu verbinden. Während eines nur zwei Jahre dauernden Aufenthalts in Granada wurde er 1364 beauftragt, Verhandlungen mit Pedro dem Grausamen (1334–1369) zu führen, um Möglichkeiten eines Friedensschlusses mit den (sogenannten) christlichen Herrschern des nördlichen Spaniens zu sondieren. Und noch 1401 verhandelte er im Auftrag des Sultans von Damaskus mit Timur – Ibn Khaldun kannte die Sieger.

Ibn Khaldun verfaßte ein großes Geschichtswerk, das die islamische Geschichtsschreibung der folgenden Jahrhunderte geprägt hat. Besonders aufschlußreich ist der erste Band, die *Muqaddima*, eine theoretische Einführung und Einleitung zu den weiteren Bänden. Das Verständnis der Aufgaben der *Geschichtswissenschaft* (ich spreche hier bewußt von »Wissenschaft«) ist bei ibn Khaldun ein ganz und gar »unmittelalterliches«, insofern es bei ihm primär um *Kulturwissenschaft* geht und Herrscher nur als untergeordnete Faktoren des Bereichs »Kultur« aufgefaßt werden:

Wisse, daß der eigentliche Sinn der Geschichte darin besteht, Kunde über den menschlichen Zusammenschluß, der die Kultur der Welt darstellt, zu geben, ferner darüber, was dem Wesen dieser Kultur an Zuständen eigen ist, so z. B. die Wildheit, die Zivilisiertheit, die *asabiyat*, die verschiedenen Formen der Überlegenheit eines Teiles der Menschen über andere und die hieraus resultierende Herrschaft, die Dynastien und ihre Ränge, des weiteren der Erwerb, die Arten, sich den Lebensunterhalt zu erwirtschaften, die Wissenschaften und die menschlichen Fertigkeiten, denen sich die Menschen mit ihren Tätigkeiten und Bestrebungen widmen, sowie alle weiteren Zustände, die aus dem Wesen dieser Kultur hervorgehen können. (*Buch der Beispiele*. S. 39)

Die Auffassung der Geschichte ist bei ibn Khaldun durchaus empirisch und rational. Er stellt ausdrücklich die Frage nach wahr und falsch in der Geschichtswissenschaft und fordert für die Wahrheit als notwendige Bedingung, daß die Ereignisse im Bereich des Möglichen liegen müssen (Ebd. S. 43). Was möglich ist, muß sich aus empirischen Verallgemeinerungen ergeben. Ein Beispiel: Von einer Stadt mit einer Stadtmauer mit zehntausend Toren zu berichten, ist unsinnig, weil eine solche Stadtmauer ihrem Zweck, nämlich Schutz zu bieten, nicht entsprechen könnte (Ebd. S. 42). Eine solche Stadtmauer wäre zwar weder logisch noch auch technisch unmöglich, ist aber im Bereich historischer Verallgemeinerungen eine vernunftwidrige Annahme. Dabei bleibt ibn Khaldun durchaus Muslim und nimmt somit ein direktes Eingreifen Gottes in und durch Mohammed an, allerdings paßt sich bei ibn Khaldun dieses »übernatürliche« Handeln Gottes erstaunlich gut an die natürlichen Gegebenheiten der Stammesverfassung und der weiteren Bildung einer Herrschaft an. Und mit dem Tod der letzten Gefährten Mohammeds kehrt nach ibn Khaldun die Geschichte, die ja außerhalb des Einflußbereichs Mohammeds ohnedies ihren | 263 normalen Gang weiterging, definitiv zur »Normalität« zurück. Empirisch verallgemeinert sind also die empirisch feststellbaren Ereignisse der Geschichte trotz Mohammed ganz »normal«.

Ibn Khaldun beansprucht somit, im Bewußtsein, daß dies *neuartig* und ungewöhnlich ist, für die *Geschichtsschreibung* den Charakter einer eigenen, spezifischen *Wissenschaft*:

Es handelt sich um eine selbständige Wissenschaft: Sie besitzt einen eigenen Gegenstand – die menschliche Kultur und den menschlichen Zusammenschluß. Sie hat ferner eigene Fragestellungen – Schritt für Schritt die Aspekte und Zustände aufzuzeigen, die zum Wesen der menschlichen Kultur gehören. (Ebd. S. 44)

Sehen wir uns ein Beispiel seines Vorgehens an. Die Menschen sind nach ibn Khaldun charakterisiert durch Aggressivität, was aus ihrer großen Nähe zum Tierreich herrührt. Aus diesem Grund sind Ordnungssysteme, also Herrschaft, erforderlich. Herrschaft spielt sich dabei in einem Zyklus zwischen Führern von Stämmen und Zentralherrschaft ab. Die Zentralherrscher lösen die rivalisierenden Stammesfürsten ab, sie verfallen dann langsam aber sicher der Trägheit und dem Luxus, erhöhen die Steuern zu sehr, erregen damit den Unmut des Volkes, und dies ist dann wiederum die Stunde der Stammesfürsten. Ganz unsentimental beschreibt ibn Khaldun die Basis der Zentralherrschaft:

Wisse, daß das Fundament königlicher Herrschaft auf zwei Pfeilern ruht, die beide nicht fehlen dürfen. Der erste ist Macht und *asabiya*, die ihren Ausdruck im Heer finden. Der zweite Pfeiler ist das Geld, welches eben jene Soldaten unterhält und alle die für königliche Herrschaft notwendigen Dinge vermittelt. Nimmt die Dynastie Schaden, so geschieht das in Verbindung mit diesen beiden Pfeilern. (Ebd. S. 162)

Asabiya (im Plural *asabiyat*) ist ein zentraler Begriff in der Geschichtstheorie ibn Khalduns, der das Zusammengehörigkeits-Bewußtsein zum Ausdruck bringt, das primär Familien- und Stammeszugehörigkeit betrifft, aber auch andere Gruppierungen umfassen kann. Ibn Khaldun weiß, daß Geld und militärische Macht für eine solche Zusammengehörigkeit ebenso wichtig sein können wie Zugehörigkeit zu einer Familie oder zu einem Stamm. Die wichtigsten Ministerien sind also das Finanzministerium und das Verteidigungsministerium, funktioniert eines dieser beiden nicht, gerät die Herrschaft in Gefahr. Lassen wir einmal die Schäden, die in Verbindung mit dem Heer auftreten können, beiseite und hören wir, was ibn Khaldun zu den Schäden in Hinsicht auf die Finanzen sagt:

Wisse, daß die Dynastie zu ihrem Beginn nomadischer Natur ist, wie bereits ausgeführt wurde. Milde gegenüber den Untertanen, Genügsamkeit bei den Ausgaben und Achtung vor dem Hab und Gut sind die charakteristischen Eigenschaften (in dieser Phase). Die Dynastie vermeidet bei der Steuer Überspitzungen sowie Übertreibungen und Spitzfindigkeiten beim Eintreiben von Geld sowie bei den Berechnungen durch die Staatsbeamten. In dieser Zeit gibt nichts zu maßlosen Ausgaben Anlaß, so daß die Dynastie nicht sehr viel Geld benötigt. Dann erlangt man die Vorherrschaft, und das Königtum wird stark und mächtig. Es beansprucht Luxus, und aus diesem Grunde steigen die Aufwendungen. Die Ausgaben des Herrschers und der Angehörigen der Dynastie wachsen generell an, was Auswirkungen auf die städtische Bevölkerung hat. [...] Der Herrscher muß auf die Preise der Verkaufswaren auf den Märkten Gebühren aufschlagen, um die Einnahmen reichlicher fließen zu lassen. [...] Später werden die Gewohnheiten noch luxuriöser, so daß für sie die (schon erhöhten) Gebühren nicht mehr ausreichen. In der Anmaßung und Gewalt gegenüber ihren Untergebenen erreicht die Dynastie schon ein hohes Maß. [...] Die Politik des Inhabers der Dynastie geht dann dazu über, mit Hilfe von Geld die Lage günstig(er) zu gestalten. Er hält dies für geschickter als die Hilfe des Schwertes. [...] Die Altersschwäche der Dynastie wird überdeutlich, und die Bevölkerung der Provinzen beginnt sich aufzulehnen. (Ebd. S. 165–167)

Damit beginnt dann wieder die Zeit der Stammesfürsten usw. Ibn Khaldun arbeitet also mit empirischen Theorien, die zur kausalen Erklärung von historischen Ereignissen dienen. Darin sind verallgemeinerungsfähige Aussagen soziologischer, psychologischer und kulturgeschichtlicher Art enthalten, die empirisch bestätigt oder auch widerlegt werden können. Da ist nichts von Niederlagen als Strafen Gottes zu hören, da wartet niemand auf die Ankunft eines Gottesreiches. Im Vergleich zu lateinisch-augustinischer Geschichtsphilosophie und zu den Erwartungen eines Joachim von Fiore ist ibn Khaldun in entscheidender Hinsicht empirischer und rationaler. Aber auch im Vergleich zu al-Farabis »Musterstaat« mit seinem idealen Herrscher, der zugleich Philosoph und Imam ist, erweist sich ibn Khaldun als der bessere »Philosoph« der politischen Geschichte. Er weiß genau, daß weder der Musterstaat noch der ideale Herrscher in irgendeiner Weise mit historischen Realitäten in Verbindung gebracht werden kann. Man muß allerdings sehen, daß zwischen der Zeit al-Farabis und der ibn Khalduns ein historisches Ereignis eine grundlegende Änderung in den Voraussetzungen politischer Theorie gebracht hatte. Beim Mongoleneinfall 1258 wurde der Kalif al-Musta'sim getötet und seither war die Vorstellung eines Kalifen nur noch Erinnerung oder Idealbild, aber keine historische Realität mehr. Herrschaft war damit entsakralisiert und man konnte die tatsächlichen Herrscher, die Sultane, mit ganz profanen Augen betrachten. Für ibn Khaldun haben daher Erklärungswert und somit Relevanz für aktuelle politische Entscheidungen nur empirisch überprüfbare Verallgemeinerungen. Der oben angeführte Text liefert ein Beispiel einer empirischen Verallgemeinerung sich folgender Zustände, deren Geltung (leider) bis heute überprüft werden kann.

3. Die Bewegung der Sufis

Es soll in keiner Weise der Eindruck erweckt werden, daß hier auch nur andeutungsweise die Geschichte des Sufismus behandelt werden und dessen Grundanliegen dargestellt werden könnten – wer daran interessiert ist, sei auf die umfangreiche Arbeit von A. Schimmel (vgl. Lit.-Verz.) verwiesen. Eine Deutung des Sufismus ist schwierig, wie es die Deutung der Mystik immer ist. Die islamische Mystik hat ohne Zweifel zahlreiche Anregungen aus anderen – neuplatonischen, christlichen, buddhistischen – Bewegungen aufgenommen, sie hat jedoch ihre ganz eigene Ausrichtung. Die Einzigkeit Gottes und deren von allen rationalen Methoden unabhängige Erfahrung steht im Zentrum. Diese Erfahrung unterscheidet sich aber von anderen – z. B. neuplatonischen – Formen der Mystik, insofern bei den Sufis diese Erfahrung nicht im intellektuellen und letztlich an der Anschauung *(visio)* orientierten Bereich gesucht wird, sondern in einer Erfahrung der *Liebe*, die sich auf die *Beziehung von Schöpfer und Geschöpf* beruft. Diese willensbetonte Form ist durch die islamische Gottesvorstellung begründet, in der Allah als handelnde Person zentral ist. Nichtsdestoweniger gibt es auch in der Sufi-Mystik den intellektualistisch-gnostischen Typ, häufig sind die beiden Formen kaum zu unterscheiden. Im Prinzip wäre in der islamischen, an der individuellen Persönlichkeit Gottes orientierten Mystik auch die Vorstellung des Aufgehens im Einen oder des Eingehens in das Eine, wie wir es aus neuplatonischen Texten kennen, nicht zulässig. Aber auch hier verschwimmen die Grenzen, wenn davon gesprochen wird, daß der Liebende und der Geliebte eins werden. Bei allen Schriften der Sufis stehen wir vor dem fast unlösbaren Problem der Interpretation der Sprache der Mystiker (aller Spielarten), die zu ihren Texten fast immer die hermeneutische Warnung hinzufügen, daß das »Eigentliche« unsagbar ist und nicht in Worte gefaßt werden kann. Nehmen wir als Beispiel für diese Sprache einen Text von einem der berühmtesten Sufi-Meister der frühen Zeit, al-Halladasch, der 922 hingerichtet wurde – was schon zeigt, daß die Sufis innerhalb der islamischen Gesellschaft eine keineswegs unumstrittene Bewegung darstellten. Ein Text von ihm schildert in poetischer Form das Ziel der Sufis:

> Das Verständnis der geschaffenen Wesen hat keine Beziehung zur Wirklichkeit,
> und die Wirklichkeit hat keine Beziehung zum Geschaffenen.
> Die Gedanken sind Bande,
> und die Bedingungen der erschaffenen Wesen erreichen nicht die Wirklichkeiten.
> Das Erfassen des Wissens von der Wirklichkeit ist schwer –
> Das der Wirklichkeit der Wirklichkeit wieviel mehr!
> Die Wahrheit liegt hinter der Wirklichkeit,
> und die Wirklichkeit diesseits der Wahrheit.
> Der Falter fliegt um das Kerzenlicht,
> bis der Morgen anbricht,
> und kehrt zu seinesgleichen zurück,
> berichtet ihnen von des Zustandes Glück
> mit lieblichstem Wort –
> dann vereint er sich mit der koketten Schönheit,
> begierig, zur Vollkommenheit zu gelangen.
> Das Licht der Kerze ist das Wissen von der Wirklichkeit, ihre Wärme die
>   Wirklichkeit der Wirklichkeit,
> das Gelangen zu ihr die Wahrheit der Wirklichkeit.
> Er begnügt sich nicht mit ihrem Licht,
> mit ihrer Wärme nicht,
> und wirft sich ganz hinein,
> und seinesgleichen erwarten seine Rückkehr,
> damit er ihnen von der Schau berichte,
> da er nicht mit der Kunde sich begnügt.
> Und da entschwindet er, vermindert sich, verflüchtigt sich
> und bleibt ohne Spur und Leib, ohne Namen und Zeichen.
> Weshalb sollte er zu den Formen zurückkehren,
> und in welchem Zustand, nachdem er gewonnen hat?
> Wer zur Schau gelangt, bedarf nicht mehr der Kunde;
> wer zum Geschauten gelangt, bedarf nicht mehr der Schau.
> (*Gärten der Erkenntnis. Das Buch der vierzig Sufi-Meister.* S. 54).

Der Leser wird sich selbst überzeugen können, daß es kaum möglich ist, diesen Text sofort als einen der islamischen Kultur zu identifizieren, die Sprache der Mystik geht über die Grenzen der Kulturen und Religionen hinaus. Damit soll nicht gesagt sein, daß nicht durch den Vergleich verschiedener Texte eines Autors und durch die Gegenüberstellung eines ganzen Textkorpus mit dem eines anderen mystischen Dichters charakteristische Züge herausgearbeitet werden können. Es bleibt aber ein – und eben sachlich zentraler – Rest, in dem sich über alle individuellen Ausprägungen hinaus verschiedene Sprachen, Kulturen und Religionen treffen. Und ebenso wird der Leser begreifen, daß einem solchen Text gegenüber eine »exakt philosophische« Analyse, um festzustellen, ob es sich hier um eine pantheistische Einheitsmystik handelt oder nicht, nicht sehr viel Sinn macht.

Die Sufis erhielten ihren Namen von *suf*, dem Wollgewand, das die Asketen im Irak, in Ägypten und in Ostpersien trugen. Die Sufis selbst führten den Ursprung ihrer Bewegung selbstverständlich auf Mohammed und einige seiner Gefährten zurück. Historisch greifbar wird die Bewegung im 8. Jhd. und ihre Entstehung hat etwas mit den politischen Verhältnissen zu tun. Die Umaiyaden-Kalifen, die bis zum Jahr 750 an der Herrschaft waren, zeichneten sich durch eine recht unreligiöse Haltung aus, was eine herrscherfeindliche Reaktion der »Frommen« provozierte, ein Charakterzug, der bei den Sufis auch später erhalten blieb. Mystische Bewegungen | 267 stehen nicht selten in einem gesellschaftskritischen Zusammenhang, und entsprechend standen auch Herrscher verschiedener Kulturen mystischen Richtungen häufig eher feindselig gegenüber (vgl. die Amalrikaner, Kap. V, 2, c, die Beginen und Eckhart, Kap. XVIII, 1). Ein Vertreter dieser frühen, stark asketisch und weltabgewandten Sufi-Bewegung war Hasan al Basri (gest. 728). Nach der Machtübernahme durch die Abbasiden, die ihre Herrschaft mit ausgeprägt religiösen Zielen angetreten hatten, ergab sich ein weiterer Faktor, der eine Gegenbewegung hervorrief bzw. verstärkte. Es bildeten sich jetzt die islamischen Rechtsschulen aus, und die juristische Praxis führte oft zu einem starren Legalismus, der auch wieder die Reaktion der »Frommen« hervorrief. In die Zeit der Abbasiden fällt auch der Kontakt mit christlichen Eremiten im Irak und mit buddhistischen Gruppen, aber auch alte persische, zoroastrische Traditionen wurden wieder lebendig. Schon in dieser frühen Zeit waren die Sufis vor allem unter den Schiiten zu finden. Für die persischen Sufis des 9. Jhd.s war besonders Abu Yazid Bistami (gest. 874) das große Vorbild. Für die Sufis waren die vielen Namen Allahs, die sich im *Koran* finden, ein Anlaß zur Meditation, so wie auch alle islamischen Philosophen über die Einheit und Einzigkeit Gottes nachdachten und versuchten, jeden geringsten Verdacht einer durch Attribute angedeuteten Minderung der Einheit entgegenzutreten. Bistami kommt zur »Lösung« des Problems dadurch, daß er gar *keine Namen* mehr gebraucht:

Dreissig Jahre gedachte ich Gottes. Als ich schwieg, sah ich, daß mein Gedenken mein Schleier war [der mich von Gott getrennt hatte]. (Ebd. S. 33).

Der bekannteste Mystiker der frühen sufistischen Bewegung ist al-Halladasch, der wieder aus Persien stammte. Der persische Anteil an der Sufi-Bewegung ist somit unübersehbar, und die persische Kultur war eben eine andere als die arabische, aus der der Islam ursprünglich stammte. Von al-Halladasch ist schon weiter oben ein Gedicht angeführt worden, seine Schriften haben den Interpreten größte Schwierigkeiten bereitet. Von ihm stammen Aussprüche wie: »Ich bin der, den ich lieb'; Er, den ich liebe, ist ich, zwei Geister, doch in einem Leibe« (Ebd. S. 52). Solche Sätze haben verständlicherweise dazu geführt, von Pantheismus zu sprechen. In der neueren Forschung wird jedoch festgestellt, daß al-Halladasch an der Transzendenz Gottes festgehalten habe, daß er aber die Innigkeit der Beziehung zu Gott in solchen bewußt paradoxen Formulierungen zum Ausdruck gebracht hat. Vermutlich ist ein wenig Apologetik bei dieser »wohlwollenden« Interpretation im Spiel: Ein Pantheist paßt nur schlecht in die islamische Landschaft. Die philosophische Interpretation bleibt schwierig, schon deshalb, weil die frühen Sufis ohne eine ersichtliche Beziehung zur Philosophie einfach ihre Frömmigkeit lebten und diese dichterisch zum Ausdruck brachten. Dies änderte sich im 10. Jhd. mit al-Ghazali, der der Überzeugung war, daß die Mystiker die Antwort auf jene Fragen geben, die die Philosophen eigentlich nicht einmal richtig zu stellen in der Lage sind. Aber auch der philosophisch bestens geschulte al-Ghazali, inzwischen ja selbst Sufi geworden, sah sich genötigt, den eben zitierten Ausspruch von al-Halladasch einschränkend zu kommentieren:

Als sie (die Gnostiker) aus ihrem Rausch erwachten und ihr Verstand, der der Maßstab Gottes auf Erden ist, wieder Besitz von ihnen ergriff, erkannten sie, daß dies nicht die wahrhaftige Identität (mit Gott) ist, sondern ihr lediglich nahe kommt [...]. Dieses wird in bezug auf denjenigen, der sich in diesem Zustand befindet, im metaphorischen Sinne »Identität« oder in der Sprache der Realität »Vereinigung« genannt. Hinter diesen Wahrheiten stehen Geheimnisse, deren Erklärung jedoch sehr weit führen würde. (Al-Ghazali: *Die Nische der Lichter.* S. 24 f.)

Im 13. Jhd., und damit sind wir in der Zeit nach Averroes und am Ende der aristotelisch-islamischen Philosophie, stellte dann ibn Arabi (1165–1240), der Sufi-Mystiker und Philosoph in einem ist, ein System auf, das als das einflußreichste der ganzen folgenden Geschichte des islamischen Denkens jedenfalls bis in das 18./19. Jhd. hinein bezeichnet werden kann. Es ist wahrscheinlich kein Zufall, daß ibn Arabi aus Murcia, also wie Averroes aus dem muslimischen Spanien, stammte, al-Andalus war zu dieser Zeit kulturell sensibler und aktiver als die alten islamischen Länder im Osten. Ob man ibn Arabi als Philosophen bezeichnen kann, hängt selbstverständlich von der Definition von »Philosophie« ab, die man zugrundelegt, und nach der Auffassung der islamischen *falsafa* wäre ibn Arabi kein Philosoph. Wir sind eher wieder im Bereich des »Weisen«, wofür die islamische Tradition das Wort *hakim* verwen-

268

dete. Eine Kenntnis der früheren islamischen Philosophie war bei ihm so gut wie nicht vorhanden. Ibn Arabi hat zwar in sehr jungen Jahren Averroes persönlich getroffen, hat aber, jedenfalls soweit dies seinen Schriften zu entnehmen ist, nichts von Averroes gelesen. Sein Denkrahmen war allerdings doch die traditionelle islamische Philosophie, wenn auch eher als allgemeines Kulturgut und weniger als textliche Quelle. Daher ist für ihn die Unterscheidung von aristotelischen Philosophen und *kalam* eher unerheblich, von seinem Standpunkt aus gehören sie beide in dieselbe Gruppe, beide vertreten einen Vernunftstandpunkt, der von der Sufi-Meditation übertroffen wird. Ibn Arabi ist kein Gegner der Vernunfterkenntnisse, diese gehören jedoch, so wie es auch die Neuplatoniker gemeint hatten, in den »Vorhof« der eigentlichen Erkenntnis der Wahrheit. Er ist Intellektueller, und darin durchaus der *falsafa* sehr nahe. Aber aus seiner Sicht verlieren die von Unterscheidungen lebenden Philosophen den Blick auf die Einheit, und letztlich ist ihnen diese unzugänglich. Trotzdem ist er eher Philosoph als Mystiker. Ibn Arabi war möglicherweise weniger selbst »erfahrener« Mystiker – das ist aber durchaus umstritten – als vielmehr Systematiker der Erfahrungen früherer Sufi-Mystiker, und das ist jedenfalls unumstritten. Es ist daher nicht verwunderlich, daß bei der Interpretation seiner Schriften die Pantheismus-Diskussion von neuem beginnt.

| 269

Wenn du die Göttliche Wahrheit in Ihrer Transzendenz vom Kosmos betrachtest, dann ist Sie hoch erhaben über solche beschränkten Konzepte. Wenn jedoch die Göttliche Wahrheit die Ipseität des Kosmos ist, dann sind alle Determinationen von Ihr und in Ihr manifestiert; das ist Sein Wort: »Zu Ihm kehren alle Dinge zurück« (Sutra 11/123) [wo dies] in Wahrheit und durch geistige Enthüllung [gesagt wird], während es in Seinem Wort: »So dienet Ihm und vertraut auf Ihn« (Sutra 11/123) vom Standpunkt der Verhüllung der Schleier [gemeint ist]. In der Tat, es gibt nichts im Reiche der Möglichkeiten, was wunderbarer ist als dieser Kosmos, weil er nach dem Bilde des Erbarmers [gebildet] ist. Gott hat ihn existenzialisiert, d. h., er zeigt offenkundig Seine Existenz durch Seine offenkundige Erscheinung, so wie der Mensch offenkundig erscheint durch die Existenz in der Natur-Form. Wir sind Seine äußere Form, während Seine Ipseität der Geist dieser Form ist, der sie lenkt. (*Gärten der Erkenntnis. Das Buch der vierzig Sufi-Meister.* S. 138 f.)

Die Probleme der Übersetzung dieses Textes sind schon terminologisch offenkundig. Gibt es im Arabischen wirklich genaue Korrespondenzen für »Transzendenz«, »Determination« und »Ipseität«? Mit Blick auf den von uns bisher zurückgelegten Weg der Philosophiegeschichte könnten wir vielleicht sagen: Das Beste wäre bei solchen Texten eine Nachdichtung in der Sprache des Scotus Eriugena oder Eckharts. Wir »wüßten« dann wahrscheinlich auch nicht viel mehr, würden aber nicht auf irreführende philosophische Gleise geführt. Für ibn Arabi gilt wie für Scotus Eriugena: Die Welt und der Mensch sind eine Theophanie Gottes, und Gott braucht die Welt und den Menschen, um sich selbst zu erkennen. Was wir bei ibn Arabi vor uns haben, ist eine *theosophische Mystik*, eine Gnosis (Schimmel 1985. S. 386 f.), die deshalb so einflußreich werden konnte, weil die Sufis meinten, daß sie genau das, was sie erfahren hatten, in einer systematisierten Form ausdrückte. Warum Mystiker eine solche Vorliebe für Systeme haben, ist eine weitere, und sehr schwer zu beantwortende Frage, denn sie sagen selbst immer wieder, daß sich ihre Erfahrungen allen Systemen entziehen. Aber Plotin, Dionysios Areopagita und Scotus Eriugena waren ebenso wie ibn Arabi in ganz wesentlicher Hinsicht Systematiker: Alles soll aus einem ableitbar sein, und all dies soll noch dazu einer Erfahrung entsprechen. Aber die späteren Sufis wollten auch echte Muslime sein. Ob sie dabei mit Berufung auf ibn Arabi recht hatten, ist gar nicht so sicher, denn dieser legte ein rein kontemplatives System vor, in dem der willens- und gefühlsbetonte Zug der frühen Sufi-Mystiker fast ganz verschwunden ist.

Ibn Arabis Weiterwirkung war ungeheuer groß, obwohl seine Philosophie/ Mystik, wie zu erwarten war, von den orthodoxen Muslimen zunächst aufs schärfste abgelehnt wurde (so wie Scotus Eriugena und Eckhart von der offiziellen christlichen Kirche verurteilt wurden). Dies ist aber nicht unser Problem im Rahmen einer Geschichte der Philosophie, was uns hier auffällt, ist etwas anderes. Auch wenn schlagwortartige Formeln problematisch sind, besonders wenn sie Begriffe aus einer Kultur auf eine andere Kultur anwenden, so drängt sich doch folgende Formel für die Entwicklung der islamischen Philosophie auf: Vom Rationalismus, vermittelt durch die Mystik, zum Idealismus. Ibn Khaldun sprach von historisch-empirischen Regelmäßigkeiten. Stellt vielleicht Rationalismus-Mystik-Idealismus eine solche Regelmäßigkeit dar, die wir auch wieder bei Descartes/Leibniz-Pietismus-Deutscher Idealismus feststellen können?

Da im Kapitel über die Rezeption der islamischen Philosophie im lateinischen Mittelalter auf die Sufis nicht eingegangen wird, sei hier noch eine Bemerkung zu dieser Frage angefügt. Unter den Übersetzungen, die im 12. und 13. Jhd. aus dem Arabischen angefertigt wurden, findet sich nichts aus dem reichen Schrifttum der Sufis. Dieses Fehlen wirkt auf den ersten Blick sonderbar, da den Kreuzfahrern und besonders jenen von ihnen, die ständig im Orient blieben, die Sufis, die seit der Mitte des 12. Jhd.s in institutionellen Organisationen lebten (die sich bis heute erhalten haben), bekannt waren, wie durch Quellen bestätigt wird. Der Grund für dieses Fehlen von Übersetzungen ist allerdings wahrscheinlich ganz einfach: Die Übersetzer und deren Auftraggeber aus dem Bereich der Schulen und Universitäten waren ausschließlich an philosophischen und wissenschaftlichen Texten interessiert. Religiöse Erbauungsliteratur oder mystische Schriften lagen außerhalb dieses Bereiches, und außerdem hatte man von solchem Schrifttum selbst genug. Daß al-Ghazali Sufi-Anhänger war, blieb im ganzen Mittelalter und noch in einem großen Teil der Neuzeit vollständig unbekannt. Interessant hätten aber eigentlich die Werke ibn Arabis sein müssen, die ja in Sprache und Aufbau durchaus philosophisch konzipiert waren. Dessen Schriften wurden jedoch auch bei den Arabern erst im 14. Jhd. in weiteren Kreisen bekannt, und zu diesem Zeitpunkt war die Übersetzungtätigkeit ins Lateinische in Hinsicht auf die philosophischen Texte schon praktisch abgeschlossen.

Die Suche nach Beziehungen der Sufis zur mittelalterlichen christlichen Kultur ist jedoch damit nicht abgeschlossen. Bei Raymundus Lullus im 13. Jhd., der in unmittelbarem Kontakt mit der islamischen Kultur stand, der selbst auch mystische Schriften wie die *Vom Freund und dem Geliebten* verfaßt und in *Die Kunst der Kontemplation* sich auch zu Fragen der Meditation geäußert hat, könnte man eigentlich einen Einfluß der Sufis vermuten. Die genauere Überprüfung seiner Schriften ergab aber, daß in seinen mystischen Schriften kein wirklicher Einfluß der Sufis festgestellt werden kann. Ein Einfluß der Sufis ist bei Lullus hingegen in seiner *Ars*, also der »Allgemeinen Kunst«, feststellbar, worauf noch zurückzukommen ist (vgl. Kap. XVI, 1). Bei Dante (1265–1321) meinten Forscher, Einflüsse von ibn Arabi feststellen zu können, aber auch dies hielt einer genauen Überprüfung nicht stand. Eifrig wurde auch in den Schriften Meister Eckharts (um 1260–1328), dessen Sprache und Denkform mehr als auffällige Parallelen zu Sufi-Vorstellungen aufweist, nach Beweisen für einen vielleicht auch nur indirekten, ihm gar nicht bewußten Zusammenhang mit diesen gesucht – auch hier erfolglos, obwohl Eckhart sonst durchaus die islamisch-jüdische Tradition kannte und Avicenna, Averroes und Maimonides auch namentlich aufführt. Man muß tatsächlich bis ins 16. Jhd. gehen, um zu einem, wenn auch nur sehr hypothetischen, Hinweis eines Kontaktes zur Sufi-Tradition zu gelangen. Die spanische Mystikerin Teresa von Avila (1515–1582) gebraucht Formulierungen und Bilder, die sich genau so in sufistischen Texten finden, so daß hier tatsächlich ein Zusammenhang angenommen werden kann. Die wahrscheinlichste Erklärung dafür dürfte allerdings nicht die Annahme einer direkten Kenntnis von Sufi-Texten sein, sondern eine Vermittlung über die jüdisch-spanische Tradition, in der schon im Mittelalter (vgl. Kap. X, 3) Übernahmen sufistischer Vorstellungen nachweisbar sind. Teresa von Avila stammte aus einer jüdischen, zum Katholizismus bekehrten Familie.

Bei der Beschäftigung mit mystischen Texten aus dem indischen, hellenistischen, islamisch-arabischen, islamisch-persischen, jüdischen und christlichen Bereich des Mittelalters fällt auf, daß sich ganz deutliche Parallelen der Denk- und Sprachform bis hinein in die gebrauchten Bilder feststellen lassen, während der historische Nachweis von Abhängigkeiten auf einer sehr schmalen Ebene bleibt. Ich möchte nicht ausschließen, daß in diesem Bereich die historisch-kritischen Methoden an eine Grenze gelangen. Auch jemand, der – wie ich – der Anwendung von psychologischen Methoden im Bereich der Philosophie sehr skeptisch gegenübersteht, sollte sich fragen, ob vielleicht hier Verfahren wie die der Annahme von Archetypen im Sinn von C. G. Jung weiterhelfen könnten.

- X -

Die jüdische Philosophie des Mittelalters

1. Die jüdische Philosophie des Mittelalters als historische Besonderheit

Wenn man von jüdischer Philosophie spricht, muß man zunächst angeben, was man darunter versteht. Es kann dabei nicht darum gehen, diejenigen Elemente des jüdischen Denkens, wie wir es in dem von den Christen so genannten *Alten Testament* finden, aufzuzeigen, die Einfluß auf das philosophische Denken gewonnen haben. Diese Wirkungsgeschichte, so faszinierend sie auch ist, kann in unserem Zusammenhang nicht besprochen werden. Auch jüdische Philosophen der Neuzeit wie Spinoza, Bergson, Bloch und W. Benjamin haben ihren Platz in dieser Wirkungsgeschichte. Es dürfte dennoch ziemlich schwer fallen, diese alttestamentlichen Elemente als für diese und nicht für andere Philosophen so charakteristisch herauszudestillieren, daß man diese Philosophen in einem spezifischen Sinn als »jüdische« Philosophen bezeichnen könnte. Faßt man jedoch jüdische Philosophie als eine Auseinandersetzung von Vertretern des Judentums *als solchem* mit der jeweiligen philosophischen Gegenwart auf, so hat es eigentlich mit Ausnahme Philons von Alexandrien (vgl. Kap. I, 2) nur eine einzige Periode jüdischer Philosophie gegeben: das Mittelalter. Es gab dann noch einige Vertreter jüdischer Philosophie in der Zeit der Renaissance, diese gehören aber geistesgeschichtlich gesehen doch eher auch an das Ende des Mittelalters. Dieser Begriff von »jüdische Philosophie« ist etwas enger als der entsprechende von »islamische Philosophie«, da die Philosophen im islamischen Bereich nicht *als Vertreter* des *Koran* philosophierten, sondern eigentlich nur nachträglich eine Verhältnisbestimmung von Philosophie und Koran-Offenbarung gegeben haben. Dieser engere Begriff scheint jedoch der historischen Situation der jüdischen Philosophie des Mittelalters genau zu entsprechen.

Für dieses eigenartige Phänomen, daß es nämlich nur eine einzige Periode jüdischer Philosophie gegeben hat, müßte man die Erklärung in einer differenzierten Geschichte des jüdischen Volkes suchen, was den Rahmen der vorliegenden Arbeit übersteigt. Nichtsdestoweniger sei hier eine Vermutung vorgelegt. Das jüdische Volk lebte von seiner Vertreibung aus Israel an bis zur modernen Staatsgründung (die dies ja auch nur sehr partiell änderte) zwischen zwei Extremen: große kulturelle Angleichung oder Ghetto. Beides ist für eine fruchtbare Auseinandersetzung mit anderen kulturellen und philosophischen Bewegungen keine günstige Basis – im einen Fall wird eine Auseinandersetzung gar nicht gesucht, im anderen Fall tritt an die Stelle einer Auseinandersetzung eine Abkapselung. Die islamischen Herrscher des Mittelalters waren jedoch über längere Perioden hin in kulturellen und religiösen Fragen verhältnismäßig tolerant, so daß sich ausgerechnet unter islamischer Herrschaft, in deren Bereich ja viele Juden ansässig waren, eine jüdische Philosophie entwickeln konnte. So wird auch erklärlich, daß die Schriften dieser jüdischen Philosophie, die weithin unter dem Eindruck arabischer Philosophie entstanden sind, vorwiegend in *arabischer* und *nicht in hebräischer Sprache* abgefaßt sind. Das Arabische war auch für die Juden die Umgangssprache. Allerdings wurde trotz der arabischen Sprache meist die hebräische Schrift verwendet, und das heißt: Diese Schriften philosophischen Inhalts waren nur für die Mitglieder der arabisch sprechenden jüdischen Gemeinde gedacht. Die Einwirkung fand also nur in einer Richtung statt, eine Rückwirkung der jüdischen auf die arabische Philosophie gab es nicht. Erst später wurden für Juden in nicht arabischsprachigen Ländern wie Frankreich, Deutschland und Italien hebräische Übersetzungen von Schriften jüdischer Philosophen, die ursprünglich arabisch abgefaßt worden waren, hergestellt. Die Kreuzzüge und die Reconquista in Spanien beendeten diese günstige äußere Situation, da in Reaktion darauf auch die islamischen Herrscher gegenüber Andersgläubigen intoleranter wurden. | 273

Den Ausgangspunkt ihrer Philosophie haben die jüdischen Philosophen aus ihrer islamischen Umgebung übernommen: Es ist zunächst der *kalam* (vgl. Kap. IX, 2, b) und dann, allerdings fast gleichzeitig, der neuplatonisch gefärbte Aristotelismus, wie er im vorausgehenden Kapitel dargestellt worden ist. Eine direkte Auseinandersetzung mit den Aristoteles-Texten, wie wir sie bei den islamischen Philosophen finden, gab es nur ausnahmsweise, und daher finden wir auch keine den großen Aristoteles-Kommentaren der Araber ähnlichen Werke vor. Größere Aristoteles-Kommentare sind nur von dem in der ersten Hälfte des 14. Jhd.s lebenden französisch-jüdischen Philosophen Levi ben Gerson (Gersonides) verfaßt worden (vgl. weiter unten l). Daß kaum eine direkte Auseinandersetzung mit den Schriften des Aristoteles stattfand, hatte seinen Grund in der verschiedenen Zielsetzung. Die islamischen Philosophen waren zunächst an Aristoteles interessiert, weil sie sich mit medizinischen und astronomischen Fragen beschäftigten, und fragten sich erst dann – oder wurden diesbezüglich von den Vertretern des Islam gefragt –, wie diese aristotelische Philosophie mit dem *Koran* in Übereinstimmung gebracht werden konnte. Bei den jüdischen Philosophen hingegen lag eine eigenständige interpretatorische und eventuell kritische Auseinandersetzung mit aristotelischer Philosophie außerhalb ihres Interesses. Sie beschäftigen sich meist als Vertreter des Judentums mit Philosophie, und ihr primäres Anliegen war die Frage nach dem *Verhältnis von jüdischer Religion und Philosophie*. Die Philosophie selbst aber übernahmen sie, weithin in schon bearbeiteter Form, von islamischen Philosophen. Auch der gesellschaftliche Rahmen war bei den jüdischen Philosophen ein anderer als bei den islamischen. Im Unterschied zum islamischen Bereich erreichte die Philosophie bei den Juden eine breitere Gesellschaftsgruppe von gebildeten Gläubigen. Die islamischen Philosophen hatten immer eine exklusive Elite gebildet, deren Anliegen letztlich auch nicht die Vereinbarkeit von Philosophie und *Koran* war. Im Judentum hingegen waren die philosophischen Bemühungen durch tatsächliche Verwirrung von Gemeindemitgliedern hervorgerufen worden – und dies war nicht nur literarische Form. Von solcher intellektueller Beunruhigung hören wir im islamischen Bereich nichts. Zudem gab es bei den Juden prozentual weniger Analphabeten als bei den Arabern, auch der Anteil der Gebildeten war bei ihnen höher. Es gab unter den Juden eine im Vergleich zu den christlichen und islamischen Bevölkerungen breitere gebildete Mittelschicht. Und da die jüdischen Philosophen in der auch für die Juden geltenden arabischen Umgangssprache schrieben, konnten ihre Schriften problemlos gelesen werden. Diese Faktoren brachten es mit sich, daß die jüdischen Philosophen gesellschaftlich viel stärker in ihre Gemeinden eingebunden waren als ihre islamischen oder christlichen Kollegen. Tatsächlich wollten sie auch in die Gemeinden hineinwirken, der Anlaß ihrer Bemühungen war schließlich von dort her gekommen. Diese verhältnismäßig große Breitenwirkung bedeutete dann aber auch, daß die jüdischen Philosophen unter Erfolgszwang und Erfolgskontrolle standen, und letztlich gelang es ihnen nicht, die Erwartungen, die in sie gesetzt wurden, zu erfüllen. Und daher hörte die jüdische Philosophie dann auch einfach auf.

Die jüdischen Philosophen waren also zunächst gläubige Juden, die dann ihren Glauben mit der rezipierten arabisch-aristotelischen Philosophie konfrontierten. Dabei waren sie allerdings dem Problem begegnet, daß das Judentum traditionell so etwas wie eine jüdische Dogmatik nicht kannte. Das Judentum kannte und kennt auch heute nicht so etwas wie ein offizielles Lehramt, auch wenn es faktisch maßgebende Interpretationen gab und gibt. In bestimmter Hinsicht waren die Philosophen des Judentums somit freier als die im christlichen Bereich. Es war also nicht eindeutig, mit welchen Glaubenslehren denn eigentlich die Lehren der Philosophen konfrontiert werden sollten, auch gab es in bezug auf die Glaubenslehren keinerlei Schultraditionen. Es gab zwar Talmudschulen, diese beschäftigten sich aber mit der Auslegung des Gesetzes und in nur sehr impliziter und unsystematischer Weise mit theoretischen Glaubensfragen. Aber auch bei den jüdischen Philosophen kam es zu keiner Bildung von Schulen und Schultraditionen. Gegenstand und Mittel der Diskussion waren also nicht scharf umrissen, ebenso wie auch der Personenkreis, der an dieser Diskussion teilnahm, keine deutliche Struktur hatte. Es gab in der jüdischen Philosophie nie eine Situation wie in der lateinischen, wo ein Bischof einer Gruppe von Magistri gegenüberstehen konnte (vgl. Kap. XV, 2).

Die jüdischen Philosophen waren in inhaltlicher Hinsicht somit weithin von der islamischen Philosophie abhängig. Dies war angesichts doch unterschiedlicher Lehren in der *Bibel* und im *Koran* für den von den jüdischen Philosophen angezielten Verwendungs-Zusammenhang nicht unproblematisch. Die jüdischen Philosophen

waren z. B. bei der Frage der Interpretation der Weltschöpfung in einer weniger günstigen Lage als die arabischen Philosophen. Auch bei den letzteren spielte die Frage
der Weltschöpfung eine Rolle, der *Koran* enthält jedoch keine ausgeprägte Schöpfungslehre, und so waren entsprechende Anfragen von Seiten der Korangelehrten
auch weniger scharf. In der *Bibel* hingegen steht die *Schöpfungserzählung* gleich zu
Beginn des Textes und sie stand im Glaubensbewußtsein der Juden unverrückbar
und ausdrücklich fest. Für die jüdischen Philosophen mußten bestimmte neuplatonische Lehren wie die Emanationslehre wesentlich größere Schwierigkeiten hervorrufen als dies im islamischen Bereich der Fall gewesen war. Desweiteren: Für die
islamischen Philosophen war die Ausgangsposition im *Koran* in Hinsicht auf den
menschlichen Willen nicht unbedingt dramatisch. Der *Koran* betont sehr stark die
Allmacht Gottes, so stark, daß auch deterministische Positionen hinsichtlich des
menschlichen Willens durchaus denkbar waren. Anders als in der islamischen Philosophie mußten in der jüdischen Philosophie alle Vorstellungen, die die menschliche *Freiheit* beschränkten, auf eindeutigen Widerstand stoßen. Die Freiheit des
Menschen, gerade auch ersichtlich an der Möglichkeit der Sünde, war eine unauf-
gebbare Voraussetzung jüdischen Denkens. Trat diese Voraussetzung aber in einen
von der spätantiken Philosophie bestimmten Rahmen ein, so stellte sich die Frage,
wie diese Voraussetzung mit dem göttlichen Vorherwissen (der göttlichen Allwis- | 275
senheit) und der universellen göttlichen Kausalität (Allmacht) vereinbar war. Die
Annahme eines *göttlichen Vorherwissens* schien für den jüdischen Glauben auch
für die Deutung des prophetischen Wissens unverzichtbar, in der aristotelischen Philosophie aber gibt es keine Grundlage für die Annahme eines Wissen Gottes um
kontingente Ereignisse. Gerade aufgrund solcher Problemstellungen konnte die
jüdische Philosophie später für die philosophierenden christlichen Theologen richtungsweisend werden, da sie Fragen aufgeworfen hatte, die auch bei den Christen
auftreten mußten, als diese mit der Aristoteles-Interpretation der Araber konfrontiert wurden.

Ein entscheidendes Problem für alle jüdischen Philosophen wird die Frage der
Interpretation des *Gesetzes* sein. Der jüdische Glaube manifestiert sich vor allem in
der Befolgung des Gesetzes und sehr viel weniger in theoretischen Glaubensüberzeugungen. Das von den Rabbinern mit Hilfe der Talmudinterpretation verwaltete
Gesetz bedeutete jedoch für viele Mitglieder der Gemeinde eine Last, deren Sinn
nicht einsehbar war, die Philosophen mußten also versuchen, dieser Dimension des
Glaubens einen Sinn zu vermitteln. Gerade an diesem Punkt werden die Philosophen jedoch an sehr deutliche Grenzen gelangen: Die *Nikomachische Ethik* und
der *Talmud* ließen sich nicht auf einen Nenner bringen, auch wenn noch so viele
Anstrengungen unternommen wurden.

Der folgende Überblick stellt die jüdische Philosophie in ihren zeitlichen Parallelen zu der Philosophie im islamischen Bereich dar, wobei diese Parallelen oft auch
Abhängigkeiten bedeuten:

Jüdische Philosophen	Islamische Philosophen
ISAAK ISRAELI (850–950)	AL-FARABI (870–950)
SAADIA (882–942)	
AVICENNA (980–1037)	
JEHUDA HALEVI (1085–1140)	AL-GHAZALI (1058–1112)
IBN PAQUDA (2. Hälfte 11. Jhd.)	
IBN GABIROL (1020–1058)	
IBN DAUD (1110–1180)	AVERROES (1126–1198)
MOSES MAIMONIDES (1135–1204)	
CRESCAS (1340–1410)	
GERSONIDES (1288–1344)	

2. Einzelne Vertreter

a) Saadia

Saadia (882–942) stammte aus Faijum in Ägypten, wo er auch zunächst lebte. Später ging er nach Palästina und Syrien und war seit 928 als Leiter der Talmudschule in Sura in Babylonien tätig. Zu seiner Zeit gab es bereits Juden, die intensiv von der arabischen Kultur beeindruckt und beeinflußt waren, und vielleicht gehörte Saadia selbst zu ihnen. Obwohl wir von anderen Juden, die vor ihm lebten, Nachrichten haben, daß sie sich mit ähnlichen Problemen befaßten, tritt uns doch erst mit Saadia eine wirkliche jüdische Religionsphilosophie entgegen. An philosophischen Schriften sind von ihm erhalten: der aus dem Jahr 931 stammende Kommentar zum *Buch der Schöpfung (Sefer Jezirah)* und das wenig später im Jahre 933 entstandene Hauptwerk *Das Buch der Meinungen und Glaubenslehren.* Saadia folgt dem *kalam* mu'tazilitischer Prägung, so wie diese in der Schule von Basra vertreten wurde, wir sind also im Bereich einer Religionsphilosophie, die wir in moderner Terminologie als »rationalistisch« bezeichnen würden (vgl. Kap. IX, 2, b). Ein maßgebliches Motiv, sich dieser islamischen Schule anzuschließen, war sicher auch, daß die Mu'taziliten in unzweideutiger Weise die Freiheit des Willens vertraten, was im muslimischen Bereich zwar erhebliche Fragen in Hinsicht auf Lehren des *Koran* aufwerfen konnte, für eine Philosophie, die im Rahmen biblischer Tradition dachte, aber eine selbstverständliche Voraussetzung war.

Es war schon eine der Grundfragen des *kalam*, in welchem Verhältnis *Vernunft und Offenbarung* zu sehen sind. Die Antwort war, daß sie nicht nur nicht in Widerspruch stehen, sondern daß sie sogar *ein und dasselbe sagen*, denn schließlich gibt es ja nur eine Quelle der Wahrheit. Der Wortsinn der Offenbarung kann mit der Vernunft in

Widerspruch stehen, maßgebend ist aber die Vernunft, und es muß daher ein Sinn für diesen Wortsinn gefunden werden, der mit der Vernunft übereinstimmt. Saadia folgt dieser Position des *kalam*, ist aber selbst vorsichtig bei Umdeutungen – später wird das nicht immer so sein. Für Saadia ergibt sich somit die *religiöse Forderung*, sich die Wahrheit auch auf *rationalem* Weg anzueignen. Und diese religiöse Forderung gilt nicht nur für eine intellektuelle Elite, sondern für alle Gläubigen. Wir finden hier am Beginn der jüdischen Philosophie eine *rationalistische Grundtendenz*, die in der jüdischen Philosophie maßgebend bleiben wird. Gibt es aber nur *eine* Wahrheit, so muß sofort folgende Frage auftreten: Wozu dann Offenbarung? Die Antwort wird lauten: Die Offenbarung hat eine pädagogische Funktion.

Auch bei der Frage der Erkennbarkeit der Existenz Gottes und bei der Darlegung der göttlichen Attribute folgt Saadia ziemlich genau den mu'tazilitischen Positionen. So führt er verschiedene Beweise für die Zeitlichkeit der Welt und für die Schöpfung aus Nichts auf (diese beiden Fragen werden sowohl in der islamischen wie in der jüdischen Philosophie nicht streng auseinandergehalten). Bei diesen Beweisen werden wieder wie schon in der islamischen Philosophie die Argumente des spätantiken christlichen Aristoteles-Kommentators Johannes Philoponos (6. Jhd.) herangezogen. Die Lehre von der *creatio ex nihilo* gehört seit Saadia zu den unumstrittenen Grundlagen des jüdischen Glaubens und der jüdischen Philosophie. Aus dem Begriff Gottes als des Weltschöpfers wird zunächst die Einzigkeit Gottes abgeleitet, dann folgen die Grundprädikate Leben, Macht und Weisheit. Bis zu diesem Punkt gibt es keine besonderen Schwierigkeiten. Problematisch ist jedoch die Frage, wie Gott unter der Voraussetzung einer einzigen Wahrheit in Philosophie und Religion als Gesetzgeber aufgefaßt werden soll. Saadia führte dazu zunächst die für die ganze weitere Geschichte der jüdischen Philosophie wichtige Unterscheidung in *Vernunftgebote* und *Gehorsamsgebote* ein. Der Gehorsam gegenüber Gott in einem ganz allgemeinen Sinn kann dann zwar als Vernunftgebot begründet werden, nicht jedoch die spezifischen positiven Gesetze, also vor allem die Kultgesetze und die Zeremonialgesetze – hier bleibt eine Begründungslücke. Gerade die für das jüdische Glaubensbewußtsein so wichtige Einhaltung der positiven Gesetze erhält philosophisch nur eine ganz allgemeine Rahmenbegründung.

b) Isaak ben Salomon Israeli

Isaak ben Salomon Israeli (um 850 – um 950) stammte aus Ägypten und hatte bei einem muslimischen Arzt studiert. Er brachte es sogar bis zum Hofarzt bei den Fatimiden in Ägypten und wurde vor allem durch seine medizinischen Schriften bekannt, aber auch seine philosophischen Schriften fanden weite Verbreitung.

Mit Israeli wird der *Neuplatonismus* in der jüdischen Philosophie wirksam. Die Grundlage dafür waren die arabischen Übersetzungen der beiden bekannten Traktate der *Theologie des Aristoteles* und des *Liber de causis* (vgl. dazu Kap. IX, 2, a). Indirekt kommt also hier wie schon in der islamischen Philosophie der Neuplatonismus von Plotin und Proklos zur Geltung. Isaac Israeli war kein besonders origineller Denker, sein *Buch der Definitionen*, das ursprünglich arabisch geschrieben wurde, das aber nur in hebräischer und lateinischer Übersetzung erhalten ist, ist aber doch interessant, insofern in ihm die Probleme, die sich für das jüdische Denken bei der Übernahme des Neuplatonismus ergaben, recht deutlich werden. Dies zeigt sich schon in der *Definition der Philosophie*. Während die Neuplatoniker die Philosophie durch ihr Ziel, nämlich das Ähnlichwerden oder die *Angleichung an Gott* definierten, spricht Israeli von der *Angleichung an die Werke Gottes*. Dadurch grenzt er sich von der neuplatonischen Mystik ab, die das Ziel des Menschen in einer mystischen Einigung mit Gott sieht, allerdings gelangt er doch zu einer Art sekundärer Mystik, die dann auch für die Kabbalisten des 13. Jhd.s in Gerona (Spanien) wichtig wurde. Israeli hält streng am Schöpfungsbegriff fest: Gott schafft aus Nichts eine erste Materie und eine erste Form, die auch die Weisheit genannt wird, und die wiederum mit dem Licht gleichgesetzt wird. Aus diesen beiden ergibt sich der Intellekt, der die Formen aller Dinge in sich enthält. Das Ziel des menschlichen Lebens ist dann die Vereinigung mit diesem geschaffenen Licht, und hier sind wir bei seiner sekundären Mystik. Von dieser ersten Form läßt Israeli dann allerdings ganz im Sinne des Neuplatonismus einen Emanationsprozeß ausgehen, der jedenfalls bis zur Himmelssphäre reicht, und durch die Bewegung der Himmelssphäre entstehen dann die vier Elemente. Der Versuch, den Schöpfungsglauben mit der Emanationslehre in Einklang zu bringen, bringt bei Israeli zwar keine geniale Lösung hervor, er zeigt aber jedenfalls deutlich eine Grenze, die sich für den jüdischen Platonismus ergab. Dem Emanationsprozeß wird etwas vorgelagert, nämlich ein göttlicher Schöpfungsakt aus Nichts. Es werden also eigentlich zwei konkurrierende Modelle hintereinandergeschaltet.

Der Unterschied zwischen Israeli und Saadia zeigt sich darin, daß bei Israeli die Frage des Gesetzes und des Kultes praktisch nicht behandelt wird. Israeli nimmt aus der platonischen Philosophie einfach das, was mit entsprechenden Modifikationen für einen Juden annehmbar ist, versucht aber nicht wie der *kalam*-Vertreter Saadia den jüdischen Glauben von innen heraus rational zu begründen, so daß wichtige Gebiete des jüdischen Glaubens bei Israeli gar nicht in den Blick kommen. Damit wird eine Entwicklung eingeleitet, in der nicht selten die jüdische Herkunft philosophischer Systeme ganz erheblich in den Hintergrund tritt bis zu dem Punkt, wo sie unkenntlich wird. Dies zeigt sich ein Jahrhundert später bei ibn Gabirol.

c) Salomo ibn Gabirol

Im Sinne der anfangs gegebenen Begriffsumschreibung dessen, was man unter jüdischer Philosophie verstehen sollte, kann Salomo ibn Gabirol (um 1020 – um

1058) nur in eingeschränktem Sinn zur jüdischen Philosophie gezählt werden. In seinem philosophischen Werk ist schlechterdings nichts enthalten, was auf einen jüdischen Autor schließen läßt, wie dies auch die Geschichte seines Werkes im lateinischen Mittelalter zeigt. Die lateinischen Philosophen des Mittelalters, bei denen er als Avencebrol/Avicebron bekannt war, meinten nämlich, er sei ein Muslim, einige meinten sogar, er sei ein Christ gewesen. Sein philosophisches Werk *Der Lebensquell (Fons vitae)* fand einen breiten Leserkreis bei lateinischen Autoren, und daß er ein spanischer Jude war, wußte und ahnte niemand. Erst im 19. Jhd. wurde es klar, daß es sich bei ibn Gabirol und Avencebrol um ein und dieselbe Person handelt. Das Werk war ursprünglich arabisch abgefaßt, wurde später auch teilweise ins Hebräische übersetzt, hat seine eigentliche Wirkung aber nur durch die lateinische Übersetzung erreicht, die auch als ganze erhalten ist. Diese lateinische Übersetzung wurde von Dominicus Gundissalinus etwa um das Jahr 1150 in Toledo hergestellt. Aus der Tatsache, daß dieses Werk nicht als von einem jüdischen Autor stammend identifizierbar ist, könnte man schließen, daß ibn Gabirol ein Jude war, der sich von dem Glauben seiner Väter entfernt hätte. Dies wäre jedoch ein grober Irrtum. Ibn Gabirol ist einer der größten jüdischen Dichter des Mittelalters, dessen Gedichte, von denen das bekannteste die *Königskrone* ist, bis in unsere Gegenwart in Gebetbüchern enthalten und im Kult der jüdischen Gemeinde verwendet werden. Und diese Gedichte leben aus echter jüdischer Frömmigkeit heraus. Die mittelalterlichen lateinischen Autoren sahen im Verfasser der *Königskrone* und dem des *Fons vitae* zwei verschiedene Personen, und biographisch bleibt hier tatsächlich mehr als eine Frage offen. Lebte ibn Gabirol in zwei ganz verschiedenen Welten? Und: War er der einzige der jüdischen Gemeinde, der dies tat?

Ibn Gabirol verwendete außer neuplatonischen Denkformen auch viele Elemente aristotelischer Philosophie, so vor allem das Begriffspaar »*Materie-Form*«, das zur *durchgängigen Bestimmung* der Zusammensetzung aller geschaffenen Dinge diente. Das heißt: Alles außer Gott besteht aus den Prinzipien Materie und Form, und selbst bei Gott findet sich noch in irgendeiner Weise diese Zweiheit. Auch in den geistigen Dingen wie etwa der Seele ist also Materie vorhanden, auch wenn dort die Materie ganz »fein« ist. Ibn Gabirol nimmt also an, daß alle Dinge durchgehend materiell sind, daß somit allen eine gemeinsame materielle Basis zugrunde liegt, während die Verschiedenheit der Dinge durch die jeweils verschiedenen Formen entsteht: Alles Zusammengesetzte und somit zur Welt Gehörende ist geformte Materie. Unter diesem Aspekt ist also die Materie das Grundlegende, dieser Grundgedanke ist sicher nicht neuplatonisch und er ist auch nicht wirklich aristotelisch. Ob ibn Gabirol dabei mit anderen Quellen arbeitet, oder ob dies einfach seine eigene Konzeption ist, ist unklar. Der innere Aufbau des Kosmos ist aber dann wieder nach dem neuplatonischen hierarchischen Schema gedacht, und hier gewinnt die Form das Übergewicht, insofern diese das Prinzip der Veränderung und des Werdens ist, was wieder gut aristotelisch ist. Wie diese beiden verschiedenen Wertungen des Materie-Form-Verhältnisses – Gleich- bzw. Unterordnung – zusammenstimmen, wird nicht deutlich. Ibn Gabirols Metaphysik ist uneinheitlich und in manchem auch widersprüchlich. So geht er etwa von der Voraussetzung aus, daß etwas nur ein ihm Ähnliches hervorbringen kann. Deshalb nimmt er an, daß die Formen aus dem göttlichen Willen hervorgehen, dies ist die eigentliche göttliche Schöpfungstätigkeit. Dann aber kann das Gegenprinzip, die Materie, nicht auch aus dem göttlichen Willen hervorgehen. Woher kommt sie dann aber? Ein von Gott unabhängiges Prinzip darf sie nicht sein. Ibn Gabirol ist daher zu der Annahme gezwungen, daß die Materie in irgendeiner Weise in Gott ihren Ursprung habe, und tatsächlich meint er, daß die Materie aus dem ruhenden Wesen Gottes hervorgehe. Damit würden Materie und Form entsprechend auf Gottes Wesen und seinen Willen bezogen (Simon 1984. S.74; Frank/Leaman 1997. S. 158). Aus Materie und Form ergibt sich dann die erste kosmische Substanz, der Intellekt, und das weitere folgt dann einem Emanationsschema.

Solche Vorstellungen mußten für jüdische Leser höchst befremdlich sein. Die *Fons vitae* hat tatsächlich nur geringe Wirkung bei den Juden gehabt und geriet seit dem Vordringen aristotelischer Philosophie überhaupt in Vergessenheit. Ganz anders jedoch war der Einfluß im christlichen Bereich. Abicebrons *Fons vitae* war im Mittelalter weit verbreitet. Vor allem die Philosophie und Theologie der Franziskaner Alexander von Hales und Bonaventura war von dem *Fons vitae* beeinflußt. Diese folgten seiner Auffassung von der durchgängigen Zusammensetzung aller Dinge aus Materie und Form, und nahmen somit auch eine Materie der Seele an. Dadurch hatten sie weniger Probleme bei der Erklärung der Annahme, daß der Mensch auch nach dem Tode aus Leib und Seele besteht.

d) Bachja ibn Paquda

Von Bachja ibn Paqudas Leben (zweite Hälfte 11. Jhd.) ist fast nichts bekannt. Er war Richter, was bedeutet, daß er eine rabbinische Ausbildung durchlaufen hatte, und lebte vermutlich in Saragossa. Bachja folgt eher Saadia als den Neuplatonikern, und seine Schrift *Anleitung zu den Pflichten des Herzens* hat eine primär praktische Ausrichtung. Ursprünglich war dieses Werk arabisch abgefaßt, wurde aber schon bald ins Hebräische übersetzt, später auch in verschiedene Landessprachen, was zeigt, daß es eine große Verbreitung gefunden hat. Das Ziel des Werkes ist, wie es schon der Titel sagt, nicht philosophischer, sondern religiöser Art: Es soll der Förderung der Frömmigkeit dienen. Allerdings gehört für Bachja auch der *Gebrauch des Verstandes* zu den *Pflichten des Herzens*, was ganz und gar im Sinne des *kalam* ist. Eine Gegenübersetzung von Verstand und Herz (wie dies etwa bei Blaise Pascal der Fall ist), kommt diesem frommen Juden gar nicht in den Sinn.

Das eigentlich – jedenfalls im Rahmen jüdischer Kultur – Originelle in Bachjas Werk liegt allerdings nicht in den eben angedeuteten Punkten, sondern im Bereich der Ethik. Wie es schon der Titel seines Werkes anzeigt, stellte er die Pflichten des Herzens in den Mittelpunkt seiner Anweisungen, womit er den ethisch und religiös entscheidenden Faktor der *inneren Gesinnung* im Unterschied zur *äußeren Geset-zeserfüllung*, die er keineswegs aufheben will, hervorhob (Ähnliches finden wir bei Abaelard, vgl. Kap. VII, 4). Diese Forderung haben auch die Propheten des Judentums erhoben, bei Bachja ist aber noch ein anderer Faktor bestimmend: Er steht sehr deutlich unter dem Eindruck der Sufis (vgl. Kap. IX, 3), was er selbst ganz klar ausspricht. Worum es geht, ist die innere Einstellung des Menschen, also eine Form der Ethik, die man heute »Gesinnungsethik« nennt. Dies ist für jüdische Frömmigkeit allerdings nicht ganz unproblematisch. Die verschiedenen rituellen Gebote und Verbote können doch nur in sehr allgemeiner Weise mit der inneren Gesinnung in Verbindung gebracht werden, ihr spezifischer Gehalt läßt sich rational nicht begründen, und so rücken sie an den Rand dessen, was als eigentlich relevant angesehen wird. Es bleibt eigentlich nur der allgemeine Aufruf zum Gehorsam gegenüber Gott und seinem Gesetz (vgl. weiter oben Saadia) und dies ist dasselbe Problem, das auch die Sufis bei den Geboten (Waschungen, Gebet, Wallfahrt usw.) und Verboten des Islam hatten. Und noch in einer weiteren Hinsicht ist diese Lehre der Pflichten des Herzens für das Judentum problematisch: Nicht zuletzt unter neuplatonischem Einfluß richtet sich das Herz des Menschen in erster Linie auf Gott, die Mitmenschen rücken demgegenüber in den Hintergrund, es geht hier primär, so wie im Neuplatonismus, um Gott und die Seele. Die Gottesliebe ist der eigentliche Sinn des menschlichen Lebens, und dies ist kein spezifisch gemeindeförderndes Element. Während die jüdische Ethik in maßgeblicher Weise als gemeinschaftsgestaltend verstanden wurde, trat dies bei Bachja zurück gegenüber der inneren sittlichen Haltung mit der zentralen Forderung, sich ganz auf die Gottesliebe zu konzentrieren. Bachja propagierte keinen Rückzug aus der Gesellschaft – jede Form eremitischen Lebens ist dem Judentum fremd –, aber er wollte den Menschen doch in eine innere Distanz zu diesem gesellschaftlichen Leben setzen, um ihn frei zu machen für die einzig entscheidende Gemeinschaft mit Gott. Damit verbunden ist der asketische Zug der Lehre Bachjas, die Aufforderung, sich von den weltlichen Gütern zu lösen, auch dies nicht eben ein Charakteristikum jüdischer Religiosität. Bachja ist kein professioneller Platoniker, aber der Appell zur Befreiung der Seele aus den Banden der Sinne ist doch mehr platonisch und spätantik als biblisch oder talmudisch. In einem Punkt allerdings bleibt Bachja rigoros jüdisch und folgt nicht dem Neuplatonismus: Er zielt nicht auf eine mystische Einigung mit Gott ab, es gibt bei ihm somit keine mystische Ekstase, keine Gottesschau oder irgendetwas Ähnliches. Bei allen Anleihen bei Neuplatonikern oder Sufis blieb Bachja doch in wesentlichen Punkten der jüdischen Tradition verpflichtet, und dies war auch der Grund seiner weitreichenden Wirkung, die sich später gerade auch dort bewährte, wo die Stütze durch eine Gemeinde weg-

gefallen war. Anders ist die Situation bei den im folgenden zu behandelnden Neuplatonikern.

e) Platoniker des 12. Jahrhunderts

Im 12. Jhd. finden wir Texte, die zeigen, daß die Auffassung von der Übereinstimmung von jüdischer Religion und neuplatonischer Philosophie beinahe eine Selbstverständlichkeit geworden war. Einzig an dem Festhalten an der Vorstellung einer
Schöpfung aus Nichts durch den göttlichen Willen zeigt sich ein Unterschied, allerdings ist dieses Festhalten oft mehr verbal als sachlich. Die *Grenzen zu pantheistischen
Auffassungen*, in denen ein persönlich wollender Gott nicht mehr angenommen wird,
werden nicht selten *unscharf*. In der Seelenlehre und in der Ethik finden wir eine
recht unbedenkliche und fast völlige Übernahme neuplatonischer Auffassungen.
Das Ziel des menschlichen Lebens wird sehr allgemein in ein ewiges Leben gesetzt,
und dieses Ziel wird primär in einer intellektuellen Angleichung der Seele an Gott
gesehen, die Dimension von Gesellschaft und Geschichte sowie dem Handeln in
diesen Bereichen verschwindet fast zur Gänze. Der Neuplatonismus war eben
immer schon apolitisch, ganz im Unterschied zu den Forderungen der *Bibel*. Es
bleibt aber in der jüdischen Philosophie, auch dort, wo sie eine mystische Sprache
gebraucht, immer bei der *Angleichung* der Seele an Gott, eine mystische *Vereinigung*
mit Gott gibt es in der jüdischen Philosophie nicht.

Etwa aus der Zeit der ersten Hälfte des 12. Jhd.s stammt eine Schrift *Vom Wesen
der Seele* eines sonst nicht bekannten Autors, der heute Pseudo-Bachja genannt wird.
Wir finden in dieser Schrift sogar die Vorstellung der Präexistenz der Seele. Entscheidend ist für diesen Autor eigentlich überhaupt nur die Seele, ihre Verbindung mit
dem Körper führt gut platonisch zum Vergessen des ursprünglich in der Seele vorhandenen Wissens. Dies hat mit der jüdischen Auffassung vom Menschen nichts
mehr zu tun.

Ebenfalls in der ersten Hälfte des 12. Jhd.s lebte Abraham bar Chija. Dieser wurde
eigentlich eher auf einem anderen Gebiet für die jüdische Kultur wichtig. Durch
seine mathematischen und naturwissenschaftlichen Schriften, die zwar auf arabischen Quellen beruhten, aber hebräisch abgefaßt und somit auch außerhalb des
arabischsprachigen Bereichs gelesen werden konnten, wurden später die Juden in
Frankreich und Deutschland erstmals mit der griechisch-arabischen Wissenschaft
bekannt. In seiner Seelenlehre finden wir eine Vorstellung, die auch aus der Gnosis
bekannt ist, nämlich, daß nur die Seelen der Guten in das ursprüngliche Reich zurückkehren, die Seelen der Unwissenden aber, die die Trennung vom Körper nicht
erlangt haben, beim Tod des Körpers einfach vergehen. Auch für ihn ist selbstverständlich die Welt nicht die wahre Heimat der Seele. Welche im Rahmen jüdischen
Denkens extreme Formen der Charme des Neuplatonismus hervorrufen konnte,

zeigt sich z. B. bei Josef ibn Zadiq, der um die Mitte des 12. Jhd.s rabbinischer Richter in Cordoba war und damit amtlich eigentlich ganz in der jüdischen Tradition stand. In seinem *Mikrokosmos* vertritt er aber eine Ethik, die von allen realen und gesellschaftlichen Problemen absieht, und sich ganz auf das Glück in der jenseitigen Welt konzentriert. Während das Judentum einen innerweltlichen Tun-Ergehen-Zusammenhang für die Folgen guter oder böser Taten immer angenommen und gerade ein Richter an dieser sich verwirklichenden Gerechtigkeit mitzuwirken hatte, liegt bei Josef ibn Zadiq die eigentliche Vergeltung allen Tuns erst in einer ewigen Seligkeit oder einer ewigen Bestrafung.

Die Probleme der Seelenlehre waren damit aber noch nicht gelöst. Bei verschiedenen Autoren wird mit Aristoteles eine vegetative, eine animalische und eine rationale Seele unterschieden. Fraglich ist hier allerdings, ob es sich dabei um drei Seelen oder um drei Seelenteile handelt. Die platonisch konsequenteste Lösung zu dieser aristotelischen Einteilung ist die, tatsächlich drei Seelen anzunehmen, und die beiden ersten mit dem Körper untergehen zu lassen. Hier würde dann nur die rationale Seele als unsterblich angesetzt, und auch nur sie würde in ihre Heimat, die obere Welt, zurückkehren, wenn sie sich einmal durch Erkenntnis und entsprechendes Handeln aus dem Körper befreit hat. Dies stellt die Lösung des Abraham ibn Esra (gest. ca. 1164) dar. Daß solche Annahmen überhaupt nichts mit der Vorstellung zu haben, die dem Menschen in der *Bibel*, also dem *Alten Testament*, zugeschrieben werden, braucht nicht hervorgehoben zu werden. In späterer Zeit, so bei Maimonides, werden sie aber nicht aus diesem Grund zurückgewiesen werden, sondern vielmehr, weil sie mit der aristotelischen Auffassung von der Seele nicht in Einklang gebracht werden können. Es bleibt somit auffällig, daß diese Gruppe jüdischer Philosophen sich kaum die Frage gestellt hat, ob die aristotelische und die platonische Seelenauffassung mit den anthropologischen Voraussetzungen der *Bibel* überhaupt in Übereinstimmung gebracht werden kann. Der auch zu dieser Zeit noch gegebene Mangel einer halbwegs klar umschriebenen Glaubenslehre im jüdischen Bereich machte sich hier deutlich bemerkbar.

| 283

f) Jehuda ben Samuel ha-Lewi (Jehuda Halewi)

Der Platonismus in der eben besprochenen Form blieb jedoch nicht vorherrschend. Seit der Mitte des 12. Jhd.s hatte sich in der islamischen Philosophie der Aristotelismus, wenngleich verbunden mit doch ziemlich entscheidenden neuplatonischen Elementen, durchgesetzt. Die maßgebliche Form dieses Aristotelismus stellte das Werk Avicennas (ibn Sina) dar. Dessen Metaphysik steht aber in entscheidenden Punkten in Gegensatz zu Grundauffassungen des Islam. Dies hatte im Bereich des Islam die heftige Kritik al-Ghazalis hervorgerufen (vgl. Kap. IX, 2, h), und eine ganz ähnliche, wenn auch wesentlich weniger scharfe Auseinandersetzung mit der aristotelischen Philosophie finden wir in der jüdischen Philosophie bei Jehuda Halewi. Jehuda Halewi (um 1085 – nach 1140) ist für die jüdische Philosophie besonders aufschlußreich, und zwar genau dort, wo er zu keinen kohärenten Lösungen gelangte. Diese besondere Relevanz liegt darin, daß er wie kaum ein anderer versuchte, an den Grundlagen des jüdischen Glaubens ohne Abstriche festzuhalten. Dies hängt schon damit zusammen, daß Halewi in erster Linie ein religiöser Dichter war, der ganz und gar aus der biblischen Tradition heraus dachte, er war und ist bis heute auch vor allem wegen seiner religiösen Dichtung bekannt und geschätzt. Von Beruf aus war er Arzt, und auch in seiner Philosophie zeigt sich ein wissenschaftlicher und geradezu naturalistischer Zug. Jehuda Halewi lebte zunächst in Toledo, sein Leben fiel in eine für das spanische Judentum schwierige Zeit. Von Norden her drangen die Christen gegen den islamischen Teil Spaniens vor. Alfons IV. von Kastilien hatte 1085 Toledo eingenommen und Jehuda Halewi wuchs somit in einer von den Christen beherrschten Stadt auf, was für einen Juden im Vergleich zum islamischen Herrschaftsbereich ungünstigere Lebensbedingungen bedeutete. Halewi ging daher in den islamischen Süden, doch auch dort veränderte sich die politische Lage. Unter dem Druck der militärischen Bedrohung von Seiten der Christen wurden die islamischen Herrscher weniger tolerant gegen Minderheiten, die Situation der Juden verschlechterte sich. Halewi ging daher wieder zurück nach Toledo, wo er als Arzt tätig war. Aber auch Toledo war, obwohl dort weiterhin die arabische Kultur dominierte, für ihn nicht mehr die Heimat, und später ging er wieder in den islamischen Süden nach Cordoba. Aber man kann vermuten, daß es Jehuda Halewi klar geworden war, daß die Zeit des verhältnismäßig guten Zusammenlebens islamischarabischer und jüdischer Kultur dem Ende zuging. Begründete Aussichten, daß die Christen auf längere Sicht hin eine Alternative bieten würden, gab es auch nicht. Für das religiöse wie auch das philosophische Bewußtsein Jehuda Halewis wurde die Tatsache, fern vom Heiligen Land leben zu müssen, prägend. Tatsächlich machte er sich in dem für damalige Verhältnisse fortgeschrittenen Alter von über fünfzig Jahren auf den Weg dorthin, erreichte aber wahrscheinlich nur Ägypten.

Philosophisch interessant ist Jehuda Halewis *Kusari*. Mit dem Titel dieses Buches wird auf den Chasarenstaat am Kaspischen Meer Bezug genommen, dessen Herrscher und somit auch das Volk den jüdischen Glauben angenommen hatte, was historisch gesehen ein einmaliges Ereignis in der jüdischen Geschichte darstellt. Zur Zeit Jehuda Halewis bestand dieses Reich allerdings nicht mehr. Das Buch Halewis schildert einen Dialog zwischen dem Chasarenherrscher und einem Juden, in dessen Verlauf die Überlegenheit des Judentums sowohl über die anderen Religionen als auch über die Philosophie gezeigt werden soll. In seiner Kritik der Philosophie trifft Halewi sich in vielem mit der al-Ghazalis. Allerdings hatte al-Ghazali gemeint, er müsse falsche metaphysische Auffassungen wiederlegen, während Jehuda Halewi darauf hinweist, daß es zwar im Bereich der Logik und der Mathematik unbezweifelbare Beweise gebe, während dies im Bereich der Metaphysik nicht der Fall ist, dort gibt es nur verschiedene, einander widersprechende Meinungen, aber keine von diesen ist beweisbar (*Das Buch Al-Chazari.* S. 263). Damit schafft er sich einen Freiraum, der ihm die Möglichkeit gibt, seine aus der *Bibel* stammende Gottesauffassung einzuführen. Diese ist eingebettet in eine Theorie von den Fähigkeiten des Menschen, bei denen er den intellektuellen Fähigkeiten ein *besonderes religiöses Vermögen* überordnet. Dieses besondere Vermögen ist jedoch – vor der messianischen Endzeit – nur im jüdischen Volk wirklich entwickelt, und in höchstem Maß auch dort nur bei den Propheten. Jehuda Halewi will damit die in der *Bibel* tatsächlich zentrale Vorstellung der *Erwählung* zur Geltung bringen. Die besonders günstigen Voraussetzungen für die Entwicklung dieses religiösen Vermögens sieht Jehuda Halewi allerdings – ziemlich naturalistisch – in den klimatischen Bedingungen des Heiligen Landes. Der Gott, der frei ein Volk erwählt, also der Gott Abrahams, Isaaks und Jakobs, ist jedoch nicht der Gott, zu dem die Aristoteliker oder Neuplatoniker gelangen können. Jehuda Halewi spricht daher auch ganz unbefangen von dem »lebendigen Gott«, der einen Bund mit dem Volk Israel geschlossen hat, und der ihm spezifische Gesetze gegeben hat, die von nirgendwo her ableitbar sind:

> Die gesellschaftlichen und Vernunftgesetze sind die bekannten, die göttlichen aber, welche zum Vorhandensein jener im Volke »des lebendigen Gottes« noch hinzugefügt worden sind, auf daß er es leite, sind nicht bekannt, bis sie von ihm selbst erklärt und zugeteilt werden. (*Das Buch Al-Chazari.* S. 119)

| 285

Dieser frei handelnde Gott kann auch frei in die Geschehnisse in der Welt eingreifen. Die Probleme, in die Jehuda Halewi jedoch gerät, wenn er ein solches Handeln Gottes durch das Formgeben einer Materie erklären will, brauchen wir hier nicht zu verfolgen, solche Probleme zu lösen war nicht seine Stärke. Das in unserem Zusammenhang Entscheidende ist, daß Jehuda Halewi klar gesehen hat, daß der biblische Zentralgedanke der Erwählung des Volkes Israels in keiner philosophischen Gotteslehre untergebracht werden kann.

> Dann wird der Mensch ein Diener Gottes, denjenigen liebend, den er verehrt, bereit für seine Liebe sein Leben hinzugeben, weil die Süßigkeit des gewonnenen Zusammenhanges eben so groß ist, als der Schaden und der Schmerz im Fernstehen – ganz im Gegensatz zu den Philosophen, welche unter dem Dienste Gottes nichts anderes verstehen, als die höchste Beobachtung des Edlen, das Sprechen der Wahrheit, indem sie ihn über alle übrigen Wesen erheben [...]. (Ebd. S. 209)

Die Auffassung, daß Philosophie und *Bibel* dasselbe sagen, war an eine deutlich sichtbare Grenze gelangt.

g) Abraham ibn Daud

Ibn Daud (um 1110–1180) ist der erste für uns greifbare jüdische Philosoph, der dem inzwischen im islamischen Bereich vorherrschenden Aristotelismus folgt. Der Aristotelismus muß jedoch schon vorher für viele Juden attraktiv gewesen sein, denn die Kritik Jehuda Halewis richtete sich bereits gegen diesen Aristotelismus. Ibn Daud stammt vermutlich aus dem islamischen Teil Spaniens, lebte aber später in dem von den Christen beherrschten Toledo. Der Name ibn Dauds ist eine arabisierte Form, hebräisch hieß er Ben David. Es wurde gelegentlich angenommen, daß er identisch sei mit jenem Avendauth, der im 12. Jhd. als Mitübersetzer des in Toledo tätigen Dominicus Gundissalinus genannt wird, dies ist aber nicht bewiesen, und in der jüdischen Gemeinde von Toledo gab es vermutlich sehr viele Ben Davids (= Sohn Davids). Ibn Daud wendete sich in seiner Schrift *Der erhabene Glaube* an jene, die ihren Glauben durch die Philosophie in Frage gestellt sahen, offensichtlich war dies zu seiner Zeit bereits ein in der jüdischen Gemeinde verbreitetes Phänomen. Diese Schrift ist ursprünglich arabisch verfaßt, es ist jedoch nur die hebräische Übersetzung erhalten, und eine lateinische Übersetzung hat es wahrscheinlich gar nicht gegeben. Das Werk ibn Dauds hat nur geringe Wirkung gehabt, da die Probleme, die sich bei der Behauptung der Übereinstimmung von philosophischer und religiöser Wahrheit ergeben, bei ibn Daud eher umgangen als wirklich beantwortet werden, und da nur wenig später Maimonides diese Fragen konsequenter anging und zufriedenstellender behandelte, verdrängten dessen Schriften das Werk ibn Dauds. Für ibn Daud steht die Übereinstimmung von Philosophie und religiöser Wahrheit nicht zur Diskussion. Der Nachweis für diese Überzeugung nimmt allerdings manchmal recht sonderbare Formen an. Das sieht dann zum Beispiel so aus: Es soll bewiesen werden, daß die aristotelischen Kategorien schon in der *Bibel* gelehrt werden, dazu wird der Psalm 139 herangezogen. Der besseren Übersichtlichkeit halber setze ich die Stellen aus dem Psalm kursiv und die Kategorien in Majuskel:

Schon David erwähnt die SUBSTANZ und die meisten der genannten ACCIDENZIEN und behauptet, daß die göttliche Weisheit sie sämtlich umfasse. Er sagt nämlich: »*Ewiger, Du erforschst mich und kennst mich*«, dieses Mich deutet auf die SUBSTANZ. Hierauf: »*Du kennst mein Sitzen und mein Stehen*«, d. i. meine LAGE; «*Du siehst meine Gedanken von ferne*«, d. i. die Beschaffenheit der Seele, die QUALITÄT; »*Du hast meinen Gang und mein Lager ausgebreitet*«, damit will er sagen: Du übersiehst meine ganze Bestimmung; was zur QUANTITÄT gehört. Ferner: »*Alle meine Wege kennst Du genau*«, d. i. alle Qualitäten, die er bisher nicht ausführlich erwähnt hatte. Ferner: »*Von Rück- und Vorwärts bildetest Du mich und legtest auf mich Deine Hand*«, damit drückt er aus, daß ihm Gott die Gestalt gegeben habe, d. i. etwas aus Qualität und Quantität Zusammengesetztes. Dann: »*Wohin soll ich gehen vor Deinem Geiste usf.: Auch dort wird mich Deine Hand führen, und Deine Recht ergreifen*«, d. h. in allem dem Menschen denkbaren

Räumlichen waltet die Gottheit. Ferner: »*Du bedecktest mich im Leibe meiner Mutter*«, hier haben wir den Begriff der RELATION. Ferner: »*Der ich gebildet worden im Verborgenen, gewebt im Innersten der Erde*«, siehe da! WIRKEN und LEIDEN. »*Das noch Ungestaltete von mir sahen Deine Augen, in Deinem Buche waren alle gezeichnet*«, damit bezeichnet er die unstetige GRÖSSE, nämlich die Zahl der Glieder. »*Die Tage wurden bestimmt, obgleich noch keiner von ihnen da war*«, damit erwähnt er die ZEIT. Die Categorie HABITUS ist vielleicht in dem Satze: »*Und alle meine Wege hast du vorausgewußt*«, enthalten. Also zählt dieser Psalm alle Arten des Seins auf. (Ibn Daud: *Der erhabene Glaube.* S. 11 f.)

Man braucht hier schon einige Phantasie, um ibn Daud folgen zu können. Der Text zeigt jedenfalls, daß ibn Daud für die Frage verschiedener Sprachformen keinerlei Verständnis hatte, im Prinzip ist sein Vorgehen aber nur ein extremes Beispiel eines Verfahrens, das bei manchen jüdischen Philosophen vorlag. Ein so kurzschlüssiges Verfahren hat es bei islamischen aristotelischen Philosophen wie al-Farabi und Averroes nicht gegeben, diese hatten mit ihrer Theorie verschiedener Sprach- und Argumentationstypen (vgl. Kap. IX, 2, d und i) die Sprache der Philosophie und des *Koran* in eine Beziehung gesetzt, die eine so unmittelbare »Übersetzung« nicht zuließ und auch gar nicht wünschenswert machte.

Die für ibn Daud maßgebliche Philosophie ist die Avicennas, der er fast vollständig folgt. Zentrale Probleme jüdischer Philosophie waren immer die Frage der göttlichen, durch den Willen bestimmten Schöpfertätigkeit Gottes sowie die der menschlichen Freiheit des Willens gewesen. In Hinsicht auf die Schöpfungstätigkeit Gottes gelangt ibn Daud jedoch zu keiner überzeugenden Antwort. Er lehnt zwar das Emanationsschema ab, aber nicht, weil es mit der biblischen Vorstellung eines frei handelnden Schöpfergottes unvereinbar ist, sondern weil er es für philosophisch unbewiesen hält und weil er der Auffassung ist, daß die Frage, in welcher Weise die Welt in Gott ihren Ursprung hat, für menschliches Denken überhaupt unbeantwortbar ist. Ibn Daud nahm damit in seine Philosophie Elemente der negativen Theologie auf: Da wir von Gott keine positiven Eigenschaften aussagen können, können wir auch keine Aussagen über seine Tätigkeiten machen. Der Philosoph kann daher zwar erkennen, *daß* die Welt von Gott ihren Ausgang nimmt, nicht aber, *wie* dieser Ausgang zu erklären ist. Damit war die Möglichkeit für einen Schöpfungsglauben gegeben, ohne mit der Philosophie in Konflikt geraten zu müssen. Allerdings kommt den biblischen Ausdrücken, die diese Schöpfungstätigkeit beschreiben, dann nur eine metaphorische Bedeutung zu.

Ibn Daud hält im Unterschied zu seinen islamischen Vorlagen an der Freiheit des menschlichen Willens ohne Abstriche fest. Sein Werk *Der erhabene Glaube* stellt sich sogar in der Form eines Briefes dar, der einem Freund auf die Frage antworten will, ob das Handeln des Menschen determiniert oder frei sei. Damit aber ergibt sich die in der jüdischen philosophischen Tradition bisher nicht ausreichend beantwortete

Frage, wie *göttliches Vorherwissen* und *menschliche Freiheit* in Einklang gebracht werden können, und ibn Dauds Vorschlag hat etwas von einer Gewaltlösung an sich. Er sagt: Gott schränkte selbst, als er sich entschloß, den Menschen als freien zu schaffen, seine Allmacht und sein Allwissen so ein, daß die zukünftigen freien Handlungen des Menschen nicht darunter fallen. Mit einfacheren Worten: Gott hat, und zwar nur, weil er dies so will, weder eine Kenntnis der zukünftigen freien Handlungen der Menschen noch hat er irgendeinen Einfluß auf diese. Durch diese radikale Lösung beseitigt ibn Daud so ganz nebenbei auch das Theodizee-Problem. Allerdings ist die Lösung ibn Dauds sowohl philosophisch fragwürdig als auch für den biblischen Glauben nicht unproblematisch. Es ist nämlich nicht recht zu sehen, wie ein sich selbst in Hinsicht auf Macht und Wissen einschränkender Gott noch als allmächtig und allwissend bezeichnet werden kann. Desweiteren: Gott und Mensch werden hier in ein Konkurrenzverhältnis gesetzt, in dem Macht und Wissen an einem bestimmten Punkt aufgeteilt werden müssen, und wenn der Mensch etwas haben soll – die Freiheit –, dann muß Gott etwas von seiner Allmacht und seiner Allwissenheit abgeben. Dies entspricht eigentlich wieder einer vorphilosophisch anthropomorphen Gottesvorstellung.

288

h) Moses Maimonides

Moses Maimonides (1135–1204) stammte aus einer gebildeten und angesehenen Familie in Cordoba (Spanien). Als die islamischen Herrscher Spaniens, die Almohaden, unter dem Druck der Vertreter des *Koran* eine den Fremden gegenüber feindliche Politik einschlugen, ging die Familie des Maimonides zunächst nach Fez in Nordafrika, wo sie immer noch unter derselben Regierung leben mußte, und schließlich nach Kairo, wo unter der Herrschaft der Fatimiden günstigere Lebensbedingungen für Juden bestanden. In Kairo war Moses Maimonides als sehr geschätzter Arzt und zugleich als Vorsteher der jüdischen Gemeinde tätig. Medizin war für Maimonides nicht nur eine Quelle seines Lebensunterhaltes, sondern gehörte in den Zusammenhang der Ethik, insofern es neben den Krankheiten des Leibes auch solche der Seele gibt. Dies war auch die Konzeption Avicennas gewesen (vgl. Kap. IX, 2, g). Der Arzt muß daher die philosophische Ethik kennen, um solche Krankheiten heilen zu können, dies war auch die Auffassung des Maimonides (vgl. *Acht Kapitel*). Neben medizinischen Schriften verfaßte Maimonides vor allem zwei Werke, die philosophisch relevant sind. Das erste ist die *Mischne Tora*, also ein Kommentar zur *Mischna*. Dieses Werk wurde zunächst arabisch abgefaßt, ist aber in der weiteren Geschichte vor allem in hebräischen Übersetzungen verbreitet gewesen. Es geht darin um den Versuch, das ursprünglich mündlich tradierte jüdische Gewohnheitsrecht *(mischne)* mit Philosophie und Wissenschaft in Verbindung zu bringen. Maimonides folgte hier der arabischen Methode der

Rechtsauslegung, er arbeitete aber bei seinen Erklärungen auch weithin mit der *Nikomachischen Ethik* des Aristoteles, und gegenüber dem Chaos der bisherigen talmudischen Auslegungen brachte er dadurch Organisation und Kodifizierung in das jüdische Recht. Die Darstellung philosophischer und wissenschaftlicher Thesen in einem Kommentar des jüdischen Gesetzes schien allerdings vielen seiner Zeitgenossen eine provozierende Neuerung, die deshalb eine entsprechende Diskussionen auslöste. Auch außerhalb der jüdischen Kultur bekannt geworden sind vor allem die *Acht Kapitel*, die *Eine Abhandlung zur jüdischen Ethik und Gottes-erkenntnis* darstellen. Sein bekanntestes Werk ist der um 1197 entstandene *Führer der Unschlüssigen* (besser eigentlich *Führer der Ratlosen*), ein Werk, das sich an Ge-meindemitglieder wendet, die angesichts der Philosophie ihrer Zeit in ihrem Glauben unsicher geworden sind. Dies gilt trotz des Vorwortes, in dem Maimo-nides sich nur an einen einzigen Schüler wendet, und somit für sein Werk einen esoterischen Charakter beansprucht, also einen nur für wenige bestimmten Inhalt vorzutragen behauptet. Solche Esoterik hatte in der damaligen Kultur etwas mit Verschlüsselung der eigenen Ansichten zu tun, ein Verfahren, dem wir auch bei Averroes begegnet sind (vgl. Kap. IX, 2, i). Diese literarische Form war aber wohl eher eine Schutzmaßnahme, da die jüdische Tradition vorschrieb, daß die »Ge-heimlehre von der Schöpfung« nicht öffentlich, sondern höchstens vor einem ein-zigen Schüler erklärt werden durfte. Es gibt auch zahlreiche moderne Interpreten, die meinen, Maimonides hätte seine Auffassungen im *Führer der Unschlüssigen* oft verschlüsselt dargestellt, so daß sie sich nur dem Eingeweihten, der »zwischen den Zeilen« lesen kann, eröffnen, damit geht man aber wahrscheinlich an der Intention des Maimonides vorbei. Eine unvoreingenommene Lektüre des *Führers der Un-schlüssigen* ergibt, daß Maimonides verständlich und für alle schreiben wollte. In der Einleitung zum *Führer der Unschlüssigen* wendet Maimonides sich an diesen einen Schüler, Joseph ben Jehuda, mit den Worten:

| 289

Als Du aber bei mir die Logik studiertest, knüpfte sich meine Hoffnung an Dich, und ich erachtete Dich als würdig, Dir die Geheimnisse der Bücher der Prophetie in der Weise zu offenbaren, daß Du darin dasjenige schauen könntest, was die Tüchtigen darin schauen sollen. Ich machte Dir anfänglich nur einige Andeutungen, sah aber bald, daß Du eine eingehendere Erklärung von mit fordertest und darauf bestandest, Dir Einiges von den Gegenständen der Metaphysik zu erläutern [...]. (*Führer der Un-schlüssigen*. Einleitung, S. 1 f.)

Es war innerhalb der jüdischen Philosophie selten, daß Einführungen in die Logik gegeben wurden, Maimonides hat aber offensichtlich solche Kurse von seinen Schü-lern verlangt, und er hat sogar selbst, auch dies wieder verhältnismäßig selten bei jüdischen Philosophen, eine *Logik* verfaßt. Es besteht also m. E. kein Grund, daran zu zweifeln, daß Maimonides seine Auffassungen mit all der Strenge des Arguments vorlegen wollte, die ihm zur Verfügung stand, ohne irgend einen anderen Hintersinn damit zu verbinden.

Wo Maimonides ganz allgemein philosophisch steht, ist ziemlich deutlich, da er selbst dazu genügend Auskunft gibt: Von Platon hält er nicht viel, die Werke des Aristoteles hingegen sind für ihn die Grundlage alles wissenschaftlichen und philosophischen Denkens, wobei man zu deren Erklärung auch die Aristoteles-Kommentatoren Alexander von Aphrodisias und Themistios heranziehen sollte. Mit gutem Blick schätzt er in der Logik vor allem al-Farabi, aber auch für den Aristoteles-Kommentator ibn Bajjah findet er ankerkennende Worte. Mit den Kommentaren des Averroes wurde er erst nach Abschluß des *Führers der Unschlüssigen* bekannt, stand aber auch diesen Kommentaren, wie man eigentlich von einem Aristoteliker erwarten muß, sehr anerkennend gegenüber. Maimonides gehörte mit dem nur um wenige Jahre älteren Averroes zu jener Gruppe von Intellektuellen in al-Andalus, die versuchten, sich der authentischen Philosophie des Aristoteles zu nähern, und die somit die (neu)platonischen Elemente, so weit als sie diese eben identifizieren konnten, zurückzudrängen suchten. Entsprechend stehen sie aller mystischen oder mystifizierenden Metaphysik ablehnend gegenüber, und daraus wird verständlich, daß Maimonides dem sonst in der jüdischen Philosophie sehr geschätzten Avicenna sehr zurückhaltend gegenüberstand.

So sehr Maimonides auch Aristoteliker sein wollte, er stand doch ganz in der islamischen Tradition des durchgehend *neuplatonisch gefärbten Aristotelismus*. So ist schon der eindeutig aus der *negativen Theologie* herkommende Gottesbegriff des Maimonides deutlich neuplatonisch. Für Maimonides gilt ganz uneineingeschränkt, daß einzig die verneinenden Aussagen von Gott als wahre Aussagen gelten können (*Führer der Unschlüssigen* I, 58. S. 196).

Da aber jeder Mensch fühlt, daß es unmöglich ist, zur Erkenntnis dessen, was zu erkennen in unserer Macht steht, anders als durch Verneinung zu gelangen, die verneinende Aussage aber uns von dem Wesen desjenigen, dem wir etwas absprechen, nichts erkennen läßt, sind alle Menschen in der Vergangenheit und in der Gegenwart in dem Urteil übereingekommen, daß die Vernunftwesen Gott nicht zu begreifen vermögen, und nur Gott selbst erkennt, was er ist, und daß die Erkenntnis Gottes darin besteht, daß wir unsere Unfähigkeit einsehen, ihn vollständig zu erkennen. (Ebd. I, 59. S. 206)

Es ist klar, daß Maimonides recht gewaltsame hermeneutisch-allegorisierende Verfahren anwenden muß, um die Sprache der *Bibel* auf dieser Linie zu interpretieren, und er muß schon froh sein, daß ihm für den »Nachweis« der Unerkennbarkeit Gottes der König David im Psalm 65, 2 mit dem Satz zu Hilfe kommt: »Dir wird im Schweigen Lob« (Ebd. I, 59. S. 207). Das meiste von dem, was Prediger und Dichter sagen, wird von da aus für Maimonides zu »Unsinn«, »verderbter Phantasie« und

»Gottesleugnung« (Ebd. I, 59. S. 211). Um hier irgendwie zurechtzukommen, muß Maimonides dann mit einer *Stufentheorie* arbeiten. Eine solche wurde auch in der islamischen Philosophie angewandt, während dort aber Stufen von bildlicher Rede und philosophischer Argumentation angenommen wurden (vgl. Kap. IX, 2, d und i), nimmt Maimonides verschiedene Erkenntisstufen innerhalb des Verständnisses der *Bibel* an (steht also eigentlich der Hermeneutik eines Origenes näher, vgl. Kap. I, 5, b).

Und deshalb werden sie, wie wir dargelegt haben, Geheimlehren und Geheimnisse der H. Schrift genannt. Dies ist der Grund, weshalb, wie wir anführten, die H. Schrift in der Sprache der Menschen redet, damit sie für Anfänger geeignet sei und damit man Frauen und Kinder, ja das ganze Volk darin unterrichte, welche die Worte nach ihrem wahren Sinne zu verstehen nicht fähig sind. [...] Erst wenn jemand tüchtig geworden ist, werden ihm die Geheimnisse der H. Schrift entweder von einem anderen überliefert, oder er gelangt von selbst zu ihnen, wenn ein Teil derselben ihn dazu anregt, sich mit den übrigen zu befassen, und er kann zu jener Stufe gelangen, wo er den Glauben an diese Wahrheiten nach den Methoden des wahren Glaubens besitzt, entweder durch Beweise bei dem, was bewiesen werden kann, oder wo nur diese möglich sind, durch starke Argumente. Dann wird er sich diese Dinge, die ihm bisher Gleichnisse und Bilder waren, nach ihrem wahren Sinne vorstellen und ihre wahre Wesenheit verstehen können. (*Führer der Unschlüssigen* I, 33. S. 97 f.) | 291

Es besteht jedoch ein weiterer Unterschied zwischen der Stufentheorie der islamischen Philosophen und jener des Maimonides: Während die islamischen Philosophen damit eine generelle soziologische These verbanden – die bildliche Form für das Volk, die philosophische für die Gebildeten – stellte Maimonides die Forderung auf, daß prinzipiell alle zu der höheren, begrifflich gereinigten Form gelangen sollten (und auch hier steht er wieder Origenes näher). Die Struktur jüdischer Gemeinden ließ eine definitive Grenze zwischen einfachen Gläubigen und Gottesgelehrten nicht zu.

Da Gott und Welt bzw. Gott und Mensch unvergleichbar sind, besteht nach der Auffassung des Maimonides zwischen Gott und der Welt bzw. zwischen Gott und dem Menschen keinerlei Beziehung:

Da also die Beziehung zwischen uns und Gott oder streng genommen zwischen Gott und einem Wesen außer ihm als undenkbar bewiesen ist, so ist folgerichtig auch die Ähnlichkeit mit ihm undenkbar. (Ebd. I, 56. S. 188)

Dahinter steht die neuplatonische Voraussetzung, daß das Eine und das Viele letztlich unvergleichbar sind. Das Viele ist nicht eine Vervielfachung des Einen, sondern streng genommen ein Abfall vom Einen. Daher kann es eigentlich zwischen dem

Einen und dem Vielen keine Beziehung geben, was durch die verschiedenen Emanationsvorstellungen nur verschleiert wird. Eine solche Relationslosigkeit ist aber für die jüdische Philosophie äußerst problematisch. Für den jüdischen Glauben sind Vorstellungen wie die der Erwählung *(bara)* des Volkes Israel durch Jahwe oder des Bundes *(berit)* Jahwes mit Israel zentral und unaufgebbar, solche Vorstellungen setzen aber einen persönlichen Gott und Beziehungen Gottes zum Menschen voraus. Maimonides sucht daher einen Ausweg über die *göttlichen Wirkungen.* Alle Namen Gottes außer »Jahweh«, der nur Gott zukommt, drücken Wirkungen aus (Ebd. I, 61. S. 221), also z. B. »der Richter«, »der Gerechte«, »der Gnädige«, »der Barmherzige« (Ebd. I, 61. S. 223). Man muß jedoch sehen, daß es Maimonides nicht wirklich gelingt, überzeugend zu erklären, was durch diese Wirkungen denn nun eigentlich über den nur durch negative Bezeichnungen kennzeichenbaren, relationslosen Gott ausgesagt wird. Schließlich aber gelangt Maimonides doch zu einer sehr positiven Bezeichnung Gottes als des Denkens des Denkens (Ebd. I 68. S. 253), aber auch damit soll über das Sein hinaus nichts weiteres ausgesagt werden, da Denken als Bewußtsein nur die höchste Stufe des Seins ist. Maimonides kommt zu dieser Bestimmung im Anschluß an Aristoteles *Metaphysik* XII 7. Dieser Text ist allerdings bereits im Zusammenhang der aristotelischen Metaphysik einigermaßen problematisch (vgl. 1. Teil, Kap. X, 4, c). Für Maimonides ist die Bezeichnung Gottes als reinem Denken aber besonders wichtig, da er auch das Ziel des Menschen intellektualistisch versteht. In den *Acht Kapiteln* – also im Zusammenhang der Erklärung des Gesetzes! – sagt Maimonides:

Es ist notwendig, daß der Mensch alle seine Seelenkräfte nach vernünftigem Ermessen [...] wirksam sein lasse und sich Ein Ziel vor Augen setze, nämlich dies: Gott den Allmächtigen und Erhabenen zu erfassen so weit es dem Menschen möglich ist, ich meine: die Erkenntnis desselben zu erlangen. Er muß ferner alle seine Handlungen, sein Tun und sein Lassen und alle seine Reden so einrichten, daß sie zu diesem Ziele hinführen, damit in seinen Handlungen durchaus nichts Zweckloses sei, das heißt etwas, das nicht zu diesem Ziele hinführt. (*Acht Kapitel* V. S. 34)

Erkenntnis ist also ganz eindeutig das, was alles, auch die Beziehung des Menschen zu Gott bestimmt. So wie im Gottesbegriff der ethische Aspekt dann aber recht unvermittelt und letztlich systematisch nicht kohärent eingeführt wird, so geht Maimonides auch beim Ziel des Menschen, das in der Gotteserkenntnis besteht, dann einfach zur Forderung der Gottesliebe über, die wiederum als Endziel bezeichnet wird (Ebd. S. 41). Maimonides versucht jeweils, sowohl der aristotelischen Metaphysik und Ethik wie auch biblischen Grundvoraussetzungen zu entsprechen, und genau dies stößt an deutliche Grenzen. Auch in diesem Fall ist es wohl besser, nicht von »Synthese« zu sprechen – gerade die Brüche und Inkohärenzen sind systematisch aufschlußreich.

Daß Gott das Denken des Denkens ist, erweitert Maimonides über die aristotelische Annahme, daß dieses Denken sich nur auf das Allgemeine bezieht, hinaus auf die kontingenten Ereignisse. Dies stellt jedoch eigentlich keine Erweiterung aristotelischer Vorstellungen dar, sondern ein sehr prinzipielles Abgehen von diesen, es gibt ihm indes die – aber ganz unaristotelische – Möglichkeit, eine auf individuelle Ereignisse und somit auf das Individuum bezogene *Vorsehung* Gottes anzunehmen. Bei der Frage der Vereinbarkeit von göttlichem Vorherwissen und menschlicher Freiheit brauchte Maimonides aufgrund seiner negativen Theologie keine Lösung vorzulegen: Das Wie des Zusammenhangs von göttlichem und menschlichem freiem Willen entzieht sich seiner Auffassung nach menschlicher Erkenntnismöglichkeit. Im *Mischne Tora* schreibt er:

Daher sind wir auch nicht fähig, einzusehen, wie Gott von den Geschöpfen und den Handlungen weiß, aber das wissen wir unzweifelhaft, daß alle Handlungen des Menschen seinem freien Willen überlassen sind und Gott ihn nicht zwingt oder über ihn bestimmt, daß er das und das tue. (*Mischne Tora, Hilchat Teschuba*, Kap. 5. Zit. nach Schoeps: *Jüdische Geisteswelt*. S. 85)

Diese Lösung legt Maimonides auch an anderer Stelle vor (z. B. *Acht Kapitel* VIII), sie ist allerdings sachlich unausgewogen: Maimonides schreibt Gott dadurch auf der einen Seite mit dem Vorherwissen auch der individuellen Handlungen des Menschen ausdrücklich *positive* Prädikate zu, zieht sich dann aber bei der Frage, wie dieses Vorherwissen überhaupt denkbar und dann noch mit der menschlichen Freiheit vereinbar sein soll, auf die Position einer rein *negativen* Theologie zurück, die keine Möglichkeit gibt, über das Wissen Gottes etwas auszusagen. Wenn wir aber nichts über das Wissen Gottes aussagen können, woher wissen wir dann etwas über Gottes Vorherwissen?

| 293

Einer der zentralen Diskussionspunkte war schon in der islamischen Philosophie die Frage der *Ewigkeit der Welt*. Bei der Behandlung der Problematik der Weltschöpfung geht Maimonides sehr behutsam vor. Er stellt zunächst fest, daß Aristoteles gar nicht behauptet habe, die Ewigkeit der Welt bewiesen zu haben:

In diesem Kapitel will ich zeigen, daß Aristoteles für seine Meinung, daß die Welt ewig ist, seinem eigenen Geständnis zufolge keinen Beweis erbringen kann. Und hierin ist er nicht im Irrtum, nämlich, daß er sich bewußt ist, keinen Beweis dafür zu besitzen, und daß die Behauptungen und die Argumente, die er vorbringt, nur die Wahrscheinlichkeit für sich haben, so daß sich ihnen die Seele mehr zuneigt. Wie Alexander aus Aphrodisias meint, sind sie nur weniger anfechtbar, und er glaubt nicht, daß Aristoteles diese Aussprüche als Beweise ansieht, da er selbst es war, der die Menschen gelehrt hat, wie man einen Beweis zu führen oder ihn zu entkräften hat und welches die Voraussetzungen eines gültigen Beweises sind. (*Führer der Unschlüssigen* II, 15. S. 103 f.)

Maimonides arbeitet hier also mit der aristotelischen Unterscheidung in strenge Beweise und Wahrscheinlichkeits-Argumente und beruft sich auf den Aristoteles-Kommentator Alexander von Aphrodisias (2./3. Jhd. n. Chr.), der darauf hingewiesen hatte, daß die Argumente des Aristoteles für die Ewigkeit der Welt seinen eigenen Anforderungen an einen Beweis nicht genügen. Daß die Gegenthese, also die eines zeitlichen Anfangs der Welt, auch nicht bewiesen ist, geht für Maimonides daraus hervor, daß Aristoteles gute Gründe gegen die entsprechende These Platons an-führen konnte. Also ist weder die eine noch die andere These bewiesen, die Frage somit offen.

> Da mir dies nun klar geworden ist und die Frage in betreff der Ewigkeit oder des Er-schaffenseins der Welt eine unentschiedene ist, bin ich der Meinung, daß man sie als durch die Prophetie überliefert anzunehmen hat, welche diejenigen Dinge klar macht, die zu erkennen der Forschung die Kraft fehlt, so wie ich dir auch zeigen will, daß die Prophetie selbst nach der Meinung derjenigen, die an die Ewigkeit der Welt glauben, nicht widerlegt werden kann. (Ebd. II, 16. S. 109)

294 | Das heißt: Wenn gilt, daß weder das eine noch auch das andere bewiesen ist, dann kann – aus anderen Gründen – das eine oder das andere angenommen werden. Dies stellt bei Maimonides keine Verteidigungsstrategie dar, denn er ist durchaus bereit, zuzugeben, daß es bestimmte unbestreitbare philosophische Erkenntnisse unmöglich machen, bestimmte biblische Aussagen für wahr anzunehmen. Er rechnet somit mit dem Fall, in dem zutrifft: *A* ist eine biblische Aussage, und es ist philosophisch beweisbar, daß *A* nicht gilt; ist dies der Fall, so gilt: *A* kann nur einen metaphorischen Sinn haben. Dies muß entsprechend dem philosophischen Aus-gangspunkt des Maimonides auch für die Frage der Ewigkeit oder Nicht-Ewigkeit der Welt gelten. Die Tatsache, daß etwas *nicht bewiesen* ist, ist schließlich nicht gleich-bedeutend damit, daß etwas *unbeweisbar* ist. Letzteres müßte ja selbst wiederum be-wiesen werden (was, wie wir aus der Mathematik wissen, keineswegs eine paradoxe Forderung darstellt). Maimonides hat aber nur aufgezeigt, daß die Ewigkeit der Welt nicht bewiesen ist, also muß er hypothetisch damit rechnen, daß sie doch beweisbar sein könnte, was dann unter seinen Voraussetzungen bedeuten müßte: Die bibli-schen Aussagen müßten in diesem Fall als metaphorische angesehen werden. Tat-sächlich vertritt Maimonides diesen für jüdisches Bewußtsein seiner Zeit sicher sehr radikalen Standpunkt:

> Unsere Weigerung, an die Ewigkeit der Welt zu glauben, hat nicht darin ihren Grund, daß in unserer H. Schrift geschrieben steht, die Welt sei erschaffen. Denn die Stellen der H. Schrift, die auf das Erschaffensein der Welt hinweisen, sind nicht zahlreicher als diejenigen, die Gott als ein körperliches Wesen erscheinen lassen. Auch sind die Pfor-ten der Auslegung uns in betreff des Erschaffenseins der Welt keineswegs verschlos-

sen oder unzugänglich. Es wäre uns im Gegenteil ebenso möglich gewesen, diese Bibelverse zu deuten, als wir es in betreff der Unkörperlichkeit Gottes vermochten [...]. (Ebd. II, 25. S. 169)

Maimonides sagt hier ganz eindeutig, daß er für den Fall, daß ein Beweis für die Ewigkeit der Welt vorliegen würde, die entgegenstehenden Bibelstellen allegorisch – das sind die »Pforten der Auslegung« – deuten würde. Soweit ist alles eigentlich unproblematisch, und er kann dann berechtigterweise sagen:

Hingegen ist die Ewigkeit der Welt nicht bewiesen und es besteht keine Notwendigkeit, die Schriftverse ihrer wörtlichen Bedeutung zu entkleiden und sie anders zu deuten [...]. (Ebd.)

Bis zu diesem Punkt kann auch der »Ratlose«, an den sich das Werk des Maimonides richtet, beruhigt sein. Maimonides benennt dann jedoch sofort einen weiteren Punkt für die Nicht-Ewigkeit der Welt, der den Ratlosen eigentlich völlig ratlos machen muß. Neben dem eben genannten ersten Grund für die Annahme der Nicht-Ewigkeit der Welt führt Maimonides nämlich einen zweiten Grund an:

| 295

Der zweite Grund ist der, daß [...] der Glaube an die Ewigkeit der Welt in dem Sinne, wie Aristoteles sie auffaßt, nämlich in dem Sinne, daß sie notwendig existiert, daß ihre Natur sich schlechterdings nicht verändert und kein Ding aus seinem gewohnten Gang heraustritt, die Religion vom Grunde aus umstürzt, alle Wunder der H. Schrift leugnet und das als nichtig erklärt, was die H. Schrift zusichert oder androht [...]. (Ebd. II, 25. S. 170)

Dies bedeutet im Klartext: Angenommen, es ließe sich die aristotelische Annahme der Ewigkeit der Welt beweisen, womit ein Schritt über Aristoteles hinaus, aber ganz im Sinne des Aristoteles erreicht wäre, und ließe sich ebenso ein durchgängiger Kausalzusammenhang aller Ereignisse, der jedes Wunder für unmöglich erklären müßte, als einzige Vernunftmöglichkeit beweisen, dann wäre der jüdische Glaube wissenschaftlich widerlegt und alle »Pforten der Auslegung«, d. h. alle biblische Hermeneutik, wäre hinfällig. Diesen Klartext müssen wir aber gar nicht hinzufügen, denn er findet sich schon bei Maimonides, wenn er sagt, daß

[...] wenn sie [d. h. die Philosophen] die Meinung Aristoteles' durch einen Beweis bestätigt fänden, unsere H. Schrift in ihrer Gänze zusammenfallen müßte und die Sache zu anderen Glaubenslehren ausginge. (Ebd. II, 25. S. 172)

Daß »die Sache zu anderen Glaubenslehren ausginge« bedeutet nichts anderes, als daß dann der jüdische Glaube widerlegt wäre, und der Jude sich einen anderen

Glauben suchen müßte. Der jüdische Glaube wird damit zu einem »Glauben auf Abruf«, und der jüdische Gläubige müßte eigentlich periodisch die wissenschaftliche Literatur durchlesen, um nachzusehen, ob nicht irgendwo ein Beweis für die Ewigkeit der Welt gefunden wurde und somit »die Sache zu anderen Glaubenslehren ausginge«. Vom Standpunkt des Maimonides aus ist dies ganz konsequent unter der Voraussetzung, daß die Nicht-Ewigkeit der Welt zu den unaufgebbaren Glaubenssätzen des jüdischen Glaubens gehört. Offensichtlich war dies zu seiner Zeit der Fall und in diesem Punkt bestand ja auch eine Übereinstimmung mit den Korangelehrten, die auch für den Islam dasselbe annahmen. Es stellt sich hier aber doch die Frage, ob der *Führer der Unschlüssigen (Dux perplexorum)* die Perplexen nicht noch perplexer zurückließ. Der Streit um Maimonides war vorprogrammiert.

Es wäre aber auch verfehlt, zu meinen, daß hier einfach ein »biblischer« Gottesbegriff gegen einen »aristotelischen« Gottesbegriff steht. Es handelt sich zunächst einmal – ganz undramatisch – um zwei verschiedene Arten, die Geschehnisse der Welt zu beschreiben, oder um zwei verschiedene »Sprachen« der Beschreibung der Geschehnisse der Welt. Dies gilt in ganz allgemeiner Weise und die Frage der Zeitlichkeit oder Ewigkeit der Welt ist nur ein bestimmter Fall dieses Problems. Das Problem, mit dem uns Maimonides konfrontiert, ist, daß er die Überzeugung vertritt, daß es sich hier um zwei Sprachen handelt, zwischen denen eine Ähnlichkeit bis zu dem Punkt besteht, daß die eine Sprache adäquat in die andere übersetzt werden kann. Er faßt die *Sprache der Bibel* genau so wie die der Wissenschaft *als eine Beschreibungssprache* auf, deshalb auch seine ausdrückliche Bevorzugung der dianoetischen, also der intellektuellen Tugenden. Als eine Beschreibungssprache tritt die Sprache der *Bibel* in genaue Vergleichbarkeit zur Sprache der Wissenschaft und der theoretischen Philosophie. Es wurde im Vorausgehenden darauf hingewiesen, daß es Maimonides nicht gelingt, die primär ethischen Aspekte des jüdischen Glaubensverständnisses mit diesem primär theoretischen Programm in eine überzeugende Verbindung zu bringen. In kantischer Terminologie könnten wir sagen: Das Grundproblem der Philosophie des Maimonides besteht darin, daß er die Glaubensaussagen wie Sätze der *theoretischen* Philosophie auffaßt, also als strukturgleich mit Sätzen der aristotelischen theoretischen Wissenschaft und nicht, wie es eigentlich vom jüdischen Glauben her naheliegend gewesen wäre, als Sätze, die strukturähnlich zu solchen der *praktischen* Philosophie (und vielleicht zu Sprachen der Kunst) sind. Mit ganz ähnlichen Schwierigkeiten wird sich auch die lateinische christliche Philosophie des Mittelalters auseinandersetzen müssen, und die Probleme werden noch weit in die Neuzeit hineinreichen, wenn wir uns an Galilei erinnern (vgl. 3. Teil, Kap. IV, 3).

i) Der Streit um Maimonides

Maimonides und Averroes, zwei arabisch schreibende Philosophen aus al-Andalus, sind beide zu Flüchtlingen geworden, und nach ihnen wird die Philosophie nur noch in einem anderen Rahmen weitergehen können. Für den jüdischen Bereich ist das schon dadurch kulturgeschichtlich deutlich, daß nach Maimonides philosophische Texte kaum noch in arabischer Sprache geschrieben werden. Auch geographisch gesehen verlagern sich die Orte, an denen Philosophie betrieben wird, in den christlichen Teil Spaniens, in die Provence und nach Italien. Die dort lebenden Juden können nicht Arabisch, wohl aber – mehr oder weniger – Hebräisch, es beginnt nun also eine Phase der *Übersetzungen* aus dem Arabischen ins Hebräische. Schon zu Lebzeiten des Maimonides übersetzte Samuel ibn Tibbon (um 1120 – um 1190) den *Führer der Unschlüssigen* ins Hebräische, etwas später legte Jehuda Alcharisi (um 1165 – um 1235) eine weitere, sprachlich zwar bessere, aber begrifflich weniger genaue Übersetzung vor (letztere war dann die Vorlage für die lateinische Übersetzung). Unter den zahlreichen Übersetzungen waren allerdings wiederum (neu)platonische wie z. B. der berühmte *Liber de causis*, der von Hillel ben Samuel (gest. nach 1291) sogar aus dem Lateinischen ins Hebräische übersetzt wurde. Von Averroes-Kommentaren ist eine große Zahl von Handschriften in hebräischer Übersetzung erhalten, was auf das Interesse hinweist, das diese Texte bei gebildeten Juden fanden, und was so nebenbei wegen der teilweise sehr kostbaren Ausstattung der Handschriften auch einen Hinweis auf den Reichtum ihrer Käufer gibt. Es wird von einem italienischen Juden berichtet, der sich mehrere Jahre in Toledo aufgehalten hat und der von dort 180 hebräische und arabische Handschriften mitbrachte. Für die Vervielfältigung der Texte gab es *jüdische Skriptorien*, wer deren Betreiber und Auftraggeber waren und wie sie organisiert wurden, ist leider bisher nur wenig erforscht. Im Unterschied zum christlichen Bereich, wo die Handschriften im 12. Jhd. hauptsächlich in Klöstern und Kathedralschulen aufbewahrt wurden, gab es in den jüdischen Gemeinden keine von diesen unterhaltenen Bibliotheken, in denen philosophische Schriften Platz finden konnten, die Handschriften wurden also in *privaten Bibliotheken*, deren Besitzer manchmal auch Lehrer waren, aufbewahrt, von welchen einige eindrucksvolle Kataloge (u. a. auch von der Bibliothek des Gersonides) erhalten sind. Im Lauf des 13. Jhd.s wurden alle Schriften des Aristoteles samt vielen arabischen Kommentaren und eine große Anzahl wissenschaftlicher Arbeiten der griechisch-arabischen Überlieferung ins Hebräische übersetzt. Der großen Übersetzungswelle ins Lateinische (vgl. Kap. XI, 2) steht eine ebenso große ins Hebräische gegenüber, und in nicht wenigen Fällen basierte die erstere auf letzterer. Im 14. Jhd. wurden dann auch einige Texte der lateinischen Philosophie ins Hebräische übersetzt, deren Einfluß, wie der der lateinischen scholastischen Philosophie auf die jüdische überhaupt, aber gering gewesen zu sein scheint. Nur aufgrund dieses gewaltigen Bücherbestands ist aber die Arbeit eines Gersonides (vgl. weiter unten l) im 14. Jhd. erklärlich.

Trotz dieser Übersetzungen war die Situation gegenüber der früheren jüdischen Philosophie im islamischen Bereich eine wesentlich veränderte. Die jetzt vorliegenden hebräischen Schriften zur Philosophie waren nicht mehr in der Umgangssprache, sondern in einer Bildungs- und Kultsprache verfaßt. Während die Juden im islamischen Bereich also den großen Vorteil hatten, daß sie ihre eigenen philosophischen Texte ebenso wie die der islamischen Philosophen in ihrer arabischen Umgangssprache lesen konnten, gerieten sie jetzt in eine ähnliche Situation wie die christlichen Philosophen, die ihre Philosophie in der lateinischen Bildungs- und Kultsprache schrieben. Allerdings bestand in Hinsicht auf die Rolle und die Bedeutung der Philosophie in den beiden Kulturen ein erheblicher Unterschied: Es gab prozentual gesehen viel mehr Mitglieder der jüdischen Gemeinde, die hebräische Texte lesen und verstehen konnten, als es Christen gab, die Latein beherrschten. Anders gesagt: Die jüdische Philosophie war wesentlich weniger elitär als die christliche. Das Vorhandensein einer rationalistischen Bildungsreligion macht die schweren Erschütterungen der jüdischen, hauptsächlich in Städten angesiedelten, Gemeinden im 13. und 14. Jhd. erklärlich, während die ganz ähnlichen Diskussionen im christlichen Bereich auf Gruppen von Magistri an den Universitäten beschränkt blieben, für die christlichen Gemeinden aber inexistent waren. Schon die durchschnittlichen christlichen Kleriker, jedenfalls in ländlichen Gemeinden, waren viel zu ungebildet, um von diesen Diskussionen auch nur Kenntnis zu haben. Katharische Gedanken drangen bei den Christen bis in Dorfgemeinden vor, die Philosophie eines Anselm oder Abaelard aber hatte keine Kanzel einer Pfarrei zur Verfügung. Die in den jüdischen Gemeinden davon ziemlich verschiedene Problematik kann daraus ersehen werden, daß zahlreiche Gegner des Maimonides den indirekten Weg gingen, indem sie nicht vor der Philosophie selbst, wohl aber vor den Gefahren der Popularisierung der aufklärerischen Philosophie warnten, so mancher philosophisch aufklärerische Gedanke scheint sogar über Predigten in die Gemeinden hineingetragen worden zu sein. Manche Verteidiger des Maimonides wiederum, wie z. B. der Maimonides-Übersetzer ibn Tibbon und Josef Caspi (um 1279 – um 1340), verstärkten den Eindruck, Maimonides habe Lehren vorgetragen, die für Juden unannehmbar seien – vor allem ging es um die Fragen der Auferstehung von den Toten und der Wunder –, wenn sie erklärten, die wahre Lehre des Maimonides sei nur für wenige bestimmt, und damit genauso wie die Gegner vor einer Popularisierung warnten. Die Auseinandersetzung der Juden mit der nun in die neuen Länder, zunächst einmal in die Provence, eindringenden Philosophie war vor allem deshalb verwirrend, weil die Juden dort bisher mit Philosophie noch überhaupt nicht konfrontiert worden waren und vollständig aus dem *Talmud* heraus lebten. Sie sahen daher keine andere Möglichkeit der Auseinandersetzung mit der Philosophie des Maimonides, als seine Schriften unter den Bann zu stellen. Tatsächlich kam es um 1232 zu einer Verurteilung und Verbrennung von Schriften des Maimonides, wobei aber sowohl der genaue Ort wie das genaue Datum unsicher sind. Die Schriften des Maimonides erlitten also einige Jahrzehnte später dasselbe Schicksal wie die seines arabisch-islamischen Kollegen Averroes. Die Verbrennung wurde durch die Inquisition durchgeführt, was eine ganz besondere Variante christlich-jüdischer Kooperation darstellt. Der Anführer der Bewegung gegen Maimonides und eigentlich gegen Philosophie im Judentum überhaupt ist bekannt, es war Solomon ben Abraham in Montpellier. Es wurde versucht, in der Provence und in Spanien Unterstützung für diesen Bann zu finden, die Reaktionen waren aber unterschiedlich und gingen von Unterstützung bis zum Gegenbann. Eine eigentlich sachliche Diskussion fand nur in Spanien statt, wo philosophisch versierte Maimonides-Gegner wie z. B. Judah Alfakar auf die Kompromisse bei Maimonides hinwiesen. Sie sagten: Wenn man wie Maimonides einige Wunder aus den biblischen Berichten weginterpretiert, sollte man besser gleich alle weginterpretieren, und da man nicht alle weginterpretieren kann, nützt es auch nichts, einige wegzuinterpretieren. Der erste Satz dieses Schlusses, allerdings mit der genau umgekehrten Konklusion, wurde dann von Maimonides-Verteidigern wie ibn Tibbon tatsächlich vertreten. Auch wurde von einigen, so z. B. von Josef Caspi, bezweifelt, daß Maimonides wirklich an der Zeitlichkeit der Welt festgehalten habe, und der Verdacht geäußert, dies sei nur ein Zugeständnis an die Vertreter des traditionellen Glaubens gewesen. Damit aber sind wir wieder einmal bei dem Vorwurf irgendeiner Form von »doppelter Wahrheit« – dem werden wir gleich bei Isaac Albalag begegnen – und gleichzeitig sind wir damit beim jüdischen Averroismus des 13. und 14. Jhd.s. Diese letzte Phase der Auseinandersetzung wurde durch die Übersetzung der Aristoteles-Kommentare des Averroes eingeleitet. Maimonides selbst hatte diese zwar bei der Abfassung des *Führers der Unschlüssigen* noch nicht herangezogen, hatte aber zu ihrem Studium angeregt. Zahlreiche Schriften des Averroes wurden jetzt aus dem Arabischen ins Hebräische übersetzt, aus letzteren wurden dann vielfach die lateinischen hergestellt. Die jüdischen Philosophen wurden also schon vor den christlichen mit dem Averroismus konfrontiert. Die radikale Form des Averroismus konnte aber nicht ohne Konsequenzen für die jüdische Philosophie bleiben.

| 299

Vorausblickend auf die Rezeption der arabischen und jüdischen Philosophie bei den lateinischen Philosophen ist folgende Zeittafel interessant, die zeigt, wie die Entwicklung ganz ähnlich, nur zeitlich etwas versetzt verlief:

MAIMONIDES (1135–1204)
Verurteilung des Maimonides 1232   THOMAS VON AQUIN (1225–1274)
                                        Verurteilungen von Paris 1277
                                        Verurteilungen von Oxford 1284/1286

Nicht zeitlich versetzt, sondern fast gleichzeitig trat sowohl in der jüdischen wie in der christlichen Philosophie der sogenannte radikale Averroismus auf. Während jedoch zwischen Thomas von Aquin und Maimonides ein direkter Zusammenhang besteht, ist die Entwicklung des radikalen Averroismus unabhängig voneinander verlaufen. Sie zeigt aber gerade dadurch, daß es sich um eine »historisch konsequente« Entwicklung handelte:

ISAAC ALBALAG (2. Hälfte 13. Jhd.)   SIGER VON BRABANT (um 1240 – um 1283)

Und selbst bei der letzten Phase der mittelalterlichen Philosophie ist eine deutliche Parallele nicht nur zeitlicher, sondern auch sachlicher Art sichtbar:

GERSONIDES (1288–1344)   WILHELM VON OCKHAM (1285/1290–1348)

j) Isaak Albalag

Genaue Lebensdaten von Isaak Albalag sind nicht bekannt, er lebte gegen Ende des 13. Jhd.s in Katalonien oder in Südfrankreich. Albalag hat eine hebräische Übersetzung von al-Ghazalis *Lehrmeinungen der Philosophen* hergestellt und dazu auch einen Kommentar verfaßt. Er folgte jedoch dann aber nicht dessen Kritik der Philosophie, sondern wandte sich nur gegen die Darstellung der Philosophie, die auf Avicenna beruht. Albalag selbst vertrat eine Position, in der er sich auf Averroes berief und die er als averroistisch betrachtete. Für Albalag sind allein die Vernunftwahrheiten für den Menschen von Bedeutung, die Offenbarung trägt dazu nichts bei. Bei der Darstellung der Auffassung des Averroes wurde darauf hingewiesen, daß es nicht eindeutig ist, ob dies tatsächlich der Auffassung des Averroes entspricht (vgl. Kap. IX, 2, i). Albalag interpretiert die Auffassung des Averroes jedenfalls so, wie die Islamgelehrten sie meinten verstehen zu müssen. Ob dabei wirklich die Auffassung des Averroes getroffen wird oder ob es sich dabei um Konsequenzen handelt, die von Gegnern wie auch von Anhängern aus der Lehre des Averroes gezogen wurden, bleibt dabei eine offene Frage. Auffällig ist jedenfalls, daß die averroistischen lateinischen Magistri ganz ähnliche Konsequenzen ziehen werden (vgl. Kap. XI, 3 und XV, 2). Zu den nur in der *Bibel* festgelegten Gesetzen des Judentums konnte Albalag dann natürlich überhaupt nichts sagen und er versuchte dies erst gar nicht. Damit verläßt er die Grundvoraussetzung, die die jüdische Philosophie von Saadia bis Maimonides bestimmt hatte, und hat sich von den Fragen verabschiedet, die der Anlaß jüdischer Philosophie gewesen waren. Es gilt aber bei ihm wie bei Averroes, daß man in seiner Haltung einen positiven und weiterführenden Sinn finden kann: Er will einfach mit den oft gekünstelten oder gewaltsamen Anpassungs-Unternehmungen von Philosophie und *Bibel* Schluß machen und stellt daher die religionsphilosophisch durchaus relevante These auf, die Philosophie beschäftigte sich mit der *theoretischen* Wahrheit, die *Bibel* jedoch mit der richtigen Lebensführung, also mit *praktischen* Fragen. Auf diese Weise wollte er allen Aussagen der *Bibel*, die eine metaphysische Bedeutung zu haben schienen, eine praktische Bedeutung geben, hier wird also die biblische Religion rein und exklusiv der Praxis zugeordnet. Eine solche Theorie konnte im Mittelalter natürlich kaum Anhänger finden, zu sehr waren Juden wie Christen überzeugt, in der Offenbarung metaphysische Informationen erhalten zu haben. Wenn man es so sieht, so ergibt sich, daß Albalag eigentlich gar keine These einer doppelten Wahrheit vertreten hat, sondern die, daß Wahrheit in der theoretischen und in der praktischen Vernunft grundsätzlich Verschiedenes betrifft. Daß dies von außen betrachtet dann wie eine Theorie der doppelten Wahrheit aussehen kann, ist durchaus verständlich, wenn auch nicht richtig. – Der Sache nach sind durch die radikale Position Albalags durchaus wichtige Fragen gestellt worden. Eine Gegenüberstellung aristotelischer Naturphilosophie oder Metaphysik, wie sie noch Maimonides versucht hatte, macht hier überhaupt keinen Sinn mehr. Die einzig relevante Konfrontation kann und muß sich auf der Ebene der praktischen Philosophie abspielen, also, um bei den damals bekannten Werken zu bleiben, etwa in einem Vergleich biblischer Ethik mit der *Nikomachischen Ethik* des Aristoteles. Dies ist aber ein Weg, den weder die jüdische noch auch später die christliche Philosophie des Mittelalters gegangen ist. Im Prinzip müssen wir bis zu Kants *Religion innerhalb der Grenzen der bloßen Vernunft* warten, bis diese Fragen klar gestellt werden (vgl. 3. Teil, Kap. XV, 7). | 301

k) Levi ben Gerson (Gershom)

Bei den Lateinern war Levi ben Gerson (1288–1344) als Gersonides bekannt. Er wurde in Südfrankreich geboren und hat in Orange und Avignon gelebt. Sein Bruder war Arzt, über den Beruf des Gersonides hingegen ist nichts überliefert, es ist nur bekannt, daß er auch mit Geldverleih beschäftigt war. Gersonides wurde schon zu Lebzeiten auch von Christen geschätzt. Er hatte Zugang zum päpstlichen Hof in Avignon, wo er u. a. auch für astrologische Vorhersagen zu Rate gezogen wurde. Gersonides ist bekannt geworden – und zwar über den Bereich der jüdischen Gemeinde hinaus – als Mathematiker, Astronom und Philosoph. Bekannt war vor allem sein Traktat über Arithmetik und Algebra und sein Kommentar zu den ersten fünf Büchern der *Elemente* Euklids. Er war der erste, der außerhalb des arabischen Kulturkreises eine – Papst Clemens VI. gewidmete – Abhandlung über Trigonometrie verfaßte. In dem sehr umfangreichen ersten Teil von Buch V der *Gotteskämpfe* befaßte sich Gersonides in äußerst kenntnisreicher und selbständiger Weise mit Fragen der Astronomie. Im Zusammenhang der dort angewandten empirischen Methoden beschreibt er auch ein von ihm erfundenes Gerät zur Winkelmessung, den sogenannten Jakobsstab, das auch in der Schiffahrt Verwendung fand. Er kannte den *Talmud* gut, wie aus seinen Bibel-Kommentaren hervorgeht, und verfaßte einen (nicht erhaltenen) Kommentar zu einem *Talmud*-Traktat.

Seine philosophischen Kenntnisse beruhen fast ausschließlich auf den Werken des Aristoteles, des Averroes sowie des Maimonides, und zwar auf hebräischen Übersetzungen. Was er von der übrigen griechischen Tradition und von al-Farabi und Avicenna wußte, stammt vermutlich aus den entsprechenden Bezugnahmen in den Schriften des Averroes. In der averroistischen Sicht des Gersonides wurde Maimonides alllerdings nicht als Philosoph angesehen, sondern als Vertreter des *kalam* – was dieser natürlich streng zurückgewiesen hätte.

Gersonides ist der einzige jüdische Philosoph, der sich mit der Kommentierung aristotelischer Schriften befaßte. Allerdings sind wir bei ihm schon auf der Stufe der Kommentare zu Kommentaren angelangt, da er die Aristoteles-Kommentare des Averroes erläutert. Er betreibt aber eine durchaus kritische Kommentierung und gelangt öfters zu anderen und neuen Ergebnissen. Im philosophischen und wissenschaftlichen Bereich ist er der selbständigste Mann unter den jüdischen Philosophen. Sein Ausgangspunkt ist dabei immer und uneingeschränkt die Wissenschaft und die Philosophie, auch verfaßte er einen eigenen Traktat zur Logik. Gersonides war aber, ganz im Sinne der Tradition jüdischer Philosophie, davon überzeugt, daß die wahre Philosophie und der jüdische Glaube in Übereinstimmung stehen. Seine philosophischen Auffassungen legte er in der Schrift *Gotteskämpfe* nieder, er kämpft dort für Gott und gegen falsche Thesen. In diesem Werk werden u. a. alle großen traditionellen Themen behandelt, die sich aus der Auseinandersetzung mit aristotelischer Philosophie ergeben hatten: Schöpfung, Unsterblichkeit der Seele sowie göttliches Vorherwissen. Wichtig ist die von Gersonides getroffene *Unterscheidung* der Frage der *Zeitlichkeit* der Welt und der *Schöpfung aus Nichts*, zwei Fragen, die in der islamischen wie auch in der jüdischen Philosophie häufig, so auch bei Maimonides, nicht genügend unterschieden worden waren. Gersonides nimmt – gegen Aristoteles – die Zeitlichkeit der Welt an, nicht jedoch vertritt er eine Schöpfung aus Nichts, womit er sich gegen die jüdische Tradition bis Maimonides stellt. In der *Genesis* setzt er ohne nähere Begründung *bohu* als Materie, *tohu* als Form an. Daß diese Wort-Zuweisungen recht willkürlich sind, kann man daraus ersehen, daß Abraham bar Chija (vgl. weiter oben e) es genau umgekehrt angenommen hatte. Diese vorausgesetzte Materie ist ein qualitätsloses Etwas, und da man Sein nur von real existierenden Dingen aussagen kann, ist es eigentlich ein nicht-seiendes Etwas. Das alles ist aber bei Gersonides nicht aporetisch oder mystisch, sondern einfach Ergebnis von Schlußfolgerungen und nicht mehr oder weniger sinnvoll als die berühmte *materia prima* des Thomas von Aquin. Der Schöpfungsakt ist die einzige auf die Welt gerichtete göttliche Tätigkeit, was dann eine recht »naturalistische« Interpretation der Wunder mit sich bringt. Daß die Welt nicht von Ewigkeit her existiert, meint Gersonides beweisen zu können. Sein diesbezügliches Argument geht letztlich auf den christlichen Aristoteliker Johannes Philoponos (6. Jhd.) zurück und ist schon vom *kalam* verwendet worden und besagt, daß die Vorstellung einer unendlichen vergangenen Zeit widersprüchlich ist. Die vergangenen Ereignisse bilden als reale eine Reihe, die in Quantitäten gemessen werden kann, nur Potentielles wie die Reihe der natürlichen Zahlen kann aber Unendlichkeit im Sinne des Indefiniten besitzen, nicht jedoch Reelles. Die Struktur des Arguments innerhalb des Aristotelismus beruht auf der Behauptung, daß die Vorstellung einer realen unendlichen vergangenen Zeit mit den Voraussetzungen der aristotelischen Physik unvereinbar ist. Wirklich bewiesen hat er dies jedoch nicht.

Bei der Behandlung der göttlichen Attribute lehnt Gersonides die negative Theologie des Maimonides ab. In einer rein negativen Theologie werden alle Ausdrücke, die von Gott ausgesagt werden, äquivok, und damit werden, wie Gersonides zu Recht deutlich macht, alle Aussagen über Gott semantisch leer. Gersonides sagt demgegenüber, daß solche Ausdrücke zwar von Gott in einer anderen Weise als von den Geschöpfen ausgesagt werden, daß aber doch eine Ähnlichkeit besteht. Wir sind hier nicht weit entfernt von dem, was Thomas von Aquin mit seiner Analogie-Lehre beabsichtigte (vgl. Kap. XIV, 3, c). Die Auffassung des Gersonides von den Attributen hatte auch Auswirkungen auf die Lehre von der Vorsehung. Das göttliche Wissen muß etwas sein, was wir semantisch sinnvoll interpretieren können, es muß also eine Ähnlichkeit von menschlichem und göttlichem Wissen angenommen werden, wenn wir sinnvoll von »Vorsehung« sprechen wollen. Nach Gersonides bezieht sich das göttliche Wissen aber nur auf das Allgemeine, nicht auf das Einzelne, die freien Handlungen als Individuelles sind somit kein Gegenstand der göttlichen Vernunft. | 303 Diese Lösung entspricht Aristoteles, insofern auch dieser nicht annimmt, daß sich das Denken des Denkens auf kontingente Ereignisse bezieht. Dies beruht auf der Überzeugung, daß eigentliches Wissen immer Wissen vom Allgemeinen, nicht vom Einzelnen und Kontingenten ist. Die göttliche Vorsehung kann sich daher nur auf die Menschheit als Gattung, nicht aber auf einzelne Handlungen von Individuen beziehen. Dem Gottesbegriff des orthodoxen Judentums konnte diese Lösung natürlich nicht genügen.

Mit Gersonides hatte der Rationalismus (und die Wissenschaftsgläubigkeit) im Judentum wahrscheinlich einen Punkt erreicht, in dem die Philosophie für die jüdische Gemeinde kaum noch hilfreich sein konnte. Faktisch hat Gersonides auch nur durch seine Bibel-Kommentare Nachwirkung erreicht – seine *Gotteskämpfe* wurden gelegentlich kritisiert, zumeist aber einfach nicht zur Kenntnis genommen. Seine Werke wurden auch nicht ins Lateinische übersetzt.

l) Chasdai Crescas

Chasdai Crescas (um 1340–1410) stammte aus einer sehr angesehenen und reichen Familie in Barcelona. Seit ungefähr 1390 war er Oberrabbiner in Aragon, sein Hauptwerk *Gotteslicht* verfaßte er gegen Ende seines Lebens. Das Interesse, das die Schriften des Crescas heute finden, kommt aus ganz verschiedenen Richtungen. Im Rahmen der jüdischen Philosophie gilt er als einer, der sich deutlich gegen den Intellektualismus fast der gesamten Tradition jüdischer Philosophie gestellt hat. Im Rahmen der Wissenschaftsgeschichte hingegen finden einige seiner Theorien Aufmerksamkeit, da er sich mit einigen seiner Thesen mit der zu seiner Zeit besonders im Bereich der Physik beginnenden Aristoteles-Kritik trifft.

Es geht Crescas nicht nur um eine vom Judentum her geforderte Abgrenzung gegenüber dem Aristotelismus, sondern um eine sachliche Auseinandersetzung mit diesem. Dazu seien kurz einige Beispiele angeführt. Bei Aristoteles sind die Begriffe von *Raum* und *Körper* untrennbar verbunden. Crescas hingegen hält ein Vakuum, also einen leeren Raum, eine reine Ausdehnung, auch einen unbegrenzten Raum, für denkmöglich (das ist gar nicht so weit von Newtons Auffassung entfernt). Damit ergibt sich auch die Möglichkeit der Vorstellung einer Vielheit von Welten, die untereinander in keiner Beziehung stehen. Ebenso trennt er *Zeit* und *Bewegung*. Zeit existiert allein in der Seele, und damit ist nur die Bewegung real, die Zeit hingegen ist der »Rahmen«, in den wir die Bewegung hineinstellen, und in dem wir die Bewegung dann messen. Da Crescas in einer unendlichen Zahl von Bewegungsursachen keinen Widerspruch sieht, ist für ihn im Unterschied zu Gersonides die Vorstellung einer unendlichen schon abgelaufenen Zeit durchaus denkmöglich. Damit fällt auch die aristotelische Basis des Gottesbeweises aus der Bewegung weg, bei der es eine Voraussetzung war, daß die Annahme eines realen unendlichen Regresses als »unvernünftig« angesehen wurde (vgl. 1. Teil, Kap. X, 4, c). Der einzige Gottesbeweis der übrig bleibt, ist der aus der Kontingenz, d. h. der aus dem Verhältnis von Möglichkeit und Wirklichkeit.

Zur Zeit des Crescas war unter den gebildeten Juden Spaniens und Südfrankreichs ein gemäßigter Averroismus maßgebend, der aber sehr intellektualistisch und rationalistisch ausgerichtet war. Bei Crescas finden wir – endlich – eine *Kritik der intellektualistischen Auslegung* des jüdischen Glaubens, und in dieser Hinsicht eine klare Abgrenzung gegenüber der Vorstellung, das höchste Lebensziel sei ein theoretisches. Damit tritt Crescas in ausdrücklichen Gegensatz zu Maimonides, was ihm auch ganz klar bewußt war. Man kann nicht ausschließen, daß Crescas auch beobachtet hatte, daß rationalistisch geprägte Juden im Zusammenhang mit den Judenverfolgungen in Spanien im Jahre 1391 – während der auch sein einziger Sohn getötet worden war – besonders anfällig für »Konversionen« waren. Er hatte also seine Zweifel an der ethischen Zuverlässigkeit der Intellektuellen.

Crescas lehnte ebenso wie Gersonides die negative Theologie ab. Aber auch bei der Frage der positiven Attribute ist für einen Gott, der im Sinne des Aristoteles das reine Denken der Formen ist, hier kein Platz mehr. Crescas macht deutlich, daß diese Vorstellung letztlich im aristotelischen Intellektualismus begründet ist, dieser aber für die Interpretation des jüdischen Glaubens ungeeignet ist. Die Beziehung Gottes zum Menschen, wie sie in der *Bibel* zur Sprache kommt, ist durch Güte, Liebe und Gnade bestimmt, die die charakteristischen Eigenschaften Gottes ausmachen. Nur unter diesen Voraussetzungen ist eine besondere Erwählung des Volkes Israel denkbar. Die Maimonides-These, daß Gott keine reale Beziehung zur Welt habe, kann hier nicht mehr gehalten werden. Ist Gott primär Liebe und nicht Erkenntnis, fällt auch die letzte Begründung des intellektualistisch konzipierten Lebenszieles weg. Nicht das Denken ist daher die zentrale Eigenschaft Gottes und des Menschen, sondern die Güte. Es ist die Freude Gottes am Guten, das er schafft, was die Seligkeit Gottes begründet. Damit ist auch das letzte Ziel der Welt und des Menschen gegeben: das Hervorbringen des Guten.

Recht problematisch ist allerdings die Frage der *Freiheit* bei Crescas. Gersonides hatte gesagt: Gott hat kein Vorherwissen der individuellen Handlungen, und daher kann es eine Freiheit geben. Crescas kehrt die Argumentation um: Es gibt ein göttliches Vorherwissen des einzelnen, also kann es keine Freiheit geben. Dieses Argument ist zwar etwas kurzschlüssig, drängt sich aber dann auf, wenn Gott auch als letzte Ursache von allem angenommen wird. Crescas will aber die Freiheit auch nicht ganz leugnen, also muß er ihr irgendeine Interpretation geben, die mit seinem Determinismus in Einklang gebracht werden kann. Er scheint dann den Versuch unternommen zu haben, die Freiheit nicht in die Handlung selbst zu verlegen, sondern in die Zustimmung zu der Handlung. Dies kann allerdings nicht wirklich überzeugen und reicht auch sicher nicht aus, um das zu erbringen, was aus der Sicht der jüdischen Religionsphilosophie für eine Übereinstimmung von *Bibel* und Philosophie | 305 gefordert ist. Auch bleiben natürlich all die Probleme erhalten, die sich für eine Ethik im Rahmen deterministischen Denkens immer ergeben. Aber auch im engeren Bereich der Ethik gelingt es Crescas nicht wirklich, die jüdischen Voraussetzungen philosophisch zu vermitteln. Für ihn ist das sittliche Handeln nur auf die Bedeutung bezogen, das es für die Gemeinschaft besitzt, während die Beziehung zu Gott – daneben und unabhängig davon – allein durch die Gottesliebe hergestellt wird. Die Seligkeit besteht daher in dem Glück, das die Gottesliebe, auch und gerade im Gefühl, vermittelt. Da die Gottesliebe nicht auf Erkenntnis, die nicht für alle erreichbar ist, beruht und auch ohne diese verwirklicht werden kann, ist nach Crescas die Seligkeit für alle erreichbar. Ob »Gefühl« und »Seligkeit« Grundbegriffe des *Alten Testaments* sind, kann allerdings bezweifelt werden.

Mit Crescas ist die jüdische Philosophie des Mittelalters zu Ende. In dem Moment, wo die intellektualistische Sicht des jüdischen Glaubens aufgegeben wurde, wurde auch die Aufgabe der jüdischen Philosophie – der Nachweis der Übereinstimmung von Offenbarung und Philosophie – hinfällig. Es gab auch äußere Gründe für dieses Ende. Spanien war immer das Zentrum der jüdischen Philosophie gewesen, und die Vertreibung der Juden aus Spanien im Jahre 1492 bedeutete auch das Ende der spanischen jüdischen Philosophie. Die in andere Länder Vertriebenen setzten sie nicht fort, sondern wandten sich mystischen Strömungen zu, die schon lange vorher in Spanien vorhanden gewesen waren, und bei den vertriebenen Juden, die sich mystischen Strömungen zuwandten, setzte mit der Zeit sogar eine ausgeprägt philosophiefeindliche Bewegung ein.

3. Die Kabbala

Ein ganz konkretes und offensichtliches Problem für viele Mitglieder der jüdischen Gemeinde war die Frage, wie die rein positiven Gesetze der *Bibel*, die den Hauptgegenstand jüdischer Gesetzesauslegung darstellten, prinzipiell zu verstehen seien. Da die Juden als Minorität in einer nach anderen Regeln funktionierenden Gesellschaft lebten, waren gerade z.B. die Zeremonialgesetze, spezifische Speisegebote und ähnliches sehr wichtig, da sie die Besonderheit und damit auch die Identität dieser Minderheit zum Ausdruck brachten. Anderseits brachte das Leben als Minorität auch wieder die Relativität solcher Gesetze zum Bewußtsein. Für nicht wenige Juden war die Befolgung dieser Gesetze zum Problem geworden. Philosophische Ethik konnte den Dekalog abstützen, auch z.B. das Sabbatgebot in seiner allgemeinsten Form als Tag der Ruhe und des Gebets, aber schon bei den speziellen Sabbatgeboten wurde es unmöglich, eine philosophische Begründung zu liefern. Maimonides, selbst ein hervorragender Gesetzesgelehrter, zog sich auf die Behauptung zurück, es gäbe zwar Gründe für diese positiven Gesetze, diese aber seien für uns wegen der Begrenzung unserer Erkenntnis nicht einsichtig. Liest man ein wenig jüdische Gesetzeskommentare, so wird man sehen, daß diese Behauptung schon das äußerste ist, was ein Philosoph als philosophisches Postulat aufstellen konnte. Jeder Versuch, philosophische Ethik auch nur mit der Thora zu identifizieren, wie das ibn Daud gewollt hatte, mußte in eine Richtung führen, in der eine Fülle von Gesetzesvorschriften irrelevant wurden. Crescas versuchte, einen kleinen, aber bezeichnenden Schritt über Maimonides hinauszugehen: Da Gott für ihn primär nicht Denken, sondern Gutheit ist, ist das Ziel menschlichen Lebens nicht Erkenntnis, sondern Liebe, und die Gottesliebe zeigt sich in der Befolgung des Gesetzes. Die Sinnfrage gegenüber der Fülle von Einzelgesetzen blieb allerdings auch hier unbeantwortet. Die einzige Antwort lag auf einer Ebene, die höchstens die Form »verrückter« Forderungen von Liebesbezeugungen haben konnte, deren modernes Pendant etwa so aussehen könnte: »Wenn du mich liebst, gehst Du morgen mit Frack und Zylinder ins Büro!« Das orthodoxe Judentum insistierte jedoch gerade auf der minutiösen Befolgung dieser Einzelvorschriften. Die Philosophie war an diesem für das Judentum zentralen Punkt zu keiner lebenspraktisch brauchbaren und hilfreichen Antwort gekommen, die jedoch angesichts der Last der Vorschriften mehr gefordert war als die Lösung metaphysischer Antinomien. Obwohl es auch eine Reihe anderer Gründe gab, war doch die Unmöglichkeit, in der Frage des Gesetzes zu einer hilfreichen Antwort zu finden, eine der Ursachen für das Ende der jüdischen Philosophie im Mittelalter – außerphilosophische Bewegungen erwiesen sich bei der Lösung dieser Aufgabe als wirkungsvoller. Die eine war der Talmudismus, d.h. das Studium detaillierter gelehrter Gesetzesinterpretation. Von hier aus gab es selbstverständlich keinerlei Dialog mit der umgebenden Kultur, und ein solcher wurde auch gar nicht mehr gesucht. Es bildete sich eine sich abkapselnde Minoritätenkultur heraus, die sich durch ein extrem entwickeltes Erwählungsbewußtsein aufrechterhielt. Das Gesetzesstudium als solches wurde zu einer Form der Identitätsfindung. Aber auch dies war für etliche Mitglieder der Gemeinde keine ausreichende Hilfe bei der Frage nach der Sinnhaftigkeit der Gesetzeserfüllung.

Eine Reaktion sowohl auf den *Rationalismus* der Philosophie als auch auf den *Talmudismus* war die Kabbala (= »Empfangen durch Tradition«). Hier wurde für alles, also auch für die Gesetze, ein tieferer oder höherer Sinn angeboten. Diese Bewegung entstand im 12./13. Jhd. in Spanien und Südfrankreich unter Aufnahme schon viel älterer mystischer Strömungen des Judentums. Die Kabbala weist entscheidende Elemente *gnostischen Denkens* auf, die manchmal zum Pantheismus tendierten. In der Kabbala wurden zwar eigene Texte verfaßt, sie versteht sich aber in erster Linie als eine Weisheit, die den tieferen, esoterischen, theosophischen Sinn der biblischen Texte erschließt. Für die biblische Exegese wurde ein ausgebreitetes System symbolischer Deutung entwickelt, in dem Zahlensymbolik eine bedeutende Rolle spielte. Einer der Gründe für die Wirksamkeit der Kabbala lag darin, daß sie in der Lage war, gnostische Spekulationen mit mythischem Volksglauben zu verbinden. Diese Seite der Entwicklung der Kabbala braucht im Zusammenhang der Geschichte der Philosophie nicht weiter verfolgt zu werden, so interessant sie auch für die allgemeine Kulturgeschichte ist.

Der zentrale Themenbereich der Kabbala ist das *innere Leben Gottes* und die Beziehungen Gottes zur Welt. Der Mensch »erfährt« dort jedoch nicht nur etwas über dieses innere Leben, sondern nimmt auch gleichzeitig an ihm teil. Das Ziel der Kabbala ist eine besondere religiöse Erfahrung, die auch die Form einer Ekstase annehmen kann. Um zu dieser zu gelangen, wurden auch spezielle Meditationstechniken angewendet, bei denen die Rezitation göttlicher Namen eine wichtige Rolle spielte. Diese Verwendung des wiederholten Sprechens göttlicher Namen ist allerdings oft nur schwer von magischen Praktiken zu unterscheiden. (Texte, die solche Meditationstechniken beschreiben, liegen allerdings erst aus dem 10. Jhd. vor.) Der Abstand zur Philosophie ist hier ganz unübersehbar: Die rationalistische Philosophie hatte die meisten Attribute und Namen Gottes als anthropomorphe Ausdrücke weginterpretiert, während die jüdische Mystik versprach, daß dem Frommen dann, wenn er einen solchen Namen genügend lange wiederholt, ein inneres Licht aufgehen wird, das ihn in das innere Leben Gottes einführt.

In der Kabbala kommen Traditionen des Judentums zum Tragen, die schon seit langem bestanden. Bereits im 1. und 2. Jhd. n. Chr., also in der Periode, in der sich die Gnosis ausbildete, entstand auch eine Form jüdischer Gnosis. Dadurch kam aber nicht etwas wirklich Fremdes in das Judentum hinein, da dieses selbst einiges bereits zum Entstehen der Gnosis beigetragen hatte. Schon in dieser frühen Periode entwickelte sich die *Merkabah-Geheimlehre*, also die Thronwagen-Mystik, die sich auf Ezechiel 1, 15–28, beruft. In der Merkabah-Mystik begibt sich die Seele auf eine Himmelsreise bis in den siebenten Himmel, wo sie zur exstatischen Schau des Thronwagens gelangt. Eine *mystische Vereinigung mit Gott* ist jedoch *ausgeschlossen*, diese biblisch begründete Grenze gilt auch in aller späteren jüdischen Mystik und unterscheidet sie bei allen sonstigen Ähnlichkeiten von der neuplatonischen Mystik (vgl. diese Grenze auch in der Sufi-Mystik, Kap. IX, 3). Der Mystiker wird engelhaft, aber nicht vergöttlicht. Da die Merkabah-Lehre auch in der rabbinischen Exegese eine bedeutende Rolle spielte, hat die Merkabah-Mystik auch Wurzeln in der traditionellen Bibelauslegung. Die Merkabah-Mystik fand zahlreiche Anhänger im 4. und 5. Jhd., vor allem in Babylonien. In der Zeit vom 7. bis zum 12. Jhd. wurden in verschiedenen Ländern, vor allem auch in Deutschland, zahlreiche Texte der Merkabah-Mystik auf der Grundlage älterer Texte redigiert, was auf die Verbreitung dieser Form der Frömmigkeit hinweist.

Es gab daneben auch Beziehungen zwischen der jüdischen Mystik und der islamischen Bewegung der *Sufis*, und zwar in beiden Richtungen. Die jüdische Mystik ist älter als die islamische und hat diese in ihrer Entstehungsphase beeinflusst. Als die Bewegung der Sufis aber ihre Formen gewonnen hatte, wurde sie umgekehrt für Juden attraktiv. In Spanien lassen sich bei ibn Gabirol, ibn Paquda und Jehuda Halewi deutlich sufistische Elemente feststellen. Im allgemeinen aber hatten die Sufis in Spanien wenig Einfluß, da die dort maßgebende malikitische Rechtsschule alles unternahm, um die Ausbreitung dieser Bewegung zu verhindern. Anders stellte sich die Situation in Ägypten dar. Dort konnte sich die Sufi-Bewegung ungehindert ausbreiten, dort entstanden auch die institutionalisierten Formen der Sufi-Bruderschaften. Seit dem 12. Jhd. waren zahlreiche jüdische Flüchtlinge aus Spanien nach Ägypten gekommen, und es scheint, daß schon zur Zeit des Maimonides, der ja selbst später in Ägypten lebte, nicht wenige Juden sich von der rationalistischen Philosophie abwandten und eine Alternative in einer unmittelbaren Frömmigkeit suchten, die jener der Sufis nachgebildet war. Es sind unter den Ende des 19. Jhd.s entdeckten Kairoer Genizah-Handschriften zahlreiche Texte der Sufis erhalten, die mit hebräischen Buchstaben, also eindeutig für den Gebrauch bei Juden, geschrieben sind, ebenso aber Schriften von Juden, die traditionelle biblische Texte aus dem Geist der Sufis neu interpretieren. Der bedeutendste Autor dieser ägyptischen Bewegung war ausgerechnet Abraham Maimonides (1186–1237), der Sohn des Moses Maimonides. Abraham Maimonides berief sich ausdrücklich auf die Sufis, wies aber auch auf die jüdischen Elemente in der Sufi-Lehre hin. Er unterlegte den Ritualgesetzen eine mystische Deutung, was natürlich viel problemloser vonstatten ging als der Versuch des Moses Maimonides, diesen einen philosophisch relevanten Sinn zuzusprechen. Nachfahren aus der Maimonides-Familie wurden für fast zwei Jahrhunderte die geistlichen Führer einer jüdischen sufi-inspirierten Frömmigkeit. Diese ägyptische Bewegung war aber nicht unumstritten, sie gewann nie allgemeine Anerkennung und verschwand später völlig, als das ägyptische Judentum überhaupt an Bedeutung verlor. Allerdings gab es im Orient auch an anderen Orten, so vor allem in Palästina, enge Kontakte zu Sufis. Im 13. Jhd. waren in Safed jüdische Rabbis mit mystischen

Praktiken, die sufistischer Herkunft sind, beschäftigt. Nach der Vertreibung der Juden aus Spanien bildete sich in Safed mit Moses Cordovero (1522–1570) und Isaac Luria (1534–1572) eine bedeutende Schule der Kabbala aus, doch damit sind wir schon außerhalb der Periode des Mittelalters.

Sehr schwer datierbar ist das in verschiedenen Versionen erhaltene *Sefer Jezirah (Buch der Schöpfung)*. Dieses Buch ist in der Zeit vom 3. bis zum 9. Jhd. aus verschiedenen Quellentexten und in verschiedenen Redaktionsstufen entstanden. Das *Sefer Jezirah* stellt in erster Linie Spekulationen zur Kosmologie und Kosmogonie dar, und nur in geringerem Maß Anweisungen zum Erreichen mystischer Erfahrung. Der Prozeß der Schöpfung wird mit Hilfe der 10 – auf pythagoreische Lehren zurückgehenden – Urzahlen und der 22 Buchstaben des hebräischen Alphabets beschrieben, woraus sich die 32 Wege der Weisheit ergeben. Der gesamte Prozeß der *Weltentstehung* wird als *Zeichenprozeß* interpretiert, und das Schöpfungswerk kann so wie ein Buchtext »gelesen« und meditiert werden. Allerdings konnte diese »Lesart« auch als Grundlage magischer Praktiken dienen. Das *Sefer Jezirah* wurde aber auch häufig von Philosophen kommentiert, so schon von Saadia.

Im 12. und 13. Jhd. bildete sich vor allem im Rheinland der *Chassidismus* (Chassid = »der Fromme«) aus. In dieser Bewegung leben Traditionen der Merkabah-Mystik weiter, auf deren Grundlage die Chassidim dann aber ihre eigene Theosophie entwickelten. Die zentrale Vorstellung war hier die göttliche Herrlichkeit *(kabod)*, das Grundanliegen war die Sichtbarmachung des unkörperlichen Gottes. Gott, die obere Herrlichkeit, manifestiert sich in der anthropomorph sichtbaren Engelwelt, der unteren Herrlichkeit, wobei allerdings die Grenzen zwischen diesen beiden Herrlichkeiten unscharf werden. Die Namen Gottes und der Engel, die in komplizierten Verfahren auch durch Zahlen gedeutet werden, sind dann Gegenstand der Meditation.

Eine sehr ähnliche Bewegung, die als *Kabbala* bekannt ist, bildete sich zu derselben Zeit in der Provence und in Nordspanien aus. In der Provence ist im 12. Jhd. die Sammlung *Sefer Bahir (Das leuchtende Buch)* redigiert worden, in dem die biblische Aussage, daß der Mensch nach dem Bilde Gottes geschaffen ist, in sehr anthropomorpher Weise gedeutet wird, so daß die menschlichen Handlungen und besonders die Erfüllung des Gesetzes in theurgischer Weise Einfluß auch auf das innergöttliche Leben gewinnen können (zu Theurgie vgl. 1. Teil, Kap. XVII, 3, c). Der Anthropomorphismus der älteren mythologischen Tradition wird jedoch etwas zurückgenommen, wenn dann gesagt wird, daß die »Glieder Gottes« nur Bilder für die göttlichen Kräfte *(sefirot)* sind. Die jüdische Religionsphilosophie hatte allen Anthropomorphismen den Kampf angesagt, wogegen der Chassidismus und die Kabbala geradezu ein großes Plädoyer für das Recht anthropomorpher Vorstellungen liefern. Ein Beispiel aus dem Buch *Bahir* sei hier angeführt, das schon deshalb interessant ist, weil hier das *Tohu* aus dem Beginn der *Genesis*, das am Beginn der Schöpfung steht, als das Prinzip des Bösen angenommen wird.

Und was ist das? Das *Tohu*, aus welchem das Böse stammt, das die Menschen verwirrt. Und was ist das? Das ist, wovon es heißt [1. Könige 18,38] »Da fiel ein Feuer Gottes und verzehrte das Opfer, das Holz, die Steine und die Erde«, und es heißt [Deuter. 4, 24]: »Denn der Ewige, dein Gott, ist zehrendes Feuer, ein eifervoller Gott«. Und was ist [das Prinzip der] »Liebe«? Das ist [die] Tora, von der es heißt [Jesaja 55,1]: »Ihr Durstigen alle, kommt zum Wasser, und wer kein Geld hat, geht zu ihm ... ohne Geld, und umsonst.« Und er wird euch mit Tora speisen und auch belehren, denn ihr seid dessen würdig schon durch das Verdienst Abrahams, der Liebe tat nicht um Geld, und Speise und Trank gab »und umsonst Wein und Milch«. (*Das Buch Bahir* § 93. S. 100)

Auch Wein und Milch werden sofort wieder symbolisch und zwar auf die Farben hin gedeutet, nämlich auf rot und weiß, die zwei Eigenschaften oder göttlichen Namen entsprechen, nämlich der Strenge und der Gnade, also der linken und rechten Seite Gottes (Ebd. S. 100 f.). Alles, und somit auch alles, was im Gesetz, in der *Tora* steht, führt also in irgendeiner Weise ein in das innere Leben Gottes. Es ist klar, daß damit auch Gesetzesvorschriften, denen philosophisch keinerlei innerer Sinn abgewonnen werden konnte, als »Speise und Trank« für die Seele gedeutet werden können.

310

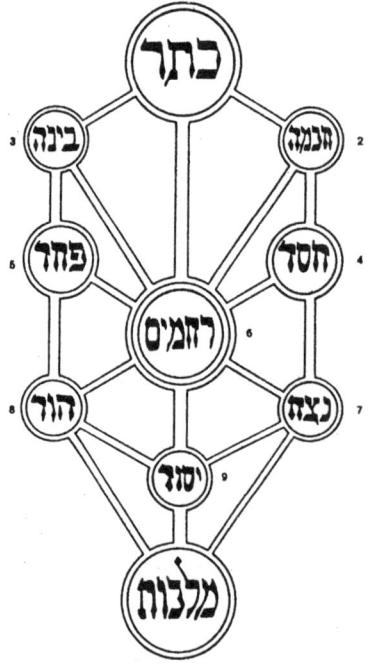

Die zehn Sefira

Die Manifestationen Gottes, in denen er aus seiner Verborgenheit hervortritt.

1. Kether, die »höchste Krone« der Gottheit.
2. Chochma, die »Weisheit« im urschöpferischen Sinn.
3. Bina, die unterscheidende »Vernunft«.
4. Chessed, die göttliche »Liebe«, oder Gedulla, die »Größe«.
5. Gebura, oder Din, die »Macht« Gottes, die sich als strafende Macht und richtende Strenge darstellt.
6. Rachamim, die ausgleichende »Barmherzigkeit«, bzw. Tifereth, die Herrlichkeit, das Herz des Himmels.
7. Nezach, die »beständige Dauer« Gottes.
8. Hod, die »Schönheit« und »Majestät« Gottes.
9. Jessod, das Fundament, der »Grund« aller wirkenden und zeugenden Kräfte Gottes.
10. Malchut, das »Reich« Gottes als geistiges Menschenreich.

(Nach *Sohar. Einleitung*, S. 21)

Einflüsse der provençalischen Kabbala wurden wirksam in Katalonien, wo sich in Gerona ein Zentrum der Kabbala herausbildete. In Spanien ist um 1280 der *Sohar (Buch des Glanzes)* entstanden ist, dessen Verfasser, allerdings unter Verwendung älterer Quellen, Moses de León ist. Deutliches Ziel der Schrift ist es, sich gegen den zu dieser Zeit im spanischen Judentum weithin herrschenden Rationalismus zu stellen. Aber ebenso klar ist die Absicht, gegen den Legalismus eine mystische Deutung des Gesetzes der Torah zu stellen. Im *Sohar* sollen die Manifestationen Gottes in der Welt gedeutet werden, was durch zehn Attribute geschieht, die im sogenannten sephirotischen Baum dargestellt werden (im *Sohar* selbst wird aber der Ausdruck *Sefirot* nicht verwendet): Die dort gebrauchten Ausdrücke sind Worte, mit denen Gott sich selbst benennt, deren Aussprechen dann auch die Welt hervorruft – »hervor-ruft« im eigentlichen Sinn des Wortes –, und die daher dann auch die Grundworte zum Verstehen der Welt sind. Die eigentliche Schöpfung aber findet in Gott selbst statt, auch die »Schöpfung aus Nichts« ist ein innergöttlicher Vorgang: Aus dem (mystischen) »Nichts« treten die sephirotischen Namen als Selbstentfaltung Gottes hervor. Theogonie/Gottwerden und Kosmogonie/Weltwerdung sind somit nur zwei Seiten ein und desselben Vorgangs, der durch das zentrale Moment der Namengebung als sprachlicher gekennzeichnet ist. Die *Schöpfung* wird somit *als Sprachprozeß* gedeutet. Damit verbunden ist eine Licht-Mystik gnostischer oder neuplatonischer Herkunft. Der Hervorgang der *sefirot* wird in einer Weise dargestellt, die sehr stark an die neuplatonische Emanation erinnert, dies wird z. B. deutlich in einem Text aus dem *Sohar* zur Lehre von der Schöpfung, der uns zeigt, wie weit entfernt wir hier von aller aristotelischen Kosmologie und Physik sind, und wie nahe an der Gnosis wir uns befinden.

Merke ferner das Folgende: Als der Allheilige daran war, Welten zu erschaffen, da ließ Er ein verborgenes Licht ausgehen – aus diesem entspringen all jene Lichter, die offenbar werden. Zunächst entfalten sich und schaffen sich aus jenem die übrigen Lichter – sie bilden die *obere* Welt. Aber jenes höchste Licht breitete sich noch weiter aus und bildete eine *Art von Licht, welches nicht leuchtet* – dieser ist der Urgrund der *unteren Welt*. Und dieses nicht leuchtende Licht, wie es der Verbindung mit der oberen Welt bedarf, um zum Leuchten zu kommen, vermag dies nur durch Vermittlung der unteren Welt. Aus der Verbindung mit der oberen Welt aber gibt es Entstehung zahlreichen weiteren Wesensheeren und Scharen, die den höheren dienstbar sind. Darum heißt es: »Wie viel sind Deine Werke, JHWH, sie alle hast Du in Weisheit gemacht, voll ist (auch) die Erde Deines Eigens.« Was auf der *Erde* ist, ist auch in der *Höhe*. Es ist kein noch so geringes Ding in dieser Welt, das nicht abhängig wäre von einem Wesen, das darüber gesetzt ist. Und wird das untere Ding in Bewegung gebracht, dann auch jenes obere, das darüber gesetzt ist, denn alles ist wechselweise miteinander verbunden und geeinigt. (*Der Sohar. Das heilige Buch der Kabbala.* S. 109 f.)

Auffällig ist, daß Kabbala und Chassidismus genau zu jener Zeit und genau an jenen Orten auftraten, wo auch die ersten Bewegungen der *Katharer* (vgl. zu diesen Kap. XIII, 1) bemerkbar werden: in Südfrankreich und im Rheintal. Beiden Bewegungen ist gemeinsam, daß sie dem Bösen in ihrer »Metaphysik« einen weitaus gewichtigeren Platz einräumten, als dies im jüdischen bzw. christlichen Bereich, jedenfalls bei deren offiziellen Vertretern, der Fall war, bei denen das Böse domestiziert, mythologisch Gott untergeordnet (Satan) oder metaphysisch minimisiert wurde (Seinsmangel). Die Antworten auf dieses Problem waren dann allerdings bei den Katharern und in der Kabbala diametral entgegengesetzt. Die Katharer trennten radikal (dualistisch) Gut und Böse, wogegen in der Kabbala, in der es zwar auch dualistische Tendenzen gab, doch vorwiegend – so auch im *Sohar* – versucht wurde, das Böse in irgendeiner Weise in das Göttlich-Gute hineinzunehmen. Als Symbol diente der göttliche Zorn als der göttliche Grund des Bösen (= die fünfte Manifestation Gottes in den zehn *Sefirot*). Schon im Buch *Bahir*, in dem sich die älteste Tafel der zehn *Sefirot* findet, steht der vierten Manifestation, den Wohltaten Gottes, die auch »Gottes Rechte« heißen, in der fünften Manifestation das »große Feuer«, »Gottes Linke«, gegenüber (*Das Buch Bahir*. S. 104). Da die Welt als Entfaltung des göttlichen Urgrunds angesehen wurde, gehörte das Böse zu diesem Prozeß, und all dies ist ein Sprach- und Zeichenprozeß.

Als der Allheilige die Welt erschuf, erschuf Er sie in den Buchstaben der Thora. Jeder Buchstabe stieg vor dem Schöpfer auf, bis sie im Zeichen des Beth zur Ständigkeit kamen, und sie wandelten sich in allen möglichen Verbindungen, wodurch die Weltschöpfung ermöglicht wurde. Als aber hierbei der Buchstabe »Teth« mit dem »Resch« sich paaren sollte, stellte sich Teth zur Seite und mochte sich nicht beruhigen – bis der Allheilige es zurechtwies und sprach: »Teth, Teth, warum stellst du dich zur Seite und bist mit deinem Platze unzufrieden?« Da antwortete der Buchstabe: »Hast Du mich nicht zum Haupte des Wortes »gut« gemacht? Die Thora selbst setzt ja in den Urbeginn die Worte: »denn es ist gut«. Und jetzt soll ich mich jenem Buchstaben, der das Haupt des Bösen bildet, gesellen?« Darauf sprach Gott zu ihm: »Kehre an deinen Platz zurück, denn du bedarfst des »Resch«. Denn der Mensch, den Ich im Begriffe bin zu erschaffen, wird durch euch beide vollendet als Einheit, du aber sollst zu seiner Rechten und das »Resch« zu seiner Linken sein.« Und so kehrten sie beide an ihre Stelle zurück und gesellten sich zueinander. (Ebd. S. 159 f.) [»*Beth*« ist der erste Buchstabe des hebräischen Textes der *Bibel* (im Wort »*Bereschith*«). Mit dem Buchstaben »*Teth*« beginnt das Wort »*tow*«, gut, mit dem »*Resch*« das Wort »*ra*«, böse.]

Die Leidensfähigkeit des jüdischen Volkes zog u. a. auch aus dieser eigentlich häretischen Vorstellung Kraft. In dem selben Text wird erklärt, daß der »Rest Jakobs unter den Nationen, im Inneren der Völkermenge« leben muß unter Herrschern, die nicht von der Herrlichkeit des Herrn wissen, und die so ohne Vernunft leben, bis die »Tage des Bösen« kommen werden und diese Herrscher aus der Welt verdrängt werden (Ebd. S. 159). Auch das Böse gehört in irgendeiner Weise zu den Manifestationen Gottes. Für die Kabbala gibt es daher im Grunde auch kein Theodizeeproblem.

Der Einfluß der Kabbala war sehr groß, die Bedeutung derselben innerhalb des Judentums betrifft aber ein Gebiet, das in der Religionsgeschichte behandelt werden muß. Eine bis heute noch wirksame Einflußsphäre zeigt sich im Chassidismus des östlichen Judentums, dessen Symbolwelt uns im künstlerischen Bereich etwa in den Bildern Chagalls entgegentritt.

Man könnte allerdings fragen, warum die Kabbala überhaupt im Rahmen einer Darstellung der Geschichte der Philosophie behandelt wird. Die Antwort darauf liegt in dem Einfluß, den sie auf die europäische Philosophie ausgeübt hat. Um dies nur anzudeuten: In der Renaissance, so z. B. bei Pico della Mirandola, Giordano Bruno und Jacob Böhme, rief die Kabbala großes Interesse hervor, was ziemlich deutlich ausgesprochen wurde. Viel hintergründiger dürfte die Rolle sein, die die Kabbala in der Philosophie Spinozas spielt (vgl. 3. Teil, Kap. VII, 4). Aber auch noch in der romantischen Naturphilosophie bei Schelling lassen sich Elemente der Kabbala feststellen. In dessen *Philosophische Untersuchungen über das Wesen der menschlichen Freiheit* legt sich ein – wenn auch bisher nicht nachgewiesener – Einfluß der Kabbala nahe, wenn es dort z. B. heißt: »Damit also das Böse nicht wäre, müßte Gott selbst | 313 nicht sein.« (Ausg. Schröter IV. S. 295) Neben dieser eher naturphilosophischen Richtung begegnet man der Kabbala aber auch in einem ganz anderen Kontext. Die Buchstaben- und Zahlensymbolik der Kabbala wirkte stark auf Raymundus Lullus ein (vgl. Kap. XVI, 1), der eine auf Buchstaben-Kombination und -Meditation beruhende Logik und Metaphysik aufbauen wollte, die zur Erkenntnis Gottes führen sollte. Die phantastische Form dieser Logik gewann viele Anhänger, so daß sich eine ganze Tradition der Lullisten bildete. Auch Athanasius Kircher (1602–1680) befaßte sich mit dieser Tradition und verfaßte eine ganze Reihe theosophischer Schriften, in denen auch die Kabbala eine wichtige Rolle spielt. Im Frontispiz seines *Oedipus Aegyptiacus* von 1652 findet sich gleichsam programmatisch der sefirotische Baum. Von dieser Tradition her erhielt noch Leibniz wichtige Anregungen, die dann – allerdings unter Voraussetzungen, die mit denen Lulls nichts zu tun haben – zu ersten Anfängen einer Algebra der Logik führten. Kircher war einer der Autoren, die Leibniz zu seiner Zeichensprache der Logik inspirierten und Leibniz brachte allem, was zu seiner Zeit über die Kabbala veröffentlicht wurde, größtes Interesse entgegen. Eine »kabbalistische« Interpretation seiner *Monadologie* könnte vielleicht manches sonst schwer Verständliche erklären. – Auf das Interesse, das gegenwärtig die Kabbala mit anderen ähnlichen Bewegungen (Sufi, Taoismus usw.) findet, braucht nicht eigens hingewiesen zu werden.

XI

Die Rezeption der Schriften des Aristoteles und der arabischen Wissenschaft

Das 13. Jhd. brachte einen ungeheueren Aufschwung der Philosophie. Die Gründe dafür können hier nur angedeutet werden. Nur zwei davon, die Aristotelesrezeption und ihre Folgen sowie die Gründung der Universitäten, sollen dann etwas genauer dargestellt werden. Die wichtigsten Faktoren waren die folgenden:

(1) Mit Innozenz III. (1198–1216) war die Auseinandersetzung zwischen Kirche und Staat, d. h. zwischen Papst und Kaiser, vorläufig mit dem – letztlich etwas zweideutigen – Sieg des Papstes beendet. Es folgte eine Periode der Ruhe.

(2) Das Entstehen der Nationalstaaten brachte die innere Einheit mehrerer Länder, besonders Frankreichs. Dies diente auch der wirtschaftlichen Entwicklung. Der materielle Wohlstand kam vor allem den Städten zugute, Paris profitierte besonders.

(3) Die teilweise Zurückeroberung Spaniens brachte Europa in engeren Kontakt mit der arabischen und mit der in Spanien stark vertretenen jüdischen Kultur.

(4) In Sizilien und Unteritalien bestanden seit der Normannenherrschaft mit Roger II. (1130–1154) Kontakte mit der islamischen und der griechischen Kultur, die auch noch unter dem Staufer Friedrich II. (1198–1250) weiterwirkten.

(5) Die Einnahme und Plünderung von Konstantinopel im Jahre 1204 im Rahmen der Kreuzzüge gab den mittelalterlichen Gelehrten erstmals Zugang zu einer Fülle von griechischen Handschriften, die bisher unbekannt gewesen waren.

(6) Die Entstehung der Universitäten.

(7) Die Gründung der Bettelorden, also vor allem der Dominikaner und Franziskaner. Diese hatten sich zunächst die Aufgabe gestellt, durch Predigt und gutes Beispiel – Leben in Armut in den Städten – die Häretiker, vor allem die Katharer, zu bekehren (dazu weiteres in Kap. XIII, 1). Sie wandten sich aber sehr rasch auch der Arbeit an den Universitäten zu, und faktisch kamen aus diesen Orden die meisten der bedeutenden Vertreter der Philosophie des 13. und 14. Jhd.s.

1. Die Universitäten

Gegen Ende des 12. Jhd.s hatten sich in verschiedenen Städten, vor allem in Paris, erhebliche Probleme bei der Struktur und Organisation der Schulen ergeben. Das Niveau der Schulen war durch den häufigen Wechsel der Lehrer nicht gesichert, kirchliche Autoritäten befürchteten, die Kontrolle über die Schulen zu verlieren, städtische Autoritäten wiederum befürchteten, bei der ständig anwachsenden Zahl der Studenten die öffentliche Ordnung nicht mehr sichern zu können. Aber auch innerhalb der verschiedenen Schulen hatten sich Problemen ergeben, da die Konkurrenz der Schulen nicht immer nur positiven Folgen hatte. Die Curricula waren sehr unterschiedlich, die Schulen, die nicht mit einer Kathedrale in Verbindung standen, befanden sich in einer rechtlich ungesicherten Lage. In den Städten hatten sich inzwischen verschiedene Korporationen von Bürgern gebildet, um gemeinsam Rechte zu erwerben oder zu stärken – solche Korporationen wurden von den Juristen *universitates* genannt. Neben der Verteidigung gemeinsamer Interessen nach außen hatten diese *universitates* auch die Funktion, ihre inneren berufsbezogenen Fragen durch Statuten zu regeln, wobei sie darauf bedacht waren, daß diese Regelungen autonom, d. h. ohne Beeinflussung durch irgendwelche Autoritäten, zustande kamen. »Universität« ist also ursprünglich ein Begriff des Körperschaftsrechts. Nach den Vorbildern | 315 solcher Korporationen schlossen sich Ende des 12. Jhd.s in Bologna die Studenten, in Paris die Magistri und Studenten zusammen, um korporativ Rechte und Privilegien zu erhalten. Nur wenig später folgten Oxford, Cambridge, Montpellier, Toulouse, Padua, Neapel und Salamanca. Im 14. Jhd. ging die Gründung neuer Universitäten allerdings meist auf die Initiative von Herrschern zurück, die aber die korporative Struktur der schon bestehenden Universitäten mehr oder weniger übernahmen. Die kirchlichen und städtischen bzw. königlichen Autoritäten standen diesen frühen Universitäten zunächst nicht sonderlich wohlwollend gegenüber, sahen aber bald den Nutzen derselben ein und unterstützten sie dann. Die Universitäten hatten eine weitgehende Autonomie in Hinsicht auf die Bestellung von Professoren und auf die Gestaltung der Curricula und der Prüfungen. Allerdings waren Studiengehalte und Prüfungen überall sehr ähnlich, was schon dadurch erforderlich war, daß die akademischen Grade überall gelten sollten. Die Autonomie hatte aber Grenzen, schon deshalb, weil der in den meisten Universitäten von den kirchlichen Autoritäten eingesetzte Kanzler weitgehende Befugnisse innehatte, vor allem in Hinsicht auf die äußerst wichtige Erteilung der Lehrbefugnis *(licentia docendi)*. Auf Interventionen, durch die versucht wurde, auf die Lehrgehalte Einfluß zu nehmen, wird noch hingewiesen werden. Häufig besaßen die Universitäten auch gerichtliche Selbständigkeit, was nicht selten Konflikte mit den städtischen Autoritäten hervorrief.

Die Universitäten strebten danach, in möglichst großer Autonomie ihre inneren Strukturen zu bestimmen und in *Statuten* zu regeln. Faktisch waren sie aber doch von der Approbation der Statuten durch – vor allem kirchliche – Autoritäten angewiesen. Die einzelnen Disziplinen waren in *Fakultäten* zusammengeschlossen: Freie Künste, Recht, Theologie, Medizin. Es gab aber kaum Universitäten, die alle Fakultäten aufwiesen. Die Universitäten hatten in ihrem Ursprung nichts mit der »Universalität des Wissens« zu tun, sie waren vielmehr auf einzelne Wissensbereiche bezogene Interessensgemeinschaften. In Bologna ging es z. B. primär um das Studium des Rechts, in Paris um das der Artes und der Theologie, in Montpellier um das der Medizin. Erst später wurden weitere Fakultäten hinzugefügt, maßgeblich dafür waren aber nicht irgendwelche Ideen der »Vollständigkeit« des Wissens bzw. der Wissenschaften, sondern konkrete Bedürfnisse und Interessen. Die Einheit des Wissens ergab sich eher aus der *Einheitlichkeit der Methode* des Lehrens und Studierens. Alle Fakultäten, auch die der Medizin, waren orientiert an der Auslegung von Texten, die als autoritativ angesehen wurden. In diesem Sinn waren alle Fakultäten »scholastisch«. Die von Hugo von St. Victor (vgl. Kap. VIII, 3) programmatisch in den Umkreis der Wissenschaften eingebrachten mechanischen Künste *(artes mechanicae)* wurden in den Universitäten nicht bearbeitet, d. h. die durchaus interessanten Überlegungen, die im 12. Jhd. zur Einteilung der Wissenschaften unternommen worden waren, wurden nicht als Prinzipien der Wissenschaftsorganisation in den neugegründeten Universitäten aufgegriffen.

316 | Kamen Studenten aus verschiedenen Ländern, so waren diese in *Nationen* zusammengefaßt. Sehr rasch bildeten sich auch Kollegien heraus, in denen bestimmte Studentengruppen wohnten, wo teilweise Unterricht geboten wurde und immer eine Bibliothek vorhanden war. Ein Studium war kostspielig: Die Studenten mußten an vielen Orten für den Lebensunterhalt der Professoren aufkommen, das Leben in den Städten war teuer, und gelegentlich wollten oder sollten auch Bücher angeschafft werden, die wiederum verhältnismäßig hohe Preise hatten, und schließlich sollte noch Geld für Studentenvergnügungen übrig bleiben. Andererseits bot ein abgeschlossenes Studium die Möglichkeit, einträgliche Stellungen zu erlangen und soziale Schranken zu durchbrechen. Es gibt dokumentierte Fälle, wo der Sohn eines Bauern über das Studium der Rechte und eine Stellung als königlicher Kanzler schließlich in den Adelsstand aufgenommen wurde. Petrus Hispanus (um 1226–1277) war zunächst Magister der Artes in Paris, wo er sein berühmtes Lehrbuch, die sogenannten *Summulae logicales*, verfaßte, wurde dann nach dem Studium der Medizin und einer längeren Periode, über die die Historiker keinerlei Auskunft geben können, Hofarzt des Papstes und schließlich selbst Papst als Johannes XXI. Das Einkommen der Professoren hing von der Fakultät ab, an der sie unterrichteten. Theologen, die meist noch Pfründen innehatten, Juristen und Mediziner hatten hohe Gehälter, Professoren der Artistenfakultät hingegen wesentlich niedrigere. Schon dies, abgesehen davon, daß die Artes als Propädeutik für die höheren Fakultäten betrachtet wurden, macht verständlich, daß die Magistri der Artistenfakultät versuchten, rasch ein anderes, höheres Studium zu beginnen, oder eine Stellung außerhalb der Universität zu erlangen. Und dies wiederum brachte es mit sich, daß die Magistri

der Artes verhältnismäßig jung waren. In einem vom päpstlichen Legaten Robert von Courçon erlassenen Dekret von 1215 wurde für die Universität Paris festgelegt, daß ein Lehrer der Artistenfakultät ein Mindestalter von 21 Jahren aufweisen mußte, was zeigt, daß es Studenten gab, die alle für den Magister Artium erforderlichen Studien schon abgeschlossen hatten, bevor sie 21 Jahre alt waren. Es gab also ein eindeutiges Gefälle des Altersunterschieds zwischen den Lehrern der Artes und jenen der höheren Fakutäten, was ein nicht zu unterschätzender Faktor dafür ist, daß in der Fakultät der Artes ein intellektuell wesentlich risikobereiteres Lehrer-Potential vorhanden war als in den übrigen Fakultäten.

Der institutionelle Rahmen der Universitäten brachte gegenüber den Schulen des 12. Jhd.s größere Stabilität, bedeutete aber auch eine gewisse Zurückdrängung der Spontaneität und Experimentierfreudigkeit der Magistri. Nichtsdestoweniger wäre es nicht gerecht, die strenge formale Form des Unterrichts, die sich jetzt an den Universitäten herausbildete, in ihrem Wert zu unterschätzen. Der Lehrbetrieb der Universitäten war durch ein Curriculum genau geregelt. Die Grundlage bildete die *Vorlesung (lectio, lectura)*, also das Vorlesen eines Grundlagentextes sowie die Erklärung desselben. Aus einem Dekret von 1215 läßt sich entnehmen, daß es zwei Formen der Vorlesung gab, also Vorlesungen, die mehr auf das unmittelbare Textverständnis bezogen waren *(cursorie)*, und solche, in denen die Sachfragen im Vordergrund standen, die in Quaestionen behandelt wurden *(ordinarie)*. Die zum adäquaten Verständnis eines Textes erforderlichen beiden Schritte wurden also in zwei verschiedenen Studieneinheiten durchgeführt. Aufschlußreich ist auch, daß gelegentlich für bestimmte Texte gefordert wurde, daß mehrere Vorlesungen *ordinarie* zu besuchen waren, hier war also ein vertieftes oder gründlicheres Studium vorgeschrieben. Die verschiedenen Formen der *lectio* erklären, warum wir aus ein und derselben Periode Kommentare finden, die nicht viel mehr als Glossenanmerkungen sind, andererseits aber auch solche, die sich weit vom Text entfernen und eigentlich nur durch das allgemeine Thema mit dem Text in Verbindung stehen. Vom didaktischen Standpunkt aus ist es bemerkenswert, daß während eines Studienabschnitts nicht gleichzeitig verschiedene Texte studiert wurden, sondern jeweils ein Text einige Wochen lang täglich bearbeitet wurde, bis man den nächsten Text vornahm. Der Student hatte also die Möglichkeit, sich für eine bestimmte Zeit, die manchmal allerdings nur wenige Wochen umfaßte, ganz auf einen Text zu konzentrieren. Die Wahl der Texte war durch die Studienordnung geregelt, ebenso wie die Zahl der Tage bzw. Wochen, die für einen bestimmten Text vorgesehen waren, beides stand also nicht in der Verfügung der Magistri. Bei der Behandlung der Texte hatten die Magistri zumindest bei der Vorlesung *ordinarie* aber ziemlich viel Freiheit. Häufig wurden die Vorlesungen von Studenten aufgezeichnet. Wurden diese Aufzeichnungen vom Magister überarbeitet, so ergab dies eine offizielle und autorisierte Form *(ordinatio)*. Sind hingegen nur die Aufzeichnungen von Studenten erhalten *(reportatio)*, so kommt diesen Nachschriften nur eine bedingte Authentizität zu. Im allgemeinen sind jedoch auch diese Nachschriften verhältnismäßig verläßlich. Das mittelalterliche Abkürzungssystem der Schreibschrift, nicht ganz unähnlich unserer Stenographie, gab die Möglichkeit einer relativ guten Reproduktion eines mündlichen Vortrages. Die Qualität einer solchen Nachschrift hing natürlich sehr von den Qualitäten des Schreibers ab. Jeder Editor mittelalterlicher Texte dieser Periode – Texte etwa vom Ende des 10. oder der ersten Hälfte des 11. Jhd.s sind durchschnittlich wesentlich besser – weiß um die großen Qualitätsunterschiede der Schreiber. Es ist nicht zu übersehen, daß die Vergrößerung der Quantität der Abschriften mittelalterlicher Handschriften im 13. und besonders im 14. Jhd. nicht selten mit einer Verminderung der Qualität einherging.

Außer den Vorlesungen hatten die Magistri die Aufgabe, mehrmals während des Studienjahres *Disputationen* abzuhalten. Der Magister stellte dabei das Thema, die Disputation hingegen wurde von fortgeschrittenen Studenten durchgeführt. Einer der Studenten mußte eine bestimmte These verteidigen, die von ausgesuchten Studenten angegriffen wurde. Am folgenden Tag legte der Magister eine Zusammenfassung *(determinatio)* vor, in der die Darlegung der These, die Einwände dagegen und die Antworten auf die Einwände in eine geordnete Form gebracht wurden. Disputationen hatte es schon im 12. Jhd. gegeben, die Form der Disputation wurde jedoch

seit etwa der Mitte des 13. Jhd.s entscheidend durch die *2. Analytik* des Aristoteles geprägt, durch die strenge Anforderungen an wissenschaftliche Beweisführung eingebracht worden waren. Thomas von Aquin z. B. hielt solche Disputationen alle zwei Wochen ab. Zweimal im Jahr, im Advent und in der Fastenzeit, wurden in Paris außerordentliche Disputationen abgehalten, die dadurch gekennzeichnet waren, daß bei diesen Gelegenheiten nicht nur der Magister, sondern auch die Teilnehmer das Thema bestimmen konnten, so daß sich ein weites Gebiet von Themen ergab, d. h. es wurde »über irgendetwas« *(de quolibet)* disputiert. Eine Voraussetzung dafür, den Magistergrad zu erlangen, war es, zwei Disputationen geleitet zu haben. Neben den hochschulöffentlichen Disputationen wurden auch zur Übung und zum besseren Verständnis des Stoffes in den Kollegien interne Disputationen durchgeführt. Der gesamte Studienbetrieb war also sehr intensiv und kontrolliert, Möglichkeiten etwa für Lektüre von Texten, die außerhalb des Curriculums standen, dürfte es kaum gegeben haben. Was die Studenten der mittelalterlichen Universitäten außerhalb des Curriculums lernten, waren Erfahrungen, die auch außerhalb der Universitäten lagen.

Den Studenten standen gelegentlich gute kurze *Studienführer* zur Verfügung und es wurden auch Sammlungen von Quaestionen zusammengestellt, die den Studenten als Grundlage für die Vorbereitung auf die *Prüfungen* dienten, da dort die am häufigsten bei den Examina gestellten Fragen mit den entsprechenden Antworten übersichtlich aufgelistet waren. Für die Prüfungen zum Magister Artium, dem höchsten in der Artistenfakultät zu vergebenden Grad, wurde 1259 für die Universität Paris festgelegt, daß sich der Kandidat einer Kommission von vier Professoren stellen mußte. Eine gewisse Öffentlichkeit und Objektivität war also garantiert. Die Prüfungen waren ausschließlich mündlich.

In diesem gesellschaftlichen Umfeld von Lernen, Bücherbegeisterung, Autonomiebestrebungen, Anspruch politischer Verantwortung, Privilegien, Hoffnung auf Karriere usw. bildete sich jener Typus von Menschen heraus, die man früher einmal »Intellektuelle« nannte. Die Geschichte dieser Intellektuellen ist seit etwa einem halben Jahrhundert abgeschlossen, es überleben nur noch einige Nachzügler in toleranten Institutionen. Die Intellektuellen waren das Produkt einer gesellschaftlichen und kulturellen Entwicklung, so wie früher einmal die Mönche und die Einsiedler aus bestimmten kulturellen und religiösen Bedürfnissen einer Gesellschaft hervorgegangen waren. Von irgendeiner Kontinuität sollte man allerdings besser nicht sprechen, die Intellektuellen waren nicht die Nachfolger der meditierenden Mönche, und die heutigen Professoren-Wissenschaftsmanager sind nicht die Nachfolger der Intellektuellen. Nichtsdestoweniger sollte man anerkennen, daß es diese Intellektuellen waren, die vom 12./13. Jhd. an bis in die erste Hälfte des 20. Jhd.s nicht nur den wissenschaftlichen, gesellschaftlichen und kulturellen, sondern überhaupt in allen Bereichen den Fortschritt bestimmt und getragen haben. Ob die Manager, die inzwischen die Rolle der Intellektuellen übernommen haben, dies auch zustandebringen werden, ist eine bisher offene Frage.

319

Zahlreiche Miniaturen des 13. und 14. Jhd.s und Holzschnitte des 15. Jhd.s zeigen uns einen Magister, der auf seiner erhöhten *cathedra* sitzt, vor ihm sitzen die Studenten auf ihren Bänken, wobei jeder ein *Buch* vor sich liegen hat. Dies bringt jedoch eine Idealvorstellung zum Ausdruck, da nicht anzunehmen ist, daß jeder Student für jede der Vorlesungen den entsprechenden Grundlagentext als Buch besaß. Im Vergleich zu den vorangegangenen Jahrhunderten war jedoch seit dem Ende des 13. Jhd.s durch eine technische Revolution die Buchproduktion erheblich erweitert und verbilligt worden – es handelt sich dabei um die Herstellung des *Papiers*. Dieses Verfahren kam ursprünglich aus China, war schon im 9. Jhd. in Bagdad bekannt und gelangte über das islamische Spanien schließlich nach Nordeuropa. Um 1270 gab es erste Papiermühlen in Norditalien, seit etwa 1320 waren solche in Köln, Augsburg und Mainz in Betrieb. Wenn man sich klar macht, daß z. B. für einen Pergamentkodex der *Summa theologiae* des Thomas von Aquin die Häute von ca. 70 Schafen erforderlich waren, während Papier aus Leinenlumpen hergestellt wurde, läßt sich die Bedeutung dieser neuen Technik für die Buchherstellung und für die Buchverbreitung erahnen.

Auch die Skriptorien veränderten sich unter den Bedingungen der Universitäten. Während früher Skriptorien vor allem in großen Abteien und im Umkreis von bedeutenden Bischofssitzen angesiedelt waren, wurden sie jetzt zu städtischen Unternehmen, betrieben meist von Laien, die sich durch diese Tätigkeit den Lebensunterhalt verdienten. Auch gescheiterte Studenten fanden dort eine Verdienstmöglichkeit. Diese kommerziellen Kopisten verfügten häufig nur über sehr unzureichende Lateinkenntnisse und verstanden die Texte überhaupt nicht, dies verbunden mit dem Zeitdruck, unter dem sie standen, erklärt den oft schlechten Zustand der Texte, die nicht von großen Ordensautoren stammten, für deren Schriften bessere Skriptorien zur Verfügung standen.

Und auch die Schrift hatte sich seit dem 11. Jhd. erheblich verändert. In Nordfrankreich und Flandern hatte sich eine gestreckte und zusammengedrängte Schrift, die gotische *Textura* entwickelt. Aufgrund der führenden Stellung der französischen Schulen und der in diesen hergestellten und weit verbreiteten Texten fand diese Schrift rasche Verbreitung. In Italien entwickelte sich die gotische *Rotunda*, die vor allem in der juristischen Universitätsliteratur von Bologna Verwendung fand. Seit dem Ende des 12. Jhd.s hatte sich eine einfachere Kursivschrift herausgebildet, die *Bastarda*, die der seit dem 13. Jhd. steigenden Nachfrage nach zeit- und kostensparender Herstellung von Abschriften entgegenkam.

Richard Billingham: *De consequentiis.* Oxford, Bodleian Library,
Ms. Lat. misc. e 100, fol. 58r. 14. Jhd.

Die meisten Texte, in denen sich die raschen philosophischen und wissenschaftlichen Diskussionen seit dem Beginn des 14. Jhd.s widerspiegeln, sind in dieser Bastarda und auf Papier geschrieben. Eine große Anzahl dieser Texte ist noch nicht veröffentlicht.

Daß die Universität eine gesellschaftliche Umstrukturierung größten Ausmaßes bedeutete, ist schon Zeitgenossen deutlich bewußt gewesen, und um die Mitte des 13. Jhd.s begann man von den drei Gewalten zu sprechen: Kaisertum, Papsttum und Studium *(imperium, sacerdotium, studium).* Das war etwas übertrieben, zeigte aber doch in die Richtung der tatsächlichen Entwicklung.

2. Die Übersetzungen

Die Übersetzungen stehen in einem Zusammenhang mit den Schulen des 12. Jhd.s und den Universitäten des 13. Jhd.s. Das Interesse an dem »neuen« griechischen und arabischen Wissen hatte sich im 12. Jhd. herausgebildet (vgl. Kap. VIII, 1, a und 1, b) und setzte sich in den Universitäten fort. Zahlreiche Übersetzer kamen aus dem Norden Europas und arbeiteten auch für einen Markt im Norden. Es handelt sich dabei um eine Bewegung in beiden Richtungen. Aus neuen Fragestellungen war die Suche nach neuen Texten hervorgegangen und die neuen Texte riefen wiederum neue Fragestellungen hervor. Ob von einzelnen Magistri der Universitäten direkte Übersetzungsaufträge ausgegangen sind, wie es gelegentlich im Verhältnis von Thomas von Aquin und Wilhelm von Moerbeke vermutet wurde, ist nicht sicher auszumachen; wohl aber ist anzunehmen, daß die Übersetzer genau wußten, daß die Ergebnisse ihrer Tätigkeit vor allem in den neugegründeten Universitäten ein interessiertes Publikum fanden, und sie wußten auch, welche Themen dort aktuell waren und welche Texte daher dort guten Absatz finden würden. Das Interesse der Übersetzer war ausschließlich auf Texte aus den *Wissenschaften* und der *Philosophie* gerichtet, also auf jenes Wissen, von dem man annahm, daß es interkulturell gültig war. Übersetzungen von Schriften, die das Verständnis der islamischen oder jüdischen Religion und Kultur hätten fördern können, wurden nicht angefertigt. Eine lateinische Paraphrase des *Koran* war allerdings schon in der ersten Hälfte des 12. Jhd.s in Cluny auf die Initiative des Abtes Petrus Venerabilis hin von Robert von Ketton hergestellt worden (vgl. Kap VI, 1). Das Ziel dieser Übersetzung war allerdings nicht das Verständnis der Religion des Islam, sondern war von apologetischen und missionarischen Interessen bestimmt. Kulturgeschichtlich war die Zielrichtung der Übersetzer in Toledo, Sevilla und Sizilien im 12. und 13. Jhd. ganz ähnlich jener im Bagdad des 9. und 10. Jhd.s. Auch dort konzentrierte sich das Interesse auf wissenschaftliche und philosophische Texte, zu denen gelegentlich noch historische Texte kamen, die aber nur den eigenen Herrschaftsbereich betrafen (vgl. Kap. IX, 2, a). An diesem Punkt ist vielleicht festzustellen, daß einiges von der Spontaneität und Offenheit der lateinischen Magistri der ersten Hälfte des 12. Jhd.s verlorengegangen war. Abaelard schrieb noch einen Dialog zwischen einem Juden, einem Christen und einem Philosophen, wobei seine sachlichen Kenntnisse, die für einen solchen Dialog erforderlich gewesen wären, nicht allzu groß waren. Jetzt wäre in Toledo ein solcher Dialog auf einem ganz anderen Niveau möglich gewesen, aber er fand nicht statt, und so schrieb Thomas von Aquin seine *Summe gegen die Heiden* zwar in der Absicht, damit eine Grundlage für die Bekehrung der Muslime zu liefern, wandte sich aber in keiner Weise wirklich an diese, sondern an ein abstraktes philosophisches Publikum und drückte nur sein Bedauern darüber aus, daß er die Lehren der Mohammedaner nicht genügend kennt (*Summa contra gentiles* I, c. 2). Damit soll die Bedeutung der Übersetzer in keiner Weise gemindert werden, wohl soll hier aber die Grenze auf-

| 321

gezeigt werden, die durch die ideologischen Voraussetzungen dieser Tätigkeit mitgegeben war. Die Übersetzungstätigkeit ins Lateinische hörte in dem Moment auf, wo man meinte, die wichtigsten Texte übersetzt zu haben, genauso wie die entsprechende Tätigkeit von Übersetzungen ins Arabische aufhörte, als die wichtigsten philosophischen und wissenschaftlichen Schriften zur Verfügung standen. Die sprachlichen Voraussetzungen, Griechischkenntnisse für die Araber, Arabisch-, Hebräisch- und Griechischkenntnisse für die Lateiner wurden nach Abschluß dieser Übersetzungsperioden nicht weiter gepflegt. Jede dieser Kulturen schloß sich nach diesem Wissenstransfer wieder in sich ab.

Das Zentrum der Übersetzung philosophischer und wissenschaftlicher Texte aus dem Arabischen war Spanien, einige Übersetzungen mathematischer und naturwissenschaftlicher Texte wurden dort schon im 10. Jhd. in Barcelona hergestellt. Im Kloster Ripoll (Katalonien) waren solche Handschriften vorhanden und dort oder in der nahegelegenen Bischofsstadt Vich hat Gerbert von Aurillac solche Texte studiert (vgl. Kap. V, 3).

Im 12. Jhd. wurde Toledo der wichtigste Ort, an dem Übersetzungen aus dem Arabischen hergestellt wurden. Nach der Einnahme Toledos im Jahre 1085 besaß die Stadt einen bedeutenden Anteil an arabischer und jüdischer Bevölkerung, und entsprechend waren zahlreiche Kodizes arabischer und jüdischer Philosophie und Wissenschaft dort vorhanden. Der Escorial besitzt bis heute einen der reichsten Bestände von arabischen Handschriften überhaupt. Die Texte der griechischen Philosophie und Wissenschaft waren in Toledo also in arabischen Übersetzungen jederzeit greifbar. Der Bedarf an lateinischen Übersetzungen war in den nördlichen Ländern groß, und so begann in Toledo eine rege Übersetzertätigkeit, die von Erzbischof Raimundo (Bischof von 1125–1152), der selbst aus Frankreich stammte, unterstützt wurde. Von einer »Übersetzerschule« kann man zwar nicht sprechen, wohl aber von einer in verschiedenen Übersetzergruppen ähnlichen Vorgangsweise. Gewöhnlich wurde zunächst eine Übersetzung aus dem Arabischen oder Hebräischen in das damalige Spanisch hergestellt, dann wurde dieser Text ins Lateinische übertragen. Da die Übersetzer für das lateinkundige Publikum und nicht für das spanisch-vulgärsprachliche arbeiteten, ist von den Texten dieser Zwischenstufe nichts erhalten geblieben. Bei dem ersten Schritt waren nicht nur Araber, sondern auch zahlreiche jüdische Übersetzer beteiligt, deren Umgangssprache ja das Arabische war. Möglicherweise waren letztere sogar in der Überzahl. Die meisten Endredaktoren der lateinischen Fassungen kamen aber nicht aus Spanien, sondern aus nördlichen Ländern sowie aus Italien. Einige Übersetzer in solchen Teams, die zunächst auf arabischsprachige Mitarbeiter angewiesen waren, lernten mit der Zeit selbst genügend Arabisch, um selbständig Übersetzungen herstellen zu können. In der ersten Phase handelte es sich weithin um Wort-für-Wort-Übersetzungen, was bei der sehr verschiedenen Syntax des Arabischen und Lateinischen nicht immer befriedigende Ergebnisse lieferte. Es wurden auch arabisch-lateinische Listen korrespondierender Wörter hergestellt, ein solches *Glossarium Latino-Arabicum.* (hrsg. v. C. F. Seybold. Weimar 1899) ist noch erhalten.

Der wahrscheinlich bedeutendste Übersetzer überhaupt war Gerhard von Cremona (1114–1187), der vermutlich nach 1140 nach Toledo kam, wo er dann bis zum Ende seines Lebens blieb. Er übersetzte neben Werken der Logik und Philosophie solche der Mathematik, der Astronomie, der Alchemie, der Physik sowie der Medizin, wobei er gelegentlich auch auf schon vorhandene Übersetzungen zurückgriff und diese überarbeitete. Der Überlieferung nach war es der *Almagest* des Ptolemaios, für dessen Übersetzung Gerhard von Cremona eigentlich nach Toledo gekommen war. Von dieser Übersetzung ist sogar der Name des Bearbeiters des ersten Schrittes, des Mozarabers Galippus, bekannt. Unter den beinahe 80 Übersetzungen Gerhards findet sich die *2. Analytik* des Aristoteles, al-Farabis Kommentar zur *1. Analytik*, die *Konika* des Apollonios und arabische Kommentare zu den *Elementen* Euklids. Besonders rasche Verbreitung fand seine Übersetzung von Avicennas *Kanon der Medizin*, und auch medizinische Schriften von Galen und Rhazes wurden von ihm übersetzt. Sehr wichtig für die weitere Geschichte der Philosophie wurde auch seine Übersetzung des *Liber de causis.* Daniel von Morley hielt sich ca. 1175–1185 in der Umgebung Gerhards von Cremona auf und übte dann scharfe Kritik an der wissenschaftlichen Rückständigkeit der Pariser Philosophen (vgl. Kap. VIII, 1, b). | 323

Der Engländer Robert von Chester war seit etwa 1141 in Toledo tätig und übersetzte 1145 die *Algebra* al-Huwarizimis, wodurch die Grundlage algebraischer Kenntnisse im Mittelalter gelegt wurde. Außer diesem Text übersetzte er weitere mathematische, naturwissenschaftliche und alchemistische Texte. Seine Übersetzung des *Liber de compositione alchemiae* wurde im Mittelalter sehr häufig kopiert und gehört zu den frühesten Drucken (Basel 1559). Am Ende des 12. und zu Beginn des 13. Jhd.s war ein weiterer Engländer in Toledo tätig, Alfred von Sareshel. Neben Übersetzungen verfaßte er eigene Werke auf der Basis arabischer und griechischer Wissenschaft, so die Schrift *Über die Bewegung des Herzens (De motu cordis)*, die er Alexander Neckham widmete. Auch hier ist also die Beziehung der Arbeiten in Toledo mit der neuen lateinischen Naturphilosophie des 12. Jhd.s deutlich.

Für die Philosophie besonders wichtig war Dominicus Gundissalinus (um 1110–nach 1181), der vermutlich der selbständigste Philosoph unter den Übersetzern war. Außer der schon oben genannten Schrift *De divisione philosophiae* (vgl. Kap. VIII, 3) verfaßte er jeweils eine Schrift *Über die Seele* und *Über die Unsterblichkeit der Seele (De anima* und *De immortalitate animae), sowie *Über den Hervorgang der Welt (De processione mundi),* also genau über die Themen, die die zentralen Streitfragen um die aristotelische Philosophie im 13. Jhd. darstellen sollten. In einer der genannten Schriften lieferte Gundissalinus einen Überblick über alle für die Unsterblichkeit der Seele aufgestellten Beweise, womit er für die späteren Diskussionen bis zu Thomas von Aquin das gesamte verfügbare Material bereitstellte. Gundissalinus wußte also, welche Probleme die Übersetzungen hervorrufen würden, dies zu wissen war im übrigen für einen christlichen Kenner der arabischen Philosophie nicht besonders schwierig, da die Grundprobleme gegenüber aristotelischer Philosophie für Muslime und für Christen doch sehr ähnlich sind. Gundissalinus übersetzte mit Hilfe eines Juden (aber nicht des in Kap. X, 2, g genannten Ibn Daud, wie häufig vermutet wurde) den *Fons vitae* ibn Gabirols. Gundissalinus dürfte über genügend Arabischkenntnisse verfügt haben, um auch selbständig Übersetzungen herzustellen.

Toledo war nicht der einzige Ort in Spanien, an dem Übersetzungen hergestellt wurden, auch in Barcelona, Saragossa, Pamplona, Segovia und León waren Übersetzer tätig. Besondere Förderung fanden solche Arbeiten in Sevilla. Dies ging auf König Alfons X. von Kastilien und León (1226–1284) zurück, der besonderes Interesse an wissenschaftlichen, literarisch-musikalischen und historischen Fragen hatte. Alfons X., dessen Beiname »der Weise« die falsche Wiedergabe von »der Gelehrte« *(el sabio)* ist, versammelte an seinem Hof in Sevilla Übersetzer, Kompilatoren, Dichter, Musiker und Historiker, die an verschiedenen großen Werken arbeiteten *(Cantigas de Santa Maria, Estoria de Espana)*. In diesem Umkreis sind auch die *Libros del saber de astronomia* entstanden, wo wir den seltenen Fall vorfinden, daß eine Abhandlung nicht als Zwischenstufe, sondern als Endstufe in eine Vulgärsprache übersetzt wurde. Dieses Werk besteht aus einer Reihe von Übersetzungen arabischer Texte über Astronomie und astronomische Instrumente. Wichtig waren auch die sogenannten *Alfonsinischen Tabellen* der Bewegung der Sonne, des Mondes und der Planeten. Diese Tabellen wurden um 1270 auf der Grundlage eines Werks des arabischen Astronomen Arzachel (um 1030–1090) zusammengestellt und stellten bis in die Zeit der Renaissance eine unentbehrliche Grundlage der Astronomie dar, 1483 wurden sie gedruckt und öfters nachgedruckt.

Auch in Italien wurde an Übersetzungen gearbeitet. Auf die Texte, die im Zusammenhang mit medizinischer Forschung in Salerno und Montecassino hergestellt wurden, wurde schon hingewiesen (Kap. VIII, 1, a). Während in Salerno meist mit arabischen Vorlagen gearbeitet wurde, begegnet uns mit Jakob von Venedig um die Mitte des 12. Jhd.s ein Übersetzer, der ausschließlich auf griechische Texte zurückgreift. Jakob von Venedig war vermutlich ein in Italien tätiger Grieche, die Beziehungen zwischen Venedig und Byzanz waren immer sehr eng gewesen. Er übersetzte die *Sophistischen Widerlegungen*, die 2. *Analytik*, die *Metaphysik* und verschiedene naturwissenschaftliche Werke des Aristoteles ins Lateinische. Da er mit den Texten in der Originalsprache arbeitete und auch gute Resultate lieferte, ist es nicht übertrieben, wenn man ihn als den wichtigsten Aristoteles-Übersetzer des 12. Jhd.s ansieht. Der Pariser Magister Albericus war um die Mitte des 12. Jhd.s mit ihm in Kontakt und führte dessen Übersetzung der *Sophistischen Widerlegungen* in die Pariser Logik-Diskussionen ein (vgl. Kap. VIII, 2).

Zu nennen ist auch Palermo, im Ganzen werden die wissenschaftlichen Arbeiten am Hof in Palermo, besonders zur Zeit Friedrichs II. (gest. 1250), allerdings meist überschätzt. Eigentlich war Palermo ein Treffpunkt islamischer, jüdischer und christlicher Gelehrten zur Zeit des ersten Normannenkönigs Roger (1130–1154), also im frühen 12. Jhd. Roger war vor allem an Naturwissenschaft interessiert, und an seinem Hof war z. B. al-Idrisi tätig, ein aus Nordafrika stammender Gelehrter, der sich hauptsächlich mit Geographie beschäftigte. Gegen Ende des 12. Jhd.s ging die Präsenz und Bedeutung der arabischen Gelehrten in Sizilien sehr stark zurück. Der Christianisierungsdruck schreckte islamische Gelehrte ab, und nicht wenige von ihnen kehrten in muslimische Länder zurück. Die christlichen Herrscher Siziliens distanzierten sich zu dieser Zeit von der arabischen Welt, Friedrich II. war eben nicht so aufgeklärt und weltoffen, wie er gerne dargestellt wird. Auch die Gründung der Universität Neapel im Jahre 1224 durch Friedrich II. war allein von dem politischen Willen getragen, die Kontrolle über die Ausbildung seiner zukünftigen Beamten sicherzustellen. Ganz gegen die sonst übliche Freizügigkeit, die es Studenten normalerweise erlaubte, an verschiedenen Universitäten zu studieren, verbot Friedrich II. seinen Untertanen, an einer fremden Universität zu studieren. Allgemein ist zu sagen, daß die Übersetzungen griechischer Texte, die in Sizilien entstanden sind, meist direkt aufgrund der griechischen Vorlagen hergestellt wurden, also ohne Umweg über das Arabische, die Qualität der Übersetzungen erreicht dennoch nicht die von Toledo. Auch fehlte in Sizilien weithin das wissenschaftliche Umfeld, d. h. es wurden dort keine Kommentare zu den neu übersetzten Texten hergestellt, es gab also keine | 325 wissenschaftliche Diskussion, die selbst wieder auf die Verbesserung der Texte hätte hinwirken können, wie dies etwa in Toledo der Fall war, wo sich das wiederholte, was schon im Bagdad des 10. Jhd.s stattgefunden hatte. Zuverlässige griechische Handschriften waren vorhanden, der Hof von Palermo verfügte schließlich über gute Kontakte zu Byzanz. Adelard von Bath (vgl. Kap. VIII, 1, b) war beeindruckt von der Fülle der in Palermo vorhandenen griechischen Texte. Der bekannteste Gelehrte, der am Hof Friedrichs II. tätig war, war Michael Scotus (vor 1200 – um 1235). Dieser Gelehrte, der eine etwas schillernde Persönlichkeit war, hatte sich zunächst lange in Toledo als sehr kompetenter Übersetzer betätigt, nach Palermo ging er vor allem in der Funktion des Hofastrologen. Friedrich II. widmete er eine Übersetzung von Avicennas Schrift *Über die Tiere (Abbreviatio de animalibus)*, das dieser dann für sein berühmtes sogenanntes *Falkenbuch (De arte venandi cum avibus)* verwendete. Michael Scotus ist für die weitere Geschichte vor allem durch zahlreiche Übersetzungen von Aristoteles-Kommentaren des Averroes wichtig geworden, ob er allerdings wirklich der Übersetzer aller der ihm zugeschriebenen Kommentare ist, ist umstritten. Im Mittelalter war er später vor allem als Magier und Astrologe berühmt.

Ein weiterer Ort, an dem Übersetzungsarbeit geleistet wurde, war Rom bzw., wenn der päpstliche Hof sich dort aufhielt, Viterbo. Dort wirkte der Dominikaner Wilhelm von Moerbeke (um 1215–1278), der einige Jahre in Griechenland verbracht hatte und das Griechische ganz vorzüglich beherrschte. Er wurde schließlich Erzbischof von Korinth und stellt eine Ausnahme dar, insofern er auch nach seiner Ernennung zum Bischof noch weiter wissenschaftlich arbeitete. Mit Wilhelm von

Moerbeke begegnet uns ein wichtiger Vertreter der zweiten Phase der Übersetzungen, also der verbesserten Neuausgaben aristotelischer Schriften. Außerdem übersetzte er verschiedene spätantike griechische Kommentare so u. a. von Alexander von Aphrodisias und Themistius zu Werken des Aristoteles. Neben philosophischen Werken übertrug er wissenschaftliche Abhandlungen aus dem Bereich der Medizin, der Mathematik und der Naturwissenschaft ins Lateinische. Seine in ihren Konsequenzen wohl wichtigste Übersetzung eines nicht-aristotelischen Textes war jedoch die der *Elementatio theologica* des Proklos, die dann Thomas von Aquin die korrekte Zuschreibung des *Liber de causis* als nicht-aristotelische und ein Exzerpt aus Proklos darstellende Schrift ermöglichte. Die Nachrichten von den engen Beziehungen zwischen Thomas von Aquin und Wilhelm von Moerbeke stammen aber erst aus späterer Zeit. Die Aristoteles-Übersetzungen Wilhelms von Moerbeke blieben maßgebend bis über die Zeit der Renaissance hinaus.

Im 13. Jhd. wurden Übersetzungen auch in Oxford hergestellt, vor allem von Robert Grosseteste, auf den noch einzugehen sein wird (Kap. XII, 1).

Es muß festgehalten werden, daß – entgegen einer verbreiteten Meinung – die Übersetzungen der Schriften des Aristoteles, die direkt aus dem Griechischen angefertigt wurden, wesentlich zahlreicher waren als jene, die aufgrund arabischer Vorlagen hergestellt wurden, und daß erstere auch eine weitaus größere Verbreitung fanden als letztere. Die lateinischen Philosophen hatten also meist Aristoteles-Übersetzungen aus dem Griechischen vor sich liegen, die sie allerdings mit Hilfe von Kommentaren interpretierten, die von dem arabischen Philosophen Averroes dominiert wurden. – Es ist in unserem Zusammenhang nicht erforderlich, eine genaue Liste der Übersetzer der einzelnen Werke des Aristoteles, seiner griechischen und arabischen Kommentatoren und der Werke der griechischen und arabischen Wissenschaft aufzuzählen. Es muß aber festgehalten werden, daß nicht wenige dieser Übersetzungen für die spätere Zeit die einzige Textgrundlage blieben, da vor allem zahlreiche arabische Texte im Original verlorengegangen sind. Und schließlich sollte man sich auch klar machen, daß die mittelalterlichen Autoren manche Texte in Übersetzungen zur Verfügung hatten, die heute sowohl im arabischen Original wie in der lateinischen Übersetzung verlorengegangen sind. Albertus Magnus, der häufig wegen seiner Weitschweifigkeit und seiner Zitiersucht geschmäht wird, ist in dieser Hinsicht eine unschätzbare und bis heute nur unzureichend erforschte Quelle, aus den Schriften Alberts läßt sich z. B. nachweisen, daß er noch sämtliche Kommentare al-Farabis zur Logik des Aristoteles in lateinischen Übersetzungen zur Verfügung hatte, von denen heute im arabischen Original nur ein Teil erhalten ist.

Die Übersetzungen der zweiten Phase verdrängten die früheren aber nicht von einem Tag auf den anderen. Texte wurden überall gebraucht und so blieben die früher hergestellten ebenfalls in Umlauf. Dies ergab für diejenigen, die im 13. Jhd. mit diesen Texten arbeiteten, eine oft recht unübersichtliche und unsichere Situation. Bei Albertus Magnus z. B. läßt sich feststellen, daß er bei der Herstellung seiner

326

eigenen Kommentare öfter sowohl eine griechisch-lateinische wie eine arabisch-lateinische Übersetzung eines Aristoteles-Textes als Vorlage verwendete. Auch noch Autoren des 14. Jhd.s rechneten mit unsicheren Lesungen und Übersetzungsfehlern, so beklagt z. B. Ockham die Unsicherheit der Übersetzungen (*Logica* I, c. 51. S. 170 f.). Außerdem lag noch keine definitive Liste der aristotelischen Schriften vor. Dazu kam noch, daß zahlreiche heute als nicht-aristotelische Texte identifizierte Schriften unter dem Namen des Aristoteles im Umlauf waren, während man auf der anderen Seite die Existenz noch weiterer aristotelischer Schriften vermutete, die nur noch nicht übersetzt wären (was aber nicht der Fall war). Diese ziemlich komplizierte Textlage ist nicht nur literarhistorisch, sondern auch philosophiegeschichtlich relevant. Es ist mangels eines klar definierbaren textlichen Bezugspunktes ganz und gar nicht eindeutig, was unter einem »Aristoteliker« des 13. Jhd.s überhaupt genau zu verstehen ist, und es wäre keinesfalls historisch korrekt, aus der Sicht unserer heutigen Aristoteles-Kenntnis einen »Aristoteliker« des Mittelalters zu konstruieren. Auch wäre es viel zu einfach, die Philosophen-Theologen des 13. und des beginnenden 14. Jhd.s in Aristoteles-Anhänger und Aristoteles-Gegner einteilen zu wollen. Der Aristotelismus dieser Zeit lieferte ein sehr breites Spektrum möglicher und durch Texte rechtfertigbarer Interpretationen, und für den heutigen Historiker stellt sich die Rezeption der Aristoteles-Texte nicht als ein lineares Geschehen dar, sondern als ein Vorgang von | 327 Überlagerungen, Einschüben, Verdrängungen und Verschiebungen von Texten und Textschichten. Wenn also im folgenden doch gelegentlich von »Aristotelikern« bzw. »Aristotelismus« und deren bzw. dessen Gegnern gesprochen wird, so stellt dies nur eine verkürzende Bezeichnung des angedeuteten komplexen und vielschichtigen Sachverhalts dar.

3. Die Rezeption der Übersetzungen und deren Folgen

Die Übersetzungen brachten den Philosophen und Theologen des 13. Jhd.s schrittweise, aber in doch verhältnismäßig kurzer Zeit die Kenntnis des Gesamtwerks des Aristoteles, zahlreicher griechischer und arabischer Aristoteles-Kommentatoren und etlicher pseudo-aristotelischer Schriften. Außer den aristotelischen Schriften waren auch arabische und jüdische Traktate, die zwar im Anschluß an Aristoteles-Texte entstanden waren, die aber doch einen selbständigen und systematischen Charakter aufwiesen, ins Lateinische übersetzt worden. Es ist fast nicht möglich, sich klar zu machen, was es bedeutete, daß nun plötzlich das Gesamtwerk des Aristoteles bekannt wurde, und ohne die spätantiken und arabischen Kommentare wären die lateinischen Magistri überhaupt nicht in der Lage gewesen, diese schwierigen Texte in überschaubarer Zeit zu bearbeiten. Wenngleich in Übersetzungen wie in Kommentaren eine neuplatonische Interpretation vorherrschte, die den authentischen Aristoteles noch einigermaßen überdeckte, wurde es doch bald – vor allem durch die Übersetzungen der einen authentischeren Aristoteles präsentierenden Kommentare des Averroes – unübersehbar, daß hier ein völlig anderes, vom bisher herrschenden augustinischen radikal verschiedenes Verständnis von Welt und Mensch eindrang, das aber in seinen Grundzügen genau dem entsprach, was die Naturphilosophen des 12. Jhd.s gesucht hatten. Die aristotelische Naturphilosophie lieferte das, was auch der »wissenschaftliche« Platon zu bieten nicht imstande war (vgl. Kap. VIII, 1, c). Das »Neue« war genau das, was erwartet worden war – und es war noch um einges mehr.

Aristoteles war an der Erkenntnis der Welt als solcher interessiert gewesen, ohne irgendwelche religiösen Ziele zu verfolgen. Die Naturphilosophie und die Metaphysik des Aristoteles rief daher auf der einen Seite begeisterte Zustimmung hervor, mußte aber gleichzeitig für viele Menschen dieser Zeit und dieser Kultur zutiefst beunruhigend wirken. Philosophie und Wissenschaft erschienen in diesem Rahmen als von Theologie unabhängig konzipierbar, als autonome Disziplinen, für die eigentlich eine wie auch immer geartete Zuordnung zu theologischen Fragen völlig belanglos war und einzig ein Problem der Theologen darstellte. Durch die Schriften vieler Autoren des 12. Jhd.s waren die Magistri auf die neue Situation zwar schon vorbereitet, die Fülle des Materials, das jetzt zugänglich wurde, übertraf jedoch alle Erwartungen. Es spricht für die geistige Beweglichkeit der mittelalterlichen Magistri, daß sie sich geradezu mit Begeisterung auf diese neuen Entdeckungen stürzten, obwohl sie dadurch oft und manchmal sehr radikal in ihrem bisherigen Denken in Frage gestellt wurden. Manche Magistri hatten vermutlich schon vorher nach neuen Wegen des Denkens gesucht und erhielten jetzt von Aristoteles und Averroes genau die Argumentationshilfen, die sie benötigten. Andere Magistri, die der Herrschaft einer sakral dominierten Kultur und Gesellschaft entkommen wollten, fanden plötzlich einen ganz Großen der Philosophie, eine Autorität, die ganz und gar profan dachte, und so erhielt die Entsakralisierung der Welt, die im 12. Jhd. eingesetzt hatte, jetzt einen methodologisch und wissenschaftlich abgesicherten Boden. Die jungen Magistri der Artes brachten dies deutlich und gelegentlich provokativ zum Ausdruck, was natürlich den kirchlichen Autoritäten nicht entging. Es begann also die Phase der *Aristotelesverbote*. Im Jahre 1210 fand in Paris eine Synode statt, die unter Androhung der Strafe der Exkommunikation festlegte, daß weder öffentlich noch privat Vorlesungen über die aristotelische Naturphilosophie oder deren Kommentare abgehalten werden durften, und dabei waren die »schärferen« Averroes-Kommentare zu diesem Zeitpunkt noch gar nicht bekannt. Mit den 1215 in Paris erlassenen Universitätsstatuten wurden diese Verbote auch auf die aristotelische Metaphysik ausgedehnt. Es scheint, daß diese kirchlichen Maßnahmen durchaus mit Einverständnis oder sogar teilweise auf Betreiben der Magistri der theologischen Fakultät ergriffen wurden. Hier begegnet uns zum ersten Mal ein gespanntes Verhältnis zwischen Artistenfakultät und Theologischer Fakultät, das auch weiterhin in der Entwicklung des Selbstverständnisses der Vertreter der Philosophie eine nicht unerhebliche Rolle spielen wird. Die damit gegebenen Probleme werden dann im letzten Drittel des 13. Jhd.s ihre volle Schärfe erreichen, was zu den bekannten Verurteilungen von 1277 führen wird, die später zu besprechen sein werden (Kap. XV). Trotz dieser Aristoteles-Verbote nahm in den folgenden Jahren in Paris auch in der theologischen Fakultät das Interesse an Aristoteles-Texten zu, nur so läßt sich erklären, daß 1228 Papst Gregor IX. die Professoren der theologischen Fakultät ausdrücklich vor dem »Mißbrauch« der Philosophie warnte. Das Problem blieb auf der Tagesordnung. Im Jahre 1229 hatte in Paris ein Studenten- und Professorenstreik nach Streitigkeiten mit der Bevölkerung der Stadt den gesamten Lehrbetrieb zum Stillstand gebracht. Im gleichen Jahr war die Universität von Toulouse gegründet worden, welche nun versuchte, die streikenden Studenten und Professoren von Paris anzulocken, indem ihnen versprochen wurde, daß die in Paris verbotenen Bücher in Toulouse in Vorlesungen und Disputationen frei zum Lehrbetrieb zugelassen würden. Der Erfolg des Angebots blieb allerdings aus. Die zur Häretikerbekämpfung (d. h. der Katharer, vgl. Kap. XIII, 1) gegründete Universität Toulouse war nicht besonders attraktiv, und so wurden die in Paris verbotenen Texte mangels Professoren und Studenten in Toulouse doch nicht studiert. Um den Lehrbetrieb in Paris wieder zu ermöglichen, schränkte Gregor IX. das Pariser Aristotelesverbot 1231 in der Weise ein, daß es nur noch so lange aufrecht erhalten bleiben sollte, bis die aristotelische Naturphilosophie | 329 durch eine Kommission überprüft worden sei. Von Ergebnissen dieser Überprüfung wissen wir nichts, falls sie überhaupt stattgefunden hat. Das Mißtrauen gegenüber den Lehren des Aristoteles blieb aber und weitete sich sogar aus. 1245 wurde das Pariser Aristotelesverbot durch Innozenz IV. gleichlautend auch für die Universität Toulouse geltend gemacht. All dies konnte jedoch nichts daran ändern, daß der Aristotelismus sich weiter verbreitete. Seit den Jahren kurz vor 1230 wurden auch die ersten »gefährlicheren«, also die Aristoteles-Texte adäquater auslegenden Kommentare des Averroes bekannt, um 1240 waren sie in Paris vollständig vorhanden. Aus den Jahren vor 1250 gibt es Kommentare zur *Metaphysik* des Aristoteles aus Oxford, die zeigen, daß auch dort zu diesem Zeitpunkt die Schriften des Averroes bereits bekannt waren.

Wenn die Dominikaner Albertus Magnus und Thomas von Aquin als Repräsentanten und Vorkämpfer einer intensiven und vorurteilslosen Beschäftigung mit den Aristoteles-Texten und deren Kommentaren hervorgehoben werden, so sollte nicht der Eindruck entstehen, also ob die Dominikaner von Anfang an diese »moderne« Richtung unterstützt hätten. Auch bei diesen hieß es in den Konstitutionen von 1228, daß sie die »weltlichen Wissenschaften« nicht studieren sollten, was nicht nur die Aristoteles-Texte betraf, sondern sogar auch die Freien Künste. Das Studienziel der Dominikaner war also zunächst nur auf die Theologie, die *sacra pagina*, beschränkt, und dies bedeutet, daß es ganz innerhalb der monastischen Tradition stand. Weder Werke wie die Aristoteles-Kommentare des Albertus Magnus noch die *Summa Theologica* des Thomas von Aquin lagen auf dieser Linie, und erst 1249 wurde aufgrund der Forderung der beiden und einiger weniger anderer eine Öffnung in Richtung philosophischer Studien durchgesetzt. Eine solche war auch dadurch erforderlich geworden, daß die neuen Mitglieder des Ordens zum großen Teil aus den Reihen der Artisten stammten. Diese Entwicklung wurde aber auch von zahlreichen Mitgliedern aus dem Weltklerus nicht begrüßt. In einer Auseinandersetzung mit Wilhelm von Saint Amour (gest. 1272) mußte Thomas von Aquin in einer eigenen Schrift *(Contra impugnantes Dei cultum et religionem)* das Recht der Bettelorden auf solche Studien verteidigen.

Auf diesem Hintergrund wird deutlich, daß der Aristotelismus sich im 13. Jhd. nur mit Hindernissen und nicht ohne Anfeindungen ausbilden konnte, daß die Verbote aber kaum eine wirkliche Verzögerung dieses Prozesses bewirkt haben. Die Aristoteliker standen allerdings gesellschaftlich gesehen unter Legitimationszwang. Die Situation war jedoch ganz und gar nicht eindeutig. Die Gegner hatten keinerlei philosophisches »System« zur Verfügung, sondern agierten innerhalb einer recht diffusen augustinischen Weltanschauung. Die Auseinandersetzung verlief deshalb zunächst eher konturlos, wobei die augustinische Weltanschauung erst in der Auseinandersetzung mit der begrifflich scharfen aristotelischen Wissenschaftsauffassung präzisiert wurde. Eine wichtige Rolle dabei spielte Wilhelm von Auvergne (1180–1249), ein Pariser Magister, der seit 1228 Bischof von Paris und somit in die Konflikte des Jahres 1229 an der Universität unmittelbar verwickelt war. Wilhelm von Auvergne steht durchaus in der Tradition der augustinischen Weltanschauung, hat aber klar erfaßt, daß mit den Schriften des Aristoteles eine die Gesamtheit umfassende alternative – und das heißt hier: profan-nichtchristliche – Weltdeutung auftrat. Wilhelm versuchte, dieses Neue nicht einfach abzulehnen und zu verurteilen, sondern sich ernsthaft und nicht von vornherein defensiv mit ihm auseinanderzusetzen, so daß sich dadurch eine Rückwirkung auf die eigene, d. h. augustinische Weltdeutung ergab. Damit trat letztere erstmals in einen Rahmen ein, in dem sie selbst »wissenschaftstheoretisch« gedeutet wurde. Erst mit Wilhelm von Auvergne beginnt eine Entwicklung, in der man von einer »augustinischen Philosophie« sprechen kann, und erst damit beginnt die Auseinandersetzung zwischen Aristotelismus und Augustinismus Konturen zu gewinnen. Es handelte sich allerdings nur um einen Beginn, da Wilhelm noch ganz und gar innerhalb einer Aristoteles-Interpretation stand, die von Avicenna dominiert war, und dies bedeutete, daß eine erheblich neuplatonisch bestimmte Auslegung der Aristoteles-Texte vorherrschte. Es ist somit klar, daß die Gegenüberstellung Augustinismus-Aristotelismus an Schärfe in dem Maß zunehmen mußte, als die authentischere Aristoteles-Interpretation des Averroes innerhalb der lateinischen Philosophie an Boden gewann. Es deutete sich jedoch bereits an, daß sich im Laufe der Zeit die Legitimationsfrage umkehren würde. Schon bei Wilhelm von Auvergne ist die Überlegenheit der aristotelischen Begrifflichkeit nicht zu übersehen, d. h. der Augustinismus wird mit Hilfe aristotelischer Terminologie dargestellt, und dies bedeutet auf längere Sicht: Der Augustinismus muß sich

gegenüber dem Aristotelismus legitimieren. Wilhelm hat auch schon ganz klar erfaßt, daß eine wissenschaftstheoretische Abgrenzung von Philosophie und Theologie erarbeitet werden mußte, und er erkannte auch die systematische Eigenständigkeit der Philosophie an. In dieser Hinsicht konnten später Albert der Große und
Thomas von Aquin auf den Arbeiten Wilhelms von Auvergne aufbauen.

Die Aristoteles-Verbote wurden von der Kirche nie aufgehoben, und wurden von
den Philosophen und Theologen des 13. Jhd.s daher einfach in einem langsamen,
aber stetigen Prozeß unterlaufen, d. h. immer weniger beachtet, woran sich auch so
heilige Leute wie Albertus Magnus und Thomas von Aquin tatkräftig und wirksam
beteiligten. Dies wurde faktisch auch von den kirchlichen Autoritäten akzeptiert. So
erklärt sich, daß Urban IV. die Verbote Gregors IX. der Pariser Universität gegenüber
1263 wiederholte, wobei er allerdings gewußt haben muß, daß Wilhelm von Moerbeke genau zu dieser Zeit an seinem Hof Aristoteles-Übersetzungen anfertigte, die
hauptsächlich für Vorlesungen in Paris bestimmt waren. Und schon 1255 hatten die
Pariser Universitätsstatuten vorgeschrieben, daß außer den aristotelischen Schriften
zur Logik auch dessen *Physik*, die *Metaphysik* und die naturwissenschaftlichen Schriften in Vorlesungen zu behandeln sind. Seit etwa 1240 wurden in Paris alle aristotelischen Schriften kommentiert. In den Jahren von 1230 bis 1240 ist in Paris von
einem nicht namentlich bekannten Magister eine Art Studienführer verfaßt worden,
der in Wirklichkeit eine Vorbereitung auf die Standardfragen in den Prüfungen darstellt, und der zeigt, daß inzwischen der gesamte durch die Aristoteles-Texte vermittelte Wissensbestand zum normalen Studienbetrieb gehörte. Die Statuten von 1255
stellten daher einen entscheidenden Einschnitt dar, nicht insofern sie etwas Neues in
Gang brachten, sondern insofern sie dem schon Gegebenen den entsprechenden
Rechtsstatus zubilligten. Dies ist nicht wenig, wenn man bedenkt, wie oft das Recht
den Gegebenheiten hinterherläuft, und dies mit nicht selten geradezu katastro-
phalen Folgen. Die Tatsache, daß also das Recht hier mit der faktischen Entwicklung
so halbwegs Schritt hielt, ist ganz und gar nicht zu unterschätzen.

Unsere Kenntnis des Aristotelismus des 13. und des beginnenden 14. Jhd.s ist
aufgrund der Forschungslage immer noch eher unzureichend, obwohl in den letzten Jahrzehnten zahlreiche wichtige Ergebnisse von Quellenstudien vorgelegt wurden. Es gab jedoch zahlreiche und sehr verschiedene Aristoteles-Interpretationen,
von denen viele in Handschriften erhalten geblieben sind. Da es sich jedoch sehr
häufig um Texte wenig bekannter Autoren und in sehr vielen Fällen um anonyme
Texte handelt, wurden sie bisher gegenüber denen der »großen« Autoren nur wenig
bearbeitet und nur selten ediert. Solche Texte müssen nicht unbedingt ediert werden, sollten aber durchgesehen und auf relevante Punkte hin analysiert werden. Sie
könnten unter anderem auch Aufschluß geben über Strömungen, die sich auf der
»unteren« Ebene junger Magistri abspielten, die – aus verständlichen Gründen –
auch mit der »Volkskultur« in engerer Verbindung standen als die etablierten Lehrer der Theologie. In den Konflikten von 1277 zeigte sich, daß diese jungen Magistri

nicht selten den Liedern der Troubadoure näher standen als den ethischen Lehren des Aristoteles.

Mit der neuen Situation, in der die Fakultät der Freien Künste ein eigenes und selbständiges Gebiet erlangte, änderte sich der *Begriff* von »Philosophie«, was Albert der Große und Thomas von Aquin zur Kenntnis nehmen und anerkennen werden (vgl. Kap. XIII, 3, und XIV, 2). Der aus der Antike stammende Gebrauch, in dem das Christentum als »Philosophie« bezeichnet wurde und Christen sich als »Philosophen« betrachteten, wird nicht mehr weitergeführt. Wenn von »Philosophen« gesprochen wird, so sind damit jetzt immer »heidnische« Schulen von Philosophen oder Vertreter von zeitgenössischen Schulen gemeint, die sich mit den Texten dieser heidnischen Schulen befassen. *Philosophus* wird im 13. Jhd. zu der Bezeichnung für Aristoteles schlechthin, die Zeit, da mit *Philosophus* Platon bezeichnet wurde, ist vorbei. Die Magistri der Artistenfakultät werden seit dem 13. Jhd. einfach *philosophi* genannt, und damit wird auch die Gegenüberstellung zur traditionellen christlichen Weisheit deutlicher. Aber auch die Voraussetzung der islamischen und jüdischen Philosophie von einer Identität von philosophischer Wahrheit und Offenbarung, wie sie die christlichen Theologen aus den Übersetzungen kennenlernten, konnte nicht übernommen werden. Auch die Einwände der islamischen und jüdischen Philosophen gegen die christlichen Lehren der Menschwerdung Gottes und der Trinität waren bekannt. All dies forderte eine wissenschaftstheoretische Klärung des *Status der Theologie in Abgrenzung zu dem der Philosophie* in Fortführung der im 12. Jhd. erreichten Positionen (vgl. Kap. VIII, 4), und diese Klärung mußte wiederum Rückwirkungen auf das Verständnis des Kompetenzbereichs und der Grenzen der Philosophie haben. Thomas von Aquin wird deutlich den Unterschied einer rationalen, zur Metaphysik gehörenden Theologie und einer Offenbarungstheologie herausstellen. Die rationale Theologie stellt dann einen Teil der Metaphysik dar, nämlich jenen, der das notwendige Seiende behandelt. Damit war die wichtige Unterscheidung in eine philosophische und eine theologische Gotteslehre gegeben, eine Unterscheidung, die in der spätantiken heidnischen wie christlichen Philosophie nicht vorhanden gewesen war, die auch bis in die Zeit Anselms und Abaelards hinein nicht getroffen wurde und die ebenfalls in der islamischen und in der jüdischen Philosophie ganz ausdrücklich nicht gegolten hatte. Die von Thomas von Aquin getroffene Unterscheidung bedeutete zudem, daß die Kompetenz für Metaphysik und rationale Theologie der Artistenfakultät zugesprochen wurde (vgl. Kap. XIV, 2), was eine Anerkennung der Autonomie der Philosophie auch in dem sensiblen Bereich der Gotteslehre bedeutete.

Die Rolle der aristotelischen Philosophie und der Averroes-Kommentare spielten ohne Zweifel eine überragende Rolle bei der Ausbildung eines ausgeprägten Selbstbewußtseins der Magistri der Artistenfakultät. Wir sollten dabei aber nicht übersehen, daß diese Entwicklung mit ganz ähnlichen Bestrebungen auch in ganz anderen Bereichen vorliegt. Die *Herausbildung* einer *profanen*, von der kirchlichen deutlich unterschiedenen und von dieser abgehobenen *Kultur* ist ein im 13. Jhd. in ganz verschiedenen Bereichen beobachtbares Phänomen. Nehmen wir das Beispiel der Musik: Eine Volksmusik hatte es neben der »höheren« sakralen Musik schon immer gegeben. Auf dem Gebiet der »Kunstmusik« finden wir seit dem 12. Jhd. die Bewegung der Troubadoure, bei denen sich eine selbständige profane Literatur und Musik herausbildet. Im 13. Jhd. setzt sich dann eine ästhetische, der philosophischen ganz parallele Emanzipation der Musik durch. Die Kunstmusik ist nicht mehr ein Privileg der Kirche und der Höfe, sondern wird auch ein Element der bürgerlichen städtischen Kultur. Die Formen der Musik lösen sich deutlich von der liturgischen Musik, und die weltliche Motette wird mit politischen, ethischen und satirischen Texten versehen. Im Gregorianischen Choral hatte die Musik im Dienste der liturgischen Texte gestanden, jetzt entwickelte sich auch eine reine Instrumentalmusik, die keinerlei Verbindung zu kirchlich vorgegebenen Texten hatte. – Dieser Hinweis wurde deshalb gegeben, damit deutlich wird, daß die Unterscheidung von Philosophie und Theologie nicht nur von der Aristoteles-Rezeption provoziert worden ist, sondern ein Problem der Kultur der Zeit darstellte, das in der einen oder anderen Weise auf jeden Fall gelöst werden mußte. Die Bereiche des Sakralen und des Profanen wurden deutlicher unterschieden und die Grenzen mußten bestimmt werden. Es wäre daher verfehlt, die Geschichte der Philosophie des 13. Jhd.s einlinig als die Aristoteles-Rezeption und deren Folgen darzustellen. Die Aristoteles-Texte stellten Mittel zur Lösung verschiedener Probleme dar, nicht aber den Grund der Problemstellungen. Und die Aristoteles-Rezeption ist selbst schon das Resultat bereits vorausliegender Problemstellungen (vgl. Kap. VIII, 1, b).

    Weiterhin muß darauf hingewiesen werden, daß es wichtige philosophische Entwicklungen des 13. Jhd.s gibt, die unabhängig von der Aristotelesrezeption sind und die ihre Wurzeln schon in Entwicklungen haben, die vor derselben liegen. Dies gilt vor allem für die sogenannte *terministische Logik*, in der ein sehr präzises logisches Instrumentarium entwickelt wurde, um genau analysieren und festlegen zu können, wofür ein Wort in einem Satz steht. Die entsprechenden Lehrbücher des Petrus Hispanus, die sogenannten *Summulae logicales*, und des Wilhelm von Sherwood, die *Introductiones in logicam*, gehörten zur Standardausbildung der Studenten aller Fakultäten. Interessanterweise hat auch diese Entwicklung ihre Parallele in der Musik. Im 13. Jhd. erfuhr die *Notenschrift* entscheidende Fortentwicklungen, so verfeinerte Johannes von Garlandia (um 1190 – um 1272) in seinem Traktat *De musica mensurabili positio* um 1240 die Notenschrift in der Weise, daß die Länge einer Note durch das Zeichen genau festgelegt war. Später vervollkommnte Franco von Köln (Mitte 13. Jhd.) in seiner um 1280 abgefaßten Schrift *Ars cantus mensurabilis* dieses System, so daß nun auch komplizierte mehrstimmige Kompositionen formal genau bestimmt wiedergegeben werden konnten. Beiden ging es darum, die Mehrdeutigkeiten der früheren Notationen zu beseitigen, und nicht von ungefähr waren die beiden genannten Theoretiker, einer Engländer und der andere Deutscher, zeitweilig in

Paris tätig gewesen. – Die *Entwicklung formal eindeutiger Zeichensysteme* stellte somit ein »Bedürfnis der Zeit« dar, das nicht auf die Philosophie beschränkt war. Dieses Bedürfnis wurde vielleicht durch die Aristoteles-Rezeption verstärkt, geht aber nicht auf diese zurück.

Den größten erneuernden Einfluß erreichte der Aristotelismus des 13. Jhd.s im Gebiet der *Naturphilosophie* und der Metaphysik. Es ist jedoch klar, daß dort, wo das gesamte Schrifttum des Aristoteles studiert wurde, der empirische Ansatzpunkt, der hinter all diesem Denken steht, zur Geltung gelangen mußte. Dieses *empirische Denken* entsprach auch dem Naturverständnis der Philosophen des vorausgegangenen 12. Jhd.s, und so könnte man sich also eigentlich einen Aufschwung der *Naturwissenschaften* im 13. Jhd. erwarten. Tatsächlich aber kam es jedenfalls in Paris, dem damaligen Zentrum der Bildung, zunächst zu keiner entsprechenden Neuorientierung. In Paris war die gesamte Diskussion auf die Fragen, die sich für Philosophie und Theologie ergaben, konzentriert. Die Kritik eines Adelard von Bath und eines Daniel von Morley, die im 12. Jhd. gegenüber dem Pariser Wissenschaftsbetrieb geäußert worden war (vgl. Kap. VIII, 1, b), traf noch immer zu, die Pariser Universität war weiterhin, was die Naturwissenschaft betraf, rückständig. Die beiden Engländer fanden in ihrem eigenen Land etwas mehr Gehör, Vertreter einer Verbindung von Aristotelismus und empirischer Wissenschaft fanden sich tatsächlich vor allem in England, von einem wirklichen Beginn experimenteller Naturwissenschaft kann man jedoch auch dort nicht sprechen (vgl. Kap. XII). Auch Albertus Magnus war in gewissem Ausmaß an empirischer Forschung interessiert, aber er stellte diesbezüglich eher eine Ausnahme dar.

Texte zur Wissenschaft lagen nicht nur in den Schriften des Aristoteles vor, sondern auch in den zahlreichen anderen Schriften der griechisch-hellenistischen Tradition sowie in den Traktaten, die über die Weiterentwicklungen der antiken Wissenschaft im islamischen Bereich informierten. Voraussetzung für die Beschäftigung mit diesen Fragen war auch hier die Übersetzungstätigkeit. Diese fand neben der der philosophischen Schriften statt, zeitlich schon früher beginnend und dann mit dieser zusammen. Eigentlich muß man sagen, daß das ursprüngliche Interesse der Übersetzer vor allem den die Wissenschaft betreffenden Texten gegolten hatte. Diese Übersetzungstätigkeit war weniger spektakulär und ebenso war die diesen Übersetzungen folgende Verarbeitung des entsprechenden Wissens weniger aufsehenerregend. Die Übersetzungen erstreckten sich auf alle Gebiete der Wissenschaft, vor allem auf die Medizin, die Astronomie, die Optik und die Mathematik. Tatsächlich wurde auf längere Sicht dieses Eindringen mindestens ebenso wichtig wie das der Werke des Aristoteles und seiner Kommentatoren. Die Materie war – vor allem in der Astronomie und der Mathematik – schwieriger als im Bereich der Philosophie, die Rezeption ging daher sehr viel langsamer vor sich. Noch zu einer Zeit, in der die Philosophie in der Renaissance und der beginnenden Neuzeit ganz andere Wege gehen wird, also auch die aristotelische Philosophie »überwunden« werden sollte, werden sich die Mathematiker und Astronomen mit diesen Übersetzungen beschäftigen, aus denen sie entscheidende Voraussetzungen und Ansatzpunkte für ihre Weiterarbeit erhalten. Die beiden Rezeptionsprozesse verliefen also mit verschiedener Geschwindigkeit. Während selbständige Weiterverarbeitung im Bereich der Philosophie bereits im 13. Jhd. vor sich ging, kann man in den verschiedenen Gebieten der Wissenschaft erst im 14. und 15. Jhd. entsprechende Entwicklungen beobachten und der Prozeß war auch dann noch keineswegs abgeschlossen. Das Interesse an empirischer Forschung, das aus dem 12. Jhd. stammte, erwies sich als etwas naiv, die Texte, die man gesucht hatte, waren jetzt da, aber sie waren einfach zu schwierig, um rasch verarbeitet werden zu können. Die europäischen Gelehrten mußten noch lange in die Schule der Griechen und Araber gehen, bis sie ihren Wissensrückstand aufgeholt hatten.

Der Einfluß der übersetzten Werke aus den verschiedensten Gebieten der Wissenschaft war nicht immer gleich stark. Verhältnismäßig rasch fanden die Werke al-Huwarizimis zur Algebra, Trigonometrie und Astronomie Verbreitung, ebenso die ersten Bücher der *Elemente* Euklids. Andere Werke wie die des Apollonios oder des Archimedes waren noch für lange Zeit zu anspruchsvoll, das Interesse an schwierigen Werken der Mathematik wuchs erst langsam, vor allem im Zusammenhang mit deren Anwendungsbereich in einzelnen empirischen Wissenschaften, so vor allem der Optik. Die Optik fand in England besonderes Interesse (vgl. Kap. XII), und ein dafür wichtiger arabischer Autor war al-Hazen (al-Haitam, um 965–1040). Seine Schrift *De aspectibus* wurde um 1200 ins Lateinische übersetzt. Dieses Werk wurde auch von dem aus Schlesien stammenden Witelo (um 1230 – nach 1275) in dessen Schrift *Perspectiva* ausgiebig verwendet, ein Werk, an das noch Kepler im 16./17. Jhd. anknüpfte. Nach al-Hazens Auffassung dürfen wissenschaftliche Theorien nicht durch Autoritäten begründet werden, sondern einzig durch Experimente und mathematische Überlegungen. Fragen nach dem Wesen der Dinge treten gegenüber denen der beobachtbaren Eigenschaften und deren mathematischer Berechnung ganz zurück oder verschwinden überhaupt gänzlich. Unter solchen Voraussetzungen trat die Frage des Verhältnisses von Naturwissenschaft und Naturphilosophie – diese wiederum verbunden mit Metaphysik – im 13. Jhd. zwar als Problem schon auf, eine Klärung dieser Frage wurde aber nicht erreicht.

Die Verarbeitung der jetzt bekannt werdenden Werke zur Naturwissenschaft wurde durch die Struktur der eben erst entstandenen mittelalterlichen Universitäten nicht gefördert. Der institutionelle Rahmen für Mathematik und Astronomie war weiterhin die Artistenfakultät, und das bedeutete, daß diese Wissenschaften, so weit sie überhaupt aufgegriffen wurden, irgendwie in den Rahmen der Freien Künste eingebaut werden mußten. Schon dies war ihrer Aufarbeitung nicht gerade förderlich. Mathematik und Naturwissenschaften wurden an einer »Durchgangs-Fakultät« gelehrt, weshalb sich auch die dort tätigen Magistri gewöhnlich nur einige Jahre mit diesen Gebieten befaßten, und dies war für so schwierige Gebiete zu wenig. Die Ausbildung im Bereich der Mathematik und Astronomie war und blieb daher rudimentär: das erste und höchstens das zweite Buch der *Elemente* Euklids, einige Grundlagen der Optik und Astronomie. Für ein gründliches Studium etwa der Mathematik oder der Physik hatten weder die Magistri noch deren Schüler genügend Zeit, und erst am Ende des Mittelalters finden wir Magistri, die sich ausschließlich der Mathematik oder den Wissenschaften widmen. Diese Entwicklung setzte aber erst im 14. Jhd. ein.

Die Verbreitung dieses Wissens lief nur zum Teil über die Universitäten. Medizinische Kenntnisse wurden durch Ärzte auch außerhalb der Universitäten verbreitet, astrologisches und damit verbundenes astronomisches Wissen wurde z. B. an Höfen durch Hofastrologen bekannt. Sogar der Handel trug zur Verbreitung des Wissens etwas bei. Im Zuge der Rezeption der arabischen Mathematik und Astronomie begann das arabische Zahlensystem das römische zu verdrängen. Die älteste lateinische Handschrift mit arabischen Ziffern – aber noch ohne die 0 – stammt vom Ende des 10. Jhd. aus Nordspanien. Im 11./12. Jhd. finden wir dann bereits auch die 0. Die neu eingeführte 0 wird im 12. und 13. Jhd. als *nihil* oder *figura nihilis* bezeichnet. Wann genau *nullus* verwendet wurde, von woher dann unsere »Null« stammt, steht nicht fest, jedenfalls seit dem 15. Jhd. ist dieser Gebrauch nachweisbar. Mit dem Eindringen der arabischen Arithmetik begann sich das Dezimalsystem durchzusetzen und zur Verbreitung dieses Systems trug die Verwendbarkeit desselben im Handel viel bei. Hinderlich dabei war allerdings die uneinheitliche Schreibweise – wiederum ein Problem der Zeichensysteme –, weshalb z. B. noch 1299 den Kaufleuten in Florenz die Anwendung desselben verboten wurde. Aber auch die bessere Verwendbarkeit des Dezimalsystems für Rechenoperationen wurde erst nach langen Auseinandersetzungen sichtbar.

XII

Robert Grosseteste und Roger Bacon

Das Interesse an *empirischer Forschung* war in England seit dem 12. Jhd. sehr ausgeprägt, dabei ist vor allem an die bereits erwähnten Adelard von Bath und Daniel von Morley zu erinnern (vgl. Kap. VIII, 1, b). Die aristotelischen Schriften zur Naturwissenschaft wurden seit ihrer Übersetzung häufig zusammen mit ihrer interpretierenden Zusammenfassung in Avicennas *Sufficientiae* studiert. Die ältesten Zitate dieses Werkes finden sich bei dem Engländer Alfred von Sareshel, der sich in Toledo aufgehalten hatte. Alexander Neckham hatte klar die Sprache der Naturwissenschaft von aller allegorischen Naturdeutung unterschieden (vgl. Kap. VIII, 1, c), und mit Michael Scotus treffen wir auf einen Engländer als Übersetzer der meisten Aristoteles-Kommentare des Averroes. Noch während der Arbeit des Michael Scotus an | 337 diesen Übersetzungen finden wir bei Robert Grosseteste in den Jahren 1228–1232 die ersten sicheren Nachweise einer Verwendung dieser Averroes-Kommentare bei einem lateinischen Autor. Die Engländer waren also im Bereich der empirischen Wissenschaft den anderen nicht nur zeitlich immer etwas voraus, sondern übertrafen sie auch in ihrem Interesse daran. Es wäre aber, wie sich gleich zeigen wird, unzutreffend, von einem »Empirismus« der »Oxforder Schule« zu sprechen, zunächst, weil es sich nicht um einen Empirismus moderner Prägung handelte, und dann, weil es eine Oxforder Schule im eigentlichen Sinn gar nicht gegeben hat, sondern höchstens ähnliche Interessen und teilweise Beeinflussungen verschiedener Autoren.

Das *Schulsystem* Englands allerdings war Ländern wie Frankreich und Italien unterlegen. Es gab im 12. Jhd. zwar zahlreiche Schulen in England, sie wiesen aber sowohl auf wirtschaftlichem wie auf wissenschaftlichem Gebiet ein eher bescheidenes Niveau auf. Nirgends in England konnte man die Freien Künste oder die Theologie wie in Paris, oder die Rechte wie in Bologna studieren, und wer es sich leisten konnte, ging an eben diese Orte zum Studium. Johannes von Salisbury war in der ersten Hälfte des 12. Jhd.s nach Paris gegangen und hat später in England für Bildung in den Freien Künsten geworben. Auch Alexander Neckham hatte in Paris studiert, bevor er in den neunziger Jahren des Jahrhunderts in Oxford Theologie lehrte. Zu dieser Zeit hatten sich dort bereits einige Schulen zusammengeschlossen, aber auch jetzt noch wirkte Oxford im Vergleich zu Paris oder Bologna auf Zeitgenossen recht provinziell. Wenn also Adelard von Bath oder Daniel von Morley die Pariser

Universität kritisierten, so konnten sie Paris nicht Oxford, sondern nur die griechische und arabische Wissenschaft gegenüberstellen. Oxford hatte eigentlich gar keine besondere intellektuelle Tradition. Es gab dort keine Kathedrale wie in Lincoln oder York und entsprechend keine Kathedralschule. Dafür aber lag die Stadt an einem Schnittpunkt von Handelsstraßen, ihre Bürger waren wohlhabend, und so konnten sich auch die Schulen gut entwickeln. Als 1209 wegen eines für damalige Verhältnisse nicht gerade besonders aufregenden Zwischenfalls – ein Student hatte seine Geliebte umgebracht – wieder einmal eine der im Mittelalter häufigen Streitigkeiten zwischen Stadtbevölkerung und Universität ausbrach, gingen einige der Magistri aus Oxford in das nahe gelegene Cambridge und gründeten dort eine eigene Schule. Die Oxforder Magistri riefen Papst Innozenz III. zu Hilfe, der 1213 das erste offizielle Dokument für die Universität erließ, das dem Kanzler weitreichende Befugnisse übertrug. Oxford war indes weiter von Rom entfernt als Paris, und die Päpste betrachteten eher Paris als Oxford als »ihre« Universität und kümmerten sich etwas weniger um das, was dort vor sich ging – zum Nutzen von Oxford. Die Magistri der Artistenfakultät von Oxford zeigten von Anfang an ein sehr ausgeprägtes Bewußtsein ihrer Autonomie. Sie legten größten Wert auf eine gründliche Ausbildung in den Artes, und die Statuten der Universität forderte ausdrücklich, daß niemand zu den Abschlußprüfungen der Theologie zugelassen werden durfte, der nicht vorher das Curriculum der Freien Künste abgeschlossen hatte. John Blund (um 1185–1248), einer der ersten Oxforder Magistri, der über die *libri naturales* des Aristoteles Vorlesungen hielt, ließ in seinem Traktat *Über die Seele (De anima)* keinen Zweifel daran, daß alle metaphysischen Fragen der Seele einzig in die Kompetenz der Philosophen gehörten, und daß die Theologen sich auf die Frage beschränken sollten, wie die Seele das ewige Heil erlangt.

Da die Universität von Oxford nicht wie die von Paris über eine akademische, im Studienbetrieb schon weithin streng formalisierte Tradition verfügte, war sie intellektuellen Neuentwicklungen gegenüber sehr offen. Auch waren ihre Magistri nicht wie die Pariser Kollegen durch eine Geschichte von Häresieverdächtigungen (z. B. Abaelard, Wilhelm von Conches) belastet. Die gerade von Engländern geforderte Aufnahme des neuen/alten Wissens der Griechen und Araber konnte daher hier ohne größere Hindernisse aufgenommen werden – an der jungen Universität Oxford gab es keine Aristoteles-Verbote wie die in den ersten Jahrzehnten des 13. Jhd.s in Paris. Außerdem waren die Magistri in Paris und Bologna inzwischen hoch spezialisiert, in Oxford nicht, und dies ließ den Oxfordern mehr Raum für theoretische Neugierde. Dies bedeutete auch, daß gerade die Magistri, die nicht aus den reichen Familien stammten und die daher nicht in Paris oder Bologna studiert und dort vielleicht sogar eine Lehrbefugnis erhalten hatten, unverbildeter und damit aufnahmefähiger für neue Entwicklungen und selbst innovationsfreudiger waren. Einer von ihnen war Grosseteste.

1. Robert Grosseteste

Robert Grosseteste (um 1168–1253) stammte aus armen Verhältnissen, wo er seinen
Magister Artium erwarb, ist schwer auszumachen, und wie er sich als Lehrer in
irgendwelchen Schulen bis zum Jahre 1220 durchgeschlagen haben mag, ist ebenso
unklar. Für ein reguläres Studium in Paris, das manchmal vermutet wurde, gibt es
keinen überzeugenden Hinweis. Wohl aber könnte sich Grosseteste um 1225 in Paris
aufgehalten und dort einige Studien durchgeführt haben. Aus späteren Stellungnahmen Grossetestes scheint hervorzugehen, daß er einige Pariser Magistri kannte,
vor allem den späteren Bischof von Paris, Wilhelm von Auvergne. Erst 1225 erhielt er
seine erste kirchliche Pfründe, er war zu dieser Zeit schon über 50 Jahre alt und nur
Diakon, hatte also nur einen verhältnismäßig niedrigen kirchlich-hierarchischen
Grad inne. Von 1225–1235 war Grosseteste mit Oxford verbunden. Die ersten Dokumente, die eine Lehrtätigkeit an der Universität bezeugen, stammen aus dem Jahre
1231, sagen aber nichts darüber aus, ob er Theologie unterrichtete. Um 1230 wurde er
Lektor der Theologie bei den Franziskanern in Oxford, deren Orden er aber nicht
angehörte. Das Studienhaus der Franziskaner stand damals allerdings noch ziemlich
am Rande der Universität Oxford. Es gibt keine Zeugnisse dafür, daß Grosseteste
irgendwo ein reguläres Studium der Theologie absolviert hat. Bei einer theologi- | 339
schen Lehrtätigkeit im Konvent der Franziskaner konnte man allerdings über diesen
formalen Mangel eher hinwegsehen als an der Universität, auch hier dürften in Oxford noch nicht die strengen Kriterien von Paris gegolten haben. Aus seinen
Schriften ergibt sich, daß er zunächst nur eine sehr begrenzte Kenntnis der damaligen Schultheologie besaß. Er hat sich also vermutlich seine Kenntnisse erst während seiner Lehrtätigkeit erworben. Später dürfte Grosseteste allerdings auch an der
Universität Theologie gelehrt haben, er wurde sogar zum Kanzler der Universität
gewählt, aber vom Bischof von Lincoln dann nicht in seinem Amt bestätigt, was
damit zusammenhängen könnte, daß er eben kein »regulärer« Magister der Theologie war. Die manchmal vertretene Meinung, daß er etwa seit 1230 der bedeutendste
Oxforder Magister der Theologie gewesen sei, läßt sich kaum halten. Die Zeit der
Abfassung seiner Schriften ist umstritten, seine wichtigsten Werke dürften aber jedenfalls während der Oxforder Zeit von 1225–1235 entstanden sein, einige möglicherweise etwas früher. Etwa seit 1225 beschäftigte Grosseteste sich aus primär theologischen Interessen heraus mit Griechisch, setzte diese Kenntnisse aber auch im Bereich der Philosophie ein und übersetzte später u. a. die *Nikomachische Ethik* des
Aristoteles ins Lateinische. 1235 wurde er Bischof von Lincoln. Er nahm 1245 am
Konzil von Lyon teil, wo auch – ergebnislos – die Frage der Wiedervereinigung mit
der griechischen Kirche diskutiert wurde. Grosseteste, der griechische Kirchenväter
im Originaltext lesen konnte, hatte wahrscheinlich eine weniger enge Auffassung
von Rechtgläubigkeit und mehr Verständnis für die Auffassungen der griechisch-orthodoxen Kirche als die meisten seiner Konzilskollegen und war vom Scheitern des

Konzils enttäuscht. Er war auch sonst ein aufrechter und genau beobachtender Mann. Im Jahre 1250 überreichte er Papst Innozenz IV. ein Schreiben, in dem er klar machte, daß die römische Kurie durch Fehlbesetzungen für viele Mißstände in der englischen Kirche verantwortlich war. Gegenüber dem damals herrschenden Nepotismus forderte er in jedem Einzelfall eine strenge Prüfung des Bewerbers – dies ist angewandte aristotelische Ethik.

Robert Grosseteste gehört in die oben genannte englische Tradition naturwissenschaftlichen Denkens. Es wird berichtet, daß er über gute medizinische Kenntnisse und deren praktische Anwendung verfügte; weiterhin hat er, wie auch aus seinen Schriften hervorgeht, Pflanzen und Tiere genau beobachtet und studiert. Er beschäftigte sich intensiv mit Aristoteles und verfaßte einen umfangreichen Kommentar zur *2. Analytik*. Grosseteste ist vermutlich der erste lateinische Autor, der die Bedeutung der *2. Analytik* voll erfaßt hat, und sein Kommentar zu diesem Werk stellt seine wichtigste philosophische Arbeit dar. Er verfaßte außerdem einen Kommentar zur *Physik* des Aristoteles *(Commentarius in VIII Libros Physicorum Aristotelis)*, der schon sehr früh auch im Druck erschien (Venedig 1500). Bei Grosseteste wird die durch die Aristotelesrezeption hervorgerufene Neuorientierung der Naturphilosophie und Naturwissenschaft ganz deutlich. Während im 12. Jhd. der platonische *Timaios* die Rah-

340 |

mentheorie für die Analyse natürlicher Phänomene geliefert hatte, übernehmen jetzt die *2. Analytik* und die *Physik* des Aristoteles diese Funktion. Der *Timaios* hatte eigentlich nur einen Rahmen geliefert, in den weitere empirische Daten eingefügt werden konnten, er hatte jedoch keine *Methodologie wissenschaftlichen Arbeitens* enthalten. Genau dieses letztere wurde jetzt von der *2. Analytik* geliefert, die damit das Methodenbewußtsein und die Reflexion auf die Analyse korrekten wissenschaftlichen Argumentierens auf eine qualitativ höhere Ebene hob. In Weiterentwicklung aristotelischer Beweisarten stellte Grosseteste mit den beiden Verfahrensschritten der *resolutio* und *compositio* eine allgemeine Methodologie der Wissenschaft auf: In der *resolutio* werden die Phänomene aufgrund von festgestellten Ähnlichkeiten beschrieben und klassifiziert, während in der *compositio* ein deduktiver Zusammenhang zwischen allgemeineren und spezielleren Aussagen hergestellt wird. In seiner Auffassung von der Wissenschaft war er aber alles andere als ein »reiner« Aristoteliker. In seinen Schriften spielte vielmehr die Auffassung vom *Licht* (Ausstrahlung des Einen) eine ganz zentrale Rolle, und dies war zunächst einmal eine ihrer Herkunft nach eindeutig neuplatonisch-metaphysische Lehre. Grosseteste setzte jedoch hier einen Zusammenhang mit empirischer Wissenschaft an, schließlich ist das Licht auch ein empirisches Phänomen, und als solches kann es wiederum im Rahmen der schon aufgestellten aristotelischen Wissenschaftstheorie behandelt werden. Das Licht stellt für Grosseteste die grundlegende Form aller Dinge dar:

Jede Form ist eine Art des Lichtes *(Omnis forma aliquod genus lucis est.).* (Hexaemeron I, XVIII, 2. S. 78)

Bei einer solchen sowohl metaphysischen wie empirischen Bedeutung des Lichts ergibt sich für Grosseteste, daß die *Optik* zu einer *Basisdisziplin* wird. Im Anschluß an griechische und arabische Autoren führte Grosseteste die *qualitativen* Eigenschaften des Lichts auf *quantitative* Beziehungen zurück: Das Licht breitet sich linear aus und nimmt den kürzesten Weg. Dies sind meßbare Vorgänge, und gerade Linien sind daher für ihn das Konstruktionsprinzip der Natur. Grosseteste führt damit auch ein »Sparsamkeitsprinzip« ein, das für die Natur wie auch für die Wissenschaft von der Natur gilt:

Die Natur wirkt auf die kürzestmögliche Weise *(natura operatur breviori modo).*
(Die philosophischen Werke des Robert Grosseteste. S. 61).

Und da gerade Linien den jeweils kürzestmöglichen Weg repräsentieren, wird die *Geometrie,* die sich in ihrer einfachsten Form mit geraden Linien befaßt, zur Grundlagenwissenschaft. Grossetestes Traktat *Über die Linien, Winkel und Figuren (De Lineis, Angulis et Figuris)* gewinnt damit eine zentrale wissenschaftstheoretische Relevanz. Und dort findet sich die programmatische Aussage:

In der Betrachtung der Linien, Winkel und Figuren liegt der allergrößte Nutzen, da | 341 ohne sie die Naturphilosophie nicht verstanden werden kann. Sie gelten ohne Einschränkung *(absolute)* für das Universum als Ganzes und in seinen Teilen. Ihre Geltung erstreckt sich auch auf die damit in Beziehung stehende Eigenschaften wie z. B. die geradlinige und die kreisförmige Bewegung [...]. Denn alle Ursachen der natürlichen Wirkungen können durch Linien, Winkel und Figuren entdeckt werden. Es ist unmöglich das »weshalb« *(propter quid)* in ihnen auf irgendeine andere Weise zu wissen. *(Die philosophischen Werke des Robert Grosseteste.* S. 59 f. Übers. v. F. S.)

Damit ist gesagt: Die Wissenschaft hat als Ziel, die Ursachen natürlicher Phänomene aufzufinden und die entsprechende Forschungsmethode ist durch die Geometrie, also durch Mathematik bestimmt. Es ist daher verständlich, daß Grosseteste bei Wissenschaftshistorikern unserer Gegenwart in hohem Ansehen stand: Bei ihm meinten sie die Anfänge der modernen mathematischen und experimentellen Auffassung der Wissenschaft zu finden, und so wurde er als Gründer einer entsprechend gedachten Schule von Oxford gefeiert. Genauere Untersuchungen haben zu einer erheblichen Modifikation bzw. sogar Revision dieser Auffassung geführt (McEvoy 1982), die Bedeutung Grossetestes wird aber dadurch nicht geringer, ist aber eben anders anzusetzen als dies bisher geschah. Wird sein Wortgebrauch von *experimentum* genau analysiert, so zeigt sich, daß er nichts mit dem modernen Gebrauch von »Experiment« (sei es im Sinn von *corroboration* oder von *crucial experiment)* zu tun hat. Bei Grosseteste kommen Elemente aus Aristoteles, Avicenna und Augustinus zusammen. Wir gelangen Grossetestes Auffassung nach zwar genetisch zu den Prinzipien der Wissenschaft auf induktivem Weg über die Erfahrung, ihre Geltung wird jedoch letztlich in einer göttlichen Erleuchtung begründet. Eine solche onto-theologische Begründung ist jedoch nicht aristotelisch – und noch viel weniger »modern« –, sondern weist auf eine neuplatonische Herkunft hin, sei diese nun bei Avicenna oder bei Augustinus zu suchen. Am ehesten legt sich die Herkunft von der augustinischen Illuminationslehre nahe (vgl. Kap. III, 2). Und sieht man die Beispiele und Ergebnisse seiner »experimentellen Wissenschaft« näher an, so muß man sich fragen, ob Grosseteste überhaupt einen Beitrag zur empirischen Wissenschaft geliefert hat.

Nichtsdestoweniger ist die Bedeutung Grossetestes für den weiteren Gang der Wissenschaft groß, paradoxerweise gerade an dem Punkt, wo er als Theologe und Metaphysiker und noch dazu als ganz unaristotelischer Metaphysiker auftritt: *Gott in seiner Tätigkeit als Schöpfer wird zum großen Geometer (mensurator primus et certissimus)*, der das Universum nach Zahl, Maß und Gewicht geschaffen hat *(ipse autem omnia creavit numero, pondere, et mensura)*, wie Grosseteste im Anschluß an die berühmte Stelle aus Weish. 2, 21 sagt *(Commentarius in VIII Libros Physicorum Aristotelis* IV. S. 93). Dies ist eine Vorstellung, die ganz und gar unaristotelisch ist. Zunächst – aber das ist ohnehin selbstverständlich und systematisch in unserem Zusammenhang nicht entscheidend – gibt es bei Aristoteles keinen Schöpfergott. Wichtiger ist folgendes: In seiner Beweislehre nimmt Aristoteles sehr wohl die Geometrie als Beispiel des allen Ansprüchen gerecht werdenden Beweises an (*2. Analytik* I, 24, 85a 13–86a 30). Wenn er aber auch schwächere Beweisformen zuläßt, so hat dies nichts damit zu tun, daß *wir* eben nicht in der Lage sind, in bestimmten Bereichen strenge Beweise durchzuführen, obwohl solche *an sich* möglich wären, sondern damit, daß es dabei um Wirklichkeitsbereiche geht, die so beschaffen sind, daß ein strenger Beweis vom untersuchten Gegenstand her überhaupt nicht geführt werden kann. Es liegt Aristoteles also ganz fern, aus einer idealen an der Geometrie abgelesenen Beweisform die ontologische Annahme einer ganz allgemein nach mathematischen Prinzipien strukturierten Wirklichkeit abzuleiten. Aristoteles hat an verschiedenen Stellen eine pythagoreisch-mathematisierende Metaphysik abgelehnt (vgl. z. B. *Metaphysik* XIII, 8–9, 1083a 1–1086a 30). Eine Vorstellung eines nach mathematischen Prinzipien strukturierten Kosmos und entsprechend eines Schöpfergottes als Mathematiker stellt eine Kombination christlichen Schöpfungsglaubens und phythagoräisch-platonischer Metaphysik dar, und ist somit in seinen beiden Grundelementen unaristotelisch. Grosseteste wurde also gerade als platonisierender Metaphysiker mit seiner Vorstellung der schon im Ursprung mathematisierten Welt richtungweisend für die weitere Entwicklung der Wissenschaft. Dies zeigt jedenfalls, daß man die Aristotelesrezeption des 13. Jhd.s und ihre Bedeutung für die weitere Entwicklung nicht zu einlinig sehen darf. Manchmal waren pythagoreisch-platonisierende Vorstellungen auf längere Sicht für die Herausbildung der modernen Wissenschaft nachhaltiger wirksam als aristotelische.

2. Roger Bacon

Roger Bacon (um 1215–1292) ging wie alle jene, die es sich leisten konnten, nach Paris zum Studium, ob er aber seinen Magister in Oxford oder in Paris erworben hat, ist nicht klar. Jedenfalls war er in der Zeit zwischen 1237/1241 und 1245/1247 als Magister in Paris tätig und hielt dort Vorlesungen zur *Physik* und *Metaphysik* des Aristoteles, also zu der Zeit, als die Aristoteles-Verbote in Paris gelockert worden waren und diese Texte nur noch kirchlicherseits »überprüft« werden sollten. Etwa 1247 beendete Bacon diese Tätigkeit und beschäftigte sich von nun an ausschließlich mit Naturwissenschaften und Sprachenstudien. Diese Studien könnte er in Oxford durchgeführt haben, historische Zeugnisse dafür gibt es allerdings nicht. In Paris hat er kaum ein Vermögen verdient, Bacon muß also reichliche finanzielle Ressourcen zur Verfügung gehabt haben, um sich in den folgenden ca. zehn Jahren ausschließlich privaten Studien widmen zu können. Er berichtet uns sogar über die erheblichen Beträge, die er für diese Studien ausgegeben hat (*Opus tertium* XVII. S. 59). In inzwischen gut englischer Tradition hielt er die Pariser Magistri für wissenschaftlich rückständig: Für ihn ist, wie er wahrscheinlich von Grosseteste gelernt hat, die *Perspectiva*, also die in der Optik angewandte Mathematik, die Grundlage aller wissenschaftlichen Erkenntnis der »Weltmaschine« *(mundi machina)*, und genau diese | 343 Wissenschaft wird in Paris nicht gelehrt, wohl aber in Oxford (Ebd. XI. S. 37 f.). Daran, daß er der gelehrteste Mann seiner Zeit war, hatte er selbst nicht den geringsten Zweifel, und er nahm mit größter Selbstverständlichkeit an, daß auch alle dies wußten: »Es ist bekannt, daß niemand sich mit so vielen Wissenschaften und Sprachen beschäftigt hat, wie ich.« (Ebd. XX. S. 65) Daß er allerdings in Albertus Magnus einen großen Konkurrenten hatte, war ihm deutlich bewußt, weshalb er sich entsprechend negativ über diesen äußerte, schon deshalb, weil dieser eben nichts von der *Perspectiva* verstand (Ebd. XI. S. 37).

Bei all dem darf man nicht vergessen, daß Roger Bacon keineswegs Privatgelehrter war und daß er dies auch gar nicht sein wollte. Nach der Beendigung seiner Pariser Lehrtätigkeit war er nach 1250 und spätestens 1256 Franziskaner geworden und war somit Mitglied einer Institution, die eine der einflußreichsten gesellschaftlichen Kräfte des 13. Jhd.s darstellte. Bacon war wie viele Franziskaner seiner Zeit von den Ideen Joachims von Fiore (1131–1202) beeindruckt, der vor allem durch seine Schriften zur *Apokalypse des Johannes (Expositio in Apocalypsin, Enchiridion super Apocalypsin)* bekannt und sehr einflußreich geworden war. Joachims »Theorie« der Geschichte stellte eine entscheidende Alternative zum Geschichtsbild des Augustinus (vgl. Kap. III, 6) dar: Joachim von Fiore erwartete den Beginn einer neuen, letzten Epoche der Geschichte, des Zeitalters des Geistes, das auf das Zeitalter des Vaters (Altes Testament) und des Sohnes (Neues Testament) folgen sollte. Das Heraufkommen dieses Zeitalters des Geistes wird durch das Erscheinen des ersten Antichrist – ein zweiter kommt vor dem Ende der Geschichte im Weltgericht – eingeleitet, der durch »jemand« überwunden wird. Dieser »Jemand« wird bei Joachim nicht klar identifiziert, wurde aber später mit Franz von Assisi gleichgesetzt und damit gewann Joachim von Fiore verständlicherweise für die Franziskaner besondere Bedeutung. Auch der Antichrist trägt keinen Namen, man sollte aber nicht vergessen, daß die lateinische Christenheit des 13. Jhd.s durch das Eindringen der Mongolen unter ihrem Führer Dschinghis Khan (1175/77–1227) zutiefst verunsichert war. Einer seiner Nachfolger, Khan Güyük (Khan von 1246–1248), erhob ausdrücklich den Anspruch auf die Weltherrschaft und forderte den Papst auf, sich zu unterwerfen. Innozenz IV. und das Konzil von Lyon im Jahre 1245, an dem auch Grosseteste teilgenommen hatte, forderten – ohne irgendwelche realpolitischen Mittel zur Verfügung zu haben – in der üblichen päpstlichen Weise die Mongolen auf, sich taufen zu lassen, was diese aber nicht sonderlich beeindruckte. Die Frage, ob die Periode des Antichrist oder das Zeitalter des Geistes anstand, war also um die Mitte des 13. Jhd.s keineswegs entschieden. Erst gegen Ende des Jahrhunderts gaben die Mongolen den Anspruch auf die Weltherrschaft auf und versuchten, sich mit den Christen zu arrangieren. Auch Bacon wußte von den Erfolgen der Mongolen, führte diese aber auf deren – wie er meinte ganz legitimen – Gebrauch der Astrologie zurück (*Opus Maius* IV, *Mathematicae in divinis utilitas.* S. 399 f.). Gewiß war auch Bacon überzeugt, daß seine Gegenwart nicht weit von der Zeit des Antichrist entfernt war *(non sumus multum remoti a temporibus Antichristi)*, wie er wiederum aus der Astronomie zu wissen meinte (Ebd. S. 402).

Zur Zeit Bacons standen die Anhänger Joachims von Fiore unter Anklage, sogar der Generalobere der Franziskaner, Johannes von Parma (1208–1289), wurde als Sympathisant der joachimitischen Lehren angeklagt und mußte 1257 von seiner Funktion zurücktreten. Sein Nachfolger Bonaventura stand daher vor der Aufgabe, wieder Ruhe in die Reihen der Franziskaner zu bringen. Bei Bacon finden wir eine eigenartige Kombination von Grosseteste-Vertrauen in die Wissenschaft und deren Fortschritt, sowie Joachim von Fiore-Hoffnungen in ein neues Zeitalter des Geistes. Beides paßte nicht gut in die augustinischen Vorstellungen Bonaventuras (vgl. Kap. XIII, 2) und Bacon bekam 1260 Ärger mit Bonaventura, der verordnet hatte, daß keine Schriften von Franziskanern ohne seine vorherige Genehmigung veröffentlicht werden dürften. Bacon war es jedoch gelungen war, den Kardinal Guy de Foulques für sich zu gewinnen, und als dieser 1265 als Clemens IV. Papst wurde, konnte er für längere Zeit ruhig arbeiten. Auf dessen Anregung hin verfaßte er das *Opus maius*, das *Opus minus* und das *Opus tertium*. Mit diesen Werken wollte er dem Papst und somit, wie er meinte, der Welt und der Wissenschaft den richtigen Weg weisen. In allen diesen Werken geht es um Forschungsprogramme, hauptsächlich im Bereich der Naturwissenschaften. Durch den Tod Clemens IV. (1268) verlor Bacon jedoch seinen Beschützer. Etwa um die Zeit der noch zu besprechenden Verurteilungen von 1277 (vgl. Kap. XV) und wahrscheinlich in Zusammenhang mit diesen wurde er wegen »verdächtiger Neuerungen« in Klosterhaft gesetzt, in der er bis 1289 festgehalten wurde. In Wirklichkeit traf sich Bacon aber mit den Auffassungen der verurteilten Pariser Magistri, denen es vor allem um die Autonomie der Philosophie ging, nur am Rande; seine Interessen und »Neuerungen« gingen in eine andere Richtung als die der »radikalen« Aristoteliker (vgl. dazu weiter unten). Er verfaßte noch das *Compendium studii philosophiae* und dann kurz vor seinem Tod im Jahre 1292 das *Compendium studii theologiae*, das wiederum vor allem ein Aufruf zu Reformen ist.

Bacon war vor allem ein programmatischer Schriftsteller. Es ist nicht einfach, herauszufinden, ob seinem Programm eine einheitliche Konzeption zugrunde lag, und wenn ja, welche. Aus den kritischen Bemerkungen, die Bacon über die Pariser Magistri machte, hört man deutlich die Maßstäbe heraus, denen wir schon bei Grosseteste begegnet sind. Bacon warf den Pariser Gelehrten vor, daß sie nicht genügend Sprachkenntnisse (Griechisch, Hebräisch) besäßen und daß sie nichts von Mathematik und Optik verstünden. Bacon verfaßte selbst eine Grammatik der griechischen und der hebräischen Sprache. Das Inhaltsverzeichnis des *Opus Maius* Roger Bacons ist schon selbst eine Programmschrift. Allerdings ist dieses Programm eines, das er zu einem guten Teil von einem islamischen Philosophen übernahm, nämlich von al-Farabis *De scientiis*. Das *Opus Maius* ist in folgender Weise eingeteilt:

| 345

1. Die Ursachen der menschlichen Unwissenheit
2. Die Verbindung von Philosophie und Theologie
3. Das Studium der Sprache
4. Die mathematische Wissenschaft
5. Die Optik
6. Die experimentelle Wissenschaft
7. Die Moralphilosophie.

Der erste »Eingang zur Wissenschaft« *(porta sapientiae)* ist das Studium der *Sprachen*, denn, wie Bacon richtig feststellt, haben die Lateiner sowohl ihre theologischen wie ihre philosophischen Texte aus anderen Sprachen erhalten (*Opus tertium* XXVIII. S. 102). Traditionell und auch in al-Farabis *De scientiis* wird nach der Disziplin, die sich mit der Sprache und deren Grammatik beschäftigt, die Logik aufgeführt. Es fällt daher bei Bacons Einteilung auf, daß er keinen eigenen Teil für die *Logik* vorsieht, und dies ist um so erstaunlicher, wenn man in Betracht zieht, daß Bacon sich als Schüler Grossetestes betrachtet, der schließlich als erster die *2. Analytik* des Aristoteles in ihrer Bedeutung erkannt hat. Bacon kennt natürlich diese aristotelische Schrift ebenso wie die *1. Analytik*, ist aber der Meinung, daß die Logik eine ganz »natürliche« Tätigkeit darstelle – womit er recht hat – und daher eigentlich keine allzu großen Probleme stelle – womit er nicht recht hat –, während die Mathematik jenen Bereich darstellt, der uns nicht von Natur aus gegeben ist:

Der zweite Haupteingang, der uns von Natur aus mangelt, ist die Kenntnis der Mathematik. Bei der Logik nämlich liegt keine so große Kraft vor, da wir sie von Natur aus kennen, wenngleich wir die Worte der Logik in der Sprache, die wir gebrauchen, durch die Lehre *(per doctrinam)* erlangen. Aber die Wissenschaft [der Logik] selbst *(scientiam ipsam)* haben alle Menschen von Natur aus *(ex natura)*. (*Opus tertium* XXVIII. S. 102. Übers. v. F. S.)

An diesem Punkt wird die englische Philosophie Bacon nicht folgen, denn obwohl dort die Mathematik immer eine große Rolle spielen wird, wird doch gerade England ein Zentrum der Studien der Logik werden. Nichtsdestoweniger hat Bacon für die Logik einen Weg aufgezeigt, der auch in England zunächst nicht weiter verfolgt wurde. Bacon hat wie kein anderer mittelalterlicher Denker die Bedeutung der Mathematik für die gesamte Erkenntnis herausgestellt; für ihn ist die *Mathematik der Schlüssel zur Philosophie* überhaupt. Sein Wissenschaftsideal kommt daher nicht von der Logik her, sondern von der Mathematik (*per applicationem mathematicae sciuntur omnia* [*Opus Maius* IV, dist. 1, c. 3. S. 108]), wobei er sich bei der Mathematik vor allem auf die *Elemente* Euklids bezieht (Ebd. S. 106). Das Programm selbst, in dem die Mathematik den Eingang zu allen Wissenschaften darstellt, stammte aus dem im Mittelalter sehr bekannten 1. Kapitel der Schrift *De arithmetica* des Boethius. Diese Vorordnung der Mathematik vor alle anderen Wissensbereiche und so auch vor die Logik führte Bacon zu einer interessanten, allerdings rein programmatischen Akzentverlagerung im Bereich der Logik gegenüber der in Paris betriebenen Form der Logik. Die mittelalterliche Logik war auf dem Kontinent hauptsächlich als propädeutische Disziplin für Theologie und Jurisprudenz verstanden worden. In diesem Kontext waren in der Logik des 13. Jhd.s die wichtigsten Teile die Semantik mit der Lehre von den Eigenschaften der Begriffe *(proprietates terminorum)* sowie die Topik *(syllogismi dialectici)*, während der Teil der notwendigen Schlüsse, also die Syllogistik, kaum weiterentwickelt wurde. Nach Bacon aber ist gerade dies der zentrale Teil der Logik, den aber seiner Auffassung nach nur derjenige richtig verstehen kann, der mathematische Beweisverfahren beherrscht, in denen immer notwendige Schlüsse zur Anwendung kommen. So kommt er zu der für das Mittelalter singulären Behauptung, daß die Kraft der Logik von der Mathematik abhängt (*virtus tota logicae dependet ex mathematica* [*Opus Maius* IV, dist. 1, c. 2. S. 103]). Dieser Zusammenhang wurde im Mittelalter jedoch nicht weiter verfolgt, und wir müssen bis Leibniz warten, bis in dieser Richtung eine Weiterentwicklung eintritt (vgl. 3. Teil, Kap. XI, 2). Ebensowenig wurde ein zweiter Weg Bacons weiterverfolgt: Für Bacon war es das Ziel der Logik, überzeugende Argumente auch für das praktische Leben zu formulieren. Suchte er jedoch nach dem Grund der Überzeugungskraft, so wandte er sich nicht an die Rhetorik, sondern suchte diesen Grund in der Schönheit, wie er sie in der Musik am besten verwirklicht sah, einer Schönheit also, die durch die Anwendung formaler Regeln begründet ist. So kommt er zu der wiederum singulären Aussage, daß das Ziel der Logik von der der Musik abhängt (*finis logicae pendet ex musica*. [*Opus Maius* IV, dist. 1, c. 2. S. 103]). Bacon bezieht also die Logik nicht auf die übrigen Disziplinen des Triviums, sondern auf die grundsätzlich als mathematisch bestimmten Disziplinen des Quadriviums, und damit wäre der Weg der Logik von der Sprachwissenschaft (*scientia sermocinalis*) zum Kalkül vorgezeichnet. Faktisch hat Bacon indes nichts dazu getan, um seine Konzeption der Logik in diese Richtung zu entwickeln. In seinen – in ihrer Authentizität allerdings etwas umstrittenen – *Summulae logicales* wird der Logik keinerlei mathematische Form gegeben. Dies erklärt sich möglicherweise daraus, daß Bacon eigentlich gar nicht an die konkrete Logik mit ihren Regeln denkt, sondern eher an eine quasi-metaphysische Philosophie der Logik, in der auch praktische Fragen ihren Ort haben. Die Logik hat als Ziel die Bildung von Argumenten, die den Geist auf die Liebe zur zukünftigen Seligkeit (*amorem felicitatis futurae* [Ebd.]) ausrichten. Damit dies aber gelingen kann, müssen diese Argumente dem Kriterium der Schönheit entsprechen. Die höchste sichtbare Schönheit jedoch ist die himmlische Schönheit, und damit sind wir bei Astronomie und Musik im traditionell pythagoreischen Sinn. Daß in der Logik auch ästhetische Gesichtspunkte wie z. B. Symmetrie – so z. B. in den verschiedenen logischen Quadraten – eine nicht unerhebliche Rolle spielen, ist bekannt, aber für einen mathematischen Aufbau der Logik ist durch diese Einsicht noch nicht viel gewonnen. | 347

In Oxford wurde sicher auch in späterer Zeit großer Wert auf das Studium der Mathematik gelegt, wir werden darauf bei der sogenannten Merton-Schule zurückkommen (vgl. Kap. XVII, 2, c). Man sollte dabei aber nicht zu hohe Erwartungen haben. In einer Oxforder Studienordnung aus der Mitte des 14. Jhd.s sind für Geometrie nur fünf Wochen, für Arithmetik gar nur drei Wochen Vorlesungen vorgesehen, wogegen für die Ethik vier Monate zur Verfügung standen. Immerhin wurde auch schon der Algorithmus studiert, womit das Rechnen mit arabischen Ziffern gemeint war, mit einer Vorlesungsdauer von acht Tagen war hier aber vermutlich nicht allzu viel zu erreichen.

Wird in Bacons oben zitierter Einteilung des *Opus Maius* schließlich die *Moralphilosophie* an letzter Stelle genannt, so bedeutet dies nicht, daß zu einem sonst theoretischen Programm am Ende noch ein Anhang über praktische Fragen hinzugefügt würde. Die theoretische Philosophie und die experimentellen Wissenschaften wurden bei Bacon – obwohl als methodisch eigenständig anerkannt – nicht einfach um ihrer selbst willen betrieben, sondern standen im Zusammenhang eines praktischen Programms der bestmöglichen Organisation des menschlichen individuellen Lebens und des gesellschaftlichen Zusammenlebens. Dazu gehört auch die durch Eingreifen in die Natur zu erreichende Verbesserung der Lebensbedingungen; der Begriff des *Nutzens (utilitas)* kommt bei Bacon an zahlreichen Stellen vor. Ohne daß dies durch eine ausdrückliche Gegenüberstellung explizit gemacht würde, liegt bei Bacon doch eine Abkehr vom traditionellen Vorrang des theoretischen Wissens- und Wissenschaftsideals vor.

Auch in der *Experimentalwissenschaft (scientia experimentalis)* betont Bacon die Bedeutung der Mathematik. In diesem Bereich arbeitete Bacon wie Grosseteste vor allem im Gebiet der *Optik*. Die neuen Übersetzungen kommen hier nun ganz zum Tragen: Bacon kennt die Schriften des Euklid und des Ptolemaios ebenso wie die der Araber al-Kindi und al-Hazen. Der Teil zur Optik aus dem *Opus Maius* ist in zahlreichen Handschriften – abgetrennt vom übrigen Werk – überliefert, was auf seine Eigenbedeutung und seine weite Verbreitung hinweist; diese Abhandlung wurde noch im 17. Jhd. für Studien herangezogen. Wie kaum ein anderer Denker des lateinischen Mittelalters erkannte Bacon die Zusammengehörigkeit und den Unterschied von Erfahrung und Theoriebildung – dabei darf man aber selbstverständlich nicht einfach moderne Wissenschaftstheorie in mittelalterliches Denken hineintragen. Bacon machte sich die ihm vorliegende und schon von Grosseteste bearbeitete *2. Analytik* des Aristoteles, aber auch die Werke al-Hazens zur Optik zunutze, und kam so zu einer durchaus weiterführenden beweistheoretischen Konzeption der Wissenschaft. Jedenfalls finden wir bei Bacon erstmals Formulierungen, die dem modernen Begriff des Naturgesetzes nahe kommen. Bacon bleibt aber dabei immer eingebunden in die Kultur des Mittelalters. Spricht er von »Erfahrung«, so ist es für ihn selbstverständlich, der äußeren, auf Sinnestätigkeit beruhenden Erfahrung eine

andere, nämlich innere Erfahrung gegenüberzustellen, die letztlich zur Mystik führen soll. Wissenschaft und Mystik werden bei ihm also als durchaus gleichberechtigte Erfahrungsbereiche gegenübergestellt. *Experimentum* hat bei Bacon ebensowenig wie bei Grosseteste den engen und präzisen Gebrauch von »Experiment«, wie er in der heutigen Wissenschaftstheorie vorliegt, sondern entspricht eher dem bis heute geltenden umgangssprachlichen Sinn von »Erfahrung«. Häufig, aber nicht immer, unterscheidet Bacon zwischen *experientia* und *experimentum*. Erstere bedeutet dann die einfache Sinneserfahrung, letzteres die Wahrnehmung verschiedener Dinge unter dem Gesichtspunkt von etwas Gemeinsamem. Nur *experimentum* in letzterem Gebrauch führt zu Wissenschaft, da es immer das Ziel der Wissenschaft ist, allgemeingültige Wahrheiten zu finden. Wie bei Grosseteste, so geht es aber auch bei Bacon bei *experimentum* nicht um die Frage der Bestätigung oder Überprüfung von Sätzen der Erfahrungswissenschaft, sondern um die des Ursprungs solcher Sätze, d. h. es wird damit ausgedrückt, daß es sich um Sätze handelt, die aus der Erfahrung stammen.

Bacons Programme zu einer Experimentalwissenschaft standen nicht nur im Rahmen rein theoretischer Forschung, sondern sollten als Grundlage einer als *Naturmagie (magia naturalis)* verstandenen Kunst dienen, sich die Natur zunutze zu machen – Wissenschaft und Naturmagie stehen bei Bacon in einem engen Zusammenhang. Die Abgrenzungsprobleme von Wissenschaft und Nicht-Wissenschaft sind immer heikel und diese Probleme waren im Mittelalter nicht geringer, aber auch nicht größer als in unserer Gegenwart. Bacon war besonders beeindruckt von der pseudo-aristotelischen Schrift *Secretum secretorum*. Es handelt sich dabei um eine im

10. Jhd. in Syrien entstandene Schrift, die erheblichen persischen Einfluß aufweist; in ihr wird von Amuletten, medizinisch-theurgischen Praktiken, Giften und Astrologie gesprochen, dann aber auch wieder von praktischen Ratschlägen im Sinn eines Fürstenspiegels. Dieses sonderbare Gemisch wurde nicht nur von Bacon bearbeitet, sondern gewann auch sehr rasch, schon im 13. Jhd., in vulgärsprachlichen Versionen Verbreitung, in denen der quasi-medizinische Gehalt eine besondere Rolle spielte. Es gibt eine deutsche, englische, französische, italienische und kastilische Übersetzung. Bei Bacon paßte die Beschäftigung mit Magie und Astrologie auch in sein missionarisches Konzept hinein. Er hoffte, daß die Kenntnis der verborgenen Kräfte der Natur die christlichen Verkünder der Wahrheit in die Lage versetzen würde, vor den »Heiden« Dinge zu vollbringen, die von diesen als »Wunder« angesehen würden, was, wie er meinte, viel wirksamer sein müßte als rationales Argumentieren. Man kann es ganz un-magisch so ausdrücken: Eine »wunderbar« erscheinende Technologie sollte die Überlegenheit einer Weltanschauung demonstrieren. (Solche Programme waren weit über das Mittelalter hinaus wirksam: Noch im 20. Jhd. wurde ein Wettlauf wissenschaftlicher Forschung zwischen West und Ost veranstaltet mit dem sehr deutlichen Hintergedanken, den wissenschaftlichen Vorsprung als Argument für die Überlegenheit einer Ideologie verwenden zu können.) Die Zweideutigkeit der Interessen, die Bacon leiteten, kommen in seiner Schrift *Über die Geheimen Wirkungen der* | 349
Kunst und der Natur und über die Nichtigkeit der Magie (De secretis operibus artis et naturae et de nullitate magiae) deutlich zum Ausdruck. Mit Magie im traditionellen Sinn, bei dem immer der Teufel als Hilfe eingesetzt wurde, will Bacon natürlich nichts zu tun haben, bei ihm steht die Naturmagie in einem wissenschaftlichen Zusammenhang. Bacon will nicht nur theoretische Erkenntnis erreichen, sondern will die Möglichkeiten der Natur künstlich erweitern (*non solum secundum naturae possibilitatem, sed secundum artis complementum* [Ebd. VI. S. 538]), so z. B. durch die künstliche Verlängerung des Lebens (Ebd.). Auch die Astrologie soll eingesetzt werden. In den Jahren um 1260 hatten in Paris heftige Diskussionen über die Astrologie stattgefunden, in denen die Kritiker der Astrologie diese hauptsächlich wegen des darin enthaltenen Fatalismus und der Leugnung des freien Willens ablehnten, und Bacon war sich im klaren darüber, daß er mit seinem Eintreten für Astrologie gegen die Mehrheit der Theologen und Philosophen stand. Die wichtigste Autorität, die Bacon für die Astrologie heranziehen konnte, war Abu Ma'sar (787–886), der bei den Lateinern Albumazar genannt wurde und dessen – in ihrer Authentizität heute teilweise umstrittenen – Schriften im Mittelalter die wichtigste Quelle astrologischer Lehren darstellten. Bacon behauptete, daß bei diesem wie bei anderen Vertretern dieser Wissenschaft nicht behauptet würde, daß zukünftige Ereignisse mit Notwendigkeit eintreten (*Opus Maius* IV, *Mathematicae in divinis utilitas*. S. 246). Die Texte des Abu Ma'sar im Original, in ihren Übersetzungen sowie in ihrer mittelalterlichen Verwendung sind nur wenig erforscht, so daß die Behauptung Bacons bis jetzt nicht überprüft werden kann. Deutlich ist dadurch nur, daß Bacon die Astrologie von fatalisti-

schen Konsequenzen frei halten und sie in die Nähe einer Erfahrungswissenschaft *(scientia expterimentalis)*, nämlich der Astronomie, rücken will (Ebd. S. 246). Wie allerdings ein astrologisch konzipierter Kausalzusammenhang mit der Annahme menschlicher Freiheit in Einklang gebracht werden soll, bleibt bei Bacon unklar. Es gibt bei Bacon Stellen, in denen er deutlich einen von der Himmelssphäre ausgehenden universellen Wirkzusammenhang vertritt *(coelum non solum est causa universalis, sed particularis, omnium rerum inferiorum* [Ebd. S. 379]), und das ist sehr ähnlich dem, was in der Verurteilung in Paris von 1277 in Satz 106 aufgeführt wird: »Die unmittelbare Wirkursache aller Wesensgestalten ist die Himmelssphäre.« (Zu diesen Verurteilungen vgl. Kap. XV, 2)

All dies zeigt, daß Bacon keineswegs als Aristoteliker angesehen werden kann, und auch nicht als Theoretiker und Vorkämpfer reiner empirischer Forschung. Es ging ihm, bei allem Interesse an Naturwissenschaft, doch immer auch darum, solche Erkenntnis für die Glaubensverbreitung zu verwenden. Bacon war kein verfrühter Mann der Neuzeit, sondern ein durch und durch mittelalterlicher Mensch. In dieser Umgebung aber war er ein, wenngleich auch äußerst interessanter und eigenwilliger, Außenseiter. Bacon war ein ausgesprochener und polemischer Gegner des elitären Gelehrtentums, das er vor allem in Paris auch bei seinen eigenen Ordensbrüdern am Werk sah. Bacon äußert sich häufig kritisch zur Autoritätsgläubigkeit, darin liegt bei ihm aber weniger eine Ablehnung von Autoritäten, sondern vielmehr die Kritik einer Haltung, in der jemand die eigene Unwissenheit hinter dem Zitieren von Autoritäten verbergen will. Auch die Forderung eines ständigen Erkenntnisfortschritts durch Forschung ist nicht mit der neuzeitlich ähnlich formulierten Forderung zu verwechseln. Bei Bacon ist diese Aufforderung immer mit dem Aufruf zur Demut verbunden sowie mit dem Hinweis, daß die ganze Weisheit ohnehin nur in der Offenbarung gefunden werden kann. Eine Trennung von Wissensbereichen, wie sie Albertus Magnus und viele Pariser Magistri anstrebten (vgl. Kap. XIII, 3), lag ihm fern, in dieser Hinsicht war er also eher »konservativ«. Nichtsdestoweniger war er – gerade vor dem Hintergrund einer missionarisch-apologetischen Motivation – überzeugt, daß es einen Kern von rein rational erkennbaren Wahrheiten gibt, der unabhängig von jeder Offenbarung erkannt werden kann, und der dann eine Ausgangsbasis der Verkündigung der christlichen Wahrheiten sein sollte. Daran, daß das Christentum aber alle Wahrheit von sich aus besitzt, hatte er nicht den geringsten Zweifel. Er war – ganz wie manche spätantike christliche Philosophen – überzeugt, daß in Wirklichkeit nur die Patriarchen und Propheten die wahren Philosophen waren, die alles wußten, was philosophisch überhaupt erkennbar ist *(qui omnia sciverunt, non solum legem Dei sed omnes partes philosophiae* [(Opus Maius II, c. 9. S. 45]). Gott hat von Anfang an eine und nur eine, vollständige Weisheit übermittelt *(una sapientia [...] completa et omnibus necessaria* [Ebd.]), um für diese These Aristoteles als Autorität heranziehen zu können, mußte er sich allerdings auf apokryphe Schriften berufen (Ebd. S. 45 f.).

Rationalität, religiöser Eifer und Phantasterei lagen bei Bacon nahe beieinander. So trat er etwa für das Studium der Geographie ein, aber mit dem Ziel, bessere empirische Kenntnisse für die Missionierung zu finden. Bei einer solchen Gelegenheit äußert er die Vermutung, man könne von Spanien aus auf dem Seeweg nach Indien gelangen. Das schrieb im 14. Jhd. Pierre d'Ailly (um 1350–1420) ab, und Ende des 15. Jhd.s war dann Kolumbus von dieser Vermutung beeindruckt. Wenn Bacon gut aufgelegt war, erdachte er Unterseeboote, Flugzeuge, Wagen mit Radantrieb und vieles mehr. Was immer er sonst noch war, fest steht, daß er einer der originellsten Köpfe der Philosophie des Mittelalters war.

XIII

Bonaventura und Albertus Magnus

1. Dualisten und Bettelmönche

Wichtige äußere Faktoren der Entwicklung der Philosophie im 13. Jhd. sind schon behandelt worden, so die Gründung der Universitäten und die Übersetzungen. Ein weiterer Faktor wurde ebenfalls bereits erwähnt: die Entstehung der Bettelorden. Schon bei Bacon ist deutlich geworden, welche philosophisch relevante Rolle die »Ideologie« der Franziskaner spielt. Daher soll hier noch kurz auf diese für Kirche, Gesellschaft und Universität wichtigen Neugründungen eingegangen werden. Da die Bettelorden in entscheidender Hinsicht in ihrer Entstehung und in ihrer Zielsetzung durch die zeitgenössische Häresie der Katharer bestimmt waren, muß zunächst ein Blick auf diese Bewegung(en) und ihre Herkunft geworfen werden.

352 |

Um die Mitte des 12. Jhd.s war in verschiedenen Ländern – so in Italien, Deutschland und besonders stark ausgeprägt in Südfrankreich – eine religiöse Bewegung hervorgetreten, die unter dem Namen der »Katharer« (griech. *kátharoi* = »die Reinen«; später wurde daraus das Wort »Ketzer«) bekannt ist. Die Mitglieder dieser Gruppen nannten sich selbst allerdings nicht so, sondern bezeichneten sich als »die guten Christen«. Ihre Auffassungen sind durch dualistische Lehren charakterisiert, die mit verschiedener Schärfe vertreten wurden. Die *radikalen* Gruppen in Albanien und später in Südfrankreich, letztere die Albigenser, nahmen zwei Grundprinzipien, Gott und Satan, an. Die Grundstruktur ihrer Lehre ist gnostisch. Nach vorkosmischen Auseinandersetzungen der beiden Prinzipien entsteht der sichtbare Kosmos, bei dessen Entstehen Satan entweder der einzige oder aber wenigstens der entscheidende Faktor ist. In diesem Kosmos werden die Seelen gefallener Engel zu Menschenseelen und die Erlösung dieser Seelen wird von Christus, dem engelhaften Sendboten Gottes, bewirkt. Dieser hat das *consolamentum* (die »Tröstung«) gebracht, eine Geisttaufe, die der Seele die Rückkehr in das Reich des Guten ermöglicht. In den Formen des *gemäßigten* Dualismus ist zwar Gott das höchste Prinzip, aber ein gefallener Engel, Luzifer, d. h. Satan, ist der Herrscher, also der »Gott« der geschaffenen Welt. Auch hier tritt Christus als der Erlöser auf, und auch hier wird die Erlösung durch das *consolamentum* bewirkt. Die Vorstellungen der einzelnen Gruppen sind allerdings sehr viel komplizierter als hier angedeutet, und die Unterschiede der bei einzelnen Gruppen vertretenen Anschauungen sind gelegentlich recht undurchsichtig. In der späteren Zeit, im 13. Jhd., gab es auch regelrechte Lehrstreitigkeiten zwischen den verschiedenen Gruppen, mit denen wir uns aber im vorliegenden Zusammenhang nicht zu beschäftigen brauchen. Im allgemeinen sind die Nachrichten über die Lehren der Katharer unsicher, da sie zum allergrößten Teil von Gegnern und aus Inquisitionsprotokollen stammen, was nicht unbedingt eine historisch besonders zuverlässige Quelle darstellt. Für die Männer der Kirche, die ihren Augustinus gut gelesen hatten, waren die Katharer einfach Manichäer, und sie wollten dies häufig in den Verhören bestätigt erhalten, was dann auch eintrat oder jedenfalls so protokolliert wurde. Eine der wenigen erhaltenen Originalquellen stellt das um die Mitte des 12. Jhd.s entstanden *Buch über die zwei Prinzipien (Liber de duobus principiis)* dar. Eine sehr lesenswerte Darstellung der Lebenswirklichkeit einer katharischen Gemeinde zu Beginn des 14. Jhd.s in den Pyrenäen hat E. Le Roy Ladurie in seinem Buch *Montaillou* geliefert, das auf Dokumenten der Inquisition in Pamier beruht.

Uns ist der Blick auf die geschichtliche Bedeutung des mittelalterlichen Dualismus durch die Darstellung der kirchlichen Schriftsteller verstellt. Die Situation ist ganz ähnlich der des antiken Manichäismus (vgl. Kap. III, 1). Die Katharer werden wie eine der vielen Häretikergruppen dargestellt, die dann – wenn auch mit Gewalt, Folter und Feldzügen – unterdrückt und beseitigt wurden. Dabei wird die Dimension des Phänomens aber minimalisiert. Der mittelalterliche Dualismus, der häufig in einem gesellschaftlich gut organisierten Rahmen, also als »Alternativkirche«, auftrat, in vielen anderen Fällen aber auch als mehr oder weniger diffuse Bewegung innerhalb der offiziellen Kirchen vorhanden war, stellte im griechischen wie im lateinischen Gebiet eine für die christlichen Kirchen existenzbedrohende Größe dar. Es ging hier keineswegs um sektiererische Randgruppen, sondern um eine Bewegung, die im Prinzip genügend Kraft hatte und die auch genügend günstige Voraussetzungen vorfand, um die traditionellen christlichen Kirchen zurückzudrängen oder sogar abzulösen. In all diesen Bewegungen im Osten wie im Westen waren gesellschaftlich weit verbreitete und sehr wirksame Motivationen am Werk. Viele Menschen sehnten sich nach einem einfacheren Glauben, nach einem authentischeren Christentum, und lehnten den Reichtum und die Machtbesessenheit – beides in ihren Augen »teuflisch« – der kirchlichen Funktionsträger ab.

Seit dem 8. Jhd. fand im Bereich des Byzantinischen Reiches die Bewegung der *Paulikianer*, deren Ursprung in Armenien liegen dürfte, viele Anhänger. Zur Zeit der ikonoklastischen Kaiser (vgl. Kap. V, 5, a) konnten die Paulikianer sich verhältnismäßig frei bewegen, wurden aber dann unter denjenigen Kaisern, die Anhänger der Bilderverehrung waren, verfolgt. Sie gingen daher in islamisches Herrschaftsgebiet und errichteten im 9. Jhd. – als Feinde von Byzanz von den Arabern geduldet – am Euphrat einen eigenen Staat. Die weitere Geschichte dieser Paulikianergrupen ist historisch nicht genau auszumachen. Paulikianische Gemeinden hielten sich aber auch an den östlichen Grenzen des Byzantinischen Reiches. Da diese wegen ihrer guten Beziehungen zu den Arabern für Byzanz eine strategische Gefahr im Grenzgebiet darstellten, wurden viele von ihnen nach Thrakien in Gebiete umgesiedelt, die die byzantinischen Kaiser von den Bulgaren zurückerobert hatten. Damit wurde der Dualismus in die Länder des Balkans gebracht. Der Dualismus der Paulikianer war rigoros, d. h. sie nahmen zwei gleichmächtige Grundprinzipien an.

Im 9. Jhd. bildete sich auf dem Balkan ein starkes bulgarisches Reich heraus, das von Kärnten bis zum Schwarzen Meer reichte. Der Khan Boris (852–899) wurde unter dem militärischen Druck des byzantinischen Kaisers Michael III. zur Annahme des Christentums gezwungen. Es gelang ihm aber, eine eigene Hierarchie aufzubauen und mit der Einführung der kyrillischen Schrift und einer eigensprachlichen Liturgie den byzantinischen Einfluß zurückzudrängen. Diese Hierarchie stand aber selbstverständlich wiederum nur auf Seiten der Machthaber. Die unterdrückten slawischen Bauern fanden die einfachen dualistischen Lehren der Paulikianer wesentlich attraktiver und plausibler, da diese zumindest eine gute Erklärung für ihre miserablen Lebensbedingungen boten. Wirksamer Verkünder dieser Lehren war im 10. Jhd. Bogomil (= »von Gott geliebt«), der mit seinen Angriffen auf den reichen orthodoxen Klerus viele Anhänger fand. Im 11. und 12. Jhd. bildete sich in Bulgarien, Kroatien, Serbien, Bosnien und Dalmatien eine große bogomilische Kirche aus. Auch hier dürfte ein strenger Dualismus vertreten worden sein, die Quellen sind aber unsicher. Fest steht jedoch, daß die Katharer in Kontakt mit den Bogomilen standen. Auf einer katharischen Synode im Jahre 1167 in Südfrankreich war der bogomilische Bischof Niketas anwesend und erhielt dort eine führende Stellung. Die verschiedenen dualistischen Gruppen oder Kirchen vom Balkan bis nach Frankreich betrachteten sich also als eine internationale Bewegung. Dies gilt, obwohl in Hinsicht auf die Beziehungen und Abhängigkeiten im einzelnen historisch noch viele Fragen offen bleiben.

Seit dem 10. und 11. Jhd. traten in Deutschland, Frankreich und Italien einzelne Vertreter von Lehren auf, die denen Bogomils sehr ähnlich waren. Solche Prediger eines einfachen, bescheidenen und armen Christentums fanden Anhänger nicht nur in der sozialen Unterschicht, sondern auch bei einigen Adeligen Südfrankreichs. Im 12. Jhd. fand die Bewegung der *Patarener* viel Zulauf, der wir vor allem in Mailand und Florenz begegnen. Auch hier war ein wichtiges Motiv die Kritik der politischen und ökonomischen Macht der Kirche.

Im 12. Jhd. begann eine rasche Ausbreitung derjenigen Bewegung, die später unter dem Namen »Katharer« bzw. »Albigenser« zusammengefaßt wurde. Der Boden dafür war längst bereitet. Der Reichtum der Abteien und Kathedralkirchen, der sich auch in den großen Bauunternehmungen manifestierte, stellte für viele eine unchristliche Provokation dar. Im Gegenzug ging es um ein einfaches, »apostolisches« Leben in Armut und Bescheidenheit, getragen von der eigenen Handarbeit, und darüber hinaus ging es auch um die Forderung nach einer einfachen, verstehbaren und überzeugenden Lehre. Die Diskussionen der Pariser Magistri waren in keiner Weise geeignet, solchen Forderungen zu entsprechen, ebensowenig wie die dogmatischen Sätze der Konzilien und Synoden. Das Programm dieser Bewegung wurde sehr deutlich z. B. auf einer Katharer-Synode in Köln im Jahre 1143 ausgesprochen. Etwa zu derselben Zeit mußte Bernhard von Clairvaux mit Entsetzen feststellen, daß es eine weit verbreitete Bewegung gab, die mit ihrer Zielsetzung eines einfachen christlichen Lebens – für die er selbst das Monopol zu haben meinte – viel Zulauf fand und die auch von Adeligen geschützt und unterstützt wurde. Die Katharer-Prediger waren überall.

Schon diese kurzen und nur ganz skizzenhaften Bemerkungen zeigen deutlich, dass es sich hier um eine Bewegung handelte, die im gesamten Bereich des griechischen wie des lateinischen Christentums vertreten war und die vor allem in Frankreich mit ihrer Kritik an der mächtigen und reichen Kirche sowie der Forderung nach einem einfachen Leben und einer verstehbaren Lehre zahlreiche Anhänger fand. Ihre Vertreter traten als »gute Christen« auf und ihr vorbildlicher Lebenswandel verfehlte nicht seine Wirkung. Ihre »häretischen« dualistischen Lehren waren als solche gar nicht so leicht zu erkennen, da in der kirchlichen Verkündigung, vor allem der eines ungebildeten Klerus für ein ungebildetes Volk, ebenfalls ein recht massiver Dualismus gepredigt wurde, und auch bei den Gebildeteren in augustinischer Nachfolge dualistische Schemata in etwas verfeinerter Form durchaus vorhanden waren. Die Frage, ob nicht diese Form sich als »wahres Christentum« durchsetzen würde, war eine durchaus offene. | 355

In dieser auch für die Vertreter der hierarchischen Kirche unübersichtlichen Situation trat in Italien eine kleine Gruppe um einen gewissen Franz von Assisi (1181–1226) auf, die sich ebenfalls um ein einfaches, armes und apostolisches Leben bemühte und die keinerlei kirchliche Ämter übernehmen wollte – eine Laienbewegung also. Als sich diese kleine Gruppe von Bußpredigern 1209 an Papst Innozenz III. wandte, erkannte dieser die Chance, diese Bewegung seinen eigenen Plänen der »Häretikerbekämpfung« einzugliedern. Die »guten Christen« der Katharer und ähnlicher Bewegungen (wie z. B. der Waldenser) sollten durch »gute Christen« – äußerlich ziemlich ununterscheidbar, aber durch ein Gehorsamsgelübde gegenüber dem Papst fest in die Institution eingebunden – bekehrt werden, und so sollte einer weiteren Ausbreitung solcher Bewegungen der Boden entzogen werden. Die Folge der kirchlichen Anerkennung der Anhänger des Franz von Assisi war allerdings eine schrittweise Institutionalisierung und Klerikalisierung dieser inzwischen zahlenmäßig sehr angewachsenen Gruppe. Der Gründer Franz von Assisi distanzierte sich deutlich von dieser Entwicklung, und später wird bei den Spiritualen immer wieder die Forderung nach der ursprünglichen Lebensform auftreten. Die *Franziskaner* wirkten vor allem unter der armen und mittelständischen Bevölkerung der Städte.

Während die Franziskaner also vor allem durch einfache Predigt in der Landessprache und durch beispielhaft armes Leben (was nach den römischen Intentionen den höheren Klerus davon dispensieren sollte, dieses Beispiel selbst zu geben) eher indirekt wirken sollten, hatten die *Dominikaner* von Anfang an die direkte Bekämpfung der Katharer zur Aufgabe. Ihr Gründer Dominikus (um 1170–1221) hatte ein reguläres Studium absolviert und bereits kirchliche Funktionen innegehabt, als er 1206 den päpstlichen Auftrag erhielt, zusammen mit den Zisterziensern im Languedoc die Häretiker zu bekämpfen. Er gründete 1215 eine diesem Ziel gewidmete Gemeinschaft, die schon bald offiziell als »Predigerorden« anerkannt wurde. Da es in Südfrankreich öfter öffentliche Diskussionen mit den Katharern gegeben hatte, war eine gute Schulbildung wichtig, was die Dominikaner sofort begriffen. Ziemlich rasch wurden in den wichtigen Universitätsstädten Bologna und Paris eigene dem Studium dienende Konvente des Ordens gegründet. Ähnliche Studienhäuser wurden in rascher Folge in anderen Städten eröffnet. Aber auch bei den Franziskanern ergab sich bald die Forderung nach Studien. Das Laienelement wurde zurückgedrängt, und die Kleriker mußten wie alle ein Studium absolvieren, die Franziskaner wurden also in das »normale« System integriert und errichteten konsequenterweise dann auch Studienhäuser in den großen Universitätsstädten. Einem solchen sind wir schon in Oxford begegnet, wo auch Grosseteste tätig war. Dort waren sie zunächst – entsprechend ihrem Ursprung – eher am Rande der Universität angesiedelt, aber die Integration in die »Normalität« ging ihren Weg.

Die Franziskaner und Dominikaner waren moderne, städtisch geprägte Institutionen, die auch den sozialen Gegebenheiten Rechnung trugen. Sie waren zentral organisiert, kannten keine Ortsgebundenheit wie die Benediktiner und konnten so rasch auf neue Bedürfnisse reagieren. Ihre Führungskräfte waren nicht nach dem Modell der Bischöfe gebildet wie die Äbte der Benediktiner, sondern eher nach dem der zivilen Amtsträger in den Städten. Im Inneren demokratisch, d. h. ihre Führungskräfte durch Wahl bestimmend, im politischen Bereich aber an die zentrale Leitung gebunden, entsprachen sie ziemlich genau städtischen Organisationen. Da sie dem Papst direkt unterstellt waren, konnten sie sich dem Machteinfluß der Bischöfe entziehen, was letztere nicht sonderlich erfreute. Da sie faktisch die modernste kirchliche Bewegung darstellten, zogen die Bettelorden auch die besten Köpfe an, und diese wiederum wollten mit ihrer Tätigkeit nicht vor den Toren der großen Bildungsinstitutionen der Universitäten Halt machen. Ein signifikantes Beispiel dafür ist Alexander von Hales (um 1185–1245), ein bedeutender Magister der Theologie in Paris, der die Kommentierung der *Sentenzen* des Petrus Lombardus initiierte (vgl. Kap. VIII, 4). Dieser wurde 1236/1237 Franziskaner, wodurch diese faktisch einen Lehrstuhl in der Universität gewannen – der Konflikt mit dem Weltklerus, der bisher dort alle Professuren innegehabt hatte, war unausbleiblich. Der Konflikt um die Medikanten (= Bettelmönche) an der Universität Paris war jedoch mehr als ein Streit zwischen konkurrierenden Gruppen. Die Weltkleriker verteidigten im Prinzip die Autonomie der Universität und waren der Meinung, daß jemand nur *einer universitas* angehören konnte. Die Mitglieder der Bettelorden aber gehörten einem anderen »Verband« an und waren darüber hinaus noch der päpstlichen Autorität in besonderer Weise unterstellt, und dies war systemstörend im Inneren der Universität, die

größten Wert auf die Autonomie ihrer inneren Strukturen legte, womit die Weltkleriker eigentlich recht hatten. Das Problem, daß die besten Köpfe der »anderen«
Seite angehörten, war damit aber nicht aus der Welt geschafft, und so mußte irgendein Kompromiß zwischen Institution und Realität gefunden werden. Nach großem
Widerstand von Seiten der Weltkleriker erhielten dann die Dominikaner zwei und
die Franziskaner einen Lehrstuhl an der Pariser Universität. Die gelegentlich sehr
heftig geführten Auseinandersetzungen hielten aber bis in die Fünfziger-Jahre des
13. Jhd.s an. Die Angelegenheit hatte auch einen politischen Hintergrund, insofern
die französischen Könige den Weltklerus, der »nationalistischer« dachte, unterstütz-
te, während die Päpste die »internationalistischeren« Bettelorden unterstützten.
Auch Bonaventura (Franziskaner) und Thomas von Aquin (Dominikaner) wurden
in diese Auseinandersetzungen hineingezogen und Thomas hat sich eingehend mit
diesen Fragen befaßt. Dabei gelangte er zu ganz interessanten Problemen, wie z. B.
zu dem, ob »intellektuelle Arbeit« überhaupt als »Arbeit« anzusehen sei und ob Bücher ebenso zu beurteilen seien wie die Werkzeuge eines Handwerkers, deren Besitz
und Gebrauch selbst in ganz traditionellen Mönchsorden gestattet war. Die Anerkennung intellektueller Tätigkeit als »Arbeit« – eine ganz unaristotelische Auffassung –
wird in der Neuzeit wichtig werden für das, was alles als »Arbeit« akzeptiert werden
wird. Es bleibt jedenfalls ein Faktum, daß fast alle der bedeutenden Philosophen des | 357
13. und 14. Jhd.s aus den Reihen der Bettelorden kamen und daß die entscheidenden
philosophischen Probleme des Jahrhunderts von ihnen aufgegriffen wurden.

Dabei darf allerdings auch nicht vergessen werden, daß hauptsächlich die Dominikaner, aber auch die Franziskaner die wichtigsten Träger der seit Innozenz III. einge-
führten und 1234 durch Gregor IX. fest institutionalisierten *Inquisition* waren. Die
Geschichte ist jedoch nie so einfach, wie man dies gerne hätte. Es gab hier gemeinsame päpstlich-kaiserliche Interessen. Kaiser Friedrich II. – alles andere als ein aufgeklärter Herrscher dreier Kulturen – hatte gute Vorarbeit bei dieser Art Ketzer-
bekämpfung geleistet, da er schon zwischen 1224 und 1232 durch verschiedene Gesetze zunächst für Sizilien und dann für das ganze Reich die gewaltsame Verfolgung
von Ketzern angeordnet hatte. Und die französischen Könige hätten die Albigenser
(= Katharer) auch ohne päpstlichen Aufruf zum Kreuzzug umgebracht. Dem französischen König wie dem deutschen Kaiser ging es dabei nicht um den wahren Glauben
und ebensowenig um Vernunft, sondern um politische Interessen. Beide wußten, daß
die »Häresien« ihrer Zeit eine erhebliche soziale Sprengkraft enthielten und daß diese
eliminiert werden mußte, ganz gleich, auf welcher Seite die »wahren Christen« denn
nun wirklich waren. Weder die Päpste noch die Kaiser kümmerten sich in irgendeiner
Weise um das, was Pariser Magistri unter »Vernünftigkeit« verstanden. Man muß aber
auch feststellen, daß die Magistri zwar an der Vorbereitung der kirchlichen Verurteilung des Dualismus am 4. Laterankonzil 1215 (DS 800) und ebenso 1274 an der Formulierung des Schöpfungsglaubens am 2. Konzil von Lyon (DS 851) beteiligt waren,
daß sie aber zu der realgeschichtlich großen metaphysischen Frage des 13. Jhd.s, also

zu der des metaphysischen Dualismus, kaum etwas zu sagen hatten. Sie beschäftigten sich mit ihren eigenen Fragen der Zeitlichkeit der Welt und der Unsterblichkeit der Seele, die sich aus der Aristotelesrezeption ergeben hatten, aber kaum mit dem gesamtgesellschaftlich so wichtigen Problem des metaphysischen Dualismus und der damit verbundenen Seelenlehre. Sie meinten, mit der augustinischen Manichäerablehnung – von Manichäismuskritik kann man bei Augustinus nicht sprechen – alles Erforderliche schon zur Verfügung zu haben. Und so überließen sie die »Lösung« dieser entscheidenden metaphysischen und gesellschaftlichen Frage der Politik und beteiligten sich an der Inquisition. Auch von der ursprünglich angezielten realen Auseinandersetzung mit den Katharern durch ein beispielhaft einfaches und armes Leben war bei den Bettelmönchen am Ende des 13. Jhd.s nicht mehr viel übrig geblieben – der Spott über ihren Reichtum war zu dieser Zeit bereits weit verbreitet. Eine selbständige Rolle hat das *studium* also in der Auseinandersetzung mit dem metaphysischen Dualismus nicht gespielt – die Dreiteilung von *imperium-sacerdotium-studium* war noch lange nicht eine politische Realität, das *studium* lehnte sich je nach Interessenslage entweder an das *imperium* oder an das *sacerdotium* an.

2. Bonaventura

Die Überlegungen zu Bonaventura und Albertus Magnus sind mit einer geschichtstheoretischen Frage verbunden, die als prinzipielle nicht nur an diesem Punkt des Geschichtsverlaufs deutlich gemacht werden kann, für die aber die Zeit um die Mitte des 13. Jhd.s doch ein sehr gutes Beispiel bietet. Diese Überlegung ist angeregt von der bekannten Schrift *Die Struktur wissenschaftlicher Revolutionen* (Frankfurt/M. 1967 u. ö.) von Thomas. S. Kuhn. Es handelt sich im folgenden um eine Anwendung der dort enthaltenen These, wobei der Grundgedanke folgender ist: Was von wissenschaftlichen Theorien in deren geschichtlichem Prozeß gilt, kann auch seine Anwendung bei der Analyse von historischen Prozessen im Bereich der Philosophie finden. Zunächst ganz kurz die Grundthese Kuhns: Kuhn nimmt an, daß es im Bereich wissenschaftlicher Theorien zwei sich wiederholende Phasen gibt, die gleichzeitig zwei Typen von Wissenschaft darstellen. Der eine Typus ist die *normale Wissenschaft*, der andere die *revolutionäre Wissenschaft*. Die Forschung im Bereich der normalen Wissenschaft beschreibt Kuhn in folgender Weise:

Bei der Untersuchung der »normalen Wissenschaft« [...] werden wir diese Forschung als einen rastlosen und hingebungsvollen Versuch beschreiben, die Natur in die von der Fachausbildung gelieferten Begriffsschubladen hineinzuzwängen. Gleichzeitig werden wir uns fragen, ob die Forschung ohne solche Schubladen weiterbestehen könnte, welche Rolle auch immer das Element der Willkür bei ihrem historischen Ursprung und gelegentlich noch bei ihrer späteren Entwicklung spielen mag. (Ebd. S. 22)

Dies klingt vielleicht abschätzig, ist aber keineswegs so gemeint, für Kuhn stellt normale Wissenschaft tatsächlich den Rahmen der ganz normalen Tätigkeit der Wissenschaftler dar. Eine solche ist nur möglich, wenn bestimmte Grundannahmen gemacht werden, die für sich genommen durchaus als willkürlich gesetzt erscheinen könnten, die aber allgemein von den Forschern anerkannt werden.

Dieses Element von Willkür deutet aber nicht darauf hin, daß irgendeine Gruppe von Wissenschaftlern ihren Beruf ohne eine Reihe anerkannter Überzeugungen ausüben könnte. Es macht auch die besondere Konstellation, der die Gruppe zu einer gegebenen Zeit tatsächlich verbunden ist, nicht weniger folgenschwer. Eine wirksame Forschungsarbeit beginnt selten, bevor eine wissenschaftliche Gemeinschaft überzeugt ist, auf Fragen wie die folgenden gesicherte Antworten zu haben: Welches sind die fundamentalen Entitäten, aus denen sich das Universum zusammensetzt? Wie wirken sie aufeinander und auf die Sinne ein? Welche Fragen können rechtens über solche Entitäten gestellt und welche Techniken bei der Suche nach Lösungen angewandt werden? Zumindest bei ausgereiften Wissenschaften sind Antworten auf solche Fragen (oder vollwertiger Ersatz dafür) fest in das Ausbildungsritual eingebettet, welches die Studierenden auf ihre Facharbeit vorbereitet und ihnen die Zulassung dafür erteilt. (Ebd. S. 21 f.)

Nun die Anwendung auf unsere Frage. Es gab in der mittelalterlichen Philosophie von der späten Antike bis etwa um die Mitte des 13. Jhd.s – um mit Kuhn zu sprechen – ein solches Raster von Grundüberzeugungen und die entsprechenden »Begriffsschubladen«, die letztlich auf augustinisch-neuplatonischen Grundüberzeugungen beruhten. In diesem Rahmen konnten dann so verschiedene Philosophen wie Scotus Eriugena im 9. Jhd., Anselm von Canterbury im 11., bis zu Abaelard, Hugo von St.-Victor oder Thierry von Chartres im 12. Jhd. ihre im einzelnen oft ganz und gar nicht übereinstimmenden Theorien entwickeln. Zu den bleibenden Grundüberzeugungen gehörte u. a. die Annahme einer *Hierarchie von Erkenntnisstufen*: zunächst die philosophische Erkenntnis, dann die durch die Texte der Offenbarung vermittelte Erkenntnis und schließlich die mystische Erkenntnis. Diese Ordnung wurde nie in Frage gestellt, sie stellte daher auch kein zur Diskussion stehendes Theorieelement dar, sondern war eine Voraussetzung aller einzelnen Theorien. Im Rahmen dieser Erkenntnisordnung wurde die *Welt als symbolischer Zusammenhang* entworfen und entsprechend entziffert, sie wurde gelesen wie ein Buch, das verschiedene Interpretationsebenen zuläßt und erfordert. Die Metapher der Welt als Buch ist genügend bekannt. Alle Wissenschaften, auch die Medizin, waren Buchwissenschaften und die entsprechenden Methoden waren *hermeneutisch*. Auch die Logik wurde als ein hermeneutisches Verfahren verstanden, das der Textauslegung dienen sollte. Das Trivium lieferte daher den methodologischen Rahmen der »normalen« Wissenschaft. Zurück zu Kuhn: Zu einem bestimmten Zeitpunkt, der allerdings genauer erst im nachhinein festgestellt werden kann, treten Anomalien innerhalb der normalen Wissenschaft auf, die jedoch zunächst nicht als Anomalien anerkannt werden. Was tun die Normalwissenschaftler in einer solchen Situation? Wiederum mit Kuhn:

Sie werden sich zahlreiche Präzisierungen und *ad-hoc*-Modifizierungen ihrer Theorie ausdenken, um jeden scheinbaren Konflikt zu eliminieren. (Ebd. S. 111)

Das heißt, es werden Zusatzhypothesen gebildet, größere interne Veränderungen, Erweiterungen usw. vorgenommen. In unserer Anwendung: Es wurden z. B. im 12. Jhd. bereits echte Naturbeobachtungen durchgeführt, die Ergebnisse wurden jedoch häufig in *Genesis*-Kommentare verpackt, oder aber, wenn sie unabhängig davon dargestellt wurden, ließ man die Beziehung zum biblischen Schöpfungsbegriff bewußt unbestimmt vage und formelhaft, so daß ein Konflikt vermieden wurde. Der Normalwissenschaftler kann eine sehr große Flexibilität entwickeln und kann im Prinzip eine fast unbegrenzte Anzahl von Anomalien irgendwie und irgendwo unterbringen, ohne seine Grundvoraussetzungen aufgeben zu müssen, und all dies tut er durchaus im guten und berechtigten Glauben, dem Fortschritt der Wissenschaft zu dienen. Tatsächlich gibt ihm der Erfolg lange Zeit recht. Im 12. Jhd. war der symbolische Weltzusammenhang als *eine* der Sprachen erkannt worden, die *neben* anderen Sprachen, z. B. der der Naturbeobachtung und der kausalen Erklärung von Naturphänomenen steht (vgl. Kap. VIII, 1). Konsequenterweise drängte sich auch eine Unterscheidung in wissenschaftlich-philosophische und theologische Sprache auf. Bonaventura kannte und erfaßte die aufgetretenen Probleme sehr genau, er betrachtete diese Entwicklungen aber als Anomalien, die bei geeigneter Adaptierung durchaus in das bisherige, normale Paradigma einer einheitlichen, umfassenden christlichen Weisheit eingebaut werden konnten. Um die Mitte des 13. Jhd.s ist Bonaventura also der große und bedeutende Vertreter, der versucht, all die aufgetretenen Anomalien noch einmal im Rahmen des alten Paradigmas aufzuarbeiten. Sein großer *Hexaemeron*-Kommentar ist ein eindrucksvolles Zeugnis dieser Arbeit, die nochmals von der Grundannahme her aufgebaut ist, die Welt sei primär als einheitlicher Symbolzusammenhang zu begreifen, als eine Theophanie, die auf den drei verschiedenen Erkenntnisebenen auf ihren Grund hin transparent gemacht werden kann. Dieser Grundgedanke kommt auch in anderen Schriften Bonaventuras immer wieder zum Tragen. Bonaventura versteht die Dinge der Welt als Spuren *(vestigia)*, Abbilder *(imagines)* und Ähnlichkeitsbilder *(similitudines)*:

Die Kreatur nämlich steht zu Gott in Beziehung nach Maßgabe der Spur, des Abbildes und des Ähnlichkeitsbildes. Als Spur befindet sich die Kreatur in einem Verhältnis zu Gott wie zu einem Prinzip, sofern sie Abbild ist wie zu einem Objekt, als Ähnlichkeitsbild schließlich wie zu einer eingegossenen Gnadengabe. Daher ist jede Kreatur Spur, weil sie von Gott ist, Abbild, wenn sie Gott erkennt, Ähnlichkeitsbild, sofern Gott in ihr wohnt. (*Vom Wissen Christi* q. 4. S. 119)

Das Paradigma der Welt als Spuren und Abbilder göttlicher Gedanken läßt einen sehr großen Interpretationsspielraum offen. Und man muß – mit Kuhn – zugeben, daß es tatsächlich keine noch so große Zahl von Anomalien sein kann, die zur Aufgabe eines Paradigmas zwingen könnte. Und das heißt für uns: Bonaventura war weder blind noch uneinsichtig, sondern einfach der letzte große Vertreter des herrschenden Paradigmas, er war also in diesem Sinne ganz vernünftig und »normal«. Hatte nicht noch vor gar nicht allzu langer Zeit der große Hugo von St.-Victor, ein durchaus aufgeschlossener und fortschrittlicher Mann, genau dieses Paradigma vertreten? Auch als Generalminister seines Ordens zeigte Bonaventura sich vernünftig, realistisch, ganz »normal« und ablehnend gegenüber allen Extravaganzen der Armutsfanatiker und Enthusiasten. Er verfaßte auch eine Biographie des Ordensgründers Franz von Assisi, die *Legenda maior*, in der dieser auf »normale« Standards eines Heiligen der Kirche und Ordensgründers gebracht wurde. Bonaventura führte seine Gemeinschaft in die »normalen« Bahnen eines kirchlichen Ordens, und er wünschte eine ganz »normale« Wissenschaft. Für die normale Wissenschaft läuft jedoch irgendwann die Zeit aus. Dazu wiederum Kuhn:

Der Übergang von einem krisenhaften Paradigma zu einem neuen, aus dem eine neue Tradition der normalen Wissenschaft hervorgehen kann, ist weit von einem kumulativen Prozeß entfernt, wie ihn eine Präzisierung oder eine Ausdehnung des alten Paradigmas darstellen würde. Es ist vielmehr der Neuaufbau des Gebietes auf neuen Grundlagen, ein Neuaufbau, der einige der elementarsten Verallgemeinerungen des Gebiets wie auch viele seiner Paradigmamethoden und -anwendungen verändert. (Kuhn: *Die Struktur wissenschaftlicher Revolutionen*. S. 119)

Und genau an diesem Punkt zeigt sich der Unterschied zu Albertus Magnus. Dieser unternimmt einen Neuaufbau auf neuen Grundlagen, wodurch einige der elementarsten Voraussetzungen des bisherigen Denkens verändert wurden. Um es vorwegzunehmen: Er stellt an die Stelle des hierarchischen Aufbaus der Erkenntnisweisen und der entsprechenden Ein- und Unterordnung der Gebiete der Erkenntnis eine *Bereichsstruktur*, d. h. ein Nebeneinander verschiedener Erkenntnisbereiche mit je autonomen Methoden und Resultaten. Damit war er in der Lage, die neuen Wissenschaften, die von Aristoteles und der alexandrinischen und arabischen Wissenschaft eingebracht wurden, einzuordnen, ohne daß sich daraus Anomalien ergaben. Albert betrachtet jeden Gegenstand *insofern (quatenus)* er zu einem bestimmten Erkenntnisbereich gehört. Es kommt sicher nicht von ungefähr, daß in der Logik des 13. und des 14. Jhd.s den sogenannten reduplikativen Sätzen, also »A *insofern es B ist*« besondere Aufmerksamkeit geschenkt wurde. Ebenso wird die Redeweise, die genau den Gesichtspunkt und die Methode bezeichnet, mit der ein Gegenstand behandelt wird, also z. B. »nach der Vernunft« *(secundum rationem)* oder »als Naturphilosoph sprechend« *(loquens ut naturalis)*, eine große methodologische Bedeutung erhalten, wobei hier von Albert Konsequenzen aus Einsichten gezogen werden, die schon im 12. Jhd. gewonnen, aber noch nicht systematisch verarbeitet worden waren (vgl. Kap. VIII, 1 und 2). Im Grunde leben wir noch heute innerhalb dieses Paradigmas der Bereichsstrukturen, wie es die folgende Beispiele zeigen: Kants Trennung der theoretischen und praktischen Vernunft; unsere moderne Trennung von Genese und Geltung; unsere Trennung von Tatsachen und Werten; unsere Unterscheidung von Natur- und Geisteswissenschaften; unsere Trennung von Wissenschaft und Kunst – all dies und vieles andere bedeutet »Bereichsstrukturen«. Anomalien sind durchaus auch schon aufgetreten und Zweifel an der Brauchbarkeit dieser Grundvoraussetzung sind in unserer Gegenwart durchaus vorhanden, ein neues Paradigma ist aber noch nicht gefunden – wir sind also weiterhin »Albertiner«.

Bonaventura (1221–1274) stammte aus einer Arztfamilie in Italien (Bagnoregio, in der Nähe von Viterbo). Zunächst studierte er in Paris von 1236–1242 die Artes, 1243 wurde er Franziskaner und studierte nun Theologie, u. a. bei Alexander von Hales. Dieser hatte als erster die *Sentenzen* des Petrus Lombardus seinen Vorlesungen zugrundegelegt und damit eine wichtige Entwicklung eingeleitet (vgl. Kap. VIII, 4). Im Jahre 1236/37 war Alexander von Hales Franziskaner geworden, was den weiter oben erwähnten Streit zwischen den Weltklerikern und den Bettelorden in Gang brachte, denn durch diesen »Parteiübertritt« war plötzlich faktisch ein Franziskaner an der Universität tätig. Möglicherweise hatte das Beispiel Alexanders von Hales Einfluß auf die Entscheidung Bonaventuras, dem Orden der Franziskaner beizutreten. Als Lehrer der *Sentenzen (baccalaureus sententiarum)* hatte Bonaventura 1250–1252 dann selbst die Aufgabe, diese Schrift des Petrus Lombardus zu kommentieren. Daraus ging ein umfangreiches Werk hervor, das sich ganz in die scholastische Tradition einfügt. 1254 wurde Bonaventura Magister der Theologie, seine Aufnahme ins Professorenkollegium der Universität verzögerte sich aber wegen der schon erwähnten Streitigkeiten zwischen Weltklerikern und Bettelorden bei der Besetzung von Professuren in der Universität. Fast gleichzeitig mit der Aufnahme in das Professorenkollegium wurde Bonaventura zum Generalminister der Franziskaner gewählt, konnte also seine Lehrtätigkeit nicht mehr fortsetzen. Obwohl der Kommentar zu den *Sentenzen* eine durchaus beachtliche Leistung eines jungen Magisters darstellt, ist er doch nicht unbedingt charakteristisch für Bonaventura. Seine eigentlichen Anliegen kommen in anderen Werken, vor allem in dem über das *Sechstagewerk (Collationes in Hexaemeron)* zur Sprache. Seine vielleicht bekannteste Schrift, das *Pilgerbuch der Seele zu Gott (Itinerarium mentis in Deum)* gehört einer literarischen Gattung an, die man als mystische Schriften bezeichnen kann. Bonaventura hätte dieser Einteilung seiner Schriften in verschiedene literarische Gattungen (= Bereiche) allerdings nicht zugestimmt, er hätte von Schriften für bestimmte »Stufen« gesprochen.

362

Damit stellt sich natürlich die Frage, ob Bonaventura mit den für ihn charakteristischen Schriften überhaupt in den Zusammenhang der Philosophiegeschichte gehört. Diese Frage wurde von manchen Forschern ausdrücklich verneint, von anderen ebenso ausdrücklich bejaht. Bonaventura ist wahrscheinlich jener Philosoph, der am meisten Anlaß gegeben hat, die Problematik dessen, was unter einer »Philosophie des Mittelalters« ganz allgemein zu verstehen ist, zu diskutieren, und diese Diskussion ist inzwischen beinahe ein eigener Forschungszweig geworden. In Anbetracht dessen, was zu Beginn des Abschnitts gesagt wurde, kann diese Frage jedoch verhältnismäßig unideologisch behandelt werden: Wenn Augustinus und Scotus Eriugena in die Philosophiegeschichte gehören, dann auch Bonaventura. Er ist eben der letzte große Vertreter eines Paradigmas, das *vor* der Unterscheidung der Bereiche in Philosophie und Theologie steht. Das Problem besteht »nur« darin, daß er dieses Paradigma nicht im 5. oder 9. Jhd. und auch nicht im 12. Jhd., sondern um die Mitte des 13. Jhd.s vertritt. Um 1250, also zur Zeit der Abfassung von Bonaventuras *Sentenzenkommentar*, waren so gut wie alle aristotelischen Schriften in lateinischer Übersetzung zugänglich, ebenso die großen Kommentare des Averroes, desweiteren auch die wichtigsten systematischen Schriften des Avicenna, und schließlich auch viele Werke jüdischer Philosophen – und Bonaventura war durchaus gut informiert. Die Aristotelesverbote, die immer nur einzelne Schriften betroffen hatten, waren längst faktisch außer Kraft, und so stellte sich für die Magistri der Universität dieser Zeit folgende vordringliche Frage: In welche genaue Beziehung war dieses neue/alte Wissen zu der »christlichen Weisheit« zu setzen? Bonaventura hat dieses Problem ohne Zweifel erkannt und sich ihm gestellt, und zwar wahrscheinlich als erster der großen Magistri des 13. Jhd.s. Am Lösungsversuch Bonaventuras sehen wir jedoch sehr deutlich seine Grenzen. Die erste Grenze liegt gar nicht so sehr in Bonaventuras Kenntnis oder Nicht-Kenntnis der Schriften des Aristoteles und seiner Kommentatoren, sondern vielmehr in der Einordnung aristotelischer Thesen und Argumente in den traditionellen Rahmen. Bonaventura besaß ohne Zweifel zur Zeit der Abfassung seines *Sentenzenkommentars* eine gute Kenntnis der Schriften des Aristoteles und er zitiert auch Averroes. Aber: Er nahm Aristoteles wie eine – wichtige und von ihm offensichtlich hoch geschätzte – *Autorität*, die zu anderen Autoritäten wie vor allem zu Augustinus oder weiteren Kirchenvätern *hinzugefügt* werden konnte. Und so versuchte er, bei den einzelnen Themen (Gotteserkenntnis, Schöpfung usw.) die Meinung des Aristoteles und seiner Kommentatoren, so weit es ging, in sein System einzubauen, und wo dies nicht gelang, entschuldigte er die »Irrtümer« mit dem Hinweis auf die Grenzen der nicht durch den Glauben erleuchteten Vernunft. Auch dies ist eine Möglichkeit der Anomalien-Beseitigung, und erst in der späten Schrift des *Hexaemeron* wird seine Kritik deutlicher und schärfer. Dieses in den früheren Schriften konkordanzähnliche und stark harmonisierende Verfahren hatte in Hinsicht auf das eben genannte Zentralproblem zur Folge, daß die Grundsatzfrage gar nicht in ihrer wirklichen Schärfe in den Blick kam. Bonaventura konnte oder wollte mit seinem Verfahren nicht sehen, daß mit dem aristotelischen Denken ein Welt- und Menschenverständnis vorlag, das sich keineswegs selektiv und konkordanzhaft mit der traditionellen christlichen Weltanschauung in Verbindung bringen ließ. Aristoteles steht hier einfach als der bekannteste Exponent einer alternativen »heidnischen« Weltanschauung, es gab dafür natürlich auch noch andere Autoren. Daß Bonaventura dieses Problem nicht in seiner ganzen Schärfe sah, läßt sich sowohl im Gesamtaufbau seiner Lehre als auch an der Behandlung verschiedener Einzelprobleme sehen. Für Bonaventura gab es in gut augustinischer Tradition nur *eine einzige Weisheit (sapientia)*, die allerdings in sich in einen Aufstiegsweg gegliedert ist. Diese Wahrheit umfaßt die drei großen Teile Philosophie, Theologie und mystische Schau, wobei diesen Teilen auch der Aufstiegsweg der Seele zu Gott entspricht. Da das Ziel der Seele die ewige Anschauung Gottes ist, kann keine der niedrigeren Stufen für sich ausreichend sein, und somit kann für keine eine Autonomie beansprucht werden. Diese Grundthese Bonaventuras ist auch der Leitfaden seiner kleinen, aber wichtigen und aufschlußreichen Schrift über *Die Zurückführung der Künste auf die Theologie (De reductione artium ad theologiam)*:

> Mag nun aber auch jede Erleuchtung der Erkenntnis sich im Inneren vollziehen, so können wir doch mit Recht unterscheiden und sagen, daß es ein *äußeres Licht* gibt, nämlich das Licht der mechanischen Kunst; ein *niederes Licht*, nämlich das Licht der sinnlichen Erkenntnis; ein *inneres* Licht, nämlich das Licht der philosophischen Erkenntnis; und ein *höheres Licht*, nämlich das Licht der Gnade und der Heiligen Schrift. Das erste Licht erleuchtet in bezug auf die Gestalten der Kunst, das zweite in bezug auf die Naturformen, das dritte in bezug auf die geistig erkennbare Wahrheit, das vierte und letzte in bezug auf die Heilswahrheit. (Ebd. S. 235)

Wir haben hier also eine klare Stufenordnung: ein niederes Licht – ein inneres Licht – ein höheres Licht. Wie gut informiert Bonaventura über die Probleme der Wissenschaftsentwicklung der vorangegangenen Jahrzehnte ist, zeigt sich darin, daß er auch den mechanischen Künsten ein eigenes Licht – das äußere Licht – zuordnet, was immerhin eine interessante Neuerung an »Lichtern« darstellt. Bonaventura folgt hier in deutlich sichtbarer und von ihm auch ausdrücklich angegebener Weise der Wissenschaftseinteilung Hugos von St.-Victor. Diese Einteilung war allerdings aufgestellt worden, bevor die aristotelische und arabische Philosophie in ihrer ganzen Breite bekannt geworden war, auch hatte Hugo die gesamte Wissenschaft nochmals unter die augustinische Prämisse einer Heilung menschlicher Schwächen gestellt (vgl. Kap. VIII, 3). Mit einer solchen Auffassung können noch so viele einzelne Thesen des Aristoteles übernommen werden – der zentrale Punkt der Auseinandersetzung, der mit der aristotelischen Philosophie gegeben ist, wird hier einfach umgangen: Mit aristotelischer Philosophie wird ein *autonomes Erkenntnisinteresse* verfolgt, das *alle erforderlichen Mittel* zu seiner Verwirklichung in sich hat und das *keinerlei »höheres Licht«* benötigt. Ebenso wird das entsprechende Problem der Glückseligkeit behandelt, die nach Aristoteles in Erkenntnis und ethischem Handeln als vollständig erreichbar angesehen wird und bei der für eine Gnade keinerlei Raum übrig bleibt. Demgegenüber ist der Weg der Seele nach Bonaventura – mit Augustinus – auf all seinen Stufen durch das Licht bzw. die stufenweise wachsende Erleuchtung bestimmt. Das Licht aber ist in letzter Instanz das göttliche Licht, von dem ursprünglich alle Erleuchtung stammt.

»Jede gute Gabe und jedes vollkommene Geschenk kommt von oben; es steigt herab vom Vater des Lichtes«; so Jakobus im ersten Kapitel seines Briefes (1, 17). Dieses Wort rührt an den Ursprung jeder Erleuchtung, und zugleich wird damit das freigebige Ausströmen eines vielfältigen Lichtes aus dieser Urquelle des Lichtes angedeutet. (Ebd.)

Bei Aristoteles kommt schlechterdings nichts von oben. Er versteht seine Philosophie als in ihren Prinzipien und ihrer Reichweite vollständig umschrieben, so viel auch weitere Forschung noch hinzubringen kann. Auch sein Erkenntnisziel der *theoría* bedarf keinerlei Ergänzung und kann durch keine Gottesschau überstiegen werden – dies kann Bonaventura nicht anerkennen:

| 365

Hier können alle Schwierigkeiten der Philosophie dargelegt werden. Die Philosophen gaben neun Wissenschaften und versprachen auch, eine zehnte zu geben, die Beschauung *(contemplatio)*. Aber da viele Philosophen sich von der Finsternis des Irrtums scheiden wollten, haben sie sich mit großen Irrtümern vermischt, »sie nannten sich weise und sind Toren geworden«, sie blähten sich auf über ihrer Wissenschaft und wurden zu Luziferen. (*Hexaemeron* IV, 1. S. 177)

Auch hier wieder gilt: Aristoteles hat nichts versprochen, was irgendetwas mit der von Bonaventura gesuchten »Beschauung« zu tun hätte. Was Bonaventura hier voraussetzt, ist augustinischer Neuplatonismus. Philosophie soll als »Vorhof« einer quasi-mystischen Beschauung verstanden werden, wie es in der Spätantike Plotin und später Proklos gefordert hatten (vgl. 1. Teil, Kap. XVII, 1 und 4). Bonaventura will Aristoteles »entgegenkommen«, indem er – auch dies genau wie im Neuplatonismus – einen *niederen* und einen *höheren Seelenteil* annimmt. Mit ausdrücklichem Bezug auf die Schrift des Aristoteles *Über die Seele (De anima)* läßt er durchaus die Abstraktion als Erkenntnismittel zu, aber dies gilt eben nur für den niederen Seelenteil (vgl. *Vom Wissen Christi* q. 4, 9. S. 107). Zudem fügt er dann hinzu, »daß die Seele gemäß ihrem niederen Teil erkennt, was unten ist, während desungeachtet der höhere Teil erkennt, was oben ist« (Ebd. q. 4, ad 7–9. S. 125) – oben aber sind die Ideen und letztlich Gott. Für Bonaventura ist der Mensch Abbild Gottes *(imago Dei)* und als solches trifft er auf seinem Erkenntnisweg auf die ewigen Ideen *(rationes aeternas)* oder wenigstens die Spuren derselben:

Aber weil er noch auf dem Wege und folglich noch nicht völlig gottförmig *(deiformis)* ist, erkennt er die ewigen Ideen noch nicht klar, vollkommen und bestimmt. (Ebd. q. 4. S. 121)

Die Abstraktionstheorie hat aber in der aristotelischen Philosophie genau die Funktion, das Entstehen von Allgemeinbegriffen zu erklären, wenn man *keine* platonische Ideenschau annimmt. Bei der Erleuchtungslehre und der Abstraktionstheorie handelt es sich also um *konkurrierende* und *nicht* um *komplementäre* Auffassungen. Ein »Einbau« der Abstraktionslehre in eine Erleuchtungslehre ist aristotelisch unzulässig und geht an deren Grundvoraussetzungen vorbei. Bei Bonaventura wird dann noch die Erkenntnistheorie gut augustinisch unter die Bedingungen der Sünde gestellt:

Da das Abbild im Zustand der gefallenen Natur *(in statu vero naturae lapsae)* aber der Gottförmigkeit ermangelt und vielmehr mißgestaltet ist, so erkennt es sie [d. h. die Ideen] teilweise und nur angedeutet und rätselhaft *(ex parte et in aenigmate)*. (Ebd. q. 4. S. 121)

366 Es braucht ja wohl nicht eigens gesagt zu werden, daß es für Aristoteles keine »gefallene Natur« *(natura lapsa)* gibt. Bei Bonaventura hingegen ergibt sich, wiederum mit Augustinus, in Wirklichkeit eine Erkenntnistheorie innerhalb der Grenzen der erbsündlichen Vernunft, und dies hat überhaupt nichts mit der 2. *Analytik* des Aristoteles zu tun. Bonaventuras Versuch letztere in erstere einzubauen, bringt die Anzahl der Anomalien im alten Paradigma tatsächlich an eine bedenkliche Grenze. Bonaventura hält an dem Paradigma fest, in dem der Mensch ein sündiger Spurenleser der Dinge in der Welt ist auf der Suche, diese Abbilder auf ihr Urbild hin zu entschlüsseln, was er aber letztlich ohne eine göttliche Erleuchtung nicht zustandebringen kann. Der innere Zusammenhang des Systems ist durch den Begriff der *Exemplarursächlichkeit* gegeben. Und an diesem Punkt bezieht er auch eine klare kritische Stellung gegenüber Aristoteles, d. h. er übernimmt ausdrücklich nicht dessen Kritik an der Ideenlehre und spricht sich für die platonische Konzeption aus. Im folgenden Zitat ist auch die Sprache Bonaventuras verräterisch. Aristoteles kritisiert gelegentlich Ansichten anderer, es ist aber nicht seine Art, sie, wie Bonaventura es darstellt, zu »verfluchen« oder zu »bekämpfen«. Diese Art der »Auseinandersetzung« ist doch eher die des Bonaventura in seiner späten Periode und nicht die des Aristoteles.

Denn einige haben geleugnet, daß in der urbildlichen Ursache die Urbilder der Dinge lägen. Ihr Führer scheint Aristoteles gewesen zu sein, der am Anfang und am Ende seiner Metaphysik und an vielen anderen Stellen die Ideen Platons verflucht *(exsecratur)*. Darum sagt er, daß Gott sich allein kennt und nicht der Kenntnis irgendeines anderen Dinges bedarf und es als ein ersehntes und geliebtes bewegt. Daraus folgern sie, daß er nichts oder nichts Geteiltes erkenne. Darum hat vor allem Aristoteles die Ideen bekämpft *(impugnat)*, auch in der Ethik, wo er sagt, das höchste Gut könne nicht eine Idee sein. Aber seine Gründe sind kraftlos, und der Kommentator hat sie gelöst. *(Hexaemeron* VI, 2. S. 245)

Mit dem Kommentator ist hier Eustratios von Nikaia (um 1050 – nach 1117) gemeint, der behauptet hatte, die aristotelische Kritik der platonischen Ideenlehre widerlegt zu haben (vgl. Giocarnis 1964). Bonaventura geht auf die Kritik nicht selbst ein, zeigt sich aber durchaus informiert über neuere philosophische Literatur.

Der stufenweise Abbildcharakter aller Dinge, ihr Teilhaben am Urbild, was natürlich vor allem für die menschliche Seele gilt, ist für Bonaventura das Zentrum und der eigentliche Systemfaktor seiner Metaphysik.

Alles Seiende nun führt sie [d. h. die Metaphysik] zurück auf den einen Urgrund *(unum primum principium)*, von dem es, seinen idealen Gründen nach, ausgegangen ist *(a quo exierunt secundum rationes ideales)*, also auf Gott, sofern er Ursprung, Ziel und Vorbild ist *(in quantum principium, finis et exemplar)* – mag es auch unter den Philosophen über diese idealen Gründe *(de rationibus idealibus)* einige Meinungsverschiedenheiten *(controversia)* geben. *(Die Zurückführung der Künste auf die Theologie.* S. 245)

Wir wollen auf die Formulierung »einige Meinungsverschiedenheiten« nicht näher eingehen. Bonaventura minimiert die Problematik in einer Weise, die bei der auch ihm zur Verfügung stehenden Kenntnis alternativer Auffassungen eigentlich nicht erlaubt ist. Die Funktion der Ideen als Exemplarursachen ist im Neuplatonismus eines Avicenna doch sehr verschieden von der bei Maimonides, und sie ist nochmals verschieden von der bei Augustinus. In anderen Zusammenhängen konkretisiert aber Bonaventura seine Auffassung durchaus ausreichend – augustinisch selbstverständlich. Aber selbst die bestimmte Form des Platonismus, die Bonaventura vertritt, ist für das 13. Jhd. problematisch. Die Platoniker des 12. Jhd.s hatten den »wissenschaftlichen« Platon wiederentdeckt und ihr Interesse auf die Entdeckung von *Kausalzusammenhängen* in der Natur gerichtet (vgl. Kap. VIII, 1, c). Bei Bonaventura hingegen wird die Welt, und so auch die Schöpfung in ihrem Ursprung, nicht primär als ein kausaler Vorgang betrachtet, sondern zunächst und primär als künstlerisches Schaffen gedeutet, als ein Schaffen und Hervorgehen im Geist und in der Vorstellung, das dann sekundär in der äußeren Welt Gestalt annimmt. Die *Kunst* ist daher primäres *hermeneutisches Instrument* zum Verständnis der Welt.

Wenn wir den Ausgangspunkt *(egressum)* betrachten, so werden wir sehen, daß das Kunstwerk vermittels eines im Geist sich vorfindenden Ebenbildes *(similitudine)* vom Künstler ausgeht. Durch dieses Ebenbild erdenkt der Künstler etwas, ehe er es hervorbringt, und danach gestaltet er es, wie er es geplant hat. (Ebd. S. 255)

Die ganze Welt – vor allem wieder der Geist bzw. die Seele des Menschen – erhält in dieser Konzeption eine Symboltransparenz auf das Göttliche hin. Dies heißt aber auch: Die Seele ist primär zur *contemplatio*, zur Schau ihrer selbst und der Dinge aufgefordert, nicht so sehr zur Erforschung der Dinge in Hinsicht auf ihre Ursachen, wie dies z. B. in der Physik oder in der Biologie geschieht, und schon gar nicht zu technischer Praxis aufgrund solcher Erforschung der nächsten Ursachen. Durch die *contemplatio* ihrer selbst und der Dinge findet die Seele den Weg zu Gott, und der äußere Ausdruck, den diese *contemplatio* finden kann, ist die Kunst, die diese Symboltransparenz sichtbar machen kann und soll. Das gesamte Handeln des Menschen ist unter Kriterien gestellt, die ebenso Kriterien der Architektur und der Musik sind: Maß, Schönheit, Ordnung (Ebd. S. 261). Eine solche ausschließlich »erbauliche« und künstlerische Lektüre und Interpretation der Welt bleibt deutlich sowohl hinter der wissenschaftlichen Lektüre des *Genesis*-Textes als auch der des platonischen *Timaios*-Textes zurück, die schon im 12. Jhd. unternommen worden war.

Eine Abschlußbemerkung: Es wird manchmal gesagt, man müsse die Metaphysik Bonaventuras auf dem Hintergrund »franziskanischer Spiritualität« verstehen, wie diese vor allem im *Pilgerbuch der Seele zu Gott* zum Ausdruck kommt. Es ist hier nicht der Ort zu diskutieren, was mit »franziskanischer Spiritualität« denn eigentlich gemeint ist, und die Spiritualität, die Bonaventura vertritt, ist zunächst einmal einfach eine augustinisch-neuplatonische. Ob diese aber »franziskanisch« ist, ist eine ganz andere Frage. Ich würde meinen, daß Franz von Assisi zeitgeschichtlich viel »moderner« war als Bonaventura. Der bekannte *Sonnengesang* (*Schriften des heiligen Franziskus von Assisi*. S. 210 f.) gehört selbstverständlich zu einer religiösen Sprache, in ihr bezieht sich aber Franz von Assisi nicht auf einen symbolhaft verstandenen, sondern auf einen ganz »natürlich« betrachteten Kosmos. Dieses Naturverständnis ist gar nicht so weit entfernt von jenem, in dem die Neuentdeckung der Natur im 12. Jhd. bei zahlreichen Autoren zum Ausdruck gekommen ist. Und ein solches Naturverständnis war auch eine wesentlich bessere Alternative zu den Lehren der Katharer als eine gnostisierende Kosmologie, wie sie Bonaventura nochmals vertritt.

Im Jahre 1257 gab Bonaventura seine eben begonnene Lehrtätigkeit auf und wurde Generalminister der Franziskaner. Die Umstände dieser Ernennung waren dramatisch. Sein Vorgänger Johannes von Parma hatte versucht, die Franziskaner entsprechend den radikalen Ideen des Franz von Assisi zu leiten, der Papst wollte die Bewegung jedoch stärker institutionalisieren und den Strukturen der Kirche integrieren. Johannes von Parma wurde daher zum Rücktritt gezwungen und Bonaventura stand vor der Aufgabe, die Franziskaner in vorgegebene Ordnungen einzufügen, was ihm nicht ganz gelang. Als 1270 und in den Jahre danach die intellektuelle und institutionelle Situation an der Universität in Paris sich krisenhaft zuspitzte, griff Bonaventura nochmals in die Diskussion ein (vgl. Kap. XV, 1).

3. Albertus Magnus

Warum Albertus Magnus (1206/1207–1280) eigentlich den Beinamen »der Große« erhalten hat, ist historisch umstritten, normalerweise erhielten nur Kaiser oder Könige diesen Ehrentitel. Wie immer es sich damit verhalten mag, verdient hat er sich diese Bezeichnung in jedem Fall. Albertus Magnus war Dominikaner, gehörte also jenem Orden an, der sich schon von seiner Gründungszeit an intensiv mit Theologie und Verkündigung befaßt hat. Albert war der erste Deutsche, der einen Lehrstuhl in Paris innehatte. Während dieser Zeit – er war damals etwa 35 Jahre alt – verfaßte er den inzwischen obligatorisch gewordenen Kommentar zu den *Sentenzen* des Petrus Lombardus. Die eigentlichen philosophischen Schriften Alberts fallen aber alle in die Zeit nach seiner Pariser Lehrtätigkeit, und um das immense Werk Alberts – 38 Bände in der nicht-kritischen Ausgabe – würdigen zu können, muß man sich vor Augen halten, daß er nach seiner Tätigkeit in Paris nur noch gelegentlich einige Jahre hauptberuflich als Lehrer wirkte. Die übrige Zeit war er Gründer und Leiter des Studium Generale der Dominikaner in Köln, dann Provinzial der Dominikaner in Deutschland, zwei Jahre lang Bischof von Regensburg und schließlich in verschiedenen Funktionen auf häufigen Reisen in Deutschland und im Ausland (Lyon, Paris, Rom). Der Umfang der Werke erhält zum Teil eine Erklärung aus der Tatsache, daß viele Textteile im Rahmen dieser Kompilationen einfach von anderen übernommen sind und zum anderen durch die Hilfe, die er von Mitarbeitern *(socii)* erhielt. Dies war eine durchaus übliche Praxis, auch bei Bonaventura, Thomas von Aquin und bei vielen anderen wissen wir von solchen Gehilfen. Oft handelte es sich dabei um regelrechte Equipe-Arbeiten, und solche Gruppen-Arbeiten gehörten besonders bei den städtisch-institutionell organisierten Dominikanern und Franziskanern zum normalen Betrieb. Auch andere, z. B. historische Werke wie das *Speculum historiale* des Vinzenz von Beauvais (vor 1200–1264), Dominikaner wie Albertus Magnus, das die Geschichte vom Weltbeginn bis um die Mitte des 13. Jhd.s beschreiben will, ist das Resultat einer Arbeit mit solchen »Gefährten«. Die Erfindung von regelrecht organisierten Forscher-Teams gehört also spätestens ins 13. Jhd. Im Dominikanerkonvent St. Jaques in Paris gab es seit 1236 eine Arbeitsgruppe, die Exzerpte herstellte, die für die Ordensmitglieder zur Verfügung standen, also eine Art mittelalterlicher Datenbank, von der u. a. auch Thomas von Aquin Nutzen ziehen konnte. Thomas selbst hat dann dort gezielt Texte griechischer Kirchenväter in lateinischer Übersetzung herstellen lassen. Die große Produktivität vieler Autoren des 13. und 14. Jhd.s hat also einen organisatorisch gut strukturierten Hintergrund von Gruppenarbeit, und daß die Mitglieder der Dominikaner und Franziskaner hier gegenüber den Magistri aus dem Weltklerus einen großen Vorteil hatten, liegt auf der Hand.

Albert verfaßte zunächst Kommentare zu dem gesamten Corpus der Schriften des Dionysios Areopagita und dann, etwa in der Zeit von 1254–1270, die für die weitere Geschichte besonders wichtigen Paraphrasen-Kommentare zu praktisch allen Schriften des Aristoteles, zu denen er allerdings auch den *Liber de causis* zählte. Die Werke Alberts werden seit 1950 in einer textkritischen Edition neu bearbeitet *(Editio Coloniensis)*. Zitiert wird im folgenden nach dieser Ausgabe. Bei Teilen, die dort noch nicht vorliegen, wird die Ausgabe von Paris *(Editio Parisiensis* 1890–1899) herangezogen.

Albert war ohne Zweifel der belesenste Philosoph und Wissenschaftler seiner Zeit. Er hat tatsächlich so gut wie alles von den neu übersetzten Werken gelesen, und in seinen eigenen Schriften verwendet er all das, was er gelesen hat, sehr reichlich. Dies macht seine Werke sehr weitschweifig, was ihm auch immer wieder vorgeworfen wurde. Der bekannteste der zeitgenössischen Kritiker ist Roger Bacon, der einige sehr böse Bemerkungen über den Wortreichtum bei gleichzeitig geringem Gehalt der Schriften Alberts hinterlassen hat *(Opus tertium* IX. S. 30 f.). Arbeiten von Zeitgenossen zieht Albert ebenso ausgiebig heran, allerdings, wie es damals allgemein üblich war, ohne Nennung der Namen, wie z. B. bei den logischen Schriften, wo er die Arbeiten seines Ordensbruders Robert Kilwardby (gest. 1279) verwendet. Für heutige Leser geht das ständige Zitieren, das nicht immer wirklich der Erläuterung eines Sachverhalts dient, sondern auch die Gelehrtheit des Verfassers dokumentieren soll, oft an die Grenzen des Erträglichen. Dieser heutige Leser sollte aber nicht vergessen, daß auch in unserer Gegenwart wissenschaftliche Arbeit nicht selten weithin darin besteht, in einem extrem umfangreichen Anmerkungsapparat die gesamte Sekundärliteratur zu zitieren. Man sollte zudem nicht übersehen, daß Albert doch in sehr selbständiger Weise vorgeht. Im 13. Jhd. haben die meisten Autoren, einschließlich Thomas von Aquin, Kommentare so verfaßt, daß sie dem Aristoteles-Text fast Wort für Wort folgen, also durchaus im Sinn unserer modernen Kommentierung, was durchaus anerkannt werden soll. Albert hingegen schrieb Paraphrasen zu Aristoteles, ähnlich wie Avicenna dies getan hatte, d. h. er stellt den Inhalt der jeweiligen Schrift selbständig unter Heranziehung der Auffassungen vieler anderer Kommentatoren dar. Moderne Interpreten einzelner Textkomplexe bescheinigen Albert, daß er die jeweilige Sachproblematik sehr gut verstanden hat und die »Sekundärliteratur« von ihm meistens in sachlich guter Weise herangezogen wird. Die extrem ausführliche Darstellungsweise Alberts bringt es allerdings mit sich, daß sich seine Schriften nicht recht für Übersetzungen eignen, es bleibt sinnvollerweise nur die Möglichkeit, eine Auswahl von besonders relevanten Textstellen zu übersetzen. Die einzige, allerdings m.E. doch etwas zu knappe, zur Zeit vorliegende Textauswahl dieser Art wurde auch für das vorliegende Kapitel verwendet.

Um sich die Bedeutung der Aristoteles-Kommentare Alberts deutlich zu machen, muß man den geistesgeschichtlichen Kontext sehen, in dem und für den sie abgefaßt wurden. Seit dem Beginn des 13. Jhd.s war das Vordringen des Aristotelismus durch keine Verbote bleibend aufzuhalten, und seit der Mitte des Jahrhunderts waren die Kommentare des Averroes überall vorhanden. Dieses autonome Wissen zog die jüngsten Studenten und jüngsten Professoren, also die Gruppe der Artisten, enorm an.

Aus der Artistenfakultät, die früher außer Logik kaum etwas Besonderes zu bieten gehabt hatte und die in ihrer propädeutischen Funktion fast aufgegangen war, wurde nun eine eigenständige und *selbständige Fakultät*. Damit war die Vorherrschaft der theologischen Fakultät in Gefahr und es ergab sich in Paris ein gespanntes Verhältnis zwischen beiden Fakultäten. Es war natürlich den intelligentesten Köpfen dieser Zeit klar, daß es sich hier nicht nur um einen inneruniversitären Streit handelte, sondern daß sich hier ein die gesamte Kultur und Gesellschaft betreffendes Problem Ausdruck verschafft hatte (vgl. Kap. XI, 3). Man braucht dabei nur an die Fragen der Ethik zu denken: Im Bereich der Freien Künste war die Ethik überhaupt nicht behandelt worden. Alle die Fragen der Lebensführung betreffenden Probleme gehörten faktisch ausschließlich in das Gebiet der Theologie, und obwohl die alte Einteilung der Philosophie in Logik, Physik und Ethik immer wieder wiederholt worden war, war die Ethik als eigene Disziplin bisher so gut wie nicht existent gewesen. Im 12. Jhd. hatte sich neben der Logik eine eigenständige Naturphilosophie herausgebildet, im Bereich der Ethik aber hatte keine entsprechende Entwicklung stattgefunden. Nach Bekanntwerden der aristotelischen Schriften zur Ethik änderte sich diese Situation schlagartig. Es konnte jetzt mit Aristoteles ein eigener Gegenstand der Ethik umschrieben werden: das Glück, also die bekannte *eudaimonía*. Albert trug dem Rechnung:

| 371

Um das Glück des Menschen geht es in der Sittenlehre in erster Linie, und alles übrige kommt im Zusammenhang damit zur Sprache: die sittlichen Tugenden. Deshalb sagt Aristoteles am Schluß des 1. Buches der Nikomachischen Ethik: »Das Glück ist ein Selbstvollzug der Seele im Sinn der vollendeten Tugend, d. h. der Klugheit; und so haben wir jetzt über die Tugend zu sprechen; das ist wohl die beste Art und Weise, wie wir schließlich herausfinden, was Glück eigentlich ist.« (*Super Ethica. Prologus.* Ed. Col. XIV. S. 3b. Übers. v. Fries. S. 17)

Eine Vermengung mit theologischen Fragen lehnt Albert strikt ab:

Augustinus macht an diesen Stellen Aussagen über die von Gott verliehenen Tugendkräfte, die aber den Ethiker als solchen nichts angehen. (Ebd. I, lectio 5, ad 1. S. 55b. Übers. v. Fries. S. 17)

Augustinus und Aristoteles sind hier klar gegenübergestellt. Albert spricht nicht von einem Gegensatz der Auffassung der beiden, sondern stellt nur – sehr lapidar – fest, daß den *Ethiker als solchen* eine theologische Tugendlehre »nichts angeht« *(nihil pertinet ad moralem philosophum)*. Genau hier liegt der Paradigmenwechsel zwischen Bonaventura und Albertus Magnus: Bonaventura kann einen Ethiker, der erklärt, daß ihn die theologische Tugendlehre nichts angeht, nicht anerkennen, er ist für ihn ein Sünder. Anders Albert: Für ihn gibt es legitimerweise einen Moralphilosophen, der erklärt, was für ihn »pertinent« ist:

Weist nun jemand auf die unmittelbar von Gott geschenkten Tugendkräfte hin, wie sie von den Theologen verkündigt und gepriesen werden, so lautet meine Antwort: Damit haben wir hier nichts zu tun *(dicemus, quod nihil ad nos)*; wir sprechen ja jetzt nicht über die theologischen, sondern über die natürlichen *(de physicis)* Tugenden. *(Ethica* I, tr. 7, c. 5. Ed. Par. VII. S. 114b. Übers. v. Fries. S. 17)

Dies stellt eine klare Aufteilung der Kompetenzen dar. Man soll die einzelnen Ausdrücke nicht überinterpretieren, es fällt aber doch auf, daß Albert hier verschiedene Sprachformen anzudeuten scheint: Die Theologen »verkündigen« *(praedicant)* und »preisen« *(laudant)*, während die Philosophen »disputieren« *(disputant)*. Albert ist weit davon entfernt, theologiefeindlich zu sein, aber er ordnet die »Begriffsschubladen« (vgl. Kuhn weiter oben in 2) neu. Er ist auch keineswegs traditions- oder autoritätsfeindlich, er erkennt Autoritäten durchaus an, aber fragt genau nach deren Kompetenzbereich:

Festzuhalten ist: In Sachen der Glaubens- und der Sittenlehre ist dem Augustinus eher und mehr *(plus quam)* zu glauben als den Philosophen, falls sie eine von ihm abweichende Meinung vertreten. Spräche Augustinus aber über Medizinisches, so würde ich dem Galenos und dem Hippokrates mehr *(plus)* trauen. Falls er über naturwissenschaftliche Dinge spricht, glaube ich mehr *(plus)* dem Aristoteles oder einem anderen Fachmann der Naturkunde. (II. *Sent.* d. 13 a. 2. Ed. Par. XXVII. S. 247a. Übers. v. Fries. S. 9)

Für Albertus Magnus gibt es also nicht mehr eine Hierarchie von Autoritäten, sondern, wenn man das so sagen kann, »Bereichsautoritäten«. Aber auch die Autoritäten für ihren jeweiligen Bereich sind für Albert nur relative Autoritäten, er folgt ihnen nicht unbedingt, sondern »eher« *(plus quam)*. Albert sieht keinerlei Problem darin, Aristoteles an bestimmten Stellen zu kritisieren; er kommt dazu aber nicht durch Erkenntnisse von außen oder »von oben«, sondern durch Argumente, die streng innerhalb des jeweiligen Bereichs bleiben.

Aus diesen Gründen stand Albert auch den Vorstellungen von Wissenschaft, die Grosseteste vertrat und die er kannte, ziemlich kritisch gegenüber. Für ihn stellt Grosseteste den typischen Platoniker mit den einen solchen kennzeichnenden, aber nach Albert eben unbegründeten Voraussetzungen dar. Der zentrale Punkt von Alberts Kritik liegt in der Rolle, die in der Konzeption Grossetestes der Mathematik in der Naturwissenschaft zugewiesen wird. Selbstverständlich anerkennt Albert, daß in den empirischen Wissenschaften mit quantitativen Bestimmungen gearbeitet und entsprechend Mathematik angewendet wird, dies ist aber eben etwas ganz anderes als die durch keine Beobachtungsreihe stützbare metaphysische Annahme, das gesamte Universum im Ganzen wie im einzelnen sei mathematisch bestimmt. Dabei ist sich Albert darüber im klaren, daß auch er bei seinen naturwissenschaftlichen

Arbeiten mit metaphysischen Voraussetzungen arbeitet. Die Annahme, daß alle Dinge eine natürliche Ursache haben, ist zwar auch eine metaphysische These, aber eine solche, die für die Naturwissenschaft erforderlich ist, wohingegen für Albert die Annahme eines durchgehend mathematisch bestimmten Kosmos mit der entsprechenden methodologischen Forderung, daß alle natürlichen Phänomene mathematisch erklärbar sein müssen, eine für die Naturwissenschaft keineswegs erforderliche metaphysische These ist, die zudem schon in der Metaphysik nicht beweisbar und innerhalb der Wissenschaft forschungshemmend ist. In der Wissenschaft kann in manchen Bereichen die Mathematik einiges leisten, reicht aber nicht zur Erklärung des Phänomens aus. Als Beispiel kann man Alberts Betrachtung der Musik nehmen: Er kennt selbstverständlich die traditionelle Lehre von den mathematisch bestimmbaren Intervallen und lehnt diese keineswegs ab, stellt aber fest, daß damit noch keineswegs alles über die Musik gesagt ist, was wissenschaftlich gesagt werden kann. Die mathematischen Beziehungen bleiben abstrakt und bekommen die Musik als sinnlich erfahrbaren Gegenstand nicht in den Blick (*non considerant sensibile, sed abstractum a sensibili* [*Analytica Posteriora* I, 3. Ed. Par. S. 85]). Nimmt man die Musik als sinnlich erfahrbaren Gegenstand, so kann man Wirkungen der Musik feststellen, die nicht mathematisch erklärbar sind. Andererseits wurde aufgrund mathematisch-metaphysischer Theorien von den Pythagoreern und von Boethius eine *musica mundana*, also eine Sphärenmusik postuliert. Albert lehnt eine solche Annahme mit Aristoteles ab, da es dafür keinerlei physikalischen, also sinnlich wahrnehmbaren Nachweis gibt (*Politicorum libri* VIII, in c. 3 et 4. Ed. Par. VIII. S. 771–789).

Für Albertus Magnus besteht zunächst einmal das Problem, ob es im Bereich natürlicher Phänomene überhaupt eine den Grundsätzen der 2. *Analytik* entsprechende Wissenschaft geben könne. Alberts naturwissenschaftliches Interesse und seine entsprechende Kompetenz lag im Gebiet der Biologie, schon hier ganz ähnlich Aristoteles selbst. Wenn man sich aber vor Augen hält, daß er z. B. mit der pseudo-aristotelischen Schrift *Über die Pflanzen (De plantis)* beginnen mußte, wo es die erste Aufgabe sein mußte, einige Ordnung in die Klassifikationen zu bringen und erste Fragen nach Ursachen zu stellen, so kann man verstehen, daß Albert mit wissenschaftstheoretischen Forderungen vorsichtig umgehen mußte. Er rechnet damit, daß bei vielen Erklärungen im Bereich natürlicher Dinge die Argumentation eher, jedenfalls bis auf weiteres, auf der Linie der aristotelischen *Topik* als auf der der 2. *Analytik* liegen wird, nichtsdestoweniger hält er daran fest, daß es im Bereich aller natürlichen Phänomene das Ziel sein sollte, Wissenschaft (*scientia*) im strengen Sinn des Wortes, also im Sinn der 2. *Analytik*, zu betreiben.

Albertus Magnus ist ein Aristoteliker ganz eigener Art und vielleicht ist er gegenüber anderen Kommentatoren, die sich viel genauer an den Text hielten, sogar der authentischste Aristoteliker. Er nahm in seinen Schriften die aristotelische Intention auf, das verfügbare Wissen zu den jeweiligen Gegenständen zusammenzutragen. Dieses Wissen ist aber seit der Zeit des Aristoteles angewachsen, und er selbst versteht sich als weiterer Mitarbeiter in diesem *Akkumulationsprozeß*. Dies bedeutete aber, daß er gar keine Kommentare im strengen Sinn des Wortes verfassen wollte, so wie dies Averroes gewollt hatte und wie dies auch Thomas von Aquin wieder beabsichtigen wird. Albert legt selbst genau Rechenschaft über sein Vorgehen ab:

In diesem naturphilosophischen Werk gehen wir von der systematischen Ordnung und von den Lehrmeinungen des Aristoteles aus. Hinzu kommen die für seine Ausführungen notwendigen Erklärungen und Begründungen, allerdings ohne daß sein Text kenntlich gemacht wird. Des weiteren fügen wir erläuternde Abschnitte ein; darin stellen wir uns den möglicherweise auftauchenden Zweifeln, um sie zu klären, und suchen die Lücken in der Darstellung des Aristoteles, die manchen Leuten das Verständnis seiner Lehre erschwert haben, etwas aufzufüllen. (*Physica* tr. 1, c. 1. Ed. Col. III. S. 1 f. Übers. v. Fries. S. 11)

Für Albert ist also Aristoteles eine Autorität mit »Lücken« in der Darstellung, die weitere Erläuterungen erforderlich machen. Aristoteles selbst wäre der erste gewesen, der dies zugegeben hätte.

Gelegentlich hat man den Eindruck, daß Albert etwas gereizt auf Vertreter des alten Paradigmas reagiert, die immer wieder die gleichen Einwände vorbringen. Nehmen wir als Beispiel die immer wieder auftauchende Frage nach Wundern:

In der Naturforschung haben wir nicht zu untersuchen, ob und wie der Schöpfer-Gott nach seinem vollkommen freien Willen durch unmittelbares Eingreifen sich seiner Geschöpfe bedient, um durch ein Wunder seine Allmacht kundzutun. Wir haben vielmehr einzig und allein zu erforschen, was im Bereich der Natur durch natureigene Kräfte auf natürliche Weise alles möglich ist. (*De caelo et mundo* I, 4, c. 10. Ed. Col. V. S. 103. Übers. v. Fries. S. 7)

Es gilt also: Die Annahme von Wundern ist in der Naturwissenschaft illegitim. Es ist daher nach Albertus Magnus unsinnig und methodologisch falsch, sich an Naturwissenschaftler für die Bestätigung eines »Wunders« zu wenden. Was aber »auf natürliche Weise möglich ist«, können wir einzig aufgrund von Erfahrung wissen. Basis aller Erkenntnis im Bereich der Natur ist daher die *Beobachtung*. Deshalb trug Albert auf seinen Reisen ständig Beobachtungsmaterial zusammen und erkundigte sich bei Fischern, Jägern und Bienenzüchtern usw., was diese gesehen, gehört usw. hatten. Solche Erzählungen übernahm er dann jedoch nicht einfach, sonder überprüfte sie, wenn es erforderlich schien, und falsifizierte so bestimmte Thesen. Protokollnotizen davon sehen dann z. B. so aus:

»Carduelis« ist ein kleiner Vogel, der in Disteln sitzt. Bei uns heißt er Distelfink, andere nennen ihn – in Nachahmung seiner Stimme – Stieglitz. Man sagt zwar, er nähre sich von den Spitzen der Dornen und mit Stacheln. Das hat sich jedoch durch unsere Beobachtung als nicht richtig herausgestellt *(experimento probavimus falsum esse)*. Er nährt sich mit dem Samen der Disteln und der Klettenpflanzen, des Hirtenstabs, und ähnlicher Kräuter. Er frißt auch Kerne von Mohn, Raute, Hanf, und andere; er schält mit dem Schnabel die Hülle ab und nimmt nur den Kern zu sich; auch Nüsse frißt er, wobei er ebenso die Schale zerhackt. *(De animalibus*, S. 1451. Übers. v. Fries. S. 65)

Die von ihm selbst gemachten Beobachtungen finden sich vor allem in seinen Schriften über Pflanzen und Tiere *(De vegetalibus et plantis* und *Quaestiones super De animalibus)*. Beobachtung allein macht aber noch keine Naturwissenschaft aus; es muß dort immer auch um den Versuch gehen, *kausale Beziehungen* zu erforschen:

Die Aufgabe der Naturphilosophie besteht darin, für eine bekannte Wirkung die richtige Ursache klar und sicher festzustellen, den Beweis für dieses ursächliche Verhältnis beizubringen, wie auch dafür, daß es gar nicht anders sein kann. *(De vegetalibus et plantis.* S. 139. Übers. v. Fries. S. 11)

Bei der Forderung des Nachweises, daß etwas nicht anders sein kann, was Wunder ausschließt, ergeben sich im Bereich der Naturwissenschaft allerdings doch zahlreiche Probleme, wie Albert wiederum besonders aus seiner Beschäftigung mit Fragen der Biologie wußte. Hier muß mit Häufigkeitsannahmen gearbeitet werden *(id quod est per accidens et improvisum)*, die keine strenge Notwendigkeit ergeben *(Physica* II, tr. 3, c. 2. Ed. Col. IV. S. 135). Eine Mißbildung einer Pflanze oder eines Tieres stellt ja keine Falsifikation einer Aussage darüber, wie diese »eigentlich« sind, dar. Werden aber Häufigkeitsannahmen zur Aufstellung allgemeiner Aussagen verwendet, so bedeutet dies, daß mit topischen Argumenten – im Sinne der aristotelischen, nicht der boethianischen Topik – gearbeitet wird.

| 375

Es war die Grundüberzeugung Alberts, daß bei klarem Auseinanderhalten der Geltungsansprüche und der Methoden von Theologie, Philosophie und Naturwissenschaft nicht nur Konflikte vermieden werden können, sondern sogar eine Synthese erreicht werden kann. Albert stand an einem ihm deutlich bewußten historischen Einschnitt und er sah seine Aufgabe darin, die Eigenständigkeit von Philosophie und Naturwissenschaft nachzuweisen, und glaubte, daß dann eine Synthese mit den Glaubensüberzeugungen nicht mehr allzu problematisch sei. Schon aus der Kenntnis der islamischen Philosophie her wußte er natürlich um die besondere Problematik der Fragen der Schöpfung und der Unsterblichkeit der individuellen Seele. Albert kannte sowohl den *Führer der Unschlüssigen (Dux perplexorum)* des Maimonides als auch den *Lebensquell (Fons vitae)* des Ibn Gabirol (Avencebrol). Bei diesen Streitfragen mußte er sich natürlich – hinausgehend über die beiden genannten Schriften – vor allem mit den entsprechenden Kommentaren des Averroes auseinandersetzen. Albert blieb dabei seiner Methodenlehre treu und argumentierte nie mit Gründen, die aus dem Glauben kommen, ob seine Argumente gegen die Ewigkeit der Welt, die er in seinem Kommentar zur aristotelischen *Physik* vorbringt, letztlich überzeugend sind, ist allerdings eine andere Frage. Er will sich aber philosophisch nicht festlegen, da die Frage für ihn im Bereich der Philosophie unentscheidbar ist:

Allerdings schreiben wir unserem Grund nun nicht eine Beweiskraft im strengen Sinne zu, und wir halten weder die eine noch die andere Meinung (Erschaffung mit der Zeit oder Bestand von Ewigkeit) für philosophisch beweisbar. (*Physica* tr. 1, c. 13. Ed. Col. IV, 2. S. 577b. Übers. v. Fries. S. 15)

Das Argument Alberts, das er vorher ausführlich begründet hat, lautet daher: Der Beweis des Aristoteles für die Ewigkeit der Welt hält seinen eigenen Anforderungen an einen wissenschaftlichen Beweis nicht stand. Dies war schon die Argumentationsrichtung des Maimonides (vgl. Kap. X, 2, h) und Albert bleibt dabei stehen, d. h. er hält die Frage für philosophisch unentscheidbar. Etwas anders stellt sich die zweite große Streitfrage nach der Unsterblichkeit der Seele dar. Albert ist der Überzeugung, daß er im Fall der Seelenlehre vor allem die seiner Meinung nach unzutreffende averroistische Interpretation der entsprechenden Stellen aus dem 3. Buch der Schrift des Aristoteles *Über die Seele* widerlegen bzw. korrigieren muß. – Alberts Behandlung der Frage der Zeitlichkeit der Schöpfung und der Unsterblichkeit der Seele und ebenso seine Interpretation von *De anima* könnten sachgerecht nur monographisch dargestellt werden, was im vorliegenden Zusammenhang weder möglich noch erforderlich ist. Selbst wenn Albert bei keiner der Fragen »recht haben« sollte, so wäre doch zu wünschen, daß die Auseinandersetzung immer mit jener Bemühung um Vollständigkeit der Argumente für und wider und um logische Überprüfbarkeit der Argumente geführt würde, wie sie bei ihm vorliegt. In der Abhandlung *Über die Einheit des Intellekts* (*De unitate intellectus*. Ed. Col. XVII), in der er sich mit der averroistischen Auffassung von der Seele auseinandersetzt, die u. a. besagt, daß alle Menschen eine gemeinsame und keine individuelle, nach dem Tod erhalten bleibende Geistseele besitzen, diskutiert er – für und wider zusammengenommen – 65 Argumente, um schließlich zu seiner These über die individuelle Seele zu gelangen! Viele dieser Argumente sind schon von anderen übernommen – schon Gundissalinus hatte dazu viel Material zusammengetragen (vgl. Kap. XI, 2) –, es bleibt aber bestehen, daß Albert mit größter Genauigkeit versucht, bei einer so wichtigen Fragen kein irgendwo vorhandenes Argument zu übergehen. Daß er schließlich doch die Unsterblichkeit der individuellen Seele annimmt, braucht uns nicht zu überraschen.

Albertus Magnus hat aber nicht nur viele Schriften des Aristoteles kommentiert, sondern auch die des Dionysios Areopagita, wozu ihn niemand gezwungen hat und was zu seiner Zeit auch nicht zu den Pflichtübungen eines Magisters gehörte. Mit diesen Kommentaren ist Albert aber eindeutig im Bereich neuplatonischen Denkens. War Albert nun ein echter Aristoteliker, ein neuplatonisierender Aristoteliker oder einfach ein Eklektiker? Diese Frage führt wahrscheinlich nicht viel weiter. Albert ist der Überzeugung, daß der Philosoph die Auffassungen Platons wie Aristoteles' kennen muß, und formuliert sehr klar den Unterschied zwischen der Philosophie der beiden:

> Für mich liegt der Grund für die Kontroverse zwischen Platon und Aristoteles darin, daß Platon seinen Ausgangspunkt in die allgemeinen Ideen verlegt und von daher absteigend die Seinsbestandteile der Dinge in den Griff zu bekommen sucht. Anders Aristoteles; er setzt bei den einzelnen Naturgegebenheiten selber an und gewinnt so die Einsicht in den Sachverhalt dessen, was das Ding zu dem macht, was es ist. (II *Sent.*, d. 1, a. 4. Ed. Par. XXVII. S. 15a. Übers. v. Fries. S. 13 und S. 15)

In keiner Weise versucht Albert, aristotelische Thesen in eine vorweg platonisch gedachte Metaphysik einzubauen, wie dies bei Bonaventura der Fall war. Was er unternimmt, ist etwas ganz anderes und jedenfalls Überlegenswertes: Er zeigt *empirisch*, daß die Menschen so etwas wie ein »*metaphysisches Bedürfnis*« haben (was von »reinen« Positivisten gern übersehen wird):

> Alle unsere Erkenntnis setzt beim Sinnfälligen an. Beim Fortschreiten aber, wenn sie tiefer in den ganzen Umfang des Sinnfälligen eindringt, bleibt sie nicht bei dem unmittelbar gegebenen Phänomen stehen und gibt sich nicht damit zufrieden. Der Mensch fühlt sich zum Überstieg über das Sinnlich-Wahrnehmbare gedrängt *(extollitur vehementer)*, sobald er auf etwas stößt, das schwer faßbar und übersinnlich ist, wie die Erstursache, die reinen Geistwesen, und schließlich die eigene Seele. (*De anima* I, 1, c. 1. Ed. Col. VII. S. 2 f. Übers. v. Fries. S. 13)

Auch hier wieder gilt: Ob Albert recht hat und man Metaphysik auf »metaphysischen Bedürfnissen« der Menschen aufbauen kann, ist nicht sicher, aber wenigsten ist der Ausgangspunkt empirisch überprüfbar. Und dann kann man über Genese und Geltung streiten, denn aus dem Vorhandensein eines Bedürfnisses folgt schließlich noch nicht, daß das, was dem Bedürfnis entspricht, auch tatsächlich existiert. Angewandt auf das eben vorher Besprochene: Es gibt ein empirisch nachweisbares Bedürfnis der meisten Menschen, daß der Tod nicht das Ende der menschlichen Existenz bedeute, aber: Was folgt daraus? – Auch Thomas von Aquin wird von einem ähnlichen Bedürfnis, das er »natürliches Verlangen«/„natürliches Bedürfnis« *(desiderium naturale)* nennt, sprechen (vgl. Kap. XIV, 2).

Der Einfluß Alberts war schon während seines Lebens groß; dies gilt jedoch nicht für alle Bereiche. In der Geschichte der Logik scheint er – sachlich durchaus berechtigterweise – kaum Spuren hinterlassen zu haben. Seine wichtigen Impulse für empirische Forschung wurden jedenfalls an der Pariser Universität zunächst überhaupt nicht aufgenommen. Alberts Kenntnisse im Bereich der Naturwissenschaft brachten ihm allerdings – wie im Mittelalter häufig – den Ruf eines Magiers ein, was auch dazu führte, daß ihm entsprechende Texte okkulten Inhalts wie z. B. der *Über die Geheimnisse der Frauen (De secretis mulierum)* fälschlich zugeschrieben wurden. In den Jahren nach 1250 wurden seine philosophischen Schriften in Paris bekannt, vermutlich jeweils bald nach ihrer Abfassung, und nur wenig später wurde er selbst als Autorität zitiert wie Avicenna oder Averroes.

Albert hat einen Paradigmenwechsel eingeleitet, und meiner Auffassung nach wird Albertus Magnus in der Geschichtsschreibung der Philosophie des Mittelalters unterschätzt. Er ist nicht der »Wegebereiter« von Thomas von Aquin, richtiger muß man sagen: Albertus Magnus war der »revolutionäre Wissenschaftler«, der es seinem Schüler Thomas von Aquin ermöglicht hat, wieder »normale Wissenschaft« innerhalb eines neuen Paradigmas zu betreiben. Über die Frage, ob Albert selbst die Tragweite dieses Paradigmenwechsels klar war, kann man verschiedener Ansicht sein – ich meine, daß er sehr genau wußte, daß er einen sehr radikalen Wandel einleitete –, es ist aber gar nicht erforderlich, daß der Urheber eines solchen Wechsels die Konsequenzen in allen Einzelheiten durchschaut. Es reicht zunächst die Annahme, daß Albert von der Fülle und dem Reichtum des neuen philosophischen und wissenschaftlichen Materials so beeindruckt, ja überwältigt war, daß er diesem die Eigenständigkeit einfach nicht streitig machen konnte, und daß er erst nachträglich eine wissenschaftstheoretische Rechtfertigung dafür gesucht hat. Eine gewisse »optimistische Naivität« ist möglicherweise ziemlich allgemein eine Voraussetzung dafür, einen Paradigmenwechsel herbeiführen zu können. Wer alle Konsequenzen und die sich daraus ergebenden neuen Probleme ganz durchschaut, scheut vielleicht vor einem solchen Wandel grundlegender Auffassungen zurück. Wahrscheinlich hat tatsächlich erst Thomas von Aquin sowohl die Tragweite wie auch die sich daraus ergebende Problematik dieser neuen Situation der Wissenschaft ganz erfaßt. Aber es bleibt doch bestehen, daß es Albert war, der auf der Basis dessen, was im 12. Jhd. vorbereitet worden war, und dessen, was an neuem Wissen jetzt vorhanden war, den Schritt tat, der zu einem neuen Paradigma führte, und daß es keineswegs selbstverständlich war, diesen Schritt zu tun, zeigt gerade die Gegenüberstellung zu Bonaventura.

Über die »Modernität« der Wissenschaftsauffassung Alberts hat es viel weniger Diskussionen gegeben als etwa über die Grossetestes oder Bacons. Alberts Auffassung vom akkumulativen Prozeß der wissenschaftlichen Arbeit und deren Ergebnissen, von der Möglichkeit (viele) wahrscheinliche und (einige) wahre Sätze in der Wissenschaft aufzufinden, und seine Überzeugung, empirisch Kausalzusammenhänge feststellen zu können, ließ ihn für strenge Zeichentheoretiker oder radikale Falsifikationisten wenig interessant erscheinen. Man kann jedoch vermuten, daß seine Vorstellungen von Wissenschaft in etwa dem entsprechen, was auch heutige Wissenschaftler empirischer Wissenschaften über ihre Tätigkeit sagen, wenn sie nicht durch wissenschaftstheoretische Vorgaben wie das deduktiv-nomologische Modell Hempel-Oppenheims oder ähnlicher Konstruktionen eingeschüchtert sind. Dabei ist natürlich besonders Alberts Annahme einer Zielursächlichkeit problematisch, die bei ihm wie bei Aristoteles eine zentrale Bedeutung hat (vgl. 1. Teil, Kap. X, 4, b). Wenn Albert Biologie betreibt, so stellt er immer folgende Fragen: Wozu dient ein Organ? Welchen Zweck hat ein bestimmter Reproduktionsvorgang bei Pflanzen usw.? Auch dies sind sicher Fragen heutiger Wissenschaftler, allerdings sind Fragen über Finalität in der heutigen Wissenschaftstheorie nicht gut angesehen, und deshalb sprechen Biologen nicht gerne darüber. Albert hatte noch keine solche Hemmungen. Wenn wir Alberts Intention aufnehmen, könnten wir vielleicht sagen: Wir können empirisch feststellen, daß viele Menschen, zu denen auch ganz seriöse Wissenschaftler zählen, das »Bedürfnis« verspüren, jedenfalls im Bereich der Biologie nicht nur Warum-Fragen, sondern auch Wozu-Fragen zu stellen. Ob dieses »Bedürfnis« irreleitet und zu einer illegitimen Vermengung von Bereichen führt, ist dann nochmals wissenschaftstheoretisch und wissenschaftlich genau zu prüfen.

In unserem historischen Zusammenhang ist auf folgendes hinzuweisen: Die von Albert vorgelegte »Bereichsstruktur« erwies sich äußerst wirksam, und Thomas von Aquin wird versuchen, sie »harmonisch« und »synthetisch« zu interpretieren. Aber, auch wenn man die Verdienste von Thomas von Aquin voll anerkennt, wird man nicht umhin können, festzustellen, daß er manches an der anstehenden Problematik für einige Jahre harmonisierend immunisierte und in dieser Hinsicht hinter Albert zurückblieb. Schon Autoren des 13. Jhd.s waren der Meinung, daß Albertus Magnus der konsequenteste Vertreter der Philosophie des Averroes war. Und dies bedeutet dann – historisch gesehen –, daß wir bei den Krisen, die nach Thomas von Aquin in Paris auftraten, nicht vergessen dürfen, daß Albertus Magnus mit seiner Wissenschaftsauffassung ein ganz wichtiger Faktor der im letzten Drittel des 13. Jhd.s auftretenden Polarisierung von Philosophie und Theologie war (vgl. Kap. XV). Die sogenannten radikalen Aristoteliker werden sich nicht zu Unrecht auf Albertus Magnus berufen können.

| 379

XIV

Thomas von Aquin

1. Das schiefe Bild von Thomas von Aquin

Das Bild des Thomas von Aquin (1225–1274) ist uns durch Klischeevorstellungen arg verstellt. Thomas von Aquin wird seit mehr als einem Jahrhundert für all das zitiert, was die meisten Menschen für reaktionär halten. Dabei wird die Philosophie des Thomas von Aquin meist sehr rasch mit dem sogenannten Neu-Thomismus identifiziert, und dieser steht eben in der allgemeinen Einschätzung für jene Richtung, die das kritische Denken der Neuzeit nicht anerkennen will. Dabei gehen allerdings verschiedene ideengeschichtliche und ideenpolitische Perspektiven arg durcheinander.

380 | Der Thomismus in dieser Form, gelegentlich auch in eher unglücklicher Weise als »aristotelisch-thomistische« Philosophie bezeichnet, existiert eigentlich erst seit der Mitte des 19. Jhd.s. Im Jahre 1879 wurde Thomas von Aquin durch die Enzyklika *Aeterni Patris* Leos XIII. zum offiziellen Philosophen der katholischen Kirche erklärt. Die Angelegenheit hatte allerdings eine lange Vorgeschichte. Im 16. Jhd. wurde Thomas von Aquin während des Konzils von Trient als *die* Autorität gegenüber allen vernünftigerweise von den Protestanten geforderten Reformen eingesetzt. Mit 1879 aber ist jener Zeitpunkt genannt, seit dem der Neu-Thomismus von der katholischen Kirche ideenpolitisch eingesetzt wurde, um sich gegen das Denken des 19. Jhd.s, vor allem gegen Kants Aufklärung und gegen den Deutschen Idealismus, abzuschirmen. Es wurde daher die Idee einer zeitlos gültigen Philosophie, einer *philosophia perennis* erfunden bzw. wurde das Programm einer solchen, das in der Renaissance aufgetaucht war (vgl. 3. Teil, Kap. I, 3), weiter entwickelt, und Thomas von Aquin wurde zum großen Repräsentanten einer solchen »überzeitlichen« Philosophie erklärt, was wiederum gar nicht dem Renaissance Programm entsprach. Die Philosophie des Thomas von Aquin wurde somit »ent-geschichtlicht«, zeitlos gemacht. Besonders problematisch wurde diese Art der Verwendung thomistischer Philosophie im 20. Jhd. als ideologische Basis für zahlreiche sogenannte Christlich Demokratische Parteien in Deutschland, Österreich, Holland, Italien und mehreren Ländern Süd- und Zentralamerikas, denn Thomas von Aquin wurde so zum Kämpfer gegen Sozialismus und Kommunismus, zum Verteidiger der »traditionellen Werte« und der Klasse, die ihre Privilegien aus diesen Werten ableitete. Wurden bestimmte Anpassungen unumgänglich, so mußten auch diese wiederum in irgendeiner Weise aus

thomistischer Philosophie heraus gerechtfertigt werden, und es ist wohl keiner Erläuterung bedürftig, daß diese gesamte Situation einer historischen Erforschung der Philosophie und Theologie des Thomas von Aquin mehr als hinderlich war.

In der weiteren Geschichte wurde die aristotelische Philosophie durch eine unabhängige Forschung aus diesem unsachlichen Verwendungs-Zusammenhang befreit, und heute versucht niemand mehr eine Interpretation aristotelischer Texte im Rahmen dieser »aristotelisch-thomistischen« Philosophie. Etwas anders liegt der Fall bei der Philosophie des Thomas von Aquin. Da die mittelalterliche Philosophie faktisch noch lange eine Domäne katholisch-kirchlicher Philosophie blieb und den genannten Zielen dienen sollte, fand eine historisch- kritische Thomas-Forschung auch in der ersten Hälfte des 20. Jhd.s noch weithin nicht statt. Dadurch entstand der Eindruck, Thomas von Aquin sei der Begründer des Thomismus der Neuscholastik. Damit aber wurde der Thomismus in den Dienst einer Ideenpolitik gestellt, die in genauem Gegensatz zu dem steht, was sich Thomas von Aquin zur Aufgabe gemacht und von wo aus er sein Forschungsprogramm entwickelt hatte. Thomas von Aquin hatte sich wie kaum ein anderer mit allen in seiner Zeit neuesten philosophischen Richtungen intensiv beschäftigt und kritisch auseinandergesetzt, und war damit ein Denker, den man heute zu Recht als »avantgardistisch« bezeichnen würde. Thomas von Aquin war nie Magister der Philosophie, hat sich aber seit seiner ersten Tätigkeit als Magister der Theologie in Paris mit philosophischen Fragen befaßt und dazu auch zahlreiche Schriften verfaßt, die ganz und gar außerhalb seiner offiziellen beruflichen Stellung lagen. In seinen späteren Jahren befaßte er sich sogar vor allem mit der Kommentierung philosophischer Texte. Nicht wenigen seiner Zeitgenossen schien er zu weit zu gehen und zu viele »Zugeständnisse an den Zeitgeist« zu machen. Im Jahre 1277, also nur drei Jahre nach dem Tod des Thomas von Aquin, wurden in Paris von Erzbischof Étienne Tempier eine Reihe von Sätzen verurteilt, von denen man annahm, daß sie an der Artistenfakultät gelehrt wurden. Unter diesen Sätzen waren einige, die auch Thomas von Aquin gelehrt hatte, sein Name wurde allerdings in dieser Verurteilung noch nicht genannt. Ähnliches wiederholte sich einige Jahre später in Oxford, und dort war es eindeutig, daß auch die Lehre des Thomas von Aquin angezielt war. Auf diese Ereignisse wird im nächsten Kapitel ausführlicher eingegangen werden. Wie einschneidend diese Verurteilungen für die Entwicklung der mittelalterlichen Philosophie waren, ist erst der Geschichtsforschung im vergangenen Jahrhundert deutlich geworden, und dadurch ergab sich schon rein aus Gründen der historischen Forschung auch die Notwendigkeit, die Philosophie des Thomas von Aquin in einem anderen Licht zu sehen, was aber erst langsam von einigen eingesehen wurde und von manchen noch immer nicht eingesehen wird.

In unserer Gegenwart stellt es inzwischen eine durchaus legitime Position dar, Thomas von Aquin als einen äußerst interessanten, seiner Zeit gemäßen und für seine Zeit richtungsweisenden Philosophen zu schätzen, und gleichzeitig den Neu-

Thomismus für eine uninteressante und unzeitgemäße Philosophie zu halten. Es geht also darum, Thomas von Aquin dort hin zurückzubringen, wo er hingehört: in das 13. Jhd. Er ist weder Begründer noch Vertreter einer zeitlosen Philosophie und Theologie, sondern ein sehr intelligenter und problembewußter Mann seines Jahrhunderts. Er sah viele Probleme seiner Zeit wesentlich schärfer als die meisten seiner Zeitgenossen, und war – vielleicht zu sehr – zuversichtlich, daß diese Probleme mit den zur Verfügung stehenden philosophischen Werkzeugen lösbar seien. Er fand für verschiedene Fragen recht brauchbare Lösungsvorschläge, und war in mancher Hinsicht von traditionellen Vorstellungen so beherrscht, daß er bei einer ganzen Anzahl von Fragen – monarchische Regierungsform, Sklaverei, Rolle der Kirche, Religionsfreiheit, Stellung der Frau in Familie und Gesellschaft – keinerlei brauchbare Fortentwicklung einleitete.

2. Philosophie und Zeitgeschichte

Thomas von Aquin stammte aus einer Familie des Kleinadels in Süditalien. Er erhielt seine erste Ausbildung in der Benediktinerabtei in Montecassino und studierte dann

die Freien Künste in Neapel. Neapel gehörte zum Königreich Sizilien. Sizilien wie auch Kalabrien waren früher einmal griechischsprachige Gebiete gewesen und Sizilien hatte längere Zeit unter islamisch-arabischer Herrschaft gestanden. Im Süden Italiens waren also die Beziehungen zur griechischen Vergangenheit und zu der noch nicht allzu lange zurückliegenden arabischen Besetzung noch lebendig und in Palermo und Neapel waren auch einige der neuen Übersetzungen entstanden. Während seines Studiums in Neapel kam Thomas von Aquin zum ersten Mal mit Texten des Aristoteles in Kontakt, auch mit den »neuen« der aristotelischen Naturphilosophie. Als er nach Abschluß dieser Studien dem Orden der Dominikaner beitrat, störte dies seine Familie so sehr, daß seine Brüder ihn entführten und einige Monate lang festhielten. Erst als er wieder freikam, konnte er seine Studien fortsetzen. Die Wahl dieser Ordensgemeinschaft war nicht zufällig. Die Dominikaner waren der erste Orden der Kirche, der sich das Studium zum primären Ziel gesetzt hatte, auch wenn dieses Ziel selbstverständlich im Zusammenhang der Glaubensverkündigung und der Häretiker- d. h. Katharerbekämpfung stand. Thomas von Aquin ging zum weiteren Studium, nun der Theologie, zunächst nach Köln, wo Albertus Magnus tätig war. Ob Thomas von Aquin aber bei diesem mit weiteren Texten des Aristoteles bekannt wurde, ist eher fraglich, denn diese gehörten nicht zum Curriculum der Theologie, und außerdem war Albertus Magnus in diesen Jahren nicht mit Aristoteles-Texten beschäftigt, sondern verfaßte Kommentare zu den Schriften des Dionysios Areopagita.

Zum Werdegang eines Magisters der Theologie gehörte es, daß er gegen Ende seiner Ausbildungszeit selbst Vorlesungen übernahm, und zwar über die *Sentenzen* des Petrus Lombardus, und Thomas von Aquin wurde nun nach Paris gesandt, um dort diese Vorlesungen zu halten. Es waren dies die Jahre 1252 bis 1256, eine sehr unruhige Periode, während der wichtige universitätspolitische Entscheidungen fielen. Es ging vordergründig um die Frage, ob alle aristotelischen Schriften in das Curriculum der Fakultät der Freien Künste aufgenommen werden sollten, in Wirklichkeit stand aber nur zur Diskussion, ob das, was ohnedies schon der Fall war, durch Statuten anerkannt werden sollte. 1255 wurde diese Legalisierung dann durchgeführt. Was sich im vorausgehenden Jahrzehnt schon abgezeichnet hatte, wurde jetzt klar erkennbar: Die *Fakultät der Freien Künste* hatte ihr eigenes und sehr umfassendes Gebiet umschrieben, das so verstanden werden konnte, daß es ein *vollständiges Wissen* um die Welt bot. Es handelte sich bei diesem Gebiet nicht mehr nur um die traditionellen Freien Künste, auch wenn die Fakultät diesen Namen beibehielt, sondern um ein umfassendes Wissen von Logik, Naturphilosophie, Metaphysik, Ethik und Politik. Damit war die frühere Einordnung der Freien Künste als Propädeutik für die anderen Fakultäten, vor allem für die Theologie, unzureichend bis hinfällig geworden, und damit war wiederum der Konflikt zwischen den Vertretern der Philosophie und der Theologie vorprogrammiert. Es war somit für einen noch nicht zum Doktor der Theologie »promovierten« Magister der Theologie wie Thomas von Aquin keineswegs eine Selbstverständlichkeit, die Rechte und Tragweite der Philosophie uneingeschränkt anzuerkennen. Da diese Problematik Thomas von Aquin sein ganzes Leben lang beschäftigte, können wir hier auch Stellungnahmen aus der späteren Zeit seiner Tätigkeit einbeziehen. Der Ursprung der Frage war jedoch zunächst vor allem zeitgeschichtlich bedingt und ist dieser frühen Periode der Lehrtätigkeit des Thomas von Aquin zuzuordnen. Ein auch von den Magistri der Philosophie akzeptierter Ausgangspunkt war folgende Feststellung des Aristoteles gleich zu Beginn der Metaphysik: »Alle Menschen streben von Natur aus nach Wissen. Dies beweist die Liebe zu den Sinneswahrnehmungen.« (*Metaphysik* I, 1, 980a 21–22). Daraus entwickelte Thomas von Aquin eine These, die der *Rechtfertigung der theoretischen Neugierde* gleichkam, wobei er mit Aristoteles und ohne lange Diskussion annahm, daß diese Neugierde sich zunächst einmal auf die Erkenntnis der empirisch vorgegebenen Welt bezieht, d. h. der Welt, wie sie sich der Sinneswahrnehmung darbietet. Damit aber befand er sich in deutlichem Widerspruch zu der augustinischen Tradition, die von Bernhard von Clairvaux im vorausgegangenen Jahrhundert und von Bonaventura zu seiner Zeit kräftig weiterverfolgt wurde, und die eine solche Neugierde *(curiositas)* und eine solche ausdrückliche Hinwendung zu dem, was sich den Sinnen darbot, als eine ganz und gar tadelnswerte Haltung betrachtete. Thomas von Aquin legte seine Thesen aber klugerweise nur positiv vor, ohne sich mit dieser ihm gut bekannten Tradition explizit auseinanderzusetzen. In dieser Tradition galt immer, daß der Mensch zur Erkenntnis einer göttlichen Erleuchtung *(illuminatio)* bedarf, und daß Aristoteles mit guten Gründen nichts dergleichen annahm, wußte Thomas natürlich und er stimmte Aristoteles darin zu. Erkenntnistheoretisch bedeutete das dann, daß es bei Thomas von Aquin für den Bereich des Wissens von den Dingen der empirischen Welt keinerlei Erleuchtung im Sinne des Augustinus bedurfte. Wie aber verhalten sich dann diese Erkenntnisse zu den Glaubenswahrheiten? Auch zur Beantwortung dieser Frage betrieb Thomas von Aquin Studien, die über das hinausgingen, was viele seiner Kollegen heranzogen. Selbstverständlich kannte er die schon sehr deutlichen Äußerungen Alberts des Großen zu dieser Frage, die Problematik des Verhältnisses von philosophischen und wissenschaftlichen Aussagen zu solchen, die aus Texten der Offenbarung, also der *Bibel*, erhoben werden konnten, war aber schon in aller Schärfe von der islamischen und jüdischen Philosophie gestellt worden. Thomas von Aquin studierte daher sehr genau den *Führer der Unschlüssigen* des Moses Maimonides, sah aber rasch, daß dessen Konzeption als ganze nicht übernommen werden konnte, auch wenn er ihr in vielen einzelnen Punkten folgte. Maimonides war von der seit Saadia (vgl. Kap. X, 2, a) für die jüdische wie schon für die islamische Philosophie geltenden Voraussetzung ausgegangen, daß Philosophie und Wissenschaft auf der einen und Offenbarungsreligion auf der anderen Seite eine und dieselbe Wahrheit beinhalten. Thomas von Aquin hatte jedoch die Standards der Wahrheitserkenntnis sehr hoch angesetzt. Für ihn gab die wissenschaftliche Erkenntnis die Kriterien vor für das, was Erkenntnis eigentlich ist, und diese Kriterien entnahm er der *2. Analytik* des Aristoteles, zu der er auch einen eigenen Kommentar verfaßte. Damit aber war Erkenntnis in ihrer höchsten Form durch *demonstrative Beweisverfahren* gekennzeichnet. In der Wissenschaft *(scientia)* ist ein Satz bewiesen, wenn er durch ein korrektes, d. h. hier: syllogistisches Verfahren aus gesicherten Sätzen abgeleitet wird, wobei den höchsten Grad der Gewißheit die evidenten Sätze bieten, bei denen nachweisbar ist, daß ihr Gegenteil einen Widerspruch enthält. Thomas erfaßte klar, daß die Sätze der Theologie in vielen Fällen diesen Kriterien von Wissen und Wissenschaft nicht genügen. Ausgehend von den genannten Kriterien der Wissenschaft konnte es jedoch für ihn dann nicht ausreichen, Wahrheiten der Offenbarung einfach neben die der Philosophie und Wissenschaft zu stellen, er fordert vielmehr zum mindesten den ausdrücklichen Nachweis, daß diese Sätze der Offenbarung der Vernunft nicht widersprechen. Damit ergibt sich eine durch die *Beweistheorie* begründete *Stufenordnung* der Sätze.

Es steht nämlich fest, daß das, was von Natur aus in die Vernunft hineingelegt ist, das im höchsten Grade Wahre ist, und zwar so sehr, daß nicht einmal zu denken möglich ist, es sei falsch. Ebensowenig darf man das, was im Glauben festgehalten wird, als falsch ansehen, da es ja so sichtbar von Gott her bestätigt wurde. Da nun der Gegensatz zum Wahren allein das Falsche ist, wie bei der Prüfung ihrer Begriffsbestimmungen ganz klar wird, ist es unmöglich, daß den Prinzipien, die die Vernunft von Natur aus erkennt, die genannte Wahrheit des Glaubens entgegengesetzt ist. (*Summa contra gentiles* I, c. 7. Bd. 1. S. 25)

Thomas von Aquin verlangt für Glaubenswahrheiten also keinen wissenschaftlichen Beweis, wohl aber den ausdrücklichen Nachweis der Nicht-Unvernünftigkeit. Er folgt in diesem entscheidenden Punkt Albertus Magnus und bricht mit der gesamten Tradition, in der seit den frühen Apologeten immer angenommen worden war, das Christentum sei die wahre Philosophie. Ohne weitere Diskussion nimmt Thomas von Aquin an, daß es einzig in das Gebiet der Philosophie gehört, festzustellen, was die Kriterien wahrer und wissenschaftlicher Erkenntnis sind. Und er sagt dann ganz klar, daß die Wahrheiten des Glaubens nicht den positiven Kriterien der Wissenschaft entsprechen, daß also der Nachweis ihrer Vernünftigkeit nur so weit reicht, daß sie nicht als nicht-vernünftig aufgezeigt werden können. Daraus ergeben sich strenge Beweisforderungen für die Philosophie und strenge kritische Regeln für die Theologie.

Aus dem zuvor Gesagten ist also unmittelbar ersichtlich, daß die Absicht des Weisen sich auf eine zweifache Wahrheit der göttlichen Dinge zu richten hat und auf die Beseitigung der entgegengesetzten Irrtümer; zu der einen kann das Forschen der Vernunft gelangen, die andere aber übersteigt jede Anstrengung der Vernunft. Ich spreche aber von einer zweifachen Wahrheit der göttlichen Dinge nicht von seiten Gottes, der die eine und einfache Wahrheit ist, sondern von seiten unserer Erkenntnis, die sich hinsichtlich der Erkenntnis des Göttlichen verschieden verhält. [...]

Es ist daher zur Darlegung der erstgenannten Wahrheit mit Beweisgründen vorzugehen, durch die der Gegner überzeugt werden kann. Da aber solche Gründe für die zweite Wahrheit nicht beizubringen sind, darf unsere Absicht [hier] nicht darauf gerichtet sein, daß der Gegner durch Argumente überzeugt werde, sondern daß seine Argumente, die er gegen die Wahrheit vorbringt, widerlegt werden, da der Wahrheit des Glaubens die natürliche Vernunft nicht entgegengesetzt sein kann, wie dargelegt wurde. Die einzige Weise aber, einen Gegner dieser Art von Wahrheit zu überzeugen, gründet sich auf die von Gott durch Wunder bekräftigte Autorität der Schrift. Denn was über die menschliche Vernunft hinausgeht, glauben wir nur, weil Gott es offenbart. Jedoch muß man, um eine derartige Wahrheit darzulegen, einige Wahrscheinlichkeitsgründe anführen, und zwar zur Übung und zum Trost der Gläubigen, nicht aber zum Überzeugen der Gegner. Denn eben die Unzulänglichkeit der Gründe würde sie in ihrem Irrtum noch mehr bestärken, wenn sie nämlich glaubten, wir stimmten wegen so schwacher Gründe der Wahrheit des Glaubens zu. (Ebd. S. 29 und S. 31)

Dies ist eine beachtliche Darlegung. Thomas von Aquin nimmt zwar wie alle zu seiner Zeit an, daß die Offenbarung durch Wunder bestätigt sei, nimmt aber nicht an, daß ein Nicht-Gläubiger vom Vorhandensein solcher Wunder überzeugt werden könne. Er führt sie daher nicht als etwas an, das als Beweis für den Gegner der Offenbarung eingesetzt werden könnte. Thomas von Aquin hatte das, was Albertus

385

Magnus zu dieser Frage gesagt hatte, genau gelesen. Wir dürfen auch nicht vergessen, daß das eben angeführte Zitat aus der *Summe gegen die Heiden (Summa contra gentiles)* stammt, die Thomas als Grundlage einer Diskussion mit Vertretern des Islam verfaßt hat. Vom Islam wußte er zwar kaum sehr viel, was islamische Philosophen für philosophisch beweisbar hielten, wußte er aber ziemlich genau aus seinem Studium der Schriften derselben, von denen inzwischen ja viele übersetzt waren, und nicht zuletzt hatte Albert hier schon sehr viel Vorarbeit geleistet. Es ging Thomas von Aquin also darum, eine rationale – und wir würden sagen: interkulturell gültige – Basis für Argumentationen zu legen, und in einer solchen Diskussion sind strenge Kriterien und pragmatische Zurückhaltung erforderlich. Aber auch für den Gläubigen selbst fordert er einige inhaltliche Überlegungen, die diesem eine gewisse Wahrscheinlichkeit für seine Überzeugungen liefern; auch hier genügt somit nicht der einfache Glaube. Thomas ist sich aber über die Unzulänglichkeit solcher Gründe im klaren: Sie können nicht als Argumente in einer Diskussion eingesetzt werden. Eine solche Haltung ist vernünftig. (Jemand kann durchaus sinnvollerweise Mozarts Musik als »wunderbar« ansehen, als »einmalige und unüberbietbare Offenbarung«, und er wird auch einige Gründe für seine Überzeugung aufführen können, ohne deshalb aber ausreichende Gründe zu haben, einen Wagnerianer davon zu überzeugen.) Das Problem, das sich dann allerdings ergibt, besteht bei Thomas von Aquin darin, daß die wahren Aussagen nicht einfach in zwei Klassen – philosophische beweisbare und theologische nicht beweisbare – eingeteilt werden können, da es seiner Auffassung nach auch noch eine Schnittklasse von Aussagen gibt, die sowohl in der Philosophie wie auch in der Theologie behandelt werden, wie z. B. Aussagen über die Existenz Gottes, über die Schöpfung der Welt und ähnliche. Eine Gruppe solcher Aussagen war schon durch die *Sentenzen* des Petrus Lombardus vorgegeben (vgl. Kap. VIII, 4), die alle Magistri zu kommentieren hatten. Bei solchen Aussagen muß der Theologe dann allerdings Beweise vorlegen, die auch den strengen Kriterien wissenschaftlicher Beweisführung entsprechen. Dies ist das Gebiet einer philosophischen Theologie, die es als solche und in dieser methodologisch präzisierten Form erst seit dem 13. Jhd. gibt.

In einem ganz allgemeinen Sinn versuchte Thomas aber noch ein weiteres zu zeigen: Im Menschen gibt es ein natürliches Verlangen *(desiderium naturale)* nach Erkenntnis, die über das hinausgeht, was durch wissenschaftliche Erkenntnis erfüllt werden kann, dessen Erfüllung aber zur Glückseligkeit gehört. Thomas von Aquin sieht die Erfüllung dieses Verlangens in einer unmittelbaren Gotteserkenntnis *(Summa contra gentiles* III, c. 25. Bd. 3, 1. S. 96–106). Man kann seine These jedoch auch allgemeiner fassen: Angenommen, der Mensch ist keine Fehlkonstruktion, müssen wir einfach feststellen, daß sein natürliches Bedürfnis nach Glückseligkeit über das hinausgeht, was ihm mit wissenschaftlichen Beweisen geliefert werden kann. Wir waren einer ähnlichen These auch bei Albertus Magnus begegnet. Thomas von Aquin nimmt also aufgrund dieses Verlangens ein endgültiges Ziel des

Menschen an, das außerhalb und jenseits dessen liegt, was die Philosophie erreichen kann, und daran läßt Thomas von Aquin keinen Zweifel aufkommen. Dieses Ziel ist nur im Glauben erfaßbar und es kann – nach den wissenschaftstheoretischen Prinzipien des Thomas von Aquin – nicht bewiesen werden, sondern nur als nicht-widersprüchlich aufgezeigt werden. – Mit seiner wissenschaftstheoretischen Konzeption entspricht Thomas von Aquin den berechtigten Ansprüchen der Vertreter der Fakultät der Freien Künste, die die Selbständigkeit von Wissenschaft und Philosophie beanspruchen, und er entspricht auch der historischen Situation einer Gesellschaft, die sich anderen Kulturen öffnet und eine gemeinsame vernünftige Basis für das Gespräch mit diesen sucht, während andere meinten, diese Begegnung kriegerisch durchführen zu müssen. Er entspricht aber auch den Forderungen seiner Kirche und seiner Ordensgemeinschaft, die an einer Gruppe von Wahrheiten festhalten will, die außerhalb des Bereiches der Philosophie liegen. Daß es nur sehr schwer möglich ist, all diesen Forderungen gleichzeitig gerecht zu werden, kann nicht verwundern, aber Thomas von Aquin versucht wenigstens die Probleme nicht zu verharmlosen.

Thomas von Aquin kommentierte zahlreiche Texte des Aristoteles, so *Peri hermeneias*, die *2. Analytik*, Buch VIII der *Physik*, Buch I–III von *De caelo et mundo*, Buch I von *Über Entstehen und Vergehen (De generatione et corruptione)*, die *Metaphysik*, die *Nikomachische Ethik* und Buch I–III der *Politik*. Es ist offensichtlich, daß die naturphilosophischen, die metaphysischen und die ethisch-politischen Schriften einen | 387 großen Raum einnehmen, und es waren auch gerade dies die aristotelischen Schriften, die im Zentrum der Diskussion standen. Auch zu dem damals zur Naturphilosophie gezählten aristotelischen Traktat *Über die Seele*, dessen Interpretation seit Averroes und zur Zeit des Thomas auch in Paris heftigste Diskussionen hervorgerufen hatte, verfaßte er einen Kommentar *(Sententia libri de anima)*. Schon die Wahl der Texte zeigt, daß bei Thomas das Sachinteresse an den aktuellsten Fragen für seine Kommentierung maßgebend war. Die Kommentare entsprechen der zu seiner Zeit modernsten Form. Thomas folgte nicht dem Verfahren seines Lehrers Albertus Magnus, der ähnlich wie Avicenna Paraphrasen zu den aristotelischen Texten verfaßt hatte, sondern hielt sich streng an den Text, es ist diese die Art der Kommentierung, die auch Averroes verwendet hatte. Bei der Auslegung des Textes geht Thomas von Aquin von der Voraussetzung aus, daß die Theorien des Aristoteles außer in wenigen Grenzfällen mit den christlichen Auffassungen nicht in Widerspruch stehen. Man kann seine Interpretation also als »wohlwollend« bezeichnen, d.h. er versuchte Aristoteles so zu verstehen, daß dessen Lehren für das traditionelle christliche Verständnis möglichst annehmbar erschienen. Er folgte also formal eher Averroes, der Intention nach eher Maimonides, wobei letzterer allerdings selbst keine solchen Kommentare verfaßt hatte, sondern seine Aristoteles-Auffassung nur im Zusammenhang von Sachfragen erörtert hatte. Aufgrund seiner wohlwollenden Interpretationen gelang es Thomas, aristotelische Philosophie in die Theologie in einem Maß einzubauen, wie dies vorher unvorstellbar gewesen war, vielen seiner Zeitgenossen schien er allerdings dabei viel zu weit zu gehen, was sich in den Konflikten nach seinem Tod rasch zeigte.

Thomas von Aquin legte bei seinen Kommentaren Wert auf genaue, und das hieß damals: möglichst wortgetreue Übersetzungen. Er verwendete die besten ihm erreichbaren Übersetzungen, von denen viele von Wilhelm von Moerbeke stammten. Die Kommentierung von Schriften des Aristoteles beschäftigte Thomas von Aquin neben der Abfassung der *Summa Theologiae* bis an das Ende seines Lebens. Thomas von Aquin war ein kritischer Leser, und dies gab ihm die Möglichkeit, als erster zu erkennen, daß der berühmte *Liber de causis*, der seit Jahrhunderten als aristotelische Schrift weitergegeben wurde, nicht von Aristoteles stammen konnte. Die lateinische Übersetzung der *Institutio theologica* des Proklos, die Wilhelm von Moerbeke angefertigt hatte, gab ihm sogar die Möglichkeit, als erster zu erkennen, daß diese die Quelle des *Liber de causis* darstellte (*Super librum de causis expositio. Prooemium;* auch in: *Prologe.* S. 5). Dies ist – so nebenbei gesagt – ein weiteres Zeugnis dafür, daß die Philosophen und Theologen des Mittelalters gar nicht so blind der Tradition glaubten und gar nicht so unkritische Leser von Autoritäten waren, wie manchmal angenommen wird. Im übrigen aber bedeutete diese historische Identifizierung für Thomas von Aquin keineswegs, daß er nun diese Schrift abgelehnt hätte, er verfaßte vielmehr auch zu dieser einen Kommentar. Thomas von Aquin war also ebensowenig wie Albertus Magnus ein exklusiver Aristoteliker, auch konsequente Aristoteliker des Mittelalters lehnten nicht automatisch alles Platonisch-Neuplatonische ab. Selbst ein radikaler Aristoteliker wie Siger von Brabant (vgl. Kap. XV, 1) hat den *Liber de causis* kommentiert.

3. Erkenntnis und Wissenschaft

a) Wahrheit

Erkenntnistheorie hat immer etwas mit allgemeinen anthropologischen Voraussetzungen zu tun. Thomas von Aquin geht von der Voraussetzung aus, daß die Menschen zwar eine ganze Menge von Irrtümern hervorbringen, daß sie aber doch die Fähigkeit besitzen, bei genauem Hinsehen solche Fehler aufzudecken, irgendeine Vorstellung einer augustinischen »Vernunft innerhalb der Grenzen der Erbsündlichkeit« hat bei ihm keinen Platz. Er war nicht der Auffassung, daß die Menschen mit ihrer Erkenntnis in allen Gebieten besonders weit kommen, meinte aber doch, daß sie so weit gelangen, daß es für die Erfüllung ihre wichtigsten Bedürfnisse ausreicht. Solche Grundauffassungen haben auch etwas mit seinen Glaubensüberzeugungen zu tun, sind aber auch ohne diese akzeptabel. Thomas von Aquin war überzeugt, daß der Mensch ein endliches Wesen und seine Vernunft somit eine endliche ist, er war aber auch überzeugt, daß Gott diesen Geschöpfen genügend Verstand gegeben hat, um sich in der Welt zurechtzufinden, ohne daß dazu eine dauernde göttliche Erleuchtung oder eingeborene Ideen erforderlich wären. Es geht ihm also nicht darum, zu begründen, daß die Menschen überhaupt etwas erkennen und wissen können, sondern um die Frage, wie es funktioniert, daß sie das können, um gleichzeitig zu begreifen, welche Grade der Gewißheit bei den einzelnen Erkenntnissen vorliegen, denn daß sich die Menschen oft täuschen, d. h., daß sie mehr Sicherheit annehmen als dann gerechtfertigt werden kann, scheint ein oft beobachtbarer Sachverhalt zu sein. Obwohl also wahrscheinlich letztlich von Glaubensüberzeugungen her (mit)motiviert, ist Thomas von Aquin ein Philosoph des natürlich funktionierenden Verstandes, und damit kann er sich mit Grundüberzeugungen des Aristoteles treffen, auch wenn dessen Motivierung dafür eine ganz andere war. Der Optimismus der Welterkenntnis des 12. Jhd.s ist bei Thomas von Aquin durchaus noch vorhanden, aber es ist ein kritisch reflektierter Optimismus. Das Instrumentarium dieser kritischen Reflexion ist bei Thomas von Aquin wiederum aus dem Quellenstudium hervorgegangen. Entscheidend dafür war vor allem die *2. Analytik* des Aristoteles, die im 13. Jhd. als die letzte der logischen Schriften des Aristoteles eine ganz zentrale Rolle zu spielen begann. Thomas von Aquin hat dieser Schrift einen ausführlichen Kommentar gewidmet, und dort finden sich daher seine wichtigsten Ausführungen zu den Problemen der Erkenntnis und der Wissenschaft, die den Hintergrund für viele einzelne Stellungnahmen in anderen Zusammenhängen liefern. Außer der *2. Analytik* spielt bei Thomas von Aquin die Seelenlehre, wie sie bei Aristoteles in der Schrift *Über die Seele (De anima)* dargestellt wird, für die Entwicklung seiner Erkenntnistheorie eine wichtige Rolle.

Sinneswahrnehmung

⇓

allgemeines Bild

(species intelligibilis)

⇓

Aussage

Die Erkenntnis geht nach Thomas von Aquin in drei Schritten vor sich. Die Grundlage aller Erkenntnis ist – wie bei Aristoteles – die *Sinneswahrnehmung*. Der Ausgangspunkt von den »sinnenfälligen Dingen, aus denen die menschliche Vernunft den Anfang der Erkenntnis nimmt« (*Summa contra gentiles* I, 8. Bd. 1. S. 27) ist unhintergehbar. Aber bereits in den Sinneswahrnehmungen liegt ein Ansatzpunkt für die Bildung von Allgemeinbegriffen, also für *Abstraktion* vor. Schon bei den Sinneswahrnehmungen vergleichen wir Dinge, wir stellen also Ähnlichkeiten und Verschiedenheiten fest. Dies liefert dann den Ausgangspunkt für die Tätigkeit des Verstandes, die im Zusammenfassen und Trennen liegt. Abstraktion ist also keine mysteriöse Schau eines in einem Ding verborgenen »Wesens«, sondern ein ganz einfacher und durch Reflexion beobachtbarer Vorgang. Ich sage z. B. »Peter ist ein Mensch«, und dann sage ich »Johannes ist ein Mensch«. Frage ich mich, warum ich von beiden sage, daß sie »Menschen« sind, so ist die Antwort einfach die, daß ich beim Hinschauen Ähnlichkeiten in den beiden erfasse, und diese Ähnlichkeiten ergeben die Vorstellung eines »allgemeinen Bildes« *(species intelligibilis)*, das wir in der Erinnerung aufbewahren. Huscht dann irgendwann z. B. ein Schatten vorbei, können wir dieses allgemeine Bild zum Vergleich heranziehen und fragen: »Habe ich einen Menschen gesehen?« Die Antwort kann »Ja«, »Nein« oder »Die Wahrnehmung war nicht ausreichend für einen Vergleich« sein. Wenn ich sage »Peter ist ein Mensch« und »Johannes ist ein Mensch«, will ich aber auch zum Ausdruck bringen, daß sie neben der Ähnlichkeit auch Unähnlichkeiten aufweisen, daß also der eine etwa blond, der andere aber schwarzhaarig ist usw.; die Anwendung eines Eigennamens setzt etwas bzw. mehreres »Eigentümliches« voraus. Ich sage dann aber, daß diese besonderen, spezifischen Eigenschaften nicht dafür entscheidend sind, ob ich die beiden als »Menschen« bezeichne, und dies liefert die Grundlage für die dann in der Kategorienlehre getroffene Unterscheidung von »Substanz« und »Akzidens«.

$$\left.\begin{array}{r}\textit{species intelligibilis}\\ \textit{propositio}\end{array}\right\} \quad \textit{adaequatio intellectus ad rem} \Rightarrow \textit{veritas}$$

Thomas von Aquin geht im weiteren davon aus, daß es zwischen dem Bild in meiner Vorstellung und dem Satz, in dem ich dieses Bild zum Ausdruck bringe, eine *Entsprechung* oder *Übereinstimmung (adaequatio)* gibt. Wird eine solche Entsprechung vom Verstand bestätigt, so liegt *Wahrheit* vor. Wenn eine Aussage als »wahr« bezeichnet wird, wird also behauptet, daß zwischen den Elementen, die in dem Bild, das in der *species intelligibilis* vorhanden ist, und den Bestandteilen des Satzes eine Übereinstimmung besteht. Dafür, daß wir von Wahrheit sprechen können, ist nach Thomas von Aquin eine Fähigkeit des Verstandes entscheidend, die »Reflexivität« genannt wird:

Sie [d. h. die geistigen Substanzen] gehen nämlich, indem sie etwas erkennen, das außerhalb ihrer besteht, gewissermaßen aus sich heraus; insofern sie jedoch erkennen, daß sie erkennen, beginnen sie alsbald zu sich zurückzukehren; denn der Erkenntnisakt ist ein Mittleres zwischen dem Erkennenden und dem Erkannten. *(Von der Wahrheit I, 9. S. 65)*

Auch mit dieser *Reflexivität* ist keinerlei mysteriöse Tätigkeit des Verstandes gemeint. Wir können dabei auf ganz einfache und beobachtbare Phänomen hinweisen. Angenommen, ich sehe etwas, das beim Vergleich mit meinem »Vorratslager« an allgemeinen Bildern meiner Vorstellung am ehesten so aussieht wie eine bestimmte *species intelligibilis*, für die ich den sprachlichen Ausdruck »Pferd« verwende. Somit kann ich sagen: »Ich *bin sicher*, ein Pferd zu sehen«, oder: »Ich *bin nicht sicher* über das, was ich da sehe, *ich meine* aber, es sieht so ähnlich aus wie ein Pferd«. Schon in der Form der Aussage, mit der ich meine Wahrnehmung wiedergebe, kommt also zum Ausdruck, ob es sich um eine Behauptung der Wahrheit, um eine Vermutung oder um einen Zweifel handelt. Das heißt: Außer meiner Sinneswahrnehmung liegt noch eine weitere Tätigkeit, nun eine des Verstandes, vor, durch die ich mich auf meine Sinneswahrnehmung und die diese zum Ausdruck bringende Aussage »zurückwende« (Reflexion) und dieses Verhältnis beurteile. Thomas von Aquin sagt nun, daß ein Satz dann wahr ist, wenn sich der erkennende Verstand auf das allgemeine Bild der Wahrnehmung *(species intelligibilis)* und den diese zum Ausdruck bringenden Satz *(propositio)* zurückwendet *(ad se redire)* und eine Übereinstimmung *(adqequatio)* der beiden feststellt. Für Thomas von Aquin sind wir also in der Lage, (1) mit der Sprache ein Bild der Wirklichkeit herzustellen, und (2) mit dem Verstand die Übereinstimmung von Satz und Bild der Wirklichkeit zu beurteilen. Zustimmung zu dieser Übereinstimmung bringt zum Ausdruck, daß ein Satz wahr ist.

In der Philosophie der Neuzeit wurde dieses Wahrheitsverständnis sehr häufig kritisiert, es gilt dort als naiver, vorkritischer Realismus. Dasselbe gilt natürlich schon für Aristoteles, von dessen Auffassungen Thomas ja ausging. Wir wollen hier nicht den schwierigen und selbst sehr umstrittenen Fragen nachgehen, ob nicht in der Bildtheorie in Wittgensteins *Tractatus* oder in Tarskis *Wahrheitsbegriff in den formalisierten Sprachen* ein dem thomistischen ähnliches Wahrheitsverständnis vorliegt, es soll hier genügen, folgendes festzustellen: In einem ganz allgemeinen Sinn – wenn wir einmal von der psychologischen Problematik der *species intelligibilis* absehen – expliziert Thomas von Aquin das, was in der natürlichen Sprache und im normalen Bewußtsein der Menschen unter »Wahrheit« verstanden wird. Faktisch weichen alle Vertreter anderer Wahrheitstheorien nur dann von der des Thomas von Aquin ab, wenn sie dazu wirklich gezwungen sind, bzw. meinen, dazu gezwungen zu sein. Eine Wahrheitsauffassung, die etwa der des Thomas von Aquin entspricht, bleibt dabei immer die mehr oder weniger eingestandene Norm, also das, was man eigentlich gern hätte. Das Problem liegt weniger in der Wahrheitsauffassung des Thomas von Aquin, als vielmehr in der *Explikation* derselben, und das heißt: Das Problem liegt nicht so sehr in dem, was Thomas sagt, sondern in dem, wie er das, was er behauptet, erklärt oder erklären will. Wenn ich sage »Ich bin krank« und behaupte, daß dieser Satz wahr ist, so will ich sagen, daß dieser Satz mit den Tatsachen, wie sie sich in meinem Befinden wiederspiegeln, übereinstimmt. Und ich sage damit auch, daß dann, wenn ich jemand anderem, z. B. einem Arzt, diesen Satz sage, dieser überprüfen kann, ob er mit den Tatsachen übereinstimmt. Die erkenntnistheoretisch schwierige Frage liegt darin, wie erklärt werden kann, daß der Satz »Ich bin krank« mein Befinden und der Satz »Dieser da ist krank« die Beobachtungen des Arztes wiedergeben kann. Es wird vermutlich niemand ernsthaft bestreiten wollen, daß wir unter Wahrheit die Übereinstimmung eines Satzes mit einem Sachverhalt verstehen. Das Problem besteht »nur« darin, daß die Philosophie von Parmenides bis Quine keine überzeugende Antwort auf die Frage gefunden hat, wie erklärt werden kann, wie ein *Satz* einen *Sachverhalt* wiedergeben kann bzw. ganz allgemein, wie das Verhältnis von *Sprache* und *Wirklichkeit* aufzufassen sei und zwar in der Weise, daß beide in ihrer Selbständigkeit erhalten bleiben, aber eben Sprache die Wirklichkeit »abbildet«.

b) Wissenschaft

Die Modellvorstellung von Erkenntnis ist bei Thomas von Aquin von dem geprägt, was er als wissenschaftliche Erkenntnis *(scientia)* ansieht. In dieser Hinsicht ist seine Auffassung sehr modern, und seine Konzeption teilt daher die ganze Problematik, die diese »Modernität« mit sich bringt. Seine Auffassung ist aber nicht »neu«, denn sein Wissenschaftsbegriff ist noch stärker als seine Erkenntnistheorie von Aristoteles, d. h. hier: von der 2. *Analytik*, geprägt. Eine wissenschaftliche Aussage ist eine, die nach Regeln der formalen Logik aus anderen Aussagen abgeleitet werden kann, und ein solches Verfahren stellt einen *demonstrativen* Schluß dar. Dies entspricht der modernen Auffassung von Wissenschaft, nur daß die moderne Logik ein viel umfassenderes System ist als die bei Thomas von Aquin vorausgesetzte Syllogistik. Weiterhin gilt nach Thomas von Aquin, daß die Aussagen, aus denen ein solcher Satz abgleitet ist, selbst wieder aus anderen Aussagen abgeleitet sein müssen, um selbst wissenschaftliche Aussagen darzustellen, und dies bedeutet, daß sich hier ein *regressus in infinitum* zu ergeben scheint. Um dies zu vermeiden *(non sit abire in infinitum [In Posteriora Analytica* I, c. 4, 14. S. 275c])*, hat Thomas von Aquin keine andere Möglichkeit, als mit Aristoteles anzunehmen, daß wir bei unseren wissenschaftlichen Beweisen schließlich zu Aussagen gelangen, die durch sich selbst als wahr erkannt werden *(ex immediatis)*. Thomas nimmt an, daß solche Aussagen dadurch gekennzeichnet sind, daß wir dann, wenn wir die in einer solchen Aussage verwendeten Begriffe in ihrem Inhalt erfaßt haben *(per cognitionem propriorum terminorum)*, erkennen, daß der Prädikatbegriff notwendigerweise im Subjektbegriff enthalten ist *(praedicatum est de ratione subiecti* [Ebd. I, c. 7, 8. S. 277a])*. Beispiele für solche Sätze findet Thomas von Aquin vor allem in der Mathematik – z. B. »Die Summe der Winkel in einem Dreieck ist gleich zwei rechten Winkeln« – und in der mit Begriffsinhalten arbeitenden Logik – z. B. »Das Ganze ist größer als der Teil«. Aber er meint auch, daß unmittelbar einsehbar ist, daß im Begriff »Mensch« der Begriff »Lebewesen« enthalten ist. Damit wäre im Prinzip der Wahrheitsbegriff von Leibniz gegeben – *praedicatum inest subiecto* – und die konsequente Entwicklung einer auf dem Inhalt von Begriffen beruhenden Logik gefordert, eine Entwicklung, die aber bei Thomas nicht stattfand. Im Bereich der Logik hat Thomas von Aquin zwar genau gewußt, was zu seiner Zeit die Standards waren, und er hat diesen Maßstäben auch entsprochen, die Logik selbst war aber nicht ein Gebiet, in dem er für sich selbst einen Schwerpunkt seiner Arbeit setzte. Die Logik machte im 13. Jhd. zwar wichtige Entwicklungen durch, stand jedoch zeitgeschichtlich nicht im Zentrum der Auseinandersetzungen, und Thomas widmete sich eben vordringlich den ganz aktuellen Fragen.

Die Forderung, in der Wissenschaft letztlich zu evidenten Aussagen zu gelangen, ist allerdings eindeutig *nicht* die Auffassung, die heute vertreten wird (ich vertrete auch selbst in keiner Weise irgendeine Form des »Essentialismus«). Nur sollte man sich dabei darüber im klaren sein, daß dieser Unterschied nicht die Methode der Wissenschaft betrifft, sondern die erkenntnistheoretische und metaphysische Interpretation der Ausgangsaussagen. Setzt man an die Stelle des metaphysischen Realismus einen Nominalismus, dann werden aus den durch sich wahren Aussagen konventionell angenommene Definitionen und Axiome, am Gang der Wissenschaft ändert sich dadurch nichts.

Es ist unverkennbar, daß für Thomas von Aquin die *Mathematik* das ideale Paradigma der Wissenschaft abgibt, schließlich erwecken dort die Ausgangsaussagen am ehesten den Eindruck, notwendig wahr und unbezweifelbar zu sein. Auch ist dort der deduktive Weg der Bildung der Folgesätze aus solchen Ausgangsaussagen am deutlichsten darstellbar. Thomas von Aquin arbeitet dabei in Nachfolge der griechischen | 393 Mathematik mehr mit der Geometrie als mit der Arithmetik. Daß in anderen, und das heißt: in empirischen Wissenschaften dieses Ideal nicht erreicht wird, wußte natürlich auch Thomas von Aquin. Die Idealform der empirischen Wissenschaften wäre entsprechend dem Vorgehen in der Mathematik die Ableitung der Wirkungen aus den erkannten Ursachen. In den empirischen Wissenschaften müssen wir aber meist von Wirkungen ausgehen, deren Ursachen wir noch nicht erkannt haben, und bei der Erforschung der Ursachenkette gelangen wir im Normalfall nie bei Aussagen an, die durch sich wahr sind. Oft können wir nicht einmal *allgemeine Ursachen* avisieren, da wir nur *Tendenzen* beobachten können, die aber sehr wohl Ausnahmen zulassen. Auch der mit der Biologie besser als Thomas vertraute Albertus Magnus war zu dieser Feststellung gelangt. Thomas von Aquin beurteilt diese Situation wie so gut wie alle nach ihm bis herauf zu Descartes und Leibniz: Er hält an seiner Idealvorstellung von Wissenschaft fest, läßt aber auch solche Verfahren zu, die in der einen oder der anderen Hinsicht »Mängel« aufweisen. Liegen keine notwendig wahren Prämissen vor, dann arbeiten wir mit *dialektisch* ermittelten Sätzen, die aber ebenfalls eine gute Begründung haben können. Thomas von Aquin steht hier ganz und gar innerhalb der Tradition einer auf Aristoteles und die spätantike Wissenschaft zurückgehenden Problematik: Der Begriff der Wissenschaft wird von einer Idealform her genommen, die nur in der Mathematik, also einer nicht-empirischen Wissenschaft verwirklicht ist. Wird diese Idealform auf die empirischen Wissenschaften angewendet, so erscheinen diese immer als »defiziente« Formen. Innerhalb dieses Denkmodells bestünde eine Ausweichmöglichkeit nur in einer Metaphysik, in der –

wie bei Roger Bacon und später bei Leibniz – Gott zum Welt-Geometer und somit zum einzig wahren Wissenschaftler wird. Die »Defizienz« liegt dann nicht auf Seiten der Wissenschaft an sich, sondern nur auf Seiten der menschlichen Wissenschaftler und deren begrenzten Möglichkeiten. Will man diese Ausweichmöglichkeit aus guten Gründen nicht nützen, so müßte man zunächst einen der empirischen Wissenschaft angemessenen Begriff der Wissenschaft entwickeln und dann umgekehrt die Mathematik als Grenz- oder Sonderfall darstellen. Albertus Magnus war durchaus auf dem Weg zu einer solchen Umkehrung, dieser Weg wurde aber nicht konsequent weiterverfolgt; möglicherweise verhinderte das Erbe der pythagoreisch-neuplatonischen Metaphysik, die im Mittelalter unter anderem durch den *Liber de causis* prägend gegenwärtig war, eine solche Umkehrung.

c) Philosophische Gotteslehre

Die christlichen mittelalterlichen Philosophen suchten Gottesbeweise. Dies ist eigentlich nicht selbstverständlich, Aristoteles suchte nämlich keine und auch die antiken christlichen Philosophen suchten keine. Die islamischen (und die jüdischen) Philosophen hingegen suchten Gottesbeweise. Ob dies damit zusammenhängt, daß sie als Ärzte »Physiker« waren, die in einem ganz natürlichen und profanen Bereich arbeiteten, gleichzeitig aber gläubige Muslime waren und somit die Frage der Verbindung dieser beiden »Welten« dringlich wurde, sei dahingestellt. Die christlichen Philosophen des Mittelalters haben seit dem 13. Jhd. das meiste dieser Beweise übernommen. Die Suche nach solchen Beweisen liegt aber, wie man deutlich bei Anselm sehen kann (vgl. Kap. VI, 3), schon vor der Rezeption der islamischen und jüdischen Philosophie. Eigenartigerweise haben in der späteren Geschichte der Philosophie diese Gottesbeweise mit ihren logischen, erkenntnistheoretischen und metaphysischen Problemen immer Aufmerksamkeit hervorgerufen, während die einfache Tatsache, daß es überhaupt diese Beweise gibt, keiner besonderen Nachforschung wert schien. Die Frage ist deshalb interessant, weil es den »Toren«, von dem Anselm spricht und der sagt, daß es keinen Gott gibt, im Mittelalter vermutlich nur höchst selten gegeben hat, und wenn es einen gab, dann konnte dieser sich mit einer solchen Auffassung kaum an die Öffentlichkeit wagen. Noch einfacher gesagt: Der Atheismus war kein Problem der mittelalterlichen Kultur und Philosophie. Möglicherweise hängt das historische Faktum der Gottesbeweise mit der im Mittelalter fortschreitenden Auflösung der Vorstellung einer »Weisheit« zusammen, also einer Philosophie und Religion umfassenden »Weltanschauung«, wie sie in der Antike von neuplatonischen wie von christlichen Philosophen gleicherweise vertreten wurde. Noch bei Scotus Eriugena (9. Jhd.), der ganz in der Tradition der griechischen Kirchenväter steht, gibt es die Frage der Gottesbeweise überhaupt nicht. Die Gottesbeweise wären somit ein Symptom einer sich langsam durchsetzenden profanen

Auffassung von Natur und Mensch, einer Entwicklung, der wir im 11. und 12. Jhd. begegnet sind, und die sich auch in der fortschreitenden Zurückdrängung des symbolischen Weltbildes, in dem die ganze Welt eine Transparenz auf das Göttliche hin hat, zeigt. Fällt diese Transparenz weg, während der Gottesglaube erhalten bleibt, so muß eine »Brücke« von dieser profanen Welt zu Gott hergestellt werden, und das sind die Gottesbeweise. Es ist daher nicht zufällig, daß Thomas von Aquin jener Philosoph und Theologe ist, bei dem die Vorstellung der Welt als Symbol des Göttlichen eindeutig »überwunden« wird, wir also mit einer »entgöttlichten« und »natürlichen« Welt konfrontiert werden, und er gleichzeitig auch jener ist, der einen letztlich auf Physik beruhenden Weg sucht, diese natürliche Welt auf einen Urheber zurückzuführen.

Obwohl Thomas von Aquin Argumente verwendet, die – schon vorgearbeitet und überarbeitet durch die islamischen und jüdischen Philosophen – strukturell (außer beim 3. Weg) auf Aristoteles zurückführbar sind, ist doch schon aus dem vorher Gesagten deutlich geworden, daß es vergeblich wäre, bei Aristoteles so etwas wie Gottesbeweise zu suchen. Es gibt bei Aristoteles keine Theologie – wenn man einmal von dem problematischen Buch XII der *Metaphysik* absieht – und ganz sicher keine Gottesbeweise. Ein Gottesbeweis liegt ja nur dort vor, wo jemand die Existenz Gottes *beweisen will*, aber Aristoteles wollte dies überhaupt nicht. Die Erfordernis eines unbewegten Bewegers ergibt sich bei Aristoteles in der *Physik* ganz einfach aus zwei Postulaten: (1) Alles was sich bewegt, wird von etwas bewegt, und (2) ein *regressus in infinitum* ist nicht möglich (vgl. 1. Teil, Kap. X, 4). Aristoteles ist an einem unbewegten Beweger – den er auch nicht mit »Gott« bezeichnet – als solchem gar nicht interessiert, dieser ist für ihn einfach ein Postulat, das sich aus vorausgesetzten Definitionen der Physik ergibt. Der aristotelische unbewegte Beweger hat nur die Funktion, eine Restproblematik der Physik zu beseitigen. Bei der Annahme der Möglichkeit eines *regressus in infinitum* fiele die Forderung eines unbewegten Bewegers ersatzlos weg. Für den Menschen würde sich in einer solchen »gottlosen« aristotelischen Welt gar nicht viel ändern, die *Nikomachische Ethik* bliebe davon ebenso unberührt wie die *Politik,* und auch der durch die *2. Analytik* bestimmte Weg der Wissenschaft würde dadurch nicht verändert.

Thomas von Aquin hingegen will die Existenz Gottes beweisen. In einem ganz entscheidenden Sinn mußte daher bei Thomas von Aquin die Welt erst einmal metaphysisch so »eingerichtet« werden, daß dann die Gottesbeweise durchgeführt werden konnten. Aristoteles hatte eine Welt vor sich, die er in ihrem Funktionieren erklären wollte, dies erforderte vor allem Wissenschaft, und dann als deren Fundierung Metaphysik. In der Wissenschaft wie in der Metaphysik war für Aristoteles das Begriffspaar »Möglichkeit-Wirklichkeit« grundlegend für alle Erklärung, denn mit Hilfe dieses Begriffspaars war Aristoteles in der Lage, die beobachtbaren Veränderungen zu erklären. Ein Felsblock hat eine bestimmte Form, und somit haben wir eine geformte Materie vor uns. Der Felsblock hat aber auch die Möglichkeit in sich, eine andere Form in sich aufzunehmen, z. B. die einer Statue. Dieses Möglichkeits-Wirklichkeits-Schema erklärt Entstehen und Vergehen *(generatio und corruptio)*. Die sublunare Welt, also die Umwelt des Menschen, stellte sich dar als ein ständiger Prozeß des Entstehens und Vergehens, den wissenschaftlich und kategorial-philosophisch zu begreifen die große Aufgabe war, die Aristoteles sich gestellt hatte. Kontingenz, d. h. Nicht-notwendigerweise-Existieren, war somit ein Begriff, der zur Erklärung innerweltlicher Phänomene erforderlich war, der aber keine sinnvolle Anwendung auf die Welt als Ganze finden konnte. Daß die Welt überhaupt bestand, war für Aristoteles kein philosophisch relevantes Problem, oder besser gesagt: es war für ihn überhaupt kein philosophisches Problem. Die berühmte »urmetaphysische« neuzeitliche (leibnizsche) Frage: »Warum gibt es überhaupt etwas und nicht nichts« hat in der aristotelischen Metaphysik keinen Platz. Aristoteles hätte sie zumindesten als überflüssige Zeitverschwendung, wahrscheinlich aber überhaupt als unphilosophische Kategorienverwirrung angesehen. Selbst die mythologie-nahen *Arché*-Spekulationen der Vorsokratiker hatte Aristoteles hinter sich gelassen. Anders sah die Situation der Weltbetrachtung für die Neuplatoniker der späten Antike aus, deren Problem es war, wie die Welt aus dem Einen hervorgeht. Und wieder anders sah die Situation für die islamischen und die jüdischen Philosophen aus, die in irgendeiner

Weise einen freien göttlichen Willensakt für die Erklärung der Existenz der Welt heranziehen wollten, und die daher das neuplatonische Emanationsschema, das einen notwendigen Hervorgang der Welt aus dem Einen und somit deren notwendige Existenz ansetzte, nicht einfach übernehmen konnten. In irgendeiner Weise mußte eine Möglichkeit gefunden werden, die Existenz der Welt als nicht-notwendig zu verstehen. Das Eine mußte in ganz radikaler Weise von allem anderen unterschieden werden. Avicenna hatte schon Überlegungen in diese Richtung angestellt, es ist aber bei ihm nicht klar, ob er die *Existenz* bei den weltlichen Dingen nicht als ein zu anderen hinzutretendes *Akzidenz* auffaßte. In diese Diskussionslage trat der junge Lehrer der Theologie Thomas von Aquin ein, und das Ergebnis seiner Überlegungen legte er in einer seiner frühesten Schriften, nämlich in *Über das Sein und das Wesen (De ente et essentia)* vor. Dies ist eine Thematik, die es im üblichen Curriculum gar nicht gab, was ein Hinweis darauf ist, daß Thomas von Aquin hier erst einmal für sich selbst an einem für ihn zentralen Punkt Klarheit schaffen wollte. In diesem relativ kurzen Text wandte Thomas von Aquin die aristotelische Unterscheidung von Möglichkeit und Wirklichkeit auf die Gesamtheit der außergöttlich Seienden an, so daß bei diesen *Wesenheit* und *Existenz* als *real unterschieden* aufgefaßt wurden. Existenz wurde dabei aber im Unterschied zu der Lehre des Avicenna allen Kategorien gegenübergestellt und konnte somit nicht mehr als Eigenschaft aufgefaßt werden, was eine wichtige logische Einsicht darstellt, auch wenn Thomas von Aquin sie eher metaphysisch verwendete. Damit war die Grundlage gelegt für die, bei Thomas von Aquin allerdings erst später vorgenommene, Anwendung dieser Begrifflichkeit auf die Frage der Schöpfung. Umgekehrt war dadurch aber auch die Möglichkeit gegeben, zunächst alle Dinge der Welt und dann die Welt als gesamte als kontingent aufzufassen, also als eine, deren Existenz nicht notwendig ist, und die somit zu ihrer Erklärung die Annahme eines notwendig Existierenden, in dem Wesen und Existenz identisch sind, benötigt. Und genau dies stellt den entscheidenden 3. Gottesbeweis dar. Damit hier keine Unklarheit bestehen bleibt: Diese Konzeption des Thomas von Aquin stellte nicht – wie er selbst es wohl annahm –, eine Weiterentwicklung aristotelischer Metaphysik dar, sondern ist eine mit aristotelischen Begriffen arbeitende *unaristotelische Neuentwicklung*. Der Blick auf die Welt ist ein anderer, nicht-aristotelischer geworden, und erst in einer so betrachteten Welt machen Gottesbeweise einen Sinn. Allerdings wird durch sie dann eigentlich gar nichts Neues bewiesen, sondern es wird nur das expliziert, was in dieser neuen Weltbetrachtung schon definitionsmäßig enthalten ist.

Die übrigen Gottesbeweise seien nur kurz erwähnt. Im ersten wird von der Bewegung ausgegangen, und der Schluß führt zu einem unbewegten Beweger. Im zweiten wird von der Reihe der Wirkursachen ausgegangen, und der Schluß führt zu einer ersten Wirkursache. Im fünften wird von der Zielgerichtetheit der Dinge ausgegangen, und der Schluß führt zu einem ursprünglichen Zielsetzenden. Bei all diesen Beweisen werden aristotelische Begriffe verwendet. Anders beim vierten Beweis: Dieser geht von den begrenzten Vollkommenheiten der Dinge, also von den Stufen der Vollkommenheit der weltlichen Dinge aus, und gelangt zu einem unbegrenzt Vollkommenen. Dieser Beweis setzt einen durch den Kontingenzbegriff gebrochenen neuplatonischen Stufenkosmos voraus. – Diese Beweise des Thomas von Aquin gehören zu den am meisten diskutierten und kritisierten der Philosophiegeschichte. Das wichtigste und durchschlagendste Gegenargument hat Kant in der *Kritik der reinen Vernunft* geliefert, wo er feststellt, daß wir Kausalität – so wie die anderen Ausgangsbegriffe dieser Gottesbeweise – nur aus der empirischen Welt kennen: Bei der Anwendung solcher Begriffe auf die Gesamtheit der Dinge nehmen wir eine illegitime Ausweitung vor, d. h. wir verfallen dem transzendentalen Schein (vgl. 3. Teil, Kap. XV, 5). Auch wenn im einzelnen vieles in der *Transzendentalen Dialektik* diskutiert werden kann und muß, die Grundlage der Kritik Kants kann wohl kaum erschüttert werden. Man muß aber vielleicht gar nicht so weit in die Geschichte der Neuzeit heraufgehen. Al-Ghazali hatte in seiner *Destructio philosophorum* Argumente vorgebracht, die in die gleiche Richtung wie die späteren Kants gingen. Bedauerlicherweise war den mittelalterlichen Philosophen diese Schrift nicht bekannt, und so können wir nicht wissen, wie Thomas von Aquin darauf geantwortet hätte.

Zurück zu den Beweisen des Thomas von Aquin. In diesen Beweisen setzt Thomas fast gänzlich das physikalische Weltbild der philosophisch Aufgeklärten des 13. Jhd.s voraus und geht dann unter der Voraussetzung der Unmöglichkeit eines *regressus in infinitum* – eine Voraussetzung, die er mit Aristoteles teilt – an eine Analyse dieser Welt heran. Hier liegt ein erhebliches Problem vor, insofern die Unmöglichkeit eines *regressus in infinitum* weder logisch noch wissenschaftlich noch

| 397

metaphysisch zwingend ist. Etwas polemisch ausgedrückt könnte man sagen: Wenn dieses Prinzip zwingend notwendig und unmittelbar einsichtig wäre, dann könnte man – sogar gegen Kant – die Gültigkeit der Beweise des Thomas von Aquin anerkennen, nur: Es ist eben nicht zwingend notwendig.

Und noch ein letztes ist zu sagen. Wir sprechen von den »Gottesbeweisen« des Thomas von Aquin, obwohl dieser Ausdruck die Sache gar nicht genau trifft. Thomas von Aquin sagt nämlich nirgends, daß er die Existenz *Gottes* beweist oder beweisen will. Wenn man die Struktur seiner Beweise betrachtet, so sieht man: Er gelangt zu einer ersten Ursache, einem unbewegten Beweger, einem Grund der Finalität usw., aber er gelangt nicht zu Gott. Nur jeweils am Ende eines Beweises sagt er dann: »Und das nennen alle Gott« (*omnes Deum nominant; omnes dicunt Deum* [STh I, q. 2, a. 3]). Was Thomas hier unternimmt ist das folgende: Er versucht, verschiedene Ausdrücke eines *physikalischen* bzw. naturphilosophischen oder metaphysischen *Weltbildes* mit der dazugehörigen Sprache einem Ausdruck aus der *religiösen Sprache* zuzuordnen. Daß es sich um ein Problem der Sprache handelt, ist ihm ganz klar: Es geht um etwas, das die Menschen »Gott« nennen. Diese Zuordnung ist wesentlich problematischer als die spezielle Problematik der einzelnen oder aller zur Diskussion stehenden Begriffe des naturphilosophischen Weltbildes. Ganz gleich, ob man die Beweise für gültig oder ungültig ansieht, und auch angenommen, alle vorgelegten Beweise seien unhaltbar – was eine durchaus begründete Annahme darstellt –, bleibt immer noch die Frage offen, ob die Zuordnung einer naturwissenschaftlichen oder naturphilosophischen Sprache zu einer religiösen Sprache ein sinnvolles Unternehmen ist. Thomas von Aquin ist sich, wie es die Form der Beweise zeigt, ganz im klaren über die Tatsache, daß hier verschiedene Sprachen einander zugeordnet werden: eine wissenschaftliche und eher aristotelische Sprache, eine ästhetische und eher platonische Sprache – die »Vollkommenheit« *(perfectio)* spielt auch in der Ästhetik eine ganz zentrale Rolle – und eine religiöse, aus biblischer Tradition stammende Sprache. Thomas von Aquin suchte nach Korrespondenzen zwischen diesen verschiedenen Sprachen, wir würden heute sagen: Er meinte hier Familienähnlichkeiten feststellen zu können, und Familienähnlichkeiten in genau diesen Sprachen zu suchen, war keine Selbstverständlichkeit. In der traditionellen Auffassung seit Augustinus hatte das Wort »Gott« seine Zuordnungen in ganz anderen Sprachen gefunden: in der Sprache von der Seele, also in einer psychologisch orientierten Sprache, und in der Sprache der Autorität, also der Kirche als Hüterin der Offenbarung als des Wortes Gottes. Beide Zuordnungsschemata, die Erfahrung in der Seele und die traditionelle Autorität der Kirche, aber weisen einen reinen Behauptungscharakter auf, der sich jeder intersubjektiven Überprüfbarkeit entzieht. Die von Aristoteles und seinen Kommentatoren beeinflußten Philosophen im islamischen und im jüdischen Bereich hatten hingegen eine rationale und intersubjektive Überprüfbarkeit aller Argumente gefordert. Was Thomas von Aquin in deren Nachfolge versuchte, war nichts anderes, als das Wort »Gott« aus dem Bereich reiner Behauptungen her-

auszunehmen und es in Beziehung zu Strukturen rational und intersubjektiv überprüfbarer Bereiche zu setzen, und in dieser Hinsicht hat Thomas von Aquin zugleich
mit den Beweisen die Voraussetzungen aller späteren Kritik an ihnen erst einmal
geschaffen. Dabei darf natürlich der ontologische Gottesbeweis Anselms von Canterbury (vgl. Kap. VI, 3) nicht vergessen werden, wir müssen uns aber daran erinnern,
daß dieser später berühmt gewordene »ontologische« Beweis im Verlgleich zu den
»physikalischen« Beweisen des Thomas von Aquin historisch gesehen für die mittelalterliche Philosophie nur eine Nebenrolle gespielt hat. Die Kritik der Gottesbeweise
ist also ohne die von Thomas von Aquin geforderte Argumentationsform gar nicht
möglich, anders ausgedrückt: Die Voraussetzungen der Kritik der thomistischen
Gottesbeweise sind selbst thomistisch. Als grundsätzliche Frage bleibt aber bestehen,
ob die von Thomas von Aquin – mit der islamischen und jüdischen Philosophie –
angenommene Zuordnung von physikalischer/metaphysischer und biblisch/reli-
giöser Sprache angemessen oder unangemessen ist. Dieses Problem läßt sich auch
wieder mit Kant explizieren. Es ist nicht die Kritik bestimmter religionsphilosophi-
scher Theoreme in der *Kritik der reinen Vernunft*, die entscheidend ist, sondern die
von Kant deutlich gemachte Position, daß das Wort »Gott« in Bereiche theoretischer
Disziplinen wie Wissenschaft oder Metaphysik und der entsprechenden Sprachen
überhaupt nicht hineingehört, sondern seinen einzig legitimen Ort innerhalb der | 399
Kritik der praktischen Vernunft hat. Und genau diese kantische Zuordnung trennt
uns von Thomas von Aquin. Thomas war sehr optimistisch in Hinsicht auf die Möglichkeit der Zuordnung metaphysischer bzw. naturphilosophischer und religiöser
Sprache, daß dies aber so glatt zu funktionieren schien, ergab sich daraus, daß diese
naturphilosophische Sprache schon vorher, wie oben kurz dargestellt, auf die religiöse Sprache hin »eingerichtet« worden war. Thomas von Aquin hat die Familienähnlichkeit von wissenschaftlicher und religiöser Sprache zwar angenommen, nicht
aber selbst nachgewiesen, er war einfach davon überzeugt, daß wirklich alle mit
»erstem Beweger« usw. »Gott« meinen. Das ist jedoch alles andere als selbstverständlich, und selbst im 13. Jhd. hätte eine Umfrage, was unter »Gott« verstanden wird,
vermutlich auch ganz andere und davon verschiedene Antworten geliefert. Die Vorstellung einer Umfrage ist zwar anachronistisch, aber es reicht ja völlig aus, die zur
Zeit des Thomas von Aquin faktisch gebrauchte religiöse Sprache zu analysieren.
Breites Material dazu liefert z. B. die von Jacobus von Voragine redigierte *Legenda
aurea*. Jacobus von Voragine war Dominikaner wie Thomas von Aquin und stellte
diese Sammlung von Legenden zum Kirchenjahr und zum Leben von Heiligen in
den Jahren um 1265 zusammen, also genau zu der Zeit, in der Thomas von Aquin
begann, seine *Summa theologiae* abzufassen. Der große und sofort eingetretene Erfolg der *Legenda aurea* und ihre weite, auch gerade von den Dominikanern betriebene
Verbreitung – es sind mehr als tausend mittelalterliche Handschriften aus allen Teilen Europas erhalten – zeigt die religiöse Sprache, die »alle« gebrauchten, und dies
war nicht die des physikalischen Weltbilds des Thomas von Aquin. Die einzige Zu-

ordnung des Wortes »Gott« zu einem physikalischen Weltbild, die »alle« gebrauchten, war die des Wunders, aber gerade die war im Zusammenhang der von Thomas von Aquin vorgelegen Gotesbeweise, die von Regelmäßigkeiten ausging, unbrauchbar. Wenn Thomas von Aquin also sagt, daß »alle« das, was er in seinen Beweisen gefunden zu haben meint, »Gott« nennen, so stimmt dies einfach nicht. Die »alle« seiner Zeit hatten das durch die Naturphilosophie des 12. und 13. Jahrunderts gebrachten Veränderungen überhaupt nicht wahrgenommen. Dies ändert aber nichts daran, daß Thomas von Aquin jedenfalls erkannt hat, daß er eine Zuordnung verschiedener Sprachen vorgenommen hat, und manchmal ist es wichtiger, eine Frage erst einmal richtig zu stellen, als auch eine gute Antwort darauf zu liefern. Albertus Magnus hatte das Wissen in Bereiche gegliedert, Thomas von Aquin hat diesen Bereichen verschiedene Sprachen zugeordnet und hat gesehen, daß die Behauptung einer Familienähnlichkeit solcher Sprachen ausdrücklich aufgeführt werden muß. Auch hier wieder gilt: Die spätere Bestreitung einer solchen Familienähnlichkeit – so bei Duns Scotus (vgl. Kap. XVI, 2) – geht aus von der thomistischen These der Verschiedenheit der Sprachen.

Auch bei der Frage der Prädikate, die Gott zugeschrieben werden können, ging Thomas von Aquin von dem aus, was er als die normale religiöse Sprache ansah.

400 | Die These der negativen Theologie, daß alle göttlichen Prädikate eigentlich nur das sagen, was Gott nicht ist, akzeptiert er nicht. Damit ist aber bei Thomas von Aquin kein naiver und unkritischer Gebrauch solcher positiver Ausdrücke der religiösen Sprache legitimiert, auch Thomas von Aquin weiß, daß das negative Element der Gottesprädikate ein semantisches Kennzeichen dieser Ausdrücke ist.

Die alles überragende Weise aber, in der sich die genannten Vollkommenheiten in Gott finden, kann durch von uns gegebene Namen nicht bezeichnet werden, es sei denn entweder durch Verneinung, so wie wir Gott »ewig« oder auch »unendlich« nennen, oder aber durch die Beziehung von ihm zu anderem, wie er »erste Ursache« oder auch »höchstes Gut« genannt wird. Wir können nämlich von Gott nicht erfassen, was er ist, sondern nur, was er nicht ist und wie anderes sich zu ihm verhält.
(*Summa contra gentiles* I, c. 30. Bd. 1. S. 129)

Thomas stellt sich aber der Frage, ob und inwiefern solche Ausdrücke dann überhaupt noch einen semantischen Gehalt haben. Er knüpft dabei wiederum an die Sprache der Erfahrungswelt an, hält aber eine sprachanalytische Klärung für erforderlich. Ausdrücke aus dem Erfahrungsbereich können auf Gott *nicht univok* (= in ganz gleicher Bedeutung) angewandt werden, darin kommt das von der negativen Theologie hervorgehobene Anliegen der Kritik aller anthropomorphen Ausdrücke zur Geltung. Sie werden aber auch *nicht äquivok* (= in einer völlig verschiedenen Bedeutung) gebraucht, damit schränkt Thomas von Aquin die radikale Bedeutungstheorie der negativen Theologie ein, bei der jedes Reden von Gott letztlich semantisch leer wird. Bei Thomas von Aquin werden die Namen bei ihrer Übertragung aus der Rede über Erfahrungsgegebenheiten auf die Rede über Gott in *analoger* Weise gebraucht. Damit wird aber keineswegs – wie es häufig bei sogenannten »analogen« Ausdrücken der Fall ist – ungenaues Sprechen mit einem gelehrten Terminus versehen: Thomas von Aquin meint, wir können und müssen bei zahlreichen Ausdrücken zwischen dem, *was bezeichnet wird (quod significatum)*, und dem, *wie bezeichnet wird*, also der Art und Weise des Bezeichnens *(modus significandi)* unterscheiden (STh I, q. 13, a. 3). Wir können dann sehen, daß es eine Klasse von Prädikaten gibt, die schon mit dem von ihnen ausgedrückten Bedeutungsgehalt eine Begrenzung enthalten, so z. B. der Ausdruck »Stein«. Des weiteren gibt es eine Klasse von Prädikaten, die eine Begrenzung enthalten, insofern sie andere Vollkommenheiten ausschließen: Ein Ding, das als »Gold« bezeichnet wird, enthält bestimmte Vollkommenheiten nicht, die wir einem Ding zuschreiben, das wir als »Diamant« bezeichnen. Solche Ausdrücke können von Gott nicht in analoger Weise gebraucht werden, auch wenn sie in metaphorischer, d. h. bildhafter und poetischer Sprache durchaus legitim sind. Es gibt jedoch eine weitere Klasse von Eigenschaften, die von sich aus keinerlei Begrenzung aufweisen, die jedoch in ihrer Anwendung im Bereich der Erfahrungswelt immer eine Verwendung erfahren, durch die sie in ihrer Weise des Bezeichnens eine Begrenzung zum Ausdruck bringen: Wenn wir von *X* sagen, er sei weise oder gerecht, so schließen wir damit nie aus, daß es einen *Y* geben kann, der noch weiser oder noch gerechter ist. Wir bringen in der konkreten Weise des Bezeichnens also immer eine Begrenzung zum Ausdruck, obwohl diese Ausdrücke von sich aus dies nicht fordern. Solche Prädikate können von Gott in analoger Weise gebraucht werden, wobei die Art und Weise des Bezeichnens von Gegenständen aus dem Erfahrungsbereich verneint wird. | 401

Ich sage aber, daß einige der genannten Namen eine Vollkommenheit ohne Mangel in Bezug auf das besagen, zu dessen Bezeichnung der Name gegeben wurde; in Bezug auf die Weise des Bezeichnens ist indessen jeder Name mit Mangel behaftet. Denn durch den Namen drücken wird die Dinge in der Weise aus, in der wir sie mit dem Verstande begreifen. Unser Verstand aber, dessen Erkennen bei den Sinnen beginnt, übersteigt nicht die Weise, die sich bei den sinnenfälligen Dingen findet, bei denen wegen der Zusammensetzung aus Form und Materie Form und Formhabendes zweierlei sind [...].

Es können also, wie Dionysius lehrt, diese Namen bezüglich Gottes bejaht oder verneint werden, und zwar bejaht wegen des Sinngehalts des Namens, verneint dagegen wegen der Weise des Bezeichnens. (*Summa contra gentiles* I, cap. 30. Bd. 1. S. 127 und S. 129)

Dies ist nur ein Beispiel aus der philosophisch-theologischen Sprachlogik des Thomas von Aquin, bei ihm findet dieses Verfahren jedoch durchgängig Anwendung. Im Prinzip betreibt er Theologie wie auch Metaphysik als *Analyse und Kritik der religiösen und metaphysischen Sprache*, wobei er allerdings – und dies ist ein allgemeines Kennzeichen der Philosophie des 13. Jhd.s – von der Überzeugung ausgeht, daß wir mit Hilfe einer genauen Analyse unserer Sprache einen Zugang zur Erkenntnis der Wirklichkeit haben. Dies war auch die Auffassung des Aristoteles. Es ist aber auch deutlich, wie sehr Thomas von Aquin von der Logik, wie sie im 12. Jhd. entwickelt worden war, geprägt ist, einer Logik, die in vieler Hinsicht über das hinausgeht, was in den aristotelischen Texten zu finden war. Die Lehre von den Eigenschaften der Begriffe *(proprietates terminorum)* machte inzwischen einen wesentlichen und umfangreichen Teil der Schullogik aus. In den Jahren um 1240 ist das Lehrbuch des Petrus Hispanus, die sogenannte *Summule logicales* entstanden, das maßgeblich für den Logikunterricht an der Pariser Universität wurde, und Thomas von Aquin wußte, daß seine Theologie auf der Höhe des logischen Instrumentariums der Artistenfakultät sein mußte.

4. Ethik und Politik

Auch bei der Ethik und Politik des Thomas von Aquin ist die zeitgeschichtliche Situation, in die er sich hineingestellt sah, zu berücksichtigen. Dies ist bei der Frage von Ethik und Politik besonders wichtig, da gerade in diesem Bereich die »Anwendungen« im 19. und 20. Jhd. die historische Sicht der Dinge erheblich verstellt haben. Es kommt hier der Begriff des »Naturgesetzes« ins Spiel, und dabei kommen vielen die unerfreulichen Diskussionen z. B. um bestimmte Gesetze (z. B. die Scheidungsgesetze) in Erinnerung, wo versucht wurde, mit Berufung auf ein »Naturgesetz« und seinen prominentesten Vertreter Thomas von Aquin solche Gesetze zu verhindern. Die Erinnerung an solche Diskussionen dient aber nicht einer sach- und geschichtsgerechten Einordnung der Problematik, und auch der Begriff des »Naturgesetzes« muß – obwohl er als übergeschichtlich präsentiert wird – in seinen historischen Kontext gestellt werden.

Beginnen wir mit der Frage der Politik, denn auch die des Naturgesetzes gehört in diesen Zusammenhang. Eine selbständige Staatslehre hatte es trotz Johannes von Salisbury (vgl. Kap. VIII, 5) bisher in der lateinischen Philosophie des Mittelalters überhaupt nicht gegeben, und ebenso fehlte eine selbständige Ethik. Daß diese Bereiche fehlten, hatten schon Wissenschaftssystematiker des 12. Jhd.s deutlich gesehen (vgl. Kap. VIII, 3). Der traditionelle Zugang zu diesen Fragen war augustinisch geprägt, und dies bedeutete, etwas simplifiziert gesagt: Es gibt weder eine eigenständige Theorie des Staates noch eine von der christlichen Lehre unabhängige Ethik. Im Paradies gab es keine staatliche Ordnung und die Menschen verhielten sich dort sittlich richtig, brauchten also keine Morallehren, und mit dem Letzten Gericht wird die christliche Morallehre ihren Anwendungsbereich auch wieder verlieren und dann werden auch alle Staaten zu existieren aufhören. Der Staat ist eine durch die Sündenfolgen notwendig gewordene Organisation, und um sittlich richtig handeln zu können, brauchen die Menschen eine göttliche Hilfe, also die Gnade. Die Behauptung, die Menschen könnten von sich aus die ihnen entsprechende sittliche Ordnung erkennen und wären sogar in der Lage, dieser Ordnung zu entsprechen, galt seit Augustinus als pelagianisch und damit als häretisch (vgl. Kap. III, 5 und 6). Außer diesen lange zurückliegenden Diskussionen, in denen einige Reststücke stoischer Ethik enthalten waren, gab es außerhalb der christlichen Morallehre nichts, woran man eine Überlegung über die Sittlichkeit anschließen konnte. Diese Situation hatte sich seit der Rezeption der antiken Texte grundsätzlich geändert, jetzt standen die aristotelischen Texte der *Nikomachischen Ethik* und der *Politik* zur Verfügung und wurden eifrig gelesen. Hier begegneten die Magistri einer Auffassung, in der von einem durch die Vernunft erkennbaren Ziel des Menschen die Rede war und Gesellschaftsordnungen verschiedener Art diskutiert wurden, die dem Menschen den äußeren Rahmen zur Erlangung dieses Ziels bereit- bzw. herstellen sollten. Thomas von Aquin schloß sich ohne Einschränkung der Auffassung des Aristoteles von einer autonomen Disziplin der Politik an. | 403

Von allem nämlich, was mit der Vernunft erkannt werden kann, muß es eine Lehre *(doctrinam)* geben zur Vervollkommnung *(perfectionem)* der menschlichen Weisheit, die Philosophie genannt wird. Da also dieses Ganze, das der Staat *(civitas)* ist, dem Urteil der Vernunft unterliegt, war es zur Vervollständigung *(complementum)* der Philosophie notwendig, daß vom Staat eine Lehre handle, die Politik genannt wird, das heißt Staatswissenschaft *(civilis scientia)*. (*Sententia libri Politicorum. Prologus.* Übers. aus: *Prologe.* S. 93 und S. 95)

Dies alles war aber nicht bloße Theorie. Thomas von Aquin stammte aus Italien und wußte demnach von den mittel- und norditalienischen Stadtstaaten, in denen sich die Bürger selbst eine Ordnung gaben oder wenigstens zu geben versuchten; auch in Deutschland gab es einige – wenngleich wesentlich weniger weit reichende – Versuche in dieser Richtung. Thomas von Aquin nahm verschiedene Fragen, die jetzt drängend wurden, in einer in den Jahren 1265–1267 entstandenen Schrift *Über die Herrschaft der Fürsten (De regimine principum)* auf, andere und oft prinzipiellere Fragen behandelte er auch in der *Summa theologiae.* Die Fragen, die sich für die Behandlung der Politik stellten, waren strukturell durchaus ähnlich jenen, die sich bei der Bestimmung des Verhältnisses von Philosophie und Theologie ergeben hatten, waren aber etwas schwieriger, da Thomas von Aquin zusätzlich realpolitische Fakten zur Kenntnis nehmen mußte, die durch einige Unterscheidungen nicht einfach wegzudiskutieren waren. Zum Beispiel bei der Frage, ob die Autorität des Papstes sich in Hinsicht auf die Herrscher nur auf diese als Mitglieder der Kirche, also auf deren »Seelenheil«, oder ob sie sich auch auf diese als Herrscher erstreckte, fand Thomas von Aquin keine klare und eindeutige Antwort. Bann und Interdikt waren politisch gedacht, das »Seelenheil« der betroffenen Kaiser, Könige oder Fürsten war faktisch von untergeordneter Bedeutung. Der Streit um die geistliche und weltliche Herrschaft der Päpste war noch keineswegs entschieden, und auch die Stellungnahme der Herrscher gegenüber der politischen Macht der Päpste war keineswegs eindeutig. Die obersten Herrscher wollten vom Papst zum Kaiser gekrönt werden – was genau aber besagte eine solche symbolische Handlung? Wurde in ihnen nicht doch irgendeine Art politischer Unterordnung zum Ausdruck gebracht?

In Hinsicht darauf, daß der *Staat* eine *selbständige und in sich begründete Funktion* hatte, gab es bei Thomas von Aquin aber kein Zögern. Er folgt der aristotelischen Definition des Menschen als eines politischen Lebewesens. Die Menschen sind von Natur aus auf eine gesellschaftliche Ordnung angelegt und benötigen somit zum Erreichen ihrer natürlichen Ziele einen Staat. Es gibt verschiedene menschliche Formen der Gemeinschaft, aber – auf einem Gebiet – nur einen Staat.

404 | Und da es bei diesen Gemeinschaften verschiedene Stufen und Ordnungen gibt, ist die höchste die auf die Autarkie des menschlichen Lebens ausgerichtete Gemeinschaft des Staates *(ultima est communitas civitatis ordinata ad per se sufficientia vitae humanae)*. Von allen Gemeinschaften ist diese die vollkommenste *(perfectissima)*. (*Sententia libri Politicorum. Prologus*. Übers. aus: *Prologe*. S. 93)

Das *Ziel* des Menschen ist, wie Thomas mit der antiken Philosophie annimmt, die *Glückseligkeit* (*felicitas vel beatiudo* [STh Ia IIae, q. 2]), und die Gesetze des Staates müssen sich auf die Ordnung beziehen, die dieses Glück ermöglicht (STh Ia IIae, q. 90, a. 2). Der Staat ist für Thomas von Aquin mit Aristoteles eine »vollkommene Gesellschaft« *(communitas perfecta)*, also eine Gesellschaft, die über alles, was zum Erreichen ihres Zieles erforderlich ist, verfügt. Alle Gesetze sind auf das Ziel des »gemeinsamen Gutes« *(bonum commune)* gerichtet (Ebd.), und das Recht, Gesetze für das gemeinsame Gut aufzustellen, hat die Gesamtheit der Mitglieder der Gesellschaft *(tota multitudo)* oder einer, der für die Gesamtheit die Geschäfte führt (*gerens vicem totius multitudinis* [(STh Ia IIae, q. 90, a. 3]). Bei dieser Teilnahme des »Volkes« hatte er jedoch kein demokratisches System im Auge wie es in unseren Köpfen (allerdings nur dort) vorhanden ist, sondern dachte an das Mitspracherecht von Korporationen. Wir würden heute sagen: Die wichtigen politischen Entscheidungen gehen auf den Einfluß der Parteien, der großen Verbände, der Industriellenvereinigung, der Gewerkschaften, der Versicherungsträger usw. zurück, während die einzelnen Mitglieder der Gesellschaft nur vermittels ihrer Mitgliedschaft in solchen Verbänden Einfluß nehmen können.

Um eine solche Selbständigkeit der staatlichen Ordnung gegenüber der augustinischen Tradition begründen zu können, berief Thomas von Aquin sich auf das *Naturgesetz*. Er meint damit aber keineswegs eine Art von sittlichen Normen, die die Menschen als wahre und evidente Sätze in ihrem Verstand vorfinden und aus denen dann syllogistisch Folgerungen gezogen werden könnten wie im wissenschaftlichen Verfahren: Höchstens könnte – ähnlich wie beim Kontradiktionsprinzip der Logik – ein oberstes Prinzip gefunden werden, das besagt, daß das Gute gesucht und das Böse vermieden werden soll. Daraus läßt sich jedoch nichts Konkretes deduzieren. Thomas von Aquin geht vielmehr mit Aristoteles davon aus, daß der Mensch bestimmte natürliche Neigungen hat, die z. B. Gesundheit, Familie und Eigentum betreffen, deren Erfüllung in ihrer Gesamtheit das ausmacht, was »Glückseligkeit« genannt wird. Bei bestimmten Handlungen ebenso wie bei bestimmten positiven Gesetzen kann dann eine Überlegung angestellt werden, ob diese mit diesen natürlichen Neigungen übereinstimmen oder nicht. Bei einer solchen Überprüfung läßt Thomas von Aquin einigen Spielraum offen, der durch Klugheit *(prudentium iudicium)*, die griechische *phrónesis*, bestimmt ist (STh Ia IIae, q. 95, a. 2, ad 2), und aus der *Nikomachischen Ethik* (V 10) übernimmt er das »Prinzip« der Epikie (also der *epikeía*), das einen Spielraum zwischen dem Wortlaut des Gesetzes und dem Sinn des Gesetzes offen läßt (STh IIa IIae, q. 120, a. 1), so daß also eine rigorose Deduktion nicht notwendigerweise die korrekte Auslegung liefert. Da Gesetze menschliche kontingente Handlungen betreffen, die aber faktisch eine unendliche Breite zulassen, kann das Gesetz nicht alle möglichen Fälle vorsehen. Daher stellt die Epikie für Thomas von Aquin eine übergeordnete Regel des menschlichen Handelns dar (*epicheia est quasi superior regula humanorum actuum* [Ebd. a. 2, concl.]), was dem einzelnen Menschen eine beachtliche Eigenverantwortung zuschreibt und gleichzeitig von allen eine gute Vernunfteinsicht erwartet. An diesem Punkt wird deutlich, daß Thomas von Aquin nicht versucht, den ethischen und politischen Diskurs einfach nach dem Modell des wissenschaftlichen Diskurses aufzubauen, daß er deshalb aber nicht zu der Meinung gelangt, der ethische Diskurs sei eben ein »schwächerer« wissenschaftlicher Diskurs. Im Grunde folgt er natürlich auch hier Richtlinien des Aristoteles, der z. B. auch schon festgestellt hatte, daß das Richtige der ethischen Mitte nicht nach dem Modell der mathematischen Mitte gemessen werden dürfte, sondern mit Bezug auf den oder die konkreten Menschen (vgl. 1. Teil, Kap. X, 6).

| 405

Weder die Ethik noch die politische Theorie des Thoma von Aquins ist besonders originell. Dies ist aber nicht das Entscheidende, worauf es nämlich um die Mitte des 13. Jhd.s zunächst einmal ankam, war, daß überhaupt eine selbständige Ethik zugestanden und entworfen wurde, und dasselbe gilt von der politischen Theorie. Auf dieser Basis können dann in den ersten Jahrzehnten des 14. Jhd.s weiterreichende Theorien entwickelt werden, wie wir sie z. B. im Bereich der Politik bei Marsilius von Padua und Ockham antreffen werden (vgl. Kap. XVII, 6).

XV

Die Dekrete von 1277: Ursachen und Folgen

1. Die Vorgeschichte

Durch die Aristotelesrezeption, die mit der Übernahme der arabischen Kommentatoren und der jüdischen Philosophen in eins gegangen war, hatte die Artistenfakultät ein ungeheuer großes Gebiet für ihre Arbeit erhalten: Metaphysik, Naturphilosophie, Ethik, Politik usw. (vgl. Kap. XI, 3). Die jetzt neu zu bearbeitenden Gebiete sprengten das System der Artes endgültig, und in vielen Bereichen behandelten die Magistri der Artes jetzt Gegenstände, die auch in der theologischen Fakultät behandelt wurden. So wurde es jetzt z. B. offenkundig, daß es nicht nur eine christliche Morallehre, sondern auch eine philosophische Ethik gibt; ebenso, daß es nicht nur eine christliche Schöpfungslehre, sondern auch eine philosophisch-wissenschaftliche Kosmologie gibt. So war es selbstverständlich, daß die Lehrer dieses rationalen Wissens mit einem früher bei ihnen nie vorhanden gewesenen Selbstbewußtsein auftraten. Albertus Magnus, Thomas von Aquin und andere hatten versucht, diesem neuen Wissen einerseits seine Eigenberechtigung zuzuerkennen, es aber andererseits mit der Theologie in Beziehung zu setzen. Aus verschiedenen Reaktionen kann man jedoch erkennen, daß sie keineswegs die Mehrzahl vertraten. Es gab auf der einen Seite Magistri der Theologie, die an einer solchen Hereinnahme der Philosophie keineswegs interessiert waren, und es gab auf der anderen Seite Magistri der Philosophie, denen die Theologie doch eher gleichgültig war. Die kirchlichen Autoritäten standen dieser ganzen Entwicklung – und zwar der philosophischen wie der theologischen – aus verständlichen Gründen von Anfang an ziemlich ablehnend gegenüber und wurden auch durch einen Albert und einen Thomas nicht beruhigt, sondern eher in ihren Befürchtungen bestärkt.

Was sich in der Artistenfakultät etwa seit 1250 abspielte, hat zwar in der Forschung große Aufmerksamkeit gefunden, ist aber in Hinsicht auf die Interpretation noch immer sehr umstritten. Es handelte sich aber im Ganzen wohl um den Versuch, eine konsequent aristotelische Philosophie aufzubauen, die natürlich vor allem Bezug auf Averroes, den wichtigsten Kommentator des Aristoteles, nahm. Es handelte sich jedoch deshalb nicht schon um einen »Averroismus«, und was im 13. Jhd. als »Averroismus« bezeichnet wurde, war eigentlich nur der sogenannte »Monopsychismus«, und damit lediglich eine einzige bei Aristoteles und Averroes antreffbare Lehre. In dieser Lehre wird behauptet, der aktive Intellekt sei in allen Menschen nur ein einziger und nur dieser sei unsterblich, während der individuelle Intellekt und seine sinnliche Seele als Form der Materie des individuellen Körpers sterblich sei. Es ist klar, daß diese Lehre in Konflikt geraten mußte mit dem Unsterblichkeitsglauben, der wieder mit dem Glauben an ewige Belohnung bzw. Strafe zusammenhängt, was nicht ohne Bedeutung für die Ethik zu sein schien. Vermutlich hatten die beiden bedeutenden Gegner des Monopsychismus, Albertus Magnus und Thomas von Aquin, eine nicht unerhebliche Bedeutung für die Ausbildung dieses sogenannten »Averroismus«. Den Kommentar des Averroes zu Aristoteles *De anima* hatte Michael Scotus übersetzt, wahrscheinlich wurde aber von den Magistri der zweiten Hälfte des 13. Jhd.s weniger der Averroes-Kommentar selbst gelesen, sondern eher der besser lesbare des Albertus Magnus und vor allem die 1270 entstandene Schrift des Thomas von Aquin *Über die Einheit des Geistes/der Seele gegen die Averroisten (De unitate intellectus contra averroistas)*. Durch diese Schrift wurde entscheidend das mitgeprägt, was dann unter »Averroismus« verstanden wurde. Einer der wichtigsten Magistri, dem die Verteidigung des Monopsychismus zugeschrieben wird, Siger von Brabant (um 1240 – vor 1284), war ein eifriger Leser der Schriften des Thomas von Aquin. Siger und Boethius von Dacien (= aus Dänemark; gest. vor 1284) waren die führenden Köpfe des sogenannten radikalen Aristotelismus. Diese Lehre Sigers und seiner Schüler war ohne Zweifel für die Theologen anstößig, als solche allein kann sie aber die weiteren Ereignisse nicht erklären. | 407

1272 wurde an der Pariser Universität von der Artistenfakultät ein Dekret erlassen, das besagte, daß keiner der Magistri dieser Fakultät irgendeine rein theologische Frage *(quaestionem pure theologicam)* wie z. B. die Trinitäts- oder Inkarnationslehre behandeln dürfe. Damit waren die »Bereiche« von Philosophie und Theologie offiziell etabliert, d. h. es wurde genau das anerkannt, was Albertus Magnus angestrebt hatte. Allerdings sagte dasselbe Dekret in einem weiteren Punkt, daß dann, wenn eine Frage vorliegt, die gleicherweise von Theologen wie von Philosophen behandelt wird – dies ist die »Schnittklasse«, die Thomas von Aquin im Auge gehabt hatte (vgl. Kap. XIV, 2) –, keine dem Glauben widersprechende philosophische Antwort gegeben werden dürfe, und das war natürlich für die Philosophen nicht unproblematisch. Bonaventura hätte diese Bestimmung als selbstverständlich angesehen und Albertus Magnus sowie Thomas von Aquin hätten mit gewohntem Optimismus gesagt, daß ein solcher Konfliktfall ohnedies ernsthaft nicht vorkommen könne. So einfach war dies aber doch nicht, denn offensichtlich hatten in den Jahren danach manche den Eindruck, daß es solche Konfliktfälle durchaus gebe und daß die Artisten sich nicht an die Regeln dieser Selbstzensur hielten.

In Predigten über das *Sechstagewerk (Collationes in Hexaemeron)* setzte Bonaventura 1273 alle ihm zur Verfügung stehende Redekunst und Polemik ein, um diese Magistri anzugreifen. Von jenen, die eine ewige Welt annahmen, sagte er, daß bei ihnen eine ausschweifende *(luxuriata)* Vernunft am Werk sei (Ebd. V, 21. S. 224), und auch die Logiker werden frontal angegriffen:

So haben auch die Logiker mit ihren Sophismen und falschen Setzungen die Welt um den Verstand gebracht *(logici [...] fecerunt mundum insanire).* (Ebd.)

Eine solche Polemik ist schon einigermaßen verwunderlich, wenn man überlegt, daß einige Jahrzehnte vorher Petrus Hispanus (um 1226–1277) in Paris tätig gewesen war, dessen *Summulae logicales* inzwischen ein allgemein anerkanntes Lehrbuch der Logik geworden waren, und der in diesen Jahren als einflußreicher Kardinal in Rom tätig war. Nur wenig später, im Jahr 1276, wurde er dann selbst Papst. Die Spannungen dieser Jahre sind spürbar in dem aggressiven Ton Bonaventuras. Selbst die Summen der Meister, von denen er doch selbst eine verfaßt hatte, schienen ihm gefährlich:

Die größere Gefahr besteht darin, zu den Summen der Meister hinabzugehen, weil darin manchmal ein Irrtum liegt. Sie glauben die Urzeugnisse zu verstehen und verstehen sie nicht, ja widersprechen ihnen sogar. [...] Zur Philosophie hinabzugehen, bedeutet jedoch die größte Gefahr. [...] Merke von Hieronymus, der nach der Lektüre Ciceros keinen Geschmack mehr an den prophetischen Büchern fand, daß er vor dem Gerichte gegeißelt wurde. Das aber ist unsretwegen geschehen, darum sollen sich die Meister vor zu großer Erwähnung und Aneignung der Philosophenworte hüten, auf daß bei solcher Gelegenheit das Volk nicht nach Ägypten zurückkehre oder durch ihr Beispiel Siloes Wasser, die hohe Vollkommenheit, verlasse und zu den Philosophenwassern der ewigen Täuschung ziehe. (Ebd. XIX, 11–12. S. 597)

So wie Joachim von Fiore, dessen Lehren Bonaventura ja auch nicht akzeptierte, ein Zeitalter des Geistes prophezeit hatte, so prophezeit Bonaventura eine wunderbare, weil philosophiefreie Periode der Geschichte:

Glaubet mir, daß noch eine Zeit kommen wird, in der gar nichts vermögen die goldenen und silbernen Gefäße, das sind die Beweisgründe, noch wird es eine Verteidigung durch die Vernunft geben, sondern allein durch die Macht der Schrift. (Ebd. XVII 27. S. 553)

Bonaventura sehnte also eine Zeit herbei, in der die Philosophie keine Macht mehr hätte, und zustimmend berichtet er, daß in der Urkirche die Bücher der Philosophie verbrannt wurden (Ebd. XIX, 14. S. 599 f.). Ob er selbst praktische Maßnahmen einleitete, um zu erreichen, daß diese Zeit eintrifft und die entsprechenden Bücher verbrannt werden, wissen wir nicht, aber andere werden dies sehr wohl versuchen.

Bonaventura war nicht der einzige, dem die Situation besorgniserregend schien. Ein Schüler des Thomas von Aquin, Aegidius Romanus (um 1243–1316), selbst Magister und Augustinereremit, verfaßte 1270 eine Schrift *Über die Irrtümer der Philosophen (Errores philosophorum)*, in der er 95 seiner Ansicht nach irrige philosophische Thesen aufführte, die er aus Texten von Aristoteles, Avicenna, al-Ghazali – den er wie alle damals für einen Vertreter und nicht für einen Kritiker der Philosophie hielt –, Maimonides und Averroes zusammengestellt hatte. Aber auch er wird dem Verdacht, selbst Irrtümer zu verbreiten, nicht entgehen können. Davon unabhängig war eine weitere Aktion: Seit 1276 war Simon du Val, der für Frankreich zuständige Inquisitor mit Ermittlungen gegen einige Magistri beschäftigt, unter denen sich wiederum Siger von Brabant befand.

2. Die Verurteilungen

In diesen kritischen Jahren wurde, wie gesagt, Petrus Hispanus 1276 zum Papst gewählt, mit Johannes XXI. stand also ein früherer Pariser Magister der Artes und Logiker an der Spitze der Kirche. Er war, soweit wir informiert sind, an den Pariser Problemen nur am Rande interessiert, und mit ihren Folgen hat er gar nichts zu tun, da er nur wenige Wochen nach den Verurteilungen in Paris in Viterbo starb, als die Decke des Gebäudes, in dem er seinen medizinischen Studien nachging, – er war ja von Beruf aus eigentlich Arzt gewesen –, einstürzte. Johannes XXI. beauftragte aufgrund vorliegender Nachrichten den Bischof von Paris, Stephan Tempier (Bischof von Paris seit 1268, gest. 1279) eine Untersuchung über möglicherweise an der Pariser Artistenfakultät gelehrte Irrtümer vorzunehmen und dann einen Bericht darüber nach Rom zu senden. Was Johannes zu wissen wünschte, waren – wie es der Tradition solcher Untersuchungen entspricht – Namen von Personen und von Institutionen. Tempier tat aber etwas anderes: Er berief selbst eine Kommission ein und verurteilte am 7. März 1277 219 Sätze. (Genau drei Jahre vorher, am 7. März 1274 war Thomas von Aquin gestorben. War die Wahl des 7. März wirklich nur ein reiner Zufall?) Diese 219 Sätze sind eine offensichtlich hastig zusammengestellte und nicht geordnete Liste. Über diese Liste und den ganzen Vorgang der Verurteilung ist in den letzten Jahrzehnten eine heftige Diskussion entbrannt, die hier nicht wiedergegeben werden soll, daß die Liste der Sätze einen sehr ungeordneten und oberflächlichen Eindruck macht, ist aber unbestreitbar. Genaue Textuntersuchungen haben im übrigen deutlich gemacht, daß die meisten der verurteilten Sätze so, wie sie formuliert sind, bei den anvisierten Autoren, also vor allem bei Siger von Brabant und Boethius von Dacien, nicht zu finden sind. Doch was folgt daraus? Daß kirchliche Gremien, die sich an eine Verurteilung machen, häufig schlampig arbeiten und die Schriften der zu Verurteilenden nicht genau lesen, ist eine alte und bis heute geltende Praxis. Aber daraus ergibt sich keineswegs, daß diese Gremien an der

Sache vorbeigehen. Kirchliche Verurteiler laufen keinen Phantomen nach, sondern haben einen jahrhundertelang eingeübten und sehr sicheren Spürsinn für ihnen gefährliche Bewegungen entwickelt, und so ziehen sie manchmal Konsequenzen, die sich tatsächlich wörtlich gar nicht in den Texten finden, die aber doch die Sache genau treffen. Sie sind nicht nur durch ihren faktischen Machtbesitz, sondern gelegentlich auch durch ihre »Einsicht« ihren Gegnern um einiges voraus, d. h. sie verurteilen schon heute das, was diese morgen sicher sagen würden. Entweder die Drohung funktioniert, dann ist das Ziel erreicht, oder diese Sätze werden wirklich ausgesprochen, dann liegt die Verurteilung schon bereit. In diesem Sinn haben solche Verurteilungen in bestimmten Fällen einen antizipatorischen Charakter (de Libera 1998. S. 78 nennt dies vornehm eine »heuristische Funktion der Zensur«). Tempier behauptete genau genommen auch gar nicht, daß diese Sätze alle gelehrt würden, sondern sagt in seinem Vorwort nur, daß sie unter den Magistern disputiert würden (In: Flasch 1989. S. 89 u. S. 92). Man sollte auch die Kommission, die den Bischof von Paris beriet, nicht unterschätzen. Eines ihrer Mitglieder war Heinrich von Gent (um 1217–1293), ein ganz hervorragender und selbständig denkender Magister. Allerdings muß – leider – beobachtet werden, daß auch Heinrich von Gent seinen Teil dazu geleistet hat, daß in den Disputationen der Universität die Autoritätsposition die Argumentation verdrängt hatte, und ein Dekret wie das des Bischofs Tempier lag durchaus auf dieser Linie. Nimmt man die Gesamtheit der verurteilten Sätze, so ergibt sich trotz der Unordnung und der Oberflächlichkeit der Aufstellung ein durchaus kohärenter Zusammenhang, der im folgenden kurz dargestellt werden soll (die Thesen finden sich in Flasch 1989).

a) Die Autonomie der Philosophie

Die Artisten beanspruchten, ihr Gebiet und die Methoden in diesem Gebiet selbst zu definieren.

Es gibt keine durch Vernunft zu erörternde Frage, die der Philosoph nicht erörtern und entscheiden sollte, weil die Beweisgründe von den Dingen her genommen werden, die Philosophie aber nach ihren verschiedenen Teilen alle Dinge zu betrachten hat. (These 145. S. 213)

Dies war eine Auffassung, die auch von Albertus Magnus und Thomas von Aquin geteilt wurde, und die der Selbstzensur der Artisten von 1272 entspricht. Nichtsdestoweniger meinte die Kommission, diese These verurteilen zu müssen. Daß in der Philosophie nicht Autorität, sondern Argumentation entscheiden muß, ist eine Selbstverständlichkeit, und in diesem Sinn ist auch die folgende These sachlich eigentlich völlig unproblematisch:

Der Mensch darf sich nicht mit der Autorität zufriedengeben, um in irgendeiner Frage zur Gewißheit zu kommen. (These 150. S. 215)

Die Frage der Gewißheit *(certitudo)* war jedoch insofern problematisch, als neben der Vernunftgewißheit von einer Glaubensgewißheit gesprochen wurde. Heinrich von Gent hatte immer wieder auf dieser Glaubensgewißheit bestanden und war fest davon überzeugt, daß dieser Gewißheit eine theologische Wissenschaft im strengen Sinn des Wortes entspricht. Aus dem Bewußtsein einer solchen überlegenen Gewißheit erklärt sich die folgende verurteilte These, die im ersten Teil etwas wiedergibt, was der aristotelischen Auffassung in der 2. *Analytik* entspricht, wie sie auch von Thomas von Aquin vertreten wurde, die aber im zweiten Teil die Allgemeingültigkeit dieser Auffassung eingeschränkt wissen will:

Damit ein Mensch einer Schlußfolgerung [besser: einer Konklusion] gewiß sein kann, muß sie auf evidente Prinzipien gegründet sein. – Dies ist ein Irrtum, weil die These allgemein sowohl von der Gewißheit des geistigen Erfassens wie von der des (gläubigen) Anhangens *(adhesionis)* spricht. (These 151. S. 216 f.)

b) Die Reichweite philosophischer Erkenntnis

Im zweiten Teil der Selbstzensur von 1272 hatten sich die Magistri verpflichtet, bei Fragen, die gleicherweise von Theologen wie von Philosophen behandelt werden, keine dem Glauben widersprechende philosophische Antwort zu geben. Dies war strategisch gegenüber den theologischen Autoritäten gedacht, ob alle Magistri allerdings wirklich so dachten, wissen wir nicht, da es keine historischen Zeugnisse dafür gibt. Es ist aber nicht unwahrscheinlich, daß die in der folgenden These verurteilte Auffassung doch von einigen Magistri vertreten wurde:

Um den Glauben braucht man sich nicht zu kümmern, wenn etwas als ketzerisch bezeichnet wird, weil es gegen den Glauben verstößt. (These 16. S. 112)

Daß die folgenden Thesen sich nicht in den überlieferten Handschriften finden, ist selbstverständlich, daß sie aber wirklich nicht gelegentlich geäußert wurden, ist nicht so selbstverständlich.

Die Reden des Theologen sind in Fabeln begründet. (These 152. S. 217)

Fabeln und Unwahrheiten gibt es im Christentum wie in den anderen Religionen. (These 174. S. 229)

Das theologische Wissen bringt keinen Erkenntnisgewinn. (These 153. S. 217)

Die christliche Religion verhindert den Wissenszuwachs. (These 175. S. 229)

Wie auch immer die historische Frage zu beantworten ist, die aufgeführten Thesen sind in jedem Fall »antizipatorisch« korrekt: Die Kommission der Verurteiler hat hellsichtig erfaßt, in welche Richtung die in ihrer Zeit beginnende Entwicklung gehen würde. Die vollen Konsequenzen werden allerdings erst in der Neuzeit deutlich werden.

c) Philosophie als höchste Lebensform – »Leben jetzt«

Die Beschäftigung mit Philosophie war für viele, wenn nicht für die meisten Magistri mehr als eine Disziplin, die es zu erlernen gab. Die Texte der antiken Philosophie, vor allem die des Aristoteles selbst, enthielten ganz deutlich die Aufforderung, Philosophie als Lebensform zu betrachten, und zwar als die ideale Lebensform. Daß damit ein Konflikt mit der christlichen Lebensanschauung und zudem mit den autoritativen Vertretern derselben unausbleiblich war, ist unübersehbar.

412

Es gibt keine ausgezeichnetere Lebensform, als sich frei der Philosophie zu widmen. (These 40. S. 137)

Dies ist eine These, die sich auf die *Nikomachische Ethik* des Aristoteles berufen kann, und die tatsächlich das Selbstverständnis nicht nur des Aristoteles, sondern der gesamten griechischen Philosophie zum Ausdruck bringt. In einer Gesellschaft, in der das Mönchtum immer noch als die höchste Lebensform galt, mußte jedoch eine solche These als Provokation erscheinen, die Zeit, in der man »Philosophie« als »christliche Weisheit« interpretieren konnte und in der, wie bei den Kappadokiern, Mönche sich problemlos als »Philosophen« bezeichnen konnten, war ja endgültig vorbei. Schon der eindeutige Sprachgebrauch von »Philosophie«, der sich im 13. Jhd. durchgesetzt hatte, ließ dies nicht mehr zu. In eine ganz ähnliche Richtung ging eine weitere These:

Alles Gute, das dem Menschen möglich ist, besteht in den intellektuellen Tugenden. (These 144. S. 212)

Diese These widersprach ganz ausdrücklich der augustinischen Auffassung, nach der alles Gute, das dem Menschen möglich ist, durch die göttliche Gnade bewirkt ist.

Sehr ausführlich beschäftigen sich die Verurteilungen mit der Ablehnung des monastischen Lebensideals, das mit seinen extremen Forderungen den aristotelischen Vorstellungen von der rechten Mitte widerspricht. So werden z. B. folgende Sätze verurteilt:

Enthaltsamkeit ist nicht ihrem Wesen nach eine Tugend. (These 168. S. 226)

Wer arm ist an äußeren Gütern, kann nicht moralisch gut handeln. (These 170. S. 227)

In weiteren Thesen, die auch mit der averroistischen Bestreitung der Unsterblichkeit der individuellen Seele zusammenhängen, wird das Glück *(felicitas)* einzig in das irdische Leben verlegt:

Die Glückseligkeit gibt es in diesem Leben, nicht in einem anderen. (These 176. S. 230)

Der Mensch verliert nach dem Tod alles Gute. (These 15. S. 111)

Diese Auffassung findet sich recht deutlich ausgesprochen in einem anonymen Traktat *Über die Seele* (In: Giele 1972). Um eine Bestätigung dafür zu finden, daß die Thesen vom »Leben jetzt« tatsächlich vertreten wurden, sollte man aber nicht nur Traktate der Philosophie durchsuchen, sondern auch einen Blick in die Literatur werfen. Einen entsprechenden Hinweis liefern die Verurteilungen selbst, wenn im Prolog die Schrift *Über den Gott der Liebe (De Deo amoris)* des Andreas Capellanus verdammt wird, was natürlich dessen Verbreitung und Übersetzung ins Französische, Deutsche und Italienische nicht verhindern konnte. Diese Schrift ist zwischen dem Ende des 12. | 413 und dem Anfang des 13. Jhd.s entstanden. Der Hinweis auf diese Schrift ist nützlich, auch wenn keine der verurteilten Thesen sich wörtlich darin findet, weil dadurch deutlich wird, daß die Verurteiler sich darüber im klaren waren, daß sie sich nicht nur mit einigen Magistri der Universität, sondern mit Tendenzen der Kultur ihrer Zeit auseinandersetzten. Der *Rosenroman*, dessen erster Teil von Guillaume de Lorris in den Jahren 1225/1230, und dessen zweiter Teil von Jean de Meun zwischen 1270 und 1280 verfaßt wurde, wie auch die *Carmina Burana*, die vor der Mitte des 13. Jhd.s entstanden sind, zeigen uns eine ähnliche Lebensauffassung. In diesem Punkt haben die Mitglieder der Kommission also nichts antizipiert, sondern eine, nicht zuletzt bei vielen Klerikern zu dieser Zeit verbreitete Lebenseinstellung registriert.

d) Schöpfung, Vorhersehung, Seele

Die bisher besprochenen Thesen beziehen sich deutlich auf den kulturellen und zeitgeschichtlichen Hintergrund der Kultur des 13. Jhd.s und der besonderen Situation der Magistri der Artes in Paris. Bei den zentralen Thesen, die sich mit »Irrtümern in der Lehre« befassen, sind wir hingegen genau in dem Kontext, dem wir auch schon in der islamischen und jüdischen Philosophie begegnet waren: Die Punkte die al-Ghazali aufzählte (vgl. Kap. IX, 2, h) – die die mittelalterlichen lateinischen Philosophen allerdings nicht kannten – sind genau jene zentralen Streitpunkte, die auch Aegidius Romanus in seinen *Irrtümern der Philosophen* und Bonaventura in der

6. Collatio seines *Sechstagewerkes* nannten. Ausgangspunkt waren die aristotelische *Physik*, bestimmte Teile der *Metaphysik* sowie der Schrift *Über die Seele (De anima)*. In der zweiten Hälfte des 13. Jhd.s waren zahlreiche Schriften *Über die Ewigkeit der Welt (De aeternitate mundi)* und *Über die Seele* verfaßt worden. In Hinsicht auf die Frage der Schöpfung aus Nichts und der Zeitlichkeit, d. h. der Nicht-Ewigkeit der Welt ist es interessant zu sehen, daß zwar die Texte des Aristoteles von den Autoren mit der größten Genauigkeit studiert und analysiert wurden, daß aber niemand auf den Gedanken kam, erst einmal die Texte der *Bibel* ebenso genau zu studieren und zu analysieren, um festzustellen, ob diese beiden Lehren denn dort wirklich genau so stehen, wie sie vorausgesetzt wurden, was – wie es die heutige Exegese eindeutig bestätigt – gar nicht der Fall ist, und was auch damals unschwer festzustellen gewesen wäre. In diesem Punkt bestimmte eindeutig die augustinische Lehre und nicht der biblische Text das, was als christliche Glaubenslehre angesehen wurde. Die Frage der Ewigkeit oder Nicht-Ewigkeit der Welt war auch in der christlichen Lehre keineswegs so eindeutig festgelegt, wie die Verurteiler dies voraussetzten. Die Schöpfungslehre war erst 1215 vom 4. Laterankonzil festgelegt worden, und dort ging es gar nicht um die Frage der Ewigkeit oder Nicht-Ewigkeit der Welt, sondern um die Ablehnung des manichäischen Dualismus (vgl. Kap. XIII, 1). In diesem Zusammenhang wurde gesagt, daß Gott alles, also das Geistige wie das Körperliche »von Anbeginn an« (*ab initio temporis*; DS 800) geschaffen hat. Schon in der islamischen und der jüdischen Philosophie war klar geworden, daß der Schöpfungsglaube nur besagt, daß die Welt von Gott geschaffen ist, ob das Geschaffene selbst dann aber ewig oder nicht-ewig ist, ist eine davon ganz unabhängige und sekundäre Frage. Der Konflikt mit der aristotelischen Philosophie war in diesem Punkt also eigentlich gar nicht zwingend. Einzig die durchgängige Kontingenz aller Dinge und der Welt als ganzer ist gefordert, nicht aber deren Zeitlichkeit. Für die Ewigkeit des Schöpfungsaktes Gottes wurde von den Verteidigern eine metaphysisch ganz vernünftige Begründung vorgetragen, die dann von den Verurteilern abgelehnt wurde:

Gott ist im Handeln ebenso ewig wie in seinem Sein. Sonst würde er von etwas anderem bestimmt, das früher wäre als er. (These 51. S. 151)

Ein Wesen, das sich, wie Gott, selbst bestimmt, handelt entweder immer oder nie. (These 52. S. 152)

Nichtsdestoweniger wurde vom Gläubigen verlangt, die These von der Ewigkeit der Welt zu verneinen (These 90. S. 175; zit. weiter unten). Anders sieht die Frage bei der Vorsehung aus. Schon in der arabischen und jüdischen Philosophie – dort wichtig wegen der Prophetie – hatte die Frage, ob Gott Zukünftiges voraussehen könne, eine bedeutende Rolle gespielt, und dasselbe wiederholte sich nun im christlichen Bereich. Die verurteilte These bestreitet ein solches Vorherwissen:

Die erste Ursache hat kein Wissen von zukünftigen nicht-notwendigen Dingen. (These 42. S.140)

Interessant an dieser These ist, daß hier die Verurteiler auch die verurteilten Begründungen mitliefern, was zeigt, daß sie doch, jedenfalls in einzelnen Punkten, ziemlich gut informiert waren. Der philosophisch ganz korrekte Ausgangspunkt der Begründungen lautet:

Erster Grund: Die zukünftigen nicht-notwendigen Dinge existieren nicht *(futura contingentia sunt non entia)*. (Ebd.)

Zweiter Grund: Die zukünftigen nicht-notwendigen Dinge sind Einzelheiten *(particularia)*. Gott erkennt aber mit einer geistigen Kraft, die die Einzelheiten nicht erkennen kann. (Ebd.)

Auch dies ist eine bekannte Begründung: Gott erkennt nur das Allgemeine, denn nur die Erkenntnis des Allgemeinen stellt eine Vollkommenheit dar, während das Nicht-Erkennen des Einzelnen keine Unvollkommenheit ist. Die Basis dieser Begründung war gut aristotelisch, die Folgerung, daß es daher keine göttliche Vorsehung geben kann, war für die Kommission des Bischofs selbstverständlich unannehmbar. | 415

Ein besonders heikler Punkt war, wie schon bei Albertus Magnus und Thomas von Aquin erwähnt, die sogenannte averroistische Seelenlehre, da in dieser für eine Unsterblichkeit der individuellen Seele kein Platz ist. Daß diese Thesen verurteilt wurden, versteht sich von selbst (vgl. weiter oben die Thesen 15 und 176).

e) Die doppelte Wahrheit

Schon im Prolog des Dekrets wird der Verdacht, daß bei einigen Magistri faktisch oder ausdrücklich eine doppelte Wahrheit angenommen wird, als ein ausschlaggebender Anlaß für das Einschreiten des Bischofs genannt:

Sie sagen nämlich, diese Irrlehren seien wahr im Sinne der Philosophie *(secundum philosophiam)*, aber nicht im Sinne des christlichen Glaubens *(secundum fidem catholicam)*, als gebe es zwei gegensätzliche Wahrheiten *(due contrarie veritates)*. (Prolog. S.89 und S.93).

Was mit der »doppelten Wahrheit« gemeint ist, wird von den Verurteilern an Hand eines Beispiels deutlich ausgesprochen:

Der Naturphilosoph muß schlechthin das Neuwerden der Welt bestreiten, weil er sich auf Naturursachen und natürliche Beweisgründe stützt *(innititur causis naturalibus, et rationibus naturalibus)*. Der Gläubige kann dagegen die Ewigkeit der Welt verneinen, weil er sich auf übernatürliche Ursachen stützt *(innititur causis supernaturalibus)*. (These 90. S. 175)

Daß in verschiedenen Bereichen von verschiedenen Personen gegenteilige Thesen vertreten werden, wäre nicht problematisch. Das Problem liegt aber darin, daß der Naturphilosoph gleichzeitig Gläubiger sein soll, und dies bedeutet, daß der Philosoph in bestimmten Fällen genau das verneint, was er als gläubiger Christ – mit den Theologen – für wahr hält und umgekehrt. Die These von der doppelten Wahrheit wurde in keinem der Texte von Siger von Brabant oder Boethius von Dacien aufgefunden. Allerdings ist damit für das historische Verständnis nicht allzuviel erreicht. Die Trennung der Bereiche von Philosophie und Glaubenswissenschaft, wie Albertus Magnus und Thomas von Aquin sie vorgenommen hatte, stieß an bestimmten Punkten an Grenzen, und an eben diesen Punkten wurde die schon genannte Selbstzensur der Artisten problematisch. Ein ganz klarer Fall tritt uns bei der Frage der Glaubenslehre der Auferstehung von den Toten entgegen:

416

Die künftige Auferstehung kann vom Philosophen nicht zugestanden werden, da es unmöglich ist, sie mit der Vernunft zu erfassen. – Dies ist ein Irrtum, weil auch der Philosoph seinen Geist gefangengeben soll *(debet captivare intellectum)* in den Gehorsam Christi. (These 18. S. 114)

Man kann hier natürlich sagen, daß der Bischof nicht zwischen dem Philosophen *als* Philosophen und demselben *als* gläubigem Christen unterscheidet, aber auch dies hilft im Grunde nicht weiter. Man muß einfach sehen, daß die doppelte Wahrheit in religiös oder ideologisch beherrschten Gesellschaften eine notwendige Folgerung für jene ist, die aus philosophischen Gründen einer Glaubenslehre nicht folgen können, die sich aber nicht außerhalb dieser Gesellschaft stellen können oder wollen. Die Problematik hatte sich in der islamischen Gesellschaft bei al-Farabi und bei Averroes deutlich gezeigt, die versucht hatten, mit verschiedenen Sprachformen zu operieren, ohne aber auf die konkrete Durchführung einzugehen (Kap. IX, 2, d und i). Auch in der jüdischen Religionsphilosophie waren wir bei Isaak Albalag einer Auffassung begegnet, die der These der doppelten Wahrheit nahe kommt (Kap. X, 2, j). Aber eigentlich war schon bei Maimonides diese Problematik eindeutig vorhanden. Geht man davon aus, daß es für ein Religionssystem zentrale theoretisch-metaphysische Lehren gibt, die aber von jemandem als philosophisch unhaltbar angesehen werden, so gibt es nur zwei Möglichkeiten: (a) Derselbe gibt diese Religion auf, d. h. – in den Worten von Maimonides – er begreift, daß »die Sache zu anderen Glaubenslehren ausginge« (Kap. X, 2, h). Will er dies nicht oder kann er dies aus z. B. gesellschaftlichen Gründen nicht, so bleibt ihm (b) nur die Lösung der »doppelten Wahrheit« übrig, ganz gleich, ob er diese nun ausdrücklich vertritt oder ihm diese These nur von anderen zugeschrieben wird.

In der Zeit nach 1272 war es zunehmend geläufig geworden, ausdrücklich bereichsbezogen zu sprechen, so in dem häufig gebrauchten Ausdruck »als Naturphilosoph sprechend« *(loquens ut naturalis)*; entsprechend wurden sehr subtile Unterscheidungen eingeführt, wofür z. B. der Traktat *Über die Ewigkeit der Welt (De aeternitate mundi)* des Boethius von Dacien ein gutes Beispiel ist. Auch die zitierte These 90 zieht die Unterscheidung von Überlegungen, die sich auf natürliche bzw. übernatürliche Ursachen beziehen, heran. Nichtsdestoweniger sollte man sich bei dieser Frage nicht zu sehr in Subtilitäten verlieren. In einer modernen Welt, in der die Religionsgemeinschaften nur mehr begrenzte Macht haben, kann jemand sagen:»Ich halte eine Jungfrauengeburt für eine wissenschaftlich unhaltbare These, und ich halte entsprechend den biblischen Bericht für einen Mythos«. Anschließend kann er sich überlegen, ob er die Lehre der Jungfrauengeburt für wesentlich für das Christentum hält, so daß »die Sache zu anderen Glaubenslehren ausginge«, oder ob er meint, Christ sein zu können ohne diesen »Glaubensatz« oder mit einer allegorischen Interpretation desselben. In einer kirchlich beherrschten Gesellschaft – was ja für die Universität des 13. Jhd.s noch zutraf – hatte ein Magister, der einen Glaubenssatz | 417 für unmöglich hielt, aber in der unter bischöflichen Zensuren stehenden Universität verbleiben wollte, nur die Möglichkeit, zu versichern, daß er alles glaubt, was die Kirche zu glauben vorschreibt. Da er aber weiterhin »als Philosoph« eine entgegengesetzte These vertrat, erweckte er den Anschein, die Lehre von der doppelten Wahrheit zu vertreten. Daß die Historiker diese These bei den Magistri nicht auffinden konnten, ist selbstverständlich, weil sie schließlich von den Inkriminierten gar nicht vertreten wurde. Was sie wirklich vertreten haben dürften, ist die Auffassung, daß manche Lehren der Kirche einfach unhaltbar sind, was sie natürlich noch weniger sagen durften, oder besser: Sie durften es nicht schreiben – gesagt haben dürften sie es sehr wohl, wie sich aus einigen der weiter oben zitierten verurteilten Sätze ergibt. Daß es sich dabei nur um böswillige Unterstellungen des Bischofs handelt, kann ich nicht recht glauben, es gab unter den Magistri vermutlich etliche, die tatsächlich so dachten, und Bischof Tempier wußte das. Die These von der doppelten Wahrheit wurde von niemandem vertreten und sie ist tatsächlich erkenntnistheoretischer Unsinn, sie ist nicht erkenntnistheoretisch, sondern allein historisch und soziologisch interessant und aufschlußreich: Dort, wo ihr Vorhandensein vermutet wird, liegt Aufklärung in einer religiös oder ideologisch repressiven Gesellschaft vor, in der die Vertreter der Aufklärung keine Möglichkeit haben, »auszuwandern«, aber auch keine Lust haben, als Märtyrer der Wahrheit zu sterben oder zumindest beruflich und gesellschaftlich isoliert zu werden.

Es gab also so etwas wie »Aufklärung im Mittelalter« und die Verurteilungen von 1277 sind ein klares Symptom einer solchen. Allerdings darf nicht übersehen werden, daß mit der Begeisterung für die Philosophie manchmal auch sehr unaufgeklärte Haltungen verbunden waren. Einige Magistri waren von den Schriften, mit denen sie sich beschäftigten, so beeindruckt, daß sie faktisch die Interpretation von Aristoteles-Texten und die Suche nach der Wahrheit in eins setzten. Selbst bei Siger von Brabant finden sich solche Äußerungen, es gibt bei ihm aber auch zahlreiche Stellungnahmen, in denen er ausdrücklich eine kritische Auseinandersetzung mit Aristoteles fordert. Eigentlich ist nur für unkritische Aristoteles-Anhänger die Bezeichnung »radikale Aristoteliker« berechtigt, und Aristoteles selbst war sicher ein Gegner einer solchen »Radikalität«. Diese Art der Aristoteles-Nachfolge steht auch in eindeutigem Widerspruch zu der autoritätskritischen Haltung, die bei den Artisten ohne Zweifel vorhanden war (vgl. oben These 150). Die Mehrzahl jener, die sich intensiv mit den Schriften des Aristoteles auseinandersetzten, waren aber wie Albertus Magnus und Thomas von Aquin kritische Leser und unterschieden ganz ausdrücklich zwischen der Interpretation von Aristoteles-Texten und einer, wo erforderlich, kritischen Auseinandersetzung mit diesen. Die Meinung, der Aristotelismus vor 1277 sei gegenüber den Thesen des Aristoteles autoritätshörig und unkritisch gewesen und erst die Verurteilungen hätten den Anstoß zu einer kritischen Aristoteles-Interpretation gegeben, ist unhaltbar.

418

3. Die Folgen

Diese 219 Thesen wurden später oft zitiert, über ihre reale Nachwirkung läßt sich aber streiten. Obwohl ursprünglich für die Universität Paris bestimmt, gewannen sie bald so gut wie universelle Anwendung, da nützten auch die abfälligen Bemerkungen von Duns Scotus und Ockham über diese Verurteilungen, »die doch keine Berge und Meere überqueren können«, nicht viel. Offiziell wurden sie später z. B. an den Universitäten Wien, Bologna und Erfurt eingeführt. Es gibt unzählige Abschriften dieser Thesen, sie fanden in Frühdrucke Eingang und waren umgekehrt der Grund dafür, daß zahlreiche Handschriften, in denen Ansichten vertreten wurden, die durch diese Thesen verurteilt schienen, vernichtet wurden. Nicht zu vergessen ist, daß Tempier alle aufforderte, jene, die die verurteilten Meinungen vertraten, bei ihm oder beim Kanzler der Universität anzuzeigen, die Universität, die ursprünglich als Korporation von Professoren und Studenten entstanden war, erhielt also eine neue und beide Gruppen durchquerende Achse: Spitzel und Bespitzelte. Die Thesen selbst wurden weiter als ideologische Waffe verwendet, sogar noch 1616 in der Auseinandersetzung mit Galilei und 1705 in der mit Descartes.

Wenn die Verurteilungen Tempiers noch gegen Galilei und Descartes eingesetzt wurden, muß hier noch eine weitere, inzwischen ebenso berühmte wie umstrittene, Interpretation der Folgen von 1277 erwähnt werden. Aristoteles hatte die Auffassung vertreten, daß es nur *eine einzige Welt* gibt. Dies hing vor allem damit zusammen, daß

Aristoteles *kein Vakuum* annahm (*Physik* IV, 6–9, 213a 12–217b 28), es aber zwischen zwei Welten ein solches geben müsse. Auch diese Auffassungen wurden von Tempier verworfen, wenn er die folgenden Sätze verurteilt:

Die erste Ursache könnte nicht mehrere Welten machen. (These 34. S. 131)

Gott könnte den Himmel nicht in einer geradlinigen Bewegung bewegen. Der Grund dafür ist, daß er dann ein Vakuum zurückließe. (These 49. S. 147)

Mit diesen Verurteilungen wollte der Bischof einzig die Allmacht Gottes betonen, die an keinerlei Grundsätze aristotelischer Physik und Kosmologie gebunden sein sollte. Manche Wissenschaftshistoriker, so vor allem Pierre Duhem (1861–1916), sahen in diesen Verurteilungen den Ausgangspunkt für die Entwicklung einer neuen, nicht-aristotelischen Physik, auch wenn dies von Tempier nicht beabsichtigt gewesen war, und somit stünden die Verurteilungen Tempiers an der Wurzel der modernen Wissenschaft. Tatsächlich wurden die verurteilten Thesen in den folgenden Jahrzehnten von den bedeutendsten Philosophen und Physikern wie Duns Scotus, Ockham, Buridan, Nicolaus Oresme und anderen zitiert, wenn es darum ging, Gedankenexperimente durchzuführen, also über hypothetische Situationen der physikalischen Welt zu diskutieren; und zu diesen gehörte auch der Gedanke der Möglichkeit einer Vielzahl von Welten. Man muß jedoch sehen, daß die Spekulationen über Gottes Allmacht und über die Möglichkeit mehrer Welten ebenso wie die damit zusammenhängenden über das Vakuum schon vor den Verurteilungen begannen, es ist daher gar nicht so sicher, daß die verurteilten Thesen wirklich eine wissenschafts-stimulierende Wirkung gehabt haben. Eher ist anzunehmen, daß die Berufung späterer Autoren auf die Sätze Tempiers in einer Zeit wachsenden Legitimationsdrucks nützlich war, ohne aber irgendeine sachliche oder argumentative Relevanz zu haben. Zitation der verurteilten Thesen wurde einfach zu einem Topos, zu einem akademischen Ritual, und zu behaupten, daß die weitere Entwicklung der spätmittelalterlichen Physik *wegen* der Verurteilungen Tempiers einsetzte, weil sie verstärkt *nach* diesen einsetzte, ist unbegründet. Es gibt hier eine nachweisbare innere Dynamik der Auseinandersetzung mit der Physik und der Kosmologie des Aristoteles, die zu einer Kritik derselben führte, innerhalb derer die früheren Verurteilungen sachlich jedoch nur eine ganz sekundäre Rolle gespielt haben.

Die 219 verurteilten Thesen waren gegen die Magistri der Artistenfakultät gerichtet, aber mit einigen Thesen war auch Thomas von Aquin mitbetroffen. Bischof Tempier begann tatsächlich nach der Verurteilung der Artisten eine Aktion gegen die Theologen, die seiner Ansicht nach zu sehr von aristotelischer Philosophie beeinflußt waren, und darunter waren außer Thomas von Aquin auch Heinrich von Gent und Aegidius Romanus, also Magistri, die durchaus als Kritiker der »radikalen« Aristoteliker aufgetreten waren. In einer von Tempier einberufenen Versammlung der

Magistri der Theologie vom 28. März 1277 sprachen sich diese – verständlicherweise mit Ausnahme der Magistri aus dem Dominikanerorden – gegen verschiedene Lehren des Thomas von Aquin aus. Zu weiteren Folgen scheint es aber nicht gekommen zu sein, und ob Tempier solche plante, ist umstritten. Daß aber Thomas von Aquin bei einigen der 219 Thesen mitgemeint war, geht schon daraus hervor, daß 1325 der Pariser Bischof Stephan von Bourret diejenigen Thesen, die Thomas von Aquin, der kurz vorher (1323) heilig gesprochen worden war, betreffen könnten, widerrief. Es ist auch aufschlußreich, daß nach dem Tod des Thomas von Aquin die Magistri der Artes in Paris sich öffentlich für ihn aussprachen, nicht aber die der Theologie. Thomas von Aquin wurde also von den Philosophen als einer der ihren angesehen.

Einige Tage nach der Verurteilung in Paris folgte am 18. März 1277 Robert Kilwardby (um 1215–1279), der Erzbischof von Canterbury, seinerseits mit einer Verurteilung von 16 Sätzen, die nun allerdings eindeutig und für alle erkennbar auch Lehren des Thomas von Aquin betrafen. Kilwardby war selbst Dominikaner, gehörte also demselben Orden an wie Thomas von Aquin. Obwohl selbst ein sehr guter Kenner der Schriften des Aristoteles, steht er in seinem um 1253 entstandenen *Sentenzenkommentar* eher der augustinischen Tradition wie sie durch Bonaventura repräsentiert ist, nahe, was zeigt, daß es zu dieser Zeit noch keine Festlegungen auf Ordens-Doktrinen gab. Diese Verurteilung durch Kilwardby wurde von dessen Nachfolger, dem Franziskaner Johannes Peckham (um 1225/1230–1292) 1284 wiederholt, 1286 nahm derselbe nochmals eine Verurteilung von 8 Sätzen vor, die wiederum eindeutig thomistischer Herkunft waren. Wie Kilwardby war Peckham selbst ein bedeutender Magister aus der augustinischen Tradition. Auch die Oxforder Verurteilungen wurden dann im Zusammenhang der Heiligsprechung des Thomas von Aquin widerrufen.

Die implizit oder explizit Thomas von Aquin betreffenden Verurteilungen kamen nicht überraschend. Seit etwa 1270 sah sich Thomas von Aquin mit seinem Versuch, die neue aristotelische Philosophie in die Theologie zu integrieren, Angriffen von Seiten konservativer Theologen ausgesetzt. Thomas reagierte z. B. scharf gegen die Arroganz der Theologen, die entgegen der Meinung der bedeutendsten Philosophen meinten, die Annahme einer ewigen Welt sei schlechterdings absurd. Dem kritischen Thomas von Aquin war solche theologische Arroganz, die sich den offensichtlichen Problemen nicht stellen wollte, einfach unerträglich (vgl. seine Schrift *De aeternitate mundi*), und so kam es, daß Thomas von Aquin, trotz seiner ausdrücklichen Kritik an etlichen Thesen Sigers von Brabant, in den Augen dieser Theologen in eine Reihe mit Siger trat. Seine Theologie galt als rationalistisch und wurde in die Nähe der »gefährlichen Neuerungen« der Artistenfakultät gerückt.

Etwa um diese Zeit setzten die *Schulbildungen* ein, innerhalb deren sich auch die schon erwähnte augustinische philosophische Schule herausbildete (vgl. Kap. XI, 3). Peckham (Franziskaner) war der eigentliche Führer dieser augustinischen Gruppe, wobei er sich natürlich auf Bonaventura berufen konnte. Daß diese Franziskaner-

Gruppe sich als Wächter der Verurteilungen von 1277 verstand, ist leicht erklärlich, hatten ihre Ordens- und Gesinnungsgenossen doch schon einiges zur Entstehung dieses Dekrets beigetragen. Seit 1279 wurden die Franziskaner ordensintern ausdrücklich verpflichtet, keine der verurteilten Thesen zu lehren. Der Meinung Peckhams nach achtete Thomas von Aquin (Dominikaner) die Lehren der Kirchenväter, womit vor allem Augustinus gemeint war, gering und gab der modernen und gleichzeitig alten, heidnischen Philosophie zu viel Raum. Allen diesen Übeln sollte das Programm »zurück zu den Vätern«, und dies hieß vor allem: »zurück zu Augustinus«, gegenübergestellt werden. In der Durchführung dieses Programms sahen die Philosophen und Theologen der Franziskaner ihre Aufgabe. Petrus von Falco (zwischen 1279 und 1281 Magister in Paris) beschwor ganz im Sinne Bonaventuras die Rückkehr zu jener Einfachheit des Denkens, die seiner Auffassung nach durch die Beschäftigung mit den neuen Wissenschaften, die er selbst recht gut kannte, verloren gegangen war. Das eigentlich Bedenkliche an diesem Augustinismus war aber, daß er seinen Ausgangspunkt eigentlich gar nicht bei Augustinus, sondern zunächst in einer Polemik gegen die Philosophie und Theologie des Thomas von Aquin nahm. Dies zeigte sich schon im *Correctorium fratris Thomae* des Franziskaners Wilhelm de la Mare (1271–1272 Magister in Paris), das kurz nach der Verurteilung von 1277 entstanden ist und das eine Art Programmschrift des Augustinismus darstellt. Es ist verständlich, daß nun die Dominikaner ihrerseits sich an die Verteidigung des Thomas von Aquin machten. In ihren Augen war das *Correctorium* ein *Corruptorium*, und so gingen sie nun daran, *Correctoria corruptorii* zu verfassen. Die literarische Gattung solcher Streitschriften ist uns aus dem arabischen Bereich bereits bekannt. Wir erinnern uns an al-Ghazalis *Destructio philosophorum* und an die Antwort des Averroes, die *Destructio destructionis*. Während es aber in diesem letzteren Streit um ganz grundsätzliche Fragen ging und dabei zwei eminente Persönlichkeiten im Spiel waren, ging es im Korrektorienstreit bald nur noch um Nebensächlichkeiten, und die Beteiligten kamen eher aus den hinteren Reihen. Und so entstanden nun die Schulen und die Schulstreitigkeiten, vor allem zwischen Franziskanern und Dominikanern, die Weltkleriker schlossen sich bald hier, bald dort an, mehr jedoch bei den Franziskanern. Diese Schulstreitigkeiten, die sich sehr lange hinziehen sollten, brauchen hier nicht verfolgt zu werden, brachten sie doch nur wenig Bedeutendes hervor. Kulturgeschichtlich interessant ist, daß Remigius von Florenz (gest. 1319), ein Vertreter der italienischen Thomas-Verteidiger, Dante (1265–1321) unter seinen Hörern sitzen hatte, und so versteht man, warum in der *Divina Commedia* Siger von Brabant als Verbündeter des Thomas von Aquin und Alberts des Großen im Kampf für die Autonomie der profanen Wissenschaften auftritt und zum Lohn als einer der zwölf Weisen der Weltgeschichte ins Paradies versetzt wird (*Paradies* X, 136).

Die Schulbildungen hatten einigermaßen ungute Folgen. Bis etwa 1270 hatten Franziskaner und Dominikaner gemeinsam als neue, zukunftsweisende Kräfte zum Aufschwung der jungen Universitäten in Paris und Oxford beigetragen, wobei es zwar durchaus Diskussionen und auch Konkurrenz, nicht aber so etwas wie »Parteidisziplin« gegeben hatte. Jetzt aber wurden die Lehren der verschiedenen Orden zur jeweiligen offiziellen Doktrin mit allen Konsequenzen doktrinärer Maßnahmen, und so wurde auch die Philosophie und Theologie des Thomas von Aquin, die ursprünglich als verdächtige Neuerung, als rationalistischer Ausverkauf gegenüber den Autoritäten der Väter angesehen worden waren, schließlich zur Doktrin, die gegenüber allen »verdächtigen Neuerungen« verteidigt wurde. Die Heiligsprechung des Thomas von Aquin lieferte dann gleichsam die höchstoffizielle Bestätigung dieser Politik, sehr zum Schaden all dessen, was Thomas in Philosophie und Theologie angestrebt hatte. Für eine ziemlich lange Periode beherrschten Schulstreitigkeiten die Universitäten in Paris und Oxford. Die Frage, die Thomas von Aquin eigentlich beschäftigt hatte – wie autonomes, profanes Wissen und christlicher Glaube zu einer vernünftigen Einheit zusammengedacht werden könnten, nachdem sie zuvor methodisch klar unterschieden worden waren –, hatte in dieser Atmosphäre gegenseitiger Verdächtigungen keinen Platz mehr. Man darf sich die Schulbildungen und Schulbindungen allerdings nicht als sehr langanhaltend vorstellen. Schon gegen 1320 waren einerseits die institutionellen Mittel nicht mehr stark genug, um die Bindung an eine offizielle *via Thomae* oder *via Scoti* zu sichern, andererseits war es gar nicht so einfach, festzustellen, ob sich jemand tatsächlich an eine solche *via* hielt, die Trennungslinien verliefen oft quer zueinander. Verkompliziert wurde die Situation auch noch dadurch, daß später gegenüber der *via moderna* Ockhams die Schulen der Thomisten und Scotisten als *via antiqua* zusammengefaßt wurden, was einerseits weiterhin vorhandene wesentliche Unterschiede zu verwischen drohte, andererseits die Nähe der Auffassungen Ockhams zu denen des Scotus nicht ausreichend berücksichtigte. Jedenfalls muß festgehalten werden, daß es eine scotistische Schule bis ins 17. Jhd. gab, und daß es, wenn man – in historisch etwas fragwürdiger Weise – den Neu-Thomismus als Fortsetzung der thomistischen Schule ansieht, es eine solche bis ins 20. Jhd. gegeben hat. Mit Duns Scotus und Ockham werden wir uns in den folgenden Kapiteln beschäftigen, von Thomas von Aquin verabschieden wir uns schon an dieser Stelle. Als Thomas von Aquin 1274 starb, war sein Versuch eines echten Zusammenbestehens von autonomer Vernunft und christlichem Glauben historisch zwar nicht gescheitert, wohl aber historisch am Ende. Dies heißt nicht, daß nicht Wege gesucht werden konnten, Philosophie und Christentum vereinbar zu machen, das »Nebeneinander« war aber historisch nicht mehr rückgängig zu machen. In der Philosophie kam dies auch dadurch zum Ausdruck, daß sich viele Autoren auf eine »puristische« Aristoteles-Interpretation zurückzogen, d. h. sie sprachen ausdrücklich nur »über die Auffassung des Aristoteles« *(de intentione Philosophi),* ohne offiziell irgend etwas darüber zu sagen, ob sie diese Auffassungen für wahr oder falsch hielten. Ein gutes Beispiel dafür liefert Ockham in seinem Kommentar zu *Peri hermeneias:*

Nichts ist gemäß dem Philosophen *(secundum Philosophum)* eines und vieles, obwohl dies gemäß den Theologen *(secundum theologos)* auf irgendeine Weise *(aliquo modo)* zugestanden werden kann. Aber um diese Weise braucht man sich nicht zu kümmern *(sed de hoc non est curandum modo)*, da ich in diesem Buch und in den anderen Büchern [der Auslegung] des Philosophen nicht beabsichtige, etwas zu behaupten, was falsch ist, sondern einzig beabsichtige, die Auffassung des Aristoteles zu erklären, sei sie nun wahr oder falsch *(tantum intendo explanare intentionem Aristotelis sive fuerit vera sive falsa)*. (Ockham: *Opera Philosophica* II. S. 400 f. Übers. v. F. S.)

Dies hinderte Ockham allerdings in keiner Weise, in seinem *Sentenzenkommentar* die Frage der Trinität – also die Frage danach, wie etwas gleichzeitig eines und vieles sein kann – *secundum theologos* zu diskutieren. Ganz ähnlich zieht Ockham sich im Prolog zum Kommentar der *Physik* des Aristoteles auf eine solche neutrale, die eigene Auffassung einklammernde, reine Interpretationsposition zurück, wenn er sagt:

Deshalb schreibe niemand mir die darzustellenden Meinungen zu, denn ich beabsichtige nicht, das darzulegen, was ich als mit dem katholischen Glauben übereinstimmend empfinde, sondern das, wovon ich vermute, dieser Philosoph habe es gebilligt oder es müsse, wie mir scheint, seinen Prinzipien entsprechend gebilligt werden. (Übers. v. R. Imbach: *Ockham: Texte zur Theorie der Erkenntnis und der Wissenschaft.* S. 189)

| 423

Das Nebeneinander war etabliert und fand sich oft in ein und derselben Person. Bischof Tempier hatte versucht, die Philosophen unter Kontrolle zu bekommen, der Versuch war jedoch gescheitert. Die Philosophen schrieben nun nicht nur Aristoteles-Kommentare, sondern darüber hinaus selbständige Schriften *secundum philosophiam* oder *secundum phisicam* mit dem gelegentlichen Hinweis, daß sich *secundum theologos* alles ganz anders verhalten könne. Nicht selten schrieben sie dann selbst *secundum theologos* dieses andere, sie waren ganz einfach »zweisprachig« geworden. Nicht zu übersehen ist allerdings auch, daß im 14. Jhd. in zunehmendem Maß Magistri sich erstmals einzig der Philosophie und den Wissenschaften widmen werden, und sie somit das Reden *secundum theologos* einfach anderen überließen.

Historische Prozesse benötigen oft Jahrhunderte, um eine klar umrissene Gestalt zu gewinnen. Daher sind auch die berühmten Diskussionen um Anfang und Ende geschichtlicher Perioden so schwer zu entscheiden. Nichtsdestoweniger sei hier einfach als These hingestellt: Rückblickend können wir vermuten, daß das Ende der Philosophie des Mittelalters 1277 begann. Damit soll nicht gesagt sein, daß nicht mit Scotus, Ockham und Eckhart im 14. Jhd. ganz wichtige Entwicklungen einsetzten. Es handelt sich bei diesen in keiner Weise um einen »Niedergang«, wie dies manchmal dargestellt wird, wohl aber um ein »Ende«. In der Zeit nach ihnen wird die Frage des Verhältnisses von Philosophie und Christentum letztlich zu einem philosophischen Randproblem.

XVI

Raymundus Lullus und Duns Scotus

Auf die Situation nach 1277 konnte sehr verschieden reagiert werden. Die Konsequenzen, die sich daraus ergaben, waren nicht eindeutig. Eine der Möglichkeiten
bestand darin, den traditionellen – augustinischen – Begriff einer Philosophie als
einheitlicher »christlicher Weisheit« festzuhalten, aber die Anforderungen an die
Beweise für eine solche wesentlich zu verschärfen. Es müßte also möglichst alles,
was der christliche Glaube enthält, nur durch Vernunftgründe und ohne Rückgriff
auf biblische Texte oder andere Autoritäten bewiesen werden, auf diesem Weg würde
der Konfliktbereich von Wahrheiten, die aus der Offenbarung stammen und solchen,
die aus der Philosophie kommen, annäherungsweise oder überhaupt Null werden.

Dies war im Prinzip der Weg, den schon Anselm von Canterbury anvisiert hatte, als
er versuchte, die Glaubenswahrheiten einzig durch »notwendige Gründe« (rationes
necessariae) zu begründen. Allerdings lag dieser Versuch vor der Rezeption der aristotelischen Schriften, d. h. die Anforderungen an Beweise waren weniger streng.
Damit soll in keiner Weise gesagt sein, daß Anselm nicht einen strengen Beweis
vorlegen wollte, die Frage, was ein strenger Beweis ist, war aber im 11. Jhd. noch
nicht genau umschrieben. Wollte jemand jetzt, am Ende des 13. und zu Beginn des
14. Jhd.s diesen Weg einschlagen, mußte er sich sehr rigorosen beweistheoretischen
Forderungen stellen. In der Pariser Selbstzensur von 1272 war von Lehren gesprochen worden, zu denen der Philosoph nichts zu sagen hatte, also z. B. die Lehren
von der Dreifaltigkeit Gottes und von der Menschwerdung Christi. Auch Albertus
Magnus und Thomas von Aquin waren von der Voraussetzung ausgegangen, daß es
solche Lehren gab, diese Annahme hatte aber nicht immer gegolten. Anselm von
Canterbury hatte immerhin einen Beweis mit »notwendigen Gründen« für die
Menschwerdung versucht, »so als ob es Christus nie gegeben hätte« (vgl. Kap. VI,
2). Die Grenze dessen, was durch »notwendige Gründe« beweisbar war und was
nicht, war also nicht eindeutig. Für philosophisch gut informierte Magistri legte es
sich allerdings durchaus nahe, anzunehmen, daß nicht alles, was der christliche
Glaube enthält, auch beweisbar ist. Für diese Auffassung konnte man sich auf die
klaren diesbezüglichen Aussagen von Thomas von Aquin beziehen (vgl. Kap. XIV, 2).
Aber streng genommen war durch die Verurteilungen von 1277 nur gesagt worden,
die Magistri dürften nicht behaupten, daß etwas, was im christlichen Glauben als
wahr angesehen wird, als philosophisch falsch bewiesen werden könne, es wurde

dagegen nicht gesagt, daß die Annahme verboten sei, daß alles, was der Glaube sagt, auch als philosophisch wahr bewiesen werden könne. Daß ein solcher Weg völlig ungangbar sein sollte, war somit am Ende des 13. Jhd.s noch nicht eindeutig, nur mußte jemand, der diesen Weg versuchte, den inzwischen sehr hoch gesteckten Forderungen wissenschaftlichen Beweisens genügen. Diesen Weg versuchte Raymundus Lullus zu gehen und das Mittel dazu sollte seine *Ars*, also eine *Neue Kunst des Beweisens* sein, in dichterischer Form wird diese Neue Kunst von Lullus als Baum und Blätter bezeichnet. In einem Gespräch zwischen einem Christen, einem Muslim, einem Juden und einem Philosophen sagt Lullus:

Ach Gott! Welch ein hohes Gut wäre es doch, wenn wir uns – alle Menschen dieser Welt – mit Hilfe der Wissenschaft dieser Bäume in einem einzigen Gesetz und einem einzigen Glauben zusammenfinden könnten! Auf diese Weise verschwände Streit und Haß zwischen den Menschen, die wegen der verschiedenen Glaubensüberzeugungen und der gegensätzlichen Gesetze der Völker entstehen. [...] Denn da wir mit Hilfe von Autoritätsbeweisen zu keiner Übereinstimmung gelangen können, sollten wir durch zwingende Vernunftgründe eine Übereinstimmung versuchen. (*Das Buch vom Heiden und den drei Weisen*. S. 16 f.).

| 425

Hier haben wir also die »notwendigen Gründe«, mit denen Lullus letztlich bis zum Beweis der Trinität gelangt (Ebd. S. 54–58). Die Frage der »notwendigen Gründe« bei Lullus ist allerdings nicht so einfach, wie es auf den ersten Blick aussieht. Lullus kannte wahrscheinlich die diesbezüglichen Schriften Anselms und wußte zudem etwas von den Pariser Diskussionen über den demonstrativen Beweis im Anschluß an die *2. Analytik* des Aristoteles – aber dies war letztlich nicht seine Welt. Seine Vorstellung von Beweisen durch »notwendige Gründe« lag mehr auf der Linie des spanisch-arabischen Juristen und Theologen ibn Hazm (994–1064), der gemeint hatte, gegenüber den Christen und Juden »notwendige Gründe« für die Wahrheit des *Koran* beibringen zu können. Lullus orientierte sich somit weniger an den Pariser Diskussionen zur Wissenschaftstheorie und mehr an den öffentlichen spanischen Diskussionen zwischen den Vertretern der verschiedenen Glaubensgemeinschaften. Der Verlauf des Gesprächs bei Lullus macht klar, daß im Sinne des Autors nicht der Philosoph den Glaubensvertretern deutlich macht, wie wenig sie eigentlich beweisen können, sondern der Vertreter des Glaubens dem Philosophen klar macht, wie viel er beweisen kann. Am Ende des Gesprächs wird der heidnische Philosoph durch diese »notwendigen Gründe« überzeugt, »sein Verstand wurde vom Weg des Heils erleuchtet« und folgerichtig beginnt er zu beten (Ebd. S. 65). Die Beurteilung dieser Position des Lullus wird – bis heute – sehr stark von dem abhängen, wo der Interpret selbst steht; vielleicht reicht es aber aus, zu sagen: Wenn man sich (wie ich) auf die Position des Albertus Magnus und des Thomas von Aquin stellt, dann muß man historisch gesehen im Versuch Lulls einen Rückschritt gegenüber dem Problembewußtsein sehen, das am Ende des 13. Jhd.s erreicht worden ist. Dies ist nicht nur eine heutige Interpretation, denn Thomas von Aquin selbst hat dies Lullus schon sehr deutlich gesagt:

Zuerst will ich dich doch daran erinnern, daß du in Disputationen gegen Ungläubige über Glaubensartikel nicht darauf aus sein darfst, den Glauben durch zwingende Gründe *(rationibus necessariis)* zu beweisen; dies würde nämlich der Erhabenheit des Glaubens Abbruch tun, dessen Wahrheit nicht nur den menschlichen Geist, sondern sogar den der Engel überschreitet; wir halten (die Glaubensinhalte) vielmehr für gleichsam *(quasi)* von Gott selbst geoffenbart. Weil aber das, was aus der höchsten Wahrheit hervorgeht, nicht falsch sein kann, und nichts mit zwingenden Gründen widerlegt werden kann, was nicht falsch ist, so kann unser Glaube, ebenso wie er nicht mit zwingenden Gründen bewiesen werden kann, weil er den menschlichen Geist überschreitet, wegen seiner Wahrheit auch nicht mit zwingenden Gründen widerlegt werden. (Thomas von Aquin: *De rationibus fidei.* Übers. v. L. Hagemann / R. Glei. Altenberge 1987. S. 65)

Dies heißt im Klartext: Nach den Wissenschafts- und Beweisstandards des Thomas von Aquin ist der von Lullus angestrebte Beweis von Glaubenssätzen durch »notwendige Gründe« undurchführbar. Die zweite Möglichkeit geht in die genau entgegengesetzte Richtung: Die Anforderungen an den Beweis werden weiter verschärft, so daß dann in der Philosophie nur noch sehr wenig und in der Theologie gar nichts mehr bewiesen werden kann. Auch auf diesem Weg wird erreicht, daß der Konfliktbereich zwischen Philosophie und Theologie gleich Null wird, und diesen zweiten Weg geht Duns Scotus. Wiederum historisch gesehen liegt dieser Weg in der Konsequenz dessen, was Albertus Magnus und Thomas von Aquin versucht hatten. Faktisch setzte sich allerdings Duns Scotus weniger mit Thomas von Aquin, sondern vor allem mit Heinrich von Gent auseinander, aber dieser war von der Position ausgegangen, die Thomas vertreten hatte, und hatte sie entsprechend der neuen Situation um und nach 1277 kritisch weiterentwickelt. Man müßte also sagen, daß Duns Scotus den Anforderungen seiner Zeit besser entsprach als Raymundus Lullus, und tatsächlich war es Duns Scotus, der in vieler Hinsicht die Grundlage für den weiteren Gang der Philosophie gelegt hat und nicht Raymundus Lullus. Dabei darf man allerdings nicht vergessen, daß jedem, der mit der Geschichte der Logik vertraut ist, der Name Lullus ein Begriff ist und sogar heutige, – historisch mehr oder weniger gut informierte – Informatiker in Lullus ihren Ahnherrn sehen. Leibniz garantiert dabei diese Ahnenreihe, so daß manche, verbürgt durch Leibniz, sich auf Lullus berufen, ohne jemals irgend etwas von Lullus gelesen zu haben. Trotzdem haben sie sachlich durchaus recht. Allerdings muß dabei gesehen werden, daß der Verwendung der Lullschen Kombinatorik, der wir bei Leibniz begegnen, eine systematische Veränderung – aus den inhaltlich bestimmten Begriffen wird etwas wie logische Variable –

zugrunde liegt, die den Absichten Lulls eigentlich widerspricht. Und das heißt: Der bis ins 17. Jhd. und darüber hinaus historisch wirksame Lullus ist ein Lullus, der historisch gesehen gar nicht existiert hat.

1. Raymundus Lullus

Raymundus Lullus (1232/1233–1315/1316) gehört natürlich ganz und gar in seine Zeit hinein, er ist aber auch ein Außenseiter, was schon mit seiner Herkunft und seiner Biographie zusammenhängt. Lullus stammte aus Mallorca, das erst kurz vor seiner Geburt aus islamischer in spanische Herrschaft übergegangen war. Es gab daher auf Mallorca noch zahlreiche Muslime, es lebten dort aber auch viele Juden, die einflußreich und vor allem im Bereich der Finanz und der Medizin führend waren. Lullus wurde also in eine multikulturelle Umgebung hineingeboren, was aber nicht bedeutet, daß bei ihm nicht später durchaus fanatische Züge hervortreten – eine multikulturelle Umgebung ist ja leider nicht selten genau das Gegenteil einer Schule der Toleranz. Über das Leben von Lullus sind wir durch eine Art Autobiographie, die *Vita coetanea*, verhältnismäßig gut informiert. Lullus stilisiert darin allerdings seine Biographie nach den damals geltenden Regeln der Heiligenleben, wobei das großen Vorbild Augustinus – vom Sünder zum Heiligen – natürlich besonders attraktiv war. Etwa bis zu seinem 30. Lebensjahr führte er das Leben eines politisch einflußreichen Mannes an den Höfen Jakobs I. von Aragon und Jakobs II. von Mallorca, war verheiratet und hatte daneben – wie alle Troubadoure – eine Geliebte. Als er einmal gerade ein Gedicht für diese verfaßte, sah er in einer Vision den gekreuzigten Christus, und erblickte darin eine Aufforderung, von nun an sein ganzes Leben der Bekehrung der Muslime zu widmen. Zu diesem Zweck beschloß er, »das beste Buch der Welt« zur Bekämpfung der Irrtümer der Muslime und zur Bekehrung derselben zum wahren Glauben zu verfassen. Daraus sind die verschiedenen Versionen seiner *Ars* hervorgegangen, wobei die früheren Versionen wesentlich komplizierter waren als die späteren. Lullus selbst erzählt, daß er die Vereinfachung deshalb durchgeführt hat, »weil ihm die Gebrechlichkeit des menschlichen Verstandes in Paris [d. h. bei der Vorstellung der *Ars* an der dortigen Universität] so recht zum Bewußtsein gekommen war« (*Das Leben des seligen Raimund Lull* c. 19. S. 41). Lullus war natürlich nicht der einzige, der sich mit der Frage der Bekehrung der Muslime befaßte, da die Bekehrung der Muslime nicht nur ein religiöses, sondern auch ein politisches Ziel der kulturellen Vereinheitlichung der eroberten islamischen Gebiete war. Ein wichtiger Vertreter solcher Versuche war auch Raymund von Peñafort (um 1180–1275), der sogar seine Funktion als Generaloberer der Dominikaner aufgegeben hatte, um sich ganz dieser Aufgabe zu widmen, wobei er als Ratgeber Jakobs I. eine wichtige Rolle spielte. Raymund von Peñafort war es auch gewesen, der Thomas von Aquin dazu angeregt hatte, seine eigentlich ja auch für die Bekehrung der Muslime bestimmte *Summe gegen die Heiden (Summa contra gentiles)* zu verfassen. Derselbe Raymund von Peñafort gab Lullus den Rat, nicht nach Paris zum Studium zu gehen, so daß dieser daran ging, sich autodidaktisch philosophische Kenntnisse zu erwerben; er begann auch, Arabisch zu lernen. 1276 gründete er in Miramar auf Mallorca ein Franziskanerkloster, in dem vor allem das Arabischstudium gepflegt werden sollte, wobei diese Gründung sich aber nur bis etwa 1295 hielt. Später erlangte Lullus durch seinen Einsatz für die Errichtung von Sprachschulen (Hebräisch, Arabisch) einen gewissen Einfluß, und eine entsprechende Bestimmung wurde sogar in die Dekrete des Konzils von Vienne (1311) aufgenommen. Aufgrund seines eigenwilligen Studienganges erklärt es sich, daß Lullus auf der einen Seite durchaus eigenständig dachte, er auf der anderen Seite aber manche Fragen der lateinischen Theologie nicht wirklich begreifen konnte. Sein Latein blieb immer ziemlich unbeholfen, andererseits war er aber mit der traditionellen lateinischen Terminologie nicht zufrieden und schuf eine ganze Reihe neuer, manchmal durchaus interessanter sprachlicher Neubildungen (vgl. dazu weiter unten), die allerdings bei den Pariser Magistri kaum auf Verständnis stoßen konnten. Lullus besuchte Paris mehrmals und nahm u. a. an der dortigen Diskussion über die menschliche Seele teil. Er zeigte sich dabei als Gegner des Averroes, es ist aber nicht ganz klar, ob es dabei mehr um eine philosophische Auseinandersetzung ging oder um den Kampf gegen einen Philosophen, den er für einen typisch islamischen hielt. Er schrieb seine Werke entweder in der Landessprache Katalanisch oder in Arabisch, letztere sind allerdings in der Orginalsprache nicht erhalten. Nur wenige Schriften wurden ursprünglich Lateinisch abgefaßt, zahlreiche seiner Schriften sind aber nur in lateinischer Übersetzung überliefert. Der Umfang seiner Schriften, die jedoch nicht nur solche zur Philosophie und Theologie umfassen, ist außerordentlich groß. Raymundus Lullus war der erste Philosoph der westlichen Kultur, der in seiner Landessprache philosophische Werke verfaßte, wobei nicht zu vergessen ist, daß Lullus auch als katalanischer Dichter Bedeutung erlangt hat und daß ihm so bei der Entwicklung des Katalanischen eine wichtige Rolle zukam.

Lullus führte ein sehr unstetes Leben. Er besuchte die Päpste in Rom und Avignon, um sie für seine Bekehrungspläne zu gewinnen, womit er allerdings keinen Erfolg hatte. Er reiste nach Sizilien und Zypern, hielt sich zeitweilig in Paris, Montpellier, Lyon, Barcelona, Genua und in anderen Städten auf, zwischendurch war er in Bugia in Nordafrika, um die Muslime zu bekehren, wurde dabei fast gesteinigt und dann für mehrere Monate eingesperrt. Gegen Ende seines Lebens reiste er jedoch wieder nach Nordafrika, diesmal nach Tunis, schließlich war es eines seiner Ziele, als Märtyrer zu sterben. Die ganze Arbeit des Raymundus Lullus muß auf dem Hintergrund seines missionarischen Anliegens gesehen werden. Aber man muß auch sehen, daß Lullus Ritter war und seine Vorstellungen geprägt waren von den Kategorien des Rittertums. Auch wenn er bei seinen Bekehrungsbemühungen Argumente verwenden wollte, dachte er doch immer im Rahmen des Kampfes, er war nicht

428

umsonst ein überzeugter Verfechter der Kreuzzugsidee. Im Zusammenhang der Unternehmungen zur Bekehrung von Muslimen und Juden hatten Raymund von Peñafort und andere öffentliche Diskussionen mit diesen veranstaltet. Lullus ließ sich von solchen Disputationen inspirieren und wollte dafür einen unfehlbaren Disputations-Mechanismus erfinden. Er war dabei fest überzeugt, daß er die Grundlagen für seine *Ars* durch eine göttliche Eingebung – in einer Vision auf dem Berg Randa im Jahre 1274 – erhalten hatte:

Als er dort noch nicht volle acht Tage zugebracht hatte, geschah es eines Tages, während er da weilte und aufmerksam die Himmelssphären betrachtete, daß der Herr plötzlich seinen Geist aufklärte und ihm Art und Weise angab, wie er das Buch gegen die Irrlehren der Ungläubigen, von dem oben die Rede war, abfassen solle. Dafür sagte Raimund dem Allerhöchsten ungemein großen Dank, stieg von jenem Berg herab und kehrte bald zu der oben erwähnten Abtei zurück, wo er begann, den Stoff jenes Buches zu ordnen und in eine Form zu bringen. Er nannte das Buch zuerst *Ars maior* (die »Größere Kunst«), später aber *Ars generalis* (die »Allgemeine Kunst«). (*Das Leben des seligen Raimund Lull* c. 14. S. 38 f.)

Aus diesem Bericht über das Buch gegen die Irrlehren der Ungläubigen ist zunächst festzuhalten: Es handelt sich nicht um irgendeine Art rationaler und philosophischer Überlegung, sondern um eine Vision. Nichtsdestoweniger war Lullus überzeugt, daß | 429

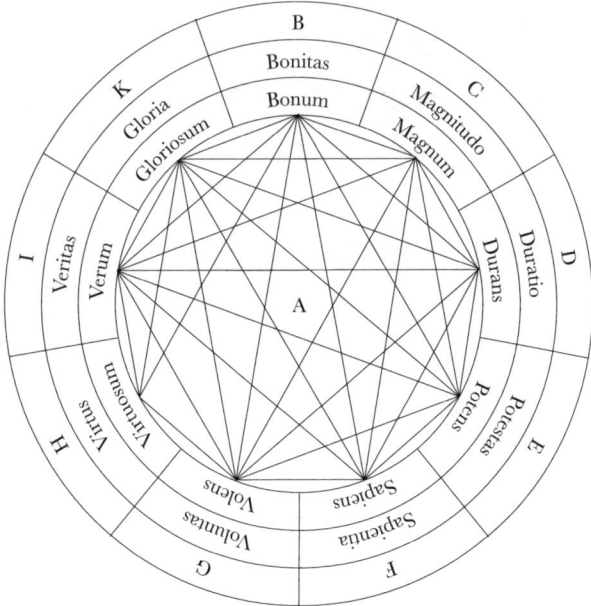

Raimundus Lullus: *Ars brevis*. S. 7.

ihm hier eine rationale Methode »geoffenbart« worden war, mit der er auch die Muslime überzeugen könnte. Weiterhin ist festzuhalten, daß er diese Vision erlebte, als er die Himmelssphären betrachtete, und dies ist deshalb interessant, weil die Anordnung der göttlichen Attribute in der Kreisform auf einen deutlich astrologischen Hintergrund hinweist (vgl. dazu weiter unten). Der Ursprung der Lullschen Ars ist also nicht logisch-rational, sondern mystisch und astrologisch.

Durch diese Vision wurde Lullus klar, in welcher Beziehung das Universum zu Gott, also zu seinem Ursprung, steht, und wie alle Wahrheiten auf diesen Ursprung zurückgeführt werden können. Diese Intuition versuchte er dann in den verschiedenen Versionen seiner *Ars* auszuarbeiten. Wir betrachten hier aber nur die späteste Form. In der ersten Figur werden die Prinzipien von allem aufgestellt, es sind 9 an der Zahl, für die jeweils auch ein Buchstabe steht. Diese Prinzipien werden von Lullus auch »Würden« *(dignitates)* genannt und stellen gleichzeitig die Prädikate Gottes und die Grundstruktur des Universums dar. Da diese Ausdrücke in Sätzen sowohl an Subjektstelle als auch an Prädikatstelle stehen können, werden sie von Lullus in der konkreten Form, z. B. »Gut« *(bonum)* und in der abstrakten Form, z. B. »Güte« *(bonitas)* aufgeführt. Durch die Kombination von z. B. *BC* wird dann gesagt: »Die Güte ist groß« usw. Das »A« im Zentrum steht für den Grund von allem Denkbaren, und das heißt natürlich letztlich: für Gott.

430 |

B C	C D	D E	E F	F G	G H	H I	I K
B D	C E	D F	E G	F H	G I	H K	
B E	C F	D G	E H	F I	G K		
B F	C G	D H	E I	F K			
B G	C H	D I	E K				
B H	C I	D K					
B I	C K						
B K							

Ars brevis. S. 16.

Alle diese Prädikate außer ein und dieselben (z. B. *BB*) sind untereinander kombinierbar. Dies wird durch die Verbindungslinien im innersten Kreis angezeigt; es kann aber, wie Lullus selbst zeigt, auch kombinatorisch und tabellarisch durchgeführt werden. Lullus fügt dann eine zweite Figur an, die die 9 relativen Prinzipien darstellt: Unterschied, Übereinstimmung, Gegensätzlichkeit, Anfang, Mitte, Ende, Größersein, Gleichsein, Kleinersein. Die Dreiergruppierung dieser Prinzipien ist offensichtlich. Interessant ist noch ein weiterer Aspekt: Lullus führt eine Methode einer *mechanischen Begriffskombination* ein, wozu er auch ein Schema liefert, das er in folgender Weise erklärt:

Die vierte Figur besitzt drei Kreise, von denen der äußere unbeweglich ist, während die beiden inneren beweglich sind, wie aus der Figur hervorgeht. (*Ars brevis.* S. 21)

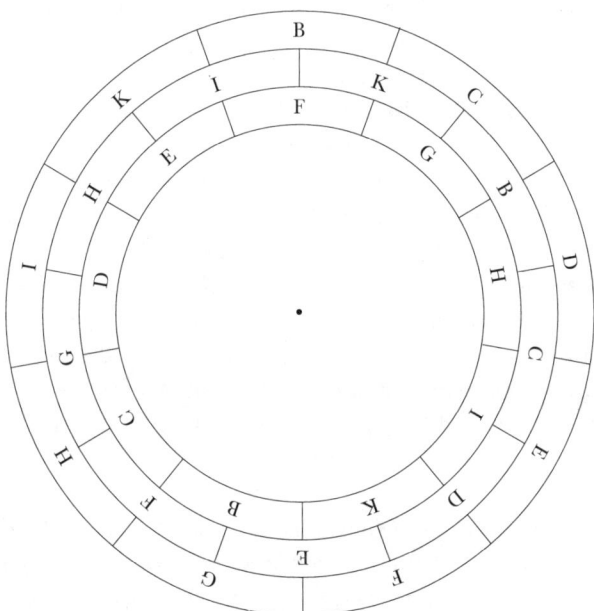

Ars brevis S. 20.

| 431

Lullus konzipiert also ein Verfahren mechanischer Begriffskombinationen, und ein solches Verfahren ist wirklich neu. Dieses kombinatorische Verfahren hat zwar nicht in der unmittelbar folgenden, wohl aber in der weiteren Geschichte eine ziemlich große Wirkung erlangt. In der Renaissance und in der folgenden Zeit wurden die Ideen Lulls wieder aufgegriffen, u. a. von Athanasius Kircher (17. Jhd.), der seinerseits wieder einen Einfluß auf Leibniz ausübte. Leibniz wies häufig darauf hin, daß er für seine *characteristica universalis*, in der die Logik das mechanisch anwendbare Instrument einer Begriffskombinatorik sein sollte, wichtige Anregungen von Lullus und Kircher erhalten hatte. Man muß jedoch die grundlegenden Unterschiede der Lullschen zur Leibnizschen wie auch zur Aristotelischen Logik klar sehen. Die beiden zuletzt abgebildeten Schemata könnten den Eindruck erwecken, Lullus hätte ein allgemeines formallogisches Kombinations-Verfahren entwickelt, das dann auf bestimmte theologische Fragen angewandt wurde. Man hätte also zunächst das allgemeine zweite Kreisschema, in das dann im ersten Kreisschema die bestimmten Begriffe wie »*Gloria*«, »*Veritas*« eingesetzt werden. Auch die Anzahl der Buchstaben könnte man dann als beliebig verstehen, d. h. man könnte die Ringe in beliebig viele Segmente einteilen. Diese Interpretation ist aber nicht zutreffend. Die Anzahl der verwendeten Begriffe steht für Lullus von vornherein fest, es sind genau neun, und er denkt dabei sofort an diese bestimmten Begriffe, d. h. die verwendeten Buchstaben sind *keine Variablen*, sondern nur Abkürzungen für konkrete Begriffe. Die Verwendung von Buchstaben für die göttlichen Prädikate geht auf die Sufis zurück, die solchen Buchstaben und der Meditation über sie magische Kraft zuschrieben (Lohr 1984. S. 63 f.). Auch die Buchstabenkombinationen waren zunächst einmal Meditationshilfen der Sufis. Die Zahl der Grundbegriffe wird von Lullus also auf 9, d. h. auf 3 x 3, festgelegt – in früheren Fassungen waren es mehr, aber nie beliebig viele –, und diese Neun Zahl soll in allen Grundstrukturen aufgefunden werden. Um dieses Programm durchzuführen, wird Lullus z. B. sogar dazu gezwungen, die traditionelle Zahl der sieben Hauptsünden und -tugenden um zwei zu erweitern (Ebd. S. 73 und 75). Wir haben es also jedenfalls mit einer Logik zu tun, in der von Anfang an inhaltliche Vorgaben bestimmend sind, es ist niemals eine rein formale Logik, sondern zumindesten eine, die zugleich material und formal ist. Es handelt sich somit um eine »Logik«, die zugleich Logik und Metaphysik ist. Noch genauer müßte man sagen, die *Ars* steht vor und über einer Unterscheidung in Logik und Metaphysik. Lullus selbst macht dies – wie auch sonst oft in etwas problematischem Latein – deutlich:

Man muß daher wissen, daß diese Kunst *(Ars)* und die Logik und Metaphysik in gewisser Weise dasselbe behandeln *(quodammodo circa idem versentur)*; in zweifacher Hinsicht unterscheidet sie sich von den beiden anderen, nämlich in der Art, ihr Subjekt zu betrachten und in der Art der Prinzipien; die Metaphysik betrachtet nämlich die Dinge *(res)*, die außerhalb der Seele sind *(extra animam)*, so wie sie kraft des Seins zutreffen *(conveniunt in ratione entis)*; die Logik aber betrachtet die Dinge gemäß dem Sein *(secundum esse)*, das sie in der Seele haben, weil sie von gewissen Intentionen handelt, die dem Sein der intelligiblen Dinge folgen, nämlich von der Gattung, der Art und ähnlichen, und von jenen, die in einer Handlung der Vernunft bestehen, nämlich über den Syllogismus, die Folgerung und ähnlichen; aber diese Kunst als die höchste aller menschlichen Wissenschaften betrifft ohne Unterschied *(indifferenter)* das Sein *(ens)* nach dieser und nach jener Art. *(Introductoria Artis demonstrativae* c. 1. *Opera* III. S. 55. Übers. v. F. S.)

In dieser Hinsicht steht die Logik Lulls der Hegelschen Logik viel näher als der Leibnizschen. Die in den Grundprädikaten der »Würden« *(dignitates)* vorausgesetzte Metaphysik ist die des Neuplatonismus, die Lullus vermutlich vor allem von dem Sufi-Logiker ibn Sab'in (um 1217 – um 1270) aus Murcia übernommen hat, dessen Lehren wiederum auf solche der Lauteren Brüdern und Avicennas zurückgehen (Lohr 1984. S. 71–75). Eine ähnliche Konzeption findet sich auch bei ibn-Arabi, und die kreisförmige Anordnung der göttlichen Grundprädikate mit kombinatorischen Verbindungslinien ist schließlich im Sefirotischen Baum der Kabbala anzutreffen (vgl. Kap. X, 3). Weiterhin fällt auch die Ähnlichkeit der kreisförmigen Anordnung der »Würden« bei Lullus mit solchen der Tier-Sternzeichen in arabischen astronomisch/ astrologischen Traktaten auf. Daß Lullus neun Grundprädikate annimmt, erklärt sich wiederum aus den triadischen Strukturen der neuplatonischen Metaphysik und daraus, daß es Lullus darauf ankam, der gesamten Wirklichkeit eine trinitarische Struktur zu geben. In der Intention von Lullus sollten diese Grundprädikate aber nicht nur zu Begriffs-Kombinationen Anlaß geben, sondern ganz ähnlich wie im Sufismus und in der Kabbala der Wort-Meditation dienen, also dem Sich-Versenken in das innergöttliche Leben. Das letzte Ziel der *Ars* ist somit *nicht logischer, sondern mystischer Art.*

Lullus legt der gesamten Struktur der Wirklichkeit noch eine weitere trinitarische Struktur zugrunde. Diese ergab sich aus seiner Theorie der *Relation*, die bei ihm | 433 wesentlich verschieden ist von der traditionellen Relations-Auffassung, insofern die Beziehungen nicht nur zwischen Verschiedenen angesetzt werden, sondern schon immer in das Innere von allem verlegt werden, so daß alles sich immer schon »dreifaltig« entfaltet:

Die Quantität der Relation ist auf zweierlei Weise, nämlich als Zweiheit und als Dreiheit. Als *Zweiheit*, wie etwa Vater und Sohn, Tätigkeit und Erleiden, Abstraktes und Konkretes usw. Als *Dreiheit*, wie etwa das Erkennende, das Erkennbare und der Akt des Erkennens *(intellectivum, intelligibile, intelligere)*; oder dasjenige, das ermächtigt, dasjenige, das ermächtigt werden kann, und der Akt des Ermächtigens *(possificativum, possificabile, possificare)*; oder auch das Erwärmende, das Erwärmbare und der Akt des Erwärmens *(calefactivum, calefactibile, calefacere)*. *(Logica nova* 3a dist. S. 110 f.)

Diese, im Lateinischen sehr gezwungen wirkenden Wortbildungen erklären sich daraus, daß Lullus hier ganz bewußt mit einem Verfahren arbeitet, das aus dem arabischen Lexikon stammt, in dem jedes Substantiv auf ein Verb zurückgeführt wird (Pring-Mill 1961. S. 249 und 262). Unter solchen Voraussetzungen ließ sich dann die Trinität in Gott leicht »beweisen« (vgl. *Das Leben des seligen Raimund Lull* c. 26. S. 46–48). Solche Relationen dürfen selbstverständlich nicht wie bei Aristoteles akzidentell sein, sonst würden ja Akzidenzien in Gott hineingetragen, sondern müssen als substantiell aufgefaßt werden. Dies stellt bei Lullus aber keine Besonderheit der göttlichen Substanz dar, sondern ist der Struktur von allem innerlich:

Gibt es irgendeine substantielle Relation? Wir sagen: ja. So besteht z. B. in Gott eine substantielle Relation zwischen Vater, Sohn und Heiligem Geist; und so auch in Gottes Vernunft und entsprechend bei seinen anderen Wesenheiten. In seiner Vernunft verhalten sich auf substantielle Weise zueinander die erkennende Vernunft, die erkennbare Vernunft und der Akt des Erkennens.

Entsprechendes gilt von den geschaffenen Dingen. So verhalten sich z. B. in der Substanz des Feuers Form und Materie auf substantielle Weise zueinander, und ebenso in der Vernunft Erkennendes, Erkennbares und der Akt des Erkennens. [...]

Ferner hat die Relation in sich als wesentliche Momente das Sich-Beziehende, das Beziehbare und den Akt des Sich-Beziehens *(relativum, referibile, et referre)*. [...] Und zur Güte gehören dasjenige, das gut macht, dasjenige, das gut gemacht werden kann, und die Tätigkeit des Gut-Machens *(bonificativum, bonificabile et bonificare)*. (*Logica nova* 3a dist. S. 106–109).

Dieses Verfahren wird auch auf die Definition des Menschen angewandt, so daß »Mensch« als ein »Lebewesen, das sich zum Menschen macht« *(animal homificans)* definiert wird (Ebd. 1a dist. S. 22. Vgl. auch *Ars brevis*. S. 96). Daß eine solche zirkuläre Definition bei den Pariser Magistri nur Kopfschütteln hervorrufen konnte, ist verständlich, der von Lullus intendierte Aspekt, daß der Mensch nicht Mensch *ist*, sondern dies erst durch seine Tätigkeit *wird*, lag völlig außerhalb der Vorstellungswelt dieser Logiker. Die Relationslehre gibt Lullus sogar die Möglichkeit, die Menschwerdung Gottes zu »beweisen«, da in ihr die Beziehung von Gott und Schöpfung einen unüberbietbaren Höhepunkt erreicht. In seiner Autobiographie läßt Lullus, nachdem er auf die Möglichkeit des Beweises der Trinität hingewiesen hat, sich selbst vor islamischen Zuhörern sagen (wobei er auch die »Offenbarung« der *Ars* anonymisierend mystifiziert):

Das kann ich euch auch, wenn's Gott gewährt, mittels einer gewissen Kunst, die, wie man glaubt, vor kurzem von Gott einem christlichen Einsiedler offenbart wurde, beweisen, und zwar mit klaren Einsichtsgründen, wofern Ihr Euch einige Tage hindurch ganz ruhig mit mir hierüber unterhalten wollt. Es wird Euch dann auch durch dieselbe Kunst, wenn's angenehm ist, sehr verständlich vorkommen, inwiefern in der Menschwerdung des Gottessohnes auf Grund der Partizipation, nämlich der Vereinigung von Schöpfer und Geschöpf in der einen Person Christi, die erste und höchste Ursache auf die verständlichste Art und Weise ihrer Wirkung entspricht und mit ihr übereinstimmt. (*Das Leben des seligen Raimund Lull* c. 27. S. 48)

Auch an diesem Punkt drängt sich wiederum die Nähe zur Philosophie Hegels auf (vgl. 3. Teil, Kap. XVII, 4).

Trotz Verständnisschwierigkeiten fanden Lulls Lehren zunächst bei den Pariser Magistri eine ganz gute Aufnahme. Dies änderte sich aber, als einige Jahrzehnte später (1376) der in Katalonien tätige Inquisitor Nicolas Eymerich eine Liste von 100 Irrtümern bezüglich dieser Lehren zusammenstellte und gleichzeitig die Lektüre einer Anzahl von Büchern Lulls verbot. Noch im selben Jahr bewegte er Papst Gregor XI. zu einer entsprechenden Verurteilung. Im Jahre 1390 verbot dann auch die Universität Paris die Verwendung der Lehren Lulls in theologischen Vorlesungen. All dies konnte aber die Verbreitung der Schriften Lulls nicht verhindern und so hob 1419 Papst Martin V. die Verurteilungen wieder auf. Im 15. und 16. Jhd. zeigten u. a. Pico della Mirandola, Nikolaus von Kues und Giordano Bruno großes Interesse an den Schriften Lulls, besonders natürlich an seiner *Ars*. Athanasius Kircher und G. W. Leibniz wurden schon erwähnt. Es ist also jedenfalls festzustellen, daß auch zur Zeit der Renaissance und über diese hinaus, als die scholastische Philosophie also schon von vielen abgelehnt wurde, die Lullsche Kunst weiterhin ihre Anhänger hatte. Die Beurteilung Lulls muß also sicher auf verschiedenen Ebenen und in verschiedenen Richtungen geschehen: Missionar des 13. Jhd.s, Inspirator für Renaissancephilosophen und für die Algebra der Logik von Leibniz, aber auch »Vorläufer« von Hegel. Wie paßt das alles zusammen?

| 435

2. Duns Scotus

Johannes Duns Scotus (um 1265–1308) stammte, wie der Name schon sagt, aus Schottland (Duns ist der Geburtsort). Von seinem Leben wissen wir nicht mehr als daß er in Paris, Oxford und Köln, vielleicht auch in Cambridge gelehrt hat. Scotus war Franziskaner und stand somit unter augustinischem und (jetzt) anti-thomistischem Einfluß, er selbst setzte sich allerdings kaum mit Thomas, sondern vielmehr mit dem Thomisten Heinrich von Gent auseinander. Man würde aber Scotus keinesfalls gerecht, wollte man ihn nur als »Gegenspieler« von Thomas und als Begründer einer entsprechenden scotistischen Schule ansehen, Scotus repräsentiert vielmehr eine Umstrukturierung des Denkens, die als Übergang zur Spätscholastik gekennzeichnet werden kann. Und da sich in der Spätscholastik grundlegende Elemente des Humanismus, der Renaissance und der Reformation finden, steht Scotus am Beginn einer tatsächlich neuen, letztlich über das Mittelalter hinaustreibenden Entwicklung. Dies wird sich vor allem an drei Punkten zeigen: an seiner Konzeption des *Seienden als dem Widerspruchsfreien*, an der Bedeutung, die das *Individuum* bei ihm erhält, sowie an seiner Konzeption des *Willens*. All dies steht wiederum im Kontext einer Zuordnung von Glaube und Vernunft sowie von Theologie und Philosophie, wie sie sich nach den Verurteilungen von 1277 ergeben hatte.

Wie schon in vielen Fällen der Diskussion mittelalterlicher Philosophen, so muß auch bei Duns Scotus eine literarhistorische Bemerkung die Geltung der Interpretation einschränken. Es ist nämlich erst im letzten Jahrhundert klar geworden, daß die Überlieferung – und so die frühere Gesamtausgabe – Scotus einige und nicht gerade unerhebliche Schriften zu Unrecht zugeschrieben hat. Bei der Scotus betreffenden Sekundärliteratur muß man daher unterscheiden zwischen der vor und der nach etwa 1930 entstandenen, erst die nach 1930 bezieht sich nur auf echte Werke des Scotus, während die vorher sich auch auf unechte bezieht und daher eher den Scotismus als die Lehre des Scotus behandelt. Dies betrifft vor allem die – auch heute noch in ihrer Authentizität umstrittene – Schrift *Theoremata*, die sich mit der Frage der Abgrenzung von Philosophie und Theologie befaßt. Der wichtige Kommentar zur *1. Analytik* des Aristoteles stammt nicht von Scotus, hingegen sind die Kommentare zu den *Kategorien*, zu *Peri Hermeneias*, zu den *Sophistischen Widerlegungen*, zur *Metaphysik* und zu *Über die Seele (De anima)* echt. Außerdem ist anzumerken, daß Scotus den Großteil seiner Werke in nicht fertigem Zustand hinterlassen hat, was die ersten Herausgeber zu Eingriffen in den Text veranlaßte, deren Erfolg jedoch oft recht zweifelhaft ist. Dies trifft besonders für die *Reportata Parisiensia* zu, die nur eine Hörernachschrift darstellen, während das sogenannte *Opus Oxoniense* (unvollständig) eine Überarbeitung des Duns Scotus selbst ist – beide Werke sind Kommentare zu den *Sentenzen* des Petrus Lombardus. Erst die Fertigstellung der kritischen Edition der Werke des Scotus wird eine gesicherte Grundlage für die Interpretation liefern.

436 |

Die Interpretation der Schriften des Scotus ist auch für Fachleute (zu denen ich nicht zähle) sehr schwierig. Außerdem lassen sich die scharfsinnigen Überlegungen des Johannes Duns Scotus kaum im Rahmen einer Überblicksvorlesung sachgerecht so simplifizieren, daß sie gleichzeitig verständlich und korrekt bleiben. Scotus wurde *doctor subtilis* genannt, was vor allem darauf beruht, daß sich bei Scotus im Vergleich zu seinen Vorgängern zahlreiche zusätzliche – und nicht immer leicht verständliche – Unterscheidungen finden, und daß seine Beweisgänge in langen und oft schwierig nachzukonstruierenden Schritten aufgebaut sind. Dies ist aber nicht auf seine Freude an Spitzfindigkeiten zurückzuführen, sondern auf die in diesem Punkt durchaus nützlichen Folgen der Verurteilungen von 1277.

Um jeden Konflikt zwischen Philosophie und Theologie zu vermeiden, mußten in der Zu- bzw. Auseinanderordnung der beiden Bereiche Überschneidungen, mit denen Albert der Große und Thomas von Aquin gerechnet hatten, ausgeschlossen werden. Scotus trug diesem Anliegen dadurch Rechnung, daß er mit Avicenna das *Sein als solches (ens inquantum ens)* als den eigentlichen Gegenstand der Metaphysik betrachtete und die Auffassung des Averroes ablehnte, nach der *Gott* der eigentliche Gegenstand der Metaphysik war. Und dies bedeutete: In der Metaphysik wird überhaupt nicht über Gott gesprochen. Diese Auffassung ist aber von Scotus nicht (nur) »strategisch« gedacht, sondern hat gute sachliche Gründe. Auch auf die Metaphysik müssen die strengen Forderungen der aristotelischen Wissenschaftslehre angewandt werden. Scotus ist damit »aristotelischer« als Aristoteles, für den die Metaphysik die Grundlage der Wissenschaftslehre war, auf die aber die Wissenschaftslehre nicht nochmals angewandt wurde. Mit Duns Scotus beginnt die Forderung einer »Metaphysik als strenger Wissenschaft«. Eine »erste Philosophie« muß also wirklich mit einem Ersten beginnen, das durch sich selbst bekannt ist. Dies kann aber sicher nicht Gott sein, der uns zunächst gar nicht bekannt ist, sonder nur – im Sinne Avicennas – das Sein, das das Bekannteste ist, insofern es in allen »ist etwas«-Aussagen verwendet wird. Die Metaphysik wird damit »ent-theologisiert« und die Theologie wird als nichtmetaphysische Disziplin konstruiert. Dabei arbeitete Duns Scotus aber durchaus als Theologe, er versuchte aber in keiner Weise, der Philosophie mit theologischen Mitteln zu begegnen. Vielmehr vertrat er das Anliegen der Theologie gerade dadurch, daß er an die philosophischen Argumentationen sehr hohe – durchaus aristotelische – Anforderungen stellte, und dabei zeigte, daß viele der bisherigen philosophischen Behauptungen nicht begründbar sind. Obwohl er also Metaphysik betreibt, wird er in vieler Hinsicht zum *Kritiker der traditionellen Metaphysik*. Seiner Auffassung nach hält selbst eine der zentralen Lehren der thomistischen Metaphysik, nämlich die von der Analogie des Seins (vgl. Kap. XIV, 3, c), einer genauen Analyse nicht stand. Auch Thomas von Aquin hatte sprachanalytisch gearbeitet, Duns Scotus verschärft dies aber und kommt zu dem Ergebnis, daß wir dann, wenn wir von »Seiendem« (*ens*) sprechen, wir eigentlich nur die Funktion von »seiend« analysieren, also die Funktion des Ausdruck »ist« in einem Satz, und dieses »seiend« bzw. »ist« wird nicht analog, | 437 sondern immer in genau demselben Sinn verwendet, ist also *univok*. Wir können von ganz verschiedenen Dingen sprechen, wenn wir aber sagen »*A* ist Seiendes« bzw. »*A* ist« und »*B* ist Seiendes« bzw. »*B* ist«, so bedeutet »Seiendes« bzw. »ist« immer ganz genau dasselbe, ganz gleich, was *A* und *B* ist. Der Begriff »Seiend« transzendiert somit nicht nur alle Gegenstände, sondern auch alle Kategorien, d. h. er wird auf Substanz wie auf Akzidenzien in gleicher Weise angewandt. In einer Wissenschaft muß mit genau definierten Begriffen gearbeitet werden, diese aber müssen univok sein, eine auf einer *analogia entis* aufgebaute Metaphysik ist der Auffassung des Duns Scotus nach vom Ausgangspunkt aus unwissenschaftlich. Dieser univoke Seinsbegriff – »ist« bedeutet so viel wie »∃« in der Prädikatenlogik, d. h. »Es existiert etwas, das ... ist« – des Duns Scotus stellt die Grundlage der neuzeitlichen Metaphysik dar.

Bei Duns Scotus werden an den philosophischen Beweis höchste Anforderungen gestellt, und schon deshalb mußte sich Scotus in einem entscheidenden Punkt von der Lehre des Augustinus trennen: Die »göttliche Erleuchtung« für die Erkenntnis der »ewigen Wahrheiten« konnte kein brauchbarer Ausgangspunkt philosophischer Argumentation sein. Scotus lehnte allerdings deshalb nicht schon die Möglichkeit der Erkenntnis »ewiger Wahrheiten« selbst ab, sondern gab ihnen eine entscheidend andere Interpretation: Die ewigen Wahrheiten sind analytische Sätze, d. h. ihre Wahrheit gilt rein aufgrund der notwendigen Beziehung zweier Begriffe. Solche Sätze gelten nur aufgrund ihrer Begriffsinhalte, sie brauchen deshalb auch nicht empirisch verifiziert zu werden, haben aber von sich aus auch keine empirische Geltung: Sie sagen eine reine logische Möglichkeit aus, und deshalb wird Duns Scotus zum ersten bedeutenden Theoretiker der *Möglichkeit*. Bevor man irgend etwas als existierend beweisen kann, muß man einen bestimmten Begriff von dem zu Beweisenden haben, zu diesem bestimmten Begriff gehört aber entscheidend der Nachweis, daß dieser Begriff möglich ist. Der Nachweis der Möglichkeit heißt vor allem: der Nachweis der *Widerspruchsfreiheit*. Es handelt sich hier um eine logische Möglichkeit und diese ist auch die Voraussetzung für die Realisierbarkeit, letztere gehört aber nicht zum Begriff derselben. Um solche Beweise der Möglichkeit zu führen, muß Scotus von möglichst inhaltsleeren Begriffen ausgehen, bei diesen sind inhaltliche Assoziationen, die nicht auf notwendigen Beziehungen beruhen, am ehesten ausgeschaltet. Als Beispiel einer solchen Begriffsbestimmung kann etwa die der »reinen« oder »schlechthinnigen« Vollkommenheit genommen werden:

Schlechthinnige Vollkommenheit heißt ein »solches« das in jeglichem besser ist als das, was ein »Nicht-solches« ist. (*Abhandlungen über das erste Prinzip* IV, 53. S. 65)

Mit Hilfe einiger begrifflicher Verbesserungen und Präzisierungen gelangt Scotus zu der definitiven Begriffsbestimmung:

438 | Schlechthinnige Vollkommenheit ist ein solche, welche schlechthin *(simpliciter)* und an und für sich *(absolute)* genommen besser ist als jegliches mit ihr Unvereinbare *(melius quocumque incompossibili)*. (Ebd.)

Es ist sofort ersichtlich, daß solche Überlegungen sich nur auf den Nachweis der abstraktesten Möglichkeiten beziehen. Gerade dies ist aber nach Scotus der Gegenstand der Metaphysik, die sich mit den allgemeinsten Eigenschaften des Seins zu befassen hat.

Es ist klar, daß bei einem so strengen Ansatz philosophischer Begriffsbildung und Argumentation der Bereich des philosophisch Erkennbaren gegenüber der früheren Metaphysik sehr eingeschränkt wird. So kann etwa bewiesen werden, daß der Grund der Denkbarkeit der Möglichkeit von begrenzten und kontingenten Dingen der Begriff der Disjunktion von endlichem und unendlichem Sein ist. Der Philosoph kann von diesem denkbaren unendlichen Sein auch noch einige wenige Prädikate aussagen, gelangt aber keineswegs zu all jenen Prädikaten, die für den christlichen Gottesbegriff bestimmend sind. Das Prädikat »barmherzig« etwa, also »Gott, der die Sünden vergibt«, das wesentlich zum christlichen Gottesbegriff gehört, kann nicht zwingend bewiesen werden. Die Möglichkeit dieses Prädikats ist nicht unbedingt, da man auch einen widerspruchsfreien Gottesbegriff konstruieren kann, der Gott nur das Prädikat »gerecht« zuschreibt. Der Philosoph kann nur allgemein sagen, daß Gott all das tun kann, was nicht widersprüchlich ist; über das, was Gott aber konkret tut oder getan hat – und das ist schließlich der primäre Gegenstand der christlichen Theologie – läßt sich im Rahmen dieser metaphysischen Theorie grundsätzlich

nichts aussagen. Damit gewann Scotus einen eigenen Bereich für die Theologie zurück ohne daß ein Konfliktbereich übrigblieb, der sich durch Fragen ergeben könnte,
die Philosophie und Theologie gemeinsam sind.

Duns Scotus gelingt es dabei, eine alte Problematik der christlichen Philosophen
in erneuter und schärferer Form geltend zu machen und eine »Lösung« dafür zu
finden. Es war gleich zu Beginn der Darstellung der Philosophie im Bereich des
Christentums darauf hingewiesen worden, daß die Frage des – göttlichen und
menschlichen – Willens in seiner Beziehung zum Verstand eine zentrale Schwierigkeit darstellte (vgl. Kap. I, 5, c). Immer wieder war bis zu Thomas von Aquin in Fortsetzung griechischen Denkens versucht worden, den Willen an der rechten Erkenntnis zu messen. Dagegen setzt nun Scotus die These, daß es *nicht möglich ist, nach
irgendwelchen theoretischen Gründen für Gottes Wirken zu suchen.* Solche Gründe sind
uns nicht wegen unserer begrenzten Einsicht unzugänglich, vielmehr ist die Suche
nach ihnen sinnlos, weil es sie eben überhaupt nicht gibt. Dies betrifft auch die
grundlegende Tat Gottes, die Schöpfung: Gott schafft, wenn er will und weil er will,
und er schafft nicht, wenn er nicht will und weil er nicht will – einen Grund für die
Schöpfung »hinter« diesem Willen gibt es nicht. Daß Gott schaffen wollte, wissen
wir nur aus der Tatsache der Existenz der Welt. Die Welt als ganze ist aber radikal
kontingent, d. h. es kann weder für ihre Existenz noch für ihre bestimmte Form | 439
einen notwendigen Grund geben. Die absolute Macht Gottes, die *potentia Dei absolu-
ta,* die philosophisch erkennbar ist, sagt nur, daß Gott alles tun kann, was nicht
widersprüchlich ist. Die auf eine bestimmte Weltordnung bezogene Macht Gottes,
die *potentia Dei ordinata,* d. h. das, was Gott wirklich getan hat, entzieht sich völlig
dem Bereich philosophischer Erkennbarkeit und Analysierbarkeit. Ihre Beschreibung gehört einzig in den Bereich der Physik (Naturordnung) oder der Theologie
(Heilsordnung). Metaphysik, Physik und Theologie werden streng getrennt (und
das ist nicht zuletzt eine Folge der Verurteilungen von 1277): Nichts was beweisbar
ist, ist geoffenbart, und nichts was geoffenbart ist, ist beweisbar. Metaphysisch beweisbar ist sehr wenig, wo aber kein Beweis möglich ist, kann man nicht von Erkenntnis und theoretischer Wissenschaft sprechen. Die Grundsätze der *2. Analytik*
werden streng eingehalten. Dies bedeutet für die *Theologie,* daß sie gar nicht als Wissenschaft *(scientia)* angesehen werden darf, und dies kann auch nicht durch irgendwelche topische Argumente, d. h. durch Wahrscheinlichkeitsgründe, geändert werden. Die Theologie ist also überhaupt keine theoretische Disziplin, sie wird von
Duns Scotus daher als eine rein *praktische Disziplin* aufgefaßt: Sie gibt uns nichts zu
erkennen, sie sagt aber – aufgrund der Offenbarung – was zu tun ist, d. h. was das
Ziel des Menschen innerhalb der *potentia ordinata* ist und wie dieses Ziel erreicht
werden kann und soll. Die Offenbarung und somit die Theologie liefert also keine
metaphysischen Informationen, sondern einzig praktische Normen, und die Philosophie liefert entweder überhaupt keinen Gottesbegriff, oder wenn sie einen liefert, so
ist es nicht einer, der irgendeine religiöse Bedeutung hat. Beides ist eine wichtige

Einsicht, und es wird noch Jahrhunderte dauern, bis Philosophen wie Theologen dies begreifen werden (einige haben dies allerdings bis heute nicht begriffen).

Damit sind einige Probleme tatsächlich gelöst. Es kann aber nicht übersehen werden, daß hier einem bestimmten *Positivismus* der Raum eröffnet wurde, der mit einem philosophischen Rückzug in eins ging. Dies läßt sich z. B. im Bereich der Ethik deutlich sehen. Noch eine Generation vor Scotus hatten sich Philosophen wie Theologen bemüht, den Dekalog als vernünftig aufweisbar zu zeigen, für Scotus wird ein solcher Versuch unmöglich. Absolut notwendig ist nur die Gottesliebe, daraus lassen sich jedoch höchstens die ersten drei Gebote herleiten, aber die weitere Diskussion bei Ockham (vgl. Kap. XVII, 5) wird zeigen, daß man mit guten Gründen auch bei der Gottesliebe noch fragen konnte, ob diese Forderung nicht letztlich auch nur auf einem positiven Gebot beruhe. Die anderen Gebote sind deshalb sittliche Forderung, weil Gott es so angeordnet hat, und daß Gott eben diese und keine anderen angeordnet hat, hat seinen Grund nur im göttlichen Willen, der Philosoph kann dazu nichts sagen außer, daß Gott auch anderes anordnen könnte. Entsprechend scheiden philosophische Überlegungen aus der theologische Morallehre aus und diese nimmt Züge an, die wir aus der Gesetzesinterpretation der Talmudlehrer kennen. Diesem Verständnis entspricht dann ein »Begriff« des Gehorsams, der sich an keiner philosophischen Einsicht in eine sittlichen Ordnung mehr orientieren kann. Dieser Gehorsamsbegriff ist ebenso problematisch wie der ihm korrespondierende des so ausgeweiteten positiven Gesetzes. Zum historischen Verständnis der kulturellen Voraussetzungen dieser Auffassung müßte man vermutlich nicht zuletzt die Rechtstheorien des 13. Jhd.s heranziehen: Bei Friedrich II. bzw. dessen Kanzler und Theoretiker Pietro della Vigna findet sich ein Begriff des Rechts, der dieses exklusiv auf den Willen des Herrschers zurückführt. Recht ist einzig das positiv Gesetzte. Hier stehen wir am Beginn einer bis heute andauernden Entwicklung, in der die Vertreter der philosophische Ethik einzig eine ganz allgemeine Meta-Ethik liefern, aber keine konkreten Normen mehr begründen können und wollen, und in der die Vertreter einer christlichen Morallehre sich einfach auf die *Bibel* berufen, ohne irgendeine überzeugende inhaltliche Begründung liefern zu können. Der prekäre Status aller Naturrechtstheorien ist kennzeichnend für diese Situation. Scotus selbst sind solche Konsequenzen nicht einfach anzulasten, er hat aber Grundlagen dafür geschaffen, die nicht mehr rückgängig zu machen waren.

Mit der Betonung des Willens als dem Primären und vom Allgemeinen Unableitbaren hängt es wahrscheinlich auch zusammen, daß Scotus eine neue Theorie der *Individualität* zu entwickeln versuchte. Thomas von Aquin hatte als das Prinzip der Individuation die Materie angesehen: Materie wurde hier als das reine Prinzip der Quantifizierbarkeit, der Vielheit in Raum und Zeit angesehen. Ein Einzelnes, ein Individuum war in dieser Konzeption gerade dadurch dieses Einzelne und Unverwechselbare, daß es an einer bestimmten, unverwechselbaren Raum-Zeit-Stelle entstanden war und in der ganzen weiteren Dauer seiner Existenz eine jeweils nur ihm allein eigene Raum-Zeit-Stelle einnahm. Hier vermutete nun Scotus, daß das Individuum wieder einem allgemeinen Prinzip untergeordnet bzw. eingeordnet wurde. Nun hatte zwar auch Thomas immer betont, das Individuum sei das eigentlich Unaussagbare *(individuum est ineffabile)*, Scotus meinte aber, dies sei in der thomistischen Individuationstheorie nicht durchgehalten, für ihn läßt sich die Individualität auf nichts Allgemeines zurückführen, sie ist einfach die letzte Bestimmtheit der Form. Das Anliegen des Scotus ist klar, von seinem Theorienansatz her aber mußte sich ergeben, daß er eben nur allgemein sagen konnte, daß das Individuelle nicht von irgendeinem Allgemeinen her erklärbar ist, während er aber eben nicht, ohne denselben Fehler zu begehen, allgemein sagen konnte, wie er das Individuelle erklären wollte. Die späteren Scotisten zogen dazu den bei Scotus selbst in diesem Zusammenhang nur selten verwendeten Ausdruck *haecceitas* heran, der aber eben nichts Allgemeines ausdrücken soll, sondern einfach den Verweis auf »dieses da«, das von »jenem da« verschieden ist, ohne daß daraus ein allgemeines Moment des »Dieses-da-Sein« gemacht werden könnte. Individualität wird dadurch nicht erklärt, sondern nur benannt, ohne daß aber die Benennung durch die *haecceitas* wirklich weiter hilft, denn die Endung *-tas* (z. B. in *veritas*) verweist wie die deutsche Endung »-heit« (z. B. in »Wahrheit«) sprachlich wiederum auf etwas Allgemeines, und genau das sollte eigentlich vermieden werden. Nichtsdestoweniger bleibt bestehen, daß | 441 Duns Scotus richtig erfaßt hat, daß zu seiner Zeit gerade für das menschliche Individuum eine Individualität eingefordert wurde, die sich keinem Allgemeinen subsumieren lassen wollte (vgl. das folgende Kap. XVII, 1).

Entsprechend zur Bedeutung des Individuums wertete Scotus auch die Erkenntnis des Individuellen auf. Während Thomas von Aquin ein allgemeines Bild *(species intelligibilis)* innerhalb der sinnlichen Erkenntnis angenommen hatte (vgl. Kap. XIV, 3) – das Ziel der Erkenntnis mußte, gut aristotelisch, etwas Allgemeines sein – nimmt Scotus eine unmittelbare, intuitive Erkenntnis des individuellen Dinges an. Ockham wird dieser Eliminierung der *species intelligibilis* folgen (vgl. Kap. XVII, 2). Wir sind hier auf dem Weg zu einem »empiristischen Sinnkriterium«.

Die Interpretation der Lehren des Scotus bereitet mehr Schwierigkeiten als die anderer Philosophen des Mittelalters, und dies nicht nur, weil er der *doctor subtilis* ist. Die Schwierigkeit beruht auch darauf, daß wir nicht über ausreichende äußere Referenzpunkte verfügen, die uns aus der geschichtlich-kulturellen Situation heraus einige zentrale Anliegen deutlicher machen könnten. In zentralen Punkten, wie z. B. der Bedeutung des Willens als Spontaneität, haben wir bisher keine äußeren, historisch faßbaren Entwicklungen, die uns eine Verständnishilfe liefern können. Die weitere Entwicklung der Philosophie im 14. Jhd. wird jedoch dort dann sehr deutlich solche äußeren Referenzpunkte aufweisen, so daß manches erst auch der weiteren Entwicklung verständlich werden wird, ohne daß wir deshalb bisher schon nachweisen könnten, daß diese kulturellen Faktoren schon bei Scotus eine Rolle gespielt haben.

XVII

Ockham und die Wissenschaft des 14. Jahrhunderts

1. Zerfall und Kritik der Universalien

Das 14. Jhd. ist einerseits eine Periode des Übergangs, es weist aber andererseits ein ganz eigenständiges gesellschaftliches und intellektuelles Profil auf. Diese Periode deckt sich selbstverständlich nicht einfach mit den Grenzen des Jahrhunderts. Schon Duns Scotus steht in mancher Hinsicht den Bewegungen des 14. Jhd.s viel näher als der Hochscholastik um die Mitte des 13. Jhd.s. Man hat aus philosophie-geschichtlicher Perspektive das 14. Jhd. auch als die Periode des Nominalismus bezeichnet, genauer muß man jedoch sagen: Kennzeichnend ist, daß der Nomina-lismus sich weithin durchsetzte, denn als von einzelnen vertretene Lehre gab es ihn seit mehreren Jahrhunderten, so z. B. im 12. Jhd. bei Roscelin von Compiègne, auch wenn es sich dabei, soweit unsere Kenntnis reicht, um eine eher primitive Form des Nominalismus gehandelt hat. Eine schon sehr subtile Kritik der Gegenposition, also des Universalienrealismus, hatte auch bereits Abaelard durchgeführt (vgl. Kap. VII, 3). Es stellt sich somit folgende Frage: Wieso konnte diese Lehre nun eine Aner-kennung und Wirksamkeit erfahren, so daß ein ganzes Jahrhundert davon seinen Namen erhalten konnte? Die Antwort des Philosophiehistorikers ist gewöhnlich die, daß eben erst jetzt, und das heißt vor allem: bei und durch Wilhelm von Ockham, eine wirklich durchschlagende Kritik des Universalienrealismus vorgenommen worden ist. Letzteres soll in keiner Weise bestritten werden, und auf Ockhams Posi-tion muß auch noch genauer eingegangen werden, es ist aber möglicherweise zu einfach, das Sich-Durchsetzen einer Theorie nur mit ihren guten Argumenten zu erklären, es gab schließlich immer wieder sehr gut begründete Theorien, die sich, wenn überhaupt, erst nach langer Zeit durchgesetzt haben. Die Theoriendynamik entspricht nicht einfach der Begründungsstärke einer Theorie.

Bei der Abwendung vom Universalienrealismus zum Nominalismus handelt es sich nicht nur um eine innerphilosophische Diskussion, es kommt darin vielmehr ein sehr umfassender und tiefgreifender Wandel des Verständnisses von Gott, Welt und Mensch zum Ausdruck. Man kann die zeichen- und erkenntnistheoretische Grundlage des Nominalismus auch von seinem markanten positiven Einsatzpunkt her sehen: Real ist nur der/das *Einzelne*, das *Individuum*, und erst von dort aus kann das *Allgemeine* konstruiert werden. Dies stellt eine Grundvoraussetzung der Kultur und Gesellschaft des 14. Jhd.s dar, durch die es sich grundsätzlich von den vorausgegangenen Jahrhunderten unterscheidet. In einem früheren Kapitel (Kap. VII, 3) war darauf hingewiesen worden, daß der philosophischen Theorie der Realität der Universalien *(universalia sunt realia)* eine im Mittelalter bis in das 12. Jhd. allgemein verbreitete und wirksame Lebens- und Weltanschauung entsprochen hatte. »Real« war dort nicht der oder das Einzelne gewesen, sondern das Universelle, der Stand, die übergreifende Ordnung. »Wirklich« war nicht der einzelne Künstler, er blieb meist anonym, sondern das »Werk«, der Dom, der ein gemeinsames Werk aller war. »Wirklich« war nicht der einzelne Priester, der ein arger Sünder sein konnte, sondern das »Amt«, kraft dessen er unbeschadet aller individuellen Umstände das »Heil« vermittelte. »Wirklich« war nicht die Frau, die der Minnesänger besang, sondern die »ideale Frau«, die Repräsentantin für die Rittergesellschaft und Madonna in einem war. Jeder mußte durch seine Kleidung zum Ausdruck bringen, welcher Gruppe er angehörte und nur so partizipierte er an den Rechten seiner Gruppe. Als die Templer Ende des 13. Jhd.s in Paris begannen, sich in der Öffentlichkeit ohne den Ordensmantel – weiß mit rotem Kranz – zu bewegen, erließ der König 1290 eine Verordnung, in der sie mit dem Verlust ihrer Privilegien bedroht wurden, wenn sie sich ohne dieses Kennzeichen in der Öffentlichkeit zeigten. Über all dem aber standen die universalen Ordnungen von Papsttum und Kaisertum, wobei bei beiden | 443 der ideale Charakter über die reale Macht überwog. Im 14. Jhd. traten nun Entwicklungen, die schon im 12. Jhd. eingesetzt hatten, mit all ihren Konsequenzen deutlich und unübersehbar ins Bewußtsein der Menschen, und damit begannen in einem vielschichtigen und nicht in allen Bereichen simultanen Prozeß all diese realen Universalien ihre Geltung zu verlieren. Die mittelalterliche Gesellschaft hatte in ihrer Struktur auf drei Ständen beruht: den Bauern, den Rittern und dem Klerus. Dieses Gefüge funktionierte nun nicht mehr, da nun in den Städten mit ihren Bürgern zwei neue und wirtschaftlich starke Gruppen auftraten: die Kaufleute und die Handwerker, die sich in neuen Standesorganisationen (Zünften) oder Handelsorganisationen (z. B. die Hanse) zusammentaten. Überall waren es einzelne, die sich in Gruppen frei organisierten, die sich also ihre »Allgemeinheit« schufen, die keiner normativ vorgegebenen Ordnung entsprach. Die Statuten der Korporationen gingen auf die *freie Übereinkunft* ihrer Mitglieder zurück, was auch dort galt, wo solche Regelungen der Approbation durch die traditionellen Autoritäten bedurften. Auch die Universitäten waren eine solche freie Vereinigung und Organisation verschiedener Gruppen. Eine solche *universitas* hatte *kein ideales Urbild* und kein »Wesen«, sie existierte nur durch die von den Mitgliedern aufgestellten und in Statuten niedergelegten Regeln. Wenn man wissen wollte, was eine solche bestimmte *universitas* ist, mußte man die jeweils neuesten und daher nie endgültig feststehenden Statuten derselben nachlesen. Dies galt auch für die Universitäten. Und aus den Universitäten gingen Menschen hervor, die zunächst nicht durch ihren Stand, sondern durch ihre individuellen Fähigkeiten und ihre erworbene Bildung qualifiziert waren. Das »Allgemeine« der Ordnungen der Bürgerschaft, der Zünfte oder der Universität beruhte nicht auf irgendeiner Naturordnung und nicht auf irgendwelchen göttlichen Bestimmungen, sondern wurde durch eine Konvention der Individuen hergestellt. Dementsprechend existiert dieses »Allgemeine« nur so weit und nur so lange, als es im Bewußtsein dieser Individuen existiert. Genau dies ist das gesellschaftliche Korrelat des zeichentheoretischen *Nominalismus*. Existierten aber die traditionellen »realen« Universalien überhaupt noch? Auch an der Spitze der früheren realen Universalien funktionierte nichts mehr. Die Kaiserwürde hing bisher von der Salbung durch den Papst ab. Aber: 1328 ließ sich Ludwig von Bayern (König 1314, gest. 1347) aufgrund einer Vereinbarung mit Vertretern der römischen Stadt von diesen zum Kaiser krönen. Daraufhin erklärte ihn Papst Johannes XXII. für abgesetzt, was Ludwig dazu provozierte, nun seinerseits Johannes XXII. für abgesetzt zu erklären und Peter von Corbara zum (Gegen-)Papst Nikolaus V. zu ernennen. Für den Beobachter der Szene stellte sich die Frage: Waren »Kaiser« und »Papst« nicht auch nur Namen, die der, der gerade die Macht dazu hatte oder zu haben glaubte »auferlegte« (*impositio* – ein bekannter Ausdruck aus der Logik), hinter denen aber keine Realität stand? Dies ist nur ein Beispiel dafür, wie die realen Universalien unglaubwürdig geworden waren.

Auch im Bereich der *Kunst* kam das neue Bewußtsein vom Individuum zum Ausdruck. Jetzt beginnen die Kunstwerke einen namentlich bekannten und somit individuellen Autor zu haben. Aber auch in den Werken selbst findet das Individuelle gegenüber dem Typologischen zunehmend mehr Ausdruck. In der *Malerei* erhält die Beobachtung der Realität größere Bedeutung, die Symbolwelt tritt zurück; bestes Beispiel dafür ist Giotto (1266–1337). In der *Skulptur*, besonders an Grabmälern, setzt sich der Wandel von der typologischen zur individualisierenden Darstellung seit dem letzten Drittel des 13. Jhd.s durch. Das Interesse an der naturgetreuen Wiedergabe der individuellen Gesichtszüge rief die Technik der Totenmaske hervor, die dann als Modell der Skulptur diente. Beispiele dafür sind das Grabdenkmal des Papstes Clemens IV. in Viterbo oder das des Rudolf von Habsburg im Dom von Speyer. Das naturgetreue *Porträt* in der Malerei setzte sich allerdings erst etwas später, gegen Ende des 14. Jhd.s durch, und die große Periode der Porträtmalerei begann dann im 15. Jhd. Auch in der *Musik* spiegelt sich diese Veränderung wieder. Während im 13. Jhd. z. B. Motetten ohne den Namen eines bestimmten Komponisten in Umlauf waren und entsprechend in vielfacher Bearbeitung überliefert sind, begegnet uns jetzt mit Guillaume de Machaut (ca. 1300–1377) ein Komponist, der streng auf *sein Werk* achtete, der genaue Anweisungen zur Aufführung gab und ausdrücklich verbot, eigene Verzierungen hinzuzufügen. Er überwachte auch streng die Herstellung der Handschriften seiner Kompositionen. Hier haben wir das vor uns, was wir als individuelles und vom Schöpfer desselben als solches wahrgenommenes künstlerisches »Werk« bezeichnen können. Und wir sind auf dem Weg zu den »Autorenrechten«.

In diesem Rahmen der Auflösung der alten Ordnungen erhielt auch das größte und eindrucksvollste Ereignis des 14. Jhd.s seine Interpretation: die Pest, die seit

1348 die Bevölkerung Europas um ein Drittel reduzierte. Krieg, Hungersnöte und Krankheiten hatten immer schon Elend mit sich gebracht. Die Menschen hatten sich aber, so als entspräche dies einer Naturordnung, damit abgefunden, daß solche Katastrophen sich entsprechend dem universalen Ordnungssystem – Klerus, Ritter, Bauern – ungleich auf die Stände verteilte. Klerus und Ritter – in dieser Reihenfolge – wurden immer weniger hart getroffen als das gemeine Volk. Die Pest ließ alle solche Vorstellungen einer natürlichen Ordnung hinter sich, sie erfaßte alle gleicherweise ohne irgendwelche Rücksichten auf die Stände. Die naturhaft-ontologische Gesellschafts- und Universalienlehre wurde angesichts des gegenwärtigen Unheils, das jeder philosophischen oder theologischen Ordnung spottete, hinfällig. Boccaccios *Decamerone* gibt deutlich wieder, welche Weltanschauung nun herrschte: Die Menschen – und auch die wohlhabenden – waren auf reine empirische Faktizität zusammengeschrumpft, jeder von ihnen, ganz gleich welchem Stand er angehörte, konnte am nächsten Tag schon nicht mehr existieren, und so versuchte jeder noch rasch etwas vom Leben zu genießen, bevor es aus Gründen, die sich jeder Verallgemeinerung entzogen, aus war. Was galt, war nur noch der Einzelne, solange er lebte, und die einzelnen Erfahrungen positiver oder negativer Art, die er machen konnte. Neben der Möglichkeit, die Individualität und Kontingenz radikal »auszuleben«, gab es dann allerdings noch die alternative Lösung, diese Kontingenz »wegzuleben«, »aufzuheben«, dies war der Weg der Mystik, welche aber ebenso »standesfrei« und außerhalb der bisherigen Ordnungsgefüge konzipiert war (vgl. Kap. XVIII). | 445

Obwohl Wurzel des modernen Individualismus, darf man diese Vorstellung vom Individuum aber nicht einfach mit modernen Konnotationen versehen, da der Individualismus des 14. Jhd.s z. B. keineswegs mit Vorstellungen wie »Fortschritt«, »Emanzipation«, »Aufklärung« usw. verbunden war. Die Individuen fühlten sich vielmehr oft verlassen und desorientiert, lebten in permanenter Angst vor Katastrophen und suchten Hilfe am ehesten bei den Sternen, die vielleicht eine Welt wiederspiegelten, die jenseits der puren Faktizität lag – die Astrologie hatte Hochkonjunktur.

Die Universalien als Realitäten waren seit Jahrhunderten kritisiert worden, wirksam wurde diese Kritik jedoch erst jetzt, in einer Periode, in der durch gesellschaftliche Auflösung und Katastrophen alle real universellen Ordnungsgefüge zerfielen. Der Nominalismus wurde nun mit allem analytischen Rüstzeug, das zur Verfügung stand oder eigens dafür erfunden wurde, theoretisch gerechtfertigt. Er wurde aber plausibel nicht einfach wegen dieser theoretischen Rechtfertigung, sondern auch deshalb, weil seine Gegenposition, der Universalienrealismus, in der Realität keine Anschauungsmomente mehr fand. Das Individuum, der Einzelne, erhielt im 14. Jhd. sowohl angesichts der Möglichkeiten, die ihm der Frühkapitalismus in Handwerk und Handel bot, aber auch angesichts des jederzeit möglichen, unberechenbaren Todes eine Bedeutung, die sich am besten durch pure Faktizität und radikale Kontingenz erklären ließ. Das Bewußtsein von immer mehr Menschen wurde durch die Erfahrung, Individuum, Einzelner, aber auch Vereinzelter zu sein, geprägt, und dieser Erfahrung entsprach philosophisch der Nominalismus. Es ist daher vielleicht nicht verwunderlich, daß es eigentlich gar nicht die theoretisch höchst anspruchsvolle Form des Nominalismus, wie sie Ockham dargelegt hatte, war, die den Siegeszug antrat, sondern eine oft recht vereinfachte Form. Ockham war einer der Nominalisten und vielleicht sogar der bedeutendste – der »Sieg« des Nominalismus geht jedoch nicht auf ihn zurück.

2. Erkenntnis und empirische Wissenschaft

a) Ockham

Wilhelm von Ockham (1285/1290–1348) war ein aus England stammender Franziskaner, der nach philosophischen Studien zunächst eine theologische Lehrtätigkeit in Oxford in den Jahren 1317–1319 begann. Wie alle jungen Magistri, so hielt auch Ockham Vorlesungen über die *Sentenzen* des Petrus Lombardus. Die offizielle Bezeichnung für jemand während dieser ersten Lehrtätigkeit war »*Inceptor*«, d. h. »Beginner«, da Ockham jedoch wegen Irrlehren angeklagt wurde und somit nie die Lehrbefugnis erhielt, wurde aus dieser akademischen Bezeichnung der Titel Ockhams als des »*Venerabilis inceptor*«. Die Anklageschrift stammte von dem früheren Oxforder Kanzler Johannes Lutterell, der von 1317–1322 selbst Magister der Theologie gewesen war. Lutterell legte seine Schrift im Jahre 1323 oder 1324 dem Papst in Avignon vor, Ockham wurde daraufhin 1324 nach Avignon vorgeladen und es begann ein Verfahren, das allerdings nie zu einem Abschluß kam. Diese Anklageschrift beschäftigte sich vorwiegend mit theologischen Fragen, Lutterell hatte jedoch sehr klar begriffen, daß der eigentliche Grund der »Irrtümer« Ockhams in dessen Philosophie lag. Lutterells Anklageschrift ist besser als ähnliche Produkte, die oft nur vage, nicht verifizierte Verdachtsmomente zum Ausdruck bringen. Er vertrat eine traditionelle Grundüberzeugung, die zuletzt auch noch Thomas von Aquin, dessen Erkenntnistheorie Lutterell gut kannte, geteilt hatte: Durch die Wörter der Sprache haben wir einen Zugang zur Wirklichkeit, in irgendeiner Weise bildet die Sprache die Wirklichkeit ab. Dieser Sprach- und Wort-Optimismus ist bei Ockham nicht mehr vorhanden und Lutterell sah darin die Gefahr, daß dann auch fraglich werden mußte, ob das »Wort Gottes« der Offenbarung etwas über die Wirklichkeit mitteilt. Warum es zu keiner definitiven Verurteilung der Lehren Ockams kam, ist historisch nicht geklärt.

Während Ockham sich in Avignon aufhielt, kam auch der Generalminister der Franziskaner, Michael von Cesena (gest. 1342), dort hin, um das radikale Armutsideal der Franziskaner zu verteidigen. Nun hätte eine radikale Auffassung der Franziskaner von ihrer Armut den Papst und seine Kurie kaum gestört, hätten die Spiritualen ihre Lehre nicht auf einen subversiven Satz gegründet: »Jesus und seine Apostel hatten weder als einzelne noch als Gruppe Privateigentum«. Daraus folgerten sie für die Nachfolge und die Nachfolger Jesu die Forderung der Armut. Dies konnte Papst Johannes XXII. (1316–1334) natürlich nicht durchgehen lassen und so hatte er im Jahre 1322 diese Lehre als häretisch verurteilt (DS 930–931). Armut wurde in der Zeit des Frühkapitalismus als Schande betrachtet. Die Mönchsorden hatten einen Ausweg gefunden, um das Armutsgelübde des einzelnen Mönchs mit dem Reichtum der Klöster in Einklang zu bringen, indem zwischen der persönlichen Armut und dem Besitz des Klosters unterschieden wurde. Und auch die Konventualen, also die »gemäßigten« Franziskaner, hatten eine kluge Unterscheidung gefunden, indem sie sagten, daß sie zwar keinen Besitz – aller Besitz sollte dem Papst zugeschrieben werden – wohl aber den Gebrauch der Dinge hätten. Nach Ansicht des Papstes war also die Lehre der Spiritualen eine unnütze und gefährliche Übertreibung. Später wird Ockham die These vertreten, daß das Privateigentum nicht zum göttlichen Recht gehört, sondern zu den von den Menschen geschaffenen Regeln, die ein geordnetes Zusammenleben sichern. Es ist somit ein Recht, auf das der Einzelne auch frei verzichten kann, und dieser Verzicht sei von den »apostolischen« Nachfolgern Jesu gefordert. Die These der Spiritualen lief also darauf hinaus, sich freiwillig mit den Armen zu identifizieren, was gar nichts anderes darstellte als die ursprüngliche Absicht des Franz von Assisi, des Ordensgründers. Die Päpste waren aber gerade daran, in Avignon den gewaltigen Palast zu erbauen, den wir bis heute | 447 bewundern können, und Johannes XXII. mußte dafür ebenso gewaltige Geldmittel auftreiben. Eine Idealvorstellung freiwilliger »apostolischer« Armut untergrub alle diese Aktivitäten, sie mußte daher nicht nur verurteilt, sondern radikal bekämpft werden. Als nun Michael von Cesena den ohnedies mit dem Papst schon in Streit befindlichen Wilhelm von Ockham für das Anliegen der Spiritualen gewann, war für die beiden am Hof in Avignon keine Bleibe mehr. Michael von Cesena mußte 1328 fliehen und Ockham begleitete ihn. Da sich die beiden nicht unterworfen hatten, wurden sie einfach exkommuniziert. Michael von Cesena und Ockham gingen zu Ludwig von Bayern – der seinerseits mit dem Papst in Streit war – zunächst nach Pisa und dann mit diesem nach München. Dort dürfte Ockham allerdings eher isoliert gewesen sein. Der Franziskanerkonvent in München war kein Zentrum der Studien, und Ockham hat vermutlich nie deutsch zu sprechen gelernt. Er verfaßte dort seine politischen Schriften, die sich aber auf einer sehr prinzipiellen Ebene bewegten, so daß sie zu seiner Zeit kaum einen realen politischen Einfluß gewonnen haben. Ob eine Aussöhnung Ockhams mit der Kirche stattfand, ist nicht bekannt.

Wir sind in der Zeit des Frühkapitalismus und der beginnenden Industrialisierung. Die erhaltenen Rechnungsbücher des Francesco Datini (um 1335–1410) liefern uns einen guten Einblick in die damalige Produktion von Stoffen, vom Handel mit diesen, und vom internationalen Geldverkehr über das beginnende Bankennetz in Europa (vgl. I. Origo: *Im Namen Gottes und des Geschäfts. Francesco di Marco Datini 1335–1410*. München 1985). Verminderung der Kosten bei Produktion, Transport, Handel und Zahlungen war ein wichtiges Prinzip des Erfolges, überflüssige Kosten verminderten den Gewinn und mußten deshalb eliminiert werden. Ockham arbeitet in der Wissenschaft nach ganz ähnlichen Prinzipien. Er hat ein Prinzip in die Wissenschaftstheorie eingeführt, das heute bezeichnenderweise »*Ökonomieprinzip*«, d. h. »Sparsamkeitsprinzip« genannt wird, und das als »Ockhams (Rasier-)Messer« (engl. *razor*) bekannt geworden ist. Dieses Prinzip wird aber nicht immer richtig wiedergegeben. Zunächst ist zu sagen, daß wir, wenn wir hier von »Prinzip« sprechen, nicht an den sonst in der mittelalterlichen Philosophie häufigen Gebrauch dieses Wortes denken dürfen, bei dem damit entweder ein metaphysischer Grundbestandteil oder ein Satz gemeint ist, aus dem etwas abgeleitet werden kann. Mit »Ockhams Messer« ist nichts solches gemeint, es handelt sich vielmehr um eine *rationale Strategie* bzw. um eine Regel, die nach Ockham zu den wesentlichen Verfahrensvorschriften rationaler Argumentation gehört. Es geht Ockham dabei ganz eindeutig um ein methodologisches Prinzip, durch das überflüssige Annahmen in wissenschaftlichen Theorien und deren Aussagen ausgeschlossen werden sollen. Dieses Prinzip findet sich in Ockhams Schriften in verschiedenen Formen, allerdings nicht in der oft angenommenen: »Die Seienden dürfen nicht vervielfältigt werden« *(entia non sunt multiplicanda)*. Ockham sagt z. B. einmal, daß etwas »absurd ist, weil eine Mehrzahl ohne Notwendigkeit und ohne Grund gesetzt wird« *(absurdum, quia ponitur pluralitas sind necessitate et sine ratione [Logica I, c. 57. S. 185])*. Eine ähnliche Formulierung lautet:

Was durch Wenigere geschehen kann, wird überflüssigerweise als durch Mehrere geschehend angenommen *(frustra fit per plura quod fieri potest per pauciora)*. *(Logica I, c. 12. S. 43. Übers v. F. S.)*

Durch dieses Prinzip ist bereits das angezeigt, was dann zur Kritik bestimmter metaphysischer Annahmen verwendet wird. Eine der gesamten Metaphysik bis Thomas von Aquin zugrundeliegende Voraussetzung war gewesen, daß es eine bestimmte – logisch dann zu klärende – Korrespondenz von Sprache und Wirklichkeit gebe. Ockham vertritt hingegen die Auffassung daß diese Voraussetzung weder gerechtfertigt noch auch erforderlich ist. Ockham ist dabei überzeugt, genau die Auffassung des Aristoteles zu vertreten. Ob dies wirklich zutrifft, ist nicht so sicher, es geht hier aber nicht um die Thesen des Aristoteles, sondern um die Ockhams. Für die Ockhams Ansicht nach falsche Wiedergabe der Auffassung des Aristoteles gibt es seiner Meinung nach zwei Wurzeln. Neben der einen Wurzel des Irrtums, die in einem zu großen Vertrauen in die unsicheren Übersetzungen der Aristoteles-Texte besteht – ein für seine Zeit durchaus berechtigter Hinweis –, gibt es eine zweite, sachlich wesentlich wichtigere:

Die zweite Wurzel ist es, die Seienden gemäß der Vielheit der Begriffe zu vermehren *(multiplicare entia secundum multitudinem terminorum)*, und [anzunehmen,] daß jedem Begriff etwas in der Realität entspricht *(quod quilibet terminus habet quid rei)*, was aber einen Mißbrauch darstellt *(quod tamen abusivum est)* und von der Wahrheit in höchstem Maße wegführt. Es ist nämlich nicht zu fragen, was bei allen Begriffen in der Realität vorliegt *(quid rei)*, sondern nur, was in den Vielen im Namen vorliegt *(tantum quid nominis)* [...], da die Worte und die Begriffe täuschen *(quia voces et conceptus decipiunt)*. *(Logica* I, c. 51. S. 171. Übers. v. F. S.)

Metaphysik und Erkenntnistheorie werden damit zur *Sprachanalyse*, dies ist zwar nicht unbedingt neu, in gewisser Hinsicht war dies tatsächlich die Auffassung sowohl des Aristoteles (vgl. 1. Teil, Kap. X, 4, b) als auch des Thomas von Aquin (vgl. 2. Teil, Kap. XIV, 3, c), ist aber in dieser Grundsätzlichkeit bisher nicht vertreten worden. Was Ockham jedoch von Aristoteles und Thomas von Aquin unterscheidet, ist das im letzten Satz des Zitats Ausgedrückte: Ockham will gar nicht mehr von der Sprache zur Wirklichkeit vordringen, sondern bleibt von vornherein und ausschließlich auf der Ebene der Sprache *(tantum quid nominis)*.

Die Anwendung des Sparsamkeitsprinzips hat bei Ockham in der Metaphysik die Konsequenz, daß bestimmte Ausdrücke als solche bezeichnet werden, mit denen Überflüssiges angenommen wird. Dies gilt vor allem für abstrakte Begriffe, so z. B. für »Güte« *(bonitas)* oder »Gerechtigkeit« *(iustitia)*. Es ist daher unsinnig, zu sagen »Gott ist durch die Gerechtigkeit gerecht *(iustus iustitia)*«, oder »Jemand ist Vater durch die Vaterschaft *(pater est pater paternitate)*«, der abstrakte und der konkrete Begriff bedeuten ein und dasselbe *(abstractum et concretum idem significant* [*Logica* I, c. 51. S. 169]). Beim Abstrakten wird nichts anderes erkannt als beim Konkreten:

| 449

Dasselbe Einzelne, das zuerst vom Sinne erfaßt wird, wird als solches und unter der gleichen Bestimmtheit zuerst vom Intellekt intuitiv erkannt – es sei denn, irgend etwas verhindere dies –, denn es gehört zum Wesen einander zugeordneter Vermögen, daß alles, was ein niedrigeres Vermögen kann – und unter der gleichen Bestimmtheit –, auch in der Macht des höheren steht. [...] Also ist es möglich, daß dasselbe, was zuerst vom Sinne erfaßt worden ist, vom Intellekt erkannt wird – und zwar unter der gleichen Bestimmtheit. [...] Der Sinn erkennt nicht nur das Weiße *(album)*, welches etwas Konkretes ist, sondern die Weiße *(albedinem)* [...]. *(Sentenzenkommentar* I, dist. 3, qu. 6. *Opera Theologica* II. S. 494. Übers. v. Imbach: *Ockham. Texte zur Theorie der Erkenntnis und der Wissenschaft.* S. 177–179)

Es ist also ein Irrtum anzunehmen, daß Begriffsunterscheidungen immer Sachunterscheidungen entsprechen müssen. Die Vorstellung, die Sprache sei ein Bild der Welt, ist daher nach Ockham nicht nur eine nicht gerechtfertigte und überflüssige, sondern eine für die Analyse der Erkenntnis auch schädliche Annahme, sie bringt dauernd neue Entitäten hervor, durch die keine Probleme gelöst, sondern solche eigentlich erst hervorgebracht werden.

Ontologie/Erkenntnistheorie		Wissenschaft/Sprache/Logik
Ding *(res ipsa)*		
⇓ intuitive Erkenntnis:	⇓ abstraktive Erkenntnis:	
mögliche oder wirkliche **Existenz**	**Begriff** *(conceptus)*	**Term** *(terminus)*: Subjekt-/Prädikatterm
		⇓ **Aussage:** wahr/falsch ⇓ **Schluß**

Es gilt also bei der Erklärung dessen, wie Erkenntnis vor sich geht, keine überflüssigen Annahmen zu machen. Ausgangspunkt jeder Erkenntnis in den empirischen Wissenschaften ist die sinnliche Erfahrung von Dingen, und diese Erkenntnis wird bei Ockham als zu der *intuitiven* Erkenntnis gehörend angesehen; »intuitiv« hat dabei nichts mit der modernen Bedeutung des Wortes zu tun, sondern bedeutet ganz einfach genau im Sinne des lateinischen Wortes: »einsehend«. Nur bei dieser Erkenntnis geht es um die Frage der Existenz von Dingen.

Die intuitive Erkenntnis *(notitia intuitiva)* eines Dinges ist eine solche Erkenntnis, kraft deren man wissen kann *(potest sciri)*, ob das Ding existiert oder nicht, so daß dann, wenn das Ding existiert, der Verstand sofort urteilt, daß es existiert, und mit Evidenz erkennt *(evidenter cognoscit)*, daß es existiert, außer er wird wegen der Unvollkommenheit jener Erkenntnis daran gehindert. *(Sentenzenkommentar, Prolog, q. 1. Opera theologica* I. S. 31. Übers. v. F. S.)

Die *abstraktive* Erkenntnis betrachtet das einzelne Ding nicht in Hinsicht auf seine Existenz, sondern als Fall unter anderen ähnlichen, und gelangt so zu einem allgemeinen Inhalt *(universale)*, einem Begriff. Ockham erklärt, daß wir dabei von »abstrakt« in zweifacher Weise sprechen, wobei aber in der konkreten Erkenntnis immer beide Weisen vorhanden sind. Die eine Weise bedeutet:

Die abstraktive Erkenntnis *(cognitio abstractiva)* abstrahiert von der Existenz und Nicht-Existenz und von den anderen Bedingungen, die kontingenterweise dem Ding zukommen oder von dem Ding ausgesagt werden. (Ebd. Übers. v. F. S.)

Die andere Weise bedeutet:

Die abstraktive Erkenntnis [ist eine solche], weil sie sich auf etwas Abstraktes bezieht, das von vielen Einzelnen absieht *(est respectu alicuius abstracti a multis singularibus)*, und so ist die abstraktive Erkenntnis nichts anderes als die Erkenntnis von Universellem, das von vielen abstrahierbar ist *(cognitio alicuius universalis abstrahibilis a multis)*. (Ebd. S. 30. Übers. v. F. S.)

Ockham betont aber, daß es sich bei intuitiver und abstraktiver Erkenntnis nicht um die Erkenntnis von Verschiedenem handelt, sondern nur um eine verschiedene Weise des Erkennens ein und desselben (Ebd. S. 31). Die Erkenntnis des Universalen ist also nichts anderes als die Erkenntnis des Einzelnen *(idem totaliter et sub omni eadem ratione cognoscitur per utramque notitiam* [Ebd.]). Die Ockham bei der Frage intuitiver und abstraktiver Erkenntnis leitende Frage war aber eigentlich gar nicht die nach der Erkenntnis des Einzelnen und des Allgemeinen, sondern die, wie eine Erkenntnis von etwas nicht (mehr) unmittelbar in der Sinneserfahrung Gegebenen möglich ist. Dies ist also die Frage nach aktueller Erkenntnis von etwas, das als Existierendes gegenwärtig ist, im Unterschied zur Erkenntnis von etwas, das nur noch als Erinnerung vorhanden ist. Für Ockham gibt es aber auch intuitive Erkenntnis von »Dingen«, die überhaupt nicht in der (äußeren) Sinneserfahrung gegeben ist, also von *intelligibilia*, wie z. B. wenn ich sage »ich erkenne« *(ego intelligo)* oder »ich liebe« *(ego diligo)* (Ebd. S. 40–41). | 451

Bis hier her geht es nur um die Erkenntnis von Einzeldingen bzw. um das Allgemeine solcher Dinge, und für solche steht ein Begriff. Wird dieser Begriff als Term verwendet, so bedeutet dies, daß er als Subjekt oder Prädikat einer Aussage verwendet wird. Eine solche Aussage kann dann in einem wissenschaftlichen Beweis verwendet werden.

Die Einbildungskraft kann denselben sinnlichen Gegenstand, welchen der Sinn erfaßt hat, vorstellen. Und nicht bloß die Einbildungskraft, sondern auch der Intellekt kann denselben Gegenstand erfassen. Nach der Erfassung dieses Gegenstandes kann der Intellekt einige kontingente Aussagen mit Evidenz erkennen. So z. B. kann der Intellekt, wenn durch den Sinn die Wärme erfaßt worden ist, dieselbe Wärme erkennen und wissen *(cognoscere et scire)*, daß dieses Ding warm ist und daß, wenn dieses Ding einem anderen angenähert wird, es das andere, das nicht warm wäre, würde ihm nicht zuerst jenes Warme angenähert, erwärmt. Und auf diese Weise erkennt der Intellekt mit Evidenz folgende Aussage: »Dieses Warme erwärmt.« Ist diese Aussage aber bekannt und wird gewußt, und wird zusätzlich gewußt, daß wenn etwas einem Individuum zukommt, etwas Ähnliches *(consimile)* auch einem anderen Individuum der gleichen Art zukommen kann, dann anerkennt der Intellekt diese allgemeine Aussage *(propositionem universalem)*: »Jede Wärme erwärmt«. Es gibt nämlich keinen Grund dafür, daß die eine Wärme eher erwärmt als eine andere. Diese durch die Erfahrung bekannte Aussage ist ein Universale, denn es ist eine universale Aussage, die, wenn sie auf keine andere Weise als durch die Sinne erkannt werden könnte, Prinzip der Kunst und der Wissenschaft wäre. (*Logica* III–2, c. 10. S. 522–523. Übers. v. Imbach: *Ockham: Texte zur Theorie der Erkenntnis und der Wissenschaft.* S. 111–112)

Ist eine Aussage wahr, so stehen der Subjektterm und der Prädikatterm für ein und dasselbe, ob dies jedoch der Fall ist, kann nur durch die intuitive Kenntnis sichergestellt werden. Eine Aussage kann einen singulären, einen partikulären (= für einige Fälle geltenden) oder einen universellen Subjektterm aufweisen, was in der Aussage durch einen Eigennamen bzw. durch die Verwendung der Quantoren »einige« oder »alle« angezeigt ist. Eine universelle Aussage ist dann wahr, wenn in allen Fällen einer Aussage der Form »*A ist B*« durch intuitive Erkenntnis der einzelnen Dinge bestätigt wird, daß *A* und *B* tatsächlich ein und demselben Ding zukommen. Werden solche Sätze in syllogistische Beweiszusammenhänge gestellt, so ergibt dies *wissenschaftliche Aussagen*. Dies ist der Sinn der ockhamschen These, der Gegenstand der Wissenschaft seien nicht Dinge, sondern Terme, die für Dinge stehen. Dadurch ergibt sich auch eine klare Unterscheidung von Logik und Sätzen der empirischen Wissenschaften: Die Logik liefert kein inhaltliches Wissen, sondern ist eine Wissenschaft, in der mit Zeichen über Zeichen gesprochen wird, und ganz ähnliches gilt für die Mathematik. Daneben gibt es nur Sätze, die ihren Ausgangspunkt von singulären Erfahrungssätzen nehmen, in denen die Zeichen für Dinge stehen (supponieren). Im Prolog zum Kommentar zur *Physik* des Aristoteles führt Ockham aus:

Die Logik wird von den Realwissenschaften deshalb unterschieden, weil diese von Intentionen handelt, und zwar von Universalien, welche für Dinge supponieren; obschon die Termini der Realwissenschaft Intentionen sind, supponieren sie dennoch für Dinge. Die Logik hingegen handelt von Intentionen, welche für Intentionen supponieren. So ist beispielsweise in folgendem Satz »Die Art wird von vielen der Zahl nach Verschiedenen ausgesagt« eine Intention Subjekt, und sie supponiert nur für Intentionen und nicht für extramentale Dinge, denn kein extramentales Ding wird von mehreren ausgesagt, sondern nur konventionelle Laute oder Schriftzeichen. (*Expositio in libros Physicorum Aristotelis. Opera philosophica* IV. *Prologus.* Übers. v. Imbach: *Ockham: Texte zur Theorie der Erkenntnis und der Wissenschaft.* S. 209)

In den empirischen Wissenschaften arbeiten wir mit Sätzen, in denen Termini verwendet werden, die für extramentale Dinge stehen (supponieren), solche Intentionen aber stehen immer für Einzeldinge. Allgemeines gibt es nur als Intentionen, die zur abstraktiven Erkenntnis gehören, zu jener also, die von der Existenz des Einzeldinges absieht, abstrahiert. Allgemeinen Aussagen entspricht somit nur etwas, das im menschlichen Geist, bei Ockham: in der Seele, vorhanden ist, denn – wie im

Zitat oben gesagt – »kein extramentales Ding wird von mehreren ausgesagt«. Diese für die nominalistische zeichentheoretische Wissenschaftsauffassung zentrale These, die manchen bis heute Schwierigkeiten bereitet, besagt also eigentlich etwas ganz Einfaches und Einleuchtendes: Es gibt Einzeldinge und Allgemeinbegriffe, in der Realität aber gibt es nur Einzeldinge, die Allgemeinbegriffe hingegen, mit denen Aussagen über diese Einzeldinge gemacht werden, gibt es nur in unserem Verstand. Ein Beispiel: Ich sehe einen Baum und dann sehe ich noch einen Baum, und wenn ich etwas von Biologie verstehe, kann ich sagen: »Dieser Baum hier ist ein Apfelbaum und der Baum dort ist ein Birnbaum«. Beiden Dingen kommt also das Prädikat »Baum« zu, dies heißt aber nicht, daß es in der Realität etwas gibt, was zunächst »Baumhaftes« ist, und das dann zusätzlich »Apfelhaftiges« oder »Birnhaftiges« ist. Was ich sage, ist nichts anderes, als daß in meinen Satz »Dieser Baum ist eine Apfelbaum« der Terminus »Apfelbaum« für ein bestimmtes Einzelding steht, für das ich in meinem Verstand eine Reihe von Eigenschaftstermini, Prädikate, zusammengestellt habe. Und wenn ich eine Allaussage bilde, wie z. B. »Alle Bäume benötigen Erdreich«, so sage ich nichts anderes, als daß ich in jedem Einzelfall, in dem ich sage »Dies ist ein Baum«, in meiner intuitiven Erkenntnis eines Einzelbaumes auch Erdreich mitvorfinden muß. Die Wissenschaft, die mit Sätzen mit Allgemeinbegriffen arbeitet, bezieht sich also nicht direkt auf die Realität, sondern nur vermittels der singulären Sätze, die sich auf individuelle Dinge beziehen: | 453

> Zur Einsicht in das Gesagte muß man wissen, daß jedes Wissen sich auf ein Verknüpftes oder auf Verknüpfte bezieht. [...] Nun sind aber die Verknüpften, welche durch die Naturwissenschaft gewußt werden, nicht aus sinnlichen Dingen oder Substanzen zusammengesetzt, sondern aus Intentionen oder Begriffen der Seele, welche solchen Dingen gemeinsam sind. Und deshalb handelt, im eigentlichen Sinne, die Naturwissenschaft weder von vergänglichen und werdenden Dingen, noch von natürlichen Substanzen, noch von beweglichen Dingen, denn solche Dinge sind in keinem durch die Naturwissenschaft gewußten Schlußsatz Subjekt oder Prädikat. [...] Redet man allerdings metaphorisch und ungenau, dann kann man trotzdem sagen, die Naturphilosophie handle von vergänglichen und beweglichen Dingen, weil sie von Termini, die für solche supponieren, handelt. (Ebd. S. 205 und S. 207)

Ockham weiß also – so wie wir heute auch –, daß wir oft eine ungenaue und abgekürzte Redeweise gebrauchen, in der wir so sprechen, als ob sich die Allgemeinbegriffe der Wissenschaft unmittelbar auf die Dinge bezögen. Solange man sich über diese Redeweise im klaren ist, liegt nach Ockham kein besonderes Problem vor. Wenn wir sagen »Alle Rosen verwelken irgendwann«, so verstehen wir, was damit gemeint ist. In der genauen Sprache der Wissenschaft müssen wir uns jedoch darüber im klaren sein, daß es kein Ding »alle Rosen« gibt, und daß der genannte Satz eben ein Satz der Wissenschaft ist, der als solcher nur in unserem Verstand gebildet wurde, in dem bestimmte Begriffe für einzelne Dinge stehen (supponieren). Verwelken können immer nur einzelne Rosen, und ob das zutrifft, kann nur durch die intuitive Erkenntnis der Einzeldinge festgestellt werden.

Alle Autoritäten, die sagen, dieses oder jenes Wissen handle von diesen oder jenen Dingen, müssen folgendermaßen ausgelegt werden: Sie handeln von Termini, welche für jene Dinge supponieren. Wenn gesagt wird, ein bestimmtes Wissen handle von werdenden und vergänglichen Dingen, so bedeutet dies, es handle von Termini, die in gewußten Aussagen für derartige werdende und vergängliche Dinge supponieren. (Ebd. S. 209 und S. 211)

Diese – uns heute eher harmlos erscheinende – These war ein Hauptgrund der Angriffe gegen Ockham und der späteren Verurteilung des Nominalismus. Der Hintergrund dabei war stark theologisch mitbedingt. Zu sagen, daß wir in den allgemeinen Aussagen der Wissenschaft nicht von Bäumen, sondern von dem Allgemeinbegriff »Baum« sprechen, konnte noch angehen, daß wir aber in der Theologie nicht von Gott sprechen, sondern (nur) vom Wort »Gott« und von unserem Gebrauch dieses Wortes, rief geradezu Entsetzen hervor.

454 | Ein kurzer Blick zurück zu einem Vergleich mit der Erkenntnistheorie des Thomas von Aquin. Thomas von Aquin nahm an, daß es zwischen der sinnlichen Erkenntnis und der Aussage ein »geistiges Bild« *(species intelligibilis)* gebe, und daß Wahrheit in einer Übereinstimmung *(adaequatio)* dieses Bildes mit der Aussage bestehe (vgl. Kap. XIV, 3). Ockham war der Überzeugung, daß seine Theorie der des Thomas von Aquin schon aus dem Grund vorzuziehen sei, weil sie mit weniger Elementen der Erklärung auskommt, insofern sie keine *species intelligibilis* braucht. Abgesehen davon, daß die Form der *species-intelligibilis-*Theorie, mit der sich Ockham auseinandersetzte, nicht mehr genau die des Thomas ist, bedarf die Behauptung Ockhams doch weiterer, im einzelnen nicht einfacher Analysen. Es sei dazu nur das folgende angemerkt: Thomas von Aquin benötigte die Annahme dieses »geistigen Bildes« u. a. dazu, um den Zusammenhang von Sprache und Wirklichkeit im menschlichen Verstand zu erklären. Für Ockham hingegen sind sinnliche Erfahrung und Aussagen zwei völlig verschiedene Wirklichkeiten, zwischen denen es keinerlei Ähnlichkeit gibt, Wahrheit im Sinne einer Übereinstimmung von Aussagen und sinnlicher Erfahrung kann und braucht daher gar nicht definiert zu werden, es genügt, anzugeben, welche Bedingungen erfüllt sein müssen, damit eine Aussage wahr ist; damit wird auch die Annahme des Vorhandenseins dieses allgemeinen Bildes, also der *species intelligibilis*, überflüssig. Dies bedeutet jedoch, daß Ockhams Theorie zwar mit weniger Erklärungs-Elementen auskommt, aber nicht zuletzt deshalb, weil sie einfach weniger erklärt. Um aber aufgrund des Ökonomieprinzips von einer »besseren« Theorie sprechen zu können, wäre erfordert, daß beide Theorien wirklich genauso viel erklären, und genau dies ist bei den Theorien von Thomas und Ockham eben nicht der Fall.

Ein weiterer Unterschied zu Thomas von Aquin ist aufschlußreich. Bei Thomas gibt es Aussagen, bei denen erfaßt wird, daß der Prädikatterm notwendigerweise im Subjektterm enthalten ist. Solche Aussagen gibt es bei Ockham nicht. Er arbeitet mit einer Logik, in der für die Wahrheit einer Aussage immer nur erforderlich ist, daß der Subjektterm und der Prädikatterm für ein und dasselbe supponieren. Wenn wir sagen »Alle Menschen sind Lebewesen«, so ist für die Wahrheit der Aussage einzig erfordert, daß immer dann, wenn gesagt wird »A ist ein Mensch« auch gilt »A ist ein Lebewesen«, d. h. daß dem A zu Recht – aufgrund einer intuitiven Erkenntnis – sowohl das Prädikat »Mensch« als auch das Prädikat »Lebewesen« zugeschrieben wird. Dies hängt mit der Grundvoraussetzung der Philosophie Ockhams zusammen, nach der die gesamte Welt nicht notwendig, sondern kontingent ist. Dies ist eine These, die sich aus dem Gottes- und dem Schöpfungsbegriff ergibt, und die auch Thomas von Aquin anerkannt hatte. Bei Ockham wird jedoch deutlich, daß dieser Schöpfungsbegriff in der vorausgegangenen Geschichte der Philosophie noch nicht konsequent durchdacht worden war. Sowohl in der islamischen als auch in der jüdischen Philosophie, und – in der Folge von beiden – in der christlichen Philosophie war es die Aufgabe gewesen, sich von dem Emanationsmodell freizumachen, d. h. von der Annahme, die Welt sei mit Notwendigkeit aus dem Einen hervorgegangen. Diesem Emanationsmodell wurde die These gegenübergestellt, die Welt sei durch einen freien Willensakt Gottes geschaffen worden. Implizit war dabei – und zwar auch noch bei Thomas von Aquin – aber weiterhin angenommen worden, daß Gott zwar diese Welt schaffen konnte oder auch nicht, daß er aber, wenn er eine Welt schaffen wollte, eben nur diese Welt schaffen konnte. Damit blieb implizit die Annahme erhalten, daß diese Welt, wenn sie schon überhaupt ist, so sein muß wie sie ist. Es wurde also für ihre bestimmte Form doch eine Notwendigkeit angenommen. Dies ist aber letztlich nicht konsequent, wenn man annimmt, daß Freiheit nicht nur bedeutet, handeln oder nicht handeln zu können, sondern auch, das eine oder das andere tun zu können. Angewandt auf den Schöpfungsbegriff bedeutet dies: Gott hat, wenn er eine Welt schaffen wollte, aus beliebig *vielen möglichen Welten* eben diese eine ausgewählt, ohne daß dafür ein Grund angegeben werden könnte. Diese Auffassung hat zur Folge, daß alle empirischen Sachverhalte in anderen möglichen Welten widerspruchsfrei anders gedacht werden könnten. Daher besteht z. B. zwischen den Termen »Mensch« und »Lachen-Könnendes« kein notwendiger Zusammenhang, da es keinen Wiederspruch bedeutet, sich eine mögliche Welt vorzustellen, in der man zwar von »Menschen« sprechen kann, diesen aber das Prädikat »Lachen-Können« nicht zukommt, weil es dort Dinge gibt, denen zwar auch das Prädikat »Mensch« zukommt, nicht aber die aristotelische kennzeichnende Eigenschaft *(proprium)* des »Lachen-Könnens« *(risibile)*. Notwendigkeit der Prämissen in einem wissenschaftlichen Schlußverfahren besagt daher nach Ockham nur: Da Gott eben diese und nicht eine andere der möglichen Welten wollte, gilt *in dieser Welt* die *für diese* Welt allgemein gültige Aussage, daß alles das, was als »Mensch« bezeichnet wird, auch als »Lachen-Könnendes« bezeichnet werden muß. Zu sagen, diese Aussage sei aber »an sich« notwendig, ist nicht möglich. Wir verfügen über keinerlei Einsicht in ein »Wesen« des Menschen, nach der ihm das Proprium »Lachen-Können« mit Notwendigkeit zukommt, einfach deshalb, weil es kein solches »Wesen« gibt. Wir sind hier bei dem modernen Gebrauch von »notwendig« in den Naturgesetzen der empirischen Wissenschaften. Wenn wir sagen: »Es ist notwendig, daß Wasser bei 100 siedet«, so sagen wir eigentlich: »In der uns bekannten Welt stellen wir fest, daß Wasser immer bei 100 siedet«. Irgendeine Vorstellung von Eigenschaften, die Wasser »an sich« zukommen, scheidet aus.

Die eben angeführten Auffassungen Ockhams gehören zu jenen, die uns Ockham als sehr vertraut erscheinen lassen, und Ockham gehört tatsächlich zu den wenigen Autoren, die auch von modernen Wissenschaftstheoretikern und Sprachanalytikern gerne herangezogen werden. Dies geschieht vollkommen zu Recht, trotzdem sollte man jedoch nicht übersehen, daß Ockham auch mit seiner Erkenntnis- und Zeichentheorie durchaus in die Diskussionen seiner Zeit eingebunden bleibt und daß es daher bei ihm Fragestellungen gibt, die von unseren heutigen Voraussetzungen her nur schwer verständlich sind und die dann gelegentlich von
modernen Interpreten einfach beiseite gelassen werden. Dies kann an einem ganz zentralen Punkt gezeigt werden. Ockhams Ausgangspunkt ist die intuitive Erkenntnis, und mit dieser wird ein Urteil über Existenz oder Nichtexistenz eines Gegenstandes gefällt. Im Zusammenhang der im 14. Jhd. zentral gewordenen Frage nach der Allmacht Gottes muß dann die Frage auftauchen, ob Gott nicht in einem Menschen eine intuitive Erkenntnis bewirken könnte, obwohl gar kein entsprechender Gegenstand existiert – dann wäre Gott die Ursache einer falschen Aussage. Diese Frage hatte zu einer Kontroverse zwischen Walter Chatton (1285–1344) und Ockham geführt, beide waren Franziskaner, und letzterer diskutiert diese Frage ausdrücklich in seine Disputationen (*Quodlibeta septem* V, 4 und 5. S. 491–500). Die Antwort, die Ockham gibt, hat nun ihrerseits in der Forschung eine Kontroverse hervorgerufen, die hier nicht entschieden zu werden braucht, die Fragestellung selbst ist aber für uns ein Hinweis, daß die vermeinte »Modernität« von Autoren früherer Perioden gelegentlich auch etwas mit selektiver Wahrnehmung zu tun hat. Die Frage, ob Gott in einem Menschen eine Sinneswahrnehmung eines nicht existierenden Gegenstandes hervorrufen könnte, ist sicher keine der modernen Wissenschaftstheorie. Völlig fremd ist uns aber auch diese Frage Ockhams nicht: Auch in der modernen Wissenschaftstheorie ergibt sich die nicht unwichtige Problematik, ob es Kriterien gibt, eine Halluzination von einer empirischen Tatsachenfeststellung zu unterscheiden. Weggefallen ist dabei »nur« die Frage, was es bedeutet, sich einen Gott vorzustellen, der den Menschen zu falschen Aussagen »verführen« könnte. Diese uns sonderbar vorkommende Vorstellung gehört aber doch zur »Welt« Ockhams und manche seiner erkenntnis- und zeichentheoretischen Analysen sind letztlich nur

auf diesem Hintergrund zu verstehen. Manches dieser »Welt« wird bei Anhängern Ockhams noch deutlicher als bei diesem selbst, weshalb jetzt einer derselben kurz besprochen werden soll.

b) Nicolaus von Autrecourt

Bei Ockham lag mit der intuitiven Erkenntnis der Einzeldinge durchaus ein Bezug zur Realität vor. Ockham war kein prinzipieller Skeptiker und in Hinsicht auf Möglichkeiten und Reichweite von Erkenntnis und Wissenschaft durchaus zuversichtlich. Es dürfte jedoch so sein, daß Ockham in späteren Schriften (den *Quodlibeta*) im Unterschied zum frühen *Sentenzenkommentar* sich einer eher skeptischen Position näherte. Es war jedenfalls möglich, von ockhamschen Ausgangspositionen zu weitergehenden Folgerungen zu gelangen. So war es durchaus möglich, die Zuverlässigkeit der sinnlichen Erkenntnis prinzipiell in Frage zu stellen, und damit sind wir bei einem wirklichen erkenntnistheoretischen *Skeptizismus*. Diese Position findet sich bei Nicolaus von Autrecourt, der in den Jahren zwischen 1327 und 1340 – die Datierungen sind unsicher – einige Briefe schrieb, in denen sich verschiedene die ockhamsche Beziehung von Ding und intuitiver Erkenntnis auflösende Thesen finden. Nicolaus sagt dabei seinem Briefpartner Bernhard von Arezzo, von dem keine Schriften erhalten sind, der aber von ockhamschen Lehren ausging:

| 457

Ihr müßt eingestehen, daß Ihr über die Existenz der Gegenstände der fünf Sinne nicht sicher seid. Aber was noch schwieriger aufrecht erhalten werden kann: Ihr müßt eingestehen, daß Ihr Eurer Akte nicht sicher seid, nämlich daß ihr seht, daß Ihr hört, ja daß Ihr nicht einmal sicher seid, daß Euch jemand in Erscheinung tritt *(appareat)* oder in Erscheinung getreten ist. [...] Und so folgt auf evidente Weise, daß Ihr der Evidenz Eures Phänomens nicht sicher seid, und folglich seid Ihr nicht sicher, ob etwas für Euch ein Phänomen ist. (*Briefe.* S. 9)

Und weiter:

Und es folgt auch, daß Ihr nicht sicher seid, ob ein Satz wahr oder falsch ist, weil Ihr nicht mit Evidenz sicher seid, ob ein Satz überhaupt existiert oder existiert hat. [...] So also zeigt sich zusammenfassend: Ihr müßt sagen, daß ihr dessen, was außerhalb von Euch liegt, nicht sicher seid. (Ebd. S. 9 und 11)

Es gibt für Nicolaus von Autrecourt nur ein einziges evidentes Prinzip, nämlich das Widerspruchsprinzip (Ebd. S. 15, Nr. 2, und S. 19, Nr. 9). Dies bedeutet, daß nur die – analytischen – Sätze der Logik wirklich Evidenz beanspruchen können, während das Kausalitätsprinzip demgegenüber kein solches evidentes Prinzip ist.

In einer solchen Ableitung *(consequentia)*, in der aus einem Ding *(ex una re)* ein anderes gefolgert würde, wäre der Folgesatz *(consequens)* nicht wirklich identisch mit dem Vordersatz *(antecedens)* oder mit einem Teil des durch den Vordersatz Bezeichneten. Also folgt, daß eine solche Ableitung nicht mit Evidenz bekannt wäre *(evidenter nota)*, d. h. mit der beschriebenen Evidenz des ersten Prinzips. (Ebd. S. 21, Nr. 14)

Auch bei Zusammenhängen, die wir in unserer Erfahrung feststellen, können wir nur von Wahrscheinlichkeiten sprechen:

Weil es mir einmal evident war, daß mir heiß wurde, als ich die Hand ans Feuer hielt, ist es für mich deshalb wahrscheinlich *(probabile est mihi)*, daß mir heiß würde, wenn ich sie jetzt ans Feuer hielte. (Ebd. S. 31, Nr. 25)

Das heißt: Es gibt – auch im Rahmen der *potentia ordinata*, d. h. auch für die konkret existierende Welt – keine Evidenz für einen notwendigen Zusammenhang von Feuer und Erwärmung, ich kann somit von einer Wirkung nicht auf eine Ursache schließen. Diese *Leugnung der Kausalität* ist nicht nur nicht-aristotelisch, sondern eindeutig anti-aristotelisch. Damit ist aber Nicolaus von Autrecourt noch nicht der »Hume des Mittelalters«, denn seine Begründung für diese Leugnung ist letztlich nicht erkenntnistheoretisch, sondern theologisch motiviert. Der allmächtige Gott ist durch nichts gehindert, meine Hand zu erwärmen, ohne daß ein Feuer in der Nähe ist – eine solche Annahme enthält keinen logischen Widerspruch. Wenn wir normalerweise annehmen, daß aus einem bestimmten A, z. B. Feuer, ein bestimmtes B, z. B. Erwärmung eines Gegenstandes in der Nähe, folgt, so sagen wir, daß das Gegenteil von B nicht zusammen mit A wahr sein kann. Nicolaus von Autrecourt kannte das Kriterium einer gültigen Folgerung: $a \rightarrow b \Leftrightarrow \mathbf{U}(a \wedge \neg b)$ (vgl. I.8 weiter unten in 3) ganz genau, für ihn gilt dies jedoch nicht für empirische Zusammenhänge:

Durch irgendeine Macht könnte es aber geschehen, daß das Gegenteil des Folgesatzes zusammen mit dem Vordersatz steht. Und wenn einer sagt, die Ableitung sei evident, und zwar mit der Beifügung, daß Gott kein Wunder bewirke, dann wird das zurückgewiesen [...]. (Ebd. S. 31, Nr. 26)

Die Stellung der Thesen des Nicolaus von Autrecourt im Zusammenhang der Geschichte der zweiten Hälfte des 13. und der ersten des 14. Jhd.s entbehrt nicht einer gewissen Ironie: Zunächst wandte sich die Kirche, um die Wunder zu verteidigen, gegen die Aristoteliker, die einen strengen notwendigen Naturzusammenhang annahmen und deshalb keine Wunder zulassen konnten. Jetzt hingegen nimmt jemand an, daß überall und jederzeit Wunder auftreten können, und schließt daraus, daß wir von keinem Kausalzusammenhang sprechen können. Aber auch das paßte den kirchlichen Behörden nicht: Am Wunderglauben wollte man zwar festhalten, daß man aber ganz allgemein dann, wenn man sich ein Glas Wein einschenkte, nicht sicher sein konnte, dort wirklich Wein und nicht Wasser vorzufinden, schien doch keine wünschenswerte Konsequenz. Das Problem ist allerdings ein prinzipielles und für die Kultur des Mittelalters nicht nebensächliches. Die Autoritäten der Kirche wollten, durchaus in Übereinstimmung mit vielen Gläubigen, am Wunderglauben festhalten, und dies bedeutete: Durch die Allmacht Gottes sollte es Ausnahmen vom Naturgesetz geben. Aber: Da man der göttlichen Allmacht keine Häufigkeitsvorschriften machen konnte, hob die Forderung des Wunderglaubens schließlich ihre eigene Voraussetzung, nämlich das Naturgesetz, auf – wenn man die Hände am Feuer wärmte, konnte man nicht mehr unterscheiden, ob dies ein natürlicher Vorgang oder ein sehr häufiges Wunder war. Dies ist eine der letzten Konsequenzen der Interventionen von 1277, und Nicolaus von Autrecourt zog diese Konsequenzen. Wunderglaube konsequent gedacht führt eben zum Skeptizismus, was den Anhängern des Wunderglaubens gewöhnlich nicht auffällt, da sie nicht konsequent denken können. Es ist vielleicht kein Zufall, daß genau zu derselben Zeit, als Nicolaus von Autrecourt seine skeptischen Argumente vorbrachte, die *Destructio destructionis* des Averroes ins Lateinische übersetzt wurde. In dieser Schrift kritisiert Averroes – ohne den Namen des Gegners zu nennen – die skeptischen Argumente al-Ghazalis (vgl. Kap. IX, h und i), dadurch wurden die Argumente selbst aber bekannt. Da diese Übersetzung aus dem Jahre 1328 stammt, dürfte | 459 diese Schrift keinen Einfluß auf Nicolaus von Autrecourt ausgeübt haben, ausgeschlossen ist dies aber nicht, denn setzt man die Schriften des Nicolaus erst nach 1330 an, wäre es möglich, daß er die *Destrucitio destructionis* gekannt haben könnte. Das Zusammentreffen zeigt jedenfalls, daß in diesen Jahrzehnten ein Interesse an solchen Argumenten vorhanden war.

1340 wurde ein Verfahren gegen Nicolaus von Autrecourt eröffnet, er erhielt Gelegenheit sich vor Papst Clemens VI. (1342–1352) zu verteidigen und wurde gezwungen eine Reihe von »Irrtümern« zu wiederrufen. Unter diesen Thesen lautete eine, daß es bei Aussagen über natürliche Dinge fast keine Sicherheit *(quasi nulla certitudo)* geben könne, und eine weitere, daß nicht aus der Evidenz einer Sache die einer anderen geschlossen werden könne (DS 1028 und 1029) – dies ist also die eben erwähnte Leugnung des Kausalitätsprinzips. 1347 wurden seine Schriften in Paris öffentlich verbrannt. Während also 1277 der radikale Aristotelismus verurteilt wurde, war fünfzig Jahre später die Verurteilung des Anti-Aristotelismus auf der Tagesordnung: Clemens VI. wandte sich 1346 in einem Schreiben an die Magistri der Pariser Universität, um daran zu erinnern, daß die aristotelischen Schriften eifrig zu studieren seien und warnte vor »neuen« Lehren! Wenn sich Nicolaus von Autrecourt gegen bestimmte aristotelische Lehren wandte, so ist damit natürlich keineswegs gesagt, daß Nicolaus von Autrecourt zu den früheren Positionen der Anti-Aristoteliker zurückkehrte. Er gehört vielmehr in die Linie jener, die den Aristotelismus so weit verfolgten, daß sie schließlich zu einer Kritik desselben geführt wurden. Dasselbe gilt für das Verhältnis von Nicolaus von Autrecourt zu Ockham. Nicolaus gehört in die Diskussionen um den Ockhamismus hinein, radikalisierte aber bestimmte Thesen desselben in einer Weise, daß er zum Kritiker ockhamscher Auffassungen wurde. Die Folgen der Verurteilungen hielten sich indes in Grenzen, denn schon 1350 wurde er zum Domdekan von Metz ernannt. Wie rasch die Entwicklungen sich damals abspielten, kann man daraus ersehen, daß eine Generation später Pierre d'Ailly (um 1350–1420) verschiedene Thesen des Nicolaus von Autrecourt öffentlich verteidigte und trotzdem 1389 Kanzler der Universität Paris und später sogar zum Kardinal ernannt wurde.

c) Die Merton-Schule

In der ersten Hälfte des 14. Jhd.s war es, wie eben schon gesehen, ohne weiteres möglich, zentrale Auffassungen des Aristoteles in Frage zu stellen, und die Kritik von grundlegenden Thesen der aristotelischen *Physik* bereitete dann im 14. Jhd. die moderne Naturwissenschaft vor. Die Orte, an denen diese Anfänge der modernen Physik erarbeitet wurden, waren die Universitäten von Oxford, was zu erwarten war, und von Paris, was nicht zu erwarten war. Die neue Richtung in Oxford ging von Richard Kilvington (um 1305–1352) aus, dessen *Sophismata* ausführliche Abhandlungen zu Problemen der Sprache der Naturphilosophie darstellen. Obwohl *Sophismata*-Traktate gewöhnlich auf Schul-Disputationen zurückgingen, handelt es sich bei dem Text Kilvingtons um einen, der von Anfang an nur als schriftliche Abhandlung konzipiert war. Es liegt hier also eine nicht-schulgebundene wissenschaftliche Abhandlung vor. Die jetzt entstehende »moderne« Wissenschaft beginnt, sich vom Schulraum zu lösen, sie wird für die Behandlung in der Schule auch zu schwierig. Obwohl in Kilvingtons *Sophismata* kaum Berechnungen verwendet werden, ist es doch auch bei ihm schon ersichtlich, daß die Sprache der Mathematik einen wichtigen Aspekt der Beschreibung physikalischer Vorgänge darstellte. Ein wichtiges Zentrum dieser Mathematisierung der Physik, besonders der Mechanik, war das Merton College in Oxford. Thomas Bradwardine (um 1290–1349) führte diese mathematische Seite der Physik ausdrücklich ein, berühmt ist vor allem sein *Tractatus de proportionibus velocitatum in motibus*. In dieser Schrift setzte Bradwardine sich auseinander mit der folgenden, von Aristoteles in der *Physik* aufgeworfenen Frage: »Ist jede Form von Veränderung *(kinesis)* mit jeder in ein Vergleichsverhältnis zu bringen oder nicht?« (VII, 4, 248a 10–11). Aristoteles meinte, daß nicht alle Bewegungen vergleichbar seien (Ebd. 248b 4–7). Dem stellte Bradwardine die These gegenüber, daß *alle Bewegungen miteinander vergleichbar* seien, da sie nach ihrer Geschwindigkeit gemessen werden können – die wiederum von der bewegenden Kraft und dem Widerstand abhängt – und alle Geschwindigkeiten vergleichbar seien. Wichtig war dabei der bei Bradwardine grundgelegte Gedanke, die Ruhe als den Grenzwert 0 der

Bewegung anzusehen, womit wiederum ein »überflüssiger« eigener Begriff, der der »Ruhe«, eliminiert war. Gleichzeitig wurde damit die Zahl 0 in ihrer Verwendung im Bereich mathematisch-naturwissenschaftlicher Theorien zu einer ganz »normalen« Zahl, der nicht ein sonderbares »Nichts« *(nihil, nullum)* entsprechen mußte, sondern die als Beschreibungselement auf einen physikalisch beobachtbaren Vorgang wie den der Ruhe angewandt werden konnte. Für die exakte Formulierung der bei den Mertonianern diskutierten naturphilosophischen Fragen war die bisherige Sprache der Logik unzureichend, worauf schon Kilvington aufmerksam gemacht hatte. Es fanden daher interessante Weiterentwicklungen statt wie z. B. die umfangreichen Analysen von »es beginnt« *(incipit)* und »es hört auf« *(desinit)*, von »Größtem« *(maximum)* und »Kleinstem« *(minimum)*. Bradwardine war als Logiker, Mathematiker, Physiker und Theologe berühmt und wurde 1348/1349 sogar zum Erzbischof von Canterbury ernannt. Er starb aber kurz darauf, möglicherweise an der Pest. Bradwardine war auch der Lehrer John Wyclifs (um 1330–1384), der für kurze Zeit am Merton College tätig war. So nebenbei: Wyclif war nicht Nominalist, sondern ein geradezu extremer Realist.

Besonders kennzeichnend für die Merton-Schule sind William Heytesbury (um 1312–1372/1373), dessen *Regulae solvendi sophismata* wichtig wurden, und Richard Swineshead (Mitte 14. Jhd.), dessen *Liber calculationum* der Anlaß war, dieser ganzen Bewegung die Bezeichnung *Calculatores* zu verleihen. Tatsächlich spielte der Gedanke der Mathematisierung der Physik und der Mechanik bei allen genannten Autoren eine wichtige Rolle, es muß dabei aber beachtet werden, daß sich diese Entwicklung innerhalb des ganz traditionellen spätmittelalterlichen Rahmens der sprachlogischen Fragestellungen der Naturphilosophie abspielte. Dies gilt auch für die Rolle, die die *Gedankenexperimente* bei Heytesbury spielen. So sagt er z. B., daß es »in der Vorstellung« *(secundum imaginationem)* möglich ist, sich eine immer noch größere Geschwindigkeit auszudenken *(gradum velocitatis infinitum)*, obwohl er dies als physikalisch nicht möglich ansieht. Der Grund für solche Gedankenexperimente lag in der Bestimmung dessen, was logisch möglich, d. h. nicht-widerspruchsvoll denkbar ist. Heytesbury führt solche Vorstellungen »der Disputation halber« *(gratia disputationis)* ein *(Regulae cum sophismatibus.* S. 161 vᵒb), daß hinter solchen Gedankenexperimenten auch der theologische Gedanke der Allmacht Gottes stand, nach dem Gott alles schaffen könnte, was keinen logischen Widerspruch enthält, ist anzunehmen, wurde aber im Zusammenhang solcher logischer Analysen der Sprache der Physik nicht thematisiert. Von einem wissenschaftsfördernden Einfluß der Verurteilungen von 1277 kann man daher hier nicht sprechen (vgl. Kap. XV, 3). Im *Liber calculationum* Swinesheads stehen ausschließlich Probleme der Naturphilosophie, und das heißt hier: der Physik zur Diskussion, aber auch bei diesem Werk gilt, daß es nicht eigentlich eine Schrift zur Physik oder zur Verwendung mathematischer Berechnungen in der Physik ist, sondern eine Analyse der Sprache der Mathematik in der Physik darstellt. Obwohl also das eigentliche

Interesse der Mertonianer der Logik und nicht der Entwicklung einer mathematisierten Physik galt, haben sie doch faktisch wichtige Anregungen auch für die konkrete weitere Entwicklung der Physik gegeben, so z. B. im Falle ihrer Formulierungen des Gesetzes zur Berechnung der gleichförmig beschleunigten Bewegung
eines Körpers. Für die Ausarbeitung einer empirisch und mathematisch orientierten Naturphilosophie und Naturwissenschaft waren die Pariser Philosophen jedoch wichtiger als die Mertonianer.

d) Pariser Naturphilosophen

Die Pariser Schule wurde von Johannes Buridanus (Jean Buridan; um 1295 –
um 1358) begründet, der sowohl Logiker als auch Physiker war. Eines der zentralen
Probleme der Naturphilosophie war die Erklärung der Bewegung. Ausgangspunkt
dieser Diskussion war die aristotelische Theorie von der »natürlichen« Bewegung:
Feuer hat die »natürliche« Tendenz, sich nach oben zu bewegen, und der »gewaltsamen« Bewegung: Ein nach oben geworfener Stein wird durch die ihn umgebende,
»gewaltsam« nach oben bewegte Luft nach oben getragen (Aristoteles: *Physik* VIII,
10, 266b 25 – 267a 12). Diese Theorie wurde schon von dem spätantiken Aristoteles-
Kommentator Johannes Philoponos (5./6. Jhd.) durch die *Impetus-Theorie* ersetzt, die
im 13. Jhd. von Petrus Olivi (um 1248–1298) übernommen wurde. Buridan griff diese
Theorie auf und verschaffte ihr den Durchbruch. Mit dieser Theorie wird gesagt, daß
dem bewegten Gegenstand ein *impetus* gegeben wird, der so lange wirkt, bis er durch
Gewicht und Luftwiderstand überwunden ist (Buridanus: *Quaestiones super octo phisicorum libros Aristotelis*). Dieser Impetus (modern: Impuls) wird quantitativ durch die
Geschwindigkeit und die Menge der Materie des bewegten Körpers bestimmt. Erst
diese Theorie ermöglichte eine durchgehend mechanische Auffassung von der Welt,
und Intelligenzen, die die Sterne bewegen, wurden überflüssig. Obwohl Ockham
selbst diese Theorie noch nicht vertreten hatte, lag sie doch auf der Linie eines seiner
methodologischen Grundprinzipien: Die Theorie, die mit den wenigsten postu-
lierten Kräften usw. auskommt, ist die beste. Auch war es nicht mehr erforderlich,
die Bewegung als eigene Wirklichkeit aufzufassen, es genügte, von »bewegten Kör-
pern« zu sprechen.

Der bedeutendste Physiker dieser Zeit war der in Paris tätige Nicolaus Oresme
(um 1322–1382), ein Schüler des Buridanus. Er übernahm die Impetus-Theorie seines Lehrers und lieferte mit seinen weiteren Arbeiten wichtige Beiträge zur Entwicklung der Mechanik. Für das schon bei den Mertonianern eingeführte Gesetz der
gleichförmig beschleunigten Bewegung erfand er eine geometrische Diagramm-Dar-
stellung. Er entwickelte dabei ein Koordinatensystem, in dem auf der einen Koor-
dinate die Entfernung, auf der anderen die Geschwindigkeit eingetragen wurde, so
daß sich für die Darstellung der veränderlichen Geschwindigkeit eine Gerade oder

eine Kurve ergab. Sein mechanistisches Weltbild kam dadurch zum Ausdruck, daß er, soweit bekannt als erster, den traditionellen Ausdruck der *machina mundi* (vgl. Kap. VIII, 1, c) durch das Bild der *Weltuhr* interpretierte.

Oresme vertrat den sehr modernen Standpunkt, daß wir im Bereich der Physik überhaupt nur von *Hypothesen* sprechen können. Hypothesen erklären Phänomene, dabei ist es aber durchaus möglich, daß zwei konkurrierende Hypothesen dieselben Phänomene erklären. Dies ist z.B der Fall bei der Hypothese, daß sich die Sonne um die Erde bewegt, und der konkurrierenden, daß sich die Erde um die Sonne bewegt. Beide Hypothesen erklären dieselben Phänomene, wie kann man zu einer Entscheidung kommen, welche von beiden wahr ist? Rationale Überlegung aufgrund von Wesensbegriffen kommt nicht mehr in Frage, auch die *Bibel* hat mit der Frage nichts zu tun, da sie nur unmittelbare Sinneseindrücke beschreibt und in ihr auch keine wissenschaftlichen Theorien aufgestellt werden. Wenn man also zwischen den beiden Theorien wählen muß, so bleibt nur die Möglichkeit, jene zu wählen, die einfacher ist, und das heißt: jene, die mit weniger Grundvoraussetzungen auskommt. Dieses ist wiederum eine Anwendung von Ockhams Ökonomieprinzip. Dieses Prinzip der Ökonomie ist aber kein Kriterium der Wahrheit, denn die Annahme, daß die einfachste Erklärung auch die wahre Erklärung sei, wäre nur – nach damaligen Voraussetzungen – begründet, wenn man auch die Schöpfungstätigkeit Gottes diesem | 463 Prinzip unterstellen würde. Diese letztere Voraussetzung wurde aber von Ockham selbst nicht gemacht, da sie mit der für ihn äußerst wichtigen Voraussetzung der Freiheit Gottes in Konflikt geraten müßte. Man konnte also zwar sagen, daß die einfachste Erklärung *für uns* die beste ist, dafür, daß sie auch die ist, die der Wahrheit am nächsten kommt, fehlte jedoch ein brauchbarer metaphysischer Hintergrund. Im konkreten Fall der Drehung von Erde oder Sonne war Oresme im übrigen der Meinung, daß die Theorie der Erdumdrehung die ökonomischere ist, arbeitete diese Theorie aber nicht weiter aus.

Die Anwendung der Mathematik blieb nicht auf die Physik beschränkt. Oresme war auch mit Fragen der *Ökonomie* beschäftigt, wobei geldtheoretische Fragen eine wichtige Rolle spielten. Nikolaus von Oresme erkannte auch, daß die Zeit, in der das Lateinische die einzige Sprache der Wissenschaft war, dem Ende zuging, und so verfaßte er in den späteren Jahren seiner Tätigkeit Aristoteles-Übersetzungen und Kommentare in französischer Sprache (*Économique, Politique, Éthique*), wobei er zahlreiche Begriffe im Französischen ganz neu bilden mußte.

Im 14. Jhd. verfügte man also über eine gute Logik zur Analyse wissenschaftlicher Theorien, über eine klare Unterscheidung zwischen empirischen und analytischen Sätzen, zwischen empirischen Sätzen und Sätzen empirischer Theorien, über formale Auswahlkriterien konkurrierender Theorien usw. Trotzdem kann man das 14. Jhd. eigentlich nicht als ein Zeitalter bezeichnen, in dem die Wissenschaft eine große Rolle gespielt hätte. Der Grund dafür liegt in den schon genannten äußeren Bedingungen. Der Zerfall äußerer Ordnungen, die Pest, die Angst vor einem drohenden Weltuntergang usw., all dies waren keine Voraussetzungen, die stimulierend auf eine rationale und empirische Erklärung der Welt wirkten. Außerdem gab es keine tragfähige Tradition empirischer Beobachtungspraxis, und der einzige Bereich, in dem eine gute Tradition empirischer Beobachtung und Verwertung solcher Erfahrung vorhanden war, war das Handwerk. Dort kam auch das veränderte Weltverständnis deutlicher und für die Menschen greifbarer zum Ausdruck als in der Wissenschaft. Als Beispiel sei die Entwicklung der *mechanischen Uhren* genannt. Erste Anfänge solcher Uhren finden sich in den Klöstern, da die Zeitmessung im ganzen Mittelalter sakral gewesen war. Die Glocken der Gebetszeiten der Mönche bestimmten den Zeitrhythmus auch der in der Nähe der Klöster oder Kathedralkirchen wohnenden Menschen. Diese Gebetszeiten stellten jedoch keine konstanten Zeiteinteilungen dar, da sie von der Jahreszeit abhängig waren, das Läuten zur Vesper z. B. war im Winter früher als im Sommer. In der zweiten Hälfte des 14. Jhd. führte die mechanische Uhr zur quantitativ neutralen und *profanen Zeitmessung*. Der Uhrenbau wurde aber nicht einfach nur zur Einteilung der Stunden des Tages unternommen, sondern stand oft im Rahmen einer viel weitgehenderen Ambition: Es sollte ein *mechanisches Weltmodell* erstellt werden. So finden wir zu dieser Zeit in Kirchen und vor allem an Rathäusern sehr komplizierte Uhren, die als mechanisches Planetenmodell aufgebaut sind. Die dafür erforderliche Technik war schon bei den Arabern bekannt gewesen. Um 1202 gab es eine solche Uhr an der Moschee in Damaskus und 1332 hatte Sultan Saladin eine solche als Geschenk an Kaiser Friedrich II. gesandt. Auch der Erbauer der berühmten, 1352 fertiggestellten astronomischen Uhr am Straßburger Münster hatte die entsprechende Technik vermutlich bei den Arabern erlernt. Einer der bekanntesten Paduaner Magistri dieser Periode, Giovanni Dondi (1318–1389), wurde berühmt durch das von ihm so genannte Astrarium, ein durch ein Uhrwerk angetriebenes Modell der Bewegung von Sonne, Mond und Planeten, das kurz nach 1364 fertiggestellt wurde. Diese Uhren besaßen einen großen Symbolwert: Der verbreitete Fatalismus und der Glaube an Vorherbestimmung fand hier sein mechanisches Gegenstück. Die Figuren, die in Fensterchen an Kirchtürmen und Rathäusern erschienen, bewegten sich, aber sie bewegten eben nicht sich selbst, sondern wurden von einem für den Zuschauer unsichtbaren Mechanismus bewegt. In diesem Denkrahmen hatte auch die *Astrologie* ihren Ort. Zu den Anhängern der Astrologie zählten aber keinesfalls nur Ungebildete, und die Astrologie war auch kein Konkurrenzunternehmen zur Wissenschaft, sondern gehörte in irgendeiner Form zur Wissenschaft dazu. Suchte man z. B. eine Ursachenerklärung für das eindrucksvollste und bedrohlichste Phänomen des Jahrhunderts, die Pest, so konnten religiöse Fanatiker wie die Geißler diese in den Sünden, ihren eigenen oder vor allem in jenen der Kleriker finden. »Aufgeklärte«, »wissenschaftlich« denkende Menschen suchten sie anderswo, und so wurde 1348 die medizinische Fakultät von Paris auf Anordnung König Philipps VI. aufgefordert, die verborgenen Ursachen der Pest zu erforschen. Die medizinische (!) Fakultät kam nun zu dem Ergebnis, daß die letzte

Ursache in der Konjunktion der Planeten Mars, Jupiter und Saturn im Zeichen des Wassermanns am 24. März 1345 lag, wobei diese »wissenschaftliche« Erklärung sich sogar auf antike Texte berufen konnte, die für das Zusammentreffen von Saturn und Jupiter »Völkersterben und leere Königreiche« vorausgesagt hatten. Unter solchen Bedingungen »wissenschaftlicher Erklärung« hatte ein mechanisches Himmelsmodell eine ungeheure praktische Bedeutung. Nikolaus von Oresme wandte sich aufgrund seiner wissenschaftlichen Haltung in eigens diesem Thema gewidmeten Schriften gegen die Astrologie, konnte jedoch nicht verhindern, daß weiterhin auch durchaus Gebildete astrologischen Vorstellungen anhingen. Wissenschaftliche Forschung im Rahmen einer mechanistischen Weltauffassung und Astrologie bestanden nebeneinander und sind – wenn auch in anderer Form – durchaus gleichzeitige Erscheinungen geblieben.

Nichtsdestoweniger muß anerkannt werden, daß die Naturwissenschaft, vor allem die Physik, die in Oxford und Paris im 14. Jhd. entwickelt wurde, eine große Bedeutung für den weiteren Gang der Wissenschaft gehabt hat. Die Frage der »Vorläufer Galileis« ist im einzelnen umstritten und die Rolle, die den Naturphilosophen des 14. Jhd.s dabei eingeräumt wird, wird heute etwas vorsichtiger beurteilt als noch vor etwa fünfzig Jahren. Historisch ist aber sicher, daß am späteren Studienort Galileis in Padua seit etwa 1350 die Oxforder und Pariser Schriften zur Logik und | 465 zur Physik bekannt waren und sich dort ein wichtiges Zentrum naturwissenschaftlicher, vor allem medizinischer Studien herausgebildet hatte (vgl. 3. Teil, Kap. I, 5).

3. Logischer Formalismus

Das 14. Jhd. war eine große Zeit der Logik. Dies können wir uns schon an dem Umfang der Schriften verdeutlichen: Die *Summa logicae* Ockhams umfaßt in der modernen Ausgabe 850 Seiten im Großformat. Außerdem verfaßte Ockham Kommentare zu den *Kategorien* und zu *Peri Hermeneias* des Aristoteles, nochmals 500 Seiten, sowie einen Kommentar zu den *Sophistischen Widerlegungen*, was weitere 300 Seiten hinzufügt, das ergibt insgesamt 1600 Seiten zur Logik. Mit diesem Umfang der Werke zur Logik hält sich Ockham indes durchaus im Rahmen der damals üblichen Traktate. Die Probleme waren sehr kompliziert geworden, so daß der normale Rahmen der Disputationen in den Schulen vor allem in Oxford nicht mehr ausreichte. Aber auch in Paris überschritten die aufgetretenen Fragen das, was im normalen Schulbetrieb behandelt werden konnte. Buridan verfaßte Traktate in ähnlichem Umfang wie Ockham, und diese Reihe läßt sich fortsetzen bis ins folgende Jahrhundert, wo Paulus Venetus (um 1369–1429) mit seiner *Logica magna* eine letzte große Zusammenfassung all dieser logischen Forschung lieferte: Die Britische Akademie der Wissenschaften ist mit der kritischen Edition dieses Werkes bei inzwischen sieben – allerdings zweisprachigen – Bänden angelangt, und hat dabei von den 38 Traktaten, die diese Logik umfaßt, noch nicht einmal die Hälfte bearbeitet.

Was die Magistri zur Herstellung dieser gewaltigen Traktate antrieb, ist bis heute nur zum Teil erklärt. Sicher gibt es eine innere Dynamik einzelner Disziplinen, die Entwicklungen hervorruft, die weit über den Rahmen irgendeiner Anwendung hinausgehen. Diese Tendenz war im Bereich der Logik schon seit dem 12. Jhd. zu beobachten (vgl. Kap. VIII, 2). Ursprünglich hatte die Logik im Mittelalter primär die korrekte Analyse der natürlichen Sprache zum Ziel, diente also der Auslegung von Texten. Dieser Anwendungsbereich kann die Entwicklung der Logik jedoch nur teilweise erklären. Es gibt im 14. Jhd. unter mehreren anderen neuen Traktaten auch jene *Über die Verpflichtungen (De obligationibus)*, die sich u. a. mit der schwierigen Frage selbstreferentieller Sätze befassen – diese sind auch in unserer Gegenwart für das Studium logischer Paradoxien durchaus interessant –, für diese *obligationes* konnte jedoch bis heute kein Fall einer Anwendung in einem der Traktate der Philosophie, der Theologie oder der Naturwissenschaft gefunden werden. Es ging hier also um reine Erforschung der Möglichkeiten und Grenzen der Sprache und der mit ihr möglichen Argumentationen. Im 20. Jhd. haben wir eine ähnliche Entwicklung der Logik erlebt, die dazu führte, daß Forscher sich ihr ganzes Leben lang nur mit der Logik beschäftigt haben, ohne sich irgendwann die Frage einer möglichen Anwendung dieser Forschungen zu stellen. Im 14. Jhd. war dies bei den bedeutendsten Logikern in so extremer Form nicht gegeben. Ockham verfaßte außer seinen Schriften zur Logik auch einen großen Kommentar zu den *Sentenzen* des Petrus Lombardus, einen Kommentar zur *Physik* des Aristoteles und politische Schriften, auf die noch zurückzukommen sein wird. Der Umfang und die Subtilität der logischen Arbeiten Ockhams und der vielen anderen Logiker dieser Periode bleibt jedoch ein auffallendes Faktum. Vielleicht sollte man auch daran denken, daß das 14. Jhd., wie schon erwähnt, eine Zeit ständiger Kriege (England-Frankreich, gescheiterter Kreuzzug usw.), religiöser Krisen, gesellschaftlicher und politischer Wirren und Naturkatastrophen war. Während Pesttote weggetragen wurden und auf der Straße Geißler sich den nackten Rücken blutig schlugen, war möglicherweise die Logik, wo in überprüfbarer Weise von »wahr« und »falsch«, von »gültig« und »ungültig« gesprochen werden konnte, so etwas wie die einzige Zuflucht für Philosophen, um weiterhin behaupten zu können, der Mensch sei entgegen all dem, was man beobachten konnte, doch ein »vernünftiges Lebewesen« *(animal rationale)*.

Soweit man sehen kann, überstieg der Umfang dieser Werke nicht nur das Zeitpensum, das für den Unterricht der Logik in den Universitäten zur Verfügung stand, sondern ging auch weit über das hinaus, was normale Studenten verarbeiten konnten. Über das, was im normalen Schulbetrieb verlangt wurde, sind wir über Studien- und Prüfungsordnungen recht gut unterrichtet. Es ist daher nicht verwunderlich, daß neben den umfangreichen Logik-Traktaten kleine Schultraktate verfaßt wurden, die sich für den Unterricht gut eigneten, da sie einfach Regeln mit Beispielen enthielten,

466 |

was sich für das weiterhin auf Hören und Auswendiglernen basierende Studium gut eignete. Es gab sogar Erfolgsautoren solcher Schulbücher, wie die Verbreitung der Handschriften zeigt. Einer dieser Autoren war Richard Billingham, ein weiterer Thomas Manlevelt. Die Zuschreibung von Texten mit Bezug auf einzelne Magistri ist allerdings nur relativ gültig, da sie jeweils aus verschiedenen Traktaten Kompilationen herstellten, so daß sich die Texte oft fast wörtlich überschneiden. Auch wurden solche Traktate häufig von einem Magister, der damit arbeitete, ergänzt oder mit kleinen Erklärungen und anderen Beispielen versehen, so daß die Grenzen, wann ein Text noch einem und wann schon einem anderen Autor zuzuschreiben ist, fließend sind. Und auch wenn eine Zuordnung eindeutig ist, nützt sie oft nicht viel, da wir über den Autor häufig keinerlei sonstige Angaben auffinden können.

Unter den neuen Traktaten, die sich zu Beginn des 14. Jhd.s herausbildeten, war einer der wichtigsten der über die Folgerungen *(De consequentiis)*. In diesen Traktaten werden Regeln, die u. a. aus der Topik und aus den Sophismata stammen, unter bestimmten Gesichtspunkten zusammengestellt. Der früheste Traktat dieser Art stammt aus den Jahren um 1300 und wurde von Walter Burleigh (um 1275–1344/ 1345) zusammengestellt, der später die umfangreiche Schrift *Über die Reinheit der Kunst der Logik (De puritate artis logicae)* in einer längeren und einer kürzeren Version verfaßte, mit der sich auch Ockham auseinandersetzte. Es gibt auch wieder ein kleines Schulbuch eines anonymen Autors, das auf den Folgerungstraktaten Ockhams und Burleighs und anderer Autoren beruhte *(Liber consequentiarum)*, außerdem gab es *Contraconsequentiae*, also Traktate, die sich mit bestimmten Fragen der Folgerungslehre eines bestimmten Autors auseinandersetzten, und dies sind nur ganz wenige Beispiel eines Teilgebiets der Logik. Im ganzen fand also ein reger Austausch in Lehre und Forschung statt, und oft waren daran junge und später nicht bekannt gewordene Magistri beteiligt, was auch einer der Gründe dafür ist, daß sehr viele dieser Traktate bis heute nicht ediert sind.

Da in der bisherigen Darstellung der Geschichte der Philosophie sowohl in der Philosophie der Antike (vgl. 1. Teil, Kap. VIII, 3) wie auch in der des Mittelalters (vgl. 2. Teil, Kap. VII, 3, 2, b) der Frage der *logischen Folgerung* besondere Aufmerksamkeit gewidmet wurde, soll diese Lehre wie sie in zahlreichen englischen Traktaten *De consequentiis* behandelt wird in ihrer einfachsten Form hier kurz dargestellt werden. Nehmen wir einige den meisten Autoren bekannte Regeln aus einem kleinen Schulbuch des Wilhelm von Osma, eines im übrigen völlig unbekannten Magisters. In diesem wie in beinahe allen Traktaten zu diesem Thema wird nicht genau zwischen Konditionalsätzen, die durch »wenn« *(si)* gekennzeichnet sind, und Folgerungen, die durch »folglich« *(ergo)* gekennzeichnet sind, unterschieden. Die Unterscheidung von logischen Gesetzen und logischen Regeln war zwar im Prinzip bekannt, wurde aber faktisch kaum zur Anwendung gebracht. Der Einfachheit halber wird in den folgenden Formalisierungen die Form von Gesetzen verwendet, obwohl dem Wortlaut der Texte nach eher an Regeln gedacht ist. Für jede Folgerung gilt allgemein:

| 467

I.8 Falls eine Folgerung vorliegt und – gesetzt den Fall, dies sei möglich – das Antezedens wahr und das Konsequens falsch sein kann, dann ist die Folgerung nicht gültig. (Wilhelm von Osma: *Über die Folgerungen*. S. 5)

Es ist also ein Kriterium oder eine notwendige Bedingung einer gültigen Folgerung, daß es nicht der Fall sein darf, daß das Antezedens wahr, das Konsequens aber falsch ist, d. h.:

$$p \to q \Leftrightarrow \mathbf{U}(\mathbf{W}p, \mathbf{F}q) \text{ oder: } \mathbf{U}(p \land \neg q).$$

Diese Regel zeigt, daß die mittelalterliche Folgerungslehre von Bedingungen ausging, die der heutigen strikten Implikation entsprechen. Es wird dann eine grundlegende Unterscheidung zwischen *formalen* und *materialen Folgerungen* getroffen, wobei bei der formalen Folgerung ein innerer Zusammenhang zwischen Antezedens und Konsequens besteht:

I.1 Jede beliebige Folgerung ist gültig und formal, in der das Konsequens formal im Antezedens begriffen wird *(consequens intelligitur formaliter in antecedente)*. (Ebd. S. 3)

Durch die Bestimmung, daß bei der formalen Folgerung das Konsequens formal im Antezedens begriffen werden muß, zeigt sich, daß für die formale Folgerung die Regel [I.8] nur eine *notwendige*, nicht aber eine *hinreichende* Bedingung der Gültigkeit darstellt. Ähnliche Formulierungen finden sich bei zahlreichen anderen Logikern, so z. B. bei Ockham, Burleigh, Manlevelt und Billingham. Es liegt also bei der formalen Folgerung nicht eine rein durch Wahrheitswerte definierte Implikation vor. Eine hinreichende Bedingung liegt nur dann vor, wenn das Konsequens »formal« im Antezedens begriffen wird *(consequens intelligitur formaliter in antecedente)*. Was aber ist gemeint, wenn gefordert wird, daß das Konsequens »formal« im Antezedens begriffen wird? Dies wird im Traktat Wilhelms von Osma zwar nicht ausdrücklich expliziert, läßt sich aber aus den weiteren Regeln ersehen: Damit sind inhaltliche, aber doch formale Beziehungen zwischen Antezedens und Konsequens gemeint, wie sie vor allem durch die Regeln der Topik und der Syllogistik geliefert werden. Obwohl Abaelards Schriften schon im 13. Jhd. nicht mehr gelesen wurden, liegt hier wieder jener Zusammenhang vor, der uns schon bei diesem begegnet ist (vgl. Kap. VII, 3, b). Dies wird aus einem von Wilhelm von Osma angeführten Beispiel für das *intelligitur in* deutlich: Aus der Aussage »Ein Mensch läuft« folgt die Aussage »Ein Lebewesen läuft« (*Über die Folgerungen* I.1. S. 3). Man könnte hier zwar auch die syllogistische Prämisse »Alle Menschen sind Lebewesen« ergänzen, es ist aber doch zunächst an eine topische Regel zur Erklärung gedacht. Die Herkunft und der Hintergrund der Gültigkeit des Beispiels ist ganz deutlich. In einem bekannten und weitverbreiteten Handbuch der Logik des 13. Jhd.s von William von Sherwood ist zu lesen:

»Ein Mensch läuft, also läuft ein Lebewesen.« Es liegt ein Ort aus der Art *(locus a specie)* vor. Maxime: Was auch immer von einer Art ausgesagt wird, das wird von der Gattung ausgesagt. (William of Sherwood: *Einführung in die Logik.* Hamburg 1995. S. 91)

Also: Die Folgerung von einer Aussage mit dem partikulären Subjekt-Artbegriff »Mensch« zu einer Aussage mit dem partikulären Subjekt-Gattungsbegriff »Lebewesen« ist gültig, und die Beziehung von Art zu Gattung gibt tatsächlich die Möglichkeit, die eine Aussage in der anderen »formal« zu begreifen. Dies ist selbstverständlich nur ein Beispiel dafür, in welcher Weise inhaltlich, aber formal aus einem Antezedens ein Konsequens folgt. Die Regel, die bei Wilhelm von Sherwood angeführt wird, stammt ihrerseits aus der *Topik* des Boethius. Dieses Beispiel und die herangezogene Regel zeigt auch gut, in welcher Weise die Logiker des 14. Jhd.s logische Zusammenhänge aus Traditionen, die bis in die späte Antike reichen, in neue Zusammenhänge hineinstellten. Daß dabei die Kohärenz der neuen Zusammenhänge manchmal nicht gewährleistet war, ist verständlich.

Die zweite Art der Folgerung, also die *materiale* Folgerung, bezieht sich auf Folgerungen, die Abaelard nicht zulassen wollte, die aber schon im 12. Jhd. durchaus bekannt und von anderen Logikern als gültig anerkannt wurden (vgl. z. B. Alexander Neckham in Kap. VII, 3, b): | 469

I.17 Notwendiges folgt auf Beliebiges. (Wilhelm von Osma: *Über die Folgerungen.* S. 9)

I.18 Aus Unmöglichem folgt Beliebiges. (Ebd.)

p	q	$p \rightarrow q$
w	w	w
w	f	f
f	w	w
f	f	w

Damit haben wir – allerdings im Rahmen von Modalitäten formuliert – die gesamte Tafel der Wahrheitswerte vor uns. [I.8] liefert die zweite Zeile, [I.18] die dritte und die vierte Zeile, und [I.17] die erste und dritte Zeile. Es bleibt aber bestehen, daß dieses Schema der Tafel der Wahrheitswerte nicht den Rahmen der mittelalterlichen Folgerungslehre liefert: Nur für die materiale Folgerung sind die *Wahrheitswerte* notwendige und hinreichende Bedingung der Gültigkeit, während für die formale Folgerung diese nur die *notwendige*, nicht aber die *hinreichende* Bedingung darstellen; letztere wird, wie gesagt, durch eine Begriffsbeziehung zwischen Antezedens und Konsequens hergestellt. Dieser Sachverhalt macht deutlich, daß die mittelalterlichen Logiker von einem Verständnis ausgegangen sind, das durch unsere moderne Systematik der Aussagen- und Prädikatenlogik nicht adäquat erfaßt werden kann. Die mittelalterlichen Logiker haben das, was hier als materiale Folgerung – also [I.17] und [I.18] – verstanden wurde (die französischen und die von Buridanus abhängigen Logiker zählen noch andere Fälle zur materialen Folgerung) immer mit einer gewissen Skepsis betrachtet. Ockham sagt, diese Folgerungen seien »wenig gebraucht« (*Logica* III-3, c. 38. S. 731), und es gab auch im 14. Jhd. einzelne Logiker, die die Gültigkeit dieser Folgerungen grundsätzlich bestritten. Der Grund für diese Zurückhaltung ist ziemlich klar: Die Logik sollte relevanten Disputationen dienen, stellt aber jemand z. B. ein unmögliches Antezedens auf und folgert daraus einmal eine Aussage und dann deren Gegenteil, so verwendet er zwar eine logisch zulässige Regel, hat aber kein Argument vorgebracht, das irgendeine sachliche Relevanz haben kann.

In den Folgerungstraktaten gibt es dann eine große Anzahl von weiteren Regeln, von denen nur einige aufgeführt seien.

I.2 In jeder gültigen und formalen Folgerung folgt aus dem kontradiktorischen Gegenteil des Konsequens das kontradiktorische Gegenteil des Antezedens. (Wilhelm

von Osma: *Über die Folgerungen.* S. 3)

$$p \to q \Leftrightarrow \neg q \to \neg p$$

Daß es sich hier um eine Äquivalenz handelt, wird bei verschiedenen Autoren ausdrücklich festgestellt, die Regel wird jedoch auch als Kriterium einer gültigen Folgerung aufgefaßt.

Bei den folgenden Regeln handelt es sich um solche, bei denen im Prinzip der Inhalt der Aussagen keinerlei Rolle spielt, die also formal im ganz modernen Sinn der Aussagenlogik sind. Nach dem Verständnis des Wilhelm von Osma, der hier mit Ockham, Burleigh und vielen anderen übereinstimmt, muß jedoch dann, wenn wie in der folgenden Regel eine weitere Folgerung, also z. B. $q \to r$, gebildet wird, auch diese wiederum eine formale Folgerung im oben genannten Sinn sein.

I.4 Was immer auf das Konsequens folgt, folgt auf das Antezedens. (Ebd.)

$$(p \to q) \to [(q \to r) \to (p \to r)]$$

Und ganz entsprechend:

I.5 Was immer dem Antezedens vorangeht, geht auch dem Konsequens voran. (Ebd.)

$$(p \to q) \to [(r \to p) \to (r \to q)]$$

Den mittelalterlichen Logikern war natürlich klar, daß bei [I.4] und [I.5] das Umgekehrte nicht gilt, was häufig auch ganz ausdrücklich hinzugefügt wird.

Nach diesen Beispielen von Regeln zur Implikation nun einige zur *Konjunktion*, die bei den mittelalterlichen Logikern als »kopulative Aussage« bezeichnet wurde. Zunächst die Wahrheitsbedingungen:

IV.1 Falls eines der Hauptglieder der kopulativen Aussage falsch ist, dann ist die ganze kopulative Aussage falsch; wenn jedes von beiden wahr ist, dann ist die ganze kopulative Aussage wahr. (Ebd. S. 27)

p	q	$p \wedge q$
w	w	w
w	f	f
f	w	f
f	f	f

Dies ist genau die Definition der Konjunktion entsprechend unseren modernen Wahrheitswerten, die von den Autoren herangezogenen Beispiele zeigen aber, daß sie auch bei der Konjunktion nicht einfach beliebige, völlig unzusammenhängende und andersgeartete Aussagen aneinanderreihen wollten: Es finden sich also Beispiele wie »Sokrates läuft und Platon disputiert«, nicht aber solche wie »Sokrates läuft und die Winkelsumme eines Dreiecks ist gleich der Summe von zwei rechten Winkeln«. Diese Frage wird bei den mittelalterlichen Logikern nicht thematisiert, es kann jedoch die Vermutung geäußert werden, daß sie bei der Konjunktion wie bei der Disjunktion immer an Aussagen dachten, die ein und demselben kategorialen Bereich angehören, daß sie also auch bei diesen Operatoren eine »striktere« Interpretation zugrundelegten als die in der modernen Aussagenlogik angewandte. Nun einige Regeln der Konjunktion:

IV.2 Von einer ganzen kopulativen Aussage zu jedem ihrer Glieder ist eine gültige Folgerung. (Ebd.)

$$(p \wedge q) \to p \text{ und: } (p \wedge q) \to q$$

Ausdrücklich wird gesagt, daß das Umgekehrte nicht gilt:

IV.4 Von einem Glied der kopulativen Aussage zur ganzen kopulativen Aussage ist die Folgerung nicht gültig. (Ebd. S. 29)

Bei der *Disjunktion*, also dem »oder«, waren sich die mittelalterlichen Autoren nicht ganz sicher, ob sie ein exklusives oder ein inklusives »oder« verwenden sollten. Verschiedene Autoren scheinen folgende Strategie zu verfolgen: »Normalerweise« wird mit einem exklusiven »oder« gearbeitet, man läßt sich aber für besondere Fälle auch die Option eines inklusiven »oder« offen. Dies bedeutet für diese Logiker, daß eine Festlegung wie im Fall der Konjunktion vermieden werden muß. Wilhelm von Osma nimmt daher zu der Frage der Wahrheitsbedingungen der Disjunktion einfach keine Stellung, d. h., er führt bei der Disjunktion keine zur Konjunktions-Regel [IV.1] entsprechende Regel an, er beschränkt sich also auf »sichere« Regeln, bei denen diese Frage keine Rolle spielt.

V.2 Von einem Glied der disjunktiven Aussage zur ganzen disjunktiven Aussage ist eine gültige Folgerung. (Ebd. S. 31)

$$p \rightarrow (p \lor q) \text{ und: } q \rightarrow (p \lor q)$$

V.3 Von einer ganzen disjunktiven Aussage mit dem Gegenteil des einen Gliedes zum anderen ihrer Glieder ist eine gültige Folgerung. (Ebd.)

$$[(p \lor q) \land \neg p] \rightarrow q \text{ und: } [(p \lor q) \land \neg q] \rightarrow p$$

Interessanterweise fehlt eine Regel, die sagen würde, ob auch $(p \lor q) \land p] \rightarrow \neg q$ gilt. Unter Voraussetzung einer exklusiven Disjunktion gilt dies nämlich, unter Voraussetzung einer inklusiven Disjunktion hingegen nicht – unser Autor nimmt dazu schlicht keine Stellung. Auch die beiden sogenannten De Morganschen Regeln, die allerdings nur unter der Voraussetzung eines inklusiven »oder« allgemein gültig sind, waren den mittelalterlichen Autoren bestens bekannt (woher sie diese vermutlich nicht von ihnen erfundenen Regeln bezogen haben, ist allerdings nicht klar):

IV.5 Das kontradiktorische Gegenteil einer kopulativen Aussage ist eine disjunktive Aussage, die aus dem jeweiligen Gegenteil der Glieder jener kopulativen Aussage besteht. (Ebd. S. 29)

$$\neg(p \land q) \Leftrightarrow \neg p \lor \neg q$$

V.4 Das kontradiktorische Gegenteil einer disjunktiven Aussage ist eine kopulative Aussage, die aus dem jeweiligen kontradiktorischen Gegenteil der Glieder jener disjunktiven Aussage besteht. (Ebd. S. 31)

$$\neg(p \lor q) \Leftrightarrow \neg p \land \neg q$$

Die Logiker dieser Zeit sahen auch, daß es in der Umgangssprache Ausdrücke gibt, die wie selbständige logische Operatoren wirken, die aber durch Zerlegung der Aussagen auf andere zurückgeführt werden können. Darin kommt die Absicht zum Ausdruck, die Zahl der logischen Operatoren gering zu halten, oder anders ausgedrückt: Können wir die formalen Grundbausteine der Sprache auffinden? Die Frage, wie viele logische Operatoren aber eigentlich erforderlich sind, um eine vollständige Logik einer wissenschaftlichen Beschreibungssprache, zu erstellen, wurde jedoch nicht ausdrücklich gestellt. Die Reduktionen, die vorgenommen wurden, sind nichtsdestoweniger interessant und zeigen, daß hier mit viel Scharfsinn ans Werk gegangen wurde. Als Beispiele sei die Analyse von Aussagen mit »außer« genommen. Für »außer«, »ausgenommen« und »wenn nicht« wird folgende Regel aufgestellt ($\overline{B}$ = *nicht-B*).

III.1 Eine beliebige Aussage, in der einer dieser Ausdrücke auf Seiten des Subjekts gesetzt wird, muß durch zwei Exponenten exponiert werden; z. B. wird die Aussage *Jeder Mensch außer Sokrates läuft* so exponiert: *Jeder von Sokrates verschiedene Mensch läuft, und Sokrates läuft nicht.* (Ebd. S. 21)

$$\textit{Jedes A außer B ist C} =_{\text{def}} (A\overline{B} \text{ a } C) \wedge (B \text{ e/o } C)$$

Mit Exposition ist die Analyse einer Aussage gemeint, die zunächst wie eine einfache kategorische Aussage aussieht, die aber in Wirklichkeit mehrer Aussagen (Exponenten) enthält. Der Nutzen einer solchen Analyse liegt darin, daß sich dabei zwar mehr Aussagen als vorher ergeben, die Anzahl der logischen Operatoren dabei aber vermindert wird; in unserem Beispiel: das »außer« verschwindet. – Die Aussage »Sokrates läuft nicht« wird mit »e/o« wiedergegeben, da die mittelalterlichen Logiker sich bei der Quantifizierung singulärer Aussagen nicht sicher waren und sie solche Aussagen manchmal als partikuläre und dann wieder, allerdings seltener, als universelle Aussagen aufgefaßt haben.

| 473

Die hier als Beispiele aufgeführten Regeln stellen nur einen sehr kleinen Ausschnitt aus dem dar, was im 14. Jhd. in den umfangreichen Traktaten wie in den kleinen Handbüchern für die Schulen behandelt wurde. Neben der Logik gab es noch die mit dieser vielfach verknüpfte *Spekulative Grammatik*, also einer Form logischer Linguistik, die in unserer Gegenwart bei Sprachforschern auf großes Interesse stößt, da hier Fragestellungen vorliegen, die sich in manchem mit dem berühren, was Linguisten wie Noam Chomsky behandeln. Auch für diesen Bereich gilt das, was schon zur Logik des 14. Jhd.s gesagt wurde: Zahlreiche Traktate sind noch nicht publiziert, und wir können daher die Entwicklungen bisher nur in großen Zügen überblicken, es muß hier noch sehr viel Detailarbeit geleistet werden, die vermutlich noch sehr viel Interessantes zu Tage fördern wird. Es sei hier nochmals wiederholt, daß sowohl die Logik als auch die rationale oder spekulative Grammatik des 14. Jhd.s ein Gebiet darstellt, das auch für die moderne Forschung – selbst in so entfernt scheinenden Gebieten wie der künstlichen Intelligenz – wichtige Impulse liefern könnte. Was diese Logiker interessierte, war einfach die Frage, wie die »natürliche« Sprache und der »natürliche« Verstand funktioniert und wie man dieses Funktionieren in formal überprüfbare »Systeme« bringen könnte.

Die Logik aus Oxford und Paris fand rasch in ganz Europa Verbreitung. Buridans Logik wurde durch seinen Schüler Albert von Sachsen (um 1316–1390) in die 1365 gegründete Universität von Wien gebracht, deren erster Rektor er wurde. Ebenso aus der Schule von Paris hervorgegangen ist Marsilius von Inghen (um 1340–1396), der

der erste Rektor der Universität Heidelberg wurde. Beide haben auch wiederum einflußreiche Lehrbücher der Logik verfaßt. Die neugegründeten Universitäten im deutschsprachigen Bereich, also Prag, Wien, Erfurt und Heidelberg, standen alle im Zeichen des Einflusses der Pariser und Oxforder Logik und Naturphilosophie, wobei Paris die größere Bedeutung hatte.

4. Das Nominalistenstatut

Die öffentliche Auseinandersetzung um die Philosophie Ockhams setzte schon zu seinen Lebzeiten ein. Ockham selbst, inzwischen in München und mit Schriften zur Politik befaßt, nahm an dieser Auseinandersetzung nicht teil. Ob er davon überhaupt Kenntnis erhielt, wissen wir nicht, daß er aber davon gar nichts erfahren hat, ist eher unwahrscheinlich. Im Jahre 1339 erließ die Universität Paris ein Dekret, in dem es hieß, die Lehre Ockhams dürfe nicht in den offiziellen Lehrplan aufgenommen werden, da es noch nicht feststehe, daß sie nicht Irrtümer enthalte. Wie üblich wurden Strafen gegen jene angedroht, die sich nicht an diese Bestimmungen halten würden, und wie gewöhnlich wurden diese Bestimmungen von den meisten nicht beachtet. Johannes Buridanus ist der bekannteste jener, die diese Verordnungen offen mißachteten, und die Autoritäten der Universität sahen sich daher veranlaßt, erneut einzuschreiten. Am 29. Dezember 1340 wurde ein neues Dekret veröffentlicht, das als Nominalistenstatut bekannt geworden ist. In diesem Statut wird allerdings in den die Lehre betreffenden Punkten Ockham gar nicht genannt, nur am Ende dieses Statuts wird nochmals auf die Verordnungen des Dekrets von 1339 hingewiesen. Da Ockham im Dekret von 1340 nicht ausdrücklich genannt wird, hat es in der Forschung eine lange Diskussion darüber gegeben, ob mit diesen Verurteilungen Ockham eigentlich gemeint sei. Die Frage ist tatsächlich nicht einfach zu beantworten, da nicht alle verurteilten Thesen sich dem Wortlaut nach bei Ockham finden. Der Sache nach sollte jedoch der Nominalismus getroffen werden, wie er tatsächlich auf Ockham zurückgeht. Die Verurteilungen sind auch deshalb nicht leicht zu beurteilen, weil sie zwar dem Schutz der theologischen Interpretation der Heiligen Schrift gelten, aber doch eindeutige philosophische Implikationen enthalten. Die im Statut vorausgesetzte Position ist, daß es bei allen wissenschaftlichen Aussagen eine erkennbare zugrundeliegende Sache gebe, die die Grundlage wissenschaftlicher Aussagen abgibt. Es ging also im Prinzip wieder um jene Frage, die schon die »Diskussion« zwischen Lutterell und Ockham beherrscht hatte: Liefert uns die Sprache einen Zugang zur Wirklichkeit, wie es die Vertreter der Tradition wollten, oder bewegen wir uns »nur« im Bereich unserer Zeichen mit denen wir uns über die Wirklichkeit verständigen? Diese Gegenüberstellung wird sehr deutlich ausgesprochen:

Desgleichen soll niemand behaupten, es gäbe kein Wissen von den Dingen *(de rebus)*, sondern immer nur von den Zeichen *(signa)*, d. h. von den Begriffen und Ausdrücken *(termini vel orationes)*, denn in den Wissenschaften benutzen wir die Begriffe für die Dinge *(in scientiis utimur terminis pro rebus)*, die wir nicht zu unseren Disputationen tragen können. Unser Wissen ist daher ein Wissen von den Dingen, wenn auch auf dem Weg über die Begriffe oder Ausdrücke. (Übers. in Paqué 1970. S. 11 und S. 13)

Es geht bei diesen Verurteilungen also primär und sehr deutlich um die Bestimmung des Verhältnisses von *Sprache* und *Wirklichkeit* sowie um den Gegenstand wissenschaftlicher Aussagen. Die Zielrichtung des Statuts ist, festzuhalten, daß es bei wissenschaftlichen Aussagen letztlich um die Erkenntnis der Dinge und nicht um die Analyse von sprachlichen Aussagen geht, und damit soll der Nominalismus getroffen und implizit ein erkenntnistheoretischer Realismus festgeschrieben werden. Die Opportunität des Statuts läßt allerdings einige Fragen offen, und auch akademisch war die Frage Nominalismus-Realismus noch durchaus offen. Daß die Zeit des Realismus historisch abgelaufen war, wurde weiter oben im 1. Abschnitt dieses Kapitels erläutert, dies gilt aber eben nur aus unserer historischen Retrospektive, für die streitenden Parteien des 14. Jhd.s war hier noch gar nichts entschieden. Es gab auch im 14. Jhd. ganz hervorragende Philosophen, die sich zum metaphysischen Realismus bekannten. Der aus heutiger Sicht bedeutendste war vermutlich Walter Burleigh (um 1275–1344/1345), m. E. der auch im direkten Vergleich mit Ockham scharfsinnigste Logiker der ersten Hälfte des 14. Jhd.s, ein weiterer war Walter Chatton (1285–1344), der mit Ockham in der Armutsfrage ebenso übereinstimmte, wie er mit dessen Erkenntnistheorie nicht übereinstimmte. Das Problem des Statuts liegt aber möglicherweise gar nicht unbedingt im Nominalisten-Realisten-Streit, sondern in einer Frage intellektueller Disziplin. Ockham und Burleigh haben erkenntnistheoretisch und metaphysisch unvereinbare Positionen vertreten, sie teilten aber einen Standard wissenschaftlicher Diskussion, der von den Autoren des Statuts nicht anerkannt wurde. Wenn die Philosophie nicht auf die »eigentliche Bedeutung der Worte« achtet, wofür ist sie dann überhaupt nützlich? Die Vorstellung von »Sophisterei«, die von den Verfassern des Statuts vorausgesetzt wird, ist für Ockham wie für Burleigh intellektuelle Verantwortungslosigkeit:

| 475

Eine Disputation, die nur auf die eigentliche Bedeutung der Worte aus ist und keinen Satz gelten läßt, der nicht in seinem eigentlichen Sinne richtig ist, wird zur bloßen Sophisterei. Bei dialektischen Disputationen und Lehrdisputationen, in denen es um die Suche nach der Wahrheit geht, achtet man nicht allzu sehr auf Worte *(modicam habent de nominibus sollicitudinem)*. (Ebd. S. 11)

»Nicht allzusehr auf Worte zu achten«, wenn es um die »Suche nach Wahrheit« geht, ist eine Forderung, die hinter allen philosophischen Entwicklungen zurückgeblieben ist. Hier ist der Gegensatz zu Ockham ganz klar, aber genauso der zu den damaligen philosophisch verantwortungsbewußten Realisten. Im Rahmen der Artes der mittelalterlichen Universität hatte die Logik die zentrale Rolle innegehabt, und es war die Aufgabe der Logik gewesen, genau auf den Gebrauch der Worte zu achten. In dieser Schulung lag die propädeutische Funktion der Logik für die »höheren« Fakultäten der Theologie, der Rechtswissenschaft und sogar der Medizin. Für die Suche nach der Wahrheit hatte sich dann die Philosophie als Sprachlogik für alle Bereiche, also auch für die Naturphilosophie und die Ethik herausgebildet. In dieser Hinsicht war die Philosophie des 14. Jhd.s tatsächlich die *via moderna*, und auch wenn die Philosophen der Neuzeit diese »Modernität« für langeZeit vernachlässigt haben, sind sie doch im 20. Jhd. auf Umwegen wieder zu diesem primär sprachlogischen Verständnis ihrer Disziplin gelangt (vgl. 3. Teil, Kap. XI, 2, und Kap. XXIV–XXVI). Die Autoren des Nominalistenstatuts der Pariser Universität von 1340 haben nicht nur die Zeichen der Zeit nicht verstanden, sondern haben sich auch von der besten Tradition ihrer eigenen Institution, die maßgeblich auch für fast alle neuen Universitäten geworden war, verabschiedet.

Die Autoren des Statuts wollten sicher den »Ockhamismus« treffen, nur: Diesen als existent angenommenen Ockhamismus hat es gar nicht gegeben, und von einer »Ockhamschen Schule« kann man erst im 15. Jhd. sprechen. Für die Philosophen in England war Ockham einer von mehreren bedeutenden Philosophen, aber nicht der Anführer einer Richtung. Etwas anders war die Situation in Paris, was auch die dortige Reaktion, die in diesem Statut zum Ausdruck kommt, erklärlich macht. Seit der Mitte des 14. Jhd.s standen die Lehren Ockhams dort im Zentrum der Diskussion, aber auch dort kann man nicht wirklich von einer »Ockhamschen Schule« sprechen. Letztlich bleibt uns bei Ockham nichts anderes übrig als Ockhams Texte zu studieren, und da ist sicher noch viel zu finden, der »Ockhamismus«, den das Statut zu bekämpfen suchte, und der auch später noch verfolgt wurde, bleibt jedoch ein schwer greifbares und noch schwerer definierbares Phantom. Das Grundproblem des Kampfes, und es war tatsächlich eher ein Kampf und keine Auseinandersetzung, ist allerdings deutlich. Der Ockhamismus schien den Vertretern des Statuts den Boden unter den Füßen wegzuziehen: Mit Zeichen konnte man seit Augustinus immer schon gut umgehen – was aber, wenn hinter den Zeichen ein »Ding an sich«, eine Realität, nicht mehr greifbar ist? Im Statut kommt die Angst vor dem Phänomenalismus zum Ausdruck, den ja manche moderne Interpreten – m. E zu Recht – schon bei Nicolaus von Autrecourt meinten, feststellen zu können. Auch hier kündigt sich eine Grundproblematik der Philosophie und Wissenschaftstheorie der Neuzeit an: Kant und die Folgen bis zu R. Carnap, A. J. Ayer, N. Goodman und anderen im 20. Jhd.

5. Ethischer Positivismus

Auf die Bedeutung des Individuellen im 14. Jhd. ist schon hingewiesen worden. Wir verbinden heute die Vorstellung von Individualismus mit der von Freiheitsbewußtsein, das 14. Jhd. war aber nicht eine Periode des Freiheitsbewußtseins, und Ockham war nicht der Meinung, daß die Willensfreiheit bewiesen werden könne. Nichtsdestoweniger gehört die Annahme der *Freiheit* zu den Grundvoraussetzungen der ockhamschen Theologie, denn für ihn ist das »Gesetz der Freiheit« in der *Bibel* grundgelegt und er meinte darüber hinaus, daß es empirische Anhaltspunkte für die Freiheit gebe, daß wir also eine Erfahrung der Freiheit hätten, insofern wir die Erfahrung machen, etwas tun zu sollen und es doch nicht zu tun. Ockham brauchte die Annahme der Freiheit des Menschen, um von *sittlicher Verpflichtung* sprechen zu können. Bei der Explikation dieser sittlichen Verpflichtung ging er den Weg konsequent weiter, den Duns Scotus vorgezeichnet hatte: Der Grund der sittlichen Verpflichtung wird ausschließlich in den allmächtigen Willen Gottes verlegt. Diese Auffassung hat zur Folge, daß Ockham und mit ihm die meisten Nominalisten annehmen mußten, daß wir nicht sagen können, etwas sei von Gott angeordnet, weil es sittlich gut ist, sondern etwas sei sittlich gut, weil es von Gott angeordnet ist. Die Vorstellung des absoluten göttlichen Willens in der von Ockham (mit Scotus) angenommenen Form läßt nicht zu, daß der göttliche Wille an irgend etwas – ausgenommen die Vermeidung von logisch Widersprüchlichem, was aber nicht als etwas dem göttlichen Willen Äußerliches angesehen wird – gebunden ist, was nicht er selbst ist. Gebote bzw. Verbote haben somit letztlich nur einen positiven Grund, d. h. sie gehen auf eine göttliche Setzung zurück. Die philosophische Analyse bleibt bei dieser formalen Aussage stehen, denn: *Was* Gott gewollt hat, kann nur er selbst sagen, genau dies ist aber nicht das Gebiet philosophischer Analyse. Die konkrete Ethik wird damit an die positive Moraltheologie abgegeben, und diese kann dann nur sagen: Auch Sittengesetze wie das Verbot der Tötung oder des Ehebruchs sind deshalb verbindlich, weil Gott es so gewollt hat – weiter kommen wir nicht. Der normale Gläubige wird dann einfach den Geboten folgen, der philosophisch Gebildete weiß aber, daß Gott, wenn er gewollt hätte, in einer anderen Welt auch ganz anderes hätte anordnen können. Man kann sich diese Vorstellung leicht klar machen: Eine Welt, in der die Menschen in »Herden« leben, wo es also keine Ehe und somit auch keinen Ehebruch gibt, ist logisch schließlich nicht widersprüchlich. Auch z. B. ein viel weitergehenderes Tötungsverbot – bezogen auf alle Tiere – wäre vorstellbar usw. – Der ethische Positivismus Ockhams ist häufig diskutiert worden, und es wird von manchen neueren Interpreten angenommen, es handle sich hierbei eigentlich um ein Mißverständnis. Man muß allerdings sehen, daß Ockham selbst zu der Annahme eines solchen Positivismus Anlaß gegeben hat. In der jüdischen Religionsphilosophie, die ein breites Gebiet positiver Gesetzte zu »begründen« hatte, war versucht worden, diesen Gesetze in dem Vernunftgebot der Gottesliebe einen rationalen Halt zu geben (vgl. Kap. X). Auch Duns Scotus hatte noch

mit dieser Möglichkeit gerechnet. Bei Ockham wird jedoch sogar das Gebot der Gottesliebe zum positiven Gesetz, das nur deshalb als ethische Verpflichtung angesehen
werden kann, weil Gott es so angeordnet hat, und konsequenterweise ist er der Meinung, Gott hätte auch das Gegenteil, also den Gotteshaß anordnen können (*Sentenzenkommentar II*, qu. 15. *Opera theologica* V. S. 353, u. ö.). Sicher ist bei diesen Stellen Vorsicht geboten, da es sich dabei um eine *reportatio*, also um eine Nachschrift der Vorlesungen, und nicht um eine *ordinatio*, also um eine vom Autor durchgesehene
Nachschrift, handelt. Nichtsdestoweniger meine ich, daß hier Ockham korrekt wiedergegeben wird, und dies dürfte auch dadurch bestätigt werden, daß Lutterell darauf –
verständlicherweise mit großem Entsetzen – zu sprechen kommt. Diese These wurde
zudem auch von anderen vertreten. So findet sie sich etwa unter den Sätzen, die Nicolaus von Autrecourt widerrufen mußte, wieder (DS 1049). Bei dem angeführten Beispiel handelt es sich um eine zwar ganz ernst gemeinte These, bei der aber möglicherweise auch die Absicht vorlag, durch die Formulierung zu provozieren, wie es die
Logiker des 14. Jhd.s gerne taten (vgl. weiter unten 7). Was Ockham hiermit zum Ausdruck bringen will, entspricht im Bereich der Ethik dem, was er im Bereich der Naturphilosophie für – theologisch begründet – richtig hält: Die Welt ist eine der vielen
möglichen Welten. In jeder der anderen Welten müßten irgendwelche andere – von
Gott gewollte und angeordnete – Naturgesetze oder irgendwelche andere Sittengesetze
gelten. Nicht nur physikalische, sondern auch sittliche Gesetze sind also radikal kontingent. Ockham will also die Kontingenz der gesamten Welt in aller Schärfe zum
Ausdruck bringen, und Kontingenz (= K) bedeutet: Auch das Gegenteil dessen, was
der Fall ist (*p*), ist möglich: $Kp =_{def} p \wedge \neg U \neg p$. Dies muß für deskriptive wie für norma-
tive Sätze gleicherweise gelten. Radikal gedachte Kontingenz bedeutet eben – vom
Menschen her gesehen – eine »positivistische« Sicht der Welt in ihrer physikalischen
wie in ihrer moralischen Ordnung. Damit ist kein »Willkürgott« konstruiert, wohl
aber ein gänzlich freier Gott, der alles außer dem Widersprüchlichen schaffen bzw.
anordnen kann. Und, weniger provokativ als bei Ockham formuliert: Ist die Vorstellung eines Gottes, der z. B. zwar die Gottesverehrung anorden könnte, aber ebenso gut
auch keinerlei Gottesverehrung wünschen könnte, wirklich so skandalös? – Will man
die faktisch existierende Welt aus dem Status einer beliebigen aus unendlich vielen
möglichen herausholen, und sie somit nicht mehr »positivistisch« betrachten, so
bleibt eigentlich nur das, was Leibniz später versucht hat: Die Welt ist die beste aller
möglichen Welten, weil Gott nichts anderes als das Beste schaffen kann (vgl. 3. Teil,
Kap. XI, 5). Abgesehen davon, daß es nicht so einfach ist, die faktisch existierende Welt
als die beste aller möglichen Welten anzusehen, ist man dann genau wieder bei dem
entgegengesetzten Problem, das Ockham gerade lösen wollte: Wie ist dann Gott als
frei zu denken, wenn er – um mit seiner göttlichen Vernunft nicht in Widerspruch
zu gelangen – doch eigentlich nur die beste aller möglichen Welten schaffen kann?
Mit Kant müßte man sagen: Wenn beide Seiten einer metaphysischen Alternative
aporetisch enden, ist irgendwo schon in der Fragestellung etwas nicht in Ordnung.

Die menschliche Vernunft wird bei Ockham bei der Frage moralischer Regeln allerdings nicht völlig ausgeschaltet. Da Gott nun einmal die Welt, den Menschen und die Gesellschaft in einer bestimmten Weise geordnet hat *(potentia ordinata)*, kann der Mensch erkennen, daß für ihn wie für das Zusammenleben mit den anderen Menschen bestimmte Handlungen schädlich sind, d. h.: Die Analyse kann aus der konkreten Naturordnung bestimmte Nutzen-Schaden-Relationen erheben. Auf diese Weise gelingt es Ockham auch, zu erklären, wieso Philosophen bestimmte sittliche Vorschriften schon vor der Offenbarung haben erkennen können. Erschwert wird aber diese Erkenntnis wiederum durch die nur theologisch wißbare Tatsache der Erbsünde – wir können also ganz und gar nicht genau wissen, was nun die von Gott gewollte Naturordnung ist und was zur Strafordnung gehört. Offensichtlich waren aber viele Menschen des 14. Jhd.s an all diesen Fragen überhaupt nicht mehr interessiert und meinten, daß es nur eine Naturordnung gebe, daß diese ganze nur geoffenbarte Ordnung, von der die Kirche und die Theologen sprachen, also gar nicht existiere. Bradwardine hatte den Eindruck, in einer Welt von Pelagianern zu leben (vgl. zu diesen Kap. III, 5) und sah sich daher 1344 veranlaßt, eine Schrift gegen diese zu verfassen *(De causa Dei adversus Pelagium)*.

Im philosophisch-theologischen Bereich sehen wir hier die letzten Konsequenzen jener Auseinandersetzung, die etwa 50 Jahre vorher zu den Verurteilungen von 1277 geführt hatte. Bestimmte Theologen wie kirchliche Autoritäten hatten gefürchtet, der »Rationalismus« in Philosophie und Theologie würde die Offenbarung – und so auch die Notwendigkeit kirchlicher autoritativer Vermittlung der Offenbarung – aushöhlen. So hatten die Philosophen der folgenden Zeit, unübersehbar seit Scotus, einen Gottesbegriff um die Vorstellung der Allmacht Gottes konzentriert, der der Offenbarung und dem göttlichen Gesetz allen Raum ließ. Die Vertreter der Offenbarung hatten jetzt im Prinzip alle Autorität, die sie wollten, um sich auf göttliches und somit unhinterfragbares Gesetz berufen zu können, aber sie hatten im Bereich der Theorie keine Möglichkeit mehr, dieses Gesetz als mehr als sehr relativ, d. h. bezogen auf eine faktische Ordnung, zu erklären, und wenn man zu jeder Moralvorschrift eigentlich dazusagen müßte, daß auch ihr Gegenteil möglich und angeordnet sein könnte, so fördert dies sicher nicht den Geltungscharakter der Vorschrift. Überdies waren eben diese die »göttlichen Anordnungen« auslegenden Autoritäten im 14. Jhd. faktisch fragwürdig geworden, aber auch prinzipiell wurden Einwände laut. Ockham wird es mit aller Deutlichkeit klar machen, daß es in dieser radikal kontingenten und endlichen Welt keine unbeschränkte oder gar unfehlbare Autorität geben kann.

Es ist vermutlich so, daß eine ethische und gesellschaftliche Ordnung eher dann plausibel begründet erscheint, wenn auch die Instrumente zu ihrer Durchsetzung vorhanden sind. Genau diese Instrumente waren aber im 14. Jhd. sehr schwach. Die offizielle Rechtsprechung verfiel zusehends, und um sich irgendwie zu schützen, wurde auf Privatinitiative hin die Feme eingerichtet, mit der sich die Menschen selbst positiv ihre eigenen Rechtsgrundsätze und Strafen festlegten. Auch die Magistri der Universität, vor allem natürlich der von Paris, zeichneten sich in der zweiten Hälfte des 14. Jhd.s nicht durch moralische Vorbildlichkeit aus. Sie paßten sich in vielen Fällen jeweils den faktischen Machtverhältnissen, dem positiv Gegebenen also, an und waren durch entsprechende Bestechungsgelder für so ziemlich alles zu haben. Die moralisch klägliche Rolle, die Pariser Professoren zu Beginn des 15. Jhd.s im Prozeß gegen die Jungfrau von Orléans spielen werden (1430), ist nur eine letzte Konsequenz einer Haltung, die sich einfach den Fakten anpaßt und die davon ausgeht, daß dort, wo die Macht ist – in diesem Fall bei den Engländern, wie sie meinten – auch die göttliche Ordnung liegen müßte.

Die meisten Menschen orientierten sich am unmittelbar erfahrbaren Objekt, das weniger qualitativ als vielmehr quantitativ beurteilt wurde – Positivität und Quantität waren maßgebend. Die Speisezettel von Festmählern dieser Zeit wirken barbarisch; auch die Erotik, eines der großen Elemente mittelalterlich symbolisierender Kultur, hatte hier keinen Platz mehr, und an ihre Stelle trat die Sexualität – die »Badehäuser« hatten Hochkonjunktur. Straßenraub gehörte zum Alltag. Die im Norden erst jetzt richtig beginnende Stadtentwicklung, die arme Bauern wie verarmte Ritter gleicherweise anzog und somit die Menschen aus ihrem angestammten Traditionsbereich abzog, ohne ihnen dafür schon ein neues Ordnungsgefüge zu bieten, tat das ihre, um alle auf ein gleiches Niveau primitiven Lebensgenusses hin zu orientieren. Neben Primitivität gab es aber auch Subtilität, und für kurze Zeit zeigten sich neue, schöpferische Möglichkeiten der Kultur. Die Luxemburger Kaiser errichteten in ihrem Einflußbereich eine Umgebung, in der eine neue profane Kultur – mit christlichen Motiven – entstehen konnte. Es handelt sich hier um eine beinahe überzogen verfeinerte Kultur, die aber nicht schon mit einer besonders anspruchsvollen Ethik verwechselt werden darf. Das berühmte künstlerisch und kulturgeschichtlich sehr wertvolle *Stundenbuch* (Gebetbuch) des Duc de Berry ist vor allem ein Zeugnis von Luxus und Eitelkeit, die neben der – malerisch sehr schönen – Darstellung der harten und entbehrungsreichen Arbeit der Bauern stehen. Der Glanz gehörte nicht mehr dem Göttlichen, sondern dem Schmuck und der Kleidung der Damen des Hofes. Der »schöne Stil« charakterisierte mehr die Kunst als das tatsächliche Leben. Auch die bedeutenden Kunstschätze, die uns die Künstler dieser Herrscher hinterlassen haben, dürfen nicht darüber hinwegtäuschen, daß das reale Leben der meisten Menschen und auch das der Herrscher des 14. Jhd.s alles andere als verfeinerte Humanität war. Das epikuräische Prinzip des Genießens mit Vernunfteinsicht hatte hier keine Geltung, denn an solche Vernunfteinsicht glaubten nicht einmal die Theologen, und autoritativ verkündete Gebote hatten wenig Chance, da hinter ihnen keine genügend reale Autorität mehr stand. Die damals erlassenen Verordnungen hinsichtlich der Kleidung, der Zahl der Gerichte bei Festmählern usw. sind nicht mehr als ein Zeichen der Hilflosigkeit angesichts einer zerfallenden Ordnung.

6. Der autonome Staat

Wenn gesagt wird, daß die Kirche nicht mehr die Autorität hatte, wirksam ethische Normen durchzusetzen, so bedeutete dies natürlich nicht, daß sie keine politische Macht mehr gehabt hätte. Ockham selbst hatte erfahren müssen, daß diese Autorität die Macht hatte, seine Lehrtätigkeit zu verhindern und ihn zusammen mit seinem obersten Vorgesetzten, dem Generalminister der Franziskaner, zu exkommunizieren, so daß sie bei einem Fürsten Zuflucht suchen mußten, der sich auch in Konflikt mit dieser kirchlichen Macht befand. Daß es aber einen solchen Fürsten gab, zeigt auch wieder die politischen Machtverhältnisse. Diese Situation erforderte eine theoretische Analyse, und Ockham verfaßte zu diesem Problem einige Schriften, die aber im Vergleich zu seinen logischen, naturwissenschaftlichen und theologischen Schriften zu seiner Zeit weniger einflußreich wurden. Der wirksamste Theoretiker der Politik dieser Zeit war ein anderer Flüchtling bei Ludwig dem Bayern, Marsilius von Padua (um 1290 – vor 1343). Zu der Zeit als Ockham nach München kam, hatte Marsilius allerdings kaum noch realen politischen Einfluß am Hof. Zwischen Marsilius und Ockham scheint auch eine gewisse Rivalität bestanden zu haben. Marsilius von Padua war der wichtigste Aristoteliker seiner Zeit im Bereich der politischen Theorie, vergleichbar nur mit seinem Freund Johannes von Jandun (um 1280–1328). | 481
Marsilius von Padua wollte eine rationale und nach aristotelischen Grundsätzen wissenschaftliche Theorie von Gesellschaft und Staat aufstellen:

> In dem ersten [Teil] werde ich das, was mir als Ziel vorschwebt, beweisen mit sicheren, vom menschlichen Geist gefundenen Methoden auf Grund von feststehenden Sätzen, die jedem denkenden Menschen unmittelbar einleuchten, der nicht verdorben ist von Natur, durch eine verkehrte Gewohnheit oder Neigung. (Marsilius von Padua: *Der Verteidiger des Friedens* I, 1, 8. S. 9)

Die Probleme der Politik sollten also mit Methoden behandelt werden, die der menschliche Geist selbst gefunden hatte. Die jetzt im 14. Jhd. anstehende politische Diskussion war natürlich nicht neu. Seit dem frühen Mittelalter hatte die oft konfliktreiche Beziehung von Papst und Kaiser bzw. Königen Stoff zu verschiedenen Stellungnahmen gegeben. Es ging jetzt bei Marsilius von Padua aber nicht einfach um Machtansprüche von Herrschern, sondern um eine eminent philosophisch-theologische Frage. Die Staatsauffassung des Mittelalters war augustinisch gewesen, ohne daß man sagen könnte, es hätte eine ausgearbeitete augustinische Staatstheorie gegeben. Viel eher müßte man sagen: Es gab eben deswegen überhaupt keine eigentliche Staatstheorie. Nach augustinischer Auffassung hatte der Mensch nur ein Ziel, und dieses ist ein übernatürliches: Gottesliebe und Gottesschau. Für dieses Ziel des Menschen ist die Kirche zuständig, und in diesem Denkrahmen konnte der Staat nur eine untergeordnete und unselbständige Stellung einnehmen (vgl. Kap. III, 6). Eine Veränderung war erst durch die Übersetzung der *Politik* des Aristoteles eingetreten: Hier trafen die mittelalterlichen Philosophen und Theologen auf eine Auffassung vom Staat, die radikal von der geltenden verschieden war. Nach Aristoteles war der Mensch ein »politisches Lebewesen«, völlig unabhängig von irgendeiner religiösen Bestimmung des Menschen, die Aristoteles auch gar nicht annahm. Wie schon früher gesagt, hatte Thomas von Aquin sich mit dieser Theorie auseinandergesetzt, und als erster bedeutender Theologe die philosophische Auffassung vertreten, der Staat sei für den Menschen als solchen notwendig (vgl. Kap. XIV, 4). Für Augustinus bzw. seine Interpreten war der Staat erst notwendig geworden durch die Sünde, war so eingebettet in den gnadenhaften Heilsplan Gottes, und konnte so gar nicht unabhängig von diesem gedacht werden. Thomas von Aquin brachte nun das »Kunststück« fertig, den Staat als *societas perfecta* aufzufassen, ihm also seine eigenen, für sich genügenden Zwecke zuzuordnen, und doch dem Menschen nur ein einziges und letztlich übernatürliches Ziel zuzuschreiben. Auch Dante, der unter dem Einfluß thomistischer Philosophie und Theologie stand und der ein Vertreter profaner Kultur war, setzte sich in seinem Traktat *Über die Monarchie* für eine selbständige staatliche Autorität ein. Im 13. und beginnenden 14. Jhd. gab es also durchaus schon Ansätze, die auf die Theorie eines

selbständigen Staates hinausliefen. Wie wenig aber solche Theorien damals von der Kirche akzeptiert wurde, läßt sich daraus ersehen, daß sie keinesfalls verhindern konnten, daß Papst Bonifaz VIII. 1302 in der berühmten Bulle *Unam sanctam* für die Kirche die höchste Autorität forderte, so daß die weltlichen Herrscher ihre Autorität nur in prinzipieller Unterordnung unter die der Kirche ausüben dürften. Geschichtlich kam dies viel zu spät, dieser Anspruch hatte keinerlei Chance auf Verwirklichung. Nur wenig später (1309) wurde Clemens V. gezwungen, seinen Sitz nach Avignon zu verlegen, wo die Päpste dann gänzlich vom französischen König abhängig wurden. Als sich König Philipp IV. von Frankreich gegen die Bulle von Bonifaz VIII. wandte, erhielt die aristotelische Theorie politische Bedeutung bzw. Bedeutung für die Staatsphilosophie. Ein Dominikaner, Johannes von Paris (gest. 1306) verteidigte die Position Philipps IV. mit Argumenten, die fast ausschließlich von Thomas von Aquin stammten. Die Argumentation, die die *autonomen Rechte des Staates* betrafen, wurde bei Johannes von Paris auf die gesellschaftliche Natur des Menschen gegründet, so daß der Staat, der dieser natürlichen Forderung entspricht, keiner weiteren Rechtfertigung bedarf und somit für seinen Bereich unabhängig ist. Bei Johannes von Paris findet auch schon die durch die Entstehung von Nationalstaaten veränderte politische Situation ihren Niederschlag. Er versuchte keine Ableitung der Notwendigkeit einer zum Papst parallelen kaiserlichen Zentralautorität mehr, sondern stellte fest, daß die konkreten Herrschaftsformen von jeweils verschiedenen natürlichen Bedingungen abhängen. Direkt von Gott besitzt kein Herrscher die Macht, die Autorität im Staat geht vielmehr vom Volk aus. Damit war der Gedanke der *Volkssouveränität* ausgesprochen, auch wenn es noch länger Zeit dauern sollte, bis er wirklich zur Grundlage der Theorie des Staates und der Gesetzgebung wurde. Eine Ablehnung der Monarchie folgte daraus bei Johannes von Paris nicht, aber auch Aristoteles hatte aus seiner Staatstheorie keine bestimmte Herrschaftsform als einzig richtige abgeleitet.

Die Problematik lag nun jedoch darin, daß eine konsequent aristotelische Theorie des Staates für eine Gesellschaft nur *eine* übergreifende Gesellschaftsordnung, nämlich den Staat zuließ, d. h. es war nur noch eine Frage der Zeit und der äußeren historischen Situation, bis von dieser Staatstheorie ausgehend die Rechte der Kirche als *societas perfecta* bestritten werden würden. Dies trat nun ein in der Lehre des Marsilius von Padua, genauer in dessen berühmtem Werk *Der Verteidiger des Friedens (Defensor pacis)*. Marsilius von Padua war 1313 Rektor der Universität Paris, und zwischen 1320 und 1324 verfaßte er dort den *Defensor pacis*. 1326 wurde der Inquisitor von Paris auf ihn aufmerksam, Marsilius verließ mit Johannes von Jandun fluchtartig Paris und ging zu Ludwig dem Bayern, wo er rasch eine politische Beraterfunktion erhielt. 1327 wurden seine Thesen von Johannes XXII. verurteilt (DS 941–946). Der Papst hatte den Eindruck, noch nie ein so häretisches Buch wie den *Defensor pacis* gelesen zu haben, und dies ist verständlich, wenn man sieht, wie Marsilius »die keinen Gewaltakt scheuende Macht der römischen Bischöfe und ihrer Helfershelfer« anprangerte (*Der Verteidiger des Friedens* II, 1, 1. S. 99). | 483

Die Theorie, die Marsilius von Padua vertrat, muß von zwei Seiten betrachtet werden. Erstens findet sich darin ein von Marsilius vertretenes Hauptanliegen, die Sicherung des Friedens, das jedoch in einer Weise behandelt wird, die sehr stark auf die besondere Situation des Heimatlandes des Marsilius, Italien, zugeschnitten ist. Zweitens entwickelt Marsilius jedoch eine Reihe von Grundsätzen der Politik, die ganz unabhängig von dieser konkreten politischen Konstellation sind und die schon zu den Grundlagen der nachmittelalterlichen Staatstheorie gehören. In der ersten Hinsicht meinte Marsilius von Padua, daß der Frieden durch die Einmischung des Papstes in die inneren Angelegenheiten der Staaten gefährdet sei. In dieser Form war dies nur im Falle der kleinen italienischen Stadtstaaten zutreffend, die den Papst als italienischen Fürsten stets unmittelbar vor der Haustür stehen hatten. Die Frage hatte aber einen prinzipiellen Aspekt: Marsilius von Padua zog die Konsequenzen aus der Staatstheorie des Aristoteles und bestimmt den Staat als die einzige *societas perfecta*, die prinzipiell neben sich keine andere solche vollkommene Gesellschaft bestehen lassen kann. Diese These stellt keinen neuen Absolutismus dar, sondern will eine einfache aristotelische Einsicht zum Ausdruck bringen: Auf ein und demselben *Staatsgebiet* und in ein und derselben Gesellschaft darf es *nur eine gesetzgebende Institution* geben, sonst ist der Friede in der Gesellschaft nicht zu bewahren. Und so wie es nur *eine* gesetzgebende Institution geben kann, so auch nur *eine* Regierungsgewalt.

In jeder Stadt oder jedem Staat darf es nur *eine* oberste Regierungsgewalt geben. (Ebd. III, 2, 11. S. 184)

Es reicht aber nicht aus, Gesetze zu erlassen, sie müssen auch durchgesetzt werden. Nur Gesetze mit Sanktionen können den gesellschaftlichen Frieden sicherstellen, und nur der Staat hat das Recht, solche Sanktionen zu verhängen. Dies ist das Prinzip des *Gewaltmonopols* des Staates, und daher darf die Kirche nicht als selbständige, mit dem Staat gleichberechtigte und ebenfalls gesetzgebende Institution angesehen werden.

Kein römischer Bischof, Papst genannt, und kein anderer Priester oder Bischof oder geistlicher Diener hat gemeinschaftlich oder einzeln als solcher oder ihr Kollegium eine zwingende Rechtsprechung, die Gut oder Person betrifft über jemand. (Ebd. II, 1, 4. S. 102)

Wird vom »Gesetz Christi« oder vom »Gesetz der Kirche« gesprochen, so muß man sich nach Marsilius von Padua darüber im klaren sein, daß dann »Gesetz« und »Recht« in äquivokem Sinn gebraucht werden. Im politischen Bereich hat dieses »Gesetz« nur die Kraft eines Ratschlages, nicht aber die eines Gesetzes. Dem Staat steht es jedoch selbstverständlich frei, einen solchen Ratschlag zum positiven Gesetz zu erheben und entsprechend mit Sanktionen zu versehen. Dann ist ein solches Gesetz aber eben wieder geltendes Recht kraft der Autorität des staatlichen Gesetzgebers und nicht kraft der des Ratgebers. Dasselbe gilt auch vom Naturrecht, das Marsilius von Padua durchaus gelten läßt, auch von diesem gilt aber, daß es nicht »Recht« im eigentlichen Sinn darstellt: Solange es nicht positives Gesetz ist, ist es nicht »Recht«, sondern eine Vernunftregel, die nur den sittlich verpflichtet, der sie einsieht.

Daher sind nicht alle wahren Erkenntnisse vom Gerechten und Nützlichen im Staatsleben Gesetze, vielmehr sind sie es nur dann, wenn über ihre Befolgung eine zwingende Vorschrift gegeben ist oder wenn sie als Vorschrift formuliert sind, mag auch eine solche wahre Erkenntnis vom Gerechten und Nützlichen notwendigerweise zu einem vollkommenen Gesetz erforderlich sein. (Ebd. I, 10, 5. S. 42)

Es ist ersichtlich, daß bei Marsilius von Padua der Begriff des *Gesetzes* und des *Rechts* eine zentrale Rolle spielt, die in ihrer Bedeutung über die bestimmte historische Situation hinausgeht. Daher auch die wichtige Frage: Wer ist der legitime *Gesetzgeber*? Bisher hatte man eigentlich nur die Frage gekannt: Wer ist der legitime Herrscher? Die Frage nach dem legitimen Herrscher ist jedoch zweitrangig gegenüber der nach dem legitimen Gesetzgeber. Die Antwort des Marsilius von Padua ist eindeutig: Die Gesetzgebung kommt ausschließlich der *Gesamtheit der Bürger* zu (Ebd. I, 12,

5–6. S. 54–56), und den Einwand, das Volk sei zur Erfüllung dieser Aufgabe nicht fähig, läßt Marsilius – mit Aristoteles (vgl. 1. Teil, Kap. X, 7) – nicht gelten.

Daher spricht nicht die Wahrheit, wer behauptet, die weniger gebildete Menge hindere die Wahl und Annahme des Richtigen oder des allgemeinen Besten. Vielmehr, sie hilft dabei, wenn sie vereinigt ist mit den Gebildeteren und Erfahreneren. Denn mag sie auch richtige und nützliche Vorschläge aus eigener Kraft nicht zu finden wissen, so kann sie doch das von anderen Gefundene und ihr Vorgelegte entscheiden und kann beurteilen, ob es nötig scheint, in dem Entwurf etwas zuzusetzen, zu streichen oder völlig zu ändern oder abzulehnen. (Ebd. I, 13, 7. S. 64)

Dabei wußte Marsilius natürlich, daß das Volk diese Aufgabe gewöhnlich nicht unmittelbar wahrnehmen kann, forderte aber, daß der faktische Gesetzgeber der legitime Repräsentant des Volkes ist, wobei der Repräsentant einer sein kann oder aus einer Gruppe bestehen kann. Dabei unterscheidet er genau zwischen der legislativen und exekutiven Gewalt, wobei die exekutive Gewalt der legislativen untergeordnet ist. Welche bestimmte Form dann diese Regierung hat, ist eine weniger entscheidende Frage, es kann sowohl ein Fürst wie auch eine Gruppe sein. Die Volkssouveränität kommt nach Marsilius allerdings am besten dadurch zum Ausdruck, daß die *Regierung* oder der Regierende *vom Volk gewählt* wird, denn seiner Auffassung nach ist die Wahl »das vollkommenste und beste Verfahren bei der Einsetzung der Regierung« (Ebd. I, 10, 1. S. 39). | 485

Damit war eine Theorie geschaffen, die als Grundlage der modernen Staatsauffassung angesehen werden kann. Schwerer ist es, einzuschätzen, welchen Einfluß sie auf das politische Geschehen der Zeit unmittelbar nach ihrer Entstehung gehabt hat. Unzweifelhaft ist die Bedeutung, die diese Theorie für die Entwicklung des Konziliarismus hatte (vgl. ebd. II, 21. S. 154–166), auch die Thesen Ockhams in seinem *Dialogus* wirkten in diese Richtung. Ohne die Schriften dieser beiden Philosophen hätte sich am Konzil von Konstanz (1414–1418) kaum die Auffassung durchsetzen können, das Konzil stehe über dem Papst. Dies blieb aber nur eine vorübergehende Episode, denn es setzte sich dann doch wieder das durch, was Marsilius von Padua als die »widerrechtliche Anmaßung und Besitzergreifung von zwingenden Rechtsprechungen, die die Bischöfe der Römer jetzt der eigenen Autorität zuschreiben« bezeichnet hatte (Ebd. II, 1, 5. S. 103).

7. Widerstand in Avignon

Das Ergebnis der verschiedenen Entwicklungen des 14. Jhd.s war eine nun nicht mehr übersehbare Distanz von Philosophie und kirchlichen Institutionen, die gesellschaftlich schließlich immer noch maßgebend waren. Die Theologen und kirchlichen Autoritäten hatten seit 1277 gewünscht, daß die Philosophen sich auf ihren Bereich beschränken und keine »Übergriffe« in theologische Domänen unternehmen. Die Philosophen akzeptierten diese Grenzziehung und beschäftigen sich immer intensiver mit der Analyse von Sätzen der Wissenschaft und mit der Grundlegung empirischer Wissenschaften. Die Vertreter der Kirche verstanden oft überhaupt nicht, was hier betrieben wurde. So stellte etwa Nicolaus von Autrecourt den Satz auf: »Die Aussagen ›Gott existiert‹ und ›Gott existiert nicht‹ bedeuten ein und dasselbe, wenn auch auf eine andere Weise« *(Quod propositiones:* »*Deus est*«*,* »*Deus non est*« *penitus idem significant, licet alio modo).* Dies ist eine vollkommen richtige Analyse, da die Negation für die Bedeutung *(significatio)* eines Wortes tatsächlich nichts ausmacht, nur die Aussage-Weise (Behauptung bzw. Negation) ist verschieden. Nichtsdestoweniger wurde dieser Satz von Papst Clemens VI. im Jahre 1347 verurteilt (DS 1030). Es ist auch nur durch ein enormes Mißverständnis zu begreifen, daß folgender strikt analytischer Satz desselben Nicolaus von Autrecourt verurteilt werden konnte: »Dies ist das erste Prinzip und kein anderes: ›Wenn etwas existiert, dann existiert etwas‹« *(Quod hoc est primum principium et non aliud: Si aliquid est, aliquid est* [DS 1048]*).* Dieser Satz sagt nämlich nichts anderes aus als: Als Axiom 1 soll gelten: »Unter Voraussetzung der Behauptung, daß etwas existiert, darf

486 | man nicht behaupten, daß es nicht existiert.« Und dies ist gar nichts anderes als das Widerspruchsprinzip. Die kirchlichen Behörden dachten bei *principium* natürlich nicht an ein Axiom der Logik, sondern an Sätze wie »Im Anfang schuf Gott Himmel und Erde« oder »Im Anfang war das Wort«, sie gebrauchten eben eine ganz andere Sprache als die Logiker. Den Philosophen war diese Sprachdistanz von Philosophie und Theologie sehr deutlich geworden, sie hatten ja selbst einiges zu deren Entstehen beigetragen. Es war diesen scharfen Analytikern ganz klar, daß etwa zwischen Glaubenssätzen und logischen Beispielsätzen ein grundlegender Unterschied besteht. Es kommt aber vermutlich doch nicht von ungefähr, daß der Franziskaner Ockham in seiner Folgerungslehre Sätze verwendete, die – wie er wohl wissen mußte – für fromme Ohren, die keine Logik studiert hatten, blasphemisch klingen mußten, z. B.: »Der Mensch ist ein Esel, daher existiert Gott nicht« (*Homo est asinus, igitur Deus non est* [*Logica* III-3, c. 1. S. 589]). Dieser Satz illustriert einfach die Regel, daß aus einem falschen oder unmöglichen Satz jeder beliebige Satz folgt. Ähnlich gilt, daß ein wahrer oder notwendiger Satz aus jedem beliebigen Satz folgt, wofür Ockham dann den Beispielsatz anführt: »Wenn ein Mensch läuft, dann existiert Gott« (*Si homo currit, Deus est* [Ebd]). Wer seinen Traktat *De consequentiis* nicht ordentlich studiert hatte (vgl. weiter oben in 3 die Regeln [I.17] und [I.18]), der konnte diese Anwendungen der Regeln der materialen Folgerung nicht verstehen, und den kirchlichen Behörden sollte deutlich gemacht werden, daß sie nicht ordentlich studiert hatten. Die Welt der akademischen Diskussionen, in denen Sätze, die so aussahen wie Glaubenssätze, aber in Wirklichkeit nur Beispielsätze für logische Regeln waren, war sehr kompliziert geworden, und die kirchlichen Behörden fürchteten zu Recht,

daß ihnen in diesem unübersichtlichen Terrain die Kontrolle, die sie seit der Gründung der Universitäten ausgeübt hatten, entgleiten würde. Entsprechend griffen sie
zur Zensur, was aber die weitere Entwicklung natürlich nicht verhindern konnte.

Die Welt war in vielen Bereichen komplizierter geworden und fast überall griffen
die Autoritäten von Avignon ein in der Hoffnung, den Zerfall der – wie sie jedenfalls
meinten – von ihnen bis vor einem Jahrhundert kontrollierten Welt verhindern zu
können. Der Streit zwischen *Antiqui* und *Moderni*, den wir aus der Philosophie kennen, war nicht auf die Philosophie beschränkt. Ein weiteres Beispiel: In der Musik
hatten sich in den ersten Jahrzehnten des 14. Jhd.s wichtige notationstechnische
und damit verbundene kompositorische Veränderungen abgespielt, die als *Ars nova*
bekannt geworden sind. Maßgebend dafür waren der Mathematiker und Musiktheo-
retiker Johannes von Muris mit seiner *Notitia artis musicae* (entstanden zwischen
1317 und 1325) sowie der Komponist und Theoretiker Philippe de Vitry mit seiner
Ars nova (1322/1323); die beiden hatten gemeinsam in Paris gearbeitet. Es war eine
Entwicklung in beiden Richtungen: Die Komposition erforderte ein genaueres,
auch kleinste Notenwerte verzeichnendes Notationssystem, und dieses wiederum
eröffnete neue Möglichkeiten der mehrstimmigen Komposition, die wenig später
zu den Meisterwerken des Guillaume de Machaut führte. Auch hier also ging es
um ein genau quantifizierbares Maß *(mensura)*, ein Problem, das auch die Mathe- | 487
matiker und Physiker beschäftigte. Ein Meister der älteren Generation wie Jacobus
von Lüttich, Autor des monumentalen *Speculum musicae* (1321–1324), kam mit dieser neuen Musik-Welt nicht zurecht, und so wie Lutterell im Fall Ockhams, so
wandte auch er sich gegenüber der *Ars nova* an den Papst Johannes XXII., der dieser
Entwicklung ebenfalls nicht gewogen war. Und so kam es 1324/25 zu dem Dekret
Docta sanctorum gegen die *Ars Nova* (die technischen Detailangaben dafür lieferte
wohl Jacobus von Lüttich):

Aber etliche Anhänger einer jungen Schule wollen, indem sie eifrig die Tempora men-
surieren und neue Noten einführen, lieber ihre eigenen [Gesänge] produzieren als die
alten vortragen; in Semibreven und Minimen wird das zur Kirche Gehörige gesungen,
durch kleine Notenwerte wird es verunstaltet. Denn sie zerstückeln die liturgischen
Melodien durch Hoqueti; durch die mehrstimmigen Sätze machen sie sie liederlich;
vulgärsprachliche Tripla und Motetti flicken sie ein – dies alles derart, daß sie zuweilen
die Fundamenta [die liturgischen Melodien] des Antiphonars und des Graduales
geringschätzen: Sie ignorieren dasjenige, worüber sie ihre Kompositionen errichten.
Die Tonarten beachten und unterscheiden sie nicht, vielmehr: sie bringen sie in Unordnung, da zufolge der Menge dieser [kleinen] Noten die natürlichen Aufstiege und die
gehörigen Abwärtsbewegungen des Cantus planus, durch welche sich die Tonarten
selbst unterscheiden, gegenseitig verdunkeln. Sie eilen, und sie ruhen nicht; sie machen die Ohren trunken, statt sie zu heilen; mit Körperverrenkungen ahmen sie nach,
was sie [aus den Noten] hervorbringen – wodurch die zu suchende Andacht *(devotio)*

verächtlich und die zu meidende Laszivität offenbar gemacht wird. (Zit. nach J. J. Eggebrecht: *Musik im Abendland*. München 1991. S. 220 f.)

Die Auflösungstendenzen, die weiter oben im ersten Abschnitt schon angesprochen wurden, wurden am päpstlichen Hof in Avignon aufmerksam registriert, und die rasche Folge der Verurteilungen in den 20er Jahren des 14. Jhd.s ist ein deutliches Symptom dafür: 1323 werden die Franziskaner-Spiritualen mit ihren Armutsthesen verurteilt, im selben Jahr wird der *Defensor pacis* des Marsilius von Padua von der Zensur getroffen, 1324 beginnt der Prozeß gegen Ockham, im selben Jahr wird die *Ars Nova* verurteilt, 1328 erfolgt die Exkommunikation Ockhams und 1329 wird dann auch noch posthum Meister Eckhart zum Häretiker erklärt (vgl. Kap. XVIII). Diese Liste ist beachtlich, und sie stellt keinen Zufall dar. Das Mittelalter war sicher nie so christlich wie die Rede vom »christlichen Mittelalter« es nahelegt, aber in irgendeiner Weise waren doch immer das Christentum und die Kirche Bezugspunkt für alle kulturellen Bewegungen der Philosophie wie der Kunst gewesen, und die Kirche hatte auch noch im 13. und 14. Jhd. über die Universitäten entscheidenden Einfluß auf die kulturell führenden Kräfte ausüben können. Diese Periode ging nun ihrem Ende zu und die Amtsträger in Avignon versuchten, diesen Auflösungsprozeß durch Verurteilungen und Verbote aufzuhalten. In einem Bereich allerdings erwies sich der sonst allen *Moderni* so abgeneigte Papst Johannes XXII. selbst als sehr modern: Er gab der päpstlichen Kurie eine moderne bürokratische Form, die eine straffe zentralistische Herrschaft ermöglichte, und stellte diesen ganzen Apparat auf eine gute finanzielle Basis, am päpstlichen Hof kam die Zeit der Juristen sowie der Finanz- und Machtpolitiker.

Dem wachsende Unverständnis der Vertreter der Kirche gegenüber philosophischen Fragen entsprach allerdings auch ein wachsendes Desinteresse der Philosophen an solchen kirchlichen Stellungnahmen. Dies hatte nicht nur äußere, sondern auch durchaus philosophie-immanente Gründe. Im 14. Jhd. hatte es sich bei den Oxforder wie bei den Pariser Philosophen gezeigt, daß nicht mehr die Theologie, sondern die Physik und die Mathematik das primär relevante Gegenüber der Philosophie wurde: Dies wird die für die Neuzeit prägende Konstellation sein. Die Fakultät der Artes hatte ihre eigenen Arbeits- und Forschungsgebiete, sie war nicht mehr (nur) Propädeutik für die »höheren« Fakultäten. Diese Entwicklung findet auch in den Schriften ihren Niederschlag. Noch Ockham hatte nicht nur philosophische Schriften verfaßt, sondern auch einen großen Kommentar zu den *Sentenzen* des Petrus Lombardus. In der auf ihn folgenden Generation gibt es aber bereits Magistri, die keinerlei Interesse an Theologie mehr haben, die ihr Leben lang in der Artistenfakultät bleiben, die sich also mit Aristoteles-Kommentaren und mit Fragen der Logik, der Mathematik und Physik befassen, die nicht Theologie studiert haben und auch keine Zeile zur Theologie mehr schreiben – die Zeit der großen Philosophen-Theologen ging ihrem Ende zu.

XVIII

Eckhart, Seuse und die *devotio moderna*

Die Menschen des 14. Jhd.s lebten in einer Zeit großer innerer und äußerer Unsicherheit. Ein Grundzug, der sich an mehreren Punkten gezeigt hat, war die Hinwendung zum *unmittelbar Erfahrbaren*, wo am ehesten Sicherheit zu finden war. Dies konnte sich in Forschung ausdrücken, die sich auf empirische, unmittelbare Sinneserfahrung gründete (Ockham), in einfachem, unreflektiertem und unmittelbar erfahrbarem Genießen (Boccaccio) oder aber auch in der Suche nach innerer unmittelbarer Erfahrung. Und so sehen wir, daß sich im 14. Jhd. nicht nur der Nominalismus ausbreitete, sondern ebenso, daß eine Bewegung der Mystik an Boden gewinnt. Es wäre nun nicht richtig, diese Bewegung als Reaktion auf den nominalistischen Rationalismus anzusehen, dies ist schon historisch nicht möglich, da beide Richtungen | 489 gleichzeitig aufkamen. Auch gab es durchaus Vertreter der Mystik, die gleichzeitig im Bereich der Logik und Erkenntnistheorie Anhänger des Nominalismus waren, so etwa der bedeutende Theologe und Kanzler der Pariser Universität Johannes Gerson (1363–1429). Man wird aber vermutlich der Sachlage nicht gerecht, wenn man ein einfaches zeitliches Nebeneinander annimmt. Das Problem ist längst bekannt, hat aber bisher noch keine befriedigende Lösung gefunden: *Rationalismus* und *Mystik* treten häufig gleichzeitig und oft auch bei ein und denselben Vertretern auf (vgl. auch im 17. Jhd.: Aufklärung und Pietismus). Wie aber ist ihr Verhältnis zu bestimmen? Man könnte annehmen, daß das eine das andere bedingt, dann stellt sich aber die Frage, was eben was bedingt. Bei der Konstruktion eines Bedingungs-Verhältnisses scheint in beiden Richtungen etwas nicht zu stimmen. Nimmt man an, die Mystik ergänze das vom Rationalismus »Übriggebliebene«, so scheint man dem Rationalismus nicht gerecht zu werden, der gar nichts übrig lassen will, gleichzeitig wird man aber auch der Mystik nicht gerecht, die sich schließlich keineswegs als Ergänzung versteht, sondern als etwas in sich Selb- und Vollständiges. Nimmt man das umgekehrte Verhältnis an, nämlich, daß dem Rationalismus eine Mystik zugrundeliege in dem Sinn, daß es eines starken überrationalen oder sogar irrationalen Glaubens in die Möglichkeiten der Vernunft bedarf, um sich auf alle Konsequenzen rationaler Erklärung einzulassen, so nimmt man dem Rationalismus die Spitze und funktionalisiert die Mystik. Wie dem auch sei, die Bewegungen von Rationalismus und Mystik weisen jedenfalls bestimmte gemeinsame Züge auf, so u. a.: Sie sind beide Autoritäten gegenüber kritisch, d. h. sie suchen eine Gewißheit, die nicht auf der Annahme von Äußerem, Vorgegebenem und Festgesetztem beruht; sie sind auch beide individualistisch (manchmal auch elitär); sie suchen beide möglichst einfache Erklärungen bzw. Einsichten; bei beiden spielt das Paradox eine große Rolle, im Rationalismus als das Skandalon, in der Mystik als die Lösung.

Aufgrund des eben Angedeuteten wäre es falsch, innerhalb der Geschichte der Philosophie zwar den Nominalismus des 14. Jhd.s zu behandeln, die »neue Innerlichkeit« dieser Periode aber einfach in die Religionsgeschichte abzuschieben. Daß dies nicht möglich ist, zeigt sich schon aus der späteren historischen Entwicklung. Es ist jedenfalls auffällig, daß sich – und zwar zu Recht – sowohl die rationalistischen radikalen Aristotteliker als auch die deutschen Mystiker auf Albertus Magnus beriefen. Und auch in der weiteren Entwicklung blieben wiederholt beide Bewegungen miteinander verbunden: Auf Rationalismus und Mystik folgen häufig Systeme, die ohne ihre Wurzeln in beiden gar nicht verständlich sind. So ist zum Beispiel Nikolaus Cusanus in mehrer Hinsicht nicht zu verstehen, wenn man nicht weiß, daß er sich intensiv mit Eckhart beschäftigt hat (vgl. Kap. XIX). Ähnlich ist der Deutsche Idealismus nicht zu begreifen, wenn man nicht sowohl die Elemente des Pietismus wie auch die früherer spekulativer Mystik, die darin enthalten sind, in Betracht zieht. All dies ist nicht neu, schon Ferdinand Christian Baur (1792–1860), ein Zeitgenosse von Hegel und Schelling hat in seinem 1835 erschienenen Werk *Die christliche Gnosis oder die christliche Religionsphilosophie in ihrer geschichtlichen Entwicklung* nachdrücklich auf diesen Zusammenhang hingewiesen.

Gemeinsam war all den religiösen Bewegungen des 14. Jhd.s, daß sie von Menschen getragen wurden, die sich von dem immer komplizierter gewordenen Ritual der Kirche und den ebenso immer komplizierter gewordenen Glaubenssätzen der Kirche abwandten, um einen einfacheren Weg zu Gott zu finden. Es gab zwei bis drei Jahrhunderte vorher im islamischen Bereich mit dem Sufismus und im jüdischen Bereich mit der Kabbala ähnliche Bewegungen (vgl. Kap. IX, 3 und Kap. X, 3), und es handelt sich bei dieser auffälligen Parallelität der Entwicklungen ohne Zweifel um keinen Zufall. – Die Abwendung von Ritual und Glaubenssätzen konnte allerdings sehr verschiedene Formen aufweisen, die von der einfachen Übergehung über die kritische Relativierung des Wertes derselben bis hin zur völligen Ablehnung gehen konnte. Eine Distanz zu den offiziellen Institutionen war weit verbreitet, und so taten sich schon im 13. Jhd. Menschen, zunächst Frauen, zusammen, um abseits aller kirchlichen Institutionen in gemeinsamem und bescheidenem Leben eine Gotteserfahrung zu suchen. Die bekannteste dieser Bewegungen ist die der *Beginen*, die, ausgehend von Brabant bald viele Menschen in Deutschland und Frankreich erfaßte, die sich aber bis nach Schlesien, Böhmen und Polen ausbreitete. Es gab auch eine ähnliche, allerdings zahlen- und verbreitungsmäßig wesentlich weniger bedeutende Bewegung von Männern, den Begarden. Der rechtliche Status der Beginen war unklar, und vom 14. bis zum Beginn des 15. Jhd. wurden sie von Vertretern der offiziellen Kirche häufig verfolgt. Verschiedene, angeblich von Beginen und Begarden stammende Sätze über den

»Stand der Vollkommenheit« wurden 1312 am Konzil von Vienne verurteilt (DS 891–899). Die Bedeutung dieser Bewegung kann man sich schon rein äußerlich an dem Faktum klar machen, daß es z. B. in Köln im 15. Jhd. mehr als hundert Beginenhäuser gab. Beginenhöfe sind bis heute in Gent und Brügge erhalten geblieben. Schon vor den Beginen waren im süddeutschen Raum die *Brüder und Schwestern des freien Geistes* aufgetreten, die später auch in Frankreich und Italien Anhänger fanden. Sie waren wenig organisiert und lehnten kirchliche Gnadenvermittlung ebenso ab wie die hierarchischen Ansprüche der Kirche. Bei ihnen verbanden sich pantheistische und quietistische Elemente mit politisch-sozialen Reformideen. Ihr wichtigstes Ziel war das völlige Einswerden mit Gott, das letztlich zur Aufhebung der Individualität führt. Die bekannteste Schrift, die aus dieser Bewegung stammt, ist *Der Spiegel der einfachen Seelen (Miroir des simples âmes)* der Margarete Porete, die mehrmals von kirchlichen Behörden verurteilt wurde, zuletzt 1310. Margarete wurde daraufhin in Paris öffentlich auf dem Scheiterhaufen verbrannt. Nichtsdestoweniger wurde das ursprünglich französisch geschriebene Werk bald ins Lateinische, Italienische und Englische übersetzt und erlangte eine große Verbreitung. Auf eine weitere dieser Bewegungen, die *Brüder und Schwestern des gemeinsamen Lebens* wird weiter unten eingegangen werden. Ähnliche Bewegungen fanden sich an verschiedenen Orten und in verschiedenen Ländern, und es ist oft kaum möglich, die einzelnen Dokumente eindeutig einer bestimmten Gruppe zuzuschreiben. Es handelte sich hier um echte Laien- und Volksbewegungen, die ziemlich tief Wurzel faßten. Auf ihnen konnten später Humanismus und Renaissance vor allem im Norden Europas aufbauen, aber auch in der Reformation wurden bestimmte Elemente dieser Bewegungen wirksam. Der Hinweis, daß es sich hier um echte Volksbewegungen handelte, ist vor allem auch deshalb wichtig, um die nun folgenden bedeutenden Vertreter der Philosophie, die in klarer Beziehung zu diesen Bewegungen standen, nicht als Randphänomene anzusehen, sondern als Repräsentanten einer im 14. Jhd. weit verbreiteten Geisteshaltung. Ihre Wirkung geht, vor allem bei Eckhart, auf der einen Seite sicher darauf zurück, daß sie bedeutende Persönlichkeiten waren, aber auf der anderen Seite eben auch darauf, daß sie, noch dazu volkssprachlich und sprachgewaltig das zum Ausdruck brachten, was viele Menschen suchten und eigentlich auch schon gefunden hatten, wofür ihnen aber die geeignete sprachliche Form fehlte.

1. Eckhart

Zunächst einmal ist es wichtig, den als Meister Eckhart (um 1260–1327) bekannten Dominikanermönch nicht gleich als Prediger und Mystiker einzuführen, sondern zu betonen, daß es sich bei ihm um einen Spitzengelehrten seiner Zeit handelt, der alle Studien in Philosophie und Theologie an den besten Hochschulen mit großem Erfolg beendet hatte und der rasch selbst Professor an der berühmtesten aller Universitäten, nämlich der von Paris, wurde. Eckhart war also alles andere als das, was wir uns manchmal unter einem Volksmissionar vorstellen – er war ein hochgebildeter Intellektueller. Und er war Intellektueller in dem ganz präzisen Sinn, daß er in all seinen Schriften an der These festhielt, daß der Mensch, das, was er ist, durch den Intellekt ist, und daß er gottförmig *(deiformis)* ist, weil Gott in erster und oberster Hinsicht Intellekt ist. – Eckhart studierte in Köln und Paris und hatte später wichtige Ämter bei den Dominikanern inne. Er verfaßte seine Schriften entweder auf Latein oder auf Deutsch. Wenn man, berechtigterweise, seinen Predigten und Traktaten philosophischen Rang zubilligt, so muß man sagen, daß wir hier den *ersten philosophischen Schriften in deutscher Sprache* begegnen. Zunächst aber war die Ausbildung Eckharts ganz lateinisch. Eckhart wurde in Hochheim (in der Nähe von Gotha) in Thüringen geboren, wurde Dominikaner und verbrachte die ersten Jahre im Konvent in Erfurt. Wir sollten nicht übersehen, daß Erfurt zu dieser Zeit ein Zentrum der Sprachphilosophie, besonders der spekulativen Grammatik, war. Thomas von Erfurt, der vermutlich um 1300 in Paris studiert hat, verfaßte die *Novi modi significandi*, die das am weitesten verbreitete und häufig kommentierte Lehrbuch der spekulativen Grammatik wurden. In der spekulativen Grammatik der sogenannten Modisten werden die formalen Strukturen der Sprache untersucht unter Absehung von allen psychologischen oder metaphysischen Fragen. Wenngleich in anderer Weise, so ging es doch auch Eckhart um formale, rational aufweisbare Strukturen, die er nicht psychologisch, wohl aber metaphysisch deuten wollte. – Es gibt Hinweise darauf, daß Eckhart im Jahre 1277, also zum Zeitpunkt der Pariser Verurteilungen, dort als Student war. Eckhart wurde dann zum weiteren Studium zunächst nach Köln gesandt. Ob er dort noch Albertus Magnus zum Lehrer gehabt hat, ist nicht sicher. Köln war eine sehr gute Schule, aber es war nicht Paris. Und somit wurde der begabte Mönch wieder nach Paris gesandt, wo er 1293/1294 als *Lector sententiarum* tätig war und die *Collatio in libros sententiarum* verfaßte. Nach Beendigung dieser Tätigkeit wurde er Prior in Erfurt und dort verfaßte er sein erstes Werk in deutscher Sprache, die *Reden der Unterweisung*, abgehalten für junge Mönche. Vermutlich waren unter diesen »Kindern« nicht wenige, denen Unterweisungen in lateinischer Sprache kaum besonders verständlich gewesen wären:

Das sind die Reden, die der Vikar von Thüringen, der Prior von Erfurt, Bruder Eckhart, Predigerordens, mit solchen (geistlichen) Kindern geführt hat, die ihn zu diesen Reden nach vielem fragten, als sie zu abendlichen Lehrgesprächen beieinander saßen. (*Deutsche Predigten und Traktate.* S. 53)

Die Grundgedanken Eckharts finden sich schon in dieser frühen Schrift (womit ich nichts über eine »innere Entwicklung« Eckharts entscheiden möchte, über die man erst dann etwas definitiv aussagen wird können, wenn einmal nicht nur die Authentizität, sondern auch die Chronologie seiner Werke so halbwegs feststehen wird):

Wahrlich, darin steckt überall dein Ich und sonst ganz und gar nichts. Es ist der Eigenwille, wenn zwar du's auch nicht weißt oder es dich auch nicht so dünkt: niemals steht ein Unfriede in dir auf, der nicht aus dem Eigenwillen kommt, ob man's nun merke oder nicht. [...] Darum fang zuerst bei dir selbst an und *laß dich!* [...] Denn wer seinen Willen und sich selbst läßt, der hat alle Dinge so wirklich gelassen, als wenn sie sein freies Eigentum gewesen wären und er sie besessen hätte mit voller Verfügungsgewalt. Denn was du nicht begehren *willst*, das hast du alles hingegeben und gelassen um Gottes willen. Darum sprach unser Herr: »Selig sind die Armen im Geist« [Math. 5, 3]. (Ebd. S. 55 f.)

Hier haben wir bereits die Stichworte: »Sich lassen« und »Armut im Geiste«, auf die gleich noch zurückzukommen ist. Eckhart wurde 1302 erneut nach Paris gesandt, wo er zum Magister der Theologie promoviert wurde, weshalb er dann im Deutschen »Meister« genannt wurde. Während dieser Periode verfaßte er im Rahmen öffentlicher Disputationen die *Pariser Quaestionen.* In einer weiteren Disputation setzte er sich mit dem späteren Generaloberen der Franziskaner Gonsalvus de Vallebona (um 1255–1313) auseinander. In diesen *Quaestionen* wird es schon ganz deutlich, daß Eckharts Gottesvorstellung – falls man bei ihm überhaupt von einer »Vorstellung« sprechen darf – ganz und gar jener entgegengesetzt ist, die von der Allmacht Gottes als der wichtigsten Bestimmung ausgeht, wie dies für Duns Scotus und Ockham sowie für die diesen folgenden Philosophen und Theologen gilt. Bei Eckhart steht die Erkenntnis ganz im Zentrum. Die 1. *Quaestio* beschäftigt sich mit der Frage *Ob in Gott Sein und Erkennen dasselbe ist (Utrum in deo sit idem esse et intelligere).* Es handelt sich dabei um eine Auseinandersetzung mit Thomas von Aquin, der in Gott eine reale Identität von Sein und Erkennen angenommen hatte. Eckhart beantwortet die Frage in aufschlußreicher Weise anders, wobei er betont, daß er sich hier von der Meinung anderer, womit natürlich u. a. Thomas gemeint ist, unterscheidet:

Drittens erkläre ich, daß es mir nicht so scheint *(non ita videtur mihi),* daß Gott erkennt, weil er existiert, sondern eher, daß er existiert, weil er erkennt *(quia intelligit, ideo est).* Gott ist Intellekt und Erkenntnis, und die Erkenntnis ist das Fundament des Seins *(ipsum intelligere fundamentum ipsius esse).* (Quaestiones. S. 102. Übers. v. F. S.)

Erkenntnis wird also dem *Sein* übergeordnet *(intelligere est altius quam esse* [Ebd. S. 103]) und ist die Grundlage des Seins. Dies wird auch auf die Schöpfungstätigkeit Gottes angewendet:

Und daher ist Gott, der der Schöpfer und nicht erschaffbar ist, Intellekt und Erkennen und nicht Seiendes oder Sein *(intellectus et intelligere et non ens vel esse).* [...] Sein Wissen ist die Ursache der Dinge *(scientia dei est causa rerum).* (Ebd. S. 102 und 103. Übers. v. F. S.)

Die Beziehung des Menschen zu Gott geht also in erster Linie über den *Intellekt*, und die Explikation dieser Beziehung ist eine philosophische Aufgabe. Von Mystik kann hier nicht gesprochen werden. Diese *Quaestionen* sind interpretatorisch wichtig, da sie lateinisch abgefaßt sind und somit terminologisch besser überprüfbar sind als die deutschen Werke. Aus diesen *Quaestionen* geht aber deutlich hervor, daß die deutschen Predigten, die häufig auf Nachschriften zurückgehen, keineswegs eine inadäquate oder gar unkorrekte Wiedergabe der Auffassungen Eckharts darstellen. Der »lateinische« Eckhart ist in keiner Weise »orthodoxer« als der »deutsche«. Die letzte Antwort Eckharts auf die Frage nach Sein und Erkennen wird immer die sein, daß alle diese Fragen in einem, allerdings philosophisch reflektierten, Nicht-Wissen zur Ruhe kommen sollen:

Die Meister sagen, Gott sei ein Sein und ein vernünftiges Sein und erkenne alle Dinge. Ich aber sage: Gott ist weder Sein noch vernünftiges Sein noch erkennt er dies oder das. Darum ist Gott ledig aller Dinge – und (eben) darum *ist* er alle Dinge. Wer nun arm im Geiste sein soll, der muß arm sein an allem eigenen Wissen, so daß er nichts wisse, weder von Gott noch von Kreatur noch von sich selbst. Darum ist es nötig, daß der Mensch danach begehre, von den Werken Gottes *nichts* zu wissen noch zu erkennen. (*Deutsche Predigten und Traktate*. S. 306)

494

Zurückgekehrt nach Deutschland wurde Eckhart Provinzial der sächsischen Provinz der Dominikaner und dann auch noch Verwalter der böhmischen Provinz des Ordens. Möglicherweise schrieb Eckhart während dieser Zeit das *Buch der göttlichen Tröstung* für die Königin Agnes von Ungarn (Ebd. S. 101–139). Auch in dieser Schrift hält Eckhart streng an seinem Programm einer philosophischen Interpretation des Evangeliums fest:

Aus all dieser Lehre, die im heiligen Evangelium geschrieben steht und im natürlichen Licht der vernunftbegabten Seele mit Sicherheit erkannt wird, findet der Mensch wahren Trost für alles Leid. (Ebd. S. 104)

1310 wurde Eckhart zum dritten Mal nach Paris gesandt. Eine solche wiederholte Lehrtätigkeit in Paris war sehr selten. Die erneute Entsendung Eckharts geschah vermutlich deshalb, weil inzwischen die Konkurrenz mit den Franziskanern sich verschärft und Eckhart sich aufgrund seiner *Pariser Quaestionen* als scharfsinniger Vorkämpfer der Dominikaner empfohlen hatte. Während dieser weiteren Pariser Periode verfaßte Eckhart das *Opus tripartitum*, das er nicht vollendete und das auch nur teilweise erhalten ist. Dieses lateinische Werk Eckharts hat – nimmt man Nikolaus Cusanus aus – nur wenig Einfluß in späterer Zeit ausgeübt. Berühmt und weit wirksam wurde Eckhart vor allem durch seine seit 1314 in Straßburg und im Rheintal abgehaltenen *deutschen Predigten*. Die Zuhörer waren vor allem Zuhörerinnen, nämlich Dominikaner-Nonnen. Nicht zuletzt wegen der vielen toten Ritter der Kreuzzüge hatten zahlreiche Witwen und verwaiste Töchter aus dem höheren und niederen Adel in den Klöstern der Dominikanerinnen Zuflucht gesucht und gefunden. Diese Nonnen wurden natürlich von den Dominikanern betreut. Einer der bekanntesten war der auch philosophisch sehr bedeutende Dietrich von Freiberg (um 1240 – um 1318/1320) gewesen, der auch für die philosophische Ausrichtung Eckharts in Bezug auf die Theorie des Intellekts wichtig gewesen ist. Diese Betreuung sollte nun Eckhart übernehmen. Die im Durchschnitt verhältnismäßig jungen Nonnen seiner Zuhörerschaft waren von dem neuen Bewußtsein der Individualität nicht unbeeinflußt geblieben und so konnte ihnen die traditionelle, an »objektiver« Ausübung des Kults und der Gebetsverpflichtungen orientierte Frömmigkeit nicht genügen, es bestand also ein klares Bedürfnis nach einer »subjektiv« erfüllenden Spiritualität. Man muß dabei allerdings sehen, daß Eckhart zwar diesem Bedürfnis, das ja auch sein eigenes war, entgegenkam, daß er ihm aber doch seinen ganz persönlichen Stempel aufprägte. Wie sich sowohl aus der vorausgegangenen wie aus der späteren Frömmigkeitsgeschichte zeigt, gab es nämlich zu dem, was Eckhart vortrug, eine diesem schwärmerischen sozialen Kontext wesentlich besser angepaßte Alternative: eine an Minnegesang und Liebeslyrik orientierte, gefühlsbetonte und Visionen provozierende Christusliebe. Dies war jedoch nicht der Weg Eckharts, der zwar auch eine | 495 auf den einzelnen bezogene Weise des Gottsuchens und -findens vorlegte, die aber *nüchtern* und *verstandesbezogen* und in keiner Weise enthusiastisch war. Es gibt in dieser Lehre keine Entrückung *(raptus)*, keine Visionen und ähnliches. Es ist nur das Begreifen einer Einheit mit dem Einen, mit Gott, das sich in der Seele ereignet, wenn diese die erforderliche Abgeschiedenheit erreicht hat. Dies ist aber für Eckhart kein Ausnahmezustand, sondern eine Möglichkeit des ganz normalen Lebens. Wenn man will, kann man dies als eine Form »rationaler Mystik« auffassen. Es wäre unrichtig, wollte man Mystik durch außergewöhnliche Bewußtseinszustände definieren, entscheidend für Mystik ist nur, daß dort das Bewußtsein einer Einheit mit Gott vorliegt. Ob man dabei das sehr vieldeutige Wort »Mystik« gebraucht, ist nicht entscheidend. Vielleicht läßt es sich auch so erklären: Mystik versucht die Grenzen des Verstandes zu überschreiten, und wir kennen seit der späten Antike die Unterscheidung von Verstand und Vernunft *(ratio* und *intellectus;* vgl. 1. Teil, Kap. XVII). Die besondere Form »rationaler Mystik«, die Eckhart vorlegt, besteht in dem Versuch, nicht den Bereich der Vernunft *(intellectus)* durch irgendeine Offenbarung oder eine Ekstase »aufzufüllen«, sondern diese Unterscheidung selbst in der Weise zu überschreiten, aufzuheben, daß auch der Bereich der Vernunft *(intellectus)* mit dem »natürlichen Licht«, also der *ratio,* analysiert wird.

Eckhart legte wenig Wert auf die äußeren Übungen der Frömmigkeit, bei ihm lag der ganze Nachdruck auf der Vereinigung der Seele mit Gott. Menschen, »die in Bußübungen und äußerlicher Übung an ihrem selbstischen Ich festhalten« sind dem äußeren Anschein nach zwar heilig, in Wirklichkeit aber sind sie »Esel, die nichts von der göttlichen Wahrheit verstehen« (Ebd. S. 304). Im Grunde haben alle seine Schriften überhaupt nur das eine Thema: die *Geburt Gottes in der Seele*. Dieser Gedanke ist nicht schlechterdings neu. Auch hier spielten die Schriften des Dionysios Areopagita eine große Rolle. In der Verwendung der Vorstellungen des Dionysios zeigt sich jedoch bei Eckhart eine wichtige Verschiebung, wodurch auch gleich die veränderte Situation des 14. Jhd.s deutlich wird. Die Lehre des Dionysios von der himmlischen und der irdischen Hierarchie (vgl. Kap. II, 2) tritt ganz zurück: Angesichts der einzig entscheidenden Beziehung der Kreatur zu Gott werden alle hierarchischen Unterschiede irrelevant. Die Mystik wird hier standesfrei und laikal. Jeder kann und soll ein »Edler« werden. Für Eckhart ist kein Mensch »so grobsinnig, so verständnislos und so untüchtig« (Ebd. S. 277), daß ihm der aufgezeigte Weg nicht offen stünde. Dieser Weg ist unabhängig von den traditionellen kirchlichen Institutionen, ist also nicht eine Privileg jener, die sich in die Einsamkeit oder in ein Kloster zurückziehen. Aber auch der sakrale Raum der Kirche als Gebäude wird relativiert:

> Ich wurde gefragt: manche Leute zögen sich streng von den Menschen zurück und wären immerzu gern allein, und daran läge ihr Friede und daran, daß sie in der Kirche wären – ob dies das Beste wäre? Da sagte ich »Nein!« Und gib acht, warum. Mit wem es recht steht, wahrlich, dem ist's an allen Stätten und unter allen Leuten recht. Mit wem es aber unrecht steht, für den ist's an allen Stätten und unter allen Leuten unrecht. Wer aber recht daran ist, der hat Gott in Wahrheit bei sich; wer aber Gott recht in Wahrheit hat, der hat ihn an allen Stätten und auf der Straße und bei allen Leuten ebensogut wie in der Kirche oder in der Einöde oder in der Zelle; wenn anders er ihn recht und nur ihn hat, so kann einen solchen Menschen niemand behindern. (Ebd. S. 58 f.)

Für die Geburt Gottes in der Seele ist aber ein sehr klarer Rückzug erforderlich. Die *Abgeschiedenheit*, die Eckhart fordert, ist jedoch keine äußere, sondern eine innere. Mit dieser Abgeschiedenheit ist wesentlich mehr als das gemeint, was in der Tradition etwa bei den Kappadokiern oder bei Augustinus darunter verstanden wurde. Es geht nicht bloß darum, sich von allem Äußeren ab- und der Seele und so Gott zuzuwenden, sondern vor allem darum, in reiner *Armut des Geistes* auch *sich selbst aufzugeben*. Diesem zentralen Thema hat Eckhart eine seiner berühmtesten, aber auch am schwierigsten zu interpretierenden Predigten gewidmet. Eckhart war sich bewußt, daß er dabei über all das hinausging, was in der offiziellen christlichen Tradition gelehrt wurde, und daß er nur schwer verstanden werden konnte, und vermutlich wußte er auch, daß er von nicht wenigen mißverstanden werden würde.

> Bischof Albrecht [d. h. Albertus Magnus] sagt, *das* sei ein armer Mensch, der an allen Dingen, die Gott je erschuf, kein Genügen habe, – und das ist gut gesagt. Wir aber sagen es noch besser und nehmen Armut in einem (noch) höheren Verstande: Das ist ein armer Mensch, der nichts *will* und nichts *weiß* und nichts *hat*. Von diesen drei

Punkten will ich sprechen, und ich bitte euch um der Liebe Gottes willen, daß ihr diese Wahrheit versteht, wenn ihr könnt. Versteht ihr sie aber nicht, so bekümmert euch deswegen nicht, denn ich will von so gearteter Wahrheit sprechen, wie sie nur wenige gute Leute verstehen werden. (Ebd. S. 303)

Was meint Eckhart mit »nichts wollen«? Traditionell bedeutete dies, den Eigenwillen aufzugeben und sich ganz dem Willen Gottes zu fügen, eine Auffassung, die auch noch, und sogar verstärkt in der »positivistischen« Ethik eines Ockham oder Nikolaus von Autrecourt zur Zeit Eckharts galt (vgl. Kap XVII, 5). Eckhart verwirft ganz eindeutig eine solche der göttlichen Allmachts-Vorstellung korrespondierende Ethik und Frömmigkeit, die auf einer Unterwerfung des Willens beruht.

Denn, soll der Mensch wahrhaft Armut haben, so muß er seines geschaffenen Willens so ledig sein, wie er's war, als er (noch) nicht war. Denn ich sage euch bei der ewigen Wahrheit: Solange ihr den *Willen* habt, den Willen Gottes zu erfüllen, und Verlangen habt nach der Ewigkeit und nach Gott, solange seid ihr nicht richtig arm. Denn nur das ist ein armer Mensch, der *nichts* will und *nichts* begehrt. (Ebd. S. 304)

Dies könnte man noch als Radikalisierung der »normalen« Tradition auffassen. Anders sieht es jedoch aus, wenn man die metaphysische Begründung hinzunimmt, die Eckhart in seiner Predigt gleich anschließt. Hier wird klar, daß es nicht darum geht, den Willen zu unterwerfen, sondern darum, ihn »abzuwerfen«, von ihm »ledig zu werden«. | 497

Als ich (noch) in meiner ersten Ursache stand, da hatte ich keinen Gott, und da war ich Ursache meiner selbst. Ich wollte nichts, ich begehrte nichts, denn ich war ein lediges Sein und ein Erkenner meiner selbst im Genuß der Wahrheit. Da wollte ich mich selbst und wollte nichts sonst; was ich wollte, das war ich, und was ich war, das wollte ich, und hier stand ich Gottes und aller Dinge ledig. Als ich aber aus freiem Willensentschluß ausging und mein geschaffenes Sein empfing, da hatte ich einen Gott; denn ehe die Kreaturen waren, war Gott (noch) nicht »*Gott*«: er war vielmehr, was er war. Als die Kreaturen wurden und sie ihr geschaffenes Sein empfingen, da war Gott nicht in sich selber Gott, sondern in den Kreaturen war er Gott. Nun sagen wir, daß Gott, soweit er (lediglich) »Gott« ist, nicht das höchste Ziel der Kreatur ist. [...] Darum bitten wir Gott, daß wir »Gottes« ledig werden und daß wir die Wahrheit dort erfassen und ewiglich genießen, wo die obersten Engel und die Fliege und die Seele gleich sind, dort, wo ich stand und wollte, was ich war, und war, was ich wollte. (Ebd. S. 304 f.)

Dieser Text, zu dem es durchaus weitere ähnliche Stellen gibt, ist für jede Interpretation höchst problematisch. Schon der Text, wie er oben steht, enthält ja ziemlich viel Interpretation, denn es wurde – sicher mit guten Gründen – vom Herausgeber zwei

Mal »noch« und ein Mal »lediglich« als erforderliche Ergänzung vorgeschlagen, und außerdem wird an drei Stellen »Gott« in Anführungszeichen gesetzt, wobei nicht recht klar wird, warum dies genau an diesen Stellen und nicht auch an anderen geschieht, oder warum es überhaupt geschieht. Vielleicht wäre es besser, den Text ohne Ergänzungen und ohne Anführungszeichen zu lesen. – Mein Interpretations-Vorschlag ist der folgende: Wir haben einen *ersten* Zustand, in dem Ich und Gott ungeschieden sind und es somit keinen Sinn macht, von einem Ich zu sprechen, das einen Gott hat. Es folgt ein deutlich abgesetzter *zweiter* Zustand: »Als ich aber aus freiem Willensentschluß ausging und mein geschaffenes Sein empfing, da hatte ich einen Gott«. Erst in diesem zweiten Zustand sind also Ich und Gott geschieden, und erst hier kann man eigentlich von »Ich« und »Gott« sprechen. Es wird dann ein *dritter* Zustand anvisiert, der offensichtlich die Aufhebung des zweiten darstellt und zum ursprünglichen zurückführt, wo wir also wieder des Ichs und Gottes ledig sind. – Der Punkt des »Umbruchs« ist dort, wo »ich aus freiem Willensentschluß ausging«, und daher ist für die Rückkehr gefordert, nichts zu wollen, d. h. den freien Willensentschluß rückgängig zu machen. Dann aber ist dieser freie Willensentschluß, der eigentlich erst das Ich zum Ich und Gott zu Gott macht, ein »Fall«, ein »Absturz«, der aufgehoben werden soll. Dieses Grundschema ist uns schon begegnet: bei Origenes in dessen *Peri Archôn* (vgl. Kap. I, 5, c). Dieses systematische Hauptwerk des Origenes wurde aber trotz der lateinischen Übersetzung durch Rufinus von den mittelalterlichen Philosophen nicht gelesen. Woher dann die Ähnlichkeit? Die Antwort ist vermutlich verhältnismäßig einfach: Dort wo die Individualität als das eigentlich Nicht-Sein-Sollende aufgefaßt wird, ergibt sich dann, wenn eine metaphysische Erklärung für dessen Vorhandenheit gesucht wird, mit Notwendigkeit irgendein über einen individualitäts-begründenden »Fall« strukturiertes gnostisches oder gnostisierendes Schema. Die Vermutung, daß Eckhart die Problematik der Erlösung des Individuums, die sich ja in voller Schärfe im Mittelalter erst im 14. Jhd. artikulierte, in der *Aufhebung des Individuums*, d. h. im »Entwerden« gesucht hat, wurde schon wiederholt geäußert und ebenso oft wieder bestritten. Ich halte diese Vermutung für zutreffend. Die Diskussion um diesen ganz zentralen Punkt des Eckhart-Verständnisses ist eine, die offensichtlich spätestens kurz nach Eckharts Tod und der Verurteilung seiner Lehre begann. Der Eckhart-Schüler Heinrich Seuse läßt in einer Schrift, die der Verteidigung der Lehre Eckharts dienen sollte, die Frage stellen:

Bleibt dem Menschen sein persönliches Ich *(sin persênlich underscheiden)* in dem Grund des Nichts erhalten? (Seuse: *Das Buch der Wahrheit* VI. S. 53)

Die Antwort Seuses auf diese Frage ist dann deutlich apologetisch und sachlich m. E. auf die Auffassung Eckharts genau *nicht* zutreffend. Mit Berufung auf Augustinus sagt Seuse, daß auch dann, wenn der Mensch mit Gott so vollständig vereinigt ist, daß dieser sein Grund ist, der metaphysische Unterschied bestehen bleibt:

Dies und Das verschwindet, aber nicht nach seinem Wesen, denn da bleibt ein jedes, was es ist *(nút in der wesunge, in der ein ieklichs blibet, daz es ist, als sant Augustinus sprichet).* (Ebd.)

Wie ganz ähnlich an anderen Stellen (vgl. dazu den folgenden Abschnitt 2), so wird auch hier die Auffassung Eckharts durch die Einordnung in die approbierte Tradition nicht nur entschärft, sondern geradezu aufgehoben – daß Seuse dies in bester Absicht und in der Überzeugung, Eckhart richtig zu interpretieren, getan hat, sei dabei unbestritten. Die von Seuse aufgeworfene Frage zeigt aber in jedem Fall, daß die Antwort, die zu dieser Zeit von Anhängern Eckharts gegeben wurde, häufig nicht die von Seuse, sondern die genau entgegengesetzte war. Auf die Frage: »Bleibt dem Menschen sein persönliches Ich in dem Grund des Nichts erhalten?« wäre die konsequente Antwort Eckharts gewesen: »In dem Grunde des Nichts bleibt dem Menschen sein persönliches Ich *(sin persênlich underscheiden) nicht* erhalten.« Dies läßt sich auch durch die bei Eckhart zentrale Vorstellung der *Gelassenheit* zeigen. Die von Eckhart geforderte Gelassenheit ist sicher nicht nur eine stoisch psychologische Haltung des Gleichmuts, die er durchaus auch im Sinne von »Dein (Gottes) Wille geschehe« fordert, sondern stellt einen metaphysischen Imperativ dar: Der Mensch soll alle Dinge, aber eben auch und vor allem sich selbst »lassen«, sich »vergessen«. Er erreicht sein Ziel dort, wo er nicht nur nichts zum Eigenbesitz mehr *haben*, sondern nichts eigenes mehr *sein* will, so wie dies seinem metaphysischen »Status« entspricht.

Alle Kreaturen sind ein reines Nichts. Ich sage nicht, daß sie geringwertig oder überhaupt etwas seien: sie sind ein reines *Nichts.*« (Eckhart: *Deutsche Predigten und Traktate.* S. 171)

Vom Standpunkt traditioneller Metaphysik aus konnten solche Aussagen nur bedeuten, die Geschöpfe, die ganze Welt, hätten keinen eigenen Seinsakt, und dies klang verdächtig nach Pantheismus (den Begriff »Pantheismus« gab es damals allerdings noch nicht). Und dies schien man auch ausdrücklich bei Eckhart nachlesen zu können, so wenn es heißt:

Gottes Sein ist mein Leben. Ist denn mein Leben Gottes Sein, so muß Gottes Sein mein sein und Gottes Wesenheit meine Wesenheit, nicht weniger und nicht mehr. (Ebd. S. 184)

Und einige Seiten später in der selben Predigt heißt es dann ganz einfach: »Gott und ich, wir sind *eins*« (Ebd. S. 186). Ganz ähnlich sagt Eckhart in der schon zitierten Predigt über die wahre Armut: »Denn mir wird in diesem Durchbrechen zuteil, daß ich und Gott eins sind.« (Ebd. S. 308 f.) Dasselbe schien sich auch aus seiner schon genannten Lehre von der Gottesgeburt in der Seele zu ergeben:

Er gebiert mich als seinen Sohn und als denselben Sohn. Ich sage noch mehr: Er gebiert mich nicht allein als seinen Sohn; er gebiert mich als sich und sich als mich und mich als sein Sein und als seine Natur. [...] Ganz so werde ich in ihn verwandelt, daß er mich als sein Sein wirkt, (und zwar) als eines, *nicht* als gleiches; beim lebendigen Gotte ist es wahr, daß es da keinerlei Unterschied gibt. (Ebd. S. 185 f.)

Dies also nur einige der zahlreichen Stellen, bei denen man schon vermuten kann, daß sie früher oder später bei den Vertretern der offiziellen Lehre der Kirche Befremden und Ablehnung hervorrufen würden. Dies trat ein, als Eckhart nach Köln an das *Studium generale* der Dominikaner geholt wurde, wo früher Albertus Magnus gelehrt hatte. Der Erzbischof von Köln Heinrich von Virneburg (1244–1332) hatte sich schon seit längerer Zeit der Bekämpfung der Beginen, Begarden und der Brüder des freien Geistes gewidmet und es entging ihm natürlich nicht, daß die Lehren Eckharts in verschiedener Hinsicht den Auffassungen dieser Gruppen nahe standen. Eckhart wurde daher zunächst in Köln angeklagt. (Die Akten davon sowie eine Antwort Eckharts sind in einer Abschrift in einer Handschrift des Stadtarchivs Soest überliefert.) Die anstößigen Thesen stammten sowohl aus lateinischen wie aus deutschen Schriften Eckharts. Der Angeklagte Eckhart hatte Gelegenheit, sich vor der

Kölner Inquisitionskommission zu verteidigen, machte es dabei aber ziemlich klar, daß er diese für zu voreingenommen und beschränkt ansah, um ihn zu verstehen. Außerdem wandte er sich 1327 an den Papst und gab eine öffentliche Erklärung in der Kirche des Dominikanerordens in Köln ab. Diese Erklärung wurde zunächst lateinisch und dann deutsch vorgetragen. Die Einbeziehung der Öffentlichkeit, die einen impliziten Appell an das Urteil des Volkes enthielt, war selbst schon etwas Unerhörtes, zeigt uns aber auch die veränderte gesellschaftliche Situation im 14. Jhd. So wie wir Papst Johannes XXII. inzwischen bei Ockham, Marsilius von Padua und bei der *Ars nova* kennen gelernt haben, war das Ergebnis allerdings voraussehbar. Der Papst war, wie er selbst im Vorwort der Verurteilungsbulle von 1329 *In agro Dominico (Auf dem Acker des Herrn* [DS 950–980]). Übers. im Anhang zu *Deutsche Predigten und Traktate.* S. 449–455) sagt, stets wachsam, um im Acker des Herrn jedes Unkraut schon im Keime zu ersticken, damit »die Saat der katholischen Wahrheit fröhlich aufgehe« (Ebd. S. 449). Eckhart wurde zum Vorwurf gemacht, daß er »mehr wissen wollte, als nötig war«, und vor allem wurde bemängelt, daß »dieser irregeleitete Mensch« seine Thesen »vor dem einfachen Volke in seinen Predigten lehrte« (Ebd.). Dies ist aufschlußreich: So wie in den anderen genannten Fällen hatte der Papst in Avignon nicht nur einfach die Besorgnis, daß irgendjemand »falsche« Sätze – oder »falsche« Melodien – vortrug, sondern daß die kirchlichen Autoritäten und somit natürlich in erster Linie er selbst in der inzwischen gewachsenen Öffentlichkeit die Kontrolle verlieren könnten. Er wußte also genauso wie Eckhart um die wachsende Bedeutung der Öffentlichkeit. Die Liste des Kölner Erzbischofs wurde dann am päpstlichen Hof in Avignon überarbeitet, d. h. etwas gekürzt. Die verurteilten Sätze finden sich tatsächlich in den Schriften Eckharts, ihre Zusammenstellung zeigt aber, daß die Kommission in Avignon nicht mehr verstanden hat als die in Köln. Dies ist im Prinzip nicht problematisch, denn auch wir verstehen vieles von Eckhart nicht. Problematisch ist allerdings, wenn man, wie die Kommission es tat, einfach einige kurze Sätze aus Eckhart mit der traditionellen scholastischen Philosophie oder Theologie vergleicht, was an der Sache vorbeigehen muß. Daß den Vertretern der Kirche, deren Einfluß auf das Volk in weitem Umfang über Kulthandlungen lief, mit Sätzen wie:

Das äußere Werk ist nicht eigentlich gut und göttlich, und Gott wirkt und gebiert es nicht eigentlich. (Satz 17. Ebd. S. 452)

nicht gefielen, ist leicht erklärlich. Schwieriger wird es bei anderen Thesen wie z. B.:

Desgleichen kann zugegeben werden, daß die Welt von Ewigkeit her gewesen ist. (Satz 2. Ebd. S. 450)

Desgleichen: Auf einmal und zugleich, als Gott war, da er seinen ihm gleich ewigen Sohn als ihm völlig gleichen Gott erzeugte, schuf er auch die Welt. (Satz 3. Ebd.)

Die Frage der Ewigkeit der Welt war schon immer ein zentraler Streitpunkt gewesen. | 501
Nur: Bisher war es dabei immer um ein Problem im Rahmen einer Diskussion um aristotelische naturphilosophische Thesen in ihrem Verhältnis zu Glaubensaussagen gegangen, die als objektive Tatsachenaussagen verstanden wurden. Die Lehre Eckharts läßt sich aber in diesen Rahmen überhaupt nicht einfügen. Für Eckhart gibt es keine als objektive Tatsachenaussagen verstandenen Glaubenssätze – nur »Grobsinnige« können so etwas meinen. Eckhart transformierte alle Aussagen der Philosophie wie der Theologie in solche über die Seele, wir würden heute sagen: in solche über Bewußtseinstatsachen. Auch dafür haben wir in der Geschichte eine Parallele: Während Origenes eher noch im Rahmen eines »objektiven« gnostischen Mythos dachte, hat – durchaus origenistisch konsequent weitergedacht – in der späten Antike Evagrios Pontikos (um 345–399) diesen Mythos vollständig in die Vernunftseele verlegt, in der das Göttliche selbst zur Sprache kommt. Die Seele ist dort der einzige »Ort«, das Medium, in dem sich der universelle gnostische Vorgang abspielt. Und auch bei Eckhart sind alle solchen Aussagen letztlich nicht solche einer individuellen Seele, sondern einer absoluten Vernunft, was die Kommission zwar so im Wortlaut bei Eckehart nicht finden konnte, aber – und in diesem Punkt war sie durchaus scharfsinnig – als seine Auffassung vermutete:

Es ist etwas in der Seele, das unerschaffen und unerschaffbar ist; wenn die ganze Seele solcherart wäre, so wäre sie unerschaffen und unerschaffbar – und dies ist die Vernunft *(intellectus)*. (Zusatz-Satz 1. Ebd. S. 454)

Ob eine solche Transformation als objektiv gedachter Aussagen in solche über Bewußtseinsgehalte ein sinnvolles Programm ist, sei hier dahingestellt. Sie ergibt aber jedenfalls eine Rahmentheorie, die mit einer Theorie physikalischer Welterklärung, wie sie im Streit um Ewigkeit oder Nicht-Ewigkeit der Welt bisher vorgelegen hatte, inkommensurabel ist. (Es macht eben auch nicht viel Sinn etwa die Physik Newtons mit der Naturphilosophie Schellings zu vergleichen.) Wenn man die übliche scholastische Philosophie und Theologie mit dem Denken Eckharts in Beziehung bringen wollte, so müßte man es ganz klar machen, daß dies nur auf der Ebene dessen möglich ist, was weiter oben als der »zweite Zustand« bezeichnet wurde, also als jener, in dem Gott und die Seele und somit die Kreatur unterschieden sind. Eine Diskussion über die Ewigkeit oder Nicht-Ewigkeit der Welt ist nur dort sinnvoll, wo Gott und Welt einander gegenübergestellt sind. Eckhart beschreibt diesen zweiten Zustand aber eben nicht, weil er für ihn an sich interessant wäre, sondern nur, weil er ihn systematisch darlegen muß, um zu zeigen, daß er überwunden, »aufgehoben«, werden muß. Und Entsprechendes gilt auch für eine Theologie und eine Philosophie, die innerhalb der Grenzen dieser Gegenüberstellung konzipiert sind – beide müssen als Moment eines übergeordneten Verstehensprozesses aufgefaßt werden. Eckharts philosophische Theologie stellt keine Alternative zur scholastischen Philosophie und Theologie dar, sondern bedeutet den Anspruch deren Überwindung oder »Aufhebung« von einem Standpunkt »höherer« Vernunft aus. Diese Transformation wird bei Eckhart besonders deutlich bei der Frage der Christologie. Für ihn – wie schon für Origenes – sind die Glaubensaussagen über Christus keine solchen über objektive Tatsachen und Ereignisse, sondern bringen das zum Ausdruck, was jede Seele als ihre höchste, anzustrebende und erreichbare Möglichkeit begreifen soll:

Alles, was die Heilige Schrift über Christus sagt, das bewahrheitet sich völlig an jedem guten und göttlichen Menschen. (Satz 12. Ebd. S. 451)

Der »edle Mensch« ist jener eingeborene Sohn Gottes, den der Vater von Ewigkeit her gezeugt hat. (Satz 21. Ebd. S. 452)

Und da Christus ein und dieselbe Natur mit Gott ist, gilt dies auch für den Menschen:

Alles, was der göttlichen Natur eigen ist, das alles ist auch dem gerechten und göttlichen Menschen eigen; darum wirkt solch ein Mensch auch alles, was Gott wirkt, und er hat zusammen mit Gott Himmel und Erde geschaffen, und er ist Zeuger des ewigen Wortes, und Gott wüßte ohne einen solchen Menschen nichts zu tun. (Satz 13. Ebd. S. 452 f.)

Papst Johannes XXII. mit seiner Kommission fand – historisch verständlicherweise – solche Sätze teilweise als eindeutig häretisch und teilweise »als überaus übel klingend und sehr kühn und der Häresie verdächtig« (Ebd. S. 454). Zum Zeitpunkt der Veröffentlichung der Verurteilungen war Eckhart allerdings schon tot. Er starb 1328 vermutlich in Avignon. Ob er in Avignon Ockham, der sich ja bis kurz vorher auch dort als Angeklagter aufgehalten hatte, persönlich begegnet ist, ist nicht sicher. Es gibt aber Äußerungen Ockhams über Eckhart, die zeigen, daß er, allerdings aus ganz anderen Gründen als aus jenen des Papstes, nicht viel von den »verstiegenen« Lehren Eckharts hielt. Eine Verständigung wäre vermutlich ziemlich schwierig gewesen. Beide verteidigten z. B. die Armut, Ockham dachte dies aber ganz »empirisch«, Eckhart hingegen »transempirisch«. – In der päpstlichen Bulle wird zum Abschluß behauptet, Eckhart habe seine Irrtümer vor seinem Tode widerrufen (Ebd. S. 455). Dafür liegt kein historisches Zeugnis vor. Eckhart hat wiederholt zu erklären versucht, in welchem Sinn seinen Aussagen ein ganz rechtgläubiger Sinn gegeben werden kann, widerrufen hat er aber dabei nichts. Es soll nicht bezweifelt werden, daß Eckhart selbst meinte, nichts anderes zu lehren, als das, was in der traditionellen Lehre des Christentums in einem höheren Verständnis enthalten ist. Eckhart ist – auch hier wieder ganz ähnlich dem Pistis-Gnosis-Schema des Origenes – überzeugt, daß die Glaubensvorstellungen als Vorstellungen nicht das letzte sind, was gesagt werden kann. Im Zusammenhang einer Überlegung über die Zeitenthobenheit Gottes und des Menschen im Zustand der Vollendung zieht er in eindeutiger Weise dieses Stufen-Schema heran:

| 503

Auch dies ist für weise Leute eine Sache des Wissens und für grobsinnige eine Sache des Glaubens. (Ebd. S. 268)

»Grobsinnig« sind die Pistiker, »weise Leute« sind die Gnostiker, erstere denken auf der Ebene des Glaubens, letztere auf der des Wissens. Für die »weisen Leute« gibt es nur *ein* Wissen und nur *eine* Wahrheit. Autonomes Wissen außerhalb dieses einen Wissens kann es daher nicht geben. Keinesfalls darf der Glaube irgendetwas enthalten, das nicht auch vom Wissen erreichbar wäre. Eckhart war mit Maimonides der Auffassung, daß die Philosophie und die biblischen Texte nur ein und dieselbe Wahrheit enthalten (vgl. Kap. X, 2, h), und damit stand er ganz klar in Gegensatz zu der Unterscheidung der beiden Bereiche, wie Thomas von Aquin sie vorgenommen hatte (vgl. Kap. XIV, 2), und er stand der Sache nach wieder auf der Seite von Origenes (vgl. Kap. I, 5, b). Dies ist aber vermutlich noch nicht wirklich die ganze »Wahrheit« Eckharts. Es gehörte schon immer zum Selbstbewußtsein der wahren Gnostiker seit Klemens von Alexandrien, daß das Wissen des Gnostikers letztlich unmittelbar ist, also der Stufe der Pistis nicht bedarf. Schon rein sprachlich ist das bei Eckhart häufige »Ich aber sage euch« aufschlußreich. Nicht selten kommt bei Eckhart zum Ausdruck, daß er für seine Lehre eine eigene, von aller Tradition unabhängige Wahrheit beanspruchte, so als käme in ihm eine neue und endgültige Offenbarung zur Sprache, eine »unverhüllte Wahrheit«, die »unmittelbar« von Gott kommt:

Wer diese Rede nicht versteht, der bekümmere sein Herz nicht damit. Denn solange der Mensch dieser Wahrheit nicht gleicht, solange wird er diese Rede nicht verstehen. Denn es ist eine unverhüllte Wahrheit, die da gekommen ist aus dem Herzen Gottes unmittelbar. (*Deutsche Predigten und Traktate.* S. 309)

Damit wird auch deutlich, daß Eckhart nicht einfach Dionysios Areopagita in eine besonders kraftvolle Sprache kleidete, sondern daß er tatsächlich über ihn hinausging in einer Weise, die es nicht zuließ, seine Aussagen einfach als Neuformulierung der alten Gotteslehre aufzufassen. Eckhart braucht für seine Gotteserfahrung keine Kirche und keine Dogmen, ja er kann sogar ohne das Wort »Gott« auskommen und verlangt dies sogar. Im Vergleich zu Eckhart wird die spätere Reformation wirklich nur als solche, d. h. als Reformation erscheinen, während die Lehre Eckharts eine Transformation war.

Wahrscheinlich ist aber auch »Transformation« keine wirklich geeignete Kategorie zur Interpretation Eckharts, ebensowenig wie die vorher – mit sichtlichem Unbehagen – verwendeten Begriffe »Mystik« und »Pantheismus«. Alle diese Kennzeichnungen gehören in die europäische Philosophie- und Kulturgeschichte. Selbstverständlich gehört Eckhart auch in diese Geschichte und es gibt ja auch zahlreiche Studien, die genaue Nachweise über Eckharts Beziehungen zu Dionysios Areopagita, zu Anselm, zu Averroes, dessen aristotelischer Geist-Begriff für ihn besonders wichtig war, zu Albert und Thomas von Aquin, von dessen Auffassungen er sich zusehends entfernte, usw. erbringen. All dies soll in keiner Weise bestritten werden, ist aber eben doch nicht alles, und hilft uns vielleicht gerade dort, wo wir an deutliche Grenzen des Verstehens gelangen, nicht unbedingt weiter. Es ist aber der Forschung schon seit einigen Jahrzehnten aufgefallen, daß sich in den indischen Upanishaden und im Zen-Buddhismus deutliche Parallelen zu Lehren Eckharts finden. Diese Beobachtungen sind zutreffend. Weiter unten wird auch auf die Sprache Heideggers verwiesen werden und interessanterweise stellt sich dort eine ganz ähnliche Frage (vgl. M. Heidegger: *Aus einem Gespräch von der Sprache.* In: ders.: *Unterwegs zur Sprache.* Pfullingen, 3. Aufl. 1965. S. 83–155). Es ergibt sich dann – wie immer – die Frage nach »Abhängigkeiten« und »Einflüssen«, die solche Strukturähnlichkeiten erklären könnten. Vielleicht gibt es keine solchen und dann könnte man an »Archetypen« denken. Den einzigen historischen Ansatzpunkt im Rahmen der europäischen Geschichte der Philosophie sehe ich in der antiken pyrrhonischen Skepsis (vgl. 1. Teil, Kap. XIV, 3). Hier ist jedoch für die Forschung sicher noch viel zu tun. Innerhalb der Geschichte der Philosophie wird seit den Stoikern und seit Augustinus bis herauf zu Descartes immer eigentlich nur nach der Überwindung der Skepsis gefragt worden, und diese *Überwindung des Zweifels* wird dann im Selbstbewußtsein des zweifelnden

Ichs gefunden. Die ursprüngliche Richtung der Skeptiker war jedoch genau die umgekehrte: Die *Überwindung des Ichs* als Selbst, um den Zweifel »verschwinden« zu lassen und der Seele die Ruhe zu vermitteln. Es handelt sich hier nicht um eine alternative philosophische Theorie sondern ganz radikal um eine Alternative zur Philosophie, wie diese sich seit den Vorsokratikern herausgebildet hat. Es wäre dann die Frage, ob und wenn ja, seit wann es in der europäischen Philosophie- und Literaturgeschichte neben der »negativen« Tradition der Skepsis, auch eine »positive« gegeben hat. Die für uns historisch greifbare Grundlagenschrift der antiken Skepsis, der *Grundriss der pyrrhonischen Skepsis* des Sextus Empiricus war jedenfalls schon im 13. Jhd. in einer direkt aus dem Griechischen angefertigten Übersetzung vorhanden, und sie ist uns überliefert in einer Handschrift, die ausgerechnet aus der Mystikerhochburg St. Victor bei Paris stammt (vgl. 1. Teil, Kap. XIV, 3). Sicher hat auch die Tatsache, daß dieser Text fälschlich Aristoteles zugeschrieben wurde, zu seiner Übersetzung geführt, dies reicht jedoch zur Erklärung nicht ganz aus, denn eine Übersetzung war immerhin ein aufwendiges Unternehmen. Es wäre interessant, zu erfahren, wer an der Übersetzung dieses Textes interessiert war und warum dann bei den Mystikern von St. Victor ein Interesse daran bestand, eine Handschrift dieses Textes herzustellen oder zu erwerben. Und weiters: Wurde dieser Text wirklich von niemandem gelesen? Positiv formuliert: Gab es vielleicht im Mittelalter eine aus der Skepsis zumindesten mitmotivierte Mystik, die alle Zweifel nicht überwinden, sondern »hinter sich lassen« wollte, um in der »Gelassenheit« die Wahrheit zu finden? | 505

Die geschichtliche Wirkung Eckharts war nur eine begrenzte. Dies hatte verschiedene Gründe: Eckharts Lehre war nicht gemeinschaftsbildend und konnte so keine dauernde gesellschaftliche Kraft abgeben; sie war primär an der Erkenntnis orientiert und konnte so nicht unmittelbar zu einem praktischen Imperativ werden. Vor allem aber: Die radikale Aufhebung jeder inhaltlich gedachten Offenbarung und Metaphysik konnte zwar im 14. Jhd. schon gedacht werden, ihr fehlte jedoch eine breite und gesellschaftlich akzeptierte Plausibilität, zu sehr wirkte noch auf lange Zeit hin das traditionell gegenständliche Denken auch dort, wo bestimmte Formen desselben abgelehnt wurden.

2. Heinrich Seuse und Johannes Tauler

Nach anfänglicher Verteidigung griff der Orden der Dominikaner nach der Verurteilung Eckharts rigoros gegen dessen Anhänger durch. Dies kennzeichnet auch den Zeitpunkt, seit dem die Kölner Dominikaner-Schule zu einer Thomas-Verteidigung erstarrte (vgl. Kap. XV, 3). Nichtsdestoweniger gab es, vermutlich vor allem in Köln, eine Gruppe, die versuchte, die Texte der Schriften Eckharts zu erhalten und seine Lehren zu verteidigen. Die Textüberlieferung wurde allerdings jetzt schwieriger, die Predigten Eckharts wurden nach dessen Verurteilung meist anonym oder unter anderen Namen weitergegeben, was bis heute bei manchen Texten Fragen zur Authentizität aufwirft. Auch in Hinsicht auf die Verteidigung der Lehren Eckharts war die Situation komplizierter geworden. Neben der Verteidigung der eigentlichen Lehre, wir könnten auch sagen: der »authentischen« Häresie Eckharts, gab es nämlich auch, so vor allem bei den Brüdern des freien Geistes, eine, wie man heute sagen würde, »libertinistische« Anwendung der Lehren Eckharts: Dem »vollkommenen Menschen« wäre alles erlaubt, d. h. es gäbe für ihn keine ethischen Regeln mehr, der Vollkommene könne also nicht mehr sündigen. Den »Beweis« dafür meinten sie auch in der *Bibel* zu finden, so wenn es dort z. B. heißt, daß jeder, der aus Gott geboren ist, nicht sündigt (1 Joh. 1, 9), was dann mit der Lehre Eckharts von der Geburt Gottes in der Seele passend verbunden werden konnte. – Die Aufgabe wäre es daher gewesen, die »authentische« Häresie Eckharts zu verteidigen und gleichzeitig deren illegitime Anwendung zu kritisieren. Heinrich Seuse (um 1295–1366), Dominikaner wie Eckhart und dessen Schüler, versuchte auf der einen Seite diese illegitimen Anwendungen zu bekämpfen (vgl. *Das Buch der Wahrheit* VII. S. 57–73), und auf der anderen Seite die Rechtgläubigkeit seines Meisters nachzuweisen. Dem diente seine bekannte Schrift *Das Buch der Wahrheit (Daz bůchli der warheit)*. Die darin verfolgte Strategie besteht darin, Eckhart in die Tradition von Augustinus über Boethius, Dionysios Areopagita, Bernhard von Clairvaux und Bonaventura bis hin zu Thomas von Aquin einzufügen. Genau dadurch aber brach er den Auffassungen Meister Eckharts die Spitze ab (ich folge hier der Interpretation von Haas 1971 und Flasch 1988, und nicht Sturlese in seiner Einleitung zum *Buch der Wahrheit*). Während Eckhart immer wieder gesagt hatte: »Ein Meister sagte …« – »Ich aber sage euch« wurde er jetzt zu einem Magister unter anderen Magistern. Man muß dabei allerdings sehen, daß Eckhart an vielen Stellen, allerdings mehr in den lateinischen Schriften wie z. B. in den *Bibel- Kommentaren* als in den deutschen Predigten, wie ein scholastischer Magister gesprochen hat. Bei genauem Hinsehen zeigt sich aber auch dort, so vor allem in den *Pariser Quaestionen*, daß darin letztlich doch nicht einfach eine weitere Variante eines scholastischen Magisters zur Sprache kommt. Ich meine, daß man z. B. in der schon zitierten *Predigt über die Armut des Geistes* (*Deutsche Predigten und Traktate*. S. 303–309) dem »authentischen« Eckhart begegnet, und da ist man ziemlich nahe an den Sätzen der Verurteilung durch den Papst. Wie auch bei anderen Verurteilungen, so gilt auch hier: Die Verteidiger der offiziellen Lehre und die Inquisitoren mögen vieles unzureichend verstanden haben, aber sie liefen keinen Phantomen nach. Seuse kann sich daher sehr wohl bei der »Verteidigung« Eckharts auf Stellen aus dessen Werken berufen, nur verteidigt er dann einen Eckhart, der niemals verurteilt worden wäre, wenn er nicht auch anderes gesagt und geschrieben hätte. Auf Seuses Antwort zur Frage der Individualität der vollkommenen Seele ist schon im vorangegangenen Abschnitt hingewiesen worden. Auch an weiteren Punkten zeigt sich, wie Seuse Eckharts Aussagen abschwächt, z. B.: (1) Eckhart stellt Glauben und Wissen gegenüber und will zum Wissen und von dort zur Armut des

506 |

Wissens gelangen. Seuse hingegen nimmt an, daß der Mensch zwar zu einem Wissen gelangen kann, daß aber immer auch der Glaube bestehen bleibt (Ebd. VIII. S. 71). (2) Eckhart hielt nichts von äußeren Frömmigkeitsübungen, wogegen Seuse auch für jene, die zu innerer Gelassenheit gelangt sind, annimmt, daß sie solche äußeren Übungen weiter vornehmen (Ebd. VIII. S. 69). (3) Besonders relevant ist der Unterschied der Auffassung von Christus. Während Eckhart fordert, daß jeder Mensch ein Eingeborener würde, richtet Seuse wieder die traditionelle »rechtgläubige« Differenz zwischen Christus und den anderen Menschen auf, so daß es heißt: »Das stimmt allein für Christus und sonst für keinen anderen Menschen.« (Ebd. VII. S. 63). Eckhart sagte, daß dem Vollkommenen alles gegeben ist, was Christus gegeben ist, wogegen Seuse von Christus festhält: »Darum besitzt er das in viel edlerer Weise.« (Ebd. VII. S. 65). Bei Seuse gibt es eine »erleuchtende Unterscheidung«, »wie ein Mensch mit Christus eins werden soll und doch von ihm unterschieden bleibt« (Ebd.), während bei Eckhart die Erleuchtung gerade darin besteht, daß es keine solche Unterscheidung mehr gibt. (4) Und somit muß auch das von Eckhart angestrebte Eins-Werden mit Gott von Seuse abgeschwächt werden, es findet nur »in gewisser Weise *(in etlicher wise)*« statt:

Und so kann der Mensch, wenn er sich in Gott entäußert, in gewisser Weise im Sich-Verlieren eins sein und nach außen schauend und genießend sein und desgleichen. Das zeige ich dir in einem Vergleich: Das Auge verliert sich, indem es sieht, denn es wird in der Sehtätigkeit eins mit seinem Gegenstand, und doch bleiben beide, was sie sind. (Ebd. VI. S. 41 und S. 43)

| 507

Mit Seuses Aussage: »es bleiben beide, was sie sind«, ist die Intention Eckharts aufgegeben. In Eckharts *Kommentar zum Buch der Weisheit* können wir lesen:

Alles, was sich durch seine Ununterschiedenheit unterscheidet, ist um so mehr ununterschieden, je mehr es unterschieden ist. Und umgekehrt, je unterschiedener, desto ununterschiedener, weil es sich durch seine Unterschiedenheit vom Ununterschiedenen unterscheidet. Je mehr also unterschieden, desto ununterschiedener. Und je mehr ununterschieden, desto unterschiedener, wie zuvor. Gott aber ist ein Ununterschiedenes, was sich durch seine Ununterschiedenheit unterscheidet [...]. Wiederum aber ist auch das zu bemerken, daß nichts so eins und ununterschieden ist wie Gott und jedes Geschaffene. (Eckhart: *Kommentar zum Buch der Weisheit* 154 und 155. S. 80)

Dies ist eine Dialektik, wie wir sie in Schellings *System des transzendentalen Idealismus* oder in Fichtes verschiedenen Versionen der *Wissenschaftslehre* finden. – Um eine Wiederaufnahme der »systematischen« Intention Eckharts zu finden, müssen wir lange warten. Wir begegnen ihr aber an vielleicht ganz unvermuteter Stelle, nämlich in Feuerbachs *Wesen des Christentums*. Setzen wir einmal statt »Wissen« »Liebe« (was legitim ist, vgl. das übernächste Zitat), so finden wir bei Feuerbach einen Satz, der genauso gut bei Eckhart stehen könnte (nicht umsonst gehört Eckhart zu den von Feuerbach am häufigsten zitierten Autoren):

Wer ist also unser Erlöser und Versöhner? Gott oder die Liebe? Die Liebe, denn Gott als Gott hat uns nicht erlöst, sondern die Liebe, welche über die Differenz von göttlicher und menschlicher Persönlichkeit erhaben ist. Wie Gott sich selbst aufgegeben aus Liebe, so sollen wir auch der Liebe Gott aufopfern. (*Das Wesen des Christentums.* 5. Kap. *Werke in sechs Bänden.* Hrsg. v. E. Thies. Frankfurt 1974–1976. V. S. 61. Vgl. auch 3. Teil, Kap. XIX, 2)

Möglicherweise stellt sich jetzt aber doch wieder die Frage, ob alle diese Eckhart und Seuse betreffenden Probleme nicht eher in die Theologie oder in die Geschichte der Frömmigkeit gehören als in die der Philosophie. Eine indirekte Antwort auf diese Frage kann bereits durch den Hinweis auf die Geschichte der deutschen Sprache gegeben werden. Eckhart hat, was ja die kirchlichen Behörden besonders störte, seine Lehren in der Volkssprache vorgetragen. Man muß sich dabei klar machen, daß er, um so schwierige und zumindesten eben auch philosophische Themen überhaupt behandeln zu können, sich dieser Sprache bedienen mußte und jedenfalls viele sprachliche Ausdrücke erst schaffen mußte. Eckhart verwendete dabei, um sein Anliegen zum Ausdruck zu bringen, Begriffe, die zum Teil aus der Tradition stammten, besonders von Thomas von Aquin und von Dionysios Areopagita, für die es aber bisher keine volkssprachlichen deutschen Worte gab. Eckhart mußte also in vielen Fällen eigene *Sprachschöpfungen* versuchen. Auch im Lateinischen gibt es Substantivierungen wie *beatitudo* (»Glückseligkeit«), aber die für die deutsche philosophische Sprache ebenso charakteristische wie problematische Eigenheit der häufigen und beinahe durchgehenden Substantivbildungen geht auf den Sprachgebrauch Eckharts und seiner predigenden Nachfolger zurück: »gelazenheit«, »vernunftigkeit«, »geschaffenheit«, »kreaturlicheit«, »nihtekeit« (Nichtigkeit), »ubertreffenlichheit«, »anderheit« und viele andere. Zahlreiche Predigten Eckharts zeigen sehr deutlich sein Ringen mit den Problemen der deutschen Sprache. So meinte Eckhart z. B., daß die traditionelle Gegenüberstellung von Erkennen und Wille unzureichend sei und daß dahinter eine Einheit stehen müßte, die bei ihm meist ein »Etwas« blieb und nur gelegentlich als »Gemüt« bezeichnet wird.

Das dem Menschen zubestimmte Wirken aber ist: Lieben und Erkennen. Nun ist es eine Streitfrage, worin die Seligkeit vorzüglich liege. Etliche Meister haben gesagt, sie liege in der Liebe, andere sagen, sie liege in der Erkenntnis *und* in der Liebe, und die treffen's (schon) besser. *Wir* aber sagen, daß sie *weder* in der Erkenntnis *noch* in der Liebe liege; es gibt vielmehr ein Etwas in der Seele, aus dem Erkenntnis und Liebe ausfließen; es selbst erkennt und liebt nicht, wie's die *Kräfte* der Seele tun. Wer *dieses*

(Etwas) kennen lernt, der erkennt, worin die Seligkeit liegt. (*Deutsche Predigten und Traktate.* S. 306)

Dieses »Etwas« wird dann bei Johannes Tauler (um 1300–1361) sehr häufig als »Gemüt« bezeichnet, und so brachte er in diesem Zusammenhang einen Begriff in die deutsche Terminologie ein, der sowohl der Philosophie wie auch der Kulturgeschichte ziemliche Probleme aufgeben wird. Dieser Begriff wird im Pietismus, in der Romantik und im Deutschen Idealismus eine große Rolle spielen. Da nun Tauler keine genaue Terminologie anwandte, ist auch die Interpretation von »Gemüt« unklar. Vor allem ist nicht klar, wie er sich genau das Verhältnis von »Seelengrund« *(grunt)* und »Gemüt« *(gemuet)* vorgestellt hat. Manchmal scheint es, als würde er den Seelengrund mit dem Gemüt identifizieren, meist erscheint jedoch das Gemüt als eine Kraft, die, ausgehend vom Seelengrund, die Kräfte des Verstandes und des Willens durchdringt und zur Wiedervereinigung mit dem Seelengrund führt. Im »Seelengrund« findet der Mensch Gott, das Sein und das Nichts, dieses Finden ist jedoch keine Erkenntnis. Ganz ähnlich lesen wir bei Seuse:

Und dieses Nichts nennt man nach allgemeiner Übereinstimmung »Gott«, und es ist in sich selbst das allereigentlichste Sein *(und ist an im selber ein aller weslichostes iht).* Hierin erkennt sich der Mensch als eins mit diesem Nichts; dieses Nichts jedoch erkennt sich selber ohne irgendeine Erkenntnistätigkeit. Aber darin ist noch etwas Tieferes verborgen *(Aber es ist hie verborgen neiswaz noch inbaz).* (*Das Buch der Wahrheit* VI. S. 35) | 509

An diesem Punkt ist Seuse sehr nahe an den Intentionen Eckharts. Wie immer auch die Interpretation solcher Texte aussehen mag, es wird aus diesem Zusammenhang verständlich, daß man im Deutschen auf dem Hintergrund von Gemüt und Seelengrund von der »Tiefe der Vernunft« sprechen kann, während etwa das Französische keine Möglichkeit kennt, von einer »*profondeur de la raison*« zu sprechen. Hier ist die Sprache mit Konnotationen versehen worden, die folgenreich für die Philosophie, vor allem natürlich für die deutschsprachige, waren. Eckhart, Seuse und Tauler haben gerade durch ihre Predigten ins Volk und somit in die Bildung der sich ausbildenden Sprache des Volkes hineingewirkt. Tauler war ein viel gelesener Schriftsteller bis über die Zeit der Reformation hinaus. Alle diese Prediger haben sehr viel zur Wortbildung in der deutschen Sprache beigetragen. Man wird bei dieser ganzen Bewegung den Sprachprozeß gar nicht überschätzen können. Die Volkssprachen wurden in verschiedenen Ländern zu verschiedenen Zeitpunkten auf ein literarisches Niveau mit Breitenwirkung gebracht. Diese Ursprungssituation blieb entscheidend, insofern hier Begriffe geprägt wurden, die später auch die Matrix der Philosophie in der Volkssprache abgegeben haben. So ist sicher ein großer Unterschied, ob etwa das Italienische mit Dantes *Divina Commedia*, dem *Decamerone* Boccaccios und der Lyrik Petracas entstanden ist, oder ob das Deutsche in der Periode seiner Ausbildung gerade in Hinsicht auf die »philosophische« Sprache sich an Hand der Predigtliteratur eines Eckhart, Seuse und Tauler ausgebildet hat. Das Wissen um diesen Zusammenhang ist nicht nur sprachgeschichtlich, sondern auch sprachanalytisch und somit philosophisch äußerst aufschlußreich. So kann z. B. Heidegger die Worte »Gelassenheit« und »Gemüt« wieder aufnehmen, und er findet nicht zu Unrecht metaphysische Assoziationen in diesen Worten, die durch die ganze Sprachtradition vermittelt und in diesem Sinn auch vergegenwärtigbar sind. Wenn Heidegger z. B. sagt:

Aller Mut des Gemüts ist der Widerklang auf die Anmutung des Seyns, die unser Denken in das Spiel der Welt versammelt. (*Aus der Erfahrung des Denkens.* Pfullingen, 2. Aufl. 1965. S. 17)

so wird mancher vielleicht mit einem solchen Satz nicht viel anfangen können. Wenn man ihm jedoch einen Sinn beilegen will, wird man am besten Eckhart, Seuse, Tauler und ähnliche Schriftsteller lesen, um sich in solche Sprache und solches Denken »einzuüben«. Es ist unmöglich, diesen Satz in die Sprache Dantes oder Boccaccios zu übersetzen: Dort gibt es kein »Gemüt« und das Sein kann dort auch nicht »anmuten«. Dasselbe gilt für das Lateinische, das Französische und das Englische, um nur einige Sprachen zu nennen. Diese Feststellung ist nicht nur übersetzungstechnisch, sondern auch für die Analyse der deutschen philosophischen Sprache und somit für die deutsche Philosophie, jedenfalls für eine bestimmte Tradition derselben, relevant.

3. Ruysbroeck und die *devotio moderna*

Es waren weiter oben die Brüder des freien Geistes genannt worden, die viele Anhänger gewonnen hatten. Jan Ruysbroeck (1293–1381) lehnte zwar viele einzelne Auffassungen derselben ab, sah aber, daß bei ihnen ein echtes Anliegen vorlag, das auch seinen eigenen Bedürfnissen entsprach. Er zog sich daher in das neugegründete Augustinerkloster Groenendaal bei Brüssel zurück und führte dort ein der Kontemplation gewidmetes Leben. Er war eindeutig von Eckhart beeinflußt, ohne jedoch dessen spekulative Begabung zu besitzen, solche Spekulationen lagen aber auch außerhalb seiner Interessen. Er vermied alle Äußerungen, die pantheistisch interpretiert hätten werden können, er vermied auch, bzw. lehnte die Meinung ab, der Mystiker sei im übrigen frei zu tun, was er wolle, wie dies die Brüder des freien Geistes vertraten. Er brachte also diese ganze Bewegung sozusagen auf eine »gute Mitte« zurück, so daß sie nun allgemein akzeptiert werden konnte. In diesem Sinne ist Ruysbroeck auch der eigentliche »Theoretiker« der *Brüder und Schwestern des gemeinsamen Lebens*, die von Geert Groote (1340–1384) gegründet wurden. Von Gründung kann man dabei im eigentlichen Sinn gar nicht sprechen, da es mehr ein Zusammenschluß von Menschen war, die ohne hierarchische Ordnung und ohne strukturelle Bindungen wie Gelübde das neue Lebensideal persönlicher, der Mystik nahestehender Lebensweise verwirklichen wollten. Um 1382 entstand das erste Haus einer solchen Gemeinschaft in Deventer. Diese Gemeinschaften gaben sich selbst demokratisch Ordnungen für das Zusammenleben, die aber immer wieder überarbeitet und den lokalen Gegebenheiten angepaßt wurden. Eckhart hatte die praktische Seite keineswegs vernachlässigt. Er war durchaus der Meinung, daß jemand, der einen anderen Menschen in Bedrängnis sieht, sich sofort dessen Not zuwenden müsse, und war überzeugt, daß dadurch das Streben nach Gelassenheit und der damit verbundenen Einigung mit Gott in keiner Weise unterbrochen würde. Nichtsdestoweniger war bei ihm, der Gott und Erkenntnis gleichsetzte, die praktische Gestaltung von Welt und Gesellschaft doch kein bestimmendes Thema gewesen. Demgegenüber weist die von Groote begründete *devotio moderna* eine durchaus *praktische Tendenz* auf, während sie sich nicht nur scholastischen Spekulationen gegenüber ablehnend, sondern auch Mystik und deren spekulativen Formen gegenüber eher zurückhaltend verhielt. Diese Bewegung fand sehr rasch Anhänger und breitete sich von den Niederlanden bis nach Frankreich und Italien aus. Sie wurde auch ein | 511 wichtiger kultureller Faktor. Hier entstand so etwas wie die *frühbürgerliche Kultur*, die christlich, aber laikal war, die sich auf die Innerlichkeit und die Individualität konzentrierte, dabei aber auch den sozialen Bereich stark förderte, die die inneren Werte als das höchste schätzte, dabei aber auch die äußere Kultur verfeinerte. Die für die Bettelmönche charakteristische Form, religiös motivierte Armut durch Betteln zu demonstrieren, wurde strikt abgelehnt, da es zur Verwirklichung des Menschen gehört, sich den Lebensunterhalt selbst zu verdienen. Das *Handwerk* erhielt hier eine eigene Würde und es wurde großer Wert auf die Verbesserung der Haus- und Wohnkultur gelegt. In dieser Hinsicht waren die Brüder des gemeinsamen Lebens, denen Schule und Bildung ein wichtiges Anliegen war, die eigentlichen Wegbereiter des Humanismus im Norden, auch wenn in den ersten Generationen von humanistischen Absichten nicht gesprochen werden kann. Hier wurde *Alphabetisierung* des Volkes in Angriff genommen, das *Buch* trat aus dem Bereich von Kloster, Universität und Hof heraus und erhielt seinen Platz auch im bürgerlichen Leben. Das Abschreiben von Büchern stellte ein wichtiges Element bei den Brüdern und Schwestern des gemeinsamen Lebens dar. Später schlossen sich fast alle Mitglieder der Bewegung der Reformation an.

Das repräsentativste Buch der *devotio moderna* ist die *Nachfolge Christi* des Thomas a Kempis (1380–1471). Wenn man sich vor Augen hält, daß die *Nachfolge Christi* für Jahrhunderte nach der *Bibel* das verbreitetste Buch der Welt war, so kann man einschätzen, einen wie bedeutenden Bildungsfaktor die *devotio moderna* darstellt. Die *Nachfolge Christi* ist sicher kein philosophisches Buch, sondern will religiös-praktische Anweisungen geben, aber gerade so hat sie Entscheidendes für die Grundlagen des modernen Bewußtseins geliefert. Die Selbstkontrolle – unabhängig von äußeren Gesetzen – ist ein wesentliches Element dieser Lebensform. Zahlreiche Anhänger der *devotio moderna* stellten sich eine eigene »Lebensregel« her und »kontrollierten« bzw. »protokollierten« die Einhaltung derselben in Tagebüchern. Die Subjektivität erhält hier ihre Kategorien. Mit der *Nachfolge Christi* und der Praxis der *devotio moderna* erhielten Begriffe wie »Pflicht«, »Gewissensfreiheit« usw. eine weite Verbreitung, und es sind dies Begriffe, die später Grundkategorien der modernen Philosophie werden sollten. Die Selbstverständlichkeit mit der Kant von »Pflicht« als etwas sprechen konnte, was jedem bekannt und sofort einsichtig erscheinen sollte, wäre nicht möglich gewesen ohne die »Bildungsarbeit«, die durch die *devotio moderna* geleistet worden war.

Erst im 14. Jhd. wurden durch die verschiedenen genannten Bewegungen »Gott«, das »Absolute«, das »Eine«, von den Einzelnen, den Subjekten sich angeeignet, d. h. zu ihrem Eigenen, ihnen Innerlichem gemacht. Obwohl diese Bewegungen keine Theorien hervorgebracht haben, die man im strengen Sinn als »philosophisch« bezeichnen kann, haben sie doch etwas sehr Wichtiges bewirkt: Sie haben die Lehren eines Augustinus, eines Dionysios Areopagita und anderer zu einer Bewußtseinstatsache, zu einer Erfahrungsgegebenheit gemacht, auch wenn man dies später eher als transzendentale Erfahrung, intellektuelle Anschauung usw. bezeichnen wird. Nehmen wir noch das durch die *devotio moderna* gebildete moralische Bewußtsein hinzu, so hat man so ziemlich alle Bestandteile, die die spätere, besonders die deutsche Philosophie als »das« Bewußtsein darstellen wird: Es ist aber in Wirklichkeit nichts anderes als das Bewußtseins, das sich geschichtlich im 14. Jhd. als das des frühen Bürgertums herausgebildet hat.

XIX

Nikolaus von Kues

1. Krise, Umbruch und System

Geschichtlich rückblickend läßt sich ein eigenartiges Phänomen konstatieren: Die Form der Philosophie in kulturell relativ stabilen und in sich gesicherten Perioden weist wesentlich weniger systematische Züge auf als jene, die am Ende solcher Perioden steht. »Systematisch« bedeutet hier nicht »methodisch konsistentes Denken«, das gehört zu jeder Philosophie, sondern den – mehr oder weniger gewaltsamen – Versuch, die Gesamtheit des Denkbaren unter ein Prinzip zu bringen, von einem Prinzip her zu verstehen oder sogar abzuleiten. Systeme solcher Art treten historisch gesehen in Endperioden auf und können dort, wo sie ursprünglich auftreten, (nicht dort, wo sie aus irgendwelchen Gründen übernommen oder weitergeführt werden) als Zeichen von Krise, Ende und Umbruch aufgefaßt werden. In diesem Sinn war z. B. Aristoteles und schon gar nicht Sokrates ein »Systemdenker«. Wohl aber traten Systeme in dieser Bedeutung am Ende der Antike auf, bei Plotin und weiteren Neuplatonikern. Und wir sollten auch nicht vergessen, daß schon Parmenides und Platon, die ersten in der Antike, die versucht hatten, »Kulturkrisen« zu bewältigen, in genau diesem Sinn »Systemdenker« waren (vgl. 1. Teil, Kap. IV, 2, c, und Kap. IX, 1). Und ähnlich finden wir auch im Mittelalter zwar Summen, aber keine Systeme im genannten Sinn. Selbst Thomas von Aquin, der methodisch strengste Denker der Scholastik, versuchte nicht, etwa aus *Esse-Essentia* alles Denkbare abzuleiten, gerade das Individuelle blieb ja unableitbar aus solchen Prinzipien. Thomas von Aquin wollte sich einer neuen Situation stellen, er meinte jedoch zu Recht nicht, eine Krise bewältigen zu müssen. Die Krise ergab sich erst am Ende des 13. und in der ersten Hälfte des 14. Jhd.s.

Bei der Darstellung der Tendenzen des 14. Jhd.s war auf verschiedene, bei weitem nicht alle, Kräfte hingewiesen worden, die auf eine deutliche *Desintegration* der Kultur des Mittelalters hindeuteten. Dabei wird keineswegs der Mythos einer mittelalterlichen Einheitskultur vorausgesetzt, der doch nur historische Unkenntnis bezeugen würde. Das Mittelalter war ja alles andere als eine Periode steriler Einheitlichkeit. An vielen Stellen ist auf die sehr bunte Vielgestaltigkeit mittelalterlichen Lebens und Denkens hingewiesen worden, die sich gerade dort zeigt, wo man sich etwas abseits von den »großen« Zeugnissen des Mittelalters bewegt. Es ist aber eben auch wieder so, daß eine Kultur und Gesellschaft, die übergreifend einen gewissen, wenn auch sehr allgemeinen, Rahmen von Ordnungsprinzipien akzeptiert, viel mehr Spielraum ermöglicht als eine Kultur und Gesellschaft, die auf keinen solchen Konsens bauen kann. Bei diesem Spielraum handelte es sich keineswegs um eine »Narrenfreiheit«, sondern um eine gewisse Toleranz einer Gesellschaft, die sich nicht bedroht fühlt. Es wäre vermutlich ein historischer Irrtum, zu meinen, die neuzeitliche, liberale, bürgerliche Kultur und Gesellschaft sei wesentlich toleranter als die während langer Perioden des Mittelalters. Die Brutalität der Katharerbekämpfung erklärt sich hingegen aus dem instinktiven Bewußtsein der kirchlichen Machthaber, daß hier eine radikale, den Grundkonsens sprengende Bewegung am Werk war. Auch in der islamischen Kultur Spaniens war es mit der Toleranz zu Ende als die Reconquista die Existenz der islamischen Herrschaft als ganze bedrohte. Den Grundkonsens der mittelalterlichen christlichen Gesellschaft(en) darf man keineswegs in irgendwelchen Dogmen suchen – im Mittelalter wurde ja auch ganz erstaunlich wenige Dogmen produziert –, sondern eher in einer »Weltanschauung«: Die mittelalterliche Welt war auf einer Stufenordnung aufgebaut, d. h. auf geglaubten Abstrakta, die aber ganz konkret vorgestellt wurden, wie sie sich etwa in Duccios Maestà in Siena wiederspiegeln, oder in dem klaren, aber in jedem Element symbolisch besetzten Aufbau

514 | einer gotischen Kathedrale. Diese Ordnung war nicht einfach ideelle Abspiegelung der gesellschaftlichen Verhältnisse, sondern ebenso Produzent, formende Kraft, eben dieser Verhältnisse. Die Vorstellung einer solchen Ordnung wurde auch auf den Kosmos übertragen, d. h. dieser wurde nicht wissenschaftlich im modernen oder aristotelisch-antiken Sinn betrachtet, sondern ästhetisch. Die ganz Welt und ebenso die Gesellschaft war ein Symbol und die Aufgabe der Philosophie bestand darin, diese Symbolwelt auf ihren über verschiedene Stufen erreichbaren Urgrund hin transparent zu machen. Am Ursprung dieser »Weltanschauung« stand nicht die *Bibel*, sondern das Werk des Dionysios Areopagita (vgl. Kap. II, 2). Im 14. Jhd. trat die schon im 12. Jhd. einsetzende Auflösung dieser Symbolwelt und dieser religiös-ästhetischen Stufenordnung unübersehbar ins Bewußtsein aufmerksamer Beobachter. Die Vorstellung einer Welt, die in einer nicht mehr analysierbaren göttlichen Willenssetzung gegründet ist, läßt die Welt als faktisches Ergebnis des göttlichen Urgrundes zurück, macht aber diesen selbst nicht mehr transparent. Für Gott gibt es unendlich viele mögliche Welten, die er hätte schaffen können, warum er aber überhaupt eine Welt und warum er gerade diese erschaffen hat, entzieht sich jeder rationalen Begründung und ebenso jeder ästhetischen Darstellung. Die Welt liefert nur das Ergebnisprotokoll eines göttlichen Entschlusses, und auch die Sätze der Wissenschaft sind nur Protokollsätze. Die faktisch existierende Welt trägt keine symbolische Botschaft mehr. Die Annahme einer göttlichen Willenssetzung gehörte selbst zum Grundkonsensus des Mittelalters, allerdings wird der Gedanke einer (analogen) rationalen Durchsichtigkeit derselben zunehmend weniger akzeptiert, bis sie schließlich überhaupt aufgegeben wird. Auf der anderen Seite dieser Willenssetzung bleibt

nur die reine Faktizität der Einzeldinge. Im 14. Jhd. löste sich die mittelalterliche Welt auf, und im 15. Jhd. versuchte Nikolaus Cusanus (1401–1464) nochmals genau diese Welt »systematisch« zusammenzuhalten und zu konstruieren. Dies ist jedenfalls auffällig. Cusanus ist auch der letzte bedeutende Philosoph, der eine wichtige kirchliche Stellung innehatte. Auch dies ist symptomatisch für die historische Grenze, auf der er sich bewegte. Nach Cusanus wird vieles ganz anders. Auf Cusanus folgte Giordano Bruno, der ein deutlicher Zeuge nach-mittelalterlicher Philosophie ist, obwohl er in manchen seiner Vorstellungen gar nicht so weit von jenen des Cusanus entfernt war. Bruno verließ auch die traditionellen kirchlich-gesellschaftlichen Strukturen und war in laikaler und profaner Umgebung tätig. Und dann kamen die Reformatoren, die eine neue kirchliche Ordnung herstellten und damit auch den gesamten bisherigen politischen Rahmen veränderten. Cusanus stand am Ende der mittelalterlichen Kultur und in einer ähnlichen End-Situation versuchte vier Jahrhunderte später Hegel mit ähnlich systematischer Anstrengung der Bedrohung des Auseinanderbrechens der Kultur seiner Zeit zu begegnen. Trotzdem wurde nach Hegel vieles ganz anders. Auf Hegel folgten Feuerbach und Marx, die von Hegel ausgehend die nach-idealistische Philosophie begründeten, und durch Marx wurde auch die bisher geltende gesellschaftliche Ordnung radikal in Frage gestellt und tatsächlich verändert. Cusanus steht am Ende einer Periode, so wie Plotin vor ihm und Hegel nach ihm. – Damit kein Irrtum aufkommt: Ich vertrete keine Zyklus-Theorie der Geschichte, sondern stelle einfach empirisch strukturelle Ähnlichkeiten fest. | 515

Cusanus erkannte die Krise der Kultur seiner Zeit. Er wurde mit den Problemen seiner Gegenwart aber zunächst gar nicht als Philosoph und Theologe konfrontiert, sondern als Jurist, der er von seinem Studium her war, und als Politiker, zu dem er aufgrund seiner Fähigkeiten bald wurde. Bei seinen politischen Tätigkeiten hatte Cusanus nur wenig Erfolg, was aber nicht an mangelnden Fähigkeiten lag, sondern an den weithin unüberbrückbaren Gegensätzen, an denen seine Vermittlungsversuche scheitern mußten. Möglicherweise war seine Suche nach einer Wahrheit jenseits der Gegensätze mitmotiviert durch die wiederholte Erfahrung politischen Mißerfolges. Nach einer ersten Tätigkeit als Rechtsberater des Erzbischofs von Trier erhielt er seit 1432 eine wichtige Rolle am Konzil von Basel. Dort stand die Frage der inneren Ordnung der Kirche im Zentrum der Diskussion, wie sich diese aus den gesellschaftlichen Entwicklungen des vorausgegangenen Jahrhunderts ergeben hatte und wie sie von Marsilius von Padua und Ockham deutlich formuliert worden war (vgl. Kap. XVII, 6). Von England aus hatte John Wyclif (um 1330–1384) eine radikale Reform der Kirche gefordert, und diese Forderung wurde in Böhmen von Johannes Hus (um 1371–1415) aufgenommen und weitergeführt. Es ging im Prinzip um die Forderung einer Demokratisierung und Entpolitisierung der Kirche. Die Grundlage aller Autorität in der Kirche sollte das Volk der Gläubigen sein und dessen Repräsentanten in der Konzilsversammlung sollten über dem Papst stehen *(Conci-*

lium supra papam). Aber schon am Konzil von Konstanz (1415) wurde mit der Verbrennung von Hus klar, daß auch die Vertreter der Konzilsbewegung kein Verständnis für religiöse Volksbewegungen hatten – die »Demokratisierung« reichte nicht sehr weit nach »unten«. Die Diskussion ging am Konzil von Basel (1431–1437) weiter. Cusanus, zu diesem Zeitpunkt noch Laie und Vertreter des Konziliarismus, bemühte sich um eine vermittelnde Lösung, in der die Kirche ihre Repräsentation in Konzil *und* Papst finden sollte *(De concordantia catholica).* Der Gedanke des Konziliarismus konnte am Basler Konzil nicht durchgesetzt werden und die Wiedervereinigung mit den Hussiten, für die sich Cusanus in verschiedenen Schriften eingesetzt hatte, kam nicht zustande. 1437 war Cusanus Mitglied einer Gesandtschaft in Konstantinopel, wo die Bedingungen für eine Wiedervereinigung der römischen mit der griechisch-orthodoxen Kirche verhandelt werden sollten, die dann allerdings am Konzil von Ferrara-Florenz im folgenden Jahr doch nicht verwirklicht werden konnte. Die Gegensätze waren unüberbrückbar. Während der Rückreise von Konstantinopel fand Cusanus zu der Einsicht, die Wahrheit müsse in für uns unbegreiflicher Weise jenseits aller Gegensätze liegen. Nur wenige Jahre danach (1440) verfaßte Cusanus seine grundlegende Schrift über *Die belehrte Unwissenheit (De docta ignorantia).* 1448 wurde Cusanus zum Kardinal und zwei Jahre später zum Bischof von Brixen ernannt. 1450 wurde er als Legat nach Deutschland, Österreich, Holland und Belgien gesandt, um sich dort für eine Reform der Kirche und der Klöster einzusetzen, wobei er aber kaum Erfolge erzielen konnte. Auch in seiner eigenen Diözese Brixen konnte Cusanus sich nicht halten. 1460 wurde er vom Tiroler Herzog Sigismund gezwungen, seinen Bischofssitz zu verlassen, nachdem er vorher vom Herzog gefangengenommen worden war. Cusanus ging daher wieder nach Rom und starb 1464 in Ancona auf einer Reise, auf der er versuchte, Truppen für einen gemeinsamen Widerstand gegen die Türken zu gewinnen.

Der angedeutete historische und politische Hintergrund, der das Leben des Cusanus bestimmte, ist für das Verständnis seines Werkes relevant. Die philosophisch-theologischen Anstrengungen des Cusanus sind aus der Bemühung heraus zu verstehen, das bedrohte Gefüge der mittelalterlichen Welt zusammenzuhalten. Und obwohl er in vieler Hinsicht über Grundvoraussetzungen des Mittelalters hinausging, was seine zeitgenössischen Kritiker auch genau erkannten (vgl. weiter unten 4), blieb er doch im Ganzen an der *Grenze* von mittelalterlichem und dem noch nicht formulierten Denken der folgenden Zeit stehen. Noch 1459 hatte er den Plan einer *Reformatio generalis* der römischen Kirche vorgelegt, die faktisch gegebenen kirchlichen Strukturen ließen dafür aber keinen Raum und die späteren Reformatoren gingen andere Wege. Die Aufgaben, vor die Cusanus sich gestellt fand, waren nicht zu lösen, der Grund für das Mißlingen seiner Versuche lag nicht bei den ja keineswegs mangelnden intellektuellen und diplomatischen Fähigkeiten des Kusaners, sondern darin, daß Grundvoraussetzungen, die nicht nur theoretisch, sondern auch im konkreten Leben der Menschen und der Gesellschaft(en) fraglich geworden waren, sich durch kein System und keine noch so kühnen und genialen theoretischen Konstruktionen mehr retten ließen.

2. Die *coincidentia oppositorum*

Die zentrale und bekannteste Lehre des Cusanus ist die Lehre vom Zusammenfallen der Gegensätze *(coincidentia oppositorum)*. Eigentlich sollte man jedoch gar nicht von einer Lehre sprechen, sondern eher von einer Methode oder einer philosophischen Strategie. Durch die *coincidentia oppositorum* will Cusanus nicht einen Satz, also einen Lehr-Satz aufstellen, zu dem es somit auch einen Gegen-Satz, eine Bestreitung, geben könnte, sondern will zeigen, daß wir dort, wo wir mit Satz und Gegen-Satz arbeiten und in diesem Schema denken, noch gar nicht bei der letzten und tiefsten Ebene des Denkens und Lebens angelangt sind. Die *coincidentia oppositorum* ist nicht »etwas« und ist auch nicht eine Eigenschaft, die man irgendetwas zuschreiben könnte. Sie hat vielmehr die Funktion einer allgemeinsten *Vernunftregel*, in dieser Hinsicht gar nicht unähnlich dem Ökonomieprinzip Ockhams. Damit ist schon gleich gesagt, daß es ganz verkehrt wäre, die *coincidentia oppositorum* als Prädikat Gottes anzusehen, vielmehr stellt sie auch bei der Frage der Eigenschaften Gottes eine Anleitung dar, beim Denken vom Absoluten nicht bei Sätzen stehenzubleiben, die nicht die letzte Einheit zur Sprache bringen können. Es wird damit gesagt, daß diese Einheit überhaupt nicht in Sätzen ausgesprochen werden kann, sie stellt eigentlich einen Fluchtpunkt dar, der sich dem definitiven Aussprechen in Sätzen ebenso entzieht wie dem Versuch, ihn in einer unmittelbaren Anschauung zu »sehen«.

Auch die Annahme einer einzigen und definitiven Offenbarung wird in einem solchen Zusammenhang problematisch. Cusanus ist in diesem Punkt sehr vorsichtig, es ist aber auffällig, daß er in diesem Kontext Aussagen der *Bibel* nicht als autoritative und unüberbietbare Sätze heranzieht. Cusanus kannte die Gegensätze, die aus verschiedenen Offenbarungsansprüchen abgeleitet wurden, und er versuchte, über solche Gegensätze hinauszugelangen. 1453 hatten die Türken unter Sultan Mehmet II. Konstantinopel eingenommen, ein Ereignis, das eine tiefe Erschütterung des Selbstbewußtseins der lateinischen Christen hervorgerufen hatte. Cusanus war später sogar mit dem Versuch, Truppen für die militärische Bekämpfung der islamischen Türken zu finden, befaßt, er war für sich selbst aber schon vorher zu der Einsicht gelangt, daß die Waffen nicht die letzte Antwort auf die »islamische Bedrohung« sein konnten. Noch im selben Jahr 1453 hatte er eine Schrift *Über den Glaubensfrieden (De pace fidei)* verfaßt, in dem er in einer literarischen Vision darstellt, wie sich im Himmel Petrus, Paulus und Vertreter der verschiedensten Völker zusammenfinden, um die in den vielen Formen der Religionen enthaltene *eine*, wahre Religion herauszufinden. Diese Frage beschäftigte ihn auch weiter. Einige

Jahre später begann er die Abfassung der *Cribratio Alcorani*, um die im *Koran* vorhandene Wahrheit herauszusieben (*cribrum* bedeutet das »Sieb«). Daß Cusanus dabei den *Koran* aus christlicher Sicht interpretierte, ist historisch verständlich. Bis es zu einer vergleichenden Religionswissenschaft kommt, müssen noch gut zwei Jahrhunderte vergehen.

Die Vorstellung einer letzten Einheit jenseits aller Gegensätze ist natürlich nicht neu. Sie findet sich bei Parmenides, bei den Neuplatonikern Plotin und Proklos, und in allen ähnlichen Richtungen bis herauf zu Eckhart, dessen Werke Cusanus gut kannte. Cusanus selbst ist sich über diese Herkunft auch durchaus im Klaren. Während die gesuchte Einheit jedoch in dieser Tradition meist als *Ziel* einer alle rationalen Möglichkeiten transzendierenden Mystik angestrebt wird, wird sie bei Cusanus zum Ausgangspunkt theoretischer Überlegungen über eine *rationale Strategie*. In diesem Punkt nimmt Cusanus die Intention Eckharts auf. Cusanus ist jedoch nicht Rationalist in dem Sinn, daß er meint, die letzte Einheit unseres Denkens und Handelns begrifflich erfassen und analysieren zu können, er schließt sich vielmehr Sokrates an mit dem Eingeständnis unseres Nichtwissens. Aber er meint auch wiederum nicht, daß damit schon das letzte Wort gesagt wäre über das hinaus es nur noch Mystik geben könne. Was er sucht ist ein *Wissen* des Nichtwissens:

518

> Da nun überdies unser Verlangen nach Wissen nicht sinnlos ist, so wünschen wir uns unter den angegebenen Umständen ein Wissen um unser Nichtwissen. Gelingt uns die vollständige Erfüllung dieser Absicht, so haben wir die belehrte Unwissenheit erreicht. Auch der Lernbegierigste wird in der Wissenschaft nichts Vollkommeneres erreichen, als im Nichtwissen, das ihm seinsgemäß ist, für belehrt befunden zu werden. (*Die belehrte Unwissenheit* I, Kap. 1, 4. I, S. 9)

Dies also ist das Programm der *docta ignorantia*, nach der das Hauptwerk des Cusanus seinen Titel erhalten hat, was im Deutschen gewöhnlich durch *Die belehrte Unwissenheit* wiedergegeben wird, der Sache nach würde die *docta ignorantia* des Buchtitels allerdings besser durch *Die wissende Unwissenheit* wiedergegeben. Es geht Cusanus um Erkenntnis und Wissen. Nicht eine allem zu Grunde liegende Einheit kann oder soll auch nur als solche erkannt werden, wohl aber soll durch die Methode der *coincidentia oppositorum* erreicht werden, daß der menschliche Geist über alle Schranken hinausgeht, d. h. keinen Gegensatz als endgültig bestehen läßt. In dieser Hinsicht ist Cusanus kritisch gegenüber aller früheren Metaphysik, in der jeweils ein bestimmter Gesichtspunkt verabsolutiert und somit beschränkt worden war, ohne daß dies jedoch durchschaut worden wäre. Jede Verabsolutierung verhindert das Wissen um das Wissen. Unter der Voraussetzung der Vernunftregel der *coincidentia oppositorum* ist alles menschliche Wissen *Vermutung* (*coniectura*), wie es Cusanus in einer eigenen Schrift *De coniecturis* (entstanden zwischen 1440 und 1444) erläutert, in der er den Konsequenzen nachgeht, die sich aus der Einsicht in die belehrte

Unwissenheit ergeben. Selbst der Gegensatz von Sein und Nichts ist kein letzter und absoluter. Cusanus kann sich dabei nicht nur auf Eckhart, sondern schon auf Scotus Eriugena berufen (vgl. Kap. V, 2, c).

Es wäre jedoch zu wenig, Cusanus nur in der Tradition des Neuplatonismus zu sehen. Cusanus bewegt sich auch durchaus im Kontext der spätmittelalterlichen nominalistischen Erkenntnistheorie (vgl. Kap. XVII, 2). Wenn alles Wissen der belehrten Unwissenheit Vermutung bleibt, dann spielt sich der ganze Prozeß des Erkennens im Bereich von *Zeichen* ab, die insgesamt nur den Charakter der Vorläufigkeit haben können. Dies galt auch in der nominalistischen Zeichentheorie. Cusanus arbeitet also zwar mit neuplatonischem Sprachmaterial, verwendet dieses jedoch in einem der platonischen Tradition ganz fremden nicht-realistischen Sinn. Eine Übereinstimmung von Satz und Ding, wie sie Thomas von Aquin in seiner Vorstellung von Wahrheit angenommen hat (vgl. Kap. XIV, 3), kann es bei Cusanus nicht geben. Alle menschliche Erkenntnis kann nicht mehr als *Gleichnisse* hervorbringen Für die Auslegung dieses Vorgangs der Komposition und Dekomposition von Zeichen wird für Cusanus die *Ars* des Raymundus Lullus (vgl. Kap. VI, 1) wichtig, die allerdings von ihm auch wieder ohne ihren realistisch-metaphysischen Hintergrund verwendet wird. Die Lullsche Vorstellung einer Anzahl definitiver und aufzählbarer Grundprädikate, die für Gott und die Schöpfung gelten sollten, ist folglich innerhalb der Methode der *coincidentia oppositorum* nicht anwendbar. Der Prozeß der Kombination von Zeichen ist unabschließbar. Bei Cusanus liegt eine nominalistische *Verselbständigung* des gesamten *Zeichenprozesses* vor – dies ist einer der »modernsten« Aspekte seiner Philosophie. Allerdings läßt Cusanus auch *paradoxe Ausdrücke* nicht nur zu, sondern fordert sie geradezu, da in ihnen die Vernunft- und Zeichenregel der *coincidentia oppositorum* wie in Chiffren besonders wirksam zur Anwendung gebracht wird. Auch mathematisch Unlösbares wie z. B. die Quadratur des Kreises kann als besonders prägnantes Bild verwendet werden. Cusanus schafft aber auch neue Ausdrücke, die ganz gezielt paradox gedacht sind. So wurde in der traditionellen Metaphysik häufig mit der Unterscheidung in Potentialität und Aktualität (Existenz) gearbeitet, wobei Gott dann als das »reine Sein« *(actus purus)* bezeichnet wurde. Dieser Ausdruck verabsolutiert jedoch nach Cusanus wiederum die eine Seite eines Gegensatzes, was nach der Vernunftregel der *coincidentia oppositorum* aufgehoben und in eine Chiffre des Zusammenfallens der Gegensätze »überstiegen« werden muß. Und so vereinigt Cusanus in der späten Schrift *Über das Können-Ist (Trialogus de possest)* von 1460 die unendliche Unbestimmtheit des Könnens *(posse)* mit dem unendlich bestimmten Sein *(est)* zu dem paradoxen Ausdruck *Possest*:

| 519

Denn wie könnte die Wirklichkeit sein, wenn es die Möglichkeit nicht gäbe? Gleichewig also sind reine Möglichkeit, Wirklichkeit und beider Verknüpfung. (Ebd. 6. S. 9)

Da Möglichsein und Wirklichsein in Gott dasselbe sind, ist Gott alles das wirklich, wovon Sein-können ausgemacht werden kann. (Ebd. 8. S. 9)

Will man vom Absoluten angemessen sprechen, so muß man wissen, daß es immer bloß Rätselbilder *(aenigmata)* sind, die nur dann angemessen sind, wenn sie durch die *coincidentia oppositorum* relativiert und somit als immer überschreitbar erkannt sind:

Aber der Rätselbilder ist kein Ende, da keines so nahe zutrifft, daß es nicht immer ein noch näheres geben könnte. (Ebd. 58. S. 73)

Gerade paradoxe Ausdrücke bringen schon in ihrem Zeichencharakter zum Ausdruck, daß sie nicht gegenständlich und einseitig aufgefaßt werden dürfen, und weisen so den Vorteil auf, daß die Vernunftregel der *coincidentia oppostiorum* nicht erst zusätzlich hinzugebracht werden muß, sondern der Zeichenform schon selbst anhaftet. Der Ausdruck *Possest* ist also kein Gottesname oder Gottesprädikat, sondern eine Chiffre für die Grenze unserer Erkenntnismöglichkeiten, denn es gilt ganz allgemein für alle Aussagen von Gott:

520

Vielmehr halten wir jeden für all das Begreifbare möglichen Namen von ihm fern, weil er darüber erhaben ist. (Ebd. 41. S. 49)

Ein charakteristisches Beispiel der Vorgangsweise des Cusanus findet sich in seinen bekannten Spekulationen über das *Maximum* und das *Minimum*. Wir erinnern uns dabei daran, daß die Frage des *maximum* und *minimum* für die Philosophen und Wissenschaftler des 14. Jhd.s ein, aus der Physik her kommendes, schwieriges logisches Problem dargestellt hatte (vgl. Kap. XVII, 3). Für Cusanus sind jedoch Bestimmungen aus Logik und Physik immer nur Ausgangspunkte, an denen sich sein Verfahren der *coincidentia oppositorum* bewähren muß. Ihn beschäftigt an solchen Begriffen nicht das, was rational analysiert werden kann, sondern der Punkt, an dem diese Verstandestätigkeit an Grenzen stößt. Er geht zwar zunächst von einem ganz traditionellen metaphysischen Begriff aus, nämlich von dem des Größten, über das hinaus es kein Größeres geben kann *(maximum quo maius esse nequit)*, also einer Bestimmung, die Anselm von Canterbury als Denkbares *(id quo maius cogitari nequit)* für seinen »Gottesbeweis« gebraucht hatte (vgl. Kap. VI, 3):

Da das schlechthin und absolut Größte, dem gegenüber es kein Größeres geben kann, zu groß ist, als daß es von uns begriffen werden könnte – ist es doch die unendliche Wahrheit –, so erreichen wir es nur in der Weise des Nichtergreifens *(non aliter quam incomprehensibiliter attingimus)*. *(Die belehrte Unwissenheit* I, Kap. 4, 11. I, S. 17)

Ein solcher Begriff ist zu groß für uns als daß er begriffen werden könnte, wir erfassen ihn nur in der Weise des Nichtbegreifens. Was wir aber erfassen können, ist, daß dieser Begriff des absolut Größten gar kein absoluter, sondern auch nur ein relativer Begriff ist, der, in und durch die Methode der *coincidentia oppositorum* erhellt, mit dem absolut Kleinsten zusammenfällt:

Das Kleinste aber ist das, dem gegenüber ein Kleineres nicht möglich ist. Da nun das Größte von der oben geschilderten Art ist, so ist einsichtig, daß das Kleinste mit dem Größten zusammenfällt. (Ebd.)

Die größte Quantität ist ja doch die in ihrer Größe nicht übertreffbare Quantität, die kleinste Quantität die in ihrer Kleinheit nicht übertreffbare. Nun löse von der Quantität das Merkmal des Größten und des Kleinsten ab, indem du im Geiste die Eigenschaft des Großen und des Kleinen abhebst, dann siehst du deutlich, daß das Größte und das Kleinste zusammenfallen. Das Größte ist ja ebenso ein Superlativ, wie das Kleinste ein Superlativ ist. Die absolute Quantität ist folglich nicht in stärkerem Grad die größte Quantität als sie die kleinste ist, da in ihr das Kleinste koinzidierend das Größte ist. (Ebd.)

Cusanus ist sich bewußt, daß er hier das Maximum qualitativ, d. h. als Eigenschaft auffaßt, jedoch herkommend von einer quantitativen Vorstellung, und so will er zeigen, daß auch der Gegensatz von Quantität und Qualität kein letzter ist. Bei einer solchen Überlegung könnte man den Eindruck gewinnen, daß Cusanus von der *Mathematik* her Argumente für die *Metaphysik* zu gewinnen sucht, wie er ja auch sonst immer wieder Beispiele aus der Mathematik heranzieht. Dieser Eindruck täuscht jedoch. Cusanus mathematisiert keineswegs die Metaphysik, viel eher könnte man sagen, er versuche, die Mathematik metaphysisch zu transzendieren. Er versteht mathematische Sachverhalte als Bilder, allerdings so, daß in seinem Verfahren eben die mathematischen Gegebenheiten selbst verändert werden. Cusanus steht auch hier auf einer historischen Schwelle. Er sieht, daß die Mathematik immer stärker Modellcharakter für Wissen überhaupt erhalten wird, er versucht jedoch nochmals mit den Erkenntnismitteln des Mittelalters diesen Vorgang aufzufangen. Durch ein qualitatives Überschreiten der Bilder, hier also der mathematischen Gegebenheiten, sollen diese transparent, durchsichtig werden hin auf das »Eigentliche«. Dieser Weg ist aber nicht mehr gangbar: Mathematische Gegebenheiten lassen sich nicht metaphysisch transponieren. Die Schlußfolgerung, die Cusanus meint, ziehen zu können: »Infolgedessen ist das absolut Größte ganz und gar aktuell, da es all das ist, was es sein kann« (Ebd.), läßt sich mit keiner mathematischen Theorie in Verbindung bringen, diese braucht kein aktuell Unendliches und kann kein solches brauchen. Damit soll nicht gesagt sein, daß es nicht wirkliche Beziehungen zwischen Mathematik und Philosophie gibt, wohl aber, daß man nicht mathematische Verhältnisse metaphysisch transponieren oder »übersteigen« kann.

Die Methode des Cusanus ist jedoch grundsätzlicher Art und nicht an seine etwas problematischen Verwendungen mathematischer Sachverhalte gebunden. Entscheidend ist, daß Cusanus erkannt hat, daß es unter den Gegebenheiten seiner Zeit keinerlei definitive Metaphysik mehr geben kann. Cusanus setzt der früheren Metaphysik keine neue entgegen, er bringt vielmehr den *relativen Charakter aller solchen Metaphysik* zum Ausdruck, ohne deshalb das Anliegen der Metaphysik selbst aufzugeben. Das unabschließbare Suchen in der Wissenschaft wie in der Metaphysik – die Sehnsucht – stellt sich daher für Cusanus nicht als der Weg dar, um zur Wahrheit zu gelangen, sondern ist für den Menschen die einzige Möglichkeit, dieser Wahrheit überhaupt gewahr zu werden.

Wenn die denkende Seele mit höchster Sehnsucht getrieben wird, zu unterscheiden und zu wissen – wenn sie dahin gelangt, daß sie die Ursache ihrer so großen Sehnsucht in sich selbst, nämlich in ihrer Unterscheidungskraft, sieht, dann hat sie jedenfalls in sich das Wissen von dem Geber dieser Sehnsucht. Und sie kann nichts erstreben, was sie nicht in sich selbst sieht. Denn was könnte der, der sich nach Wissen sehnt, noch weiteres verlangen, wenn das Verursachte das Wissen um seine Ursache in sich erschaut? Denn dann hat es den Wesensgrund und die Kunst seiner Erschaffung in sich; und das ist die Erfüllung und Vollendung aller Wissenssehnsucht. (*Vom Globusspiel* II, 102. S. 81)

Albert der Große und Thomas von Aquin hatten versucht, von einem natürlichen Verlangen nach einer »übersteigenden« Erkenntnis her Metaphysik und Theologie einen Ort und auch ein Ziel zu geben (vgl. Kap. XIV, 2), bei Cusanus gibt es nur mehr diese Sehnsucht selbst, sie selbst ist schon die ganze Metaphysik, ist Ort und zugleich Ziel derselben.

Jede theoretische Position stellt nur eine Vermutung dar, und gleichzeitig eine, die nur eine bestimmte *Perspektive* repräsentiert. Und das Ganze ist nicht die Summe aller Vermutungen und aller perspektivischen Betrachtungen, sondern ist nur ein *idealer Fluchtpunkt*, der aber nicht außerhalb der Perspektiven gesucht werden darf, der vielmehr einzig als inneres Moment dieses ganzen Erkenntnisprozesses gegenwärtig ist, indem er gleichzeitig nicht gegenwärtig ist. Mit dieser Auffassung von Erkenntnis geht Cusanus Wege, die dem mittelalterlichen Denken ganz und gar fremd waren. Bei den mittelalterlichen Philosophen war die Wirklichkeit immer gedacht als eindeutig, auch wenn unsere Erkenntnis häufig getrübt ist und nicht an ihr Ziel gelangt. Und entsprechend konnte es zwar zeitweilig konkurrierende, noch nicht entscheidbare, vorläufige Wahrheiten geben. Im 14. Jhd. konnte man sogar mit einer unendlichen Vielfalt möglicher Welten rechnen, aber innerhalb einer solchen Welt galt dann doch immer nur *eine* Wahrheit. Daß aber die Beschreibung der »realen« Welt und somit Wahrheit in eine große, vielleicht unendliche Anzahl verschiedener und möglicherweise gegensätzlicher Perspektiven auseinanderfällt, von denen keine einzige als *die* wahre ausgezeichnet werden kann, war eine Vorstellung die für mittelalterliche Philosophen nicht einmal Gegenstand einer rationalen Überlegung sein konnte.

Nikolaus von Kues geht also einerseits wirklich in vieler Hinsicht über den Begriff des Wissens, der der gesamten Tradition zugrundegelegen hatte, hinaus, oder sagen wir vielleicht besser: er denkt an diese Grenze heran, andererseits zeigt er aber auch immer wieder, daß er diese Grenze vom Grundkonsens der mittelalterlichen Philosophie her anvisiert. Im Zusammenhang einer Auslegung eines der berühmtesten Topoi der mittelalterlichen Philosophie, des »Ich bin, der ich bin«, wird Gott letztlich doch wieder ganz traditionell als die Form des Seins *(forma essendi)* bezeichnet, und dieser Gottesname wird dann auch so ausgelegt, wie wir es aus der Überlieferung kennen.

Dieser Name führt also den Betrachtenden über allen Sinn, Verstand und alle Vernunft hinaus zur mystischen Schau *(super omnem sensum, rationem et intellectum in mysticam visionem)*, in welcher der Aufstieg *(ascensus)* jeder erkennenden Kraft sein Ende und die Enthüllung des unbekannten Gottes ihren Anfang hat. Wenn nämlich der Wahrheitsuchende, nachdem er alles hinter sich gelassen hat, über sich selbst hinaufgestiegen sein wird und findet, daß er weiter keinen Zugang hat zum unsichtbaren Gott, der ihm unsichtbar bleibt, weil er in keinem Licht seines Verstandes gesehen wird, dann erwartet er in demütigstem Verlangen *(exspectat devotissimo desiderio)* jene allesvermögende Sonne und hofft, daß er durch ihren Aufgang, wenn die Finsternis vertrieben ist, erleuchtet werde, so daß er den Unsichtbaren so weit schaut wie er sich selbst offenbaren will. *(Dreiergespräch über das Können-Ist* 15. S. 19)

| 523

Dies ist dann doch wieder der traditionelle Aufstiegsweg von der sinnlichen Erkenntnis, über Verstand und Vernunft hin zur mystischen Schau, und auch das demütige Verlangen nach der Offenbarung ist wieder das der mittelalterlichen Überlieferung. Cusanus schreckte letztlich doch davor zurück, konsequent auszusprechen, daß auch diese metaphysische Position, die den Grundkonsens der mittelalterlichen Philosophie abgegeben hatte, nichts anderes als eine Perspektive und eine Vermutung ist.

3. Die unbegrenzte Welt

Die Vernunftregel der *coincidentia oppositorum* verbietet es Cusanus auch, die mittelalterliche Vorstellung vom Kosmos zu übernehmen. Da jede Erkenntnis anhängig ist von dem Ort, von dem aus sie geschieht, kann es auch *im Kosmos keine privilegierten Orte* geben. Ein solcher privilegierter Ort war in der traditionellen Kosmologie die

Erde, da diese als ruhend angesehen wurde. Als ruhende konnte sie auch als Mittelpunkt des Kosmos betrachtet werden. Auch der andere »Pol«, Gott, war durch die Ruhe ausgezeichnet: Er ist der ruhende, unbewegte Beweger. Cusanus aber kann von seiner Methode aus weder die Vorstellung eines absolut ruhenden Körpers noch die einer eindeutigen Mitte annehmen.

> Bei Betrachtung der verschiedenartigen Bewegungen der Sphären ist es deshalb unmöglich, daß diese Weltmaschine diese sinnlich wahrnehmbare Erde oder die Luft oder das Feuer oder irgend etwas anderes als feststehenden und unbeweglichen Mittelpunkt besitzt. Man kommt ja in der Bewegung nicht zum schlechthin Kleinsten, etwa einem feststehenden Mittelpunkt, da das Kleinste mit dem Größten zusammenfallen muß. [...] Die Erde, die nicht Mittelpunkt sein kann, kann also nicht ohne jede Bewegung sein. (*Die belehrte Unwissenheit* II, Kap. 11, 156 f. II, S. 87)

Die Erde steht also nicht mehr im Mittelpunkt des Kosmos und sie verliert ihre Sonderstellung, da sie sich wie alle Himmelskörper bewegt, d. h. sie ist ein Himmelskörper wie alle anderen. Die Annahme einer Bewegung der Erde scheint Nikolaus von Kues in die Linie der neuzeitlichen Astronomie zu stellen, und man hat ihn gelegentlich als Vorläufer des Kopernikus (1473–1543) angesehen. Dies stimmt jedoch einfach nicht. Denn ein Satz ist nicht an und für sich wahr, sondern er ist wahr innerhalb eines bestimmten theoretischen Bezugsrahmens. Und der theoretische Bezugsrahmen, der Cusanus von der Bewegung der Erde sprechen läßt, ist ein prinzipiell anderer als der des Kopernikus. Kopernikus will mit seiner Behauptung der Erdbewegung etwas erklären, d. h. sie dient als Hypothese zur besseren Erklärung empirischer Daten (vgl. 3. Teil, Kap. II, 1). Bei Cusanus hingegen erklärt die Erdbewegung gar nichts, sie ist einfach eine Folgerung der bewußt über alle empirischen und mathematischen Sätze hinausgehenden spekulativen Methode der *coincidentia oppositorum*, die keine fixierten »einseitigen« Behauptungen wie absolute Ruhe zuläßt. Ähnliches gilt für die Behauptung der *Unbegrenztheit der Welt*.

> Der Mittelpunkt der Welt fällt also mit ihrem Umfang zusammen. Die Welt hat demnach keinen Umfang, denn hätte sie einen Mittelpunkt, so hätte sie auch einen Umfang und hätte somit in sich ihren Anfang und ihr Ende. Und die Welt wäre gegen etwas anderes abgegrenzt, und außerhalb der Welt gäbe es etwas anderes und gäbe es Ort. Das alles entspricht nicht der Wahrheit. Da deshalb ein Eingeschlossensein der Welt zwischen einem körperlichen Mittelpunkt und einem Umfang unmöglich ist, so läßt sich die Welt nicht verstehend begreifen, deren Mittelpunkt und Umfang Gott ist. Und obwohl die Welt nicht unendlich ist, so läßt sie sich doch nicht als endlich begreifen, da sie der Grenzen entbehrt, innerhalb deren sie sich einschließen ließe. (*Die belehrte Unwissenheit* II, Kap. 11, 156. II, S. 87)

Auch hier ist ganz deutlich zu sehen, daß es sich um keinerlei auf astronomische Beobachtungen gegründete oder auch nur bezugnehmende Auffassung handelt. Cusanus spricht gar nicht von einer »unendlichen« Welt, sondern von der Welt, die »unbegrenzt« ist *(terminis caret)*. Sie hat deshalb keine Grenzen, weil die Behauptung solcher Grenzen der *docta ignorantia* nicht entsprechen würde. Die Negation der Grenzen ist metaphysisch oder methodologisch begründet und hat nichts zu tun mit einer empirischen Hypothese. Dies zeigt schon der Hintergrund der eben zitierten Stelle. Cusanus nimmt hier eine Formulierung aus der hermetischen Tradition auf, in der von Gott gesagt wird, er sei eine Kugel deren Zentrum überall und deren Umfang nirgends ist. Diese für Cusanus offensichtlich problemlose Übernahme eines hermetischen Spruches ist auch wieder ein Hinweis auf die historische Grenze, an der er steht. Die Philosophen und Literaten des Humanismus standen den Schriften der hermetischen Tradition viel unbefangener, aber auch viel unkritischer gegenüber als die Naturphilosophen des 14. Jhd.s (vgl. 3. Teil, Kap. I, 3). Cusanus überträgt einfach diese – sicher höchst fragwürdige – Bestimmung Gottes auf den Kosmos. Eine solche Übertragung ist bei Cusanus ohne weiteres möglich, insofern für ihn Gott und Welt so ineinander verschränkt sind, daß die Welt als die »Ausfaltung« *(explicatio)* Gottes gedacht werden kann, Gott aber als die »Einfaltung« *(complicatio)* der Welt. Dieses Schema der Ausfaltung und Einfaltung ist nicht das | 525 platonische von Urbild und Abbild, da ja bei Cusanus das eine gar nicht ohne das andere gedacht werden kann. Auch an diesem Punkt ist ein Einfluß von Eckhart anzunehmen, Cusanus war einer der wenigen im 15. Jhd., die auch die lateinischen Werke Meister Eckharts kannten. Die durch das Ausfaltung-Einfaltung-Schema ermöglichte Übertragung göttlicher Prädikate auf den Kosmos wie auf den Menschen, so etwa die Aussage, der Mensch sei als das Maß aller Dinge ein »zweiter Gott« (*Über den Beryll* Kap. 6. S. 9), waren natürlich nicht unproblematisch. Man konnte sich ja die Frage stellen, wozu dann die Rede über den »ersten Gott« überhaupt noch nützlich sei. Möglicherweise hat Cusanus selbst geahnt, daß die Rettung der mittelalterlichen Welt auf dem Weg, den er gesucht hatte, nicht möglich war, ja, daß er selbst zum Ende dieser Welt beigetragen hatte. Cusanus selbst wollte das nicht, er hatte jedoch von seinem System aus keine Möglichkeit, zu verhindern, daß von anderen solche reduktive Konsequenzen gezogen wurden. Um solche Konsequenzen zu verhindern, blieb auch hier nur der – nun aber eben nicht mehr konsequente – Rückgriff auf den Grundkonsens des Mittelalters, wie Cusanus ihn in seiner späten Schrift *Über den Beryll* vornimmt:

Und so sage ich mit dem Weisen, daß für alle Werke Gottes es keinen Grund gibt; das heißt, warum der Himmel Himmel und die Erde Erde und der Mensch Mensch ist, dafür gibt es keinen Grund als den, daß der, der (sie) schuf, es so wollte. Darüber hinaus zu forschen ist töricht [...]. (*Über den Beryll* Kap. 30, 51. S. 63)

Cusanus kehrt hier zurück zum Skotismus, den er – unter anderem – eigentlich überwinden wollte. Andere waren dazu nicht mehr bereit. *Das Mittelalter war zu Ende.*

4. Epilog

Cusanus hat keine Summe mehr geschrieben und ein Kommentar zu den *Sentenzen* des Petrus Lombardus – die Pflichtübung jedes Theologen des Mittelalters – hat bei ihm nicht mehr auf dem Programm gestanden, und dies nicht nur deshalb, weil er ja überhaupt nie Magister der Theologie gewesen ist. Der formale Rahmen, in dem philosophische Diskussionen stattfanden, hatte sich verändert, und Cusanus gehörte in dieser Hinsicht bereits in die Zeit des Humanismus und der Renaissance. Seine Schriften lassen sich weder in das theologische noch auch in das philosophische Curriculum der Universitäten des Mittelalters einordnen, und sie wurden dort auch tatsächlich nie verwendet. Es kommt die Zeit des *philosophischen Schriftstellers*. Auch ein dem Gehalt nach so enorm systematischer Denker wie Cusanus stellt sein Denken in einer Form dar, die dem *Essay* schon sehr nahe steht. Ein Magister der Universität wandte sich primär an *Hörer*, auch wenn es Schulbücher gab, der Schriftsteller des Humanismus wendet sich an *Leser*. Der schriftlich verfaßte Text ist nicht mehr nur ein Mittel der Darstellung, sondern erhält seinen Eigenwert und wird Gegenstand der philosophischen Reflexion. In seiner letzten Arbeit, dem *Breve compendium* wendet sich Cusanus ausdrücklich diesem Thema zu. Im Rahmen der dort entworfenen Zeichentheorie wird die Zeichenbildung der Schrift ganz zentral. Wir sind bereits im Zeitalter des Humanismus, in dem das *Buch* eine ganz zentrale Rolle spielen wird. Cusanus war ein ausgesprochener Bibliophile und seine Bibliothek, die er dem von ihm gestifteten Hospital in Kues als Erbe hinterließ, kann dort bis heute bewundert werden. Dasselbe gilt für einen der bedeutenden Briefpartner des Cusanus, den Kardinal Bessarion (1403–1472), der es sich leisten konnte, die bedeutendste Privatbibliothek griechischer Handschriften, die es außerhalb Griechenlands gab, zusammenzutragen. Auch hier stehen wir an der Grenze des Mittelalters. Sicher besaßen auch im Mittelalter manche Philosophen eine Anzahl von Büchern, aber die Pflege der *Privatbibliothek des Gelehrten* ist kein mittelalterliches Phänomen. Ähnliches gilt für das Verhältnis von gesprochener und schriftlich festgehaltener Rede. Früher war der Dialog auch in seiner literarisch stilisierten Form als gesprochene Rede und Gegenrede verstanden worden war, der eigentlich durch die *Verschriftlichung* eine wesentliche Dimension verliert. Dies war ein altes Argument in Platons *Phaidros* (vgl. 1. Teil, Kap. IX, 8, a), das aber Cusanus aufgrund des damaligen Standes der Platon-Übersetzungen noch nicht kannte. Er tritt also – ohne Auseinandersetzung mit Platon – ganz unplatonisch für die Verschriftlichung als Mittel rationalen Vorgehens ein. Auch hier sind wir wieder beim Übergang der Wissensvermittlung vom Hören zum Lesen, und das heißt zum Sehen. Damit verliert auch die Disputation, die ein wesentliches Mittel des Dialogs und der Diskussion mit anderen Autoren und deren Auffassungen gewesen war, an Bedeutung. Die *Quaestio disputata* überlebt zwar noch eine Zeit lang bei den Schulautoren, ein wirklicher Träger wissenschaftlicher Diskussion ist sie aber nicht mehr. Einen Teil dieser Aufgabe übernimmt jetzt das *Briefschreiben*. Es gab auch im Mittelalter eine Kunst des Briefschreibens, diese diente aber mehr dem Verfassen offizieller Schreiben. In der Renaissance wird das Briefschreiben ein wichtiges Mittel des Gedankenaustausches von Gelehrten. Es beginnt die Zeit der Gelehrten-Korrespondenzen, und mit seinen Briefen gehört Cusanus schon ganz in die Zeit des Humanismus. Jedenfalls in der Form seiner Schriften hat Cusanus die Grenze des Mittelalters klar überschritten – er war nicht mehr ein Magister des Mittelalters.

Johannes Wenck (gest. 1460) schrieb eine scharfe Kritik zur *Docta ignorantia* unter dem Titel *De ignota litteratura*. Diese Schrift ist aufschlußreich, weil aus ihr hervorgeht, daß es schon Zeitgenossen des Cusanus klar war, daß bei diesem Grundlagen des bisherigen Denkens aufgegeben wurden. Wenck verteidigte die scholastische Wissenschaft und er erfaßte sehr genau, daß Cusanus das aristotelische Verständnis des Wissens – das inzwischen das offizielle auch der Kirche geworden war – hinter sich gelassen hatte. Und ebenso sah er auch ganz richtig, daß hier der Einfluß Eckharts spürbar war. Wissen war bisher in der Schulwissenschaft definierendes, d. h. begrenzendes Wissen, das die Gegenstände unterscheiden und durch Gegensätze in ein Ordnungsgefüge bringen sollte. Nicht umsonst hatte die aristotelische Kategorienschrift das ganze Mittelalter hindurch bei allen Autoren und in allen verschiedenen Lehrrichtungen eine unumstrittene und zentrale Funktion innegehabt. Die Vorstellung eines bewußt und methodologisch die Gegensätze überschreitenden Wissens, das sich in einen unendlichen Prozeß von Vermutungen »verliert«, wie Wenck meinte, löste die Vorstellung von Wissen überhaupt auf. Die *coincidentia oppositorum* erschien ihm – da er sie satzhaft (miß)verstand – als Leugnung des Widerspruchsprinzips, der Grundlage jeden Beweises. Wenck bemerkte auch, daß Cusanus nicht einfach zu Platon zurückkehrte, denn in der Vorstellung der Ein- und Ausfaltung wurden Urbild und Abbild so wie bei Eckhart ununterscheidbar. Cusanus antwortete 1449 mit seiner *Apologia doctae ignorantiae*. Cusanus ging auf die Einwände Wencks ein, er erläuterte sein Vorgehen ohne aber Zugeständnisse zu machen, er machte es aber auch klar, daß die Zeit der scholastischen Philosophie vorbei war, und jetzt nicht nur ein Dionysios Areopagita, sondern auch »verurteilte« Denker wie Scotus Eriugena, Thierry von Chartres und natürlich Eckhart zu ihrem Recht kommen sollten. Cusanus konnte sich eine solche Stellungnahme leisten, er war inzwischen Kardinal und an der Kurie in Rom tätig, wo mit Papst Nikolaus V. (1447–1455) ein Förderer der humanistischen Wissenschaft die Regierung angetreten hatte. Seit dem »Exil« in Avignon hatten die Päpste viel von ihrem politischen Einfluß eingebüßt, der jetzt regierende Papst wollte den päpstlichen Hof zur führenden Kulturmacht machen, er holte sogar Lorenzo Valla (1406/1407–1457), den humanistischen und anti-scholastischen Propagator einer völligen Neuordnung der Wissenschaften unter der Führung der Rhetorik, an die römische Kurie (vgl. 3. Teil, Kap. I, 1, e). Was Cusanus nicht wissen konnte, war, daß diese Periode der kulturellen Öffnung nur eine vorübergehende sein würde. Die Autoritäten der Kirche meinten, auf die Herausforderung durch die Reformation durch eine Rückkehr zu Thomas von Aquin – entgegen dessen eigentlichen Intentionen – antworten zu können. Die darauffolgende Schulphilosophie katholischer wie protestantischer Prägung folgte nicht Nikolaus von Kues, sondern der Sache nach Johannes Wenck. Und diese »konfessionellen« Schulphilosophien schieden dann aus den großen Diskussionen der folgenden Zeit aus. Die Philosophie des Cusanus wurde in diesem kirchlich geprägten Bereich nicht mehr wirksam. Aber auch außerhalb dieses Bereichs erlangte sie – außer bei Giordano Bruno (1548–1600) – keine Wirkung. Die eigentliche Absicht des Nikolaus von Kues, die christliche Philosophie universalistisch und im Rückgriff auch auf »häretische« Traditionen für die Zukunft fruchtbar zu machen, war historisch gescheitert. Nicht Öffnung, sondern Abgrenzung stand jetzt auf dem Programm. Auch Cusanus konnte nicht verhindern, daß eine Epoche zu Ende war. Erst – bezeichnenderweise – in der Romantik beschäftigten sich einige wieder mit Nikolaus von Kues, und da sind wir wieder beim Deutschen Idealismus. Daß er in der ihm unmittelbar folgenden Periode keinen Einfluß gewann, hat allerdings nicht nur äußere Ursachen, sondern hat seinen Grund wiederum darin, daß er letztlich zwar auf der Grenze, aber eben von der Seite des Mittelalters her stand: Die neuzeitliche Frage der methodologischen Begründung der Wissenschaft, und das hieß zunächst und vor allem: der Naturwissenschaft, war nicht die seine gewesen.

Literaturverzeichnis

Abgekürzt zitierte Werke

CSLM   *Corpus scriptorum ecclesiasticorum Latinorum.* Wien 1866 ff.

MGH   *Monumenta Germaniae historica.* Hannover 1826 ff.

PG   *Patrologiae cursus completus, series Graeca.* Hrsg. v. J.-P. Migne. Paris 1857 ff.

PL   *Patrologiae cursus completus, series Latina.* Hrsg. v. J.-P. Migne. Paris 1844 ff.

DS   *Enchiridion symbolorum, definitionum et declarationum de rebus fidei et morum.* Hrsg. v. H. Denzinger, neuere Aufl. v. A. Schönmetzer. 33. Aufl., Freiburg 1965 (u.ö.).

LdM   *Lexikon des Mittelalters.* München-Zürich 1980–1999.

Gesamtdarstellungen der Geschichte der Philosophie des Mittelalters

Die Aufstellung erfolgt in mehr oder weniger chronologischer Reihenfolge der Entstehung der Werke. Alle im folgenden aufgeführten Werke wurden bei der Herstellung der Vorlesungen verwendet. Handelt es sich um Sammelwerke, werden in den Bibliographien zu den einzelnen Kapiteln die einzelnen Beiträge nicht nochmals gesondert aufgeführt.

Brentano, F.: *Geschichte der mittelalterlichen Philosophie.* Hamburg 1980.

Grabmann, M.: *Die Geschichte der scholastischen Methode.* 2 Bde. Freiburg 1911 (Nachdruck Berlin 1988).

Bréhier, É.: *La philosophie du moyen âge.* Paris 1937 (Nachdruck Paris 1971).

Gilson, É.: *La philosophie au moyen-âge.* 2 Bde. 2. Aufl., Paris 1944 (Nachrucke öfters).

Vignaux, P.: *La pensée au moyen âge.* Paris 1948.

Pieper, J.: *Scholastik. Gestalten und Probleme der mittelalterlichen Philosophie.* München 1978.

Geyer, B.: *Die patristische und scholastische Philosophie.* Basel–Stuttgart 1961.

Vasoli, C.: *La filosofia medioevale.* 6. Aufl., Mailand 1982.

Knowles, D.: *The Evolution of Medieval Thought.* New York 1962.

Maurer, A.: *Medieval Philosophy.* 2. Aufl., Toronto 1982.

Copleston, F. C.: *Geschichte der Philosophie im Mittelalter.* München 1976.

Flasch, K.: *Das philosophische Denken im Mittelalter. Von Augustin bis Machiavelli.* 2. Aufl., Stuttgart 2000.

– (Hrsg.): *Geschichte der Philosophie in Text und Darstellung.* Bd. 2: Mittelalter. Stuttgart 1982.

Armstrong, A. H. (Hrsg.): *The Cambridge History of Later Greek and Early Medieval Philosophy.* Cambridge 1967.

Kretzmann, N./Kenny A./Pinborg, J. (Hrsg.): *The Cambridge History of Later Medieval Philosophy.* Cambridge 1982.

Marenbon, J.: *Early Medieval Philosophy (480–1150).* London 1983.

– *Later Medieval Philosophy (1150–1350).* London 1987.

Fumagalli Beonio Brocchieri, M. T./Parodi, M.: *Storia della filosofia medievale.* Rom–Bari 1989.

Heinzmann, R.: *Philosophie des Mittelalters.* Stuttgart 1992.

Price, B. B.: *Medieval Thought. An Introduction.* Oxford 1992.

Schulthess, P./Imbach, R.: *Die Philosophie im lateinischen Mittelalter. Ein Handbuch mit einem bio-bibliographischen Repertorium.* Zürich–Düsseldorf 1996.

Einzelne Perioden

Gombocz, W. L.: *Die Philosophie der ausgehenden Antike und des frühen Mittelalters.* München 1997.
Dronke, P.: *A History of Twelfth-Century Western Philosophy.* Cambridge 1988.
van Steenberghen, F.: *Die Philosophie im 13. Jahrhundert.* Paderborn 1977.

Einzelne Themenbereiche

Assunto, R.: *Die Theorie des Schönen im Mittelalter.* Köln 1987.
Boehner, Ph.: *Medieval Logic. An Outline of its Development from 1250-c.1400.* Manchester 1952 (Nachdruck Manchester 1966).
Broadie, A.: *Introduction to Medieval Logic.* Oxford 1987.
Duby, G.: *Die Zeit der Kathedralen.* 4. Aufl., Frankfurt 1985.
Eco, U.: *Kunst und Schönheit im Mittelater.* München 1993.
Evans, G. R.: *Philosophy and Theology in the Middle Ages.* London–New York 1993.
Fichtenau, H.: *Ketzer und Professoren. Häresie und Vernunftglaube im Hochmittelalter.* München 1992.
Grundmann, H.: *Religiöse Bewegungen im Mittelalter.* Darmstadt 1977.
Gurjewitsch, A. J.: *Das Weltbild des mittelalterlichen Menschen.* München 1980.
Haskins, Ch. H.: *Studies in the History of Medieval Science.* Cambridge 1924.
Hentschel, F. (Hrsg.): *Musik – und die Geschichte der Philosophie und Naturwissenschaften im Mittelalter.* Leiden 1998.
Huizinga, J.: *Herbst des Mittelalters.* 11. Aufl., Stuttgart 1975.
Juschkewitsch, A. P.: *Geschichte der Mathematik im Mittelalter.* Leipzig 1964.
Kern, F.: *Recht und Verfassung im Mittelalter.* Darmstadt 1992.
Gimpel, J.: *La révolution industrielle du Moyen Age.* Paris 1975.
Grant, E.: *Das physikalische Weltbild des Mittelalters.* Zürich–München 1980.

Lambert, M.: *Ketzerei im Mittelalter. Häresien von Bogumil bis Hus.* München 1981.
Le Goff, J.: *Die Intellektuellen im Mittelalter.* 4. Aufl., Stuttgart 2001.
Maier, A.: *Ausgehendes Mittelalter. Gesammelte Aufsätze zur Geistesgeschichte des 14. Jahrhunderts.* Bd. I: Rom 1964. Bd. II: Rom 1967.
Maierù, A.: *Terminologia logica della tarda scolastica.* Rom 1972.
Moody, E. A.: *Studies in Medieval Philosophy, Science, and Logic.* Berkeley–Los Angeles–London 1975.
Murray, A.: *Reason and Society in the Middle Ages.* Oxford 1985.
Pinborg, J.: *Logik und Semantik im Mittelalter.* Stuttgart–Bad Cannstatt 1972.

Zu den einzelnen Kapiteln

I. Die Anfänge

Quellen

Justinus: *Dialog mit dem Juden Tryphon.* Übers. v. Ph. Haeuser. Bibliothek der Kirchenväter. München 1917.
Tertullian: *Die Prozeßeinreden gegen die Häretiker.* Übers. v. A. H. Kellner. In: *Tertullians ausgewählte Schriften* II. Bibliothek der Kirchenväter. München 1915. S. 303–354.
Klemens von Alexandrien: *Teppiche wissenschaftlicher Darlegungen entsprechend der wahren Philosophie (Stromateis).* Übers. v. O. Stählin. Bibliothek der Kirchenväter. 3 Bde. München 1936–1938.
Origenes: *Vier Bücher von den Prinzipien.* Hrsg. u. übers. v. H. Görgemanns/H. Karpp. Darmstadt 1976.
Eusebius: *Kirchengeschichte.* Übers. v. Ph. Haeuser, neu durchges. v. H. A. Gärtner. 3. Aufl., Darmstadt 1989.

Sekundärliteratur

Campenhausen, H. v.: *Griechische Kirchenväter.* 7. Aufl., Stuttgart 1986.
– *Lateinische Kirchenväter.* 6. Aufl., Stuttgart 1986.
Chadwick, H.: *Early Christian Thought and the Classical Tradition. Studies in Justin, Clement, and Origen.* Oxford 1990.

Ivánka, E. v.: *Plato christianus. Übernahme und Umgestaltung des Platonismus durch die Väter.* Einsiedeln 1964.

Waszink, J. H.: *Bemerkungen zum Einfluß des Platonismus im frühen Christentum.* In: Zintzen, C. (Hrsg.): *Der Mittelplatonismus.* Darmstadt 1981. S. 413–448.

van Winden, J. C. M.: *Das Christentum und die Philosophie. Der Beginn des Dialogs zwischen dem Glauben und dem Verstand.* In: Zintzen, C. (Hrsg.): *Der Mittelplatonismus.* Darmstadt 1981. S. 397–412.

Zu Philon

Simon, H./Simon, M.: *Geschichte der jüdischen Philosophie.* München 1984. Kap. I: *Jüdische Philosophie der Antike.* S. 21–36.

Winston, D.: *Hellenistic Jewish Philosophy.* In: Frank, D. H./Leaman, O. (Hrsg.): *History of Jewish Philosophy.* London–New York 1997. S. 38–61.

Zu Justinus

Andresen, C.: *Justinus und der mittlere Platonismus.* In: Zintzen, C. (Hrsg.): *Der Mittelplatonismus.* Darmstadt 1981. S. 319–368.

Hyldahl, N.: *Justin und die griechische Philosophie.* In: Zintzen, C. (Hrsg.): *Der Mittelplatonismus.* Darmstadt 1981. S. 369–396.

Zu Origenes

Berner, W.: *Origenes.* Erträge der Forschung. Darmstadt 1981 (mit ausführlichem Überblick über die Forschungsliteratur).

II. Die Kappadokier und Dionysios Areopagita

Quellen

Basilios: *Ausgewählte Homilien und Predigten. Hexaemeron. Ausgewählte Predigten (Reden).* Übers., mit Einl. u. Anm. vers. v. A. Stegmann. Bibliothek der Kirchenväter. München 1925.

– *Ausgewählte Briefe.* Übers., m. Einl. u. Anm. vers. v. A. Stegmann. Bibliothek der Kirchenväter. München 1925.

Gregor von Nazianz: *Briefe.* Übers., m. Einl. u. Anm. vers. v. M. Wittig. Stuttgart 1981.

– *Reden.* Übers., m. Einl. u. Anm. vers. v. Ph. Haeuser. Bibliothek der Kirchenväter. München 1928.

Gregor von Nyssa: *Große Katechese. Über das Gebet des Herrn. Über die acht Seligkeiten. Gespräch mit Makrina über Seele und Auferstehung. Leben der seligen Makrina.* Übers. v. K. Weiß/E. Stolz. Bibliothek der Kirchenväter. München 1927.

Pseudo-Dionysius Areopagita: *Die Namen Gottes.* Übers., m. Einl. u. Anm. vers. v. B. R. Suchla. Stuttgart 1988.

– *Von den Namen zum Unbenennbaren* (= Auswahl aus *Die Namen Gottes*). Auswahl, Einl. u. Übers. v. E. v. Ivánka. 2. Aufl., Einsiedeln 1981.

– *Über die himmlische Hierarchie. Über die kirchliche Hierarchie.* Übers., m. Einl. u. Anm. vers. v. G. Heil. Stuttgart 1986.

– *Mystische Theologie und andere Schriften.* Übers., m. Einl. u. Anm. vers. v. W. Tritsch. München 1956.

Sekundärliteratur

Balthasar, H. U. v.: *Présence et pensée: Philosophie religieuse de Grégoire de Nysse.* Paris 1942.

Campenhausen, H. v.: *Griechische Kirchenväter.* 7. Aufl., Stuttgart 1986.

Daniélou, J.: *Platonisme et théologie mystique. Essai sur la doctrine spirituelle de Saint Grégoire de Nysse.* 2. Aufl., Paris 1954.

III. Augustinus

Quellen

Augustinus:. Übers. v. C. J. Perl. 5. Aufl., Paderborn 1963 (diese Ausgabe wird für Zitate verwendet). Andere Ausgabe: Übers. u. m. Einl. vers. v. W. Thimme. 2. Aufl., Zürich 1950.

– *Der Lehrer.* Übers. v. C. J. Perl. Paderborn 1974.

– *Die Retractationen in zwei Büchern.* Übers. v. C. J. Perl. Paderborn 1976.

– *Philosophische Frühdialoge. Gegen die Akademiker. Über das Glück. Über die Ordnung.* Übers., m. Einl. u. Anm. vers. v. B. R. Voss / I. Schwarz-Kirchenbauer/W. Schwarz/E. Mühlenberg. Zürich–München 1972.

– *Philosophische Spätdialoge.* Übers. u. m. Anm. vers. v. G. Weigel/K. H. Lütcke. Zürich–München 1973.

– *Selbstgespräche. Von der Unsterblichkeit der*

Seele. Übers., m. Einl. u. Anm. vers. v.
H. Müller. München–Zürich 1986.
– *Über das Glück*. Übers., m. Nachw. u. Anm.
vers. v. I. Schwarz-Kirchenbauer/W. Schwarz.
Stuttgart 1982.
– *Über den freien Willen*. Übers. v. C. J. Perl.
Paderborn 1947.
– *Über den Nutzen des Glaubens*. Übers. u. m.
Einl. vers. v. A. Hoffmann. Freiburg 1992.
– *Über die Musik*. Übers. v. C. J. Perl. 3. Aufl.,
Paderborn 1962.
– *Über die wahre Religion*. Übers. u. m. Anm.
vers. v. W. Thimme. Stuttgart 1983.
– *Vom Gottesstaat*. Übers. v. W. Thimme, m.
Einl. u. Anm. vers. v. C. Andresen. 2. Aufl.,
Zürich 1978.
– *Was ist Zeit? (Confessiones* XI/*Bekenntnisse*
11*)*. Übers. u. m. Anm. vers. v. N. Fischer.
Hamburg 2000.
Manichäismus: *Die Gnosis*. Bd. 3: *Der Mani-*
chäismus. Übers. u. m. Einl. u. Anm. vers.
v. A. Böhling, unter Mitw. v. J. P. Asmus-
sen. Zürich 1995.

Sekundärliteratur

Gesamtdarstellungen

Horn, Ch.: *Augustinus*. München 1995.
Flasch, K.: *Augustin. Einführung in sein Den-*
ken. Stuttgart 1980.
Schöpf, A.: *Augustinus. Eine Einführung in sein*
Philosophieren. Freiburg–München 1970.
– *Augustinus*. In: Höffe, O. (Hrsg.): *Klassiker*
der Philosophie. Bd. I. München 1981. S. 154–
176.

Einzelfragen

Arendt, H.: *Der Liebesbegriff bei Augustin. Ver-*
such einer philosophischen Interpretation. Berlin 1929.
Courcelle, P.: *Les confessions de Saint Augustin*
dans la tradition littéraire. Paris 1963.
Duchrow, U.: *Sprachverständnis und Biblisches*
Hören bei Augustinus. Tübingen 1965.
Flasch, K.: *Was ist Zeit? Augustinus von Hippo,*
das XI. Buch der Confessiones; historisch-phi-
losophische Studie. Text, Übers., Kommentar. Frankfurt 1993.
Jonas, H.: *Augustin und das paulinische Freiheits-*
problem. Eine philosophische Studie zum pela-
gianischen Streit. 2. Aufl., Göttingen 1965.

Löwith, K.: *Weltgeschichte und Heilsgeschehen*.
Stuttgart 1953. S. 148–159.
Lossky, V.: *Les éléments de Théologie négative*
dans la pensée de saint Augustin. In: *Augu-*
stinus Magister. Congrès international augu-
stinien. Paris 1954. Bd. 1. S. 575–581.
Marrou, H. I.: *L'ambivalence du temps de*
l'histoire chez St. Augustin. Paris 1930.
– *Augustinus und das Ende der antiken Bildung*.
Paderborn 1982.
Simone, R.: *Sémiologie augustinienne*. In:
Semiotica 6 (1972). S. 1–31.
Wachtel, A.: *Beiträge zur Geschichtstheologie*
Augustins. Bonn 1960.

Zum Manichäismus

Baur, F. C.: *Das manichäische Religionssystem*
nach den Quellen neu untersucht. Tübingen
1831 (Nachdruck Hildesheim 1973).
Rudolph, K. (Hrsg.): *Gnosis und Gnostizismus*.
Darmstadt 1975.
– *Die Gnosis*. 3. Aufl., Göttingen 1994. S. 352–
379.
Tajadod, N.: *Die Träger des Lichts. Magier, Ket-*
zer und Christen im alten Persien. Solo-
thurn–Düsseldorf 1995.
Widengren, G.: *Mani und der Manichäismus*.
Stuttgart 1961.
– (Hrsg.): *Der Manichäismus*. Darmstadt
1977.

IV. Das Ende der Antike

Quellen

Boethius: Deutsche Übersetzungen zu den
wichtigen logischen Schriften des Boethius
fehlen vollständig.
– *De syllogismis hypotheticis*. Hrsg. u. übers. v.
L. Obertello. Brescia 1969.
– *In Ciceronis Topica*. Übers., m. Einl. u. Anm.
vers. v. E. Stump. Ithaca–London 1988.
– *Die theologischen Traktate*. Übers., m. Einl. u.
Anm. vers. v. M. Elsässer. Hamburg 1988.
– *Trost der Philosophie*. Hrsg. u. übers. v. E.
Gegenschatz/O. Gigon. 3. Aufl., Zürich–
München 1981.
– *Fünf Bücher über die Musik*. Aus der lateini-
schen in die deutsche Sprache übertragen
und mit besonderer Berücksichtigung der
griechischen Harmonik sachlich erklärt von

O. Paul. Leipzig 1872 (Nachdruck Hildesheim 1985).

Cassiodor: *Institutiones*. Hrsg. v. R. A. B. Mynors. 2. Aufl., Oxford 1961.

Isidor von Sevilla: *Etymologiarum libri XX*. Hrsg. v. M. Lindsay. Oxford 1911.

Sekundärliteratur

Zu Boethius

Chadwick, H.: *Boethius. The Consolations of Music, Logic, Theology, and Philosophy*. Oxford 1981.

Courcelle P.: *Neuplatonismus in der Consolatio Philosophiae des Boethius*. In: Beierwaltes, W. (Hrsg.): *Platonismus in der Philosophie des Mittelalters*. Darmstadt 1969. S. 73–108.

Ebbesen, St.: *Boethius as an Aristotelian commentator*. In: Sorabji, R. (Hrsg.): *Aristotle Transformed. The Ancient Commentators and their Influence*. London 1990. S. 373–391.

Enders, M.: *Die heilende Kraft der Philosophie. Das Philosophie-Verständnis des Boethius in der Consolatio Philosophiae'*. In: Leibold, G./ Löffler, W. (Hrsg.): *Entwicklungslinien mittelalterlicher Philosophie*. Wien 1999. S. 10–35.

Fuhrmann, M./Gruber, J. (Hrsg.): *Boethius*. Darmstadt 1984.

Gibson, M. (Hrsg.): *Boethius. His Life, Thought and Influence*. Oxford 1981.

Gruber, J.: *Kommentar zu Boethius De Consolatione Philosophiae*. Berlin–New York 1978.

Kunzmann, P.: *Boethius und das Dilemma christlicher Philosophie*. In: Leibold, G./Löffler, W. (Hrsg.): *Entwicklungslinien mittelalterlicher Philosophie*. Wien 1999. S. 36–49.

Schrimpf, G.: *Die Axiomenschrift des Boethius (De hebdomadibus) als philosophisches Lehrbuch des Mittelalters*. Leiden 1966.

Zu Cassiodor

Jones, L. W.: *The Influence of Cassiodor on Medieval Culture*. In: *Speculum* 20 (1945). S. 433–442.

– *Further Notes Concerning Cassiodors Influence on Medieval Culture*. In: *Speculum* 22 (1947). S. 254–256.

Zu Isidor von Sevilla

Fontaine, J.: *Isidor de Séville et la culture classique dans l'Espagne Wisigothique*. 2 Bde. Paris 1959.

V. *Die Philosophie des frühen Mittelalters*

Der Neubeginn im 8. und 9. Jahrhundert

Quellen

Spätantike

Augustinus (?): *De dialectica*. Hrsg. v. J. Pinborg, engl. Übers. v. B. D. Jackson. Dordrecht 1975.

Pseudo-Augustinus: *Categoriae decem*. In: *Aristoteles Latinus* I, 1–5 *(Categoriae)*. Bruges-Paris 1961. S. 129–175.

Apuleius: *De philosophia rationali sive Peri Hermeneias qui Apuleio falso tribuitur*. In: *L. Apuleii Opera omnia*. Hrsg. v. G. F. Hildebrand. Leipzig 1842. S. 261–278.

Calcidius: *Timaeus a Calcidio translatus commentarioque instructus*. Hrsg. v. J. H. Waszink. 2. Aufl., London–Leiden 1975.

Cicero: *Topik*. Übers. v. H. G. Zekl. Hamburg 1983.

Macrobius: *Opera* I–II. Hrsg. v. J. Willis. 2. Aufl., Leipzig 1970.

Marius Victorinus: *Liber de definitionibus. Eine spätantike Theorie der Definition*. Übers., m. Einl. u. Anm. vers. v. A. Pronay. Frankfurt 1997.

Martianus Capella: *De nuptis Philologiae et Mercurii*. Hrsg. v. A. Dick, add. et corr. J. Préaux. Stuttgart 1978.

Frühes Mittelalter

Alkuin: *Dialectica*. In: PL 101. Sp. 949–976.

Dunchad: *Glossae in Martianum*. Hrsg. v. C. E. Lutz. Lancaster 1944.

Notker Labeo: *Die Schriften Notkers und seiner Schule*. Bd. I. Hrsg. v. P. Piper. Freiburg–Tübingen 1882.

Remigius von Auxerre: *Commentum in Martianum Capellam, libri I–II*. Hrsg. v. C. E. Lutz. Leiden 1962.

Sekundärliteratur

Beer, R.: *Die Handschriften des Klosters Santa Maria de Ripoll I*. In: *Sitzungsberichte der Kaiserlichen Akademie der Wissenschaften, phil.-hist. Klasse*. Bd. 155. Wien 1908.

Bischoff, B.: *Die Hofbibliothek Karls des Großen*. In: Bischoff, B: *Mittelalterliche Studien*. Bd. 3. Stuttgart 1981. S. 149–169.

Brunhölzl, F.: *Der Bildungsauftrag der Hofschule.* In: Bischoff, B. (Hrsg.): *Karl der Große. Lebenswerk und Nachleben.* Düsseldorf 1965. Bd. 2. S. 28–41.

Jeauneau, E.: *Les écoles de Laon et d'Auxerre au IXe siècle.* In: *Settimane di studio del Centro Italiano di Studi sull'alto Medioevo XIX.* Spoleto 1972. S. 495–522.

Klinkenberg, H. M.: *Der Verfall des Quadriviums im frühen Mittelalter.* In: Koch, J. (Hrsg.): *Artes liberales. Von der antiken Bildung zur Wissenschaft des Mittelalters.* Leiden–Köln 1976. S. 1–32.

Marenbon, J.: *From the Circle of Alcuin to the School of Auxerre. Logic, Theology and Philosophy in the Early Middle Ages.* Cambridge 1981.

Riché, P.: *Die Welt der Karolinger.* 2. Aufl., Stuttgart 1981. S. 230–273.

– *Ecoles et enseignement dans le Haut Moyen Age.* Paris 1989.

Schrimpf, G.: *Wertung und Rezeption antiker Logik im Karolingerreich.* In: Patzig. G./ Scheibe, E./Wieland, W. (Hrsg.): *Logik, Ethik, Theorie der Geisteswissenschaften.* Hamburg 1977. S. 451–456.

Vyver, A. van de: *Les étapes du développement philosophique du Haut Moyen-Age.* In: *Revue belge de philologie et d'histoire 8* (1929). S. 425–452.

Werner, H.-J.: *»Meliores viae sophiae« Alkuins Bestimmungen der Philosophie in der Schrift »Disputatio de vera philosophia«.* In: Aertsen, J. A./Speer, A. (Hrsg.): *Was ist Philosophie im Mittelalter?* Miscellanea Mediaevalia 26. Berlin–New York 1998. S. 452–459.

Scotus Eriugena

Quellen

Gottschalk: *Œuvres théologiques et grammaticales de Godescalc d'Orbais.* Hrsg. v. D.-C. Lambot. Löwen 1945 (darin: *De praedestinatione.* S. 180–258).

Scotus Eriugena: *Annotationes in Marcianum.* Hrsg. v. C. E. Lutz. Cambridge/Mass. 1939.

– *De praedestinatione.* Hrsg. v. G. Madec. Turnhout 1975.

– *Über die Einteilung der Natur.* Übers. v. L. Noack. Hamburg 1984.

Sekundärliteratur

Beierwaltes, W.: *Das Problem des absoluten Selbstbewußtseins bei Johannes Scotus Eriugena.* In Beierwaltes, W. (Hrsg.): *Platonismus in der Philosophie des Mittelalters.* Darmstadt 1969. S. 484–516.

– *Die Wiederentdeckung des Eriugena im Deutschen Idealismus.* In: *Platonismus und Idealismus.* Frankfurt 1972. S. 188–201.

– *Welt als Metapher. Zur Grundlegung einer mittelalterlichen Ästhetik durch Johannes Scotus Eriugena.* In: *Philosophisches Jahrbuch 83* (1976). S. 237–265.

– *Eriugena. Grundzüge seines Denkens.* Frankfurt 1994.

Flasch, K.: *Selbstbestimmung oder Prädestination – Eriugena gegen Gottschalk.* In : Flasch, K.: *Einführung in die Philosophie des Mittelalters.* Darmstadt 1987. S. 25–37.

Gregory, T.: *Vom Einen zum Vielen. Zur Metaphysik des Johannes Scotus Eriugena.* In: Beierwaltes, W. (Hrsg.): *Platonismus in der Philosophie des Mittelalters.* Darmstadt 1969. S. 343–365.

O'Meara, J. J.: *Eriugena.* Oxford 1988.

Schrimpf, G.: *Das Werk des Johannes Scotus Eriugena im Rahmen des Wissenschaftsverständnisses seiner Zeit.* Münster 1982.

Neue Texte in der Philosophie des 10. Jahrhunderts

Quellen

Abbo von Fleury: *De syllogismis hypotheticis.* Hrsg. u. übers. v. F. Schupp. Leiden 1997.

Aimon: *Vita Abbonis abbatis Floriacensis.* In: PL 139. Sp. 387C–414A.

Notker Labeo: *Die Schriften Notkers und seiner Schule.* Bd. I. Hrsg. v. P. Piper. Freiburg–Tübingen 1882.

Sekundärliteratur

Riché, P.: *Gerbert d'Aurillac. Le pape de l'an mil.* Paris 1987.

Duby, G.: *L'an mil.* Paris 1980.

Christentum und heidnische Philosophie

Quellen

Manegold von Lautenbach: *Liber contra Wolfel-*

mum. Hrsg. v. W. Hartmann. In: MGH. Quellen zur Geistesgeschichte des Mittelalters 8 (1972).

Petrus Damiani: *De divina omnipotentia.* Hrsg. u. m. franz. Übers. vers. v. A. Cantin. Paris 1972 (zitiert wird nach der Zählung in PL 145, die sich auch in der Ausgabe von Cantin findet).

Ekkehard von St. Gallen: *Confutatio dialecticae.* Hrsg. v. E. Dümmler. In: *Zeitschrift für deutsches Alterthum.* Neue Folge II (1869). S. 64–73.

Sekundärliteratur

Flasch, K.: *Freiheit oder Knechtschaft für Politik und Kultur – Manegold von Lautenbach gegen Wolfhelm von Köln.* In Flasch, K.: *Einführung in die Philosophie des Mittelalters.* Darmstadt 1987. S. 62–78.

Gibson, M.: *Lanfranc of Bec.* Oxford 1978.

Gregory, T.: *Das Opusculum contra Wolfelmum und die antiplatonische Polemik des Manegold von Lautenbach.* In: Beierwaltes, W. (Hrsg.): *Platonismus in der Philosophie des Mittelalters.* Darmstadt 1969. S. 366–380.

Gonsette, J.: *Pierre Damien et la culture profane.* Löwen 1956.

Holopainen, T. J.: *Dialectic and Theology in the Eleventh Century.* Leiden 1996. S. 6–118.

Die Philosophie in Byzanz

Quellen

Johannes Damaskenos: *Dialectica. Version of Robert Grosseteste.* Hrsg. v. O. A. Colligan. St. Bonaventure/New York 1953.

Sekundärliteratur

Ducellier, A.: *Byzanz. Das Reich und die Stadt.* Frankfurt 1990.

Friedmann, I.: *Aristoteles' Analytica bei den Syrern.* Berlin 1898.

Oehler, K.: *Antike Philosophie und byzantinisches Mittelalter.* München 1969.

Ostrogorsky, G.: *Studien zur Geschichte des Bilderstreites.* Breslau 1929.

Pines, Sh.: *A Parallel in the East to the »Logica Vetus«".* In: Beckmann, J. P./Honnefelder, L./Schrimpf, G./Wieland, G. (Hrsg.): *Philosophie im Mittelalter. Entwicklungslinien und Paradigmen.* 2. Aufl., Hamburg 1996. S. 125–129.

Richter, G.: *Die Dialektik des Johannes von Damaskus. Eine Untersuchung des Textes nach seinen Quellen und seiner Bedeutung.* Ettal 1964.

VI. Anselm von Canterbury

Quellen

Anselm: *Cur Deus homo.* Übers. v. F. S. Schmitt. 4. Aufl., Darmstadt 1986.

– *De grammatico.* In: *Opera omnia.* Hrsg. v. F. S. Schmitt. Bd. I. Seckau 1938 (Nachdruck Stuttgart–Bad Cannstatt 1968 u. 1984). S. 141–168.

– *De veritate.* Übers. v. F. S. Schmitt. Stuttgart–Bad Cannstatt 1966.

– *Monologion.* Übers. v. F. S. Schmitt. Stuttgart–Bad Cannstatt 1964.

– *Proslogion.* Übers. v. F. S. Schmitt. Stuttgart–Bad Cannstatt 1961.

Eadmer: *Vita S. Anselmi archiepiscopi Cantuarensis.* In: PL 158. Sp. 49–120.

– *The Life of St. Anselm by Eadmer.* Übers. v. R. W. Southern. Oxford 1963.

Sekundärliteratur

Barth, K.: *Fides quaerens intellectum.* Zürich 1958.

Evans, G. R.: *Anselm and Talking about God.* Oxford 1978.

– *Anselm and a New Generation.* Oxford 1980.

Henry, D. P.: *The Logic of Saint Anselm.* Oxford 1967.

– *Commentary on De grammatico. The Historical-Logical Dimensions of a Dialogue of St. Anselm's.* Dordrecht 1974.

Holopainen, T. J.: *Dialectic and Theology in the Eleventh Century.* Leiden 1996. S. 119–155.

Hopkins, J.: *A Companion to the Study of St. Anselm.* Minneapolis 1972.

Morscher, E.: *Was sind und was sollen die Gottesbeweise? Bemerkungen zu Anselms Gottesbeweis(en).* In: Ricken, F. (Hrsg.): *Klassische Gottesbeweise in der Sicht der gegenwärtigen Logik und Wissenschaftstheorie.* Stuttgart 1991. S. 62–86.

Röd, W.: *Der Gott der reinen Vernunft. Die Aus-*

einandersetzung um den ontologischen Gottesbeweis von Anselm bis Hegel. München 1992.

Southern, R. W.: *Saint Anselm. A Portrait in a
Landscape.* Cambridge 1990.

Vuillemin, J.: *Id quo nihil maius cogitari potest.
Über die innere Möglichkeit eines rationalen
Gottesbegriffes.* In: *Archiv für Geschichte der
Philosophie* 53 (1971). S. 279–299.

Wimmer, R.: *Anselms Proslogion als performa-
tiv-illokutionärer und als kognitiv-propositio-
naler Text und die zweifache Aufgabe der Theologie.* In: Ricken, F. (Hrsg.): *Klassische Gottesbeweise in der Sicht der gegenwärtigen Logik
und Wissenschaftstheorie.* Stuttgart 1991.
S. 174–201.

VII. Abaelard

Quellen

Abaelard: *Die Leidensgeschichte und der Brief-
wechsel mit Heloisa.* Übers. v. E. Borst.
Darmstadt 1984.
– *Dialectica.* Hrsg. v. L. M. de Rijk. 2. Aufl.,
Assen 1970.
– *Philosophische Schriften. Die Logica Ingredien-
tibus. Die Glossen zu Porphyrius. Die Glossen
zu den Kategorien. Die Glossen zu Peri hermeneias. Die Logica Nostrorum petitioni socio-
rum.* Hrsg. v. B. Geyer. Münster 1919–1933.
Übers. in Auszügen in: Wöhler, H.-U.
(Hrsg.): *Texte zum Universalienstreit.* Bd. I:
*Vom Ausgang der Antike bis zur Frühschola-
stik.* Berlin 1992. S. 131–183.
– *Scritti di logica. Introductiones dialecticae:
Editio super Porphyrium. Glossae in Catego-
rias. Editio super Aristotelem De interpretatione. Logica Ingredientibus: Super Topica glossae.* Hrsg. v. M. dal Pra. 2. Aufl., Florenz
1969.
– *Theologia summi boni.* Übers. v. U. Niggli.
Hamburg 1989.
– *Scito te ipsum.* Hrsg. u. engl. Übers. v.
D. E. Luscombe. Oxford 1971 (zitiert wird
nach dieser Ausgabe). Dt. Übers. v. F. Hom-
mel. Wiesbaden 1947.
– *Gespräch eines Philosophen, eines Juden und
eines Christen.* Hrsg. u. übers. v. H.-W.
Krautz. Darmstadt 1995.

Adam von Balsham: *Ars disserendi.* In: Minio-

Paluello, L. (Hrsg.): *Twelfth Century Logic.*
Bd. I. Rom 1956.

Alexander Neckham: *De naturis rerum.* Hrsg.
v. Th. Wright. London 1863 (Neudruck Nendeln 1967).

Garlandus Compotista: *Dialectica.* Hrsg. v.
L. M. de Rijk. Assen 1959.

Johannes von Salisbury: *Entheticus.* Hrsg. v.
R. E. Pepin. In: *Traditio* 31 (1975). S. 127–
193.
– *Metalogicon.* Hrsg. v. C. I. Webb. Oxford
1929. Engl. Übers. v. D. D. McGarry. Berkeley–Los Angeles 1955.

Roscelin von Compiègne: *Brief an Abaelard.*
In: J. Reiners: *Der Nominalismus in der Früh-
scholastik.* In: *Beiträge zur Geschichte der Philosophie des Mittelalters* 8/5. Münster 1910.
S. 63–80.

Wilhelm von Lucca: *Summa dialectice artis.*
Hrsg. v. L. Pozzi. Padua 1975.

Sekundärliteratur

Beonio Brocchieri Fumagalli, M. T.: *La logica
die Abelardo.* 2. Aufl., Florenz 1969. Engl.
Übers.: *The Logic of Abelard.* Dordrecht
1970.
– *Eloisa e Abelardo.* Mailand 1984.

Bredero, A. H.: *Bernhard von Clairvaux.* Stuttgart 1996.

Buytaert, E. M. (Hrsg.): *Peter Abelard. Proceedings of the International Conference Louvain
May 10–12, 1971.* Löwen 1974.

Gilson, É.: *Héloise et Abélard.* 3. Aufl., Paris
1984.

Grane, L: *Peter Abaelard. Philosophie und Christentum im Mittelalter.* Göttingen 1969.

Kretzmann, N.: *The Culmination of the Old Logic
in Peter Abelard.* In: Benson, R. L./Constable,
G. (Hrsg.): *Renaissance and Renewal in the
Twelfth Century.* Oxford 1982. S. 488–511.

Martin, Ch. J.: *Embarrassing Arguments and
Surprising Conclusions in the Development of
Theories of the Conditionals in the Twelfth
Century.* In: Jolivet, J./de Libera, A. (Hrsg.):
Gilbert de Poitiers et ses contemporains. Nea-
pel 1987. S. 377–400.

Minio-Paluello, L.: *The »Ars disserendi« of
Adam of Balsham »Parvipontanus«.* In:
Medieval and Renaissance Studies 3 (1954).
S. 116–169.

Pernoud, R.: *Héloise et Abélard.* Paris 1970.

Riché, P.: *Jean de Salisbury et le monde scolaire du XIIe siècle.* In: Wilks, M. (Hrsg.): *The World of John of Salisbury.* Oxford 1984. S. 39–61.

Richter, H. (Hrsg.): *Cluny. Beiträge zu Gestalt und Wirkung der cluniazensischen Reform.* Darmstadt 1975.

Weidemann, H.: *Peter Abaelards Lösung des Universalienproblems.* In: Leibold, G./Löffler, W. (Hrsg.): *Entwicklungslinien mittelalterlicher Philosophie.* Wien 1999. S. 50–63.

VIII. Neuansätze des 12. Jahrhunderts

Quellen

Sammelwerke

Giusberti, F.: *Materials for a Study on Twelfth Century Scholasticism.* Neapel 1982.

de Rijk., L. M.: *Logica Modernorum* I–III. Assen 1962–1967.

Einzelne Autoren

Adelard von Bath: *De eodem et diverso.* Hrsg. v. H. Willner. Münster 1903.

– *Quaestiones naturales.* Hrsg. v. M. Müller. Münster 1934.

Alanus von Lille: *Anticlaudianus.* Hrsg. v. R. Bossuat. Paris 1955.

Alexander Neckham: *De naturis rerum.* Hrsg. v. Th. Wright. London 1863 (Neudruck Nendeln 1967).

Bernardus Silvestris: *Cosmographia.* Hrsg. v. P. Dronke. Leiden 1978.

– *The Cosmographia of Bernardus Silvestris.* Engl. Übers. v. W. Wetherbee. New York 1973.

Bernhard von Chartres: *The »Glosae super Platonem« of Bernard of Chartres.* Hrsg. v. P. E. Dutton. Toronto 1991.

Dominicus Gundissalinus: *De divisione philosophiae.* Hrsg. v. L. Baur. Münster 1903.

Hildegard von Bingen: *Heilkunde.* Übers. v. H. Schipperges. Salzburg 1957.

– *Welt und Mensch.* Übers. v. H. Schipperges. Salzburg 1965.

Hugo von St. Victor: *Didascalicon.* Hrsg. v. Ch. H. Buttimer. Washington 1939.

– *Opera propaedeutica.* Hrsg. v. R. Baron. Notre Dame 1966.

– *Epitome Dindimi in philosophiam.* Hrsg. v. R. Baron. In: *Traditio* 11 (1955). S. 91–148.

Johannes von Salisbury: *Metalogicon.* Hrsg. v. C. I. Webb. Oxford 1929.

– *The Metalogicon.* Engl. Übers. v. D. D. McGarry. Berkeley–Los Angeles 1955.

– *Policraticus* (Auszüge). Engl. Übers. v. C. J. Nederman. Cambridge 1990.

Petrus Abaelardus: *Theologia summi boni.* Übers. v. U. Niggli. Hamburg 1989.

Petrus Lombardus: *Magistri Petri Lombardi sententiae in IV libris distinctae.* Rom 1971.

Roland: *Die Sentenzen Rolands, nachmals Papstes Alexander III.* Hrsg. v. A. M. Gietl. Freiburg 1891 (Nachdruck Amsterdam 1969).

Thierry von Chartres: *De sex dierum operibus.* In: Häring, N. M. (Hrsg.): *Commentaries on Boethius by Thierry of Chartres and his School.* Toronto 1971.

Wilhelm von Conches: *Dragmaticon Philosophiae.* Hrsg. v. I. Ronca. Turnhout 1997.

Wilhelm von Saint-Thierry: *De erroribus Guillelmi de Conchis ad Bernardum.* Hrsg. v. J. Leclerq. In: *Revue Bénédictine* 79 (1969). S. 375–391.

Sekundärliteratur

Gesamtdarstellungen

Benson, R. L./Constable, G. (Hrsg.): *Renaissance and Renewal in the Twelfth Century.* Oxford 1982.

Haskins, C. H.: *The Renaissance of the Twelfth Century.* Cambridge 1927.

Weimar, P. (Hrsg.): *Die Renaissance der Wissenschaften im 12. Jahrhundert.* Zürich–München 1981.

Wieland, G. (Hrsg.): *Aufbruch – Wandel – Erneuerung. Beiträge zur »Renaissance« des 12. Jahrhunderts.* Stuttgart 1995.

Einzelfragen

Chenu, M.-D.: *La théologie au douzième siècle.* 3. Aufl., Paris 1976.

Jolivet, J./de Libera, A. (Hrsg.): *Gilbert de Poitiers et ses contemporains. Aux origines de la logica modernorum.* Neapel 1987.

Gregory, T.: *La nouvelle idée de nature et de savoir scientifique au XIIe siècle.* In: Murdoch, J. E./Sylla, E. D. (Hrsg.): *The Cultural Context of Medieval Learning.* Dordrecht 1975. S. 193–218.

Häring, N. M.: *Die Erschaffung der Welt und ihr Schöpfer nach Thierry von Chartres und Clarenbaldus von Arras.* In: Beierwaltes, W. (Hrsg.): *Platonismus in der Philosophie des Mittelalters.* Darmstadt 1969. S. 161–267.

Kristeller, P. O.: *Beitrag der Schule von Salerno zur Entwicklung der scholastischen Wissenschaft im 12. Jahrhundert.* In: Koch, J. (Hrsg.): *Artes liberales. Von der antiken Bildung zur Wissenschaft des Mittelalters.* Leiden–Köln 1976. S. 84–90.

Liebeschütz, H.: *Das allegorische Weltbild der heiligen Hildegard von Bingen.* Leipzig–Berlin 1930.

Speer, A.: *Die entdeckte Natur. Untersuchungen zu Begründungsversuchen einer »scientia naturalis« im 12. Jahrhundert.* Leiden 1995.

Weisheipl, A.: *Classification of the Sciences in Medieval Thought.* In: *Medieval Studies* 27 (1965). S. 54–90.

Wilks, M. (Hrsg.): *The World of John Salisbury.* Oxford 1984.

IX. Die Philosophie im islamischen Bereich

Quellen (in chronologischer Reihenfolge)

Pseudo-Aristoteles: *Die sogenannte Theologie des Aristoteles.* In: *Die Philosophie bei den Arabern im X. Jahrhundert. Gesamtdarstellung und Quellenwerke.* Bd. XII. Übers. v. F. Dieterici. Leipzig 1883 (Nachdruck Hildesheim 1969).

– *Liber de causis.* Hrsg. v. A. Pattin. Löwen 1966.

Hunain ibn Ishaq: *Über die syrischen und arabischen Galen-Übersetzungen.* Hrsg. u. übers. v. G. Bergsträsser. In: *Abhandlungen für die Kunde des Morgenlandes.* Bd. XVII, Nr. 2. Leipzig 1925.

Al-Farabi: *Commentary and Short Treatise on Aristotle's De Interpretatione.* Übers., Einl. u. Anm. v. F. W. Zimmermann. Oxford 1981.

– *Short Commentary on Aristotle's Prior Analytics.* Übers., Einl. u. Anm. v. N. Rescher. Pittsburgh 1963.

– *Alfarabis Philosophy of Plato and Aristotle.* Übers. v. M. Mahdi. New York 1962.

– *Catalogo de las ciencias (De scientiis).* Hrsg. u. span. Übers. v. A. Gonzales Palencia. Madrid 1953.

– *De ortu scientiarum.* Hrsg. v. C. Baeumker. Münster 1916.

– *Der Musterstaat.* Übers. v. F. Dieterici. Leiden 1895 (Nachdruck Hildesheim 1985).

Al-Sirafi/Abu Bishr Matta: *Das Streitgespräch zwischen Abu Sa'id as-Sirafi und Abu Bisr Matta.* In: Flasch, K./Imbach, R./Mojsisch, B. (Hrsg): *Sprachphilosophie in Antike und Mittelalter.* Bochumer Studien zur Philosophie. Bd. 3. Amsterdam 1986. S. 235–270.

Die Lauteren Brüder: *Die Logik und Psychologie der Araber im zehnten Jahrhundert n. Chr.* In: *Die Philosophie bei den Arabern im X. Jahrhundert. Gesamtdarstellung und Quellenwerke.* Bd. IV. Übers. v. F. Dieterici. Leipzig 1868 (Nachdruck Hildesheim 1969).

Avicenna: *Avicennas Buch der Genesung der Seele. Die Metaphysik.* Halle 1907.

– *Eine arabische Biographie Avicennas.* Übers. v. P. Kraus. In: *Klinische Wochenschrift* 45 (1911). S. 1880–1884.

– *Remarks and Admonitions. Part one: Logic.* Übers. v. S. C. Inati. Toronto 1984.

– *The Propositional Logic of Avicenna. A Translation from al-Shifa: al-Quiyas.* Übers. v. N. Shehaby. Dordrecht–Boston 1973.

Al-Biruni: *In den Gärten der Wissenschaft. Ausgewählte Texte aus den Werken des muslimischen Universalgelehrten.* Übers. v. G. Strohmaier. Leipzig 1991.

Al-Ghazali: *Logica Algazelis.* Hrsg. v. Ch. Lohr. In: *Traditio XXI* (1965). S. 223–290.

– *Der Erretter aus dem Irrtum.* Übers. v. Abd-Elhamid Elschazali. Hamburg 1988.

– *Die Nische der Lichter.* Übers. v. Abd-Elhamid Elschazali. Hamburg 1987.

Averroes: *Middle Commentaries on Aristotle's Categories and De Interpretatione.* Übers. v. Ch. Butterworth. Princeton 1983.

– *Philosophie und Theologie von Averroes.* Übers. v. M. J. Müller. Weinheim 1991.

Ibn Khaldun: *Buch der Beispiele. Die Einführung al-Muqaddima. Auswahl u. Übers. v.* M. Pätzold. Leipzig 1992.

538

Ibn Taymiyya: *Against the Greek Logicians.* Übers. v. W. B. Hallaq. Oxford 1993.

Sufi: *Gärten der Erkenntnis. Das Buch der vierzig Sufi-Meister.* Hrsg. v. A. Schimmel. 2. Aufl., Düsseldorf–Köln 1985.

Ibn Arabi: *Urwolke und Welt. Mystische Texte des größten Meisters.* München 2002.

Sekundärliteratur

Allgemeiner historischer Hintergrund
Cahen, C.: *Der Islam.* Bd I: *Vom Ursprung bis zu den Anfängen des Osmanenreiches.* Frankfurt 1995.
Hourani, A.: *Die Geschichte der arabischen Völker.* Frankfurt 1992.
Rosenthal, F.: *Das Fortleben der Antike im Islam.* Zürich 1965.
Vernet, J.: *Die spanisch-arabische Kultur in Orient und Okzident.* Zürich 1984.

Gesamtdarstellungen
Al-Azmeh, A.: *Arabic Thought and Islamis Societies.* London–Sydney–Dover 1986.
Corbin, H.: *Histoire de la philosophie islamique.* Paris 1986.
Fakhry, M.: *A History of Islamic Philosophy.* 2. Aufl., London–New York 1983.
Leaman, O.: *An Introduction to Medieval Islamic Philosophy.* Cambridge 1985.
Nasr, S. H./Leaman, O. (Hrsg.): *History of Islamic Philosophy.* 2 Bde. London–New York 1996.
Qadir, C. A.: *Philosophy and Science in the Islamic World.* London–New York 1988.
Rescher, N.: *The Development of Arabic Logic.* Pittsburgh 1964.
Strohmaier, G.: *Denker im Reich der Kalifen.* Leipzig–Jena–Berlin 1979.

Zu einzelnen Autoren und Problemen
Abed, S. B.: *Aristotelian Logic and the Arabic Language in Alfarabi.* New York 1991.
Al-Azmeh, A.: *Ibn Khaldun.* London 1990.
Bachmann, P.: *Galens Abhandlung darüber, daß der vorzügliche Arzt Philosoph sein muß.* In: *Abhandlungen der Göttinger Akademie der Wissenschaften, phil.-hist. Klasse.* Göttingen 1965. S. 1–65.
Chodkiewicz, M.: *La réception du soufisme par l'occident: conjectures et certitudes.* In: Butter-worth, Ch. E./Kessel, B. A. (Hrsg.): *The Introduction of Arabic Philosophy into Europe.* Leiden 1994. S. 136–149.
Fakhry, M.: *Philosophy, Dogma and the Impact of Greekt Thought in Islam.* Aldeshot/Hampshire 1994.
Goldziher, I.: *Stellung der alten islamischen Orthodoxie zu den antiken Wissenschaften.* In: *Abhandlungen der königlich Preussischen Akademie der Wissenschaften, phil.-hist. Klasse.* Berlin 1916.
Goodman, L. E.: *Avicenna.* London 1992.
Grunebaum, G. E. v. (Hrsg.): *Logic in Classical Islamic Culture.* Wiesbaden 1970.
Gutas, D.: *Greek Thought, Arabic Culture. The Graeco-Arabic Translation Movement in Baghdad and Early Abbasid Society (2nd–4th/ 8th–10th centuries).* London–New York 1998.
Horten, M.: *Die spekulative und positive Theologie des Islam nach Razi (gest. 1209) und ihre Kritik durch Tusi (gest. 1273).* Leipzig 1912 (Nachdruck Hildesheim 1967).
Leaman, O.: *Averroes and his Philosophy.* Oxford 1988.
Meyerhof, M.: *Von Alexandrien nach Bagdad. Ein Beitrag zur Geschichte des philosophischen und medizinischen Unterrichts bei den Arabern.* In: *Sitzungsberichte der Preussischen Akademie der Wissenschaften, phil.-hist. Klasse.* Berlin 1930.
Netton, I. R.: *Al-Farabi and His School.* London–New York 1992.
O'Leary, de Lacy: *How Greek Science passed to the Arabs.* London 1948.
Peters, F. E.: *Aristotle and the Arabs. The Aristotelian Tradition in Islam.* New York 1968.
Rosenthal, F.: *Greek Philosophy in the Arab World.* Aldershot/Hampshire 1990.
Schimmel, A.: *Mystische Dimensionen des Islam. Die Geschichte des Sufismus.* Köln 1985.
Urvoy, D.: *Ibn Rushd (Averroes).* London 1991.

X. Die jüdische Philosophie des Mittelalters

Quellen (in chronologischer Reihenfolge)
Jehuda Halewi: *Das Buch Al-Chasari.* Übers. aus dem Arabischen v. H. Hirschfeld. Breslau 1885.

| 539

Ibn Daud: *Das Buch Emunah Ramah oder: Der erhabene Glaube*. Hrsg. u. übers. v. S. Weil. Frankfurt 1852 (Nachdruck Berlin 1919).

Mose ben Maimon: *Führer der Unschlüssigen.* Übers. v. A. Weiss. Hamburg 1972.

– *Acht Kapitel. Eine Abhandlung zur jüdischen Ethik und Gotteserkenntnis.* Übers. von M. Wolff. 2. Aufl., Hamburg 1992.

– *Maimonides' Arabic Treatise on Logic.* Hrsg. u. Übers. v. I. Efros. In: *Proceedings of the American Academy for Jewish Research* 34 (1966).

Levi ben Gerson: *The War of the Lord. Treatise Three: On Gods Knowledge.* Übers. v. N. Samuelson. Ontario 1977.

Schoeps, H. J.: *Jüdische Geisteswelt. Zeugnisse aus zwei Jahrtausenden.* Köln 1960.

Das Buch Bahir. Übers. v. G. Scholem. Darmstadt 1980.

Der Sohar. Das heilige Buch der Kabbala. Übers. v. E. Müller. Düsseldorf–Köln 1982.

Sekundärliteratur

Gesamtdarstellungen

Frank, D. H./Leaman O. (Hrsg.): *History of Jewish Philosophy.* London–New York 1997.

Guttmann, J.: *Die Philosophie des Judentums.* Wiesbaden 1985.

Nasr, S. H./Leaman, O. (Hrsg.): *History of Islamic Philosophy.* London– New York 1996. Kap. VI: *The Jewish philosophical tradition in the Islamic cultural world.* S. 673–780.

Simon, H./Simon, M.: *Geschichte der jüdischen Philosophie.* München 1984.

Zu einzelnen Autoren und Problemen

Hayoun, M.-R.: *Maimonides. Arzt und Philosoph im Mittelalter. Eine Biographie.* München 1999.

Leaman O.: *Moses Maimonides.* London–New York 1990.

Möbuss, S.: *Der Begriff der scientia bei Levi ben Gerson.* In: Craemer-Ruegenberg, I./Speer, A. (Hrsg.): *Scientia und ars im Hoch- und Spätmittelalter.* Miscellanea Mediaevalia 22. Berlin–New York 1994. S. 653–666.

Scholem G.: *Zur Kabbala und ihrer Symbolik.* Frankfurt 1973.

– *Die jüdische Mystik in ihren Hauptströmungen.* Frankfurt 1980.

Steinschneider, M.: *Die hebräischen Übersetzungen des Mittelalters und die Juden als Dolmetscher.* Berlin 1893 (Nachdruck Graz 1956).

Strauss, L.: *Philosophie und Gesetz. Beiträge zum Verständnis Maimunis und seiner Vorläufer.* Berlin 1935.

Vajda, G.: *Isaac Albalag. Averroiste juif, traducteur et annotateur d'Al-Ghazali.* Paris 1960.

XI. Die Rezeption der Schriften des Aristoteles und der arabischen Wissenschaft

Die Universitäten

Quellen

Grabmann, M.: *Eine für Examinazwecke abgefaßte Quaestionensammlung der Pariser Artistenfakultät aus der ersten Hälfte des XIII. Jahrhunderts.* In: Grabmann, M.: *Mittelalterliches Geistesleben.* München 1936. Bd. 2. S. 183–199.

Lafleur, C.: *Quatre introductions à la philosophie au XIIIe siècle. Texte critique et étude historique.* Montréal–Paris 1988.

Sekundärliteratur

Bataillon, L.-J./Guyot, G./Rouse, R. H. (Hrsg.): *La production du livre universitaire au moyen âge: exemplar et pecia.* Paris 1988.

Cardini, F./Fumagalli Beonio Brocchieri, M. T.: *Universitäten im Mittelalter.* München 1991.

Denifle, H.: *Die Entstehung der Universitäten des Mittelalters bis 1400.* Berlin 1885 (Nachdruck Graz 1956).

Grundmann, H.: *Vom Ursprung der Universität im Mittelalter.* Berlin 1957.

Hamesse, J.: *Manuels, programmes de cours et techniques d'enseignement dans les universités médiévales.* Löwen 1994.

Lafleur, C.: *Les »guides de l'étudiant« de la Faculté des arts de l'Université de Paris au XIIIe siècle.* In: Hoenen, M. J. F. M./Schneider, J. H. J./Wieland, G. (Hrsg.): *Philosophy and Learning. Universities in the Middle Ages.* Leiden 1995. S. 137–199.

Le Goff, J.: *Die Intellektuellen im Mittelalter.* 4. Aufl., Stuttgart 2001.

540

Schneider, J. H. J.: *Wissenschaftseinteilung und institutionelle Folgen.* In: Hoenen, M. J. F. M./ Schneider, J. H. J./Wieland, G. (Hrsg.): *Philosophy and Learning. Universities in the Middle Ages.* Leiden 1995. S. 63–121.

Verger, J.: *Les universités au Moyen Age.* Paris 1973.

Weijers, O.: *Les règles d'examen dans les universités médiévales.* In: Hoenen, M. J. F. M./ Schneider, J. H. J./Wieland, G. (Hrsg.): *Philosophy and Learning. Universities in the Middle Ages.* Leiden 1995. S. 201–223.

Die Übersetzungen und deren Rezeption

Sekundärliteratur

d'Alverny, M.-Th.: *Translations and Translators.* In: Benson, R. L./Constable, G. (Hrsg.): *Renaissance and Renewal in the Twelfth Century.* Oxford 1985. S. 421–462.

Bianchi, L.: *Gli aristotelismi della Scolastica.* In: Bianchi. L./Randi, E.: *Le verità dissonanti.* Rom-Bari 1990. S. 3–31.

Butterworth, Ch. E./Kessel, B. A. (Hrsg.): *The Introduction of Arabic Philosophy into Europe.* Leiden 1994.

Callus, D. A.: *The Function of the Philosopher in Thirteenth-Century Oxford.* In: Wilpert, P. (Hrsg.): *Beiträge zum Berufsbewußtsein des mittelalterlichen Menschen.* Miscellanea Mediaevalia 3. Berlin 1964. S. 153–162.

Grinaschi, M.: *Les traductions latines des ouvrages de la logique arabe et l'abrégé d'Alfarabi.* In: *Archives d'historie doctrinale et littéraire du moyen âge* 39 (1972). S. 41–107.

Lafleur, C.: *Le »Guide de l'étudiant« d'un maître anonyme de la faculté des arts de Paris au XIIIe siècle.* Quebec 1992.

Montgomery Watt, W.: *Der Einfluß des Islam auf das europäische Mittelalter.* Berlin 1989.

Salmon, D.: *The Medieval Latin Translations of Alfarabi's Work.* In: *The New Scholasticism* 13 (1939). S. 245–261.

Zimmermann, A.: *Verzeichnis ungedruckter Kommentare zur Metaphysik und Physik des Aristoteles aus der Zeit von 1250–1350.* Leiden 1971.

– (Hrsg.): *Aristotelisches Erbe im arabisch-lateinischen Mittelalter. Übersetzungen, Kommentare, Interpretationen.* Miscellanea Mediaevalia 18. Berlin 1986.

XII. Robert Grosseteste und Roger Bacon

Quellen

Robert Grosseteste: *Die Philosophischen Werke des Robert Grosseteste, Bischofs von Lincoln.* Hrsg. v. L. Baur. Münster 1912.

– *Commentarius in VIII Libros Physicorum Aristotelis.* Hrsg. v. R. C. Dales. Colorado 1963.

– *Commentarius in Posteriorum Analyticorum libros.* Hrsg. v. P. Rossi. Florenz 1981.

– *Hexaemeron.* Hrsg. v. R. C. Dales/S. Gieben. Oxford 1982.

Roger Bacon: *Opus maius.* Hrsg. v. J. H. Bridges. Oxford 1900.

– *Opus tertium. Opus minus. Compendium studii philosophiae. De secretis operibus artis et naturae et de nullitate magiae.* Hrsg. v. J. S. Brewer. London 1859.

– *Compendium of the Study of Theology.* Übers. v. Th. S. Maloney. Leiden 1988.

– *Summulae dialecticae.* Hrsg. v. A. de Libera. In: *Archives d'historie doctrinale et littéraire du moyen âge.* 53 (1986). S. 139–289 u. 54 (1987). S. 171–278.

Statuta Antiqua Universitatis Oxoniensis. Hrsg. v. S. Gibson. Oxford 1931.

Sekundärliteratur

Crombie, A. C.: *Grosseteste and the Origins of Experimental Science, 1100–1700.* Oxford 1953.

Easton, S. C.: *Roger Bacon and his Search for an Universal Science.* Oxford 1952.

McEvoy, J.: *The Philosophy of Robert Grosseteste.* Oxford 1982.

– (Hrsg.): *Robert Grosseteste: New Perspectives on his Thought and Scholarship.* Turnhout 1995.

Mensching, G.: *Metaphysik und Naturbeherrschung im Denken Roger Bacons.* In: Zimmermann, A./Speer, A. (Hrsg.): *Mensch und Natur im Mittelalter.* Miscellanea Mediaevalia 21. Berlin–New York 1991. S. 129–142.

Molland, G.: *The Quadrivium in the Universities: Four Questions.* In: Zimmermann, A. (Hrsg.): *Scientia und ars im Hoch- und Spätmittelalter.* Miscellanea Mediaevalia 22. Berlin–New York 1994. S. 66–78.

Southern, R. W.: *Robert Grosseteste. The*

Growth of an English Mind in Medieval Euro-pe. 2. Aufl., Oxford 1992.

Tachau K. H.: *Vision and Certitude in the Age of Ockham. Optics, Epistemology and the Foundation of Semantics.* Leiden 1988. S. 3–26.

XIII. Bonaventura und Albertus Magnus

Quellen

Katharer: *Liber de duobus principiis.* Hrsg. von A. Dondaine. Rom 1939.

Bonaventura: *Liber I–IV Sententiarum.* Ausg. Quaracchi. Florenz 1934–1949.

– *Alleingespräch über die vier geistlichen Übungen (Soliloquium de quatuor mentalibus exercitiis).* Übers. v. J. Hosse. München 1958.

– *Über den dreifachen Weg (De triplici via).* Übers. v. M. Schlosser. Freiburg 1993.

– *Pilgerbuch der Seele zu Gott. Die Zurückführung der Künste auf die Theologie (Itinerarium mentis in Deum. De reductione artium ad theologiam).* Übers. v. J. Kaup. München 1961.

– *Das Sechstagewerk (Collationes in Hexaemeron).* Übers. v. W. Nyssen. 2. Aufl., München 1979.

– *Vom Wissen Christi (Quaestiones disputatae de scientia Christi).* Übers. v. A. Speer. Hamburg 1992.

Franz von Assisi: *Die Schriften des heiligen Franziskus von Assisi.* Hrsg. u. übersetzt v. L. Hardick/E. Grau. 6. Aufl., Werl/Westfalen 1980.

Albertus Magnus: *Opera omnia.* Editio Coloniensis. Münster 1951 ff.

– *Opera. omnia.* Editio Parisiensis. Paris 1890–1899.

– *De animalibus.* Hrsg. v. H. Stadler. Münster 1916/1921.

– *De vegetalibus et plantis.* Hrsg. v. E. Meyer/ C. Jessen. Berlin 1867.

Sekundärliteratur

Zu den Katharern

Borst, A.: *Die Katharer.* 3. Aufl., Freiburg 1995.

Le Roy Ladurie, E.: *Montaillou. Ein Dorf vor dem Inquisitor.* Frankfurt 1983.

Moore, R. I.: *The Orignis of European Dissent.* Oxford 1985.

Nelli, R.: *Les Cathares. Hérésie ou démocratie.* Paris 1972.

Runciman, S.: *Häresie und Christentum. Der mittelalterliche Manichäismus.* München 1988.

Werner, E./Erbstösser, M.: *Kleriker, Mönche, Ketzer. Das religiöse Leben im Hochmittelalter.* 2. Aufl., Darmstadt 1992.

Zu Bonaventura

Giocarnis, K.: *Eustratius' of Nicea's Defense of the Doctrine of Ideas.* In: *Franciscan Studies* 24 (1964). S. 159–204.

Gilson, E.: *Die Philosophie des Hl. Bonaventura.* Köln 1960.

Köhn, R.: *Monastisches Bildungsideal und weltgeistliches Wissenschaftsdenken. Zur Vorgeschichte des Mendikantenstreites an der Universität Paris.* In: Zimmermann, A. (Hrsg.): *Die Auseinandersetzungen an der Pariser Universität im XIII. Jahrhundert.* Miscellanea Mediaevalia 10. Berlin–New York 1976. S. 1–37.

Quinn, J. F.: *The Historical Constitution of St. Bonaventure's Philosophy.* Toronto 1973.

Ratzinger, J.: *Die Geschichtsphilosophie des hl. Bonaventura.* München 1959.

Speer, A.: *Bonaventure and the Question of a Medieval Philosophy.* In: *Medieval Philosophy and Theology* 6 (1997). S. 25–46.

Zu Albertus Magnus

Craemer-Ruegenberg, I.: *Albertus Magnus.* München 1980.

Grabmann, M.: *Der hl. Albert der Große. Ein wissenschaftliches Charakterbild.* München 1932.

Meyer, G./Zimmermann, A. (Hrsg.): *Albertus Magnus, Doctor Universalis 1280/1980.* Mainz 1980.

Weisheipl, J. A.: *Albertus Magnus and the Oxford Platonists.* In: *Proceedings of the American Catholic Philosophical Association* 32 (1958). S. 124–139.

Wieland, G.: *Der Mendikantenstreit und die Grenzen von Theologie und Philosophie.* In: Hoenen, M. J. F. M./Schneider, J. H. J./Wieland, G. (Hrsg.): *Philosophy and Learning. Universities in the Middle Ages.* Leiden 1995. S. 17–28.

Zimmermann, A. (Hrsg): *Albert der Große. Seine Zeit, sein Werk, seine Wirkung.* Miscellanea Mediaevalia 14. Berlin–New York 1980.

XIV. Thomas von Aquin

Quellen

Petrus Hispanus: *Tractatus (Summule logicales).* Hrsg. v. L. M. de Rijk. Assen 1972.

Thomas von Aquin: *Commentaria in Aristotelem et alios.* Hrsg. v. R. Busa. Stuttgart–Bad Cannstatt 1980.

– *Die Gottesbeweise in der »Summe gegen die Heiden« und der »Summe der Theologie«.* Übers. v. H. Seidl. Hamburg 1996.

– *Prologe zu den Aristoteles-Kommentaren.* Übers. von F. Cheneval/R. Imbach. Frankfurt 1993.

– *Summe gegen die Heiden (Summa contra gentiles).* Bd 1 u. 2: Übers. v. K. Albert/P. Engelhardt. Darmstadt 1974/1982. Bd. 3, 1 u. 3, 2: Übers. v. K. Allgaier. Darmstadt 1990/1996. Bd. 4: Übers. v. M. H. Wörner. Darmstadt 1996.

– *Summa theologiae (= Die deutsche Thomas-Ausgabe).* Salzburg–Heidelberg 1933 ff. (nicht vollständig).

– *Über das Sein und das Wesen (De ente et essentia).* Übers. u. erl. v. R. Allers. Darmstadt 1980.

– *Über den Lehrer (Quaestiones disputate de veritate, Quaestio XI. Summa theologieae Pars I, quaestio 117, articulus 1).* Übers. von G. Jüssen/G. Krieger/J. H. J. Schneider. Hamburg 1988.

– *Über die Herrschaft der Fürsten.* Übers. von F. Schreyvogl. Stuttgart 1975.

Jacobus von Voragine: *Legenda aurea.* Übers. v. R. Benz. 10. Aufl., Darmstadt 1984.

Sekundärliteratur

Enders, H. W.: *Die quinque viae des Thomas Aquinas.* In: *Wissenschaft und Weisheit* 40 (1977). S. 158–188.

Eckert, W. P.: *Das Selbstverständnis des Thomas von Aquino als Mendikant und als Magister S. Theologiae.* In: Wilpert, P. (Hrsg.): *Beiträge zum Berufsbewußtsein des mittelalterli-*

chen Menschen. Miscellanea Mediaevalia 3. Berlin 1964. S. 105–134.

– (Hrsg.): *Thomas von Aquin. Interpretation und Rezeption.* Mainz 1974.

Grabmann, M.: *Thomas von Aquin. Persönlichkeit und Gedankenwelt. Eine Einführung.* 8. Aufl., München 1949.

Kluxen, W.: *Die philosophische Ethik bei Thomas von Aquin.* Mainz 1964.

– (Hrsg.): *Thomas von Aquin im Gespräch.* Freiburg–München 1975.

Kretzmann, N./Stump, E. (Hrsg.): *The Cambridge Companion to Aquinas.* Cambridge 1993.

Pieper, J.: *Hinführung zu Thomas von Aquin.* München 1958.

Zimmermann, A. (Hrsg.): *Thomas von Aquin. Werk und Wirkung im Licht neuerer Forschungen.* Miscellanea Mediaevalia 19. Berlin 1988.

XV. Die Dekrete von 1277: Ursachen und Folgen | 543

Quellen

Aegidius Romanus: *De erroribus philosophorum.* Hrsg. m. engl. Übers. v. J. Koch/J. A. Riedl. Milwaukee 1944.

Andreas Capellanus: *De amore deutsch. Der Tractatus des Andreas Capellanus in der Übersetzung Johann Hartliebs.* Hrsg. v. A. Karnein. München 1970.

Boethius von Dacien: *Quaestiones super Librum Topicorum. Tractatus de aeternitate mundi. De summo bono. De somnis.* Hrsg. v. N. G. Green-Pedersen/J. Pinborg. Kopenhagen 1976.

– *Über die Ewigkeit der Welt.* In: Bonaventura, Thomas von Aquin, Boethius von Dacien: *Über die Ewigkeit der Welt.* Einl. von R. Schönberger, Übers. u. Anm. von P. Nickl. Frankfurt 2000.

Bonaventura: *Das Sechstagewerk (Collationes in Hexaemeron).* Übers. von W. Nyssen. 2. Aufl., München 1979.

Siger von Brabant: *De aeternitate mundi.* Hrsg. v. B. Bazán. Löwen–Paris 1972.

– *De anima intellectiva.* Hrsg. v. B. Bazán. Löwen–Paris 1972.

Wilhelm von Ockham: *Opera philosophica*

II. Hrsg. von Ph. Boehner/St. Brown. St. Bonaventure/New York 1978.

Giele, M./van Steenberghen, F./Bazán, B.: *Trois commentaires anonymes sur le Traité de l'âme d'Aristote*. Löwen 1972.

Flasch, K.: *Aufklärung im Mittelalter? Die Verurteilung von 1277. Das Dokument des Bischofs von Paris*. Mainz 1989.

Sekundärliteratur

Bianchi, L.: *Il Vescovo e i Filosofi. La condanna parigina del 1277 e l'evoluzione dell'aristotelismo scolastico*. Bergamo 1990.

– *Loquens ut naturalis*. In: Bianchi, L./Randi, E.: *Le verità dissonanti*. Rom–Bari 1990. S. 33–56

– *1277: A Turning Point in Medieval Philosophy?* In: Aertsen, J. A./Speer, A. (Hrsg.): *Was ist Philosophie im Mittelalter?* Miscellanea Mediaevalia 26. Berlin 1998. S. 90–110.

Courtenay, W. J.: *Schools and Scholars in Fourteenth-Century England*. Princeton 1987.

Hissette, R.: *Enquête sur les 219 articles condamnés à Paris le 7 mars 1277*. Löwen–Paris 1977.

Hödl, L.: *»... sie reden, als ob es zwei gegensätzliche Wahrheiten gäbe." Legende und Wirklichkeit der mittelalterlichen Theorie von der doppelten Wahrheit*. In: Beckmann, J. P./Honnefelder, L./Schrimpf, G./Wieland, G. (Hrsg.): *Philosophie im Mittelalter. Entwicklungslinien und Paradigmen*. 2. Aufl., Hamburg 1996. S. 225–243.

Libera, A. de: *Philosophie et censure. Remarques sur la crise universitaire parisienne de 1270–1277*. In: Aertsen, J. A./Speer, A. (Hrsg.): *Was ist Philosophie im Mittelalter?* Miscellanea Mediaevalia 26. Berlin 1998. S. 71–89.

Miethke, J.: *Papst, Ortsbischof und Universität in den Pariser Theologenprozessen des 13. Jahrhunderts*. In: Zimmermann, A. (Hrsg.): *Die Auseinandersetzungen an der Pariser Universität im XIII. Jahrhundert*. Miscellanea Mediaevalia 10. Berlin 1976. S. 52–94.

Murdoch, J. E.: *1277 and Late Medieval Natural Philosophy*. In: Aertsen, J. A./Speer, A. (Hrsg.): *Was ist Philosophie im Mittelalter?* Miscellanea Mediaevalia 26. Berlin 1998. S. 111–121.

Wielockx, R.: *Autour du procès de Thomas d'Aquin*. In: Zimmermann, A. (Hrsg.): *Thomas von Aquin. Werk und Wirkung im Licht neuerer Forschung*. Miscellanea Mediaevalia 19. Berlin–New York 1988. S. 434–436.

Wilpert, P.: *Boethius von Dacien. Die Autonomie des Philosophen*. In: Wilpert, P./Eckert, W. P. (Hrsg.): *Beiträge zum Berufsbewußtsein des mittelalterlichen Menschen*. Miscellanea Mediaevalia 3. Berlin–New York 1964. S. 135–152.

Wippel, J. F.: *Thomas Aquinas and the Condemnation of 1277*. In: *The Modern Schoolman* 72 (1995). S. 233–277.

XVI. Raymundus Lullus und Duns Scotus

Quellen

Raymundus Lullus: *Das Leben des seligen Raimund Lull. Die »vita coetanea« und ausgewählte Texte zum Leben Lulls aus seinen Werken und Zeitdokumenten*. Übers. v. E.-W. Platzeck. Düsseldorf 1964.

– *Ars brevis*. Übers. v. A. Fidora. Hamburg 1999.

– *Die neue Logik (Logica nova)*. Übers. v. V. Hösle/W. Büchel. Hamburg 1985.

– *Das Buch vom Heiden und den drei Weisen*. Übers. von Th. Pindl. Stuttgart 1998.

– *Vom Freund und dem Geliebten. Die Kunst der Kontemplation*. Übers. von G. Schib Torra. Zürich–Düsseldorf 1998.

Johannes Duns Scotus: *Abhandlung über das erste Prinzip (Tractatus de primo principio)*. Übers. v. W. Kluxen. Darmstadt 1974.

– *Über die Erkennbarkeit Gottes*. Übers. von V. Richter/H. Kraml/G. Leibold. Hamburg 2000.

Sekundärliteratur

Zu Raymundus Lullus

Colomer, E.: *Das Selbstverständnis des Ramon Llull*. In: Wilpert, P. (Hrsg.): *Beiträge zum Berufsbewußtsein des mittelalterlichen Menschen*. Miscellanea Mediaevalia 3. Berlin 1964. S. 163–184.

– *Die Beziehung des Ramon Llull zum Judentum im Rahmen des spanischen Mittelalters*. In: Wilpert, P. (Hrsg.): *Judentum im Mittel-*

alter. Miscellanea Mediaevalia 4. Berlin 1966. S.183–227.

Fleckenstein, J. O.: *Leibniz's Algorithmic Interpretation of Lulls Art*. In: *Organon* (Warschau) 4 (1967). S.171–180.

Keicher, O.: *Raymundus Lullus und seine Stellung zur arabischen Philosophie*. Münster 1909.

Lohr, Ch.: *Christianus arabicus, cuius nomen Raimundus Lullus*. In: *Freiburger Zeitschrift für Philosophie und Theologie* 31 (1984). S.57–88.

Platzeck, E.-W.: *Raimund Lulls Auffassung von der Logik (Was ist an Lulls Logik formale Logik?)*. In: *Estudios Lulianos* 2 (1958). S.5–34 u. S.273–296.

– *Raimund Lull. Sein Leben -- seine Werke. Die Grundlagen seines Denkens (Prinzipienlehre)*. 2 Bde. Düsseldorf 1962/1964.

– *Gottfried Wilhelm Leibniz und Raimund Lull*. In: *Virtus politica*. Festgabe zum 75. Geburtstag von Alfons Hufnagel. Stuttgart 1974. S.387–409.

– *Der Platonismus bei Raimund Lull*. In: *Philosophisches Jahrbuch* 72 (1964/65). S.66–83.

Pring-Mill, R. D. F.: *Grundzüge von Lulls ars inveniendi veritatem*. In: *Archiv für Geschichte der Philosophie* 43 (1961). S.239–266.

Urvoy, D.: *Penser l'Islam. Les présupposés islamiques de l'»Art« de Lull*. Paris 1980.

Zu Duns Scotus

Gilson, É.: *Johannes Duns Scotus. Einführung in die Grundgedanken seiner Lehre*. Düsseldorf 1959.

Honnefelder, L.: *Ens inquantum ens. Der Begriff des Seienden als solchen als Gegenstand der Metaphysik nach der Lehre des Johannes Duns Scotus*. Münster 1979.

– *Scotus und der Scotismus. Ein Beitrag zur Bedeutung der Schulbildung in der mittelalterlichen Philosophie*. In: Hoenen, M. J. F. M./Schneider, J. H. J./Wieland, G. (Hrsg.): *Philosophy and Learning. Universities in the Middle Ages*. Leiden 1995. S.249–262.

Richter, V.: *Studien zum literarischen Werk von Johannes Duns Scotus*. München 1988.

Williams, Th. (Hrsg.): *The Cambridge Companion to Duns Scotus*. Cambridge 2002.

XVII. Ockham und die Wissenschaft des 14. Jahrhunderts

Quellen

Albert von Sachsen: *Perutilis logica*. Venedig 1522 (Nachdruck Hildesheim–New York 1974).

Alighieri Dante: *Monarchia*. Übers. v. R. Imbach/Ch. Flüeler. Stuttgart 1989.

Johannes Buridan: *Quaestiones super octo phisicorum libros Aristotelis*. Paris 1509.

– *Tractatus de consequentiis*. Hrsg. v. H. Hubien. Löwen–Paris 1976.

Marsilius von Inghen: *Parva logicalia*. Basel 1489.

– *Treatise on the Properties of Terms. Suppositiones, Ampliationes, Appellationes, Restrictiones, Alienationes*. Hrsg. von E. P. Bos. Dordrecht 1983.

Marsilius von Padua: *Der Verteidiger des Friedens*. Übers. v. W. Kunzmann/H. Kusch. Stuttgart 1971.

Martinus Anglicus: *Über die Verpflichtungen (De obligationibus)*. Übers. v. F. Schupp. Hamburg 1993.

Nicolaus von Autrecourt: *Briefe*. Übers. v. D. Perler. Hamburg 1988.

– *Nicolaus of Autrecourt: His Correspondence with Master Giles and Bernard of Arezzo*. Hrsg. v. L. M. de Rijk. Leiden 1994.

Richard Kilvington: *The Sophismata*. Übers. v. N. Kretzmann/B. E. Kretzmann. Cambridge 1990.

Richard Swineshead: *Liber calculationum*. Padua 1477.

Walter Burleigh: *De puritate artis logicae tractatus longior. Tractatus Brevior*. Hrsg. v. Ph. Boehner. St. Bonaventure/New York 1955.

– *De consequentiis*. Hrsg. v. N. J. Green-Pedersen. In: *Franciscan Studies* 18 (1980). S.102–166.

– *Von der Reinheit der Kunst der Logik. Erster Traktat: Von den Eigenschaften der Termini*. Übers. v. P. Kunze. Hamburg 1988.

Wilhelm Heytesbury: *De sensu composito et diviso. Regulae cum sophismatibus* und weitere Traktate. Venedig 1494.

Wilhelm Ockham: *Scriptum in librum primum, secundum et tertium sententiarum. Opera theologica* I–VII. Hrsg. v. G. Gál u.a. St. Bonaventure/New York 1967–1984.

– *Quodlibeta septem. Opera theologica* IX. Hrsg.
v. J. C. Wey. St. Bonaventure/New York 1980.
– *Summa logicae. Opera philosophica* I. Hrsg. v.
Ph. Boehner/G. Gál/St. Brown. St. Bonaven-
ture/New York 1974.
– *Expositio in libros Physicorum aristotelis.
Opera philosophica* IV–V. Hrsg. v. V. Richter
u.a. St. Bonaventure/New York 1985.
– *Dialogus. Auszüge zur politischen Theorie.*
Übers. v. J. Miethke. Darmstadt 1994.
– *Summe der Logik. Aus Teil I: Über die Termini.*
Übers. v. P. Kunze. Hamburg 1984.
– *Texte zur Theorie der Erkenntnis und der Wis-
senschaft.* Übers. v. R. Imbach. Stuttgart
1984.
Wilhelm von Osma: *Über die Folgerungen (De
consequentiis).* Übers. v. F. Schupp. Ham-
burg 1991.

Sekundärliteratur
Beckmann, J. P.: *Ockham-Bibliographie
1900–1990.* Hamburg 1992.
– *Wilhelm von Ockham.* München 1995.
Boehner, Ph.: *Collected Articles on Ockham.* St.
Bonaventure/New York 1958.
Bos, E. P./Krop, H. A. (Hrsg.): *Ockham and
Ockhamists.* Nijmegen 1987.
Bottin, F.: *La scienza degli occamisti. La scienza
tardo-medievale dalle origini del paradigma
nominalista alla rivoluzione scientifica.* Ri-
mini 1982.
Courtenay, W. J.: *Was there an Ockhamist
School?* In: Hoenen, M. J. F. M./Schneider,
J. H. J./Wieland, G. (Hrsg.): *Philosophy and
Learning. Universities in the Middle Ages.* Lei-
den 1995. S. 263–292.
Flasch, K.: *Harmonisierung oder Kritik – Lutte-
rells Einwände gegen Wilhelm von Ockham.*
In: Flasch, K.: *Einführung in die Philosophie
des Mittelalters.* Darmstadt 1987. S. 149–165.
– *Gottesstaat oder Frieden auf Erden – Die Reha-
bilitierung der politischen Philosophie im
Kampf gegen die päpstliche Weltherrschaft.* In:
Flasch, K.: *Einführung in die Philosophie des
Mittelalters.* Darmstadt 1987. S. 134–148.
Hoffmann, F.: *Die Schriften des Oxforder Kanz-
lers Johannes Lutterell.* Leipzig 1959.
Imbach, R.: *Wilhelm von Ockham.* In: Höffe,
O. (Hrsg.): *Klassiker der Philosophie* I. Mün-
chen 1981. S. 220–244.

Gurjewitsch, A. J.: *Das Individuum im europäischen Mittelalter.* München 1994.
Kaufmann, M.: *Begriffe, Sätze, Dinge. Referenz
und Wahrheit bei Wilhelm von Ockham.* Leiden 1994.
Koch, J.: *Neue Aktenstücke zu dem gegen Wil-
helm Ockham in Avignon geführten Prozeß.*
In: *Recherches de Théologie ancienne et médié-
vale* 7 (1935). S. 353–380, 8 (1936). S. 79–93
u. S. 168–197.
Lewry, P. O. (Hrsg.): *The Rise of British Logic.*
Toronto 1983.
Maier, A.: *Die Vorläufer Galileis im 14. Jahrhundert. Studien zur Naturphilosophie der Spätscholastik.* Rom 1949.
Moody, E. A.: *Truth and Consequence in Medie-
val Logic.* Amsterdam 1953 (Nachdruck
Westport/Connecticut 1976).
Quillet, J. (Hrsg.): *Autour de Nicole Oresme.*
Paris 1990.
Paqué, R.: *Das Pariser Nominalistenstatut.
Zur Entstehung des Realitätsbegriffs der neu-
zeitlichen Naturwissenschaft. (Occam, Buri-
dan und Petrus Hispanus, Nikolaus von Au-
trecourt und Gregor von Rimini).* Berlin
1970.
Ritter, G.: *Via antiqua und via moderna auf den
deutschen Universitäten des XV. Jahrhunderts.*
Heidelberg 1922.
Schupp, F.: *Logical Problems of the Medieval
Theory of Consequences. With the edition of
the Liber consequentiarum.* Neapel 1988.
Spade, P. V. (Hrsg.): *The Cambridge Compa-
nion to Ockham.* Cambridge 1999.
Vossenkuhl, W./Schönberger, R. (Hrsg.): *Die
Gegenwart Ockhams.* Weinheim 1990.
Weinberg, J. R.: *Nicolas of Autrecourt.* New
York 1948.
Wolfson, H. A.: *Nicolaus of Autrecourt and
Ghazali's Argument against Causality.* In:
Speculum 44 (1969). S. 234–238.

XVIII. Eckhart, Seuse und die devotio moderna

Quellen
Dietrich von Freiberg: *Abhandlung über den
Intellekt und den Erkenntnisinhalt.* Übers. v.
B. Mojsisch. Hamburg 1980.
Margareta Porete: *Der Spiegel der einfachen*

Seelen. Übers. v. L. Gnädinger. Zürich–München 1987.

Meister Eckehart: *Das Buch der göttlichen Tröstung.* Übers. v. J. Quint. Frankfurt 1987.

– *Deutsche Predigten und Traktate.* Übers. v. J. Quint. Zürich 1979.

– *Einheit im Sein und Wirken.* Übers. v. D. Mieth. München 1989.

– *Kommentar zum Buch der Weisheit.* Übers. v. K. Albert. Sankt Augustin 1988.

– *Quaestiones Parisienes.* In: Grabmann, M.: *Neuaufgefundene Pariser Quaestionen Meister Eckharts und ihre Stellung in seinem geistigen Entwicklungsgange. Untersuchungen und Texte. Abhandlungen der Bayer. Akad. der Wissenschaften, philos.-philolog. Klasse XXXII/7.* München 1927. (zitiert wird nach dieser Ausgabe). Neuere Ausgabe: *Magistri Ekkardi Quaestiones Parisienses.* Ed. A. Dondaine. Commentariolum de Eckardi Magisterio adiunxit R. Klibanski. Leipzig 1936.

Heinrich Seuse: *Das Buch der Wahrheit.* Übers. v. R. Blumrich, Einl. v. L. Sturlese. Hamburg 1993.

– *Deutsche mystische Schriften.* Übers. v. E. Jungclausen. Düsseldorf 1986.

Thomas von Erfurt: *De modis significandi, sive Grammatica speculativa.* – Aufgrund einer falschen Zuschreibung in: Duns Scotus: *Opera omnia.* Lyon 1939 (Nachdruck Hildesheim 1968). Bd. I. S. 45–76.

Sekundärliteratur

Flasch, K.: *Meister Eckhart und die »Deutsche Mystik«. Zur Kritik eines historiographischen Schemas.* In. Pluta, O. (Hrsg.): *Die Philosophie im 14. und 15. Jahrhundert.* Amsterdam 1988. S. 439–463.

Haas, A. M.: *Nim din selbes war. Studien zur Lehre von der Selbsterkenntnis bei Meister Eckhart, Johannes Tauler und Heinrich Seuse.* Freiburg/Schweiz 1971.

Imbach, R.: *Deus est intelligere. Das Verhältnis von Sein und Denken in seiner Bedeutung für das Gottesverständnis bei Thomas von Aquin und in den Pariser Quaestionen Meister Eckharts.* Freiburg/Schweiz 1976.

Mojsisch, B.: *Meister Eckhart. Analogie, Univozität und Einheit.* Hamburg 1983.

Rizek-Pfister, C.: *Ein Weg zu Meister Eckharts Armutspredigt.* Bern 2000.

Ruh, K.: *Meister Eckhart. Theologe, Prediger, Mystiker.* München 1985.

Schmoldt, B.: *Die deutsche Begriffssprache Meister Eckharts.* Heidelberg 1954.

Théry, G.: *Edition critique des pièces relatives au procès d'Eckhart dans le manuscript 33 b de la Bibliothèque de Soest.* In: *Archives d'histoire doctrinale et littéraire du Moyen Age I* (1926). S. 129–268.

Trusen, W.: *Der Prozeß gegen Meister Eckhart. Vorgeschichte, Verlauf und Folgen.* Paderborn 1988.

Ueda, Sh.: *Die Gottesgeburt in der Seele und der Durchbruch zur Gottheit. Die mystische Anthropologie Meister Eckharts und ihre Konfrontation mit der Mystik des Zen Buddhismus.* Gütersloh 1965.

Wolz-Gottwald, E.: *Meister Eckhart und die klassischen Upanishaden.* Würzburg 1984.

XIX. Nikolaus von Kues

Quellen

Nicolai de Cusa: *Die belehrte Unwissenheit (De docta ignorantia).* Bd. I: Übers. v. P. Wilpert. 3. Aufl., Hamburg 1979. Bd. II: Übers. v. P. Wilpert. 2. Aufl., Hamburg 1977. Bd. III: Übers. v. H. G. Senger. Hamburg 1977.

– *Die höchste Stufe der Betrachtung (De apice theoriae).* Übers. v. H. G. Senger. Hamburg 1986.

– *Dreiergespräch über das Können-Ist (Trialogus de possest).* Übers. v. R. Steiger. Hamburg 1973.

– *Kompendium (Compendium). Kurze Darstellung der philosophisch-theologischen Lehren.* Übers. v. K. Bormann. 2. Aufl., Hamburg 1982.

– *Mutmaßungen (De coniecturis).* Übers. v. W. Happ/J. Koch. Hamburg 1971.

– *Sichtung des Korans (Cribratio Alcorani).* Übers. v. L. Hagemann/R. Glei. Bd. I: Hamburg 1989. Bd. II: Hamburg 1991. Bd. III: Hamburg 1993.

– *Über den Beryll (De beryllo).* Übers. v. K. Bormann. 2. Aufl., Hamburg 1977.

– *Vom Globusspiel (De ludo globi).* Übers. v. G. von Bredow. 2. Aufl., Hamburg 1978.

– *Vom Nichtanderen (De li non aliud)*. Übers. v. P. Wilpert. 2. Aufl., Hamburg 1976.

Johannes Wenck: *De ignota litteratura*. Hrsg. v. E. Vansteenberghe. Münster 1910.

Sekundärliteratur

Blumenberg, H.: *Die Legitimität der Neuzeit.* Frankfurt 1966.

Flasch, K.: *Die Metaphysik des Einen bei Nikolaus von Kues.* Leiden 1973.

– *Wissen oder Wissen des Nicht-Wissens – Johannes Wenck gegen Nikolaus von Kues.* In: Flasch, K.: *Einführung in die Philosophie des Mittelalters.* Darmstadt 1987. S. 181–195.

Hoye, W. J.: *Die Relativierung der Philosophie im Denken des Nikolaus von Kues.* In: Aertsen, J. A./Speer, A. (Hrsg.): *Was ist Philosophie im Mittelalter?* Miscellanea Medi-aevalia 26. Berlin–New York 1998. S. 731–737.

Jacobi, K.: *Die Methode der kusanischen Philosophie.* Freiburg–München 1969.

Koyré, A.: *Von der geschlossenen Welt zum unendlichen Universum.* Frankfurt 1980. Kap. I. S. 15–35.

Otto, St.: *Nikolaus von Kues.* In: Höffe, O. (Hrsg.): *Klassiker der Philosophie I.* München 1981. S. 245–261.

Schulz, W.: *Der Gott der neuzeitlichen Metaphysik.* Pfullingen 1957. S. 11–30.

Thiel, D.: *Scientia signorum und Ars scribendi. Zur Zeichentheorie des Nikolaus von Kues.* In: Craemer-Ruegenberg, I./Speer, A. (Hrsg.): *Scientia und ars im Hoch- und Spätmittelalter.* Micellanea Mediaevalia 22. Berlin–New York 1994. S. 107–125

Wörterbuch der philosophischen Begriffe

Begründet von Friedrich Kirchner und Carl Michaëlis, bearbeitet von Johannes Hoffmeister. Vollständig neu herausgegeben von Arnim Regenbogen und Uwe Meyer.

Philosophische Bibliothek 500. 1998. X, 895 Seiten. 3-7873-1325-7. Gebunden.

Seit 1886 gehört das einbändige *Wörterbuch der philosophischen Begriffe* zum Bestand der 1868 begonnenen *Philosophischen Bibliothek*. Begründet von Friedrich Kirchner und Carl Michaëlis und später fortgeführt von Johannes Hoffmeister, hat es einen festen Platz in den Handbibliotheken aller Dozenten und Studenten der Philosophie.

Dieses Standardwörterbuch für die Aufschlüsselung und Erörterung philosophischer Begriffe von der Antike über das Mittelalter bis hin zum Deutschen Idealismus erscheint nunmehr in neuer, durchgängig überarbeiteter und um die Grundbegriffe der Philosophie der Gegenwart erweiterten Gestalt. Es bleibt dabei – wie der Name sagt – ein reines Wörterbuch der Begriffe und verzichtet auf die Einordnung von Philosophennamen ebenso wie auf allgemeine philosophiegeschichtliche Exkurse.

Auf knappem Raum und in verständlicher Form werden die Bedeutung und Funktion, die sprachliche Herkunft und die historische Ausdifferenzierung der Stichworte erklärt und unter Angabe genauer Belege in den Originalwerken aufgezeigt. Indem dieses Wörterbuch die Herkunft und Zusammensetzung, den Wortsinn und die ursprüngliche Bedeutung sowie den Wandel und die Nuancen der Termini auch durch präzise etymologische Angaben erläutert und durchgängig auf die jeweiligen Nachbar- und Gegenbegriffe verweist, gibt es nicht nur Aufschluß über das richtige Verständnis, sondern auch über den verständigen Gebrauch philosophischer Begriffe.

Das *Wörterbuch der philosophischen Begriffe* ist somit nicht nur für Studium und Lehre, sondern für alle Leser philosophischer Texte ein unentbehrliches und zugleich handliches Nachschlagewerk zur Einführung in die Welt des philosophischen Denkens.

Aus der Presse

»Diese sicherlich nicht leichte Aufgabe der doppelten Integration von Vergangenem und Gegenwärtigem ist ... den Bearbeitern des neuen Lexikons gelungen. ... Deutlichkeit und distanzierende Wissenschaftlichkeit bürgen in der Neubearbeitung für Qualität. ... Das von Regenbogen und Meyer bearbeitete Lexikon ist in dieser Form derzeit das beste Informationsmedium seiner Kategorie. Es beinhaltet fast alle wichtigen Begriffe, die Artikel sind klar und deutlich formuliert, die Verweise prägnant und hilfreich. Der Leser wird schnell in die Kernproblematik eingeführt und kompetent informiert. ... Es ist ein Nachschlagewerk, das die Fragen eines Philosophiestudenten nicht unbeantwortet läßt und derzeit nicht überboten wird.«
Philosophischer Literaturanzeiger

Felix Meiner Verlag
Richardstraße 47
D-22081 Hamburg

Bitte fordern Sie das aktuelle Gesamtverzeichnis an und besuchen Sie uns unter www.meiner.de

Platon
Sämtliche Dialoge

In Verb. mit Kurt Hildebrandt, Constantin Ritter und Gustav Schneider herausgegeben und mit Einleitungen, Literaturübersichten, Anmerkungen und Registern versehen von Otto Apelt. Unv. Nachdruck der Ausgabe von 1920/22. 4.512 S. 3-7873-1156-4. 7 Bände in Kassette. Sonderausgabe 1993. Kartoniert.

BAND 1. Vorwort und Einleitung zur Gesamtausgabe, Protagoras, Laches und Euthyphron. Apologie und Kriton. Gorgias. – BAND 2. Menon. Kratylos. Phaidon. Phaidros. BAND 3. Euthydemos. Hippias I/II und Ion, Alkibiades I/II. Gastmahl. Charmides,Lysis, Menexenos. – BAND 4. Theätet. Parmenides. Philebos. BAND 5. Der Staat. – BAND 6. Timaios und Kritias. Sophistes. Politikos. Briefe. – BAND 7. Gesetze. Register der Gesamtausgabe.

Nikolaus von Kues
Philosophisch-Theologische Schriften

Lateinisch–deutsch.Mit einer Einleitung von Karl Bormann sowie Anm., Literaturverzeichnissen und Indices. 2.344 S. 3-7873-1624-8. 4 Bände in Kassette. Sonderausgabe 2002. Kartoniert.

BAND 1. Einleitung. De docta ignorantia / Die belehrte Unwissenheit. – BAND 2. De coniecturis / Mutmaßungen · Idiota de sapientia / Der Laie über die Weisheit · Idiota de mente / Der Laie über den Geist. – BAND 3. Trialogus de possest / Dreiergespräch über das Können-Ist · De beryllo / Über den Beryll · Tu quis es / Über den Ursprung · De ludo globi / Gespräch über das Globusspiel. – BAND 4. De venatione sapientiae / Die Jagd nach Weisheit · Compendium / Kompendium · De apice theoriae / Die höchste Stufe der Betrachtung.

G. W. F. Hegel
Hauptwerke

Auf der Grundlage der *Gesammelten Werke* bzw. der *Philosophischen Bibliothek* mit seitengleichem Abdruck der Texte aus den jeweiligen Bänden. LX, 3.246 S. 3-7873-1433-4. 6 Bände im Schuber. Sonderausgabe 1999. Leinen.

Wenngleich die säkulare Bedeutung Hegels vor allem auf seine Lehrtätigkeit, d. h. seine Vorlesungen zurückgeht, die uns nur fragmentarisch und in den Nachschriften seiner Hörer überliefert sind, wird sich die Auseinandersetzung mit seinem Gesamtwerk vorrangig auf die von ihm selbst für die Veröffentlichung ausgearbeiteten und auch zum Druck beförderten Schriften stützen müssen, also auf die grundlegenden Hauptwerke: BAND 1. Jenaer Kritische Schriften. – BAND 2. Phänomenologie des Geistes. – BAND 3. Wissenschaft der Logik. Erster Band. – BAND 4. Wissenschaft der Logik. Zweiter Band. – BAND 5. Grundlinien der Philosophie des Rechts. – BAND 6. Enzyklopädie der philosophischen Wissenschaften im Grundrisse.

Felix Meiner Verlag
Richardstraße 47
D-22081 Hamburg

Bitte fordern Sie das aktuelle Gesamtverzeichnis an und besuchen Sie uns unter www.meiner.de